令和5年3月申告用

# 所得税の確定申告の手引

岡　拓也　編

公益財団法人　納税協会連合会

# は　じ　め　に

　所得税は、私たちにとって最も身近で日々の生活に関係の深い税ですが、毎年税制改正が行われることに加え、租税特別措置法、国税通則法など多くの法令や通達が関係することから、複雑で理解しづらいと言われています。

　このため、本書では、具体的な事例を用いた確定申告書及び関係書類の記載例を多数掲載しているほか、各種所得の計算や控除の取扱いについて、根拠法令等を記載し、分かりやすく体系的に解説しておりますので、皆様方が確定申告書を作成される際に、本書がお役に立てば幸いです。

　なお、本年は、住宅借入金等特別控除の特例の見直し（2050年カーボンニュートラルに向けた対応、会計検査院の指摘への対応と当面の経済状況への対応）等が行われたことから、今回は、これらの令和4年度の税制改正に対応した改訂を織り込んだ内容としております。

　また、本書は、大阪国税局課税第一部個人課税課に勤務する者が休日等に執筆したものであり、本文中、意見にわたる部分は、執筆者の個人的見解であることを予めお断りしておきます。

　令和4年12月

岡　　　拓　也

# 目　次

▶お知らせ………………………………………………………………………（1）

## 第一編　令和4年分確定申告書の記載例

主な申告書の解説ページ　index …………………………………………（10）

記載例1　事業所得がある場合………………………………………………（15）

記載例2　サラリーマンの還付申告—1　医療費控除を受ける場合……………（18）

記載例3　サラリーマンの還付申告—2　住宅借入金等特別控除を受ける場合……（27）

記載例4　公的年金等の雑所得のみの場合…………………………………（34）

記載例5　臨時所得・変動所得がある場合…………………………………（38）

記載例6　土地建物等の譲渡所得がある場合………………………………（42）

記載例7　株式等の譲渡所得がある場合……………………………………（47）

記載例8　退職所得・山林所得がある場合…………………………………（53）

記載例9　居住用財産の譲渡損失がある場合………………………………（58）

記載例10　損失が生じている場合…………………………………………（64）

記載例〈参考〉　事業所得者が死亡した場合………………………………（69）

## 第二編　令和4年度所得税改正のあらまし ………（73）

## 第三編　令和4年分確定申告書の書き方

## *第一章　確定申告のあらまし* ……………………………………（96）

一　確定申告をしなければならない場合……………………………………（96）

二　確定申告をすれば税金が戻る場合………………………………………（99）

三　損失申告をすることができる場合 ……………………………………（100）

四　確定申告の手続 …………………………………………………………（100）

五　総収入金額報告書の提出 ………………………………………………（101）

（目次1）

# 目　次

## 第二章　確定申告書の様式と使用区分 ……………………………(102)

　一　確定申告書の様式と使用区分 ……………………………………(103)
　二　附属計算書の種類と使用区分 ……………………………………(107)
　三　添　付　書　類 …………………………………………………………(108)
　四　確定申告期限までに提出する書類 ………………………………(120)

## 第三章　確定申告書の書き方 ……………………………………(125)

### 第一節　収入金額、所得金額の計算 ……………………………………(125)

#### 事　業　所　得 ……………………………………………………………(127)

　一　事業所得となるものの範囲(127)　二　新規に開業した場合等の手続(130)
　三　事業所得の金額の計算（131）　四　収入金額の計算の通則（131）　五　特
殊な収入金額の計算（135）　六　必要経費の計算の通則（139）　七　主な必要
経費とその取扱い（140）　八　棚卸資産の評価計算（161）　九　減価償却資産
の償却計算（170）　十　貸倒金の税務処理の仕方（234）　十一　引当金・準備
金（236）　十二　所得税における消費税等の取扱い（249）　十三　特別な所得
計算の方法（256）　十四　所得計算の特例（266）

#### 利　子　所　得 ……………………………………………………………(283)

　一　利子所得となるものの範囲（283）　二　利子課税の特例措置（285）
　三　利子所得の金額の計算（288）

#### 配　当　所　得 ……………………………………………………………(289)

　一　配当課税の特例措置（289）　二　配当所得となるものの範囲（292）
　三　配当所得の金額の計算（295）

#### 不　動　産　所　得 ………………………………………………………(303)

　一　不動産所得となるものの範囲（303）　二　不動産所得の金額の計算（305）

（目次２）

# 目　次

## 給 与 所 得　……………………………………………………………（310）

一　給与所得の範囲（311）　二　収入金額の計算（312）　三　給与所得控除
額（321）　四　所得金額調整控除（321）　五　所得金額（322）
六　給与所得者の特定支出控除（324）　七　申告手続に必要な資料（325）

## 譲 渡 所 得　……………………………………………………………（329）

### Ⅰ　譲渡所得の範囲 ……………………………………………………（329）

1　譲渡所得とは …………………………………………………（329）

2　資産の譲渡による所得で譲渡所得に当てはまらないもの ……………（331）

3　所得税が課税されない資産の譲渡 …………………………………（332）

### Ⅱ　譲渡所得の区分 ………………………………………………………（335）

1　分離課税の譲渡所得と総合課税の譲渡所得 ………………（335）

2　長期譲渡所得と短期譲渡所得 ………………………………………（336）

3　資産の所有期間の判定 ………………………………………………（337）

### Ⅲ　譲渡収入金額・必要経費 ……………………………………………（340）

一　収　入　金　額 …………………………………………………………（340）

二　譲渡所得の収入金額とみなされる特殊な場合 ………………………（340）

三　必　要　経　費 …………………………………………………………（343）

四　譲渡所得の計算における消費税等の取扱い ………………………（354）

五　特別な損失の控除 ……………………………………………………（356）

### Ⅳ　総合課税の譲渡所得の申告 …………………………………………（360）

## 一時所得・雑所得　………………………………………………………（363）

一　一時所得と雑所得の見分け方（364）　二　一時所得と雑所得の所得金額の
計算（368）　三　申告書第二表の記載（368）　四　一時所得の金額の計算
（369）　五　雑所得の金額の計算（372）　六　定期積金の給付補塡金等の課税
の特例（379）

（目次3）

# 目　次

**第二節　所得の「合計」の仕方** ……………………………………………… (381)

### Ⅰ　損　益　通　算 …………………………………………………………… (382)

1 総所得金額に属する各種所得の金額間の損益通算 (383)

2 山林所得の金額（損失）、退職所得の金額がある場合の損益通算 (384)

3 変動所得の損失、被災事業用資産の損失がある場合の損益通算 (385)

4 損益通算の結果、損失の金額が残る場合 (385)

5 不動産所得に係る損益通算の特例 (385)

### Ⅱ　損失の繰越し又は繰戻し ……………………………………………… (389)

一　損失の繰越し ……………………………………………………………… (390)

1 令和3年以前3年間に生じた繰越損失の控除 (390)

2 令和4年に生じた損失の繰越し (391)

二　損失の繰戻し（青色申告の特典） …………………………………… (393)

1 令和4年に生じた純損失の繰戻し (393)

2 前年分の所得金額からの控除方法 (394)

3 還付金額 (394)

### Ⅲ　居住用財産の譲渡損失の損益通算及び繰越控除 ………………… (395)

一　居住用財産の買換え等の場合の譲渡損失の損益通算及び繰越控除の特例 … (395)

二　特定居住用財産の譲渡損失の損益通算及び繰越控除の特例 ………………… (403)

**第三節　所得から差し引かれる金額＝所得控除** ………………………… (410)

### Ⅰ　雑　損　控　除 …………………………………………………………… (412)

### Ⅱ　医　療　費　控　除 ……………………………………………………… (416)

### Ⅲ　医療費控除の特例（セルフメディケーション税制） ………………… (423)

### Ⅳ　社会保険料控除 …………………………………………………………… (428)

### Ⅴ　小規模企業共済等掛金控除 ……………………………………………… (430)

### Ⅵ　生命保険料控除 …………………………………………………………… (431)

### Ⅶ　地震保険料控除 …………………………………………………………… (439)

### Ⅷ　寄　附　金　控　除 ……………………………………………………… (443)

### Ⅸ　障　害　者　控　除 ……………………………………………………… (450)

(目次4)

目　次

X　寡　婦　控　除 ……………………………………………………………(452)

XI　ひとり親控除 ……………………………………………………………(452)

XII　勤 労 学 生 控 除 …………………………………………………………(453)

XIII　配 偶 者 控 除 …………………………………………………………(455)

XIV　配偶者特別控除 …………………………………………………………(458)

XV　扶　養　控　除 ……………………………………………………………(460)

XVI　基　礎　控　除 ……………………………………………………………(466)

XVII　所得控除の順序 …………………………………………………………(467)

令和4年分　各種所得控除が認められる人的要件一覧 ………………………(469)

**第四節　納める税金の計算** …………………………………………………(470)

I　税　額　の　計　算 ………………………………………………………(471)

課税総所得金額に対する税額の求め方 ………………………………………(471)

II　税金から差し引かれる金額 ………………………………………………(472)

一　税 額 控 除 ………………………………………………………………(472)

1　配当控除（472）　2　住宅借入金等特別控除（474）　3　特定増改築
等住宅借入金等特別控除（556）　4　住宅耐震改修特別控除（580）
5　住宅特定改修特別税額控除（587）　6　認定住宅等新築等特別税額控
除（603）　7　外国税額控除（607）　8　分配時調整外国税相当額控除
（614）　9　試験研究費控除（616）　10　その他の投資税額等控除（620）
11　所得税の額から控除される特別控除額の特例（634）　12　政党等寄附
金特別控除（635）　13　認定NPO法人等に対する寄附金に係る特別控除
（637）　14　公益社団法人等寄附金特別控除（639）　15　税額控除等の順
序（641）

二　災害減免額 ………………………………………………………………(642)

三　復興特別所得税額 ………………………………………………………(643)

四　源泉徴収税額 ……………………………………………………………(644)

III　申告納税額及び確定申告により納付する第3期分の税額 ……………(645)

IV　第3期分の延納等 ………………………………………………………(647)

**第五節　住民税・事業税に関する事項** ……………………………………(648)

（目次5）

目　次

### 第六節　変動所得、臨時所得の平均課税の申告 ················(652)

　一　平均課税の選択ができる場合 ················(652)

　二　変動所得の範囲 ················(653)

　三　臨時所得の範囲 ················(653)

　四　所得計算の際に注意しなければならない点 ················(654)

　五　平均課税の仕組み ················(655)

# 第四章　分離課税用（第三表）の申告書の書き方 ········(658)

### 第一節　分離課税の土地建物等の譲渡所得の申告 ················(658)

　Ⅰ　土地建物等の譲渡所得の範囲 ················(658)

　一　土地建物等の譲渡所得 ················(658)

　二　区分・所得の生ずる場所など ················(660)

　Ⅱ　譲渡所得の金額の計算 ················(661)

　一　収　入　金　額 ················(661)

　二　必　要　経　費 ················(661)

　三　譲渡所得の金額 ················(663)

　四　特別控除額 ················(664)

　五　課税譲渡所得金額 ················(683)

　六　分離課税の譲渡所得間の損益の通算 ················(685)

　Ⅲ　土地建物等の買換え・交換の場合の課税の特例 ················(688)

　一　同種の固定資産を交換した場合の特例 ················(688)

　二　特定の居住用財産の買換え・交換の特例 ················(690)

　三　特定の事業用資産の買換え・交換の特例 ················(696)

　四　収用などの場合の買換えの特例 ················(706)

　五　既成市街地等内にある土地等の中高層耐火建築物等の建設のための買換

　　え・交換の特例 ················(709)

　六　特定の交換分合により土地等を取得した場合の課税の特例 ················(716)

　七　特定普通財産とその隣接する土地等の交換の場合の譲渡所得の課税の特例 (717)

　Ⅳ　譲渡所得の内訳書などの記載例 ················(720)

　Ⅴ　土地建物等の譲渡所得の区分 ················(743)

　1　分離長期譲渡所得に該当するもの ················(743)

（目次6）

# 目　次

　　2　分離短期譲渡所得に該当するもの ……………………………………(744)

　Ⅵ　分離長期・短期譲渡所得に対する税額の計算 ………………………(745)

　一　課税長期譲渡所得の税額計算 …………………………………………(746)

　　1　一般長期譲渡所得がある場合（一般分）(746)　2　優良住宅地の造成
　等のための土地等の譲渡による長期譲渡所得がある場合（特定分）(746)

　　3　居住用財産の長期譲渡所得がある場合（軽課分）(759)

　二　課税短期譲渡所得の税額計算 …………………………………………(765)

## 第二節　分離課税の土地等の事業所得・雑所得の申告（適用停止）…………(767)

## 第三節　分離課税の上場株式等の配当所得等の申告 ……………………(769)

## 第四節　分離課税の株式等の譲渡所得・事業所得・雑所得の申告…………(772)

　一　有価証券を譲渡した場合の課税 ………………………………………(772)

　二　上場株式等に係る譲渡所得等の課税の特例 …………………………(800)

## 第五節　国外転出時課税制度 ………………………………………………(810)

## 第六節　分離課税の先物取引の事業所得・雑所得の申告 ………………(815)

## 第七節　山林所得・退職所得の申告 ………………………………………(819)

### 山 林 所 得 ………………………………………………………………(819)

　一　山林所得となるものの範囲（820）　二　所得金額の計算（821）
　三　山林所得金額に対する税額の計算（824）

### 退 職 所 得 ………………………………………………………………(826)

　一　退職所得の申告をする場合（826）　二　退職所得となるものの範囲（827）
　三　所得の生ずる場所など（832）　四　収入金額（832）　五　退職所得控除額
　の計算（833）　六　特定役員退職手当等に係る退職所得控除額の計算（837）
　七　短期退職手当等に係る退職所得控除額の計算（839）　八　所得金額（840）
　九　申告手続に必要な資料（841）　十　退職所得金額に対する税額の計算
　（842）

（目次7）

目　次

# 第五章　損失申告用（第四表）の申告書の書き方 …………(843)

損失の繰越控除又は繰戻しによる還付を受けるための申告 ………………(843)

# 第六章　総収入金額報告書の書き方 ………………(846)

# 第七章　確定申告を誤った場合などの手続 ……………(849)

一　修正申告 …………………………………………………(849)
二　更正の請求 ………………………………………………(851)

# 第八章　青色申告決算書及び収支内訳書の書き方 (855)

一　青色申告決算書の書き方 ………………………………(855)
二　収支内訳書の書き方 ……………………………………(860)

# 第九章　非居住者の確定申告 ……………………(863)

一　概　　要 …………………………………………………(863)
二　非居住者とは ……………………………………………(864)
三　国内源泉所得とは ………………………………………(865)
四　恒久的施設とは …………………………………………(865)
五　非居住者に対する課税の方法 …………………………(867)
六　非居住者に係る外国税額控除 …………………………(869)
七　居住者と非居住者の両方の期間がある場合等の確定申告 ……………(870)
八　退職所得についての選択課税 …………………………(873)
九　源泉徴収を受けない給与等の申告納税 ………………(874)

（目次8）

# 目　次

## 第四編　令和４年分消費税及び地方消費税の確定申告書の書き方

### 第一章　消費税・地方消費税の確定申告のあらまし ……(876)

一　確定申告をしなければならない場合 …………………………………(876)

二　確定申告の手続 …………………………………………………………(878)

【参考１】中小事業者向けの特例制度（879）

【参考２】特定非常災害の被災事業者に係る特例（880）

【参考３】消費税の軽減税率制度（881）

【参考４】適格請求書等保存方式（882）

### 第二章　所得税の決算と消費税等の申告 ……………………(884)

### 第三章　消費税等の課税取引金額の計算と　　　　　　　　確定申告書の書き方 ……………(887)

第一節　計算手順のあらまし …………………………………………………(887)

第二節　課否区分と抽出 ………………………………………………………(893)

第三節　簡易課税制度と事業区分 ……………………………………………(898)

第四節　リバースチャージ方式による申告 …………………………………(902)

第五節　設例に基づく消費税等の課税取引金額の計算と申告書の作成 …(906)

【設例１】簡易課税制度を選択しなかった場合の計算方法（物品販売（小売）業）…(908)

【設例２】簡易課税制度を選択した場合の計算方法（物品販売（小売）業）………(934)

第六節　所得税の決算額の調整 ………………………………………………(956)

一　税込経理方式を採用している場合 …………………………………(956)

二　税抜経理方式を採用している場合 …………………………………(957)

（目次９）

# 目 次

## 第四章 消費税等の業種別計算例 ······(963)

□飲食店業の計算例（簡易課税） ······(963)

□製造小売業の計算例（簡易課税） ······(975)

□運送業の計算例（簡易課税） ······(991)

□歯科医業の計算例（一般課税） ······(1005)

□不動産貸付業の計算例（一般課税） ······(1019)

## 【付録】 住民税及び事業税に関する申告の手引

住 民 税（1038）　　事 業 税（1057）

---

### ＜参　考＞

1　主な非課税所得の一覧表 ······(1063)

2　減価償却資産の耐用年数表 ······(1077)

---

◆所得税の速算表 ······(1133)

◆山林所得に対する所得税の速算表 ······(1134)

◆分離課税の譲渡所得等に対する所得税の速算表 ······(1135)

◆給与所得の速算表 ······(1136)

◆公的年金等に係る雑所得の速算表 ······(1137)

◆諸控除額一覧表 ······(1139)

◆確定申告書添付（提示）書類一覧表 ······(1146)

◆復興特別所得税のあらまし ······(1151)

◆「財産債務調書」「国外財産調書」の提出 ······(1167)

◆社会保障・税番号制度〈マイナンバー〉 ······(1181)

# 目　　次

---

**＜凡　　例＞**

　文中の法令、通達等については、下記の略語を用いています。

所法74②七……………………………………所得税法第74条第2項第7号

　（以下、略語の用い方は同じです。）

所令………所得税法施行令

所規………所得税法施行規則

通法………国税通則法

通令………国税通則法施行令

措法………租税特別措置法

新措法……平成25年度改正後の租税特別措置法のうち平
　　　　　　成28年から適用のもの

措令………租税特別措置法施行令

措規………租税特別措置法施行規則

所基通……所得税基本通達

措通………租税特別措置法関係通達

消法………消費税法

消令………消費税法施行令

地法………地方税法

耐用年数省令……減価償却資産の耐用年数等に関する省
　　　　　　令

耐通………耐用年数の適用等に関する取扱通達

災免法………災害被害者に対する租税の減免、徴収猶予
　　　　　　等に関する法律

災免令………災害被害者に対する租税の減免、徴収猶予
　　　　　　等に関する法律の施行に関する政令

震災特例法………東日本大震災の被災者等に係る国税関
　　　　　　係法律の臨時特例に関する法律

復興財確法………東日本大震災からの復興のための施策
　　　　　　を実施するために必要な財源の確保に関する
　　　　　　特別措置法

国外送金法………内国税の適正な課税の確保を図るため
　　　　　　の国外送金等に係る調書の提出等に関する法
　　　　　　律

国外送金令………内国税の適正な課税の確保を図るため
　　　　　　の国外送金等に係る調書の提出等に関する法
　　　　　　律施行令

国外送金規………内国税の適正な課税の確保を図るため
　　　　　　の国外送金等に係る調書の提出等に関する法
　　　　　　律施行規則

オン化省令………国税関係法令に係る情報通信技術を活
　　　　　　用した行政の推進等に関する省令

新型コロナ税特法……新型コロナウイルス感染症等の影
　　　　　　響に対応するための国税関係法律の臨時特例
　　　　　　に関する法律

新型コロナ税特令……新型コロナウイルス感染症等の影
　　　　　　響に対応するための国税関係法律の臨時特例
　　　　　　に関する法律施行令

新型コロナ税特規……新型コロナウイルス感染症等の影
　　　　　　響に対応するための国税関係法律の臨時特例
　　　　　　に関する法律施行規則

新型コロナFAQ……国税における新型コロナウイルス
　　　　　　感染症拡大防止への対応と申告や納税などの
　　　　　　当面の税務上の取扱いに関するFAQ

令4改所法等附……所得税法等の一部を改正する法律
　　　　　　（令和4年法律第4号）附則

令4改所令等附………所得税法施行令の一部を改正する
　　　　　　政令（令和4年政令第136号）附則

令4改所規附………所得税法施行規則の一部を改正する
　　　　　　省令（令和4年財務省令第13号）附則

（注）令和4.12.1現在の法令等による

＼ 自動計算・自動入力・自宅から ／

確定申告は とっても便利な♪

# スマホからがおすすめです！

## STEP 1 「確定申告書等作成コーナー」へアクセス

【確定申告書等作成コーナー】

▶ 対応ブラウザを確認

iPhoneの方 — Safari
Androidの方 — Chrome

※上記以外のブラウザでアクセスすると、エラーが表示されて次の画面へ進むことができませんので、ご注意ください。

## STEP 2 送信方法の選択

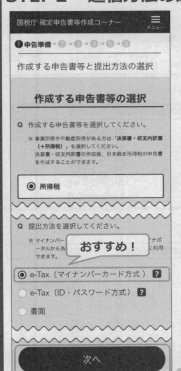

### マイナンバーカード方式

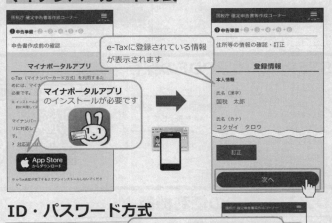

### ID・パスワード方式

⚠ ID・パスワード方式は暫定的な対応ですので、お早めにマイナンバーカードの取得をお願いします。

国税庁　法人番号7000012050002

## STEP 3　収入・所得金額や控除等の入力

収入等の入力　　　　　　　　　　　　控除等の入力

    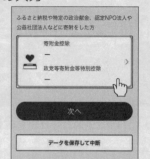

## STEP 4　申告内容の事前確認・送信

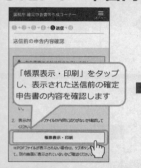 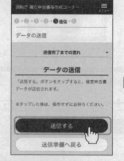 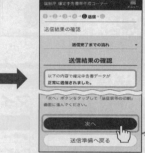 

「帳票表示・印刷」をタップし、表示された送信前の確定申告書の内容を確認します

## STEP 5　帳票PDFの保存・確認

「帳票表示・印刷」をタップし、帳票を表示します

### 保存・確認方法の詳細はこちらから

iPhoneの方　　　Androidの方

## ◎スマホ申告の便利機能♪

青色申告決算書や収支内訳書がスマホで作成可能に！　　NEW!!

給与所得の源泉徴収票をスマホで読み取り！

スマホで撮影するだけで自動入力！

・ご利用には別途通信料がかかります。
・このチラシには開発中の画面が含まれておりますので、実際の画面と異なる場合があります。
・iPhone、Safariの名称及びロゴは、米国及び他の国々で登録されたApple Inc.の商標です。iPhoneの商標は、アイホン株式会社のライセンスに基づき使用されています。
・Android、Google Chromeの名称及びロゴは、Google LLCの商標または登録商標です。

R4.8

# さぁ 自宅で e-Tax！
## 確定申告書等作成コーナーから

### 自動計算
画面の案内に沿って入力するだけで作成・送信♪

### 自動入力
マイナポータル連携でデータをまとめて入力♪
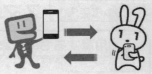

### 自宅から
確定申告はご自宅で！スマホで申告できます♪

## 「自宅からのe-Tax」5つのメリット！

**税務署への持参** 不要

**印刷・郵送代** 不要

**添付書類** 不要※

※一部の書類は除きます

**確定申告期間の利用可能時間** 24時間いつでも※

※メンテナンス時間を除きます

**還付金** 早期還付

3週間程度で還付！
書面提出の場合は
1か月〜1か月半程度で還付

## 確定申告書等作成コーナーの入力方法は動画でチェック

 スマホ申告
 医療費控除
 マイナンバーカード方式

こちらからアクセス！ →

確定申告　動画

国税庁　法人番号7000012050002

裏面もご確認ください

# 確定申告書等作成コーナーの便利な機能はこちら♪

## スマホで申告！ カメラで給与所得の源泉徴収票を読み取り自動入力！

源泉徴収票の記載内容を自動入力！

## パソコンで申告！ スマホがICカードリーダライタの代わりに！

用意するものは次の２つ

マイナンバーカード ＋ マイナンバーカード読取対応のスマートフォン

ICカードリーダライタ不要！

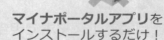

マイナポータルアプリをインストールするだけ！

## 令和４年分（令和５年１月以降）からさらに便利に！
### マイナンバーカードの読み取り回数が１回に！※

①e-Tax登録情報の確認（読取１回目）

②電子署名の付与（読取２回目）　③e-Taxへのログイン（読取３回目）

①e-Taxへのログインのみ！

※過去にマイナンバーカード方式で申告された方が対象です。

## 青色申告決算書・収支内訳書がスマホで作成可能に！
## パソコンの画面もリニューアル！

スマホ画面　　　　　パソコン画面

・このチラシには開発中の画面が含まれておりますので、実際の画面と異なる場合があります。

R4.8

## お知らせ 税務署へ提出する申告書や届出書などには
# マイナンバーの記載が必要です！

税務署へ申告書などを提出する際は、"毎回"

**マイナンバーの記載** ＋ **本人確認書類の提示又は写しの添付** が必要です。

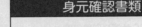
マイナンバーPRキャラクター マイナちゃん

※ e-Taxで申告すれば、本人確認書類の提示又は写しの添付は不要です。

### 本人確認書類（番号確認書類＋身元確認書類）

マイナンバーカードを持っている → マイナンバーカードをお持ちの方は **番号確認と身元確認がカード1枚** でできます。

マイナンバーカードを持っていない ↓

**番号確認書類**※1
- 通知カード ※2
- 住民票の写し又は住民票記載事項証明書 （マイナンバーの記載があるものに限ります。）
 などのうちいずれか1つ

＋

**身元確認書類**
- 運転免許証
- 公的医療保険の被保険者証
- パスポート
 などのうちいずれか1つ

※1 平成30年1月以降、一部の手続について、番号確認書類の提示又は写しの添付を省略することができます。詳しくは、国税庁ホームページをご確認ください。
※2 「通知カード」は令和2年5月25日に廃止されていますが、通知カードに記載された氏名、住所などが住民票に記載されている内容と一致している場合に限り、引き続き番号確認書類として利用できます。

## マイナンバーカード方式によるe-Tax申告が便利です

○ **事前に準備が必要なものは以下の2つ！**

①マイナンバーカード
※ 電子証明書の有効期限にご注意ください。

＋

②マイナンバーカード読取対応のスマホ又はICカードリーダライタ
＜スマホ＞　＜ICカードリーダライタ＞

マイナンバーカードがあればe-Taxのメッセージボックスから、申告内容や税務署からのお知らせを確認できるよ。

○ **令和4年1月以降はさらに便利に！**

**ICカードリーダライタ無しでe-Tax**

パソコンの画面に表示された2次元バーコードをスマホ（マイナンバーカード読取対応）で読み取れば、マイナンバーカードを使ってe-Taxで送信できます！

スマホからe-Tax申告してみませんか？
e-Taxなら早期還付されます!!
iPhoneの方　iPhone7以上ならOK!
Androidの方　マイナンバーカード読取対応のスマホならOK!
対応機種の確認はこちら→

マイナンバーカード方式なら、マイナポータル連携がご利用できます（詳しくは裏面をご覧ください。）。

国税庁　法人番号7000012050002

R3.12

# マイナンバーカードがもっと便利になります！

## マイナンバーカードで申告が簡単・便利に

### ○ マイナポータル連携（マイナポータルを活用したデータ取得と自動入力）

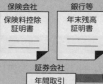

**年末調整**

従業員 → 控除申告書に自動入力・自動計算！ → メール等で送信 → 給与担当者 → 記載内容の確認や検算の手間が削減

国税庁の「年末調整控除申告書作成用ソフトウェア」等で控除申告書を作成

**確定申告**

納税者 → 確定申告書に自動入力・自動計算！ → e-Taxで送信 → 税務署

※お知らせ情報取得機能・民間送達サービス保有情報取得機能の活用

マイナポータル連携について詳しくはコチラ

### ○ マイナポータル連携による自動入力対象の拡大

| 令和2年分〜 | 令和3年分〜（左記に加えて手続対象が追加） |
|---|---|
| 生命保険料控除 | 地震保険料控除 |
| 住宅ローン控除 | ふるさと納税（寄附金控除） |
| 株式の特定口座 | 医療費控除※ |

令和2年分から自動入力の対象となっているものについても、対応した企業が増えているよ。

※令和4年2月上旬に令和3年9月以降分の医療費通知情報の取得がマイナポータルから可能になる予定。

## マイナンバーカードはメリットがいっぱい!!

① コンビニで各種証明書が取得可能
② 本人確認書類として使用可能
③ 健康保険証と一体化
④ 新型コロナワクチン接種証明書が取得可能
⑤ 運転免許証と一体化予定（令和6年度末）

**健康保険証として使える！**
対応する医療機関・薬局は順次拡大！
ピッとかざすだけでOK！

就職・転職・引っ越しをしても健康保険証として利用できます。また、自分の薬剤情報や医療費通知情報、特定健診等情報がマイナポータルから閲覧できます。

詳しくは厚生労働省のHPをチェック!!

## 消費税 令和5年10月 インボイス制度が始まります！ 事業者の方へ

**制度開始時に**
インボイス発行事業者となるためには、原則、**令和5年3月31日**までに登録申請が必要です！

- インボイスを発行するためには、**インボイス発行事業者の登録申請**が必要です。登録は**課税事業者**が受けることができます。

- 免税事業者の方も、ご自身の事業実態に合わせて、インボイス発行事業者の登録を受けるかをご検討ください。

- 登録を受けるかどうかは事業者の方の**任意**です。
  登録にあたっては、取引先との調整やシステムの整備が必要となることもあるため、**お早目のご準備**をおすすめします。

- 登録を受けると「国税庁適格請求書発行事業者公表サイト」で登録番号や氏名又は名称等の情報が公表されます。

### 登録申請手続は、e-Tax をご利用ください！

☑ e-Taxで登録申請手続を行っていただくと、書面で申請された場合に比べて早期に登録通知を受けることができます！

☑ e-Taxで申請した場合、電子データで登録通知を受け取れます！電子データで受け取れば紛失のリスクがありません！

個人事業者の方はスマートフォンからでもe-Taxで申請できます。
e-Taxのご利用には事前にマイナンバーカードの取得が必要です。

国税庁（法人番号 7000012050002） （令和4年8月）

## 📣 「インボイス」とは

売手が買手に対して、正確な適用税率や消費税額等を伝えるものです。

具体的には、現行の「区分記載請求書」に「登録番号」、「適用税率」及び「税率ごとに区分した消費税額等」の記載が追加されたものをいいます。

## 📣 「インボイス制度」とは

売手であるインボイス発行事業者は、買手である取引相手（課税事業者）から求められたときは、インボイスを交付しなければなりません（また、交付したインボイスの写しを保存しておく必要があります）。

買手は仕入税額控除の適用を受けるために、原則として、取引相手（売手）であるインボイス発行事業者から交付を受けたインボイスの保存等が必要となります。

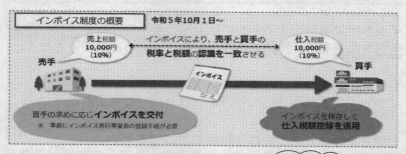

## 📣 インボイス制度特設サイト

免税事業者の方向けのコンテンツも掲載中！

インボイス制度特設サイト

制度の概要の他に説明会の開催情報や申請手続などを掲載しております。

「国税庁適格請求書発行事業者公表サイト」へのリンクもご案内しております。

## 📣 制度についての一般的なご質問は

チャットボットにご質問を入力いただくと、AIを活用して24時間自動でお答えします。

上記の「インボイス制度特設サイト」からも、ご利用いただけます。

チャットボットはこちらから

インボイス制度の疑問にお答えします！

税務職員ふたば

**軽減・インボイスコールセンターでは、一般的なご質問にお答えします**

フリーダイヤル **0120 - 205 - 553** (無料)
9:00～17:00 (土日祝除く)

※ 個別相談は、所轄の税務署への事前予約をお願いします。

国税庁（法人番号 7000012050002） （令和4年8月）

# 第一編

## 令和4年分 確定申告書の記載例

### 主な申告書の解説ページ

- 事業所得がある場合 ①
- サラリーマンの還付申告-1 医療費控除を受ける場合 ②
- サラリーマンの還付申告-2 住宅借入金等特別控除を受ける場合 ③
- 公的年金等の雑所得のみの場合 ④
- 臨時所得・変動所得がある場合 ⑤
- 土地建物等の譲渡所得がある場合 ⑥
- 株式等の譲渡所得がある場合 ⑦
- 退職所得・山林所得がある場合 ⑧
- 居住用財産の譲渡損失がある場合 ⑨
- 損失が生じている場合 ⑩

 事業所得者が死亡した場合

# 主な申告書の解説ページ　index

## 申告書（第一表）

FA2202

令和＿＿年＿＿月＿＿日　税務署長
令和〇〇年分の所得税及び復興特別所得税の申告書

納税地　〒
個人番号（マイナンバー）
生年月日
現在の住所又は居所事業所等
フリガナ
氏名
令和1月1日の住所
職業　屋号・雅号　世帯主の氏名　世帯主との続柄

第一表（令和四年分以降用）

振替継続希望　種類　青色　分離　国出　損失　修正　特農の表示　特農　整理番号　電話番号（自宅・勤務先・携帯）

### 収入金額等（単位は円）

| 項目 | | 記号 | 解説 |
|---|---|---|---|
| 事業 | 営業等 | ㋐ | 127ページから |
| | 農業 | ㋑ | 127ページから |
| 不動産 | | ㋒ | 303ページから |
| 配当 | | ㋓ | |
| 給与 | | ㋔ | |
| 雑 | 公的年金等 | ㋕ | |
| | 業務 | ㋖ | |
| | その他 | ㋗ | |
| 総合譲渡 | 短期 | ㋘ | |
| | 長期 | ㋙ | |
| 一時 | | ㋚ | |

### 所得金額等

| 項目 | | 番号 | 解説 |
|---|---|---|---|
| 事業 | 営業等 | ① | 127ページから |
| | 農業 | ② | 127ページから |
| 不動産 | | ③ | 303ページから |
| 利子 | | ④ | 283ページから |
| 配当 | | ⑤ | 289ページから |
| 給与 | | ⑥ | 310ページから |
| 雑 | 公的年金等 | ⑦ | |
| | 業務 | ⑧ | |
| | その他 | ⑨ | |
| ⑦から⑨までの計 | | ⑩ | |
| 総合譲渡・一時 ㋘＋{(㋙＋㋚)×½} | | ⑪ | 329ページから |
| 合計 ①から⑥までの計＋⑩＋⑪ | | ⑫ | 381ページから |

### 所得から差し引かれる金額

| 項目 | | 番号 | 解説 |
|---|---|---|---|
| 社会保険料控除 | | ⑬ | |
| 小規模企業共済等掛金控除 | | ⑭ | |
| 生命保険料控除 | | ⑮ | |
| 地震保険料控除 | | ⑯ | |
| 寡婦、ひとり親控除 | 区分 | ⑰～⑱ | |
| 勤労学生、障害者控除 | | ⑲～⑳ | |
| 配偶者（特別）控除 | 区分 | ㉑～㉒ | 410～469ページ |
| 扶養控除 | 区分 | ㉓ | |
| 基礎控除 | | ㉔ | |
| ⑬から㉔までの計 | | ㉕ | |
| 雑損控除 | | ㉖ | |
| 医療費控除 | 区分 | ㉗ | |
| 寄附金控除 | | ㉘ | |
| 合計 ㉕＋㉖＋㉗＋㉘ | | ㉙ | |

整理欄　管理　名簿

### 税金の計算

| 項目 | 番号 | 解説 |
|---|---|---|
| 課税される所得金額 （⑫－㉙）又は第三表 | ㉚ | 471ページ |
| 上の㉚に対する税額又は第三表の㊼ | ㉛ | |
| 配当控除 | ㉜ | |
| （区分） | ㉝ | |
| 特定改築等 住宅借入金等特別控除（区分） | ㉞ | |
| 政党等寄附金等特別控除 | ㉟～㊲ | 472～643ページ |
| 住宅耐震改修特別控除等 | ㊳～㊵ | |
| 差引所得税額 （㊶－㊲－㊳） | ㊶ | |
| 災害減免額 | ㊷ | |
| 再差引所得税額（基準所得税額）（㊶－㊷） | ㊸ | |
| 復興特別所得税額 （㊸）×2.1% | ㊹ | 644ページ |
| 所得税及び復興特別所得税の額 （㊸＋㊹） | ㊺ | |
| 外国税額控除等（区分） | ㊻～㊼ | 607～615ページ |
| 源泉徴収税額 | ㊽ | |
| 申告納税額 （㊺－㊻－㊼－㊽） | ㊾ | |
| 予定納税額 （第1期分・第2期分） | ㊿ | 644～647ページ |
| 第3期分の税額（㊾－㊿）　納める税金 | 51 | |
| 還付される税金 | 52 | |

（㊹・㊺・㊾・51又は52の記入をお忘れなく。）

### 修正申告

| 項目 | 番号 | 解説 |
|---|---|---|
| 修正前の第3期分の税額（還付の場合は頭に△を記載） | 53 | 849～850ページ |
| 第3期分の税額の増加額 | 54 | |

### その他

| 項目 | 番号 | 解説 |
|---|---|---|
| 公的年金等以外の合計所得金額 | 55 | |
| 配偶者の合計所得金額 | 56 | |
| 専従者給与（控除）額の合計額 | 57 | |
| 青色申告特別控除額 | 58 | 269ページ |
| 雑所得・一時所得等の源泉徴収税額の合計額 | 59 | 644ページ |
| 未納付の源泉徴収税額 | 60 | |
| 本年分で差し引く繰越損失額 | 61 | 390ページ |
| 平均課税対象金額 | 62 | 652ページから |
| 変動・臨時所得金額（区分） | 63 | |

### 延納の届出

| 項目 | 番号 | 解説 |
|---|---|---|
| 申告期限までに納付する金額 | 64 | 647ページ |
| 延納届出額 | 65 | |

還付される税金の受取場所
銀行・金庫・組合・農協・漁協　本店・支店・出張所・本所・支所
郵便局名等
預金種類　普通・当座・納税準備・貯蓄
口座番号記号番号

公金受取口座登録の同意　公金受取口座の利用

整理欄　区分　A B C D E F G H I J K　L　異動　年　月　日　補完　確認　一連番号

管・納
事業
住民
資産
総合
分離
検算
通信日付印
年月日

# 申告書（第二表）

令和 ０□ 年分の所得税及び復興特別所得税の 申告書

整理番号 □□□□□□□□

FA2302

第二表（令和四年分以降用）

○第二表は、第一表と一緒に提出してください。○国民年金保険料や生命保険料の支払証明書など申告書に添付しなければならない書類は添付書類台紙などに貼ってください。

住所
屋号
フリガナ
氏名

| | 保険料等の種類 | 支払保険料等の計 | うち年末調整等以外 |
|---|---|---|---|
| ⑬⑭ 社会保険料控除 小規模企業共済等掛金控除 | | 円 | 円 |
| | | | |
| | | | |
| | | | |
| ⑮ 生命保険料控除 | 新生命保険料 | 円 | 円 |
| | 旧生命保険料 | | |
| | 新個人年金保険料 | | |
| | 旧個人年金保険料 | | |
| | 介護医療保険料 | | |
| ⑯ 地震保険料控除 | 地震保険料 | 円 | 円 |
| | 旧長期損害保険料 | | |

| 本人に関する事項（⑰～⑳） | 寡婦 □死別 □生死不明 □離婚 □未帰還 | ひとり親 | 勤労学生 □年調以外かつ専修学校等 | 障害者 | 特別障害者 |
|---|---|---|---|---|---|

○ 所得の内訳（所得税及び復興特別所得税の源泉徴収税額）

| 所得の種類 | 種目 | 給与などの支払者の「名称」及び「法人番号又は所在地」等 | 収入金額 | 源泉徴収税額 |
|---|---|---|---|---|
| | | | 円 | 円 |
| | | | | |
| | | | | |
| | | | | |
| | | | ㊽ 源泉徴収税額の合計額 | 円 |

369・644ページ

○ 雑損控除に関する事項（㉖）

| 損害の原因 | 損害年月日 | 損害を受けた資産の種類など |
|---|---|---|
| | ． ． | |
| 損害金額 円 | 保険金などで補塡される金額 円 | 差引損失額のうち災害関連支出の金額 円 |

○ 総合課税の譲渡所得、一時所得に関する事項（⑪）

| 所得の種類 | 収入金額 | 必要経費等 | 差引金額 |
|---|---|---|---|
| | 円 | 円 | 円 |
| | | | |

361・369ページなど

○ 寄附金控除に関する事項（㉘）

| 寄附先の名称等 | | 寄附金 | 円 |
|---|---|---|---|

| 特例適用条文等 | |
|---|---|

○ 配偶者や親族に関する事項（⑳～㉓）

| 氏名 | 個人番号 | 続柄 | 生年月日 | 障害者 | | 国外居住 | | 住民税 | | その他 |
|---|---|---|---|---|---|---|---|---|---|---|
| | □□□□□□□□□□□□ | 配偶者 | 明・大 昭・平 ． ． | 障 | 特障 | 国外 | 年調 | 同一 | 別居 | 調整 |
| | □□□□□□□□□□□□ | | 明・大 昭・平・令 ． ． | 障 | 特障 | 国外 | 年調 | ⑯ | 別居 | 調整 |
| | □□□□□□□□□□□□ | | 明・大 昭・平・令 ． ． | 障 | 特障 | 国外 | 年調 | ⑯ | 別居 | 調整 |
| | □□□□□□□□□□□□ | | 明・大 昭・平・令 ． ． | 障 | 特障 | 国外 | 年調 | ⑯ | 別居 | 調整 |
| | □□□□□□□□□□□□ | | 明・大 昭・平・令 ． ． | 障 | 特障 | 国外 | 年調 | ⑯ | 別居 | 調整 |

○ 事業専従者に関する事項（(57)）

| 事業専従者の氏名 | 個人番号 | 続柄 | 生年月日 | 従事月数・程度・仕事の内容 | 専従者給与（控除）額 |
|---|---|---|---|---|---|
| | □□□□□□□□□□□□ | | 明・大 昭・平 ． ． | | 円 |
| | □□□□□□□□□□□□ | | 明・大 昭・平 ． ． | | |

158・307ページ

○ 住民税・事業税に関する事項

| 住民税 | 非上場株式の少額配当等 | 非居住者の特例 | 配当割額控除額 | 株式等譲渡所得割額控除額 | 特定配当等・特定株式等譲渡所得の全部の申告不要 | 給与、公的年金等以外の所得に係る住民税の徴収方法 特別徴収 | 自分で納付 | 都道府県、市区町村への寄附（特例控除対象） | 共同募金、日赤その他の寄附 | 都道府県条例指定寄附 | 市区町村条例指定寄附 |
|---|---|---|---|---|---|---|---|---|---|---|---|
| | 円 | 円 | 円 | 円 | | | | 円 | 円 | 円 | 円 |

648ページから

| 退職所得のある配偶者・親族の氏名 | 個人番号 | 続柄 | 生年月日 | 退職所得を除く所得金額 | 障害者 | | その他 | 寡婦・ひとり親 | |
|---|---|---|---|---|---|---|---|---|---|
| | □□□□□□□□□□□□ | | 明・大 昭・平 ． ． | 円 | 障 | 特障 | 調整 | 寡婦 | ひとり親 |

| 事業税 | 非課税所得など | 番号 | 所得金額 円 | 損益通算の特例適用前の不動産所得 | 円 | 前年中の開（廃）業 | 開始・廃止 | 月日 |
|---|---|---|---|---|---|---|---|---|
| | 不動産所得から差し引いた青色申告特別控除額 | | | 事業用資産の譲渡損失など | | 他都道府県の事務所等 | ○ | |

| 上記の配偶者・親族・事業専従者のうち別居の者の氏名・住所 | 氏名 | 住所 | 国外 | 所得税で控除対象配偶者などとした専従者 | 氏名 | 給与 円 | 一連番号 |
|---|---|---|---|---|---|---|---|

| 整理欄 | 申告区分 □□ | 申告等年月日 □□年□□月□□日 | 所得種類 □□□□□□□□ |
|---|---|---|---|
| | 特例適用条文 ＿法 □□条の□□の□□項□号 | 申告期限 □□年□□月□□日 | |

税理士法書面提出 30条 ○ 33条の2 ○ □

税理士署名・電話番号
（　　　－　　　－　　　）

## 第三表（分離課税用）

令和 ⬚⬚ 年分の 所得税及び復興特別所得税 の 申告書（分離課税用）　　FA2401

第三表（令和四年分以降用）○第三表は、申告書の第一表・第二表と一緒に提出してください。

住 所
屋 号
フリガナ
氏 名

整理番号 ⬚⬚⬚⬚⬚⬚⬚　一連番号

| 特 例 適 用 条 文 | | | |
|---|---|---|---|
| 法 | 条 | 項 | 号 |
| 所法 措法 震法 | ⬚⬚の条の⬚⬚の | 項 | 号 |
| 所法 措法 震法 | ⬚⬚の条の⬚⬚の | 項 | 号 |
| 所法 措法 震法 | ⬚⬚の条の⬚⬚の | 項 | 号 |

（単位は円）

### 収入金額

分離課税

| | | | |
|---|---|---|---|
| 短期譲渡 | 一般分 | ㋛ | |
| | 軽減分 | ㋜ | |
| 長期譲渡 | 一般分 | ㋝ | 661ページから |
| | 特定分 | ㋟ | |
| | 軽課分 | ㋢ | |
| 一般株式等の譲渡 | | ㋠ | 772ページから |
| 上場株式等の譲渡 | | ㋡ | |
| 上場株式等の配当等 | | ㋢ | 769ページから |
| 先物取引 | | ㋣ | 815ページから |
| 山林 | | ㋥ | 819ページから |
| 退職 | | ㊁ | 826ページから |

### 所得金額

分離課税

| | | | |
|---|---|---|---|
| 短期譲渡 | 一般分 | 66 | |
| | 軽減分 | 67 | |
| 長期譲渡 | 一般分 | 68 | 661ページから |
| | 特定分 | 69 | |
| | 軽課分 | 70 | |
| 一般株式等の譲渡 | | 71 | 772ページから |
| 上場株式等の譲渡 | | 72 | |
| 上場株式等の配当等 | | 73 | 769ページから |
| 先物取引 | | 74 | 815ページから |
| 山林 | | 75 | 819ページから |
| 退職 | | 76 | 826ページから |

### 税金の計算

| | | |
|---|---|---|
| 総合課税の合計額（申告書第一表の⑫） | 12 | |
| 所得から差し引かれる金額（申告書第一表の㉙） | 29 | |

課税される所得金額

| | | |
|---|---|---|
| ⑫ 対応分 | 77 | ⬚⬚⬚000 |
| 66 67 対応分 | 78 | ⬚⬚⬚000 |
| 68 69 70 対応分 | 79 | ⬚⬚⬚000 |
| 71 72 対応分 | 80 | 467〜468ページ ⬚⬚⬚000 |
| 73 対応分 | 81 | ⬚⬚⬚000 |
| 74 対応分 | 82 | ⬚⬚⬚000 |
| 75 対応分 | 83 | ⬚⬚⬚000 |
| 76 対応分 | 84 | ⬚⬚⬚000 |

### 税金の計算

| | | |
|---|---|---|
| 77 対応分 | 85 | 470ページ |
| 78 対応分 | 86 | 765ページ |
| 79 対応分 | 87 | 745ページから |
| 80 対応分 | 88 | 772ページから |
| 81 対応分 | 89 | 769ページ |
| 82 対応分 | 90 | 815ページ |
| 83 対応分 | 91 | 819ページ |
| 84 対応分 | 92 | 826ページ |
| 85から92までの合計（申告書第一表の㊹に転記） | 93 | |

### その他

| | | |
|---|---|---|
| 株式等 | 本年分の71、72から差し引く繰越損失額 | 94 | 792・800〜805ページ |
| | 翌年以後に繰り越される損失の金額 | 95 | |
| 配当等 | 本年分の73から差し引く繰越損失額 | 96 | 800〜805ページ |
| 先物取引 | 本年分の74から差し引く繰越損失額 | 97 | 818ページ |
| | 翌年以後に繰り越される損失の金額 | 98 | |

○ 分離課税の短期・長期譲渡所得に関する事項

| 区分 | 所得の生ずる場所 | 必要経費 | 差引金額（収入金額−必要経費） | 特別控除額 |
|---|---|---|---|---|
| | | 円 | 円 | 円 |
| | | 660ページ | | |
| 差引金額の合計額 | 99 | | | |
| 特別控除額の合計額 | 100 | | | |

○ 上場株式等の譲渡所得等に関する事項

| | | |
|---|---|---|
| 上場株式等の譲渡所得等の源泉徴収税額の合計額 | 101 | |

○ 退職所得に関する事項

| 区分 | 収入金額 | 退職所得控除額 |
|---|---|---|
| 一般 | 832ページ | 円 |
| 短期 | | |
| 特定役員 | | |

整理欄

| A | B | C | 申告等年月日 | |
|---|---|---|---|---|
| D | E | F | 通算 | |
| 取得期限資産 | | 入力 | 特例期間 | |
| | | | 申告区分 | |

──(12)──

## 第四表（損失申告用）（一）

843ページ

令和 [0][ ] 年分の 所得税及び復興特別所得税 の 申告書（損失申告用） [FA0054]

第四表（一）（令和四年分以降用）

| 現在の住所又は居所事業所等 | | | フリガナ氏名 | |
| --- | --- | --- | --- | --- |

整理番号 [ ][ ][ ][ ][ ][ ][ ][ ]　一連番号 [ ]

### 1 損失額又は所得金額

| A | 経常所得 （申告書第一表の①から⑥までの計＋⑩の合計額） | | | | | | | ⑥⑥ | 円 |
| --- | --- | --- | --- | --- | --- | --- | --- | --- | --- |

| | 所得の種類 | | 区分等 | 所得の生ずる場所等 | Ⓐ 収入金額 | Ⓑ 必要経費等 | Ⓒ 差引金額（Ⓐ－Ⓑ） | Ⓓ 特別控除額 | Ⓔ 損失額又は所得金額 |
| --- | --- | --- | --- | --- | --- | --- | --- | --- | --- |
| B 譲渡 | 短期 | 分離譲渡 | | | 円 | 円 | ㋒　円 | | ⑥⑦　円 |
| | | 総合譲渡 | | | | | ㋜ | 円 | ⑥⑧ |
| | 長期 | 分離譲渡 | | | 円 | 円 | ㋝ | | ⑥⑨ |
| | | 総合譲渡 | | | | | ㋟ | 円 | ⑦⓪ |
| | 一 | 時 | | | | | | | ⑦① |
| C | 山 林 | | | | 円 | | | | ⑦② |
| D 退職 | 一般 | | | | | 円 | 円 | | ⑦③ |
| | 短期 | | | | | | | | |
| | 特定役員 | | | | | | | | |
| E | 一般株式等の譲渡 | | | | | | | | ⑦④ |
| | 上場株式等の譲渡 | | | | | | | | ⑦⑤ |
| | 上場株式等の配当等 | | | | | 円 | 円 | | ⑦⑥ |
| F | 先物取引 | | | | | | | | ⑦⑦ |

| ⑦⑧ 分離課税の譲渡所得の特別控除額の合計額 | 円 | ⑦⑨ 上場株式等の譲渡所得等の源泉徴収税額の合計額 | 円 | 特例適用条文 |
| --- | --- | --- | --- | --- |

### 2 損益の通算

| | 所得の種類 | | Ⓐ 通算前 | Ⓑ 第1次通算後 | Ⓒ 第2次通算後 | Ⓓ 第3次通算後 | Ⓔ 損失額又は所得金額 |
| --- | --- | --- | --- | --- | --- | --- | --- |
| A | 経常所得 | | ⑥⑥　円 | 第1次通算　円 | 第2次通算　円 | 第3次通算　円 | 円 |
| B 譲渡 | 短期 | 総合譲渡 | ⑥⑧ | | | | |
| | 長期 | 分離譲渡（特定損失額） | △ ⑥⑨ | | | | |
| | | 総合譲渡 | ⑦⓪ | | | | |
| | 一 | 時 | ⑦① | | | | |
| C | 山 林 | | -------→⑦② | | | | ㋠ |
| D | 退 職 | | -------→⑦③ | | | | |
| 損失額又は所得金額の合計額 | | | | | | | ⑧⓪ |

| 資産 | | 整理欄 | |
| --- | --- | --- | --- |

──（13）──

## 第四表（損失申告用）（二）

令和 ☐☐ 年分の 所得税及び復興特別所得税 の 申告書（損失申告用）　FA0059

整理番号 ☐☐☐☐☐☐☐☐　一連番号 ☐☐☐

第四表（二）（令和四年分以降用）

○第四表は、申告書の第一表・第二表と一緒に提出してください。

### 3 翌年以後に繰り越す損失額

|  | | | | | | | | | | |
|---|---|---|---|---|---|---|---|---|---|---|
| 青色申告者の損失の金額 | | | | | | | | ⑧ | | 円 |
| 居住用財産に係る通算後譲渡損失の金額 | | | | | | | | ⑧ | | |
| 変動所得の損失額 | | | | | | | | ⑧ | | |

| 被災事業用資産の損失額 | 所得の種類 | 被災事業用資産の種類など | 損害の原因 | 損害年月日 | Ⓐ 損害金額 | Ⓑ 保険金などで補塡される金額 | Ⓒ 差引損失額（Ⓐ－Ⓑ） | | |
|---|---|---|---|---|---|---|---|---|---|
| | 山林以外 | 営業等・農業 | | | ・ ・ | 円 | | ⑧ | 円 |
| | | 不動産 | | | ・ ・ | | | ⑧ | |
| | 山林 | | | | | | | ⑧ | |
| 山林所得に係る被災事業用資産の損失額 | | | | | | | | ⑧ | 円 |
| 山林以外の所得に係る被災事業用資産の損失額 | | | | | | | | ⑧ | |

### 4 繰越損失を差し引く計算

| 年分 | | 損失の種類 | Ⓐ前年分までに引ききれなかった損失額 | Ⓑ本年分で差し引く損失額 | Ⓒ翌年分以後に繰り越して差し引かれる損失額（Ⓐ－Ⓑ） |
|---|---|---|---|---|---|
| A ＿＿年（3年前） | 純損失 | ＿＿年が青色の場合 山林以外の所得の損失 | 円 | 円 | |
| | | ＿＿年が青色の場合 山林所得の損失 | | | |
| | | ＿＿年が白色の場合 変動所得の損失 | | | |
| | | ＿＿年が白色の場合 被災事業用資産の損失 山林以外 | | | |
| | | ＿＿年が白色の場合 被災事業用資産の損失 山林 | | | |
| | | 居住用財産に係る通算後譲渡損失の金額 | | | |
| | 雑損失 | | | | |
| B ＿＿年（2年前） | 純損失 | ＿＿年が青色の場合 山林以外の所得の損失 | | | 円 |
| | | ＿＿年が青色の場合 山林所得の損失 | | | |
| | | ＿＿年が白色の場合 変動所得の損失 | | | |
| | | ＿＿年が白色の場合 被災事業用資産の損失 山林以外 | | | |
| | | ＿＿年が白色の場合 被災事業用資産の損失 山林 | | | |
| | | 居住用財産に係る通算後譲渡損失の金額 | | | |
| | 雑損失 | | | | |
| C ＿＿年（前年） | 純損失 | ＿＿年が青色の場合 山林以外の所得の損失 | | | |
| | | ＿＿年が青色の場合 山林所得の損失 | | | |
| | | ＿＿年が白色の場合 変動所得の損失 | | | |
| | | ＿＿年が白色の場合 被災事業用資産の損失 山林以外 | | | |
| | | ＿＿年が白色の場合 被災事業用資産の損失 山林 | | | |
| | | 居住用財産に係る通算後譲渡損失の金額 | | | |
| | 雑損失 | | | | |

| | | |
|---|---|---|
| 本年分の一般株式等及び上場株式等に係る譲渡所得等から差し引く損失額 | ⑧ | 円 |
| 本年分の上場株式等に係る配当所得等から差し引く損失額 | ⑨ | 円 |
| 本年分の先物取引に係る雑所得等から差し引く損失額 | ⑨ | 円 |

| | | |
|---|---|---|
| 雑損控除、医療費控除及び寄附金控除の計算で使用する所得金額の合計額 | ⑨ | 円 |

### 5 翌年以後に繰り越される本年分の雑損失の金額　⑨　円

### 6 翌年以後に繰り越される株式等に係る譲渡損失の金額　⑨　円

### 7 翌年以後に繰り越される先物取引に係る損失の金額　⑨　円

| 資産 | | 整理欄 | |
|---|---|---|---|

| 記載例 1 | 事業所得がある場合 | ☞ 書き方は127ページ以下参照 |

**1** 事業所得

## 【設 例】
大阪太郎さん（青色申告者）の令和4年分所得税の確定申告に必要な資料は、次のとおりです。

### （1） 所得の内容

| 種　　類 | 内　　容 | |
|---|---|---|
| **営 業 所 得** 電気器具小売業 | （収入金額）　　　　　（必要経費）<br>58,582,000円　　　53,555,000円 | ※必要経費のうち青色専<br>従者給与額<br>大阪一郎 2,100,000円 |
| **配 当 所 得** ㈱近畿工業の上場株式の配当収入 | （配当計算期間）　　　　（収入金額）　　　（源泉徴収税額）<br>令3.10～令4.3　　　450,000円　　　　68,917円<br>令4.4～令4.9　　　300,000円　　　　45,945円<br>※この設例は配当所得について確定申告（総合課税）することを選択した例です。<br>（上場株式の配当は、申告分離課税を選択したり、金額に関係なく確定申告しないことを選択することができます。（大口株主等が受けるものを除きます。） | |
| **不 動 産 所 得** 大阪市北区南扇町×－×所在の貸事務所 | （収入金額）　　　（必要経費）<br>3,900,000円　　　380,000円 | （青色申告特別控除額）<br>550,000円<br>※55万円控除の要件を充足<br>（要件については269ページ参照） |

※令和4年分予定納税額（第1期、第2期）120,000円

### （2） 控除の内容

| 種　　類 | 内　　容 | |
|---|---|---|
| 雑 損 控 除 | （損害の原因、年月日）　（損害を受けた資産）　（損害金額）　（保険で補填された金額）<br>火災、令4.1.11　　住宅、家財　　8,500,000円　　7,300,000円<br>※上記損害金額のほかに焼失住宅の除去のため令和4年中に70万円を支出しているが、この支出については、保険金その他で補填された金額はない。 | |
| 社 会 保 険 料 控 除 | 国民健康保険<br>（介護保険を含む）　990,000円　　　国民年金　　597,420円 | |
| 小 規 模 企 業 共 済 等<br>掛 金 控 除 | 小規模企業共済契約の掛金　840,000円 | |
| 生 命 保 険 料 控 除 | （保険金受取人）（保険会社）（支払保険料）（契約者配当金）<br>大阪花子（妻）　南北生命　86,000円　　8,000円 | ※旧制度（平成23年12月31日以前締結）分 |
| 障 害 者 控 除 | 大阪春子　※特別障害者には該当しない。 | |
| 配偶者・扶養控除等 | （家族構成）大阪花子…（妻）昭42.8.8生（所得なし）　　大阪春子…（子）平10.1.20生<br>大阪一郎…（子）平6.10.1生（専従者）　　　　　　　　　　　　（所得なし） | |
| 住 宅 借 入 金 等<br>特 別 控 除 | （床面積）<br>99㎡<br>※全部が居住用　　　（請負契約年月日）（居住年月日）<br>令4.1.20　　令4.7.25<br>（家屋の新築工事代金）<br>19,800,000円 | （住宅取得資金に係る借入金の年末残高）<br>800万円<br>（償還期間15年） |
| 公 益 社 団 法 人 等<br>寄 附 金 特 別 控 除 | （寄附先の所在地・名称）<br>大阪市中央区　独立行政法人日本学生支援機構 | （寄附金の額）<br>100,000円 |

——(15)——

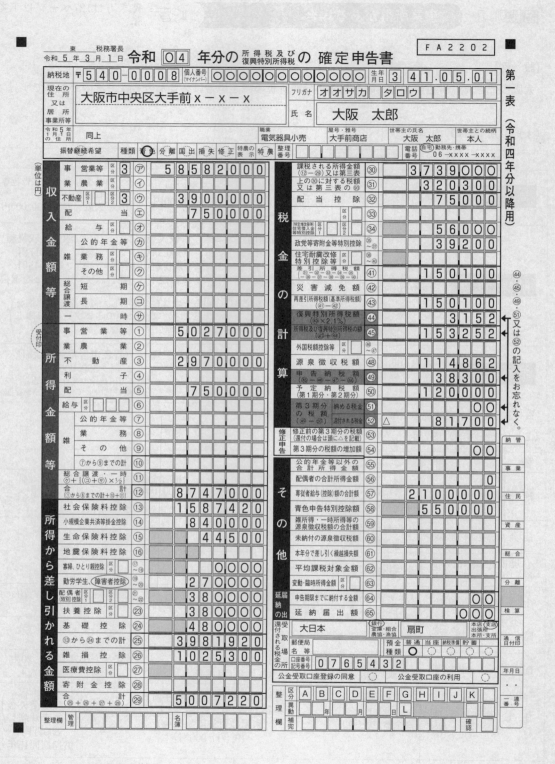

整理番号 □□□□□□□□　　FA2302

# 令和 04 年分の所得税及び復興特別所得税の確定申告書

| | |
|---|---|
| 住所 | 大阪市中央区大手前x－x－x |
| 屋号 | 大手前商店 |
| フリガナ | オオサカ　タロウ |
| 氏名 | 大阪　太郎 |

| 保険料等の種類 | | 支払保険料等の計 | うち年末調整等以外 |
|---|---|---|---|
| ⑬⑭ 社会保険料控除・小規模企業共済等掛金控除 | 国民健康保険 | 990,000 円 | 990,000 円 |
| | 国民年金 | 597,420 | 597,420 |
| | 小規模企業共済 | 840,000 | 840,000 |
| ⑮ 生命保険料控除 | 新生命保険料 | 円 | 円 |
| | 旧生命保険料 | 78,000 | 78,000 |
| | 新個人年金保険料 | | |
| | 旧個人年金保険料 | | |
| | 介護医療保険料 | | |
| ⑯ 地震保険料控除 | 地震保険料 | 円 | 円 |
| | 旧長期損害保険料 | | |

○ 所得の内訳（所得税及び復興特別所得税の源泉徴収税額）

| 所得の種類 | 種目 | 給与などの支払者の「名称」及び「法人番号又は所在地」等 | 収入金額 | 源泉徴収税額 |
|---|---|---|---|---|
| 配当 | 株式の配当 | ㈱近畿工業 xxxxxxxxxxxxx | 750,000 円 | 114,862 円 |
| | | | | |
| | | | | |
| | | | | |
| | | | ㊽ 源泉徴収税額の合計額 | 114,862 円 |

| 本人に関する事項（⑰～⑳） | 寡婦 | ひとり親 | 勤労学生 | 障害者 | 特別障害者 |
|---|---|---|---|---|---|
| | □ 死別　□ 生死不明　□ 離婚　□ 未帰還 | | □ 年調以外かつ専修学校等 | | |

○ 雑損控除に関する事項（㉖）

| 損害の原因 | 損害年月日 | 損害を受けた資産の種類など |
|---|---|---|
| 災害 | 令4．1．11 | 住宅・家財 |

| 損害金額 | 保険金などで補塡される金額 | 差引損失額のうち災害関連支出の金額 |
|---|---|---|
| 9,200,000 円 | 7,300,000 円 | 700,000 円 |

○ 総合課税の譲渡所得、一時所得に関する事項（⑪）

| 所得の種類 | 収入金額 | 必要経費等 | 差引金額 |
|---|---|---|---|
| | 円 | 円 | 円 |
| | | | |

○ 寄附金控除に関する事項（㉘）

| 寄附先の名称等 | 寄附金 |
|---|---|
| 独立行政法人 日本学生支援機構 | 100,000 円 |

| 特例適用条文等 | |
|---|---|
| | ㊕令和４年７月25日居住開始 措法41の18の３ |

○ 配偶者や親族に関する事項（⑳～㉓）

| 氏名 | 個人番号 | 続柄 | 生年月日 | 障害者 | | 国外居住 | | 住民税 | | その他 |
|---|---|---|---|---|---|---|---|---|---|---|
| 大阪　花子 | ○○○○○○○○○○○○ | 配偶者 | 明・大・◯昭・平 42．8．8 | 障 | 特障 | 国外 | 年調 | 同一 | 別居 | 調整 |
| 大阪　春子 | ○○○○○○○○○○○○ | 子 | 明・大・昭・◯平・令 10．1．20 | ◯障 | 特障 | 国外 | 年調 | 16 | 別居 | 調整 |
| | | | 明・大・昭・平・令 ．． | 障 | 特障 | 国外 | 年調 | 16 | 別居 | 調整 |
| | | | 明・大・昭・平・令 ．． | 障 | 特障 | 国外 | 年調 | 16 | 別居 | 調整 |
| | | | 明・大・昭・平・令 ．． | 障 | 特障 | 国外 | 年調 | 16 | 別居 | 調整 |

○ 事業専従者に関する事項（(57)）

| 事業専従者の氏名 | 個人番号 | 続柄 | 生年月日 | 従事月数・程度・仕事の内容 | 専従者給与（控除）額 |
|---|---|---|---|---|---|
| 大阪　一郎 | ○○○○○○○○○○○○ | 子 | 明・大・昭・◯平 6．10．1 | 12月 | 2,100,000 円 |
| | | | 明・大・昭・平 ．． | | |

○ 住民税・事業税に関する事項

| 住民税 | 非上場株式の少額配当等 | 非居住者の特例 | 配当割額控除額 | 株式等譲渡所得割額控除額 | 特定配当等・特定株式等譲渡所得の全部の申告不要 | 給与、公的年金等以外の所得に係る住民税の徴収方法：特別徴収 | 自分で納付 | 都道府県、市区町村への寄附（特例控除対象） | 共同募金、日赤その他の寄附 | 都道府県条例指定寄附 | 市区町村条例指定寄附 |
|---|---|---|---|---|---|---|---|---|---|---|---|
| | 円 | 円 | 37,500 円 | 円 | ○ | | | 円 | 円 | 円 | 円 |

| 退職所得のある配偶者・親族の氏名 | 個人番号 | 続柄 | 生年月日 | 退職所得を除く所得金額 | 障害者 | | その他 | 寡婦・ひとり親 | |
|---|---|---|---|---|---|---|---|---|---|
| | □□□□□□□□□□□□ | | 明・大・昭・平 ．． | 円 | 障 | 特障 | 調整 | 寡婦 | ひとり親 |

| 事業税 | | | | | |
|---|---|---|---|---|---|
| 非課税所得など | 番号 | 所得金額 円 | 損益通算の特例適用前の不動産所得 | 円 | 前年中の開（廃）業　開始・廃止　月日 |
| 不動産所得から差し引いた青色申告特別控除額 | | 550,000 | 事業用資産の譲渡損失など | | 他都道府県の事務所等 |

| 上記の配偶者・親族・事業専従者のうち別居の者の氏名・住所 | 氏名 | 住所 | 国外 | 所得税で控除対象配偶者などとした専従者 | 氏名 | 給与 円 | 一連番号 |
|---|---|---|---|---|---|---|---|
| | | | | | | | |

| 整理欄 | | | | | |
|---|---|---|---|---|---|
| 申告区分 □□ | 申告等年月日 □□年□□月□□日 | 所得種類 □□□□□□□□ | | | |
| 特例適用条文 _法 □□条の□□の□□項□号 | 申告期限 □□年□□月□□日 | | | | |

税理士法書面提出　30条 ◯　33条の2 ◯

税理士署名・電話番号（　　－　　－　　）

第二表（令和四年分以降用）
○第二表は、第一表と一緒に提出してください。
○国民年金保険料や生命保険料の支払証明書など申告書に添付しなければならない書類は添付書類台紙などに貼ってください。

(注)「所得の内訳（所得税及び復興特別所得税の源泉徴収税額）」欄には、支払者の本店等の所在地を支払者の法人番号（13桁）の記入に代えることができます。

| | サラリーマンの還付申告－1 | |
|---|---|---|
| **記載例 ②** | **医療費控除を受ける場合** | ☞ 医療費控除については416<br>ページ以下参照 |

## ① 医療費控除を受ける場合

### 【設 例】

近江市郎さん（会社員）の令和4年分所得税の確定申告に必要な資料は、次のとおりです。

### （1） 所 得 の 内 容

| 種　　　　　類 | 内　　　　　　　容 | | |
|---|---|---|---|
| **給 与 所 得**　㈱近江銀行の給与 | （収入金額）<br>6,421,390円 | （給与所得の金額）<br>4,696,000円 | （源泉徴収税額）<br>191,600円<br>（年末調整済） |

### （2） 控 除 の 内 容

| 種　　　　　類 | 内　　　　　　　容 | | |
|---|---|---|---|
| 社 会 保 険 料 控 除 | 年末調整において控除を受けたものと異動はない。 | | |
| 生 命 保 険 料 控 除 | | | |
| 配偶者・扶養控除等 | | | |
| 医 療 費 控 除 | （医療を受けた人）　　　　　（支払月日・支払先）　　　（支払金額）<br>近江市郎（本人）　　6月30日　大津市△△歯科　　260,000円<br>近江花子（妻）　　　3月25日　近江八幡市○○病院　　4,700円<br>近江次郎（子）　　　11月5日　大津市○×病院　　　35,000円<br>※妻の通院期間中(3月16日～25日)11,600円（片道1,160円×2を5回）の交通費を要した。<br>　なお、支払った医療費について、それを補填する保険金等の支払は受けていない。 | | |

——(18)——

## 令和 4 年分　給与所得の源泉徴収票

| 支払を受ける者 | 住所又は居所 | 大津市中央 x－x－x | | | |
|---|---|---|---|---|---|
| | | （受給者番号）73 | | | |
| | | （役職名） | | | |
| | | 氏名 | （フリガナ）オウミ　イチロウ 近江　市郎 | | |

| 種　別 | 支 払 金 額 | 給与所得控除後の金額（調整控除後） | 所得控除の額の合計額 | 源泉徴収税額 |
|---|---|---|---|---|
| 給料・賞与 | 内　6 421 390 円 | 4 696 000 | 1 843 088 | 191 600 |

| （源泉）控除対象配偶者の有無等 | | 配偶者（特別）控除の額 | 控除対象扶養親族の数（配偶者を除く。） | | | | | | 16歳未満扶養親族の数 | 障害者の数（本人を除く。） | | | 非居住者である親族の数 |
|---|---|---|---|---|---|---|---|---|---|---|---|---|---|
| 有 | 従有 | 老人 | | 特　定 | | 老　人 | | その他 | | 特　別 | | その他 | |
| ○ | | 千　　円 | 人 従人 | 内 | 人 従人 | 人 従人 | 人 | 3 人 | 内 | 人 | 人 | 人 | 人 |

| 社会保険料等の金額 | 生命保険料の控除額 | 地震保険料の控除額 | 住宅借入金等特別控除の額 |
|---|---|---|---|
| 内　943 088 円 | 40 000 | 千　　円 | 千　　円 |

（摘要）

| 生命保険料の金額の内訳 | 新生命保険料の金額 | 120,000 円 | 旧生命保険料の金額 | 円 | 介護医療保険料の金額 | 円 | 新個人年金保険料の金額 | 円 | 旧個人年金保険料の金額 | 円 |
|---|---|---|---|---|---|---|---|---|---|---|
| 住宅借入金等特別控除の額の内訳 | 住宅借入金等特別控除適用数 | | 居住開始年月日（1回目） | 年　　月　　日 | 住宅借入金等特別控除区分（1回目） | | 住宅借入金等年末残高（1回目） | 円 | | |
| | 住宅借入金等特別控除可能額 | 円 | 居住開始年月日（2回目） | 年　　月　　日 | 住宅借入金等特別控除区分（2回目） | | 住宅借入金等年末残高（2回目） | 円 | | |

| （源泉・特別）控除対象配偶者 | （フリガナ） 氏名 | オウミ　ハナコ 近江　花子 | 区分 | | 配偶者の合計所得 | | 国民年金保険料等の金額 | 円 | 旧長期損害保険料の金額 | 円 |
|---|---|---|---|---|---|---|---|---|---|---|
| | | | | | | | 基礎控除の額 | 円 | 所得金額調整控除額 | 円 |

| 控除対象扶養親族 | 1 | （フリガナ） 氏名 | | 区分 | | 16歳未満の扶養親族 | 1 | （フリガナ） 氏名 | オウミ　ハルコ 近江　春子 | 区分 | |
|---|---|---|---|---|---|---|---|---|---|---|---|
| | 2 | （フリガナ） 氏名 | | 区分 | | | 2 | （フリガナ） 氏名 | オウミ　タロウ 近江　太郎 | 区分 | |
| | 3 | （フリガナ） 氏名 | | 区分 | | | 3 | （フリガナ） 氏名 | オウミ　ジロウ 近江　次郎 | 区分 | |
| | 4 | （フリガナ） 氏名 | | 区分 | | | 4 | （フリガナ） 氏名 | | 区分 | |

| 未成年者 | 外国人 | 死亡退職 | 災害者 | 乙欄 | 本人が障害者 | | 寡婦 | ひとり親 | 勤労学生 | 中途就・退職 | | | | 受給者生年月日 | | | |
|---|---|---|---|---|---|---|---|---|---|---|---|---|---|---|---|---|---|
| | | | | | 特別 | その他 | | | | 就職 | 退職 | 年 月 日 | | 元号 | 年 | 月 | 日 |
| | | | | | | | | | | | | | | 平成 | 1 | 6 | 10 |

| 支払者 | 住所（居所）又は所在地 | 大津市京町 x－x－x | |
|---|---|---|---|
| | 氏名又は名称 | 株式会社　近江銀行 | （電話）077－x x x－x x x x |

**②**

**給与還付（医療費）**

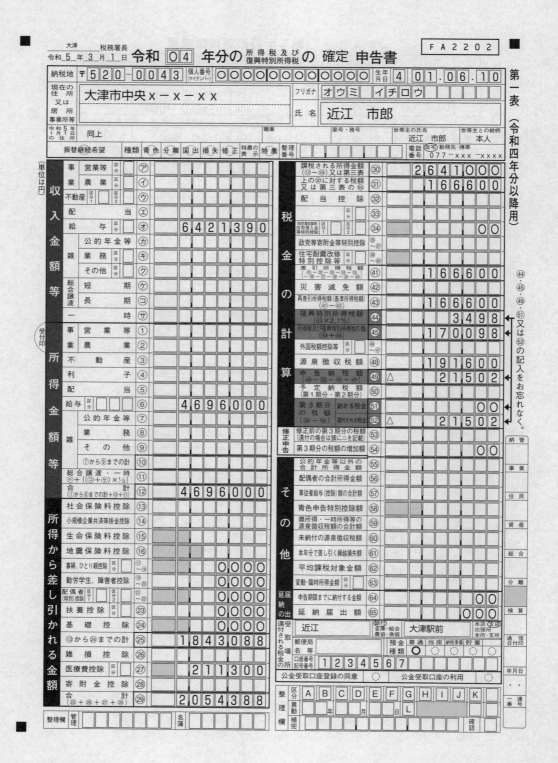

# 令和 ０４ 年分の所得税及び復興特別所得税の確定申告書

整理番号 〔　　　　　　　　〕　　FA2302

第二表（令和四年分以降用）

○第二表は、第一表と一緒に提出してください。

○国民年金保険料や生命保険料の支払証明書など申告書に添付しなければならない書類は添付書類台紙などに貼ってください。

| 住　所 屋　号 | 大津市中央x－x－xx |
| フリガナ 氏　名 | オウミ　イチロウ<br>近江　市郎 |

## ○ 所得の内訳（所得税及び復興特別所得税の源泉徴収税額）

| 所得の種類 | 種目 | 給与などの支払者の「名称」及び「法人番号又は所在地」等 | 収入金額 | 源泉徴収税額 |
|---|---|---|---|---|
| 給与 | 給料 | 株式会社　近江銀行<br>大津市京町x－x－x | 6,421,390 | 191,600 |
| | | | | |
| | | | | |
| | | ㊽ 源泉徴収税額の合計額 | | 191,600 |

## ○ 総合課税の譲渡所得、一時所得に関する事項（⑪）

| 所得の種類 | 収入金額 | 必要経費等 | 差引金額 |
|---|---|---|---|
| | 円 | 円 | 円 |

| 特例適用<br>条文等 | |
|---|---|

## ○ 配偶者や親族に関する事項（⑳～㉓）

| 氏　名 | 個人番号 | 続柄 | 生年月日 | 障害者 | 国外居住 | 住民税 | その他 |
|---|---|---|---|---|---|---|---|
| | | 配偶者 | ・　・ | 障 特障 | 国外 年調 | 同一 別居 | 調整 |
| 近江　春子 | ○○○○○○○○○○○○ | 子 | 令25・3・3 | 障 特障 | 国外 年調 | ⑯ 別居 | 調整 |
| 近江　太郎 | ○○○○○○○○○○○○ | 子 | 令27・5・5 | 障 特障 | 国外 年調 | ⑯ 別居 | 調整 |
| 近江　次郎 | ○○○○○○○○○○○○ | 子 | 令30・7・7 | 障 特障 | 国外 年調 | ⑯ 別居 | 調整 |
| | | | ・　・ | 障 特障 | 国外 年調 | ⑯ 別居 | 調整 |

## ○ 事業専従者に関する事項（㊾）

| 事業専従者の氏名 | 個人番号 | 続柄 | 生年月日 | 従事月数・程度・仕事の内容 | 専従者給与（控除）額 |
|---|---|---|---|---|---|
| | | | 明・大<br>昭・平<br>・　・ | | |
| | | | 明・大<br>昭・平<br>・　・ | | |

## ○ 住民税・事業税に関する事項

### 住民税

| 非上場株式の少額配当等 | 非居住者の特例 | 配当割額控除額 | 株式等譲渡所得割額控除額 | 特定配当等・特定株式等譲渡所得の全部の申告不要 | 給与、公的年金等以外の所得に係る住民税の徴収方法 | | 都道府県、市区町村への寄附（特例控除対象） | 共同募金、日赤その他の寄附 | 都道府県条例指定寄附 | 市区町村条例指定寄附 |
|---|---|---|---|---|---|---|---|---|---|---|
| | | | | | 特別徴収 | 自分で納付 | | | | |
| 円 | 円 | 円 | 円 | ○ | ○ | ○ | 円 | 円 | 円 | 円 |

| 退職所得のある配偶者・親族の氏名 | 個人番号 | 続柄 | 生年月日 | 退職所得を除く所得金額 | 障害者 | その他 寡婦・ひとり親 |
|---|---|---|---|---|---|---|
| | | | 明・大<br>昭・平<br>・　・ | 円 | 障 特障 | 調整 寡婦 ひとり親 |

### 事業税

| | 非課税所得など | 番号 | 所得金額 | 損益通算の特例適用前の不動産所得 | 前年中の開（廃）業 | 開始・廃止 |
|---|---|---|---|---|---|---|
| | | | 円 | 円 | | 月 日 |
| | 不動産所得から差し引いた青色申告特別控除額 | 円 | 事業用資産の譲渡損失など | | 他都道府県の事務所等 | |

| 上記の配偶者・親族・事業専従者のうち別居の者の氏名・住所 | 氏名 | 住所 | 国外 | 所得税で控除対象配偶者などとした専従者 | 氏名 | 給与 | 一連番号 |
|---|---|---|---|---|---|---|---|

税理士署名・電話番号

（　　－　　　－　　　）

---

| 保険料等の種類 | 支払保険料等の計 | うち年末調整等以外 |
|---|---|---|

⑬⑭ 社会保険料控除<br>小規模企業共済等掛金控除

| | 円 | 円 |
|---|---|---|
| | | |
| | | |
| | | |

⑮ 生命保険料控除

| 新生命保険料 | 円 | 円 |
|---|---|---|
| 旧生命保険料 | | |
| 新個人年金保険料 | | |
| 旧個人年金保険料 | | |
| 介護医療保険料 | | |

⑯ 地震保険料控除

| 地震保険料 | 円 | 円 |
|---|---|---|
| 旧長期損害保険料 | | |

### 本人に関する事項（⑰～⑳）

| 寡婦 | ひとり親 | 勤労学生 | 障害者 | 特別障害者 |
|---|---|---|---|---|
| □ 死別　□ 生死不明<br>□ 離婚　□ 未帰還 | | □ 年調以外かつ専修学校等 | | |

## ○ 雑損控除に関する事項（㉖）

| 損害の原因 | 損害年月日 | 損害を受けた資産の種類など |
|---|---|---|
| | ・　・ | |

| 損害金額 | 円 | 保険金などで補填される金額 | 円 | 差引損失額のうち災害関連支出の金額 | 円 |
|---|---|---|---|---|---|

## ○ 寄附金控除に関する事項（㉘）

| 寄附先の名称等 | | 寄附金 | 円 |
|---|---|---|---|

# 令和 4 年分　医療費控除の明細書【内訳書】

※この控除を受ける方は、セルフメディケーション税制は受けられません。

住 所　大津市中央x－x－xx　　　　　氏 名　近江 市郎

## 1 医療費通知に記載された事項

医療費通知（※）を添付する場合、右記の(1)～(3)を記入します。

※医療保険者等が発行する医療費の額等を通知する書類で、次の6項目
が記載されたものをいいます。
（例：健康保険組合等が発行する「医療費のお知らせ」）
①被保険者等の氏名、②療養を受けた年月、③療養を受けた者、
④療養を受けた病院・診療所・薬局等の名称、⑤被保険者等が
支払った医療費の額、⑥保険者等の名称

| (1) 医療費通知に記載された医療費の額（自己負担額）(注) | (2) (1)のうちその年中に実際に支払った医療費の額 | (3) (2)のうち生命保険や社会保険（高額療養費など）などで補てんされる金額 |
|---|---|---|
| ⑦　　　　　円 | ⑦　　　　　円 | ⑦　　　　　円 |

(注)　医療費通知には前年支払分の医療費が記載されている場合がありますのでご注意ください。

## 2 医療費（上記 1 以外）の明細

「領収書1枚」ごとではなく、「医療を受けた方」・「病院等」ごとにまとめて記入できます。

| (1) 医療を受けた方の氏名 | (2) 病院・薬局などの支払先の名称 | (3) 医療費の区分 | | (4) 支払った医療費の額 | (5) (4)のうち保険金や社会保険（高額療養費など）などで補てんされる金額 |
|---|---|---|---|---|---|
| 近江花子 | ○○病院 | ☑診療・治療 □医薬品購入 | □介護保険サービス □その他の医療費 | 4,700 円 | 0 |
| 〃 | JR、○○バス | □診療・治療 □医薬品購入 | □介護保険サービス ☑その他の医療費 | 11,600 | 0 |
| 近江市郎 | △△歯科 | ☑診療・治療 □医薬品購入 | □介護保険サービス □その他の医療費 | 260,000 | 0 |
| 近江次郎 | ○×病院 | ☑診療・治療 □医薬品購入 | □介護保険サービス □その他の医療費 | 35,000 | 0 |
| | | □診療・治療 □医薬品購入 | □介護保険サービス □その他の医療費 | | |
| | | □診療・治療 □医薬品購入 | □介護保険サービス □その他の医療費 | | |
| | | □診療・治療 □医薬品購入 | □介護保険サービス □その他の医療費 | | |
| | | □診療・治療 □医薬品購入 | □介護保険サービス □その他の医療費 | | |
| | | □診療・治療 □医薬品購入 | □介護保険サービス □その他の医療費 | | |
| | | □診療・治療 □医薬品購入 | □介護保険サービス □その他の医療費 | | |
| | | □診療・治療 □医薬品購入 | □介護保険サービス □その他の医療費 | | |
| | | □診療・治療 □医薬品購入 | □介護保険サービス □その他の医療費 | | |
| | | □診療・治療 □医薬品購入 | □介護保険サービス □その他の医療費 | | |
| | | □診療・治療 □医薬品購入 | □介護保険サービス □その他の医療費 | | |
| | | □診療・治療 □医薬品購入 | □介護保険サービス □その他の医療費 | | |
| 2 の 合 計 | | | | ⑦ 311,300 | ⑦ 0 |

| 医 療 費 の 合 計 | A (⑦+⑦) 311,300 円 | B (⑦+⑦) 0 円 |
|---|---|---|

## 3 控除額の計算

| 支払った医療費 | (合計) 311,300 円 | A |
|---|---|---|
| 保険金などで補てんされる金額 | | B |
| 差引金額（A－B） | (マイナスのときは0円) 311,300 | C |
| 所得金額の合計額 | 4,696,000 | D |
| D×0.05 | (赤字のときは0円) 234,800 | E |
| Eと10万円のいずれか少ない方の金額 | 100,000 | F |
| 医療費控除額（C－E） | (最高200万円、赤字のときは0円) 211,300 | G |

申告書第一表の「所得金額等」の合計欄の金額を転記します。
(注)　次の場合には、それぞれの金額を加算します。
・退職所得及び山林所得がある場合・・・その所得金額
・ほかに申告分離課税の所得がある場合・・・その所得金額
（特別控除前の金額）
なお、損失申告の場合には、申告書第四表（損失申告用）の
「4繰越損失を差し引く計算」欄の⑨の金額を転記します。

申告書第一表の「所得から差し引かれる金額」の医療費控除欄に転記します。

04.11

この明細書は、申告書と一緒に提出してください。

## ②　セルフメディケーション税制の適用を受ける場合

### 【設　例】
　近江市郎さん（会社員）の令和4年分所得税の確定申告に必要な資料は、次のとおりです。

### （1）　所得の内容

| 種　　　　類 | 内 | | 容 |
|---|---|---|---|
| **給　与　所　得**　㈱近江銀行の給与 | （収入金額）<br>6,421,390円 | （給与所得の金額）<br>4,696,000円 | （源泉徴収税額）<br>191,600円<br>（年末調整済） |

### （2）　控除の内容

| 種　　　　類 | 内　　　　　　　　　　　　　容 | |
|---|---|---|
| 医　療　費　控　除 | 以下のセルフメディケーション税制の対象となる特定一般医薬品等を購入<br>　（支払先）　　　　　（医薬品の名称）　　　　　　　　（支払金額）<br>　国税薬局　　　　　ゼイム EX、カクテイ胃腸薬 MN　　　2,164円<br>　□□ドラッグストア　○○○○○○ EX、△△△△FX、<br>　　　　　　　　　　　×××ｘ点鼻薬、□□□□□□□Z、<br>　　　　　　　　　　　○○○○X、△△△△△S△△△、<br>　　　　　　　　　　　△△△△△S○○○○○　　　　　33,754円<br>　××××ドラッグ　　○○○ EX、□□□□□EX、<br>　　　　　　　　　　　□□□□□かぜ EX、<br>　　　　　　　　　　　□□□□□△△i　　　　　　　　　7,696円 | |
| 社　会　保　険　料　控　除 | 年末調整において控除を受けたものと異動はない。 | |
| 生　命　保　険　料　控　除 | | |
| 配偶者・扶養控除等 | | |

※給与所得の源泉徴収票は、19ページと同じです。

——(23)——

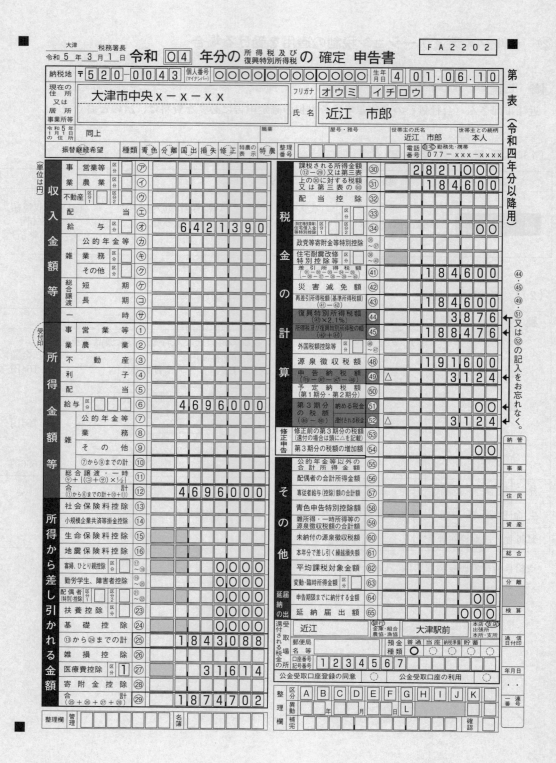

# 令和 04 年分の所得税及び復興特別所得税の確定申告書

整理番号 □□□□□□□□　FA2302

**第二表（令和四年分以降用）**

○第二表は、第一表と一緒に提出してください。○国民年金保険料や生命保険料の支払証明書など申告書に添付しなければならない書類は添付書類台紙などに貼ってください。

住所　大津市中央x－x－xx
屋号
フリガナ　オウミ　イチロウ
氏名　近江　市郎

## ○ 所得の内訳（所得税及び復興特別所得税の源泉徴収税額）

| 所得の種類 | 種目 | 給与などの支払者の「名称」及び「法人番号又は所在地」等 | 収入金額 | 源泉徴収税額 |
|---|---|---|---|---|
| 給与 | 給料 | 株式会社　近江銀行 大津市京町x－x－x | 6,421,390 | 191,600 |
| | | | | |
| | | | | |
| | | ⑱ 源泉徴収税額の合計額 | | 191,600 |

## ○ 総合課税の譲渡所得、一時所得に関する事項（⑪）

| 所得の種類 | 収入金額 | 必要経費等 | 差引金額 |
|---|---|---|---|
| | 円 | 円 | 円 |
| | | | |

特例適用条文等

## ○ 配偶者や親族に関する事項（⑳～㉓）

| 氏名 | 個人番号 | 続柄 | 生年月日 | 障害者 | 国外居住 | 住民税 | その他 |
|---|---|---|---|---|---|---|---|
| | | 配偶者 | 明・大昭・平 ． ． | 障 特障 | 国外 年調 | 同一 | 別居 調整 |
| 近江　春子 | ○○○○○○○○○○○○ | 子 | 明・大昭・㊡令 25．3．3 | 障 特障 | 国外 年調 | ⑯ | 別居 調整 |
| 近江　太郎 | ○○○○○○○○○○○○ | 子 | 明・大昭・㊡令 27．5．5 | 障 特障 | 国外 年調 | ⑯ | 別居 調整 |
| 近江　次郎 | ○○○○○○○○○○○○ | 子 | 明・大昭・㊡令 30．7．7 | 障 特障 | 国外 年調 | ⑯ | 別居 調整 |
| | | | 明・大昭・平・令 | 障 特障 | 国外 年調 | ⑯ | 別居 調整 |

## ○ 事業専従者に関する事項（㊾）

| 事業専従者の氏名 | 個人番号 | 続柄 | 生年月日 | 従事月数・程度・仕事の内容 | 専従者給与（控除）額 |
|---|---|---|---|---|---|
| | | | 明・大昭・平 ． ． | | 円 |
| | | | 明・大昭・平・令 | | |

## ○ 住民税・事業税に関する事項

### 住民税

| 非上場株式の少額配当等 | 非居住者の特例 | 配当割額控除額 | 株式等譲渡所得割控除額 | 特定配当等・特定株式等譲渡所得の全部の申告不要 | 給与、公的年金等以外の所得に係る住民税の徴収方法 | | 都道府県、市区町村への寄附（特例控除対象） | 共同募金、日赤その他の寄附 | 都道府県条例指定寄附 | 市区町村条例指定寄附 |
|---|---|---|---|---|---|---|---|---|---|---|
| | | | | | 特別徴収 | 自分で納付 | | | | |
| 円 | 円 | 円 | 円 | | ○ | ○ | 円 | 円 | 円 | 円 |

| 退職所得のある配偶者・親族の氏名 | 個人番号 | 続柄 | 生年月日 | 退職所得を除く所得金額 | 障害者 | その他 | 寡婦・ひとり親 |
|---|---|---|---|---|---|---|---|
| | | | 明・大昭・平 ． ． | 円 | 障 特障 | 調整 | 寡婦 ひとり親 |

### 事業税

| 非課税所得など | 番号 | 所得金額 | 損益通算の特例適用前の不動産所得 | 前年中の開（廃）業 | 開始・廃止 月日 |
|---|---|---|---|---|---|
| | | 円 | 円 | | |
| 不動産所得から差し引いた青色申告特別控除額 | 円 | | 事業用資産の譲渡損失など | 他都道府県の事務所等 | ○ |

| 上記の配偶者・親族・事業専従者のうち別居の者の氏名・住所 | 氏名 | 住所 | 国外 | 所得税で控除対象配偶者などとした専従者 | 氏名 | 給与 | 一連番号 |
|---|---|---|---|---|---|---|---|
| | | | | | | | |

## ○ 保険料控除等に関する事項（右上欄）

| | 保険料等の種類 | 支払保険料等の計 | うち年末調整等以外 |
|---|---|---|---|
| ⑬⑭ 社会保険料控除 小規模企業共済等掛金控除 | | 円 | 円 |
| | | | |
| | | | |
| | | | |
| ⑮ 生命保険料控除 | 新生命保険料 | 円 | 円 |
| | 旧生命保険料 | | |
| | 新個人年金保険料 | | |
| | 旧個人年金保険料 | | |
| | 介護医療保険料 | | |
| ⑯ 地震保険料控除 | 地震保険料 | 円 | 円 |
| | 旧長期損害保険料 | | |

## ○ 本人に関する事項（⑰～⑳）

| 寡婦 | ひとり親 | 勤労学生 | 障害者 | 特別障害者 |
|---|---|---|---|---|
| □死別 □生死不明 □離婚 □未帰還 | □ | □年調以外かつ専修学校等 | | |

## ○ 雑損控除に関する事項（㉖）

| 損害の原因 | 損害年月日 | 損害を受けた資産の種類など |
|---|---|---|
| | | |
| 損害金額 円 | 保険金などで補填される金額 円 | 差引損失額のうち災害関連支出の金額 円 |

## ○ 寄附金控除に関する事項（㉘）

| 寄附先の名称等 | 寄附金 |
|---|---|
| | |

税理士署名・電話番号

整理欄　申告区分　特例適用条文　法　条の　の　項　号　申告等年月日　年　月　日　所得種類　申告期限　年　月　日

税理士法書面提出 30条 33条の2 （　　－　　－　　）

(25)

# 令和　4　年分　セルフメディケーション税制の明細書

※この控除を受ける方は、通常の医療費控除は受けられません。

住　所　大津市中央x－x－xx　　　　　　氏　名　近江　市郎

## 1　申告する方の健康の保持増進及び疾病の予防への取組

| （1）取組内容 | ☑健康診査　　□予防接種　　□定期健康診断<br>□特定健康診査　　□がん検診　　□（　　　　　） |
|---|---|
| （2）発行者名<br>（保険者、勤務先、市区町村、<br>医療機関名など） | 株式会社近江銀行 |

※取組に要した費用（人間ドックなど）は、控除対象となりません。

## 2　特定一般用医薬品等購入費の明細　　「薬局などの支払先の名称」ごとにまとめて記入することができます。

| （1）薬局などの支払先の名称 | （2）医薬品の名称 | （3）支払った金額 | （4）（3）のうち生命保険<br>や社会保険などで<br>補てんされる金額 |
|---|---|---|---|
| 国税薬局 | ゼイムEX、カクテイ胃腸薬MN | 2,164 円 | 円 |
| □□ドラッグストア | ○○○○○○EX、△△△△ FX | 33,754 | |
| 〃 | ××××点鼻薬、□□□□□□□Z | | |
| 〃 | ○○○○×、△△△△△S△△△ | | |
| 〃 | △△△△△S○○○○○ | | |
| ××××ドラッグ | ○○○EX、□□□□□EX | 7,696 | |
| 〃 | □□□□□かぜEX、□□□□□△△i | | |
| | | | |
| | | | |
| | | | |
| | | | |
| | | | |
| | | | |
| | | | |
| | | | |
| | | | |
| | | | |
| 合　　　　　　　　　　　計 | | A　43,614 | B　0 |

## 3　控除額の計算

| 支払った金額 | （合計）　43,614 円 | A |
|---|---|---|
| 保険金などで<br>補てんされる金額 | 0 | B |
| 差引金額<br>（A－B） | （マイナスのときは0円）<br>43,614 | C |
| 医療費控除額<br>（C－12,000円） | （最高8万8千円、赤字のときは0円）<br>31,614 | D |

申告書第一表の「所得から差し引かれる金額」の医療費控除欄に転記し、「区分」の□に「1」と記入します。

この明細書は、申告書と一緒に提出してください。

| 記載例 3 | サラリーマンの還付申告－2<br>住宅借入金等特別控除を受ける場合 | ☞ 住宅借入金等特別控除については474ページ以下参照 |

## 【設 例】

神戸五郎さん（会社員）の令和4年分所得税の確定申告に必要な資料は、次のとおりです。

### （1） 所 得 の 内 容

| 種　　　　類 | 内 | | 容 |
|---|---|---|---|
| 給 与 所 得　　兵神商事㈱の給与 | （収入金額）<br>6,648,300円 | （給与所得の金額）<br>4,883,470円 | （源泉徴収税額）<br>206,200円<br>（年末調整済） |

### （2） 控 除 の 内 容

| 種　　　　類 | 内　　　　　　　　　　　　　容 |
|---|---|
| 地 震 保 険 料 控 除<br>（旧長期損害保険料控除） | （保険の種類）　　　（保険会社）　　　　（支払保険料）　　　（保険期間等）<br>地震（建物）　　兵庫火災海上保険　　　15,300円　　　　　1年<br>※　年末調整において控除を受けていない。 |
| 住 宅 借 入 金 等<br>特 別 控 除 | （床面積）　　（売買契約年月日）（居住年月日）　　　（住宅取得資金に係る<br>89m²　　　　令4.10.11　　令4.11.10　　　　借入金の年末残高）<br>※全て居住用　　　　　（取得対価）　　　　兵神銀行　500万円<br>　　　　　　　　家屋　17,600,000円　　　住宅金融支援機構　1,440万円<br>　　　　　　　　敷地　16,000,000円　　　　　（償還期間20年）<br>　　　　　　　※家屋と敷地（170m²）は一括取得 |
| 社 会 保 険 料 控 除 | 年末調整において控除を受けたものと異動はない。 |
| 生 命 保 険 料 控 除 | |
| 配偶者・扶養控除等 | |

──(27)──

## 令和 4 年分　　給与所得の源泉徴収票

| 支払を受ける者 | 住所又は居所 | 神戸市灘区泉通 x － x |
|---|---|---|

| （受給者番号） | |
|---|---|
| （役職名） | 経理課長 |
| 氏名 （フリガナ） | コウベ　ゴロウ |
| | 神戸　五郎 |

| 種　　別 | 支 払 金 額 | 給与所得控除後の金額（調整控除後） | 所得控除の額の合計額 | 源泉徴収税額 |
|---|---|---|---|---|
| 給料・賞与 | 内　6　648　300 | 4　883　470 | 1　888　357 | 内　206　200 |

| （源泉）控除対象配偶者の有無等 | | 配偶者（特別）控除の額 | 控除対象扶養親族の数（配偶者を除く。） | | | | | | 16歳未満扶養親族の数 | 障害者の数（本人を除く。） | | 非居住者である親族の数 |
|---|---|---|---|---|---|---|---|---|---|---|---|---|---|
| 有 | 従有 | | 特　定 | | 老　人 | | その他 | | | 特　別 | その他 | |
| | 老人 | 千　　　円 | 人 従人 | 内　　人 | 人 従人 | 人 従人 | 人 | 内　人　人 | | 内　人 | 人 | 人 |
| ○ | | | | | | | | | 2 | | | |

| 社会保険料等の金額 | 生命保険料の控除額 | 地震保険料の控除額 | 住宅借入金等特別控除の額 |
|---|---|---|---|
| 内　952　482 | 75　875 | 千　　　円 | 千　　　円 |

| （摘要） |
|---|

| 生命保険料の金額の内訳 | 新生命保険料の金額 | 円 | 旧生命保険料の金額 | 45,000 | 介護医療保険料の金額 | 円 | 新個人年金保険料の金額 | 円 | 旧個人年金保険料の金額 | 63,500 |
|---|---|---|---|---|---|---|---|---|---|---|
| 住宅借入金等特別控除の額の内訳 | 住宅借入金等特別控除適用数 | | 居住開始年月日（1回目） | 年　月　日 | 住宅借入金等特別控除区分（1回目） | | | | | |
| | 住宅借入金等特別控除可能額 | | 居住開始年月日（2回目） | 年　月　日 | 住宅借入金等特別控除区分（2回目） | 住宅借入金等年末残高（1回目） | | 住宅借入金等年末残高（2回目） | | |

| （源泉・特別）控除対象配偶者 | 氏名 （フリガナ）コウベ　ヒサコ　神戸　久子 | 区分 | | 配偶者の合計所得 | | 国民年金保険料等の金額 | 円 | 旧長期損害保険料の金額 | 円 |
|---|---|---|---|---|---|---|---|---|---|
| | | | | | | 基礎控除の額 | 円 | 所得金額調整控除額 | 円 |

| 控除対象扶養親族 | 1 | 氏名 （フリガナ） | 区分 | 16歳未満の扶養親族 | 1 | 氏名 （フリガナ）コウベ　マサオ　神戸　正雄 | 区分 |
|---|---|---|---|---|---|---|---|
| | 2 | 氏名 （フリガナ） | 区分 | | 2 | 氏名 （フリガナ）コウベ　マツコ　神戸　松子 | 区分 |
| | 3 | 氏名 （フリガナ） | 区分 | | 3 | 氏名 （フリガナ） | 区分 |
| | 4 | 氏名 （フリガナ） | 区分 | | 4 | 氏名 （フリガナ） | 区分 |

| 未成年者 | 外国人 | 死亡退職 | 災害者欄 | 乙欄 | 本人が障害者 | | 寡婦 | ひとり親 | 勤労学生 | 中途就・退職 | | | | 受給者生年月日 | | | |
|---|---|---|---|---|---|---|---|---|---|---|---|---|---|---|---|---|---|
| | | | | | 特別 | その他 | | | | 就職 | 退職 | 年 月 日 | | 元号 | 年 | 月 | 日 |
| | | | | | | | | | | | | | | 昭和 | 59 | 1 | 1 |

| 支払者 | 住所（居所）又は所在地 | 神戸市中央区山手通 x － x |
|---|---|---|
| | 氏名又は名称 | 兵神商事株式会社　　　（電話）078 － x x x － x x x x |

## 住宅取得資金に係る借入金の年末残高等証明書

| 住宅取得資金の借入れ等をしている者 | 住　所 | 神戸市灘区泉通 x - x | | | |
|---|---|---|---|---|---|
| | 氏　名 | 神戸　五郎 | | | |
| 住宅借入金等の内訳 | | 1　住宅のみ　　2　土地等のみ　　③　住宅及び土地等 | | | |
| 住宅借入金等の金額 | 年末残高 | 予定額 | | 5,000,000 | 円 |
| | 当初金額 | 令和 4 年　　10 月　　22 日 | | 5,200,000 | 円 |
| 償還期間又は賦払期間 | | 令和 4 年　11月から<br>令和 24 年　10月まで | の | 20 年 | 月間 |
| 居住用家屋の取得の対価等の額又は増改築等に要した費用の額 | | | | | 円 |
| （摘要） | | | | | |

　　租税特別措置法施行令第26条の2第1項の規定により、令和 4 年 12 月 31 日における租税特別措置法第41条第1項に規定する住宅借入金等の金額、同法第41条の3の2第1項に規定する増改築等住宅借入金等の金額、同条第5項に規定する断熱改修住宅借入金等の金額又は同条第8項に規定する多世帯同居改修住宅借入金等の金額等について、上記のとおり証明します。

　　　令和 4 年 11 月 5 日

　　　　　　　　　　（住宅借入金等に係る債権者等）
　　　所 在 地　神戸市中央区海岸通 x
　　　名　　称　兵神銀行　株式会社
　　　　　　　　（事業免許番号等　　　　　　　　　　　　）

---

# 住宅取得資金に係る借入金の年末残高等証明書

**（住宅金融支援機構分）**

| 住宅取得資金の借入れ等をしている者 | 住　所 | 神戸市灘区泉通 x - x | | | |
|---|---|---|---|---|---|
| | 氏　名 | 神戸　五郎 | | | |
| 住宅借入金の内訳 | | ~~1 ＝ 住宅のみ~~　　~~2 ＝ 土地等のみ~~　　3　住宅及び土地等 | | | |
| 住宅借入金の金額 | 年末残高 | 予定額 | | 14,400,000 | 円 |
| | 当初金額 | 令和 4 年　10 月　22 日 | | 15,000,000 | 円 |
| 償還期間 | | 令和 4 年　11 月から<br>令和 24 年　10 月までの | | 20 年　0 月間 | |
| （摘要） | | | | | |

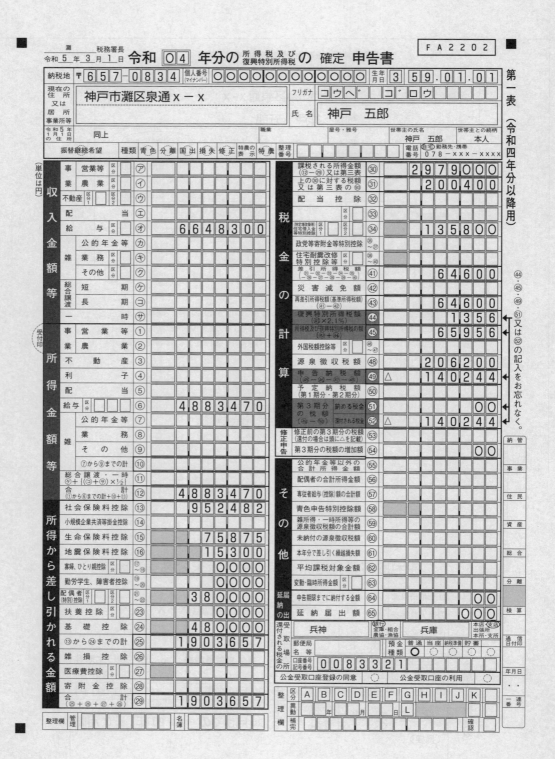

# 令和 ０４ 年分の 所得税及び復興特別所得税 の確定申告書

整理番号 □□□□□□□□□　　FA2302

第二表 （令和四年分以降用）

○第二表は、第一表と一緒に提出してください。
○国民年金保険料や生命保険料の支払証明書など申告書に添付しなければならない書類は添付書類台紙などに貼ってください。

住　所　神戸市灘区泉通x－x
屋　号
フリガナ　コウベ　ゴロウ
氏　名　神戸　五郎

## ○ 所得の内訳 （所得税及び復興特別所得税の源泉徴収税額）

| 所得の種類 | 種目 | 給与などの支払者の「名称」及び「法人番号又は所在地」等 | 収入金額 | 源泉徴収税額 |
|---|---|---|---|---|
| 給与 | 給料 | 神戸市中央区山手通x－x 兵神商事株式会社 | 6,648,300 円 | 206,200 円 |
| | | | | |
| | | | | |
| | | | ㊽ 源泉徴収税額の合計額 | 206,200 円 |

## ○ 総合課税の譲渡所得、一時所得に関する事項 （⑪）

| 所得の種類 | 収入金額 | 必要経費等 | 差引金額 |
|---|---|---|---|
| | 円 | 円 | 円 |

## ○ 配偶者や親族に関する事項 （⑳～㉓）

特例適用条文等　㊳令和4年11月10日居住開始

| 氏　名 | 個人番号 | 続柄 | 生年月日 | 障害者 | 国外居住 | 住民税 | その他 |
|---|---|---|---|---|---|---|---|
| | | 配偶者 | 明・大 昭・平・令 ・ ・ | 障 特障 | 国外 年調 | 同一 別居 | 調整 |
| 神戸　正雄 | ○○○○○○○○○○○○ | 子 | 明・大 昭㊹令 21・6・30 | 障 特障 | 国外 年調 | ⑯ 別居 | 調整 |
| 神戸　松子 | ○○○○○○○○○○○○ | 子 | 明・大 昭㊹令 23・9・7 | 障 特障 | 国外 年調 | ⑯ 別居 | 調整 |
| | | | 明・大 昭・平・令 ・ ・ | 障 特障 | 国外 年調 | ⑯ 別居 | 調整 |
| | | | 明・大 昭・平・令 ・ ・ | 障 特障 | 国外 年調 | ⑯ 別居 | 調整 |

## ○ 事業専従者に関する事項 （㊵）

| 事業専従者の氏名 | 個人番号 | 続柄 | 生年月日 | 従事月数・程度・仕事の内容 | 専従者給与(控除)額 |
|---|---|---|---|---|---|
| | | | 明・大 昭・平 ・ ・ | | 円 |
| | | | 明・大 昭・平 ・ ・ | | |

## ○ 住民税・事業税に関する事項

### 住民税

| 非上場株式の少額配当等 | 非居住者の特例 | 配当割額控除額 | 株式等譲渡所得割額控除額 | 特定配当等・特定株式等譲渡所得の全部の申告不要 | 給与、公的年金等以外の所得に係る住民税の徴収方法 | | 都道府県、市区町村への寄附（特例控除対象） | 共同募金、日赤その他の寄附 | 都道府県条例指定寄附 | 市区町村条例指定寄附 |
|---|---|---|---|---|---|---|---|---|---|---|
| | | | | | 特別徴収 | 自分で納付 | | | | |
| 円 | 円 | 円 | 円 | ○ | ○ | ○ | 円 | 円 | 円 | 円 |

| 退職所得のある配偶者・親族の氏名 | 個人番号 | 続柄 | 生年月日 | 退職所得を除く所得金額 | 障害者 | その他 | 寡婦・ひとり親 |
|---|---|---|---|---|---|---|---|
| | | | 明・大 昭・平 ・ ・ | 円 | 障 特障 | 調整 | 寡婦 ひとり親 |

### 事業税

| 非課税所得など | 番号 | 所得金額 | 損益通算の特例適用前の不動産所得 | 前年中の開(廃)業 | 開始・廃止 | 月日 |
|---|---|---|---|---|---|---|
| | | 円 | 円 | | | |
| 不動産所得から差し引いた青色申告特別控除額 | | | 事業用資産の譲渡損失など | 他都道府県の事務所等 | | ○ |

上記の配偶者・親族・事業専従者のうち別居の者の氏名・住所
氏名　住所　国外
所得税で控除対象配偶者などとした専従者
氏名　給与　円　一連番号

---

## （右上部分）

| | 保険料等の種類 | 支払保険料等の計 | うち年末調整等以外 |
|---|---|---|---|
| ⑬⑭ 社会保険料控除 小規模企業共済等掛金控除 | 源泉徴収分 | 952,482 円 | 円 |
| | | | |
| ⑮ 生命保険料控除 | 新生命保険料 | 円 | 円 |
| | 旧生命保険料 | 源泉徴収分 | |
| | 新個人年金保険料 | | |
| | 旧個人年金保険料 | 源泉徴収分 | |
| | 介護医療保険料 | | |
| ⑯ 地震保険料控除 | 地震保険料 | 15,300 | 15,300 |
| | 旧長期損害保険料 | | |

本人に関する事項（⑰～⑳）

| 寡婦 | ひとり親 | 勤労学生 | 障害者 | 特別障害者 |
|---|---|---|---|---|
| □ 死別　□ 生死不明 □ 離婚　□ 未帰還 | ひとり親 | □ 年調以外かつ専修学校等 | 障害者 | 特別障害者 |

## ○ 雑損控除に関する事項 （㉖）

| 損害の原因 | 損害年月日 | 損害を受けた資産の種類など |
|---|---|---|
| | ・ ・ | |

| 損害金額 | 保険金などで補填される金額 | 差引損失額のうち災害関連支出の金額 |
|---|---|---|
| 円 | 円 | 円 |

## ○ 寄附金控除に関する事項 （㉘）

| 寄附先の名称等 | 寄附金 |
|---|---|
| | 円 |

---

整理欄
申告区分　申告等年月日　年　月　日　所得種類　条の　の　項　号　申告期限　年　月　日　特例適用条文　法

税理士署名・電話番号　（　　　－　　　－　　　）
税理士法書面提出 30条 33条の2

（31）

# 令和 ０４ 年分（特定増改築等）住宅借入金等特別控除額の計算明細書　　FA4024

一面　提出用

○この明細書は、申告書と一緒に提出してください。

## 1 住所及び氏名

| | |
|---|---|
| 住所 | 郵便番号 657 - 0834<br>神戸市灘区泉通×－×<br>電話番号 078（×××）×××× |
| フリガナ<br>氏名 | コウベ　ゴロウ<br>神戸 五郎 |

整理番号 [　][　][　][　][　][　][　][　]

（共有者の氏名）※共有の場合のみ書いてください。

| フリガナ<br>氏名 | | フリガナ<br>氏名 | |
|---|---|---|---|

## 2 新築又は購入した家屋等に係る事項

| | 家屋に関する事項 | 土地等に関する事項 |
|---|---|---|
| 居住開始年月日 （ア） | 平成<br>令和 ０４.１１.１０ | 平成<br>令和 [　].[　].[　] （カ） |
| 契約日<br>契約区分 （イ）　区分 ２ | 平成<br>令和 ０４.１０.１１ | |
| 補助金等控除前の取得対価の額 （ウ） | １７６０００００ | （ク）１６０００００００ |
| 交付を受ける補助金等の額 （エ） | | （ケ） |
| 取得対価の額（ウ−エ）（ク−ケ） （オ） | １７６０００００ | （コ）１６０００００００ |
| 総（床）面積<br>※小数点以下第2位まで書きます。 （カ） | ８９.００ | （サ）１７０.００ |
| うち居住用部分の（床）面積 （キ） | ８９.００ | （シ）１７０.００ |

## 3 増改築等をした部分に係る事項

| | |
|---|---|
| 居住開始年月日 （ス） | 平成<br>令和 [　].[　].[　] |
| 契約日 （セ） | 平成<br>令和 [　].[　].[　] |
| 補助金等控除前の増改築等の費用の額 （ソ） | |
| 交付を受ける補助金等の額 （タ） | |
| 増改築等の費用の額（ソ−タ） （チ） | |
| ⑦のうち居住用部分の金額 （ツ） | |
| 増改築等をした家屋の総床面積 （テ） | [　].[　] |

不動産番号　家屋 ○○○○○○○○○○○○○　土地 ××××××××××××

## 4 家屋や土地等の取得対価の額

| | Ⓐ 家　屋 | Ⓑ 土 地 等 | Ⓒ 合　計 | Ⓓ 増 改 築 等 |
|---|---|---|---|---|
| あなたの共有持分 ①<br>※共有の場合のみ書いてください。 | [　]/[　] | [　]/[　] | | [　]/[　] |
| （オ、コ、チ）×①　② | （オ×Ⓐの①）<br>１７６０００００ | （コ×Ⓑの①）<br>１６０００００００ | （Ⓐの②+Ⓑの②）又は（Ⓑの②+Ⓓの②）<br>３３６０００００ | （チ×Ⓓの①） |
| 住宅取得等資金の贈与の特例を受けた金額等 ③ | | | | |
| あなたの持分に係る取得対価の額等（②−③）④ | １７６０００００ | １６０００００００ | ３３６０００００ | |

## 5 家屋の取得対価の額又は増改築等の費用の額に課されるべき消費税額等に関する事項

| なし又は5% | 8% | 10% | 税率が10%の場合に、⑤に含まれる消費税額及び地方消費税額の合計額（契約書等に記載された消費税額）　１６０００００ |
|---|---|---|---|

## 6 新型コロナウイルスの影響による入居遅延

あり

## 7 居住用部分の家屋又は土地等に係る住宅借入金等の年末残高

| | Ⓔ 住 宅 の み | Ⓕ 土 地 等 の み | Ⓖ 住 宅 及 び 土 地 等 | Ⓗ 増 改 築 等 |
|---|---|---|---|---|
| 新築、購入及び増改築等に係る住宅借入金等の年末残高 ⑤ | | | １９４０００００ | |
| 連帯債務に係るあなたの負担割合（付表）の⑭の割合<br>連帯債務がない場合には、100.00%と書きます。 ⑥ | [　].[　] | [　].[　] | １００.００ | |
| 住宅借入金等の年末残高（付表）の⑯の金額<br>連帯債務がない場合には、⑤の金額を書きます。 ⑦ | | | １９４０００００ | |
| ④と⑦のいずれか少ない方の金額 ⑧ | | | １９４０００００ | |
| 居住用割合<br>※90％以上となる場合には、100.0％と書きます。 ⑨ | （キ÷カ） | （シ÷サ） | １００.０ | （ツ÷チ） |
| 居住部分に係る住宅借入金等の年末残高（⑧×⑨） ⑩ | | | １９４０００００ | |

住宅借入金等の年末残高の合計額（Ⓔの⑩＋Ⓕの⑩＋Ⓖの⑩＋Ⓗの⑩）
※ ⑪の金額を二面の「住宅借入金等の年末残高の合計額⑪」欄に転記します。　⑪ １９４０００００

## 8 特定の増改築等に係る事項　（特定増改築等住宅借入金特別控除の適用を受ける場合のみ書いてください。）

次の⑫欄から⑯欄に補助金等控除後の金額を書いてください。これらの金額が50万円を超えるときに特定増改築等住宅借入金等特別控除の適用を受けることができます。詳しくは、控用の裏面を参照してください。

| 高齢者等居住改修工事等の費用の額 ⑫ | 断熱改修工事等の費用の額 ⑬ | 特定断熱改修工事等の費用の額 ⑭ | 特定多世帯同居改修工事等の費用の額 ⑮ |
|---|---|---|---|

| 特定耐久性向上改修工事等の費用の額 ⑯ | 特定の増改築等工事の費用の合計額（⑫+⑭+⑮+⑯）⑰ | あなたの持分に係る特定の増改築等工事の費用の額⑰又は⑰×Ⓓの① ⑱ | 特定増改築等住宅借入金等、特定断熱改修住宅借入金又は特定多世帯同居改修住宅借入金等の年末残高<br>⑪と⑱のいずれか少ない方の金額で最高250万円。ただし、断熱改修工事（特定断熱改修工事等に係るものを除きます。）が対象税額を…（※二面欄に該当しない場合は、最高200万円）⑲ |
|---|---|---|---|

## 9 （特定増改築等）住宅借入金等特別控除額

（特定増改築等）住宅借入金等特別控除額　※ 二面の該当する番号及び金額を転記します。　番号 ２ ⑳ １３５８００

※次に該当する場合に、書いてください。

| 同一年中に8％及び10％の消費税率が含まれる家屋の取得等又は増改築等をした場合に、右の欄に○をした上で、10％に係る部分の金額等を書いてください。 | 8％・10％同一年中取得 | 家屋:1 増改築等:2 | ④又は⑦の金額（10％に係る部分のみ）㉑ | ④の金額又は④×Ⓓの①の金額（10％に係る部分のみ）㉒ |
|---|---|---|---|---|

| 重複適用（の特例）を受ける場合は、右の該当する文字に○をした上で、二面の㉓の金額を転記してください。 | 重複適用 | 重複適用の特例 |
|---|---|---|
| ㉓ | ○ | ○ |

## 10 控除証明書の交付を要しない場合

翌年分以後に年末調整でこの控除を受けるための、控除証明書の交付を要しない方は、右の「要しない」の文字を○で囲んでください。　要しない

整理欄 [登家][登土][契家][契土][残家][確][証][認定][付][　][仮][A][B][C]　住民　台帳番号一連番号

○この明細書の書き方については、控用の裏面を参照してください。○住宅借入金等に連帯債務がある場合には、併せて付表を使用します。

## 令和04年分 （特定増改築等）住宅借入金等特別控除額の計算

次の該当する算式のうち、いずれか一の算式により計算します。

氏名　**神戸　五郎**

| 住宅借入金等の年末残高の合計額　※　一面の⑪の金額を転記します。 | ⑪ | **19,400,000** 円 |

右端縦書き：二面　提出用　○　二面は一面と一緒に提出してください。

| 番号 | 居住の用に供した日等 | | 算式等 | （特定増改築等）住宅借入金等特別控除額（100円未満の端数切捨て） | 番号 | 居住の用に供した日等 | | 算式等 | （特定増改築等）住宅借入金等特別控除額（100円未満の端数切捨て） |
|---|---|---|---|---|---|---|---|---|---|
| 1 | 住宅借入金等特別控除の適用を受ける場合（3から12のいずれかを選択する場合を除きます。） | 令和4年中に居住の用に供した場合 | 住宅の取得等が（特例）特別特例取得に該当するとき | （最高40万円）⑳　00 | 8 | 高齢者等居住改修工事等に係る特定増改築等住宅借入金等特別控除を選択した場合 | 平成30年1月1日から令和3年12月31日までの間に居住の用に供した場合 | 住宅の増改築等が特定取得に該当するとき　⑪の金額（最高1,000万円）……Ⓐ　（Ⓐの金額）×0.02＋（⑪－Ⓐ）×0.01＝ | （最高12万5千円）⑳　00 |
| | | | 住宅の取得等が新築取得住宅に該当するとき | （最高21万円）⑳　**135,8** 00 | | | | 住宅の増改築等が特定取得に該当しないとき　⑪の金額（最高1,000万円）……Ⓐ　（Ⓐの金額）×0.02＋（⑪－Ⓐ）×0.01＝ | （最高12万円）⑳　00 |
| | | | 中古住宅又は増改築に該当するとき | （最高14万円）⑳　00 | | | | | |
| 2 | | 平成26年1月1日から令和3年12月31日の間に居住の用に供した場合 | 住宅の取得等が（特別）特定取得に該当するとき | （最高40万円）⑳　00 | 9 | 断熱改修工事等に係る特定増改築等住宅借入金等特別控除を選択した場合 | 平成30年1月1日から令和3年12月31日までの間に居住の用に供した場合 | 住宅の増改築等が特定取得に該当するとき　⑪の金額（最高1,000万円）……Ⓐ　（Ⓐの金額）×0.02＋（⑪－Ⓐ）×0.01＝ | （最高12万5千円）⑳　00 |
| | | | 住宅の取得等が（特別）特定取得に該当しないとき | （最高20万円）⑳　00 | | | | 住宅の増改築等が特定取得に該当しないとき　⑪の金額（最高1,000万円）……Ⓐ　（Ⓐの金額）×0.02＋（⑪－Ⓐ）×0.01＝ | （最高12万円）⑳　00 |
| | | 平成25年中に居住の用に供した場合 | | （最高20万円）⑪×0.01＝⑳　00 | | | | | |
| 3 | 住宅借入金等特別控除の控除額の特例を選択した場合 | 平成20年中に居住の用に供した場合 | | （最高8万円）⑪×0.004＝⑳　00 | 10 | 多世帯同居改修工事等に係る特定増改築等住宅借入金等特別控除を選択した場合 | 平成30年1月1日から令和3年12月31日までの間に居住の用に供した場合 | ⑪の金額（最高1,000万円）……Ⓑ　（Ⓑの金額）×0.02＋（⑪－Ⓑ）×0.01＝ | （最高12万5千円）⑳　00 |
| 4 | 認定住宅等が認定長期優良住宅又は認定低炭素住宅に該当するとき | 令和4年中に居住の用に供した場合 | 住宅の取得等が（特例）特別特例取得に該当するとき | （最高50万円）⑪×0.01＝⑳　00 | 11 | 震災特例法の住宅の再取得等に係る住宅借入金等特別控除の控除額の特例を選択した場合 | 令和4年中に居住の用に供した場合 | 住宅の取得等が（特別）特別特例取得に該当するとき | （最高60万円）⑪×0.012＝⑳　00 |
| | | | 新築住宅又は買取再販住宅に該当するとき | （最高35万円）⑪×0.007＝⑳　00 | | | | 新築住宅又は買取再販住宅に該当するとき | （最高45万円）⑪×0.009＝⑳　00 |
| | | | 中古住宅に該当するとき | （最高21万円）⑪×0.007＝⑳　00 | | | | 中古住宅又は増改築に該当するとき | （最高27万円）⑪×0.009＝⑳　00 |
| 5 | 認定住宅等の新築等に係る住宅借入金等特別控除の特例を選択した場合 | 平成26年1月1日から令和3年12月31日までの間に居住の用に供した場合 | 住宅の取得等が（特別）特定取得に該当するとき | （最高50万円）⑪×0.01＝⑳　00 | 12 | | 平成26年4月1日から令和3年12月31日までの間に居住の用に供した場合 | | （最高60万円）⑪×0.012＝⑳　00 |
| | | | 住宅の取得等が（特別）特定取得に該当しないとき | （最高30万円）⑪×0.01＝⑳　00 | | | 平成25年1月1日から平成26年3月31日までの間に居住の用に供した場合 | | （最高36万円）⑪×0.012＝⑳　00 |
| | | 平成25年中に居住の用に供した場合 | | （最高30万円）⑳　00 | | | | | |
| 6 | 認定住宅等がZEH水準省エネ住宅に該当するとき（※4） | 令和4年中に居住の用に供した場合 | 新築住宅又は買取再販住宅に該当するとき | （最高31万5千円）⑪×0.007＝⑳　00 | | | | | |
| | | | 中古住宅に該当するとき | （最高21万円）⑪×0.007＝⑳　00 | | | | | |
| 7 | 認定住宅等が省エネ基準適合住宅に該当するとき（※4） | 令和4年中に居住の用に供した場合 | 新築住宅又は買取再販住宅に該当するとき | （最高28万円）⑳　00 | | | | | |
| | | | 中古住宅に該当するとき | （最高21万円）⑪×0.007＝⑳　00 | | | | | |

### （再び居住の用に供したことに係る事項）

| 転居年月日 | 　年　月　日 | 再居住開始年月日 | 　年　月　日 |
|---|---|---|---|
| 居住の用に供していない期間の家屋の用途 | □賃貸の用　　年　月　日～　年　月　日　　□空家　□その他 | | |
| その家屋に係る（特定増改築等）住宅借入金等特別控除の適用 | 【再び居住の用に供した場合の再適用】再び居住の用に供したことにより、（特定増改築等）住宅借入金等特別控除の再適用を受ける | 【再び居住の用に供した場合の適用】再び居住の用に供したことにより、初めてその家屋に係る（特定増改築等）住宅借入金等特別控除の適用を受ける | |

※1　⑳欄の金額を一面の⑳欄に転記します。
※2　⑳欄の括弧内の金額は、居住の用に供した日の属する年における住宅の取得等又は住宅の増改築等に係る控除限度額となります。
※3　（特例）特別特例取得及び（特別）特定取得については、控用の裏面の「用語の説明」を参照してください。
※4　「ZEH水準省エネ住宅」又は「省エネ基準適合住宅」に該当し、（特例）特別特例取得に該当する場合は、番号「1」の「住宅の取得等が（特例）特別特例取得に該当するとき」欄にて計算してください。
※5　「（再び居住の用に供したことに係る事項）」欄は、再居住の特例の適用を受ける方が、転居年月日や再居住開始年月日などを記載します。

○　重複適用又は震災特例法の重複適用の特例を受ける場合

　　二以上の住宅の取得等又は住宅の増改築等に係る住宅借入金等の金額がある場合（これらの住宅の取得等又は住宅の増改築等が同一の年に属するもので、上記の表で同一の欄を使用して計算する場合を除きます。）には、その住宅の取得等又は住宅の増改築等ごとに（特定増改築等）住宅借入金等特別控除額の計算明細書を作成し、その作成した各明細書の⑳欄の金額の合計額を最も新しい住宅の取得等又は住宅の増改築等に係る明細書の㉓欄に記載します。

| 重複適用を受ける場合 | 各明細書の控除額（⑳の金額）の合計額（住宅の取得等又は住宅の増改築等に係る控除限度額のうち最も高い控除限度額が限度となります。）を記載します。 | ㉓ | 円　00 |
|---|---|---|---|
| 震災特例法の重複適用の特例を受ける場合 | 各明細書の控除額（⑳の金額）の合計額を記載します。 | ㉓ | 円　00 |

※　㉓欄の金額を一面の㉓欄に転記します。

○　不動産番号が第一面に書ききれない場合

(1) ☐☐☐☐☐☐☐☐☐☐☐☐☐
(2) ☐☐☐☐☐☐☐☐☐☐☐☐☐
(3) ☐☐☐☐☐☐☐☐☐☐☐☐☐
(4) ☐☐☐☐☐☐☐☐☐☐☐☐☐

※　（特定増改築等）住宅借入金等特別控除の対象となる家屋や土地が複数ある場合で、第一面の「不動産番号」欄に書ききれない家屋や土地の不動産番号を記載します。

記載例 ❹　　公的年金等の雑所得のみの場合　　☞書き方は374ページ以下参照

**【設　例】**

　伊丹二郎さん（年金所得者）の令和4年分所得税の確定申告に必要な資料は、次のとおりです。

**（1）　所得の内容**

| 種　　　類 | 内 | 容 | |
|---|---|---|---|
| **雑　所　得**　日本年金機構からの老齢厚生年金 | （収入金額）3,614,400円 | （公的年金等の雑所得の金額） | （源泉徴収税額）73,879円 |
| 大手信託銀行㈱からの適格退職年金契約に基づく年金 | 781,200円 | | 59,820円 |
| | 計　4,395,600円 | 3,051,260円 | 133,699円 |

**（2）　控除の内容**

| 種　　　類 | 内 | 容 |
|---|---|---|
| 社 会 保 険 料 控 除 | 国民健康保険（伊丹秋子の介護保険料を含む）391,400円 | 介護保険（伊丹二郎の公的年金からの天引分）93,600円 |
| 配 偶 者 控 除 | 伊丹秋子…昭36.11.20生（所得なし） | |

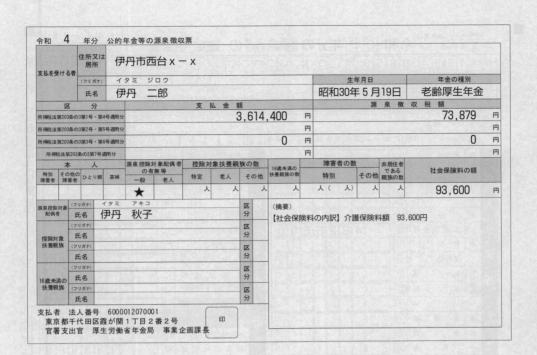

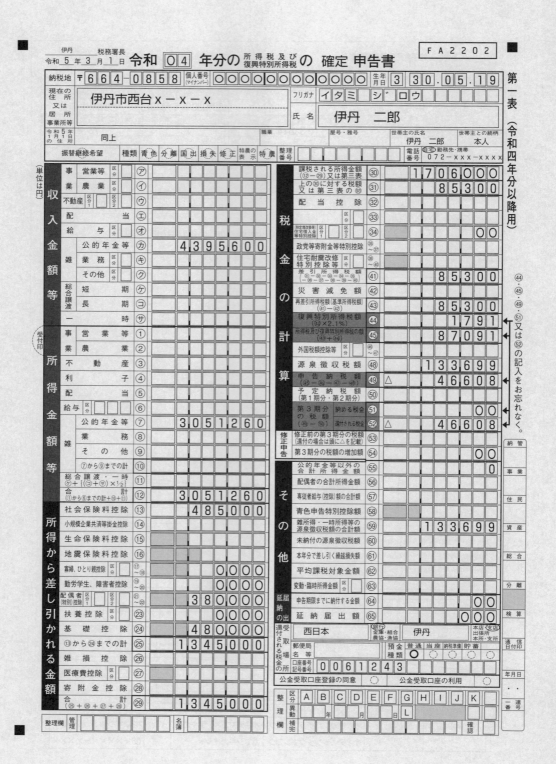

# 令和 ０４ 年分の 所得税及び復興特別所得税 の確定申告書

整理番号 □□□□□□□□  FA2302

**第二表（令和四年分以降用）**

○第二表は、第一表と一緒に提出してください。
○国民年金保険料や生命保険料の支払証明書など申告書に添付しなければならない書類は添付書類台紙などに貼ってください。

| 保険料等の種類 | 支払保険料等の計 | うち年末調整等以外 |
|---|---|---|
| ⑬⑭ 社会保険料控除 小規模企業共済等掛金控除 源泉徴収分 | 93,600 | |
| 国民健康保険 | 391,400 | 391,400 |
| ⑮ 生命保険料控除 新生命保険料 | 円 | 円 |
| 旧生命保険料 | | |
| 新個人年金保険料 | | |
| 旧個人年金保険料 | | |
| 介護医療保険料 | | |
| ⑯ 地震保険料控除 地震保険料 | 円 | 円 |
| 旧長期損害保険料 | | |

住所 伊丹市西台x－x－x
屋号
フリガナ イタミ ジロウ
氏名 伊丹 二郎

○ 所得の内訳（所得税及び復興特別所得税の源泉徴収税額）

| 所得の種類 | 種目 | 給与などの支払者の「名称」及び「法人番号又は所在地」等 | 収入金額 | 源泉徴収税額 |
|---|---|---|---|---|
| 雑 | 厚生年金 | 厚生労働省 千代田区霞が関１－２－２ | 3,614,400 | 73,879 |
| 雑 | 退職年金 | 大手信託銀行株式会社 大阪市中央区大手前× | 781,200 | 59,820 |
| | | | | |
| | | | | |
| | | ⑱ 源泉徴収税額の合計額 | 133,699 円 | |

本人に関する事項（⑰～⑳）

| 寡婦 | ひとり親 | 勤労学生 | 障害者 | 特別障害者 |
|---|---|---|---|---|
| □死別 □生死不明 □離婚 □未帰還 | | □年調以外かつ専修学校等 | | |

○ 雑損控除に関する事項（㉖）

| 損害の原因 | 損害年月日 | 損害を受けた資産の種類など |
|---|---|---|
| | ・ ・ | |

| 損害金額 | 円 | 保険金などで補填される金額 円 | 差引損失額のうち災害関連支出の金額 円 |
|---|---|---|---|

○ 寄附金控除に関する事項（㉘）

| 寄附先の名称等 | | 寄附金 | 円 |
|---|---|---|---|

○ 総合課税の譲渡所得、一時所得に関する事項（⑪）

| 所得の種類 | 収入金額 | 必要経費等 | 差引金額 |
|---|---|---|---|
| | 円 | 円 | 円 |

特例適用条文等

○ 配偶者や親族に関する事項（⑳～㉓）

| 氏名 | 個人番号 | 続柄 | 生年月日 | 障害者 | 国外居住 | 住民税 | その他 |
|---|---|---|---|---|---|---|---|
| 伊丹 秋子 | ○○○○○○○○○○○○ | 配偶者 | 明・大 ㊽平 36.11.20 | 障 特障 | 国外 年調 | 同→ 別居 | 調整 |
| | | | 明・大 昭・平・令 ・ ・ | 障 特障 | 国外 年調 | ⑯ 別居 | 調整 |
| | | | 明・大 昭・平・令 ・ ・ | 障 特障 | 国外 年調 | ⑯ 別居 | 調整 |
| | | | 明・大 昭・平・令 ・ ・ | 障 特障 | 国外 年調 | ⑯ 別居 | 調整 |
| | | | 明・大 昭・平・令 ・ ・ | 障 特障 | 国外 年調 | ⑯ 別居 | 調整 |

○ 事業専従者に関する事項（�57）

| 事業専従者の氏名 | 個人番号 | 続柄 | 生年月日 | 従事月数・程度・仕事の内容 | 専従者給与（控除）額 |
|---|---|---|---|---|---|
| | | | 明・大 昭・平 ・ ・ | | 円 |
| | | | 明・大 昭・平 ・ ・ | | |

○ 住民税・事業税に関する事項

| 住民税 | 非上場株式の少額配当等 | 非居住者の特例 | 配当割額控除額 | 株式等譲渡所得割額控除額 | 特定配当等・特定株式等譲渡所得の全部の申告不要 | 給与・公的年金等以外の所得に係る住民税の徴収方法 | | 都道府県、市区町村への寄附（特例控除対象） | 共同募金、日赤その他の寄附 | 都道府県条例指定寄附 | 市区町村条例指定寄附 |
|---|---|---|---|---|---|---|---|---|---|---|---|
| | | | | | | 特別徴収 | 自分で納付 | | | | |
| | 円 | 円 | 円 | 円 | ○ | ○ | | 円 | 円 | 円 | 円 |

| 退職所得のある配偶者・親族の氏名 | 個人番号 | 続柄 | 生年月日 | 退職所得を除く所得金額 | 障害者 | その他 | 寡婦・ひとり親 |
|---|---|---|---|---|---|---|---|
| | | | 明・大 昭・平 ・ ・ | 円 | 障 特障 | 調整 | 寡婦 ひとり親 |

| 事業税 | 非課税所得など | 番号 | 所得金額 円 | 損益通算の特例適用前の不動産所得 円 | 前年中の開（廃）業 | 開始・廃止 月 日 |
|---|---|---|---|---|---|---|
| | 不動産所得から差し引いた青色申告特別控除額 円 | | 事業用資産の譲渡損失など | | 他都道府県の事務所等 | |

| 上記の配偶者・親族・事業専従者のうち別居の者の氏名・住所 | 氏名 | 住所 | 国外 | 所得税で控除対象配偶者などとした専従者 | 氏名 | 給与 | 一連番号 |
|---|---|---|---|---|---|---|---|

税理士署名・電話番号

（ － － ）

整理欄 申告区分 申告等年月日 所得種類 所得期限 ３０条の３・３３条の２ ○ ○ ○
法 条の の の 項 号 年

**記載例 5** 　**臨時所得・変動所得がある場合** 　☞ 臨時所得・変動所得については652ページ以下参照

## 【設　例】

　変動所得と臨時所得のある東次郎さんの令和4年分所得税の確定申告に必要な資料は、次のとおりです。

### （1）　所得の内容

| 種　　　類 | 内　　　　　容 | | |
|---|---|---|---|
| **不 動 産 所 得** | 大阪市北区西天満所在の貸家 | （収入金額）2,600,000円　（必要経費）120,000円 | ※うち権利金収入（臨時所得）2,000,000円 |
| **雑　所　得** | 梅北出版㈱の原稿料及び貸金の利息 | （収入金額）原稿料　1,500,000円　貸金利息　20,000円　（必要経費）250,000円　0円　（源泉徴収税額）153,150円　－ | ※原稿料収入（1,500,000円）に係る変動所得（1,250,000円） |
| **給 与 所 得** | 阪神大学の給料 | （収入金額）7,563,000円　（給与所得の金額）5,706,700円 | （源泉徴収税額）271,400円 |
| **一 時 所 得** | 大阪生命の生命保険満期払戻金 | （収入金額）2,000,000円　（収入を得るために支出した金額）1,300,000円（掛金総額） | |

※令和4年分予定納税額（第1期、第2期）200,000円

※不動産所得に係る記帳については、複式簿記以外の簡易な方法で記帳している。

### （2）　控除の内容

| 種　　　類 | 内　　　　　容 | | |
|---|---|---|---|
| 社 会 保 険 料 控 除 | 学校共済組合　1,004,676円 | | |
| 生 命 保 険 料 控 除 | （保険金受取人）東　星子（妻）　（保険会社）国民生命　（支払保険料）80,000円 | ※旧制度（平成23年12月31日以前締結）分 | |
| 配偶者・扶養控除等 | （家族構成）　東　星子…（妻）昭48.4.26生（給与所得300,000円）　東　国雄…（父）昭21.7.22生（同居） | | |

※年末調整において控除を受けたものと異動はない。（源泉徴収票省略）

### （3）　前年及び前々年の変動所得

①　令和2年分の変動所得　550,000円　　②　令和3年分の変動所得　630,000円

## 【平均課税の適用の可否】

　令和4年分の変動所得の金額と臨時所得の金額の合計額（令和4年分の変動所得の金額が、令和2年分と令和3年分の変動所得の金額の平均額以下のときは、令和4年分の臨時所得の金額）が令和4年分の総所得金額の20％以上である場合には、平均課税の適用があります。

　設例の場合、令和4年分の変動所得の金額1,250,000円は、令和2年分と令和3年分の変動所得の金額の平均額590,000円（（550,000円＋630,000円）×$\frac{1}{2}$）を超えており、令和4年分の変動所得の金額と臨時所得の金額の合計額3,250,000円（2,000,000円＋1,250,000円）が、令和4年分の総所得金額の20％（9,556,700円×20％＝1,911,340円）以上となりますので、平均課税の適用があります。

――（38）――

# 令和04年分の所得税及び復興特別所得税の確定申告書（第一表）

**税務署長**: 北
**提出日**: 令和5年3月1日
**納税地**: 〒530-0047 大阪市北区西天満x-x-x
**令和5年1月1日の住所**: 同上
**フリガナ**: アズマ ジロウ
**氏名**: 東 次郎
**生年月日**: 3.45.01.25
**職業**: 大学准教授
**世帯主の氏名**: 東 次郎
**世帯主との続柄**: 本人
**電話番号（自宅）**: 06-xxxx-xxxx
**整理番号**: FA2202

## 収入金額等

|  |  |  |
|---|---|---|
| 事業 営業等 | ㋐ | |
| 事業 農業 | ㋑ | |
| 不動産 | ㋒ | 2,600,000 |
| 配当 | ㋓ | |
| 給与 | ㋔ | 7,563,000 |
| 雑 公的年金等 | ㋕ | |
| 雑 業務 | ㋖ | 1,500,000 |
| 雑 その他 | ㋗ | 20,000 |
| 総合譲渡 短期 | ㋘ | |
| 総合譲渡 長期 | ㋙ | |
| 一時 | ㋚ | 200,000 |

## 所得金額等

| 項目 | 番号 | 金額 |
|---|---|---|
| 事業 営業等 | ① | |
| 事業 農業 | ② | |
| 不動産 | ③ | 2,480,000 |
| 利子 | ④ | |
| 配当 | ⑤ | |
| 給与 | ⑥ | 5,706,700 |
| 雑 公的年金等 | ⑦ | |
| 雑 業務 | ⑧ | 1,250,000 |
| 雑 その他 | ⑨ | 20,000 |
| ⑦から⑨までの計 | ⑩ | 1,270,000 |
| 総合譲渡・一時 | ⑪ | 100,000 |
| 合計 | ⑫ | 9,556,700 |

## 所得から差し引かれる金額

| 項目 | 番号 | 金額 |
|---|---|---|
| 社会保険料控除 | ⑬ | 1,004,676 |
| 小規模企業共済等掛金控除 | ⑭ | |
| 生命保険料控除 | ⑮ | 45,000 |
| 地震保険料控除 | ⑯ | |
| 寡婦、ひとり親控除 | ⑰～⑱ | 0 |
| 勤労学生、障害者控除 | ⑲～⑳ | 0 |
| 配偶者（特別）控除 | ㉑～㉒ | 130,000 |
| 扶養控除 | ㉓ | 580,000 |
| 基礎控除 | ㉔ | 480,000 |
| ⑬から㉔までの計 | ㉕ | 2,239,676 |
| 雑損控除 | ㉖ | |
| 医療費控除 | ㉗ | |
| 寄附金控除 | ㉘ | |
| 合計（㉕+㉖+㉗+㉘） | ㉙ | 2,239,676 |

## 税金の計算

| 項目 | 番号 | 金額 |
|---|---|---|
| 課税される所得金額（⑫-㉙）又は第三表 | ㉚ | 7,317,000 |
| 上の㉚に対する税額 又は第三表の㊽ | ㉛ | 844,380 |
| 配当控除 | ㉜ | |
| （住宅借入金等特別控除） | ㉝ | |
| 政党等寄附金等特別控除 | ㉞ | 0 0 |
| 住宅耐震改修特別控除等 | ㊱～㊳ | |
| 差引所得税額（㉛-㉜-…-㊴） | ㊶ | 844,380 |
| 災害減免額 | ㊷ | |
| 再差引所得税額（基準所得税額）（㊶-㊷） | ㊸ | 844,380 |
| 復興特別所得税額（㊸×2.1%） | ㊹ | 17,731 |
| 所得税及び復興特別所得税の額（㊸+㊹） | ㊺ | 862,111 |
| 外国税額控除等 | ㊻～㊼ | |
| 源泉徴収税額 | ㊽ | 424,550 |
| 申告納税額（㊺-㊻-㊼-㊽） | ㊾ | 437,500 |
| 予定納税額（第1期分・第2期分） | ㊿ | 200,000 |
| 第3期分の税金 納める税金 | 51 | 237,500 |
| 第3期分の税金 還付される税金 | 52 | △ |

## 修正申告

| 項目 | 番号 | 金額 |
|---|---|---|
| 修正前の第3期分の税額（還付の場合は頭に△を記載） | 53 | |
| 第3期分の税額の増加額 | 54 | 0 0 |

## その他

| 項目 | 番号 | 金額 |
|---|---|---|
| 公的年金等以外の合計所得金額 | 55 | |
| 配偶者の合計所得金額 | 56 | |
| 専従者給与（控除）額の合計額 | 57 | |
| 青色申告特別控除額 | 58 | |
| 雑所得・一時所得等の源泉徴収税額の合計額 | 59 | 153,150 |
| 未納付の源泉徴収税額 | 60 | |
| 本年分で差し引く繰越損失額 | 61 | |
| 平均課税対象金額 | 62 | 2,660,000 |
| 変動・臨時所得金額 | 63 | 200,000 |

## 延納の届出

| 項目 | 番号 | 金額 |
|---|---|---|
| 申告期限までに納付する金額 | 64 | 0 0 |
| 延納届出額 | 65 | 0 0 0 |

⑤ 平均課税

■ 令和 0 4 年分の所得税及び復興特別所得税の確定申告書　　整理番号　　FA2302 ■

第二表（令和四年分以降用）

○第二表は、第一表と一緒に提出してください。○国民年金保険料や生命保険料の支払証明書など申告書に添付しなければならない書類は添付書類台紙などに貼ってください。

| | |
|---|---|
| 住所 | 大阪市北区西天満x－x－x |
| 屋号 | |
| フリガナ | アズマ　ジロウ |
| 氏名 | 東　次郎 |

○ 所得の内訳（所得税及び復興特別所得税の源泉徴収税額）

| 所得の種類 | 種目 | 給与などの支払者の「名称」及び「法人番号又は所在地」等 | 収入金額 | 源泉徴収税額 |
|---|---|---|---|---|
| 給与 | 給料 | 阪神大学 XXXXXXXXXXXXX | 7,563,000円 | 271,400円 |
| 雑 | 原稿料 | 梅北出版㈱ XXXXXXXXXXXXX | 1,500,000 | 153,150 |
| 雑 | 貸金利息 | △△㈱ XXXXXXXXXXXXX | 20,000 | 0 |
| 一時 | 生命保険金 | 大阪生命 XXXXXXXXXXXXX | 2,000,000 | 0 |
| | | | ㊽ 源泉徴収税額の合計額 | 424,550円 |

| | 保険料等の種類 | 支払保険料等の計 | うち年末調整等以外 |
|---|---|---|---|
| ⑬⑭ 社会保険料控除・小規模企業共済等掛金控除 | 源泉徴収分 | 1,004,676円 | 円 |
| ⑮ 生命保険料控除 | 新生命保険料 | 円 | 円 |
| | 旧生命保険料 | 源泉徴収分 | |
| | 新個人年金保険料 | | |
| | 旧個人年金保険料 | | |
| | 介護医療保険料 | | |
| ⑯ 地震保険料控除 | 地震保険料 | 円 | 円 |
| | 旧長期損害保険料 | | |

| 本人に関する事項（⑰～⑳） | 寡婦 | ひとり親 | 勤労学生 | 障害者 | 特別障害者 |
|---|---|---|---|---|---|
| | □ 死別 □ 生死不明 □ 離婚 □ 未帰還 | | □ 年調以外かつ専修学校等 | | |

○ 雑損控除に関する事項（㉖）

| 損害の原因 | 損害年月日 | 損害を受けた資産の種類など |
|---|---|---|
| | . . | |

| 損害金額 | 円 | 保険金などで補塡される金額 | 円 | 差引損失額のうち災害関連支出の金額 | 円 |
|---|---|---|---|---|---|

○ 総合課税の譲渡所得、一時所得に関する事項（⑪）

| 所得の種類 | 収入金額 | 必要経費等 | 差引金額 |
|---|---|---|---|
| 一時 | 2,000,000円 | 1,300,000円 | 700,000円 |

○ 寄附金控除に関する事項（㉘）

| 寄附先の名称等 | | 寄附金 | 円 |
|---|---|---|---|

| 特例適用条文等 | |
|---|---|

○ 配偶者や親族に関する事項（⑳～㉓）

| 氏名 | 個人番号 | 続柄 | 生年月日 | 障害者 | 国外居住 | 住民税 | その他 |
|---|---|---|---|---|---|---|---|
| | | 配偶者 | 明・大 昭・平 . . | 障 特障 | 国外 年調 | 同一 別居 | 調整 |
| | | | 明・大 昭・平・令 . . | 障 特障 | 国外 年調 | ⑯ 別居 | 調整 |
| | | | 明・大 昭・平・令 . . | 障 特障 | 国外 年調 | ⑯ 別居 | 調整 |
| | | | 明・大 昭・平・令 . . | 障 特障 | 国外 年調 | ⑯ 別居 | 調整 |
| | | | 明・大 昭・平・令 . . | 障 特障 | 国外 年調 | ⑯ 別居 | 調整 |

○ 事業専従者に関する事項（(57)）

| 事業専従者の氏名 | 個人番号 | 続柄 | 生年月日 | 従事月数・程度・仕事の内容 | 専従者給与（控除）額 |
|---|---|---|---|---|---|
| | | | 明・大 昭・平 . . | | 円 |
| | | | 明・大 昭・平 . . | | |

○ 住民税・事業税に関する事項

| 住民税 | 非上場株式の少額配当等 | 非居住者の特例 | 配当割額控除額 | 株式等譲渡所得割額控除額 | 特定配当等・特定株式等譲渡所得の全部の申告不要 | 給与、公的年金等以外の所得に係る住民税の徴収方法 特別徴収 | 自分で納付 | 都道府県、市区町村への寄附（特例控除対象） | 共同募金、日赤その他の寄附 | 都道府県条例指定寄附 | 市区町村条例指定寄附 |
|---|---|---|---|---|---|---|---|---|---|---|---|
| | 円 | 円 | 円 | 円 | ○ | ○ | ◯ | 円 | 円 | 円 | 円 |

| 退職所得のある配偶者・親族の氏名 | 個人番号 | 続柄 | 生年月日 | 退職所得を除く所得金額 | 障害者 | その他 | 寡婦・ひとり親 |
|---|---|---|---|---|---|---|---|
| | | | 明・大 昭・平 . . | 円 | 障 特障 | 調整 | 寡婦 ひとり親 |

| 事業税 | | | | |
|---|---|---|---|---|
| 非課税所得など | 番号 | 所得金額 円 | 損益通算の特例適用前の不動産所得 円 | 前年中の開（廃）業 開始・廃止 月日 |
| 不動産所得から差し引いた青色申告特別控除額 | | | 事業用資産の譲渡損失など | 他都道府県の事務所等 ○ |

| 上記の配偶者・親族・事業専従者のうち別居の者の氏名・住所 | 氏名 | 住所 | 国外 | 所得税で控除対象配偶者などとした専従者 | 氏名 | 給与 円 | 一連番号 |
|---|---|---|---|---|---|---|---|

| 整理欄 | 申告区分 | 申告等年月日 年 月 日 | 所得種類 |
|---|---|---|---|
| | 特例適用条文 __法 条の 項 号 | 申告期限 年 月 日 | |

税理士法書面提出 30条 33条の2　　税理士署名・電話番号（　－　－　）■

# 変動所得・臨時所得の平均課税の計算書

（令和 4 年分）　　　　　　　　　　　　　　氏　名　　東　次郎

○この計算書は、申告書と一緒に提出してください。

　この計算書は、変動所得又は臨時所得があり、これらについて平均課税を適用する場合の税額を計算するために使用します。
　変動所得又は臨時所得の平均課税は、本年分の変動所得の金額及び臨時所得の金額の合計額（本年分の変動所得の金額が前々年分及び前年分の変動所得の金額の合計額の50％以下である場合には、本年分の臨時所得の金額）が本年分の所得金額（分離課税とされる所得や山林所得、退職所得を除きます。）の20％以上である場合に適用できます（詳しくは『変動所得・臨時所得の説明書』を参照してください。）。
　申告書第一表の「税金の計算」欄の㉚（申告書第三表（分離課税用）は㉞）までの記入が終わったら、この計算書で、変動所得及び臨時所得がある場合の特別の計算をして、課税される所得金額に対する税額を求めます。

## 1　変動所得・臨時所得の金額

| 変動所得 | 種　目 | Ⓐ 収 入 金 額 | Ⓑ 必 要 経 費 | Ⓒ 専従者控除額（白色申告者のみ記入） | 所得金額（青色申告者は青色申告特別控除前の金額）（Ⓐ－Ⓑ－Ⓒ） |
|---|---|---|---|---|---|
| | 原稿料 | 1,500,000 円 | 250,000 円 | － 円 | 1,250,000 円 |
| | 本 年 分 の 変 動 所 得 の 合 計 額 | | | ① | 1,250,000 |
| | ① の う ち 雑 所 得 に 係 る 金 額 | | | ② | 1,250,000 |

| 臨時所得 | 種　目 | Ⓐ 収 入 金 額 | Ⓑ 必 要 経 費 | Ⓒ 専従者控除額（白色申告者のみ記入） | 所得金額（青色申告者は青色申告特別控除前の金額）（Ⓐ－Ⓑ－Ⓒ） |
|---|---|---|---|---|---|
| | 権利金 | 2,000,000 円 | 0 円 | － 円 | 2,000,000 円 |
| | 本 年 分 の 臨 時 所 得 の 合 計 額 | | | ③ | 2,000,000 |
| | ③ の う ち 雑 所 得 に 係 る 金 額 | | | ④ | |

1　変動所得の「種目」の各欄には、漁獲、のり、はまち、まだい、ひらめ、かき、うなぎ、ほたて貝、真珠、真珠貝、印税、原稿料、作曲料などと書きます。
2　臨時所得の「種目」の各欄には、権利金、補償金、契約金などと書きます。

## 2　平均課税の税額の計算等

| 変動所得の額の計算 | (1) 前々年分又は前年分に変動所得があった場合 | 前々年分の変動所得の金額 | ⑤ | 550,000 円 | ◀ 前々年分又は前年分の申告で平均課税の適用を受けたかどうかにかかわらず、各年分の変動所得の金額を書いてください。 |
|---|---|---|---|---|---|
| | | 前年分の変動所得の金額 | ⑥ | 630,000 | |
| | | 変動所得の平均額（①－(⑤＋⑥)×$\frac{1}{2}$） | ⑦ | 660,000 | ◀ (⑤＋⑥)×$\frac{1}{2}$の金額が赤字の場合には、①の金額を転記してください。なお、(⑤＋⑥)×$\frac{1}{2}$の金額が①の金額を超える場合は、この算式を使用せずに、⑦の欄を空欄のままとし、⑧の欄に③の金額をそのまま転記してください。 |
| | (2) (1)以外の場合 | 本年分の変動所得の金額（上の①の金額） | ⑦ | | |
| 平 均 課 税 対 象 金 額（③ ＋ ⑦） | | | ⑧ | 2,660,000 | ◀ 申告書第一表の「その他」欄の㉒に転記してください。 |
| 課 税 さ れ る 所 得 金 額 | | | ⑨ | 7,317,000 | ◀ 申告書第一表の「税金の計算」欄の㉚（申告書第三表（分離課税用）は㉗）の金額を転記してください。 |
| 調整所得金額の計算・特別算 | (1) ⑨の金額が⑧の金額を超える場合 | 調整所得金額（⑨－(⑧×$\frac{4}{5}$)）（1,000円未満の端数切捨て） | ⑩ | 5,189,000 | |
| | | 特別所得金額（⑨ － ⑩） | ⑪ | 2,128,000 | |
| | (2) (1)以外の場合 | 調整所得金額（⑨ × $\frac{1}{2}$）（1,000円未満の端数切捨て） | ⑩ | | |
| | | 特別所得金額（⑨ － ⑩） | ⑪ | | |
| 税額の計算 | 調整所得金額⑩に対する税額 | | ⑫ | 610,300 | ◀ 確定申告の手引きの税金の計算の課税される所得金額に対する税額で求めた税額を書いてください。 |
| | 平 均 税 率 | | ⑬ | 11 ％ | ◀ $\frac{⑫}{⑩}$×100（小数点以下切捨て）を書いてください。 |
| | 特別所得金額⑪に対する税額（⑪ × ⑬） | | ⑭ | 234,080 円 | ◀ 申告書第一表の「税金の計算」欄の㉛（申告書第三表（分離課税用）は㉞）に転記してください。 |
| | 税 額 の 計（⑫ ＋ ⑭） | | ⑮ | 844,380 | |

○　次の該当する欄を書いてください。

| 変動・臨時所得金額 | (1) ④ に 金 額 の あ る 場 合（上の④の金額） | ⑯ | 円 | ◀ 申告書第一表の「その他」欄の㉓に転記してください。また、上の①の金額が0円の方は、その「区分」欄に「3」を書いてください。それ以外の方は、「区分」欄は書きません。 |
|---|---|---|---|---|
| | (2) (1)に該当しない方で③に金額のある場合（上の③の金額） | ⑯ | 2,000,000 | ◀ 申告書第一表の「その他」欄の㉓に転記してください。また、上の②の金額が0円の方は、その「区分」欄に「2」を書いてください。それ以外の方は、「区分」欄は書きません。 |
| | (3) (1)、(2)に該当しない方で②に金額のある場合（上の②の金額） | ⑯ | | ◀ 申告書第一表の「その他」欄の㉓に転記し、その「区分」欄には「1」を書いてください。 |
| | (4) (1)、(2)、(3)以外の場合…申告書第一表の「その他」欄の㉓は書きません。 | | | |

04.11

**記載例 ⑥** **土地建物等の譲渡所得がある場合** ☞ 申告書第一表及び第二表と第三表（分離課税用の申告書）を使用した場合です。（土地建物等の譲渡所得については658ページ以下参照）

【設　例】

　南吾郎さん（酒類販売業を営む青色申告者）の令和４年分所得税の確定申告に必要な資料は、次のとおりです。

## （1）　所得の内容

| 種　　　　類 | 内　　　　　　　　　　　　容 |
|---|---|
| **配　当　所　得** 関西物産㈱ほか1社の株式（いずれも非上場）の配当収入 | （銘柄）　　（配当計算期間）　　（収入金額）　　（源泉徴収税額）<br>関西物産㈱　令3.4〜令4.3　　600,000円　　122,520円<br>東洋建設㈱　令3.10〜令4.3　　300,000円　　 61,260円<br>　　　　　　令4.4〜令4.9　　300,000円　　 61,260円 |
| **不　動　産　所　得** 泉佐野市山尾町×−△所在の貸家 | （収入金額）　　（必要経費）　　　（青色申告特別控除額）<br>1,740,000円　　390,000円　　　　550,000円<br>　　　　　　　　　　　　　　※55万円控除の要件を充足<br>　　　　　　　　　　　　　　（要件については269ページ参照） |
| **分離短期譲渡所得** 泉佐野市山尾町×−○の宅地の売却 | （収入金額）　（取得費 譲渡に要した費用）　（譲渡年月日）　※軽減税率<br>38,400,000円　20,000,000円　　令4.5.30　　（15%）の<br>　　　　　　　　4,000,000円　　（取得年月日）　適用はない。<br>　　　　　　　　　　　　　　　　平30.2.10 |
| **分離長期譲渡所得** 堺市○○区△△の家屋（自己の居住の用に供していたもの）及びその敷地の売却 | （収入金額）　（取得費 譲渡に要した費用）（譲渡年月日）　（特別控除額）<br>125,000,000円　6,250,000円　　令4.5.30　　30,000,000円<br>　　　　　　　　1,750,000円　　（取得年月日）　※措法31条の3<br>　　　　　　　　　　　　　　　平17.3.8　　の適用あり。 |
| **事　業　所　得** 酒類販売業 | （収入金額）　　（必要経費）<br>33,500,000円　　30,300,000円 |

※令和４年分予定納税額（第１期、第２期）400,000円

## （2）　控除の内容

| 種　　　　類 | 内　　　　　　　　　　　　容 |
|---|---|
| 医　療　費　控　除 | （医療を受けた人）　　（支払先）　　（支払金額）　　（保険で補填された金額）<br>南　二郎（子）　　堺市宿院病院　　840,000円　　　310,000円 |
| 社 会 保 険 料 控 除 | 国民健康保険<br>（介護保険を含む）　902,275円　　　　国民年金　398,280円 |
| 生 命 保 険 料 控 除 | （保険金等受取人）　　（保険会社など）　　（支払保険料）<br>一般の生命保険料 南　吾郎（本人）　　大阪生命　　　70,000円<br>　　　　　　　　 南　洋子（妻）　　 ㈱かんぽ生命保険　20,000円<br>個人年金保険料　南　吾郎（本人）　　大阪生命　　　90,000円<br>※上記一般の生命保険と個人年金保険は旧制度（平成23年12月31日以前締結）分 |
| 障　害　者　控　除 | 南　二郎　※同居特別障害者に該当する。 |
| 配偶者・扶養控除等 | （家族 構成）南　洋子…（妻）昭55.4.3生（所得なし）<br>　　　　　南　一郎…（子）平15.3.2生　　　　南　二郎…（子）平23.6.18生 |

——(42)——

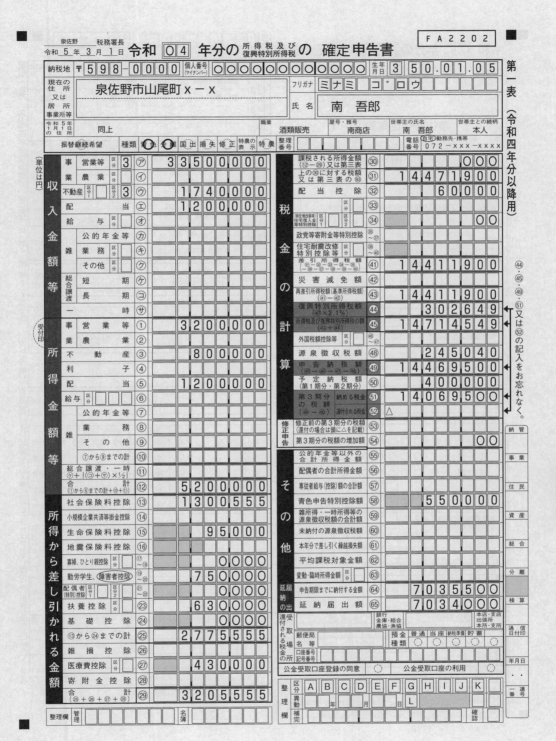

整理番号 FA2302

# 令和 04 年分の所得税及び復興特別所得税の確定申告書

第二表（令和四年分以降用）

○第二表は、第一表と一緒に提出してください。○国民年金保険料や生命保険料の支払証明書など申告書に添付しなければならない書類は添付書類台紙などに貼ってください。

住所 泉佐野市山尾町x－x
屋号 南商店
フリガナ ミナミ ゴロウ
氏名 南 吾郎

| | 保険料等の種類 | 支払保険料等の計 | うち年末調整等以外 |
|---|---|---|---|
| ⑬⑭社会保険料控除・小規模企業共済等掛金控除 | 国民健康保険 | 902,275円 | 902,275円 |
| | 国民年金 | 398,280 | 398,280 |
| | | | |
| | | | |
| ⑮生命保険料控除 | 新生命保険料 | 円 | 円 |
| | 旧生命保険料 | 90,000 | 90,000 |
| | 新個人年金保険料 | | |
| | 旧個人年金保険料 | 90,000 | 90,000 |
| | 介護医療保険料 | | |
| ⑯地震保険料控除 | 地震保険料 | 円 | 円 |
| | 旧長期損害保険料 | | |

○ 所得の内訳（所得税及び復興特別所得税の源泉徴収税額）

| 所得の種類 | 種目 | 給与などの支払者の「名称」及び「法人番号又は所在地」等 | 収入金額 | 源泉徴収税額 |
|---|---|---|---|---|
| 配当 | 株式の配当 | 関西物産(株) xxxxxxxxxxxxx | 600,000円 | 122,520円 |
| 配当 | 株式の配当 | 東洋建設(株) xxxxxxxxxxxxx | 600,000 | 122,520 |
| | | | | |
| | | | | |
| | | | ㊽ 源泉徴収税額の合計額 | 245,040円 |

| 本人に関する事項（⑰～⑳） | 寡婦 | ひとり親 | 勤労学生 | 障害者 | 特別障害者 |
|---|---|---|---|---|---|
| | □ 死別 □ 生死不明 □ 離婚 □ 未帰還 | | □ 年調以外かつ専修学校等 | | |

○ 雑損控除に関する事項（㉖）

| 損害の原因 | 損害年月日 | 損害を受けた資産の種類など |
|---|---|---|
| | . . | |

| 損害金額 | 円 | 保険金などで補塡される金額 | 円 | 差引損失額のうち災害関連支出の金額 | 円 |
|---|---|---|---|---|---|

○ 寄附金控除に関する事項（㉘）

| 寄附先の名称等 | | 寄附金 | 円 |
|---|---|---|---|

○ 総合課税の譲渡所得、一時所得に関する事項（⑪）

| 所得の種類 | 収入金額 | 必要経費等 | 差引金額 |
|---|---|---|---|
| | 円 | 円 | 円 |
| | | | |

| 特例適用条文等 | |
|---|---|

○ 配偶者や親族に関する事項（⑳～㉓）

| 氏名 | 個人番号 | 続柄 | 生年月日 | 障害者 | 国外居住 | 住民税 | その他 |
|---|---|---|---|---|---|---|---|
| 南 洋子 | ○○○○○○○○○○○○ | 配偶者 | 明・大・昭・平 55.4.3 | 障 特障 | 国外 年調 | 同一 別居 | 調整 |
| 南 一郎 | ○○○○○○○○○○○○ | 子 | 明・大・昭・平・令 15.3.2 | 障 特障 | 国外 年調 | ⑯ 別居 | 調整 |
| 南 二郎 | ○○○○○○○○○○○○ | 子 | 明・大・昭・平・令 23.6.18 | 障 特障 | 国外 年調 | ⑯ 別居 | 調整 |
| | | | 明・大・昭・平・令 . . | 障 特障 | 国外 年調 | ⑯ 別居 | 調整 |
| | | | 明・大・昭・平・令 . . | 障 特障 | 国外 年調 | ⑯ 別居 | 調整 |

○ 事業専従者に関する事項（(57)）

| 事業専従者の氏名 | 個人番号 | 続柄 | 生年月日 | 従事月数・程度・仕事の内容 | 専従者給与（控除）額 |
|---|---|---|---|---|---|
| | | | 明・大・昭・平 . . | | 円 |
| | | | 明・大・昭・平 . . | | |

○ 住民税・事業税に関する事項

| 住民税 | 非上場株式の少額配当等 | 非居住者の特例 | 配当割額控除額 | 株式等譲渡所得割額控除額 | 特定配当等・特定株式等譲渡所得の全部の申告不要 | 給与、公的年金等以外の所得に係る住民税の徴収方法 特別徴収 | 自分で納付 | 都道府県、市区町村への寄附（特例控除対象） | 共同募金、日赤その他の寄附 | 都道府県条例指定寄附 | 市区町村条例指定寄附 |
|---|---|---|---|---|---|---|---|---|---|---|---|
| | 1,200,000円 | 円 | 円 | 円 | ○ | ○ | ○ | 円 | 円 | 円 | 円 |

| 退職所得のある配偶者・親族の氏名 | 個人番号 | 続柄 | 生年月日 | 退職所得を除く所得金額 | 障害者 | その他 | 寡婦・ひとり親 |
|---|---|---|---|---|---|---|---|
| | | | 明・大・昭・平 . . | 円 | 障 特障 | 調整 | 寡婦 ひとり親 |

| 事業税 | | | | |
|---|---|---|---|---|
| 非課税所得など | 番号 | 所得金額 円 | 損益通算の特例適用前の不動産所得 | 円 |
| 不動産所得から差し引いた青色申告特別控除額 | 550,000 | | 事業用資産の譲渡損失など | |
| 前年中の開（廃）業 | 開始・廃止 | 月日 | 他都道府県の事務所等 | ○ |

上記の配偶者・親族・事業専従者のうち別居の者の氏名・住所　氏名　住所　国外　所得税で控除対象配偶者などとした専従者　氏名　給与 円　一連番号

整理欄　申告区分　申告等年月日 年 月 日　所得種類　特例適用条文 法 条の の 項 号　申告期限 年 月 日

税理士法書面提出 30条 33条の2

税理士署名・電話番号
（ － － ）

# 令和 04 年分の 所得税及び復興特別所得税 の 確定 申告書（分離課税用）

FA2401

第三表（令和四年分以降用）

○第三表は、申告書の第一表・第二表と一緒に提出してください。

| | | |
|---|---|---|
| 住所 屋号 | 泉佐野市山尾町 x－x 南商店 | |
| フリガナ 氏名 | ミナミ ゴロウ 南 吾郎 | |

整理番号 ☐☐☐☐☐☐☐☐ 一連番号 ☐☐

## 特例適用条文

| 法 | 条 | 項 | 号 |
|---|---|---|---|
| 所法 ㊧ 震法 | 31 条の 3 の | ☐ 項 | ☐ 号 |
| 所法 ㊧ 震法 | 35 条の ☐ の | 1 項 | ☐ 号 |
| 所法 措法 震法 | ☐ 条の ☐ の | ☐ 項 | ☐ 号 |

（単位は円）

## 収入金額・分離課税

|  | |  |  |
|---|---|---|---|
| 短期譲渡 | 一般分 | ㋛ | 384,000,000 |
| | 軽減分 | ㋜ | |
| 長期譲渡 | 一般分 | ㋝ | |
| | 特定分 | ㋞ | |
| | 軽課分 | ㋟ | 1,250,000,000 |
| 一般株式等の譲渡 | | ㋠ | |
| 上場株式等の譲渡 | | ㋡ | |
| 上場株式等の配当等 | | ㋢ | |
| 先物取引 | | ㋣ | |
| 山林 | | ㋤ | |
| 退職 | | ㋥ | |

## 所得金額・分離課税

|  | |  |  |
|---|---|---|---|
| 短期譲渡 | 一般分 | 66 | 14,400,000 |
| | 軽減分 | 67 | |
| 長期譲渡 | 一般分 | 68 | |
| | 特定分 | 69 | |
| | 軽課分 | 70 | 87,000,000 |
| 一般株式等の譲渡 | | 71 | |
| 上場株式等の譲渡 | | 72 | |
| 上場株式等の配当等 | | 73 | |
| 先物取引 | | 74 | |
| 山林 | | 75 | |
| 退職 | | 76 | |

## 税金の計算

|  |  |  |
|---|---|---|
| 総合課税の合計額（申告書第一表の⑫） | 12 | 5,200,000 |
| 所得から差し引かれる金額（申告書第一表の㉙） | 29 | 3,205,555 |
| 課税される所得金額 ⑫対応分 | 77 | 1,994,000 |
| 66 67対応分 | 78 | 14,400,000 |
| 68 69 70対応分 | 79 | 87,000,000 |
| 71 72対応分 | 80 | 000 |
| 73対応分 | 81 | 000 |
| 74対応分 | 82 | 000 |
| 75対応分 | 83 | 000 |
| 76対応分 | 84 | 000 |

|  |  |  |
|---|---|---|
| 税金の計算 ⑦⑦対応分 | 85 | 101,900 |
| ㊆対応分 | 86 | 4,320,000 |
| ㊈対応分 | 87 | 10,050,000 |
| ㊇対応分 | 88 | |
| ㊀対応分 | 89 | |
| ㊁対応分 | 90 | |
| ㊂対応分 | 91 | |
| ㊃対応分 | 92 | |
| 85から92までの合計（申告書第一表の㉛に転記） | 93 | 14,471,900 |

## その他

|  |  |  |
|---|---|---|
| 株式等 本年分の71,72から差し引く繰越損失額 | 94 | |
| 翌年以後に繰り越される損失の金額 | 95 | |
| 配当 本年分の73から差し引く繰越損失額 | 96 | |
| 先物取引 本年分の74から差し引く繰越損失額 | 97 | |
| 翌年以後に繰り越される損失の金額 | 98 | |

## ○ 分離課税の短期・長期譲渡所得に関する事項

| 区分 | 所得の生ずる場所 | 必要経費 | 差引金額（収入金額－必要経費） | 特別控除額 |
|---|---|---|---|---|
| 短期 一般 | 泉佐野市 山尾町x－○ | 24,000,000 | 14,400,000 | － |
| 長期 軽課 | 堺市○○区 △△ | 8,000,000 | 117,000,000 | 30,000,000 |
| 差引金額の合計額 99 | | | 131,400,000 | |
| 特別控除額の合計額 100 | | | | 30,000,000 |

## ○ 上場株式等の譲渡所得等に関する事項

| |  |  |
|---|---|---|
| 上場株式等の譲渡所得等の源泉徴収税額の合計額 | 101 | |

## ○ 退職所得に関する事項

| 区分 | 収入金額 | 退職所得控除額 |
|---|---|---|
| 一般 | | |
| 短期 | | |
| 特定役員 | | |

整理欄

| A | B | C | 申告等年月日 | ☐☐☐☐☐☐☐ |
|---|---|---|---|---|
| D | E | F | 通算 | |

取得期限 資産 ／ 入力 ／ 申告区分 ／ 特例期間

（45）

分離短期譲渡所得　譲渡所得の内訳書（確定申告書付表兼計算明細書）

[3面]（部分）

## 4 譲渡所得金額の計算をします。

2面の
①「譲渡価額」欄　　③「譲渡費用」欄　②「取得費」欄

| 区分 | 特例適用条文 | A 収入金額 (①) | B 必要経費 (②+③) | C 差引金額 (A-B) | D 特別控除額 | E 譲渡所得金額 (C-D) |
|---|---|---|---|---|---|---|
| 短期・長期 | 所・措・震 条の | 38,400,000 円 | 24,000,000 円 | 14,400,000 円 | － | 14,400,000 円 |
| 短期・長期 | 所・措・震 条の | 円 | 円 | 円 | 円 | 円 |
| 短期・長期 | 所・措・震 条の | 円 | 円 | 円 | 円 | 円 |

※ ここで計算した内容（交換・買換え（代替）の特例の適用を受ける場合は、4面の「6」で計算した内容）を「申告書第三表（分離課税用）」に転記します。

整理欄

---

分離長期譲渡所得　譲渡所得の内訳書（確定申告書付表兼計算明細書）

[3面]（部分）

## 4 譲渡所得金額の計算をします。

2面の
①「譲渡価額」欄　　③「譲渡費用」欄　②「取得費」欄

| 区分 | 特例適用条文 | A 収入金額 (①) | B 必要経費 (②+③) | C 差引金額 (A-B) | D 特別控除額 | E 譲渡所得金額 (C-D) |
|---|---|---|---|---|---|---|
| 短期・長期 | 所・措・震 35条1項 31の3 | 125,000,000 円 | 8,000,000 円 | 117,000,000 円 | 30,000,000 円 | 87,000,000 円 |
| 短期・長期 | 所・措・震 条の | 円 | 円 | 円 | 円 | 円 |
| 短期・長期 | 所・措・震 条の | 円 | 円 | 円 | 円 | 円 |

※ ここで計算した内容（交換・買換え（代替）の特例の適用を受ける場合は、4面の「6」で計算した内容）を「申告書第三表（分離課税用）」に転記します。

整理欄

## 記載例 7　株式等の譲渡所得がある場合

申告書第一表及び第二表と第三表（分離課税用の申告書）を使用した場合です。
（分離課税の株式等の譲渡所得は772ページ以下参照）

### 【設 例】

大手一郎さん（歯科医業を営む白色申告者）の令和4年分所得税の確定申告に必要な資料は、次のとおりです。

### (1) 所得の内容

| 種　　類 | 内　　　　　　　　　　　　容 |||
|---|---|---|---|
| 事業所得　歯科医業 | 社会保険診療報酬 | （収入金額）　　　　（必要経費）　　　　（源泉徴収税額）<br>30,011,500円　　21,507,130円　　2,819,134円<br>※上記の必要経費は概算経費控除を適用。 ||
| | 自由診療報酬 | 28,327,000円　　15,579,900円 ||
| 譲渡所得　上場株式の譲渡 | （収入金額）<br>9,450,000円 | （取得費<br>譲渡に要した費用）<br>2,517,918円<br>82,582円 | ※令2.12.20に購入したものを令4.11.8に譲渡。<br>※特定口座の利用なし。 |

※令和4年分予定納税額（第1期、第2期）600,000円
※事業所得に係る記帳は、総勘定元帳、仕訳帳等を備え付け、日々の取引を複式簿記に従って記帳している。

### (2) 控除の内容

| 種　　類 | 内　　　　　　　　　　　　容 |
|---|---|
| 社会保険料控除 | 国民健康保険<br>（介護保険を含む）　990,000円　　　国民年金　597,420円 |
| 小規模企業共済等掛金控除 | 小規模企業共済契約の掛金　　840,000円 |
| 生命保険料控除 | （保険金等受取人）　　　（保険会社）　　　（支払保険料）<br>一般の生命保険料　　大手一郎（本人）　　世界生命　　48,000円<br>個人年金保険料　　　大手町子（妻）　　　世界生命　　90,000円<br>※上記一般の生命保険と個人年金保険は新制度（平成24年1月以後締結）分 |
| 寄附金控除 | （寄附した団体）　　（寄附金の額）<br>日本赤十字社（支部）　500,000円 |
| 配偶者・扶養控除等 | （家族構成）大手町子……（妻）昭49.4.11生（所得なし）<br>大手みち……（母）昭21.11.7生（同居）<br>大手京子……（子）平12.3.7生　　大手満男……（子）平20.7.22生 |

7
株式譲渡

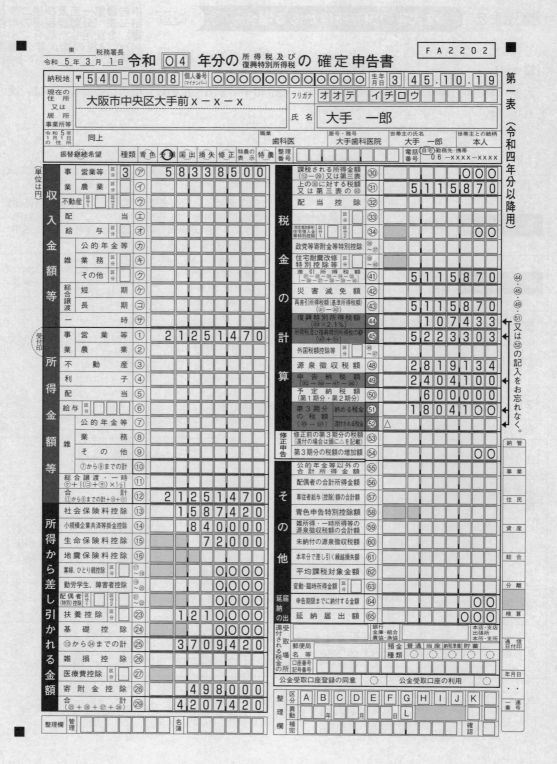

# 令和 ０４ 年分の 所得税及び復興特別所得税 の確定申告書

整理番号 ☐☐☐☐☐☐☐☐  FA2302

**第二表（令和四年分以降用）**

○第二表は、第一表と一緒に提出してください。

○国民年金保険料や生命保険料の支払証明書など申告書に添付しなければならない書類は添付書類台紙などに貼ってください。

| 住　所<br>屋　号 | 大阪市中央区大手前ｘ－ｘ－ｘ<br>大手歯科医院 |
| --- | --- |
| フリガナ<br>氏　名 | オオテ　イチロウ<br>大手　一郎 |

## ○ 所得の内訳（所得税及び復興特別所得税の源泉徴収税額）

| 所得の種類 | 種　目 | 給与などの支払者の「名称」<br>及び「法人番号又は所在地」等 | 収入金額 | 源泉徴収税額 |
| --- | --- | --- | --- | --- |
| 事業 | 診療報酬 | 社会保険診療報酬支払基金<br>ｘｘｘｘｘｘｘｘｘｘｘｘ | 30,011,500 | 2,819,134 |
| | | | | |
| | | | | |
| | | | ㊽ 源泉徴収税額の合計額 | 2,819,134 |

## ○ 総合課税の譲渡所得、一時所得に関する事項（⑪）

| 所得の種類 | 収入金額 | 必要経費等 | 差引金額 |
| --- | --- | --- | --- |
| | 円 | 円 | 円 |

| 特例適用<br>条文等 | 措法26条 |
| --- | --- |

## ○ 配偶者や親族に関する事項（⑳〜㉓）

| 氏　名 | 個人番号 | 続柄 | 生年月日 | 障害者 | 国外居住 | 住民税 | その他 |
| --- | --- | --- | --- | --- | --- | --- | --- |
| 大手　町子 | ○○○○○○○○○○○○ | 配偶者 | 明・大<br>昭・平・令　49・4・11 | 障 特障 | 国外 年調 | ⑯ 別居 | 調整 |
| 大手　京子 | ○○○○○○○○○○○○ | 子 | 明・大<br>昭・平・令　12・3・7 | 障 特障 | 国外 年調 | ⑯ 別居 | 調整 |
| 大手　満男 | ○○○○○○○○○○○○ | 子 | 明・大<br>昭・平・令　20・7・22 | 障 特障 | 国外 年調 | ⑯ 別居 | 調整 |
| 大手　みち | ○○○○○○○○○○○○ | 母 | 明・大<br>昭・平・令　21・11・7 | 障 特障 | 国外 年調 | ⑯ 別居 | 調整 |
| | | | 明・大<br>昭・平・令　・　・ | 障 特障 | 国外 年調 | ⑯ 別居 | 調整 |

## ○ 事業専従者に関する事項（㊼）

| 事業専従者の氏名 | 個人番号 | 続柄 | 生年月日 | 従事月数・程度・仕事の内容 | 専従者給与(控除)額 |
| --- | --- | --- | --- | --- | --- |
| | | | 明・大<br>昭・平　・　・ | | 円 |
| | | | 明・大<br>昭・平　・　・ | | |

## ○ 住民税・事業税に関する事項

| 住民税 | 非上場株式の<br>少額配当等 | 非居住者<br>の特例 | 配当割額<br>控除額 | 株式等譲渡<br>所得割額控除額 | 特定配当等・特定<br>株式等譲渡所得の<br>全部の申告不要 | 給与、公的年金等以外の<br>所得に係る住民税の徴収方法 | | 都道府県、市区町村<br>への寄附<br>（特例控除対象） | 共同募金、日赤<br>その他の寄附 | 都道府県<br>条例指定寄附 | 市区町村<br>条例指定寄附 |
| --- | --- | --- | --- | --- | --- | --- | --- | --- | --- | --- | --- |
| | | | | | | 特別徴収 | 自分で納付 | | | | |
| | 円 | 円 | 円 | 円 | ○ | ○ | ○ | | 500,000 | | |

| 退職所得のある配偶者・親族の氏名 | 個人番号 | 続柄 | 生年月日 | 退職所得を除く所得金額 | 障害者 | その他 | 寡婦・ひとり親 |
| --- | --- | --- | --- | --- | --- | --- | --- |
| | | | 明・大<br>昭・平　・　・ | 円 | 障 特障 | 調整 | 寡婦 ひとり親 |

| 事業税 | 非課税所得など | 番号 | 8 | 所得金額 | 8,504,370 円 | 損益通算の特例適用前の<br>不動産所得 | | 円 | 前年中の<br>開（廃）業 | 開始・廃止 | 月 日 |
| --- | --- | --- | --- | --- | --- | --- | --- | --- | --- | --- | --- |
| | 不動産所得から差し引いた<br>青色申告特別控除額 | 円 | | | | 事業用資産の譲渡損失など | | | 他都道府県の事務所等 | ○ | |

| 上記の配偶者・親族・事業専従者の<br>うち別居の者の氏名・住所 | 氏名 | 住所 | 国外 | | 所得税で控除対象配偶者<br>などとした専従者 | 氏名 | 給与 | 円 | 一連<br>番号 | |
| --- | --- | --- | --- | --- | --- | --- | --- | --- | --- | --- |

税理士署名・電話番号　（　－　－　）

## （社会保険料控除・小規模企業共済等掛金控除・生命保険料控除・地震保険料控除 他）

| | 保険料等の種類 | 支払保険料等の計 | うち年末調整等以外 |
| --- | --- | --- | --- |
| ⑬⑭ 社会保険料控除・小規模企業共済等掛金控除 | 国民健康保険 | 990,000 円 | 990,000 円 |
| | 国民年金 | 597,420 | 597,420 |
| | 小規模企業共済 | 840,000 | 840,000 |
| ⑮ 生命保険料控除 | 新生命保険料 | 48,000 円 | 48,000 円 |
| | 旧生命保険料 | | |
| | 新個人年金保険料 | | |
| | 旧個人年金保険料 | 90,000 | 90,000 |
| | 介護医療保険料 | | |
| ⑯ 地震保険料控除 | 地震保険料 | 円 | 円 |
| | 旧長期損害保険料 | | |

| 本人に関する事項<br>（⑰〜⑳） | 寡婦 | | ひとり親 | 勤労学生 | | 障害者 | 特別<br>障害者 |
| --- | --- | --- | --- | --- | --- | --- | --- |
| | ☐死別 ☐生死不明 | | | ☐年調以外かつ | | | |
| | ☐離婚 ☐未帰還 | | | ☐専修学校等 | | | |

## ○ 雑損控除に関する事項（㉖）

| 損害の原因 | 損害年月日 | 損害を受けた資産の種類など |
| --- | --- | --- |
| | | |

| 損害金額 | 円 | 保険金などで<br>補填される<br>金額 | 円 | 差引損失額の<br>うち災害関連<br>支出の金額 | 円 |
| --- | --- | --- | --- | --- | --- |

## ○ 寄附金控除に関する事項（㉘）

| 寄附先の<br>名称等 | 日本赤十字社大阪支部 | 寄附金 | 500,000 |
| --- | --- | --- | --- |

（整理欄・申告区分・特例適用条文 など省略）

# 令和 0 4 年分の 所得税及び 復興特別所得税 の 確定 申告書（分離課税用）

FA2401

第三表（令和四年分以降用）　○第三表は、申告書の第一表・第二表と一緒に提出してください。

**住所 屋号 フリガナ 氏名**

大阪市中央区大手前x－x－x
大手歯科医院
オオテ　イチロウ
大手 一郎

整理番号 ☐☐☐☐☐☐☐☐　一連番号 ☐☐☐☐

**特 例 適 用 条 文**

| 法 | 条 | | 項 | 号 |
|---|---|---|---|---|
| 所法 措法 震法 | 条の の | | 項 | 号 |
| 所法 措法 震法 | 条の の | | 項 | 号 |
| 所法 措法 震法 | 条の の | | 項 | 号 |

（単位は円）

## 収入金額

| 分離課税 | | | |
|---|---|---|---|
| 短期譲渡 | 一般分 | ㋛ | |
| 短期譲渡 | 軽減分 | ㋜ | |
| 長期譲渡 | 一般分 | ㋝ | |
| 長期譲渡 | 特定分 | ㋞ | |
| 長期譲渡 | 軽課分 | ㋟ | |
| 一般株式等の譲渡 | | ㋠ | |
| 上場株式等の譲渡 | | ㋡ | 9450000 |
| 上場株式等の配当等 | | ㋢ | |
| 先物取引 | | ㋣ | |
| 山 林 | | ㋤ | |
| 退 職 | | ㋥ | |

## 所得金額

| 分離課税 | | | |
|---|---|---|---|
| 短期譲渡 | 一般分 | 66 | |
| 短期譲渡 | 軽減分 | 67 | |
| 長期譲渡 | 一般分 | 68 | |
| 長期譲渡 | 特定分 | 69 | |
| 長期譲渡 | 軽課分 | 70 | |
| 一般株式等の譲渡 | | 71 | |
| 上場株式等の譲渡 | | 72 | 6849500 |
| 上場株式等の配当等 | | 73 | |
| 先物取引 | | 74 | |
| 山 林 | | 75 | |
| 退 職 | | 76 | |

## 税金の計算

| | | | |
|---|---|---|---|
| 総合課税の合計額（申告書第一表の⑫） | ⑫ | 21251470 | |
| 所得から差し引かれる金額（申告書第一表の㉙） | ㉙ | 4207420 | |
| 課税される所得金額 ⑫ 対応分 | 77 | 17044000 | |
| 66 67 対応分 | 78 | 000 | |
| 68 69 70 対応分 | 79 | 000 | |
| 71 72 対応分 | 80 | 6849000 | |
| 73 対応分 | 81 | 000 | |
| 74 対応分 | 82 | 000 | |
| 75 対応分 | 83 | 000 | |
| 76 対応分 | 84 | 000 | |

## 税金の計算（税額）

| | | |
|---|---|---|
| 77 対応分 | 85 | 4088520 |
| 78 対応分 | 86 | |
| 79 対応分 | 87 | |
| 80 対応分 | 88 | 1027350 |
| 81 対応分 | 89 | |
| 82 対応分 | 90 | |
| 83 対応分 | 91 | |
| 84 対応分 | 92 | |
| 85から92までの合計（申告書第一表の㊸に転記） | 93 | 5115870 |

## その他

| | | |
|---|---|---|
| 株式等 | 本年分の71・72から差し引く繰越損失額 | 94 |
| | 翌年以後に繰り越される損失の金額 | 95 |
| 配当等 | 本年分の73から差し引く繰越損失額 | 96 |
| 先物取引 | 本年分の74から差し引く繰越損失額 | 97 |
| | 翌年以後に繰り越される損失の金額 | 98 |

○ 分離課税の短期・長期譲渡所得に関する事項

| 区 分 | 所得の生ずる場所 | 必 要 経 費 | 差引金額（収入金額－必要経費） | 特別控除額 |
|---|---|---|---|---|
| | | 円 | 円 | 円 |
| | | | | |
| | | | | |

| | | |
|---|---|---|
| 差引金額の合計額 | 99 | |
| 特別控除額の合計額 | 100 | |

○ 上場株式等の譲渡所得等に関する事項

| | | |
|---|---|---|
| 上場株式等の譲渡所得等の源泉徴収税額の合計額 | 101 | |

○ 退職所得に関する事項

| 区 分 | 収 入 金 額 | 退職所得控除額 |
|---|---|---|
| 一般 | 円 | 円 |
| 短期 | | |
| 特定役員 | | |

整理欄　A B C D E F　申告等年月日　通算　取得期限　資産　入力　申告区分　特例期間

1 面

## 株式等に係る譲渡所得等の金額の計算明細書

【令和＿4＿年分】

整理番号 ＿＿＿＿

> この明細書は、「一般株式等に係る譲渡所得等の金額」又は「上場株式等に係る譲渡所得等の金額」を計算する場合に使用するものです。
> なお、国税庁ホームページ【https://www.nta.go.jp】では、画面の案内に沿って収入金額などの必要項目を入力することにより、この明細書や確定申告書などを作成することができます。

| 住　所 （前住所） | 大阪市中央区大手前×－×－× （　　　　　　　　　　　　　） | フリガナ 氏　　名 | オオテ　イチロウ 大手　一郎 |
|---|---|---|---|
| 電話番号 （連絡先） | 06－××××－×××× 職業 歯科医 | 関与税理士名 （電話） | （　　　　　　　　） |

※　譲渡した年の1月1日以後に転居された方は、前住所も記載してください。

### 1　所得金額の計算

| | | | 一般株式等 | 上場株式等 |
|---|---|---|---|---|
| 収入金額 | 譲渡による収入金額 | ① | 円 | 9,450,000 円 |
| | その他の収入 | ② | | |
| | 小　計（①＋②） | ③ | 申告書第三表㋐へ | 申告書第三表㋑へ 9,450,000 |
| 必要経費又は譲渡に要した費用等 | 取得費（取得価額） | ④ | | 2,517,918 |
| | 譲渡のための委託手数料 | ⑤ | | 82,582 |
| | | ⑥ | | |
| | 小　計（④から⑥までの計） | ⑦ | | 2,600,500 |
| 特定管理株式等のみなし 譲渡損失の金額（※1） （△を付けないで書いてください。） | | ⑧ | | |
| 差引金額（③－⑦－⑧） | | ⑨ | | 6,849,500 |
| 特定投資株式の取得に 要した金額の控除（※2） （⑨欄が赤字の場合はひと書いてください。） | | ⑩ | | |
| 所得金額（⑨－⑩） （一般株式等について赤字の場合はひと書いてください。） （上場株式等について赤字の場合は△を付して書いてください。） | | ⑪ | 申告書第三表㋑へ | 黒字の場合は申告書第三表㋓へ 6,849,500 |
| 本年分で差し引く上場株式等に 係る繰越損失の金額（※3） | | ⑫ | | 申告書第三表㋞へ |
| 繰越控除後の所得金額（※4） （⑪－⑫） | | ⑬ | 申告書第三表㋜へ | 申告書第三表㋜へ 6,849,500 |

| | |
|---|---|
| 特例適用条文 | 措法＿＿条の＿＿＿ 措法＿＿条の＿＿＿ |

（注）　租税特別措置法第37条の12の2第2項に規定する上場株式等の譲渡以外の上場株式等の譲渡（相対取引など）がある場合の「上場株式等」の①から⑨までの各欄については、同項に規定する上場株式等の譲渡に係る金額を括弧書（内書）により記載してください。なお、「上場株式等」の⑪欄の金額が相対取引などによる赤字のみの場合は、申告書第三表の㋓欄に0を記載します。
※1　「特定管理株式等のみなし譲渡損失の金額」とは、租税特別措置法第37条の11の2第1項の規定により、同法第37条の12の2第2項に規定する上場株式等の譲渡をしたことにより生じた損失の金額とみなされるものをいいます。
※2　⑩欄の金額は、「特定（新規）中小会社が発行した株式の取得に要した金額の控除の明細書」で計算した金額に基づき、「一般株式等」、「上場株式等」の順に、⑨欄の金額を限度として控除します。
※3　⑫欄の金額は、「上場株式等」の⑪欄の金額を限度として控除し、「上場株式等」の⑪欄の金額が0又は赤字の場合には記載しません。なお、⑫欄の金額を「一般株式等」から控除することはできません。
※4　⑬欄の金額は、⑪欄の金額が0又は赤字の場合には記載しません。また、⑬欄の金額を申告書に転記するに当たって申告書第三表の㉙欄の金額が同⑫欄の金額から控除しきれない場合には、税務署にお尋ねください。

| 整理欄 | |
|---|---|

（令和4年分以降用）

R4.11

「上場株式等」の⑪欄の金額が赤字の場合で、譲渡損失の損益通算及び繰越控除の特例の適用を受ける方は、「所得税及び復興特別所得税の確定申告書付表」も記載してください。

——（51）——

**2　面（計算明細書）**

## 2　申告する特定口座の上場株式等に係る譲渡所得等の金額の合計

| 口座の区分 | 取　引　先<br>（金融商品取引業者等） | | 譲渡の対価の額<br>（収入金額） | 取得費及び譲渡に要した費用の額等 | 差引金額<br>（譲渡所得等の金額） | 源泉徴収税額 |
|---|---|---|---|---|---|---|
| 源泉口座・簡易口座 | 証券会社<br>銀　行<br>（　　） | 本　店<br>支　店<br>出張所<br>（　　　） | 円 | 円 | 円 | 円 |
| 源泉口座・簡易口座 | 証券会社<br>銀　行<br>（　　） | 本　店<br>支　店<br>出張所<br>（　　　） | | | | |
| 源泉口座・簡易口座 | 証券会社<br>銀　行<br>（　　） | 本　店<br>支　店<br>出張所<br>（　　　） | | | | |
| 源泉口座・簡易口座 | 証券会社<br>銀　行<br>（　　） | 本　店<br>支　店<br>出張所<br>（　　　） | | | | |
| 源泉口座・簡易口座 | 証券会社<br>銀　行<br>（　　） | 本　店<br>支　店<br>出張所<br>（　　　） | | | | |
| 合　　計（上場株式等（特定口座）） | | | 1面①へ | 1面④へ | | 申告書第二表「所得の内訳」欄へ |

## 【参考】　特定口座以外で譲渡した株式等の明細

| 区　分 | 譲渡年月日<br>（償還日） | 譲渡した株式等の銘柄 | 数　量 | 譲渡先（金融商品取引業者等）の名称・所在地等 | 譲渡による収入金額 | 取得費<br>（取得価額） | 譲渡のための委託手数料 | 取　得<br>年　月　日 |
|---|---|---|---|---|---|---|---|---|
| 一般株式等・上場株式等 | 令<br>4・11・8 | | 株(口、円)<br>5,000 | 関西証券<br>大手前支店 | 円<br>9,450,000 | 円<br>2,517,918 | 円<br>82,582 | 2・12・20<br>（・・） |
| 一般株式等・上場株式等 | ・・ | | | | | | | ・・<br>（・・） |
| 一般株式等・上場株式等 | ・・ | | | | | | | ・・<br>（・・） |
| 一般株式等・上場株式等 | ・・ | | | | | | | ・・<br>（・・） |
| 一般株式等・上場株式等 | ・・ | | | | | | | ・・<br>（・・） |
| 合　　計 | | 一　般　株　式　等 | | | 1面①へ | 1面④へ | 1面⑤へ | |
| | | 上場株式等（一般口座） | | | 1面①へ<br>9,450,000 | 1面④へ<br>2,517,918 | 1面⑤へ<br>82,582 | |

——（52）——

**記載例 8** **退職所得・山林所得がある場合** ☞ 申告書第一表及び第二表と第三表（分離課税用の申告書）を使用した場合です。（退職所得については826ページ以下、山林所得については819ページ以下を参照）

**【設 例】**

　山林を売却した京都四郎さんの令和4年分所得税の確定申告に必要な資料は、次のとおりです。

**（1）　所 得 の 内 容**

| 種　　　　類 | 内 | 容 |
|---|---|---|
| **給与所得** 山城信用金庫 | （収入金額）　　　　　　　（給与所得の金額）<br>2,465,000円　　　1,544,800（所得金額調整控除後の金額）<br>※令和4年3月31日退職。年末調整未済。 | （源泉徴収税額）<br>182,670円 |
| **雑 所 得** 厚生年金 | （収入金額）　　　　　　（公的年金等の雑所得の金額）<br>1,000,000円　　　　　　　　400,000円 | （源泉徴収税額）<br>0円 |
| **退職所得** 山城信用金庫 | （収入金額）　　　　　　　（退職所得控除額）<br>18,000,000円　　　　　　15,000,000円<br>※令和4年3月31日退職。勤続年数30年。 | （源泉徴収税額）<br>76,575円 |
| **山林所得** 舞鶴市字上安久所在の山林の売却 | （収入金額）　　（必要経費）<br>1,467,000円　　897,150円 | ※売却した山林は、平7.2.2に相続により取得したものであり、必要経費の計算は、概算経費控除を適用した。なお、伐採・譲渡費用は327,300円である。 |

**（2）　控 除 の 内 容**

| 種　　　　類 | 内 | 容 |
|---|---|---|
| 医 療 費 控 除 | （医療を受けた人）　　　　（支　払　先）　　　（支払金額）　（保険で補填された金額）<br>京都美子（妻）　　京都市右京区烏丸病院　650,000円　　　　50,000円 | |
| 社 会 保 険 料 控 除 | 国民健康保険（介護保険を含む）　606,246円 | 健康保険（介護保険を含む）、厚生年金保険、雇用保険及び国民年金　　481,666円 |
| 生 命 保 険 料 控 除 | （保険金受取人）　　　　　（保険会社など）　　　　　（支払保険料）<br>京都四郎（本人）　　　　　東山生命　　　　　　　　90,000円<br>京都美子（妻）　　　　（株）かんぽ生命保険　　　　23,000円<br>※上記一般の生命保険は全て新制度（平成24年1月以後締結）分 | |
| 配 偶 者 控 除 | 京都美子…（妻）昭43.4.3生（所得なし） | |

**8**

退職・山林

——（53）——

令和　4　年分　退職所得の源泉徴収票・特別徴収票

<table>
<tr><td rowspan="3">支払を受ける者</td><td>住所又は居所</td><td colspan="7">京都市右京区西院上花田町ｘ－ｘ</td></tr>
<tr><td>令和 5 年<br>1月1日の住所</td><td colspan="7">同上</td></tr>
<tr><td>氏　名（役職名）</td><td colspan="7">京都　四郎</td></tr>
<tr><td colspan="2">区　　　　　　分</td><td>支 払 金 額</td><td>源泉徴収税額</td><td colspan="2">特 別 徴 収 税 額</td></tr>
<tr><td colspan="2"></td><td></td><td></td><td>市 町 村 民 税</td><td>道 府 県 民 税</td></tr>
<tr><td colspan="2">所得税法第201条第1項第1号並びに地方税法第50条の6第1項第1号及び第328条の6第1項第1号適用分</td><td>18 000 000</td><td>76 575</td><td>90 000</td><td>60 000</td></tr>
<tr><td colspan="2">所得税法第201条第1項第2号並びに地方税法第50条の6第1項第2号及び第328条の6第1項第2号適用分</td><td></td><td></td><td></td><td></td></tr>
<tr><td colspan="2">所得税法第201条第3項並びに地方税法第50条の6第2項及び第328条の6第2項適用分</td><td></td><td></td><td></td><td></td></tr>
<tr><td>退 職 所 得 控 除 額</td><td>勤 続 年 数</td><td colspan="3">就 職 年 月 日</td><td colspan="2">退 職 年 月 日</td></tr>
<tr><td>1,500 万円</td><td>30 年</td><td colspan="3">平 4 年 4 月 1 日</td><td colspan="2">令 4 年 3 月 31 日</td></tr>
<tr><td colspan="8">（摘要）</td></tr>
<tr><td rowspan="2">支払者</td><td>住所（居所）又は所在地</td><td colspan="6">京都市伏見区今町ｘ x</td></tr>
<tr><td>氏 名 又 は名　　称</td><td colspan="2">山城信用金庫</td><td>（電話）</td><td colspan="2">075－ｘｘｘ－ｘｘｘｘ</td></tr>
</table>

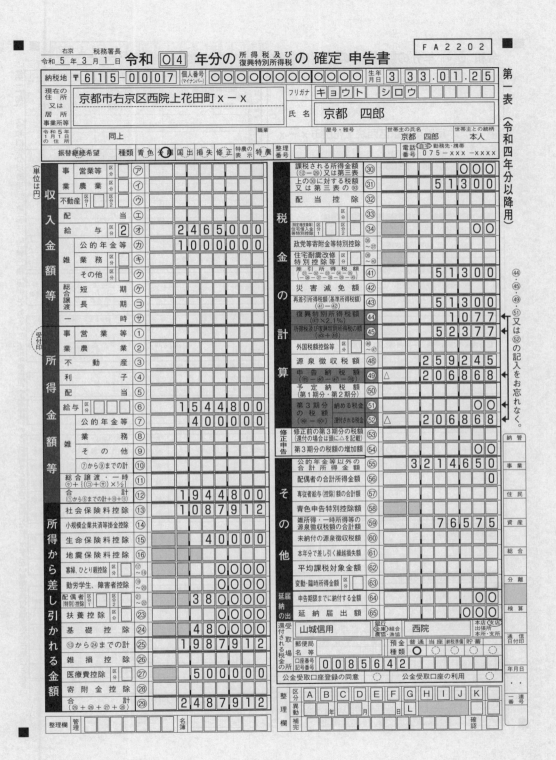

FA2302

# 令和 04 年分の所得税及び復興特別所得税の確定申告書

第二表（令和四年分以降用）

整理番号

住所 屋号: 京都市右京区西院上花田町x－x

フリガナ: キョウト シロウ
氏名: 京都　四郎

○ 所得の内訳（所得税及び復興特別所得税の源泉徴収税額）

| 所得の種類 | 種目 | 給与などの支払者の「名称」及び「法人番号又は所在地」等 | 収入金額 | 源泉徴収税額 |
|---|---|---|---|---|
| 給与 | 給料 | 山城信用金庫 京都市伏見区今町XX | 2,465,000円 | 182,670円 |
| 退職 | 退職金 | 山城信用金庫 京都市伏見区今町XX | 18,000,000 | 76,575 |
| 雑 | 厚生年金 | 厚生労働省 千代田区霞が関1－2－2 | 1,000,000 | 0 |
| | | | | |

㊽ 源泉徴収税額の合計額 259,245円

| | 保険料等の種類 | 支払保険料等の計 | うち年末調整等以外 |
|---|---|---|---|
| ⑬⑭ 社会保険料控除 小規模企業共済等掛金控除 | 国民健康保険 | 606,246円 | 606,246円 |
| | 国民年金 | 481,666 | 481,666 |
| | | | |
| | | | |
| ⑮ 生命保険料控除 | 新生命保険料 | 113,000円 | 113,000円 |
| | 旧生命保険料 | | |
| | 新個人年金保険料 | | |
| | 旧個人年金保険料 | | |
| | 介護医療保険料 | | |
| ⑯ 地震保険料控除 | 地震保険料 | 円 | 円 |
| | 旧長期損害保険料 | | |

本人に関する事項（⑰～⑳）: 寡婦　□死別　□生死不明　□離婚　□未帰還　ひとり親　勤労学生 □年調以外かつ専修学校等　障害者　特別障害者

○ 雑損控除に関する事項（㉖）

| 損害の原因 | 損害年月日 | 損害を受けた資産の種類など |
|---|---|---|
| | ・　・ | |

損害金額 円　保険金などで補塡される金額 円　差引損失額のうち災害関連支出の金額 円

○ 寄附金控除に関する事項（㉘）

寄附先の名称等　　寄附金 円

○ 総合課税の譲渡所得、一時所得に関する事項（⑪）

| 所得の種類 | 収入金額 | 必要経費等 | 差引金額 |
|---|---|---|---|
| | 円 | 円 | 円 |
| | | | |

特例適用条文等

○ 配偶者や親族に関する事項（⑳～㉓）

| 氏名 | 個人番号 | 続柄 | 生年月日 | 障害者 | 国外居住 | 住民税 | その他 |
|---|---|---|---|---|---|---|---|
| 京都　美子 | ○○○○○○○○○○○○ | 配偶者 | 明・大・昭・平 43・4・3 | 障　特障 | 国外　年調 | 同一　別居 | 調整 |
| | | | 明・大・昭・平・令 ・　・ | 障　特障 | 国外　年調 | ⑯　別居 | 調整 |
| | | | 明・大・昭・平・令 ・　・ | 障　特障 | 国外　年調 | ⑯　別居 | 調整 |
| | | | 明・大・昭・平・令 ・　・ | 障　特障 | 国外　年調 | ⑯　別居 | 調整 |
| | | | 明・大・昭・平・令 ・　・ | 障　特障 | 国外　年調 | ⑯　別居 | 調整 |

○ 事業専従者に関する事項（(57)）

| 事業専従者の氏名 | 個人番号 | 続柄 | 生年月日 | 従事月数・程度・仕事の内容 | 専従者給与（控除）額 |
|---|---|---|---|---|---|
| | | | 明・大・昭・平 ・　・ | | 円 |
| | | | 明・大・昭・平 ・　・ | | |

○ 住民税・事業税に関する事項

| 住民税 | 非上場株式の少額配当等 | 非居住者の特例 | 配当割額控除額 | 株式等譲渡所得割額控除額 | 特定配当等・特定株式等譲渡所得の全部の申告不要 | 給与、公的年金等以外の所得に係る住民税の徴収方法 特別徴収 | 自分で納付 | 都道府県、市区町村への寄附（特例控除対象） | 共同募金、日赤その他の寄附 | 都道府県条例指定寄附 | 市区町村条例指定寄附 |
|---|---|---|---|---|---|---|---|---|---|---|---|
| | 円 | 円 | 円 | 円 | ○ | ○ | ○ | 円 | 円 | 円 | 円 |

| 退職所得のある配偶者・親族の氏名 | 個人番号 | 続柄 | 生年月日 | 退職所得を除く所得金額 | 障害者 | その他 | 寡婦・ひとり親 |
|---|---|---|---|---|---|---|---|
| | | | 明・大・昭・平 ・　・ | 円 | 障　特障 | 調整 | 寡婦　ひとり親 |

事業税: 非課税所得など　番号　所得金額 円　損益通算の特例適用前の不動産所得 円　前年中の開（廃）業　開始・廃止　月日
不動産所得から差し引いた青色申告特別控除額 円　事業用資産の譲渡損失など 円　他都道府県の事務所等 ○

上記の配偶者・親族・事業専従者のうち別居の者の氏名・住所　氏名　住所　国外　所得税で控除対象配偶者などとした専従者　氏名　給与 円　一連番号

整理欄: 申告区分　申告等年月日 年 月 日　所得種類　特例適用条文 法 条の の 項 号　申告期限 年 月 日

税理士法書面提出 30条 33条の2

税理士署名・電話番号（　－　－　）

○第二表は、第一表と一緒に提出してください。○国民年金保険料や生命保険料の支払証明書など申告書に添付しなければならない書類は添付書類台紙などに貼ってください。

令和 **04** 年分の 所得税及び復興特別所得税 の 確定 申告書（分離課税用）

FA2401

第三表（令和四年分以降用）

整理番号 □□□□□□□ 一連番号 □

**特 例 適 用 条 文**

| 法 | 条 | 項 | 号 |
|---|---|---|---|
| 所法 措法 震法 | 30 条の の | 項 | 号 |
| 所法 措法 震法 | 条の の | 項 | 号 |
| 所法 措法 震法 | 条の の | 項 | 号 |

住所　京都市右京区西院上花田町x－x
屋号
フリガナ　キョウト シロウ
氏名　京都 四郎

（単位は円）

**収入金額**

分離課税

|  |  |  |
|---|---|---|
| 短期譲渡 一般分 | シ | |
| 短期譲渡 軽減分 | ス | |
| 長期譲渡 一般分 | セ | |
| 長期譲渡 特定分 | ソ | |
| 長期譲渡 軽課分 | タ | |
| 一般株式等の譲渡 | チ | |
| 上場株式等の譲渡 | ツ | |
| 上場株式等の配当等 | テ | |
| 先物取引 | ト | |
| 山林 | ナ | 1467000 |
| 退職 | ニ | 18000000 |

**所得金額**

分離課税

|  |  |  |
|---|---|---|
| 短期譲渡 一般分 | 66 | |
| 短期譲渡 軽減分 | 67 | |
| 長期譲渡 一般分 | 68 | |
| 長期譲渡 特定分 | 69 | |
| 長期譲渡 軽課分 | 70 | |
| 一般株式等の譲渡 | 71 | |
| 上場株式等の譲渡 | 72 | |
| 上場株式等の配当等 | 73 | |
| 先物取引 | 74 | |
| 山林 | 75 | 698500 |
| 退職 | 76 | 1500000 |

**税金の計算**

|  |  |  |
|---|---|---|
| 総合課税の合計額（申告書第一表の⑫） | ⑫ | 1944800 |
| 所得から差し引かれる金額（申告書第一表の㉙） | ㉙ | 2487912 |
| ⑫ 対応分 | 77 | 000 |
| 66 67 対応分 | 78 | 000 |
| 68 69 70 対応分 | 79 | 000 |
| 71 72 対応分 | 80 | 000 |
| 73 対応分 | 81 | 000 |
| 74 対応分 | 82 | 000 |
| 75 対応分 | 83 | 000 |
| 76 対応分 | 84 | 1026000 |

**税金の計算**

|  |  |  |
|---|---|---|
| 77 対応分 | 85 | |
| 78 対応分 | 86 | |
| 79 対応分 | 87 | |
| 80 対応分 | 88 | |
| 81 対応分 | 89 | |
| 82 対応分 | 90 | |
| 83 対応分 | 91 | |
| 84 対応分 | 92 | 51300 |
| 85から92までの合計（申告書第一表の㊸に転記） | 93 | 51300 |

**その他**

|  |  |  |
|---|---|---|
| 株式等 本年分の71,72から差し引く繰越損失額 | 94 | |
| 翌年以後に繰り越される損失の金額 | 95 | |
| 配当等 本年分の73から差し引く繰越損失額 | 96 | |
| 先物取引 本年分の74から差し引く繰越損失額 | 97 | |
| 翌年以後に繰り越される損失の金額 | 98 | |

○ 分離課税の短期・長期譲渡所得に関する事項

| 区 分 | 所得の生ずる場所 | 必要経費 | 差引金額（収入金額－必要経費） | 特別控除額 |
|---|---|---|---|---|
| | | 円 | 円 | 円 |
| 差引金額の合計額 99 | | | | |
| 特別控除額の合計額 100 | | | | |

○ 上場株式等の譲渡所得等に関する事項

上場株式等の譲渡所得等の源泉徴収税額の合計額 101

○ 退職所得に関する事項

| 区 分 | 収 入 金 額 | 退職所得控除額 |
|---|---|---|
| 一般 | 18,000,000 円 | 15,000,000 円 |
| 短期 | | |
| 特定役員 | | |

整理欄　A B C　D E F　申告等年月日　通算　取得期限　資産　入力　申告区分　特例期間

（編者注）　⑧④欄の金額は、⑫欄の総合課税の合計額及び⑦⑤欄の山林所得の金額から、控除しきれなかった所得控除の控除後の課税退職所得の金額です。

**記載例 9** **居住用財産の譲渡損失がある場合** ☞ 申告書第一表及び第二表と第三表（分離課税用の申告書）を使用した場合です。（居住用財産の譲渡損失については395ページ以下参照）

## 【設 例】

西宮一夫さん（青色申告者）の令和4年分所得税の確定申告に必要な資料は、次のとおりです。

### (1) 所 得 の 内 容

| 種　　類 | 内　　　　容 | | |
|---|---|---|---|
| **事 業 所 得** 食品販売業 | （収入金額）46,388,760円 | （必要経費）40,913,000円 | ※必要経費のうち青色専従者給与額西宮夏子1,800,000円 |
| **不 動 産 所 得** マンション及び貸家 | （収入金額）4,880,000円 | （必要経費）3,215,000円 | （青色申告特別控除額）550,000円※55万円控除の要件を充足（要件については263ページ参照） |
| **分離長期譲渡所得** 尼崎市西難波町×－×－×の自己の居住用家屋及びその敷地（特定譲渡） | （収入金額）27,800,000円（取得年月日）平28.5.1 | （取得価額）土地30,000,000円建物16,200,000円（譲渡年月日）令4.9.30 | （償却費相当額）（譲渡に要した費用）1,312,200円　　1,980,000円 |

※令和4年分予定納税額（第1期、第2期）100,000円

### (2) 控 除 の 内 容

| 種　　類 | 内　　　　容 | |
|---|---|---|
| 社 会 保 険 料 控 除 | 国民健康保険（介護保険を含む）982,094円 | 国民年金　398,280円 |
| 小規模企業共済等掛 金 控 除 | 小規模企業共済契約の掛金　840,000円 | |
| 生 命 保 険 料 控 除 | （保険金受取人）　　　　　　（保険会社）　　　　　　　　（支払保険料）西宮一夫（本人）　　　　　阪神生命　　　　　　　　　83,400円西宮夏子（妻）　　　　　　阪神生命　　　　　　　　　68,000円※上記一般の生命保険は新制度（平成24年1月以後締結）分 | |
| 配偶者・扶養控除等 | （家族構成）西宮夏子……（妻）昭52.10.5生（専従者）西宮花子……（母）昭25.1.25生（同居）西宮正夫……（子）平15.11.8生 | |
| 住 宅 借 入 金 等特 別 控 除 | 上記(1)の居住用財産の買換えに係る買換資産の取得のためのもの（床面積）　（売買契約年月日）（居住年月日）125m²　　　　令4.4.1　　　令4.7.30※全て居住用　　　　（取得対価）家屋　17,600,000円土地　20,400,000円※家屋と土地（200m²）は一括取得 | （住宅取得資金に係る借入金の年末残高）○×信用金庫　19,400,000円（償還期間20年） |

——(58)——

FA2202

西宮 税務署長
令和 5 年 3 月 1 日　令和 |0|4| 年分の 所得税及び 復興特別所得税 の 確定 申告書

第一表（令和四年分以降用）

| 納税地 | 〒662-0855 | 個人番号(マイナンバー) | ○○○○○○○○○○○○ | 生年月日 | 3 47.07.10 |

現在の住所又は居所事業所等： 西宮市江上町x－x
フリガナ： ニシノミヤ　カスﾞオ
氏名： 西宮 一夫

令和5年1月1日の住所： 同上
職業： 食品販売業
屋号・雅号： ニシノミヤフーズ
世帯主の氏名： 西宮 一夫
世帯主との続柄： 本人
電話番号（自宅・勤務先・携帯）： 0798－xx－xxxx

**収入金額等** （単位は円）

| | | 種類 | 金額 |
|---|---|---|---|
| 事業 | 営業等 | 区分 3 (ア) | 46388760 |
| 事業 | 農業 | 区分 (イ) | |
| 不動産 | | 区分 3 (ウ) | 4880000 |
| 配当 | | (エ) | |
| 給与 | | 区分 (オ) | |
| 雑 | 公的年金等 | (カ) | |
| 雑 | 業務 | 区分 (キ) | |
| 雑 | その他 | 区分 (ク) | |
| 総合譲渡 | 短期 | (ケ) | |
| 総合譲渡 | 長期 | (コ) | |
| 一時 | | (サ) | |

**所得金額等**

| | | | 金額 |
|---|---|---|---|
| 事業 | 営業等 | ① | 5475760 |
| 事業 | 農業 | ② | |
| 不動産 | | ③ | 1115000 |
| 利子 | | ④ | |
| 配当 | | ⑤ | |
| 給与 | 区分 | ⑥ | |
| 雑 | 公的年金等 | ⑦ | |
| 雑 | 業務 | ⑧ | |
| 雑 | その他 | ⑨ | |
| | ⑦から⑨までの計 | ⑩ | |
| 総合譲渡・一時 ⑦＋{(⑨＋⑨)×½} | | ⑪ | |
| 合計 ①から⑥までの計＋⑩＋⑪ | | ⑫ | 6590760 |

**所得から差し引かれる金額**

| | | 金額 |
|---|---|---|
| 社会保険料控除 | ⑬ | 1380374 |
| 小規模企業共済等掛金控除 | ⑭ | 840000 |
| 生命保険料控除 | ⑮ | 40000 |
| 地震保険料控除 | ⑯ | |
| 寡婦、ひとり親控除 | ⑰～⑱ | 0000 |
| 勤労学生、障害者控除 | ⑲～⑳ | 0000 |
| 配偶者(特別)控除 | 区分1 区分2 ㉑～㉒ | 0000 |
| 扶養控除 | 区分 ㉓ | 1210000 |
| 基礎控除 | ㉔ | 480000 |
| ⑬から㉔までの計 | ㉕ | 3950374 |
| 雑損控除 | ㉖ | |
| 医療費控除 | 区分 ㉗ | |
| 寄附金控除 | ㉘ | |
| 合計 (㉕＋㉖＋㉗＋㉘) | ㉙ | 3950374 |

**税金の計算**

| | | 金額 |
|---|---|---|
| 課税される所得金額 (⑫－㉙)又は第三表 | ㉚ | 000 |
| 上の㉚に対する税額又は第三表の�93 | ㉛ | 0 |
| 配当控除 | ㉜ | |
| | 区分 ㉝ | |
| (特定増改築等)住宅借入金等特別控除 | 区分 ㉞ | 135800 |
| 政党等寄附金等特別控除 | ㉟～㊲ | |
| 住宅耐震改修特別控除等 | 区分 ㊳～㊵ | |
| 差引所得税額 (㉛－㉜－㉝－㉞－㊲－㊳－㊵) | ㊶ | 0 |
| 災害減免額 | ㊷ | |
| 再差引所得税額(基準所得税額)(㊶－㊷) | ㊸ | 0 |
| 復興特別所得税額 (㊸×2.1%) | ㊹ | 0 |
| 所得税及び復興特別所得税の額 (㊸＋㊹) | ㊺ | 0 |
| 外国税額控除等 | 区分 ㊻～㊼ | |
| 源泉徴収税額 | ㊽ | |
| 申告納税額 (㊺－㊻－㊼－㊽) | ㊾ | 0 |
| 予定納税額(第1期分・第2期分) | ㊿ | 100000 |
| 第3期分の税額 (㊾－㊿) | 納める税金 | 51 | 00 |
| 第3期分の税額 (㊾－㊿) | 還付される税金 | 52 | △ 100000 |

**修正申告**

| | | |
|---|---|---|
| 修正前の第3期分の税額(還付の場合は頭に△を記載) | 53 | |
| 第3期分の税額の増加額 | 54 | 00 |

**その他**

| | | 金額 |
|---|---|---|
| 公的年金等以外の合計所得金額 | 55 | |
| 配偶者の合計所得金額 | 56 | |
| 専従者給与(控除)額の合計額 | 57 | 1800000 |
| 青色申告特別控除額 | 58 | 550000 |
| 雑所得・一時所得等の源泉徴収税額の合計額 | 59 | |
| 未納付の源泉徴収税額 | 60 | |
| 本年分で差し引く繰越損失額 | 61 | |
| 平均課税対象金額 | 62 | |
| 変動・臨時所得金額 | 区分 63 | |

**延納の届出**

| | | |
|---|---|---|
| 申告期限までに納付する金額 | 64 | 00 |
| 延納届出額 | 65 | 00 |

**還付される税金の受取場所**

○×信用
銀行・金庫・組合・農協・漁協
本店・支店・出張所・本所・支所
西宮
郵便局 名等
預金種類： 普通 ○ 当座・納税準備・貯蓄
口座番号・記号番号： 004321

公金受取口座登録の同意 ○　公金受取口座の利用 ○

整理欄
| 区分 | A | B | C | D | E | F | G | H | I | J | K |
| 異動 | 年 | | 月 | | 日 | L | | | | | |

整理欄 管理 ／ 名簿

④・⑤・㊾・51 又は 52 の記入をお忘れなく。

納　管
事　業
住　民
資　産
総　合
分　離
検　算
通信日付印
年月日
一 連番 号

⑨

譲渡損失

―(59)―

# 令和 0 4 年分の 所得税及び復興特別所得税 の確定申告書

整理番号 ☐☐☐☐☐☐☐☐　　FA2302

第二表（令和四年分以降用）

| | 保険料等の種類 | 支払保険料等の計 | うち年末調整等以外 |
|---|---|---|---|
| ⑬⑭社会保険料控除 小規模企業共済等掛金控除 | 国民健康保険 | 982,094 円 | 982,094 |
| | 国民年金 | 398,280 | 398,280 |
| | 小規模企業共済 | 840,000 | 840,000 |
| ⑮生命保険料控除 | 新生命保険料 | 151,400 円 | 151,400 |
| | 旧生命保険料 | | |
| | 新個人年金保険料 | | |
| | 旧個人年金保険料 | | |
| | 介護医療保険料 | | |
| ⑯地震保険料控除 | 地震保険料 | 円 | 円 |
| | 旧長期損害保険料 | | |

**住　所** 西宮市江上町 x－x
**屋　号** ニシノミヤフーズ
**フリガナ** ニシノミヤ カズ オ
**氏　名** 西宮　一夫

## ○ 所得の内訳（所得税及び復興特別所得税の源泉徴収税額）

| 所得の種類 | 種目 | 給与などの支払者の「名称」及び「法人番号又は所在地」等 | 収入金額 | 源泉徴収税額 |
|---|---|---|---|---|
| | | | 円 | 円 |
| | | | | |
| | | | | |
| | | | | |
| | | ㊽源泉徴収税額の合計額 | | 円 |

## ○ 総合課税の譲渡所得、一時所得に関する事項（⑪）

| 所得の種類 | 収入金額 | 必要経費等 | 差引金額 |
|---|---|---|---|
| | 円 | 円 | 円 |

**特例適用条文等** ㊏令和4年7月30日居住開始

| 本人に関する事項（⑰～⑳） | 寡婦 □死別 □生死不明 □離婚 □未帰還 | ひとり親 | 勤労学生 □年調以外かつ 専修学校等 | 障害者 | 特別障害者 |
|---|---|---|---|---|---|

## ○ 雑損控除に関する事項（㉖）

| 損害の原因 | 損害年月日 | 損害を受けた資産の種類など |
|---|---|---|
| | | |

| 損害金額 | 円 | 保険金などで補塡される金額 円 | 差引損失額のうち災害関連支出の金額 円 |
|---|---|---|---|

## ○ 寄附金控除に関する事項（㉘）

| 寄附先の名称等 | | 寄附金 | 円 |
|---|---|---|---|

## ○ 配偶者や親族に関する事項（⑳～㉓）

| 氏名 | 個人番号 | 続柄 | 生年月日 | 障害者 | 国外居住 | 住民税 | その他 |
|---|---|---|---|---|---|---|---|
| | ☐☐☐☐☐☐☐☐☐☐☐☐ | 配偶者 | 明·大 昭·平 ． ． | 障 特障 | 国外 年調 | 同一 別居 | 調整 |
| 西宮　正夫 | ○○○○○○○○○○○○ | 子 | 明·大 昭·平·令 15·11·8 | 障 特障 | 国外 年調 | ⑯ 別居 | 調整 |
| 西宮　花子 | ○○○○○○○○○○○○ | 母 | 明·大 昭·平·令 25·1·25 | 障 特障 | 国外 年調 | ⑯ 別居 | 調整 |
| | | | 明·大 昭·平·令 ． ． | 障 特障 | 国外 年調 | ⑯ 別居 | 調整 |
| | | | 明·大 昭·平·令 ． ． | 障 特障 | 国外 年調 | ⑯ 別居 | 調整 |

## ○ 事業専従者に関する事項（�57）

| 事業専従者の氏名 | 個人番号 | 続柄 | 生年月日 | 従事月数·程度·仕事の内容 | 専従者給与（控除）額 |
|---|---|---|---|---|---|
| 西宮　夏子 | ○○○○○○○○○○○○ | 妻 | 明·大 昭·平 52·10·5 | 12月 | 1,800,000 |
| | | | 明·大 昭·平 ． ． | | |

## ○ 住民税·事業税に関する事項

| 住民税 | 非上場株式の少額配当等 | 非居住者の特例 | 配当割額控除額 | 株式等譲渡所得割額控除額 | 特定配当等·特定株式等譲渡所得の全部の申告不要 | 給与、公的年金等以外の所得に係る住民税の徴収方法 特別徴収 / 自分で納付 | 都道府県、市区町村への寄附（特例控除対象） | 共同募金、日赤その他の寄附 | 都道府県条例指定寄附 | 市区町村条例指定寄附 |
|---|---|---|---|---|---|---|---|---|---|---|
| | 円 | 円 | 円 | 円 | ○ | ○ ○ | 円 | 円 | 円 | 円 |

| 退職所得のある配偶者·親族の氏名 | 個人番号 | 続柄 | 生年月日 | 退職所得を除く所得金額 | 障害者 | その他 | 寡婦·ひとり親 |
|---|---|---|---|---|---|---|---|
| | | | 明·大 昭·平 ． ． | 円 | 障 特障 | 調整 | 寡婦 ひとり親 |

| 事業税 | 非課税所得など | 番号 | 所得金額 円 | 損益通算の特例適用前の不動産所得 | | 前年中の開（廃）業 開始·廃止 月日 |
|---|---|---|---|---|---|---|
| | 不動産所得から差し引いた青色申告特別控除額 550,000 | | | 事業用資産の譲渡損失など | | 他都道府県の事務所等 ○ |

| 上記の配偶者·親族·事業専従者のうち別居の者の氏名·住所 | 氏名 | 住所 | 国外 | 所得税で控除対象配偶者などとした専従者 | 氏名 | 給与 円 | 一連番号 |
|---|---|---|---|---|---|---|---|

税理士署名·電話番号　（　－　－　）

| 整理欄 | 申告区分 | 申告等年月日 | 所得·種類 | 税理士法書面提出 30条 33条の2 ○ ○ ○ |
|---|---|---|---|---|
| | 特例適用条文 法 条の の 項 | 申告期限 年 月 日 | | |

FA2401

令和 ⓪4 年分の 所得税及び／復興特別所得税 の 確定 申告書 （分離課税用）

第三表（令和四年分以降用）

整理番号 ☐☐☐☐☐☐☐☐　一連番号 ☐

| 住所 屋号 | 西宮市江上町 x－x |
| --- | --- |
| | ニシノミヤフーズ |
| フリガナ 氏名 | ニシノミヤ カズオ 西宮 一夫 |

**特 例 適 用 条 文**

| | 法 | | 条 | 項 | 号 |
| --- | --- | --- | --- | --- | --- |
| 所法 | 措法 震法 | ④ ① | 41 条の 5 の | 1 項 | 号 |
| 所法 | 措法 震法 | | 条の の | 項 | 号 |
| 所法 | 措法 震法 | | 条の の | 項 | 号 |

（単位は円）

**収入金額**

分離課税

| 短期譲渡 | 一般分 | ㋛ | | |
| --- | --- | --- | --- | --- |
| | 軽減分 | ㋜ | | |
| 長期譲渡 | 一般分 | ㋝ | 2 7 8 0 0 0 0 0 | |
| | 特定分 | ㋞ | | |
| | 軽課分 | ㋟ | | |
| 一般株式等の譲渡 | | ㋠ | | |
| 上場株式等の譲渡 | | ㋡ | | |
| 上場株式等の配当等 | | ㋢ | | |
| 先物取引 | | ㋣ | | |
| 山 林 | | ㋤ | | |
| 退 職 | | ㋥ | | |

**所得金額**

分離課税

| 短期譲渡 | 一般分 | 66 | | |
| --- | --- | --- | --- | --- |
| | 軽減分 | 67 | | |
| 長期譲渡 | 一般分 | 68 | △ 1 9 0 6 7 8 0 0 | |
| | 特定分 | 69 | | |
| | 軽課分 | 70 | | |
| 一般株式等の譲渡 | | 71 | | |
| 上場株式等の譲渡 | | 72 | | |
| 上場株式等の配当等 | | 73 | | |
| 先物取引 | | 74 | | |
| 山 林 | | 75 | | |
| 退 職 | | 76 | | |

**税金の計算**

| 総合課税の合計額（申告書第一表の⑫） | 12 | △ 1 2 4 7 7 0 4 0 |
| --- | --- | --- |
| 所得から差し引かれる金額（申告書第一表の㉙） | 29 | 3 9 5 0 3 7 4 |

課税される所得金額

| ⑫ 対応分 | 77 | 0 0 0 |
| --- | --- | --- |
| 66 67 対応分 | 78 | 0 0 0 |
| 68 69 70 対応分 | 79 | 0 0 0 |
| 71 72 対応分 | 80 | 0 0 0 |
| 73 対応分 | 81 | 0 0 0 |
| 74 対応分 | 82 | 0 0 0 |
| 75 対応分 | 83 | 0 0 0 |
| 76 対応分 | 84 | 0 0 0 |

**税金の計算**

税額

| 77 対応分 | 85 | 0 |
| --- | --- | --- |
| 78 対応分 | 86 | |
| 79 対応分 | 87 | 0 |
| 80 対応分 | 88 | |
| 81 対応分 | 89 | |
| 82 対応分 | 90 | |
| 83 対応分 | 91 | |
| 84 対応分 | 92 | |
| 85から92までの合計（申告書第一表の㉛に転記） | 93 | 0 |

**その他**

| 株式等 | 本年分の⑦、⑫から差し引く繰越損失額 | 94 | |
| --- | --- | --- | --- |
| | 翌年以後に繰り越される損失の金額 | 95 | |
| 配当等 | 本年分の⑦から差し引く繰越損失額 | 96 | |
| 先物取引 | 本年分の⑭から差し引く繰越損失額 | 97 | |
| | 翌年以後に繰り越される損失の金額 | 98 | |

○ 分離課税の短期・長期譲渡所得に関する事項

| 区分 | 所得の生ずる場所 | 必要経費 | 差引金額（収入金額－必要経費） | 特別控除額 |
| --- | --- | --- | --- | --- |
| 長期 一般 | 尼崎市西難波町 x－x－x | 円 46,867,800 | 円 △ 19,067,800 | 円 0 |
| | 差引金額の合計額 | 99 | △ 19,067,800 | |
| | 特別控除額の合計額 | 100 | 0 | |

○ 上場株式等の譲渡所得等に関する事項

| 上場株式等の譲渡所得等の源泉徴収税額の合計額 | 101 | |
| --- | --- | --- |

○ 退職所得に関する事項

| 区分 | 収 入 金 額 | 退職所得控除額 |
| --- | --- | --- |
| 一般 | 円 | 円 |
| 短期 | | |
| 特定役員 | | |

| 整理欄 | A | B | C | 申告等年月日 | | | | | | | |
| --- | --- | --- | --- | --- | --- | --- | --- | --- | --- | --- | --- |
| | D | E | F | 通算 | | | | | | | |
| | 取得期限 資産 | | 入力 | 申告区分 | | 特例期間 | | | | | |

○ 第三表は、申告書の第一表・第二表と一緒に提出してください。

——（61）——

**【令和 _4_ 年分】**

名簿番号

# 居住用財産の譲渡損失の金額の明細書《確定申告書付表》
（ 居住用財産の買換え等の場合の譲渡損失の損益通算及び繰越控除用 ）

**【租税特別措置法第41条の5用】**

| 住所又は居所事業所等 | 西宮市江上町x－x | フリガナ 氏名 | ニシノミヤ カズ オ 西宮 一夫 | 電話番号 | （0798） ××－×××× |
|---|---|---|---|---|---|

この明細書の記載に当たっては、「譲渡所得の申告のしかた」（国税庁ホームページ【https://www.nta.go.jp】からダウンロードできます。税務署にも用意してあります。）を参照してください。

なお、国税庁ホームページでは、画面の案内に沿って収入金額などの必要項目を入力することにより、この明細書や確定申告書などを作成することができます。

## 1 譲渡した資産に関する明細

| | | 合　計 | 建　物 | (土地)・借地権 |
|---|---|---|---|---|
| 資 産 の 所 在 地 番 | | | 尼崎市西難波町 x－x－x | 同左 |
| 資産の利用状況 面　積 | | | 自己の居住用　130 ㎡ | 自己の居住用　190 ㎡ |
| 居 住 期 間 | | | 平成28年 5 月 ～ 令和4年 7 月 | |
| 譲渡先 住 所 又 は 所 在 地 | | | ○○市××町 | 同左 |
| 氏 名 又 は 名 称 | | | △△不動産 | 同左 |
| 譲 渡 契 約 締 結 日 | | | 令和4年 9 月 15日 | 令和4年 9 月 15日 |
| 譲 渡 し た 年 月 日 | | | 令和4年 9 月 30日 | 令和4年 9 月 30日 |
| 資 産 を 取 得 し た 時 期 | | | 平成28年 5 月 1日 | 平成28年 5 月 1日 |
| 譲 渡 価 額 ① | | 27,800,000 円 | 27,800,000 円 | 円 |
| 取得費 取 得 価 額 ② | | 46,200,000 円 | 16,200,000 円 | 30,000,000 円 |
| 償 却 費 相 当 額 ③ | | 1,312,200 円 | 1,312,200 円 | |
| 差 引 （ ② － ③ ） ④ | | 44,887,800 円 | 14,887,800 円 | 30,000,000 円 |
| 譲 渡 に 要 し た 費 用 ⑤ | | 1,980,000 円 | 1,980,000 円 | 円 |
| 居住用財産の譲渡損失の金額（①－④－⑤）⑥ | | △ 19,067,800 円 | △ 19,067,800 円 | 円 |

→ この金額を「居住用財産の譲渡損失の損益通算及び繰越控除の対象となる金額の計算書」の①欄に転記してください。

## 2 買い換えた資産に関する明細

| | | 合　計 | 建　物 | (土地)・借地権 |
|---|---|---|---|---|
| 資 産 の 所 在 地 番 | | | 西宮市江上町 x－x | 同左 |
| 資産の利用状況・利用目的 面　積 | | | 自己の居住用　125 ㎡ | 自己の居住用　200 ㎡ |
| 買 換 資 産 の 取 得（予定）日 | | | 令和4 年 7 月 30 日 | 令和4 年 7 月 30 日 |
| 居住の用に供した（供する見込）日 | | | 令和4 年 7 月 30 日 | |
| 買換資産の取得（予定）価額 | | 38,000,000 円 | 17,600,000 円 | 20,400,000 円 |
| 買入れ先 住 所 又 は 所 在 地 | | | ○○市××町 | 同左 |
| 氏 名 又 は 名 称 | | | △△不動産 | 同左 |
| 住宅の取得等に要した住宅借入金等の金額及びその借入先 | | | （借入先 ○×信用金庫 ） | 19,400,000 円 |

| 関 与 税 理 士 名 | 税務署整理欄 | 資産課税部門 | 個人課税部門 |
|---|---|---|---|
| （電話　　　　　） | | | 純損失（有・無） |

（令和4年分以降用）

R4.11

○ この明細書は、申告書と一緒に提出してください。

| | | | | 整理番号 | |
|---|---|---|---|---|---|

# 居住用財産の譲渡損失の損益通算及び繰越控除の対象となる金額の計算書（令和 4 年分）【租税特別措置法第41条の5用】

| 住 所<br>又 は<br>居 所<br>事業所等 | 西宮市江上町 x－x | フリガナ<br>氏 名 | ニシノミヤ カズ オ<br>西宮 一夫 |
|---|---|---|---|

○ この計算書は、申告書と一緒に提出してください。

この計算書は、本年中に行った居住用財産の譲渡で一定のものによる損失の金額があり、その損失の金額について、本年分において、租税特別措置法第41条の5第1項（居住用財産の買換え等の場合の譲渡損失の損益通算の特例）の適用を受ける方及び翌年分以後の各年分において租税特別措置法第41条の5第4項（居住用財産の買換え等の場合の譲渡損失の繰越控除の特例）の適用を受けるために、本年分の居住用財産の譲渡損失の金額を翌年分以後に繰り越す方が使用します。
　詳しくは、「譲渡所得の申告のしかた」（国税庁ホームページ【https://www.nta.go.jp】からダウンロードできます。なお、税務署にも用意してあります。）をご覧ください。

## 居住用財産の譲渡損失の損益通算及び繰越控除の対象となる金額の計算

（赤字の金額は、△を付けないで書いてください。）

| | | | |
|---|---|---|---:|
| 特例の計算の基礎となる居住用財産の譲渡損失の金額<br>（『居住用財産の譲渡損失の金額の明細書《確定申告書付表》（居住用財産の買換え等の場合の譲渡損失の損益通算及び繰越控除用）』の⑥の合計欄の金額を書いてください。） | ① | | 円<br>19,067,800 |
| 分離課税の対象となる土地建物等の譲渡所得の金額の合計額<br>（①の金額以外に土地建物等の譲渡所得の金額がある場合は、その金額と①の金額との通算後の金額を書いてください（黒字の場合は0と書きます）。また、①の金額以外にない場合は、①の金額を書いてください。） | ② | | 19,067,800 |
| 損益通算の特例の対象となる居住用財産の譲渡損失の金額 （特定損失額）<br>（①と②の金額のいずれか少ない方の金額を書いてください。） | ③ | | 19,067,800 |
| 本年分の純損失の金額<br>（上記③（※1）、申告書第一表⑫及び申告書第三表㊕・㉖の金額の合計額又は申告書第四表㊿の金額を書いてください。なお、純損失の金額がないときは0と書きます。） | ④ | | 12,477,040 |
| 本年分が青色<br>申告の場合 | 不動産所得の金額、事業所得の金額（※2）、山林所得の金額又は総合譲渡所得の金額（※3）のうち赤字であるものの合計額<br>（それぞれの所得の金額の赤字のみを合計して、その合計額を書いてください。） | ⑤ | 0 |
| 本年分が白色<br>申告の場合 | 変動所得の損失額及び被災事業用資産の損失額の合計額<br>（それぞれの損失額の合計額を書いてください。なお、いずれの損失もないときは0と書きます。） | ⑥ | |
| 居住用財産の譲渡損失の繰越基準額<br>（④から⑤又は⑥を差し引いた金額（引ききれない場合は0）を書いてください。） | ⑦ | | 12,477,040 |
| 翌年以後に繰り越される居住用財産の譲渡損失の金額<br>（③の金額と⑦の金額のいずれか少ない方の金額を書いてください。ただし、譲渡した土地等の面積が 500 ㎡を超えるときは、次の算式で計算した金額を書いてください。） | ⑧ | | 12,477,040 |

$$\underset{\text{円}}{\left[\begin{array}{c}\text{③の金額と⑦の金額}\\\text{のいずれか少ない方}\\\text{の金額}\end{array}\right]}\times\left\{1-\left\{\underset{\text{円}}{\frac{\left[\begin{array}{c}\text{土地等に係る}\\\text{特定損失の金額}\end{array}\right]}{\left[\begin{array}{c}\text{③ の金額}\end{array}\right]}}\times\underset{㎡}{\frac{\left[\begin{array}{c}\text{（土地等の面積）}\\㎡-500\ ㎡\end{array}\right]}{\left[\begin{array}{c}\text{（土地等の面積）}\end{array}\right]}}\right\}\right\}$$

※1　「上記③の金額」は、総合譲渡所得の黒字の金額（特別控除前）又は一時所得の黒字の金額（特別控除後、2分の1前）がある場合は、「上記③の金額」からその黒字の金額を差し引いた金額とします（「上記③の金額」より、その黒字の金額が多い場合は0とします）。
※2　「事業所得の金額」とは、申告書第一表の「所得金額等」欄の①及び②の金額の合計額をいいます。
※3　「総合譲渡所得の金額」は、申告書第四表（損失申告用）の「1 損失額又は所得金額」の②、⑦の金額の合計額とします。

（令和4年分以降用）

R4.11

## 記載例 10　損失が生じている場合

☞ 申告書第一表及び第二表と第四表（損失申告用の申告書）を使用します。
（損失が生じた場合については843ページ以下参照）

### 【設 例】

京橋三郎さん（青色申告者）の令和4年中の所得や損失の明細及び支払った社会保険料などの明細は次のとおりです。なお、令和4年12月9日に店舗、住宅、商品や家財などを火災で焼失しています。

### （1）　所得の内容

| 種　　　　　類 | 内　　　　　　　容 | |
|---|---|---|
| **事 業 所 得**　綿布卸売業 | （収入金額）　　　　（必要経費）<br>29,650,000円　　　34,150,000円 | ※収入金額には、商品について取得した火災保険金2,500,000円が含まれている。<br>※必要経費には、店舗の損失額2,500,000円、焼失した商品の仕入価額4,000,000円が含まれている。 |
| **不 動 産 所 得**　アパート | （収入金額）　　　　（必要経費）<br>2,200,000円　　　　971,000円 | （青色申告特別控除額）<br>550,000円<br>※55万円控除の要件を充足<br>（要件については269ページ参照） |
| **山 林 所 得**　立木の伐採による収入 | （収入金額）　　　　（必要経費）<br>2,000,000円　　　　895,000円 | |

### （2）　控除や損失等の内容

| 区　　　　　分 | 内　　　　　　　容 | | | |
|---|---|---|---|---|
| | | （焼失額） | （左の損害額に対して受け取った火災保険金） | （差引損失額） |
| 令和4年12月9日の火災による損害額 | 店舗　8,500,000円（帳簿価額）<br>商品　4,000,000円（帳簿価額）<br>住宅　8,000,000円（時　　価）<br>家財　1,600,000円（時　　価） | | 6,000,000円<br>2,500,000円<br>6,500,000円<br>1,000,000円 | 2,500,000円<br>1,500,000円<br>1,500,000円<br>600,000円 |
| 令和3年分以前から繰り越した損失額 | 令和2年分の事業所得の純損失　　230,000円<br>令和3年分の事業所得の純損失　　780,000円 | | | |
| 所　　得　　控　　除 | 社会保険料 | 国民健康保険（介護保険を含む）　支払額42,754円　　国民年金　支払額398,280円 | | |
| | 生命保険料 | 支払額20,000円　阪神生命　保険金受取人　京橋月子（妻）<br>※旧制度（平成23年12月31日以前締結）分 | | |
| | 配　偶　者 | 京橋月子…昭48.7.5生（所得なし） | | |

——(64)——

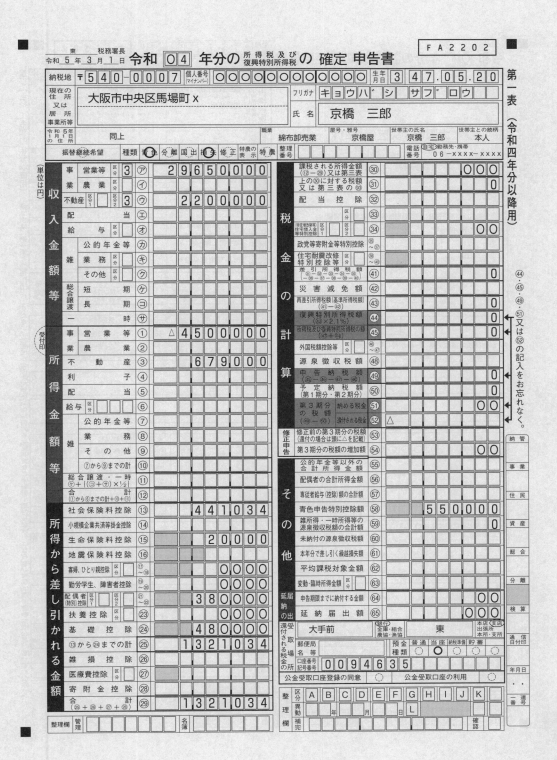

# 令和 04 年分の 所得税及び復興特別所得税 の確定申告書

整理番号 | | | | | | | |　　FA2302

**第二表（令和四年分以降用）** ○第二表は、第一表と一緒に提出してください。 ○国民年金保険料や生命保険料の支払証明書など申告書に添付しなければならない書類は添付書類台紙などに貼ってください。

住所 大阪市中央区馬場町 x
屋号 京橋屋
フリガナ キョウバシ サブロウ
氏名 京橋 三郎

## ○ 所得の内訳（所得税及び復興特別所得税の源泉徴収税額）

| 所得の種類 | 種目 | 給与などの支払者の「名称」及び「法人番号又は所在地」等 | 収入金額 | 源泉徴収税額 |
|---|---|---|---|---|
| | | | 円 | 円 |
| | | | | |
| | | | | |
| | | | | |
| | | 48 源泉徴収税額の合計額 | | 円 |

## ○ 総合課税の譲渡所得、一時所得に関する事項（⑪）

| 所得の種類 | 収入金額 | 必要経費等 | 差引金額 |
|---|---|---|---|
| | 円 | 円 | 円 |

特例適用条文等

## ○ 配偶者や親族に関する事項（⑳〜㉓）

| 氏名 | 個人番号 | 続柄 | 生年月日 | 障害者 | 国外居住 | 住民税 | その他 |
|---|---|---|---|---|---|---|---|
| 京橋 月子 | ○○○○○○○○○○○○ | 配偶者㉖ | 明・大・昭・平 48 . 7 . 5 | 障 特障 | 国外 年調 | 同一 別居 | 調整 |
| | | | 明・大・昭・平・令 . . | 障 特障 | 国外 年調 | (16) 別居 | 調整 |
| | | | 明・大・昭・平・令 . . | 障 特障 | 国外 年調 | (16) 別居 | 調整 |
| | | | 明・大・昭・平・令 . . | 障 特障 | 国外 年調 | (16) 別居 | 調整 |
| | | | 明・大・昭・平・令 . . | 障 特障 | 国外 年調 | (16) 別居 | 調整 |

## ○ 事業専従者に関する事項（57）

| 事業専従者の氏名 | 個人番号 | 続柄 | 生年月日 | 従事月数・程度・仕事の内容 | 専従者給与（控除）額 |
|---|---|---|---|---|---|
| | | | 明・大・昭・平 . . | | 円 |
| | | | 明・大・昭・平 . . | | |

## ○ 住民税・事業税に関する事項

| 住民税 | 非上場株式の少額配当等 | 非居住者の特例 | 配当割額控除額 | 株式等譲渡所得割額控除額 | 特定配当等・特定株式等譲渡所得の全部の申告不要 | 給与・公的年金等以外の所得に係る住民税の徴収方法 | | 都道府県、市区町村への寄附（特例控除対象） | 共同募金、日赤その他の寄附 | 都道府県条例指定寄附 | 市区町村条例指定寄附 |
|---|---|---|---|---|---|---|---|---|---|---|---|
| | | | | | | 特別徴収 | 自分で納付 | | | | |
| | 円 | 円 | 円 | 円 | ○ | ○ | ○ | 円 | 円 | 円 | 円 |

| 退職所得のある配偶者・親族の氏名 | 個人番号 | 続柄 | 生年月日 | 退職所得を除く所得金額 | 障害者 | その他 | 寡婦・ひとり親 |
|---|---|---|---|---|---|---|---|
| | | | 明・大・昭・平 . . | 円 | 障 特障 | 調整 | 寡婦 ひとり親 |

| 事業税 | 非課税所得など | 番号 | 所得金額 | 損益通算の特例適用前の不動産所得 | 前年中の開（廃）業 | 開始・廃止 | 月日 |
|---|---|---|---|---|---|---|---|
| | | | 円 | 円 | | | |
| | 不動産所得から差し引いた青色申告特別控除額 | 550,000 | 事業用資産の譲渡損失など | 4,000,000 | 他都道府県の事務所等 | | ○ |

| 上記の配偶者・親族・事業専従者のうち別居の者の氏名・住所 | 氏名 | 住所 | | 国外 | 所得税で控除対象配偶者などとした専従者 | 氏名 | 給与 | 円 | 連番号 |
|---|---|---|---|---|---|---|---|---|---|

整理欄 申告区分 □□ 申告等年月日 □□ 年 □□ 月 □□ 日 所得種類 □□ | 特例適用条文 法 □□ 条 の □□ の □□ 項 申告期限 □□ 年 □□ 月 □□ 日

税理士署名・電話番号 ○○○ 30条 33条の2 （　　　　　—　　　　—　　　　　）

---

| 保険料等の種類 | 支払保険料等の計 | うち年末調整等以外 |
|---|---|---|
| ⑬⑭ 社会保険料控除 小規模企業共済等掛金控除 国民健康保険 | 42,754 円 | 42,754 円 |
| 国民年金 | 398,280 | 398,280 |
| | | |
| | | |
| ⑮ 生命保険料控除 新生命保険料 | 円 | 円 |
| 旧生命保険料 | 20,000 | 20,000 |
| 新個人年金保険料 | | |
| 旧個人年金保険料 | | |
| 介護医療保険料 | | |
| ⑯ 地震保険料控除 地震保険料 | 円 | 円 |
| 旧長期損害保険料 | | |

| 本人に関する事項（⑰〜⑳） | | | | |
|---|---|---|---|---|
| 寡婦 □死別 □生死不明 □離婚 □未帰還 | ひとり親 | 勤労学生 □年調以外かつ 専修学校等 | 障害者 | 特別障害者 |

## ○ 雑損控除に関する事項（㉖）

| 損害の原因 | 損害年月日 | 損害を受けた資産の種類など |
|---|---|---|
| 火災 | 令4 . 12 . 9 | 住宅・家財 |
| 損害金額 9,600,000 円 | 保険金などで補填される金額 7,500,000 円 | 差引損失額のうち災害関連支出の金額 円 |

## ○ 寄附金控除に関する事項（㉘）

| 寄附先の名称等 | | 寄附金 | 円 |
|---|---|---|---|

令和 [0][4] 年分の 所得税及び／復興特別所得税 の 確定 申告書（損失申告用）　FA0054

第四表（一）（令和四年分以降用）

| 現在の住所又は居所事業所等 | 大阪市中央区馬場町 x | フリガナ 氏名 | キョウバシ サブロウ 京橋 三郎 |
|---|---|---|---|

整理番号 [　][　][　][　][　][　][　][　]　一連番号

## 1 損失額又は所得金額

| A | 経常所得 （申告書第一表の①から⑥までの計＋⑩の合計額） | | | | | ⑥⑥ | △ 3,821,000 円 |
|---|---|---|---|---|---|---|---|

| | 所得の種類 | 区分等 | 所得の生ずる場所等 | Ⓐ 収入金額 | Ⓑ 必要経費等 | Ⓒ 差引金額 (Ⓐ－Ⓑ) | Ⓓ 特別控除額 | Ⓔ 損失額又は所得金額 |
|---|---|---|---|---|---|---|---|---|
| B | 譲渡 短期 分離譲渡 | | | 円 | 円 | ㋛ | | ⑥⑦ |
| | 短期 総合譲渡 | | | | | ㋜ | 円 | ⑥⑧ |
| | 長期 分離譲渡 | | | 円 | 円 | ㋝ | | ⑥⑨ |
| | 長期 総合譲渡 | | | | | ㋞ | 円 | ⑦⑩ |
| | 一　時 | | | | | | | ⑦① |
| C | 山　林 | | | 2,000,000 円 | 895,000 | 1,105,000 | 500,000 | ⑦② | 605,000 |
| D | 退職 一般 | | | 円 | 円 | | | |
| | 退職 短期 | | | | | | | ⑦③ |
| | 退職 特定役員 | | | | | | | |
| E | 一般株式等の譲渡 | | | | | | | ⑦④ |
| | 上場株式等の譲渡 | | | | | | | ⑦⑤ |
| | 上場株式等の配当等 | | | 円 | 円 | | | ⑦⑥ |
| F | 先物取引 | | | | | | | ⑦⑦ |

| ⑦⑧ 分離課税の譲渡所得の特別控除額の合計額 | 円 | ⑦⑨ 上場株式等の譲渡所得等の源泉徴収税額の合計額 | 円 | 特例適用条文 | |
|---|---|---|---|---|---|

## 2 損益の通算

| | 所得の種類 | | Ⓐ 通算前 | Ⓑ 第1次通算後 | Ⓒ 第2次通算後 | Ⓓ 第3次通算後 | Ⓔ 損失額又は所得金額 |
|---|---|---|---|---|---|---|---|
| A | 経常所得 | ⑥⑥ | △ 3,821,000 円 | △ 3,821,000 | △ 3,216,000 | △ 3,216,000 | △ 3,216,000 円 |
| B | 譲渡 短期 総合譲渡 | ⑥⑧ | | 第1次通算 | 第2次通算 | 第3次通算 | |
| | 長期 分離譲渡（特定損失額） | ⑥⑨ | △ | | | | |
| | 長期 総合譲渡 | ⑦⑩ | | | | | |
| | 一　時 | ⑦① | | | | | |
| C | 山　林 | →⑦② | 605,000 | 0 | | ㋐ | |
| D | 退　職 | →⑦③ | | | | | |
| | 損失額又は所得金額の合計額 | | | | | ⑧⑩ | △ 3,216,000 |

| 資産 | | 整理欄 | |
|---|---|---|---|

# 令和 04 年分の 所得税及び／復興特別所得税 の 確定 申告書（損失申告用）　FA0059

第四表（二）（令和四年分以降用）

整理番号 □□□□□□□□　一連番号

## 3 翌年以後に繰り越す損失額

|  |  |  |
|---|---|---|
| 青色申告者の損失の金額 | ⑧ | △ 3,216,000 円 |
| 居住用財産に係る通算後譲渡損失の金額 | ⑧ | |
| 変動所得の損失額 | ⑧ | |

| 被災事業用資産の損失額 | | 所得の種類 | 被災事業用資産の種類など | 損害の原因 | 損害年月日 | Ⓐ 損害金額 | Ⓑ 保険金などで補填される金額 | | Ⓒ 差引損失額 （Ⓐ－Ⓑ） |
|---|---|---|---|---|---|---|---|---|---|
| 資産の損失額 | 山林以外 | 営業等・農業 | 店舗、商品 | 火災 | 令4.12.9 | 12,500,000 円 | 8,500,000 円 | ⑧ | 4,000,000 円 |
| | | 不 動 産 | | | ．　． | | | ⑧ | |
| | 山　林 | | | | ．　． | | | ⑧ | |

|  |  |  |
|---|---|---|
| 山林所得に係る被災事業用資産の損失額 | ⑧ | 円 |
| 山林以外の所得に係る被災事業用資産の損失額 | ⑧ | |

## 4 繰越損失を差し引く計算

| 年分 | | 損失の種類 | | Ⓐ前年分までに引ききれなかった損失額 | Ⓑ本年分で差し引く損失額 | Ⓒ翌年分以後に繰り越して差し引かれる損失額（Ⓐ－Ⓑ） |
|---|---|---|---|---|---|---|
| A 令和1年（3年前） | 純損失 | 令和1年が青色の場合 | 山林以外の所得の損失 | 円 | 円 | 円 |
| | | | 山林所得の損失 | | | |
| | | 令和1年が白色の場合 | 変動所得の損失 | | | |
| | | | 被災事業用資産の損失 山林以外 | | | |
| | | | 被災事業用資産の損失 山林 | | | |
| | | 居住用財産に係る通算後譲渡損失の金額 | | | | |
| | 雑　損　失 | | | | | |
| B 令和2年（2年前） | 純損失 | 令和2年が青色の場合 | 山林以外の所得の損失 | 230,000 | － | 230,000 円 |
| | | | 山林所得の損失 | | | |
| | | 令和2年が白色の場合 | 変動所得の損失 | | | |
| | | | 被災事業用資産の損失 山林以外 | | | |
| | | | 被災事業用資産の損失 山林 | | | |
| | | 居住用財産に係る通算後譲渡損失の金額 | | | | |
| | 雑　損　失 | | | | | |
| C 令和3年（前年） | 純損失 | 令和3年が青色の場合 | 山林以外の所得の損失 | 780,000 | － | 780,000 |
| | | | 山林所得の損失 | | | |
| | | 令和3年が白色の場合 | 変動所得の損失 | | | |
| | | | 被災事業用資産の損失 山林以外 | | | |
| | | | 被災事業用資産の損失 山林 | | | |
| | | 居住用財産に係る通算後譲渡損失の金額 | | | | |
| | 雑　損　失 | | | | | |

|  |  |  |
|---|---|---|
| 本年分の一般株式等及び上場株式等に係る譲渡所得等から差し引く損失額 | ⑧ | 円 |
| 本年分の上場株式等に係る配当所得等から差し引く損失額 | ⑨ | 円 |
| 本年分の先物取引に係る雑所得等から差し引く損失額 | ⑨ | 円 |

|  |  |  |
|---|---|---|
| 雑損控除、医療費控除及び寄附金控除の計算で使用する所得金額の合計額 | ⑨ | 円 |

## 5 翌年以後に繰り越される本年分の雑損失の金額

| | ⑨ | 2,100,000 円 |
|---|---|---|

## 6 翌年以後に繰り越される株式等に係る譲渡損失の金額

| | ⑨ | 円 |
|---|---|---|

## 7 翌年以後に繰り越される先物取引に係る損失の金額

| | ⑨ | 円 |
|---|---|---|

資産　整理欄

○第四表は、申告書の第一表・第二表と一緒に提出してください。

（編者注）　⑨欄の金額は、住宅（時価800万円）から火災により受け取った保険金（650万円）を差し引いた損失額と家財（時価160万円）から火災により受け取った保険金（100万円）を差し引いた損失額とを合計した金額です。

**記載例《参考》** 事業所得者が死亡した場合（死亡した人の確定申告書）  確定申告書第一表及び第二表を使用した場合です。確定申告書の表題の余白に「**準確定**」と記入します。

## 【設例】

北史郎さん（青色申告者）は令和4年10月5日に死亡して、その事業を廃止しましたが、令和4年1月1日から死亡の日までの所得の内容、控除の内容及び相続の内容等は次のとおりです。

### (1) 所得の内容

| 種　類 | 内　　　　　容 |||
|---|---|---|---|
| 営業所得　洋品雑貨小売業 | （収入金額）<br>6,780,000円 | （必要経費）<br>5,400,000円 | ※必要経費のうち青色専従者給与額<br>北冬子　720,000円 |
| 不動産所得　大阪市天王寺区天王寺×-×-×所在の貸地 | （収入金額）<br>2,520,000円 | （必要経費）<br>520,000円 | （青色申告特別控除額）<br>100,000円 |

### (2) 控除の内容

| 区　分 | 内　　　　　容 ||||
|---|---|---|---|---|
| 社会保険料控除 | 国民健康保険　461,821円 | 介護保険　189,399円 |||
| 生命保険料控除 | （保険金受取人）<br>北冬子（妻） | （保険会社）<br>南北生命 | （支払保険料）<br>40,000円 | ※新制度（平成24年1月以後締結）分 |

### (3) 相続の内容

| 相続人の氏名 | 続柄 | 相続分 |
|---|---|---|
| 北　冬子 | 妻 | 遺産総額の$\frac{1}{2}$を相続 |
| 北　一郎 | 子 | 同　上 |
| 浪速春子 | 子 | 相続を放棄 |
| 相続財産の価額　　1億円 |||

### (4) 準確定申告書の提出期限と提出先

申告期限は、相続の開始のあったことを知った日の翌日から4月以内です。

被相続人北史郎の相続の開始のあったことを知った日は、令和4年10月5日となっていますから、準確定申告書は令和5年2月5日までに被相続人の死亡直前の住所地（大阪市天王寺区北天王寺×）を所轄する天王寺税務署に提出します。

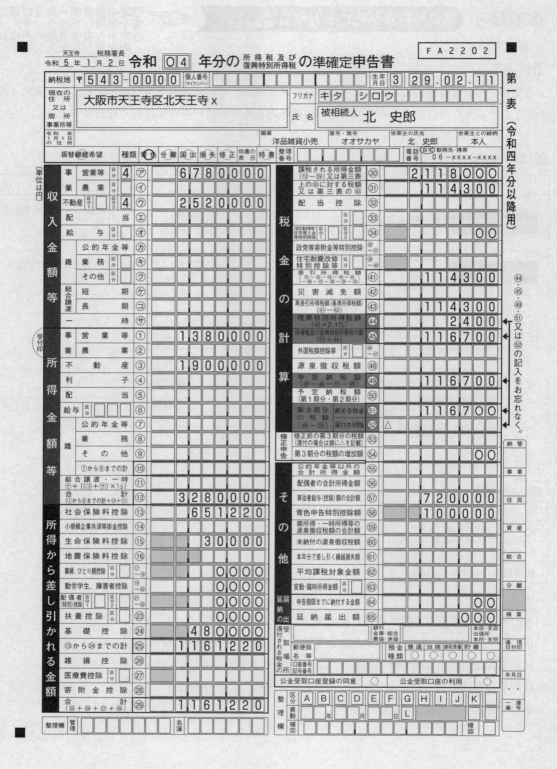

# 令和 04 年分の 所得税及び 復興特別所得税 の準確定申告書

整理番号 □□□□□□□□□　　FA2302

住　所
屋　号　大阪市天王寺区北天王寺 x
　　　　オオサカヤ
フリガナ　　　　　　　キタ　シロウ
氏　名　被相続人　北　史郎

## ○ 所得の内訳（所得税及び復興特別所得税の源泉徴収税額）

| 所得の種類 | 種目 | 給与などの支払者の「名称」及び「法人番号又は所在地」等 | 収入金額 | 源泉徴収税額 |
|---|---|---|---|---|
| | | | 円 | 円 |
| | | | | |
| | | | | |
| | | | | |

㊽ 源泉徴収税額の合計額 _____ 円

## ○ 総合課税の譲渡所得、一時所得に関する事項（⑪）

| 所得の種類 | 収入金額 | 必要経費等 | 差引金額 |
|---|---|---|---|
| | 円 | 円 | 円 |

特例適用条文等

## ○ 配偶者や親族に関する事項（⑳〜㉓）

| 氏　名 | 個人番号 | 続柄 | 生年月日 | 障害者 | 国外居住 | 住民税 | その他 |
|---|---|---|---|---|---|---|---|
| | | 配偶者 | 明・大<br>昭・平　　・　・ | 障 特障 | 国外 年調 | 同一 別居 | 調整 |
| | | | 明・大<br>昭・平・令　　・　・ | 障 特障 | 国外 年調 | ⑯ 別居 | 調整 |
| | | | 明・大<br>昭・平・令　　・　・ | 障 特障 | 国外 年調 | ⑯ 別居 | 調整 |
| | | | 明・大<br>昭・平・令　　・　・ | 障 特障 | 国外 年調 | ⑯ 別居 | 調整 |
| | | | 明・大<br>昭・平・令　　・　・ | 障 特障 | 国外 年調 | ⑯ 別居 | 調整 |

## ○ 事業専従者に関する事項（㊾）

| 事業専従者の氏名 | 個人番号 | 続柄 | 生年月日 | 従事月数・程度・仕事の内容 | 専従者給与（控除）額 |
|---|---|---|---|---|---|
| 北　冬子 | ○○○○○○○○○○○○ | 妻 | 明・大<br>㊝平　32．3．6 | 9月 | 720,000 |
| | | | 明・大<br>昭・平 | | |

## ○ 住民税・事業税に関する事項

| | 非上場株式の少額配当等 | 非居住者の特例 | 配当割額控除額 | 株式等譲渡所得割額控除額 | 特定配当等・特定株式等譲渡所得の全部の申告不要 | 給与、公的年金等以外の所得に係る住民税の徴収方法 | | 都道府県、市区町村への寄附（特例控除対象） | 共同募金、日赤その他の寄附 | 都道府県条例指定寄附 | 市区町村条例指定寄附 |
|---|---|---|---|---|---|---|---|---|---|---|---|
| 住民税 | 円 | | 円 | 円 | | 特別徴収 | 自分で納付 | 円 | 円 | 円 | 円 |

| 退職所得のある配偶者・親族の氏名 | 個人番号 | 続柄 | 生年月日 | 退職所得を除く所得金額 | 障害者 | その他 | 寡婦・ひとり親 |
|---|---|---|---|---|---|---|---|
| | | | 明・大<br>昭・平　　・　・ | 円 | 障 | 特障 調整 | 寡婦 ひとり親 |

| 事業税 | 非課税所得など | 番号 | 所得金額 | 円 | 損益通算の特例適用前の不動産所得 | 円 | 前年中の開（廃）業 | 開始・廃止 月 日 |
|---|---|---|---|---|---|---|---|---|
| | | | | | | | | 10月 5日 |
| | 不動産所得から差し引いた青色申告特別控除額 | | 100,000 | | 事業用資産の譲渡損失など | | 他都道府県の事務所等 | ○ |

上記の配偶者・親族・事業専従者のうち別居の者の氏名・住所　氏名　住所　国外　所得税で控除対象配偶者などとした専従者　氏名　給与　円　一連番号

税理士署名・電話番号　（　　　－　　　－　　　）

整理欄　申告区分　申告等年月日　所得種類　特例適用条文　法　条の　の　項　号　申告期限　年　月　日

---

## 第二表（令和四年分以降用）

○第二表は、第一表と一緒に提出してください。
○国民年金保険料や生命保険料の支払証明書など申告書に添付しなければならない書類は添付書類台紙などに貼ってください。

| 保険料等の種類 | 支払保険料等の計 | うち年末調整等以外 |
|---|---|---|
| ⑬⑭ 社会保険料控除（小規模企業共済等掛金控除） 国民健康保険 | 461,821 円 | 461,821 円 |
| 介護保険 | 189,399 | 189,399 |
| ⑮ 生命保険料控除 新生命保険料 | 40,000 円 | 40,000 円 |
| 旧生命保険料 | | |
| 新個人年金保険料 | | |
| 旧個人年金保険料 | | |
| 介護医療保険料 | | |
| ⑯ 地震保険料控除 地震保険料 | 円 | 円 |
| 旧長期損害保険料 | | |

| 本人に関する事項（⑰〜⑳） | | | |
|---|---|---|---|
| 寡婦 □死別 □生死不明 □離婚 □未帰還 | ひとり親 | 勤労学生 □年調以外かつ専修学校等 | 障害者 特別障害者 |

## ○ 雑損控除に関する事項（㉖）

| 損害の原因 | 損害年月日 | 損害を受けた資産の種類など |
|---|---|---|
| 損害金額　　　　　　　円 | 保険金などで補填される金額　　円 | 差引損失額のうち災害関連支出の金額　　円 |

## ○ 寄附金控除に関する事項（㉘）

| 寄附先の名称等 | 寄附金 円 |
|---|---|

# 死亡した者の令和4年分の所得税及び復興特別所得税の確定申告書付表
### （兼相続人の代表者指定届出書）

受付印

| 1 | 死亡した者の住所・氏名等 | | | | |
|---|---|---|---|---|---|
| 住所 | （〒 543 - 0000）<br>大阪市天王寺区北天王寺 x | 氏名 | フリガナ キタ シロウ<br>北 史郎 | 死亡年月日 | 令和 4 年 10 月 5 日 |

| 2 | 死亡した者の納める税金又は還付される税金 | 〔 第3期分の税額 〕〔還付される税金のときは頭部に△印を付けてください。〕 | 116,700 円 … A |
|---|---|---|---|

| 3 | 相続人等の代表者の指定 | 〔代表者を指定されるときは、右にその代表者の氏名を書いてください。〕 | 相続人等の代表者の氏名 | 北 冬子 |
|---|---|---|---|---|

| 4 | 限定承認の有無 | 〔相続人等が限定承認をしているときは、右の「限定承認」の文字を○で囲んでください。〕 | 限定承認 |
|---|---|---|---|

## 5 相続人等に関する事項

| | | | | | |
|---|---|---|---|---|---|
| (1) 住所 | （〒 543 - 0000 ）<br>大阪市天王寺区北天王寺 x | （〒 654 - 0048 ）<br>神戸市須磨区衣掛町 x | （〒 - ） | （〒 - ） |
| (2) 氏名（署名） | フリガナ キタ フユコ<br>北 冬子 | フリガナ キタ イチロウ<br>北 一郎 | フリガナ | フリガナ |
| (3) 個人番号 | ○○○○○○○○○○○○ | ○○○○○○○○○○○○ | | |
| (4) 職業及び被相続人との続柄 | 職業 事業専従者 続柄 妻 | 職業 会社員 続柄 子 | 職業 続柄 | 職業 続柄 |
| (5) 生年月日 | 明・大・昭・平・令<br>32 年 3 月 6 日 | 明・大・昭・平・令<br>59 年 7 月 30 日 | 明・大・昭・平・令<br>年 月 日 | 明・大・昭・平・令<br>年 月 日 |
| (6) 電話番号 | 06 — ×××× — ×××× | 078 — ××× — ×××× | — — | — — |
| (7) 相続分 … B | 法定・指定<br>1/2 | 法定・指定<br>1/2 | 法定・指定<br>—— | 法定・指定<br>—— |
| (8) 相続財産の価額 | 50,000,000 円 | 50,000,000 円 | 円 | 円 |

## 6 納める税金等

| | | | | |
|---|---|---|---|---|
| 各人の納付税額 A×B〔Aが黒字のとき〕〔各人の100円未満の端数切捨て〕 | 58,3 00 円 | 58,3 00 円 | 00 円 | 00 円 |
| 各人の還付金額〔Aが赤字のとき〕〔各人の1円未満の端数切捨て〕 | 円 | 円 | 円 | 円 |

## 7 還付される税金の受取場所

| 振込みを希望する場合 銀行等の預金口座に | 銀行名等 | 銀 行 金庫・組合 農協・漁協 | 銀 行 金庫・組合 農協・漁協 | 銀 行 金庫・組合 農協・漁協 | 銀 行 金庫・組合 農協・漁協 |
|---|---|---|---|---|---|
| | 支店名等 | 本店・支店 出張所 本所・支所 | 本店・支店 出張所 本所・支所 | 本店・支店 出張所 本所・支所 | 本店・支店 出張所 本所・支所 |
| | 預金の種類 | 預金 | 預金 | 預金 | 預金 |
| | 口座番号 | | | | |
| 希望する場合 ゆうちょ銀行の口座に振込みを受取りを希望する | 貯金口座の記号番号 | — | — | | |
| 郵便局等の窓口 | 郵便局名等 | | | | |

（注）「5 相続人等に関する事項」以降については、相続を放棄した人は記入の必要はありません。

| 税務署整理欄 | 整理番号 | 0 | 0 | 0 | 0 |
|---|---|---|---|---|---|
| | 番号確認 身元確認 | □ 済<br>□ 未済 | □ 済<br>□ 未済 | □ 済<br>□ 未済 | □ 済<br>□ 未済 |

一連番号

○この付表は、申告書と一緒に提出してください。※還付される税金の受取りを代表者等に委任する場合には委任状の提出が必要です。

# 第二編

# 令和4年度所得税改正のあらまし

# 所得税改正のあらまし

## 一 住宅・土地税制

| 改 正 事 項 | 改 正 内 容 |
|---|---|
| 1 住宅借入金等を有する場合の所得税額の特別控除 | 住宅借入金等を有する場合の所得税額の特別控除について適用期限（令和3年12月31日）を令和7年12月31日まで4年延長するとともに、次の措置が講じられた（措法41〜41の2の2関係）。 |

① 住宅の取得等をして令和4年から令和7年までの間に居住の用に供した場合の住宅借入金等の年末残高の限度額（借入限度額）、控除率及び控除期間を次のとおりとする。

　イ　ロ以外の住宅の場合

| 居住年 | 借入限度額 | 控除率 | 控除期間 |
|---|---|---|---|
| 令和4年・令和5年 | 3,000万円 | 0.7% | 13年 |
| 令和6年・令和7年 | 2,000万円 | | 10年 |

　　(注)　上記の金額等は、住宅の取得等が居住用家屋の新築、居住用家屋で建築後使用されたことのないものの取得又は宅地建物取引業者により一定の増改築等が行われた一定の居住用家屋の取得である場合の金額等であり、それ以外の場合（既存住宅の取得又は住宅の増改築等）における借入限度額は一律2,000万円と、控除期間は一律10年とする。

　ロ　認定住宅等の場合

| | 居住年 | 借入限度額 | 控除率 | 控除期間 |
|---|---|---|---|---|
| 認定住宅 | 令和4年・令和5年 | 5,000万円 | 0.7% | 13年 |
| | 令和6年・令和7年 | 4,500万円 | | |
| ZEH水準省エネ住宅 | 令和4年・令和5年 | 4,500万円 | | |
| | 令和6年・令和7年 | 3,500万円 | | |
| 省エネ基準適合住宅 | 令和4年・令和5年 | 4,000万円 | | |
| | 令和6年・令和7年 | 3,000万円 | | |

　　(注1)　上記の「認定住宅等」とは、認定住宅、ZEH水準省エネ住宅及び省エネ基準適合住宅をいい、上記の「認定住宅」とは、認定長期優良住宅及び認定低炭素住宅をいう。

　　(注2)　上記の金額等は、住宅の取得等が認定住宅等の新築又は認定住宅等で建築後使用されたことのないもの若しくは宅地建物取引業者により一定の増改築等が行われたものの取得である場合の金額等であり、住宅の取得等が認定住宅等で建築後使用されたことのあるものの取得である場合における借入限度額は一律3,000万円と、控除期間は一律10年とする。

② 適用対象者の所得要件を2,000万円以下（改正前：3,000万円以下）に引き下げる。

③ 個人が取得等をした床面積が40㎡以上50㎡未満である住宅の用に供する家屋で令和5年12月31日以前に建築確認を受けたものの新築又は当該家屋で建築後

所得税改正のあらまし

使用されたことのないものの取得についても、本特例の適用ができることとする。ただし、その者の控除期間のうち、その年分の所得税に係る合計所得金額が1,000万円を超える年については、適用しない。

④　令和6年1月1日以後に建築確認を受ける住宅の用に供する家屋（登記簿上の建築日付が同年6月30日以前のものを除く。）又は建築確認を受けない住宅の用に供する家屋で登記簿上の建築日付が同年7月1日以降のもののうち、一定の省エネ基準を満たさないものの新築又は当該家屋で建築後使用されたことのないものの取得については、本特例の適用ができないこととする。

⑤　適用対象となる既存住宅の要件について、築年数要件を廃止するとともに、新耐震基準に適合している住宅の用に供する家屋（登記簿上の建築日付が昭和57年1月1日以降の家屋については、新耐震基準に適合している住宅の用に供する家屋とみなす。）であることを加える。

⑥　年末調整に係る住宅借入金等を有する場合の所得税額の特別控除その他の措置について、所要の措置を講ずる。

《適用関係》上記②及び⑤の改正は、住宅の取得等をして令和4年1月1日以後に居住の用に供した場合について適用される（令4改所法等附34関係）。

| | 2 認定住宅の新築等をした場合の所得税額の特別控除 |
|---|---|

認定住宅の新築等をした場合の所得税額の特別控除について適用期限（令和3年12月31日）を令和5年12月31日まで2年延長するとともに、対象住宅の新築等をして令和4年及び令和5年に居住の用に供した場合の対象住宅、標準的な性能強化費用に係る控除対象限度額及び控除率を次のとおりとする（措法41の19の4、令4改所法等附37関係）。

| 居住年 | 対象住宅 | 控除対象限度額 | 控除率 |
|---|---|---|---|
| 令和4年・令和5年 | 認定住宅<br>ＺＥＨ水準省エネ住宅 | 650万円 | 10% |

| | 3 東日本大震災の被災者等に係る住宅借入金等を有する場合の所得税額の特別控除の控除額に係る特例 |
|---|---|

東日本大震災の被災者等に係る住宅借入金等を有する場合の所得税額の特別控除の控除額に係る特例について適用期限（令和3年12月31日）を令和7年12月31日まで4年延長するとともに、次の措置が講じられた（震災特例法13の2、令4改所法等附74関係）。

①　再建住宅の取得等をして令和4年から令和7年までの間に居住の用に供した場合の再建住宅借入金等の年末残高の限度額（借入限度額）、控除率及び控除期間を次のとおりとする。

| 居住年 | 借入限度額 | 控除率 | 控除期間 |
|---|---|---|---|
| 令和4年・令和5年 | 5,000万円 | 0.9% | 13年 |
| 令和6年・令和7年 | 4,500万円 | | |

(注)　上記の金額等は、再建住宅の取得等が居住用家屋の新築又は居住用家屋で建築後使用されたことのないもの若しくは宅地建物取引業者により一定の増改築等が行われたものの取得である場合の金額等であり、それ以外の場合（既存住宅の取得又は住宅の増改築等）における借入限度額は一律3,000万円と、控除期間は一

所得税改正のあらまし

|  |  |
|---|---|
|  | 律10年とする。 |
|  | ② 令和7年1月1日以後に居住の用に供する再建住宅のうち、警戒区域設定指示等の対象区域外に従前住宅が所在していた場合については、本特例の適用ができないこととする。 |
|  | ③ 上記1②から⑤までと同様の措置を講ずる。 |
| 4 住宅借入金等を有する場合の所得税額の特別控除に係る確定申告手続等 | 住宅借入金等を有する場合の所得税額の特別控除に係る確定申告手続等について、次の措置が講じられた（措法41の2の3、令4改所法等附34関係）。 |
|  | ① 令和5年1月1日以後に居住の用に供する家屋について、住宅借入金等を有する場合の所得税額の特別控除（以下「住宅ローン控除」という。）の適用を受けようとする個人は、住宅借入金等に係る一定の債権者に対して、当該個人の氏名及び住所、個人番号その他の一定の事項（以下「申請事項」という。）を記載した申請書（以下「住宅ローン控除申請書」という。）の提出をしなければならないこととする。 |
|  | ② 住宅ローン控除申請書の提出を受けた債権者は、当該住宅ローン控除申請書の提出を受けた日の属する年の翌年以後の控除期間の各年の10月31日（その提出を受けた日の属する年の翌年にあっては、1月31日）までに、当該住宅ローン控除申請書に記載された事項及び当該住宅ローン控除申請書の提出をした個人のその年の12月31日（その者が死亡した日の属する年にあっては、同日）における住宅借入金等の金額等を記載した調書を作成し、当該債権者の本店又は主たる事務所の所在地の所轄税務署長に提出しなければならない。この場合において、当該債権者は、当該住宅ローン控除申請書につき帳簿を備え、当該住宅ローン控除申請書の提出をした個人の各人別に、申請事項を記載し、又は記録しなければならないこととする。 |
|  | ③ 住宅借入金等を有する場合の所得税額の特別控除証明書の記載事項に、住宅借入金等の年末残高を加えることとする。 |
|  | ④ 令和5年1月1日以後に居住の用に供する家屋に係る住宅ローン控除の適用を受けようとする個人は、住宅取得資金に係る借入金の年末残高証明書及び新築の工事の請負契約書の写し等については、確定申告書への添付を不要とする。この場合において、税務署長は、確定申告期限等から5年間、当該適用に係る新築の工事の請負契約書の写し等の提示又は提出を求めることができることとし、当該求めがあったときは、その適用を受ける個人は、当該書類の提示又は提出をしなければならないこととする。 |
|  | ⑤ 給与等の支払を受ける個人で年末調整の際に、令和5年1月1日以後に居住の用に供する家屋に係る住宅ローン控除の適用を受けようとするものは、住宅取得資金に係る借入金の年末残高証明書については、給与所得者の住宅借入金等を有する場合の所得税額の特別控除申告書への添付を不要とする。 |
|  | ⑥ その他所要の措置を講ずる。 |
|  | 《適用関係》上記の改正は、居住年が令和5年以後である者が、令和6年1月1日以後に行う確定申告及び年末調整について適用される。 |

所得税改正のあらまし

| | |
|---|---|
| **5　既存住宅の耐震改修をした場合の所得税額の特別控除** | 既存住宅の耐震改修をした場合の所得税額の特別控除について、適用期限（令和3年12月31日）を令和5年12月31日まで2年延長するとともに、次の措置が講じられた（措法41の19の2、令4改所法等附35関係）。<br>①　令和4年及び令和5年に耐震改修工事をした場合の標準的な工事費用の額に係る控除対象限度額及び控除率を次のとおりとする。 |

| 工事完了年 | 控除対象限度額 | 控除率 |
|---|---|---|
| 令和4年・令和5年 | 250万円 | 10% |

②　標準的な工事費用の額について、工事の実績を踏まえて見直しを行う。

| | |
|---|---|
| **6　既存住宅に係る特定の改修工事をした場合の所得税額の特別控除** | 既存住宅に係る特定の改修工事をした場合の所得税額の特別控除について、適用期限（令和3年12月31日）を令和5年12月31日まで2年延長するとともに、次の措置が講じられた（措法41の19の3、令4改所法等附36関係）。<br>①　特定の改修工事をして令和4年及び令和5年に居住の用に供した場合の標準的な工事費用の額に係る控除対象限度額及び控除率を次のとおりとする。 |

| 居住年 | 対象工事 | 控除対象限度額 | 控除率 |
|---|---|---|---|
| 令和4年・令和5年 | バリアフリー改修工事 | 200万円 | 10% |
| | 省エネ改修工事 | 250万円<br>（350万円） | |
| | 多世代同居改修工事 | 250万円 | |
| | 耐震改修工事又は省エネ改修工事と併せて行う耐久性向上改修工事 | 250万円<br>（350万円） | |
| | 耐震改修工事及び省エネ改修工事と併せて行う耐久性向上改修工事 | 500万円<br>（600万円） | |

　（注）　カッコ内の金額は、省エネ改修工事と併せて太陽光発電装置を設置する場合の控除対象限度額である。

②　個人が、当該個人の所有する居住用の家屋について上記5①の耐震改修工事又は上記①の対象工事をして、当該家屋を令和4年1月1日から令和5年12月31日までの間にその者の居住の用に供した場合（その工事の日から6月以内にその者の居住の用に供した場合に限る。）には、一定の要件の下で、当該個人の居住の用に供した日の属する年分の所得税の額から次に掲げる金額の合計額（当該耐震改修工事又は対象工事に係る標準的な工事費用相当額の合計額と1,000万円から当該金額（当該金額が控除対象限度額を超える場合には、当該控除対象限度額）を控除した金額のいずれか低い金額を限度）の5％に相当する金額を控除する。

　イ　当該耐震改修工事又は対象工事に係る標準的な工事費用相当額（控除対象限度額を超える部分に限る。）の合計額

　ロ　当該耐震改修工事又は対象工事と併せて行うその他の一定の工事に要した費用の金額（補助金等の交付がある場合には当該補助金等の額を控除した後の金額）の合計額

所得税改正のあらまし

|  | |
|---|---|
| | **(注)** 上記の「標準的な工事費用相当額」とは、耐震改修工事又は対象工事の種類等ごとに標準的な工事費用の額として定められた金額に当該耐震改修工事又は対象工事を行った床面積等を乗じて計算した金額（補助金等の交付がある場合には当該補助金等の額を控除した後の金額）をいう。<br>③　適用対象となる省エネ改修工事を窓の断熱改修工事又は窓の断熱改修工事と併せて行う天井、壁若しくは床の断熱改修工事（改正前：全ての居室の全ての窓の断熱改修工事又は全ての居室の全ての窓の断熱改修工事と併せて行う天井、壁若しくは床の断熱改修工事）とする。<br>④　標準的な工事費用の額について、工事の実績を踏まえて見直しを行う。<br>⑤　その他所要の措置を講ずる。 |
| 7　特定の居住用財産の買換え及び交換の場合の長期譲渡所得の課税の特例 | 「特定の居住用財産の買換え及び交換の場合の長期譲渡所得の課税の特例」について、次の措置が講じられた（措法36の2、36の5関係）。<br>①　適用期限が令和5年12月31日まで2年延長された。<br>②　令和6年1月1日以後に個人の居住の用に供した又は供する見込みである建築後使用されたことのない家屋で特定居住用家屋**（注）**に該当するものが適用対象となる買換資産から除外された（措法36の2①、36の5、措令24の2③一イ）。<br>**(注)**　特定居住用家屋とは、住宅の用に供する家屋でエネルギーの使用の合理化に資する住宅の用に供する家屋として国土交通大臣が財務大臣と協議して定める基準に適合するもの以外のもので、次に掲げる要件のいずれにも該当しないものをいう（措法41㉕、措令26㉔㉗、令和4年国土交通省告示第456号）。<br>　①　当該家屋が令和5年12月31日以前に建築基準法第6条第1項の規定による確認を受けているものであること。<br>　②　当該家屋が令和6年6月30日以前に建築されたものであること。<br>　また、買換資産が令和6年1月1日以後に個人の居住の用に供した又は供する見込みである建築後使用されたことのない家屋である場合には、その家屋が特定居住用家屋に該当するもの以外のものであることを明らかにする書類として、次の(イ)から(ホ)までに掲げる書類のいずれかを①確定申告書の提出の日又は②その家屋の取得をした日から4月を経過する日までに納税地の所轄税務署長に提出する必要がある（措規18の4⑥、18の21⑧一チ、令和4年国土交通省告示第422号、第455号）。 |

| (イ) | 確認済証の写し又は検査済証の写し（令和5年12月31日以前に確認を受けたことを証するものに限る。） | |
|---|---|---|
| (ロ) | 登記事項証明書（令和6年6月30日以前に建築されたことを証するものに限る。） | |
| (ハ) | 住宅用家屋証明書（特定建築物用） | |
| (ニ) | ①及び②の書類 | ①　低炭素建築物新築等計画の認定通知書の写し<br>②　住宅用家屋証明書（その写し）又は認定低炭素住宅建築証明書 |
| (ホ) | 住宅省エネルギー性能証明書又は建設住宅性能評価書の写し（ZEH水準省エネ住宅又は省エネ基準適合住宅に該当することを証するものに限る。） | |

所得税改正のあらまし

| | |
|---|---|
| | 《適用関係》上記②の改正は、令和4年1月1日以後に行う譲渡資産の譲渡に係る買換資産について適用され、同日前に行った譲渡資産の譲渡に係る買換資産については、従前のとおりとなる（令4改措令等附8②）。 |
| 8　居住用財産等の買換え等の場合の譲渡損失の損益通算及び繰越控除の特例 | 「居住用財産の買換え等の場合の譲渡損失の損益通算及び繰越控除の特例」及び「特定居住用財産の譲渡損失の損益通算及び繰越控除の特例」について、これらの適用期限が令和5年12月31日まで2年延長された（措法41の5、41の5の2関係）。 |
| 9　特定土地区画整理事業等のために土地等を譲渡した場合の2,000万円特別控除 | 「特定土地区画整理事業等のために土地等を譲渡した場合の2,000万円特別控除」について、次の措置が講じられた（措法34関係）。<br>①　重要文化財、史跡、名勝又は天然記念物として指定された土地が博物館法に規定する公立博物館に該当する博物館又は植物園の設置及び管理の業務を主たる目的とする地方独立行政法人に買い取られる場合が適用対象に加えられた（措法34、措令22の7③）。<br>②　農業経営基盤強化促進法の農用地利用規程の特例に係る措置について、同法の地域計画の特例に係る区域内にある農用地が当該農用地の所有者等の申出に基づき農地中間管理機構（一定のものに限る。）に買い取られる場合の措置に改組された（措法34②七）。<br>《適用関係》上記①の改正は、令和5年4月1日から施行される。<br>　　上記②の改正は、土地等が、農業経営基盤強化促進法等の一部を改正する法律（令和4年法律第56号。以下「基盤強化法等改正法」という。）の施行の日以後に買い取られる場合について適用され、同日前に買い取られた場合については、従前のとおりとなる（ただし、一定の経過措置の適用がある。）（令4改所法等附1十一イ、32②）。 |
| 10　特定住宅地造成事業等のために土地等を譲渡した場合の1,500万円特別控除 | 「特定住宅地造成事業等のために土地等を譲渡した場合の1,500万円特別控除」の適用対象となる農用地区域内にある農用地が農業経営基盤強化促進法の協議に基づき農地中間管理機構（一定のものに限る。）に買い取られる場合について、その農用地が同法に規定する地域計画の区域内にある場合に限定された（措法34の2関係）。<br>《適用時期》この改正は、土地等が、基盤強化法等改正法の施行の日以後に買い取られる場合について適用され、同日前に買い取られた場合については、従前のとおりとなる（ただし、一定の経過措置の適用がある。）（令4改所法等附32⑤）。 |
| 11　農地保有の合理化等のために農地等を譲渡した場合の800万円特別控除 | 「農地保有の合理化等のために農地等を譲渡した場合の800万円特別控除」について、次の措置が講じられた（措法34の3関係）。<br>①　農業経営基盤強化促進法の農用地利用集積計画に係る措置について、農用地区域内にある土地等を農地中間管理事業の推進に関する法律の規定による公告があった同法の農用地利用集積等促進計画の定めるところにより譲渡した場合の措置に改組された。<br>②　適用対象から、次に掲げる場合が除外された。 |

所得税改正のあらまし

|  | |
|---|---|
| | ロ　特定農山村地域における農林業等の活性化のための基盤整備の促進に関する法律の規定による公告があった同法の所有権移転等促進計画の定めるところにより土地等の譲渡をした場合 |
| | ロ　林業経営基盤の強化等の促進のための資金の融通等に関する暫定措置法の規定による都道府県知事のあっせんにより、同法の認定を受けた者に山林に係る土地の譲渡をした場合 |
| | ハ　土地等につき集落地域整備法の事業が施行された場合において清算金を取得するとき |
| | 《適用関係》上記①の改正は、基盤強化法等改正法の施行の日以後に行う土地等の譲渡について適用され、同日前に行った土地等の譲渡については、従前のとおりとなる（ただし、一定の経過措置の適用がある。）（令4改所法等附1十一イ、32⑦）。 |
| | 　上記②の改正は、令和4年4月1日前に行った土地等の譲渡については、従前のとおりとなる（令4改所法等附32⑨〜⑪）。 |
| 12　特定の交換分合により土地等を取得した場合の課税の特例 | 「特定の交換分合により土地等を取得した場合の課税の特例」について、適用対象から集落地域整備法の規定による交換分合により土地等の譲渡をし、かつ、当該交換分合により土地等の取得をした場合が除外された（旧措法37の6①二）。<br>《適用関係》この改正は、令和4年4月1日前に行った交換分合による土地等の譲渡については、従前のとおりとなる（令4改所法等附32⑫）。 |
| 13　国等に対して重要文化財を譲渡した場合の譲渡所得の非課税措置 | 「国等に対して重要文化財を譲渡した場合の譲渡所得の非課税措置」について、適用対象に、重要文化財（土地を除く。）を博物館法に規定する公立博物館に該当する博物館、美術館、植物園、動物園又は水族館の設置及び管理の業務を主たる目的とする地方独立行政法人に譲渡した場合が加えられた（措法40の2関係）。<br>《適用関係》この改正は、令和5年4月1日から施行される（令4改措令附1七）。 |
| 14　債務処理計画に基づき資産を贈与した場合の課税の特例 | 「債務処理計画に基づき資産を贈与した場合の課税の特例」について、次の措置が講じられた（措法40の3の2関係）。<br>①　債務処理計画が平成28年4月1日以後に策定されたものである場合において同日前に株式会社地域経済活性化支援機構法の再生支援決定等の対象となった法人に該当しないものであることとの要件に、債務処理計画が同日以後に策定されたものである場合において同日前に産業復興機構の組合財産である債権の債務者である法人に該当しないものであることが加えられた。<br>②　適用期限が令和7年3月31日まで3年延長された。<br>《適用関係》上記①の改正は、令和4年4月1日以後に行う贈与について適用され、同日前に行った贈与については、従前のとおりとなる（令4改所法等附33）。 |

## 二　金融・証券税制

| 改　正　事　項 | 改　正　内　容 |
|---|---|
| 上場株式等に係る配 | 上場株式等に係る配当所得等の課税の特例について、次の措置が講じられた（措 |

——（80）——

所得税改正のあらまし

| 当所得等の課税の特例 | 法8の4関係）。 |
|---|---|
| | ①　内国法人から支払を受ける上場株式等の配当等で、その支払を受ける居住者等（以下「対象者」という。）及びその対象者を判定の基礎となる株主として選定した場合に同族会社に該当する法人が保有する株式等の発行済株式等の総数等に占める割合（以下「株式等保有割合」という。）が100分の3以上となるときにおけるその対象者が支払を受けるものを、総合課税の対象とする。<br>《適用関係》上記の改正は、令和5年10月1日以後に支払を受けるべき上場株式等の配当等について適用される（令4改所法等附23関係）。<br>②　上場株式等の配当等の支払をする内国法人は、その配当等の支払に係る基準日においてその株式等保有割合が100分の1以上となる対象者の氏名、個人番号及び株式等保有割合その他の事項を記載した報告書を、その支払の確定した日から1月以内に、当該内国法人の本店又は主たる事務所の所在地の所轄税務署長に提出しなければならないこととする。<br>《適用関係》上記の改正は、令和5年10月1日以後に支払うべき上場株式等の配当等について適用される（令4改所法等附23関係）。<br>③　その他所要の措置を講ずる。 |

## 三　租税特別措置等

| 改　正　事　項 | 改　正　内　容 |
|---|---|
| 1　地方活力向上地域等において特定建物等を取得した場合の特別償却又は所得税額の特別控除制度の改正 | 次の見直しが行われた上、地方活力向上地域等特定業務施設整備計画の認定期限が令和6年3月31日まで2年延長された（措法10の4の2関係）。<br>①　取得又は建設をした特定建物等を事業の用に供する期限が、地方活力向上地域等特定業務施設整備計画について認定を受けた日の翌日以後3年（改正前：2年）を経過する日とされた。<br>②　中小事業者以外の個人の適用対象となる特定建物等の取得価額に係る要件が、2,500万円以上（改正前：2,000万円以上）に引き上げられた。 |
| 2　地方活力向上地域等において雇用者の数が増加した場合の所得税額の特別控除制度の改正 | 地方事業所基準雇用者数に係る措置について、次の見直しが行われた上、地方活力向上地域等特定業務施設整備計画の認定期限が令和6年3月31日まで2年延長された（措法10の5関係）。<br>①　適用要件のうち「その個人の適用年の特定新規雇用者等数が2人以上であること」との要件が廃止された。<br>②　特定新規雇用者数、移転型特定新規雇用者数、新規雇用者総数及び移転型新規雇用者総数について、他の事業所において新たに雇用された者でその雇用された年の12月31日において適用対象特定業務施設に勤務する者の数を含むこととされた。<br>③　税額控除限度額の計算の基礎となる非新規基準雇用者数が、無期雇用かつフルタイムの雇用者の数に限ることとされた。 |
| 3　給与等の支給額が | ①　個人の新規雇用者給与等支給額が増加した場合に係る措置が改組され、青色 |

| | |
|---|---|
| 増加した場合の所得税額の特別控除制度の改正 | 申告書を提出する個人が、令和5年及び令和6年の各年において国内雇用者に対して給与等を支給する場合において、その年において継続雇用者給与等支給増加割合が3％以上であるときは、その個人のその年の控除対象雇用者給与等支給増加額（その年において、地方活力向上地域等において雇用者の数が増加した場合の所得税額の特別控除制度の適用を受ける場合には、その適用による控除を受ける金額の計算の基礎となった者に対する給与等の支給額を控除した残額）に15％（その年において次の要件を満たす場合にはそれぞれ次の割合を加算した割合とし、その年において次の要件の全てを満たす場合には次の割合を合計した割合を加算した割合とする。）を乗じて計算した金額の税額控除ができることとされた（措法10の5の4関係）。 |

イ　継続雇用者給与等支給増加割合が4％以上であること……10％

ロ　その個人のその年分の事業所得の金額の計算上必要経費に算入される教育訓練費の額からその比較教育訓練費の額を控除した金額のその比較教育訓練費の額に対する割合が20％以上であること……5％

②　中小事業者の雇用者給与等支給額が増加した場合に係る措置について、次の見直しが行われた上、その適用期限が令和6年まで1年延長された。

イ　税額控除割合の上乗せ措置について、適用年において次の要件を満たす場合には、15％にそれぞれ次の割合を加算した割合を税額控除割合とし、その適用年において次の要件の全てを満たす場合には、15％に次の割合を合計した割合を加算した割合（すなわち40％）を税額控除割合とする措置とされた。

（イ）　雇用者給与等支給増加割合が2.5％以上であること……15％

（ロ）　その中小事業者のその年分の事業所得の金額の計算上必要経費に算入される教育訓練費の額からその比較教育訓練費の額を控除した金額のその比較教育訓練費の額に対する割合が10％以上であること……10％

ロ　上記イ（ロ）の税額控除割合の上乗せの適用を受ける場合には、教育訓練費の明細を記載した書類の保存（改正前：確定申告書への添付）をしなければならないこととされた。

ハ　上記2②③の見直しに伴い、地方活力向上地域等において雇用者の数が増加した場合の所得税額の特別控除制度の適用を受ける場合の控除対象雇用者給与等支給増加額の調整計算の見直しが行われた。

| | |
|---|---|
| 4　認定特定高度情報通信技術活用設備を取得した場合の特別償却又は所得税額の特別控除制度の改正 | 次の見直しが行われた上、その適用期限が令和7年3月31日まで3年延長された（措法10の5の5関係）。 |

①　税額控除割合について、次のとおり見直された。

イ　令和4年4月1日から令和5年3月31日までの間に事業の用に供した認定特定高度情報通信技術活用設備……15％（条件不利地域以外の地域内において事業の用に供した特定基地局用認定設備については、9％）

ロ　令和5年4月1日から令和6年3月31日までの間に事業の用に供した認定特定高度情報通信技術活用設備……9％（条件不利地域以外の地域内において事業の用に供した特定基地局用認定設備については、5％）

所得税改正のあらまし

ハ　令和6年4月1日から令和7年3月31日までの間に事業の用に供した認定特定高度情報通信技術活用設備……3％

② 対象となる無線設備の要件の見直しが行われた。

| 5　環境負荷低減事業活動用資産等の特別償却制度の創設 | 環境負荷低減事業活動用資産等の特別償却制度が創設された（措法11の4関係）。<br>① 青色申告書を提出する個人で環境と調和のとれた食料システムの確立のための環境負荷低減事業活動の促進等に関する法律の環境負荷低減事業活動実施計画又は特定環境負荷低減事業活動実施計画について同法の認定を受けた農林漁業者等であるものが、同法の施行の日から令和6年3月31日までの間に、その認定に係る認定環境負荷低減事業活動実施計画又は認定特定環境負荷低減事業活動実施計画に記載された設備等を構成する機械その他の減価償却資産のうち環境負荷の低減に著しく資する一定のものの取得等をして、これをその個人の環境負荷低減事業活動又は特定環境負荷低減事業活動の用に供した場合には、その用に供した日の属する年において、その取得価額の32％（建物等及び構築物については、16％）相当額の特別償却ができることとされた。<br>② 青色申告書を提出する個人で環境と調和のとれた食料システムの確立のための環境負荷低減事業活動の促進等に関する法律の基盤確立事業実施計画について同法の認定を受けたものが、同法の施行の日から令和6年3月31日までの間に、その認定に係る認定基盤確立事業実施計画に記載された設備等を構成する機械その他の減価償却資産のうち環境負荷の低減を図るために行う取組の効果を著しく高める一定のものの取得等をして、これをその個人の一定の基盤確立事業の用に供した場合には、その用に供した日の属する年において、その取得価額の32％（建物等及び構築物については、16％）相当額の特別償却ができることとされた。 |
| --- | --- |
| 6　特定地域における工業用機械等の特別償却制度の改正 | 特定地域における工業用機械等の特別償却制度について、次の見直しが行われた（措法12関係）。<br>① 産業高度化・事業革新促進地域に係る措置について、次の見直しが行われた。<br>　イ　適用対象者が、沖縄振興特別措置法の産業高度化・事業革新措置実施計画の認定を受けた事業者で主務大臣の確認を受けたものに該当する個人とされた。<br>　ロ　適用期間が、沖縄振興特別措置法の規定により沖縄県知事が産業イノベーション促進計画を主務大臣に提出した日から令和7年3月31日までの期間とされた。<br>　ハ　適用対象区域が、提出産業イノベーション促進計画に定められた産業イノベーション促進地域の区域とされた。<br>　ニ　適用対象事業について、ガス供給業が追加され、計量証明業が除外された。<br>　ホ　適用対象資産が対象減価償却資産のうち沖縄の振興に資する一定のものとされたほか、対象減価償却資産に一定の構築物が追加された。<br>② 国際物流拠点産業集積地域に係る措置について、次の見直しが行われた。<br>　イ　適用対象者が、沖縄振興特別措置法の国際物流拠点産業集積措置実施計画 |

——(83)——

|  |  |
|---|---|
|  | の認定を受けた事業者で主務大臣の確認を受けたものに該当する個人とされた。<br>ロ　適用期間が、沖縄振興特別措置法の規定により沖縄県知事が国際物流拠点産業集積計画を主務大臣に提出した日から令和7年3月31日までの期間とされた。<br>ハ　適用対象資産が、対象減価償却資産のうち沖縄の振興に資する一定のものとされた。<br>③　経済金融活性化特別地区に係る措置について、次の見直しが行われた。<br>イ　適用対象者が、沖縄振興特別措置法の経済金融活性化措置実施計画の認定を受けた事業者に該当する個人とされた。<br>ロ　適用期間が、沖縄振興特別措置法の規定により内閣総理大臣が経済金融活性化計画の認定をした日から令和7年3月31日までの期間とされた。<br>ハ　適用対象資産が対象減価償却資産のうち沖縄の振興に資する一定のものとされたほか、一の生産等設備を構成する減価償却資産の取得価額の下限額が引き下げられた。<br>④　沖縄の離島の地域に係る措置について、次の見直しが行われた上、その適用期限が令和7年3月31日まで3年延長された。<br>イ　適用対象資産に個人が取得等をする新設又は増設に係る設備以外の設備並びに改修（増築、改築、修繕又は模様替をいいます。）のための工事により取得又は建設をする建物等が追加されたほか、一の生産等設備を構成する減価償却資産の取得価額の下限額の見直しが行われた。<br>ロ　本措置の適用については、離島の地域の振興に資する一定の場合に限ることとされた。 |
| 7　輸出事業用資産の割増償却制度の創設 | 青色申告書を提出する個人で輸出促進法の認定輸出事業者であるものが、農林水産物及び食品の輸出の促進に関する法律等の一部を改正する法律の施行の日から令和6年3月31日までの間に、その個人の認定輸出事業計画に記載された施設に該当する機械装置、建物等及び構築物のうち、農林水産物又は食品の生産、製造、加工又は流通の合理化、高度化その他の改善に資する一定のもの（以下「輸出事業用資産」という。）の取得等をして、これをその個人の輸出事業の用に供した場合には、その用に供した日以後5年以内の日の属する各年分（その輸出事業用資産を輸出事業の用に供していることにつき証明がされた年分に限る。）において、その輸出事業用資産の普通償却額の30％（建物等及び構築物については、35％）相当額の割増償却ができることとされた（措法13の2関係）。 |
| 8　制度の廃止及び延長など | ①　障害者を雇用する場合の特定機械装置の割増償却制度の廃止（旧措法13関係）<br>　適用期限（令和4年3月31日）の到来をもって廃止された。<br>②　倉庫用建物等の割増償却制度の改正（措法15関係）<br>　割増償却割合が8％（改正前：10％）に引き下げられた上、その適用期限が令和6年3月31日まで2年延長された。 |

所得税改正のあらまし

③ 特定災害防止準備金制度の廃止（旧措法20関係）

適用期限（令和4年3月31日）の到来をもって廃止された。

④ 探鉱準備金制度の改正（措法22関係）

対象となる鉱物から国外にある石炭、亜炭及びアスファルトが除外された上、制度の適用期限が令和7年3月31日まで3年延長された。

⑤ 農業経営基盤強化準備金制度の改正（措法24の2関係）

対象となる個人が、認定農業者等のうち農業経営基盤強化促進法の地域計画の区域において農業を担う一定の者とされた。

⑥ 中小事業者の少額減価償却資産の取得価額の必要経費算入の特例の改正（措法28の2関係）

対象資産から貸付け（主要な業務として行われるものを除く。）の用に供した減価償却資産が除外された上、その適用期限が令和6年3月31日まで2年延長された。

| 9　経済的な利益等の非課税 | ① ひとり親家庭高等職業訓練促進資金貸付事業の住宅支援資金貸付けによる金銭の貸付けにつき当該貸付けに係る債務の免除を受ける場合には、当該免除により受ける経済的な利益の価額については、所得税を課さないこととされた（措法41の8関係）。 ② 生活福祉資金貸付制度における緊急小口資金の特例貸付事業及び総合支援資金の特例貸付事業による金銭の貸付けにつき当該貸付けに係る債務の免除を受ける場合には、当該免除により受ける経済的な利益の価額については、所得税を課さないこととされた（新型コロナ税特法4、令4改所法等附77関係）。 ③ 「新型コロナウイルス感染症生活困窮者自立支援金」として給付される給付金（既に給付されたものを含む。）について、次の措置が講じられた（新型コロナ税特法4、令4改所法等附77関係）。<br>イ 所得税を課さない。<br>ロ 国税の滞納処分による差押えをしない。 ④ 「子育て世帯への臨時特別給付」として給付される給付金及び「住民税非課税世帯等に対する臨時特別給付金」として給付される給付金（既に給付されたこれらの給付金を含む。）について、次の措置が講じられた（新型コロナ税特法4、令4改所法等附77関係）。<br>イ 所得税を課さない。<br>ロ 国税の滞納処分による差押えをしない。 |
| --- | --- |

## 四　その他

| 改　正　事　項 | 改　正　内　容 |
| --- | --- |
| 1　隠蔽仮装行為に基づいた確定申告書の必要経費の額 | その年において不動産所得、事業所得若しくは山林所得を生ずべき業務を行う者又はその年において雑所得を生ずべき業務を行う者でその年の前々年分の当該雑所得を生ずべき業務に係る収入金額が300万円を超えるものが、隠蔽仮装行為 |

所得税改正のあらまし

に基づき確定申告書（その申告に係る所得税についての調査があったことにより当該所得税について決定があるべきことを予知して提出された期限後申告書を除く。以下同じ。）を提出しており、又は確定申告書を提出していなかった場合には、これらの確定申告書に係る年分のこれらの所得の総収入金額に係る売上原価その他当該総収入金額を得るために直接に要した費用の額（資産の販売又は譲渡における当該資産の取得に直接に要した額及び資産の引渡しを要する役務の提供における当該資産の取得に直接に要した額として一定の額を除く。以下「売上原価の額」という。）及びその年の販売費、一般管理費その他これらの所得を生ずべき業務について生じた費用の額は、次に掲げる場合に該当する当該売上原価の額又は費用の額を除き、その者の各年分のこれらの所得の金額の計算上、必要経費の額に算入しないこととされた（所法45関係）。

① 次に掲げるものにより当該売上原価の額又は費用の額の基因となる取引が行われたこと及びこれらの額が明らかである場合（災害その他やむを得ない事情により、当該取引に係るイに掲げる帳簿書類の保存をすることができなかったことをその者において証明した場合を含む。）

　イ その者が所得税法の規定により保存する帳簿書類

　ロ 上記イに掲げるもののほか、その者がその住所地その他の一定の場所に保存する帳簿書類その他の物件

② 上記①イ又はロに掲げるものにより、当該売上原価の額又は費用の額の基因となる取引の相手方が明らかである場合その他当該取引が行われたことが明らかであり、又は推測される場合（上記①に掲げる場合を除く。）であって、当該相手方に対する調査その他の方法により税務署長が、当該取引が行われ、これらの額が生じたと認める場合

　（注） その者がその年分の確定申告書を提出していた場合には、売上原価の額及び費用の額のうち、その提出したその年分の確定申告書等に記載した課税標準等の計算の基礎とされていた金額は、本措置の対象から除外する。

《適用関係》上記の改正は、令和5年分以後の所得税について適用される（令4改所法等附5関係）。

| | |
|---|---|
| 2　納税地の特例制度等の見直し | 納税地の特例制度等について、次の見直しが行われた（所法16、旧所法20関係）。<br>① 納税地の変更に関する届出書について、その提出を不要とする。<br>② 納税地の異動があった場合に提出することとされている届出書について、その提出を不要とする。<br>《適用関係》上記の改正は、令和5年1月1日以後の納税地の変更等について適用される（令4改所法等附2、3関係）。 |
| 3　社会保険料控除及び小規模企業共済等掛金控除に係る確定申告手続等 | 社会保険料控除及び小規模企業共済等掛金控除に係る確定申告手続等について、次の措置が講じられた（所法198関係）。<br>① 社会保険料控除又は小規模企業共済等掛金控除の適用を受ける際に確定申告書等に添付等をすることとされている控除証明書の範囲に、当該控除証明書を交付すべき者から電磁的方法により提供を受けた当該控除証明書に記載すべき |

——(86)——

所得税改正のあらまし

　　事項が記録された電磁的記録を一定の方法により印刷した書面で、真正性を担
　　保するための所要の措置が講じられているものとして国税庁長官が定めるもの
　　を加える。
　《適用関係》上記の改正は、令和４年分以後の確定申告書を提出する場合につい
　　て適用される（令４改所法等附１関係）。
②　社会保険料控除又は小規模企業共済等掛金控除の適用を受ける際に給与所得
　　者の保険料控除申告書に添付等をすることとされている控除証明書の範囲に、
　　当該控除証明書を交付すべき者から電磁的方法により提供を受けた当該控除証
　　明書に記載すべき事項が記録された電磁的記録を一定の方法により印刷した書
　　面で、真正性を担保するための所要の措置が講じられているものとして国税庁
　　長官が定めるものを加える。
　《適用関係》上記の改正は、令和４年10月１日以後に給与所得者の保険料控除申
　　告書を提出する場合について適用される（令４改所法等附７関係）。
③　給与等の支払を受ける者で年末調整の際に社会保険料控除又は小規模企業共
　　済等掛金控除の適用を受けようとするものは、給与所得者の保険料控除申告書
　　に記載すべき事項を電磁的方法により提供する場合には、上記②の控除証明書
　　の書面による提出又は提示に代えて、当該控除証明書に記載すべき事項が記録
　　された情報で当該控除証明書を交付すべき者の電子署名及びその電子署名に係
　　る電子証明書が付されたものを、当該申告書に記載すべき事項と併せて電磁的
　　方法により提供することができることとする。この場合において、当該給与等
　　の支払を受ける者は、当該控除証明書を提出し、又は提示したものとみなす。
　《適用関係》上記の改正は、令和４年10月１日以後に給与所得者の保険料控除申
　　告書を提出する場合について適用される（令４改所法等附７関係）。
④　電子情報処理組織を使用する方法（e-Tax）により確定申告を行う場合にお
　　いて、マイナポータルを使用して取得する上記①の控除証明書に記載すべき事
　　項が記録された情報で当該控除証明書を交付すべき者の電子署名及びその電子
　　署名に係る電子証明書が付されたものの送信をもって、当該控除証明書の添付
　　等に代えることができることとする。
　《適用関係》上記の改正は、令和４年分以後の確定申告書を提出する場合につい
　　て適用される（令４改所法等附１関係）。

## 五　納税環境整備

| 改　正　事　項 | 改　正　内　容 |
|---|---|
| 1　過少申告加算税制度及び無申告加算税制度の整備 | 　過少申告加算税制度及び無申告加算税制度について、納税者が、一定の帳簿（その電磁的記録を含む。）に記載すべき事項に関し所得税、法人税又は消費税（輸入に係る消費税を除く。１において同じ。）に係る修正申告書若しくは期限後申告書の提出又は更正若しくは決定があった時前に、国税庁等の当該職員から当該帳簿の提示又は提出を求められ、かつ、次に掲げる場合のいずれかに該当すると |

――（87）――

所得税改正のあらまし

き（当該納税者の責めに帰すべき事由がない場合を除く。）は、当該帳簿に記載すべき事項に関し生じた申告漏れ等に課される過少申告加算税の額又は無申告加算税の額については、通常課される過少申告加算税の額又は無申告加算税の額に当該申告漏れ等に係る所得税、法人税又は消費税の10％（次の②に掲げる場合に該当する場合には、5％）に相当する金額を加算した金額とするほか、所要の措置が講じられた（通法65、66関係）。

① 当該職員に当該帳簿の提示若しくは提出をしなかった場合又は当該職員にその提示若しくは提出がされた当該帳簿に記載すべき事項のうち、売上金額若しくは業務に係る収入金額の記載が著しく不十分である場合

② 当該職員にその提示又は提出がされた当該帳簿に記載すべき事項のうち、売上金額又は業務に係る収入金額の記載が不十分である場合（上記①に掲げる場合に該当する場合を除く。）

(注1) 上記の「一定の帳簿」とは、次に掲げる帳簿のうち、売上金額又は業務に係る収入金額の記載についての調査のために必要があると認められるものをいう。

イ 所得税又は法人税の青色申告者が保存しなければならないこととされる仕訳帳及び総勘定元帳

ロ 所得税又は法人税において上記イの青色申告者以外の者が保存しなければならないこととされる帳簿

ハ 消費税の事業者が保存しなければならないこととされる帳簿

(注2) 上記①の「記載が著しく不十分である場合」とは、当該帳簿に記載すべき売上金額又は業務に係る収入金額のうち2分の1以上が記載されていない場合をいい、上記②の「記載が不十分である場合」とは、当該帳簿に記載すべき売上金額又は業務に係る収入金額のうち3分の1以上が記載されていない場合をいう。また、これらの金額が記載されていないことにつきやむを得ない事情があると認める場合には、運用上、適切に配慮することとする。

《適用関係》上記の改正は、令和6年1月1日以後に法定申告期限等が到来する国税について適用される（令4改所法等附20関係）。

| 2 財産債務調書制度等の見直し | 財産債務調書制度等について、次の見直しが行われた（国外送金法5〜6の3関係）。<br><br>① 財産債務調書の提出義務者の見直し<br>　改正前の財産債務調書の提出義務者のほか、その年の12月31日において有する財産の価額の合計額が10億円以上である居住者を提出義務者とする。<br>　《適用関係》上記の改正は、令和5年分以後の財産債務調書について適用される（令4改所法等附72関係）。<br><br>② 財産債務調書等の提出期限の見直し<br>　財産債務調書の提出期限について、その年の翌年の6月30日（改正前：その年の翌年の3月15日）とする（国外財産調書についても同様とする。）。<br>　《適用関係》上記の改正は、令和5年分以後の財産債務調書又は国外財産調書について適用される（令4改所法等附72関係）。<br><br>③ 提出期限後に財産債務調書等が提出された場合の宥恕措置の見直し<br>　提出期限後に財産債務調書が提出された場合において、その提出が、調査があ |
| --- | --- |

——(88)——

所得税改正のあらまし

ったことにより更正又は決定があるべきことを予知してされたものでないときは、その財産債務調書は提出期限内に提出されたものとみなす措置について、その提出が調査通知前にされたものである場合に限り適用することとする（国外財産調書についても同様とする。）。

《適用関係》上記の改正は、財産債務調書又は国外財産調書が令和6年1月1日以後に提出される場合について適用される（令4改所法等附72関係）。

④　財産債務調書等の記載事項の見直し

財産債務調書への記載を運用上省略することができる「その他の動産の区分に該当する家庭用動産」の取得価額の基準を300万円未満（改正前：100万円未満）に引き上げるほか、財産債務調書及び国外財産調書の記載事項について運用上の見直しを行う（国外送金通6の2-11⑫注）。

《適用関係》上記の改正は、令和5年分以後の財産債務調書又は国外財産調書について適用される（令4改国外送金通附（令4課総9-41）関係）。

⑤　その他所要の措置を講ずる。

| 3　修正申告書等の記載事項の整備 | 修正申告書及び更正請求書の記載事項から、その申告前又はその請求に係る更正前の課税標準等、納付すべき税額の計算上控除する金額及び還付金の額の計算の基礎となる税額を除外するほか、所要の整備が行われた（通法19、23関係）。<br>《適用関係》上記の改正は、令和4年12月31日以後に課税期間が終了する国税（課税期間のない国税については、同日後にその納税義務が成立する当該国税）に係る修正申告書又は更正請求書について適用される（令4改所法等附20関係）。 |
|---|---|
| 4　個人番号カードを利用したe-Taxの利便性の向上 | あらかじめ行政手続における特定の個人を識別するための番号の利用等に関する法律の規定により電子情報処理組織を使用して個人番号の提供を受ける場合の本人確認の措置（国税庁長官が定めるものに限る。）が行われた場合には、個人番号カードを用いて電子情報処理組織を使用する方法（e-Tax）により申請等を行う際に、識別符号及び暗証符号の入力並びに電子署名及び電子証明書の送信を要しないこととされた（令4国税庁告示23号）。<br>《適用関係》上記の改正は、令和5年1月1日以後に行う申請等について適用される。<br>　(注)　上記の改正と併せて、e-Taxによる手続の簡素化・合理化、GビズID（法人共通認証基盤）を活用した申請等、スマートフォンを使用して上記の本人確認の措置を行うことを可能とする等、申告利便等の更なる向上に取り組む。 |
| 5　電子取引の取引情報に係る電磁的記録の保存への円滑な移行のための宥恕措置の整備 | 電子取引の取引情報に係る電磁的記録の保存制度について、令和4年1月1日から令和5年12月31日までの間に申告所得税及び法人税に係る保存義務者が行う電子取引につき、納税地等の所轄税務署長が当該電子取引の取引情報に係る電磁的記録を保存要件に従って保存をすることができなかったことについてやむを得ない事情があると認め、かつ、当該保存義務者が質問検査権に基づく当該電磁的記録の出力書面（整然とした形式及び明瞭な状態で出力されたものに限る。）の提示又は提出の求めに応じることができるようにしている場合には、その保存要件にかかわらず、その電磁的記録の保存をすることができることとする経過措置 |

——(89)——

所得税改正のあらまし

| | が講じられた（令3改電帳規附2③）。 |
| --- | --- |
| | 《適用関係》上記の改正は、令和4年1月1日以後に行う電子取引の取引情報について適用される（令3.12.27財務省令80号附則）。 |
| | **（注）** 上記の電子取引の取引情報に係る電磁的記録の出力書面等を保存している場合における当該電磁的記録の保存に関する上記の措置の適用については、当該電磁的記録の保存要件への対応が困難な事業者の実情に配意し、引き続き保存義務者から納税地等の所轄税務署長への手続を要せずその出力書面等による保存を可能とするよう、運用上、適切に配慮することとする。 |

## 六　令和2年度の改正事項のうち、令和4年分の所得税から適用される主なもの

| 改　正　事　項 | 改　正　内　容 |
| --- | --- |
| 1　小規模事業者等の収入及び費用の帰属時期 | 小規模事業者等の収入及び費用の帰属時期（所法67）について、雑所得を生ずべき業務を行う居住者のその年の前々年分のその業務に係る収入金額が300万円以下である場合は、その年分のその業務に係る雑所得の金額（山林の伐採又は譲渡に係るものを除く。）の計算上総収入金額及び必要経費に算入すべき金額は、その業務につきその年において収入した金額及び支出した費用の額とすること（いわゆる現金主義による収入費用の計上）ができることとされた（所法67②、所令196の2）。 |
| 2　雑所得を生ずべき業務に係る確定申告書の添付書類 | 雑所得を生ずべき業務に係る確定申告書の添付書類（所法120）について、その年において雑所得を生ずべき業務を行う居住者でその年の前々年分のその業務に係る収入金額が1,000万円を超えるものが確定申告書を提出する場合には、その雑所得に係るその年中の総収入金額及び必要経費の内容を記載した書類を当該確定申告書に添付しなければならないこととされた（所法120⑥）。 |
| 3　事業所得等を有する者の帳簿書類の備付け等 | 事業所得等を有する者の帳簿書類の備付け等（所法232）について、その年において雑所得を生ずべき業務を行う居住者等でその年の前々年分のその業務に係る収入金額が300万円を超えるものは、その業務に関して作成し、又は受領した請求書、領収書その他これらに類する書類（自己の作成したこれらの書類でその写しがあるものは、当該写しを含む。）のうち、現金の収受若しくは払出し又は預貯金の預入若しくは引出しに際して作成されたものを保存しなければならないこととされた（所法232②、所規102⑦）。 |
| 4　外国税額控除の対象とならない外国所得税の額 | 外国税額控除の対象とならない外国所得税の額（所令222の2）について、他の者の所得の金額に相当する金額に対し、これを居住者の所得の金額とみなして課される一定の外国所得税の額等が加えられた（所令222の2③三、四）。 |

## 七　令和3年度の改正事項のうち、令和4年分の所得税から適用される主なもの

| 改　正　事　項 | 改　正　内　容 |
| --- | --- |
| 1　試験研究を行った | 試験研究を行った場合の所得税額の特別控除（措法10）について、次の措置が |

―――（90）―――

所得税改正のあらまし

**場合の所得税額の特別控除**

講じられた。

① 一般の試験研究費の額に係る特別税額控除制度について、次のとおりとする。

イ 令和４年及び令和５年の各年分における特別税額控除割合については、下記ロにかかわらず、次に掲げる場合の区分に応じそれぞれ次に定める割合とした上、その特別税額控除割合（下記ニの措置の適用がある場合にはその適用後）の上限を14％とする（措法10②）。

（イ）増減試験研究費割合が9.4％を超える場合……10.145％＋¦（増減試験研究費割合－9.4％）×0.35¦

（ロ）増減試験研究費割合が9.4％以下である場合……10.145％－¦（9.4％－増減試験研究費割合）¦×0.175（特別税額控除割合は２％が下限）

（ハ）その年が開業年である場合又は比較試験研究費の額が零である場合……8.5％

ロ 特別税額控除割合を次に掲げる場合の区分に応じそれぞれ次に定める割合（10％を上限）とする（措法10①）。

（イ）（ロ）に掲げる場合以外の場合……10.145％－¦（9.4％－増減試験研究費割合）×0.175¦（特別税額控除割合は２％が下限）

（ロ）その年が開業年である場合又は比較試験研究費の額が零である場合……8.5％

ハ 令和４年及び令和５年の各年分のうち基準年比売上金額減少割合が２％以上であり、かつ、試験研究費の額が基準年試験研究費の額を超える年分の控除上限額に調整前事業所得税額の５％相当額を加算する（措法10③二）。

ニ 試験研究費割合が10％を超える場合における特別税額控除割合を割り増す措置及び控除上限額を加算する措置の適用期限を２年延長する（措法10②二③一）。

② 中小企業技術基盤強化税制について、次の見直しを行う。

イ 増減試験研究費割合が８％を超える場合の措置を増減試験研究費割合が9.4％を超える場合に次のとおりとする措置に見直した上、その適用期限を２年延長する（措法10⑤⑥）。

（イ）特別税額控除割合に、その増減試験研究費割合から9.4％を控除した割合に0.35を乗じて計算した割合を加算する。

（ロ）控除上限額に調整前事業所得税額の10％相当額を加算する。

ロ 上記①ハと同様の措置を講じられた（措法10⑥三）。

ハ 試験研究費割合が10％を超える場合における特別税額控除割合を割り増す措置及び試験研究費割合が10％を超える場合（上記イの場合を除く。）における控除上限額を加算する措置の適用期限を２年延長する（措法10⑤⑥）。

③ 試験研究費の額について、次の見直しを行う（措法10⑧一）。

イ 研究開発費として経理した金額のうち、棚卸資産若しくは固定資産（事業の用に供する時において試験研究の用に供する固定資産を除く。）の取得に要した金額とされるべき費用の額又は繰延資産（試験研究のために支出した

——（91）——

所得税改正のあらまし

|   |   |
|---|---|
|   | 費用に係る繰延資産を除く。）となる費用の額を加える。<br>ロ　売上原価等の額、新たな知見を得るため又は利用可能な知見の新たな応用を考案するために行う試験研究に該当しない試験研究のために要する費用の額及び上記イの固定資産又は繰延資産の償却費等を除外する。 |
| 2　給与等の支給額が増加した場合の所得税額の特別控除 | 給与等の支給額が増加した場合の所得税額の特別控除（措法10の5の4）について、次の見直しを行った上、その適用期限が2年延長された。<br>①　青色申告書を提出する個人が、国内新規雇用者に対して給与等を支給する場合において、新規雇用者給与等支給額から新規雇用者比較給与等支給額を控除した金額のその新規雇用者比較給与等支給額に対する割合が2％以上であるときは、控除対象新規雇用者給与等支給額の15％（教育訓練費の額から比較教育訓練費の額を控除した金額のその比較教育訓練費の額に対する割合が20％以上である場合には、20％）相当額の特別税額控除ができる。ただし、特別税額控除額については、調整前事業所得税額の20％相当額を限度とする。<br>②　青色申告書を提出する中小事業者が、各年分（上記①の措置の適用を受ける年分を除く。）において国内雇用者に対して給与等を支給する場合において、雇用者給与等支給額から比較雇用者給与等支給額を控除した金額のその比較雇用者給与等支給額に対する割合が1.5％以上であるときは、控除対象雇用者給与等支給増加額の15％（次に掲げる要件を満たす場合には、25％）相当額の特別税額控除ができる。ただし、特別税額控除額については、調整前事業所得税額の20％相当額を限度とする。<br>イ　雇用者給与等支給額から比較雇用者給与等支給額を控除した金額のその比較雇用者給与等支給額に対する割合が2.5％以上であること。<br>ロ　次に掲げる要件のいずれかを満たすこと。<br>（イ）　教育訓練費の額から比較教育訓練費の額を控除した金額のその比較教育訓練費の額に対する割合が10％以上であること。<br>（ロ）　その中小事業者が、その年の12月31日までにおいて中小企業経営強化法の認定を受けたものであり、その認定に係る経営力向上計画に記載された経営力向上が確実に行われたことにつき証明がされたものであること。 |
| 3　退職所得の見直し | 退職所得（所法30）等について、次の見直しが行われた。<br>①　短期退職手当等に係る退職所得の金額は、次に掲げる場合の区分に応じそれぞれ次の金額とする（所法30②）。<br>イ　当該短期退職手当等の収入金額から退職所得控除額を控除した残額が300万円以下である場合……当該残額の2分の1に相当する金額<br>ロ　上記イに掲げる場合以外の場合……150万円＋｛収入金額－（300万円＋退職所得控除額）｝<br>（注）　上記の「短期退職手当等」とは、退職手当等のうち、退職手当等の支払をする者から短期勤続年数（勤続年数のうち、役員等以外の者としての勤続年数が5年以下であるものをいう。）に対応する退職手当等として支払を受けるものであって、特定役員退職手当等に該当しないものをいう（所法30④）。<br>②　上記①の見直しに伴い、退職手当等に係る源泉徴収税額の計算方法及び退職 |

所得税改正のあらまし

| | | 所得の受給に関する申告書の記載事項について、所要の整備を行う（所法30⑦、201①、203①二、所令69の2、71の2、319の3等）。 |
|---|---|---|
| 4 | 青色申告特別控除 | 青色申告特別控除（措法25の2）について、控除額65万円の適用要件である帳簿書類の電磁的記録等による保存等について、その年分の事業に係る仕訳帳及び総勘定元帳に係る電磁的記録等の備付け及び保存が国税の納税義務の適正な履行に資するものとして一定の要件を満たしていること（改正前：その年分の事業に係る仕訳帳及び総勘定元帳につき電子計算機を使用して作成する国税関係帳簿書類の保存方法等の特例に関する法律に規定する電磁的記録等の備付け及び保存を行っていること）とするほか、国税関係帳簿書類の電磁的記録等による保存制度における承認制度の廃止に伴う所要の整備が行われた（措法25の2④）。 |
| 5 | 特定一般用医薬品等購入費を支払った場合の医療費控除の特例（セルフメディケーション税制） | 特定一般用医薬品等購入費を支払った場合の医療費控除の特例（セルフメディケーション税制）（措法41の17）について、対象となる医薬品の範囲の見直しを行った上、その適用期限が5年延長された。<br>イ その使用による医療保険療養給付費の適正化の効果が低いと認められるものを除外する。ただし、令和4年1月1日から、同日から令和8年12月31日までの間の一定の日までの期間内に行った一般用医薬品等の購入の対価の支払については、この除外する措置を適用しない（措法41の17②一、③、措令26の27の2②④⑤）。<br>ロ その製造販売の承認の申請に際して改正前の本特例の対象となる医薬品と同種の効能又は効果を有すると認められる医薬品（改正前の本特例の対象となる医薬品を除く。）のうち、その使用による医療保険療養給付費の適正化の効果が著しく高いと認められるものとして一定のものが追加された（措法41の17②二、措令26の27の2③）。 |

# 第三編

# 令和4年分確定申告書の書き方

# 第一章　確定申告のあらまし

　所得税は、前年の１月１日から12月31日までの１年間に得たすべての所得とその所得についての税金を自ら計算して２月16日から３月15日までの間に申告し、納めることとされています。

　確定申告とは、このように１年間に得た所得金額を総決算し、その所得の合計額について納める税額を計算して申告する手続をいいますが、その年に源泉徴収や予定納税で納めた税額等があるときは、算出した税額からそれらを差し引いた残りの税額を納付することになります。

　なお、平成25年から令和19年までの各年分については、復興特別所得税と所得税を併せて申告・納付することとされています。

## 一　確定申告をしなければならない場合（所法120、121）

> #### 基本のかたち
>
> ①　令和４年中の「**所得の合計額**」が「基礎控除その他の所得控除の合計額」を超え、かつ、
>
> ②　①を基として「算出した税額」が「配当控除額」を超える場合

　**(注)**　確定申告期限が令和４年１月１日以後となる所得税の確定申告書については、上記②の場合であっても、所得税の額の計算上控除しきれなかった外国税額控除の額、源泉徴収税額及び予納税額がある場合、つまり、還付申告となる場合には、確定申告義務はありません。（所法120①、令３改所法等附7）

　令和４年中の「所得の合計額」には、例えば次のものは含まれません。
(1)　非課税所得（1063ページ）
(2)　利子所得のうち、源泉分離課税とされる利子等
(3)　配当所得等のうち、次に掲げるもの
　①　確定申告をしないことを選択した次の配当等（措法８の５）
　　④　上場株式等の配当等（大口株主等が受けるものを除きます。）
　　⑪　公募証券投資信託（特定株式投資信託を除きます。）の収益の分配
　　⑪　特定投資法人の投資口の配当等
　　⑤　公募特定受益証券発行信託の収益の分配
　　⑪　公募特定目的信託の社債的受益権の剰余金の配当
　　⑪　特定公社債の利子
　　⑪　上記④～⑪以外の配当等で、確定申告をしないことを選択した１銘柄について１回の金額が10万円に配当計算期間の月数（最高12か月）を乗じてこれを12で除して計算した金額以下の配

——(96)——

確定申告のあらまし

当等

② 源泉分離課税とされる私募公社債等運用投資信託及び特定目的信託（社債的受益権に限ります。）の収益の分配（措法8の2）

(4) 源泉徴収を選択した特定口座を通じて行った上場株式等に係る譲渡所得等のうち、確定申告をしないことを選択したもの

(5) 一時所得や雑所得などのうち、次に掲げるもの

① 源泉分離課税とされる定期積金の給付補塡金等

② 源泉分離課税とされる割引債の償還差益

## 1 給与所得者の場合

給与所得者は、普通、「年末調整」によって所得税が精算されていますから、改めて申告する必要はありませんが、「**基本のかたち**」の①に当てはまり、さらに、①を基として「算出した税額」が「配当控除額」及び年末調整の際に控除を受けた(特定増改築等)住宅借入金等特別控除額の合計額を超える場合で、かつ、次のいずれかに該当する場合は、確定申告をしなければなりません。（所法121①）

(1) 令和4年中の給与の収入金額が2,000万円を超える場合

(2) 給与を1か所から受けている場合で、地代、家賃、原稿料などの収入があり、給与所得や退職所得以外のこれらの「所得の合計額」が20万円を超える場合

(3) 給与を2か所以上から受けている場合で、かつ、その給与の全部が源泉徴収の対象となる場合において、年末調整された主たる給与以外の従たる給与の収入金額と給与所得や退職所得以外の「所得の合計額」との合計額が20万円を超える場合

　　ただし、2か所以上から給与を受ける給与所得者で給与の全部について源泉徴収又は年末調整を受けている場合は、その給与の合計額（その人が社会保険料控除、小規模企業共済等掛金控除、生命保険料控除、地震保険料控除、配偶者控除、配偶者特別控除、扶養控除又は障害者・寡婦・ひとり親・勤労学生の各控除を受ける場合には、その給与の合計額からこれらの控除額を差し引いた残額）が150万円以下で、さらに、給与所得や退職所得以外の所得の合計額が20万円以下の場合は、確定申告をする必要はありません。

(4) 常時2人以下である場合の家事使用人や外国の在日公館に勤務する人など、給与の支払を受ける際に所得税を源泉徴収されないこととなっている場合（所基通121—5）

(5) 同族会社の役員やその親族などで、その法人から給与のほかに、貸付金の利子、不動産の賃貸料、機械・器具の使用料、営業権の使用料などの支払を受けている場合（所令262の2）

(6) 災害を受けたため、令和4年中に給与について災害減免法により源泉徴収税額の徴収猶予や還付を受けた場合（災免法3）

(注) 「所得の合計額」が20万円を超えるか否かについては、総合長期譲渡所得の金額及び一時所得の金額は2分の1した後の金額によります。（所基通121—6）

確定申告のあらまし

## 2　退職所得のある場合

退職所得については、一般的に、申告する必要はありませんが、「退職所得の受給に関する申告書」を提出しなかったため、20.42％の税率で源泉徴収された所得税額が正規の税額よりも少ない場合には、確定申告をしなければなりません。（826ページ参照）

なお、退職所得以外の所得がある人は、1又は4を参照してください。

## 3　公的年金等のある場合

公的年金には「年末調整」の制度がありませんので、通常は確定申告により所得税を精算する必要がありますが、その年において公的年金等（源泉徴収の対象となるもの）に係る雑所得を有する居住者で、その年中の公的年金等の収入金額が400万円以下であり、かつ、その年分の公的年金等に係る雑所得以外の所得金額が20万円以下である場合には、その年分の所得税について確定申告書を提出することを要しないこととされています。（所法121③）

※　この場合であっても、還付を受けるための申告書を提出することができます。

　　また、公的年金等以外の所得金額が20万円以下で確定申告の必要がない場合であっても、住民税の申告が必要な場合があります。

なお、源泉徴収の対象とならない公的年金等の支給を受けている人は、公的年金等に係る確定申告不要制度を適用できません。（所法121③）

(注)　源泉徴収の対象とならない公的年金等とは、外国の法令に基づく保険又は共済に関する制度で国民年金法、厚生年金法などの規定による社会保険又は共済制度に類するものが該当します。

## 4　上記1から3以外の方

上記1～3以外の方で、次の計算において残額がある場合は、確定申告をしなければなりません。
(計算)

①　各種の所得の合計額（譲渡所得や山林所得を含みます。）から、所得控除を差し引いて、課税される所得金額を求めます。

②　課税される所得金額に所得税の税率を乗じて、所得税額を求めます。

③　所得税額から、配当控除額を差し引きます。

(注)　確定申告期限が令和4年1月1日以後となる所得税の確定申告書については、計算した所得税の額の合計額が配当控除の額を超える場合であっても、所得税の額の計算上控除しきれなかった外国税額控除の額、源泉徴収税額及び予納税額がある場合、つまり、還付申告となる場合には、確定申告義務はありません。（所法120①、令3改所法等附7）

## 5　国外転出をする場合

国外転出（国内に住所及び居所を有しないこととなることをいいます。）をする人で、(1)及び(2)の

——(98)——

いずれにも該当する場合には、その対象資産の含み益に所得税及び復興特別所得税が課税されます。
（所法60の2、所令170、810ページ参照）

　国外転出時課税の対象となる方は、所得税の確定申告等の手続を行う必要があります。また、一定の場合は、納税猶予制度や税額を減額するなどの措置（以下「減額措置等」といいます。）を受けることができます。いずれの減額措置等も国外転出までに納税管理人の届出書を所轄税務署に提出するなどの手続が必要となります。

(1)　所有等をしている以下の対象資産の価額の合計が1億円以上であること

　①　有価証券（株式、投資信託等）

　　**(注)**　対象となる有価証券等の範囲から、特定譲渡制限付株式等で譲渡制限の解除されていないもの並びに株式を無償又は有利な価額により取得することのできる一定の権利で、その権利を行使したならば経済的な利益として課税されるものを表示する有価証券で国内源泉所得を生ずべきものは除外されます。

　②　匿名組合契約の出資の持分

　③　未決済の信用取引

　④　未決済の発行日取引

　⑤　未決済のデリバティブ取引（先物取引、オプション取引など）

(2)　原則として国外転出をする日前10年以内において国内に5年を超えて住所又は居所を有していること

## 二　確定申告をすれば税金が戻る場合 （所法122）

　確定申告をしなくてもよい場合でも、源泉徴収された税金や予定納税をした税金が納め過ぎになっているときには、還付を受けるための申告書を提出することができます。

　次のような場合は、税金が納め過ぎになっている場合があります。

(1)　所得が少ない人で配当所得、原稿料収入などがある場合

(2)　給与所得者で、特定支出控除、雑損控除、医療費控除、寄附金控除、住宅借入金等特別控除、特定増改築等住宅借入金等特別控除（令和3年12月31日までに居住した場合に限ります。）、政党等寄附金特別控除、認定NPO法人等寄附金特別控除、公益社団法人等寄附金特別控除、住宅耐震改修特別控除、住宅特定改修特別税額控除又は認定住宅等新築等特別税額控除を受けることができる場合

(3)　所得が公的年金等に係る雑所得のみで、生命保険料控除や地震保険料控除、雑損控除、医療費控除、寄附金控除などを受けることができる場合

(4)　給与所得者で年の中途で退職し、その後就職しなかったため年末調整を受けなかった場合

(5)　予定納税をしたが、確定申告の必要がなくなった場合

(6)　退職所得がある場合で次のいずれかに該当する場合

確定申告のあらまし

① 退職所得を除く各種の所得の合計額を所得控除の合計額が超えている。

② 退職所得の支払を受けるときに「退職所得の受給に関する申告書」を提出しなかったため、20.42％の税率で源泉徴収され、その所得税等の源泉徴収税額が退職所得について再計算した税額を超えている。

※ 退職所得のある方が確定申告をする場合は、確定申告書に退職所得金額を記載する必要があります。

## 三　損失申告をすることができる場合 (所法123)

次のような理由で、純損失や雑損失などの繰越控除（389ページ参照）、純損失の繰戻しによる還付（393ページ参照）を受けようとする場合には、損失申告をすることができます。

(1) 令和4年中の「所得の合計額」が赤字であること

(2) 令和4年に生じた雑損失の金額（105ページ(3)の(注1)参照）が、令和4年中の「所得の合計額」を超えていること

(3) 令和3年以前3年間に生じた純損失や雑損失の控除不足額が、令和4年中の「所得の合計額」を超えていること

(注) 純損失や雑損失の繰越控除の適用を受ける場合にも、損失申告をすることができます。

## 四　確定申告の手続

### 1　提出期間

令和5年2月16日から同年3月15日までが、令和4年分の確定申告書の提出期間とされています。（所法120①）

ただし、還付を受けるための申告書は、確定申告期間とは関係なく、その年の翌年1月1日から5年間提出することができます。（通法15②一、74①）

### 2　提出先

申告の際の納税地（原則として住所地のことをいいます。）の所轄税務署が、確定申告書の提出先として定められています。したがって、勤務先の所在地の所轄税務署などは正しい提出先ではありません。

(注) 所得税の納税地は、原則として住所地です。ただし、次の例外があります。（所法15、16）

(1) 住所のほかに居所がある人は、居所地を住所地に代えて納税地とすることができます。

(2) 住所がなく居所のある人は、その居所地が納税地とされます。

(3) 住所や居所の他に事業場等がある人は、事業場等を住所地又は居所地に代えて納税地とすることができます。

確定申告のあらまし

## 3 納税者が死亡した場合の確定申告（準確定申告）の手続 （所法124、125）

①令和4年分の所得税について確定申告書を提出すべき人が、令和5年1月1日から同年3月15日までの間に申告書を提出しないで死亡した場合、又は②納税者が令和4年中に死亡した場合に、令和4年分の所得税について確定申告書を提出しなければならない場合に該当するときは、その相続人が、相続の開始があったことを知った日の翌日から4月以内に申告しなければなりません。（損失申告のできる人が死亡した場合も上記期間中に申告できます。）

なお、令和4年中に死亡した納税者が、令和4年分の所得税について還付を受けることができる場合は、相続人は還付を受けるための申告書を提出することができます。

**（注）** 納税者が出国（納税管理人の届出をしないで国内に住所等を有しないことになることをいいます。）する場合の確定申告についても、特別の規定があります。（所法126、127）

## 五 総収入金額報告書の提出

令和4年中の**不動産所得、事業所得**若しくは**山林所得**の総収入金額の合計額が3,000万円を超える人は、確定申告書を提出している場合を除き、令和5年3月15日までに住所地（事業所・事務所などの所在地や居所地を納税地としているときは、その納税地）の所轄税務署長に、**総収入金額報告書**を提出しなければなりません。（所法233）

# 第二章　確定申告書の様式と使用区分

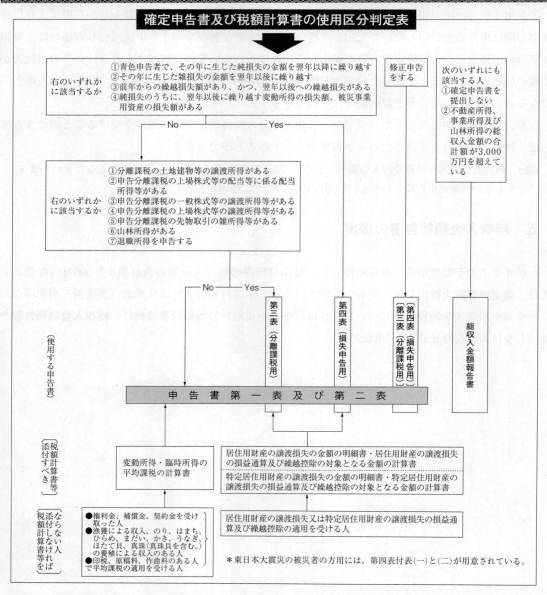

(注1)　住宅の取得等をして居住の用に供した人が住宅借入金等特別控除又は特定増改築等住宅借入金等特別控除を受ける場合は、「(特定増改築等)住宅借入金等特別控除額の計算明細書」を確定申告書に添付します。
(注2)　死亡した人の確定申告をする場合には、「死亡した者の所得税及び復興特別所得税の確定申告書付表（兼相続人の代表者指定届出書）」を添付することが必要です。
(注3)　国外転出時課税制度の対象となる場合には、「国外転出等の時に譲渡又は決済があったものとみなされる対象資産の明細書（兼納税猶予の特例の適用を受ける場合の対象資産の明細書）《確定申告書付表》」を確定申告書に添付します。また、納税猶予の特例を適用する場合には、「国外転出をする場合の譲渡所得等の特例等に係る納税猶予分の所得税及び復興特別所得税の額の計算書」を添付することが必要です。

# 一 確定申告書の様式と使用区分

## 1 確定申告書の様式

### (1) 所得の態様による区分

　平成13年分から令和3年分までの確定申告書には、A様式とB様式がありましたが、令和4年分の確定申告からA様式は廃止され、B様式に一本化されるため、令和4年分以降は、所得の種類にかかわらず、全ての方が同じ様式（旧B様式）を使用します。

　さらに、分離課税される所得があるときは申告書第三表（分離課税用）を、損失が生じているときは申告書第四表（損失申告用）を併せて使用します。

　なお、修正申告をする場合には、申告書第五表（修正申告用）が用意されていましたが、令和4年分以降は廃止され、申告書第一表及び第二表を使用することとされました。

　また、翌年以後へ繰り越される上場株式等の譲渡損失、特定投資株式の譲渡損失又は先物取引の差金等決済に係る損失のある人は、それぞれの「確定申告書付表」を、また死亡した人の確定申告をする人は「死亡した者の所得税及び復興特別所得税の確定申告書付表（兼相続人の代表者指定届出書）」を、東日本大震災の被災者の方で雑損失の繰越控除の特例又は純損失の繰越控除の特例の適用を受ける人は「第四表（損失申告用）付表（東日本大震災の被災者の方用）」を、それぞれ申告書に添付して提出しなければなりません。

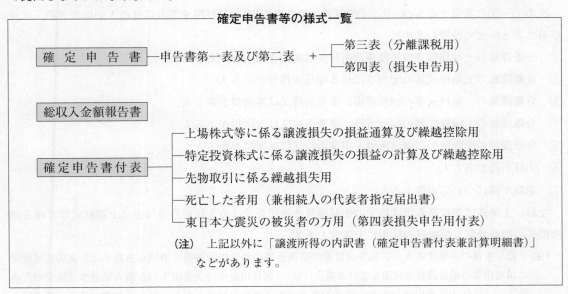

確定申告書等の様式一覧

### (2) 確定申告書の構成

① 申告書は第一表と第二表からなり、それぞれに控用があり、別途添付書類台紙があります。

② 申告書第三表（分離課税用）及び第四表（損失申告用）には、それぞれに控用があり、また、損

失申告用には第四表㈠と第四表㈡があり、さらに平成23年分から東日本大震災の被災者の方用に第四表付表㈠と第四表付表㈡が用意され、それぞれに控用があります。

《令和4年分の申告書等の区分一覧表》

| 区　　　分 | 普通の申告書 | | 複写式申告書 | |
|---|---|---|---|---|
| | 提出用 | 控　用 | 提出用 | 控　　用 |
| 申告書第一表及び第二表 | | | 第一表<br>第二表 | 第一表控<br>第二表控 |
| 分　離　課　税　用 | | | 第三表 | 第三表控 |
| 損　失　申　告　用 | | | 第四表㈠<br>第四表㈡<br>第四表付表㈠<br>第四表付表㈡ | 第四表㈠控<br>第四表㈡控<br>第四表付表㈠控<br>第四表付表㈡控 |
| 総収入金額報告書 | ○ | ⊗ | | |

(注) 複写式申告書の控用は、翌年以降の参考としてください。
　また⊗のものは、別葉となっています。

## 2　確定申告書等の使用区分

### ⑴　申告書第一表及び第二表

所得の種類にかかわらず使用します。また、修正申告をする場合にも使用します。

### ⑵　申告書第三表（分離課税用）

次の①〜⑦に該当する人のうち、「第四表（損失申告用）」を使用する人以外の人が申告書第一表及び第二表と併せて使用します。

① 分離課税の土地建物等の長期譲渡所得又は短期譲渡所得がある人

② 分離課税の上場株式等の配当等に係る配当所得等がある人

③ 分離課税の一般株式等の譲渡所得、事業所得又は雑所得がある人

④ 分離課税の上場株式等の譲渡所得、事業所得又は雑所得がある人

⑤ 分離課税の先物取引の譲渡所得、事業所得又は雑所得がある人

⑥ 山林所得がある人

⑦ 退職所得について申告する人

なお、上場株式等に係る譲渡損失の損益通算の適用を受ける人は申告書付表（上場株式等に係る譲渡損失の損益通算及び繰越控除用）を添付します。

(注)　給与所得のみ有する人が、居住用財産の買換え等の場合の譲渡損失の損益通算又は特定居住用財産の譲渡損失の損益通算の適用を受ける場合には、「居住用財産の譲渡損失の金額の明細書《確定申告書付表》」「居住用財産の譲渡損失の損益通算及び繰越控除の対象となる金額の計算書」又は「特定居住用財産の譲渡損失の金額の明細書《確定申告書付表》」「特定居住用財産の譲渡損失の損益通算及び繰越控除の対象となる金額の計算書」を添付しなければなりません。

確定申告書の様式と使用区分

(3) **申告書第四表（損失申告用）**

次の①〜④に該当する人が申告書第一表及び第二表と併せて使用します。

① 青色申告者で、その年に生じた純損失の金額を翌年以後に繰り越す人

② その年に生じた雑損失の金額を翌年以後に繰り越す人

③ 前年からの繰越損失額があり、かつ、翌年以後への繰越損失がある人

④ 純損失のうちに、翌年以後に繰り越す変動所得の損失額、被災事業用資産の損失額がある人

なお、下記(6)の①〜③の繰越控除の適用を受ける人はそれぞれの申告書付表（上場株式等に係る譲渡損失の損益通算及び繰越控除用、特定投資株式に係る譲渡損失の繰越控除用、先物取引に係る繰越損失用）を添付しなければなりません。

(**注1**) **雑損失の金額**とは、雑損控除の対象となる損失の額（保険金等で補塡される金額を除きます。）について、次の算式により計算したＡとＢの金額のうちいずれか多い方の金額をいいます。

| Ａ | その年の損失の額 − 総所得金額等の合計額(410ページ参照)×10% |
|---|---|
| Ｂ | その年の損失の額のうち災害関連支出の金額(414ページ参照) − 5万円 |

(**注2**) 居住用財産の買換え等の場合の譲渡損失の損益通算・繰越控除又は特定居住用財産の譲渡損失の損益通算・繰越控除の適用を受ける場合には、「居住用財産の譲渡損失の金額の明細書《確定申告書付表》」「居住用財産の譲渡損失の損益通算及び繰越控除の対象となる金額の計算書」又は「特定居住用財産の譲渡損失の金額の明細書《確定申告書付表》」「特定居住用財産の譲渡損失の損益通算及び繰越控除の対象となる金額の計算書」を添付しなければなりません。

(**注3**) 東日本大震災の被災者の方で、雑損失の繰越控除の特例又は純損失の繰越控除の特例を受ける方は、「令和4年分の所得税の____申告書（損失申告用）付表（東日本大震災の被災者の方用）」を一緒に提出してください。

(4) **申告書第四表付表**

この付表は、震災特例法第5条《雑損失の繰越控除の特例》、第7条《純損失の繰越控除の特例》の規定の適用を受ける方が、申告書第四表（損失申告用）の「3 翌年以後に繰り越す損失額」、「4 繰越損失を差し引く計算」又は「5 翌年以後に繰り越される本年分の雑損失の金額」に代えて使用します。

(5) **総収入金額報告書**

上記(1)〜(3)の確定申告書を提出しない人で、不動産所得、事業所得若しくは山林所得があり、これらの所得に係る総収入金額の合計額が3,000万円を超える人が使用します。

(6) **確定申告書付表**

① **上場株式等に係る譲渡損失の損益通算及び繰越控除用**

その年分の上場株式等に係る譲渡損失の金額をその年分の分離課税を選択した上場株式等に係る配当所得等の金額（分離課税配当所得等金額）の計算上控除（損益通算）するため、又は3年前の年分以後の上場株式等に係る譲渡損失の金額をその年分の上場株式等に係る譲渡所得等の金額及び分離課税配当所得等金額の計算上控除するため、若しくは翌年以後に繰り越すために使用し、(2)の第三表（分

離課税用）及び(3)の第四表（損失申告用）に添付して提出するものです。

② 特定投資株式に係る譲渡損失の損益の計算及び繰越控除用

特定投資株式に係る譲渡損失の金額を上場株式等に係る譲渡所得等の金額の計算上控除する場合、又は3年前の年分以後の特定投資株式に係る譲渡損失の金額をその年分の一般株式等に係る譲渡所得の金額及び上場株式等に係る譲渡所得等の金額の計算上控除する場合、若しくは翌年分以後に繰り越す場合に使用し、(2)の第三表（分離課税用）及び(3)の第四表（損失申告用）に添付して提出するものです。

③ 先物取引に係る繰越損失用

3年前の年分以後の先物取引の差金等決済に係る損失を、その年分の先物取引に係る雑所得等の金額から控除する場合、又は翌年分以後に繰り越される2年前の年分以後（その年分を含みます。）に生じた先物取引の差金等決済に係る損失の金額がある場合に(2)の第三表（分離課税用）及び(3)の第四表（損失申告用）に添付して提出するものです。

④ 死亡した方用

次のイ又はロの場合に、申告書に添付して提出するものです。

イ 被相続人（包括遺贈者を含みます。）の所得税について相続人（包括受遺者を含みます。）が確定申告書（修正申告書を含みます。）を提出する場合

ロ 国税通則法第13条第1項《相続人に対する書類の送達の特例》の規定により相続人の代表者を届け出る場合

## 二　附属計算書の種類と使用区分

### 1　附属計算書の種類

　変動所得・臨時所得の平均課税の適用を受ける人、住宅借入金等特別控除を受ける人、特定増改築等住宅借入金等特別控除を受ける人、政党等寄附金特別控除を受ける人、認定ＮＰＯ法人等寄附金特別控除を受ける人、公益社団法人等寄附金特別控除を受ける人、住宅耐震改修特別控除を受ける人、住宅特定改修特別税額控除を受ける人、認定住宅等新築等特別税額控除を受ける人及び肉用牛の売却による農業所得の課税の特例を受ける人などが確定申告書を提出する場合、次の附属計算書を使って税額等を計算し、その附属計算書を申告書に添付して提出しなければなりません。

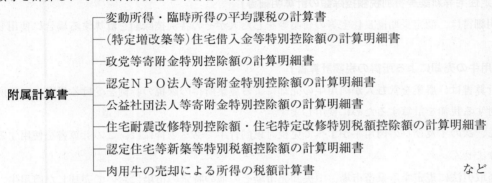

### 2　附属計算書の使用区分

　申告書に添付すべき附属計算書の使い分けは、次のとおりです。

(1)　「変動所得・臨時所得の平均課税の計算書」

　この計算書は、申告書第一表及び第二表を使用（第三表《分離課税用》を併せて使用する場合を含みます。）する人が、変動所得、臨時所得の平均課税の適用を受ける場合に、申告書第一表及び第二表の附属計算書として使用します。

(2)　「(特定増改築等)住宅借入金等特別控除額の計算明細書」

　この計算明細書は、住宅借入金等特別控除又は特定増改築等住宅借入金等特別控除を受ける場合に使用します。

(3)　「政党等寄附金特別控除額の計算明細書」

　この計算明細書は、政党等に対する寄附金を支出した人がその特別控除額を計算する場合に使用します。

(4)　「認定ＮＰＯ法人等寄附金特別控除額の計算明細書」

　この計算明細書は、認定ＮＰＯ法人等の行う特定非営利活動に係る事業に関連する寄附金を支出した人が、その特別控除額を計算する場合に使用します。

(5)　「公益社団法人等寄附金特別控除額の計算明細書」

この計算明細書は、公益社団法人等に対する寄附金で一定のものを支出した人が、その特別控除額を計算する場合に使用します。

### (6) 「住宅耐震改修特別控除額・住宅特定改修特別税額控除額の計算明細書」

この明細書は、次のいずれかの改修工事等をした人がその特別控除額を計算する場合に使用します。

① 一定の要件を満たす既存住宅の耐震改修

② 高齢者等居住改修工事等（バリアフリー改修工事等）

③ 一般断熱改修工事等（省エネ改修工事等）

④ 多世帯同居改修工事等

⑤ 耐久性向上改修工事等（①又は③と併せて行うものに限ります。）

### (7) 「認定住宅等新築等特別税額控除額の計算明細書」

この明細書は、認定長期優良住宅等の新築等をした人がその特別控除額を計算する場合に使用します。

### (8) 「肉用牛の売却による所得の税額計算書」

この計算書は、農業を営む人が肉用牛の売却による農業所得の課税の特例を受ける場合に、総所得金額に対する税額を計算するために使用します。

ただし、次のイ及びロの肉用牛がすべて免税対象飼育牛である場合には、この計算書を使用する必要はありません。

イ 家畜取引法に規定する家畜市場、中央卸売市場その他の特定の市場において売却した肉用牛

ロ 特定の農業協同組合、同連合会に委託して売却した生産後1年未満の肉用牛


# 三 添 付 書 類

確定申告書に添付又は確定申告書の提出の際に提示する書類のうち、主なものは次のとおりです。

なお、給与所得、退職所得、公的年金等の源泉徴収票等については、書類の添付又は提示は不要です。

〈添付が不要な書類〉

・給与所得、退職所得、公的年金等の源泉徴収票

・オープン型証券投資信託の収益の分配の支払通知書

・配当等とみなす金額に関する支払通知書

・上場株式配当等の支払通知書

・特定口座年間取引報告書

・未成年者口座年間取引報告書

・特定割引債の償還金の支払通知書

・「相続財産に係る譲渡所得の課税の特例」の適用を受ける場合の相続税額及びその相続税額に係る課税価格の資産ごとの明細を記載した書類

確定申告書の様式と使用区分

## 1 本人確認書類

申告には、社会保障・税番号制度（マイナンバー制度）の導入に伴い、本人確認書類の提示又は写しの添付が必要です。

本人確認書類とは具体的には次のとおりです。

⑴ **マイナンバーカード（個人番号カード）をお持ちの方**

マイナンバーカードだけで本人確認（番号確認と身元確認）が可能です。

⑵ **マイナンバーカード（個人番号カード）をお持ちでない方**

番号確認書類及び身元確認書類が必要です。

イ 番号確認書類…通知カード（その記載事項（氏名・住所など）に変更がない場合、又は正しく変更手続が取られている場合に限ります。）、住民票の写し又は住民票記載事項証明書（マイナンバーの記載があるものに限ります。）などのうちいずれか１つ

ロ 身元確認書類…運転免許証、パスポート、在留カード、公的医療保険の被保険者証、身体障害者手帳などのうちいずれか１つ

## 2 不動産所得、事業所得若しくは山林所得を生ずべき業務又は雑所得を生ずべき業務 (注) を行っている場合

| 申 告 の 態 様 | 添 付 書 類 |
|---|---|
| 青 色 申 告 | ① 貸借対照表及び損益計算書<br>② 不動産所得、事業所得、山林所得の各金額の計算に関する明細書<br>③ 純損失の金額の計算に関する明細書 |
| 白 色 申 告 | 収支内訳書（一般用・不動産所得用・農業所得用） |

**(注)** 令和４年分以後の所得税の確定申告について、雑所得を生ずべき業務を行う人でその年の前々年分のその業務に係る収入金額が1,000万円を超える人が確定申告書を提出する場合には、収支内訳書を添付しなければなりません。（所法120⑥）

## 3 所得控除を受ける場合

| 所得控除の種類 | 添 付 又 は 提 示 書 類 |
|---|---|
| ① 雑損控除 | 災害を受けた資産の明細書（控除の対象となる損失のなかに災害関連支出の金額や盗難、横領に関連して支出した金額がある場合には、これを領収した者のその領収を証する書類も必要） |
| ② 医療費控除 | 医療費控除の明細書又は医療保険者等が発行する医療費通知書 |
| ③ 医療費控除の特例（セルフメディケー | イ 特定一般用医薬品等購入費の額などを記載した明細書<br>ロ 一定の取組みを行ったことを明らかにする以下のような書類<br>　① インフルエンザの予防接種等の領収書又は予防接種済証 |

——(109)——

確定申告書の様式と使用区分

| | | |
|---|---|---|
| ション税制） | ② | 市区町村のがん検診の領収証又は結果通知表 |
| | ③ | 職場で受けた定期健康診断の結果通知表 |
| | | **（注）** 結果通知表に「定期健康診査」という名称又は「勤務先名称」の記載が必要です。 |
| | ④ | 特定健康診査の領収証又は結果通知表 |
| | | **（注）** 領収書や結果通知表に「特定健康診査」という名称又は「保険者名」の記載が必要です。 |
| | ⑤ | 人間ドックやがん検診など各種健診の領収証又は結果通知表 |
| | | **（注）** 領収書や結果通知表に「勤務先名称」又は「保険者名」の記載が必要です。 |
| | | **（注1）** ③から⑤について、上記の記載のある領収書や結果通知表を用意できない場合は、勤務先又は保険者に一定の取組を行ったことの証明を依頼し、証明書の交付を受け、その証明書を確定申告書に添付するか、又は確定申告書の提出の際に提示する必要があります。 |
| | | **（注2）** 上記ロの一定の取組みを行ったことを明らかにする書類は、令和3年分以後のセルフメディケーション税制の適用に関する事項を記載した確定申告書を令和4年1月1日以後に提出する場合に、確定申告書への添付又は提示は不要ですが、確定申告期限等から5年を経過する日までの間、税務署から提示又は提出を求められる場合があります。 |
| ④ 社会保険料控除 | 国民年金保険料、国民年金基金の掛金につき支払った保険料又は掛金の証明書 | |
| ⑤ 小規模企業共済等掛金控除 | 支払った掛金の額の証明書 | |
| ⑥ 生命保険料控除 | 支払保険料や掛金の金額などの証明書 | |
| | **（注）** 旧生命保険料に係るもので、1契約9,000円以下のもの及び年末調整の際に控除を受けたものについては不要です。 | |
| ⑦ 地震保険料控除 | 支払保険料や掛金の金額などの証明書 | |
| ⑧ 寄附金控除 | 寄附先から交付を受けた受領証 | |
| | **（注1）** 私立学校法第3条に規定する学校法人で学校の設置を主たる目的とするもの等に対する寄附金については、受領証のほか、所轄庁からの証明書、その特定寄附金を支出する日以前5年内に発行されたものの写し | |
| | **（注2）** 特定公益信託への支出金については、特定公益信託の受託者の受領証及び主務大臣の認定の書類（認定日が支出日以前5年内のもの）の写し | |
| | **（注3）** 政治献金については、選挙管理委員会等の確認印のある「寄附金（税額）控除のための書類」<br>ただし、確定申告書を提出するときまでに「寄附金（税額）控除のための書類」の交付が間に合わない場合は、その書類に代えて、寄附金の受領証の写しを添付して確定申告し、後日、その書類が交付され次第、税務署に提出します。 | |
| | **（注4）** 認定特定非営利活動法人に対する寄附金については、その法人の受領した旨、寄附金の額などを証する書類 | |

——(110)——

確定申告書の様式と使用区分

|  |  |
|---|---|
|  | (注5) 特定新規中小会社が発行した株式の取得に要した金額について控除を受ける場合には、一定の証明書類、控除額等の計算明細書(これらは添付が必要です。)<br>(注6) ふるさと納税の場合は、「寄附金の受領証」に代えて、特定事業者の発行する年間寄附金額が記載された「寄附金控除に関する証明書」を添付することができます。 |
| ⑨ 勤労学生控除 | 在学する学校から交付を受けた履修課程が勤労学生控除の対象となる専修学校、各種学校及び職業訓練法人に該当する旨の文部科学大臣又は厚生労働大臣の証明書の写し及び在学証明書<br>(注) 学校教育法第1条に規定する学校の学生、生徒又は児童については、この証明書は不要です。 |
| ⑩ 国外居住親族に係る扶養控除、配偶者控除、配偶者特別控除又は障害者控除 | 親族関係書類及び送金関係書類<br>(注)・『親族関係書類』とは、次の①又は②のいずれかの書類で、その国外居住親族が納税者本人の親族であることを証するものをいいます。<br>　① 戸籍の附票の写しその他の国又は地方公共団体が発行した書類及び国外居住親族の旅券(パスポート)の写し<br>　② 外国政府又は外国の地方公共団体が発行した書類(国外居住親族の氏名、生年月日及び住所又は居所の記載があるものに限ります。)。<br>・『送金関係書類』とは、次の①又は②の書類で、納税者本人がその年において国外居住親族の生活費又は教育費に充てるための支払を、必要の都度、各人に行ったことを明らかにするものをいいます。<br>　① 金融機関の書類又はその写しで、その金融機関が行う為替取引により納税者本人から国外居住親族に支払をしたことを明らかにする書類<br>　② いわゆるクレジットカード発行会社の書類又はその写しで、国外居住親族が、そのクレジットカード発行会社が交付したカードを提示してその国外居住親族が商品等を購入したこと等により、その商品等の購入等の代金に相当する額を納税者本人から受領したこと等を明らかにする書類<br>・いずれの書類も、外国語で作成されている場合にはその翻訳文も必要です。 |

(注) 給与所得者で、既に年末調整の際に給与所得から、④から⑦まで、⑨及び⑩について控除を受けたものについては、書類の添付又は提示の必要はありません。

## 4 税額控除を受ける場合

| 税額控除の種類 | 添　　付　　書　　類 |
|---|---|
| ① 投資税額等控除(616ページ以下 **9・10**) | 各特別税額控除の控除額の計算明細書 |
| ② 住宅借入金等特別控除〔控除1年目〕(詳しくは497ページ以下参照) | 全ての方 ……(特定増改築等)住宅借入金等特別控除額の計算明細書<br>連帯債務がある方 ……(付表)連帯債務がある場合の住宅借入金等の年末残高の計算明細書<br>【認定住宅等以外の住宅の新築等の場合】<br>イ 金融機関等から交付された「住宅取得資金に係る借入金の年末残高等証明 |

——(111)——

書」（原本）

ロ　住宅の登記事項証明書（原本）

ハ　住宅の工事請負契約書又は売買契約書（写し）

ニ　（土地の購入に係る住宅ローンについて控除を受ける場合）

　　・土地の登記事項証明書（原本）

　　・土地の売買契約書（写し）

ホ　（補助金等の交付を受けた場合）

　　・市区町村からの補助金決定通知書など補助金等の額を証する書類

ヘ　（住宅取得等資金の贈与の特例を受けた場合）

　　・贈与税の申告書など住宅取得等資金の額を証する書類（写し）

【認定住宅等の新築等の場合】

イ　上記【認定住宅等以外の住宅の新築等の場合】イ〜ヘの書類

ロ　認定住宅等であることを証する次の書類

　(イ)　認定長期優良住宅の場合

　　・都道府県・市区町村等の長期優良住宅建築等計画の認定通知書（写し）

　　・市区町村の住宅用家屋証明書（原本又は写し）又は建築士等の認定長期優
　　　良住宅建築証明書（原本）

　　**(注)**　長期優良住宅建築等計画の認定通知書の区分が「既存」の場合は、長期
　　　　　　優良住宅建築等計画の認定通知書（写し）のみ

　(ロ)　低炭素住宅の場合

　　・都道府県・市区町村等の低炭素建築物新築等計画の認定通知書（写し）

　　・市区町村の住宅用家屋証明書（原本又は写し）又は建築士等の認定低炭素
　　　住宅建築証明書（原本）

　(ハ)　低炭素住宅とみなされる特定建築物の場合

　　・市区町村の住宅用家屋証明書（特定建築物用）（原本）

　(ニ)　特定エネルギー消費性能向上住宅の場合

　　・住宅省エネルギー性能証明書（原本）又は建設住宅性能評価書（写し）
　　　（断熱等性能等級に係る評価が等級5以上及び一次エネルギー消費量等級
　　　に係る評価が等級6以上であるもの）

　(ホ)　エネルギー消費性能向上住宅の場合

　　・住宅省エネルギー性能証明書（原本）又は建設住宅性能評価書（写し）
　　　（断熱等性能等級に係る評価が等級4以上及び一次エネルギー消費量等級
　　　に係る評価が等級4以上であるもの）

【中古住宅（買取再販住宅を除きます。）の取得の場合】

　　上記【認定住宅等以外の住宅の新築等の場合】イ〜ヘの書類に加えて以下の書
類

イ　認定住宅等以外の中古住宅の取得の場合

　(イ)　昭和57年1月1日以後に建築されたものである場合

追加書類はありません。

　(ロ)　昭和56年12月31日以前に建築されたものである場合

　　　A　中古住宅が耐震基準を満たすものとして控除を受ける場合（次のいずれかの書類）

　　　・建築士等の耐震基準適合証明書（原本）

　　　・登録住宅性能評価機関の建設住宅性能評価書（写し）

　　　・既存住宅売買瑕疵担保責任保険契約に係る付保証明書（原本）

　　　B　中古住宅が要耐震改修住宅の場合

　　　・耐震改修に係る工事請負契約書（写し）

　　　・次のa〜dのうちいずれかの書類

　　　　　a　建築物の耐震改修計画の認定申請書（写し）及び耐震基準適合証明書（原本）

　　　　　b　耐震基準適合証明申請書（写し）及び耐震基準適合証明書（原本）

　　　　　c　建設住宅性能評価申請書（写し）及び建設住宅性能評価書（写し）

　　　　　d　既存住宅売買瑕疵担保責任保険契約の申込書（写し）及び既存住宅売買瑕疵担保責任保険契約に係る付保証明書（原本）

ロ　認定住宅等である中古住宅の取得の場合

　　・上記イの書類

　　・上記【認定住宅等の新築等の場合】ロの書類

【買取再販住宅の取得の場合】

イ　上記【認定住宅等以外の住宅の新築等の場合】イ〜への書類

ロ　上記【中古住宅（買取再販住宅を除きます。）の取得の場合】イの書類

ハ　建築士等が発行する「増改築等工事証明書」（一定の増改築工事が行われた場合には、住宅瑕疵担保責任保険法人が発行した既存住宅売買瑕疵担保責任保険の保険付保証明書も必要です。）

【買取再販認定住宅等の取得の場合】

イ　上記【買取再販住宅の取得の場合】のイ〜ハの書類

ロ　上記【認定住宅等の新築等の場合】のロの書類

【一般の増改築等の場合】

イ　上記【認定住宅等以外の住宅の新築等の場合】のイ、ロ、ホ及びへの書類

ロ　住宅の工事請負契約書（写し）

ハ　建築士等が発行する「増改築等工事証明書」

　　※　一定の増改築等については、増改築等工事証明書、確認済証の写し、検査済証の写しのいずれかの書類

> ※　特定取得、特別特定取得、新型コロナウイルス感染症緊急経済対策における税制上の措置の適用を受ける場合の取得、特別特例取得及び特例特別特例取得の場合には、その旨を明らかにする書類も必要です（474ページ以下参照）。

| 〔控除2年目以後〕 | 【確定申告の場合】<br>イ　（特定増改築等）住宅借入金等特別控除額の計算明細書<br>ロ　住宅取得資金に係る借入金の年末残高等証明書<br>【年末調整の場合】<br>イ　給与所得者の（特定増改築等）住宅借入金等特別控除申告書及び年末調整のための（特定増改築等）住宅借入金等特別控除証明書<br>ロ　住宅取得資金に係る借入金の年末残高等証明書 |
|---|---|
| ③　外国税額控除 | 外国税額控除に関する明細書、外国所得税課税証明書、外国所得税に係る申告書等の写し（その税が既に納付されている場合にはその納付証） |
| ④　政党等寄附金特別控除 | 政党等寄附金特別控除額の計算明細書、選挙管理委員会等の確認印のある「寄附金（税額）控除のための書類」 |
| ⑤　認定NPO法人等寄附金特別控除 | 認定NPO法人等寄附金特別控除の計算明細書、寄附金を受領した旨、寄附金が認定NPO法人等の主たる目的である業務に関連するものである旨、寄附金の額及び受領年月日を証する書類 |
| ⑥　公益社団法人等寄附金特別控除 | 公益社団法人等寄附金特別控除の計算明細書、寄附金を受領した旨、寄附金がその法人の主たる目的である業務に関連する寄附金である旨、寄附金の額、受領年月日を証する書類及び所轄庁のその法人が税額控除対象法人であることを証する書類の写し |
| ⑦　住宅耐震改修特別控除 | イ　住宅耐震改修特別控除額・住宅特定改修特別税額控除額の計算明細書<br>ロ　次のいずれかの書類<br>　　・地方公共団体の長が発行する「住宅耐震改修証明書」<br>　　・建築士等が発行する「増改築等工事証明書」（住宅耐震改修であることを証明するもの）<br>ハ　住宅の登記事項証明書（原本）<br>　　（住宅が昭和56年5月31日以前に建築されたものであることを明らかにする書類） |
| ⑧　住宅特定改修特別税額控除 | 【バリアフリー改修工事等の場合】<br>イ　住宅耐震改修特別控除額・住宅特定改修特別税額控除額の計算明細書<br>ロ　住宅の登記事項証明書（原本）<br>ハ　建築士等が発行する「増改築等工事証明書」（高齢者等居住改修工事等であることを証明するもの）<br>ニ　要介護認定若しくは要支援認定を受けている方の介護保険の被保険者証（写し）（本人が要介護若しくは要支援の認定を受けている場合又は要介護若しくは要支援の認定を受けている親族と同居を常況としている場合に限ります。）<br>【一般断熱改修工事等の場合】<br>イ　上記【バリアフリー改修工事等の場合】のイ及びロの書類<br>ロ　建築士等が発行する「増改築等工事証明書」（一般断熱改修工事等であることを証明するもの） |

確定申告書の様式と使用区分

| | |
|---|---|
| | 【多世帯同居改修工事等の場合】<br>イ　上記【バリアフリー改修工事等の場合】のイ及びロの書類<br>ロ　建築士等が発行する「増改築等工事証明書」（多世帯同居改修工事等であることを証明するもの）<br>【耐久性向上改修工事等の場合】<br>イ　上記【バリアフリー改修工事等の場合】のイ及びロの書類<br>ロ　建築士等が発行する「増改築等工事証明書」（住宅耐震改修や一般断熱改修工事等と併せて行う耐久性向上改修工事等であることを証明するもの）<br>ハ　都道府県・市区町村の長期優良住宅建築等計画の認定通知書（写し） |
| ⑨　認定住宅等<br>　　新築等特別税<br>　　額控除 | イ　認定住宅等新築等特別税額控除額の計算明細書<br>ロ　住宅の登記事項証明書（原本）<br>ハ　住宅の工事請負契約書又は売買契約書（写し）<br>ニ　上記②住宅借入金等特別控除の【認定住宅等の新築等の場合】のロ（ロ㈤は除きます。）の書類 |
| 《参考》<br>特定増改築等住<br>宅借入金等特別<br>控除<br>（令和3年12月<br>31日までに居住<br>した場合に限り<br>ます。）<br>〔控除1年目〕 | 全ての方……（特定増改築等）住宅借入金等特別控除額の計算明細書<br>連帯債務がある方……（付表）連帯債務がある場合の住宅借入金等の年末残高の計算明細書<br>【バリアフリー改修工事等の場合】<br>イ　金融機関等から交付された「住宅取得資金に係る借入金の年末残高等証明書」（原本）<br>ロ　住宅の登記事項証明書（原本）<br>ハ　住宅の工事請負契約書（写し）<br>ニ　建築士等が発行する「増改築等工事証明書」（高齢者等居住改修工事等、断熱改修工事等、特定断熱改修工事等、特定耐久性向上改修工事等、多世帯同居改修工事等であることを証明するもの）<br>　　※　上記の工事と併せて行う一定の増改築等については、増改築等工事証明書、確認済証の写し、検査済証の写しのいずれかの書類<br>ホ　（土地の購入に係る住宅ローンについて控除を受ける場合）<br>　・土地の登記事項証明書（原本）<br>　・土地の売買契約書（写し）<br>ヘ　（補助金等の交付を受けた場合）<br>　・市町村からの補助金決定通知書など補助金等の額を証する書類<br>ト　（住宅取得等資金の贈与の特例を受けた場合）<br>　・贈与税の申告書など住宅取得等資金の額を証する書類（写し）<br>チ　要介護若しくは要支援認定を受けている方の介護保険の被保険証（写し）（本人が要介護若しくは要支援の認定を受けている場合又は要介護若しくは要支援の認定を受けている親族と同居を常況としている場合に限ります。） |

確定申告書の様式と使用区分

|  | 【省エネ改修工事等の場合】 |
| --- | --- |
|  | イ　上記【バリアフリー改修工事等の場合】のイ～トまでの書類 |
|  | ロ　特定断熱改修工事等と併せて特定耐久性向上改修工事等を行っている場合は、都道府県・市区町村等の長期優良住宅建築等計画の認定通知書（写し） |
|  | 【多世帯改修工事等の場合】 |
|  | ・上記【バリアフリー改修工事等の場合】のイ～トまでの書類 |
| 〔控除2年目以後〕 | 【確定申告の場合】 |
|  | イ　（特定増改築等）住宅借入金等特別控除額の計算明細書 |
|  | ロ　住宅取得資金に係る借入金の年末残高等証明書 |
|  | 【年末調整の場合】 |
|  | イ　給与所得者の（特定増改築等）住宅借入金等特別控除申告書及び年末調整のための（特定増改築等）住宅借入金等特別控除証明書 |
|  | ロ　住宅取得資金に係る借入金の年末残高等証明書 |

**(注)**〈登記事項証明書の添付省略〉

　　　令和3年7月1日から、登記事項証明書については、計算明細書に不動産番号を記載することで、登記事項証明書の添付を省略することができます。

## 5　所得計算の特例の適用を受ける場合

### ⑴　添付要件に宥恕（ゆうじょ）規定のあるもの

| 項　　　　　目 | 添　付　書　類 |
| --- | --- |
| ①　貸倒引当金、返品調整引当金、退職給与引当金（所法52⑤、54⑤、旧所法53④） | 各種引当金に関する明細書等 |
| ②　被災代替資産等の特別償却（平成29年分以後）（措法11の2④） | 被災代替資産等の特別償却に関する明細書 |
| ③　サービス付き高齢者向け賃貸住宅の割増償却（平成29年3月31日以前取得分）（旧措法14③） | サービス付き高齢者向け賃貸住宅の割増償却に関する明細書 |
| ④　肉用牛の売却による農業所得の課税の特例（措法25⑤） | 肉用牛の売却方法及び売却価額等の証明書 |
| ⑤　農用地等を取得した場合の課税の特例（措法24の3③） | 必要経費算入額の計算明細書、農林水産大臣の対象となる農用地等である旨の証明書 |
| ⑥　特定の基金に対する負担金等の必要経費算入の特例（措法28②） | 支出した負担金等の必要経費に関する明細書 |
| ⑦　債務処理計画に基づく減価償却資産等の損失の必要経費算入の特例（措法28の2の2③、震災特例法11の3の3） | 債務処理計画に基づく減価償却資産等の損失の必要経費算入に関する明細書 |
| ⑧　転廃業助成金等に係る課税の特例（措法28の3⑥） | 各種所得金額の計算及び資産の取得又は改良に関する明細書、交付通知書兼証明書（又はその |

——(116)——

確定申告書の様式と使用区分

| 項　目 | 添付書類 |
|---|---|
|  | 写し）、資産の取得又は改良を証する書類（土地建物等の場合は、登記事項証明書）、転廃業助成金に係る課税の特例の承認申請書 |
| ⑨　相続財産に係る譲渡所得の課税の特例（措法39③） | 譲渡所得計算明細書、相続財産の取得費に加算される相続税の計算明細書 |

（注1）　土地建物等の5,000万円〜800万円特別控除を受ける場合に要する添付書類については664ページ以下を、また、土地収用法により土地建物等が収用、買取りなどされた場合や特定の事業用資産の買換えなどの場合の添付書類は688ページ以下を、居住用財産の譲渡損失の損益通算及び繰越控除の適用を受けようとする場合に要する添付書類については395ページ以下を参照してください。

（注2）　「宥恕（ゆうじょ）規定」とは、税務署長がやむを得ない事情があると認めた場合、添付書類を後日提出しても認められるという規定です。

## ⑵　添付要件に宥恕（ゆうじょ）規定のないもの

| 項　　　　　目 | 添　付　書　類 |
|---|---|
| ①　一括償却資産の必要経費算入（所令139）<br>②　高度省エネルギー増進設備等を取得した場合の特別償却（平成30年4月1日〜令和4年3月31日取得等分）（旧措法10の2⑥）<br>③　中小事業者が機械等を取得した場合の特別償却（平成10年6月1日から令和5年3月31日取得等分）（措法10の3⑦）<br>④　地域経済牽引事業の促進区域内において特定事業用機械等を取得した場合の特別償却（平成29年7月31日から令和5年3月31日取得分）（措法10の4⑤）<br>⑤　地方活力向上地域等において特定建物等を取得した場合の特別償却（平成27年8月10日から令和6年3月31日認定分）（措法10の4の2⑤）<br>⑥　地方活力向上地域等において雇用者の数が増加した場合の所得税額の特別控除（措法10の5⑥）<br>⑦　特定中小事業者が特定経営力向上設備等を取得した場合の特別償却（平成29年4月1日から令和5年3月31日取得分）（措法10の5の3⑦）<br>⑧　給与等の支給額が増加した場合の所得税額の特別控除（措法10の5の4⑤）<br>⑨　認定特定高度情報通信技術活用設備を取得した場合の特別償却（令和2年8月31日から令和 | ①〜㉑に関する明細書<br>「①一括償却資産の必要経費算入」、「㉑中小事業者の少額減価償却資産の必要経費算入」の明細書は青色申告決算書（①は収支内訳書を含みます。）の減価償却欄に記載すれば足ります。 |

確定申告書の様式と使用区分

7年3月31日取得等分）（措法10の5の5⑤）

⑩　事業適応設備を取得した場合等の特別償却（令和3年8月2日から令和5年3月31日取得等分）（措法10の5の6⑪）

⑪　特定船舶の特別償却（令和3年4月1日から令和5年3月31日取得等分）（措法11③）

⑫　特定事業継続力強化設備等の特別償却（令和元年7月16日から令和5年3月31日認定分）（措法11の3④）

⑬　環境負荷低減事業活動用資産等の特別償却（令和4年7月1日から令和6年3月31日取得等分）（措法11の4④）

⑭　特定地域における工業用機械等の特別償却（措法12⑥）

⑮　医療用機器等の特別償却（昭和54年4月1日から令和5年3月31日取得等分）（措法12の2⑤）

⑯　障害者を雇用する場合の特定機械装置の割増償却（令和4年12月31日において有する機械及び装置で終了）（旧措法13④）

⑰　事業再編計画の認定を受けた場合の事業再編促進機械等の割増償却（平成29年8月1日以後認定分）（措法13③）

⑱　輸出事業用資産の割増償却（令和4年10月1日から令和6年3月31日取得等分）（措法13の2③）

⑲　特定都市再生建築物等の割増償却（昭和60年4月1日から令和5年3月31日取得等分）（措法14④）

⑳　倉庫用建物等の割増償却（昭和49年4月1日から令和6年3月31日取得等分）（措法15③）

㉑　中小事業者の少額減価償却資産の必要経費算入（措法28の2③）

㉒　特定災害防止準備金（令和4年12月31日までの積立て分で終了）（旧措法20⑤）、特定船舶に係る特別修繕準備金（措法21⑦）、探鉱準備金（措法22⑥）、農業経営基盤強化準備金（措法24の2⑦）

各種準備金に関する明細書

㉓　資産に係る控除対象外消費税額等の必要経費算入（所令182の2⑨）

資産に係る控除対象外消費税額等の必要経費算入に関する明細書

| ㉔ 給与所得者の特定支出控除（所法57の2④） | 特定支出に関する明細書、給与等の支払者の証明書、搭乗・乗車・乗船に関する証明書など |
|---|---|

## 6 国外転出時課税がある場合

　国外転出時課税制度の対象となる場合には、「国外転出等の時に譲渡又は決済があったものとみなされる対象資産の明細書（兼納税猶予の特例の適用を受ける場合の対象資産の明細書）《確定申告書付表》」を確定申告書に添付しなければなりません。また、納税猶予の特例を適用する場合には、「国外転出をする場合の譲渡所得等の特例等に係る納税猶予分の所得税及び復興特別所得税の額の計算書」を添付することが必要です。（国外転出時課税制度については、810ページ参照）（所法60の2、137の2③）

## 7 その他

### ⑴ 非永住者であった期間がある場合

　申告年分において非永住者であった期間がある場合は、**「居住形態等に関する確認書」**を確定申告書に添付しなければなりません。

### ⑵ 有限責任事業組合の組合員である場合

　有限責任事業組合契約（以下「組合契約」といいます。）を締結している組合員である人が、確定申告書を提出する場合に**「有限責任事業組合の組合事業に係る所得に関する計算書」**（281ページ）を添付しなければなりません。

　なお、確定申告書を提出しない場合であっても、組合契約を締結している組合員である方は、この計算書を確定申告期限（令和5年3月15日）までに納税地の所轄税務署長に提出しなければなりません。

### ⑶ 国外財産調書

　令和4年12月31日においてその価額の合計額が5,000万円を超える国外財産を保有する居住者（非永住者を除きます。）は、令和5年3月15日までに当該国外財産の種類、数量及び価額などを記載した**「国外財産調書」**を、所轄税務署長に提出しなければなりません。（1168ページ）

### ⑷ 財産債務調書

　所得税及び復興特別所得税の確定申告書を提出しなければならない人が、令和4年分の退職所得を除く各種所得金額の合計額が2,000万円を超え、かつ、令和4年12月31日においてその価額の合計額が3億円以上の財産又はその価額の合計額が1億円以上の国外転出特例対象財産を有する場合には、その財産の種類、数量及び価額並びに債務の金額などを記載した**「財産債務調書」**を、令和5年3月15日までに所得税の納税地の所轄税務署長に提出しなければなりません。（1167ページ）

## 四　確定申告期限までに提出する書類

　次の申請、届出等のうち、○印を付したものは、その適用を受けようとする年の3月15日（つまり、その年の前年分の所得税の確定申告期限。令和4年分の所得税について適用を受けようとするときは令和4年3月15日）までに、●印を付したものは、その年分の所得税の確定申告期限（令和4年分の所得税について適用を受けようとするときは令和5年3月15日）までに行うこととされていますから、これらの申請、届出等を行う場合には、確定申告の際、その確定申告書に添付する書類のほかに、それぞれ次に掲げる書類を提出しなければなりません。

| 区分 | 項　目 | 申　請　書　等 | 適　用　要　件　等 |
|---|---|---|---|
| 青色申告 | ○青色申告の申請 | 所得税の青色申告承認申請書 | 不動産、事業、山林の各所得を生ずべき業務を営む人であること |
| | ○青色事業専従者に対する給与の支払 | 青色専従者給与に関する届　　出書変更届出 | 適正給与の範囲内の金額であること<br>**(注)**　変更の場合は、そのつど遅滞なく提出することになっています。 |
| | ○現金主義の選定 | 現金主義による所得計算の特例を受けることの届出書 | 前々年分の不動産、事業の各所得金額の合計額（専従者給与等控除前）が300万円以下の人であること |
| | ○同上の取りやめ | 現金主義による所得計算の特例を受けることの取りやめ届出書 | 再び現金主義による経理をする場合は、税務署長の承認が必要となります。 |
| | ●65万円の青色申告特別控除の適用 | 国税関係帳簿の電磁的記録等による保存等に係る65万円の青色申告特別控除・過少申告加算税の特例の適用を受ける旨の届出書 | 事業、不動産、山林の各所得を生ずべき業務を行う人のうち、青色申告の承認を受けている人で優良な電子帳簿の要件を満たして電子帳簿保存を行っている人 |
| | ●青色申告の取りやめ | 所得税の青色申告の取りやめ届出書 | 取りやめ届出の日以後1年以内の再承認申請は却下されます。 |
| | ●純損失の繰戻しによる還付の請求 | 純損失の金額の繰戻しによる所得税の還付請求書 | 前年分について青色申告書を提出しており、かつ、その年分の青色申告書を期限内に提出していること |
| 棚卸資産の評価 | ●新たな評価方法の選定 | 所得税の棚卸資産の評価方法減価償却資産の償却方法の届出書 | 原価法（6種類）、低価法（青色申告者）の選定（163ページ参照）<br>**(注)**　届出のない場合の法定評価方法は最終仕入原価法とされます。 |
| | ○評価方法の変更 | 所得税の棚卸資産の評価方法減価償却資産の償却方法の変更承認申請書 | 現によっている評価方法を採用してから相当期間を経過していないとき、又は期間計算が適正に行いがたいときは却下されます。 |

確定申告書の様式と使用区分

| | | | |
|---|---|---|---|
| 暗号資産の評価 | ●選定した評価方法の届出 | 所得税の有価証券暗号資産の評価方法の届出書 | 総平均法、移動平均法の選定（164ページ）<br>**(注)** 届出がない場合の法定評価方法は総平均法とされます。 |
| | ○評価方法の変更 | 所得税の有価証券暗号資産の評価方法の変更承認申請書 | 現によっている評価方法を採用してから相当期間を経過していないとき、又は期間計算が適正に行いがたいときは却下されます。 |
| 減価償却 | ●新たな償却方法の選定 | 所得税の棚卸資産の評価方法減価償却資産の償却方法の届出書 | 定額法、定率法、生産高比例法の選定（188ページ参照）<br>**(注)** 届出のない場合の法定償却方法は定額法とされます。 |
| | ○償却方法の変更 | 所得税の棚卸資産の評価方法減価償却資産の償却方法の変更承認申請書 | 現によっている償却方法を採用してから相当期間を経過していないとき又は期間計算が適正に行いがたいときは却下されます。 |
| | ○取替法の採用 | 取替法採用承認申請書 | 軌条、まくら木、送配電線等の特定減価償却資産について認められます。<br>　所得計算が適正に行いがたいときは却下されます。 |
| | ●耐用年数の短縮（青色申告） | 所得税の短縮特例承認資産の一部の資産を取り替えた場合の届出書 | 短縮特例承認資産の一部についての更新資産 |
| | | 所得税の耐用年数の短縮の承認を受けた減価償却資産と材質又は製作方法を同じくする減価償却資産を取得した場合等の届出書 | 既承認資産と材質又は製作方法を同じくする新たな減価償却資産 |
| | ●増加償却割合による償却方法の採用（青色申告） | 所得税の増加償却の届出書 | 通常の経済事情における平均使用時間を超えて使用した機械及び装置 |
| 延納 | ●延払条件付譲渡に係る税額の延納 | 延払条件付譲渡に係る所得税額の延納申請書 | 延払条件付譲渡に係る税額が30万円超で、かつ、年税額の2分の1を超える金額であること（延納税額が50万円を超える場合又は延納期間が3年を超える場合は担保の提供を要します。）<br>**(注)** 延払条件が①賦払回数…3回以上②賦払期間…2年以上、③引渡し後の賦払金額…総額の3分の1以上であること |

——(121)——

確定申告書の様式と使用区分

《参考》　確定申告期限とは関係なく提出できる書類には、次のようなものがあります。

| 区分 | 項　目 | 申　請　書　等 | 適　用　要　件　等 |
|---|---|---|---|
| 棚卸資産の評価 | 特別な評価方法の採用 | 所得税の棚卸資産の特別な評価方法の承認申請書 | 承認の日の属する年分から適用 |
| 減価償却 | 特別な償却方法の採用 | 所得税の減価償却資産の特別な償却方法の承認申請書 | 承認の日の属する年分から適用 |
| | 特別な償却率による償却方法の採用 | 所得税の減価償却資産の特別な償却率の認定申請書 | 漁網、活字用金属、映画用フィルム等の特定減価償却資産について、認定の日の属する年分から適用 |
| | 耐用年数の短縮（青色申告） | 所得税の減価償却資産の耐用年数短縮の承認申請書 | 特殊材質、陳腐化などの特定事由が生じた減価償却資産について承認の日の属する年分から適用 |

確定申告書の様式と使用区分

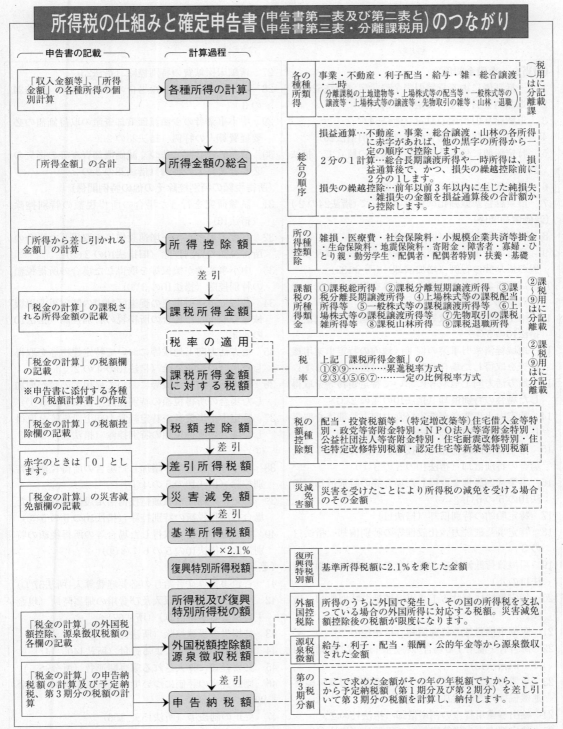

(注) 平成25年から令和19年までの各年分の確定申告については、所得税と復興特別所得税（基準所得税額×2.1％）を併せて申告しなければなりません。

確定申告書の様式と使用区分

## 令和4年分　青色申告の特典

**（引当金・準備金関係）**

1　一括評価による貸倒引当金の設定（所法52②）
2　返品調整引当金の設定（旧所法53）
3　退職給与引当金の設定（所法54）
4　特定災害防止準備金の積立て（旧措法20）
5　特定船舶に係る特別修繕準備金の積立て（措法21）
6　探鉱準備金の積立て（措法22）
7　農業経営基盤強化準備金の積立て（措法24の2）

**（減価償却関係）**

8　耐用年数の短縮（所令130）
9　通常の使用時間を超えて使用される機械及び装置の償却費の特例（増加償却）（所令133）
10　高度省エネルギー増進設備等を取得した場合の特別償却（旧措法10の2①）
11　中小事業者が機械等を取得した場合の特別償却（措法10の3①）
12　地域経済牽引事業の促進区域内の特定事業用機械等を取得した場合の特別償却（措法10の4①）
13　地方活力向上地域等において特定建物等を取得した場合の特別償却（措法10の4の2①）
14　特定中小事業者が特定経営力向上設備等を取得した場合の特別償却（措法10の5の3①）
15　認定特定高度情報通信技術活用設備を取得した場合の特別償却（措法10の5の5①）
16　事業適応設備を取得した場合等の特別償却（措法10の5の6①③⑤）
17　特定船舶の特別償却（措法11）
18　特定事業継続力強化設備等の特別償却（措法11の3）
19　環境負荷低減事業活動用資産等の特別償却（措法11の4）
20　特定地域における工業用機械等の特別償却（措法12）
21　医療用機器等の特別償却（措法12の2）
22　障害者を雇用する場合の特定機械装置の割増償却（旧措法13）
23　事業再編計画の認定を受けた場合の事業再編促進機械等の割増償却（措法13）
24　輸出事業用資産の割増償却（措法13の2）
25　特定都市再生建築物等の割増償却（措法14）
26　倉庫用建物等の割増償却（措法15）

27　新鉱床探鉱費の特別控除（措法23）
28　農用地等を取得した場合の課税の特例（措法24の3）
29　中小事業者の少額減価償却資産の取得価額の必要経費算入の特例（措法28の2）
30　債務処理計画に基づく減価償却資産等の損失の必要経費算入の特例（措法28の2の2）

**（所得税額の特別控除その他の特例関係）**

31　試験研究を行った場合の所得税額の特別控除（措法10）
32　高度省エネルギー増進設備等を取得した場合の所得税額の特別控除（旧措法10の2③）
33　中小事業者が機械等を取得した場合の所得税額の特別控除（措法10の3③）
34　地域経済牽引事業の促進区域内の特定事業用機械等を取得した場合の所得税の特別控除（措法10の4③）
35　地方活力向上地域等において特定建物等を取得した場合の税額控除（措法10の4の2③）
36　地方活力向上地域等において雇用者の数が増加した場合の所得税額の特別控除（措法10の5①）
37　特定中小事業者が特定経営力向上設備等を取得した場合の所得税額の特別控除（措法10の5の3③）
38　給与等の支給額が増加した場合の所得税額の特別控除（措法10の5の4①）
39　認定特定高度情報通信技術活用設備を取得した場合の所得税額の特別控除（措法10の5の5③）
40　事業適応設備を取得した場合等の所得税額の特別控除（措法10の5の6⑦⑧⑨）

**（そ　の　他）**

41　青色事業専従者給与の必要経費算入（所法57①）
42　小規模事業者の収入及び費用の帰属時期（現金主義による所得計算）（所法67）
43　純損失の繰越控除（所法70①）
44　純損失の繰戻しによる還付（所法140、141）
45　必要経費に算入される家事関連費（所令96二）
46　棚卸資産の評価についての低価法の選択（所令99①）
47　更正の制限等（所法155、156）
48　青色申告特別控除（措法25の2）

# 第三章　確定申告書の書き方

この確定申告書第一表及び第二表は、所得の種類にかかわらず、使用できます。

なお、分離課税の所得を申告する人はこの第一表及び第二表と第三表（分離課税用）（第四章参照）を、損失申告をする人はこの第一表及び第二表と第四表（損失申告用）（第五章参照）を併せて使用します。

**(注)**　修正申告をする人は、この第一表及び第二表を使用します。（第七章参照）

**(注)**　令和4年分の確定申告から従来の申告書Aは廃止され、申告書Bに一本化されています。これに伴って新様式ではA・Bの表記をせず、「令和　年分の所得税及び復興特別所得税の　　申告書」となりました。また、令和4年分の確定申告から申告書第五表（修正申告の際に使用）は廃止されました。修正申告の際には申告書第一表及び第二表を使用します。

## 第一節　収入金額、所得金額の計算

確定申告の手続に関係のある所得は、10種類（事業所得、利子所得、配当所得、不動産所得、給与所得、譲渡所得、一時所得、雑所得、退職所得及び山林所得）に区分されています。これは、所得の種類に応じ所得税の負担を適正かつ妥当なものにしようとする要請によるものですから、収入金額や所得金額の計算の方法もそれぞれ少しずつ異なったものとなっています。

以下、収入金額と所得金額の計算について個別に説明することとします。

**(注)**　分離課税の譲渡所得・事業所得・雑所得、配当所得、山林所得、退職所得については、第四章で解説しています。

収入金額、所得金額の計算

| | | | 区分 | | | |
|---|---|---|---|---|---|---|
| 収入金額等 | 事業 | 営業等 | 区分 □ | ㋐ | | |
| | | 農業 | 区分 □ | ㋑ | | |
| | 不動産 | | 区分1 □ 区分2 □ | ㋒ | | |
| | 配 | 当 | | ㋓ | | |
| | 給 | 与 | 区分 □ | ㋔ | | |
| | 雑 | 公的年金等 | | ㋕ | | |
| | | 業務 | 区分 □ | ㋖ | | |
| | | その他 | 区分 □ | ㋗ | | |
| | 総合譲渡 | 短期 | | ㋘ | | |
| | | 長期 | | ㋙ | | |
| | 一 | 時 | | ㋚ | | |
| 所得金額等 | 事業 | 営業等 | | ① | | |
| | | 農業 | | ② | | |
| | 不動産 | | | ③ | | |
| | 利子 | | | ④ | | |
| | 配当 | | | ⑤ | | |
| | 給与 | 区分 □□□ | | ⑥ | | |
| | 雑 | 公的年金等 | | ⑦ | | |
| | | 業務 | | ⑧ | | |
| | | その他 | | ⑨ | | |
| | ⑦から⑨までの計 | | | ⑩ | | |
| | 総合譲渡・一時 ㋘+{(㋙+㋚)×½} | | | ⑪ | | |
| | 合計 ①から⑥までの計+⑩+⑪ | | | ⑫ | | |

——(126)——

## 事　業　所　得

　商店の経営、医師・弁護士などの自由職業、又は農業・漁業などから生ずる所得は、所得税法上事業所得とされ、確定申告では青色申告者の場合、青色申告決算書の売上（収入）金額を次の申告書第一表の㋐・㋑欄に、青色申告特別控除後の所得金額を①・②欄に移記することになります。

（収入金額等）

| 事 | 営業等 | 区分 | | ㋐ | | | | | | | | | |
|---|---|---|---|---|---|---|---|---|---|---|---|---|---|

｝ 青色申告決算書又は ←収支内訳書の売上（収入）金額

| 業 | 農業 | 区分 | | ㋑ | | | | | | | | | |
|---|---|---|---|---|---|---|---|---|---|---|---|---|---|

（所得金額）

| 事 | 営　業　等 | ① | | | | | | | | | |
|---|---|---|---|---|---|---|---|---|---|---|---|

｝ 青色申告決算書又は ←収支内訳書の所得金額

| 業 | 農　　業 | ② | | | | | | | | | |
|---|---|---|---|---|---|---|---|---|---|---|---|

---

　この申告書の様式は、申告書第一表の一部分です。

　株式等の譲渡による所得や先物取引による所得で事業所得となるものは、原則として申告分離課税とされていますので、この場合はこの申告書と併せて第三表（分離課税用）を使用します。

---

**（注）**　㋐欄又は㋑欄の「区分」の□には、令和４年の記帳・帳簿の保存の状況について、次の場合に応じて、それぞれ次の数字を記入します。

| | |
|---|---|
| 電子帳簿保存法の規定に基づく優良な電子帳簿の要件を満たし、電磁的記録による保存に係る届出書（又は電磁的記録に係る承認申請書）を提出し、総勘定元帳、仕訳帳等について電磁的記録等による備付け及び保存を行っている場合 | 1 |
| 会計ソフト等の電子計算機を使用して記帳している場合（１に該当する場合を除きます。） | 2 |
| 総勘定元帳、仕訳帳等を備え付け、日々の取引を正規の簿記の原則（複式簿記）に従って記帳している場合（１及び２に該当する場合を除きます。） | 3 |
| 日々の取引を正規の簿記の原則（複式簿記）以外の簡易な方法で記帳している場合（２に該当する場合を除きます。） | 4 |
| 上記のいずれにも該当しない場合（記帳の仕方が分からない場合を含みます。） | 5 |

## 一　事業所得となるものの範囲

　事業所得は、その業態を大きく分けて「**営業等**」と「**農業**」の２つに区分し、それぞれの区分ごとにその収入金額・所得金額を該当欄に記入しますが、林業経営者が山林（保有期間が５年以内のものを除きます。）を伐採又は譲渡して得た所得や営業用の車両を売却したときの所得のように山林所得又は譲渡所得となるものは事業所得から除かれます。また、株式等の譲渡による事業所得（772ページ参照）、先物取引による事業所得（815ページ参照）は、ここでいう事業所得からは除外されます。

――(127)――

収入金額、所得金額の計算

なお、不動産、船舶（総トン数20トン以上のもの）、航空機の貸付けによる所得は、その貸付けの業態が手広く事業といわれる程度の規模で営まれていても、その貸付業から生ずる所得はすべて不動産所得となりますから事業所得には含まれません。（所法26、27）

事業所得の種目を業態別に分類し、これを例示しますと、次のようになります。

| | 種　　　　　　　　　　　　目 |
|---|---|
| 営　業　等 | 小売業、卸売業、製造業、金融業、保険業、運送業、倉庫業、建設業、鉱業、サービス業（旅館・クリーニング・染物・理髪・美容・浴場・遊戯場など）などの営業から生ずる所得、自由職業（医師・弁護士・税理士・作家・画家・音楽家・芸能人・職業運動選手・外交員・ホステス・私立学校の経営者など）、漁業など農業以外の事業から生ずる所得 |
| 農　　業 | 米・麦・野菜・花・果樹などの栽培、まゆなどの生産、家畜・家きんなどの育成・肥育・採卵又は酪農品の生産などの事業から生ずる所得 |

## 1　株式などの売買による所得

株式などを売買したことによる所得でその売買が事業所を設けて事業として相当大規模に行われているなどの場合は、事業所得（その他の場合は、雑所得又は譲渡所得）としてこれらの所得以外の所得とは区分して確定申告をして、15％（他に住民税5％）の税率により課税（申告分離課税）されることとされています。（772ページ参照）（措法37の10、37の11他）

なお、平成25年から令和19年までは、復興特別所得税として各年分の基準所得税額の2.1％を所得税と併せて申告・納付することになります。

## 2　土地などの継続売買（借地権の設定を含む）による所得

不動産売買の免許を取って行う場合はもちろん、施設を持ったり、使用人を使っていたり、大口の資金調達や広告などをして継続売買をしている場合の所得は事業所得となり、そのほかの継続売買による所得は雑所得となります。しかし、極めて長期間（おおむね10年以上）引き続き所有していた土地などの売却による所得は原則として譲渡所得になります。（所基通33―3）

(注)　所有期間が5年以下の土地等を譲渡したことによる事業所得は、分離課税（措法28の4）とされますが、平成10年1月1日から令和5年3月31日までの譲渡については、この規定が適用停止（措法28の4⑥）とされていますので、本則の規定のとおりに総合課税となります。

## 3　先物取引による所得

一定の商品先物取引又は金融商品先物取引等を行い、かつ、その差金等決済をした場合(注)には、その事業所得（又は雑所得）は他の所得と区分して15％（他に住民税5％）の税率により課税（申告分離課税）されます。（措法41の14）

(注)　令和2年5月1日以後に行われる暗号資産デリバティブ取引の差金等決済については除外されます。

事業所得（範囲）

なお、平成25年から令和19年までは、復興特別所得税として各年分の基準所得税額の2.1％を所得税と併せて申告・納付することになります。

## 4 山林の売買による所得

立木の売買を業として、取得してから5年以内に売却した場合の所得は事業所得となり、業としない5年以内の売却による所得は雑所得になります。取得してから5年を超えて売却した場合の所得はすべて山林所得になります。他人の立木を伐木、造材、運材する造材業や製材業の所得はもちろん事業所得ですが、自己が5年を超えて所有していた山林を、自ら伐採した場合は、造材から運材に至るまでの所得を山林所得として計算しても差し支えありません。（所法32）

## 5 事業用車両などの譲渡による所得

商品の運搬などに使っていた事業用車両や製造に使っていた機械などの売却による所得は譲渡所得になります。したがって、下取りなどにより生じた損失は、譲渡所得の損失として計算します。（所法33）

## 6 自動車駐車場の所得

管理人を置いて、夜間は施錠して自動車の出入りを規制しているような場合や、時間貸しのように不特定多数の自動車を駐車させているような場合など、自己の責任において自動車を保管することによる所得は事業所得（事業といえない規模のものは雑所得）ですが、特定の土地だけを提供し、自動車の管理はその持主に任せているような場合の所得は、不動産所得になります。（所基通27—2）

## 7 暗号資産に関する所得

ビットコインなどの暗号資産を使用することにより生じる損益（日本円又は外貨との相対的な関係により認識される損益）は、原則として、雑所得になります（367ページ）が、事業所得者が、事業用資産として暗号資産を保有し、決済手段として使用している場合、その使用により生じた損益については、事業に付随して生じた所得と考えられるため、事業所得になります。

このほか、例えばその収入によって生計を立てていることが客観的に明らかであるなど、その暗号資産取引が事業として行われていると認められる場合にも事業所得になります。

## 8 民泊に関する所得

住宅宿泊事業法に規定する住宅宿泊事業（いわゆる民泊）は、原則として雑所得となります（367ページ）が、専ら民泊の所得によって生計を立てているなど、その民泊が事業として行われていることが明らかな場合には、事業所得になります。

収入金額、所得金額の計算

《新型コロナウイルス感染症及びそのまん延防止のための措置》
　新型コロナウイルス感染症等の影響に伴い、国や地方公共団体から個人に対して支給される助成金の
うち、事業に関連して支給される助成金（例えば、事業者の収入が減少したことに対する補償や支払賃
金などの必要経費に算入すべき支出の補填を目的として支給するものなど。以下参照）については、事
業所得となります。（新型コロナFAQ）

| 助成金等の種類 | 収入計上時期 |
|---|---|
| ①　持続化給付金（事業所得者向け）<br>②　東京都の感染拡大防止協力金<br>③　中小法人・個人事業者のための一時支援金・月次支援金 | 支給決定時 |
| ④　雇用調整助成金<br>⑤　小学校休業等対応助成金（支援金）<br>⑥　家賃支援給付金<br>⑦　小規模事業者持続化補助金<br>⑧　農林漁業者への経営継続補助金<br>⑨　医療機関・薬局等における感染拡大防止等支援事業における補助金 | 支給決定時又は経費発生時 |
| ⑩　新型コロナウイルス感染症特別利子補給制度に係る利子補給金 | 経費発生時（※1） |

※1　この特別利子補給制度については、事前に最長3年分の利子相当額の交付を受けるものの、交付
　　を受けた時点では収入として確定せず、支払利子の発生に応じてその発生する支払利子相当額の収
　　入が確定し、無利子化される性質のものと考えられることを踏まえた取扱いです。
※2　補償金の支給額を含めた1年間の収入から経費を差し引いた収支が赤字となる場合などには、税
　　負担は生じません。また、支払賃金などの必要経費を補てんするものは、支出そのものが必要経費
　　になります。
※3　事業所得等の金額の計算においては、「総収入金額」から「必要経費」を差し引くこととされてい
　　ます。各種給付金等の申請手続に際して発生した費用（行政書士に対する報酬料金など）は、この
　　必要経費に該当します。
※4　非課税となるものについては、1076ページ参照
※5　詳細については、後述四3（134ページ）参照

## 二　新規に開業した場合等の手続

　個人が新規に事業を開始したり、又は、新規に事業所を設けたり、移転したり、廃止したときは、
これらの事実のあった日から1月以内に、「開廃業等の届出書」を納税地の所轄税務署長に提出しな
ければならないことになっています。（所法229）

## 三　事業所得の金額の計算

　事業所得の金額は、次の算式によって計算します。(所法27②)

$$\boxed{総\ 収\ 入\ 金\ 額\ -\ 必\ 要\ 経\ 費\ =\ 事\ 業\ 所\ 得\ の\ 金\ 額}$$

　この計算は、不動産所得、山林所得及び雑所得の各所得金額の計算の場合と共通していますが、税法でいう「総収入金額」や「必要経費」といった用語は、所得税の計算だけにしか使われません。これらは、いずれも会計上用いられる「収入金額」とか「経費」などとは少し範囲を異にしています。

　したがって、これから行う「総収入金額の計算」や「必要経費の計算」は、これまで行ってきた会計の税務修正ともいうべきものです。そのためには、まず、会計帳簿の締めくくりを一応済ませておく必要があります。

## 四　収入金額の計算の通則

　総収入金額は、現実に収入した金額ではなく、その年において収入すべきことが確定した金額によって計算します。したがって、売掛金や未収金などのように、まだ入金していない売上代金などでも、その年中の総収入金額に算入しなければなりません。反対に、まだ商品を引き渡していないのに受け取っている前受金などは、その年の総収入金額には算入しません。(所法36)

　また、売上代金を物や権利その他の経済的利益によって収入する場合には、その収入する時の価額で総収入金額を計算することになります。このように税務上気を付けなければならない計算については、次の**五**でまとめて説明しますから、これによって会計帳簿の締めくくり結果(決算)の整理をしてください。

　総収入金額の計算期間と計上時期については、次のような取扱いとなっていますので、この点にも気をつけてください。

### 1　計算期間

　所得税は、1年間の経済活動によって得た所得を単位として計算します。(通法15②一)

　したがって、事業所得についても、その年の1月1日から12月31日までの収入がその単位となり、その年分の総収入金額は、その年中に収入の確定した金額によって計算します。(所法36)

### 2　計上時期

　次に掲げる収入金額についての収入計上時期は、原則としてそれぞれに掲げる日によります。(所基通36―8)

収入金額、所得金額の計算

① **商品の販売（②及び③の販売を除く）による収入金額**

　　その引渡しの日

（注）　商品の引渡しの日がいつであるかについては、例えば、出荷した日、船積みをした日、相手方に着荷した日、相手方が検収した日、相手方において使用収益ができることとなった日、検針等により販売数量を確認した日などその商品の種類及び性質、その販売に係る契約の内容等に応じその引渡しの日として合理的であると認められる日のうち、その人が継続して収入金額に計上することとしている日によるものとされています。（所基通36―8の2）

② **商品の試用販売による収入金額**

　　相手方が購入の意思を表示した日。ただし、積送又は配置した商品について、相手方が一定期間内に返送又は拒絶の意思を表示しない限り特約又は慣習によりその販売が確定することとなっている場合には、その期間の満了の日

③ **商品の委託販売による収入金額**

　　受託者がその委託品を販売した日。ただし、その委託品についての売上計算書が毎日又は1か月を超えない一定期間ごとに送付されている場合において、継続してその売上計算書が到着した日の属する年分の収入金額としているときは、その売上計算書の到達の日

④ **請負による収入金額**

　　物の引渡しを要する請負契約にあってはその目的物の全部を完成して相手方に引き渡した日、物の引渡しを要しない請負契約にあってはその約した役務の提供を完了した日。ただし、一の契約により多量に請け負った同種の建設工事等についてその引渡量に従い工事代金等を収入する旨の特約若しくは慣習がある場合又は1個の建設工事等についてその完成した部分を引き渡した都度その割合に応じて工事代金等を収入する旨の特約若しくは慣習がある場合には、その引き渡した部分に係る収入金額については、その特約又は慣習により相手方に引き渡した日

（注）　請負契約の内容が建設、造船その他これらに類する工事を行うことを目的とするものであるときは、その建設工事等の引渡しの日がいつであるかについては、例えば、作業を結了した日、相手方の受入場所へ搬入した日、相手方が検収を完了した日、相手方において使用収益ができることとなった日等当該建設工事等の種類及び性質、契約の内容等に応じその引渡しの日として合理的であると認められる日のうち、その者が継続して収入金額に計上することとしている日による。（所基通36―8の3）

⑤ **人的役務の提供（④を除く）による収入金額**

　　その人的役務の提供を完了した日。ただし、人的役務の提供による報酬を期間の経過又は役務の提供の程度等に応じて収入する特約又は慣習がある場合におけるその期間の経過又は役務の提供の程度等に対応する報酬については、その特約又は慣習によりその収入すべき事由が生じた日

⑥ **資産の貸付け（⑦を除く）による賃貸料でその年に対応するものに係る収入金額**

　　その年の末日（貸付期間の終了する年にあっては、その期間の終了する日）

⑦ **金銭の貸付けによる利息又は手形の割引料でその年に対応するものに係る収入金額**

　　その年の末日（貸付期間の終了する年にあっては、その期間の終了する日）。ただし、その人が継続して、次の区分に応じそれぞれ次の日により収入金額に計上している場合には、それぞれ次の日

事業所得（収入金額）

イ　利息を天引きして貸し付けたものに係る利息……その契約により定められている貸付元本の返済日

ロ　その他の利息……契約又は慣習により支払日が定められているものについてはその支払日、支払日が定められていないものについてはその支払を受けた日（請求があったときに支払うべきものとされているものについては、その請求の日）

ハ　手形の割引料……その手形の満期日（その満期日前にその手形を譲渡した場合には、その譲渡の日）

**(注1)**　青色申告者で現金主義による記帳をしている場合及び特別な経理基準を設け、延払条件付販売等、長期工事などを行っている場合については、所得税法でも特別の取扱いがありますので、十三で説明します。

**(注2)**　機械設備等を販売したことに伴いその据付工事を行った場合において、その据付工事が相当の規模のものであり、その据付工事に係る対価の額を契約その他に基づいて合理的に区分することができるときは、機械設備等に係る販売代金の額と据付工事に係る対価の額とを区分して、それぞれにつき上記①又は④により収入金額に計上することができます。（所基通36―8の4）

※　その者がこの取扱いによらない場合には、据付工事に係る対価の額を含む全体の販売代金の額について上記①によります。

**(注3)**　利息制限法に定める制限利率（以下**(注3)**において「制限利率」といいます。）を超える利率により金銭の貸付けを行っている場合におけるその貸付けに係る貸付金から生ずる利子の額の収入すべき時期については上記⑦によるほか、次に定めるところによります。（所基通36―8の5）

①　当該貸付金から生ずる利子の額のうち当該年分に係る金額は、原則としてその貸付けに係る約定利率により計算するものとされますが、実際に支払を受けた利子の額を除き、その者が継続して制限利率によりその計算を行っている場合には、これが認められます。

②　当該貸付金から生ずる利子の額のうち実際に支払を受けたものについては、その支払を受けた金額を利子として総収入金額に算入します。

③　**(注3)**の①により当該年分に係る利子の額を計算する場合におけるその計算の基礎となる貸付金の額は、原則としてその貸付けに係る約定元本の額によるものとされますが、その者が継続して既に支払を受けた利子の額のうち制限利率により計算した利子の額を超える部分の金額を元本の額に充当したものとして当該貸付金の額を計算している場合には、これが認められます。

※　この場合には、貸倒引当金の計算の基礎となるその年12月31日における貸金の額についても斉一の方法によるものとされます。

**(注4)**　割賦販売等（月賦、年賦その他の賦払の方法により対価の支払を受けることを定型的に定めた約款に基づき行われる資産の販売等（棚卸資産の販売若しくは工事の請負又は役務の提供（所得税法第66条第1項《工事の請負に係る収入及び費用の帰属時期》に規定する長期大規模工事の請負を除きます。）をいいます。以下**(注4)**において同じ。）及び延払条件が付された資産の販売等をいいます。以下**(注4)**において同じ。）又は所得税法第65条第1項《リース譲渡に係る収入及び費用の帰属時期》に規定するリース譲渡（同条の規定の適用を受けるものを除きます。以下**(注4)**において「リース譲渡」といいます。）を行った場合において、当該割賦販売等又はリース譲渡に係る販売代価又はリース料と賦払期間又はリース期間（所得税法第67条の2第3項《リース取引に係る所得の金額の

収入金額、所得金額の計算

計算》に規定するリース取引に係る契約において定められた同条第1項に規定するリース資産の賃貸借期間をいいます。）中の利息に相当する金額とが区分されているときは、当該利息に相当する金額を当該割賦販売等又はリース譲渡に係る収入金額に含めないことができます。（所基通36—8の6）

※　延払条件が付された資産の販売等とは、資産の販売等で次に掲げる要件に適合する条件を定めた契約に基づき当該条件により行われるものをいいます。

①　月賦、年賦その他の賦払の方法により3回以上に分割して対価の支払を受けること。

②　その資産の販売等に係る目的物又は役務の引渡し又は提供の期日の翌日から最後の賦払金の支払期日までの期間が2年以上であること。

③　当該契約において定められているその資産の販売等の目的物の引渡しの期日までに支払の期日の到来する賦払金の額の合計額がその資産の販売等の対価の額の3分の2以下となっていること。

## 3　国や地方公共団体により受けた助成金等の収入計上時期

① 原則

その助成金等の支給決定がされた日の属する年分の収入金額として計上することとなります。

② 特定の支出を補填するもの

その助成金等が、経費を補填するために法令の規定等に基づき交付されるものであり、あらかじめその交付を受けるために必要な手続（※）をしている場合には、その経費が発生した年分に助成金等の交付決定がされていないとしても、その経費と助成金等の収入が対応するように、その助成金等の収入計上時期はその経費が発生した日の属する年分として取り扱うこととしています。（所基通36・37共—48）

※　必要な手続とは、例えば、休業手当について雇用調整助成金を受けるための事前の休業等計画届の提出などが該当しますが、新型コロナウイルス感染症に伴う特例措置により、事前の休業等計画届の提出は不要とされています。その場合の雇用調整助成金の収入計上時期は、原則として、交付決定日の属する年分となります。

ただし、事前の休業等計画届の提出が不要の場合であっても、交付申請を行っており、交付を受けることの確実性が認められ、経費が発生した日の属する年分において収入計上しているときには、その処理は認められると考えられます。

③ 固定資産の取得又は改良に充てるために交付を受ける国庫補助金等

助成金等の交付目的に適合した固定資産の取得等をした場合（その助成金等の返還を要しないことがその年の12月31日までに確定した場合（※1）に限ります。）において、一定の要件を満たすときには、その交付を受けた国庫補助金等の額に相当する金額（その固定資産がその年の前年以前の各年において取得等をした減価償却資産である場合は、当該国庫補助金等の額を基礎として計算した金額（※2））を総収入金額に算入しないこと（総収入金額不算入）とされています。（所法42）

この場合において、総収入金額に算入しなかった固定資産の取得等に充てられた金額に相当する金額（助成金等相当額）については、その固定資産の取得価額から控除することとされています。

事業所得（収入金額）

（※3）

つまり、助成金等相当額の総収入金額不算入に合わせて、助成金等相当額を固定資産の取得価額から減額することで、課税の繰延べをすることができます。

※1　例えば、交付決定日の属する年中に助成金等の確定通知を受けていない場合には、返還を要しないことがその年の12月31日までに確定していないため、交付決定日の属する年分において固定資産の取得価額を減額することはできません。

※2　「国庫補助金等の額を基礎として計算した金額」は、次の算式により計算した金額となります。（所令90①）

《算式》

$$国庫補助金等の額 \times \frac{減価償却資産の取得又は改良に要した金額 - 国庫補助金等の返還を要しないことが確定した日の減価償却資産の減価償却累計額}{減価償却資産の取得又は改良に要した金額}$$

※3　中小事業者の少額減価償却資産の取得価額の必要経費算入の特例（措法28の2）における取得価額の要件（30万円未満）の判定においても、この控除後の金額によります。

## 五　特殊な収入金額の計算

所得税の計算で次のような収入金額はよく計算漏れとなり、後日、修正申告や更正処分の原因となりますから、申告の際もう一度見直す必要があります。

### 1　物や経済的利益などによる収入

①　売上代金を物品で受け取ったり、リベートを商品でもらったような場合は、その受け取った時の価額（時価）で総収入金額に算入します。事業に関連して物品を時価よりも低い価額で譲り受けた場合も、その時価との差額を総収入金額に算入します。（所基通36—15）

②　仕入先などの招待旅行で、例えばリベートを現金や商品で支給することに代えて行われるものなどに参加したことにより受ける経済的利益については、不参加者について旅行費用相当額の金品が支給されることになっている場合は、その費用相当額を総収入金額に算入します。しかし、不参加者に旅行費用相当額の金品の支給などが行われない場合は、総収入金額に算入する必要はありません。

③　買掛金や未払金などの支払を免除してもらったり、他人に肩替りしてもらったような場合は、その免除や肩替りしてもらった金額を総収入金額に算入します。ただし、債務超過などが長く続き、資力を喪失している場合に受ける債務免除益については、特例が設けられています。（⑤を参照）

④　建築業者が、自分の従業員を使って自宅を新増築したような場合は、材料費をその通常の販売価額（次の2を参照）で総収入金額に算入します。（その従業員の日当に当たる金額は家事上の経費となるので必要経費に算入できません。ただし、たまたま理髪店主が従業員に髪を刈らせたような場合などの、少額な用役代は強いて計算する必要はありません。）

⑤　個人が破産法の規定による免責許可の決定又は再生計画認可の決定があった場合その他資力を喪

失して債務を弁済することが著しく困難である場合に債務の免除を受けたときは、その免除により受ける経済的な利益の価額については、総収入金額に算入する必要はありません。ただし、次に掲げる金額に相当する部分については、総収入金額に算入されます。（所法44の２）

イ　その免除を受けた年において、その経済的な利益の価額がないものとしてその債務を生じた業務に係る事業所得等の金額を計算した場合にその事業所得等の金額の計算上生じた損失の金額

ロ　その免除を受けた年において、この特例の適用がないものとして総収入金額等を計算した場合に、その総所得金額等から純損失の繰越控除により控除すべきこととなる金額

## 2　棚卸資産の自家消費や贈与など

　商品や製品などを家事のために消費したり、親族や知人などに無償や低い値段で販売した場合には、その商品や製品の通常の販売価額（支払を受けた金額があるときは、通常の販売価額とその支払を受けた金額との差額）を総収入金額に算入します。ただし、商品や製品を自家消費又は贈与をしたときに、仕入価額や製作原価で売上記帳した場合には、記帳価額によっても差し支えありません。しかし、記帳した価額が通常の販売価額の７割を下回っているときは、これを通常の販売価額の７割程度に修正しておく必要があります。（所法39、40、所基通39―1、39―2、40―2）

| （例）　自家消費の場合 | |
|---|---|
| 通常の販売価額 | 50,000円 |
| 仕入（製作）価額 | 30,000円 |
| 自家消費記帳価額 | 30,000円 →に修正 |
| 通常の販売価額×0.7 | 35,000円 |

| （例）　知人への低価販売の場合 | |
|---|---|
| 通常の販売価額 | 50,000円 |
| 知人への販売価額 | 25,000円 |
| 記帳価額 | 25,000円 →に修正 |
| 通常の販売価額×0.7 | 35,000円 |

## 3　雑　収　入

　空箱・作業くずの売却などによる雑収入は総収入金額に算入します。

### 〈消費税等の申告額〉

　消費税等（消費税及び地方消費税をいいます。）の経理処理につき税込経理方式を採っている場合に生じた還付消費税額等（還付加算金を含みます）は、雑収入に計上します。この雑収入を計上する時期は、消費税等の申告の時（したがって、翌年分に計上）が原則ですが、未収入金としてその年分に計上することもできます。税抜経理方式を採っている場合でも、簡易課税制度の適用などにより、雑収入に計上すべき金額が生ずる場合があります。（所得税の所得金額の計算における消費税等の取扱いや具体例は、十二で説明しています。）

## 4　リベート

　仕入割引や割戻しは総収入金額に算入します。なお、リベートをいつの年分の総収入金額に算入するかは、その性質に応じ、それぞれ次に掲げる日で判定することになります。（所基通36・37共―8～36・37共―13）

事業所得（収入金額）

① 算定基準が価額や数量にスライドする形で明示されているもの……商品などを購入した日

② 算定基準が明示されていないもの……相手方からその仕入割戻しの金額の通知を受けた日

③ 一定の事実に該当するまで積み立てる旨の特約があるもの……現実に支払を受けたり買掛金の支払に充当された日。ただし、それまでに実質的に利益を享受した場合は、その利益を享受した日

## 5 広告宣伝用資産の受贈益

特約店など販売業者等が製造業者等から製品の広告宣伝のための資産を無償又は低い価額で譲り受けたときの総収入金額に算入する受贈益は、次のように取り扱われます。（所基通36—18）

① 広告宣伝用の看板、ネオンサイン、どん帳のように専ら広告宣伝の用に供されるもの……0

② 次に掲げる資産……製造業者等の取得価額 $\times \dfrac{2}{3}$ − 販売業者等が支出した金額

＝受贈益（30万円以下となった場合は0）

  ㋑ 自動車で車体の大部分に製造業者等の製品名や社名を書き入れているもの

  ㋺ 陳列棚、陳列ケース、冷蔵庫又は容器で製造業者の製品名や社名の広告宣伝を目的としていることが明らかなもの

  ㋩ 展示用モデルハウスのように製造業者等の製品の見本であることが明らかなもの

③ ①、②以外の資産……製造業者等の取得価額 − 販売業者等が支出した金額 ＝受贈益

## 6 事業遂行上生じた付随収入

①得意先又は従業員に対し事業の遂行上貸し付けた貸付金の利子（事業遂行上の貸付金でない場合は雑所得となります。）、②事業用資産の購入に伴って景品として受けた金品、③新聞販売店の折込広告収入、④浴場や飲食店などの店内の広告掲示による収入（広告のため、土地や家屋の屋上又は側面、へいなどを使用させる場合の所得は不動産所得となります。）、⑤医師又は歯科医師が、休日、祭日又は夜間に診療等を行うことによって地方公共団体から支給される委嘱料等（給与となるものについては、311ページ参照）、⑥事業用資産に係る固定資産税の前納報奨金などは、事業の遂行に付随して生じた収入ですから、いずれも総収入金額に算入します。（所基通27—5）

## 7 酒税・源泉徴収された所得税

酒税は、これを売上げに含めて総収入金額に算入し、後日、納付が確定したときの必要経費に算入します。（所基通37—4）また、医師の社会保険診療報酬、芸能人・ホステスなどの報酬は所得税を源泉徴収される前の金額を総収入金額に算入します。この源泉徴収された所得税額は、確定申告の税額計算の際に差し引きます。

（注） 旅館、飲食店等で顧客のタバコ代、タクシー代等を立て替えた場合は、立替金勘定で処理することができます。

収入金額、所得金額の計算

## 8　損害賠償金・補償金・立退料などの収入

　①棚卸資産について損害を受けたことにより取得する保険金、補償金、損害賠償金、②営業や漁業の全部又は一部の休止、転換、廃止に伴って受ける収益補償金、損害賠償金、③漁業権・工業所有権（特許権、実用新案権、意匠権及び商標権を含みます。）・著作権などの損失により受ける損害賠償金、保険金、補償金、④借家人が受ける家屋の立退料（事業所得の総収入金額又は必要経費に算入される金額の補塡をされる部分の金額〈371ページ参照〉）なども総収入金額に算入します。(所令94)

　　**(注)**　埋立補償、移転補償などの補償金は、譲渡所得や一時所得などとなりますので、事業所得の総収入金額とはなりません。

## 9　少額減価償却資産等の売却代金

　減価償却資産の売却代金は、一般的には譲渡所得の収入金額とされますが、次のようなものの売却代金は、事業所得の総収入金額に算入します。

①　使用可能期間が1年未満のものや取得価額が10万円未満のもの

　　ただし、取得価額が10万円未満の少額減価償却資産でも、「業務の性質上基本的に重要な資産」となるもの（少額重要資産）の譲渡による収入は、②のかっこ書に該当するものを除き、原則として譲渡所得の収入金額となります。(所基通33—1の2)

②　貸衣装業の貸衣装、パチンコ店のパチンコ器、養鶏業の採卵用鶏、養豚業における繁殖用又は種付用の豚のように反復継続して売却することがその事業の性質上通常であるもの（上記①のただし書の「少額重要資産」のうち反復継続して売却されるものを含みます。)(所基通27—1)

③　既にスクラップ化したもの

④　一括償却資産の必要経費算入の規定の適用を受けるもの（業務の性質上基本的に重要なものを除きます。）

　　**(注)**　中小事業者の少額減価償却資産の取得価額の必要経費算入の特例（202ページ(3)）の適用を受けるものに係る売却代金は、譲渡所得の収入金額になります。

## 10　発行法人から与えられた株式を取得する権利の譲渡による収入金額

　居住者が新株予約権等（株式を無償又は有利な価額により取得することができる一定の権利で、その権利を行使したならば経済的な利益として課税されるものをいいます。）を発行法人から与えられた場合において、その居住者等がその権利をその発行法人に譲渡したときは、その譲渡の対価の額からその権利の取得価額を控除した金額を、事業所得に係る収入金額、給与等の収入金額、退職手当等の収入金額、一時所得に係る収入金額又は雑所得に係る収入金額とみなします。(所法41の2)

## 11　災害損失特別勘定

　居住者が、被災資産（注1）に係る修繕費用等の額として、被災年分の翌年分の事業所得等の金額

——(138)——

事業所得（必要経費）

の計算上必要経費に算入した金額（保険金等により補塡された金額を控除した残額）がある場合には、その必要経費に算入した金額に相当する災害損失特別勘定の金額を取り崩し、その金額をその者の被災年分の翌年分の事業所得等の金額の計算上、総収入金額に算入します。

また、被災年の翌年の12月31日において災害損失特別勘定の残額（災害損失特別勘定に繰り入れた金額から同日までに総収入金額に算入した金額を控除した残額をいいます。）がある場合には、その残額をその者の被災年分の翌年分の事業所得等の金額の計算上、総収入金額に算入します。

これらの場合、被災年分の翌年分の確定申告書に、災害損失特別勘定の総収入金額算入に関する明細書を添付します。（所基通36・37共—7の8）

**（注1）** 「被災資産」とは、次に掲げる資産で災害により被害を受けたものをいいます。（所基通36・37共—7の5）

① 居住者の有する棚卸資産

② 居住者の有する固定資産で事業所得等を生ずべき事業の用に供するもの（その者が賃貸をしている資産で、契約により賃借人が修繕等を行うこととされているものを除く。）

③ 居住者が賃借をしている資産又は販売等をした資産で、契約によりその者が修繕等を行うこととされているもの

④ 山林

**（注2）** 被災資産に係る修繕等がやむを得ない事情により被災年の翌年の12月31日までに完了しなかったため、同日において災害損失特別勘定の残額がある場合は、被災年分の翌年分に係る確定申告書の提出期限までに災害損失特別勘定の総収入金額算入年分の延長確認申請書を所轄税務署長に提出し確認を受けることで、修繕が遅れた場合の特例があります。（所基通36・37共—7の9）

# 六　必要経費の計算の通則

事業所得の計算上、総収入金額から差し引くことのできる必要経費とは、総収入金額に対応する売上原価又はその収入を得るため直接に要した費用の額及びその年に生じた販売費、一般管理費その他業務上の費用とされています。（所法37）

具体的には、次のようなものが代表的な必要経費です。

---
**主な必要経費**

①販売商品の売上原価、②租税公課、③荷造運賃、④水道光熱費、⑤旅費交通費、⑥通信費、⑦広告宣伝費、⑧接待交際費、⑨損害保険料、⑩修繕費、⑪消耗品費、⑫福利厚生費、⑬給料賃金、⑭利子割引料、⑮地代家賃、⑯減価償却費、⑰事業用固定資産の損失、⑱貸倒金、⑲損害賠償金、⑳引当金・準備金（青色申告者）、㉑青色事業専従者給与（青色申告者）

---

また、必要経費は、現実に支払った金額ではなく、その年において支払うべき債務の確定した金額によって計算します。したがって、買掛金や未払費用などのように、まだ支払っていない金額でも、その年中の必要経費に算入することとなりますが、まだ商品を仕入れていないのに支払った前払金や、

契約による支払期が到来する前に支払った前払費用などは、その年の必要経費にはなりません。

その年に債務の確定があったかどうかは、減価償却費や引当金・準備金などの例外を除き、次のすべての要件に当てはまるかどうかで判定します。

| 債務の確定 | 原則 | ① 債務の成立……年末までに、その費用に対し支払わなければならない債務が成立していること<br>② 事実の発生……年末までに、商品を受け取っている場合や、資産や用役を既に使用している場合などのように、その債務の基となった具体的な事実が発生していること<br>③ 金額の確定……年末までに、その金額が正確に計算されて確定していること |
|---|---|---|
| | 帰属時期の特例 | ① 前払の火災保険料や家賃などについては、原則の②の条件を満たしませんので、本来は未経過分の区分計算を行って正確な期間計算をすべきものですが、税務計算の簡略化を図るため短期の前払費用（支払った日から1年以内に提供を受ける役務に係るものに限ります。）については、継続経理を条件として、その支払った費用の金額を支払った年分の必要経費に算入することが認められています。（詳細は、次の**七**の各科目で説明しています。）<br>② 事務用消耗品、作業用消耗品、包装材料、広告宣伝用印刷物、見本品などの棚卸資産の取得費用は、消費した年分の必要経費に算入するのが原則ですが、これらの棚卸資産（毎年おおむね一定数量を取得し、経常的に消費するものに限ります。）の取得費用を継続して取得した年分の必要経費に算入しているときは、これが認められます。 |

## 七　主な必要経費とその取扱い

### 1　売上原価

物品販売業者などが必要経費を計算する場合には、まず、販売商品の「売上原価」がいくらであるかを計算する必要があります。多くの場合、販売商品の数量や種類が多いために、一品ごとの売上原価を計算することができませんから、下の図のような算式によって販売商品の売上原価を計算します。

なお、棚卸高の計算は、その年の12月31日に行うのが原則ですが、多忙のため、12月31日に実地棚卸しができなかった場合には、下の図のように年末に近い時期に実地棚卸しを行い、これに基づいて年末の棚卸高を計算してもよいことになっています。

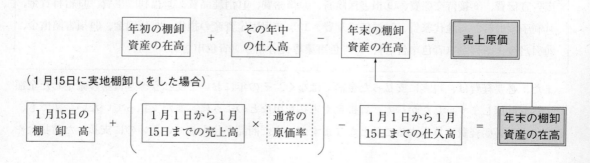

事業所得（必要経費）

　令和４年中に仕入れた棚卸資産の金額が確定しないため売上原価の計算ができない場合は、見積りにより取得価額を計算します。

　令和５年になって取得価額が確定し見積額と差が生じた場合に

イ　差が多額でない場合は、令和５年分の総収入金額又は必要経費に算入

ロ　差が多額の場合は、令和５年に繰り越された棚卸資産に対応する部分は令和５年に取得した棚卸資産の取得価額に加算又は減算し、他の部分は令和５年分の総収入金額又は必要経費にします。（所基通47―18）

**(注)**　棚卸資産の評価計算の詳細は、八で改めて説明しています。

---

┌ **計算例** ─────────────────────────────

**（設　例）**

① 令和４年１月１日現在の商品棚卸高　　　　　　　　　　　　　　358万円

② 令和４年中の商品仕入高　　　　　　　　　　　　　　　　　3,650万円

③ 実地棚卸日（令和５年１月15日）の商品棚卸高　　　　　　　　330万円

④ 令和５年１月１日から１月15日までの間の売上高　　　　　　　　70万円

⑤ 　　　　　　　〃　　　　　　　仕入高　　　　　　　　　　　　50万円

⑥ ④の売上に係る商品の通常の原価率　　　　　　　　　　　　　　75％

**（売上原価の計算）**

| 令和５年１月15日の棚卸高 | | 令和５年１月１日から１月15日までの売上高 | | 通常の原価率 | | 令和５年１月１日から１月15日までの仕入高 | | 令和４年12月31日の棚卸高 |
|---|---|---|---|---|---|---|---|---|
| 330万円 | ＋（ | 70万円 | × | 75 ％ | ）－ | 50万円 | ＝ | 3,325,000円 |

| 令和４年１月１日の棚卸高 | | 令和４年中の仕入高 | | 令和４年12月31日の棚卸高 | | 売上原価 |
|---|---|---|---|---|---|---|
| 358万円 | ＋ | 3,650万円 | － | 3,325,000円 | ＝ | 36,755,000円 |

───────────────────────────────────────

## ２　租税公課（所法45①、所令98①、所基通37―４～37―６、37―９、38―９、49―３）

　業務に関連して納付すべきこととなった税金や賦課金のことです。原則として、その年中に納付額が具体的に確定したもの、例えば、申告によって納付する税金の場合は、申告したもの又は更正決定を受けたもの、賦課決定によって納付する税金の場合は、賦課の通知を受けたものなどがその年の必要経費になります。

　必要経費となるものとならないものを掲げると次のようになります。

| 必要経費となるもの | 必要経費とならないもの |
|---|---|
| 固定資産税、鉱区税、自動車税、自動車取得税、自動車重量税、登録免許税、不動産取得税、特別土地保有税、印紙税、事業税、鉱産税、事業所税、事業所得者等の所得税の延納に係る利子税、国外転出等の譲渡所得の特例の納税猶予に係る利子税、各種の組合費など | 所得税、住民税、相続税、所得税の加算税・延滞税、地方税の加算金・延滞金（地方消費税の貨物割に係る延滞税及び加算税・譲渡割に係る延滞税、利子税及び加算税を含みます。）、罰金、科料、過料など |

――（141）――

収入金額、所得金額の計算

(注1) 上表の左欄に掲げるものであっても、家事関連費となる部分の金額は、必要経費にはなりません。
(注2) 外国又は外国の地方公共団体により課される罰金又は科料に相当するものは、必要経費にはなりません。
(注3) 消費税等の取扱いについては、十二を参照してください。

《令和元年度税制改正事項》
　上表の「必要経費とならないもの」に、居住者が納付する森林環境税及びその延滞金が追加されました。(所法45①三の二)
　(注) 上記の改正は、個人が森林環境税及び森林環境譲与税に関する法律（平成31年法律第3号）附則第1条ただし書に規定する規定の施行の日（令和6年1月1日）以後に納付する森林環境税及び森林環境税に係る延滞金について適用されます。(平31改所法等附2)

〈店舗併用住宅の固定資産税の必要経費算入額〉

店舗併用住宅やその敷地である土地の固定資産税は、その総面積のうちに占める事業用部分の面積の割合によって按分して必要経費に算入する金額を求めます。

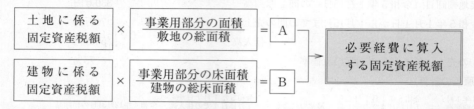

(注)　「事業用部分」とは、建物であれば店舗、事務所、作業場などをいい、土地であればこれらの敷地部分のほか商品や製品などの置場などがこれに入ります。

─計算例─
(設　例)
① 店舗併用住宅の敷地面積　300m²（うち事業用部分　200m²）
② 　〃　　　の総床面積　150m²（　〃　　　　　80m²）
③ 固定資産税　土地60,000円　建物45,000円
(必要経費算入額の計算)

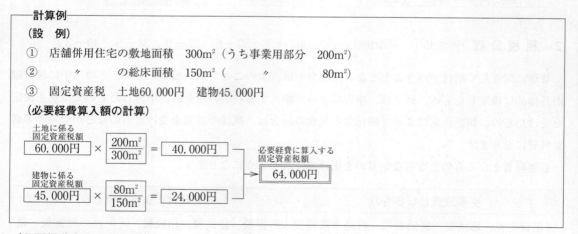

〈必要経費となる利子税〉

申告納税額から予定納税額の第1期分及び第2期分として納付した金額を差し引いた残額が、確定申告の際に納付する第3期分の税額になりますが、3月15日の納付期限（令和4年分は、令和5年3月15日）までに税額の全部を一時に納付することのできない人は、第3期分の税額の2分の1以上を期限までに納付すれば、残額については、5月31日（令和4年分は、令和5年5月31日）まで納付を

事業所得（必要経費）

延期することができます。これを延納といいます。（所法131①）

そして、延納の届出をした税額については、その期間について、647ページで計算した利子税を延納税額に併せて納付することになりますが、その利子税のうち、次により計算した金額は必要経費に算入することができます。（所法131③、45①二、所令97、所基通45—4、45—5）

$$\boxed{\begin{array}{c}\text{延納に係る}\\\text{利子税の額}\end{array}} \times \dfrac{\begin{array}{c}\text{利子税の計算の基礎となった年分の}\\\text{事業から生じた不動産所得の金額、}\\\text{事業所得の金額又は山林所得の金額}\end{array}}{\begin{array}{c}\text{利子税の計算の基礎となった年分}\\\text{の各種所得の金額等の合計額（注）}\\\text{（給与所得、退職所得を除きます。）}\end{array}} = \boxed{\begin{array}{c}\text{事業所得、不動産所得又は}\\\text{山林所得の計算上必要経費}\\\text{に算入される利子税額}\end{array}}$$

（上記の割合は、小数点以下2位まで算出し、3位以下切上げ）

**（注）** 各種所得の金額は、黒字の金額をいい、また総合課税の長期譲渡所得の金額又は一時所得の金額については、それぞれ特別控除後の金額の2分の1の金額によります。また、分離課税の譲渡所得（土地建物等の譲渡所得）の金額については、特別控除後の金額によります。

---

**計算例**

**（設 例）**

① 令和4年5月31日まで延納した令和3年分の税額　　　　　　　161,000円

② 令和3年分の事業所得の金額　　　　　　　　　　　　　　　600万円

③ 令和3年分の不動産所得の金額（事業的規模ではない。）　　　120万円

④ 令和3年分の配当所得の金額　　　　　　　　　　　　　　　30万円

⑤ 延納に伴う利子税額　　　　　　　　　　　　　　　　　　1,500円

**（必要経費となる利子税額の計算）**

$$\boxed{\begin{array}{c}\text{利子税額}\\1,500円\end{array}} \times \dfrac{600万円（注）}{600万円+120万円+30万円} = \boxed{1,200円} \rightarrow 令和4年分の事業所得の必要経費に算入$$

**（注）** 不動産所得については、事業的規模ではありませんので、不動産所得の計算上、必要経費に算入できる利子税額はありません。

---

〈**納期が分割されている租税の必要経費算入**〉

固定資産税や事業税のように納期が分割して定められているものの必要経費に算入する時期は、原則として納付すべきことが確定した年分とされていますが、それぞれ納期の開始の日又は実際に納付した日の年分の必要経費に算入しても差し支えありません。（所基通37—6(3)）

〈**間接税の必要経費算入**〉

酒税等は、消費者、利用者等から受領する金額を総収入金額に算入し、申告、更正若しくは決定又は賦課決定により納付する金額を必要経費に算入します。（所基通37—4）

〈**災害見舞金に充てるために同業団体等へ拠出する分担金等の必要経費算入**〉

同業団体等の構成員の有する業務用資産について災害損失が生じた場合に、その損失の補てんを目的とする構成員相互の扶助等に係る規約等に基づき合理的な基準に従って災害発生後に同業団体等から賦課され、拠出した分担金等は、その支出した日の属する年分の必要経費に算入します。（所基通

37—9の6）

## 3 荷造運賃

販売商品の荷造りにかかった包装材料費、荷造人夫賃、鉄道、船、自動車などの運賃です。なお、商品や機械などの引取運賃は、その資産の取得価額となり、荷造運賃の費用にはなりません。（所令103①、所基通47—17）

## 4 水道光熱費

事業用として消費した水道料、電灯料、ガス代、薪炭代などです。

なお、店舗併用住宅に係る電灯料などは、点灯時間、使用頻度などの合理的な基準で按分します。（所令96、所基通45—1、45—2）

---
**計算例**

（電灯料の按分）

1日の平均使用時間

| 店　舗 | A　8時間 | B　2時間 | C　1時間 | 合　計　11時間 |
|---|---|---|---|---|
| 住　宅 | D　5時間 | E　3時間　　F　30分 | G　30分 | 合　計　9時間 |

支払った電灯料　40,000円　　A～Gの使用電力は均一とする。

（**必要経費の計算**）　　$40,000円 \times \dfrac{11時間}{20時間} = 22,000円$（必要経費に算入）

（**注**）　業務の遂行上必要な部分が50％を超えるかどうかによって家事関連費の必要経費算入の判定をしますが、業務の遂行上必要な部分が50％以下であっても、明らかに区分できる場合には、その部分に相当する金額を必要経費に算入することができます。（所基通45—2）

---

## 5 旅費・交通費

販売や集金などの商用のためにかかった乗車券代、車代、宿泊料などです。

〈海外渡航費〉

商取引などが主目的である海外渡航費は、その事業の遂行上直接必要なものが必要経費になりますが、同業者団体などが主催する団体旅行で主として観光目的と認められるものなどは必要経費になりません。（所基通37—16～22）

〈概算払の旅費〉

後日、精算した金額が必要経費に算入されます。

## 6 通信費

事業用として使用した電話料、はがき・切手代などです。電話料は、使用頻度で按分します。

事業所得（必要経費）

## 7　広告宣伝費

　テレビ・ラジオ・新聞・雑誌などの広告費用、名入タオルなどの購入費用や福引券の費用などです。ただし、製品等の広告宣伝用資産の贈与による費用などは繰延資産となり、その年の償却費だけが必要経費になります。（17参照）

〈抽せん券付販売の景品〉

　抽せん券付販売の当せん者に、金銭や景品を交付したり、旅行・観劇などに招待した場合は、現実に、当せん者から抽せん券の引換えの請求があったときや当せん者を旅行などに招待したときに、これらの費用を必要経費に算入します。請求を待たないで景品などを発送することとしている場合は、抽せん日に必要経費に算入することができます。（所基通36・37共―14）

## 8　接待交際費

　得意先の接待費用や、中元・歳暮などの贈答品の購入費用などについては、支出されたことが明らかで、かつ、相手方、支出、接待の理由からみて、専ら事業の遂行上必要と認められる場合に限り必要経費に算入することができます。

　**(注)**　特定の寄附金については、寄附金控除の制度があります。（「寄附金控除」443ページ参照）

## 9　修　繕　費

　事業用の家屋、機械、装置、器具その他の固定資産の修繕費は必要経費に算入されます。また、事業用に借りた家屋などの借主が修繕した場合の費用で、貸主に請求できないものも必要経費に算入できます。ただし、資本的支出となるものは修繕費の金額から除かれます。（所令181）

〈資本的支出〉

　固定資産に手入れを加えたことによる支出が通常の管理又は修理の程度を超え、それによって新たに資産の価額が増加したり、使用可能年数が延長したりすることになれば、その支出の効果は翌年以降にも及びますから、これを支出した年の必要経費として一度に算入することは適当でないことになります。このような性格の支出を資本的支出といい、所得金額の計算上はその資産の取得価額に加算され、減価償却の方法によって必要経費に算入していきます。

　修繕費と資本的支出の区分については、次のように取り扱われています。

(1)　次に掲げる支出は、原則として、資本的支出とされます。（所基通37―10）

　①　建物の避難階段の取付等物理的に付加した部分の費用

　②　用途変更のための模様替え等の改造、改装費用

　③　機械の部分品を特に高品質、高性能のものに取り替えた費用で、通常の取替費用を超える部分

　**(注)**　建物の増築、構築物の拡張、延長等は建物等の取得に当たります。

(2)　次に掲げる支出は、修繕費とされます。（所基通37―11）

　①　建物の移えい又は解体移築（旧資材の70％以上を再使用し、従前の建物と同一規模のものを再

建築する場合に限ります。）の費用、機械装置の移設費用（解体費を含みます。）

② 　地盤沈下した土地を沈下前の状態に回復するための地盛り費用、地盤沈下により海水等の浸害を受けた場合の建物等の床上げ、地上げ又は移設に要した費用

③ 　現に使用している土地の水はけを良くするなどのための砂利、砕石等の敷設費用及び砂利道又は砂利路面への砂利、砕石等の補充費用

(3) 　被災した固定資産の被災前の効用を維持するために行う補強工事、排水又は土砂崩れの防止等のために支出した費用（資産損失として必要経費に算入された金額や雑損控除の対象となる損失とされた金額を除きます。）は、(1)にかかわらず修繕費とすることができます。（所基通37─12の2）

(4) 　次のいずれかに該当する場合は、(1)にかかわらず修繕費とされます。（所基通37─12）

① 　その年分に支出した一の修理、改良等の費用で、20万円未満のもの

② 　過去の実績等からみて、3年以内の期間を周期として行われることが明らかな修理、改良等の費用

(5) 　資本的支出であるか修繕費であるか明らかでない場合で、一の修理、改良等の費用が、60万円未満か、その対象資産の前年末における取得価額のおおむね10％相当額以下のいずれかに該当する場合は、修繕費とすることができます。（所基通37─13）

(注1) 　前年以前の各年において、**九の3(2)**の適用を受けた場合の固定資産の前年12月31日における取得価額とは、翌年1月1日において取得されたものとされた1個の減価償却資産の取得価額をいうのではなく、その資本的支出を行った減価償却資産の取得価額とその資本的支出の金額の合計額をいいます。

(注2) 　固定資産には、その固定資産についてした資本的支出が含まれるのですから、その資本的支出が**九の3(3)**の適用を受けた場合であっても、その特例を受けた資本的支出の金額は、その固定資産の前年12月31日における取得価額に含まれます。

(6) 　(1)〜(5)に該当しない場合は、その支出の効果の実質に基づいて判定することになります。

　ただし、継続経理を条件に①支出金額の30％相当額と②対象資産の前年末における取得価額の10％相当額とのいずれか少ない金額を修繕費、その残額を資本的支出としている場合は、その処理が認められます。（所基通37─14）

　なお、災害により損壊した業務の用に供されている固定資産について支出した費用については、その費用の額の30％相当額を原状回復費用とし、残余の額を資本的支出の部分の額とすることができます。この場合、原状回復費用のうち、損壊直前の簿価から損壊直後の時価を控除した残額に相当するまでの金額については、資本的支出とされ、その残りの部分が修繕費とされます。（所基通37─14の2、51─3）

### 〈ソフトウエアに係る資本的支出と修繕費の区分〉

　業務の用に供しているソフトウエアについてプログラムの修正等をした場合には、その修正等が、プログラムの機能上の障害の除去、現状の効用の維持等に該当するときは、その修正等の費用は修繕費に該当し、新たな機能の追加、機能の向上等に該当するときは、その修正等の費用は資本的支出に該当します。（所基通37─10の2）

事業所得（必要経費）

(注1) 既に業務の用に供しているソフトウエア又は購入したパッケージソフトウエア等の仕様を大幅に変更するための費用のうち、171ページの(2)の(注1)により取得価額になったもの（同(2)の(注3)により取得価額に算入しないこととしたものを含みます。）以外のものは、資本的支出に該当します。
(注2) 上記の修正等に要した費用（修繕費に該当するものを除きます。）又は(注1)の費用が研究開発費（自己の業務の用に供するソフトウエアに対する支出に係る研究開発費については、その自己の業務の用に供するソフトウエアの利用により将来の収益獲得又は費用削減にならないことが明らかな場合における当該研究開発費に限ります。）に該当する場合には、資本的支出に該当しないこととすることができます。

《資本的支出と修繕費の区分の判定表》

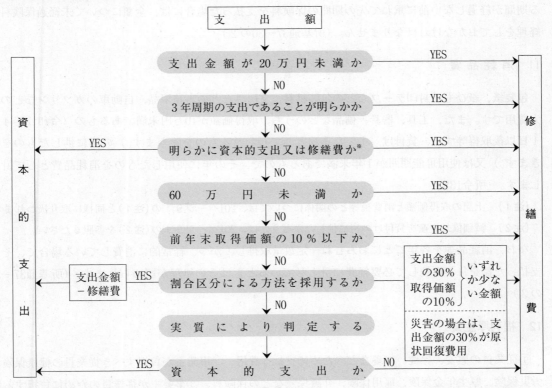

※ 明らかに資本的支出に該当するものとは、本文(1)に該当するものをいい、明らかに修繕費に該当するものとは、本文(2)及び(3)に該当するものをいいます。

## 10　損害保険料

商品などの棚卸資産や、事業用の減価償却資産に対する火災保険料、火災共済掛金、自動車保険料などです。
また、保険期間が3年以上で、保険期間満了後に満期返戻金の支払のある長期損害保険料について

は、積立保険料を除いた純保険料部分が期間の経過に応じて必要経費となります。（所基通36・37共—18の2）

　なお、店舗併用住宅に係る火災保険料などは、固定資産税と同様、建物の総床面積のうちに占める店舗部分の割合によって必要経費となる金額を計算します。（2参照）

〈前払保険料〉

　例えば、年払保険料を年の中途に支払った場合には、翌年以降の保険期間に対応する部分は未経過保険料の経理をし、支払った年分の必要経費には算入されません。しかし、支払った保険料の金額が12か月分以内の場合に、この金額を支払った日の必要経費に算入する経理を継続するときはこの経理が認められます。支払った保険料の金額が13か月分以上である場合や、前に支払った保険料に対応する期間が経過しない前に重ねて先の期間の保険料を支払った場合には、全額について未経過保険料の経理をしておかなければなりません。（所基通37—30の2）

## 11　消耗品費

　包装紙、紙ひも、封印テープなどの包装材料、文房具などの事務用品、自動車のガソリンなどの購入費用です。また、工具、器具、備品などのうち、取得価額が10万円未満であるもの（令和4年4月1日以後取得等する、貸付け（主要な業務として行われるものを除きます。）の用に供したものを除きます。）又は使用可能期間が1年未満であるもので、その年に使用したものを消耗品費として計上します。（所令138）

（注1）　上記の取得価額と消費税等との関係については、201ページ9(1)の（注1）と同様に取り扱われます。

（注2）　減価償却資産を貸付けの用に供したかどうかは、201ページ9(1)の（注2）を参照ください。

　なお、消耗品等を各年ごとにおおむね一定数量取得し、かつ、経常的に消費している場合で、その支払った額を毎年継続して必要経費に計上しているときはその処理が認められます。（所基通37—30の3）

## 12　福利厚生費

　①従業員の慰安、保健、修養などのために支払う費用、②事業主が負担すべき従業員の健康保険、労災保険、厚生年金保険、雇用保険、介護保険などの保険料、③事業主が従業員のために負担する独立行政法人勤労者退職金共済機構や特定退職金共済団体が行う退職金共済制度に基づく掛金などです。

（注）　「特定退職金共済団体」とは、退職金共済事業を行う市町村（特別区を含みます。）、商工会議所、商工会、商工会連合会、都道府県中小企業団体中央会、退職金共済事業を主な目的とする一般社団法人・一般財団法人等その他財務大臣が指定したこれらに準ずる法人で、一定の要件を備えているものとして税務署長の承認を受けているものをいいます。（所令73）

〈従業員の生命・損害保険料〉

　事業主が自己を契約者とし、従業員を被保険者とした保険契約に基づいて支払っている保険料は、次のように取り扱われます。ここで、積立金となるものは必要経費となりません。（所基通36—31～

事業所得（必要経費）

36—31の3、36—32）

① 従業員の給与所得となるもの（源泉徴収の対象となります。）

　　満期保険金、満期返戻金の支払、剰余金の分配又は割戻金の割戻しのある保険契約で、これらの
いずれかの受取人が従業員であるもの（②、③に当たるものを除きます。）

② 福利厚生費となるもの

　イ　①に当たる保険契約でその保険料月額が300円以下のもの

　ロ　①に掲げる給付のないもの

③ 積立金となるもの

　イ　①に掲げる給付のすべての受取人が事業主となっているもの

　ロ　①に掲げる給付を従業員の給与、退職手当等に充当することとしているもの

④ その他

　　事業主が契約者で、従業員の住宅又は家財を保険の目的とする長期の損害保険契約（満期返戻金
の支払のあるもの）は積立保険料以外の保険料部分が福利厚生費となります。

**〈従業員のレクリエーション費用〉**（慰安旅行の費用については313ページ(5)の(注)を参照）

　　従業員のレクリエーションのために行う、会食、旅行、演芸会、運動会などの費用は福利厚生費と
して経理します。ただし、任意の不参加者に対し費用相当の金品を支給する場合は、参加者及び不参
加者について支出したすべての費用を給料として経理しなければなりません。この場合、事業主の費
用については、従業員の費用が福利厚生費として経理できるときは、事業主の参加が店員監督などの
ため必要な場合に限り、その参加のために直接要した金額を福利厚生費に含めて計算します。しかし、
従業員の費用が給料になる場合は、事業主の費用を必要経費に算入することはできません。（所基通
36—30）

　　なお、事業専従者の参加費用は、従業員に準じて取り扱います。

## 13　給料賃金

　　店員や工員などの従業員に支払う給料、賃金などです。この場合、現金のほか、食事や衣服などの
支給も現物給与として必要経費に算入します。なお、給料の源泉徴収に際しての、現物給与の金額の
決め方などについては、312ページ1を参照してください。

　(注)　家族に支払う給与については、23を参照してください。

## 14　利子割引料

　　事業用資金の借入金に対する支払利子、受取手形の割引料などです。

　**〈資産取得のための借入金利子〉**

　　業務を営んでいる者がその業務の用に供する資産の取得のために借り入れた資金の利子は、その業
務に係る所得の計算上、必要経費に算入します。ただし、その資産の使用開始の日までの期間に対応
する部分の利子については、その資産の取得価額に算入することもできます。（所基通37—27）

収入金額、所得金額の計算

　また、月賦払などの契約により、購入資産の代価と、利息や賦払金回収の費用などが区分計算されている場合には、その年分に対応する利息などは必要経費に算入します。ただし、その資産の使用開始の日までの期間に対応する部分の金額については、その資産の取得価額に算入することができます。（所基通37—28）

　　**(注)**　事業所得等を生ずべき業務を開始する前に、その業務の用に供する資産を取得している場合のその資産の取得のために借り入れた資金の利子のうち、その資金の借入れの日からその資産の使用開始の日（取得後、使用しないで譲渡した場合は、その譲渡の日）までの期間に対応する部分の金額は、その資産の取得価額に算入します。（所基通37—27(注)、38—8）

## 15　地代家賃

　店舗、車庫、材料置場などの事業用の土地や建物を賃借している場合に支払った地代や家賃です。店舗併用住宅に係る家賃などで、家事費部分の除外のための按分計算は固定資産税の場合と同様ですから2を参照のうえ計算してください。また、借りる際に支払った権利金などは、土地の場合は借地権の取得価額に、建物の場合は繰延資産として計上しますが、建物の権利金については、支払った金額が20万円未満であれば、家賃に含めて支払った年の必要経費に算入することができます。（17参照）

〈前払家賃等〉

　翌年以後にまたがる期間の地代や家賃を支払った場合には、翌年以降の期間に対応する部分について前払家賃等の経理をしておかねばなりません。しかし、これに関しては前払保険料と同様の取扱いが認められていますから10を参照してください。

〈未払家賃等〉

　支払期限が経過している家賃については、現実に支払っていなくても必要経費に算入します。

## 16　減価償却費

　事業用の建物、機械、車両などの資産を買い入れるための費用は、これらの資産が使用に耐えられなくなるまでの収入に対応しているといえますから、支出した年にその全額を必要経費としないで、一定の方法によりこれらの資産の使用期間に配分して必要経費に算入していきます。このようにして配分された金額を減価償却費といい、その額が必要経費となりますが、その償却計算の詳細及び手続などについては、**九**で説明することにします。（所法49）

## 17　繰延資産の償却費

　減価償却資産のように他へ転売できるような資産としての価値はないが、事業のために支出した費用で、その支出したことによる事業上の効果がその支出の日以後1年以上に及ぶものを、繰延資産といいます。その年12月31日における繰延資産につき償却費として必要経費に算入する額は、支出の効果が及ぶ期間（償却期間といいます。）を基礎として、次の算式で計算した金額です。（所法50、所令137、所基通50—1～50—7）

——(150)——

事業所得（必要経費）

$$（繰延資産の額）\times\frac{その年中の業務を行っていた期間の月数（1月未満は、切り上げる。）}{（支出の効果の及ぶ期間の月数）} = \boxed{償却費の額} （注）$$

**（注）** 支出した年は、上記の算式で計算した金額を月割計算しますが、この場合、1月未満の端数は1月に切り上げます。

| 種類＼区分 | 繰延資産となる費用の範囲 | 償 却 期 間 | 特 別 な 取 扱 い |
|---|---|---|---|
| 開 業 費 | 開業準備のために特別に支出した費用 | 5　　　　年<br>（60か月） | 確定申告書に記載すれば、支出した金額の範囲内の任意の金額を、その年の償却費の額とすることができます。（所令137③） |
| 開 発 費 | 新技術・新経営組織の採用、資源開発又は市場開拓のために特に支出した費用 | | |
| 公共的施設の設置等の負担金 | ① その施設又は工作物がその負担をした者に専ら使用されるものである場合 | その施設又は工作物の耐用年数の70％に相当する年数 | 支出した金額が20万円未満であるときは、その全額をその年の必要経費に算入することができます。（所令139の2）<br>（支出した金額が20万円未満であるかどうかは、公共的施設又は共同的施設の負担金などでは一の設置計画又は改良計画ごとに、権利金などでは一の契約ごとに、広告宣伝用資産では、1個又は1組ごとに判定します。）（所基通50―7） |
| | ② ①以外の施設又は工作物の設置又は改良の場合 | その施設又は工作物の耐用年数の40％に相当する年数 | |
| 共同的施設の設置等の負担金 | ① 負担した人が専ら利用する共同展示場、共同宿泊所など | その施設の耐用年数の70％の年数（土地の取得に充てられる部分の負担金については、45年） | |
| | ② 一般の人も利用できる会館などや商店街の共同のアーケード、日よけ、アーチ、すずらん灯など | 5　　　　年<br>（その施設について定められている耐用年数が5年より短い場合にはその耐用年数） | |
| 事業用の建物を賃借するために支出した権利金など | ① 賃借建物の新築の際に支払った権利金などで、その額が建築費の大部分を占め、建物のある限り賃借できるもの | その建物の耐用年数の70％の年数 | |
| | ② 契約や慣習などによって明渡しの際に借家権として転売できるもの | 賃借後の見積耐用年数の70％の年数 | |
| | ③ その他のもの | 5　　　　年<br>（契約の賃借期間が5年未満であり、かつ、契約の更新をする場合に再び権利金等の支払を要することが明らかであるものについては当該賃借期間の年数） | |

収入金額、所得金額の計算

| | | |
|---|---|---|
| 電子計算機等の機器を賃借するために支出する費用 | | その機器の耐用年数の70％に相当する年数（その年数が契約による賃借期間を超えるときは、その賃借期間の年数） |
| ノーハウの頭金等 | | 5年（設定契約の有効期間が5年未満である場合において、契約の更新に際して再び一時金又は頭金の支払を要することが明らかであるときは、その有効期間の年数） |
| 広告宣伝用資産の贈与のための費用 | | その資産の耐用年数の70％に相当する年数（その年数が5年を超えるときは、5年） |
| スキー場のゲレンデ整備費用 | | 12　　　　　年 |
| 出版権の設定の対価 | | 設定契約に定める存続期間（設定契約に存続期間の定めがない場合には、3年） |
| 同業者団体等の加入金 | | 5　　　　　年 |
| 職業運動選手等の契約金等 | | 契約期間（契約期間の定めがない場合には、3年） |
| そ　の　他 | 以上のほか、繰延資産となる費用の償却期間は、その費用の支出の効果の及ぶ期間とします。（所法50、所令137） | |

**（注）** 償却期間の年数に1年未満の端数がつくときは、その端数を切り捨てた年数を償却期間とします。

---

**計算例**

**（設　例）**

令和4年4月25日に店舗用建物を賃借するための権利金240万円を支出しました。なお、契約により明渡しの際には、借家権として転売できることになっています。なお、この建物の賃借後の見積耐用年数は、18年です。

**（計　算）**

事業所得（必要経費）

① 償却期間の年数　見積耐用年数 18年 × 70 % = 12.6年 →（1年未満切捨て）→ 12年
② 償却費の計算　繰延資産の支出額 240万円 ÷ 償却期間 12年 = 1年分の償却費 20万円
③ 令和4年分の償却費　1年分の償却費 20万円 × 9（月）/12（月）= 15万円

〈港湾しゅんせつ負担金等の償却期間の特例〉

　公共的施設の設置又は改良のために支出する費用のうち、企業合理化促進法第8条《産業関連施設の整備》の規定に基づき負担する港湾しゅんせつに伴う受益者負担金及び共同的施設の設置又は改良のために支出する費用のうち、負担者又は構成員の属する協会等の本来の用に供される会館等の建設又は改良のために負担するものについては、前記の表により計算された償却期間が10年を超える場合には、その償却期間を10年として取り扱います。（所基通50—4）

〈公共下水道に係る受益者負担金の償却期間の特例〉

　地方公共団体が都市計画事業等により公共下水道を設置する場合に、その設置により著しく利益を受ける土地所有者が都市計画法その他の法令の規定に基づき負担する受益者負担金については、前記の表にかかわらず、その償却期間は6年として取り扱います。（所基通50—4の2）

〈分割払をする場合の繰延資産の償却〉

　開業費及び開発費以外の繰延資産で、その費用の額を分割して支払うこととしている場合には、その総額が確定しているときであっても、その総額を未払金に計上して償却することはできません。ただし、分割して支払う期間が短期間（おおむね3年以内）であるときは、この取扱いは適用されません。（所基通50—5）

## 18　事業用固定資産などの損失（所法51①）

　事業用の固定資産などを取り壊したり、除却したり、又は災害によって損壊や滅失などした損失額は、その年の必要経費になります。また、商店街のアーケードについて同様の理由によって損失が生じたり、事業用に借りていた建物が火災などで焼失したために、先に支出していた権利金が失効したことなど、繰延資産について生じた損失も同じくその年の必要経費とされます。ただし、土地の譲渡のための取壊し損失は譲渡所得の経費として計算されます。（所基通51—1〜51—9）

　必要経費になる金額は、次の算式で計算します。

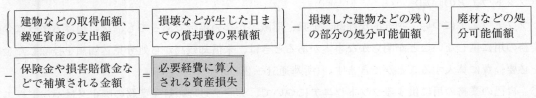

収入金額、所得金額の計算

---

**計算例 1**

**（設　例）**

① 令和4年6月に事業の用に供していた店舗が焼失した。

② 年初における店舗の減価償却費の累積額300万円（取得価額600万円、耐用年数は22年、旧定額法による償却率は0.046）

③ 災害直後の店舗の処分可能価額（時価）　180万円

④ 火災保険会社から受けた店舗の火災保険金　50万円

**（計　算）**

① 被災日までの償却費の累積額

年初累積額　　　　　　年初から被災日までの償却費

$\boxed{300万円} + \boxed{（600万円 - 60万円）\times 0.046 \times 6/12} = \boxed{3,124,200円}$

② 資産損失額の計算

店舗の取得価額　被災日までの償却費　処分可能価額　保険金

$\boxed{（\boxed{600万円} - \boxed{3,124,200円}）- \boxed{180万円} - \boxed{50万円} = \boxed{575,800円}}$

---

〈付随費用〉

　災害により損壊し又は価値が減少した資産を取壊し又は除去した場合であっても、それが災害後相当な期間使用した後に行われたときは、その資産につき取壊し又は除去により生じた損失はもちろん、その資産の取壊し又は除去に要する費用その他の付随費用も災害損失には含まれませんが、災害後おおむね1年以内（大規模な災害の場合その他やむを得ない事情がある場合には、3年以内）に取壊し又は除去したときは、その資産の取壊し又は除去により生じた損失及びその資産の取壊し又は除去に要する費用その他の付随費用の全てを、災害損失として必要経費に算入することができます。（所基通70―6）

　なお、災害により減失した被災事業用資産又は損壊し若しくは価値が減少したことにより取壊し若しくは除去した被災事業用資産につき要する登記登録の抹消費用は、「その他の付随費用」に含まれます。（所基通70―7）

〈有姿除却〉

　固定資産の使用を廃止し、今後通常の方法により事業の用に供する可能性がないと認められる場合はその資産につき解撤、破砕、廃棄等をしていない場合であっても、帳簿価額からその処分見込価額を控除した金額を除却損として必要経費に算入することができます。（所基通51―2の2）

〈ソフトウエアの除却〉

　ソフトウエアについて物理的な除却、廃棄、消滅等がない場合であっても、次に掲げるように今後業務の用に供しないことが明らかな事実があるときは、未償却残高から処分見込価額を控除した金額を必要経費に算入することができます。（所基通51―2の3）

① 自己の業務の用に供するソフトウエアについて、データ処理の対象業務の廃止又はハードウエアやオペレーティングシステムの変更等によって、従来のソフトウエアを利用しなくなったことが明らかな場合

事業所得（必要経費）

② 複写して販売するための原本となるソフトウエアについて、新製品の出現、バージョンアップ等により、今後、販売を行わないことが販売流通業者への通知文書等で明らかな場合

〈原状回復のための費用〉

　災害で建物が損壊した場合において、これを原状に復するために支出した費用の額があるときは次のように経理します。しかし、木造建物を半分だけ取り壊して鉄筋コンクリートで建て直したような場合は原状回復費用ではなく、支出した金額のすべてを建て直した建物の取得価額に算入します。（所基通51―3）

「原状回復のための費用」のうち、

| 建物などの損壊直前の帳簿価額 | 損壊した建物などの残りの部分の処分可能額 | ……以内の金額 ➡ **資本的支出** |
|---|---|---|
| | | ……を超える部分の金額 ➡ **修　繕　費** |

　(注)　「原状回復のための費用」には、資本的支出に該当するものは含まれないため、損壊した資産について支出した費用は、まず、所令181に規定する資本的支出に係る部分とその他の費用（原状回復費用）に係る部分とに区分し、このその他の費用（原状回復費用）の部分のみが「原状回復のための費用」となります。

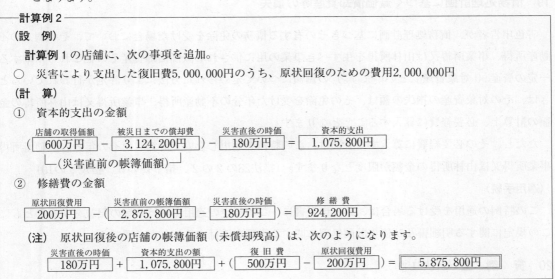

〈修繕費と資本的支出の区分が困難な場合〉

　復旧工事の内容について、原状回復のための工事費（修繕費）と改良のための工事費（資本的支出）との区分が困難な場合には30％を原状回復の費用とし、残額を資本的支出として計算しても差し支えありません。（所基通37―14の2）

　その場合には、原状回復の費用として計算された金額（30％）について、さらに上記「原状回復のための費用」に掲げた算式を適用し、修繕費と資本的支出とに区分します。

収入金額、所得金額の計算

```
┌─ 計算例3 ──────────────────────────────────────────────┐
│ （設 例）                                                      │
│   計算例2の追加事項を次の設例に変更。                          │
│  ○ 支出区分の困難な復旧費5,000,000円                          │
│ （計 算）                                                      │
│                    復旧費                                      │
│ ① 原状回復費用  │5,000,000円│ ×  │ 30% │ = │1,500,000円│     │
│                    復旧費        原状回復費用                  │
│ ② 資本的支出①  │5,000,000円│ - │1,500,000円│ = │3,500,000円│ │
│              災害直前の帳簿価額   災害直後の時価                │
│ ③ 資本的支出②  │2,875,800円│ - │ 180万円 │ = │1,075,800円│   │
│              原状回復費用        資本的支出②                  │
│ ④ 修 繕 費     │1,500,000円│ - │1,075,800円│ = │ 424,200円│  │
│                                                                │
│ （注） 原状回復後の店舗の帳簿価額（未償却残高）は、次のようになります。│
│     資本的支出の額①    災害直後の時価    資本的支出の額②      │
│    │3,500,000円│ + │1,800,000円│ + │1,075,800円│ = │6,375,800円││
└────────────────────────────────────────────────────────────┘
```

## 19 債務処理計画に基づく減価償却資産等の損失

　青色申告者が、債務処理計画に基づきその有する債務の免除を受けた場合において、その個人の不動産所得、事業所得又は山林所得を生ずべき事業の用に供される減価償却資産その他これらに準ずる一定の資産（「対象資産」といいます。）の価額について定められた方法により評定が行われているときは、その対象資産の損失の額は、その免除を受けた年分の不動産所得、事業所得又は山林所得の金額の計算上、必要経費に算入することとなります。

　ただし、その必要経費に算入する金額は、この特例を適用しないで計算したその年分の不動産所得、事業所得又は山林所得の金額が限度となります。（措法28の2の2、措令18の6、措規9の10）

〈適用手続〉

　この特例の適用を受ける場合は、確定申告書に、この規定の適用を受ける旨の記載をするとともに、この規定に関する明細書及び債務計画処理に関する書類を添付することが必要です。

## 20 貸 倒 金 （所法51②）

　事業の遂行上生じた貸倒損失や次に掲げる事由による損失の金額は、必要経費に算入されます。（所令141）

① 販売した商品の返戻又は値引き（これらに類する行為を含みます。）により収入が減少することとなったこと

② 保証債務の履行に伴う求償権の全部又は一部又は一部を行使することができなくなったこと

③ 事業所得の金額を計算する基となった事実のうちに含まれていた行為が無効又は取消しとなったため、経済的成果が失われたこと

（注） 貸倒損失については、最近の商取引の実情を考慮した詳細な取扱いが設けられています。十を参照

事業所得（必要経費）

してください。

## 21 損害賠償金・罰金等

商品配達中に起した交通事故で被害者に支払う損害賠償金などのように、事業の遂行に関連して他人の権利を侵害したことによって支払う損害賠償金は必要経費になりますが、それが事業主の故意又は重過失に基づくものであるときは、必要経費に算入することはできません。また、事業の遂行に関して課された罰金や科料（通告処分による罰金又は科料に相当するもの及び裁判手続（刑事訴訟手続）を経て外国又は外国の地方公共団体が課する罰金や科料、課徴金及び延滞金を含みます。）・過料は、その原因を問わず、必要経費には算入されません。（所法45①八、所令98②、所基通45—5の2〜45—9）

(注) いわゆる司法取引により支払われたものも、裁判手続（刑事訴訟手続）を経て課された罰金又は科料に該当します。

〈従業員の行為に基づく損害賠償金〉

商品配達中の従業員が起した交通事故などで、被害者に支払うべき損害賠償金を事業主が負担した場合は、その事故を起した従業員に故意又は重過失がない場合でも、事業主が超過積載の指示、整備不良車両の運転の指示など雇用者義務に著しく違反しているときは、その負担した損害賠償金を必要経費に算入することはできません。（所基通45—6）

## 22 民事・刑事事件の費用等

### ⑴ 民事事件の費用

業務遂行上生じた紛争や業務用資産について生じた紛争の解決のために支払った弁護士費用等は、次のものを除いてその支出した年分の必要経費に算入されます。（所基通37—25）

① その資産の取得のときに既に紛争が生じているもの、例えば、所有権の帰属について紛争があり、完全に自己に帰属させた場合の費用など資産の取得価額に算入されるもの

② 譲渡（山林）所得の基因となる資産の譲渡に関する紛争に係る費用、例えば、譲渡契約の効力に関する紛争の費用など

③ 必要経費にならない租税公課（所得税・住民税など）の紛争に係る費用

④ 他人の権利を侵害したことによる損害賠償金で、故意、重過失によるものの紛争に係る費用

### ⑵ 刑事事件の費用

業務遂行に関連する行為で、刑罰法令違反の疑いを受けた場合に支出する弁護士費用等は、その違反がないものとされ、あるいは違反に対する処分を受けないこととなり、又は無罪の判決が確定した場合に限って必要経費に算入されます。（所基通37—26）

収入金額、所得金額の計算

## 23 家族に支払う給料・家賃 （所法56、57）

　妻名義の建物を夫が事業に使用してその家賃を妻に支払っている場合のように、生計を一にする親族に給料、家賃、借入金の利子などを支払っても、その支払った金額は、原則として、必要経費には算入できません。その代わり、妻が夫に貸している建物の固定資産税や減価償却費などのように、その親族がこれらに関して負担すべき費用は事業主自身の費用とみなして、これを必要経費に算入することができます。また、これらによって親族が得ている収入は、原則として、税務計算上の所得となりません。

### (1) 青色専従者給与

　青色申告者が営む事業に専従し生計を一にする親族（15歳未満の人は除かれます。）に支払う給与は、上記にかかわらず、その金額が適正であれば、その全額を必要経費に算入できます。この場合、その支払を受けた給与はその専従者の給与所得の収入金額として計算されます。なお、青色事業専従者として事業から給与の支払を受ける人は、配偶者控除、配偶者特別控除又は扶養控除の対象とすることはできません。（所法57①）

### イ 青色事業専従者

　青色事業専従者は、上記のほか、その年を通じて6か月を超える期間その事業に専ら従事していることが必要です。ただし、次のような場合には、事業に従事することができると認められる期間の2分の1を超える期間専ら事業に従事すれば、青色事業専従者となることができます。（所令165①）

　(イ) 年の中途の開業、廃業、休業又は事業主の死亡、季節営業などで事業がその年中を通じて営まれなかった場合

　(ロ) その事業に従事する親族の死亡、長期の病気、結婚などのためその年中を通じ生計を一にする親族として従事できなかった場合

　反対に次のような人は、原則として、青色事業専従者になることはできません。（所令165②）

| ① | 高校、大学、専修学校又は各種学校などの学生又は生徒（夜間学生で昼間の事業従事に妨げがないような人を除きます。） |
|---|---|
| ② | 他に職業がある人（その職業に従事する時間が短く事業従事に妨げがないような人を除きます。） |
| ③ | 老衰その他心身の障害によって事業に従事する能力が著しく阻害されている人 |

### ロ 適正給与の決め方

　青色事業専従者に支給する給与は、労務の適正な対価としてあらかじめ所轄の税務署に届け出た金額の範囲内で、現実に支給していなければなりません。ここで、その給与の額が労務の対価として適正であるかどうかは、おおよそ次の基準を総合して判定することとされています。（所令164）

　(イ) 労務に従事した期間（経験年数）、労務の性質（職務の内容）及びその提供の程度（就業時間）

　(ロ) その事業に従事する他の従業員の給与の状況及びその事業と同種同規模の事業に従事する従業員の給与の状況

事業所得（必要経費）

� 事業の種類及び規模並びに収益の状況（支払能力）

要は、専従者の労働の量と質からみて適正な金額によるべきであり、決して家族間の私情をまじえた恣意的なものであってはならないことにご注意ください。

ハ　2以上の事業に従事している場合の青色専従者給与額の配分

青色申告者が不動産所得、事業所得又は山林所得のうち2以上の所得を生ずべき事業を経営し、かつ、同一の青色事業専従者がその2以上の事業に従事している場合の、それぞれの所得の計算上必要経費に算入する青色専従者給与の金額は、それぞれの事業に従事した分量が明らかである場合は、それぞれの事業に従事した分量に応じて配分して計算した金額により、それぞれの事業に従事した分量が明らかでない場合には、それぞれの事業に均等に従事したものとして計算した金額によります。（所令167）

ニ　青色専従者給与に関する届出書

その年分以後の各年分について青色専従者給与額の必要経費算入の規定の適用を受けようとする青色申告者は、その年3月15日まで（その年1月16日以後新たに事業を開始した場合には、その事業を開始した日から2月以内）に、青色事業専従者の氏名、その職務の内容、給与の金額、その給与の支給期などを記載した「青色専従者給与に関する届出書」を納税地の所轄税務署長に提出しなければなりません。（所法57②、所規36の4①）

なお、青色専従者給与に関する届出書を提出した後に、その書類に記載した青色事業専従者の給与の金額の基準を変更するなど、その書類に記載した事項を変更する場合には、遅滞なく、変更届出書を納税地の所轄税務署長に提出しなければなりません。（所令164②、所規36の4②）

⑵　事業専従者控除

イ　通常の場合の控除額

白色申告者の場合は、生計を一にする親族（15歳未満の人は除かれます。）のうちで、1年のうち6か月を超える期間を白色申告者の営む事業に専ら従事している人であれば、原則として、その専従者1人につき500,000円（事業専従者が納税者の配偶者の場合は、860,000円）を必要経費に算入することができます。ただし、その白色申告者の事業所得の金額（事業専従者控除額を差し引く前の金額）を専従者の数に1を加えた数で除した金額が500,000円（事業専従者が納税者の配偶者の場合は、860,000円）より少ない場合には、その少ない金額が専従者1人当たりの控除額とされます。なお、事業専従者に該当する人は、青色事業専従者の場合と同様に、配偶者控除、配偶者特別控除又は扶養控除の対象とすることができません。（所法57③）

①　500,000円（配偶者は860,000円）

②　$\dfrac{\text{事業専従者控除額控除前の事業所得の金額}}{\text{事業専従者の数} + 1}$　$\Bigg\}$　いずれか少ない金額 ＝ 1人当たりの専従者控除額

白色申告者の事業専従者については、上記のほか、高校や大学の学生でないことなど⑴イの①から③までに当てはまらない人であることが必要です。また、必要経費に算入されたこの控除額は、専従者の給与所得の収入金額とされます。

ロ　2以上の事業に従事している場合の事業専従者控除額の配分

　事業専従者が、不動産所得、事業所得又は山林所得のうち2以上の所得を生ずべき事業に従事している場合の事業専従者控除額の配分は、青色専従者給与額の場合と同様の基準で、その配分計算を行うことになっています。(所令167)

(3)　確定申告書への記載

　青色専従者給与又は事業専従者控除額を必要経費に算入するためには、その年分の申告書第二表の次の欄に該当事項を記載しなければなりません（程度及び仕事の内容は、白色申告の場合にのみ記載します。）。

| 事業専従者の氏名 | 個　人　番　号 | 続柄 | 生年月日 | 従事月数・程度・仕事の内容 | 専従者給与(控除)額 |
|---|---|---|---|---|---|
|  |  |  | 明・大<br>昭・平　　．．|  | 円 |
|  |  |  | 明・大<br>昭・平　　．．|  |  |

（この様式は、申告書第二表の一部です。）

　また、青色申告決算書又は収支内訳書から給与額又は控除額を申告書第一表の次の欄に転記します。

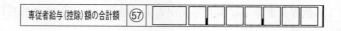

（この様式は、申告書第一表の一部です。）

## 24　災害損失特別勘定

(1)　災害損失特別勘定の設定

　不動産所得、事業所得又は山林所得（「事業所得等」といいます。）を生ずべき事業を営む居住者が、被災資産（138ページ参照）の修繕等のために要する費用を見積もり、(2)に定める合計額以下の金額を被災年分（災害のあった日の属する年分をいいます。）において災害損失特別勘定に繰り入れた場合は、その繰り入れた金額については、その者の被災年分の事業所得等の金額の計算上、必要経費に算入することができます。

　この場合、その被災年分の確定申告書に災害損失特別勘定の必要経費算入に関する明細書の添付が必要です。(所基通36・37共－7の5)

(2)　災害損失特別勘定の繰入額

　(1)の災害損失特別勘定の繰入額は、被災資産について、災害のあった日から1年を経過する日までに支出すると見込まれる次に掲げる修繕費用等の見積額（被災年の翌年の1月1日以後に支出すると見込まれるものに限ります。）の合計額（保険金等により補填された金額を控除した残額）とします。(所基通36・37共－7の6)

①　被災資産の滅失、損壊又は価値の減少による当該被災資産の取壊し又は除去の費用その他の付随費用

②　土砂その他の障害物を除去するための費用

事業所得（棚卸資産）

③　被災資産の原状回復のための修繕費（被災資産の被災前の効用を維持するために行う補強工事、排水又は土砂崩れの防止等のために支出する費用を含む。）

④　被災資産の損壊又はその価値の減少を防止するための費用

（注1）　法令の規定、地方公共団体の定めた復興計画等により、一定期間修繕等の工事に着手できないこととされている場合におけるこの項の適用については、「災害のあった日から1年を経過する日」とあるのは、「修繕等の工事に着手できることとなる日から1年を経過する日」とすることができる。

（注2）　有姿除却（154ページ）の資産については、上記①及び②に掲げる費用に限り災害損失特別勘定への繰入れの対象とすることができます。

## 八　棚卸資産の評価計算

### 1　棚卸資産の範囲

次の資産は、棚卸資産として、年末にその在り高を調べます。

①商品又は製品（副産物及び作業くずを含みます。）、②原材料、③半製品、④仕掛品（半成工事を含みます。）、⑤貯蔵中の消耗品(油、くぎ、包装材料、事務用品など)、⑥販売目的で養殖中のこい・ふな・金魚・のり・わかめなど、⑦仕入などに伴って取得した空かん・空箱・空びんなど（所法2①十六、所令3）

（注1）　事務用消耗品、作業用消耗品、包装材料、広告宣伝用印刷物、見本品などで、毎年の取得数量がおおむね一定しており、経常的に消費されるものについては、取得費用を継続してその取得年分の必要経費としている場合は、この処理が認められますので、棚卸資産に計上する必要はありません（この場合に必要経費に算入する金額が製品の製造のための費用としての性質を有する場合には、その金額は製造原価に算入することになります。）。

（注2）　このほか、棚卸資産と同様の手続で計算するものに、事業所得の基因となる有価証券及び暗号資産があります。

### 2　棚卸資産の取得価額

棚卸資産の在り高を調べる基となる取得価額は、その取得の態様に従って次のように計算します。（所令103）

#### (1)　他から購入した資産

購入代価のほか、次のような費用の額を合計したものが取得価額になります。

①　引取運賃、荷役費、運送保険料、購入手数料、関税（関税の附帯税を除きます。）

②　買入事務、検収、整理、選別、手入れなどの費用

③　販売政策のために、販売所間で、棚卸資産を移管するのに要した運賃、荷造費などの費用

④　季節品など、特別の時期に販売するための長期保管費用

（注1）　②から④までの費用で、その合計額が購入代価のおおむね3％程度以内の少額なものは、取得価

額に算入しないことができます。（所基通47―17）

**(注2)** 棚卸資産の取得又は保有に関連して支出する固定資産税、都市計画税、登録免許税（登録に要する費用を含みます。）、不動産取得税、特別土地保有税等は、その取得価額に算入しないことができます。（所基通47―18の2）

## ⑵ 自己が製造した資産

自己が製造、採掘、採取、栽培、養殖などをして取得した資産は、製造などのために要した原材料費、労務費、その他の経費の合計額（製造原価といいます。）のほか、次のような費用を合計したものが取得価額になります。

① 製造後に要した検査、検定、整理、選別、手入れなどの費用

② 販売や消費のために、製造場や養殖場などから販売所などへ製品等を移管するのに要した運賃、荷造費などの費用

③ 季節品などを特別の時期に販売するための長期保管費用

**(注1)** ①から③までの費用の合計額が、製造原価のおおむね3％程度以内の少額なものは、取得価額に算入しないことができます。（所基通47―17）

**(注2)** 次のような費用の額は、棚卸資産の製造原価に算入しなくてもよいことになっています。（所基通47―19）

 イ 退職給与規程の改正により退職給与引当金勘定に繰り入れた金額でその年分の必要経費に算入される金額のうち、前年の退職給与規程とみなして計算した場合の繰入限度額を超える部分の金額

 ロ 使用人等に支給した賞与のうち、特別の場合に支給される賞与（通常の賞与として支給される部分を除く。）

 ハ 試験研究費のうち、基礎研究や応用研究の費用の額、工業化研究に該当することが明らかでないものの費用の額

 ニ 特別償却費及び通常の使用時間を超えて使用される機械等の特例による償却費の額

 ホ 売上高等に基づいて支払う工業所有権等の使用料及び工業所有権に係る頭金の償却費の額

 ヘ 複写して販売するための原本となるソフトウエアの償却費の額

 ト 事業税の額

 チ 事業の閉鎖、事業規模の縮小等のために大量に整理した使用人に支払った退職給与の額

 リ 長期にわたる事業休止期間に対応する費用の額

 ヌ 障害者雇用納付金の額

**(注3)** 少額な製造間接費は、仕掛品等に配賦しないで、製品製造原価のみに含めることができます。（所基通47―20）

**(注4)** 棚卸資産の取得のために要した借入金の利子は、棚卸資産の取得価額に算入することができます。（所基通47―21）

## ⑶ その他の方法で取得した資産

その資産の取得の時に通常要する取得のための価額と、その資産を消費し又は販売の用に供するために直接要した費用の額との合計額を取得価額とします。

なお、次の資産の取得価額は、それぞれ次の金額によることになっています。

事業所得（棚卸資産）

① 相続などで取得した資産……被相続人が死亡のときによるべきものとされていた評価方法で評価した金額

② 著しく低い価額で譲り受けた資産……リベートなどで、時価よりも低い価額で譲り受けた棚卸資産については次の算式で計算した金額

$$\begin{pmatrix}自己が支払\\った金額\end{pmatrix} + \begin{pmatrix}経済的利益として総収\\入金額に算入した金額\end{pmatrix} + \begin{pmatrix}その資産を消費し又は販売の用に\\供するために直接要した費用の額\end{pmatrix} = 取得価額$$

## 3 棚卸資産の評価方法

棚卸資産の在り高を調べることを、通常棚卸資産の評価といいます。棚卸資産の評価の方法は、まず、商品や消耗品などを種類、品質、型などの別に、その数量を調べておきます。それから、次の評価方法のいずれかで評価して、その在り高を計算します。評価の方法をどれにするかは、原則として、あらかじめ税務署に届け出ておかねばなりません。届出のない場合は、最終仕入原価法（事業所得の基因となる有価証券については総平均法）で評価することとされています。届出の方法などについては、4を参照してください。（所令99、99の2、102）

### (1) 原価法

原価により評価する方法で、個別法のほか五つの方法があり、事業形態にふさわしい方法を選定することができます。個別法以外の原価法によるときは、棚卸資産の種類（商品や製品、半製品、仕掛品、原材料などの区分をいいます。）の同じものについては同一の方法によって評価しなければなりません。

### ① 個別法

棚卸資産の全部について、その個々の取得価額により評価する方法です。この方法は、棚卸資産の種類が限られており、かつ取引数量もさして多くない、例えば、不動産業などに適した方法ということができます。反対に、1回の取引で大量に取得され、かつ、規格に応じて価格が定められているようなものについては個別法は選定できないこととされています。

#### 〈評価方法の計算例〉

**(設 例)**

| a | 180個 | @ | 86円 | （年初の棚卸高） |
|---|---|---|---|---|
| b | 100個 | @ | 80円………仕入 | |
| ⓒ | 80個 | @ | 100円………販売 | |
| d | 100個 | @ | 75円………仕入 | |
| ⓔ | 120個 | @ | 100円………販売 | |
| f | 20個 | @ | 85円………仕入 | |
| g | 200個 | | | （年末の棚卸数量） |

b～fの順序で仕入販売があったものとします。

#### ① 個別法

年末の数量　　a 100個　　d 80個　　f 20個とすれば

| a | 100個 | @ | 86円 | 8,600円 |
|---|---|---|---|---|
| d | 80個 | @ | 75円 | 6,000円 |
| f | 20個 | @ | 85円 | 1,700円 |
| g | 200個 | | （評価額） | 16,300円 |

——（163）——

収入金額、所得金額の計算

### ② 先入先出法

例えば、下に取出口のある米びつで米を出入れしていくと、年末の棚卸しの時には、年末に一番近く仕入れた米が残っていることになります。棚卸資産がこのような順序で使われていると仮定して評価する方法です。

| ② 先入先出法 | | | |
|---|---|---|---|
| b | 80個 | @ 80円 | 6,400円 |
| d | 100個 | @ 75円 | 7,500円 |
| f | 20個 | @ 85円 | 1,700円 |
| g | 200個 | （評価額） | 15,600円 |

### ③ 総平均法

年初の棚卸資産の取得価額と年中の総仕入額との合計額を平均して、棚卸資産もその平均単価で残っているものとして評価する方法で、次の算式によって計算します。

$$\frac{年初の棚卸高＋仕入総額}{年初の棚卸数量＋仕入総数量}＝平均単価 \qquad 平均単価×年末の棚卸数量＝年末の棚卸高$$

| ③ 総平均法 | | | |
|---|---|---|---|
| a | 180個 | @ 86円 | 15,480円 |
| b | 100個 | @ 80円 | 8,000円 |
| d | 100個 | @ 75円 | 7,500円 |
| f | 20個 | @ 85円 | 1,700円 |
| | 400個 | | 32,680円 |
| | 32,680円÷400（個）＝81.7円（平均単価） | | |
| g | 81.7円×200（個）＝16,340円（評価額） | | |

### ④ 移動平均法

総平均法では、年末で年初の棚卸商品とその年中の仕入商品についての平均単価を求めましたが、移動平均法は、年の中途で新たに商品を仕入れるつど、その時に残っている商品と新たに仕入れた商品とについての平均単価が改定されたものとみなして、順次、改定の計算をし、年末に一番近い分とみなされた単価に、棚卸数量を掛けて棚卸高を計算する方法です。

| ④ 移動平均法 | | | |
|---|---|---|---|
| a | 180個 | @ 86円 | 15,480円 |
| b | 100個 | @ 80円 | 8,000円 |
| | 280個（平均） | 23,480円÷280（個）＝@83.85円 | |
| ⓒ | 80個 販売 | | |
| 残 | 200個 | @ 83.85円 | 16,770円 |
| d | 100個 | @ 75円 | 7,500円 |
| | 300個（平均） | 24,270円÷300（個）＝@80.9円 | |
| ⓔ | 120個 販売 | | |
| 残 | 180個 | @ 80.9円 | 14,562円 |
| f | 20個 | @ 85円 | 1,700円 |
| | 200個（平均） | 16,262円÷200（個）＝@81.31円 | |
| g | 81.31円×200（個）＝16,262円（評価額） | | |

### ⑤ 最終仕入原価法

年末に一番近い時期に仕入れた商品の仕入単価に、年末の棚卸数量を掛けて計算する方法です。

| ⑤ 最終仕入原価法 | |
|---|---|
| | 年末に一番近い仕入単価は、85円ですから |
| g | 85円×200（個）＝17,000円（評価額） |

事業所得（棚卸資産）

⑥　売価還元法

　この方法は通常原価がわからない場合に適用される方法で、年末におけるその商品の販売予定価額と通常生ずるその商品の販売益を基礎として、次のように計算する方法です。

| ⑥　売価還元法 |
| --- |
| 　販売予定額　20,000円、差益率　20％とすれば |
| g　　　　　20,000円×(1−0.2)＝16,000円（評価額） |

　（年末棚卸資産の販売予定価額）×｛1−（通常生ずる差益の率）｝＝年末の棚卸高

⑵　低価法

　原価法のうち、あらかじめ選定している方法によって評価した棚卸資産の価額とその年12月31日における価額（正味売却価額）とを比較して、いずれか低い方の額をもって棚卸高とする方法です。

| ⑵　低価法 |
| --- |
| 　原価法（先入先出法を選定している場合）　　15,600円 |
| 　年末の正味売却価額　　　　85円×200(個)＝17,000円 |
| 　いずれか低い方の額　　　　（評価額）　　　15,600円 |

　この方法は、青色申告者だけが選定できます。（所基通47—10）

　**(注)**　その年の前年12月31日における棚卸資産について、低価法によって評価していた場合のその年の12月31日における棚卸資産の評価額の計算の基礎となるその棚卸資産の取得価額は、その低価法による評価額ではなく、その低価法の基礎として選定している原価法によって評価した価額によります。

### ⑶　店ざらし品などの評価

　次のような事実の生じた棚卸資産については、これを他の棚卸資産と区分し、年末の処分可能価額で評価することが認められます。（所令104、所基通47—22、47—23）

①　災害によって著しく損傷したこと

②　夏物の婦人服地を秋に持ち越した場合のように、売れ残った季節商品があって、今後通常の価額では販売することができないことが過去の実績その他の事情に照らして明らかであること

③　その資産と同一用途の新製品が発売されたため、今後、これを通常の方法では販売することができないようになったこと

④　破損、型くずれ、棚ざらし、品質変化などによって、通常の方法では販売することができないようになったこと

　**(注)**　棚卸資産の価額が、単に物価変動、過剰生産、建値の変更等の事情によって低下しただけでは、上記①～④の事実に該当しません。（所基通47—24）

### ⑷　棚卸資産の特別な評価の方法

　事業の形態などに照らしてもっともふさわしいと思われる評価の方法が、⑴～⑶の方法のいずれにも当てはまらない場合は、税務署長の承認を受けたうえで、その評価の方法を選定することができます。（所令99の2）

収入金額、所得金額の計算

---計算例---
**（設例）**

| 棚卸商品 | 最終仕入原価法による評価額 | 年末の時価による評価額 |
|---|---|---|
| A 商品 | 420万円 | 500万円 |
| B 商品 | 315万円 | 305万円 |
| C 商品 | 450万円 | 555万円 |
| 合　計 | 1,185万円 | 1,360万円 |

なお、A商品について次の事実があります。
① 最終仕入原価法による評価額は18万円であるが、汚損により、年末における処分可能価額が7万円の品が含まれている（年末時価による評価は18万円として計上）。
② 年末の最終仕入原価法による評価額では、20万円であるが、翌年に持ち越すと10万円に値下がりするとみられる季節商品がある（年末時価による評価は、20万円として計上）。

**（低価法による棚卸資産の評価計算）**

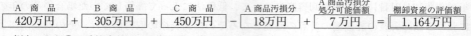

（注） 上記②の季節商品は、翌年以降の値下りで、本年については、評価減はできません。

## 4　棚卸資産の評価方法の選定と届出

　棚卸資産の評価の方法は、事業の種類ごとに、かつ、商品又は製品、半製品、仕掛品、主要原材料及び補助原材料その他の棚卸資産の区分ごとに選定し、税務署長に届け出なければなりません（この届出をしない場合の評価方法は、最終仕入原価法とされます。）。（所令100〜102）

| 種類＼区分 | しなければならない場合 | 記載しておかなければならない主な事項 | 提出先 | 期　　日 |
|---|---|---|---|---|
| 届　出 | 新規開業 | ①事業の種類　②資産の種類　③評価の方法<br>（届出書の様式は190ページ） | 所轄の税務署 | 開業した翌年の3月15日 |
| | 異なる事業の開始 | | | |
| 承認の申請 | 評価方法の変更 | 上記①から③までのほか、④変更前の評価方法　⑤変更の理由<br>（申請書の様式は192ページ） | | 変更しようとする年の3月15日 |
| | 特別な評価方法の選定 | 上記①から③までのほか、④後入先出法又は後入先出法を基礎とする低価法に準じているかどうかの別 | | 特に期限はありません。 |

（注）　評価方法の変更は、現によっている評価方法を採用してから3年を経過していない場合でその変更することについて特別の理由がないときや3年を経過していてもその変更することについて合理的な理由がないときは認められないことがあります。（所基通47—16の2）

事業所得（棚卸資産）

## 5　有価証券の評価方法

　有価証券の評価は、有価証券の種類ごとに総平均法及び移動平均法（164ページ参照）のうち、あらかじめ選定して届け出た方法によって行います。（所法48、所令105、106①）

　**(注)**　その有価証券の譲渡が、株式等の譲渡に係る事業所得として分離課税（措法37の10、37の11）の対象となる場合は、総平均法によってのみ評価することになります。（措令25の8⑧、25の9⑪）

### ⑴　評価方法の選定及び変更

　事業所得の基因となる有価証券を取得した場合には、その取得の年の前年以前に同種類の有価証券を取得している場合を除き、その取得年分の確定申告書の提出期限までに、その有価証券について採用する評価の方法を選定して、納税地の所轄税務署長に届け出なければなりません。（所令106②）

　この届出をしないときは、総平均法によって評価しなければならないことになっています。（所令108）

　また、現在採用している評価方法を変更しようとする場合には、新たな評価方法を採用しようとする年の3月15日までに、納税地の所轄税務署長に承認の申請をしなければなりません。（所令107）

　**(注)**　有価証券の評価方法の変更は、特別な理由がない限り3年間はできないこととされています。（所基通47—16の2、48—7）

### ⑵　有価証券の取得価額

　有価証券の評価額の計算の基礎となる有価証券の取得価額は、その取得の区分に応じて、一般的にはそれぞれ次の金額によって計算します。（所令109①）

①　金銭の払込みにより取得したもの……その払込みをした金銭の額（新株予約権（新投資口予約権を含みます。）の行使により取得したものにあってはその取得価額を含むものとし、金銭の払込みによる取得のために要した費用の額があるときはその費用の額を加算した金額）

②　特定譲渡制限付株式**(注1)**又は承継譲渡制限付株式**(注2)**……その特定譲渡制限付株式又は承継譲渡制限付株式の譲渡についての制限が解除された日における価額**(注3)**

　**(注1)**　個人から役務の提供を受けた法人又はその親法人の譲渡制限付株式であって、その役務の提供の対価としてその個人に生ずる債権の給付と引換えにその個人に交付されるものその他個人に給付されることに伴ってその債権が消滅する場合の譲渡制限付株式をいいます。（所令84①）

　**(注2)**　合併や分割型分割により被合併法人又は分割法人の特定譲渡制限付株式を有する者に対して交付される合併法人又は分割承継法人の譲渡制限付株式で一定の要件を満たすものをいいます。（所令84①）

　**(注3)**　令和2年4月1日以後については、解除される日前にその個人が死亡した場合において、その個人の死亡の時に無償取得事由に該当しないことが確定しているものは、これらの取得価額は、その個人の死亡の日における価額とされます。（所令84①、令2改所令等附4①）

③　発行法人から与えられた株式等を取得する権利の行使により取得したもの……その有価証券のその権利の行使の日（権利の行使により取得したものにあってはその権利に基づく払込み又は給付の期日〈払込み又は給付の期間の定めがある場合には、その払込み又は給付をした日〉）における価

——(167)——

収入金額、所得金額の計算

額

④　発行法人に対し新たな払込み又は給付を要しないで取得したその発行法人の株式（出資及び投資口を含みます。）又は新株予約権（新投資口予約権を含みます。）のうち、その発行法人の株主等（他の株主等に損害を及ぼすおそれがないと認められる場合に限ります。）として与えられる場合のその株式又は新株予約権……ゼロ

⑤　購入したもの……その購入の代価（購入手数料などの購入費用を加算した金額）

⑥　①から⑤までの方法以外の方法によって取得したもの……その取得の時におけるその有価証券の取得のために通常要する価額

⑶　**相続等によって取得した有価証券の取得価額**

　次の方法で取得した有価証券の取得価額は、それぞれ次の金額によります。（所令109②）

①　贈与（相続人に対する贈与で被相続人である贈与者の死亡により効力を生ずるものに限ります。）、相続又は遺贈（包括遺贈及び特定遺贈に限ります。）によって取得したもの……被相続人の死亡の時に被相続人がその有価証券について採用することとしていた評価の方法で評価した金額

**（注）**　贈与又は遺贈によって取得したもので贈与者又は遺贈者の事業所得の金額又は雑所得の金額の計算上その有価証券の価額が収入金額に算入されたものは、その贈与又は遺贈の時におけるその有価証券の価額を取得価額とします。（所法40②一）

②　著しく低い価額（通常の取得価額の70％未満の価額）の対価で取得したもの……その対価の額とその譲渡によって実質的に贈与されたと認められる金額との合計額

## 6　暗号資産の譲渡原価等の計算及びその評価の方法

　居住者の暗号資産につきその者の事業所得の金額又は雑所得の金額の計算上必要経費に算入する金額を算定する場合におけるその算定の基礎となるその年12月31日（その者が年の中途において死亡し、又は出国をした場合には、その死亡又は出国の時。）において有する暗号資産の価額は、その者が暗号資産について選定した評価の方法（総平均法又は移動平均法）により評価した金額（評価の方法を選定しなかった場合又は選定した評価の方法により評価しなかった場合には、法定評価方法（総平均法）により評価した金額）とされます。（所法48の2①、所令119の2①）

　暗号資産の取得価額は、次の暗号資産の区分に応じ次に定める金額とされています。（所令119の6①）

イ　購入した暗号資産……その購入の代価（購入手数料その他その暗号資産の購入のために要した費用がある場合には、その費用の額を加算した金額）

ロ　上記イの暗号資産以外の暗号資産……その取得の時におけるその暗号資産の取得のために通常要する価額

ハ　いわゆる死因贈与、相続又は包括遺贈及び相続人に対する特定遺贈により取得した暗号資産……被相続人の死亡の時において、被相続人がその暗号資産につきよるべきものとされていた評価の方法により評価した金額

事業所得（棚卸資産）

ニ　著しく低い価額の対価による譲渡により取得した暗号資産……その譲渡の対価の額と実質的に贈与をしたと認められる金額との合計額

　　**（注1）**　居住者が暗号資産信用取引（資金決済に関する法律に規定する暗号資産交換業を行う者から信用の供与を受けて行う暗号資産の売買をいいます。）の方法による暗号資産の売買を行い、かつ、暗号資産信用取引による暗号資産の売付けと買付けとにより暗号資産信用取引の決済を行った場合には、その売付けに係る暗号資産の取得に要した経費としてその者のその年分の事業所得の金額又は雑所得の金額の計算上必要経費に算入する金額は、暗号資産信用取引においてその買付けに係る暗号資産を取得するために要した金額とされています。（所令119の7）

　　**（注2）**　暗号資産を売買した場合における事業所得の金額又は雑所得の金額の計算上必要経費に算入する金額について、暗号資産の売買による収入金額の100分の5に相当する金額を暗号資産の取得価額として事業所得の金額又は雑所得の金額を計算しているときは、これが認められます。（所基通48の2－4）

収入金額、所得金額の計算

## 九　減価償却資産の償却計算

### 1　減価償却資産の範囲

　事業用として、新たに取得したり他から転用した資産が減価償却資産であるかどうかは、おおむね次によって見分けます。（所法2①十九、所令6）

| 区分　種類 | 減 価 償 却 資 産 | 減価償却の対象とならない資産 |
|---|---|---|
| 有 形 固 定 資 産 | 建物、建物附属設備（冷暖房設備、昇降機、可動間仕切りなど）、構築物（下水道、へい、煙突など）、機械及び装置、航空機、船舶、車両及び運搬具、工具、器具及び備品 | 土地、販売目的のもの、建設中のもの、時の経過によりその価値の減少しない資産（注1）など |
| 無 形 固 定 資 産 | 鉱業権、漁業権、水利権、特許権、実用新案権、意匠権、商標権、ソフトウエア、育成者権、樹木採取権（令和2年4月1日以後に取得したもの）、営業権、専用側線利用権、電気ガス供給施設利用権、電気通信施設利用権などの権利 | 地上権や借地権などの土地の上に存する権利、電話加入権 |
| 生 　 物 | 牛、馬、豚、果樹、茶樹、アスパラガス、ホップなど | 飼育、養殖又は育成中の動植物など |

**(注1)**　平成27年1月1日以後に取得をする美術品等について、次のものは「時の経過によりその価値の減少しない資産」として取り扱います。（所基通2—14）

   (1)　古美術品、古文書、出土品、遺物等のように歴史的価値又は希少価値を有し、代替性のないもの

   (2)　(1)以外の美術品等で、取得価額が1点100万円以上であるもの（時の経過によりその価値が減少することが明らかなものを除きます。）

**(注2)**　平成27年1月1日以後に取得をする取得価額が1点100万円未満である美術品等（時の経過によりその価値が減少しないことが明らかなものを除きます。）は減価償却資産として取り扱います。

**(注3)**　平成27年1月1日前に取得をした美術品等については、その価額が1点20万円（絵画の場合は号2万円）未満のものについて、減価償却資産として取り扱うことができます。

　　　ただし、個人が、平成27年1月1日に有する美術品等（**(注2)**により減価償却資産とされるものに限ります。）について、同日から減価償却資産に該当するものとしている場合には、その美術品等を同日において取得し、かつ、事業の用に供したものとすることができます。

### 2　減価償却費の取得価額

　減価償却費の計算の基礎となる取得価額は、その取得の態様に応じて、それぞれ次のようになります。（所令126、128）

事業所得（減価償却）

## (1) 他から購入した資産

　購入代価のほか、買入手数料、周旋料、関税（関税の附帯税を除きます。）、運送保険料、搬入費、据付費、使用開始までの借入金利子で必要経費に算入しなかったものなどの合計額となります。

- **(注1)** 他の者から購入したソフトウエアについて、そのソフトウエアの導入に当たって必要とされる設定作業及び自己の仕様に合わせるために行う付随的な修正作業等の費用は、そのソフトウエアの取得価額に算入します。（所基通49－8の2（注）1）
- **(注2)** 広告宣伝用資産の取得に伴い受贈益（137ページ5参照）が生じた減価償却資産については、販売業者等が取得のために支出した金額と受贈益との合計額を取得価額とします。

## (2) 自己が製造した資産

　製造や建設のために直接使った材料費、労務費、その他の経費のほか、業務の用に供するために直接要した費用の合計額となります。

- **(注1)** 既に有しているソフトウエア又は購入したパッケージソフトウエア等（「既存ソフトウエア等」といいます。）の仕様を大幅に変更して、新たなソフトウエアを製作するための費用の額は、当該新たなソフトウエアの取得価額になりますが、その場合（新たなソフトウエアを製作することに伴い、その製作後既存ソフトウエア等を利用することが見込まれない場合に限ります。）におけるその既存ソフトウエア等の残存価額は、その新たなソフトウエアの製作のために要した原材料費となります。（所基通49―8の2（注）2）
- **(注2)** 市場販売目的のソフトウエアにつき、完成品となるまでの間に製品マスターに要した改良又は強化に係る費用の額は、そのソフトウエアの取得価額に算入します。（所基通49―8の2（注）3）
- **(注3)** 次のような費用は、ソフトウエアの取得価額に算入しないことができます。（所基通49―8の3）
  - イ　自己の製作に係るソフトウエアの製作計画の変更等により、仕損じがあったため不要となったことが明らかなものに係る費用
  - ロ　研究開発費の額（自己の業務の用に供するソフトウエアに係る研究開発費の額については、その自己の業務の用に供するソフトウエアの利用により将来の収益獲得又は費用削減にならないことが明らかな場合における当該研究開発費の額に限ります。）
  - ハ　製作等のために要した間接費、附随費用等で、その費用の合計額がその製作原価のおおむね3％以内であるもの

## (3) 相続などで取得した資産

① 　個人からの贈与、相続（限定承認以外のもの）、包括遺贈（限定承認以外のもの）、相続人に対する特定遺贈又は死因贈与、時価の2分の1未満の低い価額で譲渡を受けた場合（譲渡人において譲渡損が出た場合に限ります。）……贈与者又は被相続人がその資産を取得するために支払った取得費となります。

② 　①以外の相続、遺贈、低額譲受け……相続などの時のその資産の時価となります。

## (4) 事業用に転用した資産

　業務に使用していなかった資産を事業用に転用した場合で、その資産を

① 　昭和27年12月31日以前から引き続き所有している場合……昭和28年1月1日現在の相続税評価額とその後に支出した設備費、改良費の合計額となります。

収入金額、所得金額の計算

② 昭和28年1月1日以後に取得した場合……実際の取得価額と、その後に支出した設備費、改良費の合計額となります。

**(注1)** 事業用に転用した日までの減価の額は、次の算式により計算し、その額は、減価償却が済んだものとして計算されます。（所令85）

$$
\begin{pmatrix} 取得価額 \\ 設\ 備\ 費 \\ 改\ 良\ 費 \end{pmatrix} \times 0.9 \times \begin{pmatrix} その資産と同種の事業用資産の \\ 耐用年数を1.5倍した耐用年数 \\ に応ずる旧定額法の年償却率 \end{pmatrix} \times 経過年数 = 減価の額
$$

※ 1.5倍した耐用年数に1年未満の端数があるときは切り捨て、経過年数の6か月以上の端数は1年とし、6か月未満の端数は切り捨てます。

耐用年数は、事業用に転用した日において定められている耐用年数によります。

**(注2)** 非業務用資産の減価の額に係る計算においては、6の適用はありません。

減価の額の累積額が取得価額の95％に相当する金額に達した非業務用資産を業務の用に供した場合には、平成20年分以後において6により減価償却費を計算することになります。

## 3 資本的支出があった場合の減価償却資産の取得価額の特例

減価償却資産について、平成19年4月1日以後に支出する金額のうちに資本的支出（145ページ参照）となる金額があった場合には、原則として、その資本的支出の金額を1個の減価償却資産の取得価額として、その資本的支出を行った減価償却資産と種類及び耐用年数を同じくする減価償却資産を新たに取得したものとして新たな定額法又は新たな定率法等により償却費の額を計算します。（所令127①）

なお、次の特例が設けられています。

⑴ 平成19年3月31日以前に取得した減価償却資産に資本的支出を行った場合には、その資本的支出を行った減価償却資産に係る取得価額に資本的支出の金額を加算することができます。（所令127②）

---
**計算例**

**（設 例）**

① 資本的支出を行った減価償却資産（本体）

取得年月 平成19年1月 　取得価額 1,000万円 　耐用年数 20年

耐用年数20年の旧定率法の償却率 0.109

事業専用割合は100％とし、取得日から減価償却が終了するまで継続して使用したものとします。

② 資本的支出

支出した年月 令和4年4月 　取得価額 150万円 　耐用年数 20年

耐用年数20年の旧定率法の償却率 0.109

耐用年数20年の200％定率法の償却率 0.100

**（原 則）**

| 年 分 | 償却費の計算 | 未償却残高 |
|---|---|---|
| 令和4年分 | 本　　体　1,770,780円×0.109×12/12＝193,016円 | 1,577,764円 |
| | 資本的支出　1,500,000円×0.100× 9/12＝112,500円 | 1,387,500円 |

---

事業所得（減価償却）

| | | 未償却残高 |
|---|---|---|
| 令和5年分 | 本　　　体　1,577,764円×0.109×12/12＝171,977円 | 1,405,787円 |
| | 資本的支出　1,387,500円×0.100×12/12＝138,750円 | 1,248,750円 |

**（特例の計算）**

| 年　分 | 償却費の計算 | 未償却残高 |
|---|---|---|
| 令和4年分 | 本　　　体　1,770,780円×0.109×12/12＝193,016円 | 1,577,764円 |
| | 資本的支出　1,500,000円×0.109×　9/12＝122,625円 | 1,377,375円 |
| 令和5年分 | 本体＋資本的支出<br>｛(1,770,780円＋1,500,000円)－(193,016円＋122,625円)｝<br>×0.109×12/12＝322,111円 | 2,633,028円 |

**(注)**　本書において、「旧定率法」又は「旧定額法」と表記しているのは、特に断り書きのない場合、平成19年3月31日以前に取得した場合の定率法又は定額法のことをいいます。

(2)　定率法を選定している減価償却資産について資本的支出を行った場合には、その支出した年の翌年1月1日において、その資本的支出を行った減価償却資産の期首未償却残高とその資本的支出により取得したものとされた減価償却資産の期首未償却残高との合計額をその取得価額とする1個の減価償却資産を新たに取得したものとすることができます。（所令127④）

**(注)**　平成23年12月税制改正で、この(2)の措置について、平成24年3月31日以前に取得した減価償却資産と平成24年4月1日以後にした資本的支出により取得をしたものとされた減価償却資産とを一の減価償却資産とすることはできないこととされました（所令127④、平成23.12改所令附2④）。

**┌計算例**

**（設　例）**

①　資本的支出を行った減価償却資産（本体）

取得年月　令和4年1月　　取得価額　1,000万円　　耐用年数　6年

耐用年数6年の200％定率法の償却率　0.333

事業専用割合は100％とし、取得日から減価償却が終了するまで継続して使用したものとします。

②　資本的支出

支出した年月　令和4年4月　　取得価額　150万円　　耐用年数　6年

耐用年数6年の200％定率法の償却率　0.333

**（原　則）**

| 年　分 | 償却費の計算 | 未償却残高 |
|---|---|---|
| 令和4年分 | 本　　　体　10,000,000円×0.333×12/12＝3,330,000円 | 6,670,000円 |
| | 資本的支出　　1,500,000円×0.333×　9/12＝　374,625円 | 1,125,375円 |
| 令和5年分 | 本　　　体　6,670,000円×0.333×12/12＝2,221,110円 | 4,448,890円 |
| | 資本的支出　1,125,375円×0.333×12/12＝　374,750円 | 750,625円 |

――（173）――

収入金額、所得金額の計算

**（特例の計算）**

| 年　分 | 償却費の計算 | 未償却残高 |
|---|---|---|
| 令和4年分 | 本　　　　体　　10,000,000円×0.333×12/12＝3,330,000円<br>資本的支出　　1,500,000円×0.333×　9/12＝　374,625円 | 6,670,000円<br>1,125,375円 |
| 令和5年分 | 新たに取得したものとされる資産<br>　7,795,375円（本体及び資本的支出の未償却残高の計）<br>　　　　　　　　　　　　　　　×0.333×12/12＝2,595,860円 | 5,199,515円 |

(3) 同一年中に複数回行った資本的支出について定率法を選択している場合（(2)の特例の適用を受けたものを除きます。）には、その支出した年の翌年1月1日において、その資本的支出により取得したものとされた減価償却資産のうち種類及び耐用年数を同じくするものの同日における期首未償却残高の合計額を取得価額とする1個の減価償却資産を新たに取得したものとすることができます。（所令127⑤）

　　この場合、翌年1月1日を取得の日として、その資本的支出を行った減価償却資産と同じくする種類及び耐用年数に基づいて償却を行います。

　　なお、平成24年4月1日前に減価償却資産について支出した金額（平成24年4月1日から同年12月31日までの間に行う資本的支出について250％定率法の特例の適用を受けるもの（以下「経過旧資本的支出額」といいます。）を含み、平成24年1月1日から同年3月31日までの間に行う資本的支出について200％定率法の適用を受けるもの（以下「経過新資本的支出額」といいます。）を除きます。）に係る追加償却資産と同日以後に減価償却資産について支出する金額（経過旧資本的支出額を除き、経過新資本的支出額を含みます。）に係る追加償却資産で種類及び耐用年数を同じくするものとは、異なる種類及び耐用年数の資産とみなすこととされています。（平23.12改所令附2⑥）

**（注1）** 旧定率法を選定している建物、建物附属設備及び構築物にした資本的支出に係る償却方法（所基通49-1の2）

　　　旧定率法を選定している建物、建物附属設備及び構築物に資本的支出をした場合において、その資本的支出につき(1)の特例を適用せずに、その資本的支出に係る金額を1個の減価償却資産の取得価額としているときには、その資本的支出に係る償却方法は、次に掲げる資本的支出の区分に応じ、それぞれ次に定める方法によります。

　　① 鉱業用減価償却資産に該当しない建物、建物附属設備及び構築物にした資本的支出
　　　……定額法

　　② ①以外のもの……定額法又は生産高比例法（これらの償却の方法に代えて納税地の所轄税務署長の承認を受けた特別な償却の方法を含みます。）のうち選定している方法

**（注2）** 資本的支出の取得価額の特例の適用関係（所基通49-8の4）

　　　資本的支出につき、(2)又は(3)の特例を選択した場合には、一定の場合を除きその翌年以後において、その選択した以外の特例を改めて選択することや、その資本的支出の金額を1個の減価償却資産の取得価額として減価償却費の額を計算することはできません。

事業所得（減価償却）

## 4 減価償却資産の耐用年数・償却率

減価償却資産を普通に使用した場合に、その効用が持続する期間を**耐用年数**といい、また、5で述べる減価償却の方法のうち定額法と定率法については、耐用年数を一定の率（**償却率**）に換算し、実際の減価償却費はその率を使って計算します。耐用年数は財務省令（耐用年数省令）によって定められています（**法定耐用年数**といいます。）が、償却率もこれに併載されています。（1077ページ以下に掲載）（耐用年数省令1、同別表）

### (1) 中古の減価償却資産の耐用年数

既に耐用年数の全部又は一部を経過している中古の減価償却資産を取得した場合には、原則として、取得後の使用可能年数を見積もって耐用年数とします。しかし、この見積りができないときは、次の簡便法で計算した年数とすることができます（1年未満の端数は切り捨て、2年未満の年数は2年とします。）。（耐用年数省令3）

| ① | 耐用年数の全部を経過したもの | 法定耐用年数×0.2 |
| --- | --- | --- |
| ② | 耐用年数の一部を経過したもの | 法定耐用年数－（経過年数×0.8） |

ただし、業務の用に供するに当たって支出した資本的支出とされる金額がその取得価額の50％を超えるときは、上記の簡便法は適用できません。

**（注1）** 中古資産を事業の用に供するに当たって支出した資本的支出の金額が、その改良費等がその資産の再取得価額の50％相当額を超える場合は、法定耐用年数によることになります。（耐通1─5─2）

**（注2）** 耐用年数を簡便法により算定している場合において、その取得年の翌年以後の年においてその法定耐用年数が短縮されたときには、改正後の耐用年数が適用される最初の年において改正後の耐用年数を基礎にその資産の耐用年数を簡便法により再計算することができます。なお、この場合の再計算に用いる経過年数は、その中古資産を取得したときにおける経過年数によります。（耐通1─5─7）

### (2) 耐用年数の短縮

青色申告者の有する減価償却資産が、その材質、製作方法の相違又は陳腐化などの特別の事由に当たる場合は、その減価償却資産の使用可能期間のうちまだ経過していない期間（以下「未経過使用可能期間」といいます。）を基礎としてその償却費の額を計算することについて納税地の所轄国税局長の承認を受けたときは、その承認された未経過使用可能期間をもって減価償却費の計算の基礎とすることができます。（所令130①）

この承認を受けた減価償却資産の一部について更新資産との取替えを行った場合、又はこの承認を受けた減価償却資産と材質等を同じくする他の減価償却資産を取得した場合等において、確定申告期限までに（税務署長を経由して）国税局長に届出書を提出したときは、その年分からこの特例の適用が受けられます。（所令130⑦⑧）

**（注）** 陳腐化した減価償却資産の償却費の特例は平成24年1月1日以後は廃止されました。（平23改所令附4）

## 収入金額、所得金額の計算

《法定耐用年数及び資産区分の見直し》

平成20年度税制改正において、機械及び装置の耐用年数表(別表第二)について日本標準産業分類の中分類を基本とした資産区分の整理が行われ、55区分(改正前は390区分)とされるとともに、各資産に係る法定耐用年数が見直されました。この改正は、平成21年分の所得税から適用されています。

この改正に伴い、以下のとおり規定が整備されました。

(1) 減価償却資産の償却の方法の選定単位に関する経過措置

減価償却資産の償却の方法の選定単位は、原則として、耐用年数省令の別表に定められている種類ごとに選定することとされていますから、異なる区分の減価償却資産が一区分に括られた場合について、次の経過措置が設けられました。

イ 異なる旧区分に属する減価償却資産について同一の償却方法を選定している場合

平成21年分以後の各年分の所得税について、異なる旧区分に属する減価償却資産につき同一の償却の方法を選定している場合において、その異なる旧区分に属する減価償却資産が同一の新区分に属することとなったときは、その同一の新区分に属することとなった減価償却資産につきその同一の償却の方法を選定したものとみなすこととされます。

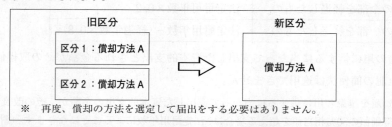

ロ 異なる旧区分に属する減価償却資産について異なる償却方法を選定している場合

平成21年分以後の各年分の所得税について、異なる旧区分に属する減価償却資産につき異なる償却の方法を選定している場合において、その異なる旧区分に属する減価償却資産が同一の新区分に属することとなったときは、その年分の所得税に係る確定申告期限までに一定の事項を記載した届出書を納税地の所轄税務署長に提出(手続上は「所得税の減価償却資産の償却方法の変更承認申請書」(192ページ参照)を提出することとなります。)することにより、その変更承認があったものとみなすこととされます。

なお、その年分の所得税に係る確定申告期限までに、償却の方法の変更をしなかったときは、その新区分に属する減価償却資産につき償却の方法を選択しなかったものとみなして、法定償却方法により償却することとなります。

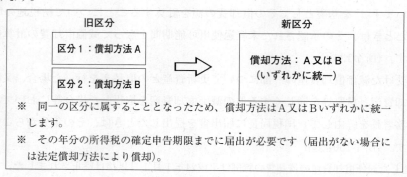

※1 「旧区分」とは、改正前の耐用年数省令別表に規定する設備等の種類の区分をいいます。また、

事業所得（減価償却）

　　2以上の事業所又は船舶を有する個人で事業所又は船舶ごとに償却の方法を選定している場合にあっては、事業所又は船舶ごとのその区分をいいます。

※2　「新区分」とは、改正後の耐用年数省令別表に規定する（設備の）種類の区分をいいます。また、2以上の事業所又は船舶を有する個人が、事業所又は船舶ごとに償却の方法を選定しようとする場合には、事業所又は船舶ごとのその区分をいいます。

※3　機械及び装置の耐用年数表（別表第二）において、改正前の資産区分が改正後のいずれの資産区分に属するかについては、1096ページ「機械及び装置の耐用年数表（別表第二）における新旧資産区分の対照表」を参照してください。

⑵　償却費の額の計算単位の整備

　減価償却資産の償却費の額については、耐用年数省令に規定する減価償却資産の種類の区分（その種類につきさらに構造若しくは用途、細目又は設備の種類の区分が定められているものについては、その構造若しくは用途、細目又は設備の種類の区分）ごとに、かつ、耐用年数及び採用している償却の方法の異なるものについては、その異なるごとに、その償却の方法により計算した金額とすることとされています。また、2以上の事業所を有し、事業所ごとに償却の方法を選定している場合には、事業所ごとのこれらの区分ごとに償却費の額を計算することとされています。ところで、機械及び装置の種類の区分について旧耐用年数省令（旧別表第二）の「設備の種類」の区分によっているときは、その償却費の額の計算については、今回の改正にかかわらず、当該「設備の種類」の区分ごとに計算することができることとされています。

## 5　減価償却費の計算方法

　減価償却費の計算方法は、減価償却資産の種類に応じ、おおむね次表のとおり定められています。なお、この計算方法のあらましは以下のとおりです。（所法49、所令120～123、125）

| 取得等の時期 | 減価償却資産の区分 | 届出により選定できる償却の方法 | 届出をしなかった場合に適用される償却の方法（法定償却方法） | 承認を受けた場合に選定できる償却の方法 |
|---|---|---|---|---|
| 平成10年3月31日以前 | ①　建物（鉱業用減価償却資産を除く。） | 旧定額法 旧定率法 （所令120①一、123①） | 旧定額法 （所令125一イ） | 特別な償却方法 （所令120の3①） |
| 平成19年3月31日以前 | ②　建物（①に該当するもの及び鉱業用減価償却資産を除く。） | | 旧定額法 （所令123⑤） | |
| | ③　建物附属設備、構築物、機械装置、船舶、航空機、車両運搬具、工具、器具備品（鉱業用減価償却資産及び国外リース資産を除く。） | 旧定額法 旧定率法 （所令120①二、123①） | 旧定額法 （所令125一イ） | 特別な償却方法 （所令120の3①） |

——(177)——

| | | 資産の種類 | | | |
|---|---|---|---|---|---|
| | ③の資産のうち | 取替資産<br>（所規24の2） | | | 取替法<br>（所令121①） |
| | | 漁網、活字に常用される金属、なつ染用銅ロール、映画フィルム、非鉄金属圧延用ロールなど<br>（所規26） | | | 特別な償却率によって償却する方法<br>（所令122①） |
| | ④ 鉱業用減価償却資産（鉱業権及び国外リース資産を除く。）<br>※ 鉱業用減価償却資産とは、鉱業経営上直接必要な減価償却資産で、鉱業の廃止によって著しくその価値が減少するものをいいます。 | | 旧定額法<br>旧定率法<br>旧生産高比例法<br>（所令120①三、123①） | 旧生産高比例法<br>（所令125一ロ） | 特別な償却方法<br>（所令120の3①）（生物を除く。） |
| | ⑤ 無形固定資産（鉱業権を除く。）及び生物 | | 旧定額法<br>（所令120①四、123①） | 旧定額法<br>（所令123⑤） | |
| | ⑥ 鉱業権 | | 旧定額法<br>旧生産高比例法<br>（所令120①五、123①） | 旧生産高比例法<br>（所令125一ロ） | |
| 平成19年4月1日以後 | ⑦ 建物（鉱業用減価償却資産及びリース資産を除く。） | | ＼ | 定額法<br>（所令123⑤） | ＼ |
| | ⑧ 建物附属設備、構築物、機械装置、船舶、航空機、車両運搬具、工具、器具備品（鉱業用減価償却資産及び国外リース資産を除く。） | | 定額法<br>定率法<br>（所令120の2①一、123①） | 定額法<br>（所令125二イ） | 特別な償却方法<br>（所令120の3①） |
| | ⑧の資産のうち | 取替資産<br>（所規24の2） | | | 取替法<br>（所令121①） |
| | | 漁網、活字に常用される金属、なつ染用銅ロール、映画フィルム、非鉄金属圧延用ロールなど<br>（所規26） | | | 特別な償却率によって償却する方法<br>（所令122①） |
| | ⑨ 鉱業用減価償却資産（鉱業権及びリース資産を除く。）<br>※ 上記④の※を参照。 | | 定額法<br>定率法<br>生産高比例法<br>（所令120の2 | 生産高比例法<br>（所令125二ロ） | 特別な償却方法<br>（所令120の3①）（生物を除く。） |

## 事業所得（減価償却）

| | 資産 | | | |
|---|---|---|---|---|
| | | ①三ロ、123①） | | |
| | ⑩ 無形固定資産（鉱業権を除く。）及び生物 | 定額法（所令120の2①四、123①） | 定額法（所令123⑤） | |
| | ⑪ 鉱業権 | 定額法 生産高比例法（所令120の2①五、123①） | 生産高比例法（所令125二ロ） | |
| 平成20年3月31日以前契約 | ⑫ 国外リース資産 | | 旧国外リース期間定額法（所令120①六、123⑤） | |
| | ⑬ リース賃貸資産（国外リース資産を除く。） | 旧リース期間定額法（所令121の2①） | | |
| 平成20年4月1日以後契約 | ⑭ リース資産 | | リース期間定額法（所令120の2①六、123⑤） | |
| 平成28年4月1日以後 | ⑮ 建物附属設備及び構築物（鉱業用減価償却資産を除く。） | | 定額法（所令123②⑤） | |
| | ⑮の資産のうち 取替資産（所規24の2） | | | 定額法により計算する取替法（所令121①②一） |
| | ⑯ 鉱業用減価償却資産（建物、建物附属設備及び構築物に限る。） | 定額法 生産高比例法（所令120の2①三イ、123①） | 生産高比例法（所令125二ロ） | 定率法を除く特別な償却方法（所令120の3①） |

**（注1）** 平成10年4月1日以後に相続等により取得した建物は定額法となります。

**（注2）** 「国外リース資産」とは、リース取引（資産の賃貸借取引以外の取引を除きます。）の目的とされている減価償却資産で非居住者又は外国法人に賃貸される国外の事業用のものをいいます。

**（注3）** 平成28年3月31日以前に取得された鉱業用減価償却資産（旧選定対象資産）について既に定額法を選定している場合において、平成28年4月1日以後に取得された鉱業用減価償却資産で旧選定対

収入金額、所得金額の計算

象資産と同一の資産区分に属するものについて届出をしていないときは、定額法を選定したものとみなされます。（所令123④）

### (1) 定額法

資産が毎年同程度減価すると考えて、償却費の額を毎年均等に割り振って償却を行う方法をいい、各年の償却費の額は次によって計算します。

**イ　平成19年4月1日以後取得資産の定額法の計算式**（所令120の2①一イ(1)）

$$\substack{\text{償却の基礎になる金額}\\(\text{取 得 価 額})} \times \substack{\text{耐用年数に応ずる}\\\text{定額法の償却率}} \times \frac{\text{その年に業務の用に供された月数}}{12} = \text{減価償却費}$$

※　未償却残高が1円になるまで償却します。（所令134①二）

※　月数は、暦に従って計算し、1月に満たない端数を生じたときは、これを1月とします。（所令132②）

**計算例**

**（設　例）**

取得年月　令和4年1月　　取得価額　100万円　　耐用年数　10年

耐用年数省令別表第八の耐用年数10年の定額法の償却率　0.100

**（計　算）** (単位：円)

| 年　　分 | 令和4年分 | 5年分 | … | 11年分 | 12年分 | 13年分 |
|---|---|---|---|---|---|---|
| 取 得 価 額 | 1,000,000 | | | | | |
| 償 却 費 の 額 | 100,000 | 100,000 | … | 100,000 | 100,000 | 99,999 |
| (期末)未償却残高 | 900,000 | 800,000 | | 200,000 | 100,000 | 1 |

耐用年数経過時点において1円を残しますので、令和13年分の事業所得等の金額の計算上必要経費に算入する償却費の額は、99,999円となります。

**ロ　平成19年3月31日以前取得資産の旧定額法の計算式**（所令120①一イ(1)）

$$\substack{\text{償却の基礎になる金額}\\(\text{取得価額}-\text{残存価額})} \times \substack{\text{耐用年数に応ずる}\\\text{旧定額法の償却率}} \times \frac{\text{その年に業務の用に供された月数}}{12} = \text{減価償却費}$$

※　減価償却費の累積額が取得価額の95％相当額に達するまで、上記算式で計算します。（所令134①一）

※　月数は、暦に従って計算し、1月に満たない端数を生じたときは、これを1月とします。（所令132②）

**（注）** 上記算式の「残存価額」は、資産の種類に応じ、次のように定められています。（所令129、耐用年数省令6、同別表第十一）

イ　有形減価償却資産（ソフトウエアを除く。）………取得価額の10％相当額

ロ　無形減価償却資産、ソフトウエア並びに鉱業権及び坑道…0

ハ　牛馬、果樹等………取得価額の5％～50％相当額

——(180)——

事業所得（減価償却）

　　　ただし、牛及び馬については、その取得価額を基にして計算した残存価額が10万円を超える場合には10万円とします。

## ⑵　定率法

　初期に償却費の額を多くし、年を経るほどその額が減るように毎年一定の率によって償却を行う方法をいい、各年の償却費の額は次によって計算します。

### イ　平成19年4月1日以後取得資産の定率法の計算式　（所令120の2①一イ⑵）

①　調整前償却額（ⅰ）≧償却保証額（ⅱ）　のとき

$$\text{調整前償却額} \times \frac{\text{その年に業務の用に供された月数}}{12} = \text{減価償却費}$$

②　調整前償却額（ⅰ）＜償却保証額（ⅱ）　のとき

$$\text{改定取得価額} \times \frac{\text{耐用年数に応ずる}}{\text{改 定 償 却 率}} \times \frac{\text{その年に業務の用に供された月数}}{12} = \text{減価償却費}$$

ⅰ　償却の基礎になる金額〔取得価額－前年末までの減価償却費の累積額〕×耐用年数に応ずる定率法の償却率＝調整前償却額

ⅱ　取得価額×耐用年数に応ずる保証率＝償却保証額

※　改定取得価額とは、最初に調整前償却額が償却保証額に満たないこととなる年の1月1日における未償却残高をいいます。

※　未償却残高が1円になるまで償却します。（所令134①二）

※　月数は、暦に従って計算し、1月に満たない端数を生じたときは、これを1月とします。（所令132②）

---

### 《平成23年12月の改正事項》減価償却資産の定率法の見直し

　平成23年12月の税制改正で、減価償却制度について、平成24年4月1日以後に取得する減価償却資産の定率法の償却率が、定額法の償却率（1／耐用年数）を2.0倍した割合（改正前2.5倍した割合）とされました（所令120の2、耐用年数省令別表十）。

（注1）　定率法を採用している者が、平成24年4月1日から同年12月31日までの間に減価償却資産の取得をした場合には、改正前の償却率による定率法により償却することができる経過措置が講じられています（平成23.12改所令附2②）。

（注2）　平成24年4月1日前に取得をした定率法を採用している減価償却資産について、平成24年分の確定申告期限までに届出をすることにより、その償却率を改正後の償却率により償却費の計算等を行うことができる経過措置が講じられています（平成23.12改所令附2③）。

### 《平成28年度の改正事項》建物附属設備及び構築物等の償却方法の見直し

　平成28年度の税制改正で、減価償却制度について、平成28年4月1日以後に取得する建物附属設備及び構築物並びに鉱業用減価償却資産（建物、建物附属設備及び構築物に限ります。）の減価償却方法のうち、定率法が廃止されることとなりました。平成28年分以後の所得税について適用されます。（平28改所令附8①）

---

　定率法とは、減価償却資産の取得価額（2年目以後の年分にあっては、減価償却資産の取得価額か

収入金額、所得金額の計算

ら既に償却費の額として各年分の事業所得等の金額の計算上必要経費に算入された金額の累積額を控除した金額（以下「未償却残高」といいます。））に、その償却費の額が毎年一定の割合で逓減するように当該資産の耐用年数に応じた「定率法の償却率」（耐用年数省令別表第九、十）を乗じて計算した金額（以下「調整前償却額」といいます。）を、各年分の償却費の額として償却し、事業所得等の金額の計算上必要経費に算入する計算方法です。（所令120の2①一イ(2)）

　また、この調整前償却額が当該減価償却資産の取得価額に「保証率」（耐用年数省令別表第九、十）を乗じて計算した金額（以下「償却保証額」といいます。）に満たない場合には、最初に満たないこととなる年の期首未償却残高を「改定取得価額」として、その改定取得価額に、その償却費の額がその後毎年同一となるように当該資産の耐用年数に応じた「改定償却率」（耐用年数省令別表第九、十）を乗じて計算した金額を、その後の各年分の償却費の額として償却し、事業所得等の金額の計算上必要経費に算入することとなります。（所令120の2①一イ(2)、②一、二）

　なお、耐用年数経過時点において1円まで償却します。

---

**計算例**

（設例1）

　取得年月　令和4年1月　　取得価額　100万円　　耐用年数　10年

　耐用年数省令別表第十の耐用年数10年の定率法の償却率　　　0.200

　　　　　　　　　　　　　　　　　　　　　　改定償却率　0.250

　　　　　　　　　　　　　　　　　　　　　　保証率　　　0.06552

　　　　　　　　　（取得価額）　（保証率）　（償却保証額）
　償却保証額　　1,000,000円×0.06552＝　65,520円

（**計　算**）

（単位：円）

| 年　分 | 令和4年分 | 5年分 | … | 9年分 | 10年分 | 11年分 | 12年分 | 13年分 |
|---|---|---|---|---|---|---|---|---|
| 取得価額（期首未償却残高） | 1,000,000 | 800,000 | … | 327,680 | <u>262,144</u> | 196,608 | 131,072 | 65,536 |
| 償却費の額（調整前償却額） | 200,000 | 160,000 | … | 65,536 | 52,429 | 39,322 | 26,215 | 13,108 |
| 改定償却率による計算　改定取得価額 | — | | | — | 262,144 | 262,144 | 262,144 | 262,144 |
| 改定償却率による計算　償却費の額 | | | | | 65,536 | 65,536 | 65,536 | 65,535 |
| 期末未償却残高 | 800,000 | 640,000 | … | 262,144 | 196,608 | 131,072 | 65,536 | 1 |

　その年分の調整前償却額が償却保証額65,520円に満たないこととなる令和10年分以後の年分は、最初にその満たないこととなる令和10年分の期首未償却残高262,144円を改定取得価額として、その改定取得価額に改定償却率0.250を乗じて計算した金額が償却費の額（65,536円）となります。

　また、耐用年数経過時点において1円を残しますので、令和13年分の事業所得等の計算上必要経費に算入する償却費の額は、65,535円となります。

（設例2）

　取得年月　令和4年1月　　取得価額　100万円　　耐用年数　2年

事業所得（減価償却）

耐用年数省令別表第十の耐用年数２年の定率法の償却率　　　1.000

保証率　　　　　　　－

改定償却率　　　　　－

（計　算）

| 年　分 | 令和 ４年分 | ５年分 |
|---|---|---|
| 期首未償却残高 | 1,000,000円 | 1円 |
| 償却費の額 | 999,999円 | 0円 |
| 期末未償却残高 | 1円 | 1円 |

ロ　平成19年３月31日以前取得資産の旧定率法の計算式（所令120①一イ⑵）

$$\left(\begin{array}{l}\text{償却の基礎}\\\text{になる金額}\end{array}\left[\begin{array}{l}\text{取得}\\\text{価額}\end{array}-\begin{array}{l}\text{前年末までの減価}\\\text{償却費の累積額}\end{array}\right]\times\begin{array}{l}\text{耐用年数に応ずる}\\\text{旧定率法の償却率}\end{array}\times\frac{\text{その年に業務の用に供された月数}}{12}\right.$$

＝減価償却費

※　減価償却費の累積額が取得価額の95％相当額に達するまで、上記算式で計算します。（所令134①一）

※　月数は、暦に従って計算し、１月に満たない端数を生じたときは、これを１月とします。（所令132②）

⑶　生産高比例法

鉱業用減価償却資産の取得価額を、その鉱物の埋蔵量と年々の採掘量の比によって償却する方法をいい、次の算式によって各年の償却費の額を計算することになります。

この方法は、鉱業を営む事業所得者だけに適用される特殊な方法です。

イ　平成19年４月１日以後取得資産の生産高比例法の計算式（所令120の２①三イ⑵）

$$\frac{\text{取得価額}}{\text{総採掘予定量}}\times\text{各年の採掘量}＝\text{各年の償却費の額}$$

ロ　平成19年３月31日以前取得資産の旧生産高比例法の計算式（所令120①三ハ）

$$\frac{\text{取得価額}-\text{残存価額}}{\text{総採掘予定量}}\times\text{各年の採掘量}＝\text{各年の償却費の額}$$

⑷　リース資産の償却方法

イ　リース期間定額法

平成20年４月１日以後に締結する所有権移転外リース取引に係る賃借人が取得したものとされるリース資産の償却方法は、リース期間で均等償却を行う「リース期間定額法」によります。（所令120の２①六）

（注）「所有権移転外リース取引」とは、所令第120条の２第２項第５号に規定するリース取引をいいます。

平成20年４月１日以後の契約に係るリース資産についてのリース期間定額法の算式は次のとおりで

収入金額、所得金額の計算

す。

$$\left[\begin{array}{l}\text{リース資産}\\\text{の取得価額}\end{array}-\text{残価保証額（※）}\right]\times\dfrac{\text{その年におけるリース期間の月数}}{\text{リース資産のリース期間の月数}}$$

※ 「残価保証額」とは、リース期間終了の時に、リース資産の処分価額が所有権移転外リース取引に係る契約において定められている保証額に満たない場合に、その満たない部分の金額を当該取引に係る賃借人が、その賃貸人に支払うこととされている場合における当該保証額をいいます。（所令120の2②六）

　資本的支出を行った減価償却資産がリース資産(注)であるときは、当該資本的支出により新たに取得したものとされる減価償却資産はリース資産に該当するものとされます。

　この場合に、その取得したものとされる減価償却資産に係るリース期間は、その資本的支出をした日からその資本的支出を行った減価償却資産に係るリース期間の終了の日までの期間となります。（所令127③）

(注)　「リース資産」とは、所令第120条の2第2項第4号に規定するリース資産（所有権移転外リース取引に係る賃借人が取得したものとされる減価償却資産）をいいます。

ロ　旧リース期間定額法

　平成20年3月31日以前の契約に係るリース賃貸資産（国外リース資産を除きます。）について、旧リース期間定額法を選定した場合の算式は次のとおりです。（所令121の2①）

$$\text{リース賃貸資産の改定取得価額（※1）}\times\dfrac{\text{その年における改定リース期間の月数}}{\text{改定リース期間（※2）の月数}}$$

※1　「改定取得価額」とは、リース賃貸資産について、旧リース期間定額法の適用を受ける最初の年の1月1日における取得価額（既に償却費としてその年の前年分以前の各年分の不動産所得等の金額の計算上必要経費に算入された金額がある場合には、当該金額を控除した金額）から残価保証額を控除した金額をいいます。（所令121の2③）

※2　「改定リース期間」とは、旧リース期間定額法の適用を受けるリース賃貸資産のリース期間のうち、当該償却方法の適用を受ける最初の年の1月1日以後の期間をいいます。（所令121の2③）

※3　旧リース期間定額法の適用を受けるためには、当該償却方法を採用しようとする年分の確定申告期限までに所定の事項を記載した届出書の提出が必要です。（所令121の2②、所規25の2）

ハ　旧国外リース期間定額法

　平成20年3月31日以前の契約に係る国外リース資産についての旧国外リース期間定額法の算式は次のとおりです。（所令120①六）

$$\left[\begin{array}{l}\text{国外リース資}\\\text{産の取得価額}\end{array}-\text{見積残存価額（※）}\right]\times\dfrac{\text{その年における国外リース資産の賃貸借期間の月数}}{\text{国外リース資産の賃貸借期間の月数}}$$

※ 「見積残存価額」とは、国外リース資産をその賃貸借の終了の時において譲渡するとした場合に見込まれるその譲渡対価の額に相当する金額をいいます。（所令120②）

事業所得（減価償却）

## ⑸　その他の方法

　特定の手続を経ることなどを条件として、次のような減価償却方法を採用することも認められています。（所令120の2〜122）

### ①　取替法

　取得価額の50％に達するまでは、定額法又は定率法のうちの採用している方法によって償却費を計算し、使用に耐えなくなった資産を取り替えた時に、その取り替えた新たな資産の取得価額を償却費の額とする方法です。

　この方法は、鉄道設備、軌道設備、送電設備に係るそれぞれのレール、枕木、電柱、電線などのように多量に同一の目的に使用される減価償却資産で、税務署長の承認を受けた場合にだけ適用することができます。

### ②　特別な償却率による償却方法

　減量率、損耗率などに応じて償却する方が合理的であると認められるもの、例えば、なつ染用銅ロール、活字に常用される金属、漁網などについて、国税局長に申請して承認された特別な償却率によって減価償却費を計算する方法です。

### ③　特別な償却の方法

　減価償却資産の使用状況などに照らしてもっともふさわしいと思われる償却の方法が、これまで説明した方法のいずれにも当てはまらない場合は、税務署長の承認を受けた後、その償却の方法（鉱業用建築物にあっては定率法その他これに準ずる方法を除きます。）を選定することができます。

## 6　平成19年3月31日以前に取得した減価償却資産の取扱い

### ⑴　償却累積額が取得価額の95％に達した後の償却費の計算

　平成19年3月31日以前に取得した減価償却資産について、各年分において事業所得の金額の計算上必要経費に算入された金額の累積額が、償却可能限度額（取得価額の95％相当額）まで達している減価償却資産については、その達した年分の翌年分以後において、次の算式により計算した金額を償却費の額として償却を行い、1円まで償却します。（所令134①一、②）

---

**（取得価額－取得価額の95％相当額－1円）÷5＝減価償却費**

　※　平成19年3月31日以前に取得した減価償却資産で、減価償却費の累積額が取得価額の95％相当額に達した年分の翌年分以後5年間における償却の方法です。

　※　年の中途で業務の用に供しなくなった場合などには、「その年に業務の用に供された月数/12」を乗じます。

　※　未償却残高が1円になるまで償却します。（所令134②）

　※　月数は、暦に従って計算し、1月に満たない端数を生じたときは、これを1月とします。（所令132②）

---

　この取扱いは、平成20年分以後の所得税について適用されます。

——(185)——

収入金額、所得金額の計算

---計算例---

（**設例**） 平成20年分以後において、その前年分までの各年分において事業所得の金額の計算上必要経費に算入された償却費の額の累積額が、償却可能限度額まで達している減価償却資産の場合

取得年月　平成19年1月　　取得価額　100万円　　耐用年数　15年

耐用年数省令別表第七の耐用年数15年の旧定額法の償却率　0.066

（**計　算**）

（単位：円）

| 年　　分 | 令和3年分 | 4年分 | 5年分 | 6年分 | 7年分 | 8年分 | 9年分 |
|---|---|---|---|---|---|---|---|
| 期首未償却残高 | 168,400 | 109,000 | 50,000 | 40,000 | 30,000 | 20,000 | 10,000 |
| 償却費の額 | 59,400 | 59,000 | 10,000 | 10,000 | 10,000 | 10,000 | 9,999 |
| 期末未償却残高 | 109,000 | 50,000 | 40,000 | 30,000 | 20,000 | 10,000 | 1 |

令和4年分において、前年分までの各年分において事業所得の金額の計算上必要経費に算入された償却費の額の累積額が償却可能限度額まで達していますので、令和5年分（翌年分）以後については、上記(1)の算式により償却費の額の計算を行います。

1円を残しますので、令和9年分の事業所得の金額の計算上必要経費に算入する償却費の額は、9,999円となります。

〈堅牢な建物等の場合〉

(1)の適用を受ける減価償却資産が次に掲げるものである場合には、償却費の額の累積額がその資産の取得価額の95％相当額に達した後、なおその資産が業務の用に供されているときは、その資産が業務の用に供されている間に限り、その資産の取得価額の5％相当額から1円を差し引いた残額をその資産の法定耐用年数の30％に相当する年数（1年未満の端数は切り上げて1年とします。）で除した金額を各年分の必要経費に算入することができます。（所令134の2①②）

① 鉄骨鉄筋コンクリート造、鉄筋コンクリート造、れんが造、石造又はブロック造の建物

② 鉄骨鉄筋コンクリート造、鉄筋コンクリート造、コンクリート造、れんが造、石造又は土造の構築物又は装置

《**参考**》 減価償却資産の償却累積額による償却費の特例 （所令134①）

| | 平成19年3月31日以前に取得した減価償却資産 | 平成19年4月1日以後に取得した減価償却資産 |
|---|---|---|
| 有形減価償却資産（国外リース資産・坑道を除きます。） | 取得価額×95％ | 取得価額−1円 |
| 坑道・無形固定資産 | 取得価額 | 取得価額 |
| 生物 | 取得価額−残存価額 | 取得価額−1円 |

事業所得（減価償却）

## ⑵　償却累積額による償却限度額の特例の償却を行う減価償却資産に資本的支出をした場合の取扱い

（所基通49—48）

　平成19年３月31日以前に取得した減価償却資産で、減価償却費の累積額が取得価額の95％相当額に達した後にその減価償却資産に資本的支出を行った場合で、前記３の⑴の特例を選択したときは、その資本的支出の金額を加算した後の取得価額及び未償却残高を基礎として減価償却を行います。

　この場合、同特例を適用した後の未償却残高が、その適用した後の取得価額の５％相当額を超える場合には、⑴の５年均等償却の規定の適用を受けることはできません。

```
─計算例─
（設　例）
　　取得価額　10,000,000円
　　資本的支出をした時の減価償却資産本体の未償却残高　200,000円
　　資本的支出　①300,000円の場合
　　　　　　　　②400,000円の場合
（計　算）
①の場合
　　資本的支出を行った後の取得価額　10,300,000円（10,000,000円＋300,000円）
　　資本的支出を行った後の未償却残高　500,000円（200,000円＋300,000円）
　　500,000円÷10,300,000円≦５％であるため、５年均等償却を行います。
②の場合
　　資本的支出を行った後の取得価額　10,400,000円（10,000,000円＋400,000円）
　　資本的支出を行った後の未償却残高　600,000円（200,000円＋400,000円）
　　600,000円÷10,400,000円＞５％であるため、５年均等償却の規定の適用は受けられません。
　　　その年分は減価償却資産本体の取得価額に資本的支出の金額を加算した額を基に旧定額法又は旧定率法で償却費の額を計算します。
　　　減価償却費の額の累積額が取得価額の95％相当額に達した場合は、その達した年分の翌年分以後５年間において均等償却を行うこととなります。
```

### 〈堅牢な建物等に資本的支出をした場合〉

　平成19年３月31日以前に取得した堅牢な建物等について資本的支出を行った場合で、前記３の⑴の特例を適用したときには、その後の償却費は、次の①、②により計算します。（所基通49—48の２）

　すなわち、法定耐用年数の30％に相当する年数による償却費の計算は、資本的支出をした後の未償却残高がその資本的支出の金額を取得価額に加算した金額の５％相当額に達した後でなければ行うことはできません。

①　３⑴の特例を適用した後の未償却残高≦同特例を適用した後の取得価額の５％相当額……当該未償却残高を基礎とし、その時から法定耐用年数の30％に相当する年数により計算することができます。

②　３⑴の特例を適用した後の未償却残高＞同特例を適用した後の取得価額の５％相当額

　イ　その５％相当額に達するまで……法定耐用年数により計算します。

——(187)——

収入金額、所得金額の計算

ロ　その５％相当額に達した後……法定耐用年数の30％に相当する年数により計算することができます。

## 7　減価償却の方法の選定と届出

　減価償却の方法は、財務省令に定められている減価償却資産の種類ごと（船舶については、１隻ごと）に選定することになりますが、事業所が２か所以上あるときは、それぞれの事業所にある減価償却資産の種類が同じでも、事業所ごとに異なった方法を選定することができます。なお、一の建物（平成10年４月以後に取得したものを除きます。）が部分的にその用途を異にしている場合において、その用途を異にする部分がそれぞれ相当の規模のものであり、かつ、その用途の別に応じて償却することが合理的であると認められる事情があるときは、その建物につきそれぞれその用途を異にする部分ごとに異なる償却の方法を選定することができます。（所令123、124）

| 区分<br>種類 | しなければならない場合 | 記載しておかなければならない主な事項 | 提出先 | 期　　　日 |
|---|---|---|---|---|
| 届　　出 | 新　規　開　業 | ①　事業の種類<br>②　減価償却資産の種類<br>③　事業所の場所<br>④　償却の方法<br>（届出書の様式は190ページ） | 所轄の<br>税務署 | 開業や取得した翌年の３月15日 |
| | 種類の異なる資産の新規取得 | | | |
| | 新たな事業所の開設 | | | |
| 承認の申請 | 償却方法の変更 | 上記①から④までのほか、⑤変更前の償却方法と選定年月日、⑥変更の理由<br>（申請書の様式は192ページ） | | 変更や選定をしようとする年の３月15日 |
| | 取替法の選定 | 上記①から④までのほか、⑤年初におけるその資産の数量並びに取得価額の合計額及び償却後の価額の合計額等 | | |
| | 特別な償却方法の選定 | 上記①から④までのほか、⑤その方法が定額法、定率法、生産高比例法、取替法のいずれに類するかの別 | | 特に期限はありません。 |
| | 耐用年数の短縮<br>（青色申告） | 上記①から④までのほか、⑤その資産の法定耐用年数と実際の使用可能期間及び未経過使用可能期間、⑥短縮の事由 | 所轄の<br>国税局 | |
| | 特別な償却率による方法の選定 | 取替法の選定の各項目のほか、⑥認定を受けようとする償却率 | | |

（注１）　償却方法の変更は、現によっている償却方法を採用してから３年を経過していない場合でその変更することについて特別の理由のないときや、３年を経過していてもその変更することについて合理的な理由がないときは認められないことがあります。

（注２）　耐用年数短縮の承認済資産の一部について更新資産と取り替えた場合又は承認済資産と同一の資産を取得した場合には、改めて承認を受ける必要はなく、その年分の確定申告期限までに一定の事項を記載した届出書を所轄の国税局に提出すればよいこととされています。

事業所得（減価償却）

〈平成19年4月1日以後取得資産の届出等の手続〉

　平成19年4月1日以後に取得する減価償却資産の償却の方法については、平成19年3月31日以前に取得したものと区分したうえで、構築物、機械及び装置等といった資産の種類の区分ごとに選定し、資産を取得した日等の属する年分の所得税に係る確定申告期限までに、その有する減価償却資産と同一の区分に属する減価償却資産に係る当該区分ごとに採用する償却の方法を記載した「減価償却資産の償却方法の届出書」（190ページ）を納税地の所轄税務署長に届け出ることとされています。（所令123①②）

　なお、2以上の事業所又は船舶を有する場合には、事業所又は船舶ごとに償却方法を選定することができます。

イ　償却方法のみなし選定

　平成19年3月31日以前に取得した減価償却資産（以下「旧償却方法適用資産」といいます。）について「旧定額法」、「旧定率法」又は「旧生産高比例法」を選定している場合において、平成19年4月1日以後に取得する減価償却資産（以下「新償却方法適用資産」といいます。）で、同日前に取得したならば旧償却方法適用資産と同一の区分に属するものについて前記の届出書を提出していないときは、旧償却方法適用資産につき選定していた償却方法の区分に応じた償却方法を選定したとみなされ、新償却方法適用資産について「定額法」、「定率法」又は「生産高比例法」を適用することになります。ただし、平成28年4月1日以後に取得された鉱業用減価償却資産の建物、建物附属設備及び構築物については、これと同一の資産区分とされる旧償却方法適用資産につき旧定率法を選定していた場合であっても、定率法を選定したものとはみなされません。（所令123③）

ロ　平成28年3月31日以前に取得した鉱業用減価償却資産の建物、建物附属設備及び構築物がある場合の選定の特例

　平成28年3月31日以前に取得した鉱業用減価償却資産の建物、建物附属設備及び構築物（以下「旧選定対象資産」といいます。）について、既に定額法を選定している場合において、同日以前に取得したならば旧選定対象資産と同一の資産区分に属する鉱業用減価償却資産の建物、建物附属設備及び構築物について前記の届出書を提出していないときは、定額法を選定したものとみなされます。（所令123④）

ハ　法定償却方法

　「減価償却資産の償却方法の届出書」の提出をしていない新減価償却資産でイに該当しない場合は、原則として、定額法が法定償却方法となります。（所令125二）

　なお、法定償却方法である定額法以外の償却方法として定率法を選定するときは、「減価償却資産の償却方法の届出書」を提出する必要があります。（所令123②）

ニ　償却方法の変更

　減価償却資産につき選定した償却の方法を変更しようとするときは、新たな償却の方法を採用しようとする年の3月15日までに「減価償却資産の償却方法の変更承認申請書」（192ページ）を提出することとされています。（所令124）

収入金額、所得金額の計算

税務署受付印　　　　　　　　　　　　　　　　　　　　　　　　　　　　１　１　６　０

所得税の　● 棚 卸 資 産 の 評 価 方 法　　の届出書
　　　　　　● 減価償却資産の償却方法

| | | |
|---|---|---|
| 納　税　地 | ●住所地・●居所地・●事業所等(該当するものを選択してください。)<br>(〒　　－　　) | |
| | | (TEL　　－　　－　　) |
| 上記以外の<br>住 所 地 ・<br>事 業 所 等 | 納税地以外に住所地・事業所等がある場合は記載します。<br>(〒　　－　　) | |
| | | (TEL　　－　　－　　) |
| フ リ ガ ナ | | ●大正<br>●昭和<br>●平成<br>●令和　年　月　日生 |
| 氏　　　名 | | 生<br>年<br>月<br>日 |
| 職　　　業 | フリガナ<br>屋　号 | |

＿＿＿＿＿＿税務署長

年　　月　　日提出

● 棚 卸 資 産 の 評 価 方 法　については、次によることとしたので届けます。
● 減価償却資産の償却方法

1　棚卸資産の評価方法

| 事　業　の　種　類 | 棚 卸 資 産 の 区 分 | 評　価　方　法 |
|---|---|---|
| | | |
| | | |
| | | |

2　減価償却資産の償却方法

| | 減価償却資産の種類<br>設 備 の 種 類 | 構造又は用途、細目 | 償　却　方　法 |
|---|---|---|---|
| (1)　平成 19 年 3 月 31 日<br>　　以前に取得した減価<br>　　償却資産 | | | |
| | | | |
| (2)　平成 19 年 4 月 1 日<br>　　以後に取得した減価<br>　　償却資産 | | | |
| | | | |

3　その他参考事項

(1)　上記2で「減価償却資産の種類・設備の種類」欄が「建物」の場合

　　建物の取得年月日　　　　＿＿＿年＿＿＿月＿＿＿日

(2)　その他

| | |
|---|---|
| 関与税理士<br><br>(TEL　　－　　－　　) | |

| | 整　理　番　号 | 関係部門<br>連　絡 | A | B | C | |
|---|---|---|---|---|---|---|
| 税務署整理欄 | ０ | | | | | |
| | 通信日付印の年月日 | 確　認 | | | | |
| | 年　　月　　日 | | | | | |

——(190)——

## 事業所得（減価償却）

# 書　き　方

1　この届出書は、棚卸資産の評価方法及び減価償却資産の償却方法の届出をする場合に提出するものです。

2　棚卸資産の評価方法の届出ができるのは、①新たに事業を開始した場合、②従来の事業のほかに他の種類の事業を開始した場合又は③事業の種類を変更した場合です。

3　減価償却資産の償却方法の届出ができるのは、①新たに事業を開始した場合、②すでに取得している減価償却資産と異なる種類の減価償却資産を取得した場合又は③従来の償却方法と異なる償却方法を選定する事業所を新たに設けた場合です。

---

（注1）　償却方法のみなし選定
　　　　平成19年3月31日以前に取得した減価償却資産（以下「旧減価償却資産」といいます。）について「旧定額法」、「旧定率法」又は「旧生産高比例法」を選定している場合において、平成19年4月1日以後に取得する減価償却資産（以下「新減価償却資産」といいます。）で、同日前に取得したならば旧減価償却資産と同一の区分に属するものについてこの届出書を提出していないときは、旧減価償却資産につき選定していた償却方法の区分に応じた償却方法を選定したとみなされ、新減価償却資産について「定額法」、「定率法」又は「生産高比例法」を適用することとなります。

（注2）　法定償却方法
　　　　この届出書を提出をしていない新減価償却資産で上記（注1）に該当しない場合は、原則として、定額法が法定償却方法となります。

---

4　従来の棚卸資産の評価方法や減価償却資産の償却方法を変更しようとする場合は、この届出書ではなく、「所得税の　棚卸資産の評価方法　　　の変更承認申請書」により変更の申請をしてください。
　　　　　　　　　　　　減価償却資産の償却方法

5　この届出書は、上記2又は3に掲げた届け出ることのできる場合の日の属する年分の確定申告期限までに提出してください。

6　この届出書の標題及び本文の中の　「棚卸資産の評価方法　　は、申請の内容に応じて不要の文字を抹消してください。
　　　　　　　　　　　　　　　　　　減価償却資産の償却方法」

7　「1　棚卸資産の評価方法」の各欄は、次のように記載します。

　(1)　「事業の種類」欄には、その評価の方法を採用する事業の種類を、例えば、小売業、製造業又は漁業などと記載します。

　(2)　「棚卸資産の区分」欄には、その評価の方法を採用する棚卸資産の区分を、(1)の事業の種類ごとに、例えば、商品、製品、半製品、原材料、消耗品などと記載します。

8　「2　減価償却資産の償却方法」の各欄は、次のように記載します。

　(1)　減価償却資産の取得の日に応じて「(1)　平成19年3月31日以前に取得した減価償却資産」又は「(2)　平成19年4月1日以後に取得した減価償却資産」の各欄を使用します。

　(2)　「減価償却資産の種類、設備の種類」欄には、その選定する償却の方法を採用する資産の種類又は設備の種類を、例えば、建物、建物附属設備、機械及び装置、車両及び運搬具、工具、器具及び備品などと記載します。

　(3)　「構造又は用途、細目」欄には、その選定する償却の方法を採用する資産の構造又は用途、細目を(1)の資産の種類又は設備の種類ごとに、例えば、木造、冷暖房設備、広告用、医療機器、その他のものなどと記載します。

　　（注）　平成10年4月1日以後に取得した「建物」の償却方法は、旧定額法又は定額法に限る（旧定率法又は定率法の選択はできません。）こととされています。

　(4)　「償却方法」欄には、その減価償却資産の取得年月日が平成19年3月31日以前の場合には、旧定額法、旧定率法又は旧生産高比例法などと、平成19年4月1日以後の場合には、定額法、定率法又は生産高比例法などと記載します。

9　「3　その他参考事項」欄

　(1)　3の(1)における建物の取得年月日について、相続、遺贈又は贈与（以下「相続等」といいます。）による取得の場合は、相続等の日を記載します。

　(2)　3の「(2)その他」欄には、届出をすることとなった事情等を具体的に記載します。

収入金額、所得金額の計算

税務署受付印 　　　　　　　　　　　　　　　　　　　　　　　　　　　 | 1 | 1 | 8 | 0 |

所得税の 棚卸資産の評価方法
　　　　　　減価償却資産の償却方法 の変更承認申請書

| 納　税　地 | 住所地・居所地・事業所等（該当するものを○で囲んでください。）<br>（〒　　－　　） |  |  |
|  |  | （TEL　　－　　－　　） |  |
| 上記以外の<br>住　所　地・<br>事　業　所　等 | 納税地以外に住所地・事業所等がある場合は記載します。<br>（〒　　－　　） |  |  |
|  |  | （TEL　　－　　－　　） |  |
| フ　リ　ガ　ナ |  | 生年月日 |  |
| 氏　　　名 |  |  | 年　月　日生 |
| 職　　　業 |  | フリガナ |  |
|  |  | 屋　号 |  |

＿＿＿＿＿＿＿税務署長

　　年　　月　　日提出

＿＿＿＿＿＿年分から、棚卸資産の評価方法
　　　　　　　　　　減価償却資産の償却方法 を次のとおり変更したいので申請します。

1　棚卸資産の評価方法

| 事 業 の 種 類 | 資 産 の 区 分 | 現 在 の 評 価 方 法 |  | 採用しようとする |
|  |  | 現 在 の 方 法 | 採 用 し た 年 | 新 た な 評 価 方 法 |
|  |  |  |  |  |
|  |  |  |  |  |
|  |  |  |  |  |

2　減価償却資産の償却方法

| | 資産の種類<br>設備の種類 | 構 造 又 は<br>用途・細目 | 現 在 の 償 却 方 法 |  | 採用しようとする |
|  |  |  | 現 在 の 方 法 | 採 用 し た 年 | 新 た な 償 却 方 法 |
| (1)　平成 19 年 3 月 31 日<br>以前に取得した減価<br>償却資産 |  |  |  |  |  |
| (2)　平成 19 年 4 月 1 日<br>以後に取得した減価<br>償却資産 |  |  |  |  |  |

3　変更しようとする理由（できるだけ具体的に記載します。）

4　その他参考事項

(1)　上記2で「資産の種類・設備の種類」欄が「建物」の場合

　　建物の取得年月日　＿＿＿＿＿年＿＿月＿＿日

(2)　その他

| 関与税理士 |
| （TEL　　－　　－　　） |

| 税務署整理欄 | 整 理 番 号 | 関係部門<br>連　絡 | A | B | C |
|  | 0｜　　｜ |  |  |  |  |
|  | 通 信 日 付 印 の 年 月 日 | 確　認 |  |  |  |
|  | 　　年　　月　　日 |  |  |  |  |

## 事業所得（減価償却）

# 書　き　方

1　この申請書は、棚卸資産の評価方法又は減価償却資産の償却方法を現に行っている方法から、他の方法に変更しようとする場合に提出するものです。

2　この申請書は、棚卸資産の評価方法又は減価償却資産の償却方法を変更しようとする年の3月15日までに提出してください。

3　この申請書の標題及び本文の中の「棚卸資産の評価方法 減価償却資産の償却方法」は、申請の内容に応じて不要な文字を抹消します。

4　「1　棚卸資産の評価方法」の各欄は、次のように記載します。

⑴　「事業の種類」欄には、評価の方法を変更しようとする事業の種類を、例えば、小売業、製造業又は漁業などと記載します。

⑵　「資産の区分」欄には、評価の方法を変更しようとする棚卸資産の区分を、⑴の事業の種類ごとに、例えば、商品、製品、半製品、原材料、消耗品などと記載します。

⑶　「現在の評価方法」欄には、評価の方法を変更しようとする棚卸資産について、既に届け出ている方法（届け出ていない場合は、それぞれの棚卸資産の区分ごとに定められている法定の評価方法）を記載します。

5　「2　減価償却資産の償却方法」の各欄は、次のように記載します。

⑴　減価償却資産を取得した日に応じて「⑴　平成19年3月31日以前に取得した減価償却資産」又は「⑵　平成19年4月1日以後に取得した減価償却資産」の各欄を使用します。

⑵　「資産の種類、設備の種類」欄には、償却の方法を変更しようとする減価償却資産の種類又は設備の種類を、例えば、建物、建物附属設備、機械及び装置、車両及び運搬具、工具、器具及び備品などと記載します。

⑶　「構造又は用途、細目」欄には、償却の方法を変更しようとする資産の構造又は用途、細目を⑴の資産の種類又は設備の種類ごとに、例えば、木造、冷暖房設備、広告用、医療機器、その他のものなどと記載します。

⑷　「現在の償却方法」欄には、償却の方法を変更しようとする資産又は設備について、既に届け出ている方法（届け出ていない場合は、それぞれの資産ごとに定められている法定の償却方法）を記載します。

　　（注）平成10年4月1日以後に取得した「建物」の償却方法は、旧定額法又は定額法に限る（旧定率法又は定率法の選択はできません。）こととされています。

6　「4　その他参考事項」の⑴における建物の取得年月日については、相続、遺贈又は贈与（以下「相続等」といいます。）による取得の場合は、相続等の日を記載します。

収入金額、所得金額の計算

## 8 特別な場合の減価償却費の計算

### ⑴ 償却方法を変更した場合の償却費の計算

償却方法を定額法から定率法へ変更した場合又は定率法から定額法へ変更した場合などの償却費の計算方法は以下のとおりです。

なお、建物については、平成10年4月1日以後取得分については定額法に限定されていますので償却方法の変更はできませんが、平成10年3月31日以前に取得した建物については償却方法の変更が認められます。

### イ 旧定額法を旧定率法に変更した場合又は定額法を定率法に変更した場合 （所基通49—19）

減価償却資産の償却の方法について、旧定額法を旧定率法に変更した場合又は定額法を定率法に変更した場合には、その後の減価償却費（5年均等償却（所令134②）による減価償却費を除きます。）は、その変更をした年の1月1日における未償却残高又はその減価償却資産に係る改定取得価額を基礎とし、その減価償却資産について定められている耐用年数に応ずる償却率、改定償却率又は保証率により計算します。

なお、償却の方法を変更した年分の計算式は、次のとおりです。

### ① 旧定額法を旧定率法に変更した場合の計算式

変更した年の1月1日における未償却残高 × その減価償却資産の法定耐用年数に応ずる旧定率法の償却率 × $\dfrac{その年に業務の用に供された月数}{12}$

＝変更後の減価償却費

※ 月数は、暦に従って計算し、1月に満たない端数を生じたときは、これを1月とします。

――計算例――

**（設 例）**

次の減価償却資産について、償却の方法を旧定額法から旧定率法に変更した場合

取得価額 10,000,000円　耐用年数 10年

耐用年数10年の旧定率法の償却率 0.206

変更した年の1月1日における未償却残高 7,300,000円

**（計 算）**

償却の方法を変更した年の1月1日における未償却残高7,300,000円に旧定率法の償却率0.206を乗じて、償却の方法を変更した年の減価償却費を計算します。

（変更した年の1月1日における未償却残高）　（償却率）　　　　（変更後の減価償却費）
7,300,000円　　　× 0.206 ×12/12＝　1,503,800円

### ② 定額法を定率法に変更した場合の計算式

① 調整前償却額（ⅰ）≧償却保証額（ⅱ）のとき

調整前償却額における未償却残高 × $\dfrac{その年に業務の用に供された月数}{12}$ ＝変更後の減価償却費

事業所得（減価償却）

② 調整前償却額＜償却保証額のとき

$$\begin{array}{l}\text{その年1月1日に} \\ \text{おける未償却残高} \\ \text{（改定取得価額）}\end{array} \times \begin{array}{l}\text{その減価償却資産につ} \\ \text{いて定められている耐用年} \\ \text{数に応ずる改定償却率}\end{array} \times \dfrac{\text{その年に業務の用に供された月数}}{12}$$

＝変更後の減価償却費

i 変更した年の1月1日×その減価償却資産の法定耐用＝調整前償却額
における未償却残高　年数に応ずる定率法の償却率

ii 取得価額×耐用年数に応ずる保証率＝償却保証額

※ 未償却残高が1円になるまで償却します。

※ 月数は、暦に従って計算し、1月に満たない端数を生じたときは、これを1月とします。

─計算例─

（設　例）

次の減価償却資産について、償却の方法を定額法から定率法に変更した場合

取得価額　10,000,000円　　耐用年数　10年

耐用年数10年の定率法の償却率　　　　0.200

改定償却率　　0.250

保証率　　0.06552

変更した年の1月1日における未償却残高　7,300,000円

（計　算）

i 調整前償却額　　（変更した年の1月1日における未償却残高）　（償却率）
　　　　　　　　　　　　7,300,000円　　　×　0.200　＝1,460,000円

ii 償却保証額　（取得価額）　（保証率）
　　　　　　　10,000,000円×0.06552＝655,200円

調整前償却額1,460,000円≧償却保証額655,200円であるため、変更した年における減価償却費は次のとおりです。

7,300,000円×0.200×12/12＝1,460,000円（変更後の減価償却費）

**ロ　旧定率法を旧定額法に変更した場合又は定率法を定額法に変更した場合**（所基通49─20）

減価償却資産の償却の方法について、旧定率法を旧定額法に変更した場合又は定率法を定額法に変更した場合には、その後の減価償却費（5年均等償却（所令134②）による減価償却費を除きます。）は、次の(イ)に定める取得価額又は残存価額を基礎とし、次の(ロ)に定める年数に応ずるそれぞれの償却の方法に係る償却率により計算します。

(イ) 取得価額又は残存価額は、その減価償却資産の取得の時期に応じて次に定める価額によります。

(イ) 平成19年3月31日以前に取得した減価償却資産……その変更した年の1月1日における未償却残高を取得価額とみなし、実際の取得価額の10％相当額を残存価額とします。

(ロ) 平成19年4月1日以後に取得した減価償却資産……その変更した年の1月1日における未償却残高を取得価額とみなします。

(ロ) 耐用年数は、次に定める年数のいずれかを選択します。

(イ) その減価償却資産について定められている耐用年数

収入金額、所得金額の計算

㋺　その減価償却資産について定められている耐用年数から選定していた償却の方法に応じた経過年数を控除した年数（その年数が2年に満たない場合には2年とします。）

　　この場合において、経過年数は、その変更をした年の1月1日における未償却残高を実際の取得価額（同日前の資本的支出の額を含みます。）をもって除して得た割合に応ずるその耐用年数に係る未償却残高割合に対応する経過年数とします。

**(注1)**　経過年数の計算は、一の償却計算単位として償却費を計算する減価償却資産ごとに行います。（所規32）

**(注2)**　経過年数に1年未満の端数がある場合には切り上げます。

なお、償却の方法を変更した年分の計算式は、次のとおりです。

## ①　旧定率法を旧定額法に変更した場合の計算式

$$
\left[\begin{array}{c}\text{変更した年}\\\text{の1月1日}\\\text{における未}\\\text{償却残高}\end{array} - \begin{array}{c}\text{減価償却}\\\text{資産の実}\\\text{際の取得}\\\text{価額}\end{array}\times 10\%\right]\times\begin{array}{c}\text{前記㋺により定}\\\text{められた耐用年}\\\text{数に応ずる旧定}\\\text{額法の償却率}\end{array}\times\dfrac{\text{その年に業務の用に供された月数}}{12}
$$

＝変更後の減価償却費

※　月数は、暦に従って計算し、1月に満たない端数を生じたときは、これを1月とします。

---

**計算例**

**(設　例)**

　次の減価償却資産（平成19年1月に取得）について、償却の方法を旧定率法から旧定額法に変更し、変更後の耐用年数について前記㋺㋩の耐用年数を選択した場合

　取得価額　10,000,000円　　耐用年数　20年

　耐用年数20年の旧定率法の償却率　0.109

　耐用年数20年の旧定額法の償却率　0.050

　耐用年数13年の旧定額法の償却率　0.076

　変更した年の1月1日における未償却残高　5,003,409円

**(計　算)**

　未償却残高割合　5,003,409円÷10,000,000円＝0.500（小数第4位を四捨五入）

　未償却残高割合0.500は、耐用年数取扱通達「付表7(1)旧定率法未償却残高表（平成19年3月31日以前取得分）※」の20年の欄の0.501（経過年数6年）と0.447（経過年数7年）の間に位置するため、下位の0.447に対する7年が経過年数になります。

　法定耐用年数（20年）から経過年数（7年）を控除した年数（13年）で変更後の減価償却を行います。

　20年－7年＝13年

　(5,003,409円－10,000,000円×10%)×0.076×12/12＝304,260円（変更後の減価償却費）

---

※　付表7(1)は平成19年3月31日以前の残高表ですが、平成19年4月1日以後平成24年3月31日までは「付表7(2)」が適用され、平成24年4月1日以後は「付表7(3)」が適用されます。

事業所得（減価償却）

## ② 定率法を定額法に変更した場合の計算式

変更した年の　　前記(ロ)により定めら　　その年に業務の用に供された月数
1月1日の未　×れた耐用年数に応ず　×　────────────────　＝変更後の減価償却費
償却残高　　　　る定額法の償却率　　　　　　　　12

※　未償却残高が1円になるまで償却します。

※　月数は、暦に従って計算し、1月に満たない端数を生じたときは、これを1月とします。

┌─計算例─────────────────────────────────────────
│（設　例）
│　次の減価償却資産（令和4年1月に取得）について、償却方法を定率法から定額法に変更し、変更後
│の耐用年数について前記(ロ)(ⅰ)の耐用年数を選択した場合
│　取得価額　10,000,000円　　耐用年数　10年
│　耐用年数10年の定率法の償却率　0.200
│　耐用年数10年の定額法の償却率　0.100
│　耐用年数6年の定額法の償却率　0.167
│　変更した年の1月1日における未償却残高　4,300,000円
│（計　算）
│　未償却残高割合　4,300,000円÷10,000,000円＝0.430（小数第4位を四捨五入）
│　未償却残高割合0.430は、耐用年数取扱通達「付表7(3)定率法未償却残高表（平成24年4月1日以後
│取得分）」の耐用年数10年の欄の0.512（経過年数3年）と0.410（経過年数4年）の間に位置するため、
│下位の0.410に対する4年が経過年数になります。
│　法定耐用年数（10年）から経過年数（4年）を控除した年数（6年）で変更後の減価償却を行います。
│　10年－4年＝6年
│　4,300,000円×0.167×12/12＝718,100円（変更後の減価償却費）
└─────────────────────────────────────────────

## ハ　定率法を定額法に変更した後に資本的支出をした場合等の取扱い（所基通49—20の2）

　減価償却資産の償却の方法について、旧定率法を旧定額法に変更した後又は定率法を定額法に変更
した後の償却費の計算の基礎となる耐用年数につき、前記ロの(ロ)(ⅰ)によっている減価償却資産につい
て資本的支出をした場合には、その後におけるその減価償却資産の償却費の計算の基礎となる耐用年
数は、次の場合に応じそれぞれ次に定める年数によります。

ⅰ　その資本的支出の金額がその減価償却資産の再取得価額の50％に相当する金額以下の場合……そ
　の減価償却資産につき現に適用している耐用年数

ⅱ　ⅰ以外の場合……その減価償却資産について定められている耐用年数

┌─計算例─────────────────────────────────────────
│（設　例）
│　前記ロ②の設例の減価償却資産（令和4年1月に取得）について、定率法を定額法に変更した年の翌
│年1月に資本的支出を行った場合
│　再取得価額　5,000,000円
│　資本的支出の金額　ⓐ1,500,000円の場合
└

──（197）──

収入金額、所得金額の計算

ⓑ3,000,000円の場合

**(計　算)**

ⓐの場合

1,500,000円≦5,000,000円×50%→その減価償却資産について現に使用している耐用年数6年

資本的支出を行った減価償却資産及び資本的支出部分については、それぞれ現に使用している耐用年数6年（償却率0.167）の定額法で計算することとなります。

資本的支出を行った減価償却資産　　4,300,000円×0.167×12/12＝718,100円

資本的支出　　　　　　　　　　　　1,500,000円×0.167×12/12＝250,500円

ⓑの場合

3,000,000円＞5,000,000円×50%→その減価償却資産について定められている耐用年数10年

資本的支出を行った減価償却資産及び資本的支出部分については、法定耐用年数10年（償却率0.100）の定額法で計算することとなります。

資本的支出を行った減価償却資産　　4,300,000円×0.100×12/12＝430,000円

資本的支出　　　　　　　　　　　　3,000,000円×0.100×12/12＝300,000円

(2)　**年の中途で事業の用に供した機械などの償却**

　年の中途で事業の用に供した減価償却資産のその年における減価償却費の額は、原則として、その資産の1年分の減価償却費の額を、その資産を事業の用に供した期間に応じて月割計算して求めます。（この場合、1月未満の使用期間は1月とします。）（所令132①一、②）

(3)　**年の中途で譲渡した車両などの償却**

　年の中途で譲渡した減価償却資産の償却費の額の計算も、(2)と同様に月割計算で行いますが、これを事業所得の必要経費とせず、その資産の譲渡によって生ずる譲渡所得の計算のうえで控除する取得費に含めることができます。（所令132①二、所基通49—54）

(4)　**1個の減価償却資産について一部の取壊し等又は資本的支出があった場合の定額法又は定率法による償却費の計算**

　年の中途において、建物のように総合償却資産に該当しない1個の減価償却資産について一部の取壊し、除却、滅失その他の事由（以下「取壊し等」といいます。）により損失が生じた場合又は資本的支出があった場合におけるその年のその減価償却資産の旧定額法、旧定率法、定額法又は定率法による償却費の額は、それぞれの場合に応じ、それぞれ次の金額とします。この場合において、取壊し等があった部分又は資本的支出があった部分の償却費の額は、前述の(2)又は(3)に準じて計算した金額とされています。（所基通49—31）

事業所得（減価償却）

**イ　一部の取壊し等があった場合**

| | |
|---|---|
| 新旧の定額法を選定している場合 | 次の①、②の償却費の額の合計額<br>①　その減価償却資産のその年1月1日（その減価償却資産をその年の中途において取得している場合には、その取得した日。以下同じ。）における取得価額のうち資産損失額（その取壊し等があった直前における未償却残額から取壊し等があった直後におけるその減価償却資産の価額を控除した残額をいいます。以下同じ。）に対応する金額を取壊し等があった部分に係る取得価額とみなして計算した償却費の額<br>　この場合において、資産損失額に対応する金額は次の算式により計算します。<br><br>　その減価償却資産のその年1月1日における取得価額 $\times \dfrac{資産損失額}{取壊し等直前におけるその減価償却資産の未償却残額}$<br><br>②　その減価償却資産のその年1月1日における取得価額からそのうち資産損失額に対応する金額を控除した残額をその減価償却資産の取得価額とみなして計算した償却費の額 |
| 新旧の定率法を選定している場合 | 次の①、②の償却費の額の合計額<br>①　その減価償却資産のその年1月1日における未償却残額（その減価償却資産をその年の中途において取得している場合には、その減価償却資産の取得価額。以下同じ。）のうち資産損失額に対応する金額を取壊し等があった部分に係るその年1月1日における未償却残額とみなして計算した償却費の額<br>　この場合において、資産損失額に対応する金額は次の算式により計算します。<br><br>　その減価償却資産のその年1月1日における未償却残額 $\times \dfrac{資産損失額}{取壊し等直前におけるその減価償却資産の未償却残額}$<br><br>②　その減価償却資産のその年1月1日における未償却残額からそのうち資産損失額に対応する金額を控除した残額をその減価償却資産の未償却残額とみなして計算した償却費の額 |

　なお、一部の取壊し等があった減価償却資産のその取壊し等があった年の翌年以後の償却費の額の計算の基礎となる取得価額又は未償却残額は、次によります。（所基通49―32）

(イ)　取得価額については、上表の上欄②の償却費の額の計算の基礎とされた金額

(ロ)　未償却残額については、上表の下欄②の償却費の額の計算の基礎とされた金額からその償却費の額を控除した残額

**ロ　資本的支出があった場合**

　その減価償却資産の取得価額を資本的支出の部分とその他の部分とに区分し、それぞれの部分を別個の減価償却資産とみなして各別に計算した償却費の額の合計額

**⑸　通常の使用時間を超えて使用される機械装置の増加償却**

　青色申告者の有する機械装置（新旧の定額法又は定率法を採用しているものに限ります。）の使用時間が、事業所得等を生ずべき業務の通常の経済事情におけるその機械装置の平均的な使用時間を超える場合には、通常の償却費の額とその償却費の額に増加償却割合を乗じて計算した金額との合計額を、その年分の償却費の額とすることができます。（所令133）

収入金額、所得金額の計算

（通常の償却費の額＋通常の償却費の額×増加償却割合）＝その年分の償却費の額

〈増加償却割合〉

　増加償却割合とは、平均的な使用時間を超えて使用する機械装置につき、次により計算した割合（小数点以下２位未満の端数は切り上げます。）をいい、この割合が10％未満の場合には、この特例は適用されません。（所令133、所規34①②）

0.035×その機械装置の１日当たりの超過使用時間数＝増加償却割合（小数点以下２位未満切上げ）

**（注）**　その機械装置の１日当たりの超過使用時間数は、納税者の選択により次の①又は②により計算した時間数のいずれかによることができます。

①　その機械装置の１日当たりの超過使用時間数＝｛（その年において個々の機械装置の通常の経済事情における１日当たりの平均的な使用時間を超えて使用した時間の合計時間(A)÷その年において個々の機械装置を通常使用すべき日数(B)）×個々の機械装置の取得価額／その機械装置の取得価額の合計額｝の合計時間

②　その機械装置の１日当たりの超過使用時間数＝((A)÷(B))の合計時間÷その年12月31日現在の個々の機械装置の総数

─計算例─

（設　例）

取得年月　令和４年１月　取得価額　100万円　耐用年数　６年

耐用年数省令別表十の耐用年数６年の定率法の償却率　　　0.333

改定償却率　　0.334

保証率　　0.09911

増加償却の割合　114％

償却保証額　（取得価額）（保証率）（償却保証額）
1,000,000円×0.09911＝　99,110円

（計　算）
(単位：円)

| 年　分 | 令和4年分 | 5年分 | 6年分 | 7年分 | 8年分 | 9年分 |
|---|---|---|---|---|---|---|
| 取得価額（期首未償却残高） | 1,000,000 | 620,380 | 384,870 | 238,765 | 147,852 | 56,939 |
| 償却費の額（調整前償却額） | 333,000 | 206,587 | 128,162 | 79,509 | 49,235 | ― |
| 増 加 償 却 費 の 額 | 46,620 | 28,923 | 17,943 | ― | ― | ― |
| 償 却 費 の 合 計 額 | **379,620** | **235,510** | **146,105** | | | |
| 改定償却率による計算　改 定 取 得 価 額 | ― | ― | ― | 238,765 | 238,765 | 238,765 |
| 償 却 費 の 額 | ― | ― | ― | 79,748 | 79,748 | **56,938** |
| 増 加 償 却 費 の 額 | | | | 11,165 | 11,165 | ― |
| 償 却 費 の 合 計 額 | | | | **90,913** | **90,913** | ― |
| 期 末 未 償 却 残 高 | 620,380 | 384,870 | 238,765 | 147,852 | 56,939 | 1 |

　その年分の調整前償却費の額が償却保証額99,110円に満たないこととなる令和７年分以後の年分は、

──(200)──

事業所得（減価償却）

その満たないこととなる令和7年分の期首未償却残高238,765円を改定取得価額として、その改定取得価額に改定償却率0.334を乗じて計算した金額が償却費の額となります。

また、耐用年数経過時点において1円を残しますので、令和9年分の事業所得等の金額の計算上必要経費に算入する償却費の額は、56,938円となります。

〈適用を受けるための手続〉

この特例の適用を受けるためには、この特例の適用を受ける旨その他所定の事項を記載した書類をその年分の確定申告期限までに納税地の所轄税務署長に提出し、かつ、その平均的な使用時間を超えて使用したことを証する書類を保存しておかなければなりません。（所令133、所規34③）

## 9 少額減価償却資産等の取得価額の必要経費算入

### (1) 少額減価償却資産の取得価額の必要経費算入

業務の用に供した減価償却資産（国外リース資産を除きます。）で取得価額が10万円未満であるもの（令和4年4月1日以後取得等する、貸付け（主要な業務として行われるものを除きます。）の用に供したものを除きます。）又は使用可能期間が1年未満であるものについては、その取得価額に相当する金額を、その業務の用に供した年分の必要経費に算入します。（所令138、令4改所令附4）

**(注1)** 取得価額が10万円未満であるかどうかは、通常一単位として取引されるその単位、例えば、機械装置について1台又は1基ごとに、工具、器具備品については1個、1組又は1そろいごとに判定します。（所基通49—39）

また、上記の取得価額と消費税等との関係については、その事業者が適用している税抜経理方式又は税込経理方式に応じ、その適用している方式により算定した取得価額によって10万円未満であるかどうかを判定します。

**(注2)** 減価償却資産を貸付けの用に供したかどうかはその減価償却資産の使用目的、使用状況等を総合勘案して判定されます。例えば、一時的に貸付けの用に供したような場合において、その貸付けの用に供した事実のみをもって、その減価償却資産が貸付けの用に供したものに該当することにはなりません。（所基通49—39の2、措通28の2—1の2）

次に掲げる貸付けは、主要な業務として行われる貸付けに該当します。（所規34の2、所基通49—39の3、措通28の2—1の3）

(2)及び(3)においても同様です。

| | 規　定 | 例　示 |
|---|---|---|
| イ | その事業者に対して資産の譲渡又は役務の提供を行う者のその資産の譲渡又は役務の提供の業務の用に専ら供する資産の貸付け | 事業者が自己の下請業者に対して、その下請業者の専らその事業者のためにする製品の加工等の用に供される減価償却資産を貸し付ける行為 |
| ロ | 継続的にその事業者の経営資源（業務の用に供される設備（その貸付けの用に供する資産を除く。）、業務に関するその事業者又はその従業者の有する技能又は知識（租税に関する | 小売業を営む事業者がその小売店の駐車場の遊休スペースを活用して自転車その他の減価償却資産を貸し付ける行為 |

——（201）——

収入金額、所得金額の計算

| | | |
|---|---|---|
| | ものを除きます。）その他これらに準ずるものをいいます。）を活用して行い、又は行うことが見込まれる業務としての資産の貸付け | |
| ハ | その事業者が行う主要な業務に付随して行う資産の貸付け | 不動産貸付業を営む事業者がその貸し付ける建物の賃借人に対して、家具、電気機器その他の減価償却資産を貸し付ける行為 |

※ 上記イからハまでに定める行為であっても、資産の貸付け後に譲渡人その他の者がその資産を買い取り、又はその資産を第三者に買い取らせることをあっせんする旨の契約が締結されている場合（その貸付けの対価の額及びその資産の買取りの対価の額の合計額がその事業者のその資産の取得価額のおおむね100分の90に相当する金額を超える場合に限ります。）におけるその貸付けは「主要な業務として行われる貸付け」に該当しません。

(2) 一括償却資産の必要経費算入

業務の用に供した減価償却資産で取得価額が20万円未満であるもの（国外リース資産及び(1)の適用があるものを除きます。）については、その減価償却資産（令和4年4月1日以後取得等する、貸付け（主要な業務として行われるものを除きます。）の用に供したものを除きます。）の全部又は特定の一部を一括し、その一括した減価償却資産（以下「一括償却資産」といいます。）の取得価額の合計額をその業務の用に供した年以後3年間の各年の費用の額とする方法を選択したときは、通常の減価償却の方法により計算される償却費に代えて、その一括償却資産の取得価額の合計額（以下「一括償却対象額」といいます。）を3で除して計算した金額を各年分の必要経費に算入することができます。（所令139①、令4改所令附4）

(注1) (2)は、一括償却資産を事業の用に供した年分の確定申告書に一括償却対象額を記載した書類を添付し、かつ、その計算に関する書類を保存している場合に限り、適用されます。（所令139②）

(注2) (2)の適用を受けている人が死亡し、上記の規定により計算される金額のうち、その死亡した年以後の各年分において必要経費に算入されるべき金額がある場合には、その金額は、その人の死亡した年分の必要経費に算入するものとされます。ただし、その業務を承継した人があるときは、次によることができます。（所基通49—40の3）

① その人が死亡した年分……その人の必要経費に算入

② その人が死亡した年の翌年以後の各年分……その業務を承継した人の必要経費に算入

(注3) (1)又は(2)の取得価額と消費税等との関係については、その事業者が適用している税抜経理方式又は税込経理方式に応じ、その適用している方式により算定した取得価額によって20万円未満であるかどうかを判定します。

(注4) 減価償却資産を貸付けの用に供したかどうかの判定、主要な業務として行われる貸付けの例示については、(1)の（注2）を参照してください。

(3) **中小事業者の少額減価償却資産の取得価額の必要経費算入の特例**

青色申告者で常時使用する従業員の数が500人以下（令和2年3月31日以前取得等分については、1,000人以下）の人が、令和6年3月31日までの間に取得等をし、かつ、業務の用に供した減価償却資産でその取得価額が10万円以上30万円未満であるもの（以下「少額減価償却資産」といいます。）

事業所得（減価償却）

については、その取得価額相当額を、その業務の用に供した年分の必要経費に算入することができます。ただし、業務の用に供した年分における少額減価償却資産の取得価額の合計額が300万円（年の中途で開業・廃業した場合には、300万円を12で除し、これに業務を営んでいた月数を乗じて計算した金額）を超えるときは、当該金額以下となる組合せによる少額減価償却資産の取得価額の合計額が限度とされます。（措法28の2①）

**（注1）** (3)は、前記(1)、(2)のほか、特別償却又は特別税額控除、特定の事業用資産の買換えの特例等の適用を受けるもの及び令和4年4月1日以後取得等する、貸付け（主要な業務として行われるものを除きます。）の用に供したものには適用されません。（措令18の5②）

**（注2）** (3)は、確定申告書に少額減価償却資産の取得価額に関する明細書の添付がある場合に限り適用されます。（措法28の2③）

ただし、青色申告決算書の「減価償却の計算」欄に、次の事項を記載して提出し、かつ、その減価償却資産の明細を別途保管している場合には、この明細書の提出を省略できます。（措通28の2―3）

① 取得価額30万円未満の減価償却資産について「措法28の2①」を適用していること

② 適用した減価償却資産の取得価額の合計額

③ 適用した減価償却資産の明細は、別途保管していること

**（注3）** 減価償却資産を貸付けの用に供したかどうかの判定、主要な業務として行われる貸付けの例示については、(1)の **（注2）** を参照してください。

## 10 特別償却（割増償却）

青色申告者は、その事業の用に対する減価償却資産について、以下のような特別な償却が認められます。

※ 減価償却資産がその年において2以上の特別償却又は特別税額控除の適用を受けることができるものである場合には、その減価償却資産については、そのうち1つの特例のみ適用されます。（措法19①）

※ 令和4年分以後の所得税について、個人の有する減価償却資産の取得価額又は繰延資産の額のうちに試験研究費の額につき試験研究を行った場合の所得税額の特別控除制度（616ページの**9**参照）の対象となる試験研究費の額が含まれる場合において、その**9**の制度適用を受けたときは、その減価償却資産又は繰延資産については、租税特別措置法の規定による特別償却又は特別税額控除制度等は、適用されません。（措法19②、令3改所法等附32⑧）

※ 所有権移転外リース取引（261ページ(2)参照）により取得した減価償却資産については、特別償却（割増償却）は適用されません。（措法10の3⑥他）

※ 収用等、交換処分等若しくは換地処分等に伴い、又は特定の事業用資産の買換え等若しくは既成市街地等内にある土地等の中高層耐火建築物等の建設のための買換え等により取得した代替資産等又は買換資産等については、これらの場合の譲渡所得の特例の適用を受ける場合には、特別償却又は特別税控除額は適用されません。（措法33の6②、37の3③、37の4二、37の5②）

――(203)――

収入金額、所得金額の計算

⑴ **高度省エネルギー増進設備等を取得した場合の特別償却**（令和4年3月31日まで適用）

　青色申告者が、平成30年4月1日（次の②及び③に掲げるものは、エネルギーの使用の合理化等に関する法律（以下「省エネ法」といいます。）の一部を改正する法律の施行の日（平成30年12月1日））から令和4年3月31日までの間に、高度省エネルギー増進設備等の取得又は製作若しくは建設（以下「取得等」といいます。）をして、国内にある個人の事業の用に供した場合には、その用に供した年において、その高度省エネルギー増進設備等について計算される通常の償却費に加え、その取得価額の100分の20（令和2年3月31日以前取得等分については、100分の30）相当額以下の金額を必要経費に算入することができます。（旧措法10の2①）

　① 省エネ法に定める特定事業者、特定連鎖化事業者又は認定管理統括事業者若しくは管理関係事業者（令和2年3月31日以前取得等分については、特定事業者又は特定連鎖化事業者に限る（以下同様）。）

　② 省エネ法の認定を受けた工場等を設置している者

　③ 省エネ法の認定を受けた荷主

　なお、合計償却限度額のうち、事業の用に供した年分の事業所得の金額の計算上、必要経費に算入しなかった金額は、翌年分に繰り越して必要経費に算入することができます。（旧措法10の2②）

〈高度省エネルギー増進設備等の範囲〉

　上記①～③の適用対象者の区分に応じて、それぞれ次に定める減価償却資産となります。（旧措法10の2①、旧措令5の4①②、旧措規5の7①②③）

　ただし、所有権移転外リース取引により取得した高度省エネルギー増進設備等については、適用されません。（旧措法10の2④）

| ① | 機械その他の減価償却資産で次に掲げる要件を満たすことにつき経済産業局長等が確認書及びその確認書に係る申請書の写しを保存することにより証明がされたもの | イ 特定事業者、特定連鎖化事業者（特定連鎖化事業者が行う連鎖化事業の加盟者を含む。）又は認定管理統括事業者若しくは管理関係事業者（認定管理統括事業者又は管理関係事業者が特定連鎖化事業者である場合には、これらの者が行う連鎖化事業の加盟者を含む。）であって、既に相当程度のエネルギーの使用の合理化を進めているものが取得等をするものであること。<br>ロ 省エネ法の規定により主務大臣に提出されたエネルギーの使用の合理化の目標の達成のための中長期的な計画においてその合理化のために設置するものとして記載されたであること。<br>ハ エネルギーの使用の合理化に資するものとして経済産業大臣が財務大臣と協議して指定する機械及び装置、器具及び備品、建物附属設備並びに構築物であって次に掲げる特定事業者等の区分に応じそれぞれ次に定める設備又はシステムを構成するものに該当すること。（平成30年経済産業省告示第67号、第232号、令和2年経済産業省告示第71号）<br>㈣ 特定事業者、特定連鎖化事業者（特定連鎖化事業者が行う連鎖化事業の加盟者を含む。）又は認定管理統括事業者若しくは管理関係事業者（認定管理統括事業者又は管理関係事業者が特定連鎖化事業者である場合には、これらの |

——（204）——

事業所得（減価償却）

|  |  |
|---|---|
|  | 者が行う連鎖化事業の加盟者を含む。）のうち、専ら事務所その他これに類する用途に供する工場等を設置しているもの……事務所等関連高度省エネルギー増進設備等<br><br>㈿　特定事業者又は認定管理統括事業者若しくは管理関係事業者のうち、製造業に属する事業の用に供する工場等を設置しているもの……製造業関連高度省エネルギー増進設備等<br><br>㈾　特定事業者又は認定管理統括事業者若しくは管理関係事業者のうち、鉱業、電気供給業、ガス供給業及び熱供給業に属する事業の用に供する工場等を設置しているもの……鉱業等関連高度省エネルギー増進設備等<br><br>㈿　特定事業者又は認定管理統括事業者若しくは管理関係事業者のうち、上水道業、下水道業及び廃棄物処理業に属する事業の用に供する工場等を設置しているもの……上水道業等関連高度省エネルギー増進設備等 |
| ② | 機械その他の減価償却資産で工場等におけるエネルギーの使用の合理化に資するものとして経済産業大臣が財務大臣と協議して指定する工場等連携関連高度省エネルギー増進設備等（機械及び装置、器具及び備品、建物附属設備、構築物並びにソフトウエア（これらの資産のうち、冷凍機、冷蔵庫、空調設備、自動販売機又は業務用給湯器に該当するものを除きます。））のうち、連携省エネルギー計画（変更の認定又は変更の届出があったときは、その変更後のもの）に記載された連携省エネルギー措置の実施により取得等をされるものとしてその連携省エネルギー計画に記載されたものであることその他工場等におけるエネルギーの使用の合理化に資するものであることにつき証明がされたもの（平成30年経済産業省告示第232号） |
| ③ | 機械その他の減価償却資産で貨物の輸送に係るエネルギーの使用の合理化に資するものとして経済産業大臣が財務大臣と協議して指定する荷主連携関連高度省エネルギー増進設備等（機械及び装置、器具及び備品、建物附属設備並びにソフトウエア（これらの資産のうち、冷凍機、冷蔵庫、空調設備、自動販売機又は業務用給湯器に該当するものを除きます。）のうち、荷主連携省エネルギー計画（変更の認定又は変更の届出があったときは、その変更後のもの）に記載された荷主連携省エネルギー措置の実施により取得等をされるものとしてその荷主連携省エネルギー計画に記載されたものであることその他貨物の輸送に係るエネルギーの使用の合理化に資するものであることにつき証明がされたもの（平成30年経済産業省告示第232号） |

〈適用手続〉

　この特例の適用を受ける場合は、確定申告書に、これにより必要経費に算入される金額についてのその算入に関する記載（申告書第二表の「特例適用条文等」欄に「旧措法10条の２」と記載します。）をするとともに、計算明細書を添付することが必要です。（旧措法10の２⑥）

　ただし、高度省エネルギー増進設備等の取得等に充てるための国又は地方公共団体の補助金又は給付金その他これらに準ずるものの交付を受けたこれらの設備等については、この制度を適用できません。（旧措法10の２⑤）

　**(注)**　(1)の特別償却は、令和３年度の税制改正により、廃止されました。

　　　　ただし、個人が令和３年４月１日前に取得又は製作若しくは建設をした高度省エネルギー増進設備等及び次に掲げる個人が同日から令和４年３月31日までの間に取得又は製作若しくは建設をする高度

収入金額、所得金額の計算

省エネルギー増進設備等でそれぞれ次に定めるものについては従前どおりです。（令3改所法等附26）

イ　上記①の個人……上表内①の高度省エネルギー増進設備等のうちエネルギーの使用の合理化に特に効果の高いものであることが令和3年4月1日前に確認されたもの

ロ　令和3年4月1日前に省エネ法の認定を受けた工場等を設置している者……上表内②の高度省エネルギー増進設備等（同日以後にその認定に係る連携省エネルギー計画につき省エネ法による変更の認定があるときは、その変更によりその連携省エネルギー計画に新たに記載されるものを除きます。）

ハ　令和3年4月1日前に省エネ法の認定を受けた荷主……上表内③の高度省エネルギー増進設備等（同日以後にその認定に係る荷主連携省エネルギー計画につき省エネ法による変更の認定があるときは、その変更によりその荷主連携省エネルギー計画に新たに記載されるものを除きます。）

## (2)　中小事業者が機械等を取得した場合の特別償却

青色申告者である中小事業者が、平成10年6月1日から令和5年3月31日までの期間（指定期間）内に特定機械装置等で事業の用に供されたことのないものを取得又は製作して、製造業、建設業等一定の事業（指定事業）の用（貸付けの用を除きます。）に供した場合には、その用に供した年において、その特定機械装置等について計算される通常の償却費に加え、その取得価額（内航運送業の用に供される船舶については、その75％相当額）の100分の30相当額以下の金額を必要経費に算入することができます。（措法10の3①、措令5の5⑦）

なお、合計償却限度額のうち、事業の用に供した年分の事業所得の金額の計算上、必要経費に算入しなかった金額は、翌年分に繰り越して必要経費に算入することができます。（措法10の3②）

（注1）　中小事業者とは、常時使用する従業員の数が1,000人以下の個人をいいます。（措法10の3①、10⑦六、措令5の3⑩）

（注2）　「指定事業」とは、令和3年3月31日までは、製造業、建設業、農業、林業、漁業、水産養殖業、鉱業、卸売業、道路貨物運送業、倉庫業、港湾運送業、ガス業、小売業、料理店業その他の飲食業（料亭、バー、キャバレー、ナイトクラブその他これに類する事業を除きます。）、一般旅客自動車運送業、海洋運輸業、沿海運輸業、内航船舶貸渡業、旅行業、こん包業、郵便業、通信業、損害保険代理業及びサービス業（物品賃貸業及び娯楽業〈映画業を除きます。〉を除きます。）をいいます。

令和3年4月1日以後は、製造業、建設業、農業、林業、漁業、水産養殖業、鉱業、卸売業、道路貨物運送業、倉庫業、港湾運送業、ガス業、小売業、料理店業その他の飲食業（料亭、バー、キャバレー、ナイトクラブその他これに類する事業にあっては生活衛生同業組合の組合員が行うものに限ります。）、一般旅客自動車運送業、海洋運輸業、沿海運輸業、内航船舶貸渡業、旅行業、こん包業、郵便業、通信業、損害保険代理業、不動産業及びサービス業（娯楽業〈映画業を除きます。〉を除きます。）をいいます。（措法10の3①、措令5の5⑤、措規5の8⑤、令3改措規附6）

### 〈特定機械装置等の範囲〉

特定機械装置等とは、次に掲げる減価償却資産をいいます。（措法10の3①、措令5の5①③④、措規5の8）

なお、所有権移転外リース取引により取得した特定機械装置等については、適用されません。（措法10の3⑥）

事業所得（減価償却）

① 機械及び装置で1台又は1基（通常1組又は1式をもって取引の単位とされるものにあっては1組又は1式）の取得価額が160万円以上のもの

② 製品の品質管理の向上等に資する測定工具及び検査工具（電気又は電子を利用するものを含みます。）で、1台又は1基の取得価額の合計額が120万円以上のもの

③ 電子計算機に対する指令で一の結果を得るように組み合わされたソフトウエアで取得価額の合計額が70万円以上のもの

　(注)　ソフトウエアには、システム仕様書を含みますが、複写して販売するための原本、一定の開発研究の用に供されるもの又はサーバー用オペレーティングシステム、サーバー用の仮想化ソフトウエア、データベース管理ソフトウエア又はデータベースの情報を加工するソフトウエア、連携ソフトウエア及び不正アクセス防御ソフトウエアは除かれます。（措令5の5①、措規5の8③）

④ 車両及び運搬具については、車両重量が3.5トン以上の普通自動車で貨物の運送の用に供するもの

⑤ 内航運送業又は内航船舶貸渡業の用に供される船舶

　(注)　令和3年4月1日以後は、匿名組合契約その他これに類する一定の契約の目的である事業の用に供するものは、特定機械装置等の範囲から除かれています。（措法10の3①、令3改措法等附27）

　　　「その他これに類する一定の契約」とは、次に掲げる契約をいいます。（措令5の5④）

　　イ　当事者の一方が相手方の事業のために出資をし、相手方がその事業から生ずる利益を分配することを約する契約

　　ロ　外国における匿名組合契約又は上記イの契約に類する契約

〈適用手続〉

　この特例の適用を受ける場合は、確定申告書に、これにより必要経費に算入される金額についてのその算入に関する記載（申告書第二表の「特例適用条文等」欄に「措法10条の3」と記載します。）をするとともに、計算明細書を添付することが必要です。（措法10の3⑦）

⑶　地域経済牽引事業の促進区域内において特定事業用機械等を取得した場合の特別償却（地域中核企業向け設備投資促進税制）

　青色申告者である地域経済牽引事業の促進による地域の成長発展の基盤強化に関する法律の承認地域経済牽引事業者が、平成29年7月31日から令和5年3月31日までの間に、その行う承認地域経済牽引事業に係る促進区域内において承認地域経済牽引事業計画に従って特定地域経済牽引事業施設等の新設又は増設をする場合において、その新設又は増設に係る特定事業用機械等の取得等をして、その承認地域経済牽引事業の用に供したときは、その用に供した年において、その特定事業用機械等について計算される通常の償却費に加え、その特定事業用機械等の取得価額（その特定事業用機械等に係る一の特定地域経済牽引事業施設等を構成する機械等の取得価額の合計額が80億円（平成31年4月1日前取得等分は100億円）を超える場合には、80億円（平成31年4月1日前取得等分は100億円）にその特定事業用機械等の取得価額がその合計額のうちに占める割合を乗じて計算した金額）に次に掲げる減価償却資産の区分に応じそれぞれ次に定める割合を乗じて計算した金額以下の金額を必要経費に

——(207)——

収入金額、所得金額の計算

算入することができます。(措法10の4①、措令5の5の2②、平31改所法等附30)

① 機械及び装置並びに器具及び備品　100分の40（平成31年4月1日以後に地域経済牽引事業の促進による地域の成長発展の基盤強化に関する法律の規定による承認を受けた個人がその承認地域経済牽引事業（地域の成長発展の基盤強化に著しく資するものとして経済産業大臣が財務大臣と協議して定める基準に適合することにつき主務大臣の確認を受けたものに限ります。）の用に供したものについては100分の50）

② 建物及びその附属設備並びに構築物　100分の20

なお、必要経費に算入する金額は、普通償却額を下回ることができません。(措法10の4①ただし書)

また、合計償却限度額のうち、事業の用に供した年分の事業所得の金額の計算上、必要経費に算入しなかった金額は、翌年分に繰り越して必要経費に算入することができます。(措法10の4②)

〈特定事業用機械等の範囲〉

特定事業用機械等とは、促進区域内においてその承認地域経済牽引事業に係る承認地域経済牽引事業計画に従って特定地域経済牽引事業施設等（承認地域経済牽引事業計画に定められた施設又は設備で、一定の規模のもの（注）をいいます。）の新設又は増設をする場合におけるその新設又は増設に係る特定地域経済牽引事業施設等を構成する機械及び装置、器具及び備品、建物及びその附属設備並びに構築物とされています。(措法10の4①③)

なお、所有権移転外リース取引により取得した特定事業用機械等については、適用されません。(措法10の4④)

**(注)** 上記の「一定の規模のもの」は、一の承認地域経済牽引事業計画に定められた施設又は設備を構成する減価償却資産の取得価額の合計額が2,000万円以上のものとされています。(措法10の4①、措令5の5の2①)

〈適用手続〉

この特例を受ける場合は、確定申告書に、これにより必要経費に算入される金額についてのその算入に関する記載（申告書第二表の「特例適用条文等」欄に「措法10の4」と記載します。）をするとともに、計算明細書を添付することが必要です。(措法10の4⑤)

## ⑷　地方活力向上地域等において特定建物等を取得した場合の特別償却

青色申告者が、地域再生法の一部を改正する法律の施行日（平成27年8月10日）から令和6年3月31日までの期間内に地域再生法の地方活力向上地域等特定業務施設整備計画について認定を受けたものが、その認定の日から3年以内(注1)に、同法の地方活力向上地域等内において、特定建物等の取得等をして、これをその事業の用に供した場合には、その用に供した年において、その特定建物等について計算される通常の償却費に加え、その特定建物等の取得価額の100分の15（その地方活力向上地域等特定業務施設整備計画が移転型計画(注2)である場合には100分の25）相当額以下の金額を必要経費に算入することができます。(措法10の4の2①)

——(208)——

事業所得（減価償却）

　なお、合計償却限度額のうち、事業の用に供した年分の事業所得の金額の計算上、必要経費に算入しなかった金額は、翌年分に繰り越して必要経費に算入することができます。（措法10の４の２②）

**（注１）** 令和２年３月31日以後に地方活力向上地域等特定業務施設整備計画について認定を受けた個人が令和４年４月１日以後に取得又は建設をするその認定に係る特定建物等について「３年以内」とされ、次の特定建物等については「２年以内」とされます。（令４改所法等附24）

① 令和２年３月31日以後に地方活力向上地域等特定業務施設整備計画について認定を受けた個人が令和４年４月１日前に取得又は建設をしたその認定に係る特定建物等

② 令和２年３月31日前に地方活力向上地域等特定業務施設整備計画について認定を受けた個人が取得又は建設をしたその認定に係る特定建物等

**（注２）**「移転型計画」とは、東京23区から特定業務施設を認定地域再生計画に記載されている地方活力向上地域に移転して整備する事業に関する計画をいいます。

〈特定建物等の範囲〉

　適用対象となる特定建物等は、認定地方活力向上地域等特定業務施設整備計画に記載された特定業務施設に該当する建物及びその附属設備並びに構築物（一の建物及びその附属設備並びに構築物の取得価額の合計額が2,500万円（令和４年３月31日以前に取得等するものについては2,000万円（令４改措令附４）、中小事業者にあっては1,000万円）以上のものに限ります。）とされています。（措法10の４の２①、措令５の５の３①）

　なお、所有権移転外リース取引により取得した特定建物等については適用されません。（措法10の４の２④）

**（注１）**「認定地方活力向上地域等特定業務施設整備計画」とは、地域再生法第17条の２第３項の認定を受けた地方活力向上地域等特定業務施設整備計画をいい、同条第４項の規定による変更の認定があったときは、その変更後のものをいいます。

**（注２）**「特定業務施設」とは、本店又は主たる事務所その他の地域における就業の機会の創出又は経済基盤の強化に資するものとして内閣府令で定める業務施設をいい、工場を除くこととされ、いわゆる本社機能、研究所や研修所をいいます。（地域再生法５④五）

〈適用手続〉

　この特例の適用を受ける場合は、確定申告書に、これにより必要経費に算入される金額についてのその算入に関する記載（申告書第二表の「特例適用条文等」欄に「措法10条の４の２」と記載します。）をするとともに、計算明細書を添付することが必要です。（措法10の４の２⑤）

⑸　**特定中小事業者が経営改善設備を取得した場合の特別償却**（令和３年３月31日まで適用）

　特定中小事業者が、平成25年４月１日から令和３年３月31日までの期間内に、経営改善設備でその製作若しくは建設の後事業に供されたことのないものを取得し、又は製作し、若しくは建設して、国内にある指定事業の用に供した場合には、その用に供した年において、その経営改善設備について計算される通常の償却費に加え、経営改善設備の取得価額の100分の30相当額以下の金額を必要経費に算入することができます。（旧措法10の５の２）

　なお、合計償却限度額のうち、事業の用に供した年分の事業所得の金額の計算上、必要経費に算入

収入金額、所得金額の計算

しなかった金額は、翌年分に繰り越して必要経費に算入することができます。（旧措法10の5の2②）

**(注1)** 特定中小事業者とは、認定経営革新等支援機関等による経営の改善に関する指導及び助言を受けた旨を明らかにする一定の書類の交付を受けた中小事業者に該当する青色申告者（平成27年4月1日以後においては、認定経営革新等支援機関等を除きます。）をいいます。（旧措法10の5の2①、旧措令5の6の2①）

**(注2)** 「指定事業」とは、卸売業、小売業、農業、林業、漁業、水産養殖業、情報通信業、一般旅客自動車運送業、道路貨物運送業、倉庫業、港湾運送業、こん包業、損害保険代理業、不動産業、物品賃貸業、専門サービス業、広告業、技術サービス業、宿泊業、料理店業その他の飲食店業、洗濯・理容・美容・浴場業、その他の生活関連サービス業、社会保険・社会福祉・介護事業のうち、風俗営業に該当する事業又は性風俗関連特殊営業に該当する事業を除いたものをいいます。（旧措法10の5の2①、旧措令5の6の2③、旧措規5の10④⑤）

〈経営改善設備の範囲〉

経営改善設備とは、経営の改善に関する指導及び助言を受けた旨を明らかにする経営改善指導助言書類に記載された次の資産をいいます。（旧措法10の5の2①、旧措令5の6の2②）

① 器具及び備品で1台又は1基（通常1組又は1式をもって取引の単位とされるものにあっては1組又は1式で）の取得価額が30万円以上のもの

② 建物附属設備で1の建物附属設備の取得価額が60万円以上のもの

**(注)** 経営改善指導助言書類は、平成31年4月1日以後取得等する経営改善設備については、認定経営革新等支援機関等がその資産の取得に係る計画の実施その他の取組が特定中小事業者の経営の改善に特に資することにつきその特定中小事業者の経営改善割合が年100分の2以上となる見込みであることの確認をした旨の記載があるものに限られます。（旧措法10の5の2①、旧措規5の10②、平31改所法等附31①）

平成31年4月1日前に交付を受けた上記の確認をした旨の記載がない経営改善指導助言書類であっても、同日から令和元年9月30日までの間にその経営改善指導助言書類に係る経営改善設備の取得等をする場合は、この特別償却を適用できます。（平31改所法等附31②）

なお、所有権移転外リース取引により取得した経営改善設備については、適用されません。（旧措法10の5の2⑥）

〈適用手続〉

この特例の適用を受ける場合は、確定申告書に、これにより必要経費に算入される金額についてのその算入に関する記載（申告書第二表の「特例適用条文等」欄に「旧措法10条の5の2」と記載します。）をするとともに、計算明細書を添付することが必要です。（旧措法10の5の2⑦）

**(注)** (5)の特別償却は、適用期限（令和3年3月31日）の到来をもって廃止されました。個人が、令和3年4月1日前に取得又は製作若しくは建設をした経営改善設備については従前どおりです。（令3改所法等附28）

## ⑹ 特定中小事業者が特定経営力向上設備等を取得した場合の特別償却

特定中小事業者が、平成29年4月1日から令和5年3月31日までの間に、特定経営力向上設備等の取

事業所得（減価償却）

得等をして、これを国内にあるその特定中小事業者の営む指定事業（(2)の**(注2)**参照）の用に供した場合には、その用に供した年において、その特定経営力向上設備等について計算される通常の償却費に加え、その特定経営力向上設備等の取得価額から普通償却額を控除した金額に相当する金額を必要経費に算入することができます。（措法10の5の3）

なお、必要経費に算入する金額は、普通償却額を下回ることはできません。（措法10の5の3①ただし書）

また、合計償却限度額のうち、事業の用に供した年分の事業所得の金額の計算上、必要経費に算入しなかった金額は、翌年分に繰り越して必要経費に算入することができます。（措法10の5の3②）

〈特定経営力向上設備等の範囲〉

特定経営力向上設備等とは、生産等設備を構成する次に掲げる減価償却資産で、経営力向上設備等（経営力向上に著しく資する設備等で、特定中小事業者が受けた経営力向上計画に記載されたものに限ります。）に該当するものとされています。（措法10の5の3①③、措令5の6の3②③、措規5の11①）

なお、所有権移転外リース取引により取得した特定経営力向上設備等については、適用されません。（措法10の5の3⑥）

| 種　類 | | 金　額 |
|---|---|---|
| ① | 機械及び装置 | 1台又は1基（通常1組又は1式をもって取引の単位とされるものにあっては、1組又は1式。以下同じ）の取得価額が160万円以上のもの |
| ② | 工具、器具及び備品 | 1台又は1基の取得価額が30万円以上のもの |
| ③ | 建物附属設備 | 一の建物附属設備の取得価額が60万円以上のもの |
| ④ | ソフトウエア（(2)の対象となるソフトウエア（207ページ③）に限る） | 一のソフトウエアの取得価額が70万円以上のもの |

〈適用手続〉

この特例を受ける場合は、確定申告書に、これにより必要経費に算入される金額についてのその算入に関する記載（申告書第二表の「特例適用条文等」欄に「措法10の5の3」と記載します。）をするとともに、計算明細書を添付することが必要です。（措法10の5の3⑦）

## (7) 認定特定高度情報通信技術活用設備を取得した場合の特別償却

特定高度情報通信技術活用システムの開発供給及び導入の促進に関する法律（令和2年法律第37号）の認定導入事業者である青色申告者が、令和2年8月31日から令和7年3月31日までの間に、その認定導入計画に記載された認定特定高度情報通信技術活用設備の取得等をして事業の用に供した場合には、その用に供した年（事業を廃止した年を除きます。）において、その認定特定高度情報通信技術活用設備について計算される通常の償却費に加え、その認定特定高度情報通信技術活用設備の取得価額の100分の30相当額以下の金額を必要経費に算入することができます。（措法10の5の5①）

——(211)——

収入金額、所得金額の計算

　なお、合計償却限度額のうち、事業の用に供した年分の必要経費に算入しなかった金額は、翌年分に繰り越して必要経費に算入することができます。（措法10の5の5②）

〈認定特定高度情報通信技術活用設備の範囲〉

　認定特定高度情報通信技術活用設備とは、機械及び装置、器具及び備品、建物附属設備並びに構築物のうち、次に掲げる要件を満たすものであることについて、主務大臣の確認を受けたものをいいます。（措法10の5の5①、措令5の6の5①）

　ただし、所有権移転外リース取引により取得した認定特定高度情報通信技術活用設備については、適用されません。（措法10の5の5④）

① 認定導入計画に従って実施される特定高度情報通信技術活用システムの導入の用に供するために取得又は製作若しくは建設をしたものであること。

② 特定高度情報通信技術活用システムを構成する上で重要な役割を果たす一定のものに該当すること。

〈適用手続〉

　この特例の適用を受ける場合は、確定申告書に、これにより必要経費に算入される金額についてのその算入に関する記載（申告書第二表の「特例適用条文等」欄に「措法10の5の5」と記載します。）をするとともに、計算明細書を添付することが必要です。（措法10の5の5⑤）

(8) 革新的情報産業活用設備を取得した場合の特別償却（令和3年3月31日まで適用）

　生産性向上特別措置法（平成30年法律第25号）の認定革新的データ産業活用事業者である青色申告者が、特定ソフトウエアの新設又は増設をする場合において、平成30年6月6日から令和2年3月31日までの間又は令和2年3月31日までに認定を受けて令和3年3月31日までにその新設又は増設に係る革新的情報産業活用設備の取得等をして、その個人の事業の用に供したときは、その用に供した年において、その革新的情報産業活用設備について計算される通常の償却費に加え、その革新的情報産業活用設備の取得価額の100分の30相当額以下の金額を必要経費に算入することができます。（旧措法10の5の5①）

　なお、合計償却限度額のうち、事業の用に供した年分の事業所得の金額の計算上、必要経費に算入しなかった金額は、翌年分に繰り越して必要経費に算入することができます。（旧措法10の5の5②）

〈革新的情報産業活用設備の範囲〉

　次の①の特定ソフトウエアの新設又は増設をする場合におけるその新設又は増設に係る次の①から③までのものとなります。（旧措法10の5の5①）

　ただし、所有権移転外リース取引により取得した革新的情報産業活用設備については、適用されません。（旧措法10の5の5④）

　なお、一の認定革新的データ産業活用計画に記載されたその新設又は増設に係る特定ソフトウエア並びにこれとともに取得又は製作をする機械及び装置並びに器具及び備品の取得価額の合計額が5,000万円以上のものに限られています。（旧措法10の5の5①、旧措令5の6の5②）

事業所得（減価償却）

① 特定ソフトウエア

電子計算機に対する指令であって一の結果を得ることができるように組み合わされたもののうち、認定革新的データ産業活用計画で認定革新的データ産業活用事業者である個人の行う革新的データ産業活用に係るものに従って実施される革新的データ産業活用の用に供するために取得又は製作をするものとして、その認定革新的データ産業活用計画に記載されたソフトウエアとなります。（旧措法10の5の5①、旧措令5の6の5①、旧措規5の12の2②）

また、ソフトウエアには、これに関連するシステム仕様書その他の書類を含みます。（旧措令5の6の5①、旧措規5の12の2①）

なお、複写して販売するための原本を除くほか、主として産業試験研究の用に供される耐用年数省令別表第6（1125ページ）のソフトウエアを除きます。（旧措令5の6の5①、旧措規5の12の2③）

**(注)** 産業試験研究とは、以下のものです。（旧措令5の6の5④）

① 製品の製造又は技術の改良、考案若しくは発明に係る試験研究

② 新たなサービス開発（対価を得て提供する新たな役務の開発を目的として一定の情報の取得及び分析等の全てが行われる場合のその情報の取得及び分析等のそれぞれ）

② 機械及び装置

上記①の特定ソフトウエアとともに取得又は製作をする機械及び装置で、情報の連携及び利活用に資するものとなります。（旧措法10の5の5①）

情報の連携及び利活用に資する機械及び装置とは、次のイ又はロのいずれかに該当する機械及び装置で、認定革新的データ産業活用計画に係る特定ソフトウエアとともに取得又は製作をするものとしてその認定革新的データ産業活用計画に記載されているものをいいます。（旧措令5の6の5③一）

イ その特定ソフトウエアによる情報の分析のためにその情報を収集し、かつ、その収集した情報を電磁的方法により特定ソフトウエアに送信する機能でその全部が自動化されているものを有する機械及び装置

ロ その特定ソフトウエアによる情報の分析に基づく電磁的方法による指令を受ける機能を有する機械及び装置でその動作がその指令により自動的に制御されるもの

**(注)** 電磁的方法とは、電子情報処理組織を使用する方法その他の情報通信の技術を利用する方法をいいます。（旧措令5の6の5③一）

なお、主として産業試験研究の用に供される耐用年数省令別表第6（1125ページ）の機械及び装置を除きます。（旧措法10の5の5①、旧措規5の12の2③）

③ 器具及び備品

上記①の特定ソフトウエアとともに取得又は製作をする器具及び備品で、情報の連携及び利活用に資するものとなります。（旧措法10の5の5①）

情報の連携及び利活用に資する器具及び備品とは、認定革新的データ産業活用計画に係る特定ソフトウエアとともに取得又は製作をするものとしてその認定革新的データ産業活用計画に記載されているものをいいます。（旧措令5の6の5③二）

収入金額、所得金額の計算

　なお、主として産業試験研究の用に供される耐用年数省令別表第6（1125ページ）の器具及び備品である試験又は測定機器、計算機器、撮影機及び顕微鏡を除きます。（旧措法10の5の5①、旧措規5の12の2③、耐令別表第6）

〈適用手続〉

　この特例の適用を受ける場合は、確定申告書に、これにより必要経費に算入される金額についてのその算入に関する記載（申告書第二表の「特例適用条文等」欄に「旧措法10条の5の5」と記載します。）をするとともに、計算明細書を添付することが必要です。（旧措法10の5の5⑤）

## ⑼ 事業適応設備を取得した場合等の特別償却

### ① デジタルトランスフォーメーション投資促進税制

#### イ 事業適応設備に係る措置

　青色申告書を提出する個人で産業競争力強化法の認定事業適応事業者であるものが、産業競争力強化法等の一部を改正する等の法律（令和3年法律第70号）の施行の日（令和3年8月2日）から令和5年3月31日までの間に、情報技術事業適応設備の取得又は製作をして、その個人の事業の用に供したとき（貸付けの用に供した場合を除きます。）は、その用に供した年（事業を廃止した年を除きます。）において、その情報技術事業適応設備について計算される通常の償却費に加え、その取得価額（下記ロの措置の対象となる資産と合計して300億円が上限(注)）の100分の30相当額以下の金額を必要経費に算入することができます。（措法10の5の6①）

　合計償却限度額のうち、その事業の用に供した年分の事業所得の金額の計算上、必要経費に算入しなかった金額は、翌年分に繰り越して必要経費に算入することができます。（措法10の5の6②）

　なお、所有権移転外リース取引により取得した情報技術事業適応設備については、適用されません。（措法10の5の6⑩）

　　(注)　下記ロの措置の対象となる資産との合計額が300億円を超える場合は、300億円に情報技術事業適応設備の取得価額がその合計額に占める割合を乗じて計算した金額となります。（措法10の5の6①）

〈情報技術事業適応設備の範囲〉

　産業競争力強化法第21条の28第2項に規定する情報技術事業適応の用に供するために特定ソフトウエアの新設若しくは増設をし、又は情報技術事業適応を実施するために利用するソフトウエアのその利用に係る費用（繰延資産となるものに限ります。）を支出する場合において、次の資産の取得等（取得又は製作をいいます。以下①において同じです。）をしたときにおけるその資産をいいます（措法10の5の6①）。

(イ)　その新設又は増設に係る特定ソフトウエア

(ロ)　上記(イ)の特定ソフトウエア又はその利用するソフトウエアとともに情報技術事業適応の用に供する機械及び装置並びに器具及び備品

　　(注)　上記の「特定ソフトウエア」とは、電子計算機に対する指令であって一の結果を得ることができるように組み合わされたものをいい、複写して販売するための原本を除きます。（措令5の6の6①）

——(214)——

事業所得（減価償却）

**ロ　事業適応繰延資産に係る措置**

　青色申告書を提出する個人で産業競争力強化法の認定事業適応事業者であるものが、産業競争力強化法等の一部を改正する等の法律（令和3年法律第70号）の施行の日（令和3年8月2日）から令和5年3月31日までの間に、事業適応繰延資産の利用に係る費用を支出した場合には、その費用を支出した年（事業を廃止した年を除きます。）において、その事業適応繰延資産について計算される通常の償却費に加え、その支出した費用に係る繰延資産の額（上記イの措置の対象となる資産と合計して300億円が上限(注)）の100分の30相当額以下の金額を必要経費に算入することができます。（措法10の5の6③）

　なお、合計償却限度額のうち、その支出した年分の事業所得の金額の計算上、必要経費に算入しなかった金額は、翌年分に繰り越して必要経費に算入することができます。（措法10の5の6④）

　　(注)　上記イの措置の対象となる資産との合計額が300億円を超える場合は、300億円に事業適応繰延資産の額がその合計額に占める割合を乗じて計算した金額となります。（措法10の5の6③）

〈事業適応繰延資産の範囲〉

　情報技術事業適応を実施するために利用するソフトウエアのその利用に係る費用を支出する場合におけるその支出した費用に係る繰延資産をいいます。（措法10の5の6③）

**②　カーボンニュートラルに向けた投資促進税制**

　青色申告書を提出する個人で産業競争力強化法の認定事業適応事業者(その認定事業適応計画(エネルギー利用環境負荷低減事業適応に関するものに限ります。)にその計画に従って行うエネルギー利用環境負荷低減事業適応のための措置として生産工程効率化等設備等を導入する旨の記載があるものに限ります。）であるものが、産業競争力強化法等の一部を改正する等の法律（令和3年法律第70号）の施行の日（令和3年8月2日）から令和6年3月31日までの間に、その計画に記載された生産工程効率化等設備等の取得又は製作若しくは建設をして、その個人の事業の用に供した場合（貸付けの用に供した場合を除きます。）には、その用に供した年（事業を廃止した年を除きます。）において、その生産工程効率化等設備等について計算される通常の償却費に加え、その取得価額（500億円が上限(注)）の100分の50相当額以下の金額を必要経費に算入することができます。（措法10の5の6⑤）

　合計償却限度額のうち、その事業の用に供した年分の事業所得の金額の計算上、必要経費に算入しなかった金額は、翌年分に繰り越して必要経費に算入することができます。（措法10の5の6⑥）

　なお、所有権移転外リース取引により取得した情報技術事業適応設備については、適用されません。（措法10の5の6⑩）

　　(注)　その認定エネルギー利用環境負荷低減事業適応計画に従って行うエネルギー利用環境負荷低減事業適応のための措置として取得又は製作若しくは建設をする生産工程効率化等設備等の取得価額の合計額（「対象資産合計額」といいます。）が500億円を超える場合には、500億円にその生産工程効率化等設備等の取得価額が対象資産合計額のうちに占める割合を乗じて計算した金額の50％相当額とされます。（措法10の5の6⑤）

収入金額、所得金額の計算

〈生産工程効率化等設備等の範囲〉

　生産工程効率化等設備等とは、産業競争力強化法第2条第13項に規定する生産工程効率化等設備又は同条第14項に規定する需要開拓商品生産設備をいいます。（措法10の5の6⑤）

　この措置の適用対象資産は、認定エネルギー利用環境負荷低減事業適応計画に記載された生産工程効率化等設備等です。（措法10の5の6⑤⑨）

〈適用手続〉

　上記①イ、ロ又は②の特例の適用を受ける場合には、確定申告書に、これにより必要経費に算入される金額についてのその算入に関する記載（申告書第二表の「特例適用条文等」欄に「措法10の5の6」と記載します。）をするとともに、計算明細書を添付することが必要です。（措法10の5の6⑪）

## (10)　特定船舶等の特別償却

　青色申告者で次表の対象者に該当するものが、一定期間内に、事業の用に供されたことのない特定設備等の取得等をして事業の用に供した場合には、その用に供した年において、その特定船舶について計算される通常の償却費に加え、その取得価額に次表の特別償却割合を乗じて計算した金額以下の金額を必要経費に算入することができます。（措法11①、措令5の8）

　なお、合計償却限度額のうち、事業の用に供した年分の事業所得の金額の計算上必要経費に算入しなかった金額は、翌年分に繰り越して必要経費に算入することができます。（措法11②）

| | 対　象　者 | 特　定　設　備　等 | 特別償却割合 |
|---|---|---|---|
| ① | 再生可能エネルギー発電設備等を国内にある事業の用に供する個人（一般送配電事業者に該当する個人及び匿名組合契約等に基づいて出資を受ける個人を除く） | 当該再生可能エネルギー発電設備等 | $\frac{14}{100}$（令和2年3月31日以前取得等分については$\frac{20}{100}$） |
| ② | 一定の海上運送業を営む個人 | イ　特定先進船舶（特定船舶（当該事業の経営の合理化及び環境への負荷の低減に資する国際総トン数1万トン以上の船舶）のうち海上運送業を営む個人の海上運送法に規定する認定先進船舶導入等計画（先進船舶の導入に関するものに限ります。）に記載された先進船舶（環境への負荷の低減に著しく資する一定の船舶に限ります。））に該当する外航船舶 | $\frac{18}{100}$（日本船舶は$\frac{20}{100}$） |
| | | ロ　特定船舶のうち、特定先進船舶に該当する外航船舶以外の外航船舶 | $\frac{15}{100}$（日本船舶は$\frac{17}{100}$） |

——(216)——

事業所得（減価償却）

| | | |
|---|---|---|
| | ハ　特定船舶のうち、外航船舶以外の船舶 | $\dfrac{16}{100}$ $\left(\begin{array}{l}\text{環境へ}\\\text{の低減に著し}\\\text{く資する一定}\\\text{の船舶は}\\\dfrac{18}{100}\end{array}\right)$ |

（注）　上表の①の再生可能エネルギー発電設備等とは、次に掲げる機械その他減価償却資産のうち経済産業大臣が財務大臣と協議して指定するものをいいます。（旧措法11①一、旧措令5の8①）

　　イ　再生可能エネルギー利用資産のうち太陽光又は風力以外の再生可能エネルギー源（すなわち、水力、地熱及びバイオマス）の利用に資するもの

　　ロ　主として再生可能エネルギー利用資産とともに使用するための機械その他の減価償却資産でその再生可能エネルギー利用資産の持続的な利用に資するもの

　　なお、上表の①については、平成30年4月1日から令和3年3月31日までに取得等をする再生可能エネルギー発電設備等について適用となります。（令3改所法等附32①）

　　上表の②の海上運送業の範囲は、海洋運輸業、沿海運輸業及び船舶貸渡業とされています。（措令5の8①）

　　なお、上表の②については、平成31年4月1日以後、取得等をする一定の船舶についての適用です。（平31改所法等附32②）

〈適用手続〉

　この特例の適用を受ける場合は、確定申告書に、これにより必要経費に算入される金額についてのその算入に関する記載（申告書第二表の「特例適用条文等」欄に「措法11条」と記載します。）をするとともに、計算明細書を添付することが必要です。（措法11③）

⑾　被災代替資産等の特別償却

　個人が、特定非常災害に係る特定非常災害発生日からその特定非常災害発生日の翌日以後5年を経過する日までの間に、次の減価償却資産のうちその特定非常災害に基因してその個人の事業の用に供することができなくなった建物、構築物若しくは機械及び装置に代わる一定のものの取得等をして、これをその個人の事業の用に供した場合又は次の減価償却資産の取得等をして、これを被災区域及び被災区域である土地に付随して一体的に使用される土地の区域内においてその個人の事業の用に供した場合には、その用に供した年において、これらの減価償却資産について計算される通常の償却費に加え、これらの減価償却資産の取得価額にこれらの減価償却資産の次の区分に応じたそれぞれ次の割合を乗じて計算した金額相当額を必要経費に算入することができます。（措法11の2）

　（注）　その個人の事業の用に供した場合から、所有権移転外リース取引により取得した建物、構築物並びに機械及び装置で、その製作又は建設の後事業の用に供されたことのないものをその事業の用に供した場合が除外されています。

収入金額、所得金額の計算

| 種　類 | 取得時期 | 特別償却割合 |
|---|---|---|
| (1)　建物又は構築物 | ①　その特定非常災害発生日から発災後3年経過日までに取得又は建設をしたもの | $\frac{15}{100}$（中小事業者は$\frac{18}{100}$） |
| | ②　発災後3年経過日以後に取得又は建設をしたもの | $\frac{10}{100}$（中小事業者は$\frac{12}{100}$） |
| (2)　機械及び装置 | ①　その特定非常災害発生日から発災後3年経過日までに取得又は建設をしたもの | $\frac{30}{100}$（中小事業者は$\frac{36}{100}$） |
| | ②　発災後3年経過日以後に取得又は建設をしたもの | $\frac{20}{100}$（中小事業者は$\frac{24}{100}$） |

（注）　「発災後3年経過日」とは、その特定非常災害発生日の翌日から起算して3年を経過した日をいいます。

　なお、合計償却限度額のうち、事業の用に供した年分の事業所得の金額の計算上、必要経費に算入しなかった金額は、翌年分に繰り越して必要経費に算入することができます。（措法11の2②）

〈被災代替資産等の範囲〉

　被災代替資産等とは、次に掲げるものをいいます。（措法11の2①、措令6①）

① 被災代替資産

| イ | 建　物 | その個人が有する建物で特定非常災害に基因してその個人の事業の用に供することができなくなったもの（「被災建物」といいます。）のその用に供することができなくなった時の直前の用途と同一の用途に供される建物<br>　ただし、その建物の床面積がその被災建物の床面積の1.5倍を超える場合は、その1.5倍に相当する部分に限ります。 |
|---|---|---|
| ロ | 構築物 | その個人が有する構築物で特定非常災害に基因してその個人の事業の用に供することができなくなったもの（「被災構築物」といいます。）のその用に供することができなくなった時の直前の用途と同一の用途に供される構築物<br>　ただし、その構築物の規模がその被災構築物とおおむね同程度以下のものに限ります。 |
| ハ | 機械及び装置 | その個人が有する機械及び装置で特定非常災害に基因してその個人の事業の用に供することができなくなったもの（「被災機械装置」といいます。）のその用に供することができなくなった時の直前の用途と同一の用途に供される機械及び装置<br>　ただし、その被災機械装置に比して著しく高額なもの、その被災機械装置に比して著しく性能が優れているものその他その被災機械装置に比して著しく仕様が異なるものを除きます。 |

（注1）　建物には、その附属設備を含みます。
（注2）　建物又は構築物には、増築された建物又は構築物のその増築部分を含みます。
（注3）　被災代替資産等のうち、機械及び装置にあっては、事業の用から貸付けの用が除外されています。

② 被災区域等内供用資産

　被災区域等内供用資産は、個人が、建物、構築物並びに機械及び装置で、その建設又は製作の後事業の用に供されたことのないものの取得又は製作若しくは建設をして、これを被災区域及びその被災

事業所得（減価償却）

区域である土地に付随して一体的に使用される土地の区域内においてその個人の事業の用に供した場合におけるこれらの減価償却資産とされています。

(注)　「被災区域」とは、その特定非常災害に基因して事業又は居住の用に供することができなくなった建物又は構築物の敷地及びその建物又は構築物と一体的に事業の用に供される附属施設の用に供されていた土地の区域をいいます。

〈適用手続〉

この特例を受ける場合は、確定申告書に、これにより必要経費に算入される金額についてのその算入に関する記載（申告書第二表の「特例適用条文等」欄に「措法11の2」と記載します。）をするとともに、計算明細書を添付することが必要です。（措法11の2③）

ただし、確定申告書の提出がなかった場合又は上記の記載若しくは添付がない確定申告書の提出があった場合であっても、やむを得ない事情があると認められるときは、事後的にその提出等があれば、適用が認められます。（措法11の2④）

(12)　特定事業継続力強化設備等の特別償却

青色申告書を提出する個人で中小事業者であるもののうち、中小企業の事業活動の継続に資するための中小企業等経営強化法等の一部を改正する法律（令和元年法律第21号）の施行の日（令和元年7月16日）から令和5年3月31日までの間に中小企業等経営強化法の認定を受けた同法の中小企業者に該当するものが、同法の施行の日から令和3年3月31日までの間又は令和3年4月1日以後はその認定を受けた日から同日以後1年を経過する日までの間に、その認定に係る認定事業継続力強化計画等に係る事業継続力強化設備等としてその認定事業継続力強化計画等に記載された特定事業継続力強化設備等の取得等をして、これをその者の事業の用に供した場合（所有権移転外リース取引により取得した特定事業継続力強化設備等をその用に供した場合は除きます。）には、その用に供した年において、その特定事業継続力強化設備等について計算される通常の償却費に加え、特定事業継続力強化設備等の取得価額の100分の20（令和5年4月1日以後に取得等をしたその特定事業継続力強化設備等については、100分の18）相当額以下の金額を必要経費に算入することができます。（措法11の3①）

なお、必要経費に算入する金額は、普通償却額を下回ることはできません。（措法11の3①ただし書）

合計償却限度額のうち、事業の用に供した年分の事業所得の金額の計算上、必要経費に算入しなかった金額は、翌年分に繰り越して必要経費に算入することができます。（措法11の3②）

〈特定事業継続力強化設備等の範囲〉

特定事業継続力強化設備等とは、認定事業継続力強化計画等に係る事業継続力強化設備等としてその認定事業継続力強化計画等に記載された機械及び装置、器具及び備品並びに建物附属設備で、次に掲げる減価償却資産の区分に応じ、次に定める規模以上のものに限ることとされています。（措法11の3①、措令6の2）

①　機械及び装置で1台又は1基（通常1組又は1式をもって取引の単位とされるものにあっては、

収入金額、所得金額の計算

1組又は1式。②において同じです。）の取得価額が100万円以上のもの

② 器具及び備品で1台又は1基の取得価額が30万円以上のもの

③ 建物附属設備で一の建物附属設備の取得価額が60万円以上のもの

(注) 特定事業継続力強化設備等には、令和3年4月1日以後、機械及び装置並びに器具及び備品の部分について行う改良又は機械及び装置並びに器具及び備品の移転のための工事の施行に伴って取得等するものが含まれ、補助金等（特定事業継続力強化設備等の取得等に充てるための国又は地方公共団体の補助金又は給付金その他これらに準ずるもの）の交付を受けた個人が、その補助金等をもって取得等をしたその補助金等の交付の目的に適合した特定事業継続力強化設備等は含まれません。（措法11の3③、令3改所法等附32②）

〈適用手続〉

この特例の適用を受ける場合は、確定申告書に、これにより必要経費に算入される金額についてのその算入に関する記載（申告書第二表の「特例適用条文等」欄に「措法11条の3」と記載します。）をするとともに、計算明細書を添付することが必要です。（措法11の3④）

⒀ 環境負荷低減事業活動用資産等の特別償却（令和4年度改正で創設）

イ 環境負荷低減事業活動用資産の特別償却

青色申告書を提出する個人で環境と調和のとれた食料システムの確立のための環境負荷低減事業活動の促進等に関する法律（令和4年法律第37号。以下「みどりの食料システム法」といいます。）の環境負荷低減事業活動実施計画又は特定環境負荷低減事業活動実施計画について同法の認定を受けた農林漁業者等であるものが、同法の施行の日（令和4年7月1日）から令和6年3月31日までの間に、その認定に係る認定環境負荷低減事業活動実施計画又は認定特定環境負荷低減事業活動実施計画に記載された設備等を構成する機械その他の減価償却資産のうち環境負荷の低減に著しく資する一定のもの（環境負荷低減事業活動用資産）の取得等をして、その個人の環境負荷低減事業活動又は特定環境負荷低減事業活動の用に供した場合（所有権移転外リース取引により取得した環境負荷低減事業活動用資産をその用に供した場合は除きます。）には、その用に供した年において、その環境負荷低減事業活動用資産について計算される通常の償却費に加え、その取得価額の100分の32（建物等及び構築物については、100分の16）相当額以下の金額を必要経費に算入することができます。（措法11の4①）

ただし、必要経費に算入する金額は、普通償却額を下回ることはできません。（措法11の4①ただし書）

なお、合計償却限度額のうち、事業の用に供した年分の事業所得の金額の計算上、必要経費に算入しなかった金額は、翌年分に繰り越して必要経費に算入することができます。（措法11の4③）

〈環境負荷低減事業活動用資産の範囲〉

次の①②の機械その他の減価償却資産のうち環境負荷の低減に著しく資するものとして農林水産大臣が定める基準に適合するもので、一の設備等を構成する機械その他の減価償却資産の取得価額の合計額が100万円以上のものとされています。（措法11の4①、措令6の2の2①②）

① 認定環境負荷低減事業活動実施計画に記載された環境負荷低減事業活動の用に供する設備等を構

事業所得（減価償却）

成する機械その他の減価償却資産

② 認定特定環境負荷低減事業活動実施計画に記載された特定環境負荷低減事業活動の用に供する設備等を構成する機械その他の減価償却資産

**ロ 基盤確立事業用資産の特別償却**

青色申告書を提出する個人でみどりの食料システム法の基盤確立事業実施計画について同法の認定を受けたものが、同法の施行の日（令和4年7月1日）から令和6年3月31日までの間に、その認定に係る認定基盤確立事業実施計画に記載された設備等を構成する機械その他の減価償却資産のうち環境負荷の低減を図るために行う取組の効果を著しく高める一定のもの（基盤確立事業用資産）の取得等をして、その個人の一定の基盤確立事業の用に供した場合（所有権移転外リース取引により取得した基盤確立事業用資産をその用に供した場合は除きます。）には、その用に供した年において、その基盤確立事業用資産について計算される通常の償却費に加え、その取得価額の100分の32（建物等及び構築物については、100分の16）相当額以下の金額を必要経費に算入することができます。（措法11の4②）

ただし、必要経費に算入する金額は、普通償却額を下回ることはできません。（措法11の4②ただし書）

なお、合計償却限度額のうち、事業の用に供した年分の事業所得の金額の計算上、必要経費に算入しなかった金額は、翌年分に繰り越して必要経費に算入することができます。（措法11の4③）

〈基盤確立事業用資産の範囲〉

認定基盤確立事業実施計画に記載された基盤確立事業の用に供する設備等を構成する機械その他の減価償却資産のうち環境負荷の低減を図るために行う取組の効果を著しく高めるものとして農林水産大臣が定める基準に適合するものとされています。（措法11の4②、措令6の2の2③）

〈適用手続〉

上記**イ**又は**ロ**の特例の適用を受ける場合には、確定申告書にこれらの制度により必要経費に算入される金額についてのその算入に関する記載（申告書第二表の「特例適用条文等」欄に「措法11の4」と記載します。）があり、かつ、計算明細書を添付することが必要です。（措法11の4④）

## ⒁ 特定地域における工業用機械等の特別償却

**イ 特別償却**

沖縄振興特別措置法の認定を受けた事業者で主務大臣の確認を受けたものに該当する青色申告者（**イ**表内⑦の場合及び令和4年3月31日以前は青色申告者）が、適用期間内に、沖縄振興特別措置法に規定する対象地区又は地域内（**ロ**に掲げる地区を除きます。）において、製造業その他一定の事業、特定経済金融活性化産業に属する事業又は旅館業のうち一定の事業に供する機械及び装置、一定の器具及び備品並びに一定の建物及びその附属設備、旅館業用建物及びその附属設備（工業用機械等）の取得等をして事業の用に供した場合（所有権移転外リース取引により取得した工業用機械等をその用に供した場合を除きます。）には、その事業の用に供した年において、その工業用機械等について計

収入金額、所得金額の計算

算される通常の償却費に加え、その取得価額に次表の特別償却割合を乗じた額以下の金額を必要経費に算入することができます。（措法12①②、措令6の3、旧措法12①②）

　なお、合計償却限度額のうち、事業の用に供した年分の事業所得の金額の計算上必要経費に算入しなかった金額は、翌年分に繰り越して必要経費に算入することができます。（措法12③、旧措法12②）

　なお、特定の地区又は地域が特例の対象となる2以上の地区又は地域に該当するときは、選択により一の地区又は地域について特例を適用することができます。この場合、一の生産設備（ガスの製造又は発電に係る設備を含みます。）を構成する減価償却資産の取得価額の合計額が、次表の取得価額要件を満たすものでなければなりません。（措令6の3①②、旧措令6の3①②）

| 対象地区又は地域 | | 特別償却割合 | | 取得価額要件 | 適用期間 |
|---|---|---|---|---|---|
| | | 機械等 | 建物等 | | |
| ① | 過疎地域等 | $\frac{10}{100}$ | $\frac{6}{100}$ | 2,000万円超 | (1)　製造の事業及び旅館業<br>…公示の日から令和3年3月31日までの期間<br>(2)　商品又は役務に関する情報の提供等一定の事業<br>…平成22年4月1日から令和3年3月31日までの期間 |
| ② | 産業イノベーション促進地域の区域 | $\frac{34}{100}$ | $\frac{20}{100}$ | 1,000万円超又は機械装置、器具備品で100万円超 | 令和4年4月1日以後、産業イノベーション促進計画の提出のあった日から令和7年3月31日までの期間 |
| ③ | 沖縄の産業高度化・事業革新促進地域 | $\frac{34}{100}$ | $\frac{20}{100}$ | 1,000万円超又は機械装置、器具備品で100万円超 | 産業高度化・事業革新促進計画の提出のあった日から令和4年3月31日までの期間 |
| ④ | 沖縄の提出国際物流拠点産業集積計画において定められた国際物流拠点産業集積地域の区域 | $\frac{50}{100}$ | $\frac{25}{100}$ | 1,000万円超又は機械装置で100万円超 | 国際物流拠点産業集積計画の提出のあった日から令和7年3月31日までの期間 |
| ⑤ | 沖縄の経済金融活性化特別地区 | $\frac{50}{100}$ | $\frac{25}{100}$ | 500万円超又は機械装置、器具備品で50万円超 | 令和4年4月1日以後、経済金融活性化計画の認定の日から令和7年3月31日までの期間 |
| ⑥ | 沖縄の経済金融活性化特別地区 | $\frac{50}{100}$ | $\frac{25}{100}$ | 1,000万円超又は機械装置、器具備品で100万円超 | 経済金融活性化計画の認定の日から令和4年3月31日までの期間 |
| ⑦ | 沖縄の離島の地域 | —— | $\frac{8}{100}$ | 500万円超 | 令和4年4月1日から令和7年3月31日までの期間 |
| ⑧ | 沖縄の離島の地域 | —— | $\frac{8}{100}$ | 1,000万円超 | 沖縄振興特別措置法の規定による指定の日等から令和4年3月31日までの期間 |

事業所得（減価償却）

ロ　割増償却

　青色申告者が、対象期間内に対象地区内において対象設備の取得等をして対象地区内で営む指定事業の用に供した場合には、その対象設備を構成するもののうち産業振興機械等については、5年間、普通償却額の100分の132（建物等及び構築物については100分の148）相当額以下の金額を必要経費に算入することができます。（措法12④、措令6の3⑭、旧措法12③、旧措令6の3⑨）

　また、振興山村のうち産業の振興のための取組が積極的に促進される地区において、平成25年4月1日から令和5年3月31日までの期間に取得等をした産業振興機械等については、5年間、普通償却額の100分の124（建物等及び構築物については100分の136）相当額以下の金額を必要経費に算入することができます。（旧措法12③）

　なお、必要経費に算入した金額が償却限度額に満たない場合は、翌年に繰り越して算入することができます。（措法12⑤、旧措法12④）

| 対象地区又は地域 | 割増償却割合 | | 取得価額要件 | 適用期間 |
|---|---|---|---|---|
| | 機械等 | 建物等 | | |
| ①　半島振興対策実施地域として指定された地区のうち、認定半島産業振興促進計画に記載された計画区域内の地区 | $\frac{132}{100}$ | $\frac{148}{100}$ | 500万円以上 | 平25.4.1から令5.3.31までの期間 |
| ②　離島振興対策実施地域として指定された地区のうち、その市町村長が策定する産業の振興に関する計画基準を満たすものとして関係大臣が指定する地区 | | | | 平25.4.1から令5.3.31までの期間 |
| ③　奄美群島のうち、認定奄美産業振興促進計画に記載された計画区域内の地区 | | | | 平25.4.1から令5.3.31までの期間 |
| ④　振興山村として指定された地区のうち、特定山村振興計画に記載された産業振興施策促進区域内の地区 | $\frac{124}{100}$ | $\frac{136}{100}$ | 500万円以上 | 平27.4.1から令3.3.31までの期間 |
| ⑤　過疎地域又は過疎地域に準ずる地域の市町村が定める過疎地域持続的発展市町村計画に記載された産業振興促進区域 | $\frac{132}{100}$ | $\frac{148}{100}$ | 500万円以上 | 令3.4.1から令6.3.31までの期間 |

〈適用手続〉

　これらの特例の適用を受ける場合は、確定申告書に、これにより必要経費に算入される金額についてのその算入に関する記載（申告書第二表の「特例適用条文等」欄に「措法12条」と記載します。）をするとともに、計算明細書を添付することが必要です。（措法12⑥、旧措法12⑤）

　また、ロの割増償却の適用を受ける最初の年分の確定申告書に、産業投資促進計画を策定した市町

——（223）——

収入金額、所得金額の計算

村長の確認した旨の書類を添付しなければなりません。(措令6の3㉖、措規5の13⑩、旧措令6の3㉔、旧措規5の13⑦)

⒂　医療用機器等の特別償却

イ　医療用機器の特別償却

　青色申告者である医療保健業を営む者が、昭和54年4月1日から令和5年3月31日までの間に、事業の用に供されたことのない医療用機器で、一台又は一基の取得価額が500万円以上のものを取得又は製作して医療保健業の用に供した場合(所有権移転外リース取引により取得したその医療用機器をその用に供した場合は除きます。)には、その供用年において、その医療用機器について計算される通常の償却費に加え、その取得価額の100分の12相当額以下の金額を必要経費に算入することができます。(措法12の2①、措令6の4①)

　なお、合計償却限度額のうち、事業の用に供した年分の事業所得の金額の計算上必要経費に算入しなかった金額は、翌年分に繰り越して必要経費に算入することができます。(措法12の2④)

〈医療用機器の範囲〉

　医療用機器とは、次に掲げるものをいいます。(措法12の2①、措令6の4②)

①　医療用の機械及び装置並びに器具及び備品のうち、高度な医療の提供に資するものとして厚生労働大臣が財務大臣と協議して指定するもの(医療法に規定する構想区域等内の病院又は診療所における効率的な活用を図る必要があるものとして厚生労働大臣が財務大臣と協議して指定するもの(CT・MRI)にあっては、厚生労働大臣が定める配置効率化要件を満たすものに限られます。(平成31年4月1日前に取得等をする医療用機器については、この要件はありません。(平31改措令附3①)また、令和3年4月1日前に診療所において取得等するCT・MRIは限ります。(令3改措令附8⑥)

②　医薬品、医療機器等の品質、有効性及び安全性の確保等に関する法律に規定する高度管理医療機器、管理医療機器又は一般医療機器で、厚生労働大臣が指定した日の翌日から2年を経過していないもの

　(注)　社会保険診療報酬の所得計算の特例制度(措法26)の適用を受けた社会保険診療報酬については、さらにこの特別償却を適用することができません(特別償却額は、特例経費の中に含まれます)。しかし、社会保険診療報酬について措法第26条の概算経費率による所得計算の特例の適用を受けた場合においても、いわゆる自由診療報酬に対応する経費として、この医療用機器の特別償却制度による償却費の額が、適切なあん分計算で計上されているときは、それが認められます。(措令18①)

ロ　医師等の勤務時間短縮用設備等の特別償却

　青色申告者である医療保健業を営む者が、平成31年4月1日から令和5年3月31日までの間に、事業の用に供されたことのない勤務時間短縮用設備等の取得又は製作して、これをその個人の営む医療保健業の用に供した場合(所有権移転外リース取引により取得したその勤務時間短縮用設備等をその用に供した場合は除きます。)には、その用に供した年において、その勤務時間短縮用設備等について計算される通常の償却費に加え、その取得価額の100分の15相当額以下の金額を必要経費に算入す

事業所得（減価償却）

ることができます。（措法12の2②）

　なお、必要経費に算入する金額は、普通償却額を下回ることはできません。（措法12の2②ただし書）

　合計償却限度額のうち、事業の用に供した年分の事業所得の金額の計算上、必要経費に算入しなかった金額は、翌年分に繰り越して必要経費に算入することができます。（措法12の2④）

〈勤務時間短縮用設備等の範囲〉

　勤務時間短縮用設備等とは、器具及び備品（医療用の機械及び装置を含みます。）並びにソフトウエア（次に掲げる減価償却資産の区分に応じ、次に定める規模以上のものに限ります。）のうち、医療法に規定する医療提供体制の確保に必要な医師その他の医療従事者の勤務時間の短縮その他の医療従事者の確保に資する措置を講ずるために必要なものとして一定のもの（上記イの措置の適用を受けるものを除きます。）をいいます（措法12の2②、措令6の4③）。

① 器具及び備品（医療用の機械及び装置を含みます。）で、1台又は1基（通常1組又は1式をもって取引の単位とされるものにあっては、1組又は1式）の取得価額が30万円以上のもの

② ソフトウエアで、一のソフトウエアの取得価額が30万円以上のもの

**ハ　構想適合病院用建物等の特別償却**

　青色申告者である医療保健業を営む者が、平成31年4月1日から令和5年3月31日までの間に、医療法に規定する医療計画に係る同法に規定する構想区域等（以下「構想区域等」といいます。）内において、構想適合病院用建物等の取得等（取得又は建設をいい、改修のための工事による取得又は建設を含みます。）をして、これをその個人の営む医療保健業の用に供した場合（所有権移転外リース取引により取得したその構想適合病院用建物等をその用に供した場合は除きます。）には、その用に供した年において、その構想適合病院用建物等について計算される通常の償却費に加え、その取得価額の100分の8相当額以下の金額を必要経費に算入することできます。（措法12の2③）

　なお、必要経費に算入する金額は、普通償却額を下回ることはできません。（措法12の2③ただし書）

　合計償却限度額のうち、事業の用に供した年分の事業所得の金額の計算上、必要経費に算入しなかった金額は、翌年分に繰り越して必要経費に算入することができます。（措法12の2④）

〈構想適合病院用建物等の範囲〉

　構想適合病院用建物等とは、病院用又は診療所用の建物及びその附属設備のうちその構想区域等に係る協議の場における協議に基づく病床の機能（医療法に規定する病床の機能をいいます。）の分化及び連携の推進に係るものとして一定のものをいいます（措法12の2③）。

〈適用手続〉

　イ、ロ又はハの特例の適用を受ける場合は、確定申告書に、これらにより必要経費に算入される金額についてのその算入に関する記載（申告書第二表の「特例適用条文等」欄に「措法12条の2」と記載します。）をするとともに、計算明細書を添付することが必要です。（措法12の2⑤）

収入金額、所得金額の計算

⒃ **障害者を雇用する場合の特定機械装置の割増償却**（令和4年3月31日まで適用）

　青色申告者が、昭和48年4月1日から令和4年3月31日までの期間（指定期間）内の各年において、障害者を雇用し、かつ、次の（一）から（三）までに掲げる要件のいずれかを満たす場合には、その年の12月31日における次表①及び②の減価償却資産（障害者が労働に従事する事業所にあることにつき個人の事業所の所在地を管轄する公共職業安定所の長の証明を受けた機械及び装置並びに工場用の建物及びその附属設備に限ります。）のうちその指定期間内又はその年の前年以前5年内に取得等をしたもの（特定機械装置等）については、通常の償却費に加え、次の算式で計算した金額以下の金額を必要経費に算入することができます。（旧措法13①、旧措令6の5①）

| （一） | 障害者雇用割合が100分の50以上であること | |
|---|---|---|
| （二） | 雇用障害者数が20人以上であって、障害者雇用割合が100分の25以上であること | |
| （三） | 次に掲げる要件の全てを満たしていること | |
| | イ | 基準雇用障害者数が20人以上であって、重度障害者割合が100分の55以上（平成30年分以前については100分の50以上）であること |
| | ロ | その年の12月31日における雇用障害者数が障害者の雇用の促進等に関する法律第43条第1項に規定する法定雇用障害者数以上であること |

**（注1）** 雇用障害者数の計算については、対象障害者である短時間労働者1人を0.5人として計算します。（旧措法13③、旧措令6の5②③、旧措規5の15）

**（注2）** 障害者雇用割合は次により算定します。（旧措法13③、旧措令6の5②③、旧措規5の15）

$$障害者雇用割合＝\frac{雇用障害者数}{常時雇用する従業員の総数（A）＋（A）のうちの短時間労働者数×0.5}$$

　※　「雇用障害者数」とは、その年の12月31日における次により計算した数をいいます。

　　雇用障害者数＝常時雇用する従業員の数＋重度身体障害者及び重度知的障害者＋精神障害者、身体障害者又は知的障害者である短時間労働者×0.5＋重度身体障害者又は重度知的障害者である短時間労働者

**（注3）** 「基準雇用障害者数」とは、その年の12月31日において常時雇用する障害者及び対象障害者である短時間労働者の数を基礎として、その年の12月31日における個人の事業所の所在地を管轄する公共職業安定所長の証明を受けたその個人の常時雇用する障害者の数（一定の障害者にあっては、その障害者の数に2分の1を乗じて得た数）を合計した数をいいます。（旧措法13③四、旧措令6の5④、旧措規5の15）

**（注4）** 「重度障害者割合」とは、その年の12月31日における基準雇用障害者数に対する重度身体障害者、重度知的障害者及び障害者の雇用の促進等に関する法律第37条第2項に規定する精神障害者の数を合計した数の割合として、基準雇用障害者数に対するその年の12月31日における個人の事業所の所在地を管轄する公共職業安定所長の証明を受けたその個人の常時雇用する重度身体障害者及び重度知的障害者並びに精神障害者の数（短時間労働者にあっては、その短時間労働者の数に2分の1を乗じて得た数）を合計した数の割合をいいます。（旧措法13③五、旧措令6の5⑤、旧措規5の15）

| ① | 機械及び装置 |
|---|---|

事業所得（減価償却）

| ② | 工場用の建物及びその附属設備 |
|---|---|

①……通常の償却費の額 × $\dfrac{24}{100}$ × $\dfrac{その年の指定期間の月数}{12}$ ＝割増償却限度額

②……通常の償却費の額 × $\dfrac{32}{100}$ × $\dfrac{その年の指定期間の月数}{12}$ ＝割増償却限度額

**(注)** 令和3年分以後については、対象資産から②が除外され、①の割増償却割合が100分の12に引き下げられています。

なお、その年分の割増償却限度額のうち、事業所得の金額の計算上必要経費に算入しなかった金額は、翌年に繰り越して必要経費に算入することができます。（旧措法13②）

また、平成28年4月1日以後に取得等をする減価償却資産については、各種課税の繰延べの特例等との重複適用ができません。（措法24の3④、28の3⑪、33の6②、37の3③、震災特例法12⑧）

〈適用手続〉

この特例の適用を受ける場合は、確定申告書に、これにより必要経費に算入される金額についてのその算入に関する記載（申告書第二表の「特例適用条文等」欄に「旧措法13条」と記載します。）をするとともに、計算明細書を添付することが必要です。（旧措法13④）

**(注)** ⑯の割増償却は、令和4年度の税制改正により、廃止されました。ただし、令和4年以前の各年において障害者を雇用しており、かつ、上記（一）～（三）のいずれかの要件を満たす場合におけるその年12月31日において有する特定機械装置については従前どおりです。（令4改所法等附28④）

⑰ **事業再編計画の認定を受けた場合の事業再編促進機械等の割増償却**

青色申告者が、平成29年8月1日から令和5年3月31日までの間に農業競争力強化支援法の事業再編計画の認定を受けた認定事業再編事業者であり、その認定事業再編計画の実施期間内において、事業再編促進機械等の取得等をして、これをその事業再編促進対象事業の用に供した場合には、その事業再編促進対象事業の用に供した年から5年間（その用に供している期間に限ります。）、その事業再編促進機械等の普通償却額の100分の140（建物及びその附属設備並びに構築物については、100分の145）相当額以下の金額を必要経費に算入することができます。（措法13①）

なお、必要経費に算入する金額は、普通償却額を下回ることができません。（措法13①ただし書）

また、必要経費に算入した金額が償却限度額に満たない場合は、翌年に繰り越して算入することができます。（措法13②）

〈事業再編促進機械等の範囲〉

事業再編促進機械等とは、認定事業再編計画に記載された事業再編促進設備等（注）を構成する機械及び装置、建物及びその附属設備並びに構築物とされています。（措法13①）

**(注)** 事業再編促進設備等とは、農業競争力強化支援法に規定する事業再編促進設備等をいい、具体的には、農業資材又は農産物の生産又は販売の用に供する設備等で、事業再編の促進に特に資する一定のものとされています。

なお、所有権移転外リース取引により取得したその事業再編促進機械等をその事業再編促進対象事

収入金額、所得金額の計算

業の用に供した場合は適用しません。（措法13①）。

〈適用手続〉

　この特例を受ける場合は、確定申告書に、これにより必要経費に算入される金額についてのその算入に関する記載（申告書第二表の「特例適用条文等」欄に「措法13」と記載します。）をするとともに、計算明細書を添付することが必要です。（措法13③）

　また、取得等をした機械及び装置、建物及びその附属設備並びに構築物につきこの制度の適用を受ける最初の年分の確定申告書には、「その適用に係る事業再編促進機械等が記載された事業再編計画の写し及びその事業再編計画に係る認定書の写し」を添付することが必要です。（措令6の5）

⒅　**輸出事業用資産の割増償却**（令和4年度改正で創設）

　青色申告書を提出する個人で農林水産物及び食品の輸出の促進に関する法律の認定輸出事業者であるものが、農林水産物及び食品の輸出の促進に関する法律等の一部を改正する法律（令和4年法律第49号）の施行の日（令和4年10月1日）から令和6年3月31日までの間に、その個人の認定輸出事業計画に記載された施設に該当する機械及び装置、建物等並びに構築物のうち、農林水産物又は食品の生産、製造、加工又は流通の合理化、高度化その他の改善に資する一定のもの（輸出事業用資産）の取得等をして、その個人の輸出事業の用に供した場合（所有権移転外リース取引により取得した輸出事業用資産をその輸出事業の用に供した場合は除きます。）には、その輸出事業の用に供した日以後5年以内の日の属する各年分（その輸出事業用資産を輸出事業の用に供していることにつき証明がされた年分に限ります。）において、その輸出事業用資産の普通償却額の100分の30（建物等及び構築物については、100分の35）相当額以下の金額を必要経費に算入することができます。（措法13の2①）

　なお、必要経費に算入する金額は、普通償却額を下回ることができません。（措法13の2①ただし書）

　また、必要経費に算入した金額が償却限度額に満たない場合は、翌年に繰り越して算入することができます。（措法13の2②）

〈輸出事業用資産の範囲〉

　機械及び装置、建物及びその附属設備並びに構築物のうち、農林水産物又は食品の生産、製造、加工又は流通の合理化、高度化その他の改善に資するものとして農林水産大臣が定める要件を満たすものとされています。（措令6の6①）

〈適用手続〉

　確定申告書にこの制度により必要経費に算入される金額についてのその算入に関する記載（申告書第二表の「特例適用条文等」欄に「措法13の2」と記載します。）があり、かつ、計算明細書を添付することが必要です。（措法13の2③）

⒆　**企業主導型保育施設用資産の割増償却**（令和5年3月31日まで適用）

　青色申告者が、平成30年4月1日から令和2年3月31日までの間に、企業主導型保育施設用資産の取得等をして、これを保育事業の用に供した場合には、その用に供した日以後3年間（その用に供し

——(228)——

事業所得（減価償却）

ている期間に限ります。）は、その企業主導型保育施設用資産の普通償却額の100分の112（建物等及び構築物については、100分の115）相当額以下の金額を必要経費に算入することができます。（旧措法13の3①）

なお、必要経費に算入する金額は、普通償却額を下回ることができません。（旧措法13の3①ただし書）

また、必要経費に算入した金額が償却限度額に満たない場合は、翌年に繰り越して算入することができます。（旧措法13の3②）

〈企業主導型保育施設用資産の範囲〉

子ども・子育て支援法に規定する施設のうち保育事業を目的とするもの（以下「事業所内保育施設」といいます。）の新設又は増設をする場合におけるその新設又は増設に係る事業所内保育施設を構成する建物及びその附属設備並びに幼児遊戯用構築物等（注）となります。（旧措法13の3①）

(注)　「幼児遊戯用構築物等」は、事業所内保育施設における保育事業の用に供する次の減価償却資産となります。（旧措法13の3①、旧措令6の7①、旧措規5の17①②）

①　滑り台、ぶらんこ、ジャングルジムその他の遊戯用の構築物で、幼児に使用させるためのもの

②　遊戯具、家具及び防犯設備（事業所内保育施設を利用する乳児及び幼児が犯罪により被害を受けることを防止し、その安全を確保するために設置される器具及び備品をいいます。）

なお、上記の「事業所内保育施設の新設又は増設をする場合」は、その新設又は増設をする事業所内保育施設とともに幼児遊戯用構築物等の取得又は製作若しくは建設をする場合で、かつ、その事業所内保育施設につき子ども・子育て支援法の規定による助成を行う事業に係る助成金の交付を受ける場合に限ります。（旧措法13の3①）

(注)　上記の「助成金」には、整備費助成金（事業所内保育施設に係る保育事業の整備費につき交付を受ける助成金をいいます。）及び運営費助成金（事業所内保育施設に係る保育事業の運営費につき交付を受ける助成金をいいます。）の2種類の助成金があります。したがって、この制度の適用を受けるためには、その事業所内保育施設の新設又は増設が、整備費助成金又は運営費助成金のいずれかの交付を受けて行われる必要があります。

〈適用手続〉

この特例の適用を受ける場合は、確定申告書に、これにより必要経費に算入される金額についてのその算入に関する記載（申告書第二表の「特例適用条文等」欄に「旧措法13条の3」と記載します。）をするとともに、計算明細書を添付することが必要です。（旧措法13の3③）

また、取得等をした建物及びその附属設備、構築物並びに器具及び備品につきこの制度の適用を受ける最初の年分の確定申告書には、この制度の適用を受けようとする個人が新設又は増設に係る事業所内保育施設とともに幼児遊戯用構築物等の取得等をすること及びその個人がその事業所内保育施設につき子ども・子育て支援法の規定による助成を行う事業に係る助成金の交付を受けることが確認できる書類を添付することが必要です。（旧措令6の7②、旧措規5の17④）

収入金額、所得金額の計算

## ⒇　特定都市再生建築物等の割増償却

　青色申告者が、昭和60年4月1日から令和5年3月31日までの間に、新築の特定都市再生建築物等を取得又は新築して事業（事業と称するに至らない特定都市再生建築物の貸付けなどの行為で相当の対価を得て継続的に行うものを含みます。）の用に供した場合（所有権移転外リース取引により取得したその特定都市再生建築物をその事業の用に供した場合は除きます。）には、その事業の用に供した日以後5年間（その事業の用に供している期間に限ります。）は、その特定都市再生建築物については、次表の区分に応じた割合以下の金額を、不動産所得の金額又は事業所得の金額の計算上必要経費に算入することができます。（措法14①、措令7①、旧措法14①、旧措令7①、旧措法14の2①、旧措令7の2①）

　なお、必要経費に算入する金額は、普通償却額を下回ることはできません。（措法14①ただし書、旧措法14①ただし書、旧措法14の2①ただし書）

　また、その年分の割増償却限度額のうち、事業所得の金額の計算上必要経費に算入しなかった金額は、翌年に繰り越して必要経費に算入することができます。（措法14③、旧措法14③、旧措法14の2③）

| 取得等の時期 | 特定都市再生建物等の区分 | | 割増償却割合 |
|---|---|---|---|
| 平成27年4月1日以後の場合 | 認定都市再生事業により整備される建築物 | 特定都市再生緊急整備地域（下記の①のイ） | 通常の償却費の$\frac{150}{100}$ |
| | | 上記以外の都市再生緊急整備地域（下記の①のロ） | 通常の償却費の$\frac{130}{100}$ |
| | 特定民間中心市街地経済活力向上事業により整備される建築物及び構築物（下記の②） | | 通常の償却費の$\frac{130}{100}$ |
| | 浸水被害対策区域の雨水貯留浸透利用施設（下記の③） | | 通常の償却費の$\frac{110}{100}$ |
| 平成31年4月1日以後の場合 | 認定都市再生事業により整備される建築物 | 特定都市再生緊急整備地域（下記の①のイ） | 通常の償却費の$\frac{150}{100}$ |
| | | 上記以外の都市再生緊急整備地域（下記の①のロ） | 通常の償却費の$\frac{125}{100}$ |

### 〈特定都市再生建築物等の範囲〉

　特定都市再生建築物等とは、次に掲げる建築物やその附属設備をいいます。

① 認定都市再生事業により整備される建築物

　次のイ、ロに掲げる地域において都市再生特別措置法第25条に規定する認定計画（イの地域については同法第19条の2第11項の規定により公表された同法第19条の10第2項に規定する整備計画及び平成26年4月1日以後に国家戦略特別区域法第25条第1項の認定を受けた国家戦略民間都市再生事業を定めた区域計画を、ロの地域についてはその区域計画を、それぞれ含みます。）に基づいて行われる都市再生特別措置法第20条第1項に規定する都市再生事業で一定の要件を満たすものにより整備される一定の建築物及びその附属設備（措法14②一）

——(230)——

事業所得（減価償却）

イ　特定都市再生緊急整備地域

ロ　都市再生緊急整備地域（イの地域を除きます。）

**（注1）**　①の一定の要件を満たす都市再生事業

次のイ及びロ又はイ及びハに掲げる要件を満たすものをいいます。（措令7②）

イ　都市再生特別措置法の都市再生事業の施行される土地の区域（事業区域）内に地上階数10以上又は延べ面積が75,000㎡以上（平成29年3月31日以前取得等は50,000㎡以上）の建築物が整備されること

ロ　事業区域内において整備される都市再生特別措置法第2条第2項に規定する公共施設の用に供される土地の面積の当該事業区域の面積のうちに占める割合が100分の30以上であること

ハ　都市再生特別措置法第29条第1項第2号に規定する都市の居住者等の利便の増進に寄与する施設の整備に要する費用の額（当該施設に係る土地等の取得に必要な費用の額及び借入金の利子の額を除く。）が10億円以上であること

**（注2）**　①の一定の建築物

その都市再生事業により整備される耐火建築物で当該都市再生事業に係る都市再生特別措置法第23条に規定する認定事業者又は同法19条の10第2項の実施主体又は国家戦略特別区域法第25条第1項の規定により都市再生特別措置法第21条第1項の計画の認定があったものとみなされた国家戦略特別区域法第25条第1項の実施主体に該当する個人が取得するものであることにつき国土交通大臣により証明がされたものをいいます。（措令7③、措規6①）

② 特定民間中心市街地経済活力向上事業により整備される建築物及び構築物（平成26年7月3日から平成29年3月31日までに取得のもの）

中心市街地の活性化に関する法律第51条第2項に規定する認定特定民間中心市街地経済活力向上事業計画に基づいて行われる同法第50条第1項に規定する特定民間中心市街地経済活力向上事業により整備される建築物及び構築物で、経済産業大臣により証明がされたもの。（旧措法14の2②二、旧措令7の2④、旧措規6の2②）

③ 浸水被害対策区域の雨水貯留浸透利用施設（平成27年4月1日から平成31年3月31日までに取得のもの）

下水道法第25条の2に規定する浸水被害対策区域内に建築し、又は設置される雨水の有効利用を図るための雨水を貯留する構築物で、雨水を貯留する容量が300㎥以上のもの（土地の浸透性舗装及び国又は地方公共団体の補助金等で建築等をした構築物を除きます。）（旧措法14②二、旧措令7④、平31改所法等附32④、平31改措令附3②）

〈適用手続〉

この特例の適用を受ける場合は、確定申告書に、これにより必要経費に算入される金額についてのその算入に関する記載（申告書第二表の「特例適用条文等」欄に「措法14条」又は「旧措法14条の2」と記載します。）をするとともに、計算明細書を添付（この特例の適用を受ける最初の年分にその建築物が特定再開発建築物等に該当すること等を証する次の書類も添付）することが必要です。（措法14④、措令7④、措規6②）

——（231）——

収入金額、所得金額の計算

① 認定都市再生事業により整備される建築物

  イ　その建築物に係る確認済証の写し及び検査済証の写し

  ロ　その建築物が都市再生事業により整備される耐火建築物で都市再生特別措置法第23条に規定する認定事業者に該当する個人が取得するものである旨を国土交通大臣が証する書類

② 特定民間中心市街地経済活力向上事業により整備される建築物及び構築物

  イ　その建築物又は構築物に係る確認済証の写し及び検査済証の写し

  ロ　その建築物又は構築物が特定民間中心市街地経済活力向上事業により整備される建築物又は構築物で中心市街地の活性化に関する法律第51条第1項に規定する認定事業者に該当する個人が取得するものである旨を経済産業大臣が証する書類

## (21)　倉庫用建物等の割増償却

**イ　平成29年3月31日以前に取得等したもの**

　青色申告者で、流通業務の総合化及び効率化の促進に関する法律第4条第1項に規定する認定を受けた者又は同法第7条第1項に規定する確認を受けた者が、昭和49年4月1日から平成29年3月31日までの間に、物資の流通の拠点区域として定められた次の区域内において、同法第5条第2項に規定する認定総合効率化計画に記載された同法第2条第3号に規定する特定流通業務施設である倉庫用建物等で使用されたことのないものを取得又は建設して事業（事業と称するに至らない倉庫用建物等の貸付けなどの行為で相当の対価を得て継続的に行うものを含みます。）の用に供した場合には、その事業の用に供した日以後5年間（その事業の用に供している期間に限ります。）は、その倉庫用建物等については、通常の償却費の額の100分の110相当額以下の金額を必要経費に算入することができます。（旧措法15①、旧措令8）

**ロ　平成29年4月1日以後に取得等したもの**

　青色申告者で、特定総合効率化計画（流通業務の総合化及び効率化の促進に関する法律第4条第1項に規定する総合効率化計画のうち同条第3項各号に掲げる事項が記載されたものをいいます。）について同条第1項の認定を受けたものが、令和6年3月31日までの間に、物資の流通の拠点区域として定められた次の区域内において、倉庫用の建物及びその附属設備並びに構築物のうち、その認定に係る特定総合効率化計画に記載された同法第2条第3号に規定する特定流通業務施設である倉庫用建物等で使用されたことのないものを取得又は建設して倉庫業の用に供した場合には、その倉庫業の用に供した日以後5年間（その倉庫業の用に供している期間に限ります。）は、その倉庫用建物等については、その通常の償却費の額の100分の108（令和4年3月31日以前取得等分については100分の110）相当額以下の金額を必要経費に算入することができます。（措法15①、措令8①、措規6の2①）

① 道路法第3条第1号に掲げる高速自動車国道及びこれに類する道路の周辺の地域のうち物資の流通の拠点となる区域として高速自動車国道のインターチェンジ等の周辺5kmの区域

② 関税法第2条第1項第11号に規定する開港の区域を地先水面とする地域において定められた港

事業所得（減価償却）

湾法第2条第4項に規定する臨港地区のうち一定の指定された地区（特定臨港地区）

なお、その年分の割増償却限度額のうち、事業所得の金額の計算上必要経費に算入しなかった金額は、翌年分に繰り越して必要経費に算入することができます。（措法15②）

〈倉庫用建物等の範囲〉

イ　平成29年3月31日以前に取得等したもの

倉庫用建物等とは、次の区分に応じ、それぞれ次に掲げるものをいいます。（旧措令8②、旧措規6の3）

①　床面積が6,000m²以上で階数が2以上の普通倉庫であって国土交通大臣が財務大臣と協議して定める要件に該当するもの

②　床面積が3,000m²以上で階数が1の普通倉庫（柱及びはりが鉄骨造であるものに限ります。）であって国土交通大臣が財務大臣と協議して定める要件に該当するもの

③　容積が6,000m³以上の冷蔵倉庫であって国土交通大臣が財務大臣と協議して定める要件に該当するもの

④　容積が6,000m³以上の貯蔵槽倉庫（特定臨港地区内において倉庫業の用に供するものに限ります。）であって国土交通大臣が財務大臣と協議して定める要件に該当するもの

ロ　平成29年4月1日以後に取得等したもの

倉庫用建物等とは、以下のものをいいます。なお、貸付用の倉庫用建物は対象外とされます。（措令8②、平28.9.30国土交通省告示1108号）

①　倉庫用の建物（その附属設備を含みます。）及び構築物のうち、物資の輸送の合理化に著しく資するものとしてイ又はロに該当する耐火建築物又は準耐火建築物に該当するもの

イ　到着時刻表示装置を有する貯蔵槽倉庫以外の倉庫

ロ　到着時刻表示装置又は特定搬出用自動運搬装置を有する貯蔵槽倉庫（特定臨港地区にあるものに限ります。）

②　冷蔵倉庫又は貯蔵槽倉庫以外の倉庫で階数が2以上のものにあっては耐火建築物に該当するもの

〈適用手続〉

この特例の適用を受ける場合は、確定申告書に、これにより必要経費に算入される金額についてのその算入に関する記載（申告書第二表の「特例適用条文等」欄に「措法15条」と記載します。）をするとともに、計算明細書を添付（最初に適用を受ける年分の確定申告書に国土交通大臣又は地方運輸局長（運輸管理部長を含みます。）の物資の流通の拠点区域内であること及び倉庫用建物等に該当するものであることを証する書類も添付）することが必要です。（措法15③、措令8③、措規6の2②）

収入金額、所得金額の計算

## 十　貸倒金の税務処理の仕方

　貸倒金などの税務処理の仕方の説明の前に、まず、貸倒引当金との相互の関係がどのようになっているかを次の図表で理解したうえ、以下を読んでください。

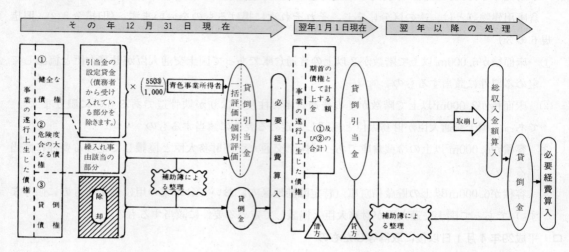

### 1　貸金等

　貸倒金の対象となる貸金等には、販売業者の売掛金、金融業者の貸付金及び未収利子、製造業者の下請業者に対する前払金や前渡金、工事請負業者の工事未収金、自由職業者の役務の対価に係る未収金、事業遂行上生じた役務の提供の対価である未収加工料、未収保管料などのように事業本来の目的から生じたもののほか、次のようなものも含まれます。(所基通51―10)
①　事業用の資金の融資を受ける手段として他から受取手形を取得し、その見合いとして借入金を計上しているか支払手形を振り出している場合のその受取手形に係る債権
②　自己の製品の販売強化、企業合理化などのために、特約店や下請先などに貸し付けている貸付金
③　仕入先や賃借先などに事業上の保証として差し入れている保証金、敷金、預け金など
④　従業員に対する貸付金又は前払給料、概算払費用など

### 2　貸倒れの判定

　事業遂行上生じた貸金等が貸倒れとなったかどうかは、おおむね次のような場合に当てはまるかどうかで判定し、免除した場合、消却処理をした場合などの別に帳簿処理を明らかにしておきます。

#### (1) 貸金等の全部又は一部の切捨てをした場合

　債務者等について、次のような事実が発生した場合には、それぞれ次の金額を貸倒金として必要経費に算入します。(所基通51―11)

事業所得（貸倒金）

| | 債 務 者 等 に つ い て 発 生 し た 事 実 | 貸 倒 金 と な る 金 額 |
|---|---|---|
| ① | 更生計画の認可の決定又は再生計画認可の決定があったこと | これらの決定により切り捨てられることになった部分の金額 |
| ② | 特別清算に係る協定の認可があったこと | この決定により切り捨てられることになった部分の金額 |
| ③ | 法令の規定による整理手続によらない関係者の協議決定で、次のものによりその債務者に係る債務が切り捨てられたこと<br>イ　債権者集会の協議決定で、合理的な基準により債務者の負債整理を定めているもの<br>ロ　行政機関又は金融機関その他の第三者のあっせんによる当事者間の協議により締結された契約で、その内容がイに準ずるもの | その切り捨てられることとなった部分の金額 |
| ④ | 債務者の債務超過の状態が相当期間続き、弁済を受けることができないと認められる場合において、その債務者に対し債務免除額を書面により通知したこと | その通知した債務免除額 |

⑵　**貸金等の回収不能が明らかになった場合**

　債務者の資産状況、支払能力などからみて、その債務者に対して有する貸金等の全額が回収できないことが明らかになった場合には、その明らかになった日の属する年分においてその貸金等の全額を貸倒金として処理することができます。この取扱いは、その状況からみて貸金等の全額についての処理ですから、貸金等のうち任意の一部を貸倒金とすることは認められませんし、また、その貸金等について担保を取っている場合には、この担保物を処分した後でなければ貸倒金とする処理は認められません。また保証債務は、現実に履行した後でなければ貸倒対象とすることはできません。（所基通51—12）

⑶　**一定期間取引停止後弁済がない場合など**

　債務者に次のような事実が発生した場合には、その債務者に対する売掛債権（売掛金や未収請負金などの債権をいい、貸付金などの債権は含まれません。）から備忘価額（最低１円までの任意の金額）を控除した残額を貸倒金として処理することができます。（所基通51—13）

①　債務者につきその資産状況、支払能力等が悪化したため、取引停止後（最後の弁済期の方が遅いときは、その弁済期以後）１年以上経過したにもかかわらず弁済がないこと。ただし、不動産取引のようにたまたま取引を行った債務者に対しては、この取扱いの適用はありません。（また、売掛債権について担保を取っているときは除きます。）

②　同一地域内の売掛債権の総額が、その取立旅費などの費用にも満たない場合で、督促しても弁済がないこと

収入金額、所得金額の計算

## 十一　引当金・準備金

　これから述べる各種引当金及び準備金は、事業遂行上の一般的な経費と異なり、その事業に特有の経費や臨時に生ずる経費をあらかじめ引当金や準備金の形で留保しておき、その事業成績の平準化を図る目的のものです。そのためには、自己の事業成績を継続して見定める必要がありますから、個別評価による貸倒引当金を除き、記帳の完備した青色申告者だけが設定することができることになっています。

### 1　貸倒引当金（所法52）

　事業に関し生じた売掛金、貸付金などの債権（債券に表示されるべきものを除きます。）について貸倒れによる損失の見込額として、年末における貸金の一定額を貸倒引当金勘定に繰り入れたときは、その繰入額を必要経費に算入します。

　なお、貸倒引当金制度については、青色申告者、白色申告者を問わず適用される「個別評価による貸倒引当金」と青色申告者だけが適用できる「一括評価による貸倒引当金」との二本立てとなっています。

### ⑴　個別評価による貸倒引当金

　不動産所得、事業所得又は山林所得を生ずべき事業を営む者が、その事業の遂行上生じた売掛金、貸付金、前渡金その他これらに準ずる金銭債権（以下⑴において「貸金等」といいます。）の貸倒れその他これに類する事由による損失の見込額として、各年（事業の全部を譲渡し、又は廃止した日の属する年やその者が死亡した場合において、その相続人がその事業を承継しなかったときを除きます。）において貸倒引当金勘定に繰り入れた金額については、その金額のうち、その年12月31日（その者が年の中途において死亡した場合には、その死亡の時）においてその一部につき損失が見込まれる貸金等（その貸金等に係る債務者に対する別の貸金等がある場合には、その別の貸金等を含みます。以下「個別評価貸金等」といいます。）のその損失の見込額の合計額として次の①から④までに掲げる金額の合計額（繰入限度額）に達するまでの金額は、その繰入れをした年分の不動産所得、事業所得又は山林所得の金額の計算上、必要経費に算入します。（所法52①、所令144①、所規35、35の２）

| | |
|---|---|
| ① | 個別評価貸金等に係る債務者について次に掲げる事由に基づいてその弁済を猶予され、又は賦払により弁済される場合における個別評価貸金等の額のうち、その事由が生じた日の属する年の翌年１月１日から５年を経過する日までに弁済されることとなっている金額以外の金額（担保権の実行その他によりその取立て又は弁済（以下この表において「取立て等」といいます。）の見込があると認められる部分の金額を除きます。）<br>イ　更生計画認可の決定<br>ロ　再生計画認可の決定<br>ハ　特別清算に係る協定の認可の決定 |

——(236)——

事業所得（引当金・準備金）

|   | |
|---|---|
| | ニ　法令の規定による整理手続によらない関係者の協議決定で次に掲げるもの<br><br>　(イ)　債権者集会の協議決定で合理的な基準により債務者の負債整理を定めているもの<br><br>　(ロ)　行政機関、金融機関その他第三者のあっせんによる当事者間の協議により締結された契約でその内容が(イ)に準ずるもの |
| ② | 個別評価貸金等（①の規定の適用があるものを除きます。）に係る債務者につき、債務超過の状態が相当期間継続し、かつ、その営む事業に好転の見通しがないこと、災害、経済事情の急変等により多大な損害が生じたことその他の事由が生じていることにより、その貸金等の一部の金額につきその取立て等の見込みがないと認められるときにおけるその一部の金額に相当する金額 |
| ③ | 個別評価貸金等（①の規定の適用があるもの及び②の規定の適用を受けるものを除きます。）に係る債務者につき次に掲げる事由が生じている場合におけるその貸金等の額（その貸金等の額のうち、その債務者から受け入れた金額があるため実質的に債権とみられない部分の金額及び担保権の実行、金融機関又は保証機関による保証債務の履行その他により取立て等の見込みがあると認められる部分の金額を除きます。）の50％に相当する金額<br><br>　イ　更生手続開始の申立て<br><br>　ロ　再生手続開始の申立て<br><br>　ハ　破産手続開始の申立て<br><br>　ニ　特別清算開始の申立て<br><br>　ホ　手形交換所（手形交換所のない地域にあっては、その地域において手形交換業務を行う銀行団を含みます。）による取引停止処分<br><br>　ヘ　以下の要件を満たす電子債権記録機関による取引停止処分<br><br>　(イ)　金融機関の総数の100分の50を超える数の金融機関に業務委託をしていること。<br><br>　(ロ)　電子記録債権法に規定する業務規程に、業務委託を受けている金融機関はその取引停止処分を受けた者に対し資金の貸付け（当該金融機関の有する債権を保全するための貸付けを除きます。）をすることができない旨の定めがあること。 |
| ④ | 外国の政府、中央銀行又は地方公共団体に対する個別評価貸金等につき、これらの者の長期にわたる債務の履行遅滞によりその経済的な価値が著しく減少し、かつ、その弁済を受けることが著しく困難であると認められる事由が生じている個別評価貸金等の額（その貸金等の額のうち、これらの者から受け入れた金額があるため実質的に債権とみられない部分の金額及び保証債務の履行その他により取立て等の見込みがあると認められる部分の金額を除きます。）の50％に相当する金額 |

（注1）　居住者の貸金等について上表の①から④までに規定する事由が生じている場合においても、その事由が生じていることを証明する書類及び担保権の実行、保証債務の履行その他により取立て又は弁済の見込みがあると認められる部分の金額がある場合には、その金額を明らかにする書類その他参考となるべき書類の保存がされていないときは、これらの事由は生じていないものとみなされます。（所令144②、所規36）

　　　　ただし、その書類の保存がなかったことについてやむを得ない事情があると認められるときは、(1)の規定を適用することができます。（所令144③）

（注2）　上表の②に規定する「債務者につき、債務超過の状態が相当期間継続し、かつ、その営む事業に好転の見通しがないこと」における「相当期間」とは、「おおむね1年以上」とし、その債務超過に

——（237）——

至った事情と業務好転の見通しをみて、同表の②に規定する事由が生じているかどうかを判定するものとされます。（所基通52—6）

(注3) 上表の②に規定する「その他の事由が生じていることにより、その貸金等の一部の金額につきその取立て等の見込みがないと認められるとき」には、貸金等の額のうち担保物の処分によって得られると見込まれる金額以外の金額につき回収できないことが明らかになった場合において、その担保物の処分に日時を要すると認められるときが含まれます。この場合において、同表の②に規定するその取立て等の見込みがないと認められる金額とは、その回収できないことが明らかになった金額をいいます。（所基通52—8）

(注4) その年の12月31日までに債務者の振り出した手形が不渡りとなり、その年分に係る確定申告書の提出期限までにその債務者について手形交換所による取引停止処分が生じた場合には、その年において上表の③の規定を適用することができます。

その年の12月31日までに支払期日の到来した電子記録債権に係る債務につき債務者から支払が行われず、当該年分に係る確定申告書の提出期限までに当該債務者について電子債権記録機関（③のへの(イ)及び(ロ)に掲げる要件を満たすものに限ります。）による取引停止処分が生じた場合についても、同様となります。（所基通52—11）

(注5) 個別評価による貸倒引当金の対象となる貸金等の範囲については、個々の債権ごとではなく、債務者ごとに判定し、貸倒れ等による損失が見込まれる貸金等に係る債務者に対する貸金等のすべてを個別評価貸金等として位置づけるとともに、これを(2)の一括評価による貸倒引当金の対象となる貸金等に含めません。

〈事業の遂行上生じた売掛金、貸付金等に準ずる金銭債権〉

(1)に規定する「事業の遂行上生じた売掛金、貸付金、前渡金その他これらに準ずる金銭債権」には、販売業者の売掛金、金融業者の貸付金及びその未収利子、製造業者の下請業者に対して有する前渡金、工事請負業者の工事未収金、自由職業者の役務の提供の対価に係る未収金、不動産貸付業者の未収賃貸料、山林経営業者の山林売却代金の未収金等のほか、次に掲げるようなものも含まれます。（所基通52—1）

イ 自己の事業の用に供する資金の融資を受ける手段として他から受取手形を取得し、その見合いとして借入金を計上し、又は支払手形を振り出している場合のその受取手形に係る金銭債権

ロ 自己の製品の販売強化、企業合理化等のため、特約店、下請先等に貸し付けている貸付金

ハ 事業上の取引のため、又は事業の用に供する建物等の賃借りのために差し入れた保証金、敷金、預け金等の金銭債権

ニ 使用人に対する貸付金又は前払給料、概算払旅費等

〈貸倒れに類する事由〉

(1)に規定する「貸倒れその他これに類する事由」には、貸金等の貸倒れのほか、例えば、事業に係る保証金や前渡金等について返還請求を行った場合におけるその返還請求債権が回収不能となったときがこれに含まれます。（所基通52—3）

〈実質的に債権とみられない部分の金額〉

(1)の表の③のかっこ内に規定する「その貸金等の額のうち、その債務者から受け入れた金額がある

事業所得（引当金・準備金）

ため実質的に債権とみられない部分の金額」とは、次に掲げるような金額がこれに該当します。（所基通52—9）

| イ | 同一人に対する売掛金又は受取手形と買掛金がある場合のその売掛金又は受取手形の金額のうち、買掛金の金額に相当する金額 |
|---|---|
| ロ | 同一人に対する売掛金又は受取手形と買掛金がある場合において、その買掛金の支払のために他から取得した受取手形を裏書譲渡したときのその売掛金又は受取手形の金額のうち、その裏書譲渡した手形（支払期日の到来していないものに限ります。）の金額に相当する金額 |
| ハ | 同一人に対する売掛金とその者から受け入れたその事業に係る保証金がある場合のその売掛金の額のうち、保証金の額に相当する金額 |
| ニ | 同一人に対する売掛金とその者から受け入れた借入金がある場合のその売掛金の額のうち、借入金の額に相当する金額 |
| ホ | 同一人に対する完成工事の未収金とその者から受け入れた未成工事に対する受入金がある場合のその未収金の額のうち、受入金の額に相当する金額 |
| ヘ | 同一人に対する貸付金と買掛金がある場合のその貸付金の額のうち、買掛金の額に相当する金額 |
| ト | 使用人に対する貸付金とその使用人から受け入れた預り金がある場合のその貸付金の額のうち、預り金の額に相当する金額 |
| チ | 専ら融資を受ける手段として他から受取手形を取得し、その見合いとして借入金を計上した場合のその受取手形の金額のうち、借入金の額に相当する金額 |
| リ | 同一人に対する未収地代家賃とその者から受け入れた敷金がある場合のその未収地代家賃の金額のうち、敷金の額に相当する金額 |

### 〈取立て等の見込みがあると認められる部分の金額〉

(1)の表の④のかっこ内に規定する「取立て等の見込みがあると認められる部分の金額」とは、次に掲げる金額をいいます。（所基通52—15）

イ　その貸金等につき他の者（自己が有する当該他の者に対する貸金等につき債務不履行が生じている者を除きます。ニにおいて同じ。）により債務の保証がされている場合のその保証が付されている部分に相当する金額

ロ　その貸金等につき債務の履行不能によって生ずる損失をてん補する保険が付されている場合のその保険が付されている部分に相当する金額

ハ　その貸金等につき質権、抵当権、所有権留保等によって担保されている場合のその担保されている部分の金額

ニ　その公的債務者から他の者が振り出した手形（その公的債務者の振り出した手形で他の者の引き受けたものを含みます。）を受け取っている場合のその手形の金額に相当する金額等実質的に債権と認められない金額

### (2)　一括評価による貸倒引当金

事業所得を生ずべき事業を営んでいる青色申告者が、その事業の遂行上生じた売掛金、貸付金その

収入金額、所得金額の計算

他これらに準ずる金銭債権（(1)の貸倒引当金の設定の対象となったものを除きます。以下(2)において「一括評価貸金」といいます。）の貸倒れによる損失の見込額として、各年（事業の全部を譲渡し又は廃止した日の属する年やその者が死亡した場合においてその相続人がその事業を承継しなかったとき等を除きます。）において貸倒引当金勘定に繰り入れた金額については、その金額のうち、その年12月31日（その者が年の中途で死亡した場合には、その死亡の時）における一括評価貸金の帳簿価額（その貸金のうちその者がその貸金に係る債務者から受け入れた金額があるためその全部又は一部が実質的に債権とみられないものにあっては、その債権とみられない部分の金額を控除した残額。以下(2)において同じ。）の合計額の5.5％（金融業にあっては3.3％）に相当する金額に達するまでの金額は、その繰入れをした年分の事業所得の金額の計算上、必要経費に算入します。（所法52②、所令145①）

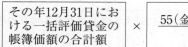 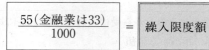

〈貸金の範囲〉

イ 「事業の遂行上生じた売掛金、貸付金」とは、販売業者の売掛金、金融業者の貸付金のように、その事業の遂行上生じたもので、それが貸倒れとなった場合に事業所得の金額の計算上必要経費に算入されることとなるものをいいます。

ロ 「その他これらに準ずる金銭債権」とは、事業の遂行上生じた役務の提供の対価である未収加工料、未収請負金、未収手数料、未収保管料等及び貸付金の未収利子等で、事業所得の金額の計算上総収入金額に算入された収益に係るものをいいます。

ハ 事業の遂行上生じた売掛金、貸付金等の金銭債権について取得した受取手形につき裏書譲渡（割引を含みます。）をした場合には、その受取手形に係る既存債権が(2)に規定する貸金に該当します。
（所基通52—16）

〈貸金に該当しない金銭債権〉

次に掲げるようなものは、事業所得を生ずべき事業の遂行上生じたものであっても貸金には該当しません。（所基通52—17）

イ 保証金、敷金（土地、建物等の賃借等に関連して無利息又は低利率で提供した建設協力金等を含みます。）、預け金その他これらに類する金銭債権

ロ 手付金、前渡金等のように資産の取得の代価又は費用の支出に充てるものとして支出した金額

ハ 前払給料、概算払旅費、前渡交際費等のように将来精算される費用の前払として一時的に仮払金、立替金等として支出した金額

ニ 雇用保険法、労働施策の総合的な推進並びに労働者の雇用の安定及び職業生活の充実等に関する法律、障害者の雇用の促進等に関する法律等の法令の規定に基づいて交付を受ける給付金等の未収金

ホ 仕入割戻しの未収金

事業所得（引当金・準備金）

**(注)** 仮払金等として計上されている金額については、その実質的な内容に応じて貸金に該当するかどうかを判定します。

〈実質的に債権とみられないもの〉

その貸金等に係る債務者から受け入れた金額があるため「その全部又は一部が実質的に債権とみられないもの」は、貸金から除かれます。（所令145①）

これには、債務者から受け入れた金額と相殺適状にある債権だけでなく、債務者から受け入れた金額と相殺的な性格をもつ債権及び債務者と相互に融資している場合などのその債務者から受け入れた金額に相当する債権も含まれますから、次に掲げるような金額は、貸金の額に含まれません。（所基通52—18）

イ　同一人に対する売掛金又は受取手形と買掛金又は支払手形とがある場合のその売掛金又は受取手形の金額のうち、買掛金又は支払手形の金額に相当する金額

ロ　専ら融資を受ける手段として他から受取手形を取得し、その見合いとして借入金を計上し、又は支払手形を振り出した場合のその受取手形の金額のうち、借入金又は支払手形の金額に相当する金額

ハ　239ページの表のロからトまでに掲げる場合に該当する貸金の額のうち、それぞれに掲げる額に相当する金額

---
**《簡便法》**

(2)の規定の適用に当たっては、その者が平成27年1月1日以後引き続き事業を営んでいる場合は、次の算式で計算した金額を「実質的に債権とみられない部分の金額」とすることもできます。（所令145②）

$$\boxed{\begin{array}{c}\text{その年12月31}\\\text{日の売掛金、}\\\text{貸付金、その}\\\text{他の債権の額}\end{array}} \times \frac{\text{平成27年及び平成28年の各年末における実質}}{\text{的に債権とみられない部分の金額の合計額}} = \begin{array}{c}\text{簡便法による実質的に}\\\text{債権とみられない金額}\end{array}$$

※　上記の簡便法は、平成27年及び平成28年の各年分の所得税について青色申告書の提出の承認を受けていたかどうか、又は貸倒引当金勘定を設けていたかどうかに関係なく適用することができます。（所基通52—19）

---

**(3)　貸倒引当金の取崩し**

(1)又は(2)の規定によりその繰入れをした年分の事業所得の金額、不動産所得の金額又は山林所得の金額の計算上必要経費に算入された貸倒引当金勘定の金額は、その繰入れをした年の翌年分の事業所得の金額、不動産所得の金額又は山林所得の金額の計算上、総収入金額に算入します。（所法52③）

**(4)　申告の手続**

原則として、確定申告書（実務上は収支内訳書又は青色申告決算書）に貸倒引当金勘定に繰り入れた金額の必要経費への算入に関する明細の記載がある場合に限り適用されます。（所法52④）

**(注1)**　(1)の「個別評価による貸倒引当金」については「個別評価による貸倒引当金に関する明細書」で計算した繰入額を収支内訳書又は青色申告決算書に移記し、明細書は申告書に添付します。

**(注2)**　(1)の適用に当たり、確定申告書に「個別評価による貸倒引当金に関する明細書」の添付及び青色

収入金額、所得金額の計算

申告決算書又は収支内訳書に個別評価による繰入額の記載がない場合であっても、それが貸倒損失を計上したことに基因するものであり、かつ、確定申告書及び青色申告決算書又は収支内訳書の提出後にこの明細書が提出されたときは、その貸倒損失の額をその債務者に係る個別評価による貸倒引当金の繰入額とすることができるものとされます。(所基通52―1の2)

この取扱いは、(1)の適用に関し、その事由が生じていることを証明する書類の保存がある場合に限り適用されます。

---

**計算例**

**一括評価による貸倒引当金の繰入限度額の計算**

**(設　例)**

Aさんは、青色申告者で、物品販売業を営んでいますが、令和4年12月31日における債権の明細は次のとおりです。

① 物品販売業に関して生じた売掛金、受取手形　900万円
② 仕入先に差し入れた保証金　　　　　　　　　200万円
③ 自宅購入のために支払った手付金　　　　　　100万円
④ 従業員への貸付金　　　　　　　　　　　　　 30万円
⑤ 事業と関係のない友人への貸付金　　　　　　 10万円
⑥ 商品仕入れのための前渡金　　　　　　　　　 70万円

**(注)** 上記①のほかに、得意先B商店には、売掛金が150万円ありますが、B商店からの預り保証金が100万円あります。

**(計　算)**

① 対象貸金の計算

$$\underset{\text{売掛金・受取手形}}{\boxed{900万円}} + \underset{\text{従業員貸付金}}{\boxed{30万円}} + (\underset{\text{B商店売掛金}}{\boxed{150万円}} - \underset{\text{預り保証金}}{\boxed{100万円}}) = \underset{\text{対象貸金}}{\boxed{980万円}}$$

② 繰入限度額の計算

$$\underset{\text{対象貸金}}{\boxed{980万円}} \times \underset{\text{繰入率}}{\frac{55}{1,000}} = \underset{\text{繰入限度額}}{\boxed{539,000円}}$$

---

## 2　返品調整引当金 （旧所法53）

この返品調整引当金の制度は、平成30年度改正で廃止され、平成30年4月1日において現に対象事業を営む青色申告者の平成30年から令和12年までの各年分の事業所得の金額の計算について適用を受けることができます。

指定事業を営む青色申告者で、常時その販売するこれらの事業に関する棚卸資産の大部分について次の特約を結んでいるものが、その特約に基づく買戻しによる損失の見込額として一定の金額を返品調整引当金勘定に繰り入れたときは、その繰入額を、その繰入れをした年分の事業所得の金額の計算上、必要経費に算入することができます。(旧所法53①、旧所令149)

① 販売先から要求された場合には、その販売した棚卸資産を当初の販売価額で無条件に買い戻すこと

② 棚卸資産の送付を受けた販売先は、注文によるものかどうかにかかわらず、これを購入すること

**(注1)** 事業の全部を譲渡し又は廃止した年は、返品調整引当金勘定への繰入れは認められません。

事業所得（引当金・準備金）

**（注２）** 納税者が死亡したときは死亡した納税者の事業を承継した相続人が青色申告者（青色申告の承認申請書を提出した者を含みます。）である場合に限り、死亡した納税者の事業所得について返品調整引当金勘定への繰入れが認められます。（旧所法53①、旧所令151）

## ⑴ 指定事業

返品調整引当金勘定の設定が認められる指定事業の範囲は、次のとおりです。（旧所令148）

① 出版業

② 出版の取次業

③ 医薬品（医薬部外品を含みます。）、農薬、化粧品、既製服、蓄音機用レコード、磁気音声再生機用レコード又はデジタル式の音声再生機用レコードの製造業

④ ③の物品の卸売業

## ⑵ 繰入限度額

返品調整引当金勘定に繰り入れることができる金額は、指定事業の種類ごとに、次のうちいずれかの方法によって計算した金額の合計額を限度とします。（旧所令150①）

① $\begin{bmatrix}\text{その年12月31日現在の指定事業に}\\\text{関する売掛金の帳簿価額の合計額（注1）}\end{bmatrix} \times 返品率 \times 売買利益率 = 繰入限度額$

② $\begin{bmatrix}\text{その年12月31日以前2か月間の指定事業に}\\\text{関する棚卸資産の販売価額の合計額（注1）}\end{bmatrix} \times 返品率 \times 売買利益率 = 繰入限度額$

**（注１）** その者が年の中途において死亡した場合には、その死亡した時における売掛金又は棚卸資産の販売価額の合計額

**（注２）** 繰入限度額を計算する場合の売掛金の帳簿価額及び棚卸資産の販売価額には、延払条件付販売等の適用を受けた棚卸資産に係るものは除かれます。（旧所令150①）

① 返品率

返品率とは、その指定事業に関する棚卸資産の販売及び返品について、次の算式によって計算した割合をいいます。（旧所令150②）

$$\begin{bmatrix}\text{その年及びその前年中}\\\text{の買戻し額の合計額}\end{bmatrix} \div \begin{bmatrix}\text{その年中及びその前年}\\\text{中の販売価額の合計額}\end{bmatrix} = 返品率$$

② 売買利益率

売買利益率とは、その指定事業に関する棚卸資産の販売について、次の算式で計算した割合をいいます。（旧所令150③）

$$\frac{\begin{bmatrix}\text{その年の販売}\\\text{価額の合計額}\end{bmatrix} - \begin{bmatrix}\text{特約に基づくその年}\\\text{の買戻し額の合計額}\end{bmatrix} - \begin{bmatrix}\text{その売上}\\\text{原価の額}\end{bmatrix} + \begin{bmatrix}\text{販売手数}\\\text{料の額}\end{bmatrix}}{\begin{bmatrix}\text{その年の販売}\\\text{価額の合計額}\end{bmatrix} - \begin{bmatrix}\text{特約に基づくその年}\\\text{の買戻し額の合計額}\end{bmatrix}} = 売買利益率$$

---

※ 平成30年4月1日において現に対象事業を営む個人（同日において現に営まれている対象事業につき同日以後に移転を受ける個人を含みます。以下「経過措置個人」といいます。）の場合の繰入限度額は、廃止前の繰入限度額に対し、令和4年分については10分の9、令和5年分については10分の8、令和6年分については10分の7、令和7年分については10分の6、令和8年分については10分の5、令和9年分については10分の4、令和10年分については10分の3、令和11年分については10分の2、

―――（243）―――

収入金額、所得金額の計算

令和12年分については10分の1に相当する金額となります。（平30改所法等附5①、平30改所令附8①）

### ⑶　返品調整引当金の取崩し

返品調整引当金勘定に繰り入れた金額は、その金額をその翌年分の事業所得の金額の計算上、総収入金額に算入しなければなりません。（旧所法53②）

また、納税者が死亡した場合において、その死亡の日の属する年分の事業所得の金額の計算上必要経費に算入された返品調整引当金勘定の金額があるときは、その相続人のうち、その納税者のその必要経費に算入した事業を承継した者（死亡の日の属する年分の所得税について青色申告者である場合に限ります。）のその年分の事業所得の金額の計算上、総収入金額に算入しなければなりません。（旧所法53⑤、旧所令152）

※　上記⑵の※により令和12年分の事業所得の金額の計算上必要経費に算入された返品調整引当金勘定の金額は、令和13年分の事業所得の金額の計算上、総収入金額に算入することになります。（平30改所法等附5②）

### ⑷　申告の手続

返品調整引当金制度の適用を受けるためには、確定申告書に、その繰入額の必要経費算入に関する明細を記載しなければなりません。（旧所法53③）

## 3　退職給与引当金（所法54）

青色申告者が、従業員（納税者と生計を一にする配偶者その他の親族を除きます。）の退職給与の支出に充てるため、退職給与規程を定めて、一定の割合により計算した金額を退職給与引当金勘定に繰り入れたときは、その繰入額を必要経費に算入します。

### ⑴　退職給与規程（所令153、所基通54—1〜54—3）

退職給与引当金を設けるためには、次に掲げる退職給与の支給規程がなければなりません。

| ① | 労働協約により定められている退職給与の支給に関する規程 |
|---|---|
| ② | 労働基準法第89条の規定に基づいて行政官庁に届け出た就業規則によって定められる退職給与の支給に関する規程 |
| ③ | 労働基準法第89条の規定の適用を受けない居住者（常時使用する労働者の数が10人未満である使用者）が作成して納税地の所轄税務署にあらかじめ届け出た退職給与の支給に関する規程 |
| ④ | 船員法第97条第2項の規定に基づいて行政官庁に届け出た就業規則によって定められる退職給与の支給に関する規程 |
| ⑤ | 船員法第97条の規定の適用を受けない居住者（常時使用する船員の数が10人未満である船舶所有者）が作成して納税地の所轄税務署長にあらかじめ届け出た退職給与の支給に関する規程 |

### ⑵　繰入額の計算

退職給与引当金勘定への繰入額は、次の金額を限度とします。（所令154）

① 　労働協約による退職給与規程がある場合……次のイ又はロのうちいずれか少ない金額

② 労働協約による退職給与規程がない場合……次のイからハまでのうち最も少ない金額

ただし、退職給与規程を就業規則等で定める際に、従業員全員の意見を聞いたことや、これを労働者に周知させたことを記載した書面を税務署長に提出したときは、ハを適用しないで退職給与引当金への繰入額を計算します。

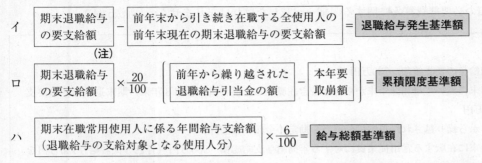

(注) イ、ロの「期末退職給与の要支給額」とは、その年12月31日に在職する全従業員が同日現在で自己都合により退職するものと仮定した場合に退職給与規程により計算される退職給与の額の合計額をいいます。

(3) 退職給与引当金の取崩し

次の場合に該当することとなったときは、次の金額を取り崩して、事業所得の金額の計算上、総収入金額に算入しなければなりません。

なお、青色申告書の提出の承認を取り消された場合又は青色申告をやめた場合には、その取消しの基因となった事実のあった日又は青色申告をやめる旨の届出書を提出した日現在の退職給与引当金勘定の金額を、その日の属する年分、その翌年分及び翌々年分の事業所得の金額の計算上、その3分の1ずつを取り崩して、それぞれの年分の総収入金額に算入しなければなりません。(所法54②③、所令155)

① 従業員が退職した場合……その退職時の退職給与引当金勘定の金額のうち、その従業員が前年12月31日に自己の都合で退職するものと仮定した場合に同日現在の退職給与規程によって支給されることとなる退職給与の額に相当する金額に達するまでの金額

② その年12月31日現在の退職給与引当金勘定の金額が同日現在における退職給与の要支給額の20%に相当する金額を超えることとなった場合……その超える部分の金額に相当する金額

③ 正当の理由がないのに退職給与規程に基づく退職給与を支給しなかった場合、退職給与規程がなくなった場合、明らかに所得税を免れる目的で退職給与規程を改正したと認められる場合、事業の全部を譲渡し又は廃止した場合……それらの事実があった日現在の退職給与引当金勘定の金額

④ 退職給与引当金勘定の金額を任意に取り崩した場合……その取り崩した直後の退職給与引当金勘定の金額

〈退職給与を支払った場合〉

退職給与を支払った場合には、退職給与引当金勘定の金額のうち、その退職した人がその退職した年の前年12月31日において自己の都合により退職するものと仮定した場合に支払われるべき退職給与

に相当する金額を取り崩して総収入金額に算入し、一方、支払った退職給与はその全額を必要経費に算入します。

### (4) 申告の手続

退職給与引当金制度の適用を受けるためには、原則として確定申告書（実務上は青色申告決算書）に、その繰入額の必要経費算入に関する明細を記載しなければなりません。(所法54④)

---

**計算例**

(設　例)
① 期末退職給与の要支給額　730万円
② 令和4年末において令和3年末から引き続き在職する全従業員の令和3年末の期末退職給与の要支給額　640万円
③ 令和3年から繰り越された退職給与引当金勘定の金額　180万円
④ 令和4年末に在職する常用従業員に対する年間給与支給総額　900万円（青色専従者給与120万円を含む。）

(注)　令和4年中に従業員Ａが退職し、退職金90万円を支払い、必要経費に算入しましたが、退職給与引当金は取り崩していません。なお、Ａの令和3年末の自己都合退職による退職給与の要支給額は60万円です。

(繰入限度額の計算)

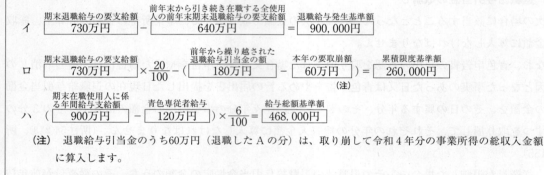

(注)　退職給与引当金のうち60万円（退職したＡの分）は、取り崩して令和4年分の事業所得の総収入金額に算入します。

(適用する繰入限度額の判定)

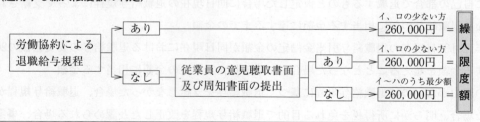

---

## 4　その他の準備金など

以上のほか、次のような準備金などの設定が認められています。

### ① 特定災害防止準備金

廃棄物の処理及び清掃に関する法律第8条第1項又は第15条第1項の許可を受けた者が、平成10年6月17日から令和4年3月31日までの期間内の日の属する各年において、同法に規定する特定一

事業所得（引当金・準備金）

般廃棄物最終処分場又は特定産業廃棄物最終処分場（以下「特定廃棄物最終処分場」といいます。）の埋立処分の終了後における維持管理費用の支出に備えるため、特定廃棄物最終処分場ごとに、独立行政法人環境再生保全機構に維持管理積立金として積み立てた金額以下の金額を積み立てる準備金（旧措法20）

**（注1）** 平成29年分以後の所得税からは、維持管理積立金として積み立てた金額のうち、都道府県知事が算定基準に従って算定して廃棄物最終処分場設置者に通知する額が準備金の限度額となっています。

**（注2）** 令和3年分以後の所得税からは、積立限度額が、維持管理積立金として積み立てた金額のうち都道府県知事が通知する額の60%相当額に引き下げられています。

**（注3）** 本制度は、適用期限の到来をもって廃止されました。なお、令和4年12月31日（以下「基準日」といいます。）において廃棄物の処理及び清掃に関する法律第8条第1項又は第15条第1項の許可を受けている個人の令和5年分以後の各年分については、その適用に係る積立限度額の計算における独立行政法人環境再生保全機構に維持管理積立金として積み立てた金額のうち都道府県知事が通知する額に乗ずる割合は、次の年分の区分に応じそれぞれ次のとおり逓減することとされています。（令4改所法等附29②）

令和5年分・令和6年分…………60%　　令和7年分……………………50%

令和8年分………………………40%　　令和9年分……………………30%

令和10年分………………………20%　　令和11年分……………………10%

**（注4）** この制度の適用を受けるためには、確定申告書にこの規定により必要経費に算入される金額についてのその算入に関する記載があり、かつ、明細書を添付しなければなりません。

② **特定船舶に係る特別修繕準備金**

事業の用に供する船舶の特別の修繕に要する費用の支出に備えるために積み立てる準備金（措法21）

**（注1）** 本制度は、平成23年12月改正により、対象となる特別の修繕の対象から銑鉄製造用の溶鉱炉及び熱風炉並びにガラス製造用の連続式溶解炉に使用するれんがの過半を取り替えるための修繕、球形のガスホルダーについて定期的に行われる検査を受けるための修繕並びに貯油槽について定期的に行われる検査又は点検を受けるための修繕が除外され、特定船舶に係る特別修繕準備金制度に改組されましたが、個人が平成25年1月1日において特別修繕準備金の金額を有する場合は、本制度の廃止の時における特別修繕準備金の残高を4年間（中小企業者の場合は10年間）で均等に取り崩すなど経過措置が設けられています。（平成23.12改所法等附50②〜⑥）

**（注2）** この制度の適用を受けるためには、確定申告書にこの規定により必要経費に算入される金額についてのその算入に関する記載があり、かつ、明細書を添付しなければなりません。

③ **探鉱準備金**

鉱業を営む人が、昭和40年4月1日から令和7年3月31日までの期間内の日の属する各年において、安定的な供給を確保することが特に必要な特定の新鉱床探鉱費の支出に備えるために積み立てる準備金（措法22）

**（注）** この制度の適用を受けるためには、確定申告書にこの規定により必要経費に算入される金額についてのその算入に関する記載があり、かつ、明細書を添付しなければなりません。

収入金額、所得金額の計算

④　農業経営基盤強化準備金

　　認定農業者が、平成19年4月1日から令和5年3月31日までの期間内の日の属する各年において、農業の担い手に対する経営安定のための交付金の交付に関する法律に規定する交付金等の交付を受け、認定計画等の定めるところに従って行う農業経営基盤強化に要する費用の支出に備えるために積み立てる準備金（措法24の2）

　（注）　この制度の適用を受けるためには、確定申告書にこの規定により必要経費に算入される金額についてのその算入に関する記載があり、かつ、明細書を添付しなければなりません。

⑤　返品債権特別勘定

　　出版業者で青色申告者のうち、常時、その販売する出版業に係る棚卸資産の大部分につき、一定の特約を結んでいるもの（以下「特定事業者」といいます。）が、雑誌の販売に関し、取次業者とその年の末日において店頭売残り品の売掛金を免除することなどの特約を結んでいる場合には、一定の金額の繰入れが認められます。（所基通51―20～51―23）

　（注1）　一定の特約とは、次に掲げる事項を内容とする特約です。

　　　①　販売業者からの求めに応じ、その販売した棚卸資産を当初の販売価額によって無条件に買い戻すこと。

　　　②　販売業者において、当該特定事業者から棚卸資産の送付を受けた場合にその注文によるものかどうかを問わずこれを購入すること。

　（注2）　この制度の適用を受けるためには、その繰入れを行う年分に係る確定申告書に、繰入額の計算に関する明細を記載した書類を添付しなければなりません。

⑥　単行本在庫調整勘定

　　出版業者が、その年末において最終刷後6か月以上を経過した売残り単行本がある場合には、一定の金額の繰入れが認められます。（所基通36・37共―7の2～7の4）

　（注）　この制度の適用を受けるためには、確定申告書に、その繰入額の計算に関する明細を記載した書類を添付しなければなりません。

⑦　災害損失特別勘定の設定

　　事業を営む居住者が、災害により被害を受けた資産がある場合、被災資産の修繕等のために要する金額の繰入れが認められます。（所基通36・37共―7の5～7の9、160ページ参照）

　（注）　この制度の適用を受けるためには、その被災年分の確定申告書に、災害損失特別勘定の必要経費算入に関する明細書を添付しなければなりません。

事業所得（消費税等の取扱い）

## 十二　所得税における消費税等の取扱い

　消費税及び地方消費税（以下「消費税等」といいます。）の経理につき税込経理・税抜経理のいずれを採用しているか、簡易課税制度の適用があるかどうかなどの別により、所得税の取扱いが異なってきます。

　**(注)**　下記取扱いについては、令和5年10月1日以後、その取扱いの一部が改められます。（平成元年直所3—8、改正令和3．2．9課個2—3附則）

> 消費税等については第四編で詳しく解説していますので、876ページ以下を参照してください。

## 1　所得金額の計算と消費税等の経理方式

　消費税等に伴う経理処理は、所得税における事業所得等の金額の計算にも大きな影響を与えるところから、その経理方式の適用については、次のような取扱いが示されています。（平成元年直所3—8）

### (1)　税抜経理方式と税込経理方式の選択適用

　消費税等の経理処理の方法には、税抜経理方式（消費税等の額とその消費税等に係る取引の対価の額とを区分して経理する方式）と税込経理方式（消費税等の額とその消費税等に係る取引の対価の額とを区分しないで経理する方式）とがありますが、事業所得等の金額の計算に当たり、個人事業者が行う取引についての消費税等の経理処理については、そのいずれの方式によってもよいことになっています。ただし、その選択した方式は原則としてその事業者の行うすべての取引について適用しなければなりませんし、消費税と地方消費税は、同一の方式によらなければなりません。（平成元年直所3—8「2」本文、「2」(注)3）

　**(注)**　税抜経理方式を選択した場合の経理処理は、原則として取引の都度行うことになりますが、その経理処理をその年12月31日に一括して行う年末一括税抜経理方式によることもできます。（平成元年直所3—8「4」）

　《参考》　個人事業者が消費税等の経理処理を税抜経理方式で行う場合と税込経理方式で行う場合の相異点をまとめると次のようになります。

| 区　分 | 税抜経理方式 | 税込経理方式 |
|---|---|---|
| 事業の損益に対する影響 | 売上げ及び仕入れに係る消費税等の額は預り金及び仮払金として処理しますので、事業の損益には影響しません。 | 売上げ及び仕入れに係る消費税等の額は売上金額、棚卸資産や固定資産等の取得価額、諸経費の支払金額に含まれますので、事業の損益に影響します。 |
| 売上げに係る消費税等の額の経理処理 | 仮受消費税等として預り金処理をします。 | 売上金額に含めて収入に計上します。 |
| 仕入れに係る消費税等の額の経理処理 | 仮払消費税等として仮払金処理をします。 | 棚卸資産や固定資産等の取得価額、諸経費の支払金額に含めます。 |

——(249)——

収入金額、所得金額の計算

| 納付した消費税等の額の経理処理 | 仮受消費税等の額から仮払消費税等の額を差し引いた金額を預り金の支出とします（事業の損益に関係しません。） | 租税公課として事業所得等の必要経費に算入します。 |
|---|---|---|
| 消費税等の額の還付を受けた場合の経理処理 | 仮払消費税等の額から仮受消費税等の額を差し引いた金額を仮払金の入金とします（事業の損益に関係しません。） | 雑収入として収入金額に算入します。 |

⑵　2以上の所得がある場合の経理方式の選択

　不動産所得、事業所得、山林所得又は雑所得（以下「事業所得等」といいます。）のうち2以上の所得を生ずべき業務を行う場合には、事業所得等に係る所得金額の計算に当たり、その所得の種類の異なる業務ごとに税抜経理方式と税込経理方式の選択をすることができます。（平成元年直所3―8「2」（注）1）

　例えば、物品販売業を営むかたわら建物の貸付けを行っている人は、物品販売業に係る業務（事業所得を生ずべき業務）については、税込経理方式を適用し、建物の貸付けに係る業務（不動産所得を生ずべき業務）については、税抜経理方式を適用することができます。

(注)　譲渡所得の基因となる資産の譲渡で消費税等が課されるもの（個人事業者が事業の用に使っていた資産の譲渡など）についての消費税等の経理処理は、その資産を使用していた事業所得等を生ずべき業務と同一の方式によらなければなりません。例えば、貸付けの用に供していた建物の譲渡代金についての消費税等の経理処理は、不動産所得を生ずべき業務と同一の経理方式によることになります。（平成元年直所3―8「2」（注）2）

⑶　固定資産等の取得に係る取引と経費等の支出に係る取引についての経理方式の選択適用

　個人事業者が、事業所得等の金額の計算に当たり、売上げ等の収入に係る取引について税抜経理方式を適用している場合には、前記⑴にかかわらず、固定資産、繰延資産、棚卸資産及び山林（以下「固定資産等」といいます。）の取得に係る取引又は販売費、一般管理費等（山林の伐採費及び譲渡に要した費用を含みます。以下「経費等」といいます。）の支出に係る取引のいずれか一方の取引について税込経理方式を適用できるほか、固定資産等のうち棚卸資産又は山林の取得に係る取引については、継続適用を条件として固定資産及び繰延資産と異なる経理方式を選択適用することができます。（平成元年直所3―8「3」）

事業所得（消費税等の取扱い）

| 区　分 | 売上げ等 | 固定資産等 | | 経　費　等 |
|---|---|---|---|---|
| | | 棚卸資産<br>山　　林 | 固定資産<br>繰延資産 | 販売費、一般管理費等<br>（山林の伐採費、譲<br>　渡費用を含む。　） |
| 原　則 | 税込み<br>税抜き　}選択（全取引同一経理） | | | |
| 混合方式 | 税抜き | 税　抜　き | | 税　込　み |
| | | 税　込　み | | 税　抜　き |
| | | 税　抜　き<br>（継続適用） | 税　込　み<br>（継続適用） | 税　込　み |
| | | | | 税　抜　き |
| | | 税　込　み<br>（継続適用） | 税　抜　き<br>（継続適用） | 税　込　み |
| | | | | 税　抜　き |

**(注1)**　個々の固定資産等の取得に係る取引又は個々の経費等の支出に係る取引ごとに異なる経理方式を適用することはできません。

**(注2)**　売上げ等の収入に係る取引について税込経理方式を適用している場合には、固定資産等の取得に係る取引及び経費等の支出に係る取引については、税抜経理方式を適用することはできません。

### ⑷　消費税の免税事業者の経理方式

　その年の前々年（消費税法では「基準期間」といいます。）の課税売上高（消費税が課税される「資産の譲渡等」による売上金額をいいます。）が1,000万円以下の事業者は、消費税の課税事業者となることを選択した場合を除き、消費税の納税義務が免除され、消費税の納付や仕入れに係る消費税額の控除といったこととは全く関係なくなります。したがって、このような免税事業者については、所得税における所得金額の計算に当たり、経理方式を選択する余地はなく、その行う取引に係る消費税等の処理は、常に税込経理方式によることとなります。（平成元年直所3─8「5」）

　これは、消費税が課されないこととされている「資産の譲渡等」のみを行う事業者についても同様です。

　**(注)**　消費税法における「資産の譲渡等」とは、「事業として対価を得て行われる資産の譲渡及び貸付け並びに役務の提供（代物弁済による資産の譲渡その他対価を得て行われる資産の譲渡若しくは貸付け又は役務の提供に類する行為として政令で定めるものを含む。）」をいいます（消法2①八）。

### ⑸　特定課税仕入れに係る消費税等の額

　消費税法第5条第1項《納税義務者》に規定する特定課税仕入れ（以下「特定課税仕入れ」といいます。）の取引については、取引時において消費税等の額に相当する金銭の受払いがないため、その取引の都度行う経理処理においてその特定課税仕入れの取引の対価の額と区分すべき消費税等の額はないこととなります。

　ただし、個人事業者がその特定課税仕入れの取引の対価の額に対して消費税等が課せられるものとした場合の消費税等の額に相当する額を、例えば、仮受金及び仮払金等としてそれぞれ計上するなど

収入金額、所得金額の計算

仮勘定を用いて経理処理することとしても差し支えないこととされています。（平成元年直所3─8「5の2」）

## 2　消費税等に関する収入金額・必要経費の取扱い

消費税等に関する経理処理の方法（税込経理方式又は税抜経理方式）に応じ、事業所得等の金額の計算上、総収入金額又は必要経費に算入すべき金額が生じることになります。以下、消費税等に関する収入金額・必要経費に関する取扱いをまとめて解説します。

### ⑴　資産に係る控除対象外消費税額等の必要経費算入（税抜経理方式の場合）

消費税等について税抜経理方式を適用している事業者のその課税期間の課税売上割合が95％未満のときには、課税売上げに係る消費税額等から控除できない課税仕入れに係る消費税額等（仮払消費税額等）が残ります。これは、課税売上割合が95％未満の場合、いわゆる個別対応方式又は一括比例配分方式により仕入税額控除額を計算しますが、この場合、課税仕入れに係る消費税額等のうち課税売上割合に対応する以外の部分は仕入税額控除の対象とならないからです。

この控除できない仮払消費税額等については、資産に係るもの以外のものは、その年分の事業所得等の金額の計算上、必要経費に算入することになりますが、資産に係る控除対象外消費税額等については、その金額を個々の資産に配賦して減価償却の方法により費用化する方法と個々の資産に配賦せず一括して必要経費に算入する方法とがあります。そして、一括して必要経費に算入する場合については、次のイ又はロによることができることとされています。

（注1）　上記の「資産に係る控除対象外消費税額等」とは、事業者が消費税の課税期間につき、消費税法第30条第1項に規定する仕入れに係る消費税額の控除を受ける場合で、その課税期間中に行った課税資産の譲渡等につき課されるべき消費税の額及びその消費税の額を課税標準として課されるべき地方消費税の額に相当する金額並びに課税仕入れ等の税額及びその課税仕入れ等の税額に係る地方消費税の額に相当する金額をこれらの取引の対価と区分しているとき（税抜経理方式を適用しているとき）におけるその課税仕入れ等の税額及びその課税仕入れ等の税額に係る地方消費税の額に相当する金額の合計額のうち、同項の規定による控除をすることができない金額及びその控除をすることができない金額に係る地方消費税の額に相当する金額の合計額でそれぞれの資産に係るものをいいます。（所令182の2⑤）

　　　　なお、この場合の資産には、固定資産、棚卸資産、山林のほか繰延資産が含まれますが、前払費用は含まれません。（平成元年直所3─8「11」）

（注2）　（注1）に規定する「課税仕入れ等の税額に係る地方消費税の額に相当する金額」又は「控除をすることができない金額に係る地方消費税の額に相当する金額」とは、それぞれ地方消費税を税率が100分の2.2（令和5年10月1日以後は「100分の2.2（その課税仕入れ等の税額に係る消費税法第2条第1項第12号に規定する課税仕入れが他の者から受けた同項第9号の2に規定する軽減対象課税資産の譲渡等に係るものである場合及び当該課税仕入れ等の税額に係る同項第11号に規定する課税貨物が同項第11号の2に規定する軽減対象課税貨物に該当するものである場合には、100分の1.76）」）の消費税であると仮定して消費税法の規定の例により計算した場合における同法第30条第2項に規定する課税仕入れ等の税額に相当する金額又は同条第1項の規定による控除をすることがで

事業所得（消費税等の取扱い）

きない金額に相当する金額をいいます。（所令182の2⑥）

(注3) (1)の規定を適用するかどうかは、その事業者の任意ですが、その適用を受ける場合には、資産に係る控除対象外消費税額等が生じた年において、その全額について(1)の規定を適用しなければなりません。

なお、事業所得等を生ずべき業務のうち2以上の所得を生ずべき業務について税抜経理方式を適用している場合は、それぞれの業務に係る取引ごとに上記の取扱いを適用します。（平成元年直所3—8「10」）

## イ 資産に係る控除対象外消費税額等の生じた年

(イ) 次に掲げる割合（以下イにおいて「課税売上割合」といいます。）が100分の80以上である場合は資産に係る控除対象外消費税額等の全額をその年分の事業所得等の計算上、必要経費に算入します。（所令182の2①、所規38の2①、消令48①）

$$\frac{その年中に国内で行われた消費税の課税資産の譲渡等※の対価の合計額\left(\begin{array}{l}売上げに係る対価の返還\\等の金額を控除した金額\end{array}\right)}{その年中に国内で行われた資産の譲渡等※の対価の合計額\left(\begin{array}{l}売上げに係る対価の返還\\等の金額を控除した金額\end{array}\right)}$$

※ 特定資産の譲渡等に該当するものを除きます。

(注) 上記の算式の分子、分母の金額は、いずれも消費税抜きの金額です。

(ロ) 課税売上割合が100分の80未満である場合は、資産に係る控除対象外消費税額等のうち、次に掲げる金額をその年分の事業所得等の計算上、必要経費に算入します。（所令182の2②、③）

① 棚卸資産に係るもの

② 特定課税仕入れに係るものである場合

③ 一の資産に係るものの金額が20万円未満であるもの

④ ①～③以外の金額（以下「繰延消費税額等」といいます。）について次の算式で計算した金額

$$\left(繰延消費税額等×\frac{その年において業務を行っていた月数（端数切上げ）}{60}\right)×\frac{1}{2}$$

## ロ 資産に係る控除対象外消費税額等が生じた年の翌年以後の各年

その年の前年以前に生じた繰延消費税額等について次の算式により計算した金額（計算した金額が既にイの(ロ)の③又はこのロの規定により必要経費に算入した金額以外の金額を超える場合は、その金額を限度とします。）をその年分の事業所得等の計算上、必要経費に算入します。（所令182の2④）

$$繰延消費税額等×\frac{その年において業務を行っていた月数（端数切上げ）}{60}$$

〈適用手続〉

必要経費に算入した金額がある場合には、その年分の確定申告書に「資産に係る控除対象外消費税額等の必要経費算入に関する明細書」を添付する必要があります。（所令182の2⑨）

## (2) 仮受消費税等及び仮払消費税等の清算（税抜経理方式の場合）

消費税等について税抜経理方式を適用している事業者が、簡易課税制度の適用を受けたことなどにより、次の①に掲げる金額と②に掲げる金額とに差額が生じたときは、その差額については、その課税期間を含む年の事業所得等の計算上、総収入金額又は必要経費に算入します。（平成元年直所3—

——(253)——

収入金額、所得金額の計算

8 「6」)

① 課税期間の終了の時における仮受消費税等の金額（特定課税仕入れの消費税等の経理金額を含みます。）と仮払消費税等の金額（特定課税仕入れの消費税等の経理金額を含み、控除対象外消費税額等に相当する金額を除きます。）との差額

② ①の課税期間に係る納付すべき消費税等の額又は還付されるべき消費税等の額

（注1） ①の特定課税仕入れの消費税等の経理金額とは、1の(5)のただし書により、特定課税仕入れの取引に係る消費税等の額に相当する額として経理した金額をいいます。

（注2） ②の「納付すべき消費税等の額」又は「還付されるべき消費税等の額」は、その事業者が行う業務のうちに税込経理方式を適用しているものがある場合には、その業務に係る取引がないものとして計算した金額をいいます。

なお、事業所得等を生ずべき業務のうち2以上の所得を生ずべき業務について税抜経理方式を適用している場合には、税抜経理方式を適用している業務のそれぞれについて、他の税抜経理方式を適用している業務に係る取引がないものとして②の取扱いを適用します。つまり、それぞれの所得区分ごとに総収入金額又は必要経費に計上する金額を計算することになります。

---
**計算例**

　小売業者が簡易課税の適用を受ける場合で、売上対価の返還等及び貸倒れの金額はないものとします。

① 総収入金額算入額が生ずる場合

　イ 課税期間の課税売上高　　　　4,000万円

　　　うち税率7.8％適用分　　2,400万円

　　　うち税率6.24％適用分　　1,600万円

　ロ 課税期間の仮受消費税等の金額　368万円 ┐
　　　　　　　　　　　　　　　　　　　　　├ 差額　92万円
　ハ 課税期間の仮払消費税等の金額　276万円 ┘

　ニ 納付すべき消費税等の額

　　　7.8％適用分　（2,400万円×7.8％）−（2,400万円×7.8％×80％）＝374,400円

　　　6.24％適用分　（1,600万円×6.24％）−（1,600万円×6.24％×80％）＝199,680円

　　　合計　374,400円＋199,680円＝574,080円（消費税）

　　　574,080円×22／78＝161,920円（地方消費税）

　　　574,080円＋161,920円＝736,000円（簡易課税による消費税等納付額）

　ホ 総収入金額に算入する金額　920,000円−736,000円＝<u>184,000円</u>

② 必要経費算入額が生ずる場合

　イ 課税期間の課税売上高　　　　4,000万円

　　　（内訳は①と同じ）

　ロ 課税期間の仮受消費税等の金額　368万円 ┐
　　　　　　　　　　　　　　　　　　　　　├ 差額　46万円
　ハ 課税期間の仮払消費税等の金額　322万円 ┘

　ニ 納付すべき消費税等の額

　　　（①と同じ）

　ホ 必要経費に算入する金額　736,000円−460,000円＝<u>276,000円</u>

事業所得（消費税等の取扱い）

(3) **譲渡所得の基因となる資産の譲渡がある場合の処理**

　譲渡所得の基因となる資産の譲渡で消費税が課されるものがある場合には、その資産の譲渡をその資産をその用に供していた事業所得等を生ずべき業務に係る取引に含めて、(2)の取扱いを適用します。（平成元年直所3―8「12」）

(4) **納付消費税等の必要経費算入（税込経理方式の場合）**

　消費税等について税込経理方式を適用している事業者が納付すべき消費税等は、消費税等の納税申告書に記載された税額については、その納税申告書が提出された日の属する年の事業所得等の計算上、必要経費に算入し、更正又は決定に係る税額についてはその更正又は決定があった日の属する年の事業所得等の計算上、必要経費に算入します。

　ただし、その事業者が申告期限未到来の納税申告書に記載すべき消費税等の額を未払金として計上した場合は、その計上した年の必要経費に算入しても差し支えないこととされています。（平成元年直所3―8「7」）

(5) **還付消費税等の総収入金額算入（税込経理方式の場合）**

　消費税等について税込経理方式を適用している事業者が還付を受ける消費税等は、消費税等の納税申告書に記載された金額については、その納税申告書が提出された日の属する年の事業所得等の金額の計算上、総収入金額に算入し、更正に係る消費税等については、その更正があった日の属する年の事業所得等の計算上、総収入金額に算入します。

　ただし、その事業者が申告期限未到来の消費税等の納税申告書に記載すべき消費税等の額を未収入金として計上した場合は、その計上した年の総収入金額に算入しても差し支えないこととされています。（平成元年直所3―8「8」）

(6) **登録国外事業者以外の者との取引に係る仮払消費税等の金額**

　税抜経理方式を適用している個人事業者が行う取引のうち、登録国外事業者以外の国外事業者から受けた事業者向け以外の電気通信利用役務の提供の取引に係る仮払消費税等の額に相当する金額は、全額が控除対象外消費税額等となり、(1)の取扱いを適用することができます。（平成元年直所3―8「11の2」）

収入金額、所得金額の計算

## 十三 特別な所得計算の方法

### 1 外貨建取引の換算

#### (1) 外貨建取引を行った場合の所得計算

　個人が外貨建取引を行った場合には、その外貨建取引の金額の円換算額はその外貨建取引を行った時における外国為替の売買相場により換算した金額として、その者の各年分の各種所得の金額を計算します。(所法57の3①)

　この「外貨建取引」とは、外国通貨で支払が行われる資産の販売及び購入、役務の提供、金銭の貸付け及び借入れその他の取引をいい、外国通貨で表示された預貯金を受け入れる銀行その他の金融機関（以下「金融機関」といいます。）を相手方とするその預貯金に関する契約に基づき預入が行われるその預貯金の元本に係る金銭により引き続き同一の金融機関に同一の外国通貨で行われる預貯金の預入は、外貨建取引に該当しないものとされています。(所令167の6②)

#### (2) 外貨建取引の円換算

　外貨建取引を行った場合の円換算は、その取引を計上すべき日（取引日）における対顧客直物電信売相場（TTS）と対顧客直物電信買相場（TTB）の仲値（TTM）によります。(所基通57の3－2)

　ただし、不動産所得、事業所得、山林所得又は雑所得（以下「事業所得等」といいます。）を生ずべき業務に係る所得の金額の計算においては、継続適用を条件として、売上その他の収入又は資産については取引日のTTB、仕入その他の経費（原価及び損失を含みます。）又は負債については取引日のTTSによることができます。(所基通57の3－2ただし書)

　なお、本邦通貨により外国通貨を購入し直ちに資産を取得し若しくは発生させる場合のその資産、又は外国通貨による借入金に係るその外国通貨を直ちに売却して本邦通貨を受け入れる場合のその借入金については、現にその支出し、又は受け入れた本邦通貨の額をその円換算額とすることができます。(所基通57の3－2(注)4)

　また、国外において事業所得等を生ずべき業務を行う個人で、その業務に係る損益計算書又は収支内訳書を外国通貨表示により作成している人については、継続適用を条件として、その業務に係る損益計算書又は収支内訳書の項目（前受金等の収益性負債の収益化額及び減価償却資産等の費用性資産の費用化額を除きます。）の全てをその年の年末における為替相場により換算することができます。(所基通57の3－7)

　この場合の円換算に当たっては、継続適用を条件として、収入金額及び必要経費の換算につき、その年においてその業務を行っていた期間内におけるTTM、TTB又はTTSの平均値を使用することができます。(所基通57の3－7(注))

——(256)——

事業所得（特別な所得計算の方法）

(3)　**先物外国為替契約により発生時の外国通貨の円換算額を確定させた外貨建資産・負債の換算の換算等**

　　事業所得等を生ずべき業務を行う個人が外貨建資産又は外貨建負債の取得又は発生の基因となる外貨建取引に伴って支払い、又は受け取る外国通貨の金額の円換算額を先物外国為替契約により確定させ、その先物外国為替契約の締結の日においてその旨をその者のその業務に係る帳簿書類等に記載した場合には、その確定させた円換算額をもってその外貨建資産又は外貨建負債に係る外貨建取引の金額として、その者の各年分の不動産所得等の金額を計算することができます。（所令167の6①）

　　**(注)**　この先物外国為替契約により発生時の外国通貨の円換算額を確定させた外貨建資産・負債の換算の特例を適用するには、先物外国為替契約の締結の日において、帳簿書類等に上記の規定に該当する旨、外貨建資産又は負債の取得又は発生の基因となる外貨建取引の種類及びその金額その他参考となるべき事項を記載することが要件とされています。（所規36の7②③）

(4)　**先物外国為替契約等により円換算額を確定させた外貨建取引の換算**

　　事業所得等を生ずべき業務を行う個人が、先物外国為替契約等により外貨建取引によって取得し、又は発生する資産若しくは負債の金額の円換算額を確定させた場合において、その先物外国為替契約等の締結の日においてその旨をその者のその業務に係る帳簿書類等に記載したときは、その確定させた円換算額をもってその資産又は負債に係る外貨建取引の金額として、その者の各年分の不動産所得等の金額を計算することができます。（所法57の3②）

　　**(注)**　この外貨建資産等の決済時の円換算額を確定させる先物外国為替契約等の特例の適用を受けるには、資産若しくは負債の取得若しくは発生に関する帳簿書類等に上記の規定に該当する旨、先物外国為替契約等の契約金額、締結の日、履行の日その他参考となるべき事項を記載し、又はその先物外国為替契約等の締結に関する帳簿書類に上記の規定に該当する旨、その外貨建取引の種類及びその金額その他参考となるべき事項を記載することが要件とされています。（所規36の8②③）

## 2　延払条件付販売等

### (1)　リース譲渡以外の場合

　　延払条件付販売等（注1）に該当する資産の販売等（注2）をした場合は、原則として、その資産の販売等に係る目的物又は役務の引渡し又は提供の日の属する年分の事業所得の金額の計算上、その資産の販売等に係る収入金額及び費用の額を総収入金額及び必要経費に算入することになります。

　　ただし、平成30年4月1日前に延払条件付販売等に該当する資産の販売等（リース譲渡を除きます。）を行った個人の平成30年から令和5年までの各年分の事業所得の金額の計算については、延払基準の方法で計算した収益金額及び費用の額だけをその年分の損益とし、残りは翌年以降の損益とすることができます。（旧所法65、旧所令188〜190、平30改所法等附8①、平30改所令附12①）

　　**(注1)**　「延払条件付販売等」とは、資産の販売等で次に掲げる要件に適合する条件を定めた契約に基づきその条件により行われるものをいいます。（旧所法65③、旧所令190）

　　　　①　月賦、年賦その他の賦払の方法により3回以上に分割して対価の支払を受けること。

　　　　②　その資産の販売等に係る目的物又は役務の引渡し又は提供の期日の翌日から最後の賦払金の支

――(257)――

払の期日までの期間が2年以上であること。

③　その契約において定められているその資産の販売等の目的物の引渡しの期日までに支払の期日の到来する賦払金の額の合計額がその資産の販売等の対価の額の3分の2以下となっていること。

（注2）　「資産の販売等」とは、棚卸資産の販売、工事（製造を含みます。）の請負又は役務の提供（長期大規模工事の請負を除きます。）をいいます。（旧所法65①）

〈延払基準による計算〉

延払基準に基づくその年の収入金額や費用の額の計算は、次の算式によって計算した収入及び費用になります。

収入金額＝延払条件付販売等の対価の額×賦払金割合

費用の額＝（延払条件付販売等の原価の額＋販売手数料等）×賦払金割合

$$賦払金割合＝\frac{本年中に支払期日が到来する賦払金の合計額}{延払条件付販売等の対価の額}$$

（注）　分子の金額は、前年以前に支払を受けた本年分の賦払金を除き、翌年以後の支払期日到来分の賦払金で本年中に支払を受けたものを含めます。

## (2)　リース譲渡の場合

リース取引（260ページ(1)参照）によるリース資産の引渡し（リース譲渡）を行った場合において、延払基準の方法で計算した収益金額及び費用の額だけをその年分の損益とし、残りは翌年以降の損益とすることができます。（所法65①）

この場合、次の①及び②の合計額をその年分の収入金額とし、③の金額をその年分の費用の額とします。（所法65②）

①　元本相当額（その延払条件付販売等の対価の額－当該対価の額のうちに含まれる利息相当額）

$$×\frac{その年におけるリース期間の月数}{リース期間の月数}$$

②　①の利息相当額が元本相当額のうちその支払の期日が到来していないものの金額に応じて生ずるものとした場合にその年におけるリース期間に帰せられる利息相当額

③　その延払条件付販売等の原価の額 $×\dfrac{その年におけるリース期間の月数}{リース期間の月数}$

なお、リース譲渡の場合には、その対価の額からその原価の額を控除した金額の20％を利息相当額（総額）として、複利法によりその年におけるリース期間に帰せられる利息相当額の計算をすることもできます。

## (3)　延払基準の方法による経理

延払基準の方法を採用した年以後は、毎年継続してその方法に従って経理をしなければなりません。もし、その方法で経理をしなかった年があるときは、その延払条件付販売等をした棚卸資産の販売、工事の請負又は役務の提供に係る収入金額及び費用の額（その経理しなかった年の前年以前で既に事業所得の金額の計算上の総収入金額及び必要経費に算入したものは除かれます。）を、その経理しなかった年分の事業所得の金額の計算上、総収入金額及び必要経費に算入することになり、その年以後

事業所得（特別な所得計算の方法）

の各年分については延払基準の方法による経理はできなくなります。

## 3　長期請負工事

　工事着手の日の属する年の翌年以降に引渡しの日が到来する長期請負工事については、工事進行基準による所得計算を、次表に掲げる長期大規模工事については強制適用とされ、長期大規模工事以外の工事については選択適用とされます。（所法66、所令192、193）

| 区　分 | 長期大規模工事 | その他の工事 |
|---|---|---|
| 工事期間 | 1年以上 | 年をまたぐ期間以上 |
| 経理要件 | 継続経理 | 継続経理 |
| 請負金額 | 10億円以上 | ― |
| 対価の支払 | 2分の1以上が引渡期日から1年経過後に支払われるものでないこと | ― |
| 工事進行基準 | 強制適用 | 選択適用 |

### (1)　工事進行基準

　工事進行基準に基づくその年の収入及び費用の額は、次の算式によって計算した収入及び費用になります。

　　収入金額＝工事請負金額×工事進行割合－前年以前の収益計上額

　　費用の額＝見積工事原価×工事進行割合－前年以前の費用計上額

$$工事進行割合＝\frac{実際工事原価の累計額}{見積工事原価}$$

**(注1)**　工事着工の年の翌年以後において、その工事が、請負の対価の額の引上げ等により長期大規模工事に該当することとなった場合には、その該当することとなった年分から工事進行基準が適用されますが、既往年分の収入及び費用の額の総収入金額及び必要経費算入を完成引渡しの時まで繰り延べることができます。（所令192⑤）

**(注2)**　工事着工後6か月を経過していないものや上記算式の割合が20％未満となる長期大規模工事については、その年の収入及び費用はないものとすることができます。

### (2)　工事進行基準の方法による経理

　工事進行基準の方法は、工事原価を前もって見積もり、既に要した実際費用と対応させて工事の進行割合を算出して、その割合に応じて収入及び費用を計算しますから、工事原価を正確に見積もるとともに、工事完了までこの方法により継続して経理しなければなりません。

### (3)　工事進行基準による未収入金

　工事進行基準の方法により経理している場合の工事未収入金の額は、売掛債権等（売掛金、貸付金その他これらに準ずる金銭債権）の額（貸倒れが生じた場合には、その貸倒れによる損失の額を控除します。）として、貸倒引当金の対象になります。（所令193、所規39）

収入金額、所得金額の計算

### 4　造成団地の分譲による所得計算

　一団地の宅地を造成して2年以上にわたって分譲する場合のその分譲に係る売上原価の額は、次によって計算することができます。しかし、これと異なる方法で売上原価の額を計算している場合であっても、分譲価額に対応する方法であるなど合理的と認められる他の方法による場合は、継続的にその方法を採用することを条件としてこれも認められることになっています。（所基通36・37共―6）

#### (1)　分譲が完了した年の前年までの各年分

①　収入金額……その年において分譲した土地の対価の額の合計額

②　原　　価……分譲をした土地の工事区域ごとに次の算式により計算した合計額

$$\left(\begin{array}{c}\text{工事原} \\ \text{価の見} \\ \text{積　額}\end{array} - \begin{array}{c}\text{その年の前年以前に} \\ \text{必要経費に算入した} \\ \text{工事原価の合計額}\end{array}\right) \times \frac{\text{その年の分譲面積}}{\begin{array}{c}\text{分　譲　総} \\ \text{予定面積}\end{array} - \begin{array}{c}\text{その年の前年以前} \\ \text{に分譲した面積}\end{array}}$$

（注1）　工事原価の見積額は、その年の12月31日の現況によりその工事につき見積もられる工事原価によります。

（注2）　分譲総予定面積は、造成業者が使用する面積も含みます。

#### (2)　分譲が完了した年分

①　収入金額……その年において分譲した土地の対価の額の合計額

②　原　　価……全体の工事原価の額（造成業者の使用する土地に係る工事原価の額を除きます。）からその年の前年までの各年において売上原価として必要経費に算入した金額の合計額を控除した金額

（注）　造成業者が一団地の宅地を造成して分譲する場合において、団地経営に必要とされる道路、公園、緑地、水道、排水路、街灯、汚水処理施設等の施設（その敷地に係る土地を含みます。）については、たとえその造成業者が将来にわたってこれらの施設を名目的に所有し、又はこれらの施設を公共団体等に帰属させることとしているときであっても、これらの施設の取得に要した費用の額（その造成業者の所有名義とする施設については、これを処分した場合に得られるであろう価額に相当する金額を控除した金額とします。）は、その工事原価の額に算入します。（所基通36・37共―7）

### 5　リース取引に係る所得計算

　リース取引の中には賃貸借契約となっていても実態は資産の割賦による売買など、賃貸借といえないような取引があります。このようなリース取引についてはその年の賃貸料を総収入金額に、賃借料を必要経費に算入するという通常の計算方法によらず、次のように取り扱われます。

#### (1)　リース取引の要件

　対象となるリース取引とは、資産の賃貸借で次の要件を満たすものをいいます。（所法67の2③）

①　賃貸借契約が賃貸借期間の中途で解除できないものであること又はこれに準ずるものであること

②　賃借人がその賃貸借に係る資産からもたらされる経済的利益を実質的に享受することができ、かつ、その資産の使用に伴って生ずる費用を実質的に負担すべきこととされているものであること

――(260)――

事業所得（特別な所得計算の方法）

（注1）　①の「これに準ずるもの」とは、例えば、次に掲げるものをいいます。（所基通67の2―1）

イ　資産の賃貸借に係る契約に解約禁止条項がない場合であって、賃借人が契約違反をした場合又は解約をする場合において、賃借人が、当該賃貸借に係る賃貸借期間のうちの未経過期間に対応するリース料の額の合計額のおおむね全部（原則として100分の90以上）を支払うこととされているもの

ロ　資産の賃貸借に係る契約において、当該賃貸借期間中に解約をする場合の条項として次のような条件が付されているもの

㈠　賃貸借資産を更新するための解約で、その解約に伴い、より性能の高い機種又はおおむね同一の機種を同一の賃貸人から賃貸を受ける場合は解約金の支払を要しないこと

㈡　㈠以外の場合には、未経過期間に対応するリース料の額の合計額（賃貸借資産を処分することができたときは、その処分価額の全部又は一部を控除した額）を解約金とすること

（注2）　②の「その資産の使用に伴って生ずる費用を実質的に負担すべきこと」とは、その賃貸借期間（中途解約が禁止されている期間に限ります。）において賃借人が支払うリース料の額の合計額が、その資産の取得のために通常要する価額及びその資産を業務の用に供するために要する費用（その資産の取得に要する資金の利子、固定資産税、保険料等）の額の合計額のおおむね100分の90を超えることとされていることをいいます。（所法67の2④、所令197の2②）

## ⑵　売買取引とされるリース取引

⑴に該当するリース取引については、売買取引が行われたものとして各種所得の金額を計算します。（所法67の2①）

売買取引とされた場合の賃借人の税務処理は、「リース期間中に支払うべきリース料の合計額」はリース資産の取得価額（リース契約書等で賃貸人におけるリース資産の取得価額が区分表示されていれば、その取得価額によることができます。）と、「賃借料などとしたリース料」は減価償却費として取り扱われます。

### 〈所有権移転外リース取引〉

リース取引のうち、次のいずれかに該当するもの（これらに準ずるものを含みます。）以外のものを所有権移転外リース取引といい（所令120の2②五）、これにより取得したものとされる減価償却資産であるリース資産については、その償却方法はリース期間定額法（183ページ⑷イ参照）に限られます。

①　リース期間終了後又はリース期間の中途において、リース資産が無償又は名目的な対価の額で賃借人に譲渡されること

②　賃借人に対し、リース期間終了時又はリース期間の中途においてリース資産を著しく有利な価額で買い取る権利が与えられていること

③　リース資産の種類、用途、設置の状況等に照らし、リース資産がその使用可能期間中賃借人にのみ使用されると見込まれること又はリース資産の識別が困難と認められること

④　リース期間がリース資産の法定耐用年数に比して相当の差異があること（賃貸人又は賃借人の法人税又は所得税の負担を著しく軽減することになると認められる場合に限ります。）

収入金額、所得金額の計算

(注1)　上記の「これらに準ずる」リース取引とは、例えば、次に掲げるものをいいます。(所基通49─30の2)

イ　リース期間の終了後、無償と変わらない名目的な再リース料によって再リースすることがリース契約において定められているリース取引（リース契約書上そのことが明示されていないリース取引であって、事実上、当事者間においてそのことが予定されていると認められるものを含みます。）

ロ　賃貸人に対してそのリース取引に係る資産の取得資金の全部又は一部を貸し付けている金融機関等が、賃借人から資金を受け入れ、その資金をして賃借人のリース料等の債務のうち賃貸人の借入金の元利に対応する部分の引受けをする構造になっているリース取引

(注2)　リース期間の終了の時又はリース期間の中途においてリース資産を買い取る権利が与えられているリース取引について、賃借人がそのリース資産を買い取る権利に基づき当該リース資産を購入する場合の対価の額が、当該リース資産につき耐用年数を基礎として定率法により計算したその購入時における未償却残額に相当する金額以上の金額とされているときは、当該対価の額が当該権利行使時の公正な市場価額に比し著しく下回るものでない限り、当該対価の額は、②の「著しく有利な価額」に該当しないものと取り扱われます。(所基通49─30の3)

## ⑶　金融取引とされるリース取引

　譲受人から譲渡人に対する賃貸（リース取引に該当するものに限ります。）を条件に資産を売買した場合で、その資産の種類、売買及び賃貸に至るまでの事情等に照らし、これら一連の取引が実質的に金銭の貸借であると認められるときは、その資産の売買はなかったものとされ、譲受人から譲渡人に金銭の貸付けがあったものとして各種所得の金額を計算します。(所法67の2②)

　金融取引とされた場合の譲渡人の税務処理は、「譲受人から受け入れた売買代金」は借入金の額と、「リース期間中に支払うべきリース料の合計額」のうち借入金相当額は借入金の元本返済額と、「賃借料等としたリース料」のうち元本返済額相当部分は減価償却費として取り扱われます。

## 6　商品引換券等の発行に係る所得計算の特例

### ⑴　発行した商品引換券の対価の収入時期

　商品引換券等（商品の引渡し又は役務の提供を約した証券等をいいます。）を発行するとともに、その対価を受領している場合のその対価の額は、その商品引換券等を発行した年分の総収入金額に算入します。ただし、商品引換券等（発行年ごとに区分して管理するものに限ります。）の発行に係る対価の額をその商品の引渡し等に応じてその商品の引渡し等のあった年分の総収入金額に算入し、その発行に係る年以後4年を経過した年（同年前に有効期限の到来するものについては、その有効期限の翌日の属する年）の12月31日において商品の引渡し等を了していない商品引換券等に係る対価の額をその12月31日の属する年分の総収入金額に算入することについて、あらかじめ税務署長の確認を受けて、継続して総収入金額に算入しているときは、この処理が認められます。(所基通36・37共─13の2)

事業所得（特別な所得計算の方法）

### ⑵ 商品引換券等を発行した場合の引換費用

商品引換券等を発行するとともに、その対価を受領している場合（⑴のただし書の適用を受ける場合を除きます。）において、その発行年以後の各年の12月31日において商品の引渡し等を了していない未引換券（有効期限を経過したものを除きます。）があるときは、その未引換券に係る商品の引渡し等に要する費用の見積額として、次の区分に応じ、それぞれ次の金額を各年分の必要経費とすることができます（この必要経費に算入した金額は翌年分の総収入金額に算入します。）。（所基通36・37共―13の3）

① 未引換券をその発行に係る年分ごとに区分して管理する場合……次の算式により計算した金額

$$\left(\begin{array}{l}\text{その年12月31日における未引換券のうち、その年以前4年}\\\text{以内の各年において発行したものに係る対価の額の合計額}\end{array}\right)\times\text{原価率}$$

② ①以外の場合……次の算式により計算した金額

$$\left(\begin{array}{l}\text{その年以前4年以内の各年において発行し}\\\text{た商品引換券等に係る対価の額の合計額}\end{array}-\begin{array}{l}\text{左の各年において商品の引渡し等を行っ}\\\text{た商品引換券等に係る対価の額の合計額}\end{array}\right)\times\text{原価率}$$

（注1）　①及び②の算式の「原価率」は、次の区分に応じそれぞれ次により計算した割合とされます。

　　イ　商品の引渡し又は役務の提供を他の者が行うこととなっている場合

$$\frac{\text{分母の商品引換券等と引換えに他の者に支払った金額の合計額}}{\text{その年において回収された商品引換券等に係るその発行の対価の額の合計額}}$$

　　ロ　イ以外の場合

$$\frac{\text{分母の金額に係るその年分の売上原価又は役務提供の原価の額}}{\begin{array}{l}\text{その引渡し又は提供を約した商品又は役務と種類等を同じくする}\\\text{商品又は役務の販売又は提供に係るその年分の収入金額の合計額}\end{array}}$$

（注2）　種類等を同じくする商品又は役務に係る商品引換券等のうちにその発行の時期によってその一単位当たりの発行の対価の額の異なるものがあるときは、その商品引換券等をその一単位当たりの発行の対価の額の異なるものごとに区分して①及び②の算式並びに原価率の計算を行うことができます。

## 7　現金主義による所得金額の計算―小規模事業者―

青色申告者のうち、前々年分の不動産所得の金額と事業所得の金額の合計額（青色専従者給与又は事業専従者控除額を差し引く前の金額をいいます。）が300万円以下の人は、所轄の税務署長に届け出て、現金主義の方法で経理した収入及び費用をその年分の総収入金額及び必要経費とすることができます。（所法67①、所令195、196、197）

### ⑴ 現金主義

一般の所得金額の計算が債権や債務の確定をそれぞれ計上時期とするのと異なり、現実に収入したり又は支出したりした時期をそれぞれ総収入金額又は必要経費の計上時期とする方法で、それぞれ次のように計算します。

イ　総収入金額は、その年中において現実に収入した金額によりますが、この収入には現金収入のほか、小切手受領、受取手形の期日到来や割引による収入その他経済的利益による収入も入ります。また、棚卸資産の自家消費や贈与の場合も一般と同様に総収入金額に算入しなければなりません。

――（263）――

収入金額、所得金額の計算

ロ　必要経費は、その年中において現実に支出した金額によりますが、この支出には現金支出のほか、小切手振出、支払手形の期日到来による支出も入ります。また、支出を伴わない償却費、事業用資産の損失も必要経費に算入されますが、貸倒金や引当金・準備金は、売掛金や棚卸資産などが所得金額の計算の基礎とされていませんから、いずれも必要経費に算入できません。青色申告特別控除については、最高10万円の控除が適用されます。

## ⑵　現金主義による経理

現金主義は、小規模な事業者について、発生主義による複雑な経理を避けて記帳経理の簡略化を図ることを目的としますから、その方法を採用するためには、その採用しようとする年の3月15日までに所轄の税務署長に届け出なければなりません。この届出書には、その旨を記載するほか、その前年末の売掛金、買掛金、未収入金、前受金、前払費用、未払金その他の資産、負債などの金額も併せて記載することとされていますが、これらの金額は、前々年分の不動産所得の金額と事業所得の金額の合計額が300万円を超えたことなどのため現金主義による所得金額の計算をとりやめた年の1月1日におけるこれらの金額との調整に必要ですから正確に計算しておかねばなりません。

## 8　農業所得の計算

農業所得の計算は、一般の事業所得の計算とは異なった方法で行われています。

## ⑴　総収入金額の計算

農産物の収穫による収入金額は、その年中に収穫した農産物の数量にその農産物を収穫したときにおける生産者の販売価格を乗じて計算します。しかし、農家が兼営する採卵、酪農品などの生産による所得金額の計算は、農業所得であっても一般の事業所得の計算と同様に行います。（所法41、所令88）

(注)　農産物は、米、麦その他の穀物、馬鈴しょ、甘しょ、たばこ、野菜、花、種苗その他のほ場作物、果樹、樹園の生産物又は温室その他特殊施設を用いて生産する園芸作物に限られます。

## ⑵　必要経費の計算

農業所得の必要経費には、種苗、蚕種又は肥料の購入費、事業の用に供している家畜などの飼育費、そのほか一定の成育期間を経過した家畜などの生物や農機具などの減価償却費なども算入されます。

## 9　事業を廃止した場合の必要経費の特例

不動産所得、事業所得又は山林所得を生ずべき事業を廃止した後において、その事業に係る費用又は損失でその事業を廃止しなかったとしたならば、その年分以後の各年分の各種の所得の金額の計算上必要経費に算入されるべき金額が生じた場合には、その事業を廃止した日の属する年分（同日の属する年においてこれらの所得に係る総収入金額がなかった場合には、その総収入金額があった最近の年分）又はその前年分の所得金額の計算上、必要経費に算入することができます。（所法63）

この場合の過去の年分の所得金額の計算方法は、次のとおりです。（所令179）

①　その必要経費に算入されるべき金額が、次のイ又はロのいずれか低い金額以下である場合は、そ

事業所得（特別な所得計算の方法）

の金額の全部を事業廃止日の属する年分の必要経費に算入します。

イ　その必要経費に算入されるべき金額が生じた時の直前において確定しているその事業廃止日の属する年分の総所得金額、土地等に係る事業所得等の金額、分離課税の短期・長期譲渡所得の金額、分離課税の上場株式等に係る配当所得等の金額、分離課税の一般株式等に係る譲渡所得等の金額、分離課税の上場株式等に係る譲渡所得等の金額、分離課税の先物取引に係る雑所得等の金額、山林所得の金額及び退職所得の金額の合計額

ロ　上記イの金額の計算の基礎とされる不動産所得の金額、事業所得の金額又は山林所得の金額

② その必要経費に算入されるべき金額が、上記①のイ又はロのうちいずれか低い金額を超える場合には、その必要経費に算入されるべき金額のうちいずれか低い金額に相当する部分の金額については、その事業廃止年分の必要経費に算入し、その超える部分の金額に相当する部分の金額については、次のイ又はロのいずれか低い金額を限度として、その年の前年分の必要経費に算入します。

イ　その必要経費に算入されるべき金額が生じた時の直前において確定している前年分の総所得金額、土地等に係る事業所得等の金額、分離課税の短期・長期譲渡所得の金額、分離課税の上場株式等に係る配当所得等の金額、分離課税の一般株式等に係る譲渡所得等の金額、分離課税の上場株式等に係る譲渡所得等の金額、分離課税の先物取引に係る雑所得等の金額、山林所得の金額及び退職所得の金額の合計額

ロ　上記イの金額の計算の基礎とされる不動産所得の金額、事業所得の金額又は山林所得の金額

(注)　確定申告書を提出し、その申告期限後に上記の事情があるときは、その事由が生じた日の翌日から2か月以内であれば、特別に更正の請求ができます。（所法152、851ページ参照）

収入金額、所得金額の計算

## 十四　所得計算の特例

### 1　肉用牛の売却による農業所得の課税の特例

#### ⑴　売却した肉用牛がすべて免税対象飼育牛である場合の免税

　農業を営む人が、昭和56年から令和5年までの各年において、次表の左欄の売却の方法により、それぞれの右欄の肉用牛（農業災害補償法第111条第1項に規定する肉用牛等及び乳牛の雌等（子牛の生産の用に供されたことのない乳牛の雌を含み、牛の胎児を除きます。）をいいます。）を売却した場合において、その売却した肉用牛が全て免税対象飼育牛であり、かつ、その売却した肉用牛の頭数が1,500頭以内であるときは、その個人のその売却をした年分のその売却により生じた事業所得に対する所得税は免除されます。（措法25①③、措令17①③⑤、措規9の5①）

| | 売　却　の　方　法 | 肉　用　牛 |
|---|---|---|
| ① | 家畜市場、中央卸売市場その他一定の市場において行う売却 | その個人が飼育した肉用牛 |
| ② | 農業協同組合又は農業協同組合連合会のうち、一定の要件を満たすものに委託して行う売却 | その個人が飼育した生産後1年未満の肉用牛 |

　**(注1)**　「免税対象飼育牛」とは、農林水産大臣の承認を受けた家畜改良増殖法の登録規程に基づく登録のうち肉用牛の改良増殖に著しく寄与するものとして農林水産大臣が財務大臣と協議して指定した次の登録がされている肉用牛又はその売却価額が100万円未満（交雑牛※に該当する場合には80万円未満とし、ホルスタイン種、ジャージー種又は乳用種（牛の個体識別のための情報の管理及び伝達に関する特別措置法施行令3②八～十）である乳牛に該当する場合には、50万円未満）である肉用牛に該当するものをいいます。（昭和56年農林水産省告示第449号・改正平成11年農林水産省告示第173号）

　　①　社団法人全国和牛登録協会の登録規程に基づく高等登録及び育種登録

　　②　社団法人日本あか牛登録協会の登録規程に基づく高等登録

　　③　社団法人日本短角種登録協会の登録規程に基づく高等登録

　　④　社団法人北海道酪農畜産協会のアンガス・ヘレフォード種登録規程に基づく高等登録

　　※交雑牛とは、牛の個体識別のための情報の管理及び伝達に関する特別措置法施行規則第3条第2項第11号に掲げる種別（交雑牛）である牛をいいます。（措規9の5①）

　**(注2)**　上表の①の一定の市場とは、次の市場をいいます。（措令17②）

　　①　家畜取引法の届出に係る市場

　　②　地方卸売市場で食用肉の卸売取引のために定期に又は継続して開設されるもののうち、都道府県がその市場における食用肉の卸売取引に係る業務の適正かつ健全な運営を確保するため、その業務につき必要な規制を行うものとして農林水産大臣の認定を受けたもの（令和2年6月21日以後）

　　③　条例に基づき食用肉の卸売取引のために定期に又は継続して開設される市場のうち、その条例に基づき地方公共団体がその市場における業務の適正かつ健全な運営を確保するため、その開設及び業務につき必要な規制を行うものとして農林水産大臣の認定を受けたもの

事業所得（所得計算の特例）

④　農業協同組合、農業協同組合連合会又は地方公共団体（これらの法人の設立に係る法人でその発行済株式（出資）の総数（総額）又は拠出された金額の2分の1以上がこれらの法人により所有され若しくは出資又は拠出をされているものを含みます。）により食用肉の卸売取引のために定期に又は継続して開設される市場のうち、その市場における取引価格が中央卸売市場において形成される価格に準拠して適正に形成されるものとして農林水産大臣の認定を受けたもの

(注3)　上表の②の左欄の農業協同組合又は農業協同組合連合会は、肉用子牛生産安定等特別措置法の指定協会から生産者補給金交付業務に関する事務の委託を受けている農業協同組合又は農業協同組合連合会で農林水産大臣が指定したものです。（措令17③）

(2)　免税対象飼育牛以外の肉用牛の売却による所得がある場合の課税の特例

　(1)の人が、昭和56年から令和5年までの各年において、(1)の表の①又は②の売却の方法により同表の右欄の肉用牛を売却した場合において、その売却した肉用牛のうちに免税対象飼育牛に該当しないもの《免税対象外肉用牛》又は免税対象飼育牛に該当する肉用牛の頭数の合計が1,500頭を超える場合の当該超える部分の免税対象飼育牛が含まれているとき（その売却した肉用牛がすべて免税対象飼育牛に該当しないものであるときを含みます。）は、その人のその売却をした日の属する年分の総所得金額に係る所得税の額は、所得税法の規定により計算した所得税の額によらず、次の算式で計算した金額とすることができます。（措法25②）

$$その年の総所得金額に係る所得税額 = \left(その年中の免税対象外肉用牛の売却価額の合計額 \times \frac{5}{100}\right) + 肉用牛の売却に係る事業所得の金額がないものとした場合の総所得金額に係る通常の所得税額$$

(注)　(2)に該当する場合において、(2)の特例の適用を選択しないときは、免税対象肉用牛の売却による所得を含め、一般の例により、税額が計算されますから注意してください。

《参考》　肉用牛を売却した場合の税額計算の方法の概要

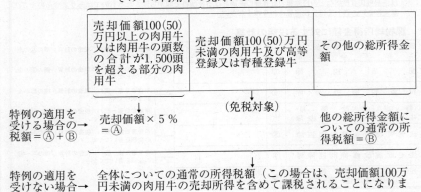

(3)　申告手続

　この適用を受けるためには、確定申告書に、この規定の適用を受けようとする旨及び事業所得の明細に関する事項の記載があり、かつ、売却価額など所定の事項を証する書類を添付しなければなりません。（措法25④、措規9の5②〜④）

収入金額、所得金額の計算

## 肉用牛の売却による所得の税額計算書（兼確定申告書付表）

（ 　　　年分）　　　　　　　　　　　　　　氏　名 _____

**提出用**

この計算書は、農業を営む方が、次の㋑及び㋺の特定の肉用牛の売却による農業所得について、租税特別措置法第25条の規定の適用を受ける場合に使用します。

　㋑　家畜取引法に規定する家畜市場、中央卸売市場その他の特定の市場において売却した肉用牛
　㋺　特定の農業協同組合、農業協同組合連合会に委託して売却した出産後1年未満の肉用牛
（注）1　肉用牛とは、子牛の生産の用に供されたことのある乳牛の雌及び種雄牛以外のあなたが飼育した牛をいいます。
　　　2　免税対象飼育牛とは、上の㋑及び㋺の特定の肉用牛のうち、農林水産大臣が指定した登録を受けている肉用牛及び売却価額が100万円未満（その売却した肉用牛が交雑種に該当する場合には80万円未満、ホルスタイン種、ジャージー種又は乳用種に該当する場合には50万円未満）の肉用牛をいいます。
　　　※　この場合の売却価額については、消費税及び地方消費税に相当する金額を上乗せする前の売却価額となります。

申告書B第一表の「収入金額等」欄及び「所得金額等」欄の農業の金額を「1　申告書に記載する農業所得」欄で計算し、申告書B第一表の「税金の計算」欄の㊵までの記入が終わったら、「2　課税総所得金額に対する税額の計算」欄で、申告書B第一表の「税金の計算」欄の㊶に記入する金額を求めます。

○この付表は、申告書と一緒に提出してください。

### 1　申告書に記載する農業所得

| | | Ⓐ 収入金額 | Ⓑ 必要経費 | Ⓒ 専従者控除額（白色申告者のみ記入） | 所得金額（Ⓐ－Ⓑ－Ⓒ） |
|---|---|---|---|---|---|
| 農　業　所　得 | ① | 円 | 円 | 円 | 円 |
| ①のうち、特定の肉用牛の売却による所得 | ② | 内 | | | |
| ①　－　② | ③ | | | | （青色申告者は青色申告特別控除後の金額） |

1　①欄には、本年分の農業所得に係る収入金額、必要経費等を記入してください（青色申告者の場合には「青色申告決算書（農業所得用）」から、白色申告者の場合には「収支内訳書（農業所得用）」から転記します。）。
2　②欄には、上の㋑及び㋺の特定の肉用牛の売却による所得に係る収入金額、必要経費等を別途計算して記入してください。なお、「Ⓐ収入金額」欄の内書には、免税対象飼育牛以外の特定の肉用牛の売却による収入金額と免税対象飼育牛に該当する肉用牛の売却頭数が1,500頭を超える場合のその超える部分の免税対象飼育牛の売却による収入金額の合計額を書いてください。
3　③欄の金額を申告書B第一表の「収入金額等」欄及び「所得金額等」欄の農業に転記してください。青色申告者で③欄の金額が黒字の場合は、「所得金額等」欄に青色申告特別控除後の金額を記入してください。
　　③欄の金額が赤字の場合であっても、損益通算及び損失の繰越控除ができない場合がありますのでご注意ください。
　※　この特例の適用により所得税の免除等の対象となる肉用牛の売却による農業（事業）所得の金額（②欄の「所得金額」欄の金額）については、損益通算、純損失の繰越控除の計算や雑損控除、医療費控除、寄附金控除又は事業専従者控除などの控除額の計算等の基礎となる総所得金額から除かれるものではありませんのでご注意ください。詳しくは、税務署にお尋ねください。

### 2　課税総所得金額に対する税額の計算

| | | |
|---|---|---|
| 課税総所得金額に対する税額 | ④ | 円 |
| 配　　当　　控　　除 | ⑤ | |
| 投　資　税　額　等　控　除 | ⑥ | |
| （特定増改築等）住宅借入金等特別控除 | ⑦ | |
| 政党等寄附金等特別控除 | ⑧ | |
| 住宅耐震改修特別控除等 | ⑨ | |
| 差引所得税額（④－⑤－⑥－⑦－⑧－⑨） | ⑩ | （赤字のときは0） |
| 免税対象飼育牛以外の特定の肉用牛の売却による収入金額等 | ⑪ | |
| ⑪　×　5　％ | ⑫ | |
| ⑩　＋　⑫ | ⑬ | |

→ 申告書B第一表の「税金の計算」欄の㉛の金額を書いてください。
→ 申告書B第一表の「税金の計算」欄の㉜の金額を書いてください。
→ 申告書B第一表の「税金の計算」欄の㉝の金額を書いてください。
→ 申告書B第一表の「税金の計算」欄の㉞の金額を書いてください。
→ 申告書B第一表の「税金の計算」欄の㉟～㊲の金額を書いてください。
→ 申告書B第一表の「税金の計算」欄の㊳～㊵の金額を書いてください。
→ 「1　申告書に記載する農業所得」欄の②に内書きした収入金額を書いてください。
→ 申告書B第一表の「税金の計算」欄の㊶に転記してください。なお、外国税額控除等を受ける方は税務署にお尋ねください。

○この計算書を使った方は、申告書B第一表の「税金の計算」欄の㊶の金額の頭部に「㊝」と書いてください。また、申告書B第二表の「特例適用条文等」欄に「措法25」と書いてください。

02.11

**（注）** 上記の様式は、令和3年分のものです。令和4年分以降用については変更が予定されています。

事業所得（所得計算の特例）

## 2　青色申告特別控除

（申告書第一表・その他）

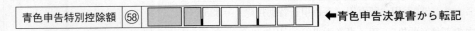

### ⑴　55万円の特別控除（措法25の2③）

**イ　適用対象者**

　青色申告者で、不動産所得又は事業所得を生ずべき事業を営む人（現金主義を選択する小規模事業者は除かれます。）が、これらの所得の金額に係る取引を正規の簿記（一般的には複式簿記）の原則に従って記帳している場合には、その記録に基づいて作成した貸借対照表を損益計算書とともに期限内提出の確定申告書に添付すれば、これらの所得を通じて最高55万円を控除することができます。

　　（注）　不動産の貸付けが事業規模で行われていない場合（事業所得がある場合を除きます。）（308ページ参照）は、55万円の青色申告特別控除は受けられません。

**ロ　控除の方法**

　この特別控除は、その年中の総収入金額から必要経費を差し引いて計算した不動産所得の金額又は事業所得の金額から順次控除します。この控除をした後の金額が、その年分の不動産所得の金額又は事業所得の金額となります。

**ハ　控除限度額**

　55万円の特別控除額は、次の金額のうちいずれか低い金額とされています。

①　55万円

②　青色申告特別控除額を控除しないで計算した不動産所得の金額又は事業所得の金額の合計額

　なお、②の合計額の計算においては、これらの所得の金額のうち損失が生じているものがあれば、それを除外します。また、医業又は歯科医業を営む人が、社会保険診療報酬について3の医師等の社会保険診療報酬に係る必要経費の特例の適用を受けている場合には、その人の事業所得の金額のうち社会保険診療報酬に対応する部分の金額は、②の合計額の計算対象から除かれます。

**ニ　控除を受けるための手続等**

　この特別控除を受けようとするときは、次の手続等が必要です。

①　確定申告書にこの特別控除を受けようとする旨を記載すること

②　確定申告書にこの特別控除を受ける金額の計算に関する事項を記載すること

③　記録された帳簿書類に基づき作成された貸借対照表、損益計算書その他不動産所得の金額又は事業所得の金額の計算に関する明細書を確定申告書に添付すること

④　確定申告書をその提出期限内に提出すること

収入金額、所得金額の計算

---計算例---

① 令和4年中の不動産所得80万円、事業所得300万円の場合

| | | |
|---|---|---|
| 不動産所得 | 80万円－55万円（青色申告特別控除） | ＝ 25万円 |
| 事業所得 | 300万円………………………………………… | ＝300万円 |
| 計 | 380万円－55万円（青色申告特別控除） | ＝325万円 |

② 令和4年中の不動産所得5万円、事業所得310万円の場合

| | | |
|---|---|---|
| 不動産所得 | 5万円－ 5万円（青色申告特別控除） | ＝ 0円 |
| 事業所得 | 310万円－50万円（青色申告特別控除） | ＝260万円 |
| 計 | 315万円－55万円（青色申告特別控除） | ＝260万円 |

## (2) 65万円の特別控除（措法25の2④）

(1)の要件に加えて、次の①又は②のいずれかに該当している青色申告者については、最高65万円の青色申告特別控除が認められます。

① その年分の事業における仕訳帳及び総勘定元帳について、次のイ及びロの要件を満たして電子帳簿保存（注1）を行っていること

イ 優良な電子帳簿の要件（注2）を満たしていること。

ロ 令和4年分以後最初に65万円の青色申告特別控除の適用を受けようとする年分の確定申告書の提出期限までに「国税関係帳簿の電磁的記録等による保存等に係る65万円の青色申告特別控除・過少申告加算税の特例の適用を受ける旨の届出書」を提出していること。（注3）

（注1） 電子帳簿保存とは、一定の要件の下で帳簿を電子データのままで保存できる制度です。令和4年1月1日以後に電子帳簿保存を行う場合は、事前の税務署長の承認は不要です。原則として、課税期間の途中から適用することはできません。

（注2） 優良な電子帳簿とは、①訂正等の履歴が残ること、②帳簿間で相互関連性があること、③検索機能があること、④モニター、説明書等を備え付けることなどの要件を満たした電子帳簿をいいます。

（注3） 令和3年分以前に電子帳簿保存の要件を満たして65万円の青色申告特別控除の適用を受けていた青色申告者が、令和4年分以後も引き続きその要件を満たしている場合には、ロの届出書を提出する必要はありません。

② その年分の所得税の確定申告書、貸借対照表及び損益計算書等の提出を、確定申告書の提出期限までにe-Tax（国税電子申告・納税システム）を使用して行うこと。

## (3) 10万円の特別控除（措法25の2①）

### イ 適用対象者

(1)の適用のない青色申告者については、最高10万円の青色申告特別控除が認められます。

### ロ 控除の方法

この特別控除は、その年中の総収入金額から必要経費を差し引いて（山林所得は50万円の特別控除額も差し引きます。）計算した不動産所得の金額、事業所得の金額又は山林所得の金額から順次控除します。この控除をした後の金額が、その年分の不動産所得の金額、事業所得の金額又は山林所得の金額となります。

事業所得（所得計算の特例）

## ハ　控除限度額

10万円の特別控除額は、次の金額のうちいずれか低い金額とされています。

① 　10万円

② 　青色申告特別控除額を控除しないで計算した不動産所得の金額、事業所得の金額又は山林所得の
金額の合計額

なお、②の合計額の計算においても、(1)ハの②の場合と同様、損失の生じている所得や社会保険診療報酬に係る所得に対応する部分の事業所得を除外します。

収入金額、所得金額の計算

1 7 4 0

個人事業者用

# 国税関係帳簿の電磁的記録等による保存等に係る65万円の青色申告特別控除・過少申告加算税の特例の適用を受ける旨の届出書

優良

_____税務署長

____年____月____日提出

| 納税地 | ○住所地 ○居所地 ○事業所等（該当するものを選択してください。）<br>(〒  －  )<br>(TEL  －  －  ) |
|---|---|
| 上記以外の住所地・事業所等 | 納税地以外に住所地・事業所等がある場合は記載します。<br>(〒  －  )<br>(TEL  －  －  ) |
| フリガナ<br>氏　名 | 生年月日　　年　月　日 |
| 整理番号 | 職業 | フリガナ<br>屋号 |

1 届出の区分（適用を受けたい内容に応じて、以下の□の**いずれか**にチェックを入れる。）

　□ 所得税の国税関係帳簿の電磁的記録等による保存等に係る**65万円の青色申告特別控除**（※）の適用を受けたいので、規則第5条第1項の規定により届け出ます。
　　（※）65万円の青色申告特別控除の適用を受けるためには、**仕訳帳及び総勘定元帳**について、規則第5条第5項に規定する優良帳簿の要件に従って保存する必要があります。

　□ 国税関係帳簿の電磁的記録等による保存等に係る**65万円の青色申告特別控除及び過少申告加算税の特例**（※）の適用を受けたいので、規則第5条第1項の規定により届け出ます。
　　（※）65万円の青色申告特別控除及び過少申告加算税の特例の適用を受けるためには、所得税又は消費税に係る**国税関係帳簿の全て**について、規則第5条第5項に規定する優良帳簿の要件に従って保存する必要があります。

2 特例の適用を受けようとする国税関係帳簿の種類並びに備付け及び保存に代える日
　（次に表示されている帳簿のほか、作成している場合にはその他の補助帳簿について記載する。）

| 帳簿の種類 |  | 備付け及び保存に代える日 | 帳簿の種類 |  | 備付け及び保存に代える日 |
|---|---|---|---|---|---|
| 根拠税法 | 名称等 |  | 根拠税法 | 名称等 |  |
| □所得税法<br>□消費税法 | 総勘定元帳 | 年　月　日 | □所得税法<br>□消費税法 |  | 年　月　日 |
| □所得税法 | 仕訳帳 | 年　月　日 | □所得税法<br>□消費税法 |  | 年　月　日 |
| □所得税法<br>□消費税法 |  | 年　月　日 | □所得税法<br>□消費税法 |  | 年　月　日 |
| □所得税法<br>□消費税法 |  | 年　月　日 | □所得税法<br>□消費税法 |  | 年　月　日 |

3 その他参考となるべき事項
（1）特例の適用を受けようとする国税関係帳簿の作成・保存に使用するプログラム（ソフトウェア）の概要
　　□ 市販のソフトウェアのうちＪＩＩＭＡの認証を受けているもの
　　　　（メーカー名：　　　　　　　商品名：　　　　　　　）
　　□ 市販のソフトウェア（メーカー名：　　　　　商品名：　　　　　　　）
　　　　□ 自己開発（委託開発の場合は、委託先：　　　　　　　　　）
（2）その他参考となる事項

| 税理士署名 |  |
|---|---|

| ※税務署処理欄 | 通信日付印 | 確認 | 入力年月日 | 入力担当者 | 番号確認 | (摘要) |
|---|---|---|---|---|---|---|
|  | 年　月　日 |  | 年　月　日 |  |  |  |

(1／1)

事業所得（所得計算の特例）

## 3　医師等の社会保険診療報酬に係る必要経費の特例

　医業又は歯科医業を営む人は、その年の社会保険診療報酬の額が5,000万円以下であり、かつ、その個人が営む医業又は歯科医業から生ずる事業所得に係る総収入金額に算入すべき金額の合計額が7,000万円以下であるときには、その必要経費に算入する金額を、実際に要した費用の額に代えて、次の速算表により計算した金額とすることができます。この特例の適用を受ける人は、申告書第二表の「特例適用条文等」欄に「措法26条」と記載することが必要です。（措法26）

《速算表》

| 社会保険診療報酬の額 | 必　要　経　費 |
|---|---|
| 2,500万円以下の場合 | 報酬の額×72% |
| 3,000　　〃 | 〃　　×70%＋　50万円 |
| 4,000　　〃 | 〃　　×62%＋290万円 |
| 5,000　　〃 | 〃　　×57%＋490万円 |

　**(注)**　この特例を適用する旨の記載のない確定申告書を提出した場合でも、やむを得ない事情によるものであったと認められるときは、この特例が適用できます。

### (1)　医業及び歯科医業の範囲

　この特例計算を受けられる「医業又は歯科医業」とは、医師又は歯科医師による医業又は歯科医業をいいますから、助産師、あんま師、はり師、きゅう師、柔道整復師などによる助産師業、あんま業、はり業、きゅう業、柔道整復業などは含まれません。

### (2)　社会保険診療報酬の範囲

　対象となる社会保険診療報酬とは、次の給付又は医療、介護、助産若しくはサービスをいいます。（措法26②）

| | |
|---|---|
| ① | 健康保険法、国民健康保険法、高齢者の医療の確保に関する法律、船員保険法、国家公務員共済組合法（防衛庁の職員の給与等に関する法律第22条第1項においてその例によるものとされる場合を含みます。）、地方公務員等共済組合法、私立学校教職員共済法、戦傷病者特別援護法、母子保健法、児童福祉法又は原子爆弾被爆者に対する援護に関する法律の規定に基づく療養の給付（健康保険法、国民健康保険法、高齢者の医療の確保に関する法律、船員保険法、国家公務員共済組合法、地方公務員等共済組合法若しくは私立学校教職員共済法の規定によって入院時食事療養費、入院時生活療養費、保険外併用療養費、家族療養費若しくは特別療養費〈国民健康保険法第54条の3第1項又は高齢者の医療の確保に関する法律第82条第1項に規定する特別療養費をいいます。〉を支給することとされる被保険者、組合員若しくは加入者若しくは被扶養者に係る療養のうち、これらの療養費の額の算定に係るその療養に要する費用の額としてこれらの法律の規定により定める金額に相当する部分〈特別療養費に係るその部分にあっては、その部分であることにつき一定の証明がされたものに限ります。〉又はこれらの法律の規定によって訪問看護療養費若しくは家族訪問看護療養費を支給することとされる被保険者、組合員、加入者若しくは被扶養者に係る指定訪問看護を含みます。）、更生医療の給付、養育医療の給付、療育の給付又は医療の給付 |

収入金額、所得金額の計算

| ② | 生活保護法の規定に基づく医療扶助のための医療、介護扶助のための介護（同法第15条の２第１項第１号に掲げる居宅介護のうち同条第２項に規定する訪問看護、訪問リハビリテーション、居宅療養管理指導、通所リハビリテーション若しくは短期入所療養介護、同条第１項第５号に掲げる介護予防のうち同条第５項に規定する介護予防訪問看護、介護予防訪問リハビリテーション、介護予防居宅療養管理指導、介護予防通所リハビリテーション若しくは介護予防短期入所療養介護又は同条第１項第４号に掲げる施設介護のうち同条第４項に規定する介護保健施設サービス若しくは介護医療院サービスに限ります。）若しくは出産扶助のための助産若しくは健康保険法等の一部を改正する法律附則第130条の２第１項の規定によりなおその効力を有するものとされる同法附則第91条の規定による改正前の生活保護法の規定に基づく介護扶助のための介護（同法第15条の２第１項第４号に掲げる施設介護のうち同条第４項に規定する介護療養施設サービスに限ります。）又は中国残留邦人等の円滑な帰国の促進及び永住帰国後の自立の支援に関する法律の規定（中国残留邦人等の円滑な帰国の促進及び永住帰国後の自立の支援に関する法律の一部を改正する法律附則第４条第２項において準用する場合を含みます。）に基づく医療支援給付のための医療その他の支援給付に係る一定の給付若しくは医療、介護、助産若しくはサービス |
|---|---|
| ③ | 精神保健及び精神障害者福祉に関する法律、麻薬及び向精神薬取締法、感染症の予防及び感染症の患者に対する医療に関する法律又は心神喪失等の状態で重大な他害行為を行った者の医療及び観察等に関する法律の規定に基づく医療 |
| ④ | 介護保険法の規定によって居宅介護サービス費を支給することとされる被保険者に係る指定居宅サービス（訪問看護、訪問リハビリテーション、居宅療養管理指導、通所リハビリテーション又は短期入所療養介護に限ります。）のうちその居宅介護サービス費の額の算定に係るその指定居宅サービスに要する費用の額として同法の規定により定める金額に相当する部分、同法の規定によって介護予防サービス費を支給することとされる被保険者に係る指定介護予防サービス（介護予防訪問看護、介護予防訪問リハビリテーション、介護予防居宅療養管理指導、介護予防通所リハビリテーション又は介護予防短期入所療養介護に限ります。）のうちその介護予防サービス費の額の算定に係るその指定介護予防サービスに要する費用の額として同法の規定により定める金額に相当する部分若しくは同法の規定によって施設介護サービス費を支給することとされる被保険者に係る介護保健施設サービス若しくは介護医療院サービスのうちその施設介護サービス費の額の算定に係るその介護保健施設サービス若しくは介護医療院サービスに要する費用の額として同法の規定により定める金額に相当する部分又は健康保険法等の一部を改正する法律附則第130条の２第１項の規定によりなおその効力を有するものとされる同法第26条の規定による改正前の介護保険法の規定によって施設介護サービス費を支給することとされる被保険者に係る指定介護療養施設サービスのうちその施設介護サービス費の額の算定に係るその指定介護療養施設サービスに要する費用の額として同法の規定により定める金額に相当する部分 |
| ⑤ | 障害者の日常生活及び社会生活を総合的に支援するための法律の規定によって自立支援医療費を支給することとされる支給認定に係る障害者等に係る指定自立支援医療のうちその自立支援医療費の額の算定に係るその指定自立支援医療に要する費用の額として同法の規定により定める金額に相当する部分若しくは同法の規定によって療養介護医療費を支給することとされる支給決定に係る障害者に係る指定療養介護医療（療養介護に係る指定障害福祉サービス事業者等から提供を受ける療養介護医療を |

事業所得（所得計算の特例）

|  | いいます。）のうちその療養介護医療費の額の算定に係るその指定療養介護医療に要する費用の額として同法の規定により定める金額に相当する部分又は児童福祉法の規定によって肢体不自由児通所医療費を支給することとされる通所給付決定に係る障害児に係る肢体不自由児通所医療のうちその肢体不自由児通所医療費の額の算定に係るその肢体不自由児通所医療に要する費用の額として同法の規定により定める金額に相当する部分若しくは同法の規定によって障害児入所医療費を支給することとされる入所給付決定に係る障害児に係る障害児入所医療のうちその障害児入所医療費の額の算定に係るその障害児入所医療に要する費用の額として同法の規定により定める金額に相当する部分 |
|---|---|
| ⑥ | 難病の患者に対する医療等に関する法律の規定によって特定医療費を支給することとされる支給認定を受けた指定難病の患者に係る指定特定医療のうち当該特定医療費の額の算定に係る当該指定特定医療に要する費用の額として同法の規定により定める金額に相当する部分又は児童福祉法の規定によって小児慢性特定疾病医療費を支給することとされる医療費支給認定に係る小児慢性特定疾病児童等に係る指定小児慢性特定疾病医療支援のうち当該小児慢性特定疾病医療費の額の算定に係る当該指定小児慢性特定疾病医療支援に要する費用の額として同法の規定により定める金額に相当する部分 |

**(注)** 同業者の団体等と医業又は歯科医業を営む者との任意の契約などにより社会保険診療に類似した行為を行っている場合でも上記の法律によらないものに基づく診療報酬は、社会保険診療報酬には含まれません。

## 4 家内労働者等の事業所得等の所得計算の特例

家内労働者等は、その年分の事業所得の金額又は雑所得の金額（公的年金等に係るものを除きます。）を計算するに当たって一定の要件を満たせば、その所得に係る必要経費の合計額については、原則として55万円の最低保障が認められます。（措法27、措令18の2）

### ⑴ 適用対象となる家内労働者等の範囲

次の①と②のいずれにも該当する人をいいます。

| ① | 家内労働者、外交員、集金人、電力量計の検針人又は特定の者に対して継続的に人的役務の提供を行うことを業務とする人で、事業所得又は雑所得を有する人<br>※ 「家内労働者」とは、物品の製造、加工、改造、修理、浄洗、選別、包装、解体、販売又はこれらの請負を業とする者から、主として労働の対償を得るために、その業務の目的物たる物品（物品の半製品、部品、附属品又は原材料を含みます。）について委託を受けて、物品の製造、加工、改造、修理、浄洗、選別、包装又は解体に従事する人であって、その業務について同居の親族以外の者を使用しないことを常態とするものをいいます。（家内労働法2②） |
|---|---|
| ② | 事業所得の金額及び雑所得の金額の計算上必要経費に算入すべき金額の合計額が55万円（その人が給与所得も有しているときには、55万円から給与所得の金額の計算上控除する給与所得控除額を控除した残額）に満たない人 |

### ⑵ 特例の内容

その事業所得・雑所得に係る必要経費とされる金額は、次の区分に応じ、それぞれ次の金額とされます。

収入金額、所得金額の計算

| 区　　　分 | 必 要 経 費 と さ れ る 金 額 |
|---|---|
| 事業所得又は雑所得のいずれかの所得がある場合 | 55万円（その人が給与所得も有しているときは、55万円から給与所得控除額を控除した残額。下欄も同じ。） |
| 事業所得及び雑所得の両方の所得がある場合 | 55万円のうち、**七**の規定による事業所得の必要経費に相当する金額に達するまでの部分の金額を事業所得に係る必要経費とされる金額とし、その残余の部分の金額を雑所得に係る必要経費とされる金額とします。<br>※　雑所得の収入金額（公的年金等に係るものを除きます。）が、雑所得に係る必要経費とされる金額に満たない場合には、その満たない部分の金額は事業所得に係る必要経費とされる金額に加算します。 |

　上記により必要経費とされる金額が事業所得の総収入金額又は雑所得（公的年金等に係るものを除きます。）の総収入金額を超える場合には、必要経費とされる金額は、それらの収入金額が限度とされます。

**(注)**　この特例の適用を受けるには、次の場合に応じそれぞれ次の手続をしてください。

　イ　事業所得のみ有する場合……青色申告の場合は青色申告決算書の「青色申告特別控除前の所得金額」欄に、白色申告の場合は収支内訳書の「所得金額」欄に、それぞれ収入金額からこの特例により計算した金額を控除した残額を書きます。その際、その金額の頭部に㊕と表示します。

　ロ　雑所得のみ有する場合……この特例により計算した金額を必要経費として計算した雑所得の金額を申告書第一表の「所得金額」の「雑」欄に書きます。その際、その金額の頭部に㊕と表示します。

　ハ　事業所得と雑所得のいずれも有する場合、又は給与収入がある場合……この特例を受ける場合の「計算書」が設けられていますので、計算書に必要事項を記入し、確定申告書に添付します。

┌─**計算例**─────────────────────────────
**（設　例）**

　次のような所得がある家内労働者

　　　　　　　　収入金額　　　必要経費（実額）

　給 与 所 得　　100,000円　　　　—

　事 業 所 得　　380,000円Ⓐ　　200,000円Ⓑ

　雑 　 所 　 得　150,000円Ⓒ　　　80,000円Ⓓ

　（注）　雑所得には、公的年金等に係るものを含みません。

**（特例の適用の有無）**

　　　最低保障額　給与所得控除額　　事業・雑所得の必要経費（実額）の合計額
　（550,000円 − 100,000円）＞（200,000円 ＋ 80,000円）……適用あり

**（必要経費とされる金額の計算）**

| | 最低保障額（550,000円 − 100,000円）の配分 | |
|---|---|---|
| | 事業所得に係る分 | 雑所得に係る分 |
| ① | 必要経費に相当する金額<br>200,000円Ⓑ | 最低保障額のうち、左欄の残余<br>250,000円 |
| ② | 100,000円 ←……………………… | Ⓒの金額が、上欄の金額に満たない部分<br>…………………… 100,000円 |

## 事業所得（所得計算の特例）

| ③ | 必要経費とされる金額（①＋②）が④の金額を超える部分<br>0円 | ―― |
|---|---|---|
| ④ | （①＋②－③）<br>300,000円 | （①－②）<br>150,000円 |

④欄の金額が、事業所得及び雑所得に係る必要経費とされる金額になりますので、事業所得は80,000円、雑所得はゼロとなります。

収入金額、所得金額の計算

## 家内労働者等の事業所得等の所得計算の特例の適用を受ける場合の必要経費の額の計算書
（裏面の２の(3)に当てはまる方は、この計算書を使用してください。）

（令和４年分）　　　　　　　　　　　　　　　　　　氏　名　　○○　○○

○この計算書は、申告書と一緒に提出してください。

| | | | | |
|---|---|---|---|---|
| | | | | 円 |
| 事業所得 | 総　収　入　金　額 | ① | 380,000 | ← 各種引当金・準備金等の繰戻額等の金額を含めて書きます。 |
| | 特例適用前の必要経費の額 | ② | 200,000 | ← 「家内労働者等の事業所得等の所得計算の特例」を適用する前の必要経費の額（青色申告特別控除額は含みません。）を書きます。 |
| 雑所得 | 総　収　入　金　額（公的年金等に係るものを除きます。） | ③ | 150,000 | |
| | 給　与　所　得　の　収　入　金　額 | ④ | 100,000 | |
| | 55　万　円　－　②　－　④ （赤字のときは0） | ⑤ | 250,000 | ・青色申告の場合は、青色申告決算書の「青色申告特別控除前の所得金額」欄に、上の①の金額から⑦又は⑧の金額を控除した残額を書いてください。その際、金額の頭部に㊵と書いてください。なお、申告書B第一表の「所得金額等」欄の営業等・農業には、青色申告決算書の青色申告特別控除後の所得金額を転記しますが、その際、金額の頭部に㊵と書いてください。 |
| | 55　万　円　－　③　－　④ （赤字のときは0） | ⑥ | 300,000 | |

| 特例適用後の必要経費の額 | 事業所得 | ③がない場合 | ①と⑥とのいずれか少ない方の金額 | ⑦ | 300,000 | ・白色申告の場合は、収支内訳書の「所得金額」欄に、上の①の金額から⑦又は⑧の金額を控除した残額を書いてください。その際、金額の頭部に㊵と書いてください。なお、申告書B第一表の「所得金額等」欄の営業等・農業には、収支内訳書の所得金額を転記しますが、その際、金額の頭部に㊵と書いてください。 |
|---|---|---|---|---|---|---|
| | | ③が⑤より少ないか同額の場合 | | | | |
| | | ③が⑤より多い場合 | ②の金額 | ⑧ | | |
| | 雑所得 | ③と⑤とのいずれか少ない方の金額 | | ⑨ | 150,000 | ← 業務に係る雑所得の総収入金額から⑨の金額を控除した残額を申告書第一表の「所得金額等」欄の業務に書いてください。その際、金額の頭部に㊵と書いてください。 |

（注）　事業所得の中に、営業等所得のほかに農業所得がある場合には、①及び②は、その合計額によって記載してください。この場合、⑦又は⑧の金額は、各所得の特例適用前の所得金額の比などによりあん分して、それぞれの事業所得の金額の計算上必要経費に算入してください。
　　　雑所得の中に、業務に係る雑所得のほかにその他の雑所得がある場合には、⑨の金額を業務に係る雑所得の収入金額から控除し、控除しきれなかったときは、その他の雑所得の収入金額から控除します。その他の雑所得が赤字の場合は0円になります。

○この計算書を使った方は、**申告書第二表**の「**特例適用条文等**」欄に「**措法27**」と書いてください。

**（注）**　上記の様式は、令和３年分のものです。令和４年分以降用については変更が予定されています。

——(278)——

事業所得（所得計算の特例）

## 5　有限責任事業組合の事業に係る組合員の事業所得等の所得計算の特例

　有限責任事業組合契約（以下「組合契約」といいます。）を締結している組合員である個人の組合事業による事業所得等の損失額が調整出資金額を超える場合、その超過額（必要経費不算入損失額）は、必要経費に算入されません。（措法27の2①、措令18の3①②、措規9の8①）

### (1)　組合事業による事業所得等の損失額

　組合事業による事業所得等の損失額とは、組合事業から生じる不動産所得、事業所得及び山林所得の合計額が赤字となる場合のその赤字の額をいいます。

### (2)　調整出資金額

　調整出資金額とは、次の算式で計算された金額をいいます。

　　調整出資金額＝出資の価額の合計額＋各種所得金額の合計額－組合からの分配額の合計額

① 「出資の価額の合計額」とは、本年中に終了した組合の計算期間以前の各計算期間において、その組合員が出資をした価額の合計額をいいます。

　**(注)**　従前の組合員からその地位を承継した場合には、その承継をした日の直前における次の金額を出資したものとみなして出資の価額の合計額を計算します。（措令18の3③）

$$（組合の資産の額－組合の負債の額）×\frac{従前の組合員の出資の価額}{各組合員の出資の価額の合計額}$$

② 「各種所得金額の合計額」とは、前年中に終了した計算期間以前の各計算期間における組合事業から生じたその組合員の各種所得の金額の合計額をいいます。

　**(注)**　所得税法及び租税特別措置法の規定により、各種所得の金額の計算上別段の定めや各種の特例の規定の適用を受けているときは、これらの規定を適用したところで計算します。（措規9の8②）

　　　また、源泉分離課税や申告分離課税とされているものも含めて各種所得金額の合計額を計算します。

③ 「組合員からの分配額の合計額」とは、本年中に終了した計算期間以前の各計算期間において、組合からその組合員に交付された分配額の合計額をいいます。

### (3)　必要経費不算入損失額の計算

　必要経費不算入損失額は、次の算式で計算します。

　　必要経費不算入損失額＝組合事業による事業所得等の損失額－調整出資金額

　複数の組合契約を締結している場合の必要経費不算入損失額は、各組合契約に係る組合事業ごとに計算します。（措令18の3④）

　また、組合事業から生ずる不動産所得、事業所得、山林所得のうち、2以上の所得から損失が生じている場合には、それぞれの所得の損失額の割合に応じて、必要経費不算入損失額をそれぞれの所得にあん分します。（措規9の8③）

### (4)　申告等の手続

　有限責任事業組合の組合員である人は、「＿＿年分の有限責任事業組合の組合事業に係る所得に関する計算書」を、確定申告書を提出する場合にはその確定申告書に添付し、確定申告書を提出しない場

収入金額、所得金額の計算

合にはその年の翌年3月15日までに納税地の所轄税務署長に提出することになっています。（措法27の2②③、措規9の8⑤⑦）

　また、確定申告書を提出する組合員は、有限責任事業組合ごとに作成した青色申告決算書又は収支内訳書を併せて添付することになっています。（措規9の8⑥）

　なお、確定申告書を提出する組合員で、必要経費不算入損失額がある場合には、「（付表）組合事業に係る事業所得等の必要経費不算入損失額の計算書」も併せて添付することになっています。

---

**計算例**

（設　例）

・組合の計算期間………………………令和4年1月1日〜令和4年12月31日

・令和4年分の組合事業から生じた所得の内訳

　　　事業所得（営業等）……………総収入金額：12,000,000円、必要経費：18,000,000円

　　　利　子　所　得………………収入金額：　　　1,000円（うち所得税及び復興特別所得税の源泉徴収税額153円）

　　　雑　　所　　得………………総収入金額：　200,000円、必要経費：250,000円

・令和4年中に終了した計算期間の出資の価額の合計額………　3,000,000円

・令和3年以前に終了した計算期間の終了の時までの出資の価額の合計額………　1,000,000円

・令和3年以前に終了した計算期間の終了の時までの各種所得金額の合計額………△2,549,000円

---

——（280）——

事業所得（所得計算の特例）

## 令和4年分の有限責任事業組合の組合事業に係る所得に関する計算書

（書き方については、**控用の裏面**を読んでください。）

税務署受付印

○　○　税務署長

5 年 2 月 16 日提出

提出用 ／ 一面

### 1　住所及び氏名等

| 住所（又は居所） | （〒　－　） | フリガナ<br>氏　名 | コクゼイ　タ ロウ<br>国税　太郎 |
|---|---|---|---|
| | | 個人番号　※<br>この計算書を申告書に添付して提出する場合は記入不要です。 | |
| （納税地） | （〒　－　） | 電話番号　※ | |

### 2　組合に関する事項

| 組合の名称 | 有限責任事業組合○○○ | 組合事業の内容 | ○○○○の開発 |
|---|---|---|---|
| 組合の主たる事務所の所在地 | ○○市○○町x－x x－x | 組合の計算期間 | 自：令和 4 年 1 月 1 日<br>至：令和 4 年 12 月 31 日 |

### 3　組合事業から生じた各種所得の内訳

| 所得の種類 | | 収入金額（Ⓐ） | 必要経費（Ⓑ） | 差引（Ⓐ － Ⓑ） | | | |
|---|---|---|---|---|---|---|---|
| 事業 | 営業等 | 円<br>12,000,000 | 円<br>18,000,000 | ① (Ⓐ-Ⓑ) 円<br>△6,000,000 | ③ | (①+②) 円<br>△6,000,000 | |
| | 農業 | | | ② | | | |
| 不動産 | | | | ④ | | 円 | |
| 山林 | | | | ⑤ | | | |
| 利子 | | 1,000 | － | ⑥ | | 1,000 | |
| 雑 | | 200,000 | 250,000 | ⑦ | | △50,000 | |
| 合計（③+④+⑤+⑥+⑦） | | | | ⑧ | | △6,049,000 | |
| 事業所得、不動産所得、山林所得の合計（③+④+⑤）<br>●③、④及び⑤の金額の合計額が赤字の場合にのみ、その赤字の金額を書きます。 | | | | ⑨ | (△を付けないで書いてください。)<br>6,000,000 | | |

### 4　調整出資金額の計算

| | 前年以前に終了した計算期間の終了の時までの合計額 | 本 年 中 に 終 了 し た終 了 期 間 の 合 計 額 | 合　計　等 |
|---|---|---|---|
| 出資の価額の合計額 | ⑩ (前年の⑯) 円<br>1,000,000 | ⑬ 円<br>3,000,000 | ⑯ (⑩+⑬) 円<br>4,000,000 |
| 各種所得金額の合計額 | ⑪ (前年の⑰)<br>△2,549,000 | ⑭ (上の⑧)<br>△6,049,000 | ⑰ (⑪+⑭)<br>△8,598,000 |
| 組合からの分配額の合計額 | ⑫ (前年の⑱)<br>0 | ⑮<br>0 | ⑱ (⑫+⑮)<br>0 |
| 調整出資金額（⑯+⑪－⑱） | | | ⑲ (赤字のときは0)<br>1,451,000 |

### 5　調整出資金額超過損失額の計算

| 調整出資金額超過損失額（⑨－⑲）<br>●　この「調整出資金額超過損失額」は組合事業から生じた事業所得、不動産所得又は山林所得の金額の計算上、必要経費に算入できません。「調整出資金額超過損失額」がある方は、「（付表）組合事業に係る事業所得等の必要経費不算入損失額の計算書」で事業所得、不動産所得又は山林所得の金額の計算上、必要経費に算入されない損失額を計算します。 | ⑳ (赤字のときは0) 円<br>4,549,000 |
|---|---|

（電話番号）署税理士名

| 税整理署欄 | 通信日付印の年月日 | 確　認 | 番号確認 | 身元確認 | 確認書類<br>個人番号カード ／ 通知カード・運転免許証<br>その他（　　　） | 一連番号 |
|---|---|---|---|---|---|---|
| | 年　月　日 | | | □ 済<br>□ 未済 | | |

——（281）——

## 収入金額、所得金額の計算

### （付表）組合事業に係る事業所得等の必要経費不算入損失額の計算書

提出用 ｜ 二面

この計算書は、組合契約を締結している組合員である方が、「＿＿＿年分の有限責任事業組合の組合事業に係る所得に関する計算書」で計算した調整出資金額超過損失額（一面の5の⑳の金額）のあるときに、組合事業から生じた事業所得、不動産所得又は山林所得の金額の計算上、必要経費に算入されない損失額（以下「必要経費不算入損失額」といいます。）を計算する場合に使用します。

**1 調整出資金額超過損失額**

| 調整出資金額超過損失額（一面の5の⑳） | ① | 4,549,000 円 |
| --- | --- | --- |

**2 必要経費不算入損失額の計算**

| | | | |  |  | |
| --- | --- | --- | --- | --- | --- | --- |
| | 事業所得の損失額（一面の3の③）（黒字の時は0） | | | ② | 6,000,000 （△を付けないで書いてください。）円 | |
| | | うち事業所得（営業等）の損失額（一面の3の①）（黒字の時は0） | | ③ | 6,000,000 （△を付けないで書いてください。） | |
| | | うち事業所得（農業）の損失額（一面の3の②）（黒字の時は0） | | ④ | （△を付けないで書いてください。） | |
| | | （③＋④） | | ⑤ | 6,000,000 | |
| | 不動産所得の損失額（一面の3の④）（黒字の時は0） | | | ⑥ | （△を付けないで書いてください。） | |
| | 山林所得の損失額（一面の3の⑤）（黒字の時は0） | | | ⑦ | （△を付けないで書いてください。） | |
| | 事業所得、不動産所得、山林所得の損失額の合計（②＋⑥＋⑦） | | | ⑧ | 6,000,000 | |
| 事業所得 | 営業等 | 事業所得（営業等）に係る必要経費不算入損失額 $\left(① \times \dfrac{②}{⑧} \times \dfrac{③}{⑤}\right)$ | | ⑨ | 4,549,000 | 組合事業に係る青色申告決算書（一般用）（収支内訳書（一般用））の下部余白に「必要経費不算入損失額○○○円」と記載してください。 |
| | | 組合事業に係る青色申告決算書（一般用）の㊸（収支内訳書（一般用）の㉑）の金額 ＋ ⑨ | | ⑩ | △1,451,000 | 組合事業に係る青色申告決算書（一般用）の㊸（収支内訳書（一般用）は㉑）の金額を（ ）で囲むとともに、⑩の金額を上段に転記してください。 |
| | 農業 | 事業所得（農業）に係る必要経費不算入損失額 $\left(① \times \dfrac{②}{⑧} \times \dfrac{④}{⑤}\right)$ | | ⑪ | 0 | 組合事業に係る青色申告決算書（農業所得用）（収支内訳書（農業所得用））の下部余白に「必要経費不算入損失額○○○円」と記載してください。 |
| | | 組合事業に係る青色申告決算書（農業所得用）の㊻（収支内訳書（農業所得用）の㉑）の金額 ＋ ⑪ | | ⑫ | 0 | 組合事業に係る青色申告決算書（農業所得用）の㊻（収支内訳書（農業所得用）は㉑）の金額を（ ）で囲むとともに、⑫の金額を上段に転記してください。 |
| 不動産所得 | | 不動産所得に係る必要経費不算入損失額 $\left(① \times \dfrac{⑥}{⑧}\right)$ | | ⑬ | 0 | 組合事業に係る青色申告決算書（不動産所得用）（収支内訳書（不動産所得用））の下部余白に「必要経費不算入損失額○○○円」と記載してください。 |
| | | 組合事業に係る青色申告決算書（不動産所得用）の㉑（収支内訳書（不動産所得用）の⑮）の金額 ＋ ⑬ | | ⑭ | 0 | 組合事業に係る青色申告決算書（不動産所得用）の㉑（収支内訳書（不動産所得用）は⑮）の金額を（ ）で囲むとともに、⑭の金額を上段に転記してください。 |
| 山林所得 | | 山林所得に係る必要経費不算入損失額 $\left(① \times \dfrac{⑦}{⑧}\right)$ | | ⑮ | 0 | 組合事業に係る山林所得収支内訳書（山林所得収支内訳書（課税事業者用））の下部余白に「必要経費不算入損失額○○○円」と記載してください。 |
| | | 組合事業に係る山林所得収支内訳書の⑰（山林所得収支内訳書（課税事業者用）の㉑）の金額 ＋ ⑮ | | ⑯ | 0 | 組合事業に係る山林所得収支内訳書の⑰（山林所得収支内訳書（課税事業者用）は㉑）の金額を（ ）で囲むとともに、⑯の金額を上段に転記してください。 |

● いわゆる現金主義によって青色申告をしている方は、税務署にお尋ねください。

---

### ○青色申告決算書（一般用）の表題部分の記載例

（有限責任事業組合○○○）

令和 **04** 年分所得税青色申告決算書

### ○青色申告決算書（一般用）の㊸欄の記載例

| 青色申告特別控除前の所得金額（㊱＋㊲－㊷） | ㊸ | （△）1 6 4 0 5 0 0 0 0 |
| --- | --- | --- |
| 青色申告特別控除額 | ㊹ | |
| 所得金額（㊸－㊹） | ㊺ | △1 4 5 1 0 0 0 |

● 青色申告特別控除については、「決算の手引き」の「青色申告特別控除」の項を読んでください。

必要経費不算入損失額 **4,549,000円**

● 下の欄には、書かないでください。

## 利 子 所 得

　公社債及び預貯金の利子、合同運用信託、公社債投資信託及び公募公社債等運用投資信託の収益の分配などを利子所得といいます。これらの所得のある人は、その収入金額と所得金額を次の欄にまとめて申告し、他の所得と総合することになります。しかし、国内で支払われる利子等で、源泉分離課税となるもの（二参照）については申告することはできません。

　**(注)**　国外の銀行に預けている預金については、総合課税となり確定申告が必要です。

**(所得金額)**　利　　　子　④ □□□□□□□□

　　　　この申告書の様式は、申告書第一表の一部分です。

## 一　利子所得となるものの範囲

### 1　利子所得となるもの

　次の利子は、いずれも利子所得となります。（所法23、所令2、所基通23—1）

① 　国又は地方公共団体が発行する公債の利子

② 　会社が発行する社債（会社以外の法人が特別の法律により発行する債券を含みます。）の利子（所法2①九）

③ 　銀行その他の金融機関（勤務先も含みます。）に対する預貯金の利子（所法2①十）
　**(注)**　勤務先に対する預貯金とは次のものをいいます。
　　　イ　労働基準法第18条又は船員法第34条によって管理される労働者又は船員の貯蓄金
　　　ロ　国家公務員共済組合法第98条、地方公務員等共済組合法第112条第1項に定められた組合に対する組合員の貯金又は私立学校教職員共済法第26条第1項に定められた事業団に対する加入者の貯金

④ 　金融商品取引法第2条第9項に定められた金融商品取引業者に対する預託金で、勤労者財産形成促進法第6条第1項、第2項又は第4項に定められた勤労者財産形成貯蓄契約、勤労者財産形成年金貯蓄契約又は勤労者財産形成住宅貯蓄契約に基づく有価証券の購入のためのもの

⑤ 　協同組合等で預貯金の受入れをするものが、その預貯金につき支払うもので、法人税法の「協同組合等の事業分量配当等の損金算入」の規定に掲げる金額のうち定期預金に対応する部分の金額

⑥ 　信託会社が引き受けた金銭信託で共同しない多数の委託者の信託財産を合同して運用（委託者非指図型投資信託及びこれに類する外国投資信託の運用を除きます。）し、それによって得た収益の分配金（所法2①十一）

⑦ 　証券投資信託のうち、公社債投資信託の収益の分配金（所法2①十五）
　**(注)**　⑦以外の証券投資信託の収益の分配金は、配当所得となります。

収入金額、所得金額の計算

⑧　証券投資信託以外の投資信託のうち、信託財産として受け入れた金銭を一定の公社債等に対して運用するもので、その受益権の募集が公募により行われたものの収益の分配金(所法2①十五の三)

## 2　利子所得とならないもの

次の利子は、利子所得ではなく雑所得になります。（所基通35―1）

①　勤労者又は船員以外の人（例えば、退職者や会社の役員）が預けた勤務先預金の利子

②　学校債、組合債等の利子

③　国税通則法第58条第1項≪還付加算金≫又は地方税法第17条の4第1項≪還付加算金≫に規定する還付加算金

④　定期積金等の給付補塡金

（注）　金銭の貸付けによる利子は、事業所得又は雑所得となります。

## 3　非課税となる少額の利子等

利子等のうち、㋑子供銀行預金の利子、㋺納税貯蓄組合預金の利子、㋩納税準備預金の利子、㋥当座預金で年1％以下の利率を付される利子は非課税規定により所得税はかかりません。（所法9、所令18、措法5）

また、これとは別に下記の表のような非課税制度があります。（巻末の 参考1 の一参照）

| | 障　害　者　等　の | | 勤労者財産形成住宅貯蓄<br>勤労者財産形成年金貯蓄非課税制度 |
|---|---|---|---|
| | 少　額　預　金　等<br>非　課　税　制　度 | 少　額　公　債<br>非　課　税　制　度 | |
| 対象者 | 国内に住所を有する個人で、障害者など | | 事業主に雇用されている人<br>（55歳未満の人に限ります。） |
| 対象貯蓄 | ①　預貯金<br>②　合同運用信託等<br>③　特定の有価証券 | ①　特定の国債<br>②　特定の地方債 | 財形住宅貯蓄・財形年金貯蓄契約に基づく預貯金、合同運用信託、特定の有価証券、生命保険・損害保険、生命共済 |
| 非課税手続 | あらかじめ「（特別）非課税貯蓄申告書」と障害者等に該当する旨の一定の公的書類を提出・提示し、預入等の際には「（特別）非課税貯蓄申込書」を提出する。 | | 「財産形成非課税住宅（年金）貯蓄申告書」を提出し、預入等の際には「財産形成非課税住宅（年金）貯蓄申込書」を提出する。 |
| 非課税限度額 | 元本350万円 | | 元本550万円、財形年金貯蓄のうち生命保険料等については385万円 |

（注）　平成23年6月30日以後締結分より特定寄附信託契約に基づき設定された信託の信託財産につき生ずる公社債等の利子等（その公社債等が当該信託財産に引き続き属していた期間に対応する部分の額に限ります。）についても、所得税はかかりません。（措法4の5）

利子所得

## 二　利子課税の特例措置

### 1　源泉分離課税制度（措法3、3の3）

　平成28年1月1日以後に国内で支払われる利子等のうち、次に掲げるもの以外のものについては、他の所得と区分して15.315％（他に住民税5％）の税率による源泉徴収だけで納税が完了する源泉分離課税とされます。（措法3、措令1の4）

① 特定公社債の利子

② 公募公社債投資信託又はその受益権が上場株式等（775ページ参照）に該当するものの収益の分配

③ 公募公社債等運用投資信託の収益の分配

④ 特定公社債以外の公社債の利子で、同族会社の役員等である株主がその同族会社から支払を受けるもの及び支払を受けるべき同族会社が発行した社債の利子で、その同族会社の判定の基礎となる株主である法人がその支払を受ける個人（以下「対象者」といいます。）と特殊の関係のある法人である場合におけるその対象者及び対象者の親族等が令和3年4月1日以後に支払を受けるもの

　また、平成28年1月1日以後に支払を受けるべき国外において発行された公社債（外貨建公社債を除きます。）又は公社債投資信託の受益権の利子又は収益の分配に係る利子で、①又は②に掲げるもの以外のもの（国外払いのものに限ります。）についても、国内における一定の支払の取扱者を通じて交付を受ける場合には、他の所得と区分して15.315％（他に住民税5％）の税率による源泉徴収だけで納税が完了する源泉分離課税とされます。（措法3の3）

　次の事項に留意してください。

イ　源泉徴収に当たっては、原則として地方税の税率5％が加算されて20.315％の税率となります。

ロ　この源泉分離課税の特例措置の適用を受けた利子等については、総合課税となりません。（**ご注意参照**）

ハ　利子等には、源泉徴収の対象とならない特定の債券の利子は除かれます。

　　なお、非課税とされる利子等（一の3参照）は、当然、この特例措置の対象となりません。

**(注)** 「特定公社債」とは、例えば次の公社債（預金保険法に規定する長期信用銀行債等を除きます。）をいいます。（措法3①一、37の10②七、37の11②一、五〜十四）

① 国債、地方債、外国国債、外国地方債

② 会社以外の法人が特別の法律により発行する債券（外国法人に係るもの並びに投資法人債、短期投資法人債、特定社債及び特定短期社債を除きます。）

③ 公募公社債、上場公社債

④ 発行の日前9か月以内に有価証券報告書等を提出している法人が発行する社債

——(285)——

収入金額、所得金額の計算

⑤　金融商品取引所（外国の法令に基づき設立されたこれに類するものを含みます。）において公表された公社債情報（一定の期間内に発行する公社債の上限額、発行者の財務状況等その他その公社債に関する基本的な情報をいいます。）に基づき発行する公社債で、目論見書にその公社債情報に基づき発行されるものである旨の記載のあるもの

⑥　国外において発行された公社債で、次に掲げるもの（取得後引き続き保管の委託がされているものに限ります。）

　イ　国内において売出しに応じて取得した公社債

　ロ　国内において売付け勧誘等に応じて取得した公社債（イに掲げる公社債を除きます。）で、その取得の日前9か月以内に有価証券報告書等を提出している法人が発行するもの

⑦　外国法人が発行し、又は保証する債券で一定のもの

⑧　国内又は国外の法令に基づいて銀行業又は金融商品取引業を行う法人又はその法人との間に完全支配の関係がある法人等が発行する社債（その取得をした者が実質的に多数でないものを除きます。）

⑨　平成27年12月31日以前に発行された公社債（発行時において同族会社が発行したものを除きます。）

## 2　上場株式等の配当等に係る利子所得の申告分離課税制度（措法8の4）

　平成28年1月1日以後に支払を受けるべき上場株式等の配当等に係る利子所得を申告する場合には、申告分離課税で申告することとなります。その旨の記載のある確定申告書を提出した場合には、上場株式等の配当等に係る利子所得については、他の所得と区分して、その年中の上場株式等に課税利子所得の金額（総合課税から控除しきれなかった所得控除額を差し引いた後の上場株式等の配当等に係る利子所得の金額をいいます。）に対し20.315%〈所得税及び復興特別所得税15.315%・住民税5%〉の税率で課税されます。

　(注)　平成25年1月1日から令和19年12月31日までの間に支払を受ける利子等については、所得税とともに復興特別所得税が源泉徴収されます。

## 3　源泉徴収選択口座内配当等に係る所得計算及び源泉徴収等の特例（措法37の11の6）

　上場株式等の配当等に係る利子所得のうち源泉徴収選択口座に受け入れたもの（源泉徴収選択口座内配当等）については、その源泉徴収選択口座内配当等に係る利子所得と源泉徴収選択口座内配当等以外の利子等に係る利子所得の金額とを区分して、これらの計算をします。

　また、源泉徴収選択口座に上場株式等に係る譲渡損失の金額があるときは、その源泉徴収選択口座内配当等に係る所得税の額は、その年中の源泉徴収選択口座内配当等の総額とその上場株式等に係る譲渡損失の金額との間で損益通算をした残額に対して源泉徴収税率を乗じて計算した金額とします。

利子所得

## 4 利子所得の確定申告不要制度（措法8の5）

次に掲げる利子については、確定申告をしないで、20.315%〈所得税及び復興特別所得税15.315%・住民税5％〉の税率による源泉徴収だけで課税関係を終了することがきます。

① 国若しくは地方公共団体又は内国法人から支払を受ける上場株式等の利子等

② 特定公社債の利子

**(注1)** 申告不要の特例は、1回に支払を受けるべき利子等の額ごとに選択適用ができます。なお、源泉徴収選択口座内配当等について、申告不要の特例を適用する場合には、源泉徴収選択口座単位で行うことになります。

**(注2)** 平成25年1月1日から令和19年12月31日までの間に支払を受ける利子等については、所得税とともに復興特別所得税が源泉徴収されます。

----- ご注意
特例措置が適用される利子所得については、次の点に注意してください。
① 寡婦、ひとり親、勤労学生、控除対象配偶者、扶養親族の判定の要件である所得金額には含めません。
② 配偶者特別控除を受けようとする人の所得金額及び控除額を計算する場合の基となる配偶者の所得金額にも含めません。
③ 雑損控除、医療費控除、寄附金控除の控除限度額を計算する場合の基準となる所得金額にも含めません。
④ 源泉分離課税の利子所得について源泉徴収された所得税額は、確定申告によって還付を請求することはできません。

## 〔利子所得の課税関係〕

| 区　　　　　　　　　　　分 | 税　率 | 課 税 方 式 |
|---|---|---|
| 特定公社債の利子 | 15.315%<br>（他に住民税<br>5％） | （支払時に源泉徴収のので）<br>申告分離課税又は申告不要 |
| 公募公社債投資信託及び公募公社債等運用投資信託の収益の分配 | | |
| 国外一般公社債等の利子等以外の国外公社債等の利子等 | | |
| 特定公社債以外の公社債の利子で、同族会社の役員等である株主がその同族会社から支払を受けるもの及び支払を受けるべき同族会社が発行した社債の利子で、その同族会社の判定の基礎となる株主である法人がその支払を受ける個人（以下「対象者」といいます。）と特殊の関係のある法人である場合におけるその対象者及び対象者の親族等が令和3年4月1日以後に支払を受けるもの | 15.315%<br>（他に住民税<br>5％） | （支払時に源泉徴収のので）<br>総合課税 |
| 特定公社債以外の公社債の利子（同族会社の役員等がその同族会社から支払を受けるものを除きます。） | 15.315%<br>（他に住民税<br>5％） | 源泉分離課税 |
| 合同運用信託及び私募公社債投資信託の収益の分配等 | | |
| 預貯金（社内預金、普通預金等の要求払預金を含みます。）の利子 | | |
| 国外一般公社債等の利子等 | | |

収入金額、所得金額の計算

| | | |
|---|---|---|
| ㋑年1％を超えない利率の当座預金の利子、㋺子供銀行の預金利子及び㋩納税貯蓄組合預金・納税準備預金の利子 | （㋺は手続必要）<br>0 | 非 課 税<br>（二の3参照） |
| 障害者等の｛少額預金の利子等（元本350万円）<br>　　　　　　少額公債の利子（元本350万円）｝<br>勤労者財産形成住宅貯蓄・勤労者財産形成年金貯蓄の利子等（原則として両貯蓄を併せて元本550万円） | （手続必要）<br>0 | |

## 三　利子所得の金額の計算

　確定申告をする利子所得は、収入金額（税込み）そのものが所得金額となります。

$$収 入 金 額 ＝ 利 子 所 得 の 金 額$$

　利子等は、その元本が記名式であるか無記名式であるかの別に応じ、それぞれの収入金額を次の区分にあてはめて、その該当する年分の所得とします。（所基通36―2、所法36③）

| | |
|---|---|
| 定期預金の利子 | ①　契約により定められた預入期間（契約期間）の満了後に支払を受けた利子<br>　イ　契約期間満了までの利子については、契約満了の日<br>　ロ　契約期間満了後の期間に係る利子については、支払を受けた日<br>②　契約期間満了前に既経過期間に対応して支払又は元本に繰り入れられる旨の特約のある利子については、その特約によって支払を受けることとなり、又は元本に繰り入れられた日<br>③　契約期間満了前に解約された預金の利子については、その解約の日 |
| 普通預金の利子 | 約定によって支払われることになった日又は元本への繰入日。ただし、利子計算期間の中途で解約されたものの利子はその解約日 |
| 通知預金の利子 | その払出しのあった日 |
| 合同運用信託、公社債投資信託又は公募公社債等運用投資信託の収益の分配 | ①　収益の分配が信託期間中のものであれば、収益計算期間の満了の日<br>②　収益の分配が信託の終了又は一部の解約のものであれば、終了の日又は解約の日 |
| 公社債の利子 | 支払開始日と定められた日 |
| 無記名の公社債の利子 | 支払を受けた日 |

# 配　当　所　得

株式や出資金に対する剰余金の配当、利益の配当、剰余金の分配（出資に係るものに限ります。）、金銭の分配、基金利息、投資信託（公社債投資信託及び公募公社債等運用投資信託を除きます。）の収益の分配（オープン型証券投資信託の特別分配金は、非課税）などを配当所得といいます。配当所得のある人は、一の特例措置の適用を受ける場合を除き、その収入金額と所得金額を次の欄にまとめて申告し他の所得と総合することになります。

| | | | |
|---|---|---|---|
| **(収入金額等)** | 配　　当 | ㋓ | |
| **(所 得 金 額)** | 配　　当 | ⑤ | |

この申告書の様式は、申告書第一表の一部分です。

## 一　配当課税の特例措置

### 1　上場株式等に係る配当所得の申告分離課税制度（措法８の４）

平成28年１月１日以後に支払を受けるべき上場株式等の配当等（大口株主等（注１）が支払を受けるものを除きます。）に係る配当所得を申告する場合には、総合課税に代えて申告分離課税を選択することができます。その旨の記載のある確定申告書を提出した場合には、上場株式等に係る配当所得については、他の所得と区分して、その年中の上場株式等に係る課税配当所得の金額（総合課税の所得から控除しきれなかった所得控除額を差し引いた後の上場株式等に係る配当所得の金額をいいます。）に対し20.315％〈所得税及び復興特別所得税15.315％・住民税５％〉の税率で課税されます。（第四章第三節参照）

（注１）　大口株主等とは、発行済株式の総数等の３％以上に相当する数又は金額の株式等を有する個人をいいます。（３においても同様です。）
大口株主等が支払を受ける上場株主等の配当等は、総合課税の対象となり、１の申告分離課税や３の確定申告不要制度を選択することはできません。

《令和４年度税制改正事項》
大口株主等の範囲について見直しが行われ、「その配当等の支払を受ける個人でその配当等の支払に係る基準日においてその個人を判定の基礎となる株主として選定した場合に同族会社に該当する法人が保有する株式等と合算してその内国法人の発行済株式等の総数等の３％以上を有することとなる個人」を含むこととされました。（措法８の４①一）
令和５年10月１日以後に支払を受けるべき配当等について適用され、同日前に支払を受ける

収入金額、所得金額の計算

べき配当等については従前どおりとされています。（令4改所法等附23①）

(注2)　平成25年1月1日から令和19年12月31日までの間に支払を受ける配当等については、所得税とともに復興特別所得税が源泉徴収されます。

## 2　源泉徴収選択口座内配当等に係る所得計算及び源泉徴収等の特例（措法37の11の6）

　上場株式等の配当等のうち源泉徴収選択口座に受け入れたもの（源泉徴収選択口座内配当等）については、その源泉徴収選択口座内配当等に係る配当所得の金額と源泉徴収選択口座内配当等以外の配当等に係る配当所得の金額とを区分して、これらの金額を計算します。

　また、源泉徴収選択口座内に上場株式等に係る譲渡損失の金額があるときは、その源泉徴収選択口座内配当等に係る所得税の額は、その年中の源泉徴収選択口座内配当等の総額とその上場株式等に係る譲渡損失の金額との間で損益通算をした残額に対して源泉徴収税率を乗じて計算した金額とします。

## 3　配当所得の確定申告不要制度（措法8の5）

　次の①から⑤に掲げる配当については、確定申告をしないで、20.315％〈所得税及び復興特別所得税15.315％・住民税5％〉の税率による源泉徴収（特別徴収）だけで課税関係を終了させることができます。（⑥については20.42％〈所得税及び復興特別所得税のみ〉の税率による源泉徴収で確定申告は不要です。住民税の申告は必要です。）

①　国若しくは地方公共団体又は内国法人から支払を受ける上場株式等（大口株主等が支払を受けるものを除きます。）の配当等

②　内国法人から支払を受ける投資信託で公募によるもの（特定株式投資信託を除きます。）の収益の分配

③　特定投資法人から支払を受ける投資口の配当等

④　特定受益証券発行信託で公募によるものの収益の分配

⑤　内国法人から支払を受ける特定目的信託で公募によるものの社債的受益権の剰余金の配当

⑥　上記①から⑤以外の内国法人から支払を受ける配当等で、1銘柄につき1回の支払金額が次の算式で計算した金額以下のもの

$$10万円 \times \frac{配当計算期間（※1）の月数（1月未満の端数は1月とし、12月を限度）}{12}$$

　※1　配当計算期間とは、その配当等の直前の配当等の支払の基準日の翌日からその配当等の支払の基準日までの期間をいいます（みなし配当については、原則として12月とします。）。

　※2　⑥の場合、住民税については総合課税を受けます。

(注1)　上場株式等の配当等の申告不要の特例は、1回に支払を受ける配当等の額ごとに選択適用ができます。また、1の申告分離課税制度及び上場株式等に係る譲渡損失と1の適用を受ける配当所得との損益通算制度の適用を受けるために確定申告書を提出する場合にも、この申告不要の特例を適用することができます。なお、源泉徴収選択口座内配当等について、申告不要の特例を適用する場合には、源泉徴収選択口座単位で行うことになります。

配当所得

**(注2)** 平成25年1月1日から令和19年12月31日までの間に支払を受ける配当等については、所得税とともに復興特別所得税が源泉徴収されます。

**(注3)** 確定申告書において、上場株式等の配当所得等を総合課税又は申告分離課税として申告した場合は、個人市・府民税も同様にその課税方法が適用されます。ただし、納税通知書が送達される日までに、確定申告書とは別に、市民税・府民税申告書を提出することにより、所得税等と異なる課税方法（申告不要制度、総合課税、申告分離課税）を選択することができます。

（例：所得税等は総合課税、個人市・府民税は申告不要制度）

---

《令和4年度税制改正事項》

　上場株式等の配当等に係る課税方式について、所得税と住民税の課税方式を一致させるため、所得税において総合課税又は申告分離課税の適用を受けようとする旨の記載のある確定申告書が提出された場合に限り、個人住民税においてもこれらの課税方式を適用することとされました。（地法32⑬、313⑬、地法附33の2②⑥）

**(注)** 上記の改正は、令和6年度分の個人住民税から適用することとされています。（令4改地法等附4①、11①）

---

## 4　源泉分離課税制度（措法8の2、8の3）

　(国外)私募公社債等運用投資信託の受益権又は特定目的信託の社債的受益権の収益の分配については、他の所得と区分して20.315%〈所得税及び復興特別所得税15.315%・住民税5%〉の税率による源泉徴収だけで課税関係が終了する源泉分離課税とされます。

**(注)** 平成25年1月1日から令和19年12月31日までの間に支払を受ける配当等については、所得税とともに復興特別所得税が源泉徴収されます。

---

ご注意

(1) 配当課税の特例措置の適用により確定申告をしない配当所得については、次の点にご注意ください。
① 寡婦、ひとり親、勤労学生、控除対象配偶者や扶養親族の判定の要件である所得金額には含めません。
② 配偶者特別控除を受けようとする人の所得金額及び控除額を計算する場合の基となる配偶者の所得金額にも含めません。
③ 雑損控除、医療費控除、寄附金控除の控除限度額を計算する場合の基準となる所得金額にも含めません。
④ 配当控除の計算の対象とはなりません。
⑤ 確定申告をしないことを選択できる配当所得について確定申告をした場合には、①～③の所得金額に含まれ、確定申告の際に総合課税を選択すれば、④の配当控除の対象となり、その後、更正の請求や修正申告をする場合に変更することはできません。
(2) 確定申告をしなければならない配当所得については、次の点に注意してください。
① 配当等（無記名のものを除きます。）の支払を受ける人は、その支払の確定する日までに、その支払取扱者に対して、氏名、住所及び個人番号を告知するとともに本人確認書類を提示しなければなりません。（所法224①）
② 無記名株式の剰余金の配当又は無記名の投資信託等の収益の分配につき支払を受ける人は、その支払を受ける際に、その支払取扱者に受領に関する告知書を提出するとともに本人確認書類を提示しなければなりません。（所法224②）

〔配当所得に対する課税のあらまし〕(令和4年分)

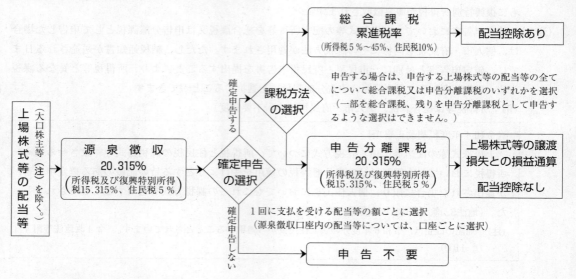

(注)　「大口株主等」…1の(注1)(289ページ)を参照

## 二　配当所得となるものの範囲

配当所得とは、次の範囲のものをいいます。

| | 配当所得となるもの |
|---|---|
| 配当等<br>(所法24) | ①　法人(公益法人等及び人格のない社団等を除きます。以下同じ。)から受ける剰余金の配当(株式又は出資(公募公社債等運用投資信託以外の公社債等運用投資信託の受益権及び社債的受益権を含みます。)に係るものに限り、資本剰余金の額の減少に伴うもの並びに分割型分割によるもの及び株式分配を除きます。)<br>②　利益の配当(合名会社、合資会社、合同会社、特定目的会社がその持分や口数に応じて支払うものをいい、分割型分割によるもの及び株式分配を除きます。)<br>③　剰余金の分配(出資に係るものに限ります。)<br>④　投資法人が利益を超えて株主に分配する金額のうち、その利益を超えた額が投資法人の計算に関する規則に規定する一時差異等調整引当額の増加額に相当する金額と同額であるもの<br>⑤　基金利息<br>⑥　投資信託(公社債投資信託及び公募公社債等運用投資信託を除きます。)の収益の分配(オープン型証券投資信託の特別分配金は、課税されません。)及び特定受益証券発行信託の収益の分配(法人税法第2条第12号の15に規定する適格現物分配に係るものを除きます。) |
| 配当等と<br>みなされ<br>るもの<br>(所法25) | (1)　法人の株主等が次に掲げる事由により金銭その他の資産の交付を受けた場合に、金銭と金銭以外の資産の価額(法人税法第2条第12号の15に規定する適格現物分配に係る資産にあっては、当該法人のその交付の直前の当該資産の帳簿価額に相当する金額)の合計額がその法人の資本金等の額のうちその交付の基因となったその法人の株式又は出資に対応する部分の金額を超え |

配 当 所 得

るときは、その超える部分の金額に係る金銭その他の資産は剰余金の配当等とみなされます。

① 法人の合併（法人課税信託に係る信託の併合を含み、適格合併を除きます。）

② 法人の分割型分割（適格分割型分割を除きます。）

③ 法人の株式分配（適格株式分配を除きます。）

④ 法人の資本の払戻し（資本剰余金の額の減少に伴う株式に係る剰余金の配当のうち分割型分割によるもの及び株式分配以外のもの並びに出資等減少分配をいいます。）又は法人の解散による残余財産の分配

⑤ 法人の自己の株式又は出資の取得（金融商品取引所の開設する市場における購入による取得その他一定の取得を除きます。）

⑥ 法人の出資の消却（取得した出資について行うものを除きます。）、法人の出資の払戻し、法人からの社員その他の出資者の退社若しくは脱退による持分の払戻し又は法人の株式若しくは出資をその法人が取得することなく消滅させること

⑦ 法人の組織変更（組織変更に際して組織変更をした法人の株式又は出資以外の資産を交付したものに限ります。）

(注) 上記のみなし配当には受領者の告知・本人確認及び支払調書制度の適用があります。(所法224の3③、225①十)

なお、被合併法人又は分割法人の株主等に剰余金の配当等として交付される金銭等及び合併反対株主等に対する買取請求に基づく対価として交付される金銭等は、一般の配当となります。(所令61③)

| 資本金等の額のうち株式に対応する部分の金額を超える金額 | 交付を受けた金銭等 | →みなし配当 |
| 資本金等の額のうち株式に対応する部分の金額 | | →株式譲渡益 |
| | | 株式の取得価額 |

(2) 平成30年4月以後に行われる合併及び分割型分割について、対価の交付が省略されたと認められる非適格合併又は非適格分割型分割が行われた場合には、その非適格合併又は非適格分割型分割に係る被合併法人又は分割法人の株主等が株式その他の資産の交付を受けたものとみなして、対価の交付があった場合と同様に、その省略された対価が配当等とみなされます。(所法25②、所令61④⑤)

| みなし配当課税の特例 | 相続又は遺贈により非上場株式を取得した個人でその相続等につき納付すべき相続税額があるものが、相続開始の日の翌日から相続税の申告書の提出期限の翌日以後3年を経過する日までの間にその非上場株式をその発行会社に譲渡した場合に、その譲渡の対価として交付を受けた金額のうち配当等とみなされる金額は、配当所得とはみなされず（配当控除は不適用）、発行会社から交付を受ける金銭の全額が株式の譲渡所得に係る収入金額とされます。

また、譲渡所得の計算に当たっては、その非上場株式を相続又は遺贈により取得したときに課された相続税のうち、その株式の相続税評価額に対応する部分の金額を取得費に加算して収入金額から控除することができます。(措法9の7、37の10、39、措令5の2、25の16、措規18の18)

(注1) 譲渡対価の全額を譲渡所得の収入とするためには、その非上場株式を発行会社に譲渡する時 |

収入金額、所得金額の計算

|  | までに「相続財産に係る非上場株式をその発行会社に譲渡した場合のみなし配当課税の特例に関する届出書」を発行会社を経由して、発行会社の本店又は主たる事務所の所在地の所轄税務署長に提出することが必要です。<br>（注2）　相続税額を取得費に加算する特例を受けるためには、確定申告をすることが必要です。 |

## 1　協同組合等の剰余金の分配

協同組合等から受ける剰余金の分配は、それぞれ次のような所得として取り扱われます。（所令62、所基通23～35共―4、23～35共―5）

①　協同組合等の組合員がその取り扱った物の数量、価額などその協同組合等の事業を利用した分量に応じて分配を受けるいわゆる事業分量配当金で、その協同組合等の各事業年度の所得の金額の計算上損金に算入されるもの（所令62④）……………事業所得など

②　農事組合法人、漁業生産組合又は生産森林組合の組合員がその組合からその事業に従事した程度に応じて分配を受けるいわゆる従事分量分配金については、次によります。

　イ　これらの法人がその事業に従事する組合員に対して給料、賞与などの給与を支給するものである場合（所令62①三）………………………………………配当所得

　ロ　これらの法人がその事業に従事する組合員に対して給料、賞与などの給与を支給しないものである場合（所令62②）………………………………事業所得など

③　企業組合員が、その事業に従事した程度に応じて分配を受ける従事分量分配金（所令62①一）………………………………………………………………配当所得

④　協業組合の組合員が定款に基づき出資口数に応じないで受ける分配金（所令62①二）…配当所得

⑤　農住組合の組合員が、組合事業の利用分量に応じて受ける分配金（所令62①四）………配当所得

⑥　労働者協同組合法の施行の日（令和4年10月1日）以後、労働者協同組合の組合員が、その事業に従事した程度に応じて受ける分配金（所令62①五）………………配当所得

　（注）　協同組合等……法人税法第2条第7号に規定する漁業協同組合、信用金庫、生産森林組合、農業協同組合、農事組合法人などの法人税法別表第3に掲げられている法人をいいます。

## 2　公社債投資信託の分配金など

投資信託のうち公社債投資信託及び公募公社債等運用投資信託の分配金、貸付信託又は金銭信託の収益の分配金、公社債の利子は、いずれも利子所得となります。（所法23）

## 3　株主優待券など

会社が利益の有無にかかわらず、株主などの地位によって交付する株主優待乗車券、株主優待入場券、株主優待施設利用券などの経済的な利益は配当所得ではなく、原則として、雑所得となります。（所基通24―2）

配 当 所 得

## 三　配当所得の金額の計算

　配当所得の金額は、その収入金額（税込み）そのものをいいます。しかし、株式などその元本を取得するために要した負債の利子でその年中に支払うものがある場合は、次の算式によって計算したものが配当所得の金額になります。（所法24②）

　なお、申告分離課税を選択した上場株式等に係る配当所得も同様に計算します。

> **収入金額－株式などを取得するための負債の利子＝配当所得の金額**

＜申告書への記載＞

| 配当等の収入金額（税込み） | （合計）　　　　　　　円 | A | ➡ 申告書第一表の「配当㋗」欄へ |

| 負債の利子 | 　　　　　　　　　　円 | B |

| A－B（差引金額） | (赤字のときは0)　　　円 | 配当所得の金額 | ➡ 申告書第一表の「配当⑤」欄へ |

### 1　収入金額の計算

　配当等は、それぞれの収入金額を次の区分に当てはめて、その該当する年分の所得として計算します。（所法36③、所基通36―4）

| 通常の配当<br>（剰余金の配当等） | 剰余金の配当、利益の配当、剰余金の分配、金銭の分配又は基金利息については、当該剰余金の配当について定めた効力を生ずる日によります。<br>　ただし、その効力を生ずる日を定めていない場合は、剰余金の配当等を行う法人の株主総会その他正当な権限を有する機関の決議のあった日によります。 |
|---|---|
| 無記名株式などの配当 | 現実に配当金を受けた日によります。 |
| 投資信託・特定目的信託の収益の分配 | ①　信託期間中のものは、収益計算期間満了の日によります。<br>②　信託の終了又は解約（一部の解約を含みます。）によるものは、その終了又は解約の日によります。 |
| みなし配当 | 非適格合併又は非適格分割型分割によるものは原則として合併又は分割の効力を生ずる日、非適格株式分配によるものは原則としてその効力を生ずる日、資本の払戻しによるものは資本の払戻しに係る剰余金の配当がその効力を生ずる日、自己株式・出資の取得によるものはその法人の取得の日、出資の消却・払戻し、社員等の退社・脱退によるものはこれらの事実があった日、組織変更によるものは原則として組織変更計画において定めたその効力を生ずる日、解散による残余財産の分配によるものは分配開始の日によります。 |
| 認定配当 | 支払をすべき日が定められているものは、その定められた日、定められていないものは現実に交付を受けた日によります。 |

収入金額、所得金額の計算

## 2 株式などを取得するための負債の利子─必要経費となるもの─

収入金額から差し引かれる負債の利子は、元本を取得するために要した負債の利子のうち元本保有期間に対応する部分の金額です。(所令59)

$$令和4年中に支払う負債の利子 \times \frac{負債により取得した株式などの所有期間の月数※}{12} = 差し引かれる負債の利子$$

※　1月に満たない場合は、1月として計算します。

### (1) 負債利子の対応計算の仕方

イ　負債により取得した株式などの一部を譲渡した場合

負債により取得した株式などの一部を譲渡した場合の配当等の収入金額から差し引かれる負債の利子は、次の算式によって計算した金額となります。(所基通24─8)

$$\left( \begin{array}{c} 令和4年中に支払う負債利 \\ 子のうち株式などの譲渡直 \\ 前までの期間に対応する額 \end{array} + \begin{array}{c} 令和4年中に支払う負債 \\ 利子のうち株式などの譲 \\ 渡後の期間に対応する額 \end{array} \times \frac{譲渡直後の株式などの数}{譲渡直前に所有していた株式などの数} \right) = 差し引かれる負債の利子$$

ただし、次の(2)に留意してください。

ロ　負債の借換えの場合

負債の借換えをしたものについては、引き続き同一の負債を有するものとみなして、当初の負債相当額と借換え後の負債の額とのいずれか低い金額を借換え後の株式取得に要した負債として認められることになっています。(所基通24─7)

ハ　負債により取得した株式等を買い替えた場合

負債により取得した株式等の全部又は一部を譲渡し、更に他の株式等を取得した場合には、当該他の株式等を取得するために要した負債の額は、その譲渡した株式等を取得するために要した負債の残存額(その額がその譲渡した株式等の譲渡代金を超える場合には、その超える部分の金額を除きます。)と当該他の株式等を取得するに際し新たに借り入れた負債の額との合計額(その合計額が当該他の株式等を取得するために要した金額を超える場合には、その超える部分の金額を除きます。)とされます。(所基通24─9)

ニ　その他

負債によって取得した株式が保有される限り、その負債の利子はその負債により取得した株式の配当収入だけでなく、他の株式の配当からも控除されます。(所基通24─5(1))

### (2) 負債の利子のうち配当収入から控除できないもの

①確定申告をしないことを選択した配当及び②源泉分離課税とされる私募公社債等運用投資信託等の収益の分配の元本を取得するための負債の利子は差し引くことはできません。(措通8の2─1、8の5─2)

また、負債によって取得した株式等を譲渡した場合の負債の利子は、これらの所得である事業所得の金額、雑所得の金額又は申告分離課税の株式等の譲渡所得等の金額の計算上控除しますから、配当所得の金額の計算上その収入金額から控除することはできません。

配当所得

しかし、負債の利子を、配当所得の金額の計算上控除するものと事業・雑所得又は申告分離課税の株式等の譲渡所得等の金額の計算上控除するものとに区分することが困難なときは、次の算式により計算した金額を配当所得の金額の計算上控除する負債の利子の額とすることができます。（所基通24—6）

$$\text{株式等を取得するために要した負債の利子の総額} \times \frac{\text{配当所得の収入金額}}{\text{配当所得の収入金額} + \text{その利子の額を差し引く前の申告分離課税となる株式等の譲渡所得等の金額及び総合課税の株式等の事業所得等の金額}}$$

### ⑶ 負債の利子を控除するための手続

配当所得の計算に当たって負債の利子を差し引くためには、株式などを買い入れるために借入れをしたという事実を明らかにする必要があります。そのためには、負債の対象となった株式などの買入時期、買入価額や負債の借入時期、借入金額など、その株式などと負債との対応事実を証明できる書類を借入先から交付を受ける必要があります。

## 3 配当所得の損失の取扱い

配当所得の金額の計算上生じた損失の金額は、他の所得の金額との損益通算はできません。（所法69）

---

【参考１】 非課税口座内の少額上場株式等に係る配当所得及び譲渡所得等の非課税措置

（措法9の8、37の14）

平成29年度の税制改正により、⑵の非課税累積投資契約に係る非課税措置（つみたてNISA）が創設され、⑴の非課税上場株式等管理契約に係る非課税措置（NISA）といずれかを選択して適用できることとされました。

⑴ 非課税上場株式等管理契約に係る非課税措置（NISA）

非課税口座内の少額上場株式等に係る配当所得及び譲渡所得等の非課税措置（NISA）は、20歳以上（口座開設の年の1月1日現在）の居住者又は国内に恒久的施設を有する非居住者(注1)を対象として、平成26年から令和5年までの間に、年間投資額120万円〔平成26年・27年は100万円〕を上限として非課税口座で取得した上場株式等の配当等(注2)やその上場株式等を売却したことにより生じた譲渡益が、非課税管理勘定が設けられた日の属する年の1月1日から最長5年間非課税（非課税期間）となる制度です(注3)。

この非課税措置を受けるためには、金融商品取引業者等に非課税口座を開設し、非課税管理勘定を設定する必要があります。

(注1) 令和元年度税制改正により、令和5年1月1日以後開設される非課税口座については、居住者等が非課税口座を開設することができる年齢要件が、その年1月1日において18歳以上（改正前：20歳以上）に引き下げられました。（措法37の14⑤一、平31改所法等附37①）

(注2) 非課税口座を開設する金融商品取引業者等を経由して交付されるものに限られ、上場株式等の発行者から直接交付されるものは課税扱いとなります。

収入金額、所得金額の計算

(注3) 非課税口座で取得した上場株式等を売却したことにより生じた損失はないものとみなされます。したがって、その上場株式等を売却したことにより生じた損失と、特定口座や一般口座で保有する上場株式等の配当等やその上場株式等を売却したことにより生じた譲渡益との損益通算や繰越控除をすることはできません。

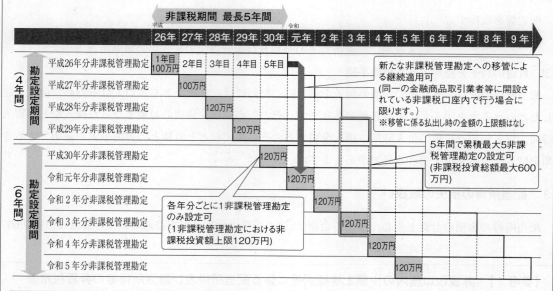

| 非 課 税 対 象 | 非課税口座内の少額上場株式等の配当等、譲渡益 |
|---|---|
| 開設者（対象者） | 口座開設の年の1月1日において満20歳以上の居住者等(注) |
| 口座開設可能期間 | 平成26年1月1日から令和5年12月31日までの10年間 |
| 金融商品取引業者等の変更 | 一定の手続の下で、1非課税管理勘定（各年分）ごとに変更可 |
| 非 課 税 投 資 額 | 1非課税管理勘定における投資額（①新規投資額及び②継続適用する上場株式等の移管された日における終値に相当する金額の合計額）は120万円を上限<br>※未使用枠は翌年以後繰越不可 |
| 非 課 税 期 間 | 最長5年間、途中売却可（ただし、売却部分の枠は再利用不可） |
| 非 課 税 投 資 総 額 | 最大600万円（120万円×5年間） |

(注) 令和元年度税制改正により、令和5年1月1日以後開設される非課税口座については、居住者等が非課税口座を開設することができる年齢要件が、その年1月1日において18歳以上（改正前：20歳以上）に引き下げられました。（措法37の14⑤一、平31改所法等附37①）

(2) **非課税累積投資契約(注1)に係る非課税措置（つみたてNISA）**

イ　金融商品取引業者等の営業所に非課税口座を開設している居住者等が、その非課税口座に累積投資勘定(注2)を設けた日から同日の属する年の1月1日以後20年を経過する日までの間に支払を受けるべきその累積投資勘定に係る公社債投資信託以外の証券投資信託（その受益権が金融商品取引所に上場等がされているもの又はその設定に係る受益権の募集が一定の公募により行われたもので、信託契約期間等について一定の要件を満たすものに限ります。

以下「上場等株式投資信託」といいます。）の配当等（その金融商品取引業者等がその配当等の支払の取扱者であるものに限ります。）については、所得税が非課税となる制度です。（措法9の8）

ロ　金融商品取引業者等の営業所に非課税口座を開設している居住者等が、その非課税口座に累積投資勘定を設けた日から同日の属する年の1月1日以後20年を経過する日までの間にその累積投資勘定に係る上場等株式投資信託の受益権の非課税累積投資契約に基づく譲渡をした場合には、その譲渡による譲渡所得等については、所得税が非課税となります。（措法37の14①）

　　また、その上場等株式投資信託の受益権の譲渡による損失金額は、所得税に関する法令の規定の適用上、ないものとみなされます。（措法37の14②）

(注1)　「非課税累積投資契約」とは、上記イ及びロの非課税の適用を受けるために居住者等が金融商品取引業者等と締結した累積投資契約（その居住者等が、一定額の上場等株式投資信託の受益権につき、定期的に継続して、その金融商品取引業者等に買付けの委託等をすることを約する契約で、あらかじめその買付けの委託等をする受益権の銘柄が定められているものをいいます。）により取得した上場等株式投資信託の受益権の振替口座簿への記載等に係る契約で、その契約書において、一定の事項が定められているものをいいます。（措法37の14⑤四）

(注2)　「累積投資勘定」とは、非課税累積投資契約に基づき振替口座簿への記載等がされる上場等株式投資信託の受益権の振替口座簿への記載等に関する記録を他の取引に関する記録と区分して行うための勘定で、一定の要件を満たすものをいいます。（措法37の14⑤五）

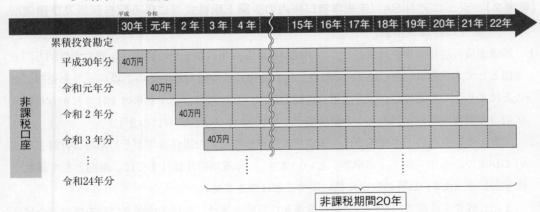

○つみたて NISA と NISA の対比

|  | つみたて NISA | NISA（注1） |
|---|---|---|
| 開 設 者 （ 対 象 者 ） | 口座開設の年の1月1日において20歳以上の居住者等（注2） | |
| 投 資 対 象 商 品 | 上場等株式投資信託 | 上場株式・公募株式投資信託等 |
| 毎 年 の 投 資 上 限 額 | 40万円 | 120万円（平成26、27年は100万円） |
| 非 課 税 期 間 | 20年間 | 5年間 |
| 口 座 開 設 可 能 期 間 | 平成30年〜令和24年（25年間） | 平成26年〜令和5年（10年間） |
| 投 資 方 法 | 定期かつ継続的な方法で投資 | 制限なし |
| 金融商品取引業者等の変更 | 年分ごとに変更可能 | |

- **（注1）** 令和2年度税制改正により、現行の「NISA（非課税管理勘定）」の勘定設定期間（平成26年1月1日から令和5年12月31日まで）の終了にあわせ、令和6年1月1日から令和10年12月31日までを勘定設定期間とする新たな「NISA（特定累積投資勘定及び特定非課税管理勘定）」が創設され、年分ごとに「つみたて NISA」と選択して適用できることとされました。（措法37の14①等）
- **（注2）** 令和元年度税制改正により、令和5年1月1日以後開設される非課税口座については、居住者等が非課税口座を開設することができる年齢要件が、その年1月1日において18歳以上（改正前：20歳以上）に引き下げられました。（措法37の14⑤一、平31改所法等附37①）

## 【参考2】 ジュニア NISA（未成年者口座内の少額上場株式等に係る配当所得及び譲渡所得等の非課税措置）

（措法9の9、37の14の2）

(1) 20歳未満の居住者等を対象として、平成28年から令和5年までの間に、年間投資額80万円を上限として未成年者口座（注1）で取得した上場株式等の配当等やその上場株式等を売却したことにより生じた譲渡益が、非課税管理勘定が設けられた日の属する年の1月1日から最長5年間（非課税期間）非課税となる制度です。（措法9の9①、37の14の2①）

(2) 未成年者口座内の上場株式等は、未成年者口座を開設した居住者等がその年の3月31日において18歳である年（以下「基準年」といいます。）の前年12月31日までは、原則として課税未成年者口座（注2）以外の口座に払い出すことはできません。

　　また、課税未成年者口座内の上場株式等及び預貯金等は、課税未成年者口座を開設した居住者等の基準年の前年12月31日までは、その預貯金等を未成年者口座における上場株式等の取得のために払い出す場合等を除き、原則として課税未成年者口座から払い出すことはできません。（措法37の14の2⑤二へ、六二）

(3) その年の1月1日において20歳である居住者等が同日に未成年者口座を開設している場合には、同日以後は、未成年者口座が開設されている金融商品取引業者等の営業所にその居住者等の非課税口座（NISA）が開設されたものとみなされ、未成年者口座の非課税管理勘定において管理されていた上場株式等は、その非課税口座（NISA）に移管することができます。（措法

配当所得

37の14⑤二イ、⑲、措令25の13⑩二）

(注1) 「未成年者口座」とは、その年の1月1日において20歳未満又はその年に出生した居住者等が、前記の非課税措置の適用を受けるため、一定の手続の下で、平成28年から令和5年までの間に金融商品取引業者等の営業所に開設した口座（1人につき1口座に限ります。）をいいます。（措法37の14の2⑤一、⑱）

(注2) 「課税未成年者口座」とは、居住者等が未成年者口座を開設している金融商品取引業者等の営業所等に開設した特定口座、預貯金口座等で構成されるもののうち、その未成年者口座と同時に設けられるものをいいます。未成年者口座で管理されている上場株式等につき支払を受ける配当等及びその上場株式等を譲渡した場合におけるその譲渡の対価に係る金銭その他の資産については、課税未成年者口座において管理されます。（措法37の14の2⑤二ヘ、五）

(注3) 令和元年度税制改正より、令和5年1月1日以後開設される未成年者口座及び同日以後に設けられる非課税管理勘定については、居住者等が未成年者口座の開設並びに非課税管理勘定及び継続管理勘定の設定をすることができる年齢要件が、その年1月1日において18歳未満（改正前：20歳未満）に引き下げられることとされました。（措法37の14の2①二、⑤一～四、平31改所法等附38①）

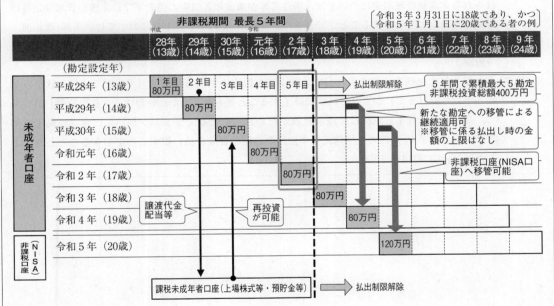

収入金額、所得金額の計算

| 非 課 税 対 象 | 未成年者口座内の少額上場株式等の配当等、譲渡益 |
|---|---|
| 開 設 者 （ 対 象 者 ） | 口座開設の年の１月１日において20歳未満又はその年に出生した居住者等<br>(注１) |
| 口 座 開 設 可 能 期 間 | 平成28年４月１日から令和５年12月31日までの８年間(注２) |
| 金融商品取引業者等の 変 更 | 変更不可（１人につき１口座のみ） |
| 非 課 税 投 資 額 | １非課税管理勘定における投資額（①新規投資額及び②継続適用する上場株式等の移管された日における終値に相当する金額の合計額）は80万円を上限<br>※未使用枠は翌年以後繰越不可 |
| 非 課 税 期 間 | 最長５年間、途中売却可（ただし、売却部分の枠は再利用不可） |
| 非 課 税 投 資 総 額 | 最大400万円（80万円×５年間） |
| 払 出 制 限 | その年の３月31日において18歳である年（基準年）の前年12月31日までは、原則として未成年者口座及び課税未成年者口座からの払出しは不可 |

**(注１)** 令和元年度税制改正により、令和５年１月１日以後開設される未成年者口座及び同日以後に設けられる非課税管理勘定については、居住者等が未成年者口座の開設並びに非課税管理勘定及び継続管理勘定の設定をすることができる年齢要件が、その年１月１日において18歳未満(改正前：20歳未満)に引き下げられることとされました。（措法37の14の２①二、⑤一〜四、平31改所法等附38①）

**(注２)** 令和２年度税制改正により、ジュニアNISA口座の開設可能期間（平成28年４月１日から令和５年12月31日まで）が延長されずに終了することとされたほか、いわゆる「払出制限」について、令和６年１月１日以後は、源泉徴収が行われることなくジュニアNISA口座（課税未成年者口座を含みます。）内の上場株式等や金銭その他の資産を払い出すことができることとされました。（措法37の14の２⑥⑧）

## 不　動　産　所　得

　土地、建物などの不動産あるいは地上権、永小作権などの不動産上の権利又は船舶（総トン数20トン以上）や航空機の貸付けなどによって生ずる所得を不動産所得といいます。不動産所得のある人は、確定申告書の次の欄で申告することになります。

（収入金額等）　不動産 ［区分1］□ ［区分2］□ ㋒ □□□□□□□□□□ ← 青色申告決算書又は収支内訳書の収入金額

（所得金額）　不　動　産 ③ □□□□□□□□□ ← 青色申告決算書又は収支内訳書の所得金額

> この申告書の様式は、申告書第一表の一部分です。

**（注1）**　「区分1」の□には、国外中古建物の不動産所得に係る損益通算等の特例（措法41の4の3）の適用がある場合は、「1」を記入します。

**（注2）**　「区分2」の□には、令和4年の記帳・帳簿の保存の状況について、次の場合に応じて、それぞれ次の数字を記入します。

| | |
|---|---|
| 電子帳簿保存法の規定に基づき、税務署長の承認を受けて、総勘定元帳、仕訳帳等について電磁的記録等による備付け及び保存を行っている場合 | 1 |
| 会計ソフト等の電子計算機を使用して記帳している場合（1に該当する場合を除きます。） | 2 |
| 総勘定元帳、仕訳帳等を備え付け、日々の取引を正規の簿記の原則（複式簿記）に従って記帳している場合（1及び2に該当する場合を除きます。） | 3 |
| 日々の取引を正規の簿記の原則（複式簿記）以外の簡易な方法で記帳している場合（2に該当する場合を除きます。） | 4 |
| 上記のいずれにも該当しない場合（記帳の仕方が分からない場合を含みます。） | 5 |

## 一　不動産所得となるものの範囲 （所法26）

　不動産所得となるものの範囲の分類と、そのうちでも特に所得の見分け方などについて気を付けなければならない点は次のとおりです。

収入金額、所得金額の計算

| 種　　目 | 気 を 付 け な け れ ば な ら な い 点 |
|---|---|
| **不動産の貸付け**<br><br>〔貸家、貸事務所、貸間、アパート、マンション、貸ガレージ、貸宅地など〕 | ○　不動産の貸付けによる所得は、その貸付けの規模等にかかわらず、原則として事業所得ではなく不動産所得となります。<br><br>○　**貸間**、**下宿**などの所得は、一般的には不動産所得ですが、賄付下宿のような場合は、その経営の程度に応じ事業所得又は雑所得となります。（所基通26―4）<br><br>○　**不動産業者**が販売の目的で取得した不動産を一時的に貸し付けた場合の所得は、不動産売買業の付随的業務から生じたものであり、事業所得となります。また、**貸金業者**が代物弁済等により取得した不動産の一時的貸付けの場合の所得も同様です。（所基通26―7、27―4）<br><br>○　**ケース貸し**の所得は、店舗の部分貸付けと同様ですから不動産所得となります。（所基通26―2）<br><br>○　事業主がその従業員に**寄宿舎**などを提供している場合に受ける賃貸料は、通常、福利厚生的な要素が強く実費程度となっているものですから、事業所得となります。（所基通26―8）<br><br>○　海水浴場などにおける**バンガロー**など、簡易な施設の季節的貸付けによる所得は事業所得又は雑所得となります。（所基通27―3）<br><br>○　**貸ガレージ**による所得は、その形態が不動産の貸付けであると認められる場合は不動産所得となりますが、時間貸しの有料駐車場のように自己の責任において他人のものを保管する場合の所得は事業所得又は雑所得となります。（所基通27―2）<br><br>○　**建物に附属する物**、例えば、畳、建具又は定置された機械設備や船舶の属具などを建物等と一体的に貸し付け、賃貸料を収受している場合は、その全部の対価が不動産所得となります。 |
| **不動産上の権利の貸付けなど**<br><br>〔地上権、地役権、永小作権、借地権等の設定又は貸付け〕 | ○　借地権や地役権の設定、借地権の転貸により一時に受け取る**権利金**や頭金などは、原則として不動産所得ですが、特定の借地権、地役権の設定に基づく権利金及び**敷金などの預かりから生ずる特別の経済的利益**は、譲渡所得及び事業所得又は雑所得となる場合があります。（329ページ(3)参照）<br><br>○　借地権などの契約期間満了に伴う存続期間延長の対価として受ける**更新料**や借地人の名義が変わるため、地主の承諾を求める対価として支払を受ける**名義書替料**は、原則として、不動産所得になります。しかし、名目上更新料であっても、契約の重要部分について変更を加えるもの（更改）に当たる場合は新たな借地権設定の対価として、その借地権の設定の対象となった土地の時価の2分の1を超えるときは、譲渡所得になります。（所令79、所基通26―6）<br><br>○　**鉱業権**、**漁業権**などは不動産上の権利ではないので、これらの権利の使用権の設定その他他人に使用させることによる所得は、事業所得又は雑所得となります。 |
| そ　の　他 | ○　広告などのため、土地、建物の屋上や側面などに、**ネオンサイン**や**広告看板**を取り付けさせることによって受ける使用料は不動産所得になります。（所基通26―5） |

不動産所得

## 二　不動産所得の金額の計算

不動産所得の金額は、事業所得の場合と同様、次の算式によって計算します。(所法26②)

> 総収入金額−必要経費＝不動産所得の金額

## 1　総収入金額の計算

不動産所得に係る総収入金額の計算に当たり、特に気を付けなければならない点は次のとおりです。(所基通36─5～36─7)

| 計算の期間 | 1月1日から12月31日までの収入の確定した金額によって計算します。 |
|---|---|
| 収入の時期の一般的な原則 | ①　契約、その他慣習などによって賃貸料の支払の期日などが定められている場合には、その定められた支払の期日(継続的記帳等一定要件に該当する場合は、その年中の貸付期間に対応する賃貸料の額の計上が認められます。)<br>②　支払の期日が定められていない場合で、請求があったときに支払うべきものは請求のあった日、その他のものは実際に支払を受けた日 |

| 特別な場合の収入時期 | 供託家賃 | 不動産の賃貸借契約に関し借主が家賃などを供託している場合は、次のようになります。<br>①　賃貸借契約の存否が争いの原因である場合……その係争が解決した日<br>②　賃貸料の値上げなどが争いの原因である場合……賃貸料相当額として供託された金額については、上記の一般的な原則による日。また、その金額を超える部分については、①の日 |
|---|---|---|
| | 頭金・権利金・名義書替料・更新料 | 不動産等の貸付けにより一時に受ける頭金、権利金、名義書替料、更新料等は、次によります。<br>①　貸付物件の引渡しを要するもの……引渡しのあった日(契約の効力発生の日で申告してもよいことになっています。)<br>②　貸付物件の引渡しを要しないもの……契約の効力発生の日 |
| | 敷金保証金 | 不動産の賃貸の際に収受する敷金などは、原則として明け渡すときに借主に返還しますから、その預かった年分の収入金額には算入されません。<br>　しかし、敷金などの一部について、次のような契約をしている時は、それぞれ次の年分の収入金額に算入する必要があります。<br>①　賃貸期間の経過に関係なく返還しない定めとなっている部分の金額＜計算例1＞<br>　㋑　貸付物件の引渡しを要するもの……引渡しのあった年分(契約の効力発生の年分で申告してもよいことになっています。)<br>　㋺　貸付物件の引渡しを要しないもの……契約の効力発生の年分<br>②　賃貸期間の経過に応じ返還しない金額が増加する定めとなっている場合のその増加する部分の金額＜計算例2＞……………………………その増加することとなる年分<br>③　賃貸借契約の解約などの時に、返還しなかった金額が①の金額を超えている場合の |

───(305)───

収入金額、所得金額の計算

その超えている部分の金額＜計算例3＞……………………………解約などのあった年分

---

**――返還を要しない敷金の収入時期――**

**＜計算例1＞**

**（設　例）**

○　令和4年3月10日の賃貸借契約によって受け取った敷金　500,000円……イ

○　敷金の返還条件

　　解約の際に20％を差し引き残額を返還する。………………………………ロ

**（計　算）**

$\underset{\text{（イの敷金）}}{500,000円} \times \underset{\left(\begin{array}{c}\text{居住期間にかかわり}\\\text{なく返還しない割合}\end{array}\right)}{20\%} = 100,000円$ …令和4年分の総収入金額に算入する。

**＜計算例2＞**

**（設　例）**

○　令和4年4月20日の賃貸借契約によって受け取った敷金　400,000円……ハ

○　敷金の返還条件

契約後返還しないこととしている部分 $\left\{\begin{array}{l}\text{1年以内に解約のときは、敷金のうち10％}\cdots\cdots\text{ニ}\\\text{2年以内に解約のときは、敷金のうち15％}\cdots\cdots\text{ホ}\\\text{2年を超えて解約のときは、敷金のうち20％}\cdots\cdots\text{ヘ}\end{array}\right.$

**（計　算）**

$\underset{\text{（ハの敷金）}}{400,000円} \times \underset{\left(\begin{array}{c}\text{居住期間にかかわり}\\\text{なく返還しない割合}\end{array}\right)}{10\%Ⓐ} = 40,000円$ …令和4年分の総収入金額に算入する。

$\underset{\text{（ハの敷金）}}{400,000円} \times \underset{\left(\text{ホ}-\text{ニ}\right)}{(15\%-10\%)Ⓑ} = 20,000円$ …令和5年分の総収入金額に算入する。

$\underset{\text{（ハの敷金）}}{400,000円} \times \underset{\left\{\text{ヘ}-(Ⓐ+Ⓑ)\right\}}{\left\{20\%-(10\%+5\%)\right\}} = 20,000円$ …令和6年分の総収入金額に算入する。

**＜計算例3＞**

**（設　例）**

○　令和4年5月30日の賃貸借契約によって受け取った敷金　500,000円……ト

○　敷金の返還条件

契約後返還しないこととしている部分 $\left\{\begin{array}{l}\text{1年以内に解約のときは、敷金のうち20％}\cdots\cdots\text{チ}\\\text{2年以内に解約のときは、敷金のうち15％}\cdots\cdots\text{リ}\\\text{2年を超えて解約のときは、敷金のうち10％}\cdots\cdots\text{ヌ}\end{array}\right.$

**（計　算）**

$\underset{\text{（トの敷金）}}{500,000円} \times \underset{\left(\begin{array}{c}\text{居住期間にかかわり}\\\text{なく返還しない割合}\end{array}\right)}{10\%Ⓒ} = 50,000円$ ……令和4年分の総収入金額に算入する。

※　令和5年8月に解約した場合

$\underset{\text{（トの敷金）}}{500,000円} \times \underset{\left(\text{リ}-Ⓒ\right)}{(15\%-10\%)Ⓑ} = 25,000円$ ……令和5年分の総収入金額に算入する。

〈特別な収入〉

| | 取扱いの内容 |
|---|---|
| アパートの共益費など | アパート、マンション、貸事務所などの入居者から、水道光熱費や入居者が共同して負担する共益費の支払を受けた場合、又は貸付建物の破損などにより受ける実費弁償金などを受けた場合は不動産所得の総収入金額に算入します。 |
| 損害賠償金 | 不動産などの賃貸借契約の解除に伴う明渡しが遅滞した場合に受ける損害賠償金などは、不動産所得の総収入金額に算入します。 |
| 保証金の経済的利益 | 借地権の設定に伴って賃貸人が賃借人から預託を受ける保証金の経済的利益については、原則として適正な利率により計算した利息に相当する金額を不動産所得の総収入金額に算入します。 |

〈臨時所得となるもの〉

不動産所得となるもののうち、例えば、権利金、不法占拠により受ける損害賠償金などは、支払を受けたその年分の総収入金額に算入しますが、その実質は、数年分の賃貸料に相当している場合が普通です。

この場合において、３年以上の期間、不動産等を使用させることを約することにより一時に受ける権利金、頭金その他の対価（名義書替料や承諾料を含みます。）で、その金額が、その契約による資産の使用料の２年分に相当する金額以上であるものに係るその不動産所得は、臨時所得として特別な方法で税額の計算をすることができる場合があります。（所令８二）（652ページ参照）

## 2　必要経費の計算

不動産所得の必要経費となるものは、事業所得の場合とおおむね同じですから、その取扱いについては、事業所得の六以下を参照してください。

なお、不動産所得の計算上、特に気を付けなければならない点は次のとおりです。

| 科目 | 取扱いの内容 |
|---|---|
| 減価償却費 | サービス付き高齢者向け賃貸住宅等については、一定の要件に該当すれば割増償却が認められます。（旧措法14）（４参照）<br>また、特定都市再生建築物等についても割増償却が認められます。（措法14）（230ページ⒇参照） |
| 事業専従者控除額（青色専従者給与） | 生計を一にする配偶者やその他の親族がアパート管理などの職務に専従している場合には、その建物の貸付けが事業といわれる程度の規模で営まれている場合に限り、青色申告者の場合は「青色専従者給与」、白色申告者の場合は「事業専従者控除額」を差し引くことができます。<br>※　青色専従者給与の額は、その仕事の内容や従事の程度、他の使用人の給与の額などからみて、通常相当と認められる適正な金額として、あらかじめ届け出た金額の範囲内に限られます。<br>※　青色事業専従者や白色の事業専従者がある場合には、青色申告決算書の専従者給与の額や収支内訳書の専従者控除の額を申告書の第一表・その他「専従者給与（控除）額の合計額(57)」 |

収入金額、所得金額の計算

欄に転記します。

　　また、申告書第二表の「事業専従者に関する事項」欄に所要事項（程度、仕事の内容は白色申告の方のみ）を記載します。

---

**建物の貸付けが事業として行われているかどうかの判定**

　建物の貸付けが不動産所得を生ずべき事業として行われているかどうかは、社会通念上事業と称する程度の規模で建物の貸付けを行っているかどうかにより判定することとされていますが、次の①又は②のいずれか一にあてはまるときは、特に反証がない限り、事業として行われていると判断されます。（所基通26—9）

①　貸間、アパート（棟割長屋を含みます。）については、貸与することができる独立した室数がおおむね10以上であること

②　独立家屋（①は除きます。）の貸付けについては、おおむね5棟以上であること

　なお、賃貸料の収入の状況、貸付資産の管理の状況などからみて、①、②の場合に準ずる事情があると認められる場合には、原則として、事業として行われていると判断されます。

---

| 立退料 | 建物の賃借人を立ち退かせるために支払う立退料は、原則として不動産所得の必要経費になります。（所基通37—23）しかし、建物の譲渡に際して支払うものや建物の敷地などを譲渡するためにその建物を取り壊した際に支払うものは、譲渡所得の計算上差し引くことになります。（所基通33—7(2)） |
|---|---|
| 固定資産の損失 | 不動産、船舶、航空機などの取壊し、除却、滅失などによる損失額は、次のように取り扱います。（所法51①④）<br>①　これらの資産の貸付けを事業として営んでいる場合は、その全額を必要経費に算入します。<br>②　①以外の場合は、不動産所得の金額（その損失額を必要経費に算入しないで計算した金額）を限度として必要経費に算入します。ただし、その損失が災害によるものである場合には、選択により、雑損控除の対象とすることもできます。 |
| 翌年以後の費用の見積計上 | 不動産等の貸付けの対価として、翌年以後の貸付期間にわたる賃貸料を一括して受け取り、その年分の総収入金額に算入した場合には、翌年から解約の日までの間の各年において通常生ずると見込まれる費用を見積もって必要経費に算入することができます。<br>　この場合、翌年以後において、実際に生じた費用や損失額が見積額と異なるようなときにはその差額を異なることとなった日の属する年分の総収入金額又は必要経費に算入します。（所基通37—3） |

**(注)**　青色申告の場合は、青色申告特別控除控除後の金額が不動産所得の金額となります。

　　なお、この場合は、申告書第一表・その他「青色申告特別控除額㉘」欄に、青色申告決算書に記入した当該金額を転記します。

## 3　不動産所得の損失の取扱い

　不動産所得の金額の計算上生じた損失の金額は一定の順序により、他の所得と損益通算をすることができますが、その損失のうち、土地等を取得するために要した借入金の利子の額に対応する部分の金額及び民法組合等の特定組合員の不動産所得の損失額は損益通算をすることはできません。（詳細

不動産所得

は387ページ(2)参照)

## 4　サービス付き高齢者向け賃貸住宅の割増償却（平成29年3月31日以前の取得等に適用）

　個人が、高齢者の居住の安定確保に関する法律等の一部を改正する法律の施行の日（平成23年10月20日）から平成29年3月31日までの間に、新築されたサービス付き高齢者向け賃貸住宅を取得又は新築して、これを賃貸の用に供した場合には、その個人の不動産所得の金額の計算上、その賃貸の用に供した日以後5年以内でその用に供している期間に限り、そのサービス付き高齢者向け賃貸住宅の償却費として必要経費に算入する金額は、以下の割合を乗じて計算した金額とすることができます。（旧措法14①）

| 取得等の時期 耐用年数 | 平成27年3月31日まで | 平成27年4月1日から 平成28年3月31日まで | 平成28年4月1日から 平成29年3月31日まで |
|---|---|---|---|
| 耐用年数が35年未満 | $\dfrac{128}{100}$ | $\dfrac{114}{100}$ | $\dfrac{110}{100}$ |
| 耐用年数が35年以上 | $\dfrac{140}{100}$ | $\dfrac{120}{100}$ | $\dfrac{114}{100}$ |

〈適用手続〉（最初に割増償却の特例の適用を受ける場合）

　申告書第二表の「特例適用条文等」欄に「旧措法14条1項」等と記載し、割増償却に関する明細書を添付するとともに、次の書類を確定申告書に添付することが必要です。（旧措令7②、旧措規6）

・サービス付き高齢者向け賃貸住宅に係る高齢者の居住の安定確保に関する法律第6条第1項に規定する申請書の写し

・都道府県知事の同法第7条第3項の登録をした旨を証する書類の写し

——(309)——

# 給　与　所　得

　勤務先から受ける給料、賃金、賞与や、これらの性質を有する給与（以下「給与等」といいます。）に係る所得を給与所得といいます。

　給与所得のある人は、通常、年末調整によって所得税が精算されていますので、ほとんどの人は申告する必要はありませんが、先に述べましたように給与所得者でも確定申告をしなければならないこととされている人、又は確定申告により源泉徴収税額の還付を受ける人は、確定申告書の次の欄で申告することになります。

（収入金額等）　　給　　与　｜区分｜□｜㋕｜　　　　　　　　　　　　｜

（所得金額）　　給与｜区分｜　　　｜⑥｜　　　　　　　｜

> この申告書の様式は、申告書第一表の一部分です。

※1　「㋕欄」の「区分」の□は、所得金額調整控除を受ける場合のみ記入します。記載方法については、321ページを参照ください。

※2　「⑥欄」の「区分」の□は、給与所得者の特定支出控除を受ける場合のみ記入します。記載方法については、326・327ページを参照ください。

---

　給与所得者で確定申告をしなければならない場合については、97ページで述べたとおりですが、そのあらましは次のとおりです。

① 源泉徴収による所得税の精算が済んでいない場合など………年間の給与収入が2,000万円を超える人、給与所得及び退職所得以外の所得の合計額が20万円を超える人、2か所以上から給与を受けている人、家事使用人などで給与について所得税の源泉徴収をされていない人、同族会社の役員等でその会社から不動産の使用料等の支払を受けている人など

② 所得税の軽減手続を確定申告でしなければならない場合………災害減免法による源泉徴収税額の徴収猶予や還付を受けた人、雑損控除や住宅借入金等特別控除などの適用を受ける人など

—— (310) ——

給与所得

## 一 給与所得の範囲 （所法28）

給与所得とされる給与等とは、次の範囲のものをいいます。

| 給 与 等 の 種 別 | |
|---|---|
| 給 与 等 | 俸給、給料、賃金、歳費、賞与、その他これらの性質のある給与 |
| | 給与等には、金銭で支給されるものだけでなく、例えば、使用者から受ける次のような経済的利益を含みます。（所基通36—15）<br>① 土地、家屋等を無償又は低い対価で利用する場合……通常支払うべき対価の額又はその通常支払うべき対価の額と実際に支払う対価の額との差額に相当する利益<br>② 金銭を無利息又は通常の利率よりも低い利率により借り入れ又は提供を受けた場合……通常の利率により計算した利息の額又はその通常の利率により計算した利息の額と実際に支払う利息の額との差額に相当する利益<br>③ 借入金その他の債務の免除を受けた場合……その免除を受けた金額に相当する利益<br>④ 債務を使用者が負担した場合（個人的費用の負担を含みます。）……負担をした金額に相当する利益 |

〈紛らわしい所得〉

給与所得（出来高払の給与）又は事業所得（請負の報酬）の区分は、雇用契約又は請負契約のいずれによるものかを個々の実情に照らし判定することとなりますが、その判定の基準はおおむね次のとおりです。

① 他人が代替して業務を遂行すること又は役務を提供することが認められるかどうか

② 報酬の支払者から作業時間を指定される、報酬が時間を単位として計算されるなど時間的な拘束（業務の性質上当然に存在する拘束を除きます。）を受けるかどうか

③ 作業の具体的な内容や方法について報酬の支払者から指揮監督（業務の性質上当然に存在する指揮監督を除きます。）を受けるかどうか

④ まだ引渡しを了しない完成品が不可抗力のため滅失するなどした場合において、自らの権利として既に遂行した業務又は提供した役務に係る報酬の支払を請求できるかどうか

⑤ 材料又は用具等（くぎ材等の軽微な材料や電動の手持ち工具程度の用具等を除きます。）を報酬の支払者から供与されているかどうか

〈医師等の受ける委嘱料や報酬等〉

次の委嘱料や報酬については、給与等として取り扱われます。（所基通28—9の2、28—9の3）

① 医師又は歯科医師が、地方公共団体などの開設する救急センターや病院で、休日、祭日又は夜間に診療等を行うことにより地方公共団体などから受ける委嘱料等

（注） 医師又は歯科医師が休日、祭日又は夜間にその経営する病院、診療所、医院などで診療等を行うことにより地方公共団体などから受ける委嘱料等は、事業所得となります。（所基通27—5(5)）

収入金額、所得金額の計算

② 大学病院の医局等若しくは教授等又は医療機関のあっせんにより派遣された医師又は歯科医師が、派遣先の医療機関において診療等を行うことにより派遣先の医療機関から受ける報酬等

**(注1)** 大学病院の医局等とは、大学の医学部、歯学部若しくはその附属病院又はこれらの教室若しくは医局をいいます。

**(注2)** 教授等とは、大学病院の医局等の教授、准教授、講師、助教又は助手をいいます。

## 二 収入金額の計算

給与所得の収入金額は、その年中に収入することが確定した金額をいいます。この金額は、給与の支払者から交付される「給与所得の源泉徴収票」(**六**参照)の「支払金額」欄に明示されていますから、この金額を合計したものが給与所得の収入金額となります。

この収入金額は、必ずしも金銭で支給されたものに限らず、一般に現物給与といわれている物品や権利その他の経済的利益をも含んで計算されています。(所法36①)

### 1 現物給与

一般に現物給与といわれているものについては、次のように金銭供与に対する課税とは異なった取扱いになっています。

#### ⑴ 食事の支給

使用者が支給する食事(宿日直又は残業をした場合に支給される食事を除きます。)については、その支給を受ける人がその食事の価額の半額以上を負担すれば、原則として課税されません。ただし、その食事の価額からその人の負担した金額を控除した残額(使用者の負担額)が月額3,500円(下記**(注)**参照)を超えるときは、次の金額が給与とされます。(所基通36—38の2)

その食事の価額 − その人の負担した金額 = 給与とされる金額

この場合の食事の価額は、

① 使用者において調理して支給する食事については、その食事の主食、副食、調味料等に要した、いわゆる直接費の額に相当する金額により、

② 使用者が飲食店等から購入して支給する食事については、その購入価額に相当する金額により、それぞれ評価します。(所基通36—38)

以上のほか、食事を支給した場合の取扱いについては、次のような特例が設けられています。

イ 通常の勤務時間外に宿日直又は残業をした役員又は使用人に対し、これらの勤務をすることにより支給する食事については、課税されません。(所基通36—24)

ロ 乗船中の船員に対し船員法第80条第1項《食料の支給》の規定により支給する食事については、課税されません。(所法9①六、所令21一)

なお、船員法第80条第1項の規定の適用がない漁船の乗組員に対し、その乗船中に支給される食事については、その乗組員の勤務がその漁船の操業区域において操業する他の同条の規定の適用が

給 与 所 得

ある漁船の乗組員の勤務に類すると認められる場合に支給されるものに限り、課税されません。(所基通9―7)

(注) 支給する食事に係る経済的利益については、消費税等を含めないこととされています。したがって、所定の方法により計算した金額から、消費税及び地方消費税の額を除いた金額(10円未満の端数切捨て)により、非課税限度額の判定を行います。(平元直法6―1「2」、平26課法9―1改正)

## (2) 制服の支給

職務の性質上制服を着用しなければならない役員又は使用人に対して支給し又は貸与する制服その他の身の回り品については、課税されません。(所法9①六、所令21二、三)

また、専ら勤務場所のみで着用するために支給又は貸与する事務服、作業服等についても課税されません。(所基通9―8)

ただし、これらの制服等の支給又は貸与に代えて金銭を支給する場合には、その金額の多少にかかわらず給与所得として課税の対象とされます。

## (3) 水道光熱費等の支給

① 雇主の負担した寄宿舎等の電気、ガス、水道等の料金で、通常必要と認められる範囲内のものであり、かつ、各従業員の使用分のわからないもの(所基通36―26)……課税されません。

② 掘採場勤務者に支給する石炭その他の燃料(所基通36―25)……課税されません。

## (4) 記念品の支給

① 永年勤続者表彰のための記念品で受彰者の地位等に照らして社会通念上相当と認められるものであり、かつ、おおむね10年以上の勤続年数の者を対象とするもの(2回以上表彰を受ける者については、おおむね5年以上の間隔をおいて行われるものであること)(所基通36―21)……課税されません。

② 創業何十周年記念等に際して支給する記念品で、その処分見込価額が10,000円以下であり、かつ、おおむね5年以上の間隔をおいて支給されるもの(所基通36―22)……課税されません。

(注) ②は、(1)の(注)と同じ理由で、処分見込価額が11,010円以下のものについては課税されないことになります。

## (5) レクリエーション費用

雇主の負担した運動会、慰安会の費用については、課税されません。ただし、任意の不参加者にその費用相当額を支給するときは、その人だけでなく参加者全員について課税されます。(所基通36―30)

(注) 使用者が、従業員等のレクリエーションのために行う慰安旅行の費用を負担することにより、これらの旅行に参加した従業員等が受ける経済的利益の課税上の取扱いについては、その旅行の企画立案、主催者、旅行の目的・規模・行程、従業員等の参加割合・使用者及び参加従業員等の負担額及び負担割合などを総合的に勘案して実態に即して処理しますが、次のいずれの要件も満たしている場合には、原則として課税しなくてもよいことになっています。(昭63直法6―9・最終改正平5課法8―1)

① その旅行に要する期間が4泊5日(目的地が海外の場合には、目的地における滞在日数によります。)以内のものであること

② その旅行に参加する従業員等の数は全従業員等（工場、支店等で行う場合には、その工場、支店等の従業員等）の50％以上であること

### (6) 取扱商品の値引販売

雇主からその取扱商品の値引販売を受けたことによる経済的利益で次のいずれにも当てはまるものは課税されません。（所基通36—23）

① 取得価額以上の価額で販売を受けたこと

② 通常の販売価額に比し著しく低額（おおむね70％未満）でないこと

③ 地位、勤務年数等に応じて値引率が異なる場合には、全体として合理的なバランスが保たれる範囲内の値引率で値引きを受けていること

④ 値引販売を受けた商品の数量は、一般の消費者が自己の家事のために通常消費すると認められる程度のものであること

## 2 経済的利益

雇主が従業員に次の経済的な利益を与えた場合は、次のように取り扱うことになっています。

### (1) 従業員に対する社宅、寮の供与

従業員（法人の役員等を除きます。）に提供される社宅、寮などについては、次により計算した賃貸料相当額（従業員から家賃を徴収しているときは、その徴収家賃と賃貸料相当額との差額）が給与となります。（所基通36—41、36—45）

ただし、従業員から徴収している家賃が賃貸料相当額の半額以上のときは、課税されません。（所基通36—47）

① $\left(\begin{array}{l}\text{その年度の家屋の固定}\\\text{資産税の課税標準額}\end{array}\right) \times \dfrac{2}{1,000} + 12円 \times \dfrac{\text{その家屋の総床面積}(\text{m}^2)}{3.3(\text{m}^2)} = 純家賃相当額$

② $(\text{その年度の敷地の固定資産税の課税標準額}) \times \dfrac{2.2}{1,000} = 地代相当額$

③ 純家賃相当額＋地代相当額＝賃貸料相当額（月額）

### (2) 法人の役員等に対する社宅等の供与

① 法人の役員等に提供される社宅等については、次の②に当てはまる場合を除き、次により計算した「通常支払われるべき賃貸料の額」（役員等から家賃を徴収しているときは、その徴収家賃と通常支払われるべき賃貸料の額との差額）が給与となります。（所基通36-40）

なお、床面積が240m²を超えるいわゆる豪華役員社宅に係る賃貸料については、この取扱いが適用されない場合があります。（平7課所4—4）

イ 法人所有の社宅等の場合

$\left\{\left(\begin{array}{l}\text{その年度の家屋}\\\text{の固定資産税の}\\\text{課税標準額}\end{array}\right) \times 12\% \left(\begin{array}{l}\text{ただし、木造家}\\\text{屋以外の家屋に}\\\text{ついては}10\%\end{array}\right) + \left(\begin{array}{l}\text{その年度の敷地}\\\text{の固定資産税の}\\\text{課税標準額}\end{array}\right) \times 6\%\right\} \times \dfrac{1}{12} = \begin{array}{l}\text{通常支払われるべき}\\\text{賃貸料の額（月額）}\end{array}$

**(注)** 「木造家屋以外の家屋」とは、耐用年数省令別表第一による耐用年数が30年を超える住宅用の建物をいいます。

給 与 所 得

ロ　借上社宅等の場合

　　法人が支払う借上料の２分の１相当額とイにより計算した額とのうち、いずれか多い金額

②　法人の役員等に提供される社宅等のうち、家屋の床面積（一世帯として使用する部分の床面積をいいます。）が132m²（木造家屋以外の家屋については99m²）以下であるものについては、従業員の場合と同様の方法により計算した賃貸料相当額（役員等から家賃を徴収しているときは、その徴収家賃と賃貸料相当額との差額）が給与となります。（所基通36─41）

③　法人の役員等に供与されている社宅等のうち、公的使用部分のある社宅等又は単身赴任者のような者が一部を使用しているにすぎない社宅等については、法人が次に掲げる金額以上の金額を徴収しているときは、その徴収している金額を「通常支払われるべき賃貸料の額」として差し支えないことになっています。

イ　公的使用部分がある社宅等の場合（所基通36─43(1)）

　　　①又は②により計算した通常の賃貸料の額の70％以上に相当する金額

ロ　単身赴任者のような人が一部を使用しているにすぎない社宅等の場合（所基通36─43(2)）

$$\left(\begin{array}{c}①又は②により\\計算した金額\end{array}\right) \times \frac{50\text{m}^2}{その家屋の床面積（\text{m}^2）}$$

**(3)　従業員が所有している資産を不等に高い価額で雇主が買い入れた場合**

　　その資産の価額と買入価額との差額が給与となります。

**(4)　従業員に対する債権を放棄したり免除したような場合**

　　放棄したり、免除した債権の金額が給与となります。（所基通36─15）

**(5)　雇主が従業員に対し無償又は低い対価で用役の提供をした場合**

　　使用者が役員若しくは使用人に対し自己の営む事業に属する用務を無償若しくは通常の対価の額に満たない対価で提供し、又は役員若しくは使用人の福利厚生のための施設の運営費等を負担することによる経済的利益については、その経済的利益の額が著しく多額であると認められる場合又は役員だけを対象として供与される場合を除き、課税されません。（所基通36─29）

**(6)　雇主が従業員に対し無利子又は低い利率で金銭を貸し付けている場合等**

①　使用者が役員又は使用人に対し金銭を無利子又は②により計算した利息の額に満たない利息で貸し付けたことにより役員又は使用人が受ける経済的利益で、次に掲げるものについては、課税されません。（所基通36─28(1)、(2)）

イ　災害、疾病等により臨時的に多額な生活資金を要することとなった役員又は使用人に対し、その資金に充てるために貸し付けた金額につき、その返済に要する期間として合理的と認められる期間内に受ける経済的利益

ロ　役員又は使用人に貸し付けた金額につき、使用者における借入金の平均調達金利など合理的と認められる貸付利率を定め、これにより利息を徴している場合に生ずる経済的利益

　　**(注)**　上記の「平均調達金利」とは、例えば、使用者が貸付けを行った日の前年中又は前事業年度中における借入金の平均残高に占めるその前年中又は前事業年度中に支払うべき利息の額の割合など合

──(315)──

理的に計算された利率をいいます。

② 使用人が役員又は使用人に貸し付けた金銭の利息相当額については、当該金銭が使用者において他から借り入れて貸し付けたものであることが明らかな場合には、その借入金の利率により、その他の場合には、貸付けを行った日の属する年の利子税特例基準割合（647ページ）による利率により評価します。（所基通36—49）

③ ②の場合でも、給与となる金額が年間5,000円以下のときは、給与として取り扱われません。（所基通36—28(3)）

---

〈平成23年1月1日以後の取扱い〉

イ 無利息又は低い金利による住宅資金の融資

　雇主（雇主が構成員となっている事業主団体を含みます。）がその従業員（法人の役員等を除きます。）に対し、その従業員の居住の用に供する住宅等の取得資金を無利子又は低い金利で貸し付けた場合の経済的な利益については、昭和41年4月1日から平成22年12月31日までの間に係るものは非課税とされていましたが、平成23年1月1日以後に係るものについては課税されます。（旧措法29①、平22改所法等附58①）

ロ 勤労者財産形成促進法による負担軽減措置

　勤労者財産形成促進法第9条又は第10条の規定に基づき、勤務先や事業主団体（勤労者財産形成促進法に規定する「事業主団体」をいいます。）が講ずる住宅の分譲や住宅取得のための貸付けを受けた使用人に対する住宅取得のための負担軽減措置により使用人が受ける次のような経済的利益や利子補給金で昭和48年4月1日から平成22年12月31日までの間に受けるものは非課税とされていましたが、平成23年1月1日以後に係るものについては課税されます。（旧措法29③、平22改所法等附58⑤）

(イ) 勤務先、事業主団体又は不動産会社等から賦払の方法によって住宅等の譲渡を受けた場合に、その賦払金に含まれている利子相当額について勤務先又は事業主団体から受ける利子補給金

(ロ) ②に掲げる金融機関等又は福利厚生会社から住宅取得資金を借り入れた場合に、その借入金の利子について事業主団体から受ける利子補給金

(ハ) 事業主団体から低い価格で住宅等の譲渡を受けた場合の経済的利益

(ニ) 事業主団体から低利で住宅等の取得資金の貸付けを受けた場合の経済的利益

(ホ) 事業主団体から住宅取得資金を借り入れた場合に、その借入金の利子について勤務先から受ける利子補給金

(ヘ) 独立行政法人住宅金融支援機構又は沖縄振興開発金融公庫から住宅取得資金を借り入れた場合に、その借入金の利子について事業主又は事業主団体から支払を受ける利子補給金

---

(7) 特定の取締役等が受ける新株予約権の行使による株式の取得に係る経済的利益

　会社法の決議により**新株予約権**（金銭の払込みをさせないで発行されたものに限ります。）を与えられる者とされたその決議（付与決議）のあった株式会社若しくはその株式会社がその発行済株式（議決権のあるものに限ります。）若しくは出資の総額若しくは総額の100分の50を超える数若しくは金額の株式（議決権のあるものに限ります。）若しくは出資を直接若しくは間接に保有する関係その他の一定の関係にある法人の**取締役等**（取締役、執行役若しくは使用人である個人（付与決議のあった日おいてその株式会社の一定の数の株式を有していた大口株主及びその大口株主の親族、配偶者等の特別関係者を除きます。））若しくは**権利承継相続人**（その取締役等の相続人でその新株予約権を行使で

——(316)——

給 与 所 得

きることとなる相続人に限ります。）又は**特定従事者**（その株式会社若しくはその法人の取締役、執
行役及び使用人である個人以外の個人（大口株主及び大口株主の特別関係者を除き、中小企業経営強
化法に規定する認定新規中小企業者等に該当するその株式会社が同法に規定する認定社外高度人材活
用新事業分野開拓計画に従って行う同法に規定する社外高度人材活用新事業分野開拓に従事する**社外
高度人材**（その認定社外高度人材活用新事業分野開拓計画の実施時期の開始の日からその新株予約券
の行使の日まで引き続き居住者であるものに限ります。））が、その付与決議に基づきその株式会社と
その取締役等又はその特定従事者との間に締結された契約により与えられた**特定新株予約権**（その新
株予約権（その新株予約権に係る契約において、次に掲げる要件（その新株予約権がその取締役等に
対して与えられたものである場合には次の①から⑥までに掲げる要件）が定められているものに限り
ます。））をその契約に従って行使することによりその特定新株予約権に係る株式の取得をした場合に
は、その株式の取得に係る経済的利益については、所得税は課されません。（措法29の2①、措令19
の3①②③④⑤）

　ただし、権利者（その取締役等若しくは権利承継相続人又はその特定従事者）が、権利行使価額（そ
の特定新株予約権の行使をすることにより、その年におけるその行使に際し払い込むべき額）とその
権利者がその年において既にしたその特定新株予約権及び他の特定新株予約権の行使に係る権利行使
価額との合計額が、1,200万円を超えることとなる場合には、その1,200万円を超えることとなる特定
新株予約権の行使による株式の取得に係る経済的利益については、この限りではありません。（措法
29の2①ただし書）

**（注）**　中小企業の事業活動の継続に資するための中小企業等経営強化法等の一部を改正する法律の施行の
　　　日（令和元年7月16日）前に行われる付与決議に基づき締結される契約により与えられる特定新株予
　　　約権に係る株式については、適用対象者の範囲に、特定従事者は含みません。（平31改所法等附33）

〈特定新株予約権の要件〉

①　その新株予約権の行使は、付与決議の日後2年を経過した日からその付与決議の日後10年を経
　過する日までの間に行わなければならないこと

②　その新株予約権の行使に係る権利行使価額の年間の合計額が1,200万円を超えないこと

③　その新株予約権の行使に係る1株当たりの権利行使価額は、その新株予約権に係る契約を締結
　した株式会社の株式のその契約の締結の時における1株当たりの価額に相当する金額以上である
　こと

④　新株予約権については、譲渡をしてはならないこと

⑤　その新株予約権の行使に係る株式の交付がその交付のために付与決議がされた募集事項に反し
　ないで行われるものであること

⑥　その新株予約権の行使により取得をする株式につき、その行使に係る株式会社と金融商品取引
　業者又は金融機関（以下「金融商品取引業者等」といいます。）との間であらかじめ締結される
　新株予約権の行使により交付をされるその株式会社の株式の振替口座簿への記載若しくは記録、
　保管の委託又は管理及び処分に係る信託（以下「管理等信託」といいます。）に関する取決め（一

―――(317)―――

定の要件が定められるものに限ります。）に従い、その取得後直ちに、その株式会社を通じて、その金融商品取引業者等の営業所等に保管の委託又は管理等信託がされること

⑦　その契約によりその新株予約権を与えられた者は、その契約を締結した日からその新株予約権の行使の日までの間において国外転出（国内に住所及び居所を有しないこととなることをいいます。）をする場合には、その国外転出をする時までにその新株予約権に係る契約を締結した株式会社にその旨を通知しなければならないこと

⑧　その契約によりその新株予約権を与えられた者に係る中小企業等経営強化法に規定する認定社外高度人材活用新事業分野開拓計画につきその新株予約権の行使の日以前にその認定の取消しがあった場合には、その新株予約権に係る契約を締結した株式会社は、速やかに、その者にその旨を通知しなければならないこと

**(注1)**　中小企業の事業活動の継続に資するための中小企業等経営強化法等の一部を改正する法律の施行の日（令和元年7月16日）前に行われる付与決議に基づき締結される契約により与えられる特定新株予約権に係る株式については、上記⑦⑧の要件はありません。（平31改所法等附33）

**(注2)**　この特例の適用を受けて取得した株式について、保管の委託又は管理等信託の解約又は終了などの事由により、上記⑥の取決めに従い金融商品取引業者等の営業所等に保管の委託又は管理等信託がされている株式の全部又は一部の返還又は移転があった場合には、その事由が生じた時に、その時の価額により譲渡があったものとされ、その譲渡による所得については、申告分離課税方式により課税されます。（措法29の2④）（786ページ参照）

⑻　**発行法人から与えられた株式を取得する権利の譲渡による収入金額**

居住者が新株予約権等（株式を無償又は有利な価額により取得することができる一定の権利で、その権利を行使したならば経済的な利益として課税されるものをいいます。）を発行法人から与えられた場合において、その居住者等がその権利をその発行法人に譲渡したときは、その譲渡の対価の額からその権利の取得価額を控除した金額を、事業所得に係る収入金額、給与等の収入金額、退職手当等の収入金額、一時所得に係る収入金額又は雑所得に係る収入金額とみなして課税されます。（所法41の2）

⑼　**全国健康保険協会が管掌する健康保険等の付加的給付に係る費用の負担**

全国健康保険協会（協会けんぽ）が管掌する健康保険及び船員保険の被保険者が健康保険法及び船員保険法に規定する承認法人等から受ける付加的給付のための費用に充てるため、事業主等が承認法人等に対して支払った負担金については、被保険者に対する給与となりません。（措法41の7③）

## 3　課税されない給与

次のものについては所得税が課税されませんから、給与所得の収入金額に加える必要はありません。

①　給与所得者が勤務する場所を離れてその職務を遂行するため又は転任、就職、退職などによる転居のための旅行をした場合に支給される旅費で、その旅行について通常必要と認められるもの（所法9①四）

②　給与所得者が雇主から支給を受ける通勤手当（通常の給与等に加算して支給されるものに限りま

給 与 所 得

す。）や通勤用定期乗車券（これらに類する乗車券を含みます。）は、次の区分に応じ、それぞれ1
か月当たり次の金額までは課税されないことになっています。（所法9①五、所令20の2）

| 給与所得の範囲 | | 区分課税されない金額 |
|---|---|---|
| ① 交通機関又は有料道路を利用している人に支給する通勤手当1か月当たりの運賃等の額 | | 合理的な運賃等の額<br>（最高限度150,000円） |
| ② 自動車や自転車などの交通用具を使用している人に支給する通勤手当 | 通勤距離 | |
| | 片道55km 以上である場合 | 31,600円 |
| | 片道45km 以上55km 未満である場合 | 28,000円 |
| | 片道35km 以上45km 未満である場合 | 24,400円 |
| | 片道25km 以上35km 未満である場合 | 18,700円 |
| | 片道15km 以上25km 未満である場合 | 12,900円 |
| | 片道10km 以上15km 未満である場合 | 7,100円 |
| | 片道2km 以上10km 未満である場合 | 4,200円 |
| | 片道2km 未満である場合 | （全額課税） |
| ③ 交通機関を利用している人に支給する通勤用定期乗車券 | | 最も経済的かつ合理的な通勤の経路等による定期乗車券の価額<br>（最高限度1か月当たり150,000円） |
| ④ 交通機関又は有料道路を利用するほか、交通用具も使用している人に支給する通勤手当や通勤用定期乗車券 | | ①と②の金額との合計額（最高限度150,000円） |

(注1) 「合理的な運賃等の額」とは、通勤のための運賃、時間、距離等の事情に照らし最も経済的かつ合
理的と認められる通常の通勤の経路及び方法による運賃又は料金の額をいいます。この「合理的な
運賃等の額」には、新幹線鉄道を利用した場合の特別急行料金は含まれますが、グリーン料金は含
まれません。（所基通9－6の3）

(注2) 「運賃等の額」には、消費税及び地方消費税相当額が含まれます。したがって、消費税及び地方消
費税込みの運賃等の額が、上記の「課税されない金額」以下であれば、課税される金額はないこと
になりますが、消費税及び地方消費税込みの運賃等の額が、上記の「課税されない金額」を超える
場合には、その超える部分の金額が課税の対象となります。（平元直法6－1、平26課法9－1改正）

③ 給与所得者が雇主から受ける経済的利益などで特定のもの（2参照）

④ 外国に勤務する人（居住者に限ります。）に、外国に勤務することにより通常の給与に加算して
支給される在外手当（所法9①七）

⑤ 学資金（ただし、給与その他の対価として支給されるものは除かれます。）（所法9①十五）

(注) 給与所得者がその雇主から通常の給与に加算して受けるものは、以下の場合を除き課税されません。
（所法9①十五）

　　イ　法人である雇主からその法人の役員の学資に充てるために支給する場合

　　ロ　法人である雇主からその法人の使用人（その法人の役員を含みます。）と特別の関係がある者の学

収入金額、所得金額の計算

資に充てるために支給する場合

ハ　個人事業者からその事業に従事する配偶者その他の親族（その個人事業者と生計を一にする者を除きます。）の学資に充てるために支給する場合

ニ　個人事業者からその使用人（その事業に従事する配偶者その他の親族を含みます。）と特別の関係がある者（その使用人と生計を一にする配偶者その他の親族に該当する者を除きます。）の学資に充てるために支給する場合

⑥　労働基準法第8章の規定により雇主から支給を受ける療養補償、休業補償、障害補償、遺族補償、葬祭料、打切補償及び分割補償（障害補償に係る部分に限ります。）、遺族補償、葬祭料（所令20①二、30、所基通9―1）

⑦　船員法第10章の規定により受ける療養の給付、傷病手当、予後手当又は障害手当（所令20①三）

⑧　地方公共団体が条例の規定により心身障害者に関して実施する共済制度に基づいて受ける給付（所法9①三ハ）

⑨　雇主が従業員に支給する葬祭料、香典又は災害等の見舞金品又は結婚祝金品のようなもので、その金額が社会通念上相当と認められる程度のもの（所基通28―5）

⑩　日直料、宿直料として支給するもののうち1回につき4,000円（食事を支給するときはその価額を控除した金額）以下の部分。ただし、日直、宿直を行ったことにより代休が与えられることになっている場合に支給するもの又は支給金額が通常の給与の額に応じて定められているものなどについては、全額課税されます。（所基通28―1～28―2）

⑪　雇主が従業員の生命保険契約又は損害保険契約について負担する保険料で、その金額（従業員が負担すべき社会保険料を雇主が負担したときは、それらの合計額）が月額300円以下のもの（所基通36―32(2)）

⑫　死亡後に支給期の到来する給与のうち、相続税法の規定により相続税の課税対象とされる給与（所基通9―17）

⑬　従業員が負担すべき社会保険料を雇主が負担した場合で、その金額（⑪に掲げる保険料があるときは、それらの合計額）が月額300円以下のもの（所基通36―32(1)）

⑭　雇主が支出した次に掲げる保険料、掛金、事業主掛金又は信託金等（所令64①）

イ　独立行政法人勤労者退職金共済機構又は特定退職金共済団体が行う退職金共済に関する制度に基づいて被共済者のために支出した掛金で一定のもの

ロ　確定給付企業年金法に規定する確定給付企業年金規約に基づいて支出した掛金のうち加入者が負担した金額以外の部分

ハ　法人税法に規定する適格退職年金契約に基づいて支出した掛金のうち受益者等が負担した金額以外の部分

ニ　確定拠出年金法に規定する企業型年金規約に基づいて支出した事業主掛金

ホ　勤労者財産形成促進法に規定する勤労者財産形成給付金契約に基づいて支出した信託金等

給　与　所　得

## 三　給与所得控除額

給与所得の金額は、原則として、その年中の給与等の収入金額から給与所得控除額を差し引いた残額をいいます。したがって、給与所得の金額の計算の仕組みは、事業所得などのように収入金額から必要経費を控除するという形ではなく、収入金額から収入金額に応じた一定金額を差し引いて所得金額を計算するところに特徴があります。

この収入金額に応じて差し引く一定金額を**給与所得控除額**といい、給与等の収入金額に応じてそれぞれ次のとおりとなります。

| 給与等の収入金額 | 給与所得控除額 |
|---|---|
| 162.5万円以下 | 55万円 |
| 162.5万円超　180万円以下 | その収入金額×40％－10万円 |
| 180万円超　　360万円以下 | その収入金額×30％＋8万円 |
| 360万円超　　660万円以下 | その収入金額×20％＋44万円 |
| 660万円超　　850万円以下 | その収入金額×10％＋110万円 |
| 850万円超 | 195万円 |

なお、**五**の「（所得金額の計算表）」及び巻末の「給与所得の速算表」によって、この給与所得控除額を差し引いた残額の給与所得の金額を求めることができます。

## 四　所得金額調整控除

所得金額調整控除とは、一定の給与所得者の総所得金額を計算する場合に、一定の金額を給与所得の金額から控除するというもので、次の2種類の控除があります。（措法41の3の3、措令26の5、措通41の3の3－1）

このうち1の控除は年末調整において適用することができます。（措法41の3の4）

確定申告書第一表「㋔欄」の「区分」の「□」には、下記1に該当する場合は「1」を、下記2に該当する場合は「2」を、下記1と下記2の両方に該当する場合は「3」を記入します。

### 1　子ども・特別障害者等を有する者等の所得金額調整控除

その年の給与等の収入金額が850万円を超える給与所得者で、①～③のいずれかに該当する給与所得者の総所得金額を計算する場合に、以下の所得金額調整控除額を給与所得から控除することができます。

①　本人が特別障害者に該当する者
②　年齢23歳未満の扶養親族を有する者

収入金額、所得金額の計算

③　特別障害者である同一生計配偶者又は扶養親族を有する者

$$|給与等の収入金額（1,000万円超の場合は1,000万円）－850万円|×10\％＝控除額※$$

　※　1円未満の端数があるときは、その端数を切り上げます。

**（注）**　この控除は、扶養控除と異なり、同一生計内のいずれか一方のみの所得者に適用するという制限がありません。したがって、例えば、夫婦ともに給与等の収入金額が850万円を超えており、夫婦の間に1人の年齢23歳未満の扶養親族である子がいるような場合には、その夫婦双方が、この控除の適用を受けることができます。

---計算例---

給与等の収入金額が1,100万円、23歳未満の扶養親族がいる人の場合

①　給与等の収入金額　　　　1,100万円
②　給与所得控除額　　　　　195万円（上限額）
③　所得金額調整控除の額　　（1,000万円（上限額）－850万円）×10％＝15万円
④　所得金額調整控除後の給与所得の金額　　　　①－②－③＝890万円

## 2　給与所得と年金所得の双方を有する者に対する所得金額調整控除

　その年分の給与所得控除後の給与等の金額と公的年金等に係る雑所得の金額がある給与所得者で、その合計額が10万円を超える者の総所得金額を計算する場合に、以下の所得金額調整控除額を給与所得から控除することができます。

$$\left|\begin{array}{c}給与所得控除後の給与等の金額\\（10万円超の場合は10万円）\end{array}＋\begin{array}{c}公的年金等に係る雑所得の金額\\（10万円超の場合は10万円）\end{array}\right|－10万円＝控除額（注）$$

　**（注）**　上記1の所得金額調整控除の適用がある場合はその適用後の給与所得の金額から控除します。

---計算例---

給与等の収入金額320万円、公的年金等の受給額120万円（65歳未満）の人の場合

①　給与所得控除後の給与等の金額　　　320万円－104万円＝216万円
②　公的年金等に係る雑所得の金額　　　120万円－60万円＝60万円
③　所得金額調整控除の額　　　（10万円＋10万円）－10万円＝10万円
④　所得金額調整控除後の給与所得の金額　　　　①－③＝206万円

# 五　所　得　金　額

　給与所得の金額は、先に述べたとおり、収入金額から給与所得控除額を差し引いた残額をいいます。（所法28②）

> **収入金額－給与所得控除額＝給与所得の金額**

――（322）――

給　与　所　得

## ＜申告書への記載＞（所得金額の計算表）

| 給与等の収入金額<br>（税込み） | （合計）　　　　　　　　　　　　　　円 | A | ➡ 申告書第一表の「給与㋔」欄へ |
|---|---|---|---|

| Ⓐの金額 | 給与所得の金額 | | |
|---|---|---|---|
| 〜　550,999円 | 0円 | | |
| 551,000円〜1,618,999円 | Ⓐ−550,000円　　　　　　　　円 | | |
| 1,619,000円〜1,619,999円 | 1,069,000円 | | |
| 1,620,000円〜1,621,999円 | 1,070,000円 | | |
| 1,622,000円〜1,623,999円 | 1,072,000円 | | |
| 1,624,000円〜1,627,999円 | 1,074,000円 | | |
| 1,628,000円〜1,799,999円 | Ⓐ÷4<br>（千円未満の端数切捨て）<br>　　　　　　　　,000円 | B | Ⓑ×2.4+100,000円　　　　　　円 | C |
| 1,800,000円〜3,599,999円 | | | Ⓑ×2.8−80,000円　　　　　　円 |
| 3,600,000円〜6,599,999円 | | | Ⓑ×3.2−440,000円　　　　　　円 |
| 6,600,000円〜8,499,999円 | Ⓐ×0.9−1,100,000円　　　　　　円 | | |
| 8,500,000円〜 | Ⓐ−1,950,00円　　　　　　円 | | |

※　1円未満の端数があるときは、その端数を切り捨てます。

## ＜所得金額調整控除の計算＞

次の(1)若しくは(2)のいずれか、又は両方に該当する場合は、それぞれの算式により所得金額調整控除額を計算し、給与所得の金額を算出します。

(1)　納税者本人の給与等の収入金額（税込）が850万円を超え、①納税者本人、同一生計配偶者若しくは扶養親族のいずれかが特別障害者である場合、又は②23歳未満の扶養親族がいる場合

| 給与等の収入金額（税込）<br>（Ⓐの金額） | （最高1,000万円）<br>　　　　　　　　円 | D |
|---|---|---|
| Ⓓ−850万円 | 　　　　　　　　円 | E |
| 所得金額調整控除額<br>（Ⓔ×0.1） | 　　　　　　　　円 | F |

※　1円未満の端数があるときは、その端数を切り上げます。

(2)　納税者本人に給与所得と公的年金等の雑所得がある場合で、給与所得控除後の給与等の金額と公的年金等の雑所得の金額の合計額が10万円を超える場合

| 給与所得控除後の給与等の金額<br>（Ⓒの金額） | （最高10万円）<br>　　　　　　　　円 | G |
|---|---|---|
| 公的年金等の雑所得<br>の金額 | （最高10万円）<br>　　　　　　　　円 | H |
| 所得金額調整控除額<br>（Ⓖ+Ⓗ）−10万円） | 　　　　　　　　円 | I |

―（323）―

収入金額、所得金額の計算

**＜給与所得の金額＞**

| 給与所得の金額<br>（Ⓒ－（Ⓕ＋Ⓘ）） | ＿＿＿＿＿＿ 円 | Ｊ | ➡ 申告書第一表の「給与⑥」欄へ |
|---|---|---|---|

※　所得金額調整控除の金額がない場合は、Ⓒの金額をＪに記入します。

　なお、給与等の収入金額が年末調整を受けたもののみで、かつ、上記の**＜所得金額調整控除の計算＞**の(2)に該当しない場合は、次によります。

▶　「給与所得の源泉徴収票」の「支払金額」➡**申告書第一表の「給与㋐」欄へ**

▶　　　　　　　〃　　　　　「給与所得控除後の金額」➡**申告書第一表の「給与⑥」欄へ**

　また、申告書第二表の「所得の内訳（所得税及び復興特別所得税の源泉徴収税額）」に該当事項を書きます。


## 六　給与所得者の特定支出控除

　給与所得のある人が、次のような「特定支出」をした場合で、その年中の特定支出の額の合計額が給与所得控除額の2分の1を超えるときは、**五**にかかわらず、給与所得の金額は、次の算式により計算した金額となります。（所法57の2、所令167の3～167の5、所規36の5、36の6）

$$\text{収入金額}－\text{給与所得控除額}－\left(\begin{matrix}\text{特定支出の}\\\text{額の合計額}\end{matrix}－\begin{matrix}\text{給与所得}\\\text{控除額}\end{matrix}\times\frac{1}{2}\right)=\begin{matrix}\text{給与所得の金額}\\\text{（赤字のときは0）}\end{matrix}$$

### (1)　特定支出

　特定支出とは、給与所得者が支出する次の支出（給与等の支払者により補填される部分があり、かつ、その補填される部分につき所得税が課されない場合におけるその補填される部分、教育訓練給付金及び母子家庭自立支援教育訓練給付金又は父子家庭自立支援教育訓練給付金が支給される部分がある場合におけるその支給される部分を除きます。）をいいます。

①　通勤費……通勤のために必要な交通機関の利用又は交通用具の使用のための支出で、その通勤の経路及び方法がその者の通勤に係る運賃、時間、距離その他の事情に照らして最も経済的かつ合理的であることにつき給与等の支払者により証明されたもののうち、一般の通勤者につき通常必要であると認められる部分の支出

②　職務上の旅費……勤務する場所を離れて職務を遂行するために直接必要な旅行であることにつき給与等の支払者によって証明がされたもののうち、その旅行に係る運賃、時間、距離その他の事情に照らして最も経済的かつ合理的と認められる通常の経路及び方法による支出

③　転居費……転任に伴うものであることにつき給与等の支払者により証明された転居のための通常必要と認められる転任の事実が生じた日以後1年以内の支出

④　研修費……職務の遂行に直接必要な技術又は知識を習得することを目的として受講する研修（人の資格を取得するためのものを除きます。）であることにつき給与等の支払者により証明さ

給 与 所 得

れたもののための支出

⑤　資格取得費……弁護士、公認会計士、税理士などの人の資格を取得するための支出で、その支出がその者の職務の遂行に直接必要なものとして給与等の支払者により証明されたもの

⑥　帰宅旅費……転任に伴い生計を一にする配偶者と別居を常況とすることとなった場合に該当することにつき給与等の支払者により証明された場合におけるその者の勤務する場所又は居所と配偶者等が居住する場所との間のその者の旅行に通常要する支出で最も経済的かつ合理的と認められる通常の経路及び方法によるもの（自動車等を使用した場合の燃料費及び有料道路の料金も含みます。）

⑦　勤務必要経費……次に掲げる支出（上限65万円）で、職務の遂行に直接必要なものとして給与等の支払者より証明がされたもの

イ　図書費（書籍、定期刊行物その他の図書で職務に関連するものを購入するための費用）

ロ　衣服費（制服、事務服、作業服その他の勤務場所において着用することが必要とされる衣服を購入するための費用）

ハ　交際費等（交際費、接待費その他の費用で、給与等の支払者の得意先、仕入先その他職務上関係のある者に対する接待、供応、贈答その他これらに類する行為のための支出）

### (2)　適用を受けるための手続

　この控除の適用を受けるには、確定申告書を提出し、その申告書第二表の「特例適用条文等」欄に「法57条の2」と特定支出の額の合計額の記載をし、かつ、「給与所得者の特定支出に関する明細書」（次ページ）、給与等の支払者の証明書を添付します。

　また、搭乗・乗車・乗船に関する証明書及び特定支出の支出の事実・金額を証する書類を確定申告書に添付するか、又は確定申告書の提出の際に提示することとされています。

## 七　申告手続に必要な資料

　確定申告書には、給与等の支払者からその支払を受ける者に交付される源泉徴収票の内容を記載する必要があります。

　なお、給与等の支払者からその支払を受ける者に交付される源泉徴収票については、その支払者から別途、税務署長へ提出することとされていることから（所法226、所規93）、確定申告書への添付を要しません。

収入金額、所得金額の計算

# 給与所得者の特定支出に関する明細書

（　　　年分）

住所＿＿＿＿＿＿＿＿＿＿＿

氏名＿＿＿＿＿＿＿＿＿＿＿

一面

○この明細書は、申告書と一緒に提出してください。

## 1　特定支出の金額

| 通勤費 [区分1] | 通勤の経路・方法 通勤の経路・方法については二面の所定の欄に書いてください。 | Ⓐ支出金額 円 | Ⓑ補填される金額のうち非課税部分等 円 | Ⓒ差引金額（Ⓐ－Ⓑ） ① 円 |
|---|---|---|---|---|
| 職務上の旅費 [区分256] | 旅行先及び目的 （職務の内容） | Ⓐ支出金額 円 | Ⓑ補填される金額のうち非課税部分等 円 | Ⓒ差引金額（Ⓐ－Ⓑ） ② 円 |

| 転居費 [区分2]（転任に伴うもの） | 転任前 | 勤務地 住所（又は居所） | | 転任後 | 勤務地 住所（又は居所） | | | |
|---|---|---|---|---|---|---|---|---|
| | （再転任をした場合など書ききれないときはこの欄に書いてください。） | | | | | Ⓐ支出金額 円 | Ⓑ補填される金額のうち非課税部分等 円 | Ⓒ差引金額（Ⓐ－Ⓑ） ③ 円 |

| 研修費 [区分4] | 研修の内容 （職務の内容） | Ⓐ支出金額 円 | Ⓑ補填される金額のうち非課税部分等 円 | Ⓒ差引金額（Ⓐ－Ⓑ） ④ 円 |
|---|---|---|---|---|
| 資格取得費 [区分8]（人の資格を取得するための費用） | 資格の内容 （職務の内容） | Ⓐ支出金額 円 | Ⓑ補填される金額のうち非課税部分等 円 | Ⓒ差引金額（Ⓐ－Ⓑ） ⑤ 円 |

| 帰宅旅費 [区分16]（単身赴任に伴うもの） | 勤務地（又は居所） | | 配偶者等の居住する場所 | | | |
|---|---|---|---|---|---|---|
| | 勤務地や配偶者等の居住する場所が変わった場合など書ききれないときは、この欄に書いてください。 | | Ⓐ支出金額 円 | Ⓑ補填される金額のうち非課税部分等 円 | Ⓒ差引金額（Ⓐ－Ⓑ） ⑥ 円 |

| 勤務必要経費 | 図書費 [区分32] | 図書名及び内容 （職務の内容） | Ⓐ支出金額 円 | Ⓑ補填される金額のうち非課税部分等 円 | Ⓒ差引金額（Ⓐ－Ⓑ） ⑦ 円 |
|---|---|---|---|---|---|
| | 衣服費 [区分64] | 衣服の種類 （職務の内容） | Ⓐ支出金額 円 | Ⓑ補填される金額のうち非課税部分等 円 | Ⓒ差引金額（Ⓐ－Ⓑ） ⑧ 円 |
| | 交際費等 [区分128] | 接待等について 内容｜相手方の氏名・名称｜相手方との関係 （職務の内容） | Ⓐ支出金額 円 | Ⓑ補填される金額のうち非課税部分等 円 | Ⓒ差引金額（Ⓐ－Ⓑ） ⑨ 円 |

| 小　計（⑦＋⑧＋⑨） | ⑩（最高65万円）　円 |
|---|---|
| 特定支出の合計額（①＋②＋③＋④＋⑤＋⑥＋⑩） | ⑪ |
| 適用を受ける特定支出の区分の合計（適用を受ける特定支出の各区分の【番号】を合計します。） | ⑫ |

(注)「Ⓑ補填される金額のうち非課税部分等」とは、特定支出について、給与等の支払者により補填される部分のうち非課税部分及び雇用保険法に基づく教育訓練給付金、母子及び父子並びに寡婦福祉法に基づく母子家庭自立支援教育訓練給付金、同法に基づく父子家庭自立支援教育訓練給付金が支給される部分をいいます。

## 2　特定支出控除適用後の給与所得金額

| 給与等の収入金額の合計額 | ⑬ 円 | ◀ 申告書第一表の「収入金額等」欄の給与の金額を書いてください。 |
|---|---|---|
| 特定支出控除適用前の給与所得金額 | ⑭ | ◀ 確定申告の手引きで計算した所得金額を書いてください。 |
| 給与所得控除額（⑬－⑭） | ⑮ | |
| ⑮×1／2 | ⑯ | |
| 特定支出控除の金額（⑪－⑯） | ⑰（赤字の場合は0） | ◀（注）⑰欄が赤字の場合は特定支出控除の適用はありません。 |
| 特定支出控除適用後の給与所得金額（⑬－⑮－⑰） | ⑱ | ◀ 申告書第一表の「所得金額等」欄の給与に転記してください。所得金額調整控除の適用がある場合には、⑱欄の金額に代わり、確定申告の手引きで計算した給与所得の金額を申告書第一表の「所得金額等」欄の給与に書いてください。 |

◎　上記⑪の金額を申告書第二表の**「特例適用条文等」**欄に書きます。 記載例：特例適用条文等　| 所法57の2　XXX,XXX 円 |

◎　上記⑫の数字を申告書第一表の**「所得金額等」**欄の給与の**「区分」**欄に書きます。

◎　給与所得者の特定支出控除に関する詳しいことは、税務署にお尋ねください。

# 給 与 所 得

◎ 通勤の経路及び方法
　　○　年の中途で通勤の経路及び方法が変わったときは、変更後の経路及び方法も書いてください。

書ききれないときは適宜の用紙に記載してそれをこの明細書に添付してください。

（参考事項）

二面

給与等の支払者の証明書の右端をここにはってください

○　一面の「適用を受ける特定支出の区分の合計」⑫欄は、例えば、次のように書いてください。
　　・通勤費のみについて適用を受ける場合・・・・・・・・・・・・・・・・・・・・・・・・・・・・・通勤費の区分「1」
　　・研修費と資格取得費（人の資格を取得するための費用）について適用を受ける場合
　　　・・・・・・・・・研修費の区分「4」と資格取得費（人の資格を取得するための費用）の区分「8」を合計した「12」
　　・転居費（転任に伴うもの）と帰宅旅費（単身赴任に伴うもの）と図書費について適用を受ける場合
　　　・・・・・・・・・・・転居費（転任に伴うもの）の区分「2」と帰宅旅費（単身赴任に伴うもの）の区分「16」
　　　　　　　　　　　　　　　　　　　　　　　　　　　　　と図書費の区分「32」を合計した「50」
○　適用を受ける特定支出の区分（通勤費、職務上の旅費、転居費（転任に伴うもの）、研修費、資格取得費（人の資格を取得するための
　　費用）、帰宅旅費（単身赴任に伴うもの）、勤務必要経費の別（勤務必要経費については、図書費、衣服費、交際費等に区分します。））
　　ごとに、それぞれの支出の内訳を三面及び四面に書いてください。
○　三面及び四面に書ききれないときは、適宜の用紙に記載してそれをこの明細書に添付してください。
○　三面及び四面に書いたⒶ、Ⓑ及びⒸの各欄の金額を特定支出の区分ごとに（研修費・資格取得費（人の資格を取得するための費用）
　　については研修の内容及び資格の内容が異なるごとに、勤務必要経費（図書費、衣服費、交際費等）については図書の内容、衣服の種
　　類及び接待等の内容が異なるごとに）合計し、それぞれの合計額を一面のⒶ、Ⓑ及びⒸの各欄にそれぞれ転記してください。ただし、
　　通勤費については、三面及び四面の通勤費のⒸ欄の合計額が1月当たりの定期券等の額の合計額を超える場合には、一面のⒸ欄にはそ
　　の定期券等の額の合計額を書き、その金額の頭部に㋑と表示してください。

収入金額、所得金額の計算

## ◎ 支 出 の 内 訳

| 特定支出の区分 | 支 出 の 内 容 | 支 払 先 | 支払年月日 | Ⓐ 支 払 金 額 | Ⓑ 補填される金額のうち非課税部分等 | Ⓒ 差 引 金 額（Ⓐ－Ⓑ） |
|---|---|---|---|---|---|---|
| | | | ・ ・ | 円 | 円 | 円 |
| | | | ・ ・ | | | |
| | | | ・ ・ | | | |
| | | | ・ ・ | | | |
| | | | ・ ・ | | | |

三面

## ◎ 支 出 の 内 訳 （三面のつづき）

| 特定支出の区分 | 支 出 の 内 容 | 支 払 先 | 支払年月日 | Ⓐ 支 払 金 額 | Ⓑ 補填される金額のうち非課税部分等 | Ⓒ 差 引 金 額（Ⓐ－Ⓑ） |
|---|---|---|---|---|---|---|
| | | | ・ ・ | 円 | 円 | 円 |
| | | | ・ ・ | | | |
| | | | ・ ・ | | | |
| | | | ・ ・ | | | |
| | | | ・ ・ | | | |
| | | | ・ ・ | | | |
| | | | ・ ・ | | | |
| | | | ・ ・ | | | |
| | | | ・ ・ | | | |
| | | | ・ ・ | | | |
| | | | ・ ・ | | | |
| | | | ・ ・ | | | |
| | | | ・ ・ | | | |
| | | | ・ ・ | | | |
| | | | ・ ・ | | | |
| | | | ・ ・ | | | |
| | | | ・ ・ | | | |
| | | | ・ ・ | | | |
| | | | ・ ・ | | | |
| | | | ・ ・ | | | |
| | | | ・ ・ | | | |

四面

搭乗・乗車・乗船に関する証明書、支出した金額を証する書類（領収書等）の右端をここにはってください

$$\boxed{\text{譲 渡 所 得}}$$

　機械やゴルフ会員権、船舶、特許権、漁業権、自動車、書画、骨とう、貴金属などの資産の譲渡所得がある場合は、他の所得と総合して申告します。

　土地や借地権などの土地の上に存する権利、建物、その附属設備、構築物の譲渡所得や、株式等の譲渡による所得は、他の所得と区分して所得金額及び税額を計算する分離課税とされていますので、第四章第一節を参照してください（分離課税の所得を申告する場合は、申告書第一表及び第二表と併せて分離課税用の申告書（第三表）を提出する必要があります。）。

　◎　以下ⅠからⅢまでは、総合課税の譲渡所得に関係する事項・分離課税の譲渡所得に関係する事項を併せて説明しています。

# Ⅰ　譲渡所得の範囲

## 1　譲渡所得とは

　資産の譲渡によって生じた所得を譲渡所得といいます。（所法33①）

　資産 とは、売買の対象として経済的に価値のあるもののすべてをいいますから、土地や家屋などの不動産のほか、車両や機械などの動産、特許権や著作権などの無形固定資産も含まれます。（所基通33－1）

　譲渡 とは、所有権その他の財産上の権利を移転させるいっさいの行為をいいます。したがって、通常の売買のほか交換、競売、公売、代物弁済、財産分与、収用、法人に対する現物出資なども含まれます。

　また、次の場合にも資産の譲渡があったものとして課税されます。

⑴　資産を法人に対して贈与や遺贈したり、個人が限定承認に係る相続や包括遺贈をした場合（みなし譲渡）（所法59①一）

　この場合は、贈与や遺贈した時の時価で資産を譲渡したものとみなされます。

⑵　資産を時価の2分の1未満の価額で法人に譲渡した場合（時価によるみなし譲渡）（所法59①二、所令169）

　この場合も、譲渡した時の時価で資産を譲渡したものとみなされます。

⑶　地上権や賃借権、地役権を設定して権利金などを受け取った場合（所令79、所基通33－12）

　「建物や構築物を所有するための地上権や賃借権（借地権といいます。）の設定（転貸を含みます。）」、

——(329)——

収入金額、所得金額の計算

「特別高圧架空電線の架設又は特別高圧地中電線（いずれも7,000ボルト超のもの）及び高圧ガス導管の敷設、飛行場の設置、ケーブルカーやモノレールの敷設、導流堤等の設置、公共施設の設置、特定街区内における建築物の建築のための地役権（建造物の設置を制限するものに限ります。）の設定」により受ける権利金のうち、次のものは譲渡所得として課税されます。

　ただし、営利を目的として継続的に行う場合の所得は、事業所得又は雑所得として課税されます。（所令94②）

| ① | 「建物や構築物の全部を所有するための借地権」や「地役権」の設定である場合 | 権利金などが土地（転貸の場合は、借地権）の時価の2分の1（地下又は空間について上下の範囲を定めた借地権や地役権の設定である場合又は導流堤等若しくは河川に係る遊水地の設置を目的とする地役権の設定である場合には4分の1）を超える場合のその権利金など |
|---|---|---|
| ② | 「建物や構築物の一部を所有するための借地権」の設定である場合 | 権利金などが次の算式で計算した金額を超える場合のその権利金など<br>土地（転貸の場合には借地権）の時価 $\times \dfrac{\text{建物や構築物の所有部分の床面積}}{\text{建物や構築物の全体の床面積}} \times \dfrac{1}{2}$ |
| ③ | 「大深度地下の公共的使用に関する特別措置法の規定により大深度地下の使用の認可を受けた事業と一体的に施行される事業として認可を受けた事業計画書に記載されたものにより設置される施設や工作物のうち一定のものの全部の所有を目的とする地下について上下の範囲を定めた借地権」の設定である場合<br>（平成27年4月1日以後） | 区分地上権等の設定の対価の金額が次の算式で計算した金額を超える場合のその区分地上権等<br>その土地の価額 $\times \dfrac{1}{2} \times \dfrac{\text{区分地上権等の設定される最も浅い部分の深さからその土地に係る大深度（注）までの距離}}{\text{地表からその土地に係る大深度までの距離}} \times \dfrac{1}{2}$<br>（注）　その区分地上権等の設定範囲より深い地下であってその大深度よりも浅い地下において既に他の区分地上権等が設定されている場合には、当該他の区分地上権等の範囲のうち最も浅い部分の深さ |

**（注1）** 既に借地権の設定してある土地の地下に地下鉄などの構築物を建設させるため、その土地を使用させるなど、土地所有者と借地権者とがともにその土地の利用を制限される場合で、ともに権利金などを受け取ったときは、その権利金などの合計額を基にして上表の①の2分の1（又は4分の1）の判定を行います。（所令79②）

**（注2）** 借地権の設定などに際し、通常の金利よりも特に低い金利や無利息で金銭を借りるなど特別の経済的利益を受けるときは、その特別の経済的利益を加えたものを権利金などとみて上表の①の2分の1（又は4分の1）の判定を行います。（所令80）（340ページ2参照）

**（注3）** 上表の②の算式中の「床面積」は、権利金などが1階、2階、表通り、裏通りなどの別に、その利用価値に応じて定められているときは、実際の床面積ではなく、その評価割合に応じて換算した床面積とすることになっています。（所令79①二）

### ⑷ 資産が消滅することによって補償金などを受け取った場合

　収用等により、借地権、漁業権等の資産が消滅したり、その価値が減少（借地権の設定などにより

譲 渡 所 得

価値の減少する場合を除きます。）することにより一時的に補償金等を受け取ったときは、その補償金等は譲渡所得として課税されます。（所令95）

(注)　「価値が減少する場合」とは、資産の価値の一部が永久に失われる場合をいい、資産の利用が一時的に制約されるためその価値が一時的に低下するような場合は含まれません。

## 2　資産の譲渡による所得で譲渡所得に当てはまらないもの

次のような資産の譲渡は、譲渡所得とならず、それぞれ次の所得として課税されます。（所法32、33②、所令3、81、138、139①、所基通33―1の2、33―1の3）

| ① | 事業所得者が有している商品、製品、半製品、仕掛品、原材料などの棚卸資産の譲渡による所得 | 事業所得 |
|---|---|---|
| ② | 不動産所得や山林所得、雑所得の基となる業務に使用されるねじ、釘などの修繕用の材料、帳票等の事務用消耗品、暖房用又は車両用の燃料などで、まだ使用されていないものの譲渡による所得 | 不動産所得、山林所得又は雑所得 |
| ③ | ⓐ使用可能期間が1年未満の減価償却資産、ⓑ取得価額が10万円未満である少額減価償却資産又はⓒ取得価額が20万円未満で一括償却資産の必要経費算入の規定（202ページ9(2)参照）の適用を受けた減価償却資産（ⓑ、ⓒの減価償却資産で業務の性質上基本的に重要なものを除きます。）の譲渡による所得 | 事業所得又は雑所得 |
| ④ | 山林を伐採して譲渡したり、立木のままで譲渡したことによる所得で下記以外のもの | 山林所得 |
| | 山林を取得してから5年以内に伐採して譲渡したり、立木のままで譲渡した場合の所得 | 事業所得又は雑所得 |
| ⑤ | 上記①～④の資産以外の資産を相当の期間にわたり、継続的に譲渡している場合の所得 | 事業所得又は雑所得 |

(注1)　使用可能期間が1年以上で、かつ、上表の③のⓑ、ⓒに該当する減価償却資産のうち、業務の性質上基本的に重要なもの（少額重要資産）の譲渡による所得は、原則として譲渡所得になりますが、反復継続して譲渡されることが通常である固定資産（例えば、貸衣装業における衣装類、パチンコ店におけるパチンコ器、養豚業における繁殖用又は種付用の豚、養鶏業における採卵用の鶏など）の譲渡による所得は事業所得になります。

(注2)　土地付きで山林を譲渡した場合には、土地の譲渡による所得だけは譲渡所得になります。（所基通32―2）

(注3)　上表の③のⓑ、ⓒに該当する減価償却資産については、令和4年4月1日以後取得等する貸付け（主要な業務として行われるものを除きます。）の用に供したものを除きます。

なお、次に掲げる貸付けは、主要な業務として行われる貸付けに該当します。（所規34の2①、34の3）

①　居住者に対して資産の譲渡又は役務の提供を行う者のその資産の譲渡又は役務の提供の用に専ら供する資産の貸付け

――(331)――

収入金額、所得金額の計算

　　② 継続的にその居住者の経営資源（業務の用に供される設備、業務に関するその居住者又はその従業者の有する技能又は知識その他これに準ずるもの）を活用して行い、又は行うことが見込まれる業務としての貸付け
　　③ その居住者が行う主要な業務に付随して行う資産の貸付け

## 3　所得税が課税されない資産の譲渡

　資産の譲渡による所得でも、次の所得については、課税されません。なお、この課税されない所得の計算上損失が生じても、その損失はなかったものとされます。

### ⑴　生活用動産の譲渡による所得（所法9①九、所令25）

　家具、什器、衣服などの生活に通常必要な動産の譲渡による所得は非課税とされます。

　ただし、貴金属や貴石、書画、骨とうなどで、1個又は1組の時価が30万円を超えるものの譲渡による所得は、課税されます。

### ⑵　強制換価手続により資産の競売などをされたことによる所得（所法9①十、所令26）

　資力を失って、債務を弁済することが著しく困難な場合に強制換価手続（滞納処分や強制執行、担保権の実行としての競売、企業担保権の実行手続及び破産手続をいいます。）によって資産を譲渡したことによる所得及び強制換価手続の執行が避けられないと認められる場合における資産の譲渡による所得で、その譲渡代金の全部（譲渡費用に充てる部分を除きます。）が債務の弁済に充てられたものには、課税されません。

### ⑶　非課税口座内の少額上場株式等の譲渡による所得（措法37の14）

　非課税口座を開設している居住者等が、次の譲渡等をした場合、その譲渡等による所得は非課税とされます。

　　① 非課税口座に非課税管理勘定を設けた日から同日の属する年の1月1日以後5年を経過する日までの間に行う非課税口座内上場株式等のうち非課税管理勘定に係るものの非課税上場株式等管理契約に基づく譲渡（NISA）
　　② 非課税口座に累積投資勘定を設けた日から同日の属する年の1月1日以後20年を経過する日までの間に行う累積投資勘定に係る上場等株式投資信託の受益権の非課税累積投資契約に基づく譲渡（つみたてNISA）

### ⑷　未成年者口座内の少額上場株式等の譲渡による所得（措法37の14の2）

　未成年者口座を開設している居住者等が、次の期間内に譲渡等をした場合、その譲渡等による所得は非課税とされます。（ジュニアNISA）

　　① 未成年者口座に非課税管理勘定を設けた日から同日の属する年の1月1日以後5年を経過する日までの間に行う未成年者口座内上場株式等の未成年者口座管理契約に基づく譲渡
　　② 未成年者口座に継続管理勘定を設けた日から未成年者口座を開設した者がその年の1月1日において20歳（令和5年1月1日以後開設される未成年者口座及び同日以後に設けられる非課税管理勘定については、18歳）である年の前年12月31日までの間に行う未成年者口座内上場株式等の

譲渡所得

未成年者口座管理契約に基づく譲渡

(5) **貸付信託の受益権等の譲渡による所得**（措法37の15①）

　平成28年1月1日以後に行う貸付信託の受益権等（償還差益につき発行時に源泉徴収の対象とされた割引債、預金保険法第2条第2項第5号に規定する長期信用銀行債等及び貸付信託の受益権をいいます。）の譲渡による所得は非課税とされます。

(6) **財産を国や地方公共団体に寄附した場合や公益法人等に寄附し国税庁長官の承認を受けた場合の所得**

　資産を法人に贈与したり、遺贈した場合には、時価で資産の譲渡があったものとして譲渡所得に対して課税されますが、国や地方公共団体に財産を寄附した場合や、公益法人等に財産を寄附し国税庁長官の承認を受けた場合には、課税されないこととされています。（措法40①）

　**(注1)** 公益法人等に寄附した財産の譲渡所得について国税庁長官の非課税の承認を受けるためには、その寄附が次の要件を満たしていなければなりません。（措令25の17⑤）

　　要件1：寄附が教育又は科学の振興、文化の向上、社会福祉への貢献その他公益の増進に著しく寄与すること。

　　要件2：寄附財産が、その寄附日から2年以内に寄附を受けた法人の公益を目的とする事業の用に直接供されること。

　　要件3：寄附により寄附した人の所得税の負担を不当に減少させ、又は寄附した人の親族その他これらの人と特別の関係がある人の相続税や贈与税の負担を不当に減少させる結果とならないこと。

　**(注2)** 私立大学又は高等専門学校を設置する学校法人や国立大学法人等に財産を寄附した場合の国税庁長官の承認については、その承認申請書の提出があった日から1月以内（その寄附財産が、株式等、新株予約権付社債又は匿名組合契約の出資の持分である時は、3月以内）に承認がなかった場合又は承認をしないことの決定がなかった場合は、その承認があったものとみなされます。（措令25の17⑦⑧）

　**(注3)** 幼稚園又は保育所等を設置する公益法人等が、幼保連携型認定こども園等を設置しようとする他の公益法人等へ財産を贈与した場合も含まれます。（措法40⑩）

(7) **国や地方公共団体に対して重要文化財を譲渡した場合の所得**

　国、独立行政法人国立文化財機構、独立行政法人国立美術館、独立行政法人国立科学博物館、地方公共団体、地方独立行政法人（博物館、美術館、植物園、動物園又は水族館のうち公立博物館（博物館法2②）又は指定施設（博物館法31②）に該当するものの設置及び管理の業務を主たる目的とするものに限ります。）又は一定の文化財保存活用支援団体に対して、土地以外の資産で文化財保護法により指定されている重要文化財を譲渡した場合には、その譲渡に係る譲渡所得については、非課税とされます。（措法40の2、措令25の17の2）

(8) **財産を相続税の物納に充てた場合の所得**

　その財産を相続税の物納に充てた場合には、超過物納部分（金銭納付を困難とする額を超える価額に相当する部分）を除き、その財産の譲渡がなかったものとされ、課税されません。（措法40の3、措令25の18）

——（333）——

収入金額、所得金額の計算

## ⑼　債務処理計画に基づき資産を贈与した場合の所得

　中小企業の債務の保証人である取締役等が、その個人資産（有価証券を除きます。）でその使用又は収益を目的とする権利が現にその法人の事業の用に供されているものを、一定の債務処理計画に基づき平成25年4月1日から令和7年3月31日までの間にその法人に贈与した場合には、その法人の債務の保証債務の一部を履行しているなど一定の要件の下で、その資産の譲渡がなかったものとされ、課税されません。（措法40の3の2）

譲渡所得

# Ⅱ　譲渡所得の区分

　譲渡所得は、譲渡した資産の種類やその資産の所有期間などに応じ、分離課税の対象となるものと、総合課税の対象となるものに区分され、さらに、これらの所得は、長期譲渡所得と短期譲渡所得に細分され、課税される所得金額や税額の計算方法が異なります。また、分離課税の対象となるものも、土地建物等の譲渡に係るものと株式等の譲渡に係るものとでは異なった計算方法となります。

　譲渡所得の課税方法を一覧式にまとめると次のとおりです。

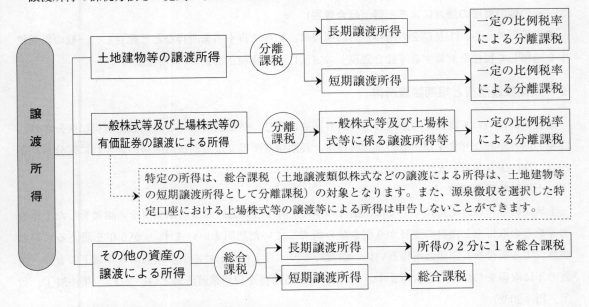

## 1　分離課税の譲渡所得と総合課税の譲渡所得

### (1)　土地建物等の譲渡所得（分離課税）

　土地建物等の譲渡所得については、他の所得と区分して（総所得金額に含めないで）、特別の税率を適用して税額を計算する「分離課税」の方法により課税されます。

　この分離課税となる土地建物等の譲渡所得とは、土地及び借地権などの土地上の権利（以下「**土地等**」といいます。）、建物、建物附属設備及び構築物（以下「**建物等**」といいます。）（以下これらを総称して「**土地建物等**」といいます。）並びに土地等の譲渡に類する特定の株式等又は特定信託の受益権の譲渡による所得をいいます。（措法31①、32①②）

　　(注)　「土地建物等」の範囲……分離課税の対象となる**土地建物等**とは、土地や土地の上に存する権利（借地権、耕作権など）、建物、建物の附属設備（冷暖房設備など）、構築物（庭園、へいなど）をいいます。なお、借家権や鉱業権、温泉権、配偶者居住権、土石（砂）などは含まれません。（措通31・32共―1）

収入金額、所得金額の計算

(2) 一般株式等及び上場株式等に係る譲渡所得等（分離課税）

　一般株式等及び上場株式等の譲渡による事業所得、譲渡所得及び雑所得については、「株式等に係る譲渡所得等」として、他の所得と区分して（総所得金額に含めないで）、特別の税率を適用して税額を計算する「分離課税」の方法により課税されます。（措法37の10、37の11）

　　(注)　ゴルフ会員権に類する株式等の譲渡所得は、総合課税の対象となり、有価証券先物取引等による事業所得、譲渡所得及び雑所得は、分離課税の対象となります。また、土地等の譲渡に類する特定の株式、出資又は特定信託の受益権の譲渡所得は、土地建物等の譲渡所得に含まれ、分離課税の対象となります。

(3) その他の資産の譲渡による所得（総合課税）

　譲渡所得のうち、(1)及び(2)の所得以外の所得は、給与所得や事業所得などと総合し、一般の累進税率を適用して税額を計算する「総合課税」の方法により課税されます。（所法33）

## 2　長期譲渡所得と短期譲渡所得

　譲渡所得については、その譲渡資産の所有期間に応じ、長期譲渡所得と短期譲渡所得に区分され、課税の内容が異なりますが、その譲渡所得が、長期譲渡所得又は短期譲渡所得のいずれに区分されるかは、次により判定します。

(1) 土地建物等の譲渡

　土地建物等の譲渡所得については、譲渡の年の1月1日における所有期間（その譲渡をした土地建物等をその取得をした日の翌日から引き続き所有していた期間をいいます。）が5年を超えるものの譲渡による所得を長期譲渡所得といい、譲渡の年の1月1日における所有期間が5年以下のもの（譲渡の年に取得をしたものを含みます。）の譲渡による所得を短期譲渡所得といいます。（措法31①、32①、措令20②）

　　(注)　令和4年中の土地建物等の譲渡所得については、平成28年12月31日までに取得をしたものの譲渡所得が長期譲渡所得となり、平成29年1月1日以後に取得をしたものの譲渡所得が短期譲渡所得となります。

　なお、659ページ3の特定の株式、出資又は特定信託の受益権の譲渡所得は、土地建物等の譲渡所得に準じて課税されますが、この場合の譲渡所得は、常に短期譲渡所得となります。（措法32②）

(2) 総合課税の対象となる資産の譲渡

① 所有期間（取得の日からその5年目の応当日の前日までの期間）が5年を超える資産を譲渡したことにより生ずる所得……………………………………………………**総合長期譲渡所得**

② 所有期間が5年以下の資産を譲渡したことにより生ずる所得……………………**総合短期譲渡所得**

　　(注)　例えば、平成29年10月1日に取得した資産であれば、令和4年9月30日までに譲渡すれば総合短期譲渡所得となり、同年10月1日以後に譲渡すれば総合長期譲渡所得となります。

　しかし、次の資産を譲渡した場合の所得については、その所有期間が5年以下であっても、これらは総合短期譲渡所得の範囲から除かれ、総合長期譲渡所得として取り扱われます。（所令82）

―― (336) ――

譲 渡 所 得

イ　自己の研究の成果である特許権、実用新案権その他の工業所有権

ロ　自己の育成の成果である育成者権

ハ　自己の著作に係る著作権

ニ　自己の探鉱により発見した鉱床に係る採掘権

ホ　令和2年4月1日以後の配偶者居住権の消滅（配偶者居住権を取得した時に居住建物を譲渡した
　　としたならばその居住建物を取得した日とされる日以後5年を経過する日後の消滅に限ります。）
　　による所得

ヘ　令和2年4月1日以後の配偶者敷地利用権（配偶者居住権の目的となっている建物の敷地の用に
　　供される土地等を配偶者居住権に基づき使用する権利）の消滅（その権利を取得した時に土地を譲
　　渡したとしたならばその土地を取得した日とされる日以後5年を経過する日後の消滅に限りま
　　す。）による所得

　**(注)**　(2)の資産の所有期間は、「土地建物等」の所有期間（譲渡の年の1月1日で判定します。）と異なり、
　　　　その資産の「取得の日」以後「譲渡の日」までの期間により判定します。

## 3　資産の所有期間の判定

　その所得が長期譲渡所得になるか短期譲渡所得になるかは、その譲渡資産の「所有期間」によって
判定しますが、その判定の基礎となる「取得の日」や「譲渡の日」はそれぞれ次のように取り扱われ
ています。（所基通33―9、33―10、36―12）

### (1)　資産の「取得の日」

①　他から購入などした資産……その資産の引渡しを受けた日

　　また、売買契約などの効力発生の日をもって、その資産を取得したものとして確定申告書を提出
　したときは、それも認められます。

②　農地法の転用許可を受けないと、あるいは転用の届出をしないと所有権の取得ができない農地や
　採草放牧地……原則として、その農地等の引渡しを受けた日

　　ただし、その農地等の売買契約を締結した日を取得の日とすることができます。

③　自己が建築、築造、製作した資産……その建設などが完了した日

④　他に請け負わせて建設などした資産……その資産の引渡しを受けた日

⑤　割賦販売によって取得した資産……その資産の引渡しを受けた日

⑥　借地権者が底地を取得した場合や底地を所有している者が借地権を取得した場合のその土地……
　借地権部分と底地部分とを別個のものとして各別に取得の日を判定します。

⑦　離婚や婚姻の取消しがあった場合に民法第768条《財産分与》（同法第749条及び第771条において
　準用する場合を含みます。）の規定による財産の分与により取得した財産……その取得した日

　　この場合、その分与を受けた時においてその時価により取得したことになります。（所基通33―
　1の4）

⑧　相続、遺贈、贈与により取得した資産（所法60）

――(337)――

収入金額、所得金額の計算

イ　相続・遺贈により資産を取得した場合……その時の価額によりその資産の譲渡があったものとみなして被相続人・遺贈者に譲渡所得課税が行われている場合には、相続・遺贈のあった日がその資産の取得の日となります。

ロ　被相続人・遺贈者にイのような課税が行われていない場合及び贈与により資産を取得した場合……被相続人・遺贈者又は贈与者がその資産を取得した日がその資産の取得の日となります。

ハ　配偶者居住権付き建物又はその敷地を譲渡した場合……被相続人がその資産を取得した日がその資産の取得の日となります。

　したがって、被相続人・遺贈者又は贈与者がその資産を保有していた期間を含めて相続人・受遺者又は受贈者が引き続き所有していたものとみなされます。

⑨　交換・買換えの特例の適用を受けて取得した交換取得資産・買換資産……交換・買換えの態様によって次のようになっています。

イ　譲渡した旧資産の取得の日を引き継ぐもの

　固定資産の交換（所法58）、収用等に伴う代替資産の取得（措法33）、交換処分等に伴う資産の取得（措法33の2）、換地処分等に伴う資産の取得（措法33の3）、特定の交換分合による土地等の取得（措法37の6）

ロ　交換・買換えの日が取得の日となるもの

　特定の居住用財産の買換え・交換（措法36の2、36の5）、特定の事業用資産の買換え・交換（措法37、37の4）、既成市街地等内の土地等の中高層耐火建築物等との買換え・交換（措法37の5）、特定普通財産との土地等の交換（措法37の8）により取得した資産

⑩　個人から時価の2分の1未満の価額で取得した資産……実際にその資産の引渡しを受けた日

　ただし、原価を割る価額で低額譲渡を受けた場合には、譲受人にその資産の取得の日が引き継がれることになっていますので、低額譲渡者がその資産を取得した日が「取得の日」となります。

## (2)　資産の「譲渡の日」

　原則として、資産を買主などに引き渡した日ですが、売買契約などの効力発生の日によることもできます。

　なお、農地法の転用許可等や届出がないと所有権の移転などができない農地や採草放牧地は、原則として、他の資産と同様に令和4年に引渡しが行われているものが令和4年中に譲渡した資産に該当します。

　しかし、その許可がない場合や届出の効力が生じていない場合であっても、令和4年中に売買契約を締結したものは、令和4年中に譲渡した資産として申告することができます。（所基通36—12）

　(注)　「取得の日」の判定基準と「譲渡の日」の判定基準は、異なっても差し支えありません。例えば、ある資産の所有期間を計算する場合、その資産の「取得の日」は売買契約の効力発生の日とし、その資産の「譲渡の日」は引渡しの日とすることができます。

譲 渡 所 得

### (3) 国外転出をする場合の譲渡所得等の特例

　平成27年7月1日以後に、一定の居住者が1億円以上の有価証券や未決済の信用取引などの対象資産（810ページ参照）を所有又は契約の締結をしている場合（この場合の居住者を対象者といいます。）に、次の①から③までに掲げる時に対象資産の譲渡又は決済があったものとみなして、対象資産の含み益に対して所得税（復興特別所得税を含みます。）が課税されます。（所法60の2、60の3、所令170）

　①　対象者が国外転出をする時

　②　対象者が国外に居住する親族等（非居住者）へ対象資産の一部又は全部を贈与する時

　③　対象者が亡くなり、相続又は遺贈により国外に居住する相続人又は受遺者が対象資産の一部又は全部を取得する時

収入金額、所得金額の計算

## Ⅲ　譲渡収入金額・必要経費

### 一　収　入　金　額

譲渡所得の収入金額は、資産の譲渡によって収入すべきことが確定した金額をいいます。

収入すべき金額が金銭以外の物又は権利その他の経済的な利益であるときは、その物や権利の価額その他経済的利益の価額が収入すべき金額になります。（所法36①）

| 計算の期間 | 1月1日から12月31日までに収入の確定した金額によって計算します。 |
|---|---|
| 算入すべき時期 | 譲渡所得の基となる資産の引渡しがあった日によります。<br>　ただし、その資産の譲渡に関する契約の効力発生の日（農地等については契約が締結された日）によっても差し支えありません。（所基通36—12本文） |

**（注1）**　譲渡所得の総収入金額の収入すべき時期は、資産の譲渡の当事者間で行われるその資産に係る支配の移転の事実（例えば、土地の譲渡の場合における所有権移転登記に必要な書類等の交付）に基づいて判定をしたその資産の引渡しがあった日によりますが、その収入すべき時期は、原則として譲渡代金の決済を了した日より後にはなりませんので留意してください。（所基通36—12(注)1）

**（注2）**　譲渡所得の収入金額に係る消費税等の取扱いについては、四を参照してください。

### 二　譲渡所得の収入金額とみなされる特殊な場合

#### 1　時価によって収入金額を計算する場合（329ページ1(1)・(2)の場合）

資産を贈与したり著しく低額で譲渡したことなど次のような場合には、その資産の時価で譲渡があったものとみなしてその譲渡所得に課税されます。したがって、収入金額には、その資産の時価を計上しなければなりません。（所法59①）

| ① | 法人に資産を贈与した場合 |
|---|---|
| ② | 資産を遺贈（法人に対するもの及び個人に対する包括遺贈で限定承認されたものに限ります。）した場合 |
| ③ | 資産が相続（限定承認に係るものに限ります。）により移転した場合 |
| ④ | 資産を法人に対し時価の2分の1未満の価額で譲渡した場合（所令169） |

**（注1）**　個人に対し、時価の2分の1未満の低額で資産を譲渡した場合は、時価ではなく、実際の譲渡価額を収入金額としますが、その結果、その譲渡所得が赤字になっても、その赤字はなかったものとみなされます。（所法59②）

**（注2）**　贈与、相続（限定承認に係るものを除きます。）、遺贈（包括遺贈のうち、限定承認に係るものを

——(340)——

譲 渡 所 得

除きます。）及び（**注1**）の譲渡（譲渡所得が赤字になるものに限ります。）により資産を取得した人がその資産を譲渡した場合には、前の所有者の取得費を引き継いで譲渡所得の計算をすることになります。（所法60①）

## 2　特別の経済的な利益の収入金額への算入

　譲渡所得の基因となる借地権等の設定（転貸を含みます。）（329ページ1(3)参照）をして、土地の所有者又は借地権者が、借地人又は転借人から権利金などのほか無利子若しくは極めて低い利率で金銭の貸付けを受けるなど、通常の場合の金銭の借入れの条件に比べて特に有利な条件で金銭の貸付けを受けるなどの特別の経済的な利益を受けるときは、権利金などの額にその特別の経済的な利益の額を加算して収入金額を計算します。（所令80①）

　特別の経済的利益の金額は、貸付けを受けた金額から、その金額について通常の利率（その金額に利息を付する旨の約定があるときは、通常の利率からその約定利息の利率を差し引いた利率とします。）の10分の5の利率による複利の方法で計算した現在価値に相当する金額を差し引いた金額とします。（所令80②）

　**(注)**　上記の「通常の利率」は、昭和39年4月25日付直資56・直審（資）17「財産評価基本通達」（法令解釈通達）の4-4に定める基準年利率、「貸付けを受ける期間」は1年を単位とした期間（1年未満の端数があるときは、その端数を切り捨てて計算した期間）、「複利の方法で計算した現在価値」の計算の基礎となる複利現価率は小数点以下第3位まで計算した率（第4位を切り上げる。）、具体的には次表の基準年利率によります。その貸付けを受けた日を含む月の基準年利率が公表されていない場合は、最も近い月の基準年利率によります。（所基通33-14）

　　○　**基準年利率**　　　　　　　　　　　　　　　　　　　　　　　　　　　　　　　　　　（単位：％）

| 区分 | 年数又は期間 | 令和4年1月 | 2月 | 3月 | 4月 | 5月 | 6月 | 7月 | 8月 | 9月 | 10月 | 11月 | 12月 |
|---|---|---|---|---|---|---|---|---|---|---|---|---|---|
| 短期 | 1年 | 0.01 | 0.01 | 0.01 | 0.01 | 0.01 | 0.01 | 0.01 | 0.01 | 0.01 | | | |
| | 2年 | | | | | | | | | | | | |
| 中期 | 3年 | 0.01 | 0.01 | 0.01 | 0.01 | 0.01 | 0.01 | 0.01 | 0.01 | 0.01 | | | |
| | 4年 | | | | | | | | | | | | |
| | 5年 | | | | | | | | | | | | |
| | 6年 | | | | | | | | | | | | |
| 長期 | 7年以上 | 0.25 | 0.25 | 0.25 | 0.50 | 0.50 | 0.50 | 0.50 | 0.50 | 0.50 | | | |

　**(注)**　課税時期の属する月の年数又は期間に応ずる基準年利率を用いることに留意する。
　　　　令4.5.24課評2-28（最終改正令4.10.12課評2-61）

収入金額、所得金額の計算

（参考）長期の基準利率の複利現価率の10分の5の利率

| 期間（年） | 0.005% | 0.025% | 0.05% | 0.125% | 0.25% | 期間（年） | 0.005% | 0.025% | 0.05% | 0.125% | 0.25% |
|---|---|---|---|---|---|---|---|---|---|---|---|
| 1 | | | | | | 51 | 0.988 | 0.988 | 0.975 | 0.939 | 0.881 |
| 2 | | | | | | 52 | 0.987 | 0.987 | 0.975 | 0.938 | 0.879 |
| 3 | | | | | | 53 | 0.987 | 0.987 | 0.974 | 0.936 | 0.876 |
| 4 | | | | | | 54 | 0.987 | 0.987 | 0.974 | 0.935 | 0.874 |
| 5 | | | | | | 55 | 0.987 | 0.987 | 0.973 | 0.934 | 0.872 |
| 6 | | | | | | 56 | 0.986 | 0.986 | 0.973 | 0.933 | 0.870 |
| 7 | 0.999 | 0.999 | 0.997 | 0.992 | 0.983 | 57 | 0.986 | 0.986 | 0.972 | 0.932 | 0.868 |
| 8 | 0.998 | 0.998 | 0.996 | 0.990 | 0.981 | 58 | 0.986 | 0.986 | 0.972 | 0.931 | 0.866 |
| 9 | 0.998 | 0.998 | 0.996 | 0.989 | 0.978 | 59 | 0.986 | 0.986 | 0.971 | 0.929 | 0.863 |
| 10 | 0.998 | 0.998 | 0.995 | 0.988 | 0.976 | 60 | 0.986 | 0.986 | 0.971 | 0.928 | 0.861 |
| 11 | 0.998 | 0.998 | 0.995 | 0.987 | 0.973 | 61 | 0.985 | 0.985 | 0.970 | 0.927 | 0.859 |
| 12 | 0.997 | 0.997 | 0.994 | 0.986 | 0.971 | 62 | 0.985 | 0.985 | 0.970 | 0.926 | 0.857 |
| 13 | 0.997 | 0.997 | 0.994 | 0.984 | 0.968 | 63 | 0.985 | 0.985 | 0.969 | 0.925 | 0.855 |
| 14 | 0.997 | 0.997 | 0.993 | 0.983 | 0.966 | 64 | 0.985 | 0.985 | 0.969 | 0.924 | 0.853 |
| 15 | 0.997 | 0.997 | 0.993 | 0.982 | 0.964 | 65 | 0.984 | 0.984 | 0.968 | 0.922 | 0.851 |
| 16 | 0.996 | 0.996 | 0.992 | 0.981 | 0.961 | 66 | 0.984 | 0.984 | 0.968 | 0.921 | 0.848 |
| 17 | 0.996 | 0.996 | 0.992 | 0.979 | 0.959 | 67 | 0.984 | 0.984 | 0.967 | 0.920 | 0.846 |
| 18 | 0.996 | 0.996 | 0.991 | 0.978 | 0.956 | 68 | 0.984 | 0.984 | 0.967 | 0.919 | 0.844 |
| 19 | 0.996 | 0.996 | 0.991 | 0.977 | 0.954 | 69 | 0.983 | 0.983 | 0.966 | 0.918 | 0.842 |
| 20 | 0.995 | 0.995 | 0.990 | 0.976 | 0.952 | 70 | 0.983 | 0.983 | 0.966 | 0.917 | 0.840 |
| 21 | 0.995 | 0.995 | 0.990 | 0.975 | 0.949 | 71 | 0.983 | 0.983 | 0.966 | 0.916 | 0.838 |
| 22 | 0.995 | 0.995 | 0.989 | 0.973 | 0.947 | 72 | 0.983 | 0.983 | 0.965 | 0.914 | 0.836 |
| 23 | 0.995 | 0.995 | 0.989 | 0.972 | 0.945 | 73 | 0.982 | 0.982 | 0.965 | 0.913 | 0.834 |
| 24 | 0.994 | 0.994 | 0.988 | 0.971 | 0.942 | 74 | 0.982 | 0.982 | 0.964 | 0.912 | 0.832 |
| 25 | 0.994 | 0.994 | 0.988 | 0.970 | 0.940 | 75 | 0.982 | 0.982 | 0.964 | 0.911 | 0.830 |
| 26 | 0.994 | 0.994 | 0.987 | 0.968 | 0.938 | 76 | 0.982 | 0.982 | 0.963 | 0.910 | 0.828 |
| 27 | 0.994 | 0.994 | 0.987 | 0.967 | 0.935 | 77 | 0.981 | 0.981 | 0.963 | 0.909 | 0.825 |
| 28 | 0.993 | 0.993 | 0.987 | 0.966 | 0.933 | 78 | 0.981 | 0.981 | 0.962 | 0.908 | 0.823 |
| 29 | 0.993 | 0.993 | 0.986 | 0.965 | 0.931 | 79 | 0.981 | 0.981 | 0.962 | 0.906 | 0.821 |
| 30 | 0.993 | 0.993 | 0.986 | 0.964 | 0.928 | 80 | 0.981 | 0.981 | 0.961 | 0.905 | 0.819 |
| 31 | 0.993 | 0.993 | 0.985 | 0.962 | 0.926 | 81 | 0.980 | 0.980 | 0.961 | 0.904 | 0.817 |
| 32 | 0.992 | 0.992 | 0.985 | 0.961 | 0.924 | 82 | 0.980 | 0.980 | 0.960 | 0.903 | 0.815 |
| 33 | 0.992 | 0.992 | 0.984 | 0.960 | 0.921 | 83 | 0.980 | 0.980 | 0.960 | 0.902 | 0.813 |
| 34 | 0.992 | 0.992 | 0.984 | 0.959 | 0.919 | 84 | 0.980 | 0.980 | 0.959 | 0.901 | 0.811 |
| 35 | 0.992 | 0.992 | 0.983 | 0.958 | 0.917 | 85 | 0.979 | 0.979 | 0.959 | 0.900 | 0.809 |
| 36 | 0.991 | 0.991 | 0.983 | 0.956 | 0.914 | 86 | 0.979 | 0.979 | 0.958 | 0.899 | 0.807 |
| 37 | 0.991 | 0.991 | 0.982 | 0.955 | 0.912 | 87 | 0.979 | 0.979 | 0.958 | 0.897 | 0.805 |
| 38 | 0.991 | 0.991 | 0.982 | 0.954 | 0.910 | 88 | 0.979 | 0.979 | 0.957 | 0.896 | 0.803 |
| 39 | 0.991 | 0.991 | 0.981 | 0.953 | 0.908 | 89 | 0.978 | 0.978 | 0.957 | 0.895 | 0.801 |
| 40 | 0.990 | 0.990 | 0.981 | 0.952 | 0.905 | 90 | 0.978 | 0.978 | 0.956 | 0.894 | 0.799 |
| 41 | 0.990 | 0.990 | 0.980 | 0.950 | 0.903 | 91 | 0.978 | 0.978 | 0.956 | 0.893 | 0.797 |
| 42 | 0.990 | 0.990 | 0.980 | 0.949 | 0.901 | 92 | 0.978 | 0.978 | 0.955 | 0.892 | 0.795 |
| 43 | 0.990 | 0.990 | 0.979 | 0.948 | 0.899 | 93 | 0.977 | 0.977 | 0.955 | 0.891 | 0.793 |
| 44 | 0.989 | 0.989 | 0.979 | 0.947 | 0.896 | 94 | 0.977 | 0.977 | 0.954 | 0.890 | 0.791 |
| 45 | 0.989 | 0.989 | 0.978 | 0.946 | 0.894 | 95 | 0.977 | 0.977 | 0.954 | 0.888 | 0.789 |
| 46 | 0.989 | 0.989 | 0.978 | 0.945 | 0.892 | 96 | 0.977 | 0.977 | 0.954 | 0.887 | 0.787 |
| 47 | 0.989 | 0.989 | 0.977 | 0.943 | 0.890 | 97 | 0.976 | 0.976 | 0.953 | 0.886 | 0.785 |
| 48 | 0.988 | 0.988 | 0.977 | 0.942 | 0.887 | 98 | 0.976 | 0.976 | 0.953 | 0.885 | 0.783 |
| 49 | 0.988 | 0.988 | 0.976 | 0.941 | 0.885 | 99 | 0.976 | 0.976 | 0.952 | 0.884 | 0.781 |
| 50 | 0.988 | 0.988 | 0.976 | 0.940 | 0.883 | 100 | 0.976 | 0.976 | 0.952 | 0.883 | 0.779 |

**（注）** 複利現価率は小数点以下第4位を切上げにより作成している。

譲 渡 所 得

### 3　収入金額とみなされる補償金

　資産の消滅を伴う事業の遂行に伴い、その資産の消滅に対する補償金を一時に受ける場合のその資産の消滅に対する補償金は、譲渡所得の収入金額となります。（所令95）

### 4　借家人が受ける立退料

　借家人が賃貸借の目的とされている家屋の立退きに際し受けるいわゆる立退料のうち、借家権の消滅の対価の額に相当する部分の金額は、譲渡所得の収入金額に該当します。

　なお、上記以外の立退料は事業所得又は一時所得になります。（所基通33—6、34—1(7)）

### 5　ゴルフ会員権の譲渡による収入

　ゴルフクラブ（ゴルフ場の所有又は経営に係る法人の株式又は出資を有することが、会員となる資格の要件とされているゴルフクラブを除きます。）の会員である個人が、その会員である地位（いわゆる会員権）を他に譲渡した場合は、営利を目的として継続的に行われるものを除き、その対価の額は総合課税の譲渡所得の収入金額となります。（所基通33—6の2）

　**(注)**　ゴルフ場の所有又は経営に係る法人の株式又は出資者の持分を譲渡（営利を目的として継続的に行われるものを除きます。）したことによる所得についても、総合課税の譲渡所得に該当します。（所基通33−6の3）

## 三　必　要　経　費

　譲渡所得の必要経費とは、譲渡した資産を取得するために要した金額等（取得費）と、その資産を譲渡するために直接要した費用（譲渡費用）との合計額をいいます。

　**(注)**　譲渡所得の必要経費に係る消費税等の取扱いについては、四を参照してください。

### 1　取　得　費

　取得費とは、**資産の取得に要した金額**（取得価額）に**設備費**と**改良費**を加えた合計額をいいます。（所法38①）

　**取得に要した金額**とは、資産を取得したときの買入代金や製作原価にその資産を取得するために直接要した費用などを加えた金額をいいます。**設備費**とは、資産を取得した後に加えた設備費用をいい、**改良費**とは、資産を取得した後に加えた改良のための費用で通常の修繕費以外のものをいいます。

　なお、建物や機械器具のように、使用したり、期間が経過することによって価値の減少する資産である場合は、その償却費相当額を差し引いて計算します。

⑴　**取得費に含まれるもの**

　取得費には、次のような金額を含めて計算します。

——(343)——

収入金額、所得金額の計算

| ① | 他から購入した資産については、購入代金のほか、購入手数料や土地、建物を購入する際に支払った立退料（所基通38—11） |
|---|---|
| ② | 自己が建築・製造などした資産については、建築や製造などのために要した材料費、労務費、経費 |
| ③ | 住宅や工場などの敷地を造成するために要した宅地造成費用 |
| ④ | 所有権などの帰属について争いのある資産について、その所有権などを確保するために直接要した訴訟費用や和解費用など（支出した年分において各種所得の計算上、必要経費に算入されたものを除きます。）（所基通38—2） |
| ⑤ | 建物付きで土地などを取得し、その取得後おおむね1年以内にその建物を取り壊すなどその土地の利用を目的としている場合のその建物の取壊し損失（その建物の取得価額と取壊しに要した費用の合計額から廃材などの処分価額を差し引いた額）（所基通38—1） |
| ⑥ | 資産を取得するための借入金の利子のうち、その資産の借入れの日からその資産の使用開始の日（その資産の取得後、その資産を使用しないで譲渡した場合には、その譲渡の日）までの期間に対応する部分の金額（ただし、既に事業所得などの必要経費に算入された金額を除きます。）。また、その資産の取得のために資金を借り入れる際に支出した公正証書作成費用、抵当権設定登記費用、借入れの担保として締結した保険契約に基づき支払う保険料その他の費用でその資金の借入れのために通常必要と認められるものについても同様です。（所基通38—8） |
| ⑦ | 非業務用の固定資産に係る登録免許税、登録手数料（登録に要する費用を含みます。）、不動産取得税等固定資産の取得に伴い納付する租税公課（所基通38—9） |
| ⑧ | その他その資産をその用途に供するために直接要したすべての費用 |

### (2) 償却費相当額

　建物や機械、器具などのような使用又は時の経過により減価する資産の取得費は、その資産の取得価額・設備費・改良費の合計額から、償却費相当額を差し引いて計算しますが、この「償却費相当額」は次の金額です。（所法38②、所令85）

① 　事業などに使用していた資産の場合……譲渡時までの減価償却費の累積額

② 　事業などに使用していなかった資産の場合……次の算式で計算した金額

$$\left(\begin{matrix}\text{取得価額}\\\text{設 備 費}\\\text{改 良 費}\end{matrix}\right)\times90\%\times\begin{matrix}\text{譲渡資産の耐用年数の}\\\text{1.5倍の年数に応ずる}\\\text{旧定額法の償却率}\end{matrix}\times\begin{matrix}\text{経過}\\\text{年数}\end{matrix}=\text{償却費相当額}$$

(注1)　「耐用年数の1.5倍の年数」に1年未満の端数が生じたときは、その端数は切り捨てて計算します。

(注2)　「経過年数」の6月以上の端数は1年とし、6月未満の端数は切り捨てて計算します。

(注3)　「償却費相当額」は、その資産が有形減価償却資産に相当する場合には、「取得価額・設備費・改良費の合計額」の95％を超えることはできません。

譲渡所得

---
**計算例**

**（設例）**

譲渡資産　　木造の住宅（自用）

取得年月日　平成16年10月18日

取得価額　　4,200,000円

耐用年数　　22年

譲渡年月日　令和4年1月25日

**（償却費相当額の計算）**

$$\underset{(\text{取得価額})}{4,200,000円} \times 90\% \times \underset{(\text{償却率})}{0.031} \times \underset{\binom{経過}{年数}}{17年} = \underset{\binom{償却費}{相当額}}{1,992,060円}$$

（注）「償却率」は、耐用年数22年×1.5＝33年の年数に応ずる旧定額法の償却率です。

---

⑶ **昭和27年12月31日以前に取得した資産（土地建物等を除く）の取得費**

　昭和27年12月31日以前から引き続き所有していた資産の取得費は、次によって計算しますが、その資産が減価償却資産であるときは、次の算式で計算した金額から「昭和28年1月1日から譲渡の日までの期間」の償却費相当額を差し引いて計算します。（所法61、所令172）

$$\binom{次のa～cのうち}{いずれか多い金額} + \binom{昭和28年以後に支出}{した設備費・改良費}$$

a　その資産の昭和28年1月1日現在の相続税評価額（相続税及び贈与税の課税価格の計算に用いるべきものとして国税庁長官が定めて公表した方法によって計算した価額をいいます。）

b　その資産が再評価を行った資産である場合はその再評価額

c　その資産の「実際の取得価額＋昭和27年12月31日までに支出した設備費・改良費」（その資産が減価償却資産であるときは、昭和27年12月31日までの償却費相当額を差し引いて計算します。）

⑷ **土地建物等以外の資産の概算取得費の特例**

　土地建物等以外の資産を譲渡した場合の取得費は、上記のようにして計算しますが、この方法によらずに、その譲渡による収入金額の5％相当額を取得費とすることもできます。

　ただし、例えば、土地の地表又は地中にある土石等、通常、譲渡所得の金額の計算上収入金額から控除する取得費がないものや借家権及び漁業権等には、この取得費の特例の適用はありません。（所基通38—16）

⑸ **相続・遺贈・贈与・時価の2分の1未満の低額譲渡によって取得した資産の取得費**

　相続や遺贈によって取得した資産の取得費は、その相続等について、①みなし譲渡課税が行われた場合（339ページニの1参照）は、その相続等があった時の時価で取得したものとして、また、②その相続等についてみなし譲渡課税が行われていない場合は、被相続人等がその資産を所有していた期間を含めて相続人等が引き続きその資産を所有していたものとして、それぞれ取得費を計算します。（所法60①）

　また、個人から贈与又は時価の2分の1未満の低額譲渡（譲渡対価がその資産の取得費と譲渡費用の合計額に満たないものに限ります。）によって取得した資産については、贈与者又は譲渡者がその

——(345)——

収入金額、所得金額の計算

資産を所有していた期間を含めて受贈者又は譲受者が引き続きその資産を所有していたものとして取得費を計算します。つまり、前の所有者の取得費を引き継ぎます。

なお、このようにして計算した取得費が、収入金額の5％よりも少ないときは、その収入金額の5％相当額をその取得費とします。

**(注)** 相続・遺贈・贈与により取得した資産で譲渡所得の基因となるものについて、贈与等を受けた人が、その資産を取得するために通常必要と認められる費用（名義書換手数料、登記費用、不動産取得税等）を支出している場合には、その費用のうちその資産に対応する金額は、必要経費に算入されたものを除き、その資産の取得費に算入することができます。（所基通60―2）

## (6) 配偶者居住権等の取得費

① 相続又は遺贈により取得した居住建物等を令和2年4月1日以後に譲渡した場合における譲渡所得の金額の計算上控除する居住建物等の取得費（所法60②）
……「その建物に配偶者居住権が設定されていないとしたならば居住建物等を譲渡した時においてその取得費の額として計算される金額」－「居住建物等を譲渡した時において配偶者居住権等が消滅したとしたならば下記②により配偶者居住権等の取得費とされる金額」

② 配偶者居住権等が令和2年4月1日以後に消滅した場合における配偶者居住権等の取得費（所法60③）……「相続又は遺贈により配偶者居住権等を取得した時において、その時に居住建物等を譲渡したとしたならば居住建物等の取得費の額として計算される金額のうちその時における配偶者居住権等の価額に相当する金額に対応する部分の金額として一定の計算をした金額により配偶者居住権等を取得したもの」－「当該金額から配偶者居住権の存続する期間を基礎として一定の計算をした金額を控除した金額」

**(注)** 配偶者居住権等が消滅した場合の譲渡所得の金額の計算上収入金額から控除する取得費は、上記②の規定により計算した金額となりますが、その収入金額の5％相当額を取得費として譲渡所得の金額を計算しているときは、これも認められます。（所基通60―5）

## (7) 交換・買換えなどにより取得した資産の取得費

交換・買換えなどをした旧資産の譲渡所得について、交換・買換えなどの課税の特例の適用を受けている場合には、この交換・買換えなどによって取得した新資産の取得費の計算方法は、次のようになります。もっとも、交換・買換えなどによって資産を取得した後に、その資産について設備費や改良費を支出しているときは、その設備費や改良費も加算され、また、その資産が減価償却資産であるときは、償却費相当額を差し引いて計算します。（所令168、措法33の6、36の4、37の3、37の4二、37の5③、④二、37の6④、旧措法37の9、措法37の8②）

## イ 一般の交換・買換え（特定の事業用資産の買換え・交換を除く）の場合

(イ) 旧資産の譲渡価額が、交換・買換えにより取得した資産の取得価額以上のとき

$$\left[\begin{array}{c}\text{旧資産の取得費}\\+\\\text{旧資産の譲渡費用}\end{array}\right] \times \frac{\text{実際に要した新資産の取得価額}}{\text{旧資産の譲渡価額}} = \text{新資産の取得費}$$

(ロ) 旧資産の譲渡価額が、交換・買換えにより取得した資産の取得価額より低いとき

譲渡所得

$$\left(\begin{matrix}\text{旧資産の} \\ \text{取　得　費}\end{matrix}+\begin{matrix}\text{旧資産の} \\ \text{譲渡費用}\end{matrix}\right)+\left(\begin{matrix}\text{実際に要した新} \\ \text{資産の取得価額}\end{matrix}-\begin{matrix}\text{旧資産の} \\ \text{譲渡価額}\end{matrix}\right)=\text{新資産の取得費}$$

（注）　特定の事業用資産の買換え・交換は、ホを参照してください。

## ロ　収用等による対価補償金で取得した代替資産の場合

　資産の収用等をされた場合に、その対価補償金で代わりの資産を取得したときは、収用等をされた資産の取得費を代わりの資産に引き継がせることを条件に譲渡取得は課税されないことになっています。

(イ)　収用資産の対価補償金の金額から譲渡費用（譲渡費用を補塡するための補償金などを受け取っている場合は、その補償金で補塡される部分の費用を除きます。）を差し引いた金額（純補償金の金額）が、代替資産の取得価額を超えるとき

$$\text{収用資産の取得費}\times\frac{\text{実際に要した代替資産の取得価額}}{\text{純補償金の金額}}=\text{代替資産の取得費}$$

(ロ)　純補償金の金額が代替資産の取得価額と等しいとき

$$\text{収用資産の取得費}=\text{代替資産の取得費}$$

(ハ)　純補償金の金額が代替資産の取得価額より低いとき

$$\text{収用資産の取得費}+\left(\begin{matrix}\text{実際に要した代替} \\ \text{資産の取得価額}\end{matrix}-\begin{matrix}\text{純補償金} \\ \text{の金額}\end{matrix}\right)=\text{代替資産の取得費}$$

　（注）　上記「収用資産の取得費」について、概算取得費（措法31の4）に準じて計算して差し支えありません。（措通33の6－1）

## ハ　換地処分などで取得した交換取得資産の場合

(イ)　交換取得資産だけを受け取り、清算金などを受け取らないとき

$$\text{旧資産の取得費}+\text{譲渡費用}=\text{新資産の取得費}$$

(ロ)　交換取得資産と清算金などを受け取ったとき

$$\left(\text{旧資産の取得費}+\text{譲渡費用}\right)\times\frac{\text{交換取得資産の取得価額}}{\text{清算金など}+\text{交換取得資産の取得価額}}=\text{新資産の取得費}$$

(ハ)　交換取得資産を受け取ったが、その資産の価額が収用資産の価額を超えるため、徴収金を支払ったとき

$$\text{旧資産の取得費}+\text{譲渡費用}+\text{徴収された金額}=\text{新資産の取得費}$$

## ニ　居住用財産、既成市街地等内の土地等又は717ページ七以下の買換え・交換の場合（買換資産が2以上ある場合）

(イ)　旧資産の譲渡価額の合計額が買換え・交換により取得した資産の取得価額の合計額を超えるとき

$$\left(\begin{matrix}\text{旧資産の} \\ \text{取得費の} \\ \text{合計額}\end{matrix}+\begin{matrix}\text{譲渡費} \\ \text{用の合} \\ \text{計額}\end{matrix}\right)\times\frac{\begin{matrix}\text{新資産の取得} \\ \text{価額の合計額}\end{matrix}}{\begin{matrix}\text{旧資産の譲渡} \\ \text{価額の合計額}\end{matrix}}\times\frac{\begin{matrix}\text{個々の新資} \\ \text{産の価額(B)}\end{matrix}}{\begin{matrix}\text{新資産の価額} \\ \text{の合計額(A)}\end{matrix}}\left(\text{以下}\frac{\text{(B)}}{\text{(A)}}\right)=\text{新資産の取得費}$$

(ロ)　旧資産の譲渡価額の合計額が買換え・交換により取得した資産の取得価額の合計額と等しいとき

$$\left(\text{旧資産の取得費の合計額}+\text{譲渡費用の合計額}\right)\times\frac{\text{(B)}}{\text{(A)}}=\text{新資産の取得費}$$

(ハ)　買換え・交換により取得した資産の取得価額の合計額が旧資産の譲渡価額の合計額を超えている

――（347）――

とき

$$
\left\{ \binom{\text{旧資産の取得}}{\text{費の合計額}} + \binom{\text{譲渡費用}}{\text{の合計額}} + \binom{\text{新資産の取得}}{\text{価額の合計額}} - \binom{\text{旧資産の譲渡}}{\text{価額の合計額}} \right\} \times \frac{(B)}{(A)} = \text{新資産の取得費}
$$

### ホ　特定の事業用資産の買換え・交換の場合（買換資産が2以上ある場合）

（買換資産が一つの場合「$\times \frac{(B)}{(A)}$」を省略して計算します。）

(イ) 旧資産の譲渡価額の合計額が買換え・交換により取得した資産の取得価額の合計額を超えるとき

$$
\left\{ \binom{\text{旧資産の取得}}{\text{費の合計額}} + \binom{\text{譲渡費用}}{\text{の合計額}} \times \frac{\text{新資産の取得価額の合計額} \times 80\%}{\text{旧資産の譲渡価額の合計額}} + \binom{\text{新資産の取得}}{\text{価額の合計額}} \times 20\% \right\} \times \frac{(B)}{(A)}
$$

= 新資産の取得費

(ロ) 旧資産の譲渡価額の合計額が買換え・交換により取得した資産の取得価額の合計額と等しいとき

$$
\left\{ \binom{\text{旧資産の取得}}{\text{費の合計額}} + \binom{\text{譲渡費用}}{\text{の合計額}} \times 80\% + \binom{\text{旧資産の譲渡}}{\text{価額の合計額}} \times 20\% \right\} \times \frac{(B)}{(A)} = \text{新資産の取得費}
$$

(ハ) 買換え・交換により取得した資産の取得価額の合計額が旧資産の譲渡価額の合計額を超えているとき

$$
\left\{ \binom{\text{旧資産の}}{\text{取得費の}\atop\text{合計額}} + \binom{\text{譲渡費}}{\text{用の合}\atop\text{計額}} \times 80\% + \binom{\text{旧資産の}}{\text{譲渡価額}\atop\text{の合計額}} \times 20\% + \binom{\text{新資産の}}{\text{取得価額}\atop\text{の合計額}} - \binom{\text{旧資産の}}{\text{譲渡価額}\atop\text{の合計額}} \right\} \times \frac{(B)}{(A)} = \text{新資産の取得費}
$$

## (8)　譲渡所得となる借地権などの設定の場合の取得費

　借地権や地役権の設定の対価として受け取った権利金などで譲渡所得となるものの取得費は、それぞれ次に掲げる場合の区分に応じて次のように計算します。（所令174、所基通38—4）

　なお、次の区分によって計算した金額が、譲渡所得となる権利金などの収入金額の5％相当額より少ないときは、その収入金額の5％相当額を取得費とします。

### イ　その土地について初めて借地権などを設定した場合

　この場合の取得費は、次の算式によって計算します。

$$
\binom{\text{借地権などを設定し}}{\text{た土地の取得費(A)}} \times \frac{\text{その借地権などの設定の対価として支払を受ける金額(B)}}{\text{(B)} + \text{その土地の底地としての価額(C)}} = \text{借地権などの取得費}
$$

　つまり、借地権などを設定した場合には、土地の価額を借地権の価額と底地の価額とからなるものとみて、土地の取得費のうち借地権の価額に対応する部分を借地権などの取得費とすることとなります。

　**(注)**　借地権の価額とは、借地権の設定の対価として受け取った権利金などの金額をいいます。

　　　　　底地の価額とは、借地権が設定されている土地の価額をいいますが、その価額がわからないときは、地代年額の20倍の金額を底地の価額とします。なお、借地権の設定されている土地の更地としての時価がわかっている場合には、その土地の時価から借地権の価額を差し引いた金額が底地の価額となります。

譲渡所得

---
**計算例**

（設　例）

| | |
|---|---|
| 土地の取得費 | 200万円 |
| 借地権設定の価額 | 2,400万円 |
| 借地権設定の目的となった土地の更地としての時価 | 3,000万円 |

（計　算）

底地の価額　3,000万円－2,400万円＝600万円

借地権の取得費　$200万円 \times \dfrac{2,400万円}{2,400万円＋600万円} ＝160万円$

---

### ロ　二重に借地権などを設定する場合

　現に借地権や地役権が設定されている土地について、さらに借地権などを設定した場合で、例えば、既に借地権の設定されている土地の地下を地下鉄や地下商店街などに使用させるような場合には、その借地権の取得費は次の算式によって計算します。（(B)(C)の略号は**イ**参照）

$$\left(\begin{array}{l}借地権などを設定し \\ た土地の取得費(A)\end{array} - \begin{array}{l}現に設定してある借地権などにつき上記 \\ イにより計算して取得費とされた金額\end{array}\right) \times \dfrac{(B)}{(B)＋(C)}$$

　つまり、土地の取得費から現に設定されている借地権などの対価につき譲渡所得として課税された際に取得費とされた金額を差し引いた金額を土地の取得費（これは、その土地の底地部分の取得に要した金額となります。）として、今回の借地権の価額に見合う取得費を計算することとなります。

---
**計算例**

（設　例）

土地の取得費　400万円

| | |
|---|---|
| 現に設定されている借地権の取得費 | 240万円 |
| 今回設定した借地権の価額 | 1,200万円 |
| 今回設定した時の土地の底地の価額 | 800万円 |

（計　算）

今回設定した借地権の取得費　$（400万円－240万円） \times \dfrac{1,200万円}{1,200万円＋800万円} ＝96万円$

---

### ハ　先に借地権などの設定があった土地で現に借地権などを設定していないものについて借地権などを設定した場合

　先に設定していた借地権などの消滅について対価を支払ったときの借地権などの取得費は次の算式によって計算します。（(B)(C)の略号は**イ**参照）

$$\begin{array}{l}借地権などを設定し \\ た土地の取得費(A)\end{array} \times \dfrac{(B)}{(B)＋(C)} - \begin{array}{l}先に設定した借地権などにつきイに \\ より計算して取得費とされた金額(D)\end{array}$$

　なお、この算式によって計算した金額が赤字となる場合には、その赤字は0とします。

### ⑼　一括取得した土地・建物を譲渡した場合の取得価額の計算

　過去に一括取得した土地・建物を譲渡した場合の取得価額の区分計算は、通常、次の三つの方法のいずれかによることになります。

収入金額、所得金額の計算

イ　取得時の契約において土地と建物の価額が区分されている場合は、その価額によります。

ロ　契約上建物の価額が明らかでない場合であっても、建物に課された消費税等の額が明らかなときは、その消費税等の額を基に建物の取得価額を算定します。

$$建物に課された消費税等の額 \times \frac{1+消費税等の税率}{消費税等の税率※}$$

※　平成9年4月〜平成26年3月…5％、平成26年4月〜令和元年9月…8％、令和元年10月以降…10％

ハ　購入時の契約において土地と建物の価額が区分されていない場合は、購入価額の総額を購入時のそれぞれの時価で合理的にあん分して計算します。この場合、建物の標準的な建築価額に床面積（マンションは専有部分の床面積）（m²）を乗じて建物の取得費を計算（中古の建物を購入していた場合は、建築時から取得時までの経過年数に応じた償却費相当額を控除します。）して差し支えありません。

（注）　建物の標準的な建築価額による建物の取得価額を計算した場合には、譲渡所得の内訳書（確定申告書付表兼計算明細書）の3面 **2** (2)の「標準」の□に✓をします。

譲 渡 所 得

## 「建物の標準的な建築価額」表

(千円／m²)

| 建築年 ＼ 構造 | 木造・<br>木骨モルタル造 | 鉄骨鉄筋<br>コンクリート造 | 鉄筋<br>コンクリート造 | 鉄 骨 造 |
|---|---|---|---|---|
| 昭和42年 | 19.9 | 43.6 | 33.7 | 19.6 |
| 43 | 22.2 | 48.6 | 36.2 | 21.7 |
| 44 | 24.9 | 50.9 | 39.0 | 23.6 |
| 45 | 28.0 | 54.3 | 42.9 | 26.1 |
| 46 | 31.2 | 61.2 | 47.2 | 30.3 |
| 47 | 34.2 | 61.6 | 50.2 | 32.4 |
| 48 | 45.3 | 77.6 | 64.3 | 42.2 |
| 49 | 61.8 | 113.0 | 90.1 | 55.7 |
| 50 | 67.7 | 126.4 | 97.4 | 60.5 |
| 51 | 70.3 | 114.6 | 98.2 | 62.1 |
| 52 | 74.1 | 121.8 | 102.0 | 65.3 |
| 53 | 77.9 | 122.4 | 105.9 | 70.1 |
| 54 | 82.5 | 128.9 | 114.3 | 75.4 |
| 55 | 92.5 | 149.4 | 129.7 | 84.1 |
| 56 | 98.3 | 161.8 | 138.7 | 91.7 |
| 57 | 101.3 | 170.9 | 143.0 | 93.9 |
| 58 | 102.2 | 168.0 | 143.8 | 94.3 |
| 59 | 102.8 | 161.2 | 141.7 | 95.3 |
| 60 | 104.2 | 172.2 | 144.5 | 96.9 |
| 61 | 106.2 | 181.9 | 149.5 | 102.6 |
| 62 | 110.0 | 191.8 | 156.6 | 108.4 |
| 63 | 116.5 | 203.6 | 175.0 | 117.3 |
| 平成元 | 123.1 | 237.3 | 193.3 | 128.4 |
| 2 | 131.7 | 286.7 | 222.9 | 147.4 |
| 3 | 137.6 | 329.8 | 246.8 | 158.7 |
| 4 | 143.5 | 333.7 | 245.6 | 162.4 |
| 5 | 150.9 | 300.3 | 227.5 | 159.2 |
| 6 | 156.6 | 262.9 | 212.8 | 148.4 |
| 7 | 158.3 | 228.8 | 199.0 | 143.2 |
| 8 | 161.0 | 229.7 | 198.0 | 143.6 |
| 9 | 160.5 | 223.0 | 201.0 | 141.0 |
| 10 | 158.6 | 225.6 | 203.8 | 138.7 |
| 11 | 159.3 | 220.9 | 197.9 | 139.4 |
| 12 | 159.0 | 204.3 | 182.6 | 132.3 |
| 13 | 157.2 | 186.1 | 177.8 | 136.4 |

収入金額、所得金額の計算

| 建築年　＼　構造 | 木造・木骨モルタル造 | 鉄骨鉄筋コンクリート造 | 鉄筋コンクリート造 | 鉄　骨　造 |
|---|---|---|---|---|
| 平成14年 | 153.6 | 195.2 | 180.5 | 135.0 |
| 15 | 152.7 | 187.3 | 179.5 | 131.4 |
| 16 | 152.1 | 190.1 | 176.1 | 130.6 |
| 17 | 151.9 | 185.9 | 171.5 | 132.8 |
| 18 | 152.9 | 170.5 | 178.6 | 133.7 |
| 19 | 153.6 | 182.5 | 185.8 | 135.6 |
| 20 | 156.0 | 229.1 | 206.1 | 158.3 |
| 21 | 156.6 | 265.2 | 219.0 | 169.5 |
| 22 | 156.5 | 226.4 | 205.9 | 163.0 |
| 23 | 156.8 | 238.4 | 197.0 | 158.9 |
| 24 | 157.6 | 223.3 | 193.9 | 155.6 |
| 25 | 159.9 | 256.0 | 203.8 | 164.3 |
| 26 | 163.0 | 276.2 | 228.0 | 176.4 |
| 27 | 165.4 | 262.2 | 240.2 | 197.3 |
| 28 | 165.8 | 308.3 | 254.2 | 204.1 |
| 29 | 166.7 | 350.4 | 265.5 | 214.6 |
| 30 | 168.5 | 304.2 | 263.1 | 214.1 |
| 令和元年 | 170.1 | 363.3 | 285.6 | 228.8 |
| 2 | 172.0 | 279.2 | 276.9 | 230.2 |

**(注)**　「建築統計年報」（国土交通省）の「構造別：建築物の数、床面積の合計、工事費予定額」表の1㎡当たりの工事費予定額によります。

## (10)　相続財産を譲渡した場合の取得費の特例

　相続や遺贈によって財産を取得した人が、その取得した財産を相続開始のあった日の翌日から相続税の申告書の提出期限の翌日以後3年以内に譲渡した場合には、その譲渡した資産の取得費は、一般の方法によって計算した取得費（譲渡収入金額の5％相当額による概算取得費を含みます。）に、相続や遺贈によって取得した財産に対する相続税額のうちその譲渡した資産に対応する金額を加算することができます。加算する金額は、次表の区分に応じ次表の算式で計算します。（この特例は、相続等のあったときに、被相続人等にみなし譲渡課税（339ページニの1参照）又は国外転出（相続）時課税（814ページ参照）が行われている場合には、適用されません。）（措法39、措令25の16）

| ① | 譲渡した資産が土地等である場合 | 〈平成27年1月1日以後に開始した相続又は遺贈により取得した資産の譲渡〉<br><br>譲渡した人の確定相続税額 × 譲渡した資産の相続税評価額 ／ 確定相続税額の計算の基礎となったその人の相続税の課税価格（債務控除前）<br><br>〈平成26年12月31日までに開始した相続又は遺贈により取得した資産の譲渡〉 |
|---|---|---|

譲 渡 所 得

|  |  | 譲渡した人の<br>確定相続税額 × $\dfrac{\text{その人が相続等により取得した土地等}^*\text{の相続税評価額の合計額}}{\substack{\text{確定相続税額の計算の基礎となったその}\\\text{人の相続税の課税価格(債務控除前)}}}$ − その人が相続等により取得した土地等について既に取得費に加算された金額 |
|---|---|---|
|  |  | ＊　土地等には、相続開始前3年以内に被相続人から贈与により取得した土地等で相続税の課税財産に加えられるもの及び相続時精算課税の適用を受けた贈与財産で相続税の課税財産に加えられるものを含みますが、次の土地等は除かれます。<br>　イ　物納した土地等（超過物納部分を除きます。）又は物納申請中の土地等<br>　ロ　相続開始時において棚卸資産であった土地等及び雑所得の基因となる土地等 |
| ② | ①以外の場合 | 譲渡した人の<br>確定相続税額 × $\dfrac{\text{譲渡した資産の相続税評価額}}{\substack{\text{確定相続税額の計算の基礎となったその}\\\text{人の相続税の課税価格(債務控除前)}}}$ |

(注1)　確定相続税額とは、贈与税控除、相次相続控除及び相続時精算課税による贈与税額控除を適用しないで計算した相続税額をいいます。

(注2)　①又は②の算式の分母の計算は、その相続開始日現在の相続税の課税価格（相続開始前3年以内に被相続人からの贈与財産のみなし課税価格又は相続時精算課税のみなし課税価格の適用がある場合は、そのみなし課税価格）によります。

(注4)　①又は②により計算した金額が譲渡した資産の譲渡益（①又は②の適用をしないで計算した金額）を超える場合は、取得費に加算できる金額はその譲渡益相当額にとどめられます。

(注5)　この取得費の特例の適用対象となる土地等の譲渡が同一年中に2以上ある場合は、取得費に加算する相続税額は、原則として譲渡収入金額の収入すべき時期の早いものから順次加算することになりますが、異なる順に加算額を計算して申告した場合でも、その申告は認められます。

　　　また、その土地等の譲渡に係る譲渡所得のうちに適用税率の異なる譲渡所得がある場合は、取得費に加算する相続税額は、税率の高い譲渡所得の順にその譲渡資産の取得費に加算します。

(注6)　国外転出（相続）時課税（814ページ参照）の適用を受けた資産については、相続人は相続時の時価によって取得したものとみなされるため（所法60の3④）、(9)の特例の対象から除外されます。

〈申告の手続〉

　申告書第二表の「特例適用条文等」欄又は申告書第一表及び第二表と併せて提出する分離課税用の申告書（第三表）の「特例適用条文」欄に「措法39条」と記入するとともに、「譲渡所得の内訳書（確定申告書付表兼計算明細書）」及び「相続財産の取得費に加算される相続税の計算明細書」を申告書に添付しなければなりません。

## 2　譲 渡 費 用

　資産の譲渡に要した費用とは、資産を譲渡するために直接支出した費用で、例えば次の費用をいいます。（この場合、資産の取得費となるものは除かれます。）（所基通33—7）

| ① | 譲渡に際して支出した登記、登録に要する費用 |
|---|---|
| ② | 支払った仲介手数料、測量費 |
| ③ | 運搬費 |

収入金額、所得金額の計算

| ④ | 譲渡のために借家人を立ち退かせるための立退料 |
|---|---|
| ⑤ | 土地を譲渡するためにその土地の上にある家屋を取り壊した場合のその取壊し費用やその取壊しにより生じた家屋の損失（取壊し直前にその家屋を譲渡したと仮定した場合にその家屋の取得費とされる金額から廃材などの処分可能価額を差し引いて計算した金額となります。） |
| ⑥ | すでに売買契約をしていた資産をさらに有利な条件で他に譲渡するため、その契約を解除したことに伴って支出する違約金 |
| ⑦ | 上記のほか、譲渡した資産の譲渡価額を増加させるためにその譲渡に際して支出した費用 |

(注) 譲渡費用には、譲渡資産の修繕費、固定資産税、その資産の維持、管理に要した費用は含まれません。その資産の維持や管理に要した費用は、その資産が事業用の資産であれば、事業所得を計算するうえで必要経費となります。

## 四　譲渡所得の計算における消費税等の取扱い

　資産の譲渡による収入金額に係る消費税額等や譲渡資産の取得費・譲渡費用に係る消費税額等の取扱いは、その資産の譲渡者が消費税の課税事業者であるか免税事業者（非事業者を含みます。）であるかの区分により、さらに課税事業者である場合は、税込経理方式と税抜経理方式の別に、それぞれ異なった取扱いが適用されます。

　(注) 消費税等の経理方式については、249ページ十二を参照してください。

### 1　消費税等込みの金額により譲渡所得の計算を行う場合

　次の①～④に該当する資産の譲渡については、すべて「税込経理方式」により計算した譲渡収入金額、取得費及び譲渡費用に基づいて譲渡所得の金額を計算することになります。

　したがって、消費税等が含まれている場合は、すべて消費税等込みの金額により計算します。

① 消費税等の課税事業者のうち、譲渡資産をその用に供していた事業所得、不動産所得、雑所得及び山林所得（以下「事業所得等」といいます。）を生ずべき業務に係る消費税等の経理方法として「税込経理方式」を採用している者の資産（業務用資産）の譲渡

　(注) 譲渡所得の基因となる資産の譲渡で消費税等が課されるものについての経理処理は、その資産をその用に供していた事業所得等を生ずべき業務と同一の方式によらなければなりません。

② 消費税等の課税事業者が行う非業務用資産（住宅等）の譲渡

③ 消費税等の免税事業者が行う資産の譲渡

④ 給与所得者など非事業者が行う資産の譲渡

　(注) ②～④の資産の譲渡は、消費税等の課税対象となりませんから、その譲渡による収入金額には消費税等が含まれていませんが、その譲渡資産の取得費及び譲渡費用に消費税等相当額が含まれている場合は、消費税等を含まない収入金額から消費税等込みの取得費及び譲渡費用を差し引いて譲渡所得の

譲 渡 所 得

金額を計算します。

## 2　消費税等抜きの金額により譲渡所得の計算を行う場合

　消費税の課税事業者が、譲渡所得の基因となる資産を譲渡し、その譲渡について消費税が課税される場合には、譲渡資産をその用に供していた事業所得等を生ずべき業務に係る消費税等の経理方法として「税抜経理方式」を採用している場合に限り、消費税等抜きの譲渡収入金額、取得費及び譲渡費用に基づいて譲渡所得の金額を計算することになります。この場合は、仮受消費税等の額や仮払消費税等の額の清算等は、その譲渡資産を業務の用に供していた事業所得等の金額において行います。

```
┌─計算例─────────────────────────────────────────┐
│                                                                      │
│ ⑴　サラリーマンが土地建物を譲渡した場合                              │
│ （設　例）                                                            │
│     サラリーマンであるＡさんは、平成29年４月に不動産業者（消費税等の課税事業者）から購入した │
│   建物とその敷地である土地を令和４年10月に譲渡しました。              │
│     建物及び敷地である土地の譲渡価額　9,000万円（内訳：建物2,500万円、土地6,500万円） │
│     譲渡資産の取得費　7,700万円（内訳：建物2,700万円（消費税及び地方消費税（以下「消費税等」 │
│   といいます。⑵も同じ。）200万円を含みます。）、土地5,000万円）      │
│ （譲渡資産である建物の取得費の計算上控除すべき「取得日から譲渡日までの償却費相当額」は考慮し │
│   ていません。⑵も同じ。）                                            │
│     譲渡費用　仲介手数料303万6,000円（消費税等27万6,000円を含みます。） │
│ （計　算）                                                            │
│             （収入金額）　　　（取得費）　　　（譲渡費用）            │
│   短期譲渡所得　90,000,000円－77,000,000円－3,036,000円＝9,964,000円  │
│ ⑵　課税事業者が店舗とその敷地を譲渡した場合                          │
│ （設　例）                                                            │
│     消費税等の課税事業者であるＢさんは、平成23年２月に不動産業者から購入し、事業所得を生ずべ │
│   き業務の用に供していた店舗用建物とその敷地である土地を令和４年５月に譲渡しました。 │
│     店舗及びその敷地である土地の譲渡価額　１億1,300万円（内訳：建物3,300万円（消費税等300万円 │
│                                           を含みます。）、土地8,000万円） │
│     譲渡資産の取得費　9,500万円（内訳：建物2,625万円（消費税等125万円を含みます。）、土地6,875 │
│   万円）                                                              │
│     譲渡費用　仲介手数料379万5,000円（消費税等34万5,000円を含みます。） │
│ （計　算）                                                            │
│   イ　事業所得について税込経理方式を採用している場合                  │
│             （収入金額）　　　（取得費）　　　（譲渡費用）            │
│   長期譲渡所得　113,000,000円－95,000,000円－3,795,000円＝14,205,000円 │
│   ロ　事業所得について税抜経理方式を採用している場合                  │
│             （収入金額）　　　（取得費）　　　（譲渡費用）            │
│   長期譲渡所得　110,000,000円－93,750,000円－3,450,000円＝12,800,000円 │
│                                                                      │
└──────────────────────────────────────────────┘
```

収入金額、所得金額の計算

## 五 特別な損失の控除

### 1 生活に通常必要でない資産の災害・盗難・横領による損失がある場合の特例

　災害・盗難・横領により、生活に通常必要でない資産について生じた損失がある場合には、その損失の金額は、その年分又は翌年分の総合譲渡所得の金額の計算上控除すべき金額とみなされます。

#### ⑴ 生活に通常必要でない資産の災害・盗難・横領による損失

　災害・盗難・横領により、生活に通常必要でない次の資産について受けた損失の金額（保険金・損害賠償金その他これらに類するものにより補てんされる部分の金額を除きます。）は、一定の順序でその損失を受けた年分又はその翌年分の総合課税の譲渡益から控除されます。（所法62①、所令178①）

| ① | 競走馬（その規模、収益の状況その他の事情に照らし事業と認められるものの用に供されるものを除きます。）その他射こう行為の手段となる動産 |
|---|---|
| ② | 通常、本人又は同一生計の親族が居住の用に供しない家屋で、主として趣味、娯楽又は保養の用に供する目的で所有するものその他主として趣味、娯楽、保養又は鑑賞の目的で所有する資産（①又は③を除きます。） |
| ③ | 生活の用に供する次のイ又はロの動産で1個又は1組の価額が30万円を超えるもの<br>　イ　貴石、半貴石、貴金属、真珠及びこれらの製品、べっこう製品、さんご製品、こはく製品、ぞうげ製品並びに七宝製品<br>　ロ　書画、骨董及び美術工芸品 |

（注1）　「損失の金額」は、損失を受ける直前にその資産を譲渡したと仮定した場合に、その資産の取得費とされる金額を基として計算します。（所令178③）

（注2）　非事業用の競走馬の譲渡による損失は、競走馬の保有による雑所得がある場合に限り、その所得の金額の範囲内で差し引かれます。（所令200②）

（注3）　平成26年4月1日以後、ゴルフ会員権やリゾート会員権等の譲渡又は災害等により損失が生じた場合には、各種所得との損益通算及び雑損控除の適用はありません。（383ページ参照）

#### ⑵ 損失の金額の控除順序

　⑴の損失の金額は、次の順序で控除されます。（所令178②）

①　まず、その損失の金額をその年分の短期保有資産の譲渡益から控除し、控除しきれない損失の金額があるときは、これをその年分の長期保有資産の譲渡益から控除します。

②　①により控除しきれない損失の金額があるときは、これを翌年分の短期保有資産の譲渡益から控除し、なお控除しきれない損失の金額があるときは、これを翌年分の長期保有資産の譲渡益から控除します。

——(356)——

譲 渡 所 得

## 2 譲渡代金が貸倒れなどとなった場合の特例

　①譲渡代金が貸倒れになったり、②保証債務を履行するため資産を譲渡したが債務者に対して求償権の行使ができなくなったときは、貸倒れになった譲渡代金や求償権の行使ができなくなった金額に対応する部分の所得の金額は、なかったものとされます。(所法64)

### ⑴ 特例の適用が受けられる場合

　次のイ又はロに該当する場合です。

イ　譲渡代金が貸倒れとなった場合

　　①会社更生法や民事再生法などの法律によって未収の譲渡代金が切り捨てられたり、譲渡の相手方の債務超過の状態が相当期間継続し未収の譲渡代金の支払を受けることができないため書面で未収の譲渡代金を免除した場合のほか、②譲受者の資産状態、支払能力などからみて、未収の譲渡代金の全額の支払を受けることができないときも、これに該当します。(所基通64—1、51—11、51—12)

ロ　保証債務を履行するため資産を譲渡した場合で、その保証債務の主たる債務者などに対する求償権の行使ができなくなった場合

　⑷　「保証債務の履行」には、保証人の債務や連帯保証人の債務の履行のほか、次の債務の履行などがあった場合で、その履行により求償権が生ずることとなる場合も含まれます。(所基通64—4)

| ① | 不可分債務の債務者の債務の履行があった場合 |
|---|---|
| ② | 連帯債務者の債務の履行があった場合 |
| ③ | 合名会社又は合資会社の無限責任社員による会社の債務の履行があった場合 |
| ④ | 身元保証人の債務の履行があった場合 |
| ⑤ | 他人の債務を担保するため質権や抵当権を設定した人が、その債務を弁済したり、質権や抵当権を実行された場合 |
| ⑥ | 法律の規定により連帯して損害賠償の責任がある場合において、その損害賠償金の支払があったとき |

　⑺　求償権の行使ができないかどうかは、前記イの場合に準じて判定します。

　⑻　事業の遂行上保証した債務を履行するため資産を譲渡し、債務者に対して求償権の行使ができなくなったときは、その行使できなくなった部分の金額は事業所得などの必要経費になりますので、重ねてこの特例の適用を受けることはできません。

　⑼　保証債務の履行を借入金で行い、その借入金（その借入金の利子を除きます。）を返済するために資産を譲渡した場合であっても、その資産の譲渡が実質的に保証債務を履行するためのものであると認められるときは、この特例の適用が受けられます。また、被相続人が借入金で保証債務を履行した後にその借入金を承継した相続人がその借入金（その借入金の利子を除きます。）

収入金額、所得金額の計算

を返済するために資産を譲渡した場合も、同様にこの特例の適用が受けられます。(所基通64—5)

**(注1)** 借入金を返済するための資産の譲渡が保証債務を履行した日からおおむね1年以内に行われているときはその資産の譲渡は、「実質的に保証債務を履行するための資産の譲渡」として取り扱われます。

**(注2)** 他人のために農業協同組合等から借り入れた債務を弁済するため資産を譲渡したときで、次のいずれにも該当する場合は、保証債務を履行するための資産の譲渡として取り扱われます。

① 資金の借入れをしようとする者(以下「実質上の債務者」といいます。)が農業協同組合の組合員でないため、その組合から資金の借入れができないので、その組合の組合員(以下「名目上の債務者」といいます。)が、その資格を利用してその組合から資金を借り入れて、これを実質上の債務者に貸し付けた場合のように、その借入れ及び貸付けが債務を保証することに代えて行われたものであること

② 実質上の債務者が、その貸付けを受ける時において資力を喪失した状態にないこと

③ 名目上の債務者が借り入れた資金は、その借入れを行った後直ちに実質上の債務者に貸し付けられており、その資金が名目上の債務者において運用された事実がないこと

④ 名目上の債務者が、その貸付けに伴い実質上の債務者から利ざやその他の金利に相当する金銭等を収受した事実がないこと

なお、名目上の債務者が当初から貸し付けた資金の回収を意図していないと認められるような場合には適用されません。(昭54.10.27直審5—22「他人のために農業協同組合等から借入れた債務を弁済するために資産を譲渡した場合における所得税法第64条第2項の規定の適用について」)

## (2) 特例の内容

貸倒れになった譲渡代金や行使できなくなった求償権の額が、譲渡価額から差し引かれます。しかし、貸倒れになった譲渡代金や行使できなくなった求償権の額を差し引いた結果、譲渡所得や各種の所得の合計額が赤字になるときは、その赤字はないものとされます。(所令180②)

## (3) 申告等の手続

① 譲渡があった年分の譲渡所得の申告前に貸倒れなどが生じた場合は、申告をする際に、この特例を適用して申告することになります。

**(注)** (1)のロの適用を受ける場合には、申告書第二表の「特例適用条文等」欄又は申告書第一表及び第二表と併せて提出する分離課税用の申告書(第三表)の「特例適用条文」欄に、「所法64条2項」と記入するとともに、「保証債務の履行のための資産の譲渡に関する計算明細書(確定申告書付表)」を申告書に添付しなければなりません。(所法64③、所規38)

② 譲渡があった年分の譲渡所得の申告後に貸倒れなどが生じた場合は、貸倒れなどがあった日の翌日から2月以内に、「更正の請求書」を提出して、譲渡があった年分の所得税の減額(還付)を受けることになります。(所法152)

譲 渡 所 得

---

**計算例**

**譲渡代金が回収不能となった場合の所得計算**

**（設　例）**

イ　令和4年分の各種所得の金額（**2**の特例の適用前の金額）

　（イ）　事業所得の金額　　　　　　　　　　　　200万円

　（ロ）　一時所得の金額　　　　　　　　　　　　100万円

　（ハ）　譲渡所得の金額（長期保有資産の土地）　3,600万円

　　　　（イ）　総収入金額　　　　　4,800万円
　　　　（ロ）　取得費・譲渡費用　　1,200万円
　　　　（ハ）　所得金額（（イ）－（ロ））　3,600万円

ロ　令和4年分の課税標準の合計額（**2**の特例の適用前の金額）　　3,850万円

　　　（イ）　総所得金額　250万円

　　　　（事業）　　（一時）
　　　　200万円＋100万円×$\frac{1}{2}$＝250万円

　　　（ロ）　長期譲渡所得の金額　3,600万円

ハ　回収不能額　（イの（ハ）の譲渡所得の総収入金額について生じたもの）　　1,200万円

**（計　算）**

イ　譲渡所得の金額の計算上なかったものとみなされる金額……次の金額のうち最も低い金額

　（イ）　回収不能額　　　　　　1,200万円
　（ロ）　各種の所得の合計額　　3,850万円　　　……1,200万円
　（ハ）　譲渡所得の金額　　　　3,600万円

ロ　令和4年分の各種所得の金額（**2**の特例の適用後の金額）

　（イ）　事業所得の金額　　　　　200万円

　（ロ）　一時所得の金額　　　　　100万円

　（ハ）　譲渡所得の金額

　　　　　［**2**の特例の適　］　　［なかったものと　］
　　　　　［用前の金額　　　］　　［みなされる金額　］
　　　　　　3,600万円　　－　　　1,200万円　　＝　2,400万円

ハ　令和4年分の課税標準（**2**の特例の適用後の金額）

　（イ）　総所得金額

　　　　（事　業）（一　時）
　　　　200万円＋100万円×$\frac{1}{2}$＝250万円

　（ロ）　長期譲渡所得の金額　2,400万円

収入金額、所得金額の計算

# Ⅳ　総合課税の譲渡所得の申告

総合課税の譲渡所得は、申告書第一表の次の各欄に記載して申告することになります。

（収入金額等）

| 総合譲渡 | 短　期 | ㋘ | | | | | | | |
|---|---|---|---|---|---|---|---|---|---|
| | 長　期 | ㋙ | | | | | | | |

※　「短期」㋘欄、「長期」㋙欄の各欄には、それぞれの所得の収入金額は書かないで、「短期」㋘欄には「総合短期譲渡所得の金額」を、「長期」㋙欄には「総合長期譲渡所得の金額」を記載します。

（所得金額）

| 総合譲渡・一時<br>㋘＋｛（㋙＋㋛）×½｝ | ⑪ | | | | | | | | |
|---|---|---|---|---|---|---|---|---|---|

## 一　総合譲渡所得の範囲と区分……329ページⅠ・335ページⅡを参照してください。

## 二　収入金額・必要経費……339ページⅢを参照してください。

## 三　譲　渡　益

収入金額から必要経費を差し引いた金額を「譲渡益」といい、それが赤字の場合は「譲渡損」といいます。総合課税の譲渡では、短期の譲渡と長期の譲渡との両方がありそのいずれかが赤字である場合には、その赤字の金額をもう一方の黒字の金額から差し引いた残額が「譲渡益」となります。（所法33③）

（注）　土地建物等以外の固定資産の交換・買換え等についても、譲渡所得が軽減される特例の適用がある場合ありますので、688ページ一・696ページ三などを参照してください。

## 四　特　別　控　除　額

総合課税の譲渡に係る特別控除額は、次に掲げる区分に応じて計算します。（所法33④）

⑴　「短期の譲渡益と長期の譲渡益の合計額」が50万円までの場合……その譲渡益の合計額（譲渡所得の金額は0となります。）

⑵　「短期の譲渡益と長期の譲渡益の合計額」が50万円を超える場合……50万円

譲 渡 所 得

## 五　所得金額の計算

　譲渡益から特別控除額を差し引いた金額が、総合課税の譲渡では「譲渡所得の金額」になります。

　短期の譲渡と長期の譲渡との両方があり、その譲渡益の合計額が50万円を超えている場合には、次の算式によってそれぞれの譲渡所得の金額を計算します。（所法33③④⑤）

(1)　短期の譲渡益が50万円を超える場合

　①　短期の譲渡益－50万円＝総合短期譲渡所得の金額

　②　長期の譲渡益　　　　　＝総合長期譲渡所得の金額

(2)　短期の譲渡益が50万円までの場合

　　（短期の譲渡益＋長期の譲渡益）－50万円＝総合長期譲渡所得の金額

(注1)　上記の総合短期譲渡所得の金額を申告書第一表の「総合譲渡」の「短期」㋘欄に、総合長期譲渡所得の金額を「総合譲渡」の「長期」㋙欄に記載します。

(注2)　総合長期譲渡所得の金額は、他の所得と総合する際に、その2分の1が課税対象とされます。（所法22②二）

---

**計算例**

(1)　短期の譲渡益80万円、長期の譲渡益60万円の場合

　①　80万円－50万円＝30万円……短期譲渡所得の金額

　②　60万円…………＝60万円……長期譲渡所得の金額

(2)　短期の譲渡益10万円、長期の譲渡益90万円の場合

　　（10万円＋90万円）－50万円＝50万円……長期譲渡所得の金額

---

## 六　申告書第二表の記載

　総合課税の譲渡所得がある場合は、申告書第二表の「総合課税の譲渡所得、一時所得に関する事項（⑪）」欄に該当事項を記載します。

○　総合課税の譲渡所得、一時所得に関する事項（⑪）

| 所得の種類 | 収　入　金　額 | 必　要　経　費　等 | 差　引　金　額 |
|---|---|---|---|
| | 円 | 円 | 円 |
| | | | |

（申告書　第二表）

——（361）——

収入金額、所得金額の計算

＜申告書への記載＞（所得金額の計算表）

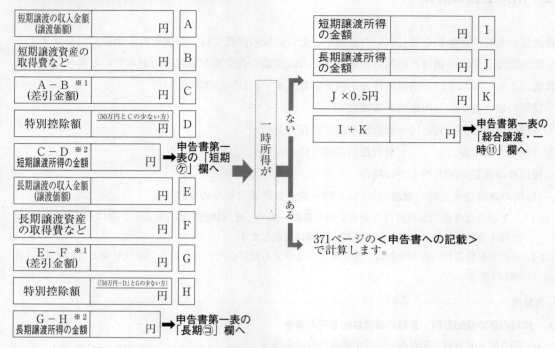

※1　差引金額Ⓒ・Ⓖが赤字又は事業・不動産所得が赤字のときは、この計算表は使用できません。
※2　申告書第一表の「短期㋕」、「長期㋙」にはそれぞれの収入金額ではなく、所得金額を記入します。

## 一時所得・雑所得

　利子、配当、不動産、事業、給与、退職、山林及び譲渡の各所得のいずれにも当てはまらない所得は、税法上、一時所得か雑所得のどちらかに当てはまることになります。一時所得又は雑所得のある人は、確定申告書の次の欄で申告することになります。

【一時所得の申告欄】

（収入金額等）

| 一　　　　　　時 | ㋚ | | | | | | | |
|---|---|---|---|---|---|---|---|---|

（所得金額）

| 総合譲渡・一時<br>㋖＋{(㋙＋㋚)×½} | ⑪ | | | | | | | |
|---|---|---|---|---|---|---|---|---|

【雑所得の申告欄】

（収入金額等）

| 雑 | 公的年金等 | | ㋕ | | | | | | | | |
|---|---|---|---|---|---|---|---|---|---|---|---|
| | 業　務 | 区分 | ㋖ | | | | | | | | |
| | その他 | 区分 | ㋗ | | | | | | | | |

（所得金額）

| 雑 | 公的年金等 | ⑦ | | | | | | | | |
|---|---|---|---|---|---|---|---|---|---|---|
| | 業　　務 | ⑧ | | | | | | | | |
| | そ の 他 | ⑨ | | | | | | | | |
| | ⑦から⑨までの計 | ⑩ | | | | | | | | |

※1　㋖欄の「区分」の□には、業務に係る雑所得の金額の計算上、現金主義の特例を適用する場合は「1」を記入します。

※2　㋗欄の「区分」の□には、個人年金保険に係る収入がある場合は「1」を、暗号資産取引に係る収入がある場合は「2」を、個人年金保険に係る収入及び暗号資産取引に係る収入の両方がある場合は「3」を記入します。

---

　この申告書の様式は、申告書第一表の一部分です。
　申告分離課税の株式等の譲渡に係る雑所得及び先物取引に係る雑所得については、この申告書第一表及び第二表と併せて第三表（分離課税用）の申告書を使用することとなっています。

収入金額、所得金額の計算

# 一　一時所得と雑所得の見分け方

一時所得と雑所得（公的年金等に係る雑所得を除きます。）の違いは、次のとおりです。

| 判定区分 | 一時所得となる場合（所法34①） | 雑所得となる場合（所法35①） |
|---|---|---|
| 共通する点 | 利子所得、配当所得、不動産所得、事業所得、給与所得、退職所得、山林所得及び譲渡所得のいずれにも当てはまらない所得であること | |
| 相違する点 | 所得の性質が次のいずれの性質をも有しない一時的な所得であること<br>① 営利を目的とする継続的行為<br>② 労務その他役務の対価性<br>③ 資産の譲渡の対価性 | 左記の一時所得に当てはまらないものであること |
| 具体的な例示 | 例えば、次のような所得です。（所基通34—1、23〜35共—1、23〜35共—6）<br>① 懸賞の賞金品、福引の当選金品など（業務に関して受けるものは除かれます。）<br>② 競馬の馬券の払戻金、競輪の車券の払戻金など（営利を目的とする継続的行為から生じたものを除きます。）（注1）<br>③ 法人からの贈与により取得する金品（業務に関して受けるもの及び継続的に受けるものを除きます。）<br>④ 人格のない社団などの解散によりその構成員が受けるいわゆる清算分配金など<br>⑤ 遺失物拾得者又は埋蔵物の発見者が受ける報労金<br>⑥ 遺失物の拾得又は埋蔵物の発見により新たに所有権を取得する資産<br>⑦ 株主等としての地位に基づかないで発行法人から有利な払込額で株式を取得する権利を与えられた場合の所得（役員・使用人の地位又は職務等に関して与えられた場合は給与所得、退職に基因して与えられた場合は退職所得）<br>⑧ 労働基準法の規定による解雇の予告手当、休業手当、時間外・休日・深夜労働の割増賃金の規定に違反した者及び年次有給休暇に対し平均賃金の支払をしなかった者から同法第 | (1) その他雑所得の例示<br>　次のような所得は、その他雑所得（公的年金等に係る雑所得及び業務に係る雑所得以外の雑所得をいう。）に該当します。（所基通35—1）<br>① 法人の役員などの勤務先預け金の利子で利子所得とならないもの<br>② いわゆる学校債、組合債などの利子<br>③ 定期積金等の給付補填金<br>④ 国税及び地方税の還付加算金<br>⑤ 土地収用法に規定する加算金及び過怠金<br>⑥ 人格のない社団などの構成員が、その構成員たる資格においてその人格のない社団などから受ける収益の分配金（いわゆる清算分配金及び脱退により受ける持分の払戻金を除きます。）<br>⑦ 株主が受ける株主優待乗車券、株主優待入場券などの配当所得とならない経済的利益<br>⑧ 生命保険契約などに基づく年金（地方公共団体が心身障害者に支給する特定の年金を除きます。）又は損害保険契約等に基づく年金<br>⑨ 役務の提供の対価が給与等とされる者が支払を受ける法第204条第1項第7号に掲げる契約金<br>⑩ 就職に伴う転居のための旅行の費用で通 |

——(364)——

一時所得・雑所得

114条（付加金の支払）の規定により支払を
受ける付加金

⑨　生命保険契約などに基づく一時金で、保険
料又は掛金を自分で負担した生命保険契約若
しくは生命共済に係る契約に基づいて支払を
受ける一時金（業務に関して受けるものを除
きます。）又は損害保険契約等に基づく満期
返戻金など

⑩　借家人が家屋の立退きに際して受ける立退
料（借家権の譲渡による部分及び収益補償の
部分を除きます。）

⑪　売買契約等が解除された場合に取得する手
付金、償還金（業務に関して受けるものを除
きます。）

⑫　事務若しくは作業の合理化、製品の品質の
改善、経費の節約等に寄与する工夫又は考案
等をした者が勤務先から支払を受ける報償金
のうち、その工夫又は考案等がその者の職務
の範囲外の行為である場合の一時に受ける報
償金

⑬　国庫補助金（所法42条、43条）又は移転等の
支出に充てるための交付金（所法44条）で総収
入金額不算入の特例が適用されなかったもの

⑭　地方税法の規定に基づいて受ける住民税及
び固定資産税の前納報奨金（業務用固定資産
に係るものを除きます。）

常必要と認められる範囲を超えるもの

⑪　従業員（役員を含みます。）が自己の職
務に関連して雇用主の取引先などから受け
るリベートなど

⑫　譲渡所得の基因とならない資産の譲渡か
ら生ずる所得（営利を目的として継続的に
行う当該資産の譲渡から生ずる所得及び山
林の譲渡による所得を除きます。）（注2）

(2)　業務に係る雑所得の例示

次のような所得は、事業所得又は山林所得と
認められるものを除き、業務に係る雑所得に該
します。（所基通35—2）

①　動産の貸付け（不動産所得の基因となる
船舶、航空機の貸付けを除きます。）によ
る所得

②　工業所有権の使用料（専用実施権の設定
により一時に受ける対価を含みます。）に
係る所得

③　温泉を利用する権利の設定による所得

④　原稿、挿絵、作曲、レコードの吹き込み
若しくはデザインの報酬、放送謝金、著作
権の使用料又は講演料などに係る所得

⑤　採石権、鉱業権の貸付けによる所得

⑥　金銭の貸付けによる所得

⑦　営利を目的として継続的に行う資産の譲
渡から生ずる所得

⑧　保有期間5年以内の山林の伐採又は譲渡
による所得

※　事業所得と認められるかどうかは、その
所得を得るための活動が、社会通念上事業
と称するに至る程度で行っているかどうか
で判定します。

なお、その所得に係る取引を記録した帳
簿書類の保存がない場合（その所得に係る
収入金額が300万円を超え、かつ、事業所
得と認められる事実がある場合を除きま
す。）には、業務に係る雑所得（資産（山
林を除きます。）の譲渡から生ずる所得に
ついては、譲渡所得又はその他雑所得）に

—(365)—

該当します。(**注3**)

(3) 給与所得者が副収入を得た次のようなもの

① インターネットのオークションサイトや
フリーマーケットアプリなどを利用した個
人取引による所得

(具体例)・衣服・雑貨・家電などの資産の
売却による所得(**注4**)

・自家用車などの資産の貸付けに
よる所得

・ベビーシッターや家庭教師など
の人的役務の提供による所得

② 民泊による所得(**注5**)

(**注1**) 馬券を自動的に購入するソフトウエアを使用して定めた独自の条件設定と計算式に基づき、又は
予想の確度の高低と予想が的中した際の配当率の大小の組合せにより定めた購入パターンに従って、
偶然性の影響を減殺するために、年間を通じてほぼ全てのレースで馬券を購入するなど、年間を通
じての収支で利益が得られるように工夫しながら多数の馬券を購入し続けることにより、年間を通
じての収支で多額の利益を上げ、これらの事実により、回収率が馬券の当該購入行為の期間総体と
して100%を超えるように馬券を購入し続けてきたことが客観的に明らかな場合の競馬の馬券の払戻
金に係る所得は、営利を目的とする継続的行為から生じた所得として雑所得に該当することになり
ます。

なお、競輪の車券の払戻金等に係る所得についても、競馬の馬券の払戻金に準じて取り扱われま
す。(所基通34―1(2))

(**注2**) 譲渡所得の基因とならない資産について、具体的には、「金銭債権」、「外国通貨」、「暗号資産」な
どの「資産の値上がり益が生じないと認められる資産」が該当することとなります。

(**注3**) 事業所得と業務に係る雑所得の区分については、社会通念で判定することが原則ですが、その所
得に係る取引を帳簿書類に記録し、かつ、記録した帳簿書類を保存している場合には、その所得を
得る活動について、一般的に、営利性、継続性、企画遂行性を有し、事業所得に区分される場合が
多いと考えられます。

他方で、その所得に係る取引を帳簿に記録していない場合や記録していても保存していない場合
には、一般的に、営利性、継続性、企画遂行性を有しているとは認め難く、また、事業所得者に義
務付けられた記帳や帳簿書類の保存が行われていない点を考慮すると、社会通念での判定において、
原則として、事業所得に区分されないものと考えられます。

ただし、その所得を得るための活動が、収入金額300万円を超えるような規模で行っている場合に
は、帳簿書類の保存がない事実のみで、所得区分を判定せず、事業所得と認められる事実がある場
合には、事業所得と取り扱うこととしています。

一時所得・雑所得

〈参考〉 事業所得と業務に係る雑所得等の区分（イメージ）

| 収入金額 | 記帳・帳簿書類の保存あり | 記帳・帳簿書類の保存なし |
|---|---|---|
| 300万円超 | 概ね事業所得（注） | 概ね業務にかかる雑所得 |
| 300万円以下 | | 業務に係る雑所得<br>※ 資産の譲渡は譲渡所得・その他雑所得 |

(注) 次のような場合には、事業と認められるかどうかを個別に判断することとなります。

① その所得の収入金額が僅少と認められる場合

例えば、その所得の収入金額が、例年（概ね3年程度の期間）300万円以下で主たる収入に対する割合が10％未満の場合は、「僅少と認められる場合」に該当すると考えられます。

② その所得を得る活動に営利性が認められない場合

その所得が例年赤字で、かつ、赤字を解消するための取組（収入を増加させる、あるいは所得を黒字にするための営業活動等）を実施していない場合は、「営利性が認められない場合」に該当すると考えられます。

(注4) 生活の用に供している資産（古着や家財など）の売却による所得は非課税（この所得については確定申告が不要）です。

(注5) 個人が空き部屋などを有料で旅行者に宿泊させるいわゆる「民泊」は、一般的に、利用者の安全管理や衛生管理、また、一定程度の観光サービスの提供等を伴うものですので、単なる不動産賃貸とは異なり、その所得は、不動産所得ではなく、雑所得に該当します。

(注6) ビットコインなどの暗号資産は、物品の購入等に使用できるものですが、このビットコインを使用することで生じた利益は、所得税の課税対象となります。

このビットコインを使用することにより生じる損益（邦貨又は外貨との相対的な関係により認識される損益）は、事業所得等の各種所得の基因となる行為に付随して生じる場合を除き、原則として、雑所得に区分されます。（所法35）

暗号資産を預けていた暗号資産交換業者が不正送信被害に遭ったことに伴い、暗号資産に代えて受けた補償金は、一般的には、非課税となる損害賠償金には該当せず、雑所得として課税の対象となります。

なお、補償金の計算の基礎となった1単位当たりの暗号資産の価額がもともとの取得単価よりも低額であり、雑所得の金額の計算上、損失が生じることになる場合には、その損失を他の雑所得の金額と通算することができます。（タックスアンサーNo.1525）

---

《新型コロナウイルス感染症及びそのまん延防止のための措置》

新型コロナウイルス感染症等の影響に伴い、国や地方公共団体から個人に対して支給される助成金のうち、以下のものについては一時所得又は雑所得となります。（新型コロナFAQ）

※1 非課税となるものについては、1072ページ参照

※2 一般的な給与所得者については、給与所得以外の所得が20万円以下である場合には、確定申告不要とされています。

1 一時所得に区分されるもの

事業に関連しない助成金で臨時的に一定の所得水準以下の方に対して一時に支給される助成金

※ 一時所得については、所得金額の計算上、50万円の特別控除が適用されることから、他の一時所得とされる金額との合計額が50万円を超えない限り、課税対象になりません。

—— (367) ——

収入金額、所得金額の計算

| 助成金等の種類 | 収入計上時期 |
|---|---|
| ① 事業復活支援金・持続化給付金（給与所得者向け） | ・支給決定時 |
| ② Go To トラベル事業における給付金 | ・旅行終了時（旅行代金割引相当額）<br>・クーポン使用時（地域共通クーポン相当額） |
| ③ Go To イート事業における給付金 | ・ポイント・食事券使用時 |
| ④ Go To イベント事業における給付金 | ・ポイント・クーポン使用時 |

2 雑所得に区分されるもの

| 助成金等の種類 | 収入計上時期 |
|---|---|
| ○ 事業復活支援金・持続化給付金（雑所得者向け） | ・支給決定時 |

## 二　一時所得と雑所得の所得金額の計算

　一時所得及び雑所得の計算方式は、次のとおりです。ここで一時所得の金額の計算が雑所得の場合と比べ緩やかになっているのは、このような継続性のない所得は、元来、税の負担力が低いものであることなどが考慮されているからです。

| 一時所得の計算方式（所法34②③） | 雑所得の計算方式（所法35②） | | |
|---|---|---|---|
| 総収入金額 － その収入を得るために支出した金額 － 一時所得の特別控除額 ＝ 一時所得の金額<br><br>特別控除額は、<br>　総収入金額から収入を得るために支出した金額を差し引いた残額が<br>　　50万円未満の場合………その残額<br>　　50万円以上の場合………50万円<br>となります。<br>一時所得の金額×$\frac{1}{2}$＝総所得金額に算入する金額<br>（所法22②二） | ①＋②＋③＝雑所得の金額 | | |
| | ① 公的年金等の雑所得 | 公的年金等の収入金額（税込）（注）　五3を参照。 － 公的年金等控除額 ＝ 公的年金等に係る雑所得の金額 | |
| | ② 業務に係る雑所得 | 業務に係る雑所得の収入金額（税込） － 必要経費 ＝ 業務に係る雑所得の金額 | |
| | ③ その他の雑所得 | その他の雑所得の収入金額（税込） － 必要経費 ＝ その他の雑所得の金額 | |

## 三　申告書第二表の記載

　一時所得がある場合は、申告書第二表の「総合課税の譲渡所得、一時所得に関する事項（⑪）」欄に該当事項を記入します。

一時所得・雑所得

○ 総合課税の譲渡所得、一時所得に関する事項（⑪）

（申告書
第二表）

| 所得の種類 | 収 入 金 額 | 必要経費等 | 差 引 金 額 |
|---|---|---|---|
| | 円 | 円 | 円 |
| | | | |

※ 一時所得がある場合は、上記の欄のほか、「所得の内訳（所得税及び復興特別所得税）」欄の各欄とも該当事項を記入します。

なお、「種目」欄には、例えば次のように記入します。

（例）国民年金、個人年金、原稿料、講演料、印税、放送出演料、暗号資産　など

○ 所得の内訳（所得税及び復興特別所得税の源泉徴収税額）

| 所得の種類 | 種 目 | 給与などの支払者の「名称」及び「法人番号又は所在地」等 | 収 入 金 額 | 源泉徴収税額 |
|---|---|---|---|---|
| | | | 円 | 円 |

# 四　一時所得の金額の計算 （所法34）

## 1　総収入金額

　例えば、懸賞の賞金品のように一般的な事例の収入金額は、原則として、実際に受け取った日にその収入金額が生じたものとされます。しかし、5の立退料のように、交渉や契約によって収入すべきこととなったものは、事業所得の項で説明した計上時期の考え方（131ページ2参照）に準じて取り扱われることになります。

## 2　賞品などで支払われる収入金額

　事業の広告宣伝のための賞金を金銭以外のもので支払を受けた場合の一時所得の収入金額は、その支払を受けた人がその支払を受けることとなった日に、その賞品などを他人に譲渡するものと仮定した場合の処分見込価額により計算します。ただし、金銭と金銭以外のものとのいずれかを選択することができる場合には、その金銭の額を収入金額とします。また、賞品など、製造された物品については、その賞品などが業務用の固定資産として使用できるもの又はその人の商品として販売できるものである場合を除き、通常の小売価額（現金正価）の6割相当額を収入金額とします。（所令321、所基通205—9）

## 3　株式等を取得する権利の価額

(1)　個人が法人から役務の提供の対価として特定譲渡制限付株式等を交付された場合における収入金額は、当該特定譲渡制限付株式等の譲渡についての制限が解除された日(注)における価額とします。（所令84①）

——（369）——

収入金額、所得金額の計算

(注)　令和2年4月1日以後、解除された日以前にその個人が死亡した場合には、その死亡の時に発行法人等が無償で取得することとなる事由に該当しないことが確定している特定譲渡制限付株式又は承継譲渡制限付株式については、その個人の死亡の日における価額が特定譲渡制限付株式又は承継譲渡制限付株式の経済的な利益の価額及び取得価額とされます。(所令84①、109①二、令2改所令等附4①)

(2)　発行法人から株式と引換えに払い込むべき額が有利な金額で株式を取得する権利を与えられた場合(株主等として与えられた場合を除きます。)における収入金額の計算は、払込又は給付期日における株式の価額からその権利の取得価額にその行使に際し払い込むべき額を加算した金額を差し引いた金額とします。(所令84③)

(注)　上記と同様に、旧商法の規定により取締役又は使用人に対して自己株式の譲渡請求権(旧商法210ノ2)又は新株引受権(旧商法280ノ19)が与えられた場合(令和元年7月15日まで)若しくは旧商法の規定により新株予約権(旧商法280ノ21)が与えられた場合及び会社法の規定により新株予約権(会社法238〜240)が与えられた場合の収入金額は、その株式の権利行使日における価額から、株式の譲渡価額又は新株の発行価額(会社法の新株予約権の場合は、新株予約権の取得価額に払込額を加算した金額)を差し引いた金額とされます。(株式譲渡請求権又は新株引受権の場合の所得区分は給与所得とされますが、退職後に権利行使がされた場合で主として職務遂行に関連しない利益が供与されていると認められるときは雑所得とされます。旧商法の新株予約権の場合は、発行法人との雇用関係等に基因して与えられたときは前記と同様ですが、業務に関連して与えられたときは事業又は雑所得となり、それ以外のときは雑所得となります。(所基通23〜35共―6))

## 4　発行法人から与えられた株式を取得する権利の譲渡による収入金額

　居住者が新株予約権等(株式を無償又は有利な価額により取得することができる一定の権利で、その権利を行使したならば経済的な利益として課税されるものをいいます。)を発行法人から与えられた場合において、その居住者等がその権利をその発行法人に譲渡したときは、その譲渡の対価の額からその権利の取得価額を控除した金額を、事業所得に係る収入金額、給与等の収入金額、退職手当等の収入金額、一時所得に係る収入金額又は雑所得に係る収入金額とみなして課税することとされます。(所法41の2、所令84③、88の2)

## 5　生命保険金の満期受取金等

　保険料の払込者が満期により受け取る保険金は一時所得となり、その金額の計算は次のようになります。また、中途解約の場合の解約返戻金に係る計算もこれに準じます。(所令183②)

$$\left\{保険金-\left(支払保険料総額等_{(注1)}-剰余金等支払を受けた金額の合計額\right)\right\}-一時所得の特別控除額=一時所得の金額$$

(注1)　生命保険契約等に基づく一時金について、支払保険料等の総額に、事業主が負担したその生命保険契約等に係る保険料等で使用人等の給与所得に係る収入金額に含まれないものの額がある場合には、その金額は、上記「支払保険料総額等」の金額には含めずに計算します。

(注2)　保険料払込者と保険金受取人が別である場合には、被保険者に関係なく、原則として、保険金の全額が保険料払込者から受取人に対する贈与となり、所得税ではなく贈与税が課税されることになり

一時所得・雑所得

ます。（相続税法5）

## 6　借家の明渡しによる立退料

借家人が借家を明け渡すことによって受け取る立退料は次の区分に応じて、それぞれ次の所得となります。（所基通33―6、34―1(7)）

| | 受け取った立退料の性質 | | 所得区分 |
|---|---|---|---|
| ① | 立退きのための費用の弁償 | | 一時所得 |
| ② | 借家権の消滅の対価 | 借家権の取引慣行のない地域 | |
| | | 借家権の取引慣行のある地域 | 譲渡所得（総合課税） |
| ③ | 事業者の場合の休業期間の営業補償 | | 事業所得等 |

**(注)**　立退料の全額から②に相当する金額（譲渡所得となる部分）及び③に相当する金額を控除した残額が一時所得の収入金額とされます。

## 7　必要経費

一時所得の計算に当たり「必要経費」の欄に計上する金額は一時所得の収入を得るために支出した金額ですが、原則として、収入を生じた各行為ごとに計算します。一時所得は偶発的な性質をもっているため、収入とその収入を得るために支出した金額とを、原因別、行為別に区分して個別対応により計算します。

例えば、立退料の場合は建物明渡しのための移転実費などが必要経費に当たります。

なお、懸賞クイズなどの当せん金品の一部をあらかじめ公共施設等に寄附する定めがある場合に、その定めによって寄附した金品などはその収入を得るために支出した金額に含まれます。

＜申告書への記載＞（所得金額の計算表）

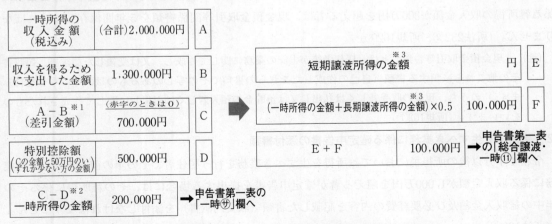

※1　事業・不動産所得、総合譲渡所得が赤字のときは、この計算表は使用できません。
※2　申告書第一表の「一時㋕」には収入金額ではなく、所得金額を記入します。

収入金額、所得金額の計算

※3　短期譲渡所得の金額、長期譲渡所得の金額については、361ページ参照。

※4　上記の計算例の申告書への記載は、38ページ以下参照。

## 8　一時所得の損失の取扱い

一時所得の金額の計算上生じた損失の金額は、他の所得の金額との損益通算はできません。(所法69)

# 五　雑所得の金額の計算

雑所得の金額は、次の1の業務に係る雑所得の金額と2のその他の雑所得の金額と3の公的年金等に係る雑所得の金額の合計額とされます。

公的年金等以外の雑所得の金額（1の業務に係る雑所得の金額及び2のその他の雑所得の金額）は、その年中の公的年金等以外の雑所得に係る総収入金額から必要経費を控除した額とされますが、その計算方法は、雑所得に最も類似している他の所得に準じて計算することになります。（計算の結果、赤字となるときのその赤字の金額は3の公的年金等に係る雑所得の金額から差し引きます。）(所法35①②)

## 1　業務に係る雑所得の金額

業務に係るものとは、副業に係る収入のうち営利を目的とした継続的なもの（原稿料、講演料、シルバー人材センターやシェアリングエコノミーなど）をいいます。

> 総収入金額－必要経費＝業務に係る雑所得

### ⑴　現金預金取引等関係書類の保存義務

令和4年分以後の所得税において、業務に係る雑所得を有する場合で、その年の前々年分の業務に係る雑所得の収入金額が300万円を超える者は、現金預金取引等関係書類を5年間保存しなければなりません。(所法232②、所規102⑧)

**(注)**　「現金預金取引等書類」とは、居住者等が上記の業務に関して作成し、又は受領した請求書、領収書その他これらに類する書類（自己の作成したこれらの書類でその写しのあるものは、その写しを含みます。）のうち、現金の収受若しくは払出し又は預貯金の預入若しくは引出しに際して作成されたものをいいます。(所規102⑦)

### ⑵　雑所得を生ずべき業務に係る確定申告書の添付書類

令和4年分以後の所得税において雑所得を生ずべき業務を行う居住者でその年の前々年分のその業務に係る収入金額が1,000万円を超える者が確定申告書を提出する場合には、その雑所得に係るその年中の総収入金額及び必要経費の内容を記載した書類（収支内訳書）を添付しなければなりません。

(所法120⑥)

一時所得・雑所得

### (3) 小規模事業者等の収入及び費用の帰属時期

令和4年分以後の所得税において雑所得を生ずべき業務を行う居住者でその年の前々年分のその業務に係る収入金額が300万円以下である者は、その年分のその業務に係る雑所得の金額（山林の伐採又は譲渡に係るものを除きます。）の計算上総収入金額及び必要経費に算入すべき金額は、その業務につきその年において収入した金額及び支出した費用の額とすること（いわゆる現金主義による収入費用の計上（263ページの7(1)(2)参照））ができます。（所法67②、所令196の2、196の3）

ただし、この特例を受けるには、確定申告書にこの特例を受ける旨を記載しなければなりません。（所令197③）（363ページ※1を参照）

## 2 その他の雑所得の金額

### (1) 生命保険契約等に基づいて支払を受ける年金

公的年金等以外の雑所得となるこれらの年金の所得金額は、次のように計算します。（所令183①）

$$\left(\begin{array}{l}\text{その年に支} \\ \text{払を受ける} \\ \text{年 金 額}\end{array} + \begin{array}{l}\text{年金の支払開始日以} \\ \text{後その年において分} \\ \text{配される剰余金}\end{array}\right) - \left(\begin{array}{l}\text{その年に支} \\ \text{払を受ける} \\ \text{年 金 額}\end{array} \times \dfrac{\text{掛金の}}{\text{総額(注)}} - \dfrac{\text{年金支払開始日前に}}{\text{分配された剰余金}}\right) = \begin{array}{l}\text{所得} \\ \text{金額}\end{array}$$

**(注)** 生命保険契約等に基づく年金について、支払保険料等の総額に、事業主が負担したその生命保険契約等に係る保険料等で使用人等の給与所得に係る収入金額に含まれないものの額がある場合には、その金額は、上記「掛金の総額」の金額には含めずに計算します。

### (2) 非営業貸金の利子と元本の貸倒れ

① 受け取るべき利息が回収できないこととなったときは、その回収不能に対応する所得金額はその所得の生じた年分にさかのぼってなかったものとされます。この場合、回収不能となった日の翌日から2月以内に更正の請求の手続をして所得税額の減額の請求をすることができます。（所法152）

② 元本の貸倒れについては、貸倒れとなった年分の雑所得の金額（貸倒れの損失を考慮しないで計算した金額）を限度として必要経費に算入することができます。（所法51④）

### (3) 暗号資産（仮想通貨）の譲渡原価等の計算及びその評価の方法

居住者の暗号資産につきその者の事業所得の金額又は雑所得の金額の計算上必要経費に算入する金額を算定する場合におけるその算定の基礎となるその年12月31日（その者が年の中途において死亡し、又は出国をした場合には、その死亡又は出国の時）において有する暗号資産の価額は、その者が暗号資産について選定した評価の方法（総平均法又は移動平均法）により評価した金額（評価の方法を選定しなかった場合又は選定した評価の方法により評価しなかった場合には、法定評価方法（総平均法）により評価した金額）とされます。（所法48の2①、所令119の2①、所令119の5①）

暗号資産の取得価額は、次の暗号資産の区分に応じ次に定める金額とされています。（所令119の6①）

イ 購入した暗号資産……その購入の代価（購入手数料その他その暗号資産の購入のために要した費用がある場合には、その費用の額を加算した金額）

ロ 上記イの暗号資産以外の暗号資産……その取得の時におけるその暗号資産の取得のために通常要

——(373)——

する価額

ハ　いわゆる死因贈与、相続又は包括遺贈及び相続人に対する特定遺贈により取得した暗号資産……被相続人の死亡の時において、被相続人がその暗号資産につきよるべきものとされていた評価の方法により評価した金額

ニ　著しく低い価額の対価による譲渡により取得した暗号資産……その譲渡の対価の額と実質的に贈与をしたと認められる金額との合計額

**（注1）**　居住者が暗号資産信用取引（資金決済に関する法律に規定する暗号資産交換業を行う者から信用の供与を受けて行う暗号資産の売買をいいます。）の方法による暗号資産の売買を行い、かつ、暗号資産信用取引による暗号資産の売付けと買付けとにより暗号資産信用取引の決済を行った場合には、その売付けに係る暗号資産の取得に要した経費としてその者のその年分の事業所得の金額又は雑所得の金額の計算上必要経費に算入する金額は、暗号資産信用取引においてその買付けに係る暗号資産を取得するために要した金額とされています。（所令119の7）

**（注2）**　暗号資産を売買した場合における事業所得の金額又は雑所得の金額の計算上必要経費に算入する金額について、暗号資産の売買による収入金額の100分の5に相当する金額を暗号資産の取得価額として事業所得の金額又は雑所得の金額を計算しているときは、これが認められます。（所基通48の2－4）

## 3　公的年金等に係る雑所得の金額

公的年金等に係る雑所得の金額は、公的年金等の収入金額から公的年金等控除額を控除した残額とされています。公的年金等控除額は、公的年金等に係る雑所得以外の所得に係る合計所得金額及び公的年金等の収入金額に応じて次表のとおりとなります。これに1と2の雑所得の金額と合計して確定申告をすることとなります。（所法35③④、措法41の15の3①）

《令和2年分以後の公的年金等控除額の速算表》

| 年齢区分 | 公的年金等の収入金額（A） | 公的年金等に係る雑所得以外の所得に係る合計所得金額 | | |
|---|---|---|---|---|
| | | 1,000万円以下 | 1,000万円超 2,000万円以下 | 2,000万円超 |
| 65歳以上 | 330万円以下 | 110万円 | 100万円 | 90万円 |
| | 330万円超 410万円以下 | A×25％＋27.5万円 | A×25％＋17.5万円 | A×25％＋7.5万円 |
| | 410万円超 770万円以下 | A×15％＋68.5万円 | A×15％＋58.5万円 | A×15％＋48.5万円 |
| | 770万円超 1,000万円以下 | A×5％＋145.5万円 | A×5％＋135.5万円 | A×5％＋125.5万円 |
| | 1,000万円超 | 195.5万円 | 185.5万円 | 175.5万円 |

一時所得・雑所得

| | 130万円以下 | 60万円 | 50万円 | 40万円 |
|---|---|---|---|---|
| **65歳未満** | 130万円超 410万円以下 | A×25％＋27.5万円 | A×25％＋17.5万円 | A×25％＋7.5万円 |
| | 410万円超 770万円以下 | A×15％＋68.5万円 | A×15％＋58.5万円 | A×15％＋48.5万円 |
| | 770万円超 1,000万円以下 | A×5％＋145.5万円 | A×5％＋135.5万円 | A×5％＋125.5万円 |
| | 1,000万円超 | 195.5万円 | 185.5万円 | 175.5万円 |

**(注)** 受給者の年齢が65歳未満であるかどうかの判定は、その年の12月31日における年齢により判定することとされています。（措法41の15の3④）

なお、その年において公的年金等に係る雑所得のある人で、その年中の公的年金等の収入金額が400万円以下であり、その年分の公的年金等に係る雑所得以外の所得金額が20万円以下であるときは、その年分の所得税について確定申告書を提出する必要はありません。（公的年金等に係る確定申告不要制度）ただし、源泉徴収の対象とならない公的年金等の支給を受けている人は、公的年金等に係る確定申告不要制度を適用できません。（所法121③）

令和2年分以後の所得税については、その年の給与所得控除後の給与等の金額及び公的年金等に係る雑所得の金額がある者で、これらの合計額が10万円を超えるものの総所得金額を計算する場合には、給与所得控除後の給与等の金額（10万円を限度）及び公的年金等に係る雑所得の金額（10万円を限度）の合計額から10万円を控除した残額を、給与所得の金額から控除する所得金額調整控除があります。（措法41の3の3②⑤）（321ページ**四**を参照）

**(注)** 公的年金等に係る確定申告不要制度における公的年金等に係る雑所得以外の所得金額を算定する場合には、上記の所得金額調整控除額を給与所得の金額から控除します。（措法41の3の3⑥）

〈**公的年金等の範囲**〉

公的年金等とは、例えば次に掲げるものをいいます。（所法35③、所令82の2）

① 国民年金法、厚生年金保険法の規定に基づいて支給される年金

② 国家公務員共済組合法、地方公務員等共済組合法、私立学校教職員共済法及び独立行政法人農業者年金基金法の規定に基づいて支給される年金

③ 被用者年金制度の一元化等を図るための厚生年金保険法等の一部を改正する法律附則の規定に基づく一定の年金、改正前の国家公務員共済組合法の規定に基づく一定の年金、改正前の地方公務員等共済組合法の規定に基づく一定の年金、改正前の私立学校教職員共済法の規定に基づく一定の年金

④ 恩給（一時恩給を除きます。）

⑤ 過去の勤務に基づき使用者であった者から支給される年金

⑥ 昭和60年改正前の船員保険法の規定に基づく年金及び廃止前の農林漁業団体職員共済法に基づく年金

収入金額、所得金額の計算

⑦　次の制度に基づいて支給される年金（これに類する給付を含みます。）

　イ　厚生年金保険法附則第28条に規定する共済組合が行う退職金共済に関する制度

　ロ　旧令による共済組合等からの年金受給者のための特別措置法第3条、第4条又は第7条の2の規定に基づく年金の支給に関する制度

⑧　確定給付企業年金法の規定に基づいて支給を受ける年金

⑨　⑧に類する年金で次の制度に基づいて支給される年金（これに類する給付を含みます。）

　イ　特定退職金共済団体が行う退職金共済に関する制度

　ロ　外国の法令に基づく保険又は共済に関する制度

　ハ　中小企業退職金共済法に規定する分割払の分割退職金

　ニ　小規模企業共済法に規定する分割払の分割共済金

　ホ　適格退職年金契約に基づいて支給を受ける退職年金

　ヘ　確定拠出年金法に規定する企業型年金規約又は個人型年金規約に基づいて老齢給付金として支給される年金

　**(注)**　在職中に使用者に対して掛金を拠出することにより退職後その使用者であった者から支給される年金（いわゆる拠出制の企業内年金）は⑤の年金に該当しますが、この場合の収入金額は、その年中の支給額から受給者が拠出した掛金（その運用益として元本に繰り入れられた金額を含みます。）を控除した金額となります。

　　　また、⑧及び⑨のホの年金についても従業員掛金がある場合は、一定の従業員掛金相当額を控除した金額が公的年金等の収入金額となります。


**＜申告書への記載＞**（所得金額の計算表）

⑴　**公的年金等の雑所得**……国民年金、厚生年金、恩給、確定給付企業年金、確定拠出企業年金、一定の外国年金などの所得

　確定申告書には、公的年金等の支払者からその支払を受ける者に交付される源泉徴収票の内容を記載する必要があります。

　なお、公的年金等の支払者からその支払を受ける者に交付される源泉徴収票については、その支払者から別途、税務署長へ提出することとされていることから（所法226、所規94の2）、確定申告書への添付を要しません。

**Step 1** 公的年金等の収入金額

| 公的年金等の収入金額（税込み） | （合計）　　　　円 | A | ➡ 申告書第一表の「雑・公的年金等㋕」欄へ |
|---|---|---|---|

**Step 2** 公的年金等に係る雑所得以外の合計所得金額の計算

| | | | |
|---|---|---|---|
| 申告書第一表の①～⑤欄＋⑪欄の金額 | 円 | | |
| 給与所得(323ページ)のⒸ－Ⓕの金額（Ⓕの金額がないときは323ページのⒸの金額） | 円 | | |
| 下記(2)のⒻ＋下記(3)のⒾの金額 | （赤字のときは０円）　　円 | | |
| 上記の合計額（※） | （合計）　　円 | B | ➡ 申告書第一表の「公的年金等以外の合計所得金額㊺」欄へ |

※　山林所得がある場合は申告書第三表の㊄欄の金額、退職所得がある場合は、申告書第三表の㊅欄の金額を加えてⒷを記入してください。申告書第三表の分離課税の所得がある場合は、それらの所得金額（繰越控除の適用前の金額、長（短）期譲渡所得については特別控除前の金額）も加算します。

**Step 3** 公的年金等の雑所得の計算

▶昭和33年１月２日以後に生まれた方（65歳未満の方）　※１円未満の端数があるときは、その端数を切り捨てます。

| Ⓐの金額 | 公的年金等に係る雑所得以外の合計所得金額Ⓑ | | | |
|---|---|---|---|---|
| | ～10,000,000円 | 10,000,001円～20,000,000円 | 20,000,001円～ | |
| ～1,299,999円 | Ⓐ（赤字のときは０円）－600,000円　　円 | Ⓐ（赤字のときは０円）－500,000円　　円 | Ⓐ（赤字のときは０円）－400,000円　　円 | C |
| 1,300,000円～4,099,999円 | Ⓐ×0.75－275,000円　　円 | Ⓐ×0.75－175,000円　　円 | Ⓐ×0.75－75,000円　　円 | |
| 4,100,000円～7,699,999円 | Ⓐ×0.85－685,000円　　円 | Ⓐ×0.85－585,000円　　円 | Ⓐ×0.85－485,000円　　円 | |
| 7,700,000円～9,999,999円 | Ⓐ×0.95－1,455,000円　　円 | Ⓐ×0.95－1,355,000円　　円 | Ⓐ×0.95－1,255,000円　　円 | |
| 10,000,000円～ | Ⓐ－1,955,000円　　円 | Ⓐ－1,855,000円　　円 | Ⓐ－1,755,000円　　円 | |

▶昭和33年１月１日以前に生まれた方（65歳以上の方）　※１円未満の端数があるときは、その端数を切り捨てます。

| Ⓐの金額 | 公的年金等に係る雑所得以外の合計所得金額Ⓑ | | | |
|---|---|---|---|---|
| | ～10,000,000円 | 10,000,001円～20,000,000円 | 20,000,001円～ | |
| ～3,299,999円 | Ⓐ（赤字のときは０円）－1,100,000円　　円 | Ⓐ（赤字のときは０円）－1,000,000円　　円 | Ⓐ（赤字のときは０円）－900,000円　　円 | C |
| 3,300,000円～4,099,999円 | Ⓐ×0.75－275,000円　　円 | Ⓐ×0.75－175,000円　　円 | Ⓐ×0.75－75,000円　　円 | |
| 4,100,000円～7,699,999円 | Ⓐ×0.85－685,000円　　円 | Ⓐ×0.85－585,000円　　円 | Ⓐ×0.85－485,000円　　円 | |
| 7,700,000円～9,999,999円 | Ⓐ×0.95－1,455,000円　　円 | Ⓐ×0.95－1,355,000円　　円 | Ⓐ×0.95－1,255,000円　　円 | |
| 10,000,000円～ | Ⓐ－1,955,000円　　円 | Ⓐ－1,855,000円　　円 | Ⓐ－1,755,000円　　円 | |

➡ 申告書第一表の「雑・公的年金等⑦」欄へ、給与所得がある方は、給与所得（323ページ）のⒽへ

収入金額、所得金額の計算

⑵ **業務に係る雑所得**……原稿料、講演料、シルバー人材センター又はネットオークションなどを利用した個人取引若しくは食料品の配達などの副収入による所得

| | | |
|---|---|---|
| 業務に係る雑所得の収入金額<br>（税込み） | （合計）<br>＿＿＿＿＿＿＿＿＿円 | D ⇒ 申告書第一表の<br>「雑・業務㋖」欄へ |
| 必要経費 | ＿＿＿＿＿＿＿＿＿円 | E |
| 差引金額<br>（Ｄ－Ｅ） | ＿＿＿＿＿＿＿＿＿円 | F ⇒ 申告書第一表の<br>「雑・業務⑧」欄へ |

※ 家内労働者等に該当する方は、雑所得の金額の計算について特例があります（275ページ参照）。

⑶ **その他の雑所得**……生命保険の年金（個人年金保険）、互助年金、暗号資産取引などの⑴及び⑵以外のものによる所得

| | | |
|---|---|---|
| その他の雑所得の収入金額<br>（税込み） | （合計）<br>＿＿＿＿＿＿＿＿＿円 | G ⇒ 申告書第一表の「雑・<br>その他㋗」欄へ |
| 必要経費 | ＿＿＿＿＿＿＿＿＿円 | H |
| 差引金額<br>（Ｇ－Ｈ） | ＿＿＿＿＿＿＿＿＿円 | I ⇒ 申告書第一表の「雑・<br>その他⑨」欄へ |

▶雑所得の金額（「⑴公的年金等の雑所得」と「⑵業務に係る雑所得」と「⑶その他の雑所得」を合計します。）

| | | |
|---|---|---|
| 雑所得の金額<br>（Ｃ＋Ｆ＋Ｉ） | （合計）（赤字のときは０円）<br>＿＿＿＿＿＿＿＿＿円 | J ⇒ 申告書第一表の「雑・<br>⑦から⑨までの計⑩」欄へ |

## 4 雑所得の損失の取扱い

雑所得の金額の計算上生じた損失の金額は、他の所得の金額との損益通算はできません。（所法69）

一時所得・雑所得

## 六　定期積金の給付補塡金等の課税の特例

　次表の定期積金の給付補塡金等、いわゆる金融類似商品の収益等は、本来、一時所得や雑所得又は譲渡所得となり、他の所得と合計して確定申告する総合課税が原則です。

　しかし、昭和63年4月1日以後に支払を受けるべき定期積金の給付補塡金等については、他の所得と区分して15.315％（他に地方税5％）の税率による源泉徴収だけで課税が完了する源泉分離課税とされています。（所法174三〜八、209の2〜3、措法41の10）

| 金融類似商品の範囲 | 内　　　　　　　　　　　容 |
|---|---|
| 定期積金等の給付補塡金 | 定期積金に係る契約に基づく給付金のうち、その給付を受ける金銭の額からその契約に基づき払い込んだ掛金の額の合計額を控除した残額に相当する部分 |
| | 銀行法第2条第4項の契約に基づく給付金のうちその給付を受ける金銭の額からその契約に基づき払い込むべき掛金の額の合計額を控除した残額に相当する部分 |
| 抵当証券の利息 | 抵当証券法第1条第1項に規定する抵当証券に基づき締結されたその抵当証券に記載された債権の元本及び利息の支払等に関する事項を含む契約により支払われる利息 |
| 金投資（貯蓄）口座の差益 | 金その他の貴金属その他これに類する物品の買入れ及び売戻しに関する契約で、その契約に定められた期日においてその契約に定められた金額によりその物品を売り戻す旨の定めがあるものに基づく利益（その物品のその売戻しをした場合のその金額からその物品の買入れに要した金額を控除した残額をいいます。） |
| 外貨建預金の換算に伴う為替差益 | 外国通貨で表示された預貯金でその元本及び利子をあらかじめ約定した率により本邦通貨又はその外国通貨以外の外国通貨に換算して支払うこととされているものの差益 |
| 一時払養老（損害）保険等の差益 | 生命保険契約若しくは損害保険契約又はこれらに類する共済に係る契約で保険料又は掛金を一時に支払うこと（これに準ずる支払方法として一定のものを含みます。）その他の事項をその内容とするもののうち、<br>　①　保険期間又は共済期間（以下「保険期間等」といいます。）が5年以下のもの<br>　②　保険期間等が5年を超えるものでその保険期間等の初日から5年以内に解約されたもの<br>に基づく差益（これらの契約に基づく満期保険金、満期返戻金若しくは満期共済金又は解約返戻金の金額からこれらの契約に基づき支払った保険料又は掛金の額の合計額を控除した金額をいいます。） |
| 懸賞金付預貯金等の懸賞金等 | 預貯金等に係る契約に基づき預入等がされた預貯金等について、その預貯金等を対象として行われるくじ引等の方法により、支払若しくは交付を受け、又は受けるべき金品その他の経済的利益 |

　なお、次の事項に留意してください。

⑴　この源泉分離課税の適用を受ける定期積金の給付補塡金等については、確定申告をすることはできません。

収入金額、所得金額の計算

　なお、この定期積金等の給付補填金等についての注意事項は、源泉分離課税とされる利子等と同じですので、287ページのご注意を参照してください。

⑵　この課税の特例は、昭和63年4月1日以後の支払分から適用されますが、昭和63年4月1日以後に支払われるべき定期積金等の給付補填金等で、同日を含む給付補填金等の計算期間に対応するもののうち、その計算期間の初日から昭和63年3月31日までの期間に対応する部分については、従来どおり総合課税（源泉徴収なし）とされます。

---

**割引債の償還差益の課税の特例**

　昭和63年4月1日以後に発行された割引債について支払を受けるべき償還差益（割引債の償還金額〈買入消却が行われる場合には、その買入金額〉がその発行価額を超える場合におけるその差益をいいます。）については、他の所得と区分し、その支払を受けるべき金額に対して18％（民間都市開発推進機構などの発行する割引債につき支払を受けるべき償還差益に対しては、16％）の税率で所得税が源泉徴収されることによって課税が完了する源泉分離課税とされています。（措法41の12①）

**(注)**　平成25年1月1日から平成27年12月31日までの間に発行される割引債については、所得税のほか復興特別所得税（基準所得税の2.1％）が課税されます。

　　　なお、平成28年1月1日以後に発行される割引債については、償還時に申告分離課税の対象とされるため発行時の源泉徴収は適用されません。

---

# 第二節　所得の「合計」の仕方

　所得税は、総合課税を建前としていますから、これまで個別に計算した各種所得の金額を総合して、税額計算の基となる所得金額を導き出すことになります。

　この場合、これらの各種所得のうちに損失の生じているものがあれば、その損失を他の所得から一定の順序で差し引きます。この手続を「**損益通算**」といいます。

　また、令和3年以前3年内に生じた特定の損失で令和4年に繰越しの認められるものがある場合には、損益通算後の令和4年分の所得金額から差し引きます。もちろん、令和4年分の所得金額自体に損失が生じているときは、その損失を一定の条件のもとで、令和5年以後に繰り越したり、令和3年に繰り戻したりすることができます。これらの手続を「**純損失の繰越し又は繰戻し**」といいます。

　ところで、各種所得金額のうちには、その所得の性質から、他の所得金額と単純に合計していわゆる超過累進税率をそのまま適用できない内容のものもあります。そのため、先に計算した各種所得の金額を、次の順序で所得金額のグループに分類します。

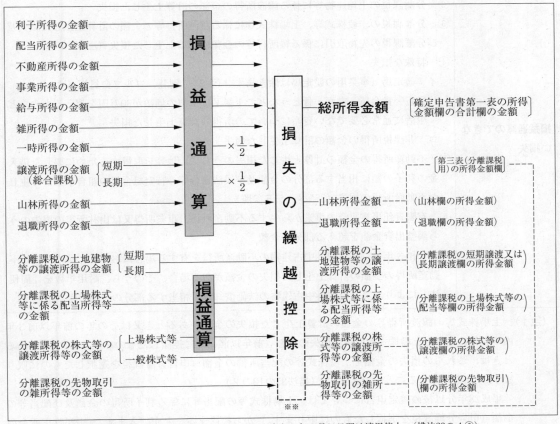

※　分離課税の土地等の事業・雑所得は平成10年1月1日～令和5年3月31日間は適用停止。（措法28の4⑥）
※※　389ページⅡの(注)を参照。

所得の「合計」の仕方

# I 損 益 通 算

　各種所得の金額の全部が黒字の場合は、山林所得の金額及び退職所得の金額はそのまま山林所得金額又は退職所得金額とし、その他の所得の金額を前ページの図式に従って合計し、総所得金額を計算すればよいわけです。

　しかし、各種所得の金額に損失がある場合は、一定の損失は他の黒字の各種所得の金額と損益の通算をすることになります。（所法69、所令198）

　この場合、特定の各種所得の損失や特殊な損失については、他の各種所得の金額と損益通算ができないこととされています。これらの関係は、次のとおりです。

| 損益通算のできる損失 | ①　不動産所得、事業所得、山林所得及び譲渡所得の金額の計算上生じた損失（下欄の損失を除きます。）<br>②　居住用財産の買換え等、特定の居住用財産の譲渡所得の金額の計算上生じた損失 |
| --- | --- |
| 損益通算のできない損失 | ①　配当所得、給与所得、一時所得及び雑所得の金額の計算上生じた損失<br>②　分離課税の土地建物等に係る譲渡所得の金額の計算上生じた損失<br>③　分離課税の一般株式等、上場株式等に係る譲渡所得等の金額の計算上生じた損失及び分離課税の先物取引に係る雑所得等の金額の計算上生じた損失（**注1**）<br>④　特殊な損失<br>　イ　競走馬（事業用の競走馬は除きます。）（**注2**）、別荘、ゴルフ会員権（**注3**）、貴石・貴金属・書画・骨とうなどで1組又は1個の価額が30万円を超えるものなど、生活に通常必要でない資産についての所得の計算上生じた損失<br>　ロ　非課税所得の金額の計算上生じた損失<br>⑤　不動産所得の金額の計算上生じた損失のうち、土地等を取得するために要した借入金の利子の額に相当する部分の金額及び民法組合等の特定組合員の組合事業から生じた不動産所得の損失（385ページ**5**参照）<br>⑥　有限責任事業組合の事業から生ずる不動産所得、事業所得又は山林所得の損失のうち調整出資金額を超える部分の金額<br>⑦　令和3年分以後、国外中古建物の不動産所得を有する場合において、その年分の不動産所得の金額の計算上生じた損失の金額がある場合、そのうち、耐用年数を「簡便法」により計算した国外中古建物の減価償却費に相当する部分の金額（**注4**） |

**（注1）**　上場株式等の譲渡所得等の金額の計算上生じた損失の金額があるとき又はその年の前年以前3年内の各年に生じた上場株式等の譲渡損失の金額（前年以前に既に控除したものを除きます。）があるときは、これらの損失の金額を上場株式等の配当所得の金額（申告分離課税を選択したものに限ります。）から控除することができます。（措法37の12の2）

　　　平成28年分以後の確定申告については、上場株式等の配当等に係る利子所得の金額及び配当等の金額（申告分離課税を選択したものに限ります。）から控除することができます。（平26改正所令附5）

—— (382) ——

損 益 通 算

　　また、上場株式等に係る譲渡損失の金額については、一般株式等に係る譲渡所得等の金額から控除することはできません。平成27年分以前の各年分において生じた上場株式等に係る譲渡損失の金額で平成28年分以後の年分に繰り越されたものについては、平成28年分以後の年分における上場株式等に係る譲渡所得等の金額及び上場株式等に係る配当所得等の金額から繰越控除することはできますが、一般株式等に係る譲渡所得等の金額から繰越控除することはできません。

（注2）　事業用と認められない競走馬の譲渡について生じた損失は、競走馬の保有に係る雑所得の金額の範囲内で通算ができます。また、その競走馬が事業の用に供されていたものであるときは、その譲渡損失は他のいずれの所得とも損益通算をすることができます。

（注3）　平成26年4月1日以後に行うゴルフ会員権やリゾート会員権等の譲渡により生じた損失については、損益通算の適用ができません。（所令178①二、平26改所令附5）

（注4）　国外不動産所得の損失の金額については、国内にある不動産から生じる不動産所得との内部通算（いわゆる所得内通算）及び不動産所得以外の所得との損益通算はできません。

## 1　総所得金額に属する各種所得の金額間の損益通算

　　損益通算をする前に、総所得金額に属する各種所得を次のグループに分類しておきます。

| 第1グループ | 利子所得、配当所得、不動産所得、事業所得、給与所得、雑所得 |
|---|---|
| 第2グループ | 総合課税の譲渡所得、一時所得 |

(1)　まず、第1グループ、第2グループのそれぞれの間で損益通算をします。

> -----＜グループ内の通算例＞-----
> ①　第1グループの損益通算
> 　イ　不動産所得の金額が赤字の場合には、第1グループの他の黒字の所得金額から差し引きます。
> 　ロ　事業所得の金額が赤字の場合には、第1グループの他の黒字の所得金額から差し引きます。
> 　　　この場合に、引ききれない損失の額はそのまま第1グループの損失の額となります。
> ②　第2グループの損益通算
> 　　総合課税の譲渡所得の金額に損失が残った場合には、第2グループの一時所得の金額から差し引きます。この場合に、引ききれない損失の額は、そのまま第2グループの損失となります。

(2)　次に、各グループのいずれかになお損失が残っているときは、次の場合に応じ、二つのグループ間で損益通算をします。

①　第2グループの損失を第1グループの所得金額から差し引く場合……第2グループの損失をそのまま差し引きます。

②　第1グループの損失を第2グループの所得金額から差し引く場合……「短期譲渡所得の金額（特別控除後）」→「長期譲渡所得の金額 $\left(特別控除後で\frac{1}{2}前\right)$」→「一時所得の金額 $\left(特別控除後で\frac{1}{2}前\right)$」の順に差し引きます。

## 所得の「合計」の仕方

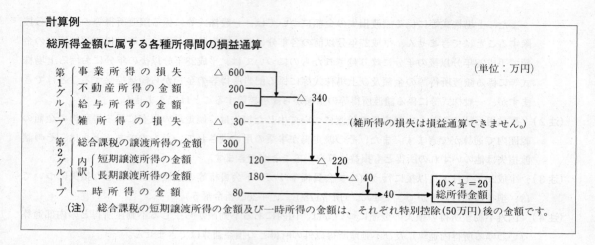

### 2　山林所得の金額（損失）、退職所得の金額がある場合の損益通算
　　　　　　　………申告書第一表及び第二表と第三表（分離課税用）の申告書を使用します。

　山林所得の金額や退職所得の金額は、そのまま山林所得金額、退職所得金額となりますが、総所得金額又は山林所得の金額が赤字となる場合は、それぞれ次のように損益を通算します。

① 総所得金額が赤字の場合……1によって損益の通算を行い、なお引ききれない損失の金額を山林所得の金額、退職所得の金額の順に差し引きます。

② 山林所得の金額が赤字の場合……「総所得金額の第1グループ」→「総合課税の短期譲渡所得の金額（特別控除後）」→「総合課税の長期譲渡所得の金額（特別控除後で$\frac{1}{2}$前）」→「一時所得の金額（特別控除後で$\frac{1}{2}$前）」→「退職所得の金額（$\frac{1}{2}$後）」の順に差し引きます。

### 損益通算の手順

次表のA～Cの赤字の所得の区分に応じ次表の番号の順に黒字の所得から差し引きます。

| 赤字の所得の区分 | 黒字の所得の構成 | 第1グループ 経常所得*1 | 第2グループ 譲渡所得（総合） 短期 | 第2グループ 譲渡所得（総合） 長期 | 一時所得 | 山林所得 | 退職所得 |
|---|---|---|---|---|---|---|---|
| A | 不動産所得 事業所得 }*2の赤字 | ① | ③ | ④ | ⑤ | ⑦ | ⑧ |
| B | 譲渡所得（総合）の赤字 | ⑥ | | | ② | ⑨ | ⑩ |
| C | 山林所得の赤字 | ⑪ | ⑫ | ⑬ | ⑭ | | ⑮ |

―(384)―

損 益 通 算

> ＊1　経常所得とは、利子・配当・不動産・事業・給与・雑の各所得をいいます。
> ＊2　不動産所得の赤字のうち、土地等を取得するために要した借入金の利子の額に相当する部分は損益通算の対象となりません。
> ＊3　民法組合等の特定組合員の組合事業又は信託若しくは国外中古建物から生じた不動産所得の損失も損益通算の対象となりません。

(注1)　平成16年1月1日以後に行われた土地建物等の譲渡に係る損失の金額については、特定の居住用財産の譲渡損失の金額を除き、その損失の金額はなかったものとみなされ他の所得と損益通算をすることはできません。（措法31、32、41の5、41の5の2）

(注2)　赤字の所得が数多くある場合は、「損益の通算の計算書」を使用して計算することもできます。（第四表（損失申告用）の申告書を使用するときは、この計算書は使用しません。）

## 3　変動所得の損失、被災事業用資産の損失がある場合の損益通算

　不動産所得の金額、事業所得の金額の計算上生じた損失の金額のうちに、変動所得の金額（653ページ参照）の計算上生じた損失の金額、被災事業用資産の損失の金額（392ページ参照）又はその他の損失の金額の2以上があるときは、次の順序で損益の通算を行います。（所令199）

① 第1番目に控除するもの……下記②③以外のその他の損失の金額
② 第2番目に控除するもの……被災事業用資産の損失の金額
③ 第3番目に控除するもの……変動所得の金額の計算上生じた損失の金額

(注)　山林所得の金額の計算上生じた損失を通算する場合において、その損失額の中に被災事業用資産の損失の金額とそれ以外の損失の金額がある場合も上記に準じ、まずそれ以外の損失の金額を控除します。

## 4　損益通算の結果、損失の金額が残る場合

　　　　　　………申告書第一表及び第二表と第四表（損失申告用）の申告書を使用します。

　1から3までの損益通算を行ってもなお損失の金額が残る場合、その残った金額の合計額を「純損失の金額」といいます。

　純損失の金額は、一定の場合、翌年以降へ繰り越し又は前年分へ繰り戻すことができます。純損失の金額が計上される場合は、申告書第一表及び第二表と併せて第四表（損失申告用）の申告書を提出することになります。（843ページ以下参照）

(注)　青色申告者以外は、純損失の繰戻しや、変動所得又は被災事業用資産の損失の金額以外の純損失の繰越しは、原則として認められません。（391ページ以下参照）

## 5　不動産所得に係る損益通算の特例

### (1)　土地等の取得に要した借入金利子に係る特例

　不動産所得の金額の計算上生じた損失の金額がある場合において、その年分の不動産所得の金額の計算上必要経費に算入した金額のうちに不動産所得を生ずべき業務の用に供する土地等（土地又は土地の上に存する権利をいいます。）を取得するために要した負債の利子の額があるときは、その損失

——(385)——

の金額のうちその負債の利子の額に相当する部分の金額として、次の金額は生じなかったものとされ、損益通算の対象となりません。（措法41の4、措令26の6）

① その年分の不動産所得の必要経費に算入した土地等の取得のための負債の利子の額が不動産所得の計算上生じた損失の金額を超える場合……その損失の金額

② その年分の不動産所得の必要経費に算入した土地等の取得のための負債の利子の額が不動産所得の計算上生じた損失の金額以下の場合……その損失の金額のうちその負債の利子の額に相当する金額

なお、不動産所得を生ずべき業務の用に供する土地等をその土地等の上に建築された建物とともに取得した場合（一の契約により同一の者から譲り受けた場合に限ります。）において、これらの資産を取得するための負債の額を資産の別に区分することが困難なときは、その負債の額は、まず建物の取得の対価に充てられたものとして上記の金額を計算することができます。（次の**計算例**参照）

また、業務用と非業務用とに併用される建物等をその敷地の用に供されている土地等とともに取得した場合は、その建物等及び土地等の取得の対価の額並びにこれらの資産の取得のために要した負債の額を業務用部分と非業務部分とに区分した上で、業務用部分の額を基として、この特例を適用します。（措通41の4―1）

---

**計算例**

**一括して購入した土地・建物の取得資金の一部を借入金で充てた場合**

（設　例）

| | |
|---|---|
| ○土地の取得価額 | 1億円 |
| ○建物の取得価額 | 1億円 |
| ○自己資金 | 5,000万円 |
| ○借　入　金 | 1億5,000万円 |
| ●令和4年分の上記借入金に対する支払利子の額 | 10,800,000円 |
| ●令和5年分の　〃 | 10,500,000円 |

　※　土地・建物はすべて業務用に使用しています。

（計　算）

　まず、借入金が建物の取得に優先的に充てられたものとして、土地の取得に要した借入金の額を求めます。

　（借入金総額）　　（建物の取得価額）　（土地の取得に要した借入金）
　150,000,000円 － 100,000,000円 ＝ 50,000,000円

　そうしますと、土地の取得に要した借入金の利子の額は、

令和4年分　（令和4年分の支払利子の額）　　（土地の取得に要した借入金の額）
　　　　　　10,800,000円　×　$\frac{50,000,000円}{150,000,000円}$　＝ 3,600,000円
　　　　　　　　　　　　　　　　　（借入金総額）

令和5年分　（令和5年分の支払利子の額）　　（土地の取得に要した借入金の額）
　　　　　　10,500,000円　×　$\frac{50,000,000円}{150,000,000円}$　＝ 3,500,000円
　　　　　　　　　　　　　　　　　（借入金総額）

　**(注)**　令和5年分の土地の取得に要した借入金の利子の額の計算に当たっては当初の借入金の振分け割合に基づいて行います。

損 益 通 算

**(収支内訳書（不動産所得用））（表面）**

| | | | | | | | | | | | | | |
|---|---|---|---|---|---|---|---|---|---|---|---|---|---|
| | 地 代 家 賃 | ⑨ | | | | | | | | | | | |
| | 借 入 金 利 子 | ⑩ | | 1 | 0 | 8 | 0 | 0 | 0 | 0 | 0 | | |
| 費 | その他の経費 | 租 税 公 課 ⑦ | | | | | | | | | | | |
| | | 損 害 保 険 料 ⑨ | | | | | | | | | | | |
| | | 修 繕 費 ⑧ | | | | | | | | | | | |
| | | ⑨ | | | | | | | | | | | |
| | | 雑 費 ⑤ | | | | | | | | | | | |
| | | 小 計（⑦〜⑤までの計）⑪ | | | | | | | | | | | |
| | 経 費 計（⑥〜⑩までの計＋⑪）⑫ | | | | | | | | | | | | |
| | 専従者控除前の所得金額（⑤−⑫）⑬ | | △ | 5 | 4 | 0 | 0 | 0 | 0 | 0 | | | |
| | 専 従 者 控 除 ⑭ | | | | | | | | | | | | |
| | 所 得 金 額（⑬−⑭）⑮ | | △ | 5 | 4 | 0 | 0 | 0 | 0 | 0 | | | |
| | 土 地 等 を 取 得 す る た め に 要 し た 負 債 の 利 子 の 額 | | | | 3 | 6 | 0 | 0 | 0 | 0 | 0 | | |

**（申告書第一表・所得金額）**

| 事業 | 営 業 等 | ① | | | | | | | | | | |
|---|---|---|---|---|---|---|---|---|---|---|---|---|
| | 農 業 | ② | | | | | | | | | | |
| | 不 動 産 | ③ | ⑦△ | | 1 | 8 | 0 | 0 | 0 | 0 | 0 | |
| 利 | 子 | ④ | | | | | | | | | | |

**(2) 民法組合等の特定組合員等の組合事業の損失額に係る特例**

　不動産所得を生ずべき事業を行う民法組合等（外国におけるこれに類似するものを含みます。）の個人組合員（組合事業に係る重要な業務の執行の決定に関与し、かつ、契約を締結するための交渉等を自ら執行する個人組合員を除きます。）又は受益者等課税信託の受益者が、平成18年以後の各年において、その年分の不動産所得の金額の計算上、組合事業又は信託から生じた不動産所得の損失額については、生じなかったものとみなされます（他の不動産所得の金額との通算もできません。）。（措法41の4の2、措令26の6の2）

　**(注)**　居住用財産の譲渡損失の損益通算については、Ⅲを参照してください。

**(3) 国外中古建物の不動産所得に係る損益通算の特例**

① 個人が、令和3年以後の各年において、国外中古建物（個人において使用され、又は法人において事業の用に供された国外にある建物であって、個人が取得をしてこれをその個人の不動産所得を生ずべき業務の用に供したもののうち、当該不動産所得の金額の計算上その建物の償却費として必

——(387)——

所得の「合計」の仕方

要経費に算入する金額を計算する際に所得税法の規定により定められている耐用年数をいわゆる「簡便法」等により算定しているものをいいます。以下同じ。）から生ずる不動産所得を有する場合においてその年分の不動産所得の金額の計算上国外不動産所得の損失の金額があるときは、当該国外不動産所得の損失の金額に相当する金額は、所得税に関する法令の規定の適用については、生じなかったものとみなされます。（措法41の4の3①②）

② 上記①の適用を受けた国外中古建物を譲渡した場合には、その譲渡による譲渡所得の金額の計算上、その取得費から控除することとされる償却費の額の累積額からは、上記①により生じなかったものとみなされた損失の金額に相当する金額の合計額が控除されます。（措法41の4の3③）

損失の繰越し・繰戻し

## Ⅱ　損失の繰越し又は繰戻し

　損益通算によって、各種所得の金額は、総所得金額、山林所得金額及び退職所得金額のグループに一応分類され、普通はこれらの所得金額と分離課税の土地建物等の譲渡所得の金額、分離課税の上場株式等の配当所得等の金額、分離課税の一般株式等の譲渡所得等の金額、分離課税の上場株式等の譲渡所得等の金額及び分離課税の先物取引の雑所得等の金額から所得控除額を差し引くことになります。

　しかし、令和3年以前3年間に生じた損失で令和4年分に繰り越されたものがある場合には、所得控除を差し引く前にその損失を整理しておく必要があります。また、令和4年分に損失が生じている場合には、その損失を令和5年に繰り越すことができます。

　なお、令和4年分で生じた損失を令和3年に繰り戻す場合には、その手続を確定申告期限内に済ませておく必要があります。

（注1）　分離課税の土地建物等の譲渡所得の金額、分離課税の上場株式等の配当所得等の金額、分離課税の一般株式等の譲渡所得等の金額、分離課税の上場株式等の譲渡所得等の金額及び分離課税の先物取引の雑所得等の金額は、繰越雑損失に限り控除対象とすることができます。

　　　なお、上場株式等の譲渡所得等の金額の計算上生じた損失の金額があるとき又はその年の前年以前3年内の各年に生じた上場株式等の譲渡損失の金額（前年以前に既に控除したものを除きます。）があるときは、これらの損失の金額を上場株式等の配当所得の金額（申告分離課税を選択したものに限ります。）から控除することができます。（措法37の12の2）

　　　平成28年分以後の確定申告については、上場株式等の配当等に係る利子所得の金額及び配当等の金額（申告分離課税を選択したものに限ります。）から控除することができます。（平26改正所令附5）

　　　また、上場株式等に係る譲渡損失の金額については、一般株式等に係る譲渡所得等の金額から控除することはできません。平成27年分以前の各年分において生じた上場株式等に係る譲渡損失の金額で平成28年分以後の年分に繰り越されたものについては、平成28年分以後の年分における上場株式等に係る譲渡所得等の金額及び上場株式等に係る配当所得等の金額から繰越控除することはできますが、一般株式等に係る譲渡所得等の金額から繰越控除することはできません。

　　※　上場株式等に係る譲渡損失の繰越控除については、まず上場株式等に係る譲渡所得等の金額から控除し、なお控除しきれない損失の金額があるときは、上場株式等に係る配当所得等の金額から控除します。

　　※　繰越控除については、例えば令和元年以降の年分に生じた上場株式等に係る譲渡損失の金額で令和4年に繰り越されているものが、令和4年分の上場株式等に係る譲渡所得等の金額及び上場株式等に係る配当所得等の金額から控除することができます。

（注2）　特定中小会社の発行株式に係る譲渡損失、上場株式等に係る譲渡損失及び先物取引の差金等決済に係る損失及び居住用財産の買換え等、特定居住用財産の譲渡損失については繰越控除等の特例があります。

―― (389) ――

所得の「合計」の仕方

## 一　損失の繰越し（居住用財産の譲渡損失の繰越控除の特例…Ⅲ参照）（所法70、71）

### 1　令和3年以前3年間に生じた繰越損失の控除

繰越損失を控除した場合には、申告書の該当欄に次のとおり記載します。

**【繰越損失を控除する場合の記載例（申告書第一表の場合）】**

令和3年以前に生じた純損失の金額3,510,000円を、令和4年分の総所得金額9,368,800円から控除する場合の確定申告書への記載は次のようになります。

（第一表・所得金額）　合計（①から⑥までの計＋⑩＋⑪）⑫　　5858800

（第一表・その他）　本年分で差し引く繰越損失額⑥⑪　　3510000

> **(注)**　株式等の譲渡所得等及び先物取引の雑所得等から差し引く繰越損失額は、申告書第三表（分離課税用）に記入しますので、⑥⑪欄には含めません。また申告書第四表（損失申告用）を一緒に提出する場合は、⑥⑪欄は記入しません。

令和3年以前3年間に生じた雑損失（105ページ(3)の（注1）参照）や純損失の金額で令和3年までに引ききれなかった金額のうち次の区分に応じた金額を、損益通算後の所得金額から一定の順序で差し引きます。

| 区　　分 | 差し引くことのできる前年からの繰越損失の金額 | 差し引くための条件 |
|---|---|---|
| 青色申告者 | ① 雑損失の金額<br>② 純損失の金額（注1） | 損失の生じた年に確定申告書（青色申告者については青色申告用）を提出しており、かつ、その後の年に引き続いて確定申告書を提出していること |
| 白色申告者 | ① 雑損失の金額<br>② 純損失の金額のうち、変動所得の損失と被災事業用資産の損失の金額 | |

> **（注1）**　青色申告者の純損失の金額には、居住用財産の譲渡損失の金額は含まれません。
> **（注2）**　居住用財産の譲渡損失の繰越控除については、Ⅲを参照してください。
> **（注3）**　被災事業用資産の損失とは、商品などの棚卸資産や店舗、機械などの事業用固定資産（事業用の競走馬を含みます。）又は山林の災害による損失額をいいます。（詳細は392ページ参照）

### (1)　繰越控除の方法

令和4年分に繰り越された雑損失の金額や純損失の金額は、次の順序で控除します。

イ　2以上の年分に生じた損失の金額の控除……「**令和元年分**」→「**令和2年分**」→「**令和3年分**」の順に控除します。

ロ　同じ年に雑損失の金額と純損失の金額がある場合の控除……「**純損失の金額**」→「**雑損失の金額**」

の順に控除します。

ハ　純損失の金額の控除……純損失の金額をその年分の総所得金額、山林所得金額及び退職所得金額の計算上控除する順序は、次表の順序によります。

| その年分の所得の内容 ＼ 純損失の金額の内容 | 総所得金額の計算上生じた損失の部分の金額 | 山林所得金額の計算上生じた損失の部分の金額 |
|---|---|---|
| 総　　所　　得　　金　　額 | ① | ⑤ |
| 山　林　所　得　金　額 | ③ | ② |
| 退　職　所　得　金　額 | ④ | ⑥ |

ニ　雑損失の金額の控除……「総所得金額」→「土地等に係る事業所得等の金額」→「分離課税の短期譲渡所得金額」（30％課税→15％課税の順に）→「分離課税の長期譲渡所得金額」（「一般の土地建物等」→「優良住宅地の造成等のために譲渡した土地等」→「居住用財産」に係る長期譲渡所得の順に）→「分離課税の上場株式等に係る配当所得等の金額」→「分離課税の一般株式等の譲渡所得等の金額」→「分離課税の上場株式等の譲渡所得等の金額」→「分離課税の先物取引の雑所得等の金額」→「山林所得金額」→「退職所得金額」の順に控除（適用税率が異なる場合は適用税率の高いものから順次控除）します。（措通31・32共－4）

### (2)　翌年への繰越し

　繰越損失を控除した結果、令和4年分の所得が赤字になるときは、その赤字の金額をさらに令和5年以後に繰り越すことができます。ただし、令和元年に生じた損失は令和4年限りで打ち切られ、繰り越すことはできません。

　なお、この場合には、申告書第一表及び第二表と併せて第四表（損失申告用）の申告書を使用します。

## 2　令和4年に生じた損失の繰越し

　損益通算の結果が赤字となった場合のその赤字の金額（純損失の金額）や、雑損控除（412ページ参照）を合計所得金額から引ききれなかった場合のその引ききれなかった部分の金額（繰越雑損失の金額）は、次の区分に応じた金額の範囲内で、令和5年以後3年間に繰り越すことができます。

| 区　　分 | 繰り越すことのできる損失の金額 | 繰り越すための条件 |
|---|---|---|
| 青色申告者 | ①　雑損失の金額<br>②　純損失の金額（居住用財産の譲渡損失の金額を除きます。） | 確定申告書（青色申告者については、青色申告用）を提出しなければなりません。 |
| 白色申告者 | ①　雑損失の金額<br>②　純損失の金額のうち、変動所得の損失と被災事業用資産の損失の金額 | |

　**(注)**　居住用財産の譲渡損失の繰越控除については、Ⅲを参照してください。

所得の「合計」の仕方

〈被災事業用資産の損失〉

　災害によって次のような資産について生じた損失を被災事業用資産の損失といいます。（所法70②③）

①　棚卸資産……商品、製品、原材料などのほか、米、麦などの収穫物や貯蔵中の肥料及びまだ収穫していない稲、麦、野菜などの立毛、果実も含まれます。（所基通2—13）

②　山　　林

③　事業用固定資産……事業に使用している店舗、機械、車両、競走馬などをいいますが、事業と称するに至らない程度の業務に使用している固定資産の災害による損失は雑損控除の対象となります。

　また、損失の金額は、これらの資産を取得するために要した価額を基として計算した金額に、これらの資産の取壊しや除却のための費用、資産に係る被害の拡大又は発生を防止するために緊急に必要な措置を講ずるための費用及び災害後1年以内に支出した修繕費などの原状回復の費用（これらを災害関連費用といいます。）を加え（所令203）、保険金や損害賠償金などで補填された金額を差し引いて計算します。なお、計算に関して注意すべき事項は次のとおりです。

①　棚卸資産（未収穫農作物を除きます。）の災害損失の金額は、次の区分に応じ、それぞれ次の金額となります。

　イ　減失した棚卸資産……………被災直前において、よるべき評価方法で評価したものとして計算した金額

　ロ　価値が減少した棚卸資産……イによって計算した金額が、被災直後の処分可能価額を超えている場合のその超えている部分の金額

②　未収穫農作物の災害損失の金額は、その農作物にかかった種苗代、肥料代、人件費などの費用の合計額が収穫できた部分の農作物の収穫時における価額の合計額を超えている場合のその超えている部分の金額となります。

③　事業用固定資産の災害損失の金額は、事業所得の金額の計算上必要経費となる「資産損失」（153ページ参照）の計算と同様の方法で計算した金額となります。

④　災害の生じた年の翌年に支出した災害関連費用は、翌年分の被災事業用資産の損失として取り扱われます。ただし、災害後1年（大規模な災害の場合その他やむを得ない事情がある場合には3年）を経過した後に支出した費用は被災事業用資産の損失には含まれないことになります。

⑤　災害関連費用には、上記のほか、次のような費用も含まれます。（所基通70—7〜70—12）

　イ　災害により減失した資産の登記、登録の抹消費用

　ロ　災害による建物などの倒壊で、第三者に損害を与えた場合や、災害により事業に関連して保管していた第三者の物品に損害を与えた場合に支出した損害賠償金などで、故意又は重過失に基づかないもの

　ハ　災害を受けたことにより自己の雇用する使用人を、専ら災害を受けた資産の取壊しや除去又は原状回復などの作業に従事させたことによって支払った給料など

損失の繰越し・繰戻し

ニ　災害により行方不明になった船舶や牛、馬などの事業用資産の捜索費用

《新型コロナウイルス感染症及びそのまん延防止のための措置》
　新型コロナウイルス感染症に関連した「事業用資産に生じた災害による損失等」については、次のとおり、取り扱って差し支えありません。（新型コロナFAQ）

〔災害により生じた損失等（翌年以後に繰り越される損失等）に該当する例〕
・飲食業者等の食材（棚卸資産）の廃棄損
・感染者が確認されたことにより廃棄処分した器具備品等の除却損
・施設や備品などを消毒するために支出した費用
・感染発生の防止のため、配備するマスク、消毒液、空気洗浄機等の購入費用
・イベント等の中止により、廃棄せざるを得なくなった商品等の廃棄損
　※　「災害により生じた損失等」とは、棚卸資産や固定資産に生じた被害（損失）に加え、その被害の拡大・発生を防止するために緊急に必要な措置を講ずるための費用が該当します。

〔災害により生じた損失等（翌年以後に繰り越される損失等）に該当しない例〕
・客足が減少したことによる売上げ減少額
・休業期間中に支払う人件費
・イベント等の中止により支払うキャンセル料、会場借上料、備品レンタル料
　※　上記のように、棚卸資産や固定資産に生じた被害の拡大・発生を防止するために直接要した費用とはいえないものについては、「災害により生じた損失等」に該当しません。

## 二　損失の繰戻し（青色申告の特典）

### 1　令和4年に生じた純損失の繰戻し

　青色申告者については、令和4年に生じた純損失の金額を令和5年以後3年間に繰り越して控除することのほか、令和3年分についても青色申告書を提出している場合は、その純損失の金額の全部又は一部を令和3年分の課税所得金額から控除したところで令和3年分の所得税額を計算し直して、その差額の税額の還付を請求することもできます。（所法140）

　この場合には、確定申告期限内に申告書第一表及び第二表と第四表（損失申告用）の申告書（申告書第一表の「種類」の青色の文字を囲んだもの）を提出すると同時に、「純損失の金額の繰戻しによる所得税の還付請求書」も提出しなければならないこととされています。（所法142①、所規54）

　また、この繰戻しについては、上記のほか、令和4年中に廃業、死亡などのため、令和3年分に生じた純損失の金額を令和4年以後3年間に繰り越すことができなくなったときにおいても、令和2年分について青色申告書を提出していたことを条件として、その令和3年分に生じた純損失の金額を令和2年分に繰り戻すことができます。（所法140⑤、142①、所規54）この場合の手続も上記と同様です。

## 2　前年分の所得金額からの控除方法

総所得金額計算上の損失及び山林所得金額計算上の損失の別に応じ、次表の順序で控除します。

| その年の前年分の所得の内容＼純損失の金額の内容 | 総所得金額の計算上生じた損失の部分の金額 | 山林所得金額の計算上生じた損失の部分の金額 |
|---|---|---|
| 総 所 得 金 額 | ① | ⑤ |
| 山 林 所 得 金 額 | ③ | ② |
| 退 職 所 得 金 額 | ④ | ⑥ |

## 3　還付金額

次の算式によって計算した金額に相当する所得税の額について還付を請求することができます。ただし、この金額が前年分の税額控除後の所得税の額を超えるときは、その所得税の額が還付される金額の限度となります。

前年分の税額控除前の所得税の額 － 前年分の課税所得金額から純損失の金額を控除した金額に前年分の税率を適用して算出した税額控除前の所得税額 ＝ **還付限度額**

 ──────── 前年分の税額控除後の所得税額を限度 ────────

**（注）**　純損失の金額のうち、繰り戻すことができなかった（繰り戻さなかった）部分の金額は、令和5年以後に繰り越すことができます。

---
**計算例**

**純損失の繰戻しによる還付金額の計算**

(1) 令和4年分の純損失の内訳　　　　　　　　　　　　　万円
　　① 総所得金額計算上の損失　──────　△300
　　② 山林所得金額計算上の損失　─────　△ 50
(2) 令和3年分の課税所得金額の内訳
　　① 課税総所得金額　──────────　200　──　△100
　　② 課税山林所得金額　─────────　200　───────　150　──　50　（令和3年分の税率適用）
(3) 令和3年分の所得税額の内訳
　　① 算出税額　　　202,500円（＝(2)①に対する税額102,500円＋(2)②に対する税額100,000円）
　　② 税額控除　　　　10,000円
(4) 繰戻し後の令和3年分の所得税額の内訳
　　① 算出税額　　　 25,000円（課税山林所得金額50万円に対する税額）
　　② 税額控除　　　 10,000円

**（還付金額の計算）**
　　　　(3)①　　(4)①
　　202,500円－25,000円＝177,500円

　　177,500円＜192,500円（(3)①－(3)②）

　　還付請求のできる金額　177,500円

居住用財産の譲渡損失

# Ⅲ　居住用財産の譲渡損失の損益通算及び繰越控除

一の「居住用財産の買換え等の場合の譲渡損失の損益通算及び繰越控除」は、平成10年度改正で創設された「特定の居住用財産の買換え等の場合の譲渡損失の繰越控除」が、平成16年度改正で譲渡資産について住宅借入金等を有することの要件が撤廃されるなど全面的な見直しがされたものです。

また、二の「特定居住用財産の譲渡損失の損益通算及び繰越控除」は平成16年度改正で創設されたもので、一と異なり居住用財産の買換えが要件とされていません。この一と二は選択適用とされています。

## 一　居住用財産の買換え等の場合の譲渡損失の損益通算及び繰越控除の特例

### 1　損益通算の特例

個人が、所有期間が5年を超える居住用財産（以下「**譲渡資産**」といいます。4参照）の譲渡で一定の要件を満たすもの（以下「**特定譲渡**」といいます。4参照）をした場合において、一定の要件を満たす居住用財産（以下「**買換資産**」といいます。4参照）の取得をして住宅借入金等を有する場合でその買換資産を居住の用に供したときには、その譲渡資産の特定譲渡による譲渡所得の金額の計算上生じた損失の金額のうちその年分の分離課税の長期譲渡所得の金額及び短期譲渡所得の金額の計算上控除してもなお控除しきれない金額（以下「**居住用財産の譲渡損失の金額**」といいます。4参照）については、分離課税の土地建物等の譲渡所得の損失の損益通算の不適用の規定（措法31①③）にかかわらず、損益通算の規定が適用されます。（措法41の5①、⑦一）

### 2　繰越控除の特例

確定申告書を提出する個人が、その年の前年以前3年内の年において生じた純損失の金額のうち居住用財産の譲渡損失の金額に係るもので一定の方法により計算した金額（この特例の適用を受けて前年以前の年において控除されたものを除きます。以下「**通算後譲渡損失の金額**」といいます。4参照）を有する場合において、その個人がその年の12月31日（その者が死亡した日の属する年は、その死亡した日）においてその通算後譲渡損失の金額に係る買換資産に係る住宅借入金等の金額を有するときは、その通算後譲渡損失の金額については、一定の方法によりその年分の分離課税の長期譲渡所得の金額、短期譲渡所得の金額、総所得金額、山林所得金額又は退職所得金額から順次控除されます。（措法41の5④、⑦三、措令26の7①）

(注)　その年分の各種所得の金額に損失があり損益通算が行われる場合又は純損失の繰越控除若しくは雑損失の繰越控除が行われる場合には、まず(ⅰ)損益通算及び(ⅱ)純損失の繰越控除を行い、次に(ⅲ)2の特例による控除（その年分の分離長期→分離短期→総所得金額→土地等に係る事業所得等→山林→退職

の順）及び(iv)雑損失の繰越控除を順次行います。この場合において、控除する純損失の金額及び控除する雑損失の金額が前年以前３年内の２以上の年に生じたものであるときは、これらの年のうち最も古い年に生じた純損失の金額又は雑損失の金額から順次控除します。（措令26の７②、措通41の５―１の２）

### 3 特例の適用がない場合

#### (1) 損益通算の特例の不適用

　その個人がその年の前年以前３年内の年において生じたその居住用財産の譲渡損失の金額以外の居住用財産の譲渡損失の金額につきこの損益通算の特例の適用を受けているときは、この特例の適用を受けることはできません。（措法41の５①ただし書）

#### (2) 繰越控除の特例の不適用

　繰越控除の特例の適用に当たって、その個人のその年の合計所得金額が3,000万円を超える年については、繰越控除の特例の適用を受けることはできません。（措法41の５④ただし書）

　(注)　損益通算の特例には、上記の所得要件はありません。

#### (3) 他の居住用財産の譲渡の特例と重複不適用

イ　譲渡資産の特定譲渡をした年の前年又は前々年における資産の譲渡について次に掲げる特例の適用を受けている場合には居住用財産の譲渡損失の金額の対象から除外され、この損益通算及び繰越控除の特例の適用を受けることはできません。（措法41の５⑦一）

①　居住用財産を譲渡した場合の長期譲渡所得の軽減税率の特例（措法31の３）

②　居住用財産の譲渡所得の3,000万円特別控除（措法35）

　(注)　平成28年４月１日から令和５年12月31日までの間に譲渡する「空き家に係る譲渡所得の特別控除」（措法35③、667ページ）については、損益通算及び繰越控除の特例との重複適用ができます。（措法41の５⑦一）

③　特定の居住用財産の買換え又は交換の場合の長期譲渡所得の課税の特例（措法36の２、36の５）

ロ　譲渡資産の特定譲渡をした年又はその年の前年以前３年内における資産の譲渡につき二の１《特定居住用財産の譲渡損失の損益通算の特例》の適用を受け、又は受けている場合には、イと同様、この損益通算及び繰越控除の特例の適用を受けることはできません。（措法41の５⑦一）

### 4 用語の意義

#### (1) 居住用財産の譲渡損失の金額

　その個人が平成10年１月１日から令和５年12月31日までの期間内に、譲渡資産の特定譲渡をした場合（３(3)の他の居住用財産の譲渡の特例の適用を受けている場合を除きます。）において、買換資産の取得をし、居住の用に供するときのその譲渡資産の特定譲渡（その特定譲渡が２以上ある場合は、その個人が選定した一の特定譲渡に限ります。）による譲渡所得の金額の計算上生じた損失の金額のうち、その特定譲渡をした日の属する年分の分離長期譲渡所得の金額の計算上生じた損失の金額に達

居住用財産の譲渡損失

するまでの金額とされていますが、その分離長期譲渡所得の金額の計算上生じた損失の金額のうちに分離短期譲渡所得の金額の計算上控除する金額があるときは、その分離長期譲渡所得の金額の計算上生じた損失の金額からその控除する金額に相当する金額を控除した金額に達するまでの金額とされています。（措法41の5⑦一、措令26の7⑧）

| | |
|---|---|
| 譲渡資産 | その個人が有する家屋又は土地若しくは土地の上に存する権利で、譲渡の年1月1日において所有期間が5年を超えるもののうち次に掲げるものをいいます。（措法41の5⑦一イ～ニ）<br>イ　その個人がその居住の用に供している家屋のうち国内にあるもの<br>ロ　イの家屋でその個人の居住の用に供されなくなったもの（その個人の居住の用に供されなくなった日から同日以後3年を経過する日の属する年の12月31日までの間に譲渡されるものに限られます。）<br>ハ　上記イ又はロの家屋及びその家屋の敷地の用に供されている土地又はその土地の上に存する権利<br>ニ　その個人の上記イの家屋が災害により滅失した場合において、その個人がその家屋を引き続き所有していたとしたならば、その年1月1日において所有期間が5年を超えるその家屋の敷地の用に供されていた土地又はその土地の上に存する権利（その災害があった日から同日以後3年を経過する日の属する年の12月31日までの間に譲渡されるものに限ります。）<br>**（注1）**　イの家屋のうちにその居住の用以外の用に供している部分があるときは、その居住の用に供している部分に限ります。また、その者がその居住の用に供している家屋を2以上有する場合には、これらの家屋のうち、その者が主としてその居住の用に供していると認められる一の家屋に限ります。（措令26の7⑨）<br>**（注2）**　居住用家屋を取り壊してその敷地とされていた土地等を譲渡した場合の取扱いは、居住用財産の長期譲渡所得がある場合の税額計算の特例と同じですので、760ページハを参照してください。<br>　　　　ただし、同(イ)中「10年」は「5年」と読み替えます。（措通41の5―5） |
| 特定譲渡 | 通常の売却のほか、土地の長期間貸付けなどの譲渡所得の基因となる不動産等の貸付けを含みますが、その個人の配偶者などその個人と次の特別の関係がある者に対する譲渡、贈与及び出資による譲渡は除かれます。（措法41の5⑦一、措令26の7③④）<br>イ　その個人の配偶者及び直系血族<br>ロ　その個人の親族（イに掲げる者を除きます。以下このロにおいて同じ。）でその個人と生計を一にしているもの及びその個人の親族で譲渡資産に係る家屋の譲渡がされた後その個人とその家屋に居住をするもの<br>ハ　その個人と婚姻の届出をしていないが事実上婚姻関係と同様の事情にある者及びその者の親族でその者と生計を一にしているもの<br>ニ　上記イからハまでに掲げる者及びその個人の使用人以外の者でその個人から受ける金銭その他の財産によって生計を維持しているもの及びその者の親族でその者と生計を一にしているもの<br>ホ　その個人、その個人の上記イ及びロに掲げる親族、その個人の使用人若しくはその使用人の親族でその使用人と生計を一にしているもの又はその個人に係る上記ハ及びニに掲げる者を判定の基礎とする株主等とした場合に法人税法施行令第4条第2項に規定する特殊の関係その他これに準ずる関係のあることとなる会社その他の法人 |

所得の「合計」の仕方

〔特定譲渡が2以上ある場合の選定〕

　その年中に特定譲渡が2以上ある場合には、その個人が選定した一の特定譲渡に限りますが、この選定は、その個人が、居住用財産の譲渡損失の金額が生じた年分の確定申告書に添付すべき居住用財産の譲渡損失の金額の計算に関する明細書に、一の特定譲渡に係る居住用財産の譲渡損失の金額の計算に関する明細を記載することにより行います。(措法41の5⑦一、措令26の7⑦)

| 買換資産 | その個人の居住の用に供する家屋で次に掲げるもの（その個人が、その居住の用に供する家屋を2以上有する場合には、これらの家屋のうち、その者が主としてその居住の用に供すると認められる一の家屋に限ります。）又はその家屋の敷地の用に供する土地又は土地の上に存する権利で、国内にあるものをいうこととされています。(措法41の5⑦一、措令26の7⑤)<br>イ　一棟の家屋の床面積のうちその個人が居住の用に供する部分の床面積が50m²以上であるもの<br>ロ　一棟の家屋のうちその構造上区分された数個の部分を独立して住居その他の用途に供することができるものにつきその各部分（以下「独立部分」といいます。）を区分所有する場合には、その独立部分の床面積のうちその個人が居住の用に供する部分の床面積が50m²以上であるもの<br>〔買換資産の取得〕<br>　通常の買取りのほか、家屋を自己が建設する場合も含まれますが、贈与による取得及び代物弁済（金銭債務の弁済に代えてするものに限ります。）としての取得は除かれます。(措法41の5⑦一、措令26の7⑥)<br>〔買換資産の取得・居住時期〕<br>　買換資産は、その特定譲渡の日の属する年の前年1月1日からその特定譲渡の日の属する年の翌年12月31日（以下「取得期限」(注)といいます。）までの間に取得をすることとされています。<br>　(注)　特定非常災害に基因するやむを得ない事情により、取得期限までに買換資産の取得をすることが困難となった場合は、その取得期限後2年以内に買換資産の取得をする見込みであり、かつ、納税地の税務署長の承認を受けたときは、「取得期限」を「取得期限の属する年の翌々年12月31日」とすることができます。(措法41の5⑦一)<br>　更に、取得の日からその取得の日の属する年の翌年12月31日までに、その買換資産をその個人の居住の用に供したこと、又は供する見込みであることが必要です。(措法41の5⑦一)<br>〔買換資産に係る住宅借入金等〕<br>　買換資産の取得をした日の属する年の12月31日において、その買換資産に係る住宅借入金等((2)参照)の金額を有していることが必要です。(措法41の5⑦一) |
|---|---|

⑵　住宅借入金等

　1及び上記⑴の表の「買換資産」欄の〔**買換資産に係る住宅借入金等**〕の住宅借入金等とは、住宅の用に供する家屋の新築若しくは取得又はその家屋の敷地の用に供される土地若しくはその土地の上に存する権利の取得（以下⑵において「住宅の取得等」といいます。）に係る次の①から④までに掲げる借入金又は債務（利息に対応するものを除きます。）で、契約において償還期間が10年以上の割賦償還の方法又は賦払期間が10年以上の割賦払の方法により返済し、又は支払うこととされているものをいいます。(措法41の5⑦四、措令26の7⑫)

——(398)——

居住用財産の譲渡損失

① 住宅の取得等に要する資金に充てるための金融機関、独立行政法人住宅金融支援機構、地方公共団体などからの借入金

② 建設業者に対する住宅の取得等の工事の請負代金又は宅地建物取引業者、独立行政法人都市再生機構、地方住宅供給公社など居住用家屋の分譲を行う一定の者に対する住宅の取得等の対価についての債務

③ 独立行政法人都市再生機構などの法人を当事者とする居住用財産の取得に係る債務の承継に関する契約に基づく賦払債務

④ 住宅の取得等のための使用者からの借入金又は使用者に対する住宅の取得等の対価についての債務

　**(注)** これらの住宅借入金等は、住宅借入金等特別控除の対象となる住宅借入金等と同じです。

⑶ **純損失の金額**

　総所得金額、退職所得金額又は山林所得金額を計算する場合に、不動産所得の金額、事業所得の金額、山林所得の金額又は総合譲渡所得の金額の計算上生じた損失の金額（所法69①）のうち損益通算をしてもなお控除しきれない部分の金額をいいます。（措法41の5⑦二）

⑷ **通算後譲渡損失の金額**

　居住用財産の譲渡損失の金額のうち、次表の左欄に掲げる場合の区分に応じそれぞれの右欄に定める金額に達するまでの金額とされています。（措法41の5⑦三、措令26の7⑪）

| 区　　分 | | 通算後譲渡損失の金額の限度額 |
|---|---|---|
| ① | ②又は③に掲げる場合以外の場合 | その年において生じた純損失の金額 |
| ② | その居住用財産の譲渡損失の金額が生じた年（その年分の所得税につき青色申告書を提出する年に限られます。）において、その年分の不動産所得の金額、事業所得の金額、山林所得の金額又は譲渡所得の金額（分離課税の譲渡所得の金額を除きます。）の計算上生じた損失の金額がある場合 | その年において生じた純損失の金額から、左欄の損失の金額の合計額（その合計額がその年において生じた純損失の金額を超えるときは、その純損失の金額に相当する金額）を控除した金額 |
| ③ | その居住用財産の譲渡損失の金額が生じた年において生じた変動所得の金額の計算上生じた損失の金額又は被災事業用資産の損失の金額（所法70②一、二）がある場合（②に掲げる場合を除きます。） | その年において生じた純損失の金額から、左欄の変動所得の金額の計算上生じた損失の金額と被災事業用資産の損失の金額との合計額（その合計額がその年において生じた純損失の金額を超えるときは、その純損失の金額に相当する金額）を控除した金額 |

〔**譲渡資産に500㎡超の土地等が含まれている場合の調整計算**〕

　その居住用財産の譲渡損失の金額に係る譲渡資産のうちに土地又は土地の上に存する権利の面積が500㎡を超えるものが含まれている場合には、その500㎡を超える部分に相当する金額を除くことと

されていますので、通算後譲渡損失の金額は次の算式で計算した金額となります。（措法41の5⑦三、措令26の7⑪）

$$\underbrace{\text{上記により求めた通算後譲渡損失の金額}}_{Ⓐ} - Ⓐ \times \frac{\text{土地等の特定譲渡による譲渡所得の金額の計算上生じた損失の金額}}{\text{居住用財産の譲渡損失の金額}} \times \frac{\text{土地等の面積} - 500\text{m}^2}{\text{土地等の面積}}$$

【参考図】

ⅰ 白色申告者に譲渡損失の金額がある場合（上表③を除く）（上表①）

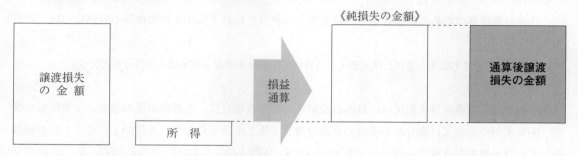

ⅱ 青色申告者に譲渡損失の金額がある場合①（上表②）

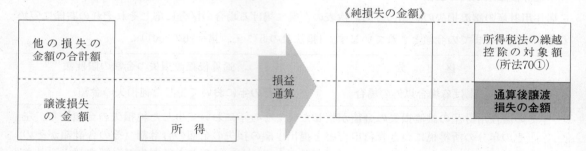

ⅲ 青色申告者に譲渡損失の金額がある場合②（上表②）

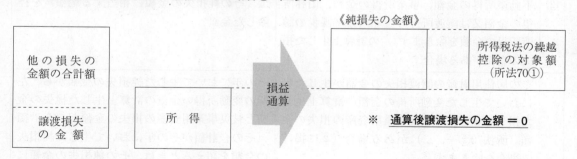

## 5 特例の適用手続

(1) 損益通算の特例の申告要件

　居住用財産の譲渡損失の金額の損益通算の特例は、この特例の適用を受けようとする年分の確定申告書に、この特例の適用を受けようとする旨の記載があり、かつ、次に掲げる居住用財産の譲渡損失

居住用財産の譲渡損失

の金額の計算に関する明細書などの書類の添付がある場合に限り適用されます。（措法41の5②、措規18の25①）

| ① | 居住用財産の譲渡損失の金額の明細書（確定申告書付表） |
|---|---|
| ② | 居住用財産の譲渡損失の損益通算及び繰越控除の対象となる金額の計算書 |
| ③ | 特定譲渡をした譲渡資産に係る登記事項証明書、売買契約書の写しその他の書類で、その譲渡資産の所有期間が5年を超えるものであること及びその譲渡資産のうちに土地又は土地の上に存する権利が含まれている場合にはその面積を明らかにするもの |
| ④ | 譲渡資産が4(1)の譲渡資産（397ページ）のいずれかに該当する事実を記載した書類 |

**(注)** 〈登記事項証明書の添付省略〉

　　　土地・建物の登記事項証明書については、「譲渡所得の特例の適用を受ける場合の不動産に係る不動産番号等の明細書」に不動産番号を記載することなどにより、その添付を省略することができます。

　ただし、特定譲渡に係る契約を締結した日の前日においてその特定譲渡をした人の住民票に記載されていた住所とその特定譲渡をした譲渡資産の所在地とが異なる場合その他これに類する場合には、①から④の書類に加えて、戸籍の附票の写し、消除された戸籍の附票の写しその他これらに類する書類でその特定譲渡をした人が4(1)の譲渡資産（397ページ）のいずれかに該当することを明らかにするものを添付する必要があります。

〔買換資産に係る書類の提出〕

　上記の確定申告書を提出する者は、次に掲げる書類を、特定譲渡をした年の12月31日までに買換資産を取得する場合はその確定申告書の提出の日までに、特定譲渡をした年の翌年1月1日から取得期限（398ページ）までの間に買換資産を取得する場合にはその買換資産の取得をした日の属する年分の確定申告書の提出期限までに、納税地の所轄税務署長に提出しなければなりません。（措令26の7⑯、措規18の25⑪）

イ　取得をした買換資産に係る登記事項証明書、売買契約書の写しその他の書類で、その買換資産を取得したこと、その買換資産の取得をした年月日及びその買換資産に係る家屋のその者の居住用部分の床面積が50m²以上であることを明らかにする書類

ロ　取得をした買換資産に係る「住宅借入金等の残高証明書」

　ただし、その買換資産を次に掲げる日までに居住の用に供していない場合には、イ及びロの書類に加えて、その旨及びその居住の用に供する予定年月日その他の事項を記載した書類を添付する必要があります。

　①　特定譲渡をした年の12月31日までに買換資産を取得する場合　　その確定申告書の提出日

　②　特定譲渡をした年の翌年1月1日から取得期限（398ページ）までの間に買換資産を取得する場合　　その買換資産の取得をした日の属する年分の確定申告書の提出期限

　**(注)** 申告書の提出がない場合等の特例の適用（措法41の5③）……上記の確定申告書の提出がなかった場合又はこの損益通算の特例の適用を受けようとする旨の記載若しくは上記の書類の添付がなかった確

所得の「合計」の仕方

定申告書の提出があった場合においても、その提出又は記載若しくは添付がなかったことについてやむを得ない事情があると税務署長が認めるときは、その記載をした書類及び添付書類の提出があった場合に限り、この損益通算の特例の適用があります。

### (2) 繰越控除の特例の申告要件

通算後譲渡損失の金額の繰越控除の特例は、居住用財産の譲渡損失の金額が生じた年分につき(1)の確定申告書をその提出期限までに提出し、その後において連続して確定申告書を提出しており、かつ、繰越控除の特例を受ける年分の確定申告書に次に掲げる書類の添付がある場合に限り適用されます。
（措法41の5⑤、措規18の25②、③、⑫）

| ① | その年において控除すべき通算後譲渡損失の金額及びその金額の計算の基礎その他参考となるべき事項を記載した明細書 |
|---|---|
| ② | 取得をした買換資産に係る住宅借入金等の残高証明書（繰越控除の特例の適用を受けようとする年の12月31日における住宅借入金等の金額を証するもの） |

(注) 申告書の提出がない場合等の特例の適用（措法41の5⑥）……上記の提出期限までに確定申告書の提出がなかった場合、又は書類の添付がない確定申告書の提出があった場合においても、(1)の損益通算の特例の場合と同様の取扱いがあります。

## 6 純損失の繰越控除及び繰戻し還付制度との調整

### (1) 特定純損失の金額がある場合の純損失の繰越控除

確定申告書を提出する個人のその年の前年以前3年内の各年（青色申告書を提出している年に限ります。）において生じた純損失の金額のうちに特定純損失の金額がある場合には、純損失の繰越控除の適用に当たって、その特定純損失の金額は繰越控除の対象にはなりません。（措法41の5⑧）

〔特定純損失の金額〕

令和5年12月31日までに行った譲渡資産の特定譲渡による譲渡所得の金額の計算上生じた損失の金額に係る居住用財産の譲渡損失の金額のうち、その年において生じた純損失の金額からその純損失の金額が生じた年分の不動産所得の金額、事業所得の金額、山林所得の金額又は譲渡所得の金額（分離課税の譲渡所得の金額を除きます。）の計算上生じた損失の金額の合計額（その合計額がその純損失の金額を超える場合には、その純損失の金額に相当する金額）を控除した金額に達するまでの金額とすることとされています。（措法41の5⑧、措令26の7⑬）

### (2) 特定純損失の金額がある場合の純損失の繰戻し還付

確定申告書を提出する個人のその年において生じた純損失の金額のうちに特定純損失の金額がある場合には、純損失の繰戻し還付制度の適用に当たって、その特定純損失の金額は繰戻し還付の対象にはなりません。（措法41の5⑨⑩）

居住用財産の譲渡損失

## 7　修正申告等

### ⑴　損益通算の特例の適用を受けた者の修正申告

　この損益通算の特例の適用を受けた者が次に掲げる場合には、取得期限（398ページ）又は買換資産の取得をした日の属する年の翌年12月31日から４月を経過する日までに、その適用を受けた年分の所得税についての修正申告書を提出し、かつ、その期限内にその修正申告書の提出により納付すべき税額を納付しなければなりません。（措法41の５⑬）

イ　取得期限までに買換資産の取得をしない場合

ロ　買換資産の取得をした日の属する年の12月31日においてその買換資産に係る住宅借入金等の金額を有しない場合

ハ　買換資産の取得をした日の属する年の翌年12月31日までその買換資産をその者の居住の用に供しない場合

### ⑵　繰越控除の特例の適用を受けた者の修正申告

　この繰越控除の特例の適用を受けた者は、買換資産の取得をした日の属する年の翌年12月31日までに、その買換資産をその者の居住の用に供しない場合には、同日から４月を経過する日までに、その適用を受けた年分の所得税についての修正申告書を提出し、かつ、その期限内にその修正申告書の提出により納付すべき税額を納付しなければなりません。（措法41の５⑭）

　**(注)**　修正申告書の提出がない場合の税務署長の更正（措法41の５⑮）……⑴及び⑵に該当する場合に修正申告書の提出がないときは、税務署長により更正が行われます。


## 二　特定居住用財産の譲渡損失の損益通算及び繰越控除の特例

### ＜一と二の特例の比較表＞

| | 二　特定居住用財産の譲渡損失の損益通算及び繰越控除（措法41の５の２） | 一　居住用財産の買換え等の場合の譲渡損失の損益通算及び繰越控除（措法41の５） |
|---|---|---|
| ①　譲渡資産 | 譲渡をした年の１月１日において所有期間が５年を超える居住用財産 | |
| ②　譲渡資産の住宅借入金残高 | 必要 | 不要 |
| ③　買換資産の取得 | 不要 | 必要 |
| ④　買換資産の住宅借入金残高 | 不要 | 必要 |

——（403）——

| ⑤ 翌年に繰り越される損失の金額 | 次のイ、ロの金額のうち、いずれか少ない方の金額について、損益通算してもなお控除しきれない金額<br>イ 譲渡所得の金額の計算上生じた損失の金額<br>ロ 譲渡資産に係る住宅借入金の残高から譲渡の対価の額を控除した金額 | 譲渡所得の計算上生じた損失の金額のうち、損益通算してもなお控除しきれない金額（500m² 超の敷地に対応する部分の金額は対象外） |
|---|---|---|

## 1 損益通算の特例

個人が、所有期間が5年を超える居住用財産（以下「**譲渡資産**」といいます。4参照）の譲渡で一定の要件を満たすもの（以下「**特定譲渡**」といいます。4参照）をした場合で、その譲渡資産に係る住宅借入金等を有する場合には、その譲渡資産の特定譲渡による譲渡所得の金額の計算上生じた損失の金額のうちその年分の分離課税の長期譲渡所得の金額及び短期譲渡所得の金額の計算上控除してもなお控除しきれない金額（以下「**特定居住用財産の譲渡損失の金額**」といいます。4参照）については、分離課税の土地建物等の譲渡所得の損失の損益通算の不適用の規定（措法31①③）にかかわらず、損益通算の規定が適用されます。（措法41の5の2①、⑦一）

## 2 繰越控除の特例

確定申告書を提出する個人が、その年の前年以前3年内の年において生じた純損失の金額のうち居住用財産の譲渡損失の金額に係るもので一定の方法により計算した金額（この特例の適用を受けて前年以前の年において控除されたものを除きます。以下「**通算後譲渡損失の金額**」といいます。4参照）を有する場合は、その通算後譲渡損失の金額については、一定の方法によりその年分の分離課税の長期譲渡所得の金額、短期譲渡所得の金額、総所得金額、山林所得金額又は退職所得金額から順次控除されます。（措法41の5の2④、⑦三、措令26の7の2①）

(注) その年分の各種所得の金額に損失があり損益通算が行われる場合又は純損失の繰越控除若しくは雑損失の繰越控除が行われる場合には、まず(i)損益通算及び(ii)純損失の繰越控除を行い、次に(iii)2の特例の規定による控除（その年分の分離長期→分離短期→総所得金額→土地等に係る事業所得等→山林→退職の順）及び(iv)雑損失の繰越控除を順次行います。この場合において、控除する純損失の金額及び控除する雑損失の金額が前年以前3年内の2以上の年に生じたものであるときは、これらの年のうち最も古い年に生じた純損失の金額又は雑損失の金額から順次控除します。（措令26の7の2②、措通41の5の2－2）

## 3 特例の適用がない場合

### (1) 損益通算の特例の不適用

その個人がその年の前年以前3年内の年において生じたその特定居住用財産の譲渡損失の金額以外の特定居住用財産の譲渡損失の金額につきこの損益通算の特例の適用を受けているときは、この特例

の適用を受けることはできません。（措法41の5の2①ただし書）

## ⑵ 繰越控除の特例の不適用

　繰越控除の特例の適用に当たって、その個人のその年の合計所得金額が3,000万円を超える年については、繰越控除の特例の適用を受けることはできません。（措法41の5の2④ただし書）

　**(注)**　損益通算の特例には、上記の所得要件はありません。

## ⑶ 他の居住用財産の譲渡の特例との重複不適用

イ　譲渡資産の特定譲渡をした年の前年又は前々年における資産の譲渡について居住用財産の譲渡の特例（一の3⑶のイの①〜③と同じです。）の適用を受けている場合には特定居住用財産の譲渡損失の金額の対象から除外され、この損益通算及び繰越控除の特例の適用を受けることはできません。（措法41の5の2⑦一）

ロ　譲渡資産の特定譲渡をした年又はその年の前年以前3年内における資産の譲渡につき一の1《居住用財産の買換え等の場合の譲渡損失の損益通算の特例》の適用を受け、又は受けている場合には、イと同様、この損益通算及び繰越控除の特例の適用を受けることはできません。（措法41の5の2⑦一）

## 4　用語の意義

## ⑴ 特定居住用財産の譲渡損失の金額

　その個人が平成16年1月1日から令和5年12月31日までの期間内に、譲渡資産の特定譲渡をした場合（3⑶の他の居住用財産の譲渡の特例の適用を受けている場合を除きます。）において、その譲渡資産の特定譲渡（その特定譲渡が2以上ある場合は、その個人が選定した一の特定譲渡に限ります。）による譲渡所得の金額の計算上生じた損失の金額のうち、その特定譲渡をした日の属する年分の分離長期譲渡所得の金額の計算上生じた損失の金額に達するまでの金額とされていますが、その分離長期譲渡所得の金額の計算上生じた損失の金額のうちに分離短期譲渡所得の金額の計算上控除する金額があるときは、その分離長期譲渡所得の金額の計算上生じた損失の金額からその控除する金額に相当する金額を控除した金額に達するまでの金額とされています。

　ただし、その金額がその特定譲渡に係る契約を締結した日の前日におけるその譲渡資産に係る住宅借入金等の金額の合計額からその譲渡資産の対価の額を控除した残額を限度とします。（措法41の5の2⑦一、措令26の7の2⑥）

所得の「合計」の仕方

【参考図】

○ 譲渡損失の金額と譲渡対価の合計が住宅ローンの残高を上回る場合

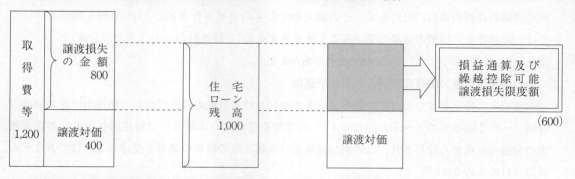

○ 譲渡損失の金額と譲渡対価の合計が住宅ローンの残高を下回る場合

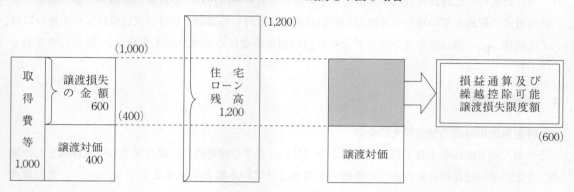

| 譲渡資産 | その個人が有する家屋又は土地若しくは土地の上に存する権利で、譲渡の年1月1日において所有期間が5年を超えるもののうち次に掲げるものをいいます。(措法41の5の2⑦一イ～ニ)<br>イ その個人がその居住の用に供している家屋のうち国内にあるもの<br>ロ イの家屋でその個人の居住の用に供されなくなったもの（その個人の居住の用に供されなくなった日から同日以後3年を経過する日の属する年の12月31日までの間に譲渡されるものに限られます。）<br>ハ 上記イ又はロの家屋及びその家屋の敷地の用に供されている土地又はその土地の上に存する権利<br>ニ その個人の上記イの家屋が災害により滅失した場合において、その個人がその家屋を引き続き所有していたとしたならば、その年1月1日において所有期間が5年を超えるその家屋の敷地の用に供されていた土地又はその土地の上に存する権利（その災害があった日から同日以後3年を経過する日の属する年の12月31日までの間に譲渡されるものに限ります。）<br>(注) 譲渡資産は、一の4(1)の譲渡資産と同じです。<br>〔譲渡資産に係る住宅借入金等〕<br>　その個人がその特定譲渡に係る契約を締結した日の前日において譲渡資産に係る住宅借入金等（(2)参照）の金額を有することが必要です。(措法41の5の2⑦一) |

居住用財産の譲渡損失

<table>
<tr><td rowspan="3">特定譲渡</td><td>通常の売却のほか、土地の長期間貸付けなどの譲渡所得の基因となる不動産等の貸付けを含みますが、その個人の配偶者などその個人と特別の関係がある者（一の4(1)の「特定譲渡」欄のイ〜ホ参照）に対する譲渡、贈与及び出資による譲渡は除かれます。（措法41の5の2⑦一、措令26の7の2③④）</td></tr>
<tr><td>〔特定譲渡が2以上ある場合の選定〕</td></tr>
<tr><td>　その年中に特定譲渡が2以上ある場合には、その個人が選定した一の特定譲渡に限りますが、この選定は、その個人が特定居住用財産の譲渡損失の金額が生じた年分の確定申告書に添付すべき特定居住用財産の譲渡損失の金額の計算に関する明細書に、一の特定譲渡に係る特定居住用財産の譲渡損失の金額の計算に関する明細を記載することにより行います。（措法41の5の2⑦一、措令26の7の2⑤）</td></tr>
</table>

### (2) 住宅借入金等

　1及び上記(1)の表の「譲渡資産」欄の〔譲渡資産に係る住宅借入金等〕の住宅借入金等は、一の4(2)の住宅借入金等と同じです。（措法41の5の2⑦四、措令26の7の2⑨、措規18の26④〜⑩）

### (3) 純損失の金額

　一の4(3)の純損失の金額と同じです。（措法41の5の2⑦二）

### (4) 通算後譲渡損失の金額

　特定居住用財産の譲渡損失の金額のうち、次表の左欄に掲げる場合の区分に応じそれぞれの右欄に定める金額に達するまでの金額とされています。（措法41の5の2⑦三、措令26の7の2⑧）

<table>
<tr><td colspan="2">区　　分</td><td>通算後譲渡損失の金額の限度額</td></tr>
<tr><td>①</td><td>②又は③に掲げる場合以外の場合</td><td>その年において生じた純損失の金額</td></tr>
<tr><td>②</td><td>その特定居住用財産の譲渡損失の金額が生じた年（その年分の所得税につき青色申告書を提出する年に限られます。）において、その年分の不動産所得の金額、事業所得の金額、山林所得の金額又は譲渡所得の金額（分離課税の長期譲渡所得の金額及び短期譲渡所得の金額を除きます。）の計算上生じた損失の金額がある場合</td><td>その年において生じた純損失の金額から、左欄の損失の金額の合計額（その合計額がその年において生じた純損失の金額を超えるときは、その純損失の金額に相当する金額）を控除した金額</td></tr>
<tr><td>③</td><td>その特定居住用財産の譲渡損失の金額が生じた年において生じた変動所得の金額の計算上生じた損失の金額又は被災事業用資産の損失の金額（所法70②一、二）がある場合（②に掲げる場合を除きます。）</td><td>その年において生じた純損失の金額から、左欄の変動所得の金額の計算上生じた損失の金額と被災事業用資産の損失との合計額（その合計額がその年において生じた純損失の金額を超えるときは、その純損失の金額に相当する金額）を控除した金額</td></tr>
</table>

所得の「合計」の仕方

### 5 特例の適用手続

#### (1) 損益通算の特例の申告要件

特定居住用財産の譲渡損失の金額の損益通算の特例は、この特例の適用を受けようとする年分の確定申告書に、この特例の適用を受けようとする旨の記載があり、かつ、次に掲げる特定居住用財産の譲渡損失の金額の計算に関する明細書などの書類の添付がある場合に限り適用されます。

ただし、特定譲渡に係る契約を締結した日の前日においてその特定譲渡をした人の住民票に記載されていた住所とその特定譲渡をした譲渡資産の所在地とが異なる場合その他これに類する場合には、①～④の書類に加えて、戸籍の附票の写し、消除された戸籍の附票の写しその他これらに類する書類で譲渡資産が4(1)の譲渡資産（406ページ）のいずれかに該当することを明らかにするものを添付する必要があります。（措法41の5の2②、措規18の26①）

| ① | その年において生じた特定居住用財産の譲渡損失の金額の計算に関する明細書 |
|---|---|
| ② | 特定譲渡をした譲渡資産に係る登記事項証明書、売買契約書の写しその他の書類で、その譲渡資産の所有期間が5年を超えるものであることを明らかにするもの |
| ③ | 特定譲渡をした「譲渡資産に係る住宅借入金等の残高証明書」（譲渡資産の特定譲渡に係る契約を締結した日の前日における住宅借入金等の金額を証するもの） |
| ④ | 譲渡資産が4(1)の譲渡資産（406ページ）のいずれかに該当する事実を記載した書類 |

**(注1)** 申告書の提出がない場合等の特例の適用（措法41の5の2③）……一の5(1)の**(注)**と同じです。

**(注2)**〈登記事項証明書の添付省略〉

土地・建物の登記事項証明書については、「譲渡所得の特例の適用を受ける場合の不動産に係る不動産番号等の明細書」に不動産番号を記載することなどにより、その添付を省略することができます。

#### (2) 繰越控除の特例の申告要件

通算後譲渡損失の金額の繰越控除の特例は、特定居住用財産の譲渡損失の金額が生じた年分につき(1)の確定申告書をその提出期限までに提出し、その後において連続して確定申告書を提出しており、かつ、繰越控除の特例を受ける年分の確定申告書に、その年において控除すべき通算後譲渡損失の金額及びその金額の計算の基礎その他参考となるべき事項を記載した明細書の添付がある場合に限り適用されます。（措法41の5の2⑤、措規18の26③）

**(注)** 申告書の提出がない場合等の特例の適用（措法41の5の2⑥）……一の5(2)の**(注)**と同じです。

### 6 純損失の繰越控除及び繰戻し還付制度との調整

純損失の繰越控除及び純損失の繰戻し還付の対象となる純損失の金額のうちに特定純損失の金額がある場合には、その純損失の金額からその特定純損失の金額を除くこととされています。（措法41の5の2⑧～⑩）

**(注)** 上記の規定は、一の6(1)(2)と同じです。

居住用財産の譲渡損失

〔特定純損失の金額〕

　令和5年12月31日までに行った譲渡資産の特定譲渡による譲渡所得の金額の計算上生じた損失の金額に係る特定居住用財産の譲渡損失のうち、その年において生じた純損失の金額からその純損失の金額が生じた年分の不動産所得の金額、事業所得の金額、山林所得の金額又は譲渡所得の金額（分離課税の長期譲渡所得の金額及び短期譲渡所得の金額を除きます。）の計算上生じた損失の金額の合計額（その合計額がその純損失の金額を超える場合には、その純損失の金額に相当する金額）を控除した金額に達するまでの金額とすることとされています。（措法41の5の2⑧、措令26の7の2⑩）

# 第三節　所得から差し引かれる金額＝所得控除

　これまでに説明した所得金額の計算などが済むと、次に、所得から差し引かれる金額、すなわち所得控除額を定め、課税される所得金額の計算に移ることになります。

　所得控除には、①雑損控除、②医療費控除、③社会保険料控除、④小規模企業共済等掛金控除、⑤生命保険料控除、⑥地震保険料控除、⑦寄附金控除、⑧障害者控除、⑨寡婦控除、⑩ひとり親控除、⑪勤労学生控除、⑫配偶者控除、⑬配偶者特別控除、⑭扶養控除、⑮基礎控除の15種類があります。

　なお、第三節において「**合計所得金額**」・「**総所得金額等の合計額**」とは次の金額をいいます。

**合計所得金額** ……次の①から⑧までの金額の合計額をいいます。（源泉分離課税のものは含まれません。）

ただし、純損失又は雑損失の繰越控除、居住用財産の買換え等の場合の譲渡損失の繰越控除又は特定居住用財産の譲渡損失の繰越控除を受けている場合は、それらの適用前の金額となります。

① 事業所得、不動産所得、給与所得、総合課税の利子所得・配当所得・短期譲渡所得及び雑所得の合計額（損益通算後の金額）

② 総合課税の長期譲渡所得と一時所得の合計額（損益通算後の金額）の２分の１の金額

③ 分離課税の土地建物等の譲渡所得の金額（特別控除前）

④ 分離課税の上場株式等に係る配当所得等の金額（上場株式等に係る譲渡損失の繰越控除の適用がある場合には、その適用前の金額）

⑤ 分離課税の一般株式等及び上場株式等に係る譲渡所得等の金額（上場株式等に係る譲渡損失の繰越控除又は特定中小会社が発行した株式に係る譲渡損失の繰越控除の適用がある場合には、その適用前の金額）

⑥ 分離課税の先物取引に係る雑所得等の金額（先物取引の差金等決済に係る損失の繰越控除の適用がある場合には、その適用前の金額）

⑦ 退職所得金額

⑧ 山林所得金額

**総所得金額等の合計額** ……上記の合計所得金額に純損失・雑損失の繰越控除、居住用財産の買換え等の場合の譲渡損失の繰越控除及び特定居住用財産の譲渡損失の繰越控除を適用して計算した金額（上場株式等に係る譲渡損失の繰越控除、特定中小会社が発行した株式に係る譲渡損失の繰越控除及び先物取引の差金等決済に係る損失の繰越控除の適用がある場合は、その適用後の金額）をいいます。

所　得　控　除

**〈記載事項の特例（所得控除の額の記載省略）〉**

　その年において支払を受けるべき給与等で年末調整の適用を受けたものを有する居住者又はその相続人が確定所得申告書（所法120）、還付請求申告書（所法122）、死亡の場合の確定申告書（準確定申告書）（所法124、125）及び出国の場合の確定申告書（準確定申告書）（所法126、127）の提出をする場合には、年末調整で適用を受けた所得控除でその額に異動がないものについては、その所得控除の額の計算の基礎や所得控除に関する事項の記載を省略でき、その所得控除の額のみの記載で足りることとされています。この場合において、年末調整で適用を受けた所得控除の額の合計額に異動がない場合には、それぞれの所得控除の額の記載も要せず、その合計額のみの記載で足りることとされています。（所法120①後段、122③、125④、127④、所令263①後段、所規47①②④）

　なお、給与等に係る源泉徴収票の確定申告書への添付義務は廃止されていますので、この記載事項の特例（記載省略）の適用について、給与等に係る源泉徴収票の添付は要しないこととされています。

　**（注）**　上記の取扱いは、平成31年4月1日以後に令和元年分以後の所得税に係る確定申告書を提出する場合について適用し、同日前に確定申告書を提出した場合及び同日以後に平成30年分以前の所得税に係る確定申告書を提出する場合については従前どおりとされています。（平31改所法等附6①、平31改所令附6）

| 所得から差し引かれる金額 | 社 会 保 険 料 控 除 | ⑬ | | | | | |
|---|---|---|---|---|---|---|---|
| | 小規模企業共済等掛金控除 | ⑭ | | | | | |
| | 生 命 保 険 料 控 除 | ⑮ | | | | | |
| | 地 震 保 険 料 控 除 | ⑯ | | | | | |
| | 寡婦、ひとり親控除 [区分] | ⑰〜⑱ | | | | ○○○○ | |
| | 勤労学生、障害者控除 | ⑲〜⑳ | | | | ○○○○ | |
| | 配偶者（特別）控除 [区分1][区分2] | ㉑〜㉒ | | | | ○○○○ | |
| | 扶 養 控 除 [区分] | ㉓ | | | | ○○○○ | |
| | 基 礎 控 除 | ㉔ | | | | ○○○○ | |
| | ⑬から㉔までの計 | ㉕ | | | | | |
| | 雑 損 控 除 | ㉖ | | | | | |
| | 医 療 費 控 除 [区分] | ㉗ | | | | | |
| | 寄 附 金 控 除 | ㉘ | | | | | |
| | 合 計（㉕＋㉖＋㉗＋㉘） | ㉙ | | | | | |

　左の申告書の様式は、申告書第一表の一部分です。

――（411）――

所 得 控 除

## Ⅰ 雑 損 控 除

　災害、盗難又は横領によって生活用資産などに損害を受けたときは、次の算式によって計算した金額を雑損控除として所得から差し引くことができます。なお、下記の算式の「**差引損失額**」とは、損害金額から保険金などで補塡される金額を差し引いた金額をいいます。(所法72)

| | |
|---|---|
| 差引損失額－総所得金額等の合計額の10％相当額 | いずれか多 |
| 差引損失額のうち災害関連支出の金額－5万円 | い方の金額 ＝雑損控除額 |

**(注)**　上記の「災害関連支出の金額」とは4(2)の支出の金額（保険金等で補塡される部分の金額を含みません。）をいいます。また、差引損失額は消費税を含んだ金額です。

**(申告書第一表)**

| 雑 損 控 除 | ㉖ | | | | | | | | |
|---|---|---|---|---|---|---|---|---|---|

### ○ 雑損控除に関する事項(㉖)

**(申告書第二表)**

| 損 害 の 原 因 | 損 害 年 月 日 | 損害を受けた資産の種類など |
|---|---|---|
| | ・ ・ | |

| 損害金額 | 円 | 保険金などで補塡される金額 | 円 | 差引損失額のうち災害関連支出の金額 | 円 |
|---|---|---|---|---|---|

### ＜申告書への記載＞ （控除額の計算表）

| 損 害 金 額<br>（災害関連支出を含む） | （合計） | 9,200,000 円 | A | → 申告書第二表「雑損控除に関する事項（㉖）」の「損害金額」・「保険金などで補塡される金額」欄へ |
|---|---|---|---|---|
| 保険金などで補塡される金額 | | 7,300,000 円 | B | |
| A－B<br>（差引損失額） | | 1,900,000 円 | C | |
| 申告書第一表の⑫＋退職所得金額＋山林所得金額 | | 8,747,000 円 | D | （ほかに申告分離課税の所得があれば、その所得金額（特別控除前）を加算） |
| D×0.1 | | 874,700 円 | E | |
| C－E | | 1,025,300 円 | F | |
| Cのうち災害関連支出の金額 | | 700,000 円 | G | → 申告書第二表「雑損控除に関する事項（㉖）」の「差引損失額のうち災害関連支出の金額」欄へ |
| G－50,000円 | | 650,000 円 | H | |
| FとHのいずれか多い方の金額 | 1,025,300 円 | 雑 損<br>控除額 | | → 申告書第一表の「雑損控除㉖」欄へ |

——(412)——

雑　損　控　除

（注1）　Ｃ、Ｅ、Ｆ及びＨは赤字のときは、0とします。

（注2）　上記の計算例の申告書への記載は、15ページ以下を参照。

## 1　損害の原因

損害の原因は、次のようなものに限られます。

①　災　害…震災、風水害、冷害、雪害、干害、落雷、噴火その他の自然現象の異変による災害及び火災、鉱害、火薬類の爆発など人為による異常な災害又は害虫、害獣その他の生物による異常な災害のような自己の意思によらない不可抗力によって受けた災害をいいます。（所法2①二十七、所令9）

②　盗難又は横領…盗難又は横領による損失には詐欺又は恐喝による損失は含まれません。

## 2　損害を受けた資産の種類

雑損控除は、日常生活上必要な住宅、家具、衣類、現金などの資産について受けた損害についてだけ認められます。したがって、次のような資産について受けた損害については認められません。（所法62①、70③、所令178①）

①　棚卸資産

②　事業の用に供される固定資産及び繰延資産

③　山林

④　生活に通常必要でない資産（競走馬〈事業の用に供される競走馬を除きます。〉、書画・骨とう・貴石・貴金属で1組又は1個の価額が30万円を超えるもの、別荘など）

## 3　家族の所有する資産に損害を受けた場合

自己の所有する資産についてだけでなく、自己と生計を一にする配偶者その他の親族で、令和4年中の総所得金額等の合計額が48万円以下の人が所有する資産について損害を受けた場合でも、雑損控除ができます。（所令205）

これらの親族と生計を一にする納税者が2人以上あるときは、次の場合に応じそれぞれ次の納税者の親族として雑損控除をすることになります。

①　その親族が控除対象配偶者又は扶養親族に当たる場合…自己の控除対象配偶者又は扶養親族としている納税者の親族とします。

②　その親族が、控除対象配偶者又は扶養親族に当たらない場合

　　イ　その親族が配偶者の場合………………………その夫又は妻である納税者の親族とします。

　　ロ　その親族が配偶者以外の親族の場合………総所得金額等の合計額が最も大きい納税者の親族とします。

所 得 控 除

## 4 損害金額の計算

### (1) 資産の損失額

　雑損控除の対象となる資産の損失額は、損失の発生した時のその資産の時価を基として計算します。

　なお、その資産が家屋等の使用又は期間の経過により減価するものである場合には、上記の時価を基として計算する方法のほかに、その資産の取得価額から減価償却費累積額相当額を控除した金額を基として計算する方法を選択することができます。(所令206③)

**(注1)** 「減価償却費累積額相当額」とは、その取得から譲渡までの間に業務の用に供されていた期間のない資産である場合には、その資産の耐用年数の1.5倍の年数に対応する旧定額法の償却率により求めた1年当たりの減価償却費相当額にその取得から譲渡(損失が生じた時)までの期間の年数を乗じて計算した金額をいいます。(所法38②二、所令85)

**(注2)** 令和2年4月1日以後、雑損控除の対象となる資産の損失の金額について、いわゆる簿価ベースで損失の金額を計算することができる資産の範囲に、配偶者居住権等が追加されています。

### (2) 災害等に関連して支出した費用

　損害金額には、災害、盗難等に関連して支出した次の費用も含まれます。(所令206)

① **災害関連支出**(次のイ～ハの支出をいいます。)

　イ　災害により住宅家財等が滅失、損壊又は価値が減少したことによるその住宅家財等の取壊し又は除去のための支出その他災害に付随する支出

　ロ　災害により住宅家財等が損壊又は価値が減少し又は使用することが困難となった場合において、災害後1年以内(大規模な災害の場合その他やむを得ない事情がある場合は、3年以内)にした次の支出

　　(イ)　災害により生じた土砂その他の障害物の除去のための支出

　　(ロ)　その住宅家財等の原状回復のための支出(住宅家財等の損失額に相当する部分の支出を除いた金額です。)

　　(ハ)　その住宅家財等の損壊又は価値の減少の防止のための支出

　ハ　災害により住宅家財等につき現に被害が生じ、又はまさに被害が生ずるおそれがあると見込まれる場合において、その住宅家財等に係る被害の拡大又は発生を防止するため緊急に必要な措置を講ずるための支出

② 盗難又は横領による損失が生じた住宅家財等の原状回復のための支出その他これに類する支出(住宅家財等の損失額に相当する部分の支出を除きます。)

**(注1)** これらの災害等に関連して支出した費用は、現実にその支出をした年分の雑損控除とすべきものですが、その年の1月1日から3月15日までの間に支出した金額は、その支出した日の属する前年分(災害等のあった日の属する年以後の年分に限ります。)の損害金額に含めることができます。ただし、この確定申告を行っている場合には、その支出した金額は、その支出した日の属する年分の当該損失の金額に含まれません。(所基通72―5)

雑損控除

**（注2）** ①のロの「大規模な災害」とは、(イ)から(ハ)までに掲げる支出その他これらに類する支出が1年を超えて支出されると認められる災害をいいます。また、大規模災害からの復興に関する法律（平成25年法律第55号）第2条第1号《定義》に規定する「特定大規模災害」は、ロの「大規模な災害」に該当することとなります。（所基通72─6）

## ⑶ 保険金などで補塡される金額

損失を受けた後で、保険会社や加害者から保険金や損害賠償金を受けた場合はもちろん、損害保険契約や火災共済契約に基づく見舞金、任意の互助組織から受けた災害見舞金なども損害金額から控除します。（所基通72─7）

**（注）** 雑損控除をした後で、盗難品の返還を受けたり、保険金などを受け取ったような場合は、さかのぼって雑損控除額を訂正（修正申告〈849ページ参照〉）します。

## 5 雑損失の繰越控除

雑損控除の金額（412ページの算式で求めた金額）が令和4年分の総所得金額等の合計額から分離課税の譲渡所得に係る特別控除額を差し引いた残額を超える場合には、その超える金額を繰り越して、令和5年以降3年間各年分の所得金額から順次差し引くことができます。この場合は申告書第一表及び第二表と併せて**第四表（損失申告用）**の申告書を提出しなければなりません。（所法71）

## 6 手続など

この控除を受ける場合には、災害を受けた資産の明細等がわかるもの（例えば、「災害を受けた資産の明細書」）を確定申告書に添付してください。また、損失の金額のうちに災害等に関連する支出の金額がある場合には、その支出金額を領収した人のその領収を証する書類を確定申告書に添付するか、又は確定申告書の提出の際に提示する必要があります。（所法120③一、所令262①一）

なお、災害による損害については、この控除に代えて災害減免法による所得税の軽減免除を受けられる場合がありますから、642ページを参照してください。

──(415)──

所　得　控　除

## Ⅱ　医 療 費 控 除

（Ⅲとの選択適用）

　自己又は自己と生計を一にする配偶者やその他の親族のために医療費を支払った場合は、次の算式によって計算した金額を医療費控除として所得から差し引くことができます。（所法73）

$$\left(\begin{array}{l}\text{令和 4 年中に支払}\\\text{った医療費の総額}\end{array}-\begin{array}{l}\text{保険金などで補}\\\text{塡される金額}\end{array}\right)-\left\{10万円と\left(\begin{array}{l}\text{令和 4 年分の総所得金額}\\\text{等の合計額の 5 ％相当額}\end{array}\right)とのいずれか少\\\text{ない方の金額}\right\}=\begin{array}{l}\text{医療費}\\\text{控除額}\end{array}$$

**（注1）** 総所得金額等の合計額……410ページ参照

**（注2）** 医療費の総額は、消費税等を含んだ金額です。

　ただし、この算式によって計算した金額が200万円より多くなる場合は、200万円が限度となります。

**（申告書第一表）**　医療費控除 区分 ☐ ㉗ ▨☐☐☐☐☐☐☐

　この医療費控除は、次の「Ⅲ　医療費控除の特例（セルフメディケーション税制）」との選択適用となります。したがって、医療費控除の適用を受ける場合は、セルフメディケーション税制を併せて受けることはできません。また選択した控除を、更正の請求や修正申告において、変更することはできません。（措通41の17―1）

**＜申告書への記載＞**（控除額の計算表）

| | | | |
|---|---|---:|:-:|
| 支払った医療費 | （合計） | 840,000 円 | A |
| 保険金などで補塡される金額 | | 310,000 円 | B |
| A－B | | 530,000 円 | C |
| 申告書第一表の⑫＋退職所得金額＋山林所得金額 | | 136,600,000 円 | D |
| D×0.05 | | 6,830,000 円 | E |
| 100,000円とEのいずれか少ない方の金額 | | 100,000 円 | F |
| C－F | （最高200万円）430,000 円 | | 医 療 費控除額 |

D欄：（ほかに申告分離課税の所得があれば、その所得金額（特別控除前）を申告書第一表の⑫に加算）

➡申告書第一表の「医療費控除㉗」欄へ

**（注1）** C 及び E は赤字のときは、0 とします。

**（注2）** 上記の計算例の申請書への記載は、42ページ以下を参照。

—(416)—

医 療 費 控 除

## 1 医療費の範囲

医療費控除の対象となる医療費は、下表に掲げるものの対価のうち、その病状その他一定の状況に応じて一般的に支出される水準を著しく超えない部分の金額です。（所法73②）

〈病状に相当する状況〉

上記の一定の状況とは、次に掲げる状況をいいます。（所規40の3①）

a 指定介護老人福祉施設及び指定地域密着型介護老人福祉施設における次表の①〜⑦に掲げるものの提供の状況

b 高齢者の医療の確保に関する法律に規定する特定健康診査の結果に基づき特定保健指導（その特定健康診査を行った医師の指示に基づき平成19年厚生労働省令第157号〈以下「実施基準」といいます。〉第8条第1項の積極的支援により行われるものに限ります。）を受ける者のうちその結果が次のいずれかの基準に該当する者のその状態

(a) 実施基準第1条第1項第5号に掲げる血圧の測定の結果が高血圧症と同等の状態であると認められる基準

(b) 実施基準第1条第1項第7号に規定する血中脂質検査の結果が脂質異常症と同等の状態であると認められる基準

(c) 実施基準第1条第1項第8号に掲げる血糖検査の結果が糖尿病と同等の状態であると認められる基準

| 通常の医療費 | |
|---|---|
| ① | 医師、歯科医師による診療又は治療（所令207一） |
| ② | 治療、療養のための医薬品の購入（所令207二） |
| ③ | 病院や診療所（指定介護老人福祉施設及び地域密着型介護老人福祉施設を含みます。）又は助産所に収容されるための人的役務の提供（所令207三、所規40の3②） |
| ④ | 治療のためのあん摩マッサージ指圧師、はり師、きゅう師又は柔道整復師による施術（所令207四） |
| ⑤ | 保健師、看護師又は准看護師による療養上の世話及び療養上の世話を受けるために特に依頼した人から受ける療養上の世話（所令207五、所基通73—6） |
| ⑥ | 助産師による分べんの介助及び妊婦、じょく婦又は新生児の保健指導（所令207六、所基通73—7） |
| ⑦ | 介護福祉士による喀痰吸引等又は認定特定行為業務従事者（一定の研修を受けた認定特定行為業務従事者）による特定行為（所令207七） |
| ⑧ | 国民健康保険で療養の給付を受けた人の市町村や特別区又は国民健康保険組合からの告知書などに基づいて納付した療養費の一部負担金（所基通74・75—6） |
| ⑨ | 医師等による診療や治療などを受けるために直接必要な次のような費用（所基通73—3）<br>イ　通院費用、入院の部屋代や食事代の費用、医療用器具の購入代や賃借のための費用で通常必要なもの<br>ロ　自己の日常最低限の用をたすために供される義手、義足、松葉づえ、補聴器、義歯などの購入の費用 |

所 得 控 除

|  | ハ 身体障害者福祉法、知的障害者福祉法、児童福祉法などの規定により都道府県や市町村に納付する費用のうち、医師などの診療費用又はイ、ロの費用に当たるもの |

### 特別な費用・施設の利用料金

| ⑩ | 医師の診療時において次に掲げる要件のいずれにも該当する者に係る紙おむつの購入費用及び貸おむつの賃借料（その者の治療を継続的に行っている医師が発行する「おむつ使用証明書」が確定申告の際に提示された場合に限ります。）（昭62直所3—12）<br>イ 傷病によりおおむね6か月以上にわたり寝たきり状態にあると認められる者<br>ロ その傷病について医師による治療を継続して行う必要があり、おむつの使用が必要と認められる者<br>※ おむつ費用について医療費控除を受けるのが2年目以降である場合で、介護保険法の要介護認定の申請をした者については、市町村が主治医意見書の内容を確認した書類又は主治医意見書の写しを「おむつ使用証明書」に代えることができます。（平14課個2—11） |
|---|---|
| ⑪ | ストマ用装具に係る費用（退院後も継続してストマケアに係る治療を受ける必要があり、その治療上、適切なストマ用装具を消耗品として使用することが必要不可欠であると医師が認めて発行した「ストマ用装具使用証明書」が確定申告の際に提示された場合に限ります。）（平元直所3—12） |
| ⑫ | 温泉利用型健康増進施設（クアハウス）として認定を受けた施設（以下「認定施設」といいます。）において医師の指導により温泉療養を行うために必要な利用料金で、次の書類が確定申告の際に提示されたもの（平2直所3—2）<br>イ 医師が発行した「温泉療養証明書」<br>ロ 治療のために支払われた設備の利用及び役務の提供の対価であることを明記した認定施設の領収書<br>（注1）「認定施設」は、温泉利用を行う施設（以下「温泉利用施設」といいます。）と有酸素運動を安全かつ適切に行う施設（以下「運動健康増進施設」といいます。）が異なる場合で、これらの施設が一体となって運営するなど一定の要件を満たし、温泉利用型健康増進施設として認定を受けたものを含みます。<br>（注2）運動健康増進施設の利用料金は、原則として医療費控除の対象になりませんが、温泉利用施設と運動健康増進施設を同日に利用し、温泉療養証明書が発行された場合には、医療費控除の対象になります。 |
| ⑬ | 指定運動療法施設（スポーツクラブ等）として認定を受けたものにおいて医師が治療のために患者に運動療法を行わせるために必要な利用料金で、次の書類が確定申告の際に提示されたもの（平4課所4—6）<br>イ 医師が発行した「運動療法実施証明書」<br>ロ 治療のために指定運動療法施設の利用の対価であることを明記した当該施設の領収証 |

### 介護保険制度下で提供されるサービスの対価

| ⑭ | 介護保険法の指定介護老人福祉施設で提供されるサービスを受けるイの対象者に係るロの対象費用の額（対象費用の額が記載された指定介護老人福祉施設利用料等領収証が確定申告書に添付された場合又は確定申告の際に提示された場合に限ります。）（平12課所4—9）<br>イ 対象者<br>　要介護度1～5の要介護認定を受け、指定地域密着型介護老人福祉施設又は指定介護老人福祉施設に入所する者<br>ロ 対象費用の額<br>　介護費（厚生労働大臣が定める基準により算定した費用の額をいいます。）に係る自己負担額、食 |
|---|---|

——(418)——

医療費控除

<table>
<tr><td></td><td>費に係る自己負担額（標準負担額をいいます。）及び居住費に係る自己負担額として支払った額の2分の1相当額</td></tr>
<tr><td rowspan="1">⑮</td><td>

介護保険制度の下で提供される居宅サービスを受けるイの対象者に係るロの居宅サービスに係るハの対象費用の額（対象費用の額が記載された居宅サービス等利用料領収証が確定申告書に添付された場合又は確定申告の際に提示された場合に限ります。）（平12課所4―11）

イ　対象者……次の(イ)及び(ロ)のいずれの要件も満たす者

　(イ)　介護保険法の居宅サービス計画又は介護予防サービス計画に基づいて、居宅サービス、介護予防サービス、地域密着型サービス又は地域密着型介護予防サービス（以下、「居住サービス等」といいます。）を利用すること

　(ロ)　(イ)の居宅サービス計画に次に掲げる居宅サービスのいずれかが位置付けられること

　　・訪問看護（老人保健法及び医療保険各法の訪問看護療養費の支給に係る訪問看護を含みます。）

　　・訪問リハビリテーション

　　・居宅療養管理指導【医師等による管理・指導】

　　・通所リハビリテーション【医療機関でのデイサービス】

　　・短期入所療養介護【ショートステイ】

　　・介護予防訪問看護

　　・介護予防訪問リハビリテーション

　　・介護予防居宅療養管理指導

　　・介護予防通所リハビリテーション

　　・介護予防短期入所療養介護

　　・定期巡回・随時対応型訪問介護看護（一体型事業所で訪問看護を利用する場合）

　　・看護・小規模多機能型居宅介護（上記の居宅サービスを含む組合せにより提供されるもの（生活援助が中心である場合を除きます。）

ロ　対象となる居宅サービス

　　イの(ロ)に掲げる居宅サービスと併せて利用する次に掲げる居宅サービス等

　(イ)　訪問介護【ホームヘルプサービス】（生活援助が中心である場合を除きます。）

　(ロ)　訪問入浴介護

　(ハ)　通所介護【デイサービス】

　(ニ)　短期入所生活介護【ショートステイ】

　(ホ)　夜間対応型訪問介護

　(ヘ)　認知症対応型通所介護

　(ト)　小規模多機能型居宅介護

　(チ)　介護予防訪問入浴介護

　(リ)　介護予防短期入所生活介護

　(ヌ)　介護予防認知症対応型通所介護

　(ル)　介護予防小規模多機能型居宅介護

　(ヲ)　定期巡回・随時対応型訪問介護看護（一体型事業所で訪問看護を利用しない場合及び連携型事業所に限ります。）

　(ワ)　看護・小規模多機能型居宅介護（上記の居宅サービスを含まない組合せにより提供されるもの（生</td></tr>
</table>

所　得　控　除

活援助が中心である場合を除きます。）

(カ)　地域密着型通所介護（平成28年4月1日より）

(ヨ)　地域支援事業の訪問型サービス（生活援助中心のサービスを除きます。）

(タ)　地域支援事業の通所型サービス（生活援助中心のサービスを除きます。）

※　イの(ロ)に掲げる居宅サービスに係る費用については、イの対象者の要件を満たすか否かに関係なく、利用者の自己負担額全額が医療費控除の対象になります。

ハ　対象費用の額

ロに掲げる居宅サービスに要する費用（厚生労働大臣が定める基準により算定した費用の額をいいます。）に係る自己負担額

※　自己負担額とは、次に掲げる場合の区分に応じそれぞれ次に掲げる額をいいます。

(イ)　指定居宅サービスの場合……居宅介護サービス費用基準額から居宅介護サービス費の額を控除した額

(ロ)　指定介護予防サービスの場合……介護予防サービス費用基準額から介護予防サービス費の額を控除した金額

(ハ)　基準該当居宅サービス及び基準該当介護予防サービス等の場合……指定居宅サービス及び指定介護予防サービスの場合に準じて算定した利用者の自己負担額

(ニ)　指定地域密着型サービスの場合……地域密着型介護予防サービス費用基準額から地域密着型介護予防サービス費の額を控除した額

(ホ)　指定地域密着型介護予防サービスの場合……地域密着型介護予防サービス費用基準額から地域密着型介護予防サービス費の額を控除した額

**（注1）**　社団法人日本臓器移植ネットワーク及び財団法人骨髄移植推進財団に支払われる患者負担金で「臓器移植患者登録証明書兼患者負担金額収書」及び「非血縁者間骨髄移植患者登録証明書兼患者負担金額収書」が発行された場合には、この患者負担金は医療費控除の対象として取り扱われます。（平15課個2—28、2—31）

**（注2）**　医師による診療や治療などのために直接必要な補聴器の購入のための費用で、診療等を行っている医師が、補聴器が診療等のために直接必要である旨を証明している場合には、その補聴器の購入費用（一般的に支出される水準を著しく超えない部分の金額に限ります。）は、医療費控除の対象になります。（平30個人課税課情報第3号）

―――　**医療費控除の対象とならない費用の例示**　―――

(イ)　容姿を美化し、又は容ほうを変えるなどの目的で支払った整形手術の費用

(ロ)　健康増進や疾病予防などのための医薬品の購入費

(ハ)　人間ドックなど健康診断のための費用（ただし、健康診断の結果、重大な疾病が発見され、引き続き治療を受けた場合には、この健康診断のための費用も医療費に含まれます。）

(ニ)　親族に支払う療養上の世話の費用

(ホ)　日常生活の用を足すための眼鏡、義手、義足、松葉づえ、補聴器などの購入費用

(ヘ)　特定健康診査の結果支払う指導料のうち、高血圧症、脂質異常症、糖尿病と同等の状態であると認められる基準を満たさない場合の積極的支援に係る指導料動機付支援に係る指導料及び情報提供料

――(420)――

医療費控除

《新型コロナウイルス感染症及びそのまん延防止のための措置》

　新型コロナウイルス感染症に関連した医療費控除については、以下の取扱いが例示されています。（新型コロナFAQ）

〔医療費控除の対象となる医療費〕

・医師等の判断によりPCR検査を受けた場合

　※　ただし、医療費控除の対象となる金額は、自己負担部分に限ります。

・オンライン診療料として医師等による診療や治療のために支払った費用（所法73②、所令207①一）

・オンライン診療に係るオンラインシステム利用料（所基通73-3）

・オンライン診療で処方された医薬品の購入費用（所法73②、所令207①二）

〔医療費控除の対象とならない医療費〕

・新型コロナウイルス感染症を予防するために購入したマスク

・病気予防のためのビタミン剤の購入費用

・自己の判断により受けたPCR検査の検査費用

　※　ただし、PCR検査の結果、「陽性」であることが判明し、引き続き治療を行った場合には、その検査は、治療に先立って行われる診察と同様に考えられ、医療費控除の対象となります。（所基通73-4）

・オンライン診療で処方された医薬品の配送料

　医療費は、令和4年中に現実に支払ったものに限って控除の対象となります。したがって、未払となっている医療費は、現実に支払がされるまでは控除の対象になりません。（所基通73—2）

〈医療を受けた人が、年の中途で生計を一にしなくなった場合〉

　生計を一にする配偶者その他の親族について支払った医療費には、令和4年中に身分関係や生計関係に異動を生じていても、生計を一にする配偶者やその他の親族であった期間中にかかった費用を支払った場合も含まれます。例えば、令和4年の中途で娘が結婚し生計を一にしなくなったような場合でも、結婚前の期間（生計を一にしていた期間）にその娘について支払った医療費は、控除対象になります。

## 2　保険金などで補塡される金額

　次のようなものの支払を受けた場合は、支払った医療費から差し引きます。（所基通73—8）

①　健康保険法、国民健康保険法などの規定により支給を受ける給付金のうち療養費、移送費、出産育児一時金、家族療養費、家族移送費、家族出産育児一時金、高額療養費又は高額介護合算療養費のように医療費の支出の事由を給付原因として支給を受けたもの

②　損害保険契約又は生命保険契約（これらに類する共済契約を含みます。）に基づいて医療費の補塡を目的として支払を受けた傷害費用保険金、医療保険金又は入院費給付金など（これらに類する共済金を含みます。）

③　医療費の補塡を目的として支払を受けた損害賠償金

④　任意の互助組織から医療費の補塡を目的として支払を受けた給付金

　（注1）　上記の支払を受けた場合には、その支払を受けた者と医療費を支払った者が異なるときでも、そ

所得控除

の支払を受けた金額は医療費から差し引きます。

- **(注2)** 確定申告書を提出する時までに上記の金額が確定していない場合には、その見込額を医療費からあらかじめ差し引いておき、確定後の金額と相違があるときは、さかのぼって医療費控除額を訂正（修正申告又は更正の請求〈849ページ参照〉）します。（所基通73─10）
- **(注3)** 支払った医療費を補塡する保険金等の金額がある場合には、支払った医療費の金額からその医療費を補塡する保険金等の金額を差し引くこととされていますが（所法73①）、この場合の差引計算は、その補塡の対象とされる医療費ごとに行い、支払った医療費の金額を上回る部分の補塡金の額は、他の医療費の金額からは差し引きません。

## 3　手　　続

医療費の領収書に基づいて「医療費控除の明細書」を作成（注1）し、確定申告書に添付する必要があります。（所法120④、所規47の2⑧⑨）

医療保険者から交付を受けた医療費通知（注2）がある場合は、医療費通知を添付することによって医療費控除の明細書の記載を簡略化することができます。

- **(注1)** 平成29年分から令和元年分までの確定申告については、明細書を確定申告書に添付せず、領収書を確定申告書に添付するか、確定申告書を提出する際に提示することによることもできます。（平29改所法等附7）
- **(注2)** 医療費通知とは、医療保険者が発行する医療費の額等を通知する書類で、次の全ての事項の記載があるもの（後期高齢者医療広域連合から発行された書類の場合は③を除く。）及びインターネットを使用して医療保険者から通知を受けた医療費通知情報でその医療保険者の電子署名並びにその電子署名に係る電子証明書が付されたものをいいます。

  ①被保険者等の氏名、②療養を受けた年月、③療養を受けた者、④療養を受けた病院、診療所、薬局等の名称、⑤被保険者等が支払った医療費の額、⑥保険者等の名称

なお、確定申告期限等から5年を経過する日までの間は、税務署から、医療費控除の明細書の記載内容を確認するため医療費の領収書（医療費通知を添付したものを除きます。）の提示又は提出を求められる場合がありますので、医療費の領収書は保管しておく必要があります。（所法120⑤）

令和4年1月1日以後に令和3年分以後の確定申告書を提出する場合は、上記の医療保険者が発行する医療費の額等を通知する書類に代えて、次のいずれかの書類の添付ができます。

イ　社会保険診療報酬支払基金及び国民健康保険団体連合会の医療保険者等の医療費の額を通知する書類に記載すべき事項が記載された書類又はその書類に記録した電子証明書等に係る電磁的記録印刷書面（電子証明等に記録された情報の内容と、その内容が記録された二次元コードが付された出力書面をいいます。ロにおいて同じです。）

ロ　医療保険者等の医療費の額を通知する書類に記載すべき事項を記録した電子証明書等に係る電磁的記録印刷書面

セルフメディケーション税制

# Ⅲ 医療費控除の特例（セルフメディケーション税制）　（Ⅱとの選択適用）

（平成29年～令和8年分の所得税）

　健康の保持増進及び疾病の予防への取組として一定の取組を行っている人が、平成29年1月1日から令和8年12月31日までの間に自己又は自己と生計を一にする配偶者その他の親族のために特定一般用医薬品等購入費を支払った場合には、次の算式によって計算した金額を医療費控除の特例（セルフメディケーション税制）として所得から差し引くことができます。（措法41の17）

| 令和4年中に支払った特定一般用医薬品等購入費の合計額 | － | 保険金などで補塡される金額 | － | 1万2,000円 | ＝ | この特例による医療費控除額 |

　ただし、この算式によって計算した金額が8万8,000円より多くなる場合は、8万8,000円が限度となります。

（申告書第一表）　医療費控除　区分　㉗ ☐☐☐☐☐☐☐

　このセルフメディケーション税制は、従来の医療費控除（416ページのⅡ）との選択適用となります。したがって、セルフメディケーション税制の適用を受ける場合は、従来の医療費控除を併せて受けることはできません。また選択した控除を、更正の請求や修正申告において、変更することはできません。（措通41の17－1）

＜申告書への記載＞（控除額の計算）

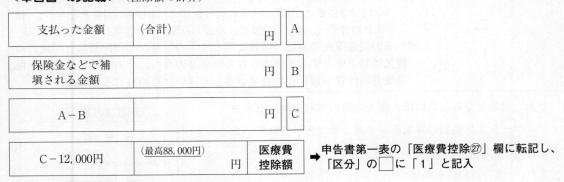

（注）　Cは赤字のときは、0とします。

所 得 控 除

## 1 特定一般用医薬品等購入費の範囲

　セルフメディケーション税制の対象となる特定一般用医薬品等購入費とは、次の医薬品である一般用医薬品等（新医薬品に該当するもの及び人の身体に直接使用されることのないものを除きます。）をいいます。（措法41の17②、措令26の27の2②③）

| | |
|---|---|
| 平成29年1月1日から令和3年12月31日までに購入したもの | 一般用医薬品等のうち、医療保険各法等の規定により療養の給付として支給される薬剤との代替性が特に高いもの（その使用による医療保険療養給付費の適正化の効果が低いと認められる医薬品を除く）として厚生労働大臣が財務大臣と協議して定めるものの購入の対価をいいます。<br>① その製造販売の承認の申請に際して既に承認を与えられている医薬品と有効成分、分量、用法、用量、効能、効果等が明らかに異なる医薬品<br>② その製造販売の承認の申請に際して①の医薬品と有効成分、分量、用法、用量、効能、効果等が同一性を有すると認められる医薬品 |
| 令和4年1月1日から令和8年12月31日までに購入したもの | (1) 一般用医薬品等のうち、医療用薬剤との代替性が特に高いものとして厚生労働大臣が財務大臣と協議して定めるものの購入の対価をいいます。<br>　① その製造販売の承認の申請に際して既に承認を与えられている医薬品と有効成分、分量、用法、用量、効能、効果等が明らかに異なる医薬品<br>　② その製造販売の承認の申請に際して①の医薬品と有効成分、分量、用法、用量、効能、効果等が同一性を有すると認められる医薬品<br>　(注) 令和4年分以後の所得税より、本特例の適用対象となる医薬品の範囲から、その使用による医療保険療養給付費の適正化の効果が低いと認められる医薬品が除外されました。ただし、令和4年1月1日から令和7年12月31日までに購入したものについては、本特例の対象となります（措法41の17②一、③、措令26の27の2②④⑤⑦、令3厚生労働省告示252）<br>(2) その製造販売の承認の申請に際して(1)の①及び②の医薬品と同種の効能又は効果を有すると認められる医薬品のうち、その使用による医療保険療養給付費の適正化の効果が著しく高いと認められる医薬品 |

　なお、対象となる商品には、購入の際の領収書等にセルフメディケーション税制の対象商品である旨が表示されています。

　また、一部の対象医薬品については、その医薬品のパッケージにセルフメディケーション税制の対象である旨を示す識別マークが掲載されています。

## 2　セルフメディケーション税制の適用を受けられる人

　その年分に健康の保持増進及び疾病の予防への取組として、以下のような「一定の取組」を行っている居住者が対象となります。（措令26の27の2①④、平成28年厚生労働省告示第181号…最終改正令和2年厚生労働省告示第170号）

①　保険者（健康保険組合、市区町村国保等）が実施する健康診査【人間ドック、各種健（検）診等】

②　市区町村が健康増進事業として行う健康診査【生活保護受給者等を対象とする健康診査】

③　予防接種【定期接種、インフルエンザワクチンの予防接種】

④　勤務先で実施する定期健康診断【事業主検診】

⑤　特定健康診査（いわゆるメタボ検診）、特定保健指導

⑥　市町村が健康増進事業として実施するがん検診

　なお、納税者本人（この特例の控除を受ける人）が「一定の取組」を行っていることが要件とされているため、納税者本人が取組を行っていない場合は、控除を受けることはできません。

## 3　手　　続

　令和3年分以後のセルフメディケーション税制の適用に関する事項を記載した確定申告書を令和4年1月1日以後に提出する場合は、次の(1)の書類を確定申告書に添付する必要があります。

　なお、次の(2)の書類の確定申告書への添付又は確定申告書の提出の際の提示は不要ですが、(1)の明細書に、(2)の一定の取組に関する事項を記載しなければなりません。（措法41の17④、所法120④、措規19の10の2①、令3改所法等附38②）

　また、令和2年分以前のセルフメディケーション税制の適用に関する事項を記載した確定申告書を提出する場合、又は（年の途中の死亡や出国で）令和3年分のセルフメディケーション税制の適用に関する事項を記載した確定申告書を令和3年12月31日までに提出する場合には、(1)の書類に加え、(2)の書類を確定申告書に添付するか、又は確定申告書の提出の際に提示する必要があります。

(1)　セルフメディケーション税制の適用を受ける金額の計算の基礎となる特定一般用医薬品等購入費の額につき、これを領収した者のその領収を証する書類、例えば領収書など（その領収をした金額のうち、特定一般用医薬品等購入費に該当するものの金額が明らかにされているものに限ります。）に基づく、次の事項の記載のある明細書（セルフメディケーション税制の明細書）

①　特定一般用医薬品等購入費の額

②　特定一般用医薬品等の販売を行った者の氏名又は名称

③　その特定一般用医薬品等の名称

④　その他参考となるべき事項

(2)　セルフメディケーション税制の適用を受ける方がその適用を受けようとする年分に一定の取組を行ったことを明らかにする以下のような書類（氏名、取組を行った年及び取組に係る事業を行った保険者、事業者若しくは市区町村の名称又は取組に係る診察を行った医療機関の名称若しく

所 得 控 除

は医師の氏名の記載があるものに限ります。)

① インフルエンザの予防接種又は定期予防接種（高齢者の肺炎球菌感染症等）の領収証又は予防接種済証

② 市区町村のがん検診の領収証又は結果通知表

③ 職場で受けた定期健康診断の結果通知表

「定期健康診断」という名称又は「勤務先（会社等）名称」が記載されているもの

④ 特定健康診査の領収証又は結果通知表

「特定健康診査」という名称又は「保険者名（加入している健保組合等の名称)」が記載されているもの

⑤ 人間ドックやがん検診など各種健診（検診）の領収証又は結果通知表

「勤務先（会社等）名称」「保険者名（加入している健保組合等の名称)」が記載されているもの

※ 取組を行ったことを明らかにする書類のうち、結果通知表は健診結果部分を黒塗り又は切取りなどをした写しで差し支えありません。

**(注1)** (1)の書類は、その記入内容を確認するため、確定申告期限等から5年を経過する日までの間、税務署から特定一般用医薬品等購入費の領収書の提示又は提出を求められる場合がありますので、確定申告期限等から5年間、自宅等に保管し、税務署から求められたときは、提出又は提示することになります。（措法41の17④）

**(注2)** (1)の書類は、平成29年分から令和元年分までの確定申告については、明細書を確定申告書に添付せず、特定一般用医薬品等購入費の領収書などを確定申告書に添付するか、確定申告書を提出する際に提示することにより、明細書の添付に代えることもできます。（平29改所法等附58②）

**(注3)** (2)の書類は、令和3年分以後のセルフメディケーション税制の適用に関する事項を記載した確定申告書を令和4年1月1日以後に提出する場合には、確定申告書への添付又は提示は不要ですが、確定申告期限等から5年を経過する日までの間、税務署から提示又は提出を求められる場合がありますので、確定申告期限等から5年間、自宅等に保管し、税務署から求められたときは、提出又は提示することになります。（措法41の17④、所法120⑤、措規19の10の2②）

——(426)——

セルフメディケーション税制

# 令和4年分　セルフメディケーション税制の明細書

※この控除を受ける方は、通常の医療費控除は受けられません。

住　所　○○県○○市△△町x－x　　　　氏　名　国税太郎

## 1　申告する方の健康の保持増進及び疾病の予防への取組

| (1)　取組内容 | ☑健康診査　　□予防接種　　□定期健康診断<br>□特定健康診査　□がん検診　□（　　　　　　） |
|---|---|
| (2)　発 行 者 名<br><small>（保険者、勤務先、市区町村、<br>医療機関名など）</small> | ○×病院 |

※取組に要した費用（人間ドックなど）は、控除対象となりません。

## 2　特定一般用医薬品等購入費の明細　　「薬局などの支払先の名称」ごとにまとめて記入することができます。

| (1)　薬局などの支払先の名称 | (2)　医薬品の名称 | (3)　支払った金額 | (4)　(3)のうち生命保険<br>や社会保険などで<br>補てんされる金額 |
|---|---|---|---|
| 国税薬局 | ゼイムEX、カクテイ胃腸薬MN | 2,164 円 | 円 |
| □□ドラッグストア | ○○○○、○○○、○○○○○、 | 33,753 | |
| 〃 | ○○○、○○○○○○、○○○○、 | | |
| 〃 | ○○○○、○○○○、○○○○○、 | | |
| 〃 | ○○○○○ | | |
| | | | |
| | | | |
| | | | |
| | | | |
| | | | |
| | | | |
| | | | |
| | | | |
| | | | |
| | | | |
| | | | |
| 合　　　　　　　　　計 | | A<br>35,917 | B<br>0 |

## 3　控除額の計算

| 支払った金額 | (合計) 35,917 円 | A |
|---|---|---|
| 保険金などで<br>補てんされる金額 | 0 | B |
| 差引金額<br>（A－B） | (マイナスのときは0円)<br>35,917 | C |
| 医療費控除額<br>（C－12,000円） | (最高8万8千円、赤字のときは0円)<br>23,917 | D |

この明細書は、申告書と一緒に提出してください。

{ 申告書第一表の「所得から差し引かれる金額」の医療費控<br>除欄に転記し、「区分」の□に「1」と記入します。 }

所得控除

## Ⅳ　社会保険料控除

　自己又は自己と生計を一にする配偶者その他の親族が負担することになっている社会保険料を支払ったり、給与等から差し引かれたりしたときは、その全額を所得から差し引くことができます。（所法74、所令208）

（申告書第一表）

| 社会保険料控除 | ⑬ | | | | | | | | | |
|---|---|---|---|---|---|---|---|---|---|---|

（申告書第二表）

| | 保険料等の種類 | 支払保険料等の計 | うち年末調整等以外 |
|---|---|---|---|
| ⑬⑭<br>社会保険料控除<br>小規模企業共済等掛金控除 | | 円 | 円 |
| | | | |
| | | | |
| | | | |

　**(注)**　「うち年末調整等以外」欄には、「支払保険料等の計」欄に記入した金額のうち、年末調整や公的年金等の源泉徴収において、この控除の適用を受けていない金額を記入します。

　　　※源泉徴収票の「社会保険料等の金額」欄に記載された金額を記入する場合は、「保険料等の種類」欄に「源泉徴収分」と記入します。

### 1　社会保険料

　社会保険料とは、次のような保険料又は共済掛金をいいます。
① 　健康保険の保険料
② 　国民健康保険の保険料若しくは国民健康保険税又は高齢者の医療の確保に関する法律の規定による保険料
③ 　介護保険の保険料
④ 　雇用保険の被保険者として負担する労働保険料
⑤ 　国民年金の保険料及び国民年金基金の掛金
⑥ 　農業者年金の保険料
⑦ 　厚生年金保険の保険料及び厚生年金基金の掛金
⑧ 　船員保険の保険料
⑨ 　国家公務員共済組合の掛金
⑩ 　地方公務員共済組合の掛金（特別掛金を含みます。）
⑪ 　私立学校教職員共済法の規定による加入者の掛金
⑫ 　恩給法の規定による納金
⑬ 　労働者災害補償保険の特別加入者が自己のために支払った保険料

——(428)——

社会保険料控除

⑭　税務署長の承認を受けている地方公共団体の互助会の掛金

⑮　公庫等の復帰希望職員の掛金

⑯　厚生年金基金の加入員として負担する掛金（徴収金の負担額を含みます。）

　　**(注)**　全国健康保険協会管掌健康保険等の被保険者が附加的給付事業を行う承認法人等から支払を受ける
　　　　附加的給付等については非課税とされ、一方、この給付に要する費用に充てるため承認法人等に対し
　　　　被保険者が支払った負担金は、社会保険料控除の対象となる社会保険料とすることになっています。（措
　　　　法41の7②）

## 2　事業主負担分の保険料

　社会保険料の一部を事業主が負担する場合があります。このように事業主が負担した社会保険料については、法定割合に属する部分はもちろん、法定割合を超えて負担した保険料であっても、原則として社会保険料控除の対象にはなりません。

　ただし、このような保険料でも、その保険料が納税者の給与所得に加算されて所得税を課されている場合には、給与などから控除される保険料と同じですから控除の対象となります。（所基通74・75—4）

### 〈国民健康保険で療養の給付を受けた人の一部負担金〉

　国民健康保険で療養の給付を受けた人が、市町村や特別区又は国民健康保険組合からの告知書などに基づいて、療養費の一部として納付した金額は、社会保険料控除ではなく医療費控除の対象となります。（所基通74・75—6）

### 〈公的年金から差し引かれた介護保険料等〉

　介護保険の保険料及び後期高齢者医療制度の保険料で年金から特別徴収（天引き）された保険料は、その保険料を支払った者は年金の受給者自身であるため、その年金の受給者に社会保険料控除が適用されます。

　なお、後期高齢者医療制度の保険料について、被保険者の世帯主又は配偶者が、生計を一にする被保険者の負担すべき保険料を口座振替により支払った場合には、口座振替によりその保険料を支払った世帯主又は配偶者に社会保険料控除が適用されます。（所法74①②）

## 3　前納保険料

　納付期日や払込期日の到来前に支払った前納保険料は、次の算式によって計算した金額を令和4年分の社会保険料として計上します。ただし、前納の期間が1年以内のもの及び法令に一定期間の社会保険料等を前納することができる旨の規定があり、それに基づき前納したものについては、前納保険料の全額を令和4年分の社会保険料とすることができます。以下「特例」といいます。

　なお、前納保険料について支払った年分に特例を適用せずに確定申告書を提出した場合には、その後において更正の請求によってもこの特例を適用することはできません。（所基通74・75—1、74・75—2）

所 得 控 除

$$\text{前納保険料の総額}\begin{pmatrix}\text{前納による割引がある}\\\text{場合は割引後の金額}\end{pmatrix} \times \frac{\text{前納保険料に係る令和4年中に到来する納付(払込み)期日の回数}}{\text{前納保険料に係る納付(払込み)期日の総回数}}$$

## 4　手　　　続

　国民年金の保険料及び国民年金基金の掛金を支払ったことについてこの控除を受ける場合は、支払保険料や掛金の金額の証明書類を確定申告書に添付するか又は提示しなければなりません。ただし、給与所得者で、既に年末調整の際に給与所得から控除を受けた国民年金保険料等については、その必要はありません。（所法120③一、所令262①二）

　また、令和4年4月1日以後に令和4年分以後の所得税の確定申告書を提出する場合、添付すべき支払保険料や掛金の金額の証明書類は、電磁的記録印刷書面（電子証明書等に記録された情報の内容と、その内容が記録された二次元コードが付された出力書面をいいます。）によることもできます。（所令262①二、令4改所令附5）

# V　小規模企業共済等掛金控除

　小規模企業共済法の規定による共済契約により支払った掛金（旧第2種共済掛金を除きます。）、確定拠出年金法に規定する企業型年金加入者掛金、個人型年金加入者掛金及び地方公共団体が実施する心身障害者扶養共済制度に基づいて支払った掛金は、その全額を所得から差し引くことができます。（所法75、所令208の2）

**（申告書第一表）**

| 小規模企業共済等掛金控除 | ⑭ | | | | | | | | | |
|---|---|---|---|---|---|---|---|---|---|---|

**（申告書第二表）**

| | 保険料等の種類 | 支払保険料等の計 | うち年末調整等以外 |
|---|---|---|---|
| ⑬⑭社会保険料控除　小規模企業共済等掛金控除 | | 円 | 円 |
| | | | |
| | | | |
| | | | |

**（注）**　「うち年末調整等以外」欄には、「支払保険料等の計」欄に記入した金額のうち、年末調整でこの控除の適用を受けていない金額を記入します。

　　※給与所得者が、既に年末調整でこの控除を受けた金額を記入する場合は、「保険料等の種類」欄に「源泉徴収分」と記入します。年末調整でこの控除の適用を受けている場合には、源泉徴収票の「社会保険料等の金額」欄に内書きで記載されます。

　独立行政法人中小企業基盤整備機構に支払った共済契約の掛金、企業型年金制度の掛金、個人型年金制度の掛金及び心身障害者扶養共済制度の掛金が控除の対象となりますが、前納掛金については社

会保険料の場合と同様に取り扱います。

なお、この控除を受ける場合は、支払った掛金の額の証明書を確定申告書に添付するか又は提示しなければなりません。ただし、給与所得者で年末調整の際に給与所得から控除を受けた掛金についてはその必要はありません。（所法120③一、所令262①三）

また、令和4年分以後の所得税については、確定申告書等に添付すべき支払った掛金の額の証明書は、電磁的記録印刷書面（電子証明書等に記録された情報の内容と、その内容が記録された二次元コードが付された出力書面をいいます。）によることもできます。（所令262①三、令4改所令附5）

(注1) 独立行政法人中小企業基盤整備機構が行う旧第2種共済契約により支払った掛金は、生命保険料控除の対象になります。

(注2) 掛金の前納により支払を受ける前納減額金については、掛金の合計額から差し引く必要があります。

## VI　生命保険料控除

①保険金、年金、共済金又は一時金（これらに類する給付金を含みます。）の受取人のすべてを自己や配偶者その他の親族とする生命保険契約等に基づいて支払った生命保険料又は掛金（③の個人年金保険料を除きます。以下「**生命保険料**」といいます。）があるとき及び②介護（費用）保障又は医療（費用）保障を内容とする主契約又は契約に係る保険料等（以下「**介護医療保険料**」といいます。）があるとき、又は③年金の受取人を自己又は配偶者のいずれかとする個人年金保険契約等に基づいて支払った個人年金保険料又は掛金（436ページ3の身体の傷害等に係る特約が付されている契約の場合は、その特約保険料等を除きます。以下「**個人年金保険料**」といいます。）があるときは、生命保険料、介護医療保険料又は個人年金保険料とに区分して、それぞれの支払った保険料等の金額について次により計算した金額を所得から差し引くことができます。（所法76、所令208の3～212）

ただし、保険期間が5年未満の生存保険や勤労者財産形成貯蓄契約等の生命保険など特定のものについて支払った保険料等は控除の対象になりません。（所令209、措法4の4②）

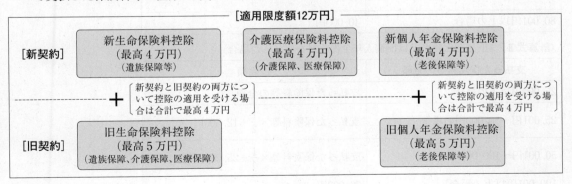

所 得 控 除

| 保険料の区分 | | 控除額 |
|---|---|---|
| 生命保険料 | (1) 支払った新生命保険料について控除の適用を受ける場合（(3)の場合を除く） | **計算式Ⅰ**に当てはめて計算した金額（①） |
| | (2) 支払った旧生命保険料について控除の適用を受ける場合（(3)の場合を除く） | **計算式Ⅱ**に当てはめて計算した金額（②） |
| | (3) 支払った新生命保険料及び旧生命保険料の両方について控除の適用を受ける場合 | 上記①及び②の金額の合計額（最高4万円）（③） |
| 介護医療保険料 | | **計算式Ⅰ**に当てはめて計算した金額 |
| 個人年金保険料 | (1) 支払った新個人年金保険料について控除の適用を受ける場合（(3)の場合を除く） | **計算式Ⅰ**に当てはめて計算した金額（④） |
| | (2) 支払った旧個人年金保険料について控除の適用を受ける場合（(3)の場合を除く） | **計算式Ⅱ**に当てはめて計算した金額（⑤） |
| | (3) 支払った新個人年金保険料及び旧個人年金保険料の両方について控除の適用を受ける場合 | 上記④及び⑤の金額の合計額（最高4万円）（⑥） |

**(注1)**　「新生命保険料」とは平成24年1月1日以後に生命保険会社又は損害保険会社等と締結した保険契約等に基づいて支払った保険料等を、「旧生命保険料」とは平成23年12月31日以前に生命保険会社又は損害保険会社等と締結した保険契約等に基づいて支払った保険料等をいいます。

**(注2)**　新生命保険料と旧生命保険料の両方の支払について同時に適用を受ける場合の控除額は4万円ですが、旧生命保険料だけの適用を受ける場合の控除額は5万円となります。その場合、一番大きい金額となる旧生命保険料だけによる控除額を一般の生命保険料控除額とすることができますのでご留意ください。

〈**計算式Ⅰ**〉（新生命保険料、介護保険料又は新個人年金保険料を支払った場合）

| 支払った保険料等の金額 | 控除額 |
|---|---|
| 20,000円以下の場合 | 支払った保険料等の全額 |
| 20,001円～40,000円の場合 | 支払った保険料等 $\times \frac{1}{2} + 10,000$円 |
| 40,001円～80,000円の場合 | 支払った保険料等 $\times \frac{1}{4} + 20,000$円 |
| 80,001円以上の場合 | 40,000円 |

〈**計算式Ⅱ**〉（旧生命保険料又は旧個人年金保険料を支払った場合）

| 支払った保険料等の金額 | 控除額 |
|---|---|
| 25,000円以下の場合 | 支払った保険料等の全額 |
| 25,001円～50,000円の場合 | 支払った保険料等 $\times \frac{1}{2} + 12,500$円 |
| 50,001円～100,000円の場合 | 支払った保険料等 $\times \frac{1}{4} + 25,000$円 |
| 100,001円以上の場合 | 50,000円 |

**(注)**　〈**計算式Ⅰ**〉及び〈**計算式Ⅱ**〉での計算した金額に1円未満の端数が生じた場合には、その端数は1円に切り上げます。

生命保険料控除

**（申告書第一表）**

生命保険料控除 ⑮

**（申告書第二表）**

| | 保険料等の種類 | 支払保険料等の計 | うち年末調整等以外 |
|---|---|---|---|
| ⑮生命保険料控除 | 新生命保険料 | 円 | 円 |
| | 旧生命保険料 | | |
| | 新個人年金保険料 | | |
| | 旧個人年金保険料 | | |
| | 介護医療保険料 | | |

**(注)** 「うち年末調整等以外」欄には、「支払保険料等の計」欄に記入した金額のうち、年末調整でこの控除の適用を受けていない金額をそれぞれ記入します。

※給与所得者が、既に年末調整でこの控除を受けた金額を記入する場合は、「支払保険料等の計」欄に「源泉徴収分」と記入します。

所　得　控　除

**＜申告書への記載＞**（控除額の計算表）

**●平成23年12月31日以前に締結した保険契約等に基づく保険料**

| | 旧生命保険料 | | | 旧個人年金保険料 | | |
|---|---|---|---|---|---|---|
| 支払った保険料 | （合計）　　　　　円 | | A | （合計）　　　　　円 | | B |

申告書第二表「⑮生命保険料控除」の「旧生命保険料」欄へ　　申告書第二表「⑮生命保険料控除」の「旧個人年金保険料」欄へ

| A・Bの金額 | 控除額 | | | 控除額 | |
|---|---|---|---|---|---|
| ～25,000円 | Aの金額 ＝ ＿＿＿＿＿円 | C | | Bの金額 ＝ ＿＿＿＿＿円 | D |
| 25,001円～50,000円 | A×0.5＋12,500円 ＝ ＿＿＿＿＿円 | | | B×0.5＋12,500円 ＝ ＿＿＿＿＿円 | |
| 50,001円～ | A×0.25＋25,000円 ＝ ＿＿＿＿＿円 （最高5万円） | | | B×0.25＋25,000円 ＝ ＿＿＿＿＿円 （最高5万円） | |

**●平成24年1月1日以後に締結した保険契約等に基づく保険料**

| | 新生命保険料 | | | 新個人年金保険料 | | | 介護医療保険料 | | |
|---|---|---|---|---|---|---|---|---|---|
| 支払った保険料 | （合計）　　　円 | | E | （合計）　　　円 | | F | （合計）　　　円 | | G |

申告書第二表「⑮生命保険料控除」の「新生命保険料」欄へ　　申告書第二表「⑮生命保険料控除」の「新個人年金保険料」欄へ　　申告書第二表「⑮生命保険料控除」の「介護医療保険料」欄へ

| E・F・Gの金額 | 控除額 | | 控除額 | | 控除額 | |
|---|---|---|---|---|---|---|
| ～20,000円 | Eの金額 ＝ ＿＿＿円 | H | Fの金額 ＝ ＿＿＿円 | I | Gの金額 ＝ ＿＿＿円 | J |
| 20,001円～40,000円 | E×0.5＋10,000円 ＝ ＿＿＿円 | | F×0.5＋10,000円 ＝ ＿＿＿円 | | G×0.5＋10,000円 ＝ ＿＿＿円 | |
| 40,001円～ | E×0.25＋20,000円 ＝ ＿＿＿円 （最高4万円） | | F×0.25＋20,000円 ＝ ＿＿＿円 （最高4万円） | | G×0.25＋20,000円 ＝ ＿＿＿円 （最高4万円） | |

| 合計 | C＋H ＝ ＿＿＿円 （最高4万円※1） | K | D＋I ＝ ＿＿＿円 （最高4万円※2） | L | J ＝ ＿＿＿円 （最高4万円） | M |
|---|---|---|---|---|---|---|

| 生命保険料控除額 （K＋L＋M） | ＿＿＿円 （最高12万円） |
|---|---|

➡申告書第一表の「生命保険料控除⑮」欄へ

——（434）——

生命保険料控除

※1　Cのみについて適用を受ける場合は、最高5万円。

※2　Dのみについて適用を受ける場合は、最高5万円。

**(注)**　K又はLの計算において、新生命保険料及び旧生命保険料の両方又は新個人年金保険料及び旧個人年金保険料の両方を支払っている場合で、その両方について生命保険料控除の適用を受けるときは、それぞれ4万円が適用限度額となりますが、例えばKの金額において、新生命保険料10万円、旧生命保険料15万円を支払った場合のように、旧生命保険料のみについて生命保険料控除の適用を受ける場合の控除額（5万円）が新旧両方の生命保険料について生命保険料控除の適用を受ける場合の控除額（4万円）よりも有利になる場合には、旧生命保険料のみについて生命保険料控除の適用を受けることにより、5万円を限度に生命保険料控除を受けることができます。新個人年金保険料と旧個人年金保険料の場合も同様です。

なお、この場合であっても、K＋L＋Mの金額の合計額は12万円が限度となります。

# 1　対象となる生命保険契約等

⑴　平成24年1月1日以後に締結した保険契約（新生命保険料）

次の生命保険契約（2、3に該当するものを除きます。）などをいいます。

①　一般の生命保険会社又は外国生命保険会社等と日本国内で結んだ生命保険契約のうち生存又は死亡に基因して一定額の保険金が支払われるもの

②　郵政民営化法の施行に伴う関係法律の整備等に関する法律第2条の規定による廃止前の簡易生命保険契約のうち生存又は死亡に基因して一定額の保険金が支払われるもの

③　農業協同組合及び農業協同組合連合会が行う生命共済契約のうち生存又は死亡に基因して一定額の保険金が支払われるもの

④　漁業協同組合、水産加工業協同組合、共済水産業協同組合連合会が行う生命共済契約のうち生存又は死亡に基因して一定額の保険金が支払われるもの

⑤　中小企業等協同組合法の特定共済組合、協同組合連合会（火災共済の再共済の事業を行う協同組合連合会）又は特定共済組合連合会（共済規程につき同法の規定による認可を受けたものに限ります。）が行う生命共済契約のうち生存又は死亡に基因して一定額の保険金が支払われるもの

⑥　消費生活協同組合連合会が行う生命共済契約のうち生存又は死亡に基因して一定額の保険金が支払われるもの

⑦　神奈川県民共済生活協同組合、教職員共済生活協同組合が行う生命共済契約、警察職員生活協同組合、埼玉県民共済生活協同組合、全国交通運輸産業労働者共済生活協同組合、電気通信産業労働者共済生活協同組合と締結した生命共済契約、全国理容生活衛生同業組合連合会が行う年金共済契約及び独立行政法人中小企業基盤整備機構（旧中小企業総合事業団）が行う旧第2種共済契約のうち生存又は死亡に基因して一定額の保険金が支払われるもの

⑧　確定給付企業年金に係る規約又は法人税法附則第20条第3項に規定する適格退職年金契約

⑵　平成23年12月31日以前に締結した保険契約（旧生命保険料）

次の生命保険契約（2、3に該当するものを除きます。）などをいいます。

所得控除

① 　一般の生命保険会社又は外国生命保険会社等と日本国内で結んだ生命保険契約のうち生存又は死亡に基因して一定額の保険金が支払われるもの

② 　郵政民営化法の施行に伴う関係法律の整備等に関する法律第2条の規定による廃止前の簡易生命保険契約

③ 　農業協同組合及び農業協同組合連合会が行う生命共済契約

④ 　漁業協同組合、水産加工業協同組合、共済水産業協同組合連合会が行う生命共済契約

⑤ 　中小企業等協同組合法の特定共済組合又は特定共済組合連合会（共済規程につき同法の規定による認可を受けたものに限ります。）が行う生命共済契約

⑥ 　消費生活協同組合連合会が行う生命共済契約

⑦ 　教職員共済生活協同組合が行う生命共済契約、警察職員生活協同組合、埼玉県民共済生活協同組合、全国交通運輸産業労働者共済生活協同組合、電気通信産業労働者共済生活協同組合、日本郵政グループ労働者共済生活協同組合と締結した生命共済契約、全国理容生活衛生同業組合連合会が行う年金共済契約及び独立行政法人中小企業基盤整備機構（旧中小企業総合事業団）が行う旧第2種共済契約

⑧ 　一般の生命保険会社、外国生命保険会社等、損害保険会社又は外国損害保険会社等と締結した身体の傷害又は疾病により保険金が支払われる保険契約のうち、医療費等支払事由に基因して保険金が支払われるもの（外国生命保険会社等又は外国損害保険会社等については国内で締結したものに限ります。）

⑨ 　確定給付企業年金に係る規約又は法人税法附則第20条第3項に規定する適格退職年金契約

## 2　対象となる介護医療保険契約等

　平成24年1月1日以後に締結した次の契約又は他の保険契約に附帯して同日以後に締結した契約などをいいます。

① 　生命保険会社若しくは外国生命保険会社等又は損害保険会社若しくは外国損害保険会社等と締結した疾病又は身体の傷害等により保険金が支払われる保険契約のうち、医療費支払事由に基因して保険金等が支払われる保険契約

② 　疾病又は身体の障害等により保険金等が支払われる旧簡易生命保険契約又は生命共済契約等のうち一定のもので、医療費等支払事由により保険金等が支払われるもの

## 3　対象となる個人年金保険契約等

(1)　平成24年1月1日以後に締結した保険契約（新個人年金保険料）

　平成24年1月1日以後に締結した1(1)の①～⑦の契約で年金の給付を目的（退職年金の給付を目的とするものを除きます。）とし、かつ、年金以外の金銭の支払（剰余金の分配及び解約返戻金の支払を除きます。）は、被保険者が死亡し、又は重度の障害に該当することとなった場合に限り行うものであること、その他一定の事項が取り決められているもののうち、次の①～③の要件を満たしている

——(436)——

契約をいいます。

この場合、身体の傷害等に係る特約（その人の身体の傷害又は疾病その他これらに類する事由に基因して保険金や共済金などの給付金が支払われる特約をいいます。）が付されている個人年金保険契約等については、その特約に係る部分を除いたところで次の個人年金保険契約等の要件に該当するかどうかを判定します。（この特約部分に係る保険料等は個人年金保険料から除かれますが、生命保険料に含めることができます。）

① 年金の受取人は、保険料等の払込みをする人又はその配偶者が生存している場合には、これらの人のいずれかとするものであること

② 保険料等の払込みは、年金支払開始日前10年以上の期間にわたって定期に行うものであること

③ 年金の支払は、次のいずれかとするものであること

イ 年金の受取人が60歳に達した日の属する年の1月1日以後の日（60歳に達した日が、その年の1月1日から6月30日までの間である場合は、前年の7月1日以後の日）で、契約で定める日以後10年以上の期間にわたって定期に行うものであること

ロ 年金の受取人が生存している期間にわたって定期に行うものであること

ハ イのほか、被保険者又は被共済者の重度の障害を原因として年金の支払を開始し、かつ、年金の支払開始日以後10年以上の期間にわたって、又はその人が生存している期間にわたって定期に行うものであること

(2) 平成23年12月31日以前に締結した保険契約（旧個人年金保険料）

平成23年12月31日以前に締結した1(2)の①～⑦の契約で年金の給付を目的（退職年金の給付を目的とするものを除きます。）とし、かつ、上記(1)の要件を満たしている契約をいいます。

## 4 支払った保険料等の金額の計算

令和4年中に生命保険契約等、介護医療保険契約等又は個人年金保険契約等に基づいて剰余金の分配や割戻金の支払を受けた場合、又は分配される剰余金や支払われる割戻金を生命保険料、介護医療保険料又は個人年金保険料の払込みに充てた場合には、契約上の保険料等の合計額から生命保険料、介護医療保険料又は個人年金保険料に係る部分の剰余金又は割戻金の合計額を差し引いた残額が、支払った生命保険料、介護医療保険料又は個人年金保険料の金額になります。

したがって、生命保険契約等（旧個人年金保険契約等に付されている身体の傷害等に係る特約を含みます。）について剰余金の分配や割戻金の割戻しがあった場合で、2口以上の生命保険契約等がある場合には、そのすべての契約について総体計算によって差し引きます。ただし、介護医療保険契約等、個人年金保険契約等（身体の傷害等に係る特約を除きます。）の分との総体計算は不要です。（所基通76—6）

所　得　控　除

┌─計算例─────────────────────────────────┐
**支払った保険料等の金額**

（単位：円）

| | | 契約保険料等の金額 | | 分配を受けた剰余金、割戻金の金額 | | 支払った保険料等の金額 | |
|---|---|---|---|---|---|---|---|
| 生命保険料 | A契約分 | | 25,000 | | 26,000 | | |
| | B契約分 | | 18,000 | | 20,000 | | |
| | （計）　㋑ | | 43,000 | （計）　㋺ | 46,000 | （㋑－㋺） | 0 |
| 介護医療保険料 | C契約分 | | 20,000 | | 0 | | |
| | （計）　㋩ | | 20,000 | （計）　㋥ | 0 | （㋩－㋥） | 20,000 |
| 個人年金保険料 | D契約分 | | 84,000 | | 3,000 | | |
| | （計）　㋭ | | 84,000 | （計）　㋬ | 3,000 | （㋭－㋬） | 81,000 |

└──────────────────────────────────────┘

　なお、支払った生命保険料、介護医療保険料又は個人年金保険料の金額は、令和4年中に支払うことになっている保険料等の額ではなく、令和4年中に実際に支払った生命保険料の額、介護医療保険料の額又は個人年金保険料の額によって計算します。（所基通76―3(1)）

　また、前納保険料等については、社会保険料の場合と同じ算式で計算した金額が令和4年分の生命保険料等の額となりますが、社会保険料の場合と異なり、1年以内の前納保険料等でも全額を令和4年分の生命保険料控除の対象とする取扱いはできないこととされています。（所基通76―3(3)）

## 5　手　　　続

　生命保険料控除を受ける場合には、確定申告書の生命保険料控除の欄に記入するほか、支払金額や控除を受けられることを証明する書類を確定申告書に添付するか又は確定申告書を提出する際に提示しなければならないことになっています。（所法120③一）

　ただし、平成23年12月31日以前に締結した旧生命保険料で年間保険料が9,000円以下のものと、給与所得者で既に年末調整の際に給与所得から控除を受けた支払保険料や掛け金などについては、その必要がありません。（所令262①四）

　また、平成30年分以後の所得税については、確定申告書等に添付すべき生命保険料控除に関する証明書は、電磁的記録印刷書面（電子証明書等に記録された情報の内容と、その内容が記録された二次元コードが付された出力書面をいいます。）によることもできます。（所令262①四、平28改所令附11）

── (438) ──

# Ⅶ　地震保険料控除

　自己や自己と生計を一にする配偶者その他の親族の有する生活用資産（常時その居住の用に供する家屋又は生活に通常必要な家具、什品、衣服など）を保険や共済の目的とし、かつ、地震や噴火又はこれらによる津波を直接又は間接の原因とする火災、損壊、埋没又は流失による損害《地震等損害》によりこれらの資産について生じた損失の額をてん補する保険金又は共済金が支払われる損害保険契約等に係る地震保険料（地震等損害部分の保険料又は掛金をいいますが、次の①、②は除かれます。）を支払った場合には、その年中に支払った地震保険料の金額の合計額（その年において損害保険契約等に基づく剰余金の分配や割戻金の割戻しを受け、又は損害保険契約等に基づき分配を受ける剰余金や割戻しを受ける割戻金をもって地震保険料の払込みに充てた場合には、その剰余金や割戻金の額（地震保険料に係る部分の金額に限ります。）を控除した残額とし、その金額が５万円を超える場合には５万円とします。）を所得から差し引くことができます。（所法77①③、所令213①）

① 　地震等損害により臨時に生ずる費用、生活用資産の取壊し又は除去に係る費用その他これらに類する費用に対して支払われる保険金又は共済金に係る保険料又は掛金

② 　損害保険契約等（その損害保険契約等においてイに掲げる額が地震保険に関する法律施行令第２条《保険金額の限度額》に規定する金額以上とされているものを除きます。）においてイに掲げる額のロに掲げる額に対する割合が100分の20未満とされている場合におけるその損害保険契約等に係る地震等損害部分の保険料又は掛金（①に掲げるものを除きます。）

イ 　地震等損害により生活用資産について生じた損失の額をてん補する保険金又は共済金の額（その保険金又は共済金の額の定めがない場合には、その地震等損害により支払われることとされている保険金又は共済金の限度額）

ロ 　火災（地震や噴火又はこれらによる津波を直接又は間接の原因とするものを除きます。）による損害により生活用資産について生じた損失の額をてん補する保険金又は共済金の額（その保険金又は共済金の額の定めがない場合には、その火災による損害により支払われることとされている保険金又は共済金の限度額）

**（申告書第一表）**

| 地震保険料控除 | ⑯ | | | | | | | | | |
|---|---|---|---|---|---|---|---|---|---|---|

**（申告書第二表）**

| | 保険料等の種類 | 支払保険料等の計 | うち年末調整等以外 |
|---|---|---|---|
| ⑯地震保険料控除 | 地　震　保　険　料 | 円 | 円 |
| | 旧長期損害保険料 | | |

※給与所得者が、既に年末調整でこの控除を受けた金額を記入する場合は、「支払保険料等の計」欄に「源泉徴収分」と記入します。「うち年末調整等以外」欄には、「支払保険料等の計」欄に記入した金額のうち、年末調整でこの控除の適用を受けていない金額を記入します。

所 得 控 除

## ＜申告書への記載＞ （控除額の計算表）

| 地震保険料 | （合計） 円 | ➡ 申告書第二表「⑯地震保険料控除」の「地震保険料」欄へ |
|---|---|---|

| 旧長期損害保険料 | （合計） 円 | ➡ 申告書第二表「⑯地震保険料控除」の「旧長期損害保険料」欄へ |
|---|---|---|

| 保険契約の別に証明された支払保険料 | | 保険料の金額 | |
|---|---|---|---|
| 地震保険料のみの場合 | | （合計） ＿＿＿＿＿円 | A |
| 地震保険料と旧長期損害保険料の両方がある場合 | 地震保険料 | ＿＿＿＿＿円 | B |
| | 旧長期損害保険料 | ＿＿＿＿＿円 | C |
| 旧長期損害保険料のみの場合 | | （合計） ＿＿＿＿＿円 | D |
| A ＋ B | | ＿＿＿＿＿円 | E |
| C ＋ D | | ＿＿＿＿＿円 | F |

▶控除額の計算

| Dの金額 | ～10,000円 | Dの金額 ＿＿＿＿＿円 | G |
|---|---|---|---|
| | 10,001円～ | D×0.5＋5,000円（最高15,000円） ＿＿＿＿＿円 | |
| E ＋ G | | （最高5万円） ＿＿＿＿＿円 | H |
| Fの金額 | ～10,000円 | Fの金額 ＿＿＿＿＿円 | I |
| | 10,001円～ | F×0.5＋5,000円（最高15,000円） ＿＿＿＿＿円 | |
| A ＋ I | | （最高5万円） ＿＿＿＿＿円 | J |

| 地震保険料控除額（HとJのいずれか多い方の金額） | ＿＿＿＿＿円 | ➡ 申告書第一表の「地震保険料控除⑯」欄へ |
|---|---|---|

## 1　損害保険契約等

　損害保険契約等とは、次に掲げる契約に附帯して締結されるもの又は当該契約と一体となって効力を有する一の保険契約者若しくは共済に係る契約をいいます。（所法77②、所令214、平18財告139号・最終改正平30財告244号）

⑴　損害保険会社又は外国損害保険会社等と日本国内で締結した損害保険契約のうち一定の偶然の事故によって生ずることのある損害をてん補するもの（外国生命保険会社等又は外国損害保険会社等については、国内で締結したものに限ります。）

⑵　農業協同組合と締結した建物更生共済又は火災共済に係る契約

⑶　農業協同組合連合会と締結した建物更生共済又は火災共済に係る契約

⑷　農業共済組合又は農業共済組合連合会と締結した火災共済その他建物を共済の目的とする共済に係る契約

⑸　漁業協同組合若しくは水産加工業協同組合又は共済水産業協同組合連合会と締結した建物若しくは動産の共済期間中の耐存を共済事故とする共済又は火災共済に係る契約

地震保険料控除

⑹　中小企業等協同組合法第9条の9第3項に規定する火災等共済組合と締結した火災共済に係る契約

⑺　消費生活協同組合連合会と締結した火災共済又は自然災害共済に係る契約

⑻　消費生活共同組合法第10条第1項第4号の事業を行う次の組合と締結した自然災害共済に係る契約

　①　教職員共済生活協同組合

　②　全国交通運輸産業労働者共済生活協同組合

　③　電気通信産業労働者共済生活協同組合

## 2　支払った地震保険料の金額の計算

⑴　生命保険料控除の場合と同様、その年に支払った地震保険料の金額から、いわゆる契約者配当金などを差し引いた金額をいいます。

⑵　店舗併用住宅の建物など、事業用資産と生活用資産を包括して保険物件としている場合は、その契約に基づいて支払った地震保険料のうち生活用資産に係る部分だけが控除の対象とされます。この場合、地震保険料控除の対象となる金額は、次の算式によるなど適正な方法により計算します。（所基通77—5）

　イ　生活用と事業用とに共用される資産が、保険又は共済の目的とされた資産に含まれていない場合

$$\text{その契約に基づいて支払った保険料の金額} \times \frac{\text{生活用資産に係る保険金額又は共済金額}}{\text{その契約に基づく保険金額又は共済金額の総額}} = \text{地震保険料控除の対象となる地震保険料の金額}$$

　ロ　店舗併用住宅などのような事業用と生活用とに共用される資産が、保険又は共済の目的とされた資産に含まれている場合

$$\text{生活用資産についてイによって計算した金額} + \left( \text{その契約に基づいて支払った保険料の金額} \times \frac{\text{事業用と生活用とに共用される資産に係る保険金額又は共済金額}}{\text{その契約に基づく保険金額又は共済金額の総額}} \times \text{その資産が生活用に使用される割合} \right) = \text{地震保険料控除の対象となる地震保険料の金額}$$

　（注1）　店舗併用住宅のように生活用に使用される面積が一定しているものについては、次の割合を生活用に使用される割合とすることができます。

$$\frac{\text{生活用に供されている部分の延面積}}{\text{その建物の延面積}} = \text{その建物が生活用に使用される割合}$$

　　　　この場合、その割合が90％以上となるときは、その建物の全部を生活用として取り扱うことができます。（所基通77—6）

　（注2）　前払保険料については、生命保険料の場合と同様に取り扱われます。（所基通77—7、76—3）

## 3　手　　　続

　この控除を受ける場合は、支払保険料や掛金の金額などの証明書を確定申告書に添付するか又は提示しなければならないことになっています。ただし、給与所得者で、既に年末調整の際に給与所得から控除を受けた支払保険料や掛金などについては、その必要はありません。（所法120③一、所令262①

所　得　控　除

五）

　また、平成30年分以後の所得税については、確定申告書等に添付すべき地震保険料控除に関する証明書は、電磁的記録印刷書面（電子証明書等に記録された情報の内容と、その内容が記録された二次元コードが付された出力書面をいいます。）によることもできます。（所令262①五、平28改所令附11）

### 《地震保険料控除と旧長期損害保険料控除に関する経過措置》

　平成19年分以後の各年において、平成18年12月31日までに締結した下記の長期損害保険契約等に係る保険料等（以下「旧長期損害保険料」といいます。）を支払った場合には、支払った地震保険料等（地震保険料控除の対象となる地震保険料及びこの経過措置の対象となる旧長期損害保険料）の区分に応じて次により計算した金額とすることができます。（平18改所法等附10②）

| | 支払った保険料等の区分 | 保険料等の金額 | | 控除額 |
|---|---|---|---|---|
| ① | 地震保険料等のすべてが地震保険料控除の対象となる損害保険契約等に係る保険料等である場合 | — | — | その年中に支払った地震保険料の金額の合計額<br>（最高5万円） |
| ② | 地震保険料等に係る契約のすべてが下記の長期損害保険契約等に該当するものに係る保険料等である場合 | 旧長期損害保険料の金額の合計額 | 10,000円以下 | その合計額 |
| | | | 10,000円超<br>20,000円以下 | 10,000円＋（支払った保険料の合計額－10,000円）×1/2 |
| | | | 20,000円超 | 15,000円 |
| ③ | ①と②がある場合 | ①、②で計算した金額の合計額 | 50,000円以下 | その合計額 |
| | | | 50,000円超 | 5万円 |

　**（注）**　上表の①〜③により控除額を計算する場合において、1個の契約が①及び②のいずれにも該当するときは、いずれか一方にのみ該当するものとしてこの経過措置を適用します。

　「長期損害保険契約等」とは、次のすべてに該当する損害保険契約等をいいます（保険期間又は共済期間の始期が平成19年1月1日以後であるものを除きます。）。

①　保険期間若しくは共済期間の満了後に満期返戻金を支払う旨の特約のある契約又は建物若しくは動産の共済期間中の耐存を共済事故とする共済に係る契約（平18改所令附14①）であること

②　保険期間又は共済期間が10年以上であること

③　平成19年1月1日以後にその損害保険契約等の変更をしていないものであること

## Ⅷ　寄附金控除

特定寄附金を支出したときは、次の金額を所得から差し引くことができます。（所法78、所令215、217）

> その年中に支出した特定寄附金の額の合計額 － 2,000円 ＝ 寄附金控除額

（注1）　特定寄附金の額の合計額は、所得金額の40％相当額が限度です。
（注2）　総所得金額等の合計額…410ページ参照。

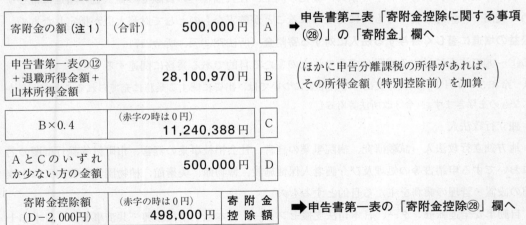

（注1）　政党等寄附金特別控除や認定NPO法人等寄附金特別控除、公益社団法人等寄附金特別控除を受ける金額は記入しません。
（注2）　個人住民税の寄附金税額控除を受ける場合は、「住民税・事業税に関する事項」欄の「都道府県、市区町村への寄附(特例控除対象)」・「共同募金、日赤その他の寄附」・「都道府県条例指定寄附」・「市区町村条例指定寄附」のそれぞれの欄に該当事項を記入します。(648ページ参照)

所得控除

**(注3)** 上記の計算例の申告書への記載は、47ページ以下を参照。

※ 医療費控除を受けるなどのために確定申告をする場合は、既にふるさと納税ワンストップ特例制度（1052ページ）の適用に関する申請書を提出していたとしても、ふるさと納税の金額を寄付金控除額の計算に含める必要があります。

## 1 特定寄附金

特定寄附金とは、次の⑴～⑶の寄附金（学校の入学に関してするものを除きます。）をいいます。また、次の⑷～⑹、及び2の寄附金等も、特定寄附金とみなされます。

**(注)** ⑶、⑷、⑸のうち特定のものを支出した場合には、それぞれ公益社団法人等寄附金特別控除、政党等寄附金特別控除、認定NPO法人等寄附金特別控除と寄附金控除のいずれか有利な方を選ぶことができます。

なお、いずれの控除の適用を受けることが有利であるかは、所得金額又は政治献金の額や寄附金の額などにより異なりますので、「公益社団法人等寄附金特別控除額の計算明細書」、「政党等寄附金特別控除額の計算明細書」や「認定NPO法人等寄附金特別控除額の計算明細書」で計算の上確認してください。（635ページ以下を参照）

### ⑴ 国等に対する寄附金（所法78②一）

国又は地方公共団体に対する寄附金（特別の利益がその寄附者に及ぶと認められるものは除きます。）

※ふるさと納税もこれに含まれます。

### ⑵ 指定寄附金（所法78②二）

公益社団法人、公益財団法人、その他公益を目的とする事業を行う法人又は団体に対する寄附金で、広く一般に募集され、教育や科学の振興、文化の向上、社会福祉への貢献その他公益の増進に寄与するための支出で、緊急を要するものに充てられることが確実なものとして財務大臣が指定したもの

### ⑶ 公益の増進に著しく寄与する法人に対する寄附金（所法78②三、所令217）

次の①～⑧の法人に対する寄附金でその法人の主たる目的である業務に関連するもの

**(注)** 令和3年4月1日以後に支出する寄附金については、出資に関する業務に充てられることが明らかなものを除きます。（令3改所法等附6）

① 独立行政法人

② 地方独立行政法人（試験研究、病院事業の経営、社会福祉事業の経営、市町村等執行機関の名においてする申請書等の処理及び介護老人保健施設、博物館、美術館、植物園、動物園又は水族館の設置・管理の業務を主たる目的とするもの）

③ 自動車安全運転センター、日本司法支援センター、日本私立学校振興・共済事業団、日本赤十字社

④ 公益社団法人及び公益財団法人

⑤ 民法34条の規定により設立された法人のうち一定のもの及び科学技術の研究などを行う特定法人（旧民法法人の移行登記日の前日までに寄附したもの）

⑥ 学校法人で学校（幼保連携型認定こども園を含みます。）の設置、学校及び一定の要件を満た

——(444)——

寄 附 金 控 除

　す専修学校若しくは各種学校の設置を主たる目的とするもの、準学校法人で一定の要件を満たす
　専修学校若しくは各種学校の設置を主たる目的とするもの
　⑦　社会福祉法人
　⑧　更生保護法人

⑷　**政治活動に関する寄附金**

　平成7年1月1日から令和6年12月31日までの期間（指定期間）に支出した政治資金規正法に規定
する政治活動に関する寄附金のうち、次に掲げる団体に対するもの（イ又はロの団体に対する寄附金
については、税額控除〈635ページ参照〉の適用を受けるものを除きます。）で同法による報告書が提
出されたもの及びニに掲げる公職の候補者として届出をした者に対するその公職に係る選挙運動に関
する寄附金で、公職選挙法による報告書が提出されたもの（措法41の18①）

イ　政党
ロ　政治資金団体
ハ　国会議員が主宰者若しくは主たる構成員であるその他の政治団体
ニ　国会議員、都道府県会議員、知事又は指定都市の議会の議員若しくは市長の職にあるものを推薦
　し、又は支持することを目的とする団体
ホ　ニに掲げる公職の候補者又は候補者となろうとする者を推薦し、又は支持することを目的とする
　団体（ニに掲げるものを除きます。）
　（注1）　政治献金は、政治資金規正法の規定に違反しないことが要件とされます。
　（注2）　寄附者に特別の利益が及ぶと認められるものは適用がありません。
　（注3）　ホの立候補（予定）者の後援団体に対する寄附は、立候補の届出をした年及びその前年中になさ
　　　　れたものが対象となります。
　（注4）　ニの政令指定都市……札幌市、仙台市、さいたま市、千葉市、横浜市、川崎市、相模原市、新潟
　　　　市、静岡市、浜松市、名古屋市、京都市、大阪市、堺市、神戸市、岡山市、広島市、北九州市、福
　　　　岡市、熊本市

⑸　**認定特定非営利活動法人等に対する寄附金**…637ページ参照

　特定非営利活動法人等（いわゆるNPO法人等）のうち一定の要件を満たすものに対して、その特
定非営利活動に係る事業に関連する寄附（その寄附をした者に特別の利益が及ぶと認められるものを
除きます。）をした場合のその寄附に係る支出金（措法41の18の2）
　（注）　令和3年4月1日以後に支出する寄附金については、出資に関する業務に充てられることが明らか
　　　　なものを除きます。（令3改所法等附39）

⑹　**特定公益信託への支出金**

　公益信託ニ関スル法律第1条に規定する公益信託で信託終了時における信託財産が信託委託者に帰
属しないこと等の一定の要件を満たすものであることにつき証明がされたもの（以下「特定公益信託」
といいます。）のうち、その目的が教育又は科学の振興、文化の向上、社会福祉への貢献その他公益
の増進に著しく寄与するもの（その目的などに関し認定を受けることが要件です。）の信託財産とす

——（445）——

所 得 控 除

るために支出した金銭（所法78③）

**(注)** 上記の証明又は認定は、その公益信託に係る主務大臣（又は都道府県知事その他執行機関）が行います。（所令217の2③）

## 2 特定新規中小会社が発行した株式を取得した場合の課税の特例

居住者等が、次の特定新規中小会社の区分に応じそれぞれ次の（一）から（六）までに定める株式をその発行の際に払込み（金銭の払込み）により取得をした場合には、792ページ9⑴の特例の適用との選択により、次の算式により計算した金額を所得から控除することができます。（措法41の19、措令26の28の3、旧震災特例法13の3）

$$
\text{寄附金控除額} = \left[\begin{array}{l}\text{その年中に支出し} \\ \text{た特定寄附金の額}\end{array} + \begin{array}{l}\text{その年中に取得をした控除対象特定新規株} \\ \text{式の取得に要した金額（800万円を限度）}\end{array}\right] - 2,000円
$$

――――――――― 総所得金額等の40％を限度 ―――――――――

$$
\begin{array}{l}\text{控除対象特} \\ \text{定新規株式} \\ \text{の取得に要} \\ \text{した金額}\end{array} = \frac{\begin{array}{l}\text{その年中に払込みにより取得をした特定} \\ \text{新規株式の取得に要した金額の合計額}\end{array}}{\begin{array}{l}\text{その年中に払込みにより取得をした特定} \\ \text{新規株式の数}\end{array}} \times \left[\begin{array}{l}\text{その年中に払込み} \\ \text{により取得をした} \\ \text{特定新規株式の数}\end{array} - \begin{array}{l}\text{その年中に譲渡} \\ \text{又は贈与した特} \\ \text{定新規株式の数}\end{array}\right]
$$

――――― 控除対象特定新規株式数 ―――――

| | | |
|---|---|---|
| （一） | 中小企業等経営強化法第6条に規定する特定新規中小企業者に該当する株式会社（その設立の日以後の期間が1年未満のものその他の一定のものに限る。） | その株式会社により発行される株式 |
| （二） | 内国法人のうちその設立の日以後5年を経過していない株式会社（中小企業者に該当する会社であることその他の一定の要件を満たすものに限る。） | その株式会社により発行される株式で次のイ又はロに掲げるもの<br>イ 投資事業有限責任組合契約に関する法律第2条第2項に規定する投資事業有限責任組合（一定のものに限る。）に係る同法第3条第1項に規定する投資事業有限責任組合契約に従って取得をされるもの<br>ロ 金融商品取引法第29条の4の2第10項に規定する第一種少額電子募集取扱業務を行う者（一定のものに限る。）が行う同項に規定する電子募集取扱業務により取得をされるもの |
| （三） | 沖縄振興特別措置法第57条の2第1項に規定する指定会社で平成26年4月1日から令和7年3月31日までの間に同項の規定による指定を受けたもの（措法37の13①三） | その指定会社により発行される株式 |
| （四） | 国家戦略特別区域法第27条の5に規定する株式会社 | その株式会社により発行される株式で国家戦略特別区域法及び構造改革特別区域法の一部 |

寄 附 金 控 除

| | | |
|---|---|---|
| | | を改正する法律（平成27年法律第56号）附則第1条第1号に掲げる規定の施行の日（平成27年7月15日）から令和6年3月31日までの間に発行されるもの |
| （五） | 地域再生法第16条に規定する事業を行う株式会社 | その株式会社により発行される株式で地域再生法の一部を改正する法律の施行の日（平成30年6月1日）から令和6年3月31日までの間に発行されるもの |
| （六） | 東日本大震災復興特別区域法第42条第1項に規定する指定会社で令和3年3月31日までに同項の規定により指定を受けたもの | その指定会社により発行される株式（当該指定の日から同日以後5年を経過する日までの間に発行されるものに限る。） |

〈適用対象者の範囲〉

この特例の適用対象者からは、次に掲げる者が除かれます。

① その特定新規中小会社が同族会社であるときの株主のうち、基準日（その設立の際に発行された特定新規株式についてはその成立の日、その後に発行された特定新規株式についてはその払込期日）において法人税法施行令第71条第1項（使用人兼務役員とされない役員）の役員であるとした場合に同項第5号イに掲げる要件を満たすこととなる者（措規19の11①③）

② その特定新規中小会社の設立に際し、自らが営んでいた事業の全部をその特定新規中小会社に承継させた個人及びその者の親族その他の同族関係者である個人（措令26の28の3①）

③ その特定新規中小会社との間で締結する特定新規株式に係る投資に関する条件を定めた一定の契約を締結していない者（措令26の28の3①八）

## 3　金銭以外の物による寄附

国又は地方公共団体に対する資産の贈与又は遺贈、及び公益法人に対する財産の贈与又は遺贈で国税庁長官の承認を受けたものは、その資産の贈与又は遺贈についての山林所得の金額、譲渡所得の金額又は雑所得の金額に相当する部分は租税特別措置法第40条の規定で非課税とされますので、その資産の価額のうち、その資産の取得費（その資産を贈与又は遺贈するために支出した金額がある場合には、その金額を含みます。）に相当する部分の金額だけが特定寄附金となります。（措法40⑲）

## 4　手　　　続

この控除を受ける場合は、それぞれ次の書類の交付を受けて確定申告書に添付又は提示する必要があります。（所法120③一、所令262①、所規47の2③、措規19の11⑧）

⑴ 次の⑵〜⑸以外の寄附金の場合

① 寄附先からの寄附金の受領証（受領者が1⑶の法人である場合は、その法人の主たる目的である業務に関連する寄附金である旨の記載を要します。）

所 得 控 除

**(注)** 令和３年分以後、寄附金控除の適用を受ける場合において、その特定寄附金を受領する者が地方公共団体であるとき（ふるさと納税であるとき）は、上記①に代えて、「特定事業者の特定寄附金の額等を証する書類」を添付することができます。（所規47の２③、令２改所規附３①）

特定事業者とは、地方公共団体と寄附の仲介に係る契約を締結した一定の事業者をいいます。

この証明書の提供を受けた寄附者は、次の方法により確定申告を行うことができます。

・特定事業者のポータルサイトからダウンロードした証明書データをe-Taxを活用して確定申告書に添付して送信する方法

・特定事業者のポータルサイトからダウンロードした証明書データを国税庁が提供する二次元コード付証明書等作成システムで読み込み、これをプリントアウトした書類を確定申告書に添付して申告する方法

・郵送で交付を受けた証明書を確定申告書に添付して申告する方法

② 　１(3)の②の地方独立行政法人に対する寄附金である場合には、その設立団体のその旨を証する書類（寄附金の支出日以前５年内に発行されたもの）の写し

③ 　１(3)の⑤の学校法人又は準学校法人に対する寄附金である場合には、寄附金の支出日以前５年内に発行された所轄庁の証明書の写し

(2) 特定公益信託への支出金の場合

特定公益信託の受託者の受領証（特定公益信託の信託財産とするためのものである旨などを証するもの）及び主務大臣の認定の書類（その認定日が支出金の支出した日以前５年内であるものに限ります。）の写し

(3) 政治活動に関する寄附金の場合

総務大臣又は選挙管理委員会等の確認印のある「寄附金（税額）控除のための書類」

(4) 認定特定非営利活動法人等に対する寄附金の場合

認定特定非営利活動法人等の受領した旨、その特定寄附金の額及び受領年月日を証する書類

(5) 指定行事の中止等により放棄した入場料金等払戻請求権の場合

主催者から交付を受けた次の証明書（新型コロナ税特規３）

① 　指定行事認定証明書（指定行事に該当することその他一定の事実を証する書類）の写し

② 　払戻請求権放棄証明書（放棄をした入場料金等の払戻請求権の価額その他一定の事実を証する書類）

(6) 特定新規中小会社の株式を払込みにより取得をした場合

① 　特定新規中小会社から交付を受けた都道府県知事の基準日において次の事実の確認をした旨の証明書（適用を受ける者の氏名及び住所、特定新規株式の数及び払込金額の記載があるものに限ります。）

イ 　その特定新規中小会社が中小企業等経営強化法施行規則第９条各号及び第11条第１項各号に掲げる要件に該当するものであること

ロ 　その特定新規株式の取得が中小企業等経営強化法施行規則第12条第２項第３号ニに規定する投資に関する契約に基づき払込みによりされたものであること

寄 附 金 控 除

　ハ　居住者等（国内に住所を有しない者は、居住地、国内で行う事業の事業所等）が、取得した
　　　特定新規株式の数及びその株式と引換えに払い込むべき額並びに払い込んだ額

②　特定新規中小会社が発行したその者が基準日において適用対象者から除かれる者に該当しない
　　ことの確認をした旨の証明書

③　特定新規中小会社から交付を受けた株式異動明細書で、その者が有する特定新規株式の最初の
　　取得時以後のその株式の異動に関する事項がその異動ごとに記載されたもの

④　①のロの投資に関する契約書の写し

⑤　「特定（新規）中小会社が発行した株式の取得に要した金額の控除の明細書」

⑥　「特定新規中小会社が発行した株式の取得に要した金額の寄附金控除額の計算明細書」

**(注)**　(3)、(5)及び(6)①～⑥の書類は、必ず確定申告書に添付しなければなりません。（措法41の18③、措令26
　　の28の3⑨）

　また、平成30年分以後の所得税については、確定申告書等に添付すべき寄附金控除に関する証明書
は、電磁的記録印刷書面（電子証明書等に記録された情報の内容と、その内容が記録された二次元コー
ドが付された出力書面をいいます。）によることもできます。（所令262①六、平28改所令附11）

——（449）——

所 得 控 除

# Ⅸ 障 害 者 控 除

　自己又はその同一生計配偶者（注）や扶養親族のうちに障害者があるときは、その障害者１人につき27万円を、特別障害者があるときは特別障害者１人につき40万円を所得から差し引くことができます。（所法２①二十八、二十九、79、所令10）

　なお、自己の同一生計配偶者又は扶養親族が特別障害者で、自己又は自己の一定範囲の親族と同居している場合には、同居特別障害者に係る障害者控除として75万円（40万円＋35万円）を所得から差し引くことができます。（所法79③）

　**（注）**　「同一生計配偶者」とは、自己の配偶者でその自己と生計を一にするもの（青色事業専従者等に該当する者を除きます。）のうち、合計所得金額が48万円以下である者をいいます。（平成29年分までの「控除対象配偶者」と同義です。）（所法２①三十三）

（申告書第一表）

| 勤労学生、障害者控除 | ⑲～⑳ | | | | | 0 | 0 | 0 | 0 |
|---|---|---|---|---|---|---|---|---|---|

（申告書第二表）

| 本人に関する事項 (⑰～⑳) | 寡婦 | | ひとり親 | 勤労学生 | 障害者 | 特別障害者 |
|---|---|---|---|---|---|---|
| | □ 死別　□ 離婚 | □ 生死不明　□ 未帰還 | | □ 年調以外かつ専修学校等 | | |

○ 配偶者や親族に関する事項 （⑳～㉓）

| 氏 名 | 個 人 番 号 | 続柄 | 生 年 月 日 | 障 害 者 | | 国外居住 | | 住民税 | | その他 |
|---|---|---|---|---|---|---|---|---|---|---|
| | | 配偶者 | 明・大 昭・平　．　． | 障 | 特障 | 国外 | 年調 | 同一 | 別居 | 調整 |
| | | | 明・大 昭・平・令　．　． | 障 | 特障 | 国外 | 年調 | ⑯ | 別居 | 調整 |
| | | | 明・大 昭・平・令　．　． | 障 | 特障 | 国外 | 年調 | ⑯ | 別居 | 調整 |
| | | | 明・大 昭・平・令　．　． | 障 | 特障 | 国外 | 年調 | ⑯ | 別居 | 調整 |
| | | | 明・大 昭・平・令　．　． | 障 | 特障 | 国外 | 年調 | ⑯ | 別居 | 調整 |

　**（注１）**　納税者本人が障害者か特別障害者である場合、申告書第二表の「本人に関する事項（⑰～⑳）」欄の「障害者」又は「特別障害者」欄に「○」を記入します。また、同一生計配偶者や扶養親族が障害者又は特別障害者である場合は、「配偶者や親族に関する事項（⑳～㉓）」欄の「障」又は「特障」に「○」を記入します。

　**（注２）**　国外に居住する親族に係る障害者控除の適用を受ける人は、親族関係書類及び送金関係書類を確定申告書に添付し、又は確定申告書の提出の際に提示しなければなりません。（所法120③二）

## 1　障害者の範囲

　障害者とは、令和４年12月31日（年の中途で死亡した場合には、その死亡の日）の現況において納税者又はその同一生計配偶者や扶養親族で次のような心身に障害のある人をいいます。

①　精神上の障害により事理を弁識する能力を欠く常況にある人

――（450）――

障害者控除

② 児童相談所、知的障害者更生相談所、精神保健福祉センター若しくは精神保健指定医から知的障害者と判定された人

③ 精神保健及び精神障害者福祉に関する法律の規定により精神障害者保健福祉手帳の交付を受けている人

④ 身体障害者手帳に身体上の障害がある旨の記載がされている人

⑤ 戦傷病者手帳の交付を受けている人

⑥ 原子爆弾の被爆者健康手帳の交付を受けている人のうち、その負傷や疾病が原子爆弾の傷害作用に起因する旨の厚生労働大臣の認定を受けている人

⑦ 常に就床を要し、複雑な介護を受けている人

⑧ 精神や身体に障害のある年齢65歳以上の人で、その障害の程度が上記①、②又は④に準ずるものとして市町村長等の認定を受けている人

　**(注)** 市町村から介護保険法の要介護又は要支援認定を受けた人であっても、所得税法上の障害者控除を受けるためには、別途、上記⑧の認定を受け、「障害者控除対象者認定書」の交付を受けることが必要です。

## 2　特別障害者の範囲

特別障害者とは、障害者のうち、精神又は身体に重度の障害がある人で、次のような人をいいます。

① 1の①に当たる人

② 1の②の人のうち児童相談所などで重度の知的障害者と判定された人

③ 1の③の人のうち精神障害者保健福祉手帳に精神保健及び精神障害者福祉に関する法律施行令に規定する障害等級が1級と記載されている人

④ 身体障害者手帳に記載されている身体上の障害の程度が1級又は2級である人

⑤ 戦傷病者手帳に記載されている障害の程度が恩給法別表第1号表の2に定める特別項症から第3項症までである人

⑥ 1の⑥、⑦に当たる人

⑦ 1の⑧の人のうちその障害の程度が①、②又は④に準ずるものとして市町村長等の認定を受けている人

所 得 控 除

## X　寡婦控除

　自己が寡婦であるときは、27万円を所得から差し引くことができます。(所法2①三十、80、所令11)

(申告書第一表)

(申告書第二表)

(注)　申告書第二表の「本人に関する事項(⑰～⑳)」欄の「寡婦」に「○」を記入し、該当する箇所をチェック(✓)します。

〈寡婦の要件〉

　寡婦とは、令和4年12月31日(年の中途で死亡したときは、その死亡の日)の現況において、ⅩⅠの「ひとり親」に該当せず、次のいずれかに当てはまる人をいいます。その人と事実上婚姻関係と同様の事情にあると認められる一定の人(注)がいる場合は対象となりません。

① 　夫と離婚した後婚姻をしておらず、扶養親族がいる人で、合計所得金額(410ページ)が500万円以下の人

② 　夫と死別した後婚姻をしていない人又は夫の生死が明らかでない一定の人で、合計所得金額が500万円以下の人

　なお、この場合は、扶養親族の要件はありません。

(注)　納税者本人が世帯主の場合は、住民票の続柄に「夫(未届)」などと記載されている方をいいます。納税者本人が世帯主でない場合で、納税者本人の住民票の続柄が世帯主の「妻(未届)」などと記載されている場合は、その世帯主の方をいいます。

## ⅩⅠ　ひとり親控除

　自己がひとり親であるときは、35万円を所得から差し引くことができます。(所法2①三十一、81、所令11の2、所規1の4)

(申告書第一表)

(申告書第二表)

(注) 申告書第一表の「寡婦、ひとり親控除⑰～⑱」欄の「区分」の「□」に「1」を記入し、申告書第二表の「本人に関する事項（⑰～⑳）」欄の「ひとり親」に「○」を記入します。

〈ひとり親の要件〉

ひとり親とは、令和4年12月31日（年の中途で死亡したときは、その死亡の日）の現況において、婚姻をしていないこと又は配偶者の生死の明らかでない一定の人のうち、次の3つの要件のすべてに当てはまる人をいいます。

① その人と事実上婚姻関係と同様の事情にあると認められる一定の人（注）がいないこと
② 生計を一にする子がいること
　　この場合の子は、その年分の総所得金額等の合計額（410ページ）が48万円以下で、他の人の同一生計配偶者や扶養親族になっていない人に限られます。
③ 合計所得金額が500万円以下であること
(注)　「事実上婚姻関係と同様の事情にあると認められる一定の人」については、「Ⅹ　寡婦控除」の〈寡婦の要件〉の（注）を参照してください。（所規1の4）

# Ⅻ　勤労学生控除

自己が勤労学生であるときは、27万円を所得から差し引くことができます。（所法2①三十二、82、所令11の3）

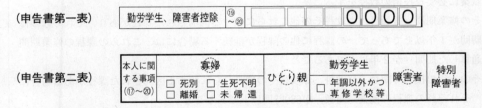

(注)　申告書第二表の「本人に関する事項（⑰～⑳）」欄の「勤労学生」に「○」を記入し、納税者本人が専修学校や各種学校の生徒である場合や職業訓練法人の認定職業訓練を受けている場合で、年末調整においてこの控除の適用を受けていない場合は、「□年調以外かつ専修学校等」をチェック（✓）します。

## 1　勤労学生の範囲

勤労学生とは、令和4年12月31日（年の中途で死亡したときは、その死亡の日）の現況において、次の①、②又は③に当たる人で給与所得等（自己の勤労による事業所得や給与所得、退職所得、雑所得のことをいいます。）を有するもののうち、合計所得金額（410ページ参照）が75万円以下であって、しかもその合計所得金額のうち給与所得等以外の所得が10万円以下である人をいいます。

(注)　その所得が給与所得だけの場合には、令和4年中の収入金額が130万円以下であれば、給与所得控除

所　得　控　除

　　額（55万円）を差し引いた給与所得の金額は75万円以下となります。

① 　学校教育法第１条に規定する学校の学生、生徒又は児童

② 　国、地方公共団体又は私立学校法に規定する学校法人、私立専修学校及び私立各種学校若しくは
これらに準ずるものとして次のイの者の設置した学校教育法に規定する専修学校又は各種学校の生
徒で次のロの課程を履修するもの

| | | |
|---|---|---|
| イ | ㈠ | 独立行政法人国立病院機構、独立行政法人労働者健康安全機構、日本赤十字社、商工会議所、健康保険組合、健康保険組合連合会、国民健康保険団体連合会、国家公務員共済組合連合会、社会福祉法人、宗教法人、一般社団・財団法人及び医療事業を行う農業協同組合連合会及び医療法人 |
| | ㈡ | 学校教育法に規定する専修学校又は各種学校のうち、教育水準を維持するための教員の数その他の文部科学大臣が定める基準を満たすものを設置する者 |
| ロ | ㈠ | 専修学校の高等課程及び専門課程<br>　④　職業に必要な技術の教授をすること<br>　㋺　その修業期間が１年以上であること<br>　㋩　その１年の授業時間数が800時間以上であること（夜間その他特別な時間において授業を行う場合には、その１年の授業時間数が450時間以上であり、かつ、その修業期間を通ずる授業時間数が800時間以上であること）<br>　㊁　その授業が年２回を超えない一定の時期に開始され、かつ、その終期が明確に定められていること |
| | ㈡ | ㈠の課程以外の課程<br>　④　職業に必要な技術の教授をすること<br>　㋺　その修業期間（普通科、専攻科その他これらに類する区別された課程があり、それぞれの修業期間が１年以上であって一の課程に他の課程が継続する場合には、これらの課程の修業期間を通算した期間）が２年以上であること<br>　㋩　その１年の授業時間数（普通科、専攻科その他これらに類する区別された課程がある場合には、それぞれの課程の授業時間数）が680時間以上であること<br>　㊁　その授業が年２回を超えない一定の時期に開始され、かつ、その終期が明確に定められていること |

③ 　職業訓練法人の行う認定職業訓練を受ける者で②のロの課程を履修するもの

## 2　手　　　続

　　１の②及び③の生徒であるときは、在学する学校から必要な証明書の交付を受けて確定申告書に添
付するか又は確定申告書の提出の際に提示しなければなりません。

　　ただし、給与所得者で既に年末調整の際に給与所得からこの控除を受けた場合は、その必要はあり
ません。（所法120③四、所令262⑤、所規47の２⑪）

配偶者控除

# XIII 配偶者控除

　控除対象配偶者を有する場合、配偶者控除として次の金額を所得から差し引くことができます。ただし、納税者本人（配偶者控除を受けようとする人）の合計所得金額が1,000万円を超える場合には、配偶者控除の適用を受けることはできません。（所法2①三十三～三十三の三、83）

| 納税者本人の合計所得金額 | 控除額 | |
|---|---|---|
| | 控除対象配偶者 | 老人控除対象配偶者 |
| 900万円以下 | 38万円 | 48万円 |
| 900万円超　　950万円以下 | 26万円 | 32万円 |
| 950万円超　1,000万円以下 | 13万円 | 16万円 |

（申告書第一表）　　配偶者（特別）控除　区分1　□　区分2　□　㉑～㉒　　　　　０００ ０

（申告書第二表）

○ 配偶者や親族に関する事項（⑳～㉓）

| 氏　名 | 個 人 番 号 | 続柄 | 生 年 月 日 | 障 害 者 | 国外居住 | 住民税 | その他 |
|---|---|---|---|---|---|---|---|
| | | 配偶者 | 明・大 昭・平　.　. | 障　特障 | 国外　年調 | 同一　別居 | 調整 |
| | | | 明・大 昭・平・令　.　. | 障　特障 | 国外　年調 | ⑯　別居 | 調整 |
| | | | 明・大 昭・平・令　.　. | 障　特障 | 国外　年調 | ⑯　別居 | 調整 |
| | | | 明・大 昭・平・令　.　. | 障　特障 | 国外　年調 | ⑯　別居 | 調整 |
| | | | 明・大 昭・平・令　.　. | 障　特障 | 国外　年調 | ⑯　別居 | 調整 |

**（注1）**　「区分1」の□は、記入しません。（配偶者特別控除を受ける場合のみ記入します。）

**（注2）**　配偶者が国外居住親族で、かつ、年末調整においてこの控除の適用を受けている場合は「区分2」の□に「2」を、この控除の適用を受けていない場合は「1」を記入します。

**（注3）**　申告書第二表「配偶者や親族に関する事項（⑳～㉓）」欄

● 　最上段の行に、配偶者の氏名・マイナンバー（個人番号）・生年月日を記入します。

● 　配偶者が障害者である場合は「障」に「○」を記入し、特別障害者である場合は、「特障」に「○」を記入します。

● 　配偶者が国外居住親族である場合は、「国外」及び「別居」に「○」を記入します。また、「国外」及び「別居」に「○」を記入した場合で、年末調整においてこの控除の適用を受けている場合は「年調」にも「○」を記入します。

※ 　『親族関係書類』及び『送金関係書類』を添付又は提示する必要があります。ただし、給与等（公的年金等）の源泉徴収又は給与等の年末調整の際に源泉徴収義務者に提出し、又は提示したこれらの書類については、確定申告書に添付又は提示する必要はありません。

● 　配偶者が同一生計配偶者で、納税者本人の合計所得金額が1,000万円を超える場合は、「同一」に「○」を記入します。この場合、所得税等の所得控除に該当しませんので、申告書第一表の「配偶

——（455）——

所 得 控 除

者（特別）控除㉑～㉒」欄の金額は記載しません。

● 配偶者と別居している場合には、「別居」に「○」を記入するとともに、「住民税・事業税に関する事項」の「上記の配偶者・親族・事業専従者のうち別居の者の氏名・住所」欄に同一生計配偶者の氏名・住所を記入します。

● 所得金額調整控除の計算（323ページ参照）の(1)のⒻの金額がある場合で、かつ、他の納税者の扶養親族とされている「配偶者（特別）控除」の対象とならない同一生計配偶者であって、特別障害者に該当する人がいる場合は、その配偶者の氏名・生年月日を記入し、「調整」に「○」を記入します（マイナンバーの記載は不要です）。（例えば、納税者本人の給与等の収入金額が850万円を超え、特別障害者の配偶者がいる場合で、かつ、その配偶者が同居している両親の一方の扶養控除の控除対象扶養親族となっている場合などが該当します。）

※ 同一生計配偶者が国外居住親族であり、納税者本人が住民税について非課税限度額制度適用者であるときは、その同一生計配偶者に係る『親族関係書類』及び『送金関係書類』を令和5年3月15日までに住所所在地の市区町村へ提出しなければなりません。ただし、住民税の申告書を提出する際に添付等したこれらの書類については、別途提出する必要はありません。

## 1　控除対象配偶者の範囲

### (1)　控除対象配偶者

控除対象配偶者とは、自己の妻又は夫で令和4年12月31日（年の中途で死亡した人については、その死亡の日）現在で同一生計配偶者（注1）である人（合計所得金額が1,000万円以下である納税者の配偶者に限ります。）をいいます。

（注1） 「同一生計配偶者」とは、自己の配偶者でその自己と生計を一にするもの（青色事業専従者等に該当する者を除きます。）のうち、合計所得金額が48万円以下である者をいいます。（所法2①三十三）

（注2） 法定の婚姻の届出を行っていない、いわゆる内縁の妻などは、たとえ家族手当を支給されている場合であっても配偶者控除は受けられません。

### (2)　老人控除対象配偶者

老人控除対象配偶者とは、控除対象配偶者のうち令和4年12月31日（年の中途で死亡した人については、その死亡の日）現在で年齢70歳以上の人（昭和28年1月1日以前に生まれた人）をいいます。

## 2　配偶者が事業専従者に該当する場合又は所得を有する場合

### (1)　配偶者控除と専従者控除等との関係

家族従業員として青色事業専従者に該当する者で専従者給与の支払を受ける配偶者や白色申告者の事業専従者に該当する配偶者については、控除対象配偶者とすることはできません。

### (2)　配偶者のパートタイムや内職による所得

配偶者がパートタイムなどで給与をもらっている場合は、年間の収入金額が103万円以下であれば、給与所得控除後の所得金額が48万円以下となり、パートの他に所得がなく、納税者本人の所得要件を満たす限り、控除対象配偶者となります。（パートによる給与の収入金額が103万円を超えれば、所得金額が48万円を超えるため配偶者控除は受けられませんが、給与の収入金額が201万6,000円未満であ

配 偶 者 控 除

れば配偶者特別控除の対象となります。）

　また、内職などをしている家内労働者等に該当する配偶者の場合は、家内労働者等の所得計算の特例（275ページ参照）の適用を受けられますので、特例を適用して計算した合計所得金額が48万円以下で、納税者本人の所得要件を満たす限り、控除対象配偶者となります。（その合計所得金額が48万円を超えて、133万円以下であれば配偶者控除は受けられませんが配偶者特別控除の対象となります。）

## 3　年の中途で再婚した場合など

### ⑴　年の中途で再婚した場合

　令和4年中に配偶者が死亡し、令和4年中に納税者が再婚した場合には、死亡した配偶者又は再婚した配偶者のうち納税者の選択した1人だけについて控除対象配偶者とすることができます。

　また、上記とは逆に令和4年中に納税者が死亡し、その控除対象配偶者とされた配偶者でも、令和4年中に再婚した場合には、再婚相手の納税者の控除対象配偶者となることができます。（所令220）

### ⑵　他の納税者の扶養親族にも当たる場合

　1人の納税者の同一生計配偶者に当たる人が、他の納税者の扶養親族にも当たる場合には、そのいずれにするかは確定申告書や源泉徴収の際の扶養控除等申告書若しくは公的年金等の受給者の扶養親族等申告書に記載しなければなりません。

　なお、2人以上の納税者が同一人をそれぞれ自己の同一生計配偶者又は扶養親族として申告したときなど、いずれの同一生計配偶者又は扶養親族であるかを定められないときは、その夫又は妻である納税者の同一生計配偶者とすることになっています。（所令218②）

所得控除

## XIV　配偶者特別控除

　生計を一にする配偶者を有する場合で、その配偶者の合計所得金額（410ページ参照）が48万円を超える場合には、その所得から次の早見表で計算した配偶者特別控除額を差し引くことができます。ただし、納税者本人（配偶者特別控除を受けようとする人）の合計所得金額が1,000万円を超える場合には、配偶者特別控除の適用を受けることはできません。（所法83の2）

```
----------------------配偶者特別控除額の早見表----------------------
  配偶者の合計所得金額又は給与収入金額（他の所得がある場合を除きます。）を次表に当
てはめて、その金額に該当する「控除額」欄の①から③の場合に応ずる金額が配偶者特別控
除額です。
```

| 配偶者の合計所得金額 | ①　納税者本人の合計所得金額が900万円以下 | ②　納税者本人の合計所得金額が900万円超950万円以下 | ③　納税者本人の合計所得金額が950万円超1,000万円以下 |
|---|---|---|---|
| | 控除額 | 控除額 | 控除額 |
| 48万円超95万円以下 | 38万円 | 26万円 | 13万円 |
| 95万円超100万円以下 | 36万円 | 24万円 | 12万円 |
| 100万円超105万円以下 | 31万円 | 21万円 | 11万円 |
| 105万円超110万円以下 | 26万円 | 18万円 | 9万円 |
| 110万円超115万円以下 | 21万円 | 14万円 | 7万円 |
| 115万円超120万円以下 | 16万円 | 11万円 | 6万円 |
| 120万円超125万円以下 | 11万円 | 8万円 | 4万円 |
| 125万円超130万円以下 | 6万円 | 4万円 | 2万円 |
| 130万円超133万円以下 | 3万円 | 2万円 | 1万円 |
| 133万円超 | 0円 | 0円 | 0円 |

　**(注)**　控除対象配偶者である場合（給与収入103万円以下＝合計所得金額48万円以下）は、配偶者特別控除は受けられませんが、納税者本人の合計所得金額が1,000万円以下であれば、配偶者控除が受けられます。

（申告書第一表）　配偶者（特別）控除　区分1□　区分2□　㉑～㉒　　　　　　　　0000

配偶者の合計所得金額　㊺

配偶者特別控除

**（申告書第二表）**

○ 配偶者や親族に関する事項（⑳〜㉓）

| 氏　名 | 個人番号 | 続柄 | 生年月日 | 障害者 | 国外居住 | 住民税 | その他 |
|---|---|---|---|---|---|---|---|
| | | 配偶者 | 明・大<br>昭・平　　.　　. | 障　特障 | 国外　年調 | 同一 | 調整 |
| | | | 明・大<br>昭・平・令　　.　　. | 障　特障 | 国外　年調 | ⑯　別居 | 調整 |
| | | | 明・大<br>昭・平・令　　.　　. | 障　特障 | 国外　年調 | ⑯　別居 | 調整 |
| | | | 明・大<br>昭・平・令　　.　　. | 障　特障 | 国外　年調 | ⑯　別居 | 調整 |
| | | | 明・大<br>昭・平・令　　.　　. | 障　特障 | 国外　年調 | ⑯　別居 | 調整 |

**（注１）** 給与所得者は年末調整で控除を受けますが、給与所得者や配偶者の実際の所得金額が見積額と相違することとなって控除の適用の有無又は控除額に異動が生じた場合（原則として年末調整の再調整をしますが、それができないとき）は、確定申告で精算します。また、年末調整がされない給与所得者は、確定申告で控除を受けることになります。

**（注２）** 配偶者特別控除額を求める場合の配偶者の所得金額の計算についても、家内労働者等の所得計算の特例（275ページ参照）の適用があります。

**（注３）** 配偶者特別控除を受ける際には、申告書第一表の㉑〜㉒欄の「区分１」の□に「１」と記入し、控除額を記入します。

**（注４）** 配偶者が国外居住親族で、かつ、年末調整においてこの控除の適用を受けている場合は「区分２」の□に「２」を、この控除の適用を受けていない場合は「１」を記入します。

**（注５）** 申告書第二表「配偶者や親族に関する事項（⑳〜㉓）」欄の記入については、「XIII　配偶者控除」を参照してください。

## 1　適用対象となる配偶者

　適用対象となる配偶者は、自己の妻又は夫で令和４年12月31日（年の中途で死亡した人については、その死亡の日）現在で生計を一にする人で、次の①〜④のいずれにも該当しない人をいいます。

① 控除対象配偶者（合計所得金額が48万円以下の生計を一にする配偶者）

② 他の人の扶養親族とされている人

③ 青色事業専従者で専従者給与の支払を受ける人

④ 白色事業専従者に該当する人

　**（注）** 令和４年中に配偶者が死亡し、同年中に納税者が再婚した場合（又は納税者が死亡し、その配偶者が再婚した場合）の取扱いは、配偶者控除の場合（XIII 3⑴参照）と同じです。

## 2　控除が受けられない場合

　次の場合は、配偶者特別控除を受けることはできません。

① 納税者本人（控除を受けようとする人）の合計所得金額が1,000万円を超える場合

② 納税者本人の配偶者自身が納税者としてこの控除を受けている場合

③ 納税者本人の配偶者自身が、源泉控除対象配偶者があるものとして給与等又は公的年金等に係る源泉徴収の規定の適用を受けている場合

所得控除

## XV　扶　養　控　除

　控除対象扶養親族については、扶養控除として１人につき次の金額を所得から差し引くことができます。（所法２①三十四〜三十四の四、84）

　**(注)**　平成23年分以後の所得税については、年齢16歳未満の扶養親族に対する扶養控除が廃止されました。これに伴い、平成23年分以後の所得税については、扶養親族のうち年齢16歳以上の人（控除対象扶養親族）が扶養控除の対象とされます。（所法２①三十四の二）

| | 区　　　　分 | | 控　除　額 |
|---|---|---|---|
| ① | 一般の控除対象扶養親族（年齢16歳以上で、下記②、③以外の人） | | 38万円 |
| ② | 特定扶養親族（年齢19歳以上23歳未満の人） | | 63万円 |
| ③ | 老人扶養親族（年齢70歳以上の人） | 同居老親等以外 | 48万円 |
| | | 同居老親等 | 58万円 |

**(申告書第一表)**　　扶養控除　区分 □　㉓ □□□□□　○○○○

**(申告書第二表)**

○ 配偶者や親族に関する事項（⑳〜㉓）

| 氏　名 | 個　人　番　号 | 続柄 | 生年月日 | 障害者 | | 国外居住 | | 住民税 | | その他 |
|---|---|---|---|---|---|---|---|---|---|---|
| | □□□□□□□□□□□□ | 配偶者 | 明·大<br>昭·平　.　. | 障 | 特障 | 国外 | 年調 | 同一 | 別居 | 調整 |
| | □□□□□□□□□□□□ | | 明·大<br>昭·平·令　.　. | 障 | 特障 | 国外 | 年調 | 16 | 別居 | 調整 |
| | □□□□□□□□□□□□ | | 明·大<br>昭·平·令　.　. | 障 | 特障 | 国外 | 年調 | 16 | 別居 | 調整 |
| | □□□□□□□□□□□□ | | 明·大<br>昭·平·令　.　. | 障 | 特障 | 国外 | 年調 | 16 | 別居 | 調整 |
| | □□□□□□□□□□□□ | | 明·大<br>昭·平·令　.　. | 障 | 特障 | 国外 | 年調 | 16 | 別居 | 調整 |

**(注１)**　申告書第一表「扶養控除㉓」欄

　　扶養親族に国外居住親族がおり、その国外居住親族の１人以上について年末調整においてこの控除の適用を受けていない場合は、「区分」の「□」に「１」を記入します。

　　また、その国外居住親族の全員について年末調整においてこの控除の適用を受けている場合は、「区分」の「□」に「２」を記入します。

**(注２)**　申告書第二表「配偶者や親族に関する事項（⑳〜㉓）」欄

　● ２行目以降に、扶養親族の氏名・マイナンバー（個人番号）・続柄・生年月日を記入します。

　● 扶養親族が障害者である場合は「障」に「○」を記入し、特別障害者である場合は、「特障」に「○」を記入します。

　● 扶養親族が国外居住親族である場合は、「国外」及び「別居」に「○」を記入します。また、「国外」及び「別居」に「○」を記入した場合で、扶養控除について年末調整の適用を受けている場合は「年調」にも「○」を記入します。

　※ 『親族関係書類』及び『送金関係書類』を添付又は提示する必要があります。ただし、給与等（公的年金等）の源泉徴収又は給与等の年末調整の際に源泉徴収義務者に提出し、又は提示したこれ

扶 養 控 除

らの書類については、確定申告書に添付又は提示する必要はありません。

● 扶養親族が16歳未満の場合は、「16」に「○」を記入します。この場合、所得税等の所得控除に該当しませんので、申告書第一表の「扶養控除㉓」欄の金額には加算しません。

● 所得金額調整控除の計算（323ページ参照）の(1)の🅕の金額がある場合で、かつ、「控除対象扶養親族」、「16歳未満の扶養親族」の対象とならない特別障害者又は23歳未満の扶養親族がいる場合は、その扶養親族の氏名・続柄・生年月日を記入し、「調整」に「○」を記入します（マイナンバーの記載は不要です）。（例えば、納税者本人と配偶者の給与等の収入金額がそれぞれ850万円を超え、特別障害者又は23歳未満の扶養親族の子がいる場合で、かつ、その子が配偶者の扶養控除の控除対象扶養親族となっている場合などが該当します。）

● 「控除対象扶養親族」、「16歳未満の扶養親族」、「所得金額調整控除の金額がある場合で、かつ、控除対象扶養親族、16歳未満の扶養親族の対象とならない特別障害者又は23歳未満の扶養親族」と別居している場合には、「別居」に「○」を記入するとともに、「住民税・事業税に関する事項」の「上記の配偶者・親族・事業専従者のうち別居の者の氏名・住所」欄にそれぞれの氏名・住所を記入します。

※ 16歳未満の扶養親族が国外居住親族であり、納税者本人が住民税について非課税限度額制度適用者であるときは、その16歳未満の扶養親族に係る『親族関係書類』及び『送金関係書類』を令和5年3月15日までに住所所在地の市区町村へ提出しなければなりません。ただし、住民税の申告書、給与所得者の扶養親族申告書又は公的年金等受給者の扶養親族申告書を提出する際に添付等したこれらの書類については、別途提出する必要はありません。

## 1 控除対象扶養親族の範囲

### ⑴ 扶養親族

扶養親族とは、令和4年12月31日（年の中途で死亡した人については、その死亡の日）現在で生計を一にする親族（配偶者を除きます。）や里親に養育を委託された児童（いわゆる里子）及び養護受託者に養護を委託された老人のうち、令和4年中の合計所得金額が48万円以下である人をいいます。

### ⑵ 控除対象扶養親族

控除対象扶養親族とは、扶養親族のうち、令和4年12月31日（年の中途で死亡した人について、その死亡の日）現在で年齢16歳以上の人（平成19年1月1日以前生まれの人）をいいます。

---

《令和2年度税制改正事項》

令和5年分の所得税より、控除対象扶養親族は、扶養親族のうち、次に掲げる者の区分に応じそれぞれ次に定める者をいいます。（所法2①三十四の二、令2改所法等附3）

① 居住者　年齢16歳以上の者

② 非居住者　年齢16歳以上30歳未満の者及び年齢70歳以上の者並びに年齢30歳以上70歳未満の者であって次に掲げる者のいずれかに該当するもの

　イ 留学により国内に住所及び居所を有しなくなった者

　ロ 障害者

　ハ その居住者からその年において生活費又は教育費に充てるための支払を38万円以上受けている者

---

所 得 控 除

### ⑶　特定扶養親族

　特定扶養親族とは、控除対象扶養親族のうち令和 4 年12月31日（年の中途で死亡した人については、その死亡の日）現在で年齢19歳以上23歳未満の人（平成12年 1 月 2 日以後平成16年 1 月 1 日以前生まれの人）をいいます。

### ⑷　老人扶養親族

　老人扶養親族とは、控除対象扶養親族のうち令和 4 年12月31日（年の中途で死亡した人については、その死亡の日）現在で年齢70歳以上の人（昭和28年 1 月 1 日以前生まれの人）をいいます。

### ⑸　同居老親等

　同居老親等とは、老人扶養親族のうち、自己又は自己の配偶者の直系尊属（両親、祖父母など）で、自己又は自己の配偶者のいずれかとの同居を常況としている人をいいます。

　なお、同居を常況としているかどうかは、令和 4 年12月31日（年の中途で死亡した人については、その死亡の日）現在で判定します。

### 〈生計を一にする親族〉

　「生計を一にする」とは、必ずしも同一の家屋に起居していることをいうものではなく、次のような場合には、それぞれ次のように取り扱われます。（所基通 2 ―47）

⑴　勤務、就学、療養等の都合上、他の親族と日常の起居を共にしていない親族がいる場合でも、次の場合に該当するときは、これらの親族は生計を一にするものとされます。

　①　他の親族と日常の起居を共にしていない親族が、勤務、就学等の余暇には他の親族のもとで起居を共にすることを常例としている場合

　②　これらの親族間において、常に生活費、学資金、療養費等の送金が行われている場合

⑵　親族が同一の家屋に起居している場合には、明らかに互いに独立した生活を営んでいると認められる場合を除き、これらの親族は生計を一にしているものとされます。

## 2　親族が事業専従者に該当する場合又は公的年金等を受けている場合

### ⑴　扶養控除と専従者控除等との関係

　家族従業員として青色事業専従者に該当する者で専従者給与の支払を受ける親族や白色申告者の事業専従者に該当する親族については、扶養親族とすることはできません。

### ⑵　公的年金等を受ける人がいる場合

　公的年金等を受ける人が他の所得者の扶養親族などに該当するかどうかを判定する場合の所得金額は、その年中の公的年金等の収入金額から公的年金等控除額を控除した残額（公的年金等以外の雑所得がある場合は、その金額を加算します。）に他の所得の金額を加えた合計所得金額によることになります。（公的年金等については374ページ参照）

　例えば、その年の収入が公的年金等だけの人は、令和 4 年中の公的年金等の収入金額が年齢65歳以上の人（昭和33年 1 月 1 日以前生まれの人）は158万円以下、年齢65歳未満の人（昭和33年 1 月 2 日以後生まれの人）は108万円以下であれば、合計所得金額が48万円以下となりますので他の生計を一

――(462)――

扶養控除

にする納税者の控除対象扶養親族として、扶養控除が受けられます。

## 3 年の中途で死亡した場合など

### ⑴ 年の中途で生計を一にしなくなった場合又は死亡した場合

令和4年中に親族が離婚や就職などで、親族関係がなくなったり生計を一にしなくなった人については扶養控除は受けられませんが、親族が死亡した場合は、その親族が死亡時において控除対象扶養親族に該当すれば、扶養控除が受けられます。

### ⑵ 納税者が2人以上いる場合

生計を一にする納税者が2人以上いるときの扶養控除は、そのすべての控除対象扶養親族を1人の納税者の所得から差し引いても、また、控除対象扶養親族を分けてそれぞれの納税者の所得から差し引いてもよいことになっていますが、そのいずれにするかは、確定申告書や源泉徴収の際の扶養控除等申告書若しくは公的年金等の受給者の扶養親族等申告書に記載しなければなりません。

なお、2人以上の納税者が同一人をそれぞれ自己の控除対象扶養親族として申告した時など、いずれの控除対象扶養親族であるかを定められないときは、令和4年中に既に納税者の1人が先に提出した扶養控除等申告書などの記載によりますが、これによっても定められないときは、総所得金額等の合計額やその見積額が最も多い納税者の控除対象扶養親族とすることになっています。（所令219）

**（注）** 親族関係については、466ページの親族表を参照してください。

---

**【国外に居住する親族に係る扶養控除等】**

確定申告において、非居住者(注)である親族（以下「国外居住親族」といいます。）に係る扶養控除、配偶者控除、配偶者特別控除、障害者控除（以下「扶養控除等」といいます。）の適用を受ける場合は、「親族関係書類」及び「送金関係書類」を確定申告書に添付し、又は確定申告書の提出の際に提示しなければなりません。（所法120③二）

ただし、給与等若しくは公的年金等の源泉徴収又は給与等の年末調整の際に源泉徴収義務者に提出し、又は提示したこれらの書類については、確定申告書に添付又は提示は不要です。（所令262③ただし書）

なお、「親族関係書類」又は「送金関係書類」が外国語により作成されている場合には、翻訳文も添付又は提示する必要があります。

**（注）**　「非居住者」とは、国内に住所を有せず、かつ、現在まで引き続いて1年以上国内に居所を有しない個人をいいます。

**1　親族関係書類**

次の①又は②のいずれかの書類で、国外居住親族がその居住者の親族であることを証するものをいいます。（所規47の2⑤）

①　戸籍の附票の写しその他の国又は地方公共団体が発行した書類及び国外居住親族の旅券（パスポート）の写し

---

——(463)——

所得控除

② 外国政府又は外国の地方公共団体（以下「外国政府等」といいます。）が発行した書類（国外居住親族の氏名、生年月日及び住所又は居所の記載があるものに限ります。）

**（注1）** 親族関係書類は、国外居住親族の旅券の写しを除き、原本の提出又は提示が必要です。

**（注2）** ②の外国政府等が発行した書類は、例えば、次のような書類が該当します。

　　　　・戸籍謄本　・出生証明書　・婚姻証明書

**（注3）** 外国政府等が発行した書類について、一つの書類に国外居住親族の氏名、生年月日及び住所又は居所の全てが記載されていない場合には、複数の書類を組み合わせることにより氏名、生年月日及び住所又は居所を明らかにする必要があります。

**（注4）** 一つの書類だけでは国外居住親族がその居住者の親族であることを証明することができない場合には、複数の書類を組み合わせることにより、親族であることを明らかにする必要があります。

**（注5）** 16歳未満の非居住者である扶養親族（扶養控除の対象とならない扶養親族）であっても障害者控除を受ける場合には、親族関係書類及び送金関係書類の提出又は提示が必要です。

## 2　送金関係書類

　次の書類で、居住者がその年において国外居住親族の生活費又は教育費に充てるための支払を必要の都度、各人に行ったことを明らかにするものをいいます。（所規47の2⑥）

① 金融機関の書類又はその写しで、その金融機関が行う為替取引により居住者から国外居住親族に支払をしたことを明らかにする書類

② いわゆるクレジットカード発行会社の書類又はその写しで、国外居住親族がそのクレジットカード発行会社が交付したカードを提示してその国外居住親族が商品等を購入したこと等により、その商品等の購入等の代金に相当する額の金銭をその人から受領した、又は受領することとなることを明らかにする書類

**（注1）** 送金関係書類については、原本に限らずその写しも送金関係書類として取り扱うことができます。

**（注2）** 送金関係書類には、具体的には次のような書類が該当します。

　　　① 外国送金依頼書の控え

　　　※ その年において送金をした外国送金依頼書の控えである必要があります。

　　　② クレジットカードの利用明細書

　　　※1 居住者（納税者本人）がクレジットカード発行会社と契約を締結し、国外居住親族が使用するために発行されたクレジットカードで、その利用代金を居住者が支払うこととしているもの（いわゆる家族カード）に係る利用明細書をいいます。

　　　　　この場合、その利用明細書は家族カードの名義人となっている国外居住親族の送金関係書類として取り扱います。

　　　※2 クレジットカードの利用明細書は、クレジットカードの利用日の年分の送金関係書類となります。（クレジットカードの利用代金の支払（引落し）日の年分の送金関係書類とはなりません。）

**（注3）** 国外居住親族が複数いる場合には、送金関係書類は扶養控除等を適用する国外居住親族の各人ごとに必要となります。

　　　例えば、国外に居住する配偶者と子がいる場合で、配偶者に対してまとめて送金している場合

## 扶養控除

には、その送金に係る送金関係書類は、配偶者（送金の相手方）のみに対する送金関係書類として取り扱い、子の送金関係書類として取り扱うことはできません。

**（注4）** 送金関係書類については、扶養控除等を適用する年に送金等を行った全ての書類を提出又は提示する必要があります。

※ 同一の国外居住親族への送金等が年3回以上となる場合には、一定の事項を記載した明細書の提出と各国外居住親族のその年最初と最後に送金等をした際の送金関係書類の提出又は提示をすることにより、それ以外の送金関係書類の提出又は提示を省略することができます。

この場合、提出又は提示を省略した送金関係書類については、居住者本人が保管する必要があります。

**（注5）** 16歳未満の非居住者である扶養親族（扶養控除の対象とならない扶養親族）であっても障害者控除を受ける場合には、親族関係書類及び送金関係書類の提出又は提示が必要です。

---

《令和2年度税制改正事項》

令和5年分以後の所得税又は令和5年1月1日以後に支払を受ける給与等及び公的年金等について、「国外に居住する親族に係る扶養控除」は、次の措置が講じられます。（令2改所法等附3、7①、8⑧、9③）

(1) その対象となる親族から、年齢30歳以上70歳未満の非居住者であって次に掲げる者のいずれにも該当しないものが除外されます。（所法2①三十四の二）

① 留学により国内に住所及び居所を有しなくなった者

② 障害者

③ その適用を受ける居住者からその年において生活費又は教育費に充てるための支払を38万円以上受けている者

**（注）** 上記①又は③に掲げる者に該当するものとして扶養控除の適用を受ける場合には、これまでの親族関係書類（上記①に該当する場合については送金関係書類も含みます。）に加え、次の書類を確定申告書に添付又は提示する必要があります。（所法120③三、所令262④）

上記①に掲げる者に該当する旨を証する書類……外国政府又は外国の地方公共団体が発行した留学の在留資格に相当する資格をもって外国に在留することにより非居住者となったことを証する書類（所規47の2⑨）

上記③に該当することを明らかにする書類……送金関係書類でその親族への支払金額が38万円以上であることを明らかにするもの（所規47の2⑩）

(2) 給与等及び公的年金等に係る源泉徴収税額の計算において、年齢30歳以上70歳未満の非居住者である親族が上記(1)①に掲げる者に該当するものとして扶養控除に相当する控除の適用を受ける居住者は、その非居住者である親族が上記(1)①に掲げる者に該当する旨を証する書類等を提出等しなければならないこととするほか、給与所得者の扶養控除等申告書等の記載事項について所要の整備が行われます。（所法194①七、④、195①四、④、203の6①六、③）

所得控除

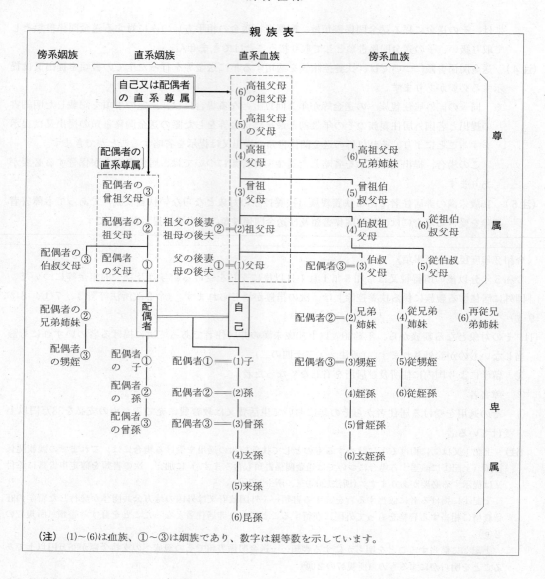

## XVI 基礎控除

基礎控除額は、本人の合計所得金額に応じてそれぞれ次のとおりとなります。(所法86①)

| 本人の合計所得金額 | 控除額 |
|---|---|
| 2,400万円以下 | 48万円 |
| 2,400万円超　2,450万円以下 | 32万円 |
| 2,450万円超　2,500万円以下 | 16万円 |
| 2,500万円超 | 0円（適用なし） |

所得控除の順序

（申告書第一表）　　基　礎　控　除　㉔　□□　□　□□○○○○

**各種の人的控除額一覧表**（令和４年分）

| 控　　　　　除　　　　　の　　　　　種　　　　　類 | | 控　除　額 |
|---|---|---|
| イ　基　　　　　　　礎　　　　　　　控　　　　　　　除 | | 最高480,000円 |
| ロ　配偶者控除 | 一　般　の　控　除　対　象　配　偶　者 | 最高380,000円 |
| | 老　人　控　除　対　象　配　偶　者 | 最高480,000円 |
| ハ　配　偶　者　特　別　控　除 | | 最高380,000円 |
| ニ　扶　養　控　除 | 一　般　の　控　除　対　象　扶　養　親　族 | 380,000円 |
| | 特定扶養親族（19歳以上23歳未満） | 630,000円 |
| | 老人扶養親族　　同　居　老　親　等　以　外　の　者 | 480,000円 |
| | 老人扶養親族　　同　居　老　親　等 | 580,000円 |
| ホ　障　害　者　控　除 | 一　　般　　の　　障　　害　　者 | 270,000円 |
| | 特　　別　　障　　害　　者 | 400,000円 |
| | 同　居　特　別　障　害　者 | 750,000円 |
| ヘ　寡　　　　　婦　　　　　控　　　　　除 | | 270,000円 |
| ト　ひ　　　と　　　り　　　親　　　控　　　除 | | 350,000円 |
| チ　勤　　労　　学　　生　　控　　除 | | 270,000円 |

# XVII　所得控除の順序

　総所得金額、分離課税の土地建物等の譲渡所得の金額、申告分離課税の上場株式等の配当所得等の金額、申告分離課税の一般株式等の譲渡所得等の金額、申告分離課税の上場株式等の譲渡所得等の金額、申告分離課税の先物取引の雑所得等の金額、山林所得金額及び退職所得金額から所得控除の金額を差し引くに当たっては、所得控除相互の間に差し引く順序があるとともに、それぞれの所得についても差し引かれる順序が定められています。

(1)　所得控除は、まず雑損控除から行います。

　　所得控除のうち雑損控除だけは、他の諸控除と区分して最初に所得金額から差し引くことになっています。これは、雑損控除の金額は他の控除と異なって、所得金額から引ききれない場合にはそ

——（467）——

所　得　控　除

の引ききれない部分の金額を雑損失の控除不足額として翌年以降の所得計算の際に差し引くことが認められているからです。（所法87①）

　雑損控除以外の控除については、別に順序はありません。

(2)　総所得金額、申告分離課税の上場株式等の配当所得等の金額、申告分離課税の一般株式等に係る譲渡所得等の金額、申告分離課税の上場株式等に係る譲渡所得等の金額、申告分離課税の先物取引に係る雑所得等の金額、分離課税の事業所得・雑所得の金額、特別控除額控除後の分離課税の長期譲渡所得の金額又は短期譲渡所得の金額、山林所得金額及び退職所得金額のうち、2以上の所得金額がある場合には、所得控除の金額は、まず総所得金額から差し引き、次に分離課税の事業所得・雑所得の金額、特別控除額控除後の分離課税の短期譲渡所得の金額（最低30％課税のもの→最低15％課税のものの順に）、特別控除額控除後の分離課税の長期譲渡所得の金額（その他の土地建物等→優良住宅地の造成等のために譲渡した土地等→居住用財産〈措法31の3適用資産〉に係る長期譲渡所得の順に）、申告分離課税の上場株式等の配当所得等の金額（上場株式等に係る譲渡損失の損益通算及び繰越控除の適用がある場合には、その適用後の金額）、申告分離課税の一般株式等に係る譲渡所得等の金額、申告分離課税の上場株式等に係る譲渡所得等の金額（上場株式等に係る譲渡損失の繰越控除又は特定中小会社が発行した株式に係る譲渡損失の繰越控除の適用がある場合には、その適用後の金額）、申告分離課税の先物取引に係る雑所得等の金額（先物取引の差金等決済に係る損失の繰越控除の適用がある場合には、その適用後の金額）の順に差し引き、さらに山林所得金額から差し引き、なお引ききれない控除額があるときは最後に退職所得金額から差し引きます。（所法87②、措法8の4③三、28の4⑤二、31③三、32④、37の10⑥五、37の11⑥、37の12の2⑤⑧、37の13の2⑥、41の14②四、41の15④、措令21⑧、措通31・32共―4）

　すなわち、まず雑損控除の金額を上記(2)の所得の順に差し引いた後、なお所得金額がある場合には、残りの所得控除の合計額を同じ順序で差し引けばよいわけです。

　なお、所得金額から雑損控除の金額を差し引くことができない場合には、その控除不足額を繰越雑損失の金額として翌年以後3年間に繰り越し、翌年以降の所得の金額の計算に際して差し引くことが認められています。この場合の控除の方法については、「損失の繰越し又は繰戻し」の項（389ページ）を参照してください。

所得控除の順序

## 令和4年分　各種所得控除が認められる人的要件一覧

| 控除の種類 | 人の範囲 | 本人との同一生計基準 | 所得金額基準 | 控除が認められる場合 |
|---|---|---|---|---|
| 雑損控除 | 本　人 | — | — | が所有する資産に損害を受けた場合 |
| | 配偶者 | 要 | 総所得金額等の合計額が48万円以下のもの | |
| | その他の親族 | | | |
| 医療費控除 | 本　人 | — | — | に係る医療費を**本人**が支払った場合 |
| | 配偶者 | 要 | — | |
| | その他の親族 | | — | |
| 医療費控除の特例（セルフメディケーション税制） | 本　人 | — | — | が健康の保持増進及び疾病の予防への一定の取組みを行っている場合　かつ　に係る特定一般用医薬品等購入費を**本人**が支払った場合 |
| | 配偶者 | 要 | — | |
| | その他の親族 | | | |
| 社会保険料控除 | 本　人 | — | — | が負担すべき社会保険料を**本人**が支払った場合 |
| | 配偶者 | 要 | — | |
| | その他の親族 | | | |
| 小規模企業共済等掛金控除 | 本　人 | | | が共済掛金を支払った場合 |
| 生命保険料控除 | 本　人 | — | | が受取人のすべてとなる生命保険料又は本人若しくは配偶者が生存している場合はいずれかの者を受取人とする個人年金保険料を**本人**が支払った場合 |
| | 配偶者 | 不要 | | |
| | その他の親族 | | | |
| 地震保険料控除 | 本　人 | — | | が所有する生活用資産についての損害保険契約等に係る地震保険料を**本人**が支払った場合 |
| | 配偶者 | 要 | | |
| | その他の親族 | | | |
| 寄附金控除 | 本　人 | | | が特定寄附金を支払った場合 |
| 障害者控除 | 本　人 | — | | が障害者、特別障害者である場合 |
| | 配偶者※ | 要 | 合計所得金額が48万円以下のもの | |
| | その他の親族※ | | | |
| 寡婦控除 | 本　人 | — | 合計所得金額が500万円以下のもの | でひとり親に該当せず、かつ、その者と事実上婚姻関係と同様の事情にある者がいない者で、離婚した後婚姻しておらず、扶養親族がいる場合 |
| | | | | でひとり親に該当せず、かつ、その者と事実上婚姻関係と同様の事情にある者がいない者で、夫が死亡や生死不明の場合 |
| ひとり親控除 | 子 | 要 | 総所得金額の合計額が48万円以下のもの | を**本人**が有する場合で、かつ、その者と事実上婚姻関係と同様の事情にある者がいない場合 |
| | 本　人 | — | 合計所得金額が500万円以下のもの | |
| 勤労学生控除 | 本　人 | — | 合計所得金額が75万円以下で、そのうち、給与所得等以外の所得の金額が10万円以下のもの | が勤労学生である場合 |
| 配偶者控除 | 配偶者※ | 要 | 合計所得金額が48万円以下のもの | を**本人**が有する場合 |
| | 本　人 | — | 合計所得金額が1,000万円以下 | |
| 配偶者特別控除 | 配偶者※ | 要 | 合計所得金額が48万円超133万円以下のもの | を**本人**が有する場合（配偶者自身がこの控除を受けていないこと） |
| | 本　人 | — | 合計所得金額が1,000万円以下 | |
| 扶養控除 | その他の親族※ | 要 | 年齢16歳以上で、合計所得金額が48万円以下のもの | を**本人**が有する場合 |
| 基礎控除 | 本　人 | — | 合計所得金額が2,500万円以下 | である場合 |

（注）　※の「配偶者」及び「その他の親族」には、事業専従者（青色・白色）は含まれません。

# 第四節　納める税金の計算

　これまでの説明で、各種所得の計算、所得の総合（損益通算、損失の繰越し等）、所得から差し引かれる金額（所得控除）の計算が済みました。そこで、次に納める税金の計算をすることになりますが、この節で説明するのは、次の図表のうち、※の「税額の計算」、「税額控除など」及び「所得税及び復興特別所得税の申告納税額」の計算です。

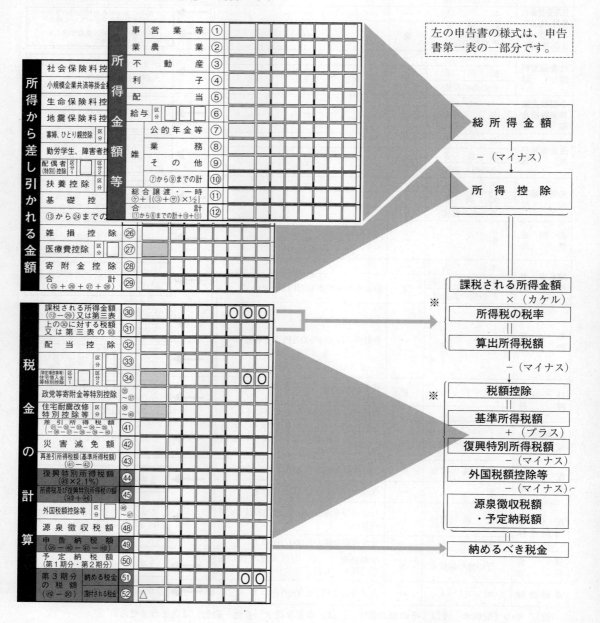

税額の計算

# I　税額の計算

　所得税額は総所得金額から各種の所得控除額を差し引いた残額である課税総所得金額を基として次のように計算することになっています。

　課税総所得金額とは、申告書第一表の所得金額「合計⑫」欄の金額から所得から差し引かれる金額「合計㉙」欄の金額を差し引いた㉚欄（1,000円未満の端数切捨て）の金額をいいます。

（申告書第一表）

| 課税される所得金額<br>（⑫-㉙）又は第三表 | ㉚ | 　　　　　　０００ |
|---|---|---|
| 上の㉚に対する税額<br>又は第三表の㉙ | ㉛ | |

　変動所得・臨時所得について平均課税を選択した場合の税額の計算については第六節を、申告分離課税の所得がある場合の税額の計算については第四章以下を参照してください。
　なお、⑫の金額から㉙の金額を差し引いた金額が1,000円未満の場合（赤字の場合も含みます。）は、「㉚」欄には記入の必要はありません。
　また、申告分離課税の所得がある場合は、「㉚」欄は記入せず、「㉛」欄には申告書第三表（分離課税用）で計算した税額を記入します。

〔課税総所得金額に対する税額の求め方〕

　巻末の「所得税の速算表」（1133ページ参照）により課税総所得金額㉚欄に応ずる所得金額欄の税率を乗じて算出した金額から控除額を差し引いた金額が㉛欄の税額となります。

　計算例
　○　課税総所得金額4,236,000円の場合の税額

| 課税される所得金額 | 税率 | 控除額 |
|---|---|---|
| | ％ | 円 |
| 1,000円から　1,949,000円まで | 5 | － |
| 1,950,000円から　3,299,000円まで | 10 | 97,500 |
| 3,300,000円から　6,949,000円まで | 20 | 427,500 |

　上記の税表の3,300,000円から6,949,000円までの階層区分を適用して、次のように計算します。
　　4,236,000円×20％－427,500円＝419,700円

——（471）——

納める税金の計算

## Ⅱ　税金から差し引かれる金額

## 一　税　額　控　除

### 1　配当控除

　国内に本店を有する法人から受けた配当所得（申告分離課税を選択したものを除きます。）があるときは、法人税が配当支払前の法人所得について課せられていることの調整措置として、次の金額をその年分の所得税の額（課税総所得金額、課税山林所得金額及び課税退職所得金額に対する税額の合計額をいいます。以下同じ。）から差し引きます。（所法92、措法9）

　　**(注)**　分離課税の所得があるときは、「課税総所得金額」は、「課税総所得金額並びに申告分離課税の上場株式等の課税配当所得の金額、分離課税の課税譲渡所得の金額、申告分離課税の株式等の課税譲渡所得等の金額及び申告分離課税の先物取引の課税雑所得等の金額の合計額」となります。

(1)　課税総所得金額が1,000万円以下の場合

　　　配当所得の金額×10％＝**配当控除額**

(2)　課税総所得金額が1,000万円を超える場合（その超える部分の金額をⒶとします。）

　　イ　配当所得の金額≦Ⓐのとき　　配当所得の金額×5％＝**配当控除額**

　　ロ　配当所得の金額＞Ⓐのとき　　配当所得の金額×10％－Ⓐ×5％＝**配当控除額**

**（申告書第一表）**　　　　配　当　控　除　㉜　｜　　　　｜　6 0 0 0 0 ｜

**＜申告書への記載＞**（控除額の計算書）

| 配当所得の金額※1<br>（申告書第一表⑤） | 1,200,000 円 | A |
| :--- | ---: | :---: |
| 課税される所得金額<br>（申告書第一表㉚） | 106,600,000 円 | B |
| B－1,000万円 | （赤字のときは0）<br>96,600,000 円 | C |
| A－C | （赤字のときは0）<br>0 円 | D |
| D×0.1 | 0 円 | E |
| (A－D)×0.05 | 60,000 円 | F |

（土地建物等の譲渡所得、申告分離課税の上場株式等の配当所得等、株式等の譲渡所得等及び先物取引の雑所得等があれば、それらの課税所得金額を加算）

| E＋F | 60,000 円 | 配当控除<br>の額 | ➡申告書第一表の「配当控除㉜」欄へ |
| :--- | ---: | :---: | :--- |

　　※1　配当所得のうち配当控除の対象とならない配当等がある場合には、Aの配当所得からその金額を除きます。また、損益通算する前の配当所得の金額です。

　　※2　上記の計算例の申告書への記載は、42ページ以下を参照。

税金から差し引かれる金額（配当控除）

〈特定証券投資信託の収益の分配があるときの配当控除の適用〉

特定証券投資信託（公社債投資信託以外の証券投資信託をいい、特定株式投資信託を除きます。また、特定外貨建等証券投資信託も含まれません。）の収益の分配については、配当控除の適用に当たっては控除率が1/2となり、外貨建等証券投資信託（外貨建資産又は非株式資産の割合のいずれかが50%超）の収益の分配については1/4となります。（外貨建資産割合又は非株式資産割合のいずれかが75%超の特定外貨建等証券投資信託の収益の分配については配当控除の適用はありません。）

この場合の配当控除額の計算は「特定証券投資信託に係る配当控除額の計算書」を使用します。

《配当控除の対象とならない配当等》

配当所得のうち外国法人からの配当、基金利息、特定目的会社からの配当、特定目的信託の収益の分配、私募公社債等運用投資信託等の収益の分配、国外私募公社債等運用投資信託等の配当等、外国株価指数連動型の特定株式投資信託の収益の分配、特定外貨建等証券投資信託の収益の分配に係る配当等、適格機関投資家私募投資信託の収益の分配、投資法人から支払を受ける配当等、確定申告をしないことを選択した配当等又は申告分離課税を選択した上場株式等の配当等は、配当控除額の計算の対象とはなりません。（措法9①他）

納める税金の計算

## 2 住宅借入金等特別控除

### (1) 概　要

#### ① 住宅借入金等特別控除

　個人が、国内において、一定の要件（(2)の①〜④参照）を満たす居住用家屋の新築等（居住用家屋の新築又は居住用家屋で建築後使用されたことのないものの取得をいいます。）、買取再販住宅の取得（既存住宅のうち宅地建物取引業者が特定増改築等をした家屋で、新築された日から10年を経過したもののその宅地建物取引業者からの取得をいいます。）、中古住宅の取得（買取再販住宅の取得を除きます。）又はその者の居住の用に供する家屋の増改築等（これらを合わせて以下「**住宅の取得等**」といいます。）をして、これらの家屋を平成19年1月1日から令和7年12月31日までの間に自己の居住の用に供した場合（住宅の取得等の日から6月以内に自己の居住の用に供した場合に限ります。）において、その者がその住宅の取得等のための借入金等（以下「**住宅借入金等**」といいます。）の金額を有するときは、その居住の用に供した日の属する年（以下「**居住年**」といいます。）以後一定の控除期間（その居住の用に供した日（以下「**居住日**」といいます。）以後その年の12月31日まで引き続きその居住の用に供している年に限ります。以下「**適用年**」といいます。）にわたって、その者の住宅借入金等の年末残高（住宅借入金等の年末残高の限度額（借入限度額）を超える場合には、借入限度額）と居住年に応じた控除率との組み合わせにより計算した金額（(4)のイa又は同ロa参照）を、その者の各年の所得税額から控除することができます。（措法41①）

> **(注)**　この控除を受けるためには、居住した日以後各年の12月31日（その年中に死亡した場合は、その日）まで引き続き居住の用に供していることが要件とされています。その「引き続き居住の用に供している」とは、居住用家屋の取得等をした人が現に引き続いてその居住の用に供していることをいうのですが、これに該当するかどうかの判定に当たっては次によります。（措通41−2）
>
> イ　その人が、転勤、転地療養その他やむを得ない事情により、配偶者、扶養親族その他その人と生計を一にする親族と日常の起居を共にしないことになった場合において、その家屋にこれらの親族が引き続き居住しており、そのやむを得ない事情が解消した後はその人が共にその家屋に居住することになると認められるときは、その人がその家屋を引き続き居住の用に供しているものとされます。
>
> ロ　災害によりその家屋が控除適用期間内に一部損壊した場合において、その損壊部分の補修工事等のため一時的にその人が居住しない期間があっても、その期間については、その人が引き続き居住の用に供しているものとされます。（その家屋が、一時的に居住の用に供しない場合ではなく、災害により居住の用に供することができなくなった場合には、⑤の適用があります。）

#### ② 認定住宅等の住宅借入金等特別控除の特例

　個人が、国内において、認定住宅等（注1）の新築等（認定住宅等の新築又は認定住宅等で建築後使用されたことのないものの取得をいいます。）、買取再販認定住宅等の取得（認定住宅等である既存住宅のうち宅地建物取引業者が特定増改築等をした家屋で、新築された日から10年を経過したものの

——(474)——

税金から差し引かれる金額（住宅借入金等特別控除）

その宅地建物取引業者からの取得をいいます。）又は認定住宅等である既存住宅の取得で買取再販認定住宅等の取得に該当するもの以外のもの（以下「**認定住宅等の新築取得等**」といいます。）をして、これらの認定住宅等を平成21年6月4日から令和7年12月31日までの間に自己の居住の用に供した場合（認定住宅等の新築等の日から6月以内に自己の居住の用に供した場合に限ります。）において、その者がその認定住宅等の新築等のための住宅借入金等（以下「**認定住宅等借入金等**」といいます。）の金額を有するときは、その居住年以後一定の控除期間（居住日以後その年の12月31日まで引き続きその居住の用に供している年に限ります。）について、その者の選択により、その者の認定住宅等借入金等の年末残高（借入限度額を超える場合には、借入限度額）と居住年に応じた控除率との組み合わせにより計算した金額（(4)の**イ**ｂ又は同**ロ**ｂ参照）を住宅借入金等特別控除額とする認定住宅等の住宅借入金等特別控除の特例を適用することができます。（措法41⑩）

- **（注1）** 認定住宅等とは、認定住宅、特定エネルギー消費性能向上住宅及びエネルギー消費性能向上住宅をいいます。（措法41⑩）
- **（注2）** 認定住宅とは、認定長期優良住宅（長期優良住宅の普及の促進に関する法律に規定する認定長期優良住宅に該当する家屋で一定のものをいいます。）及び認定低炭素住宅（都市の低炭素化の促進に関する法律に規定する低炭素建築物に該当する家屋で一定のもの又は低炭素建築物とみなされる特定建築物に該当する家屋で一定のものをいいます。）をいいます。（措令26⑳㉑㉒、(2)の⑤参照）
- **（注3）** 認定住宅のうち、認定長期優良住宅については平成21年6月4日以後、認定低炭素住宅のうち、低炭素建築物に該当する家屋については平成24年12月4日以後、低炭素建築物とみなされる特定建築物に該当する家屋については平成25年6月1日以後に自己の居住の用に供した場合に適用されます。
- **（注4）** 特定エネルギー消費性能向上住宅とは、いわゆるＺＥＨ（ゼッチ）水準省エネ住宅をいい、個人が自己の居住の用に供する家屋で、エネルギーの使用の合理化に著しく資する住宅の用に供する家屋として国土交通大臣が財務大臣と協議して定める基準に適合するものであることにつき一定の方法により証明がされたものをいいます。令和4年1月1日以後に自己の居住の用に供した場合に適用されます。（措法41⑩三、措令26㉓、(2)の⑥参照）
- **（注5）** エネルギー消費性能向上住宅とは、いわゆる省エネ基準適合住宅をいい、個人が自己の居住の用に供する家屋で、エネルギーの使用の合理化に資する住宅の用に供する家屋として国土交通大臣が財務大臣と協議して定める基準に適合するものであることにつき一定の方法により証明がされたものをいいます。令和4年1月1日以後に自己の居住の用に供した場合に適用されます。（措法41⑩四、措令26㉔、(2)の⑦参照）
- **（注6）** 個人が、認定住宅等を自己の居住の用に供した日の属する年分又はその翌年分において、6の認定住宅等新築等特別税額控除の適用を受ける場合には、居住年以後10年間の各年において、住宅借入金等特別控除の適用を受けることはできません。（措法41㉔）

## ③ 要耐震改修住宅を耐震改修した場合の特例

個人が、平成26年4月1日以後に、建築後使用されたことのある家屋（耐震基準又は経過年数基準に適合するもの以外のものに限ります。）で一定のもの（以下「**要耐震改修住宅**」といいます。）（(2)

の②参照）の取得をした場合において、その取得の日までに同日以後その要耐震改修住宅の耐震改修（地震に対する安全性の向上を目的とした一定の増築、改築、修繕又は模様替をいいます。以下同じです。）を行うことにつき建築物の耐震改修の促進に関する法律第17条第１項の申請その他一定の手続をし、かつ、その要耐震改修住宅をその者の居住の用に供する日（その取得の日から６月以内の日に限ります。）までに耐震改修によりその要耐震改修住宅が耐震基準に適合することとなったことにつき一定の証明がされたときは、その要耐震改修住宅の取得は既存住宅の取得と、その要耐震改修住宅は既存住宅とそれぞれみなして、住宅借入金等特別控除を適用することができます。（措法41㉝、平26改所法等附67）

**④　消費税率引上げによる住宅に係る駆け込み・反動減対策のための住宅借入金等特別控除の控除期間の特例（控除期間の３年間延長の特例）**

イ　一般の住宅（認定住宅以外の住宅）の場合の特例

個人が、住宅の取得等で特別特定取得(**注**)に該当するものをし、かつ、その住宅の取得等をした家屋を令和元年10月１日から令和２年12月31日までの間に自己の居住の用に供した場合（住宅の取得等の日から６月以内に自己の居住の用に供した場合に限ります。）において、適用年の11年目から13年目までの各年においてその住宅の取得等に係る住宅借入金等(以下「**特別特定住宅借入金等**」といいます。）の金額を有するときは、その年の12月31日における特別特定住宅借入金等の金額の合計額（その合計額が4,000万円を超える場合には、4,000万円）に１％を乗じて計算した金額（その金額が控除限度額を超える場合には、控除限度額）（(**4**)のハａ参照）をその年における住宅借入金等特別控除額として、その者のその年分の所得税額から控除することができます。（措法41⑬）

（**注**）　**特別特定取得**とは、個人の住宅の取得等をした家屋の対価の額又は費用の額に含まれる消費税額等合計額の全額が、10％の税率により課されるべき消費税額等合計額である場合の住宅の取得等をいいます。（措法41⑭）

ロ　認定住宅等の場合の特例

個人が、認定住宅等の新築等で特別特定取得に該当するものをし、かつ、その認定住宅等の新築等をした家屋を令和元年10月１日から令和２年12月31日までの間に自己の居住の用に供した場合（認定住宅の新築等の日から６月以内に自己の居住の用に供した場合に限ります。）において、適用年の11年目から13年目までの各年においてその認定住宅等の新築等に係る住宅借入金等（以下「**認定特別特定住宅借入金等**」といいます。）の金額を有するときは、その年の12月31日における認定特別特定住宅借入金等の金額の合計額(その合計額が5,000万円を超える場合には､5,000万円)に１％を乗じて計算した金額（その金額が認定住宅控除限度額を超える場合には、認定住宅控除限度額）（(**4**)のハｂ参照）をその年における住宅借入金等特別控除額として、その者のその年分の所得税額から控除することができます。（措法41⑯）

税金から差し引かれる金額（住宅借入金等特別控除）

⑤　災害を受けたときの住宅借入金等特別控除の適用期間の特例

　平成28年1月1日以後に従前家屋（住宅借入金等特別控除の適用を受ける家屋をいいます。以下同じです。）が、災害により居住の用に供することができなくなった場合、平成29年分以後の適用期間内においても、この控除を引き続き受けることができます。ただし、次に掲げる年以後の各年を除きます。（措法41㉜、平29改所法等附55、56）

イ　従前家屋若しくはその敷地の用に供されていた土地等又はその土地等に新たに建築した建物等を事業の用若しくは賃貸の用又は親族等に対する無償による貸付けの用に供した場合（災害に際し被災者生活再建支援法が適用された市町村の区域内に所在する従前家屋をその災害により居住の用に供することができなくなった者（以下「再建支援法適用者」といいます。）が土地等に新築等をした家屋について、住宅借入金等特別控除等の適用を受ける場合を除きます。）における事業の用若しくは賃貸の用又は貸付けの用に供した日の属する年

ロ　従前家屋又はその敷地の用に供されていた土地等を譲渡し、その譲渡について居住用財産の買換え等の場合の譲渡損失の損益通算及び繰越控除又は特定居住用財産の譲渡損失の損益通算及び繰越控除の適用を受ける場合における譲渡の日の属する年

ハ　災害により従前家屋を居住の用に供することができなくなった者（再建支援法適用者を除きます。）が取得等をした家屋について住宅借入金等特別控除等の適用を受けた年

**(注)**　再建支援法適用者が家屋の再取得等をした場合には、従前家屋に係る住宅借入金等特別控除等と再取得等をした家屋に係る住宅借入金等特別控除等を重複して適用できますが、その重複して適用できる年における税額控除額は、二以上の住宅の取得等に係る住宅借入金等特別控除等の控除額の調整措置による金額となります。（494ページ）（措法41㉜、41の2）

⑥　新型コロナウイルス感染症緊急経済対策における税制上の措置（新型コロナ税特法）

《令和2年税制改正》

イ　既存住宅を特定増改築等した場合の6月以内入居の特例

　中古住宅を取得した後、その住宅に入居することなく増改築等工事を行った場合の住宅借入金等特別控除については、新型コロナウイルス感染症の影響によって工事が遅延したことなどにより、その住宅への入居が控除の適用要件である入居期限要件（取得の日から6か月以内）を満たさないこととなった場合でも、次の要件を満たすときは、その適用を受けることができます。（新型コロナ税特法6①②、新型コロナ税特令4①）

　①　以下のうちいずれか遅い日までに、増改築等の契約を締結していること

　　・中古住宅の取得をした日から5か月を経過する日

　　・新型コロナ税特法の施行の日（令和2年4月30日）から2か月を経過する日（令和2年6月30日）

　②　増改築等の終了後6か月以内に中古住宅に入居していること

　③　令和3年12月31日までに中古住宅に入居していること

——（477）——

納める税金の計算

ロ　要耐震改修住宅を耐震改修した場合の6月以内入居の特例

　　要耐震改修住宅を取得した場合について、新型コロナウイルス感染症の影響によって工事が遅延したことなどにより、その住宅への入居が控除の適用要件である入居期限要件（取得の日から6か月以内）を満たさないこととなった場合でも、次の要件を満たすときは、その適用を受けることができます。（新型コロナ税特法6③、新型コロナ税特令4②）

　①　以下のうちいずれか遅い日までに、増改築等の契約を締結していること

　　・要耐震改修住宅の取得をした日から5か月を経過する日

　　・新型コロナ税特法の施行の日（令和2年4月30日）から2か月を経過する日（令和2年6月30日）

　②　耐震改修工事の終了後6か月以内に中古住宅に入居していること

　③　令和3年12月31日までに中古住宅に入居していること

ハ　控除期間の3年間延長の特例の入居期限の特例

　　特例取得(注)に該当する住宅の取得等若しくは特例取得に該当する認定住宅の新築等をした個人が、新型コロナウイルス感染症及びそのまん延防止のための措置の影響によりこれらの特例取得をした家屋を令和2年12月31日までに居住の用に供することができなかった場合において、これらの特例取得をした家屋を令和3年1月1日から同年12月31日までの間に自己の居住の用に供したときは、その他の要件については上記④の控除期間の3年間延長の特例と同様の要件の下で、上記④の控除期間の3年間延長の特例の適用ができます。（新型コロナ税特法6④）

　(注)　上記の「**特例取得**」とは、特別特定取得（④イ(注)参照）のうち、特別特定取得に係る契約が次の住宅の取得等又は認定住宅の新築等の区分に応じそれぞれ次に定める日までに締結されているものをいいます。（新型コロナ税特法6⑤、新型コロナ税特令4③）

　　(イ)　居住用家屋の新築又は認定住宅の新築……令和2年9月30日

　　(ロ)　居住用家屋で建築後使用されたことのないもの（新築住宅）若しくは既存住宅の取得、居住の用に供する家屋の増改築等又は認定住宅で建築後使用されたことのないものの取得……令和2年11月30日

⑦　**新型コロナ税特法の居住の用に供する期間等の特例**

イ　特別特例取得をして令和4年末までに居住の用に供した場合の住宅借入金等特別控除及び控除期間の3年間延長の特例の適用

　　住宅の取得等で特別特例取得(注)に該当するもの若しくは認定住宅等の新築等で特別特例取得に該当するものをした個人が、その特別特例取得をした家屋を令和3年1月1日から令和4年12月31日までの間にその者の居住の用に供した場合には、その他の要件については上記④の控除期間の3年間延長の特例と同様の要件の下で、上記④の控除期間の3年間延長の特例の適用ができます。（新型コロナ税特法6の2①）

　(注)　**特別特例取得**とは、特別特定取得のうち、特別特定取得に係る契約が次の住宅の取得等又は認定

―――(478)―――

税金から差し引かれる金額（住宅借入金等特別控除）

住宅等の新築等の区分に応じそれぞれ次に定める期間内に締結されているものをいいます。（新型コロナ税特法6の2②、新型コロナ税特令4の2①）

(イ)　居住用家屋の新築又は認定住宅の新築……令和2年10月1日から令和3年9月30日までの期間

(ロ)　居住用家屋で建築後使用されたことのないもの（新築住宅）若しくは既存住宅の取得、居住の用に供する家屋の増改築等又は認定住宅で建築後使用されたことのないものの取得……令和2年12月1日から令和3年11月30日までの期間

ロ　特例住宅（床面積が40m²以上50m²未満である家屋）の取得等に係る特例

個人が、国内において、特例居住用家屋(注1)の新築、特例居住用家屋で建築後使用されたことのないもの若しくは特例既存住宅(注2)の取得又は特例増改築等(注3)（以下これらを「**特例住宅の取得等**」といいます。）で、特例特別特例取得(注4)に該当するものをした場合には、上記イの特例を適用することができます。ただし、その者の13年間の控除期間のうち、その年分の所得税に係る合計所得金額が1,000万円を超える年については、このロの特例は適用されません。（新型コロナ税特法6の2④）

(注1)　**特例居住用家屋**とは、個人がその居住の用に供する次に掲げる家屋（その家屋の床面積の2分の1以上に相当する部分が専ら居住の用に供されるものに限ります。）とし、その者がその居住の用に供する家屋を二以上有する場合には、これらの家屋のうち、その者が主としてその居住の用に供すると認められる一の家屋に限られます。（新型コロナ税特令4の2②）

(イ)　一棟の家屋で床面積が40m²以上50m²未満であるもの

(ロ)　一棟の家屋で、その構造上区分された数個の部分を独立して住居その他の用途に供することができるものにつきその各部分を区分所有する場合には、その者の区分所有する部分の床面積が40m²以上50m²未満であるもの

(注2)　**特例既存住宅**とは、個人がその居住の用に供する床面積が40m²以上50m²未満の建築後使用されたことのある家屋（耐震基準又は経過年数基準に適合するものに限ります。）をいいます。（新型コロナ税特令4の2③）

(注3)　**特例増改築等**とは、家屋の床面積要件（（注1）の(イ)又は(ロ)に掲げる家屋であること）以外は、住宅借入金等特別控除の対象となる増改築等と同様とされています。（新型コロナ税特法6の2⑨、新型コロナ税特令4の2⑫⑬、措令26㉝）

(注4)　**特例特別特例取得**とは、個人の特例住宅の取得等をした家屋の対価の額又は費用の額に含まれる消費税額等合計額の全額が、10%の税率により課されるべき消費税額等合計額である場合の特例住宅の取得等のうち、特例住宅の取得等に係る契約が次の特例住宅の取得等の区分に応じそれぞれ次に定める期間内に締結されているものをいいます。（新型コロナ税特法6の2⑩、新型コロナ税特令4の2⑭）

(イ)　特例居住用家屋の新築……令和2年10月1日から令和3年9月30日までの期間

(ロ)　特例居住用家屋で建築後使用されたことのないもの（新築住宅）若しくは特例既存住宅の取得又は居住の用に供する家屋の特例増改築等……令和2年12月1日から令和3年11月30日までの期間

ハ　特例認定住宅（床面積が40m²以上50m²未満である認定住宅）の新築等に係る特例

個人が、国内において、特例認定住宅(注)の新築又は特例認定住宅で建築後使用されたことのな

いものの取得（以下「**特例認定住宅の新築等**」といいます。）で、特例特別特例取得に該当するものをした場合には、特例認定住宅の新築等で特例特別特例取得に該当するものは上記イの認定住宅等の新築等で特別特例取得に該当するものと、その特例認定住宅は認定住宅とそれぞれみなして、上記イの特例を適用することができます。（新型コロナ税特法6の2⑤）

　　ただし、その者の13年間の控除期間のうち、その年分の所得税に係る合計所得金額が1,000万円を超える年については、このハの特例は適用できません。

　　（注）　特例認定住宅とは、個人がその居住の用に供する上記ロ（注1）㋑又は㋺に掲げる家屋（その家屋の床面積の2分の1以上に相当する部分が専ら居住の用に供されるものに限ります。）で、認定住宅に該当するものであることにつき証明がされたものとし、その者がその居住の用に供する家屋を二以上有する場合には、これらの家屋のうち、その者が主としてその居住の用に供すると認められる一の家屋に限られます。（新型コロナ税特令4の2⑥）

ニ　特例要耐震改修住宅（床面積が40m²以上50m²未満である要耐震改修住宅）の取得等に係る特例

　　個人が、建築後使用されたことのある家屋（耐震基準又は経過年数基準に適合するもの以外のものに限ります。）で一定のもの（以下「特例要耐震改修住宅」といいます。）の取得で特例特別特例取得に該当するものをした場合において、特例要耐震改修住宅の取得で特例特別特例取得に該当するものの日までに同日以後特例要耐震改修住宅の耐震改修を行うことにつき一定の手続をし、かつ、特例要耐震改修住宅をその者の居住の用に供する日（特例要耐震改修住宅の取得で特例特別特例取得に該当するものの日から6月以内の日に限ります。）までに耐震改修（既存住宅の耐震改修をした場合の所得税額の特別控除（措法41の19の2）の適用を受けるものを除きます。）により特例要耐震改修住宅が耐震基準に適合することとなったことにつき一定の証明がされたときは、特例要耐震改修住宅の取得で特例特別特例取得に該当するものは上記ロの特例既存住宅の取得で特例特別特例取得に該当するものと、その特例要耐震改修住宅は上記ロの特例既存住宅とそれぞれみなして、上記ロを適用することができます。（新型コロナ税特法6の2⑥）

ホ　特例要耐震改修住宅（床面積が40m²以上50m²未満である要耐震改修住宅）を耐震改修した場合の6月以内入居の特例

　　特例要耐震改修住宅の取得で特例特別特例取得に該当するものをし、特例要耐震改修住宅の取得で特例特別特例取得に該当するものの日までに同日以後特例要耐震改修住宅の耐震改修を行うことにつき上記ニの手続をし、かつ、耐震改修に係る契約を同日から5月を経過する日までに締結している個人が、新型コロナウイルス感染症及びそのまん延防止のための措置の影響により耐震改修をして特例要耐震改修住宅をその取得の日から6月以内にその者の居住の用に供することができなかった場合において、耐震改修をして特例要耐震改修住宅を令和3年12月31日までにその者の居住の用に供したとき（特例要耐震改修住宅を耐震改修の日から6月以内にその者の居住の用に供した場合に限ります。）は、上記ニの「特例要耐震改修住宅をその者の居住の用に供する日（特例要耐震改修住宅の取得で特例特別特例取得に該当するものの日から6月以内の日に限ります。）までに耐震改修をすること」の要件が緩和され、その他の要件については上記ニと同様の要件の下で、住宅

税金から差し引かれる金額（住宅借入金等特別控除）

ローン税額控除及び控除期間の３年間延長の特例の適用ができます。（新型コロナ税特法６の２⑧、新型コロナ税特令４の２⑪）

⑵　**控除の対象となる家屋又は増改築等**（措法41①⑩⑳㉝、措令26①③⑤⑳〜㉖㉝〜㉟㊳、措規18の21）

　住宅借入金等特別控除の適用対象となる新築住宅、買取再販住宅、中古住宅、増改築等、認定住宅等の要件は次の①〜⑤のとおりです。なお、居住の用に供する家屋を二以上有する場合は、そのうち主として居住の用に供すると認められる一個の家屋に限り適用対象とすることができます。

---

《令和４年度税制改正事項》

●**特定居住用家屋の適用除外**

　個人が、国内において、住宅の用に供する家屋でエネルギーの使用の合理化に資する家屋に該当するもの以外のものとして一定の要件を満たすもの（以下「特定居住用家屋」といいます。）の新築又は特定居住用家屋で建築後使用されたことのないものの取得をして、その特定居住用家屋を令和６年１月１日以後に自己の居住の用に供した場合には、住宅借入金等特別控除の適用はできないこととされました。（措法41㉕、措令26㊲）

　上記の「特定居住用家屋」とは、上記⑴②（注５）の「エネルギーの使用の合理化に資する住宅の用に供する家屋として国土交通大臣が財務大臣と協議して定める基準」に適合する家屋以外の家屋で、次に掲げる要件のいずれにも該当しないものをいいます。

イ　その家屋が令和５年12月31日以前に建築確認を受けているものであること。

ロ　その家屋が令和６年６月30日以前に建築されたものであること。

　（注）　令和６年１月１日以後に自己の居住の用に供した場合で特定居住用家屋の取得等が既存住宅の取得の場合や住宅の増改築等である場合には、住宅借入金等特別控除の適用を受けることができます。

---

| ①　**新築住宅の要件** | イ　床面積基準<br>　㈣　一棟の家屋で床面積が50m²以上であること<br>　㈪　一棟の家屋で、その構造上区分された数個の部分を独立して住居その他の用途に供することができるものにつき、その各部分を区分所有する場合には、その人の区分所有する部分の床面積が50m²以上であること<br>ロ　用途基準<br>　その家屋の床面積の２分の１以上に相当する部分が、専らその人の居住の用に供されるものであること |
|---|---|
| ②　**中古住宅（買取再販住宅以外の既存住宅に限る）の要件** | イ　その家屋は建築後使用されたことのあるものであること（買取再販住宅を除きます。）<br>ロ　①のイ《床面積基準》及びロ《用途基準》の要件を満たすものであること<br>ハ　次のいずれかに該当する家屋であること<br>　a　令和４年１月１日以後に居住した場合、次のいずれかに該当すること |

——（481）——

㈦　その家屋が昭和57年1月1日以後に建築されたものであること

　　　㈩　その家屋が下記bの㈵又は㈻に該当するものであること

　　b　令和3年12月31日までに居住した場合又は令和4年中に居住した場合で、その取得が特別特例取得又は特例特別特例取得に該当する場合、次のいずれかに該当すること

　　　㈦　取得の日以前25年以内に建築された耐火建築物（建物登記簿に記録されたその家屋の構造のうち建物の主たる部分の構成材料が石造、れんが造、コンクリートブロック造、鉄骨造（軽量鉄骨造は含みません。）、鉄筋コンクリート造又は鉄骨鉄筋コンクリート造のものをいいます。）である家屋（旧措令26①）

　　　㈩　取得の日以前20年以内に建築された耐火建築物以外の家屋（旧措令26①）

　　　㈵　取得の日前2年以内に地震に対する安全上必要な構造方法に関する技術的基準等に適合する建物（平成17年4月1日以後に取得した場合に限ります。）であると証明されたものなど、一定の耐震基準に適合するもの

　　　㈻　㈦〜㈵に該当しない**要耐震改修住宅**（平成26年4月1日以後に家屋を取得した場合に限ります。）のうち、その取得の日までに耐震改修を行うことについて申請をし、かつ、居住の用に供した日までにその耐震改修により家屋が耐震基準に適合することにつき証明がされたもの

| ③　買取再販住宅の要件 | イ　建築後使用されたことのあるもので、宅地建物取引業者から取得した時点で、建築された日から起算して10年を経過したものであること<br>ロ　①のイ《床面積要件》及びロ《用途基準》の要件を満たすものであること<br>ハ　②のハのaの要件を満たすものであること<br>ニ　宅地建物取引業者が取得し、次に掲げる特定増改築等に係る工事を行った後、宅地建物取引業者の取得の日から2年以内に取得していること<br>　㈦　増築、改築、建築基準法上の大規模の修繕又は大規模の模様替の工事<br>　㈩　マンション等の区分所有建物のうち、その人の区分所有する部分の床又は階段、間仕切壁、主要構造部である壁のいずれかのものの過半について行う修繕又は模様替（㈦に該当するものを除きます。）の工事<br>　㈵　家屋（マンション等の区分所有建物については、その人が区分所有する部分に限ります。）のうち居室、調理室、浴室、便所、洗面所、納戸、玄関又は廊下の一室の床又は壁の全部について行う修繕又は模様替（㈦又は㈩に該当するものを除きます。）の工事<br>　㈻　家屋について行う建築基準法施行令の構造強度等に関する規定又は地震に対する安全性に関する一定の基準に適合させるための修繕又は模様替（㈦〜㈵に該当するものを除きます。）の工事<br>　㈼　家屋について行う高齢者等が自立した日常生活を営むのに必要な構造及び設 |
| --- | --- |

——(482)——

税金から差し引かれる金額（住宅借入金等特別控除）

　　　備の基準に適合させるための修繕又は模様替（(イ)～(ニ)に該当するものを除きます。）の工事

　　(ヘ)　家屋について行うエネルギーの使用の合理化に資する修繕又は模様替（(イ)～(ホ)に該当するものを除きます。）の工事

　　(ト)　家屋について行う給水管、排水管又は雨水の浸入を防止する部分に係る修繕又は模様替（その家屋の瑕疵を担保すべき責任の履行に関し国土交通大臣が財務大臣と協議して定める保証保険契約が締結されているものに限り、上記(イ)から(ヘ)までに掲げる工事に該当するものを除きます。）

　ホ　特定増改築等に係る工事に要した費用の総額がその家屋の個人に対する譲渡の対価の額の20％に相当する金額（その金額が300万円を超える場合には、300万円）以上であること

　ヘ　次に掲げる要件のいずれかを満たすこと

　　(イ)　上記イ(イ)から(ヘ)までに掲げる工事に要した費用の額の合計額が100万円を超えること

　　(ロ)　上記イ(ニ)から(ト)までのいずれかに掲げる工事に要した費用の額がそれぞれ50万円を超えること

| ④　増改築等の要件 | 自己の所有している家屋で自己の居住の用に供するものについて行う工事（平成20年12月31日までに居住の用に供した場合は、自己の居住の用に供している家屋について行う工事に限ります。）で、次に掲げる要件を満たすもの |

　イ　次に掲げる増改築等の工事で当該工事に該当するものであることについて証明がされたもの

　　(イ)　増築、改築、建築基準法上の大規模の修繕又は大規模の模様替の工事

　　(ロ)　マンション等の区分所有建物のうち、その人の区分所有する部分の床、間仕切壁又は主要構造部である壁等について行う一定の修繕又は模様替（(イ)に該当するものを除きます。）の工事

　　(ハ)　家屋（マンション等の区分所有建物については、その人が区分所有する部分に限ります。）のうち居室、調理室、浴室、便所、洗面所、納戸、玄関又は廊下の一室の床又は壁の全部について行う修繕又は模様替（(イ)又は(ロ)に該当するものを除きます。）の工事

　　(ニ)　家屋について行う建築基準法施行令の構造強度等に関する規定又は地震に対する安全性に係る基準に適合させるための修繕又は模様替（(イ)～(ハ)に該当するものを除きます。）の工事

　　(ホ)　家屋について行う高齢者等が自立した日常生活を営むのに必要な構造及び設備の基準に適合させるための修繕又は模様替（(イ)～(ニ)に該当するものを除きます。）の工事

　　(ヘ)　家屋について行うエネルギーの使用の合理化に著しく資する修繕若しくは模

様替又はエネルギーの使用の合理化に相当程度資する修繕若しくは模様替（((イ)
〜(ホ)に該当するものを除きます。）の工事（平成21年4月1日から平成27年12
月31日までの間に居住の用に供する場合については、その要件が緩和され、「家
屋について行うエネルギーの使用の合理化に資する増築、改築、修繕又は模様
替の工事」とされています。（旧措令26⑥））

ロ　その工事に要した費用の額が100万円を超えること

ハ　工事をした家屋のその工事をした部分のうちに自己の居住の用以外の用に供す
る部分がある場合には、自己の居住の用に供する部分の工事に要した費用の額が
その工事に要した費用の額の総額の2分の1以上であること

ニ　工事をした後の家屋の床面積が50m²以上であること

ホ　工事をした後の家屋の床面積の2分の1以上が専ら自己の居住の用に供される
ものであること

ヘ　その工事をした後の家屋が、その人が主としてその居住の用に供すると認めら
れるものであること

**(注)**　増改築等に係る住宅借入金等特別控除は、上記ロのようにその増改築等に要した
費用の額が100万円を超えることが一つの要件とされていますが、その増改築等に
関して補助金等（国又は地方公共団体から交付される補助金又は給付金その他これ
らに準ずるものをいいます。）の交付を受ける場合には、その増改築等に要した費
用の額からその補助金等の額を控除したうえで、100万円を超えるかどうかの判定
を行います。（措法41⑳）

| ⑤　認定住宅<br>　等の要件 | イ　①のイ《床面積基準》及びロ《用途基準》の要件を満たすものであること |
|---|---|
| | ロ　認定住宅等に該当するものであることにつき次のとおり認明がされたものであ<br>ること |
| | (イ)　認定長期優良住宅の場合<br>　　その家屋に係る長期優良住宅建築等計画の認定通知書（長期優良住宅建築等<br>計画の変更認定を受けた場合には、変更認定通知書）の写し（認定計画実施者<br>の地位の承継があった場合には、認定通知書及び地位の承継の承認通知書の写<br>し）及び住宅用家屋証明書若しくはその写し又は認定長期優良住宅建築証明書 |
| | (ロ)　認定低炭素住宅の場合<br>　　その家屋に係る低炭素建築物新築等計画認定通知書（低炭素建築物新築等計<br>画の変更の認定を受けた場合には、変更認定通知書）の写し及び住宅用家屋証<br>明書若しくはその写し又は認定低炭素住宅建築証明書 |
| | (ハ)　認定低炭素住宅のうち低炭素建築物とみなされる特定建築物の場合<br>　　低炭素建築物とみなされる特定建築物であることについての市区町村長によ<br>る住宅用家屋証明書 |
| | (ニ)　特定エネルギー消費性能向上住宅の場合<br>　　住宅省エネルギー性能証明書又は建設住宅性能評価書の写し（断熱性能に係 |

税金から差し引かれる金額（住宅借入金等特別控除）

|  | る評価が等級 5 以上及び一次エネルギー消費量に係る評価が等級 6 以上である<br>もの）<br>㈻　エネルギー消費性能向上住宅の場合<br>　　住宅省エネルギー性能証明書又は建設住宅性能評価書の写し（断熱性能に係<br>る評価が等級 4 以上及び一次エネルギー消費量に係る評価が等級 4 以上である<br>もの） |
|---|---|

**(注)**　店舗併用住宅等が上記の床面積基準に該当するかどうかを判定する場合は、次のことに注意してください。
①　その家屋（区分所有家屋の場合は、その人の区分所有する部分）の一部がその人の居住の用以外の用に供されている場合には、その居住の用以外の用に供される部分の床面積を含めたその家屋全体の床面積により判定します。（措通41─12⑴）
　　また、併用住宅等の増改築等の工事費用が100万円を超えるかどうかの判定は、その人の居住用以外の部分を含めた全体の費用の額により判定します。（措法41⑳、措令26㉟一）
②　その家屋が共有である場合には、その家屋の床面積にその人の持分割合を乗じて計算した面積ではなく、その家屋全体の床面積により判定します。（措通41─12⑵）

〈特例居住用家屋の新築等及び特例認定住宅等の新築等の場合のみなし適用の特例〉

　令和 4 年 1 月 1 日以後に居住用家屋を居住の用に供する場合について、個人が、国内において、特例居住用家屋の新築又は特例居住用家屋で建築後使用されたことのないものの取得（以下「**特例居住用家屋の新築等**」といいます。）をした場合には、その特例居住用家屋の新築等は居住用家屋の新築等に該当するものと、その特例居住用家屋は居住用家屋とそれぞれみなして、⑴①の住宅借入金等特別控除を適用することができます。

　令和 4 年 1 月 1 日以後に居住用家屋を居住の用に供する場合について、個人が、国内において、特例認定住宅等の新築又は特例認定住宅等で建築後使用されたことのないものの取得（以下「**特例認定住宅等の新築等**」といいます。）をした場合には、その特例認定住宅等の新築等は認定住宅等の新築等に該当するものと、その特例認定住宅等は認定住宅等とみなして、⑴②の認定住宅等の住宅借入金等特別控除の特例を適用することができます。

　ただし、その者の控除期間のうち、その年分の所得税に係る合計所得金額が1,000万円を超える年については、住宅借入金等特別控除を適用することはできません。（措法41⑱⑲、令 4 改所法等附34①）

〈特例居住用家屋又は特例認定住宅等の範囲〉

　特例居住用家屋とは、個人がその居住の用に供する次に掲げる家屋（その家屋の床面積の 2 分の 1 以上に相当する部分が専らその居住の用に供されるものに限ります。）で令和 5 年12月31日以前に建築基準法の規定による確認を受けているものをいいます。（措令26㉚）
a　一棟の家屋で床面積が40m²以上50m²未満であるもの
b　マンションなど一棟の家屋で、その構造上区分された数個の部分を独立して住居その他の用途に供することができるものにつきその各部分を区分所有する場合には、その者の区分所有する部分の床面積が40m²以上50m²未満であるもの
　特例認定住宅等とは、特例居住用家屋に該当するもので、認定住宅等に該当することにつき証明がされたものをいいます（⑵の表⑤参照）。（措法41⑲）

──（485）──

## 納める税金の計算

### (3) 控除の対象となる住宅借入金等（措法41①一～四、⑨㉑、措令26⑦～⑲㊱、措規18の21②～⑦）

住宅借入金等特別控除の対象となる住宅借入金等は、次の図に掲げる区分に応じてそれぞれに掲げる借入金又は債務（利息に相当するものを除きます。）で償還期間又は賦払期間が10年以上のものをいいます。

(注1) 次図Bの(b)、(c)又は(d)については、家屋の新築に係る次図Aに掲げる借入金又は債務を有している必要があります。（ 注意 の①参照）
なお、(a)及び(e)については、家屋の新築・購入とその家屋の敷地の購入の両方に係る借入金又は債務が対象とされています。

(注2) 次表の①の金融機関、独立行政法人住宅金融支援機構又は貸金業者（以下「当初借入先」といいます。）から借り入れた住宅借入金等（当初借入先に対して負担する同表の④に係る債務に係るものも含みます。）に係る債権の譲渡があった場合に、当初借入先からその債権の譲渡（一定の要件を満たすものに限ります。）を受けた法人（当初借入先と債権の管理・回収業務の委託契約を締結し、かつその契約に従って当初借入先に対してその債権の管理・回収業務の委託をしている法人（特定債権者）をいいます。）に対して有するその債権に係る借入金等も控除対象となります。

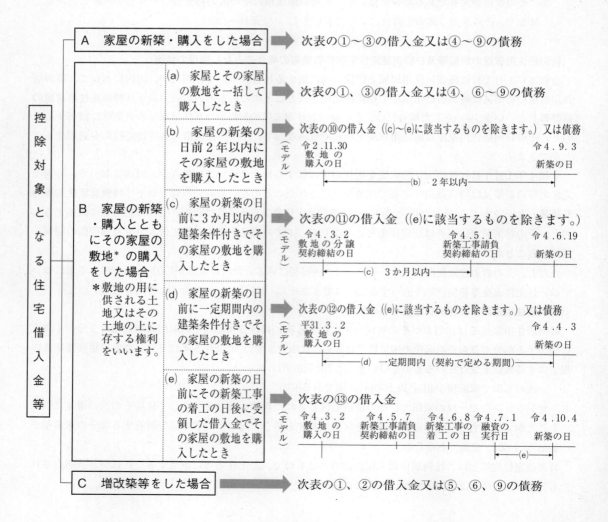

税金から差し引かれる金額（住宅借入金等特別控除）

| | |
|---|---|
| ① | 次に掲げる者からの借入金のうち家屋の新築や購入又は増改築等に要する資金に充てるために借り入れたもの及び家屋と一括して購入したその家屋の敷地の購入に要する資金に係る部分<br>イ　**金融機関**（銀行、信用金庫、労働金庫、信用協同組合、農業協同組合、同連合会、漁業協同組合、同連合会、水産加工業協同組合、同連合会、株式会社商工組合中央金庫、生命保険会社、損害保険会社、信託会社、農林中央金庫、信用金庫連合会、労働金庫連合会、共済水産業協同組合連合会、信用協同組合連合会、株式会社日本政策投資銀行又は株式会社日本貿易保険をいいます。）<br>ロ　独立行政法人住宅金融支援機構、地方公共団体、沖縄振興開発金融公庫、独立行政法人福祉医療機構（令和４年３月31日以前）、国家公務員共済組合、同連合会、日本私立学校振興・共済事業団、地方公務員共済組合、農林漁業団体職員共済組合（平成30年３月31日以前）、独立行政法人北方領土問題対策協会又は厚生年金保険法等の一部を改正する法律附則第48条第１項に規定する指定基金<br>ハ　**貸金業者**（貸金業を行う法人で、家屋の建築や購入に必要な資金の長期貸付けの業務を行うものをいいます。）<br>　**（注）**　上記の貸金業を行う法人には、次の法人のように、専ら住宅資金の長期の貸付けを行うもののほか、貸金業を行う法人で、その業務の一部として住宅資金の長期の貸付けを行うものも含まれます。<br>　　　・株式会社整理回収機構<br>ニ　勤労者財産形成促進法に規定する事業主団体又は福利厚生会社（独立行政法人勤労者退職金共済機構からの転貸貸付けの資金に係る部分に限ります。）<br>ホ　厚生年金保険の被保険者に対して住宅資金の貸付けを行う一定の法人等（独立行政法人福祉医療機構からの転貸貸付けの資金に係る部分に限ります。）（令和４年３月31日以前）<br>ヘ　給与所得者の使用者<br>ト　**公共福利厚生法人**（公共法人や地方公共団体に勤務する給与所得者の福利厚生に関する業務を行う一定の法人をいいます。）<br>　**（注）**　大阪国税局管内では、次の法人が上記トの法人に該当します。<br>　　　・（一財）大阪府職員互助会　　　　　・（一財）阪神高速先進技術研究所<br>　　　・（一財）奈良県職員互助会　　　　　・（一財）奈良県教職員互助組合<br>　　　・（一財）兵庫県職員互助会　　　　　・（一財）兵庫県学校厚生会 |
| ② | 家屋の新築又は増改築等の工事を請け負わせた建設業者から、その工事の請負代金に充てるために借り入れた借入金 |
| ③ | 宅地建物取引業者から購入した家屋の購入の対価又は宅地建物取引業者から家屋と一括して購入したその家屋の敷地の購入の対価に充てるためにその宅地建物取引業者から借り入れた借入金 |
| ④ | 貸金業者又は宅地建物取引業者である法人で家屋の新築工事の請負代金や新築住宅の購入の対価又はその家屋と一括して購入するその家屋の敷地の購入の対価の支払の代行を業とするもの |

納める税金の計算

| | |
|---|---|
| | から、その請負代金が建設業者に支払われたこと又はそれらの購入の対価がその家屋やその家屋の敷地を譲渡した者に支払われたことにより、その法人に対して負担する債務 |
| ⑤ | 家屋の新築又は増改築等の工事を請け負わせた建設業者に対するその工事の請負代金に係る債務 |
| ⑥ | 宅地建物取引業者、独立行政法人都市再生機構、地方住宅供給公社、地方公共団体、日本勤労者住宅協会に対する家屋の購入の対価、家屋と一括して購入したその家屋の敷地の購入の対価又は増改築等に要する費用に係る債務 |
| ⑦ | 次に掲げる者から購入した新築住宅の購入の対価又は新築住宅と一括して購入したその家屋の敷地の購入の対価に係る債務<br>イ　事業主団体又は福利厚生会社（独立行政法人勤労者退職金共済機構からの分譲貸付けの資金に係る部分に限ります。）<br>ロ　厚生年金保険又は国民年金の被保険者等に住宅を分譲する一定の法人等（独立行政法人福祉医療機構からの分譲貸付けの資金に係る部分に限ります。）（令和4年3月31日以前） |
| ⑧ | 次に掲げる者を当事者とする中古住宅の購入又はその家屋と一括して購入したその家屋の敷地の購入に係る債務の承継に関する契約に基づく債務<br>イ　独立行政法人都市再生機構、地方住宅供給公社又は日本勤労者住宅協会<br>ロ　厚生年金保険又は国民年金の被保険者等に住宅を分譲する一定の法人等（独立行政法人福祉医療機構からの分譲貸付けの資金に係る部分に限ります。）（令和4年3月31日以前） |
| ⑨ | 給与所得者の使用者に対する家屋の新築や購入の対価、その家屋と一括して購入したその家屋の敷地の購入の対価又は増改築等に要する費用に係る債務 |
| ⑩ | 家屋の新築の日前2年以内に購入したその家屋の敷地の購入に要する資金に充てるために次のイ～ハに掲げる者から借り入れた借入金又は家屋の新築の日前2年以内にハに掲げる者から購入したその家屋の敷地の購入の対価に係るこれらの者に対する債務で、一定の要件を満たすもの（⑪～⑬に該当する借入金を除きます。）<br>イ　金融機関、地方公共団体又は貸金業者<br>ロ　国家公務員共済組合、国家公務員共済組合連合会、日本私立学校振興・共済事業団、地方公務員共済組合、農林漁業団体職員共済組合（平成30年3月31日以前）、①のロの指定基金又は公共福利厚生法人<br>ハ　給与所得者の使用者<br>**(注)**「一定の要件を満たすもの」とは、イに掲げる者からの借入金については次のi又はⅱのいずれかに該当するもの、ロ若しくはハに掲げる者からの借入金又はハに掲げる者に対する債務については次のiからⅲまでのいずれかに該当するものをいいます。<br>　i　その借入金の貸付けをした者又はその敷地の譲渡の対価に係る債権を有する者のそれらの債権を担保するためにその新築住宅を目的とする抵当権の設定がされたこと<br>　ⅱ　その借入金又はその敷地の購入の対価に係る債務保証をする者又はそれらの債務の不履行により生じた損害を塡補することを約する保険契約を締結した保険者のその保証又は塡補に係る |

税金から差し引かれる金額（住宅借入金等特別控除）

|     |     |
| --- | --- |
|     | 求償権を担保するためにその新築住宅を目的とする抵当権の設定がされたこと<br>iii　その借入れをした者又はその敷地の購入者が、その敷地の上にその者の居住の用に供する家屋を一定期間内に建築することをその貸付け又は譲渡の条件としており、かつ、その家屋の建築及び敷地の購入がその貸付け又は譲渡の条件に従ってされたことにつきその借入金の貸付けをした者又はその敷地の譲渡の対価に係る債権を有する者の確認を受けているものであること |
| ⑪ | 宅地建物取引業者から宅地の分譲に係る一定の契約に従って家屋の新築の日前にその家屋の敷地を購入した場合（その契約に従ってその家屋の新築工事の請負契約が成立している場合に限ります。）で、その家屋の敷地の購入に要する資金に充てるために⑩に掲げる者から借り入れた借入金（⑬に該当するものを除きます。）<br>**(注)**　「宅地の分譲に係る一定の契約」とは、次のi及びiiの事項が定められているものをいいます。<br>　　i　その宅地の購入者と宅地建物取引業者（又はその販売代理人）との間において、その宅地の購入者がその宅地の上に建築する住宅の用に供する家屋の建築工事の請負契約がその宅地の分譲に係る契約の締結の日以後3か月以内に成立することが、その宅地の分譲に係る契約の成立の条件とされていること<br>　　ii　iの条件が成就しなかったときは、その宅地の分譲に係る契約は成立しないものであること |
| ⑫ | 地方公共団体等（地方公共団体、独立行政法人都市再生機構、地方住宅供給公社又は土地開発公社をいいます。）から宅地の分譲に係る一定の契約に従って家屋の新築の日前に購入したその家屋の敷地の購入に要する資金に充てるために⑩に掲げる者から借り入れた借入金（⑬に該当するものを除きます。）又は敷地の購入の対価に係る地方公共団体等に対する債務<br>**(注)**　「宅地の分譲に係る一定の契約」とは、次のi及びiiの事項が定められているものをいいます。<br>　　i　その宅地の購入者がその宅地の上にその者の住宅の用に供する家屋を購入の日後一定期間内に建築することを条件として購入するものであること<br>　　ii　地方公共団体等は、その宅地の購入者がiの条件に違反したときに、その宅地の分譲に係る契約を解除し、又はその宅地を買い戻すことができること |
| ⑬ | 家屋の新築に要する資金及びその家屋の敷地の購入に要する資金に充てるために、次に掲げる者から借り入れた借入金で、その家屋の新築工事の着工の日後に受領したもの<br>イ　独立行政法人住宅金融支援機構、沖縄振興開発金融公庫、独立行政法人福祉医療機構（令和4年3月31日以前）又は独立行政法人北方領土問題対策協会<br>ロ　国家公務員共済組合又は地方公務員共済組合（勤労者財産形成持家融資に係るものに限ります。）<br>ハ　事業主団体又は福利厚生会社（独立行政法人勤労者退職金共済機構からの転貸貸付けの資金に係る部分に限ります。）<br>ニ　厚生年金保険の被保険者に対して住宅資金の貸付けを行う一定の法人等（独立行政法人福祉医療機構からの転貸貸付けの資金に係る部分に限ります。）（令和4年3月31日以前）<br>ホ　給与所得者の使用者（独立行政法人勤労者退職金共済機構又は独立行政法人福祉医療機構（令和4年3月31日以前）からの転貸貸付けの資金に係る部分に限ります。） |

納める税金の計算

**注意** 上表の①～⑬に掲げる借入金又は債務（486ページの(3)の**(注2)**の借入金等を含みます。）であっても、次の①～④に掲げる場合に該当するものは控除の対象とはなりません。

① 家屋の新築の日前に購入したその家屋の敷地の購入に係る借入金又は債務の年末残高のみがあり、その家屋の新築に係る借入金又は債務の年末残高がない場合

② 給与所得者又は退職手当等の支払いを受ける者（以下「給与所得者等」といいます。）が使用者又は事業主団体から、使用人である地位に基づいて貸付けを受けた借入金又は債務につき支払うべき利息がない場合又はその利息の利率が年0.2％（平成28年12月31日以前は年1％）未満である場合

③ 給与所得者等が使用者又は事業主団体から、使用人である地位に基づいて借入金又は債務に係る利息に充てるために支払を受けた金額がその利息の額と同額である場合又はその利息の額から支払を受けた金額を控除した残額を利息であると仮定して計算した利率が年0.2％（平成28年12月31日以前は年1％）未満となる場合

④ 給与所得者等が使用者又は事業主団体から、使用人である地位に基づいて家屋又は敷地を時価の2分の1未満の価額で譲り受けた場合

## (4) 控除額の計算

住宅借入金等特別控除の控除額は、住宅借入金等の年末残高の合計額（住宅の取得等の対価の額又は費用の額**(注1)(注2)**が住宅借入金等の年末残高の合計額よりも少ないときは、その取得等の対価の額又は費用の額（495ページ参照）。以下「**年末残高等**」といいます。）を基に、居住の用に供した年分の計算方法により算出します（100円未満の端数金額は切り捨てます。）。（措令26⑥、措法41②）

$$\begin{array}{c}\text{住宅借入金等の} \\ \text{年末残高の合計額}\end{array} \times \text{控除率} = \text{住宅借入金等特別控除額} \quad \left[\begin{array}{c}\text{100円未満の} \\ \text{端数切捨て}\end{array}\right]$$

**(注1)** 住宅の取得等に関し、補助金等（国又は地方公共団体から交付される補助金又は給付金その他これらに準ずるものをいいます。）の交付を受ける場合（平成23年6月30日以後に住宅の取得等に係る契約を締結する場合に限ります。以下同じです。）には、その補助金等の額を控除します。

**(注2)** 住宅の取得等に際して住宅取得等資金の贈与を受け、「住宅取得等資金の贈与税の非課税」（措法70の2）又は「住宅取得等資金の贈与を受けた場合の相続時精算課税選択の特例」（措法70の3）（以下、併せて「**住宅取得等資金の贈与の特例**」といいます。）を適用した場合には、その適用を受けた住宅取得等資金の額を控除します。

──(490)──

税金から差し引かれる金額（住宅借入金等特別控除）

### イ　令和4年以後に居住を開始した場合の控除額の計算

a　〈b以外の住宅〉（(1)の①、③の場合）（措法41①～④）

| 住宅の区分 | 居住の用に供した年 | 控除期間 | 各年の控除額の計算（控除限度額） |
|---|---|---|---|
| 住宅の新築等(注2)又は買取再販住宅の取得 | 令和4年1月1日から令和5年12月31日まで | 13年 | 【1～13年目】$\left(\begin{array}{c}\text{住宅借入金等の年末残高等}\\ \text{〔上限3,000万円〕}\end{array}\right)\times 0.7\%$　(21万円) |
| | 令和6年1月1日から令和7年12月31日まで | 10年 | 【1～10年目】$\left(\begin{array}{c}\text{住宅借入金等の年末残高等}\\ \text{〔上限2,000万円〕}\end{array}\right)\times 0.7\%$　(14万円) |
| 中古住宅若しくは要耐震改修住宅の取得（買取再販住宅の取得を除きます。）又は住宅の増改築等 | 令和4年1月1日から令和7年12月31日まで | 10年 | 【1～10年目】$\left(\begin{array}{c}\text{住宅借入金等の年末残高等}\\ \text{〔上限2,000万円〕}\end{array}\right)\times 0.7\%$　(14万円) |

**(注1)**　令和4年に居住を開始した場合で、住宅の取得等が特別特例取得又は特例特別特例取得の場合は、ハの特例の適用を受けることができます。（(1)の⑦参照）

**(注2)**　特定居住用家屋の新築等をして、令和6年1月1日以後居住の用に供した場合は、住宅借入金等特別控除の適用はできません。（481ページ参照）

b　〈認定住宅等〉（(1)の②の場合）（措法41⑩～⑫）

| 住宅の区分 | 居住の用に供した年 | 控除期間 | 各年の控除額の計算（控除限度額） |
|---|---|---|---|
| 新築等・買取再販住宅の取得 | | | |
| 認定住宅 | 令和4年1月1日から令和5年12月31日まで | 13年 | 【1～13年目】$\left(\begin{array}{c}\text{認定住宅等借入金等の年末残高等}\\ \text{〔上限5,000万円〕}\end{array}\right)\times 0.7\%$　(35万円) |
| | 令和6年1月1日から令和7年12月31日まで | 13年 | 【1～13年目】$\left(\begin{array}{c}\text{認定住宅等借入金等の年末残高等}\\ \text{〔上限4,500万円〕}\end{array}\right)\times 0.7\%$　(31.5万円) |
| 特定エネルギー消費性能向上住宅（ZEH水準省エネ住宅） | 令和4年1月1日から令和5年12月31日まで | 13年 | 【1～13年目】$\left(\begin{array}{c}\text{認定住宅等借入金等の年末残高等}\\ \text{〔上限4,500万円〕}\end{array}\right)\times 0.7\%$　(31.5万円) |
| | 令和6年1月1日から令和7年12月31日まで | 13年 | 【1～13年目】$\left(\begin{array}{c}\text{認定住宅等借入金等の年末残高等}\\ \text{〔上限3,500万円〕}\end{array}\right)\times 0.7\%$　(24.5万円) |

納める税金の計算

| | | | 各年の控除額の計算（控除限度額） |
|---|---|---|---|
| エネルギー消費性能向上住宅（省エネ基準適合住宅） | 令和4年1月1日から令和5年12月31日まで | 13年 | 【1〜13年目】$\left(\begin{array}{c}\text{認定住宅等借入金等の年末残高等}\\ \text{〔上限4,000万円〕}\end{array}\right) \times 0.7\%$ (28万円) |
| | 令和6年1月1日から令和7年12月31日まで | 13年 | 【1〜13年目】$\left(\begin{array}{c}\text{認定住宅等借入金等の年末残高等}\\ \text{〔上限3,000万円〕}\end{array}\right) \times 0.7\%$ (21万円) |
| 認定住宅等に該当する中古住宅（買取再販認定住宅等の取得を除きます。） | 令和4年1月1日から令和7年12月31日まで | 10年 | 【1〜10年目】$\left(\begin{array}{c}\text{認定住宅等借入金等の年末残高等}\\ \text{〔上限3,000万円〕}\end{array}\right) \times 0.7\%$ (21万円) |

**(注)** 令和4年に居住を開始した場合で、住宅の取得等が特別特例取得又は特例特別特例取得の場合は、ハの特例の適用を受けることができます。((1)の⑦参照)

**ロ 平成20年〜令和3年に居住を開始した場合の控除額の計算** （適用終了分は省略）

a 〈一般の住宅〉（b以外の住宅）((1)の①、③、⑥イ、⑥ロの場合)（措法41①〜⑤）

| 居住の用に供した年 | 控除期間 | 各年の控除額の計算（控除限度額） | |
|---|---|---|---|
| 平成20年1月1日から平成20年12月31日まで | 15年 | 【1〜10年目】$\left(\begin{array}{c}\text{住宅借入金等の}\\ \text{年末残高等}\\ \text{〔上限2,000万円〕}\end{array}\right) \times 0.6\%$ (12万円) | 【11〜15年目】$\left(\begin{array}{c}\text{住宅借入金等の}\\ \text{年末残高等}\\ \text{〔上限2,000万円〕}\end{array}\right) \times 0.4\%$ (8万円) |
| 平成25年1月1日から平成25年12月31日まで | 10年 | 【1〜10年目】住宅借入金等の年末残高等〔上限2,000万円〕× 1 % (20万円) | |
| 平成26年1月1日から令和3年12月31日まで | 10年 | 【1〜10年目】住宅借入金等の年末残高等〔上限4,000万円〕× 1 % (40万円)　**(注)** 住宅の取得等が特定取得以外の場合、住宅借入金等の年末残高等の上限は2,000万円、控除限度額は20万円 | |

**＊特定取得**とは、その住宅の取得等に係る対価の額又は費用の額に含まれる消費税額等が8％又は10％の消費税及び地方消費税の税率により課されるべき消費税額等である場合の住宅の取得等のことをいいます。（措法41③⑤）

**(注)** 平成19年1月1日から平成20年12月31日までの間に居住の用に供した場合は、控除期間について10年又は15年のいずれかを選択することができます。この選択により、10年又は15年のいずれかの控除期間を適用して確定申告書を提出した場合には、その後の全ての年分についても、その選択し適用し

税金から差し引かれる金額（住宅借入金等特別控除）

た控除期間を適用することになり、選択替えはできません。（措法41⑥〜⑧）

b 〈認定住宅〉（⑴の②の場合）（措法41⑩〜⑫）

| 居住の用に供した年 | 控除期間 | 各年の控除額の計算<br>（控除限度額） |
|---|---|---|
| 平成25年1月1日から<br>平成25年12月31日まで | 10年 | 【1〜10年目】<br>認定住宅借入金等の年末残高等〔上限3,000万円〕× 1 ％<br>（30万円） |
| 平成26年1月1日から<br>令和3年12月31日まで | 10年 | 【1〜10年目】<br>認定住宅借入金等の年末残高等〔上限5,000万円〕× 1 ％<br>（50万円）<br>（注）　住宅の取得等が特定取得以外の場合、住宅借入金等の年末<br>　　残高等の上限は3,000万円、控除限度額は30万円 |

ハ　令和元年10月1日〜令和4年に居住を開始した場合の消費税率引上げによる住宅に係る駆け込み・反動減対策のための控除期間の特例（控除期間の3年間延長の特例）

a　一般の住宅（b以外の住宅）（⑴の④「控除期間の3年間延長の特例」イ）（措法41⑬⑮）

　（注）　⑴の⑥ハ「控除期間の3年間延長の特例の入居期限の特例」、同⑦イ、同ロ、同ニ又は同ホの場合も同様の控除額の計算です。

| 居住年 | 控除期間 | 各年の控除額の計算 |
|---|---|---|
| 令和元年10月1日から<br>令和元年12月31日まで | 13年 | 【1〜10年目】<br>特別特定住宅借入金等の年末残高等〔上限4,000万円〕× 1 ％<br>【11〜13年目】<br>次のいずれか少ない額が控除限度額<br>①　特別特定住宅借入金等の年末残高等〔上限4,000万円〕×<br>　1 ％<br>②　（その住宅の取得等で特別特定取得に該当するものに係る<br>　対価の額又は費用の額－その住宅の取得等に係る対価の額又<br>　は費用の額に含まれる消費税額等相当額）〔上限4,000万円〕<br>　× 2 ％÷ 3 |
| 令和2年1月1日から<br>令和4年12月31日まで<br>（注1） | | |

b　認定住宅等（⑴の④「控除期間の3年間延長の特例」ロ）（措法41⑯⑰）

　（注）　⑴の⑥ハ「控除期間の3年間延長の特例の入居期限の特例」（認定住宅の新築等の場合）、同⑦イ（認定住宅等の新築等の場合）又は同ハの場合も同様の控除額の計算です。

——（493）——

納める税金の計算

| 居住年 | 控除期間 | 各年の控除額の計算 |
|---|---|---|
| 令和元年10月1日から令和元年12月31日まで | 13年 | 【1～10年目】<br>認定特別特定住宅借入金等の年末残高等〔上限5,000万円〕×1％ |
| 令和2年1月1日から令和4年12月31日まで（注1） | | 【11～13年目】<br>次のいずれか少ない額が控除限度額<br>① 認定特別特定住宅借入金等の年末残高等〔上限5,000万円〕×1％<br>② （その認定住宅の新築等で特別特定取得に該当するものに係る対価の額－その認定住宅の新築等に係る対価の額に含まれる消費税額等相当額）〔上限5,000万円〕×2％÷3 |

**（注1）** 居住年が令和4年の場合は、(1)の⑦「新型コロナ税特法の居住の用に供する期間等の特例」に該当する場合に限ります。

**（注2）** 上記の「対価の額」又は「費用の額」については、住宅の取得等に関し、補助金等の交付を受ける場合又は住宅取得等資金の贈与を受けた場合の贈与税の非課税の特例の適用を受ける場合であっても、その補助金等の額又はその適用を受けた住宅取得等資金の額を控除しないで計算した額となります。

**（注3）** 上記「消費税額等相当額」とは、その住宅の取得等に係る対価の額又は費用の額に含まれる消費税額及び地方消費税額の合計額に相当する額をいいます。

〈二以上の住宅の新築取得等に係る住宅借入金等の金額を有する場合の住宅借入金等特別控除額の調整措置〉

　前年以前に家屋の取得等をし、本年にその家屋の増改築等をした場合のように、二以上の住宅の取得等に係る住宅借入金等がある場合の控除額は、一の住宅の取得等に係る住宅借入金等の金額ごとに計算した税額控除額の合計額となります。（措法41の2①）

　ただし、その合計額が控除限度額を超える場合は、その適用年の住宅借入金等特別控除額は控除限度額の金額となります。この控除限度額は、それぞれの住宅借入金等ごとに計算される各年の控除限度額のうち、最も多い金額となります。（措法41の2①②）

　同一年中に行われた二以上の住宅の取得等は、原則として一の住宅の取得等として上記の控除額の計算を行いますが、これらの住宅の取得等のうちに、「居住用家屋の新築等又は買取再販住宅の取得に該当する住宅の取得等」と「居住用家屋の新築等又は買取再販住宅の取得に該当するもの以外の住宅の取得等」とがあるような場合には、それぞれ異なる住宅の取得等として控除額を計算します。なお、区分をした後の住宅の取得等のうちに認定住宅等に係るものとその他の住宅に係るものが含まれている場合には、その住宅の取得等は、さらに認定住宅等に係るものとその他の住宅に係るものとに区分することとされています。（措法41の2③）

——（494）——

税金から差し引かれる金額（住宅借入金等特別控除）

## 〈住宅借入金等の年末残高の計算〉

　住宅借入金等特別控除額の計算をするに当たって、次表の「区分」欄のいずれかの場合に該当するときは、それぞれ次表の「控除額の計算の基となる金額」欄の金額（補助金等の交付を受ける場合又は住宅取得等資金の贈与を受けた場合には当該補助金等の額又は当該住宅取得等資金の額を控除した金額）を「住宅借入金等の年末残高の合計額」として計算を行います。（措令26⑥⑦、措通41―23、41―26の2）

| 区　　　　　分 | | 控除額の計算の基となる金額 |
|---|---|---|
| ① | 家屋の新築・購入に係る住宅借入金等の年末残高の合計額がその家屋の新築工事の請負代金・購入の対価の額を超える場合 | | その家屋の新築工事の請負代金又はその家屋の購入の対価の額 |
| ② | 家屋の新築・購入及びその家屋の新築・購入とともにしたその家屋の敷地の購入に係る住宅借入金等で右のいずれかに該当する場合 | (3)のＢの(a)又は(e)の場合で、住宅借入金等の年末残高の合計額が、その家屋の新築工事の請負代金又はその家屋の購入の対価の額とその敷地の購入の対価の額との合計額を超えるとき | その家屋の新築工事の請負代金又はその家屋の購入の対価の額＋その敷地の購入の対価の額 |
| | | (3)のＢの(b)、(c)又は(d)の場合で、その家屋の敷地の購入に係る住宅借入金等の年末残高の合計額が、その敷地の購入の対価の額を超えるとき | その敷地の購入の対価の額＋その家屋の新築・購入に係る住宅借入金等の金額 |
| ③ | 増改築等に係る住宅借入金等の年末残高の合計額が、その増改築等に要した費用の額を超える場合 | | その増改築等に要した費用の額 |
| ④ | 家屋の新築・購入に係る住宅借入金等で、その家屋に居住用以外の部分がある場合 | | その住宅借入金等の年末残高の合計額 × 居住用部分の床面積／家屋の総床面積 |
| ⑤ | 家屋の新築・購入及びその家屋の新築・購入とともにしたその家屋の敷地の購入に係る住宅借入金等で、その家屋及び敷地のうちに居住用以外の部分がある場合 | (3)のＢの(a)又は(e)のとき | 家屋の新築・購入に係る住宅借入金等の年末残高の合計額 × 居住用部分の床面積／家屋の総床面積＋その家屋の敷地の購入に係る住宅借入金等の年末残高の合計額 × 居住用部分の敷地の面積／敷地の総面積 |
| | | (3)のＢの(b)、(c)又は(d)のとき | その家屋の敷地の購入に係る住宅借入金等の年末残高の合計額 × 居住用部分の敷地の面積／敷地の総面積＋④の計算した金額 |
| ⑥ | 増改築等をした部分のうちに居住用以外の部分がある場合 | | 増改築等に係る住宅借入金等の年末残高の合計額 × 居住用部分の増改築等の費用／増改築等に要した費用の総額 |

**（注1）** 上表の④〜⑥の「控除額の計算の基となる金額」欄の分数部分の割合が90％以上のときは、100％としてそれぞれの計算をすることができます。（措通41―29）

**（注2）** 上表の⑤の計算式の"敷地の総面積"とは、土地又は土地の上に存する権利についてはその土地の面積をいいますが、マンションなどの区分所有建物のときは次の算式で計算した面積をいいます。

$$一棟の家屋の敷地等の総面積 \times \frac{その人の区分所有する部分の床面積}{一棟の家屋の総床面積}$$

――（495）――

納める税金の計算

(5) その他の要件

① 合計所得金額が2,000万円又は3,000万円を超えないこと

控除を受けようとする人のその年分の合計所得金額が2,000万円（令和3年12月31日までに居住した場合又は新型コロナ税特法の居住の用に供する期間等の特例（(1)の⑦参照）の適用要件を満たして令和4年12月31日までに居住した場合は、3,000万円）を超える場合には、その年分については控除を受けることができません。（措法41①、令4改所法等附34①）

（注1）「合計所得金額」とは、純損失及び雑損失などの繰越控除を適用しないで計算した総所得金額、分離課税の長期譲渡所得・短期譲渡所得の金額（特別控除前の金額）、申告分離課税の上場株式等に係る配当所得等、申告分離課税の一般株式等の譲渡所得等の金額、申告分類課税の上場株式等の金額、申告分離課税の先物取引の雑所得等の金額及び退職所得金額、山林所得金額の合計額（損益通算の適用があるときは、損益通算後のこれらの金額の合計額）をいいます。（詳しくは410ページ参照）

（注2）特例居住用家屋の新築等及び特例認定住宅等の新築等の場合のみなし適用の特例（485ページ参照）、(1)の⑦のロの特例住宅の取得等に係る特例、同ハの特例認定住宅の新築等に係る特例、又は同ニの特例要耐震改修住宅の取得等に係る特例については、その年分の所得税に係る合計所得金額が1,000万円を超える年については、それぞれの特例は適用されません。

② 居住用家屋の取得が贈与等によるものでないこと

居住用家屋の取得が次に該当する場合は、この控除を受けることができません。（措法41①、措令26②）

イ 贈与による取得

ロ 配偶者その他その人と特別の関係がある次の者（その取得の時においてその人と生計を一にしており、取得後も引き続き生計を一にする者に限ります。）からの家屋又はその家屋の敷地の用に供する土地の取得

(イ) その人の親族

(ロ) その人と婚姻の届出をしていないが事実上婚姻関係と同様の事情にある者

(ハ) (イ)、(ロ)以外の者で、その人から受ける金銭その他の資産によって生計を維持しているもの

(ニ) (イ)〜(ハ)の者と生計を一にするこれらの者の親族

③ 居住用財産等の譲渡所得の課税の特例の適用を受けていないこと

次のいずれかの場合に該当するときは、適用年の各年分について住宅借入金等特別控除の適用は受けられません。（措法41㉒㉓）

イ 居住年又はその前年若しくは前々年分の所得税の計算で、次の課税の特例の適用を受けている場合

(イ) 居住用財産を譲渡した場合の長期譲渡所得の課税の特例（措法31の3）

(ロ) 居住用財産の3,000万円特別控除（措法35）

（注）平成28年4月1日から令和5年12月31日までの間に譲渡する「空き家に係る譲渡所得の特別控除」（措法35③、667ページ）については、住宅借入金等特別控除との重複適用ができます。（措法41㉒かっこ書）

(ハ) 特定の居住用財産の買換え・交換の場合の長期譲渡所得の課税の特例（措法36の2、36の5）

(ニ) 既成市街地等内にある土地等の中高層耐火建築物等の建設のための買換え及び交換の場合の譲

——(496)——

税金から差し引かれる金額（住宅借入金等特別控除）

渡所得の課税の特例（措法37の5）

ロ　適用対象となる家屋に居住した人が、その居住年の翌年以後3年以内の各年（令和2年3月31日以前の譲渡については、翌年又は翌々年）中にその家屋及びその敷地（借地権等を含みます。）以外の資産、つまり従前に居住していた住宅で居住用財産を譲渡した場合の長期譲渡所得の課税の特例、居住用財産の3,000万円特別控除又は居住用財産の買換えの特例等の適用がある「譲渡資産」について、その譲渡をして、イの各特例の適用を受ける場合

**(注)**　上記ロの場合には、既に受けているその前3年以内の各年（令和2年3月31日以前の譲渡については、前年又は前々年分）の住宅借入金等特別控除額に相当する税額を、その譲渡をした年の確定申告期限までに修正申告書又は期限後申告書を提出して納付しなければなりません。（措法41の3）

④　**認定住宅等の新築等に係る住宅借入金等特別控除の特例を選択した場合について、計画の取消しを受けていないこと**……取消しを受けた場合には、その取消しを受けた日の属する年分以後について適用を受けることはできません。

## ⑹　控除を受けるための手続

### イ　1年目の手続

初めて住宅借入金等特別控除の適用を受ける場合は、申告書第一表の「（特定増改築等）住宅借入金等特別控除」欄に「（特定増改築等）住宅借入金等特別控除額の計算明細書」で計算した控除額を記載するとともに、次表の①**「共通して必要な書類」**のほか②～⑫の場合のいずれに該当するかの別により、それぞれに掲げる書類も確定申告書に添付して税務署に提出します。（措法41㉞、措規18の21①⑧、新型コロナ税特令4の2⑮～⑳、㉓、新型コロナ税特規4の2⑧～⑬、⑲）

また、申告書第二表の「特例適用条文等」欄に居住開始年月日を記入します。

※　以下の場合は、居住開始年月日の頭部に次のように記入します。

・住宅借入金等特別控除の特例→㉑

・認定住宅等の新築等に係る住宅借入金等特別控除の特例→㉒

また、以下の場合は、居住開始年月日の末尾に次のように記入します。

・特別特例取得に該当する場合→（特特）

・特例特別特例取得に該当する場合→（特特特）

・特例取得かつ新型コロナの影響による入居遅延に該当する場合→（特特）

・特別特定取得に該当し、令和2年末までに居住した場合（特特）

・特定取得に該当する場合（上記に該当する場合を除く）→（特）

納める税金の計算

**（申告書第一表）**

| （特定増改築等）住宅借入金等特別控除 | 区分1 | □ | 区分2 | □ | ㉞ | | | | | | | ○ | ○ |

**（申告書第二表）**

| 特例適用条文等 | |
|---|---|

※　「**区分1**」の□は、東日本大震災の被災者の方が、適用期間の特例や住宅の再取得等に係る住宅借入金等特別控除の控除額の特例又は重複適用の特例の適用を受ける場合に記入します。

※　給与所得者が、既に年末調整でこの控除の適用を受けている場合には、源泉徴収票の「住宅借入金等特別控除の額」欄の額（摘要欄の「住宅借入金等特別控除可能額」欄に金額が記載されている場合はその額）を㉞欄に転記し、「**区分2**」の□に「1」を記入します。

| ①<br>共通して必要な書類 | ⅰ　金融機関等から交付を受けた「住宅取得資金に係る借入金の年末残高等証明書」（511ページ）（2か所以上から交付を受けている場合は、その全ての証明書）<br>※　令和2年10月1日以後に、令和2年分以後の住宅借入金等特別控除の適用を受ける場合は、電磁的記録印刷書面（電子証明書等に記録された情報の内容を、国税庁長官が定める方法によって出力することにより作成した書面をいいます。）とすることができます。（措規18の21⑧、平30改措規附18）<br>ⅱ　「（特定増改築等）住宅借入金等特別控除額の計算明細書」<br>※　連帯債務による住宅借入金等を有する場合は、「（付表）連帯債務がある場合の住宅借入金等の年末残高の計算明細書」<br>ⅲ　国等から補助金等の交付を受ける場合又は「住宅取得等資金の贈与税の非課税等の特例」の適用を受ける場合には、国等から交付を受ける補助金等の額又は住宅取得等資金の額を明らかにする書類<br>（注）　平成28年1月1日以後に**従前家屋が災害により居住の用に供することができなくなった場合**（（1）の⑤参照）に、継続適用を受ける年においては、市区町村又は特別区の区長の従前家屋に係る災害による被害の状況その他の事項を証する書類（その写しを含みます。）、従前家屋の登記事項証明書その他の書類で従前家屋が災害により居住の用に供することができなくなったことを明らかにする書類の添付が必要です。（措規18の21⑧一リ） |
|---|---|
| ②<br>家屋の購入・新築に係る借入金等のみの場合住宅の新築家屋 | 次のⅰ～ⅱの書類<br>ⅰ　①に掲げる書類<br>ⅱ　家屋の登記事項証明書（原本）、請負契約書の写し、売買契約書の写しなどで、家屋の新築年月日又は購入年月日、家屋の新築工事の請負代金又は購入の対価の額、家屋の床面積が50㎡以上（その住宅が特例居住用家屋又は特例認定住宅等（485ページ参照）に該当する場合又はその住宅の取得等が特例特別特例取得（（1）の⑦ロ（**注4**）参照）に該当する場合は、床面積40㎡以上50㎡未満）であること及び住宅の取得等が特定取得（（4）の口aの表下＊参照）、特別特定取得（（1）の④イ（**注**）参照）、特例特別取得（（1）の⑦イ（**注**）参照）又は特例特別特例取得に該当する場合にはその該当する事実を明らかにする書類 |

——（498）——

税金から差し引かれる金額（住宅借入金等特別控除）

| ③ 家屋の新築・新築家屋の購入及びその家屋とともに購入したその家屋の敷地の購入に係る住宅借入金等の場合 | 次のi～iiiの書類<br>i　①及び②に掲げる書類<br>ii　敷地の登記事項証明書（原本）、売買契約書の写し、敷地の分譲に係る契約書の写しなどで、敷地の購入年月日及び敷地の購入の対価の額を明らかにする書類<br>iii　敷地の購入に係る住宅借入金等が次の@～©のいずれかに該当するときには、それぞれに掲げる書類<br><br>@ (3)の表の⑩の借入金又は債務であるとき<br>　――金融機関、地方公共団体又は貸金業者からの借入金 → 家屋の登記事項証明書などで、家屋に抵当権が設定されていることを明らかにする書類（②の書類により明らかにされている場合は不要）<br>　――上記以外のもの → 家屋の登記事項証明書などで、家屋に抵当権が設定されていることを明らかにする書類（②の書類により明らかにされている場合は不要）又は貸付け若しくは譲渡の条件に従って一定期間内に家屋が建築されたことをその貸付けをした者若しくはその譲渡の対価に係る債権を有する者が確認した旨を証する書類<br><br>b (3)の表の⑪の借入金であるとき → 敷地等の分譲に係る契約書の写しなどで、契約において３か月以内の建築条件が定められていることなどを明らかにする書類（iiの書類により明らかにされている場合は不要）<br><br>c (3)の表の⑫の借入金又は債務であるとき → 敷地の分譲に係る契約書の写しなどで、契約において一定期間内の建築条件が定められていることなどを明らかにする書類（iiの書類により明らかにされている場合は不要） |
|---|---|
| ④ 認定長期優良住宅の新築等に係る住宅借入金等の場合 | 次のi～iiiの書類<br>i　①及び②又は③に掲げる書類<br>ii　長期優良住宅建築等計画の認定通知書（計画変更の認定を受けた場合は、変更認定通知書）の写し（認定計画実施者の地位の承継があった場合には、認定通知書及び地位の承継の承認通知書の写し）<br>iii　住宅用家屋証明書若しくはその写し又は「認定長期優良住宅建築証明書」（512ページ） |
| ⑤ 認定低炭素住宅の新築等に係る住宅借入金等の場合 | 次のi～iiiの書類<br>i　①及び②又は③に掲げる書類<br>ii　低炭素建築物新築等計画の認定通知書（計画の変更の認定を受けた場合は、変更認定通知書）の写し<br>iii　住宅用家屋証明書若しくはその写し又は「認定低炭素住宅建築証明書」（514ページ） |
| ⑥ 低炭素建築物とみなされる特定建築物の新築等に係る住宅借入金等の場合 | 次のi、iiの書類<br>i　①及び②又は③に掲げる書類<br>ii　特定建築物用の住宅用家屋証明書 |

# 納める税金の計算

| | |
|---|---|
| ⑦ 特定エネルギー消費性能向上住宅の新築等の場合に係る住宅借入金等 | 次のⅰ、ⅱの書類<br>ⅰ　①及び②又は③に掲げる書類<br>ⅱ　「住宅省エネルギー性能証明書」（516ページ）又は建設住宅性能評価書の写し<br>　（注）　断熱性能に係る評価が等級5以上及び一次エネルギー消費量に係る評価が等級6以上であるもの |
| ⑧ エネルギー消費性能向上住宅の新築等の場合に係る住宅借入金等 | 次のⅰ、ⅱの書類<br>ⅰ　①及び②又は③に掲げる書類<br>ⅱ　「住宅省エネルギー性能証明書」（516ページ）又は建設住宅性能評価書の写し<br>　（注）　断熱性能に係る評価が等級4以上及び一次エネルギー消費量に係る評価が等級4以上であるもの |
| ⑨ 購入に係る住宅借入金等のみの場合の中古住宅（買取再販住宅を除きます。）の | 次のⅰ～ⅵの書類<br>ⅰ　①に掲げる書類<br>ⅱ　家屋の登記事項証明書（原本）<br>ⅲ　売買契約書の写しなどで、家屋の購入年月日、家屋の購入の対価の額、家屋の床面積が50㎡以上（その住宅の取得等が特例特別特例取得（(1)の⑦ロ**（注4）**参照）に該当する場合は、床面積40㎡以上50㎡未満）であること及び住宅の取得等が特定取得（(4)のロａの表下＊参照）、特別特定取得（(1)の④イ**(注)**参照）、特別特例取得（(1)の⑦イ**(注)**参照）又は特例特別特例取得に該当する場合にはその該当する事実を明らかにする書類<br>　※　住宅借入金等のうち中古住宅と一括して購入したその家屋の敷地の購入に係る部分についてもこの控除を受ける場合には、敷地の購入年月日及び敷地の購入の対価の額を明らかにする書類又はその写しも必要。<br>ⅳ　(2)②ハｂ(ハ)に該当する家屋（482ページ）については、建築士や指定確認機関等が証明等を行った次のいずれかの書類<br>　・耐震基準適合証明書（518ページ）<br>　　※　その家屋の購入の日前2年以内にその証明のための家屋の調査が終了したものに限ります。<br>　・建設住宅性能評価書の写し<br>　　※　その家屋の購入の日前2年以内に評価されたもので、耐震等級に係る評価が等級1、等級2又は等級3であるものに限ります。<br>　・既存住宅売買瑕疵担保責任保険契約が締結されていることを証する書類<br>　　※　その家屋の購入の日前2年以内に締結されたものに限ります。<br>ⅴ　(2)②ハｂ(ニ)に該当する**要耐震改修住宅**については、次の書類などで、中古住宅の取得の日までに耐震改修を行うことについての申請をしたこと、中古住宅を住居の用に供した日までに耐震改修により中古住宅が耐震基準に適合することとなったこと、耐震改修をした年月日及び耐震改修に要した費用の額を明らかにするもの<br>　・建築物の耐震改修計画の認定申請書の写し及び耐震基準適合証明書<br>　・耐震基準適合証明申請書（中古住宅の取得の日までにその申請書の提出が困難な場合 |

税金から差し引かれる金額（住宅借入金等特別控除）

<table>
<tr>
<td></td>
<td>

には、耐震基準適合証明仮申請書）の写し及び耐震基準適合証明書
・建設住宅性能評価申請書（中古住宅の取得の日までにその申請書の提出が困難な場合には、建設住宅性能評価仮申請書）の写し及び建設住宅性能評価書（耐震等級（構造躯体の倒壊等防止）に係る評価が等級1、等級2又は等級3であるものに限ります。）の写し
・既存住宅売買瑕疵担保責任保険契約（住宅瑕疵担保責任保険法人が引受けを行う一定の保険契約に限ります。）の申込書（その契約の申込日が記載されているものに限ります。）の写し及び既存住宅売買瑕疵担保責任保険契約が締結されていることを証する書類
・耐震改修に係る工事請負契約書の写し

vi　その住宅借入金等が(3)の表の⑧の債務であるときは、その債務の承継に関する契約に係る契約書の写し

vii　認定住宅等に該当する場合は、④〜⑧の認定住宅等であることを証明する書類

</td>
</tr>
<tr>
<td>⑩<br>買取再販に係る住宅の借入金等の場合の取得住宅</td>
<td>

次のi、iiの書類
i　⑨に掲げる書類
ii　建築士等が発行する増改築等工事証明書（(2)の③(ト)の工事が行われた場合には、住宅瑕疵担保責任保険法人が発行した既存住宅売買瑕疵担保責任保険の保険付保証明書も必要です。）

</td>
</tr>
<tr>
<td>⑪<br>買取再販に係る認定住宅等の借入金等の取得の場合</td>
<td>

次のi、iiの書類
i　⑩に掲げる書類
ii　④〜⑧の認定住宅等であることを証明する書類

</td>
</tr>
<tr>
<td>⑫<br>増改築等をした部分に係る住宅借入金等の場合</td>
<td>

次のi〜iiiの書類
i　①に掲げる書類
ii　(2)④イ(イ)の工事の場合はその工事に係る建築基準法の確認済証の写し若しくは検査済証の写し又はこれらの工事に該当する旨を証する書類として建築士等から交付を受けた「増改築等工事証明書」（520ページ）、(2)④イ(ロ)〜(ヘ)の工事の場合はその工事に係る「増改築等工事証明書」
iii　家屋の登記事項証明書（原本）、請負契約書の写しなどで、増改築等をした年月日、増改築等に要した費用の額、増改築後の家屋の床面積が50m²以上（その住宅の取得等が特例特別特例取得（(1)の⑦ロ(注4)参照）に該当する場合は、床面積40m²以上50m²未満）であること及び住宅の取得等が特定取得（(4)のロa の表下＊参照）、特別特定取得（(1)の④イ(注)参照）、特別特例取得（(1)の⑦イ(注)参照）又は特例特別特例取得に該当する場合にはその該当する事実を明らかにする書類又はその写し

</td>
</tr>
</table>

(注1)　(3)の 注意 の②〜④の場合は、それぞれに掲げる場合に該当しないことを証する書類も必要です。

(注2)　住宅取得資金に係る借入金の年末残高等証明書の「居住用家屋の取得の対価等の額又は増改築等

——(501)——

納める税金の計算

に要した費用の額」欄に、家屋の新築工事の請負代金、家屋の購入の対価の額、敷地の購入の対価の額又は増改築等に要した費用の額が記載されている場合には、上表の②〜⑫に掲げる書類のうちそれぞれの額を明らかにするものに対応する書類の添付は不要です。

（注3）　上表②〜⑥について、⑴の⑥ハ（控除期間の3年間延長の特例の入居期限の特例）の適用を受ける場合は、「入居時期に関する申告書兼証明書（控除期間13年間の特例措置用）」（544ページ参照）も必要です。（新型コロナ税特令4⑧⑨、新型コロナ税特規4⑪〜⑭）

（注4）　上表⑨について、⑴の⑥イ（既存住宅を特定増改築等した場合の6月以内入居の特例）の適用を受ける場合は、「入居時期に関する申告書兼証明書（既存住宅の取得後増改築等を行った場合用）（542ページ参照）も必要です。（新型コロナ税特令4④⑤、新型コロナ税特規4①〜④）

（注5）　上表⑨について、⑴の⑥ハ（控除期間の3年間延長の特例の入居期限の特例）の適用を受ける場合は、「入居時期に関する申告書兼証明書（控除期間13年間の特例措置用）」（544ページ参照）も必要です。

（注6）　上表⑨について、⑴の⑥ロ（要耐震改修住宅を耐震改修した場合の6月以内入居の特例）の適用を受ける場合は、「入居時期に関する申告書兼証明書（要耐震改修住宅の取得後耐震改修を行った場合用）」（543ページ参照）も必要です。（新型コロナ税特令4⑥⑦、4の2⑲⑳、新型コロナ税特規4⑥〜⑨、4の2⑭〜⑱）

（注7）　上表⑨について、⑴の⑦ホ（特例要耐震改修住宅（床面積が40m²以上50m²未満である要耐震改修住宅）を耐震改修した場合の6月以内入居の特例）の適用を受ける場合は、（注4）の書類に加えて、次の書類も必要です。（新型コロナ税特令4の2⑲⑳、新型コロナ税特規4の2⑭〜⑱）

　イ　特例要耐震改修住宅の耐震改修に係る工事を請け負った建設業者その他の者から交付を受けた次に掲げる事項の記載がある書類その他の書類で、個人が新型コロナウイルス感染症及びそのまん延防止のための措置の影響により耐震改修をして特例要耐震改修住宅をその取得の日から6月以内にその者の居住の用に供することができなかったことを明らかにするもの

　　㈠　新型コロナウイルス感染症及びそのまん延防止のための措置の影響により個人が特例要耐震改修住宅の取得をした日から6月以内に耐震改修に係る工事が完了しなかった旨

　　㈡　耐震改修をした年月日

　ロ　耐震改修に係る工事の請負契約書の写しその他の書類で、耐震改修に係る契約の締結をした年月日を明らかにすることにより、耐震改修に係る契約を特例要耐震改修住宅の取得をした日から5月を経過する日までに締結していることを明らかにする書類

（注8）　上表⑫について、⑴の⑥イ（既存住宅を特定増改築等した場合の6月以内入居の特例）の適用を受ける場合は、「入居時期に関する申告書兼証明書（既存住宅の取得後増改築等を行った場合用）（542ページ参照）も必要です。

（注9）　上表⑫について、⑴の⑥ハ（控除期間の3年間延長の特例の入居期限の特例）の適用を受ける場合は、「入居時期に関する申告書兼証明書（控除期間13年間の特例措置用）」（544ページ参照）も必要です。

（注10）〈登記事項証明書の添付省略〉

　　土地・建物の登記事項証明書については、上表①ⅱの「（特定増改築等）住宅借入金等特別控除額の計算明細書」に不動産番号を記載することなどにより、その添付を省略することができます。

——(502)——

税金から差し引かれる金額（住宅借入金等特別控除）

《令和4年度税制改正事項》

**1　住宅取得資金に係る借入金等の年末残高等調書制度の創設（令和5年1月1日以後適用）**

イ　適用申請書の提出

　令和5年1月1日以後に居住の用に供する家屋について、住宅借入金等特別控除の適用を受けようとする個人は、住宅借入金等に係る債権者に対して、その者の氏名及び住所、個人番号その他の一定の事項（以下「申請事項」といいます。）を記載した申請書（以下「適用申請書」といいます。）の提出（その適用申請書の提出に代えて行う電磁的方法によるその適用申請書に記載すべき事項の提供を含みます。）をしなければならないこととされました。（措法41の2の3①）

　申請事項は、次のとおりとされています。（措規18の23の2①）

　i　適用申請書の提出をする者（以下「提出者」といいます。）の氏名、生年月日、住所（国内に住所がない場合には、居所。）及び個人番号

　ii　その他参考となるべき事項

ロ　住宅取得資金に係る借入金等の年末残高等調書の提出

　適用申請書の提出を受けた債権者は、その適用申請書の提出を受けた日の属する年以後10年内（個人がその家屋を居住の用に供した日の属する年が令和5年であり、かつ、その居住に係る住宅の取得等が居住用家屋の新築等又は買取再販住宅の取得に該当するものである場合その他の場合には、別に定める期間）の各年の10月31日（その適用申請書の提出を受けた日の属する年にあっては、その翌年1月31日）までに、申請事項及び提出者の12月31日（提出者が死亡した日の属する年にあっては、同日）における住宅借入金等の金額その他の事項を記載した「住宅取得資金に係る借入金等の年末残高等調書」（以下「調書」といいます。）を作成し、その債権者の住所若しくは居所又は本店若しくは主たる事務所の所在地の所轄税務署長に提出しなければならないこととされました。（措法41の2の3②前段）

**2　令和5年1月1日以後に居住の用に供する家屋に係る住宅借入金等特別控除に関する証明書等の改正**

イ　住宅借入金等に係る債権者は令和5年1月1日以後に居住の用に供する家屋については「住宅取得資金に係る借入金の年末残高等証明書」の交付を要しないこととされました。（措令26の2①）

ロ　上記イに伴い、確定申告書の添付書類から「住宅取得資金に係る借入金の年末残高等証明書」が除かれました。（措規18の21⑧、18の23②）

　**(注)**　システム改修が間に合わないなどの理由で、上記1ロの調書の提出が困難な債権者に対する経過措置により「住宅取得資金に係る借入金の年末残高等証明書」が交付される場合は、引き続き添付が必要とされています。（令4改所法等附34③ほか）

ハ　「年末調整のための（特定増改築等）住宅借入金等特別控除証明書」の記載事項に、その年の12月31日における住宅借入金等の金額が加えられました。（措令26の2⑧二ロ）

ニ　上記1イの適用申請書の提出をした個人は、その旨を「（特定増改築等）住宅借入金等特別控除額の計算明細書」に記載することにより請負契約書等の写しの確定申告書への添付に代えることができることとされました（措規18の21⑪）。

　　この場合において、税務署長は、必要があると認めるときは、その確定申告書を提出した者（以下「控除適用者」といいます。）に対し、その確定申告書に係る確定申告期限等の翌日から起算して5年を経過する日までの間、その写しの提示又は提出を求めることができることとされ、この求めがあったときは、その控除適用者は、その写しを提示し、又は提出しなければならないこととされました。（措規18

——（503）——

## 納める税金の計算

の21⑫)

> **(注)** 二の改正は、令和6年1月1日以後に令和5年分以後の所得税に係る確定申告書を提出する場合について適用し、同日前に確定申告書を提出した場合及び同日以後に令和4年分以前の所得税に係る確定申告書を提出する場合については従前どおりとされています。(令4改措規附5①)

### 3 令和6年1月1日以後に居住の用に供する場合の添付書類

令和5年12月31日以前に建築確認を受けた家屋について床面積要件の緩和措置が講じられたこと及び、特定居住用家屋を令和6年1月1日以後にその者の居住の用に供した場合には本特例の適用がないこととされたこと (⑵ (485ページ及び481ページ) 参照) に伴い、新築又は建築後使用されたことのない家屋の取得で、その家屋が令和6年1月1日以後にその者の居住の用に供したものである場合の添付書類に、その家屋が特定居住用家屋に該当するもの以外のものであることを明らかにする書類 (その家屋が特例居住用家屋又は特例認定住宅等に該当する家屋である場合には、その書類及びその家屋が同日前に建築確認を受けているものであることを証する書類) が追加されました。(措規18の21⑧一チ、二ト)

この「その家屋が特定居住用家屋に該当するもの以外のものであることを明らかにする書類」は次のものをいいます。

i 確認済証の写し又は検査済証の写し (その家屋が令和5年12月31日以前に確認を受けたことを証するものに限ります。)

ii 登記事項証明書 (その家屋が令和6年6月30日以前に建築されたことを証するものに限ります。)

iii その家屋に係る特定建築物証明書、その家屋に係る低炭素建築物認定通知書の写し及び住宅用家屋証明書 (低炭素建築物用) 若しくは認定低炭素建築証明書又はその家屋に係る住宅省エネルギー性能証明書若しくは建設住宅性能評価書の写し

### ロ 2年目以降の手続

#### ㈠ 確定申告による場合

住宅借入金等特別控除の適用を受けた人がその適用を受けた年分の翌年以降も引き続き控除の適用を受けようとする場合には、申告書第一表の「(特定増改築等)住宅借入金等特別控除」欄にその控除額を、申告書第二表の「特例適用条文等」欄に居住開始年月日等 (⑺の適用を受けている場合は、控除の適用・再適用を受けている旨並びに居住開始年月日・再居住開始年月日) を記載するとともに、「(特定増改築等)住宅借入金等特別控除額の計算明細書」及び金融機関等から交付を受けた「住宅取得資金に係る借入金の年末残高等証明書」を添付して税務署に提出する必要があります。(措規18の21⑩)

> **(注)** 令和4年度税制改正により、令和5年1月1日以後の手続については改正がされています。503ページの《令和4年度税制改正事項》を参照してください。

#### ㈡ 年末調整による場合

控除の適用1年目に確定申告をして住宅借入金等特別控除を受けた給与所得者の場合は、控除の適用2年目以降については、年末調整でその控除を受けることができます。控除の適用2年目以降の年分で住宅借入金等特別控除の適用を受ける場合には、税務署から送られてきた「給与所得者の(特定

税金から差し引かれる金額（住宅借入金等特別控除）

増改築等）住宅借入金等特別控除申告書」に所要の事項を記載したうえ、「住宅取得資金に係る借入
金の年末残高等証明書」を添えて勤務先に提出してください。（措法41の2の2、措規18の23）

　なお、年末調整で住宅借入金等特別控除を受けている人がその年分の所得税について確定申告をす
る場合は、勤務先に提出した書類を確定申告書に添付する必要はありません。

**（注1）** 既に年末調整により住宅借入金等特別控除を受けていた家屋について、新たに増改築等をし、そ
　　　の増改築等が住宅借入金等特別控除の適用要件を満たす場合には、先の取得等に係る控除額と増改
　　　築等に係る控除額の合計額を控除することができます。（494ページ参照）

　　　この場合においては、「（特定増改築等）住宅借入金等特別控除額の計算明細書」をそれぞれ作成
　　　するとともに、先の取得等に係る「住宅取得資金に係る借入金の年末残高証明書」についても確定
　　　申告書に添付する必要があります。

**（注2）** 令和4年度税制改正により、令和5年1月1日以後の手続については改正がされています。503
　　　ページの《令和4年度税制改正事項》を参照してください。

## ⑺　転勤命令などによりその家屋を居住の用に供しなくなった場合

**イ　住宅借入金等特別控除を適用していた者が、勤務先からの転任の命令に伴う転居その他これに準
　ずるやむを得ない事由により、控除の適用を受けていた家屋をその者の居住の用に供しなくなった
　場合【再び居住の用に供した場合の再適用】**

　　住宅借入金等特別控除を適用していた者が、勤務先からの転任の命令に伴う転居その他これに準
　ずるやむを得ない事由により、控除の適用を受けていた家屋をその者の居住の用に供しなくなった
　ことにより住宅借入金等特別控除の適用ができなくなった後、その事由が解消し、その家屋を再び
　その者の居住の用に供した場合には、その住宅の取得等又は認定住宅等の新築等に係る住宅借入金
　等特別控除の適用年のうち、再び居住の用に供した日の属する年（その再び居住の用に供した日の
　属する年にその家屋を賃貸の用に供していた場合には、その再び居住の用に供した日の属する年の
　翌年）以後の各年（再び居住の用に供した日以後その年の12月31日まで引き続きその居住の用に供
　している年に限ります。）について、住宅借入金等特別控除の再適用ができます。（措法41㉖）

　　ただし、この再適用を受けるためには、その家屋に居住しなくなるまでに一定の手続が必要です。

**ロ　居住の用に供した日の属する年の12月31日までに勤務先からの転任の命令に伴う転居その他これ
　に準ずるやむを得ない事由により、その家屋をその者の居住の用に供しなくなった場合【再び居住
　の用に供した場合の適用】**

　　住宅の取得等又は認定住宅等の新築等をして自己の居住の用に供した者（住宅の取得等の日又は
　認定住宅等の新築取得等の日から6か月以内にその者の居住の用に供した場合で、その住宅の取得
　等又は認定住宅等の新築取得等のための住宅借入金等を有する者に限ります。）が、その居住の用
　に供した日以後その年（以下「当初居住年」といいます。）の12月31日までの間に、勤務先からの
　転任の命令に伴う転居その他これに準ずるやむを得ない事由により、その家屋をその者の居住の用

——(505)——

に供しなくなった後その事由が解消し、再びその家屋を居住の用に供した場合には、通常の住宅借入金等特別控除の適用を受けるための書類及び当初居住年において居住の用に供していたことを証する書類の提出等の一定の要件の下で、その住宅の取得等及び認定住宅等の新築取得等に係る住宅借入金等特別控除の適用年のうち、再び居住の用に供した日の属する年（その再び居住の用に供した日の属する年にその家屋を賃貸の用に供していた場合には、その再び居住の用に供した日の属する年の翌年）以後の各年（再び居住の用に供した日以後その年の12月31日まで引き続きその居住の用に供している年に限ります。）について、住宅借入金等特別控除の適用ができます。（措法41㉙㉚）

## ハ　主な適用要件等

| | 再び居住の用に供した場合の再適用 | 再び居住の用に供した場合の適用 |
|---|---|---|
| 転居の事由等 | 勤務先からの転任の命令に伴う転居、その他これに準ずるやむを得ない事由により、その家屋を居住の用に供しなくなったこと | |
| その家屋を居住の用に供しなくなる日までに必要な手続等 | 次の書類をその家屋の所在地を所轄する税務署長に提出します（注1）。<br>① 転任の命令等により居住しないこととなる旨の届出書<br>② 未使用分の「年末調整のための（特定増改築等）住宅借入金等特別控除証明書」及び「給与所得者の（特定増改築等）住宅借入金等特別控除申告書」（税務署長から交付を受けている場合のみ） | 不　要 |
| 再び居住の用に供した日の属する年以後再適用又は適用をする最初の年分の手続と必要な書類 | 次の書類を確定申告書に添付します（注2）。<br>① （特定増改築等）住宅借入金等特別控除額の計算明細書<br>② 住宅取得資金に係る借入金の年末残高等証明書 | 住宅借入金等特別控除に係る添付書類（(6)イ参照）のほかに、次の書類を確定申告書に添付します（注2）。<br>① （特定増改築等）住宅借入金等特別控除額の計算明細書<br>② 転任の命令その他これに準ずるやむを得ない事由によりその家屋を居住の用に供さなくなったことを明らかにする書類 |
| 再適用又は適用の制限 | 再び居住の用に供した日の属する年にその家屋を賃貸の用に供していた場合には、その年の翌年以後の適用年について再適用又は適用ができます。 | |

（注1）　家屋を居住の用に供しなくなる日までに届出書の提出がない場合であっても、その提出がなかったことについてやむを得ない事情があると認められるときには、その後にその届出者の提出があった場合に限り、再び居住の用に供した場合の再適用ができます。（措法41㉘）

（注2）　確定申告書又は添付書類の提出がない場合であっても、その提出がなかったことについてやむを

——(506)——

税金から差し引かれる金額（住宅借入金等特別控除）

得ない事情があると認められるときには、その後にその確定申告書等の提出があった場合に限り、再び居住の用に供した場合の再適用又は再び居住の用に供した場合の適用ができます。（措法41㉘㉛）

## ⑻ 震災特例法による住宅借入金等特別控除の特例

### イ 住宅借入金等特別控除を受けていた住宅に居住できなくなった場合の特例

住宅借入金等特別控除の適用を受けていた個人のその居住の用に供していた家屋が東日本大震災により被害を受けたことにより居住の用に供することができなくなった場合において、その居住の用に供することができなくなった日の属する年の翌年以後の各年において、住宅借入金等の金額を有するときは、残りの適用期間について引き続き住宅借入金等特別控除の適用を受けることができます。（震災特例法13、震災特例令15、措法41、41の3の2）

(注1)　特例の対象となる「住宅借入金等特別控除」には、住宅借入金等特別控除のほか、住宅借入金等特別控除に係る控除額の特例、認定住宅等の新築取得等に係る住宅借入金等特別控除の特例及び特定増改築等住宅借入金等特別控除が含まれます。

(注2)　転勤の命令その他やむを得ない事由により居住の用に供しなくなった後、その事由が解消し再び居住の用に供したことにより、「再び居住の用に供した場合の再適用の特例」を受けていた個人の居住用家屋について大震災により被害を受けた場合もこの特例の対象です。

(注3)　年末調整により住宅借入金等特別控除の適用を受けていた場合は、引き続き、年末調整でこの控除を受けることができます。

### ロ 住宅の再取得等に係る住宅借入金等特別控除の特例

### ㈠ 住宅借入金等に係る年末残高及び控除率の特例

東日本大震災により、自己の所有する家屋が被害を受けたことにより自己の居住の用に供することができなくなった個人（以下「**住宅被災者**」といいます。）が、住宅の再取得等（注）をし、居住の用に供することができなくなった日から令和7年12月31日までの間にその家屋を居住の用に供した場合には、その居住の用に供した日の属する年以後10年間（居住年が令和4年から令和7年までの各年であり、かつ、住宅の再取得等が居住用家屋の新築等、買取再販住宅の取得、認定住宅等の新築等又は買取再販認定住宅等の取得に該当する場合は13年間）の各年（以下「再建特例適用年」といいます。）における住宅借入金等特別控除額の計算は、その者の選択により、通常の住宅借入金等特別控除の適用に代えて、次表の特例を適用することができます。（震災特例法13の2）

(注1)　特例の対象となる再取得等とは、次の場合をいいます。

① 新築や購入の場合

自己の所有する家屋が東日本大震災により被害を受けたことにより居住の用に供することができなくなった日以後、初めて居住の用に供する場合が対象です。

なお、令和4年1月1日以後に居住の用に供した特例居住用家屋や特例認定住宅等も含まれます。

——(507)——

納める税金の計算

② 増改築等の場合

　　自己の所有する家屋が東日本大震災の被害により通常の修繕によっては原状回復が困難な損壊（※）を受けたことにより居住の用に供することができなくなった家屋について行う増改築等が対象です。

※　「通常の修繕によっては原状回復が困難な損壊」とは、今後取壊し若しくは除去せざるを得ないと認められる又は相当の修繕を行わなければ今後居住の用に供することができないと認められる損壊をいいます。

**（注2）**　令和4年度税制改正によって、住宅被災者のうち、その者の従前住宅が警戒区域設定指示等の対象区域内に所在していなかったものが、住宅の新築取得等をし、かつ、その住宅の新築取得等をした居住用家屋若しくは既存住宅若しくは増改築等をした家屋又は認定住宅等を令和7年1月1日以後にその者の居住の用に供した場合には、本特例の適用ができないこととされました。（震災税特法13の2⑤）

（適用終了分は省略）

| 居住年 | 控除期間 | 各年の控除額の計算<br>（控除限度額） |
|---|---|---|
| 平成26年1月<br>〜<br>平成26年3月 | 10年 | 【1〜10年目】<br>再建住宅借入金等の年末残高等〔上限3,000万円〕×1.2%<br>（36万円） |
| 平成26年4月<br>〜<br>令和3年12月 | 10年 | 【1〜10年目】<br>再建住宅借入金等の年末残高等〔上限5,000万円〕×1.2%<br>（60万円） |
| 令和4年<br>令和5年 | 13年 | 【1〜13年目】<br>再建住宅借入金等の年末残高等〔上限5,000万円〕×0.9%<br>（45万円） |
| 令和6年<br>令和7年 | 13年 | 【1〜13年目】<br>再建住宅借入金等の年末残高等〔上限4,500万円〕×0.9%<br>（40.5万円） |

**（注）**　上表の令和4年から令和7年までの金額等は、住宅の再取得等が居住用家屋の新築等、買取再販住宅の取得、認定住宅等の新築等又は買取再販認定住宅等の取得である場合の金額等であり、それ以外の場合（既存住宅の取得（買取再販住宅の取得及び買取再販認定住宅等の取得を除きます。）又は住宅の増改築等）における借入限度額は一律3,000万円と、控除期間は一律10年とされます。

㈹　**消費税率引上げによる住宅に係る駆け込み・反動減対策のための控除期間の特例（住宅被災者の場合の控除期間の3年間延長の特例）**

　住宅被災者が、東日本大震災の被災者等に係る住宅借入金等を有する場合の所得税額の特別控除の控除額に係る特例の対象となる再建住宅の取得等で特別特定取得に該当するものをし、かつ、その住宅の取得等をした家屋を令和元年10月1日から令和2年12月31日までの間にその者の居住の用に供した場合には、居住年から13年間、次に定める金額を、各年における控除額として、税額控除の適用ができます。（震災特例法13の2③④、震災特例令15の2①〜③）

——（508）——

税金から差し引かれる金額（住宅借入金等特別控除）

**（注1）** 控除期間の3年間延長の特例の入居期限の特例

　　特例取得に該当する住宅の新築取得等をした住宅被災者が、新型コロナウイルス感染症及びその
まん延防止のための措置の影響によりこれらの特例取得をした家屋を令和2年12月31日までに居住
の用に供することができなかった場合において、これらの特例取得をした家屋を令和3年1月1日
から同年12月31日までの間に自己の居住の用に供したときは、その他の要件については上記(1)の④
の控除期間の3年間延長の特例と同様の要件の下で、上記(ロ)の住宅被災者の場合の控除期間の3年
間延長の特例の適用ができます。（新型コロナ税特法6④）

**（注2）** 特別特例取得をして令和4年末までに居住の用に供した場合の住宅借入金等特別控除及び控除期
間の3年間延長の特例の適用

　　住宅の新築取得等で特別特例取得に該当するものをした住宅被災者が、その特別特例取得をした
家屋を令和3年1月1日から令和4年12月31日までの間にその者の居住の用に供した場合には、そ
の他の要件については(1)の④の控除期間の3年間延長の特例と同様の要件の下で、上記(ロ)の住宅被
災者の場合の控除期間の3年間延長の特例の適用ができます。（新型コロナ税特法6の2①③）

**（注3）** 床面積が40m²以上50m²未満である家屋の取得等に係る特例

　　住宅被災者が、国内において、特例住宅の取得等又は特例認定住宅の新築等で特別特例特例取得
に該当するものをした場合には、上記**（注1）**の特例を適用することができます。ただし、その者の
13年間の控除期間のうち、その年分の所得税に係る合計所得金額が1,000万円を超える年については、
この**（注2）**の特例は適用されません。（新型コロナ税特法6の2④⑤）

| 居住年 | 控除期間 | 各年の控除額の計算 |
|---|---|---|
| 令和元年10月1日 〜 令和元年12月31日 | 13年 | 【1〜10年目】<br>再建特別特定住宅借入金等の年末残高等〔上限5,000万円〕×1.2%<br>【11〜13年目】<br>次のいずれか少ない額が控除限度額<br>① 再建特別特定住宅借入金等の年末残高等〔上限5,000万円〕×1.2%<br>② （その住宅の取得等で特別特定取得に該当するものに係る対価の額又は費用の額－その住宅の取得等の対価の額又は費用の額に含まれる消費税額等相当額）〔上限5,000万円〕×2%÷3 |
| 令和2年 | | |
| 令和3年<br>上記**（注1）**から**（注3）**までのいずれかに該当する場合 | | |
| 令和4年<br>上記**（注2）**又は**（注3）**のいずれかに該当する場合 | | |

**（注）**　上記「対価の額」、「費用の額」、「消費税額等相当額」については、(4)の口**（注1）（注2）**を参照して
ください。

**(ハ)　再建特例適用年において二以上の住宅借入金等がある場合の控除額の計算**

　　再建特例適用年において二以上の住宅借入金等がある場合の控除額の計算については、(4)の〈**二以
上の住宅の取得等に係る住宅借入金等がある場合の控除額の計算**〉を参照してください。この場合に
おける、上記(ロ)表の【11〜13年目】の各居住年における最大控除額は、33万3,300円となります。（震
災特例法13の2⑥ただし書、⑦）

——(509)——

## ㈡ 重複適用の特例

　東日本大震災により居住の用に供することができなくなった家屋に係る住宅借入金等特別控除と東日本大震災の被災者の住宅の再取得等の住宅借入金等特別控除は、重複して適用することができます。

　この場合における住宅借入金等特別控除は、それぞれの控除額の合計額となります。

税金から差し引かれる金額（住宅借入金等特別控除）

## 住宅取得資金に係る借入金の年末残高等証明書

| 住宅取得資金の借入 | 住　　所 | |
|---|---|---|
| れ等をしている者 | 氏　　名 | |
| 住 宅 借 入 金 等 の 内 訳 | | 　1　住宅のみ　　　2　土地等のみ　　　3　住宅及び土地等 |
| 住宅借入金等の金額 | 年末残高 | 円 |
| | 当初金額 | 　　　年　　　　月　　　　日 円 |
| 償 還 期 間 又 は 賦 払 期 間 | | 　年　　　月から　　の　　　年　　　月間<br>　年　　　月まで |
| 居住用家屋の取得の対価等の額<br>又は増改築等に要した費用の額 | | 円 |
| （摘要） | | |

　　租税特別措置法施行令第26条の2第1項の規定により、　　　　年　　　月　　　日における租税特別措置法第41条第1項に規定する住宅借入金等の金額、同法第41条の3の2第1項に規定する増改築等住宅借入金等の金額、同条第5項に規定する断熱改修住宅借入金等の金額又は同条第8項に規定する多世帯同居改修住宅借入金等の金額等について、上記のとおり証明します。

　　　　令和　　年　月　　日

　　　　　　　　　　　　（住宅借入金等に係る債権者等）
　　　　　　　　　　　　所　在　地
　　　　　　　　　　　　名　　　称
　　　　　　　　　　　　　　（事業免許番号等　　　　　　　　　　　　　　　）

───────◇───────◇───────◇───────◇───────◇───────

◎　この証明書は、家屋の新築、購入又は増改築等をして、その家屋に入居し又は増改築等をした部分を居住の用に供した人で、（特定増改築等）住宅借入金等特別控除を受けることのできる人が、その控除を受ける場合に、税務署又は給与の支払者に提出するためのものです。

---

### <参考>　　　個人住民税の住宅借入金等特別税額控除制度について

　　平成21年1月1日から令和7年12月31日までの間に居住の用に供した方のうち、所得税の額から控除しきれなかった住宅借入金等特別税額控除額(特定増改築等に係るものを除きます。)がある方については、翌年度分の個人住民税から控除できる場合があります。
　　詳しくは、お住まいの市区町村にお尋ねください。

納める税金の計算

（令和元年7月1日以降用）

別表

# 認定長期優良住宅建築証明書

| 証明申請者 | 住　所 | |
|---|---|---|
| | 氏　名 | |
| 家屋番号及び所在地 | | |
| 建築工事終了日 | | 年　　月　　日 |
| 家屋調査日 | | 年　　月　　日 |
| 長期優良住宅建築等計画の認定主体 | | |
| 長期優良住宅建築等計画の認定番号 | | 第　　　　　号 |
| 長期優良住宅建築等計画の認定年月日 | | 年　　月　　日 |

　工事が完了した建築物に係る上記の家屋について上記の認定長期優良住宅建築等計画に基づき建築された家屋であることを証明します。

年　　月　　日

| 証明を行った建築士、指定確認検査機関又は登録住宅性能評価機関 | 氏名又は名称 | | | | 印 |
|---|---|---|---|---|---|
| | 一級建築士、二級建築士又は木造建築士の別 | | 登　録　番　号 | | |
| | | | 登録を受けた都道府県名（二級建築士又は木造建築士の場合） | | |
| | 指定確認検査機関又は登録住宅性能評価機関の場合 | 住　　　　　所 | | | |
| | | 指定・登録年月日及び指定・登録番号 | | | |
| | | 指定をした者(指定確認検査機関の場合) | | | |
| 建築士が証明を行った場合の当該建築士の属する建築士事務所 | 名　　　称 | | | | |
| | 所　在　地 | | | | |
| | 一級建築士事務所、二級建築士事務所又は木造建築士事務所の別 | | | | |
| | 登録年月日及び登録番号 | | | | |

税金から差し引かれる金額（住宅借入金等特別控除）

| 指定確認検査機関が証明を行った場合の調査を行った建築士又は建築基準適合判定資格者 | 氏　　　　名 | | | 登　録　番　号 | |
|---|---|---|---|---|---|
| | 建築士の場合 | 一級建築士、二級建築士又は木造建築士の別 | | 登録を受けた都道府県名（二級建築士又は木造建築士の場合） | |
| | 建築基準適合判定資格者の場合 | | | 登　録　番　号 | |
| | | | | 登録を受けた地方整備局等名 | |
| 登録住宅性能評価機関が証明を行った場合の調査を行った建築士又は建築基準適合判定資格者検定合格者 | 氏　　　　名 | | | 登　録　番　号 | |
| | 建築士の場合 | 一級建築士、二級建築士又は木造建築士の別 | | 登録を受けた都道府県名（二級建築士又は木造建築士の場合） | |
| | 建築基準適合判定資格者検定合格者の場合 | | 合格通知日付又は合格証書日付 | | |
| | | | 合格通知番号又は合格証書番号 | | |

（用紙　日本産業規格　Ａ４）

納める税金の計算

（令和元年7月1日以降用）

別表

## 認定低炭素住宅建築証明書

| 証明申請者 | 住 所 | |
|---|---|---|
| | 氏 名 | |
| 家屋番号及び所在地 | | |
| 建 築 工 事 終 了 日 | 年　　月　　日 | |
| 家 屋 調 査 日 | 年　　月　　日 | |
| 低炭素建築物新築等計画の認定主体 | | |
| 低炭素建築物新築等計画の認定番号 | 第　　　　　　号 | |
| 低炭素建築物新築等計画の認定年月日 | 年　　月　　日 | |

　　工事が完了した建築物に係る上記の家屋について上記の認定低炭素建築物新築等計画に基づき建築された家屋であることを証明します。

年　　月　　日

| | 氏 名 又 は 名 称 | | | ㊞ |
|---|---|---|---|---|
| 証明を行った建築士、指定確認検査機関又は登録住宅性能評価機関 | 一級建築士、二級建築士又は木造建築士の別 | | 登 録 番 号 | |
| | | | 登録を受けた都道府県名（二級建築士又は木造建築士の場合） | |
| | 指定確認検査機関又は登録住宅性能評価機関の場合 | 住　　　　　　所 | | |
| | | 指定・登録年月日及び指定・登録番号 | | |
| | | 指定をした者(指定確認検査機関の場合) | | |
| 建築士が証明を行った場合の当該建築士の属する建築士事務所 | 名　　　　称 | | | |
| | 所　在　地 | | | |
| | 一級建築士事務所、二級建築士事務所又は木造建築士事務所の別 | | | |
| | 登録年月日及び登録番号 | | | |

## 税金から差し引かれる金額（住宅借入金等特別控除）

| 指定確認検査機関が証明を行った場合の調査を行った建築士又は建築基準適合判定資格者 | 氏　　　　名 | | | | |
|---|---|---|---|---|---|
| | 建築士の場合 | 一級建築士、二級建築士又は木造建築士の別 | | 登　録　番　号 | |
| | | | | 登録を受けた都道府県名（二級建築士又は木造建築士の場合） | |
| | 建築基準適合判定資格者の場合 | | | 登　録　番　号 | |
| | | | | 登録を受けた地方整備局等名 | |
| 登録住宅性能評価機関が証明を行った場合の調査を行った建築士又は建築基準適合判定資格者検定合格者 | 氏　　　　名 | | | | |
| | 建築士の場合 | 一級建築士、二級建築士又は木造建築士の別 | | 登　録　番　号 | |
| | | | | 登録を受けた都道府県名（二級建築士又は木造建築士の場合） | |
| | 建築基準適合判定資格者検定合格者の場合 | 合格通知日付又は合格証書日付 | | | |
| | | 合格通知番号又は合格証書番号 | | | |

（用紙　日本産業規格　Ａ４）

納める税金の計算

（令和4年1月1日以降用）

別表

# 住宅省エネルギー性能証明書

| 証明申請者 | 住所 | |
|---|---|---|
| | 氏名 | |
| 家屋番号及び所在地 | | |

| | | |
|---|---|---|
| 省エネルギー性能 | 居住用家屋の新築等に係る家屋 | □①租税特別措置法施行令第26条第23項(同条第32項において準用する場合を含む。以下同じ。)に規定するエネルギーの使用の合理化に著しく資する住宅の用に供する家屋に該当<br>※次の全ての基準に適合する住宅用の家屋<br>・評価方法基準第5の5の5-1（3）の等級5以上の基準（結露の発生を防止する対策に関する基準を除く。）<br>・評価方法基準第5の5の5-2（3）の等級6以上の基準<br><br>□②租税特別措置法施行令第26条第24項(同条第32項において準用する場合を含む。以下同じ。)に規定するエネルギーの使用の合理化に資する住宅の用に供する家屋に該当<br>※次の全ての基準に適合する住宅用の家屋（①に該当する場合を除く。）<br>・評価方法基準第5の5の5-1（3）の等級4以上の基準（結露の発生を防止する対策に関する基準を除く。）<br>・評価方法基準第5の5の5-2（3）の等級4以上の基準 |
| | 既存住宅 | □③租税特別措置法施行令第26条第23項に規定するエネルギーの使用の合理化に著しく資する住宅の用に供する家屋に該当<br>※次の全ての基準に適合する住宅用の家屋<br>・評価方法基準第5の5の5-1（4）の等級5以上の基準（結露の発生を防止する対策に関する基準を除く。）<br>・評価方法基準第5の5の5-2（4）の等級6以上の基準<br><br>□④租税特別措置法施行令第26条第24項に規定するエネルギーの使用の合理化に資する住宅の用に供する家屋に該当<br>※次の全ての基準に適合する住宅用の家屋（③に該当する場合を除く。）<br>・評価方法基準第5の5の5-1（4）の等級4以上の基準（結露の発生を防止する対策に関する基準を除く。）<br>・評価方法基準第5の5の5-2（4）の等級4以上の基準 |

　上記の住宅の用に供する家屋が租税特別措置法施行令第26条第23項に規定するエネルギーの使用の合理化に著しく資する住宅の用に供する家屋又は同条第24項に規定するエネルギーの使用の合理化に資する住宅の用に供する家屋として国土交通大臣が財務大臣と協議して定める基準に適合することを証明します。

# 税金から差し引かれる金額（住宅借入金等特別控除）

年　月　日

| | 氏名又は名称 | | | | | 印 |
|---|---|---|---|---|---|---|
| 証明を行った建築士、指定確認検査機関、登録住宅性能評価機関又は住宅瑕疵担保責任保険法人 | 一級建築士、二級建築士又は木造建築士の別 | | | 登　録　番　号 | | |
| | | | | 登録を受けた都道府県名（二級建築士又は木造建築士の場合） | | |
| | 指定確認検査機関、登録住宅性能評価機関又は住宅瑕疵担保責任保険法人の場合 | 住　　　　　所 | | | | |
| | | 指　定・登　録　年　月　日 | | | | |
| | | 指定・登録番号（指定確認検査機関又は登録住宅性能評価機関の場合） | | | | |
| | | 指定をした者(指定確認検査機関の場合) | | | | |
| 建築士が証明を行った場合の当該建築士の属する建築士事務所 | 名　　　　称 | | | | | |
| | 所　在　地 | | | | | |
| | 一級建築士事務所、二級建築士事務所又は木造建築士事務所の別 | | | | | |
| | 登録年月日及び登録番号 | | | | | |
| 指定確認検査機関が証明を行った場合の調査を行った建築士又は建築基準適合判定資格者 | 氏　　　名 | | | | | |
| | 建築士の場合 | 一級建築士、二級建築士又は木造建築士の別 | | 登　録　番　号 | | |
| | | | | 登録を受けた都道府県名(二級建築士又は木造建築士の場合) | | |
| | 建築基準適合判定資格者の場合 | | | 登　録　番　号 | | |
| | | | | 登録を受けた地方整備局等名 | | |
| 登録住宅性能評価機関が証明を行った場合の調査を行った建築士又は建築基準適合判定資格者検定合格者 | 氏　　　名 | | | | | |
| | 建築士の場合 | 一級建築士、二級建築士又は木造建築士の別 | | 登　録　番　号 | | |
| | | | | 登録を受けた都道府県名(二級建築士又は木造建築士の場合) | | |
| | 建築基準適合判定資格者検定合格者の場合 | 合格通知日付又は合格証書日付 | | | | |
| | | 合格通知番号又は合格証書番号 | | | | |
| 住宅瑕疵担保責任保険法人が証明を行った場合の調査を行った建築士又は建築基準適合判定資格者検定合格者 | 氏　　　名 | | | | | |
| | 建築士の場合 | 一級建築士、二級建築士又は木造建築士の別 | | 登　録　番　号 | | |
| | | | | 登録を受けた都道府県名(二級建築士又は木造建築士の場合) | | |
| | 建築基準適合判定資格者検定合格者の場合 | 合格通知日付又は合格証書日付 | | | | |
| | | 合格通知番号又は合格証書番号 | | | | |

（用紙　日本産業規格　Ａ４）

納める税金の計算

（令和4年4月1日以降用）

別表

# 耐 震 基 準 適 合 証 明 書

| 証明申請者 | 住　所 | |
|---|---|---|
| | 氏　名 | |
| 家屋番号及び所在地 | | |
| 家 屋 調 査 日 | 年　　　月　　　日 | |
| 適合する耐震基準 | 1　建築基準法施行令第3章及び第5章の4の規定<br>2　地震に対する安全性に係る基準 | |

上記の家屋が租税特別措置法施行令

- (イ)　第23条第5項
- (ロ)　第24条の2第3項第1号
- (ハ)　第26条第3項
- (ニ)　第40条の4の2第3項
- (ホ)　第40条の5第2項

に定める地震に対する安全性に係る基準に適合することを証明します。

| 証 明 年 月 日 | 年　　　月　　　日 |
|---|---|

1．証明者が建築士事務所に属する建築士の場合

| 証明を行った建築士 | 氏　　　　　名 | | | 印 |
|---|---|---|---|---|
| | 一級建築士、二級建築士又は木造建築士の別 | | 登　録　番　号 | |
| | | | 登録を受けた都道府県名（二級建築士又は木造建築士の場合） | |
| 証明を行った建築士の属する建築士事務所 | 名　　　　　称 | | | |
| | 所　在　地 | | | |
| | 一級建築士事務所、二級建築士事務所又は木造建築士事務所の別 | | | |
| | 登録年月日及び登録番号 | | | |

2．証明者が指定確認検査機関の場合

| 証明を行った指定確認検査機関 | 名　　　　　称 | | | 印 |
|---|---|---|---|---|
| | 住　　　　　所 | | | |
| | 指定年月日及び指定番号 | | | |
| | 指定をした者 | | | |
| 調査を行った建築士又は建築基準適合判定資格者 | 氏　　　　　名 | | | |
| | 建築士の場合 | 一級建築士、二級建築士又は木造建築士の別 | 登　録　番　号 | |
| | | | 登録を受けた都道府県名（二級建築士又は木造建築士の場合） | |
| | 建築基準適合判定資格者の場合 | | 登　録　番　号 | |
| | | | 登録を受けた地方整備局等名 | |

税金から差し引かれる金額（住宅借入金等特別控除）

３．証明者が登録住宅性能評価機関の場合

| 証明を行った登録住宅性能評価機関 | 名　　　　称 | | | | | 印 |
|---|---|---|---|---|---|---|
| | 住　　　　所 | | | | | |
| | 登録年月日及び登録番号 | | | | | |
| | 登録をした者 | | | | | |
| 調査を行った建築士又は建築基準適合判定資格者検定合格者 | 氏　　　　名 | | | | | |
| | 建築士の場合 | 一級建築士、二級建築士又は木造建築士の別 | | 登　録　番　号 | | |
| | | | | 登録を受けた都道府県名（二級建築士又は木造建築士の場合） | | |
| | 建築基準適合判定資格者検定合格者の場合 | 合格通知日付又は合格証書日付 | | | | |
| | | 合格通知番号又は合格証書番号 | | | | |

４．証明者が住宅瑕疵担保責任保険法人の場合

| 証明を行った住宅瑕疵担保責任保険法人 | 名　　　　称 | | | | | 印 |
|---|---|---|---|---|---|---|
| | 住　　　　所 | | | | | |
| | 指 定 年 月 日 | | | | | |
| 調査を行った建築士又は建築基準適合判定資格者検定合格者 | 氏　　　　名 | | | | | |
| | 建築士の場合 | 一級建築士、二級建築士又は木造建築士の別 | | 登　録　番　号 | | |
| | | | | 登録を受けた都道府県名（二級建築士又は木造建築士の場合） | | |
| | 建築基準適合判定資格者検定合格者の場合 | 合格通知日付又は合格証書日付 | | | | |
| | | 合格通知番号又は合格証書番号 | | | | |

（用紙　日本産業規格　Ａ４）

納める税金の計算

（令和４年１月１日以降用）

別表第二

## 増改築等工事証明書

| 証明申請者 | 住　所 | |
|---|---|---|
| | 氏　名 | |
| 家屋番号及び所在地 | | |
| 工事完了年月日 | | |

Ⅰ．所得税額の特別控除
　1．償還期間が10年以上の住宅借入金等を利用して増改築等をした場合（住宅借入金等特別税額控除）
　（1）実施した工事の種別

| 第1号工事 | 1　増築　　2　改築　　3　大規模の修繕　　4　大規模の模様替 | |
|---|---|---|
| 第2号工事 | 1棟の家屋でその構造上区分された数個の部分を独立して住居その他の用途に供することができるもののうちその者が区分所有する部分について行う次のいずれかに該当する修繕又は模様替<br>　1　床の過半の修繕又は模様替　　2　階段の過半の修繕又は模様替<br>　3　間仕切壁の過半の修繕又は模様替　　4　壁の過半の修繕又は模様替 | |
| 第3号工事 | 次のいずれか一室の床又は壁の全部の修繕又は模様替<br>　1　居室　　2　調理室　　3　浴室　　4　便所　　5　洗面所　　6　納戸<br>　7　玄関　　8　廊下 | |
| 第4号工事<br>（耐震改修工事） | 次の規定又は基準に適合させるための修繕又は模様替<br>　1　建築基準法施行令第3章及び第5章の4の規定<br>　2　地震に対する安全性に係る基準 | |
| 第5号工事<br>（バリアフリー改修工事） | 高齢者等が自立した日常生活を営むのに必要な構造及び設備の基準に適合させるための次のいずれかに該当する修繕又は模様替<br>　1　通路又は出入口の拡幅　　2　階段の勾配の緩和　　3　浴室の改良<br>　4　便所の改良　　　　　　　5　手すりの取付　　　6　床の段差の解消<br>　7　出入口の戸の改良　　　　8　床材の取替 | |
| 第6号工事<br>（省エネ改修工事） | 全ての居室の全ての窓の断熱改修工事を実施した場合 | エネルギーの使用の合理化に著しく資する次のいずれかに該当する修繕若しくは模様替又はエネルギーの使用の合理化に相当程度資する次のいずれかに該当する修繕若しくは模様替<br>　1　全ての居室の全ての窓の断熱性を高める工事<br>　2　全ての居室の全ての窓の断熱性を相当程度高める工事<br>　3　全ての居室の全ての窓の断熱性を著しく高める工事<br><br>上記1から3のいずれかと併せて行う次のいずれかに該当する修繕又は模様替<br>　4　天井等の断熱性を高める工事　5　壁の断熱性を高める工事<br>　6　床等の断熱性を高める工事 |

| | | 地域区分 | 1　1地域　　2　2地域　　3　3地域　　4　4地域<br>5　5地域　　6　6地域　　7　7地域　　8　8地域 |
|---|---|---|---|
| | | 改修工事前の住宅が相当する断熱等性能等級 | 1　等級1　　2　等級2　　3　等級3 |

——(520)——

税金から差し引かれる金額（住宅借入金等特別控除）

| | | | | |
|---|---|---|---|---|
| | | 認定低炭素建築物新築等計画に基づく工事の場合 | 次に該当する修繕又は模様替<br>　1　窓<br>上記1と併せて行う次のいずれかに該当する修繕又は模様替<br>　2　天井等　　3　壁　　4　床等 | |
| | | | 低炭素建築物新築等計画の認定主体 | |
| | | | 低炭素建築物新築等計画の認定番号 | 第　　　　　号 |
| | | | 低炭素建築物新築等計画の認定年月日 | 年　　月　　日 |
| 改修工事後の住宅の一定の省エネ性能が証明される場合 | 住宅性能評価書により証明される場合 | | エネルギーの使用の合理化に著しく資する次に該当する修繕若しくは模様替又はエネルギーの使用の合理化に相当程度資する次に該当する修繕若しくは模様替<br>　1　窓の断熱性を高める工事<br><br>上記1と併せて行う次のいずれかに該当する修繕又は模様替<br>　2　天井等の断熱性を高める工事<br>　3　壁の断熱性を高める工事<br>　4　床等の断熱性を高める工事 | |
| | | | 地域区分 | 1　1地域　　　2　2地域　　　3　3地域<br>4　4地域　　　5　5地域　　　6　6地域<br>7　7地域　　　8　8地域 |
| | | | 改修工事前の住宅が相当する断熱等性能等級 | 1　等級1　　2　等級2　　3　等級3 |
| | | | 改修工事後の住宅の断熱等性能等級 | 1　断熱等性能等級2<br>2　断熱等性能等級3<br>3　断熱等性能等級4以上 |
| | | | 住宅性能評価書を交付した登録住宅性能評価機関 | 名　　称 |
| | | | | 登録番号　第　　　　　号 |
| | | | 住宅性能評価書の交付番号 | 第　　　　　号 |
| | | | 住宅性能評価書の交付年月日 | 年　　月　　日 |
| | 増改築による長期優良住宅建築等計画の認定により証明される場合 | | エネルギーの使用の合理化に著しく資する次に該当する修繕若しくは模様替又はエネルギーの使用の合理化に相当程度資する次に該当する修繕若しくは模様替<br>　1　窓の断熱性を高める工事<br>上記1と併せて行う次のいずれかに該当する修繕又は模様替<br>　2　天井等の断熱性を高める工事<br>　3　壁の断熱性を高める工事<br>　4　床等の断熱性を高める工事 | |
| | | | 地域区分 | 1　1地域　　　2　2地域　　　3　3地域<br>4　4地域　　　5　5地域　　　6　6地域<br>7　7地域　　　8　8地域 |
| | | | 改修工事前の住宅が相当する断熱等性能等級 | 1　等級1　　2　等級2　　　3　等級3 |

納める税金の計算

| | | | 改修工事後の住宅の断熱等性能等級 | 1 断熱等性能等級3<br>2 断熱等性能等級4以上 |
| --- | --- | --- | --- | --- |
| | | | 長期優良住宅建築等計画の認定主体 | |
| | | | 長期優良住宅建築等計画の認定番号 | 第　　　　号 |
| | | | 長期優良住宅建築等計画の認定年月日 | 年　　月　　日 |

（2）実施した工事の内容

|  |
| --- |
|  |

（3）実施した工事の費用の額等

| ① 第1号工事〜第6号工事に要した費用の額 | | 円 |
| --- | --- | --- |
| ② 第1号工事〜第6号工事に係る補助金等の交付の有無 | | 有　　　無 |
| 「有」の場合 | 交付される補助金等の額 | 円 |
| ③ ①から②を差し引いた額（100万円を超える場合） | | 円 |

税金から差し引かれる金額（住宅借入金等特別控除）

2．償還期間が5年以上の住宅借入金等を利用して高齢者等居住改修工事等（バリアフリー改修工事）、特定断熱改修工事等若しくは断熱改修工事等（省エネ改修工事）、特定多世帯同居改修工事等又は特定耐久性向上改修工事等を含む増改築等をした場合（特定増改築等住宅借入金等特別税額控除（工事完了後、令和3年12月31日までに入居したものに限る。））

（1）実施した工事の種別

| 高齢者等居住改修工事等（バリアフリー改修工事：2％控除分） | 高齢者等が自立した日常生活を営むのに必要な構造及び設備の基準に適合させるための次のいずれかに該当する増築、改築、修繕又は模様替<br>　1　通路又は出入口の拡幅　　2　階段の勾配の緩和　　3　浴室の改良<br>　4　便所の改良　　5　手すりの取付　　6　床の段差の解消<br>　7　出入口の戸の改良　　8　床材の取替 | | |
|---|---|---|---|
| 特定断熱改修工事等（省エネ改修工事：2％控除分） | 全ての居室の全ての窓の断熱改修工事を実施した場合 | エネルギーの使用の合理化に著しく資する次のいずれかに該当する増築、改築、修繕又は模様替<br>　1　全ての居室の全ての窓の断熱性を高める工事<br>　2　全ての居室の全ての窓の断熱性を相当程度高める工事<br>　3　全ての居室の全ての窓の断熱性を著しく高める工事<br><br>上記1から3のいずれかと併せて行う次のいずれかに該当する増築、改築、修繕又は模様替<br>　4　天井等の断熱性を高める工事　　5　壁の断熱性を高める工事<br>　6　床等の断熱性を高める工事<table><tr><td>地域区分</td><td>1　1地域　　2　2地域　　3　3地域　　4　4地域<br>5　5地域　　6　6地域　　7　7地域　　8　8地域</td></tr><tr><td>改修工事前の住宅が相当する断熱等性能等級</td><td>1　等級1　　2　等級2　　3　等級3</td></tr></table> | |
| | | 認定低炭素建築物新築等計画に基づく工事の場合 | 次に該当する修繕又は模様替<br>　1　窓<br><br>上記1と併せて行う次のいずれかに該当する修繕又は模様替<br>　2　天井等　　3　壁　　4　床等<table><tr><td>低炭素建築物新築等計画の認定主体</td><td></td></tr><tr><td>低炭素建築物新築等計画の認定番号</td><td>第　　　　　号</td></tr><tr><td>低炭素建築物新築等計画の認定年月日</td><td>　　年　　月　　日</td></tr></table> |
| | 改修工事後の住宅の一定の省エネ性能が証明される場合 | 住宅性能評価書により証明される場合 | エネルギーの使用の合理化に著しく資する次に該当する増築、改築、修繕又は模様替<br>　1　窓の断熱性を高める工事<br><br>上記1と併せて行う次のいずれかに該当する増築、改築、修繕又は模様替<br>　2　天井等の断熱性を高める工事<br>　3　壁の断熱性を高める工事<br>　4　床等の断熱性を高める工事<table><tr><td>地域区分</td><td>1　1地域　　2　2地域　　3　3地域<br>4　4地域　　5　5地域　　6　6地域<br>7　7地域　　8　8地域</td></tr></table> |

——(523)——

納める税金の計算

<table>
<tr><td rowspan="19"></td><td rowspan="11"></td><td rowspan="5"></td><td>改修工事前の住宅が相当する断熱等性能等級</td><td colspan="2">1 等級1　2 等級2　3 等級3</td></tr>
<tr><td>改修工事後の住宅の省エネ性能</td><td colspan="2">1 断熱等性能等級4<br>2 一次エネルギー消費量等級4以上及び断熱等性能等級3</td></tr>
<tr><td rowspan="2">住宅性能評価書を交付した登録住宅性能評価機関</td><td>名　　称</td><td></td></tr>
<tr><td>登録番号</td><td>第　　　　号</td></tr>
<tr><td>住宅性能評価書の交付番号</td><td colspan="2">第　　　　号</td></tr>
<tr><td rowspan="14">増改築による長期優良住宅建築等計画の認定により証明される場合</td><td colspan="2">住宅性能評価書の交付年月日</td><td colspan="2">年　　月　　日</td></tr>
<tr><td colspan="3">エネルギーの使用の合理化に著しく資する次に該当する増築、改築、修繕又は模様替<br>　1 窓の断熱性を高める工事<br><br>上記1と併せて行う次のいずれかに該当する増築、改築、修繕又は模様替<br>　2 天井等の断熱性を高める工事<br>　3 壁の断熱性を高める工事<br>　4 床等の断熱性を高める工事</td></tr>
<tr><td>地域区分</td><td colspan="2">1 1地域　　2 2地域　　3 3地域<br>4 4地域　　5 5地域　　6 6地域<br>7 7地域　　8 8地域</td></tr>
<tr><td>改修工事前の住宅が相当する断熱等性能等級</td><td colspan="2">1 等級1　2 等級2　3 等級3</td></tr>
<tr><td>改修工事後の住宅が相当する省エネ性能</td><td colspan="2">1 断熱等性能等級4<br>2 一次エネルギー消費量等級4以上及び断熱等性能等級3</td></tr>
<tr><td>長期優良住宅建築等計画の認定主体</td><td colspan="2"></td></tr>
<tr><td>長期優良住宅建築等計画の認定番号</td><td colspan="2">第　　　　号</td></tr>
<tr><td>長期優良住宅建築等計画の認定年月日</td><td colspan="2">年　　月　　日</td></tr>
<tr><td rowspan="4">断熱改修工事等（省エネ改修工事：1％控除分）</td><td colspan="4">エネルギーの使用の合理化に相当程度資する次のいずれかに該当する増築、改築、修繕又は模様替<br>　1 全ての居室の全ての窓の断熱性を高める工事<br>　2 全ての居室の全ての窓の断熱性を相当程度高める工事<br>　3 全ての居室の全ての窓の断熱性を著しく高める工事<br><br>上記1から3のいずれかと併せて行う次のいずれかに該当する増築、改築、修繕又は模様替<br>　4 天井等の断熱性を高める工事　5 壁の断熱性を高める工事<br>　6 床等の断熱性を高める工事</td></tr>
<tr><td>地域区分</td><td colspan="3">1 1地域　　2 2地域　　3 3地域　　4 4地域<br>5 5地域　　6 6地域　　7 7地域　　8 8地域</td></tr>
<tr><td>改修工事前の住宅が相当する断熱等性能等級</td><td colspan="3">1 等級1　　2 等級2</td></tr>
</table>

税金から差し引かれる金額（住宅借入金等特別控除）

<table>
<tr>
<td rowspan="4"></td>
<td rowspan="4">認定低炭素建築物新築等計画に基づく工事の場合</td>
<td colspan="3">次に該当する修繕又は模様替<br>　1　窓<br><br>上記1と併せて行う次のいずれかに該当する修繕又は模様替<br>　2　天井等　　3　壁　　4　床等</td>
</tr>
<tr>
<td colspan="2">低炭素建築物新築等計画の認定主体</td>
<td></td>
</tr>
<tr>
<td colspan="2">低炭素建築物新築等計画の認定番号</td>
<td>第　　　　　号</td>
</tr>
<tr>
<td colspan="2">低炭素建築物新築等計画の認定年月日</td>
<td>　　年　　月　　日</td>
</tr>
<tr>
<td rowspan="3">特定多世帯同居改修工事等（2％控除分）</td>
<td colspan="5">他の世帯との同居をするのに必要な設備の数を増加させるための次のいずれかに該当する増築、改築、修繕又は模様替<br>　1　調理室を増設する工事　　2　浴室を増設する工事　　3　便所を増設する工事<br>　4　玄関を増設する工事</td>
</tr>
<tr>
<td></td>
<td>調理室の数</td>
<td>浴室の数</td>
<td>便所の数</td>
<td>玄関の数</td>
</tr>
<tr>
<td>改修工事前</td>
<td></td>
<td></td>
<td></td>
<td></td>
</tr>
</table>

※上記最終行の「改修工事後」が続きます。

<table>
<tr>
<td rowspan="8">特定耐久性向上改修工事等（2％控除分）</td>
<td colspan="2">特定断熱改修工事等と併せて行う構造の腐食、腐朽及び摩損を防止し、又は維持保全を容易にするための次のいずれかに該当する増築、改築、修繕又は模様替<br>　1　小屋裏の換気工事　　　　　2　小屋裏点検口の取付工事<br>　3　外壁の通気構造等工事　　　4　浴室又は脱衣室の防水工事<br>　5　土台の防腐・防蟻工事　　　6　外壁の軸組等の防腐・防蟻工事<br>　7　床下の防湿工事　　　　　　8　床下点検口の取付工事<br>　9　雨どいの取付工事　　　　10　地盤の防蟻工事<br>　11　給水管、給湯管又は排水管の維持管理又は更新の容易化工事</td>
</tr>
<tr>
<td>第1号工事</td>
<td>1　増築　　2　改築　　3　大規模の修繕　　4　大規模の模様替</td>
</tr>
<tr>
<td>第2号工事</td>
<td>1棟の家屋でその構造上区分された数個の部分を独立して住居その他の用途に供することができるもののうちその者が区分所有する部分について行う修繕又は模様替<br>　1　床の過半の修繕又は模様替<br>　2　階段の過半の修繕又は模様替<br>　3　間仕切壁の過半の修繕又は模様替<br>　4　壁の過半の修繕又は模様替</td>
</tr>
<tr>
<td>第3号工事</td>
<td>次のいずれか一室の床又は壁の全部の修繕又は模様替<br>　1　居室　　2　調理室　　3　浴室　　4　便所<br>　5　洗面所　　6　納戸　　7　玄関　　8　廊下</td>
</tr>
<tr>
<td>長期優良住宅建築等計画の認定主体</td>
<td></td>
</tr>
<tr>
<td>長期優良住宅建築等計画の認定番号</td>
<td>第　　　　　号</td>
</tr>
<tr>
<td>長期優良住宅建築等計画の認定年月日</td>
<td>　　年　　月　　日</td>
</tr>
</table>

納める税金の計算

| | 第1号工事 | 1 増築　　2 改築　　3 大規模の修繕　　4 大規模の模様替 |
|---|---|---|
| 上記と併せて行う第1号工事〜第4号工事（1％控除分） | 第2号工事 | 1棟の家屋でその構造上区分された数個の部分を独立して住居その他の用途に供することができるもののうちその者が区分所有する部分について行う修繕又は模様替<br>1　床の過半の修繕又は模様替<br>2　階段の過半の修繕又は模様替<br>3　間仕切壁の過半の修繕又は模様替<br>4　壁の過半の修繕又は模様替 |
| | 第3号工事 | 次のいずれか一室の床又は壁の全部の修繕又は模様替<br>1　居室　　2　調理室　　3　浴室　　4　便所<br>5　洗面所　　6　納戸　　7　玄関　　8　廊下 |
| | 第4号工事 | 次の規定又は基準に適合させるための修繕又は模様替<br>1　建築基準法施行令第3章及び第5章の4の規定<br>2　地震に対する安全性に係る基準 |

（2）実施した工事の内容

税金から差し引かれる金額（住宅借入金等特別控除）

（3）実施した工事の費用の額等

| | | |
|---|---|---|
| ① 高齢者等居住改修工事等、特定断熱改修工事等又は断熱改修工事等、特定多世帯同居改修工事等、特定耐久性向上改修工事等及び第1号工事～第4号工事に要した費用の額 | | 円 |
| ② 高齢者等居住改修工事等の費用の額等（2％控除分） | | |
| ア　高齢者等居住改修工事等に要した費用の額 | | 円 |
| イ　高齢者等居住改修工事等に係る補助金等の交付の有無 | 有　　無 | |
| 　　「有」の場合 | 交付される補助金等の額 | 円 |
| ウ　アからイを差し引いた額（50万円を超える場合） | | 円 |
| ③ 特定断熱改修工事等の費用の額等（2％控除分） | | |
| ア　特定断熱改修工事等に要した費用の額 | | 円 |
| イ　特定断熱改修工事等に係る補助金等の交付の有無 | 有　　無 | |
| 　　「有」の場合 | 交付される補助金等の額 | 円 |
| ウ　アからイを差し引いた額（50万円を超える場合） | | 円 |
| ④ 特定多世帯同居改修工事等の費用の額等（2％控除分） | | |
| ア　特定多世帯同居改修工事等に要した費用の額 | | 円 |
| イ　特定多世帯同居改修工事等に係る補助金等の交付の有無 | 有　　無 | |
| 　　「有」の場合 | 交付される補助金等の額 | 円 |
| ウ　アからイを差し引いた額（50万円を超える場合） | | 円 |
| ⑤ 特定耐久性向上改修工事等の費用の額等（2％控除分） | | |
| ア　特定耐久性向上改修工事等に要した費用の額 | | 円 |
| イ　特定耐久性向上改修工事等に係る補助金等の交付の有無 | 有　　無 | |
| 　　「有」の場合 | 交付される補助金等の額 | 円 |
| ウ　アからイを差し引いた額（50万円を超える場合） | | 円 |
| ⑥ ②ウ、③ウ、④ウ及び⑤ウの合計額 | | 円 |
| ⑦ 断熱改修工事等の費用の額等（1％控除分） | | |
| ア　断熱改修工事等に要した費用の額 | | 円 |
| イ　断熱改修工事等に係る補助金等の交付の有無 | 有　　無 | |
| 　　「有」の場合 | 交付される補助金等の額 | 円 |
| ウ　アからイを差し引いた額（50万円を超える場合） | | 円 |

納める税金の計算

3. 住宅耐震改修、高齢者等居住改修工事等（バリアフリー改修工事）、一般断熱改修工事等（省エネ改修工事）、多世帯同居改修工事等又は耐久性向上改修工事等を含む増改築等をした場合（住宅耐震改修特別税額控除又は住宅特定改修特別税額控除）

（1）実施した工事の種別

| ①住宅耐震改修 | 次の規定又は基準に適合させるための増築、改築、修繕又は模様替<br>　1　建築基準法施行令第3章及び第5章の4の規定<br>　2　地震に対する安全性に係る基準 | | | | |
|---|---|---|---|---|---|
| ②高齢者等居住改修工事等（バリアフリー改修工事） | 高齢者等が自立した日常生活を営むのに必要な構造及び設備の基準に適合させるための次のいずれかに該当する増築、改築、修繕又は模様替<br>　1　通路又は出入口の拡幅　　2　階段の勾配の緩和　　3　浴室の改良<br>　4　便所の改良　　　　　　　5　手すりの取付　　　　6　床の段差の解消<br>　7　出入口の戸の改良　　　　8　床材の取替 | | | | |
| ③一般断熱改修工事等（省エネ改修工事） | 窓の断熱改修工事を実施した場合 | エネルギーの使用の合理化に資する増築、改築、修繕又は模様替<br>　1　窓の断熱性を高める工事<br><br>上記1と併せて行う次のいずれかに該当する増築、改築、修繕又は模様替<br>　2　天井等の断熱性を高める工事　　3　壁の断熱性を高める工事<br>　4　床等の断熱性を高める工事 | | | |
| | | 地域区分 | 1　1地域　　　2　2地域　　　3　3地域　　　4　4地域<br>5　5地域　　　6　6地域　　　7　7地域　　　8　8地域 | | |
| | | 認定低炭素建築物新築等計画に基づく工事の場合 | 次に該当する修繕又は模様替<br>　1　窓<br><br>上記1と併せて行う次のいずれかに該当する修繕又は模様替<br>　2　天井等　　3　壁　　4　床等 | | |
| | | | 低炭素建築物新築等計画の認定主体 | | |
| | | | 低炭素建築物新築等計画の認定番号 | 第　　　　　号 | |
| | | | 低炭素建築物新築等計画の認定年月日 | 　年　　月　　日 | |
| | 太陽熱利用冷温熱装置の型式 | | | | |
| | 潜熱回収型給湯器の型式 | | | | |
| | ヒートポンプ式電気給湯器の型式 | | | | |
| | 燃料電池コージェネレーションシステムの型式 | | | | |
| | ガスエンジン給湯器の型式 | | | | |
| | エアコンディショナーの型式 | | | | |
| | 太陽光発電設備の型式 | | | | |
| | | 安全対策工事 | 有　　　　無 | | |
| | | 陸屋根防水基礎工事 | 有　　　　無 | | |
| | | 積雪対策工事 | 有　　　　無 | | |
| | | 塩害対策工事 | 有　　　　無 | | |
| | | 幹線増強工事 | 有　　　　無 | | |

税金から差し引かれる金額（住宅借入金等特別控除）

<table>
<tr>
<td rowspan="3">④多世帯同居改修工事等</td>
<td colspan="5">他の世帯との同居をするのに必要な設備の数を増加させるための次のいずれかに該当する増築、改築、修繕又は模様替<br>　1　調理室を増設する工事　　2　浴室を増設する工事　　3　便所を増設する工事<br>　4　玄関を増設する工事</td>
</tr>
<tr>
<td></td>
<td>調理室の数</td>
<td>浴室の数</td>
<td>便所の数</td>
<td>玄関の数</td>
</tr>
<tr>
<td>改修工事前</td>
<td></td>
<td></td>
<td></td>
<td></td>
</tr>
</table>

<table>
<tr>
<td>改修工事後</td>
<td></td>
<td></td>
<td></td>
<td></td>
</tr>
</table>

<table>
<tr>
<td rowspan="4">⑤耐久性向上改修工事等</td>
<td colspan="2">対象住宅耐震改修又は対象一般断熱改修工事等と併せて行う構造の腐食、腐朽及び摩損を防止し、又は維持保全を容易にするための次のいずれかに該当する増築、改築、修繕又は模様替<br>　1　小屋裏の換気工事　　　　　　2　小屋裏点検口の取付工事<br>　3　外壁の通気構造等工事　　　　4　浴室又は脱衣室の防水工事<br>　5　土台の防腐・防蟻工事　　　　6　外壁の軸組等の防腐・防蟻工事<br>　7　床下の防湿工事　　　　　　　8　床下点検口の取付工事<br>　9　雨どいの取付工事　　　　　　10　地盤の防蟻工事<br>　11　給水管、給湯管又は排水管の維持管理又は更新の容易化工事</td>
</tr>
<tr>
<td>長期優良住宅建築等計画の認定主体</td>
<td></td>
</tr>
<tr>
<td>長期優良住宅建築等計画の認定番号</td>
<td>第　　　　　号</td>
</tr>
<tr>
<td>長期優良住宅建築等計画の認定年月日</td>
<td>　　　年　　月　　日</td>
</tr>
</table>

<table>
<tr>
<td rowspan="6">上記と併せて行う第1号工事～第6号工事</td>
<td>第1号工事</td>
<td>1　増築　　2　改築　　3　大規模の修繕　　4　大規模の模様替</td>
</tr>
<tr>
<td>第2号工事</td>
<td>1棟の家屋でその構造上区分された数個の部分を独立して住居その他の用途に供することができるもののうちその者が区分所有する部分について行う次のいずれかに該当する修繕又は模様替<br>　1　床の過半の修繕又は模様替　　2　階段の過半の修繕又は模様替<br>　3　間仕切壁の過半の修繕又は模様替　　4　壁の過半の修繕又は模様替</td>
</tr>
<tr>
<td>第3号工事</td>
<td>次のいずれか一室の床又は壁の全部の修繕又は模様替<br>　1　居室　　2　調理室　　3　浴室　　4　便所　　5　洗面所　　6　納戸<br>　7　玄関　　8　廊下</td>
</tr>
<tr>
<td>第4号工事<br>（耐震改修工事）<br>※①の工事を実施していない場合のみ選択</td>
<td>次の規定又は基準に適合させるための修繕又は模様替<br>　1　建築基準法施行令第3章及び第5章の4の規定<br>　2　地震に対する安全性に係る基準</td>
</tr>
<tr>
<td>第5号工事<br>（バリアフリー改修工事）<br>※②の工事を実施していない場合のみ選択</td>
<td>高齢者等が自立した日常生活を営むのに必要な構造及び設備の基準に適合させるための次のいずれかに該当する修繕又は模様替<br>　1　通路又は出入口の拡幅　　2　階段の勾配の緩和　　3　浴室の改良<br>　4　便所の改良　　　　　　　5　手すりの取付　　　6　床の段差の解消<br>　7　出入口の戸の改良　　　　8　床材の取替</td>
</tr>
</table>

| 第6号工事（省エネ改修工事）※③の工事を実施していない場合のみ選択 | 全ての居室の全ての窓の断熱改修工事を実施した場合 | | エネルギーの使用の合理化に著しく資する次のいずれかに該当する修繕若しくは模様替又はエネルギーの使用の合理化に相当程度資する次のいずれかに該当する修繕若しくは模様替<br>　1　全ての居室の全ての窓の断熱性を高める工事<br>　2　全ての居室の全ての窓の断熱性を相当程度高める工事<br>　3　全ての居室の全ての窓の断熱性を著しく高める工事<br><br>上記1から3のいずれかと併せて行う次のいずれかに該当する修繕又は模様替<br>　4　天井等の断熱性を高める工事　　5　壁の断熱性を高める工事<br>　6　床等の断熱性を高める工事 |
|---|---|---|---|
| | | 地域区分 | 1　1地域　　　2　2地域　　　3　3地域<br>4　4地域　　　5　5地域　　　6　6地域<br>7　7地域　　　8　8地域 |
| | | 改修工事前の住宅が相当する断熱等性能等級 | 1　等級1　　　2　等級2　　　3　等級3 |
| | | 認定低炭素建築物新築等計画に基づく工事の場合 | 次に該当する修繕又は模様替<br>　1　窓<br><br>上記1と併せて行う次のいずれかに該当する修繕又は模様替<br>　2　天井等　　　3　壁　　　4　床等 |
| | | | 低炭素建築物新築等計画の認定主体 | |
| | | | 低炭素建築物新築等計画の認定番号　　　第　　　　　号 |
| | | | 低炭素建築物新築等計画の認定年月日　　　　　年　　月　　日 |
| | 改修工事後の住宅の一定の省エネ性能が証明される場合 | 住宅性能評価書により証明される場合 | エネルギーの使用の合理化に著しく資する次のいずれかに該当する修繕若しくは模様替又はエネルギーの使用の合理化に相当程度資する次に該当する修繕若しくは模様替<br>　1　窓の断熱性を高める工事<br><br>上記1と併せて行う次のいずれかに該当する修繕又は模様替<br>　2　天井等の断熱性を高める工事<br>　3　壁の断熱性を高める工事<br>　4　床等の断熱性を高める工事 |
| | | | 地域区分 |
| | | | 1　1地域　　　2　2地域<br>3　3地域　　　4　4地域<br>5　5地域　　　6　6地域<br>7　7地域　　　8　8地域 |
| | | | 改修工事前の住宅が相当する断熱等性能等級　　　1　等級1　　　2　等級2　　　3　等級3 |

税金から差し引かれる金額（住宅借入金等特別控除）

| | | | | 改修工事後の住宅の断熱等性能等級 | 1 断熱等性能等級2<br>2 断熱等性能等級3<br>3 断熱等性能等級4以上 | |
|---|---|---|---|---|---|---|
| | | | | 住宅性能評価書を交付した登録住宅性能評価機関 | 名　　称 | |
| | | | | | 登録番号 | 第　　　　　号 |
| | | | | 住宅性能評価書の交付番号 | 第　　　　　号 | |
| | | | | 住宅性能評価書の交付年月日 | 　　　年　　月　　　日 | |
| | | | 増改築による長期優良住宅建築等計画の認定により証明される場合 | エネルギーの使用の合理化に著しく資する次のいずれかに該当する修繕若しくは模様替又はエネルギーの使用の合理化に相当程度資する次に該当する修繕若しくは模様替<br>　1 窓の断熱性を高める工事<br><br>上記1と併せて行う次のいずれかに該当する修繕又は模様替<br>　2 天井等の断熱性を高める工事<br>　3 壁の断熱性を高める工事<br>　4 床等の断熱性を高める工事 | | |
| | | | | 地域区分 | 1　1地域　　　2　2地域<br>3　3地域　　　4　4地域<br>5　5地域　　　6　6地域<br>7　7地域　　　8　8地域 | |
| | | | | 改修工事前の住宅が相当する断熱等性能等級 | 1　等級1　　2　等級2　　3　等級3 | |
| | | | | 改修工事後の住宅の断熱等性能等級 | 1　断熱等性能等級3<br>2　断熱等性能等級4以上 | |
| | | | | 長期優良住宅建築等計画の認定主体 | | |
| | | | | 長期優良住宅建築等計画の認定番号 | 第　　　　　号 | |
| | | | | 長期優良住宅建築等計画の認定年月日 | 　　　年　　月　　　日 | |

（2）実施した工事の内容

（3）実施した工事の費用の額等

① 住宅耐震改修

| ア | 当該住宅耐震改修に係る標準的な費用の額 | | 円 |
|---|---|---|---|
| イ | 当該住宅耐震改修に係る補助金等の交付の有無 | 有　　無 | |
| | 「有」の場合 | 交付される補助金等の額 | 円 |
| ウ | アからイを差し引いた額 | | 円 |
| エ | ウと250万円のうちいずれか少ない金額 | | 円 |
| オ | ウからエを差し引いた額 | | 円 |

② 高齢者等居住改修工事等

| ア | 当該高齢者等居住改修工事等に係る標準的な費用の額 | | 円 |
|---|---|---|---|
| イ | 当該高齢者等居住改修工事等に係る補助金等の交付の有無 | 有　　無 | |
| | 「有」の場合 | 交付される補助金等の額 | 円 |
| ウ | アからイを差し引いた額（50万円を超える場合） | | 円 |
| エ | ウと200万円のうちいずれか少ない金額 | | 円 |
| オ | ウからエを差し引いた額 | | 円 |

税金から差し引かれる金額（住宅借入金等特別控除）

| ③ | 一般断熱改修工事等 | | | |
|---|---|---|---|---|
| | ア | 当該一般断熱改修工事等に係る標準的な費用の額 | | 円 |
| | イ | 当該一般断熱改修工事等に係る補助金等の交付の有無 | 有　　無 | |
| | | 「有」の場合 | 交付される補助金等の額 | 円 |
| | ウ | アからイを差し引いた額（50万円を超える場合） | | 円 |
| | エ | ウと250万円（太陽光発電設備設置工事を伴う場合は350万円）のうちいずれか少ない金額 | | 円 |
| | オ | ウからエを差し引いた額 | | 円 |
| ④ | 多世帯同居改修工事等 | | | |
| | ア | 当該多世帯同居改修工事等に係る標準的な費用の額 | | 円 |
| | イ | 当該多世帯同居改修工事等に係る補助金等の交付の有無 | 有　　無 | |
| | | 「有」の場合 | 交付される補助金等の額 | 円 |
| | ウ | アからイを差し引いた額（50万円を超える場合） | | 円 |
| | エ | ウと250万円のうちいずれか少ない金額 | | 円 |
| | オ | ウからエを差し引いた額 | | 円 |
| ⑤ | ①ウ、②ウ、③ウ及び④ウの合計額 | | | 円 |
| ⑥ | ①エ、②エ、③エ及び④エの合計額 | | | 円 |
| ⑦ | ①オ、②オ、③オ及び④オの合計額 | | | 円 |
| ⑧ | 耐久性向上改修工事等（対象住宅耐震改修又は対象一般断熱改修工事等のいずれかと併せて行う場合） | | | |
| | ア | 当該対象住宅耐震改修又は当該対象一般断熱改修工事等に係る標準的な費用の額 | | 円 |
| | イ | 当該対象住宅耐震改修又は当該対象一般断熱改修工事等に係る補助金等の交付の有無 | 有　　無 | |
| | | 「有」の場合 | 交付される補助金等の額 | 円 |
| | ウ | アからイを差し引いた額（50万円を超える場合） | | 円 |
| | エ | 当該耐久性向上改修工事等に係る標準的な費用の額 | | 円 |
| | オ | 当該耐久性向上改修工事等に係る補助金等の交付の有無 | 有　　無 | |
| | | 「有」の場合 | 交付される補助金等の額 | 円 |
| | カ | エからオを差し引いた額（50万円を超える場合） | | 円 |
| | キ | ウ及びカの合計額 | | 円 |
| | ク | キと250万円（対象一般断熱改修工事等に太陽光発電設備設置工事を伴う場合は350万円）のうちいずれか少ない金額 | | 円 |
| | ケ | キからクを差し引いた額 | | 円 |

納める税金の計算

| ⑨ | ②ウ、④ウ及び⑧キの合計額 | | | 円 |
|---|---|---|---|---|
| ⑩ | ②エ、④エ及び⑧クの合計額 | | | 円 |
| ⑪ | ②オ、④オ及び⑧ケの合計額 | | | 円 |
| ⑫ | 耐久性向上改修工事等（対象住宅耐震改修及び対象一般断熱改修工事等の両方と併せて行う場合） | | | |
| | ア | 当該対象住宅耐震改修に係る標準的な費用の額 | | 円 |
| | イ | 当該対象住宅耐震改修に係る補助金等の交付の有無 | 有　　無 | |
| | | 「有」の場合 | 交付される補助金等の額 | 円 |
| | ウ | アからイを差し引いた額（50万円を超える場合） | | 円 |
| | エ | 当該対象一般断熱改修工事等に係る標準的な費用の額 | | 円 |
| | オ | 当該対象一般断熱改修工事等に係る補助金等の交付の有無 | 有　　無 | |
| | | 「有」の場合 | 交付される補助金等の額 | 円 |
| | カ | エからオを差し引いた額（50万円を超える場合） | | 円 |
| | キ | 当該耐久性向上改修工事等に係る標準的な費用の額 | | 円 |
| | ク | 当該耐久性向上改修工事等に係る補助金等の交付の有無 | 有　　無 | |
| | | 「有」の場合 | 交付される補助金等の額 | 円 |
| | ケ | キからクを差し引いた額（50万円を超える場合） | | 円 |
| | コ | ウ、カ及びケの合計額 | | 円 |
| | サ | コと500万円（太陽光発電設備設置工事を伴う場合は600万円）のうちいずれか少ない金額 | | 円 |
| | シ | コからサを差し引いた額 | | 円 |
| ⑬ | ②ウ、④ウ及び⑫コの合計額 | | | 円 |
| ⑭ | ②エ、④エ及び⑫サの合計額 | | | 円 |
| ⑮ | ②オ、④オ及び⑫シの合計額 | | | 円 |
| ⑯ | ⑥、⑩又は⑭のうちいずれか多い額（10%控除分） | | | 円 |
| ⑰ | ⑤、⑨又は⑬のうちいずれか多い額 | | | 円 |
| ⑱ | ⑦、⑪又は⑮のうち⑰の金額に係る額 | | | 円 |
| ⑲ | ①、②、③、④、⑧又は⑫の改修工事と併せて行われた第1号工事～第6号工事 | | | |
| | ア | ①、②、③、④、⑧又は⑫の改修工事と併せて行われた第1号工事～第6号工事に要した費用の額 | | 円 |
| | イ | ⑲の改修に係る補助金等の交付の有無 | 有　　無 | |
| | | 「有」の場合 | 交付される補助金等の額 | 円 |
| | ウ | アからイを差し引いた額 | | 円 |
| ⑳ | ⑰の金額と⑱及び⑲ウの合計額のうちいずれか少ない額 | | | 円 |
| ㉑ | 1,000万円から⑯を引いた残りの額（0円未満となる場合は0円） | | | 円 |
| ㉒ | ⑳と㉑の金額のうちいずれか少ない額（5%控除分） | | | 円 |

――(534)――

税金から差し引かれる金額（住宅借入金等特別控除）

4．償還期間が10年以上の住宅借入金等を利用して特定の増改築等がされた住宅用家屋を取得した場合（買取再販住宅の取得に係る住宅借入金等特別税額控除）

（1）実施した工事の種別

| 第1号工事 | 1 増築　　2 改築　　3 大規模の修繕　　4 大規模の模様替 | | | | |
|---|---|---|---|---|---|
| 第2号工事 | 共同住宅等の区分所有する部分について行う次に掲げるいずれかの修繕又は模様替<br>　1 床の過半の修繕又は模様替　　2 階段の過半の修繕又は模様替<br>　3 間仕切壁の過半の修繕又は模様替　　4 壁の過半の修繕又は模様替 | | | | |
| 第3号工事 | 次のいずれか一室の床又は壁の全部の修繕又は模様替<br>　1 居室　　2 調理室　　3 浴室　　4 便所　　5 洗面所　　6 納戸<br>　7 玄関　　8 廊下 | | | | |
| 第4号工事<br>（耐震改修工事） | 次の規定又は基準に適合させるための修繕又は模様替<br>　1 建築基準法施行令第3章及び第5章の4の規定<br>　2 地震に対する安全性に係る基準 | | | | |
| 第5号工事<br>（バリアフリー改修工事） | バリアフリー化のための次のいずれかに該当する修繕又は模様替<br>　1 通路又は出入口の拡幅　　2 階段の勾配の緩和　　3 浴室の改良<br>　4 便所の改良　　5 手すりの取付　　6 床の段差の解消<br>　7 出入口の戸の改良　　8 床材の取替 | | | | |
| 第6号工事<br>（省エネ改修工事） | 全ての居室の全ての窓の断熱改修工事を実施した場合 | 省エネルギー化のための修繕又は模様替<br>　1 全ての居室の全ての窓の断熱性を高める工事<br><br>上記1と併せて行う次のいずれかに該当する修繕又は模様替<br>　2 天井等の断熱性を高める工事　　3 壁の断熱性を高める工事<br>　4 床等の断熱性を高める工事 | | | |
| | | 地域区分 | 1 1地域　　2 2地域　　3 3地域　　4 4地域<br>5 5地域　　6 6地域　　7 7地域　　8 8地域 | | |
| | 改修工事後の住宅の一定の省エネ性能が証明される場合 | 住宅性能評価書により証明される場合 | 省エネルギー化のための次に該当する修繕又は模様替<br>　1 窓の断熱性を高める工事<br><br>上記1と併せて行う次のいずれかに該当する修繕又は模様替<br>　2 天井等の断熱性を高める工事<br>　3 壁の断熱性を高める工事<br>　4 床等の断熱性を高める工事 | | |
| | | | 地域区分 | 1 1地域　　2 2地域　　3 3地域<br>4 4地域　　5 5地域　　6 6地域<br>7 7地域　　8 8地域 | |
| | | | 改修工事後の住宅の省エネ性能 | 1 断熱等性能等級4以上<br>2 一次エネルギー消費量等級4以上及び断熱等性能等級3 | |
| | | | 住宅性能評価書を交付した登録住宅性能評価機関 | 名　　称 | |
| | | | | 登録番号 | 第　　　号 |
| | | | 住宅性能評価書の交付番号 | 第　　　号 | |
| | | | 住宅性能評価書の交付年月日 | 　　　年　　月　　日 | |

納める税金の計算

| | | | |
|---|---|---|---|
| | 増改築による長期優良住宅建築等計画の認定により証明される場合 | 省エネルギー化のための次に該当する修繕又は模様替<br>　1　窓の断熱性を高める工事<br><br>上記1と併せて行う次のいずれかに該当する修繕又は模様替<br>　2　天井等の断熱性を高める工事<br>　3　壁の断熱性を高める工事<br>　4　床等の断熱性を高める工事 | |
| | | 地域区分 | 1　1地域　　2　2地域　　3　3地域<br>4　4地域　　5　5地域　　6　6地域<br>7　7地域　　8　8地域 |
| | | 改修工事後の住宅の省エネ性能 | 1　断熱等性能等級4以上<br>2　一次エネルギー消費量等級4以上及び断熱等性能等級3 |
| | | 長期優良住宅建築等計画の認定主体 | |
| | | 長期優良住宅建築等計画の認定番号 | 第　　　　　号 |
| | | 長期優良住宅建築等計画の認定年月日 | 　　年　　月　　日 |
| 第7号工事（給排水管・雨水の浸入を防止する部分に係る工事） | 1　給水管に係る修繕又は模様替<br>2　排水管に係る修繕又は模様替<br>3　雨水の浸入を防止する部分に係る修繕又は模様替 | | |

税金から差し引かれる金額（住宅借入金等特別控除）

（2）実施した工事の内容

（3）実施した工事の費用の額

① 特定の増改築等に要した費用の総額

| 第1号工事～第7号工事に要した費用の総額 | 円 |
|---|---|

② 特定の増改築等のうち、第1号工事～第6号工事に要した費用の額

| 第1号工事～第6号工事に要した費用の額 | 円 |
|---|---|

③ 特定の増改築等のうち、第4号工事、第5号工事、第6号工事又は第7号工事に要した費用の額

| | | 円 |
|---|---|---|
| ア | 第4号工事に要した費用の額 | 円 |
| イ | 第5号工事に要した費用の額 | 円 |
| ウ | 第6号工事に要した費用の額 | 円 |
| エ | 第7号工事に要した費用の額 | 円 |

納める税金の計算

II．固定資産税の減額

1－1．地方税法施行令附則第12条第19項に規定する基準に適合する耐震改修をした場合

| 工事の内容 | 1 　地方税法施行令附則第12条第19項に規定する基準に適合する耐震改修 |
|---|---|

1－2．地方税法附則第15条の9の2第1項に規定する耐震改修をした家屋が認定長期優良住宅に該当することとなった場合

| 工事の種別及び内容 | 地震に対する安全性の向上を目的とした増築、改築、修繕又は模様替<br>1 　増築　2 　改築　3 　修繕　4 　模様替 | |
| | 工事の内容 | |
| 耐震改修を含む工事の費用の額（全体工事費） | | 円 |
| 上記のうち耐震改修の費用の額 | | 円 |
| 長期優良住宅建築等計画の認定主体 | | |
| 長期優良住宅建築等計画の認定番号 | | 第　　　号 |
| 長期優良住宅建築等計画の認定年月日 | | 　年　　月　　日 |

2．熱損失防止改修工事等をした場合又は熱損失防止改修工事等をした家屋が認定長期優良住宅に該当することとなった場合

| 工事の種別及び内容 | 断熱改修工事 | 必須となる改修工事 | 窓の断熱性を高める改修工事 | |
| | | 上記と併せて行った改修工事 | 1 　天井等の断熱性を高める改修工事 | |
| | | | 2 　壁の断熱性を高める改修工事 | |
| | | | 3 　床等の断熱性を高める改修工事 | |
| | 断熱改修工事と併せて行った右記4から9までに掲げる設備の取替え又は取付けに係る工事 | | 4 　太陽熱利用冷温熱装置 | 型式： |
| | | | 5 　潜熱回収型給湯器 | 型式： |
| | | | 6 　ヒートポンプ式電気給湯器 | 型式： |
| | | | 7 　燃料電池コージェネレーションシステム | 型式： |
| | | | 8 　エアコンディショナー | 型式： |
| | | | 9 　太陽光発電設備 | 型式： |
| | 工事の内容 | | | |

## 税金から差し引かれる金額（住宅借入金等特別控除）

| | | | |
|---|---|---|---|
| 熱損失防止改修工事等を含む工事の費用の額（全体工事費） | | | 円 |
| 上記のうち熱損失防止改修工事等の費用の額 | | | |
| | ア　断熱改修工事に係る費用の額 | | 円 |
| | イ　断熱改修工事に係る補助金等の交付の有無 | 有　　　　無 | |
| | 「有」の場合　　ウ　交付される補助金等の額 | | 円 |
| | ①　アからウを差し引いた額 | | 円 |
| | エ　断熱改修工事と併せて行った４から９までに掲げる設備の取替え又は取付けに係る工事の費用の額 | | 円 |
| | オ　エの工事に係る補助金等の交付の有無 | 有　　　　無 | |
| | 「有」の場合　　カ　交付される補助金等の額 | | 円 |
| | ②　エからカを差し引いた金額 | | 円 |
| 工事費用の確認（下記③又は④のいずれかを選択して、右側の項目にレ点を入れること） | | | |
| | ③　①の金額が60万円を超える | □　左記に該当する | |
| | 上記③に該当しない場合<br>④　①の金額が50万円を超え、かつ、①と②の合計額が60万円を超える | □　左記に該当する | |
| 上記工事が行われ、認定長期優良住宅に該当することとなった場合 | | | |
| | 長期優良住宅建築等計画の認定主体 | | |
| | 長期優良住宅建築等計画の認定番号 | 第　　　　号 | |
| | 長期優良住宅建築等計画の認定年月日 | 年　　月　　日 | |

## 納める税金の計算

上記の工事が租税特別措置法若しくは租税特別措置法施行令に規定する工事に該当すること又は上記の工事が地方税法若しくは地方税法施行令に規定する工事に該当すること若しくは上記の工事が行われ地方税法附則第15条の9の2に規定する認定長期優良住宅に該当することとなったことを証明します。

| 証明年月日 | 年　　　月　　　日 |
|---|---|

（1）証明者が建築士事務所に属する建築士の場合

| | 氏　　　　名 | | | | 印 |
|---|---|---|---|---|---|
| 証明を行った建築士 | 一級建築士、二級建築士又は木造建築士の別 | | 登　録　番　号 | | |
| | | | 登録を受けた都道府県名（二級建築士又は木造建築士の場合） | | |
| 証明を行った建築士の属する建築士事務所 | 名　　　　称 | | | | |
| | 所　在　地 | | | | |
| | 一級建築士事務所、二級建築士事務所又は木造建築士事務所の別 | | | | |
| | 登録年月日及び登録番号 | | | | |

（2）証明者が指定確認検査機関の場合

| | 名　　　　称 | | | | 印 |
|---|---|---|---|---|---|
| 証明を行った指定確認検査機関 | 住　　　　所 | | | | |
| | 指定年月日及び指定番号 | | | | |
| | 指定をした者 | | | | |
| 調査を行った建築士又は建築基準適合判定資格者 | 氏　　　　名 | | | | |
| | 建築士の場合 | 一級建築士、二級建築士又は木造建築士の別 | | 登　録　番　号 | |
| | | | | 登録を受けた都道府県名（二級建築士又は木造建築士の場合） | |
| | 建築基準適合判定資格者の場合 | | | 登　録　番　号 | |
| | | | | 登録を受けた地方整備局等名 | |

税金から差し引かれる金額（住宅借入金等特別控除）

（3）証明者が登録住宅性能評価機関の場合

<table>
<tr><td rowspan="4">証明を行った登録<br>住宅性能評価機関</td><td>名　　　　称</td><td></td><td colspan="3"></td><td>印</td></tr>
<tr><td>住　　　　所</td><td></td><td colspan="4"></td></tr>
<tr><td>登録年月日及び<br>登録番号</td><td></td><td colspan="4"></td></tr>
<tr><td>登録をした者</td><td></td><td colspan="4"></td></tr>
<tr><td rowspan="5">調査を行った建築<br>士又は建築基準適<br>合判定資格者検定<br>合格者</td><td colspan="2">氏　　　　名</td><td colspan="4"></td></tr>
<tr><td rowspan="2">建築士の<br>場合</td><td rowspan="2">一級建築士、二級<br>建築士又は木造<br>建築士の別</td><td rowspan="2"></td><td>登　録　番　号</td><td></td></tr>
<tr><td>登録を受けた都道府県名<br>（二級建築士又は木造建<br>築士の場合）</td><td></td></tr>
<tr><td rowspan="2" colspan="3">建築基準適合判定資格者検定合格者の場<br>合</td><td>合格通知日付又は合格証<br>書日付</td><td></td></tr>
<tr><td>合格通知番号又は合格証<br>書番号</td><td></td></tr>
</table>

（4）証明者が住宅瑕疵担保責任保険法人の場合

<table>
<tr><td rowspan="3">証明を行った住宅<br>瑕疵担保責任保険<br>法人</td><td>名　　　　称</td><td></td><td colspan="3"></td><td>印</td></tr>
<tr><td>住　　　　所</td><td></td><td colspan="4"></td></tr>
<tr><td>指　定　年　月　日</td><td></td><td colspan="4"></td></tr>
<tr><td rowspan="5">調査を行った建築<br>士又は建築基準適<br>合判定資格者検定<br>合格者</td><td colspan="2">氏　　　　名</td><td colspan="4"></td></tr>
<tr><td rowspan="2">建築士の<br>場合</td><td rowspan="2">一級建築士、二級<br>建築士又は木造<br>建築士の別</td><td rowspan="2"></td><td>登　録　番　号</td><td></td></tr>
<tr><td>登録を受けた都道府県名<br>（二級建築士又は木造建<br>築士の場合）</td><td></td></tr>
<tr><td rowspan="2" colspan="3">建築基準適合判定資格者検定合格者の場<br>合</td><td>合格通知日付又は合格証<br>書日付</td><td></td></tr>
<tr><td>合格通知番号又は合格証<br>書番号</td><td></td></tr>
</table>

（用紙　日本産業規格　Ａ４）

## 納める税金の計算

### 《新型コロナウイルス感染症及びそのまん延防止のための措置》（令和3年4月1日以降用）

---

> **様式A（住宅ローン減税用：既存住宅の取得後増改築等を行った場合の申告書兼証明書）**
> **＜契約事業者において作成の上、申告者にお渡しください＞**

入居時期に関する申告書兼証明書

○○税務署長　殿

　　　　（申告者氏名）　　　は、下記1の家屋（既存住宅）を取得し、その後増改築等しましたが、新型コロナウイルス感染症及びそのまん延防止のための措置の影響を受け、下記2の事情により、当該既存住宅をその取得の日から6か月以内に居住の用に供することができませんでした。

1．取得した家屋（既存住宅）<sup>(※1)</sup>
　　所在地　：＿＿＿＿＿＿＿＿＿＿＿＿＿＿＿＿＿＿＿＿＿＿＿＿＿＿＿＿＿＿＿
　　種　類　：＿＿＿＿＿＿＿＿＿＿　　総（床）面積　：＿＿＿＿＿＿＿＿㎡

2．新型コロナウイルス感染症及びそのまん延防止のための措置の影響を受け、当該既存住宅をその取得の日から6か月以内に居住の用に供することができなかった事情
　　（該当する□にレ印を入れてください。複数回答可）
　　□　外出自粛や事業者の営業自粛等により、増改築等の契約手続きが遅延したため
　　□　住宅設備機器の納入遅れや事業者の工事自粛等により、増改築等の工事が遅延したため
　　□　工事完了後、外出自粛等により、入居が遅延したため
　　□　その他（下記に事情の詳細を記述してください。）
　　　　＿＿＿＿＿＿＿＿＿＿＿＿＿＿＿＿＿＿＿＿＿＿＿＿＿＿＿＿＿＿＿＿＿
　　　　＿＿＿＿＿＿＿＿＿＿＿＿＿＿＿＿＿＿＿＿＿＿＿＿＿＿＿＿＿＿＿＿＿
　　　　＿＿＿＿＿＿＿＿＿＿＿＿＿＿＿＿＿＿＿＿＿＿＿＿＿＿＿＿＿＿＿＿＿

3．増改築等完了の年月日及び居住開始の予定年月日等（増改築等完了の日から6か月以内に居住開始をしている必要があります。）
　　増改築等完了の年月日　　　　　　　　　　　　：令和＿＿年＿＿月＿＿日
　　居住開始の予定年月日（契約事業者が記入）　　：令和＿＿年＿＿月＿＿日
　　実際に居住開始をした年月日（申告者が記入）　：令和＿＿年＿＿月＿＿日

> 上記の内容について証明します。なお、実際に居住開始をした年月日は、後日申告者が記入します。
> 　増改築等の契約事業者
> 　　　　　　令和＿＿年＿＿月＿＿日　住　所＿＿＿＿＿＿＿　TEL:＿＿＿＿＿＿
>
> 　　　　　　　　　　　氏名又は名称＿＿＿＿＿＿＿＿＿＿＿＿　　<sup>(※2)</sup>

> ※契約事業者の署名捺印がない場合には、申告者が署名捺印を行います。
>
> > 上記の内容に相違ないことを約します。
> > 　申告者　　　令和＿＿年＿＿月＿＿日　住　所＿＿＿＿＿＿＿＿＿＿＿＿＿＿＿
> > 　　　　　　　　　　　　　　　　　　　氏　名＿＿＿＿＿＿＿＿＿＿＿＿＿＿＿

---

——（542）——

税金から差し引かれる金額（住宅借入金等特別控除）

---

**様式 B-1（住宅ローン減税用：要耐震改修住宅の取得後耐震改修を行った場合の申告書兼証明書）**
**＜契約事業者において作成の上、申告者にお渡しください＞**

---

入居時期に関する申告書兼証明書

〇〇税務署長　殿

　　　　（申告者氏名）　は、下記1の家屋（要耐震改修住宅）を取得し、その後耐震改修しましたが、新型コロナウイルス感染症及びそのまん延防止のための措置の影響を受け、下記2の事情により、当該要耐震改修住宅をその取得の日から6か月以内に居住の用に供することができませんでした。

1. 取得した家屋（要耐震改修住宅）<sup>(※1)</sup>
   所在地　：＿＿＿＿＿＿＿＿＿＿＿＿＿＿＿＿＿＿＿＿＿＿＿＿＿＿＿＿
   種　類　：＿＿＿＿＿＿＿＿＿＿　　総（床）面積：＿＿＿＿＿＿＿㎡

2. 新型コロナウイルス感染症及びそのまん延防止のための措置の影響を受け、当該要耐震改修住宅をその取得の日から6か月以内に居住の用に供することができなかった事情
   （該当する□にレ印を入れてください。複数回答可）
   □　外出自粛や事業者の営業自粛等により、耐震改修の契約手続きが遅延したため
   □　住宅設備機器の納入遅れや事業者の工事自粛等により、耐震改修の工事が遅延したため
   □　工事完了後、外出自粛等により、入居が遅延したため
   □　その他（下記に事情の詳細を記述してください。）

   （＿＿＿＿＿＿＿＿＿＿＿＿＿＿＿＿＿＿＿＿＿＿＿＿＿＿＿＿＿＿＿＿＿＿＿＿＿
   　＿＿＿＿＿＿＿＿＿＿＿＿＿＿＿＿＿＿＿＿＿＿＿＿＿＿＿＿＿＿＿＿＿＿＿＿＿
   　＿＿＿＿＿＿＿＿＿＿＿＿＿＿＿＿＿＿＿＿＿＿＿＿＿＿＿＿＿＿＿＿＿＿＿＿＿）

3. 耐震改修完了の年月日及び居住開始の予定年月日等（耐震改修完了の日から6か月以内に居住開始をしている必要があります。）
   耐震改修完了の年月日　　　　　　　　　　：令和＿＿＿年＿＿＿月＿＿＿日
   居住開始の予定年月日（契約事業者が記入）：令和＿＿＿年＿＿＿月＿＿＿日
   実際に居住開始をした年月日（申告者が記入）：令和＿＿＿年＿＿＿月＿＿＿日

   | 上記の内容について証明します。なお、実際に居住開始をした年月日は、後日申告者が記入します。 |
   |---|
   | 耐震改修の契約事業者<br>　　　令和＿＿＿年＿＿＿月＿＿＿日　住　所＿＿＿＿＿＿＿＿＿＿　TEL:＿＿＿＿＿＿<br><br>　　　　　　　　氏名又は名称＿＿＿＿＿＿＿＿＿＿＿＿＿＿＿＿　　　　<sup>(※2)</sup> |

   ※契約事業者の署名捺印がない場合には、申告者が署名捺印を行います。

   | 上記の内容に相違ないことを約します。 |
   |---|
   | 申告者　　令和＿＿＿年＿＿＿月＿＿＿日　住　所＿＿＿＿＿＿＿＿＿＿＿＿＿＿＿＿<br>　　　　　　　　　　　　　　　　氏　名＿＿＿＿＿＿＿＿＿＿＿＿＿＿＿＿ |

納める税金の計算

---

**様式C（住宅ローン減税用：控除期間13年間の特例措置の適用に関する申告書兼証明書）**
**＜契約事業者において作成の上、申告者にお渡しください＞**

入居時期に関する申告書兼証明書

○○税務署長　殿


　　___（申告者氏名）___　は、下記1の家屋を ｛新築 取得 増改築等｝ しましたが、新型コロナウイルス感染症及びその

まん延防止のための措置の影響を受け、下記2の事情により、当該家屋を令和2年12月31日までに居住の用に供することができませんでした。


1．新築又は取得若しくは増改築等をした家屋（※1）
　　所在地　：＿＿＿＿＿＿＿＿＿＿＿＿＿＿＿＿＿＿＿＿＿＿＿＿＿＿＿＿＿＿＿＿＿
　　種　類　：＿＿＿＿＿＿＿＿＿＿　　総（床）面積：＿＿＿＿＿＿＿＿＿㎡


2．新型コロナウイルス感染症及びそのまん延防止のための措置の影響を受け、住宅用の家屋の新築又は取得若しくは増改築等後、令和2年12月31日までに居住の用に供することができなかった事情
　　（該当する□にレ印を入れてください。複数回答可）
　　□　外出自粛や事業者の営業自粛等により、契約手続きが遅延したため
　　□　住宅設備機器の納入遅れや事業者の工事自粛等により、工事が遅延したため
　　□　工事完了後又は引渡し後、外出自粛等により、入居が遅延したため
　　□　その他（下記に事情の詳細を記述してください。）
　　　　＿＿＿＿＿＿＿＿＿＿＿＿＿＿＿＿＿＿＿＿＿＿＿＿＿＿＿＿＿＿＿＿＿＿＿
　　　　＿＿＿＿＿＿＿＿＿＿＿＿＿＿＿＿＿＿＿＿＿＿＿＿＿＿＿＿＿＿＿＿＿＿＿
　　　　＿＿＿＿＿＿＿＿＿＿＿＿＿＿＿＿＿＿＿＿＿＿＿＿＿＿＿＿＿＿＿＿＿＿＿


3．工事完了の年月日又は当該家屋の引渡しの年月日及び居住開始の予定年月日等（令和3年12月31日までに居住開始をしている必要があります。）
　　工事完了の年月日又は当該家屋の引渡しの年月日　：令和___年___月___日
　　居住開始の予定年月日（契約事業者が記入）　　　：令和___年___月___日
　　実際に居住開始をした年月日（申告者が記入）　　：令和___年___月___日

| 上記の内容について証明します。なお、実際に居住開始をした年月日は、後日申告者が記入します。 |
| --- |
| 契約事業者　令和___年___月___日　住　所＿＿＿＿＿＿＿＿＿＿　TEL:＿＿＿＿＿ |
| 氏名又は名称＿＿＿＿＿＿＿＿＿＿＿＿＿＿＿（※2） |

※契約事業者の署名捺印がない場合には、申告者が署名捺印を行います。

| 上記の内容に相違ないことを約します。 |
| --- |
| 申告者　　令和___年___月___日　住　所＿＿＿＿＿＿＿＿＿＿＿＿＿ |
| 氏　名＿＿＿＿＿＿＿＿＿＿＿＿＿＿ |

税金から差し引かれる金額（住宅借入金等特別控除）

〔備考（様式 A～C 共通）〕

※1　家屋の登記事項証明書に記載された内容を転記してください。その際、家屋がマンションのように建物の一部を区分所有している住宅の場合は、階段や通路など共同で使用している部分（共有部分）については床面積に含めず、登記事項証明書上の専有部分の床面積を記入してください。なお、契約事業者の記名時点で登記事項証明書上の床面積が確定していない場合は、空欄にしたままにした上で、申告時に申告者のほうで記入してください。

※2　原則として、請負契約書又は売買契約書の名義と同一の者の記名を行うものとしますが、本申告書兼証明書の作成時点において、契約締結時の名義人から変更がある場合は、当該名義人に相当する者の記名で差し支えありません。なお、契約事業者が複数の場合は、いずれか一の者の記名をしてください。

納める税金の計算

┌─── 住宅借入金等特別控除額の計算例　(1) ───────────────────────

**（設 例）**

①　令和4年4月1日　店舗併用住宅新築を契約

　　令和4年6月1日　新築工事に着手

②　令和4年10月1日　居住開始

③　家屋の床面積　165㎡ ┤ 居住用部分　127㎡
　　　　　　　　　　　　　└ 店舗用部分　38㎡

④　家屋の取得対価の額　　　　　　　　　2,970万円

⑤　銀行からの借入金の年末残高　　　　　1,800万円

⑥　住宅金融支援機構からの借入金の年末残高　　700万円

⑦　認定住宅等以外の住宅の新築に該当します。


**（計 算）**

⑴　あなたの持分に係る家屋の取得対価の額を求めます。

　　　2,970万円（家屋の取得対価の額）×1/1（持分割合）＝2,970万円……①

⑵　住宅借入金等特別控除額の計算の基礎となる住宅借入金等の年末残高を求めます。

　　　　　①
　　　2,970万円＞2,500万円──→2,500万円（少ない方）……ロ

⑶　家屋の床面積のうち、居住用部分の割合を計算します。

$$\frac{127㎡（居住用部分の床面積）}{165㎡（総床面積）}＝0.7696──→77.0\%（小数第4位を切り上げ）$$

⑷　居住用部分の家屋に係る借入金等の年末残高を計算します。

　　　ロ　　　　　　　　ハ
　　　2,500万円×77％＝1,925万円＜3,000万円

⑸　控除額

　　　ハ
　　　1,925万円×0.7％＝134,750円──→134,700円（100円未満切捨て）（最高21万円）


**【記載例】**

　　上記の計算例を確定申告書の「住宅借入金等特別控除」欄・「特例適用条文等」欄及び「住宅借入金等特別控除額の計算明細書」に記載すれば、次のとおりです。


**（申告書第一表）**

| （特定増改築等）住宅借入金等特別控除 | 区分1 |  | 区分2 |  | ㉞ |  |  | 1 3 4 7 0 0 |
|---|---|---|---|---|---|---|---|---|


**（申告書第二表）**

| 特例適用条文等 | ㊙ 令和4年10月1日居住開始 |
|---|---|

────(546)────

税金から差し引かれる金額（住宅借入金等特別控除）

## （住宅借入金等特別控除額の計算明細書）

### ■ 令和 ０４ 年分（特定増改築等）住宅借入金等特別控除額の計算明細書　FA4024

**1 住所及び氏名**

| 住所 | 郵便番号 電話番号 | 京都市○×区△△ （　） | | | 整理番号 |  |
|---|---|---|---|---|---|---|
| フリガナ 氏名 | | ○○　△△ | （共有者の氏名）※共有の場合のみ書いてください。 フリガナ 氏名 | | フリガナ 氏名 | |

一面　提出用

○この明細書は、申告書と一緒に提出してください。

**2 新築又は購入した家屋等に係る事項**

| | 家屋に関する事項 | 土地等に関する事項 | **3 増改築等をした部分に係る事項** | |
|---|---|---|---|---|
| 居住開始年月日 | ㋐ 平成/令和 04.10.01 | 平成/令和 ..  | 居住開始年月日 ㋛ 平成/令和 .. | |
| 契約日・契約区分 | ㋑ 平成/令和 04.04.01 区分 1 | | 契約日 ㋜ 平成/令和 .. | |
| 補助金等控除前の取得対価の額 | ㋒ 29700000 | ㋗ | 補助金等控除前の増改築等の費用の額 ㋝ | |
| 交付を受ける補助金等の額 | ㋓ 0 | ㋘ | 交付を受ける補助金等の額 ㋞ | |
| 取得対価の額 (㋒-㋓) | ㋔ 29700000 | ㋙ | 増改築等の費用の額 (㋝-㋞) ㋟ | |
| 総（床）面積 ※小数点以下2位まで書きます。 | ㋕ 165.00 | ㋚ | ㋟のうち居住用部分の金額 ㋠ | |
| うち居住用部分の（床）面積 | ㋖ 127.00 | ㋛ | 増改築等をした家屋の総床面積 ㋡ | |
| 不動産番号 家屋 | ○○○○○○○○○○○○○ | 土地 ×××××××××××××× | | |

**4 家屋や土地等の取得対価の額**

| | Ⓐ 家　屋 | Ⓑ 土地等 | Ⓒ 合　計 | Ⓓ 増改築等 |
|---|---|---|---|---|
| あなたの共有持分 ① ※共有の場合のみ書いてください。 | ／ | ／ | (Ⓐの②+Ⓑの②)又は(⑪の②+⑫の②) | ／ |
| (㋔、㋙、㋟) ② ※共有でない場合は、㋔、㋙、㋟を書いてください。 | ㋔(㋔×Ⓐの①) 29700000 | ㋙(㋙×Ⓑの①) | 29700000 | ㋟(㋟×Ⓓの①) |
| 住宅取得等資金の贈与の特例を受けた金額 ③ | 0 | | 0 | |
| あなたの持分に係る取得対価の額等 (②-③) ④ | 29700000 | | 29700000 | |

**5 家屋の取得対価の額又は増改築等の費用の額に課されるべき消費税額等に関する事項**

| なし又は5% | 8% | 10% | 税率が10%の場合に㋒、㋗に含まれる消費税額及び地方消費税額の合計額（契約書等に記載された消費税額） 27000000 |
|---|---|---|---|

**6 新型コロナウイルスの影響による入居遅延**　あり

**7 居住用部分の家屋又は土地等に係る住宅借入金等の年末残高**

| | Ⓔ 住宅のみ | Ⓕ 土地等のみ | Ⓖ 住宅及び土地等 | Ⓗ 増改築等 |
|---|---|---|---|---|
| 新築、購入及び増改築等に係る住宅借入金等の年末残高 ⑤ | 25000000 | | | |
| 連帯債務に係るあなたの負担割合 (付表)の④の割合 ⑥ | 100.00 | | | |
| 住宅借入金等の年末残高 (付表)の⑯の金額 ⑦ | 25000000 | | | |
| ④と⑦のいずれか少ない方の金額 ⑧ | 25000000 | | | |
| 居住用割合 ⑨ | 77.0 | ㋕÷㋖ | ㋚÷㋛ | ㋡÷㋠ |
| 居住用部分に係る住宅借入金等の年末残高 (⑧×⑨) ⑩ | 19250000 | | | |
| 住宅借入金等の年末残高の合計額 (Ⓔの⑩+Ⓕの⑩+Ⓖの⑩+Ⓗの⑩) ⑪ | | | | 19250000 |

※ ⑪の金額を二面の「住宅借入金等の年末残高の合計額⑪」欄に転記します。

**8 特定の増改築等に係る事項**（特定増改築等住宅借入金等特別控除の適用を受ける場合のみ書いてください。）

次の㊓欄から⑯欄に補助金等控除後の金額を書いてください。これらの金額が50万円を超えるときに特定増改築等住宅借入金等特別控除の適用を受けることができます。詳しくは、控用の裏面を参照してください。

| 高齢者等居住改修工事等の費用の額 ⑫ | 断熱改修工事等の費用の額 ⑬ | 特定断熱改修工事等の費用の額 ⑭ | 特定多世帯同居改修工事等の費用の額 ⑮ |
|---|---|---|---|

| 特定耐久性向上改修工事等の費用の額 ⑯ | 特定の増改築等工事の費用の合計額 (⑫+⑭+⑮+⑯) ⑰ | あなたの持分に係る特定の増改築等の費用の額 ⑱ (⑰×Ⓓの①) | 特定増改築等住宅借入金等、特定断熱改修住宅借入金等又は特定多世帯同居改修住宅借入金等の年末残高 (⑩と⑱のいずれか少ない方の金額で最高250万円。ただし、⑭の増改築等・特定多世帯同居改修工事等に係るものを除きます。)が特別限度額（一面参照）に該当しない場合は、最高200万円。 ⑲ |
|---|---|---|---|

**9 （特定増改築等）住宅借入金等特別控除額**

（特定増改築等）住宅借入金等特別控除額　※ 二面の該当する番号及び金額を転記します。　番号 2 ⑳ 134700

※次に該当する場合に、書いてください。

| 同一年中に8％及び10％の消費税率が含まれる家屋の取得等又は増改築等をした場合は、右の欄に○をした上で、10％に係る部分の金額等を書いてください。 | 8%・10%同一取得 | 家屋:1 増改築等:2 | ㋖又は⑦の金額 (10%に係る部分のみ) ㉑ | ⑩の金額 ㉑の金額 (10%に係る部分のみ) ㉒ | | 重複適用（の特例）を受ける場合は、右の該当する文字に○をした上で、二面の㉓の金額を転記してください。 | 重複適用 重複適用の特例 ㉓ ○○ |
|---|---|---|---|---|---|---|---|

**10 控除証明書の交付を要しない場合**

翌年分以後に年末調整でこの控除を受けるための、控除証明書の交付を要しない方は、右の「要しない」の文字を○で囲んでください。　要しない

| 整理欄 | 登家 登土 契家 契土 残高 確認 証認定 付 仮 A B C | |
|---|---|---|
| | 住民 | 台帳番号 一連番号 |

○この明細書の書き方については、控用の裏面を参照してください。　○住宅借入金等に連帯債務がある場合には、併せて付表を使用します。

**(注)** ㋑「契約日・契約区分」の区分□は、住宅の新築（注文住宅）の場合は「1」、分譲住宅の購入の場合は「2」、買取再販住宅の購入の場合は「3」、中古住宅の購入の場合は「4」を記入します。

——（547）——

# 納める税金の計算

## 令和04年分 （特定増改築等）住宅借入金等特別控除額の計算

次の該当する算式のうち、いずれか一の算式により計算します。

氏名　○○　△△

| 住宅借入金等の年末残高の合計額　※　一面の⑪の金額を転記します。 | ⑪ | 19,250,000 | 円 |
|---|---|---|---|

| 番号 | 居住の用に供した日等 | | 算式等 | （特定増改築等）住宅借入金等特別控除額（100円未満の端数切捨て） | 番号 | 居住の用に供した日等 | | 算式等 | （特定増改築等）住宅借入金等特別控除額（100円未満の端数切捨て） |
|---|---|---|---|---|---|---|---|---|---|
| 1 | | 住宅の取得等が（例）特別特例取得に該当するとき | ⑪×0.01= ⑳ | （最高40万円）00 円 | 8 | 高齢者等居住改修工事等に係る特定増改築等住宅借入金等特別控除を選択した場合 | 住宅の増改築等が特定取得に該当するとき | ⑪の金額（最高1,000万円）－(@)= + (@-⑲)×0.01= ⑳ | （最高12万5千円）00 円 |
| | 住宅借入金等特別控除の適用を受ける場合（3から12のいずれかを選択する場合を除きます。） | 令和4年中に居住の用に供した場合 | 新築住宅又は買取再販住宅に該当するとき ⑪×0.007= ⑳ | （最高21万円）134,7 00 | | 平成30年1月1日から令和3年12月31日までの間に居住の用に供した場合 | 住宅の増改築等が特定取得に該当しないとき ⑪の金額（最高1,000万円）－(@)= + (@-⑲)×0.01= ⑳ | （最高12万円）00 円 |
| | | | 中古住宅は増改築に該当するとき ⑪×0.007= ⑳ | （最高14万円）00 | 9 | 断熱改修工事等に係る特定増改築等住宅借入金等特別控除を選択した場合 | 住宅の増改築等が特定取得に該当するとき ⑪の金額（最高1,000万円）－(@)= + (@-⑲)×0.01= ⑳ | （最高12万5千円）00 円 |
| 2 | | 平成26年1月1日から令和3年12月31日までの間に居住の用に供した場合 | 住宅の取得等が（特別）特定取得に該当するとき ⑪×0.01= ⑳ | （最高40万円）00 円 | | 平成30年1月1日から令和3年12月31日までの間に居住の用に供した場合 | 住宅の増改築等が特定取得に該当しないとき ⑪の金額（最高1,000万円）－(@)= + (@-⑲)×0.01= ⑳ | （最高12万円）00 円 |
| | | | 住宅の取得等が（特別）特定取得に該当しないとき ⑪×0.01= ⑳ | （最高20万円）00 | 10 | 多世帯同居改修工事等に係る特定増改築等住宅借入金等特別控除を選択した場合 | ⑪の金額（最高1,000万円）×0.02 ⑲の金額（ ）×0.02 + (@-⑲)×0.01= ⑳ | （最高12万5千円）00 円 |
| | | 平成25年中に居住の用に供した場合 | ⑪×0.01= ⑳ | （最高20万円）00 | | 平成30年1月1日から令和3年12月31日までの間に居住の用に供した場合 | | |
| 3 | 住宅借入金等特別控除額の控除額の特例を選択した場合 | 平成20年中に居住の用に供した場合 | ⑪×0.004= ⑳ | （最高8万円）00 | 11 | 震災特例法の住宅の再取得等に係る住宅借入金等特別控除の控除額の特例を選択した場合 | 住宅の取得等が（特別）特別取得に該当するとき ⑪×0.012= ⑳ | （最高60万円）00 |
| 4 | | | 住宅の取得等が（例）特別特例取得に該当するとき ⑪×0.01= ⑳ | （最高50万円）00 円 | | 令和4年中に居住の用に供した場合 | 新築住宅又は買取再販住宅に該当するとき ⑪×0.009= ⑳ | （最高45万円）00 |
| 5 | 認定住宅等が認定長期優良住宅又は認定低炭素住宅に該当するとき | 令和4年中に居住の用に供した場合 | 新築住宅又は買取再販住宅に該当するとき ⑪×0.007= ⑳ | （最高35万円）00 | | | 中古住宅又は増改築に該当するとき ⑪×0.009= ⑳ | （最高27万円）00 |
| | | | 中古住宅に該当するとき ⑪×0.007= ⑳ | （最高21万円）00 | 12 | | 平成26年4月1日から令和3年12月31日までの間に居住の用に供した場合 ⑪×0.012= ⑳ | （最高60万円）00 |
| | 認定住宅等の新築等に係る住宅借入金等特別控除の特例を選択した場合 | 平成26年1月1日から令和3年12月31日までの間に居住の用に供した場合 | 住宅の取得等が（特別）特定取得に該当するとき ⑪×0.01= ⑳ | （最高50万円）00 | | | 平成25年1月1日から平成26年3月31日までの間に居住の用に供した場合 ⑪×0.012= ⑳ | （最高36万円）00 |
| | | | 住宅の取得等が（特別）特定取得に該当しないとき ⑪×0.01= ⑳ | （最高30万円）00 | | | | |
| | | 平成25年中に居住の用に供した場合 | ⑪×0.01= ⑳ | （最高30万円）00 | | | | |
| 6 | 認定住宅等がZEH水準省エネ住宅に該当するとき（※4） | 令和4年中に居住の用に供した場合 | 新築住宅又は買取再販住宅に該当するとき ⑪×0.007= ⑳ | （最高31万5千円）00 | | | | |
| | | | 中古住宅に該当するとき ⑪×0.007= ⑳ | （最高21万円）00 | | | | |
| 7 | 認定住宅等が省エネ基準適合住宅に該当するとき（※4） | 令和4年中に居住の用に供した場合 | 新築住宅又は買取再販住宅に該当するとき ⑪×0.007= ⑳ | （最高28万円）00 | | | | |
| | | | 中古住宅に該当するとき ⑪×0.007= ⑳ | （最高21万円）00 | | | | |

二面 提出用 ○ 二面は一面と一緒に提出してください。

### （再び居住の用に供したことに係る事項）

| 転居年月日 | 年 月 日 | 再居住開始年月日 | 年 月 日 |
|---|---|---|---|
| 居住の用に供していない期間の家屋の用途 | □賃貸の用　年 月 日～ 年 月 日 □空家　　□その他（ ） | | |
| その家屋に係る（特定増改築等）住宅借入金等特別控除の適用 | 【再び居住の用に供した場合の再適用】再び居住の用に供したことにより、（特定増改築等）住宅借入金等特別控除の再適用を受ける | 【再び居住の用に供した場合の適用】再び居住の用に供したことにより、初めてその家屋に係る（特定増改築等）住宅借入金等特別控除の適用を受ける | |

※1　⑳欄の金額を一面の⑳欄に転記します。
※2　⑳欄の括弧内の金額は、居住の用に供した日の属する年における住宅の取得等又は住宅の増改築等に係る控除限度額となります。
※3　（特例）特別特例取得及び（特別）特定取得については、控用の裏面の「用語の説明」を参照してください。
※4　「ZEH水準省エネ住宅」又は「省エネ基準適合住宅」に該当し、（特例）特別特例取得に該当する場合は、番号「1」の「住宅の取得等が（特例）特別特例取得に該当するとき」欄にて計算してください。
※5　「（再び居住の用に供したことに係る事項）」欄は、再居住の特例の適用を受ける方が、転居年月日や再居住開始年月日などを記載します。

○ 重複適用又は震災特例法の重複適用の特例を受ける場合

二以上の住宅の取得等又は住宅の増改築等に係る住宅借入金等の金額がある場合（これらの住宅の取得等又は住宅の増改築等が同一の年に属するもので、上記の表で同一の欄を使用して計算する場合を除きます。）には、その住宅の取得等又は住宅の増改築等ごとに（特定増改築等）住宅借入金等特別控除額の計算明細書を作成し、その作成した各明細書の⑳欄の金額の合計額を最も新しい住宅の取得等又は住宅の増改築等に係る明細書の㉓欄に記載します。

| 重複適用を受ける場合 | 各明細書の控除額（⑳の金額）の合計額（住宅の取得等又は住宅の増改築等に係る控除限度額のうち最も高い控除限度額が限度となります。）を記載します。 | ㉓ | 00 円 |
|---|---|---|---|
| 震災特例法の重複適用の特例を受ける場合 | 各明細書の控除額（⑳の金額）の合計額を記載します。 | ㉓ | 00 円 |

※　㉓欄の金額を一面の㉓欄に転記します。

○ 不動産番号が第一面に書ききれない場合

(1) [　　　　　　　　　　　]　(3) [　　　　　　　　　　　]

(2) [　　　　　　　　　　　]　(4) [　　　　　　　　　　　]

※（特定増改築等）住宅借入金等特別控除の対象となる家屋や土地が複数ある場合で、第一面の「不動産番号」欄に書ききれない家屋や土地の不動産番号を記載します。

——(548)——

## 住宅借入金等特別控除額の計算例　⑵

**（設　例）**

①　令和４年２月１日　区分所有する中古マンション（※）の専有部分の購入を契約
（※平成26年建築）

②　令和４年３月１日　居住開始

※　家屋及び土地は妻との共有持ち分で、持分割合は1/2ずつです。

③　専有部分の床面積　105㎡（100％居住用）

④　マンションの総床面積　6,300㎡／敷地の総面積　900㎡

⑤　購入価額　　　　4,120万円（家屋部分2,800万円／土地等部分1,320万円）

※　特定取得に該当しません。

※　認定住宅等以外の既存住宅の取得に該当します。（買取再販住宅ではありません。）

⑥　銀行からの借入金の年末残高
2,900万円（住宅借入金等の内訳は住宅及び土地等です。）

※　妻と連帯債務の住宅ローンとして、銀行から3,000万円を借り入れており、負担割合は１／２ずつです。

※　残り1,120万円については、妻と1/2ずつ拠出した自己資金を充てています。

**（計　算）**

⑴　あなたの持分に係る家屋・土地等の取得対価の額を求めます。
家屋・土地等とも持分割合1/2なので、2,060万円……………………㋑

⑵　居住用部分に係る住宅借入金等の年末残高を計算します。

2,900万円×50％（負担割合）＝1,450万円（㋺）

1,450万円（㋺）（㋑と㋺の少ない方）×100％（居住用割合）＝1,450万円（㋩）＜2,000万円

⑶　控除額

1,450万円（㋩）×0.7％＝10万1,500円（最高14万円）

**【記載例】**

上記の計算例を確定申告書の「住宅借入金等特別控除」欄及び「住宅借入金等特別控除額の計算明細書」（※）に記載すれば、次のとおりです。

※「土地等に関する事項」の㋬欄にその土地の面積を書きますが、マンションなどの区分所有建物のときは、その一棟の家屋の敷地等の総面積にその一棟の家屋の総床面積のうちにその人の区分所有する部分の床面積の占める割合を乗じて計算した面積を書きます。

**（申告書第一表）**

| (特定増改築等)住宅借入金等特別控除 | 区分1 | | 区分2 | | ㉞ | 101500 |
|---|---|---|---|---|---|---|

**（申告書第二表）**

| 特例適用条文等 | ㊕ 令和４年３月１日居住開始 |
|---|---|

納める税金の計算

（住宅借入金等特別控除額の計算明細書）

## ■ 令和 ○４ 年分(特定増改築等)住宅借入金等特別控除額の計算明細書　FA4024 ■

一面　提出用

### 1 住所及び氏名

| 住所 | 郵便番号<br>電話番号　（　　） | 神戸市○△区×× | | 整理番号 | | | | |
| --- | --- | --- | --- | --- | --- | --- | --- | --- |

（共有者の氏名）※共有の場合のみ書いてください。

| フリガナ<br>氏　名 | ×× 一郎 | フリガナ<br>氏　名 | ×× 春子 | フリガナ<br>氏　名 | |
| --- | --- | --- | --- | --- | --- |

○この明細書は、申告書と一緒に提出してください。

### 2 新築又は購入した家屋等に係る事項

| | 家屋に関する事項 | 土地等に関する事項 |
| --- | --- | --- |
| 居住開始年月日　⑦ | 平成<br>令和 ○４.０３.０１ | 平成<br>令和 ．．． |
| 契約日　　　　　⑦<br>契約区分　　区分 4 | 平成<br>令和 ○４.０２.０１ | |
| 補助金等控除前の<br>取得対価の額　　⑦ | ２８０００００○ | １３２０００○○ |
| 交付を受ける<br>補助金等の額　　⑤ | ０ | ０ |
| 取得対価の額<br>（⑦－⑥）　　　⑦ | ２８０００００○ | １３２０００○○ |
| 総（床）面積<br>※小数点以下第2位まで書けます。⑦ | １０５.００ | １５.００ |
| うち居住用部分<br>の（床）面積　⑦ | １０５.００ | １５.００ |

### 3 増改築等をした部分に係る事項

| | |
| --- | --- |
| 居住開始年月日　ス | 平成<br>令和 ．．． |
| 契約日　　　　　セ | 平成<br>令和 ．．． |
| 補助金等控除前の<br>増改築等の費用の額 ソ | |
| 交付を受ける<br>補助金等の額　　タ | |
| 増改築等の費用の額<br>（ソ－タ）　　　チ | |
| ⑦のうち居住用部分の金額 ツ | |
| 増改築等をした<br>家屋の総床面積　テ | |

| 不動産番号 | 家屋 | ○○○○○○○○○○○○○ | 土地 | ××××××××××××× |
| --- | --- | --- | --- | --- |

### 4 家屋や土地等の取得対価の額

| | Ⓐ 家　屋 | Ⓑ 土　地　等 | Ⓒ 合　計 | Ⓓ 増　改　築　等 |
| --- | --- | --- | --- | --- |
| あなたの共有持分<br>※共有の場合のみ書いてください。① | １/２ | １/２ | | / |
| （⑦（⑦×⑧）×①）②<br>※共有でない場合は、⑦、⑦、⑦を書きます。 | １４０００○○○ | ６６０００○○ | ２０６０○○○ | |
| 住宅取得等資金の贈与の<br>特例を受けた金額③ | ０ | ０ | | ０ |
| あなたの持分に係る取得対価の額等<br>（②－③）④ | １４０００○○○ | ６６０００○○ | ２０６０○○○ | |

### 5 家屋の取得対価の額又は増改築等の費用の額に課されるべき消費税額等に関する事項

| なし | ⑤% | ⑧% | ⑩% |
| --- | --- | --- | --- |
| | | | 税率が10%の場合に、②、④に含まれる<br>消費税額及び地方消費税額の合計額<br>（契約書等に記載された消費税額） |

### 6 新型コロナウイルスの影響による入居遅延

| あり |
| --- |

### 7 居住用部分の家屋又は土地等に係る住宅借入金等の年末残高

| | Ⓔ 住宅のみ | Ⓕ 土地等のみ | Ⓖ 住宅及び土地等 | Ⓗ 増改築等 |
| --- | --- | --- | --- | --- |
| 新築、購入及び増改築等に係る<br>住宅借入金等の年末残高 ⑤ | | | ２９０○○○○○ | |
| 連帯債務に係るあなたの負担割合<br>（付表）の④の割合）⑥<br>※連帯債務がない場合には、100.00%と書きます。 | | | ５０.００ | |
| 住宅借入金等の年末残高<br>（付表）の⑤の金額）⑦<br>※連帯債務がない場合には、⑤の金額を書きます。 | | | １４５０○○○○ | |
| ④と⑦のいずれか<br>少ない方の金額 ⑧ | | | １４５０○○○○ | |
| 居住用割合<br>※90%以上である場合は、100.0%と書きます。⑨ | ⑦÷⑦ ． | ⑨÷⑦ ． | １００.０ | ⑦÷⑦ ． |
| 居住用部分の住宅借入金等の年末残高<br>（⑧×⑨）⑩ | | | １４５０○○○○ | |

居住用部分の住宅借入金等の年末残高の合計額（Ⓔの⑩＋Ⓕの⑩＋Ⓖの⑩＋Ⓗの⑩）⑪
※⑪の金額を二面の「住宅借入金等の年末残高の合計額⑪」欄に転記します。

| ⑪ | １４５００○○○ |
| --- | --- |

### 8 特定の増改築等に係る事項　（特定増改築等住宅借入金等特別控除の適用を受ける場合のみ書いてください。）

次の⑫欄から⑯欄に増改築等の費用の額を<br>書いてください。これらの金額が50万円<br>を超えるときに特定増改築等住宅借入金等<br>特別控除の適用を受けることができます。<br>詳しくは、控用の裏面を参照してください。

| ⑫ 高齢者等居住改修<br>工事等の費用の額 | ⑬ 断熱改修工事等の費用の額 | ⑭ 特定断熱改修工事<br>等の費用の額 | ⑮ 特定多世帯同居改修<br>工事等の費用の額 |
| --- | --- | --- | --- |
| | | | |

| ⑯ 特定耐久性向上改修<br>工事等の費用の額 | ⑰ 特定の増改築等工事の費用の合計額<br>（⑫＋⑭＋⑮＋⑯） | ⑱ あなたの持分に係る特定の<br>増改築等工事の費用の額<br>（⑰又は⑬×Ⓓの①） | 特定増改築等住宅借入金等、特定断熱改修住宅借入金等又は特定<br>多世帯同居改修住宅借入金等の年末残高<br>⑱と⑲のいずれか少ない方の金額で最高250万円。<br>ただし、住宅の増改築等(特定多世帯同居改修<br>工事等に係るものを除く)が特定取得に<br>該当しない場合は、最高200万円。 ⑲ |
| --- | --- | --- | --- |
| | | | |

### 9 （特定増改築等）住宅借入金等特別控除額

（特定増改築等）住宅借入金等特別控除額　※ 二面の該当する番号及び金額を転記します。

| 番号 | 2 | ⑳ | １０１５００ |
| --- | --- | --- | --- |

※次に該当する場合に、書いてください。

同一年中に8%及び10%の消費税<br>率が含まれる家屋の取得等又は<br>増改築等をした場合は、右の欄に<br>○をした上で、10%に係る部分の<br>金額等を書いてください。

| 8%・10%の消費税<br>率が含まれる家屋等 | 家屋:1<br>増改築等:2 | ㉑ ⑦又は⑦の金額<br>（10%に係るもののみ） |
| --- | --- | --- |
| | | ㉒ Ⓐの⑤の金額<br>Ⓑの⑤の金額<br>（10%に係る部分のみ） |

重複適用の（特例）を受ける<br>場合は、右の該当する文字に<br>○をした上で、二面の㉓の金<br>額を転記してください。

| 重複適用 | 重複適用の特例 |
| --- | --- |
| ㉓ | ○ ○ |

### 10 控除証明書の交付を要しない場合

翌年分以後に年末調整でこの控除を受けるための、控除証明書の<br>交付を要しない方は、右の「要しない」の文字を○で囲んでください。

| 要しない |
| --- |

| 整理欄 | 登業 | 登年 | 契業 | 契年 | 残高 | 確認 | 証明 | 認定 | 付 | 仮 | A | B | C |
| --- | --- | --- | --- | --- | --- | --- | --- | --- | --- | --- | --- | --- | --- |
| | 住民 | | | | | | 台帳番号<br>一連番号 | | | | | | |

○この明細書の書き方については、控用の裏面を参照してください。○住宅借入金等に連帯債務がある場合には、併せて付表を使用します。

**(注)**　⑦「契約日・契約区分」の区分□は、住宅の新築（注文住宅）の場合は「1」、分譲住宅の購入<br>の場合は「2」、買取再販住宅の購入の場合は「3」、中古住宅の購入の場合は「4」を記入します。

——（550）——

# 税金から差し引かれる金額（住宅借入金等特別控除）

## 令和04年分 （特定増改築等）住宅借入金等特別控除額の計算

次の該当する算式のうち、いずれか一の算式により計算します。

氏名　×× 一郎

| 住宅借入金等の年末残高の合計額　※ 一面の⑪の金額を転記します。 | ⑪ | 14,500,000 円 |
|---|---|---|

| 番号 | 居住の用に供した日等 | 算式等 | （特定増改築等）住宅借入金等特別控除額（100円未満の端数切捨て） | 番号 | 居住の用に供した日等 | 算式等 | （特定増改築等）住宅借入金等特別控除額（100円未満の端数切捨て） |
|---|---|---|---|---|---|---|---|

**1** 住宅の取得等が（特別）特定取得に該当するとき　⑪×0.01＝⑳　（最高40万円）　00

**2** 住宅借入金等特別控除の適用を受ける場合（3から12のいずれかを選択する場合を除きます。）

令和4年中に居住の用に供した場合
- 新築住宅又は買取再販住宅に該当するとき　⑪×0.007＝⑳　（最高21万円）　00
- 中古住宅又は増改築に該当するとき　⑪×0.007＝⑳　（最高14万円）　101,500

平成26年1月1日から令和3年12月31日までの間に居住の用に供した場合
- 住宅の取得等が（特別）特定取得に該当するとき　⑪×0.01＝⑳　（最高40万円）　00
- 住宅の取得等が（特別）特定取得に該当しないとき　⑪×0.01＝⑳　（最高20万円）　00

平成25年中に居住の用に供した場合　⑪×0.01＝⑳　（最高20万円）　00

**3** 住宅借入金等特別控除の控除額の特例を選択した場合　平成20年中に居住の用に供した場合　⑪×0.004＝⑳　（最高8万円）　00

**4** 認定住宅等が認定長期優良住宅又は認定低炭素住宅に該当するとき

令和4年中に居住の用に供した場合
- 新築住宅又は買取再販住宅に該当するとき　⑪×0.007＝⑳　（最高35万円）　00
- 中古住宅に該当するとき　⑪×0.007＝⑳　（最高21万円）　00

**5** 認定住宅等の新築等に係る住宅借入金等特別控除の特例を選択した場合

平成26年1月1日から令和3年12月31日までの間に居住の用に供した場合
- 住宅の取得等が（特別）特定取得に該当するとき　⑪×0.01＝⑳　（最高50万円）　00
- 住宅の取得等が（特別）特定取得に該当しないとき　⑪×0.01＝⑳　（最高30万円）　00

平成25年中に居住の用に供した場合　⑪×0.01＝⑳　（最高30万円）　00

**6** 認定住宅等がZEH水準省エネ住宅に該当するとき（※4）

令和4年中に居住の用に供した場合
- 新築住宅又は買取再販住宅に該当するとき　⑪×0.007＝⑳　（最高31万5千円）　00
- 中古住宅に該当するとき　⑪×0.007＝⑳　（最高21万円）　00

**7** 認定住宅等が省エネ基準適合住宅に該当するとき（※4）

令和4年中に居住の用に供した場合
- 新築住宅又は買取再販住宅に該当するとき　⑪×0.007＝⑳　（最高28万円）　00
- 中古住宅に該当するとき　⑪×0.007＝⑳　（最高21万円）　00

**8** 高齢者等居住改修工事等に係る特定増改築等住宅借入金等特別控除を選択した場合　平成30年1月1日から令和3年12月31日までの間に居住の用に供した場合

- 住宅の増改築等が特定取得に該当するとき　｛①の金額（最高1,000万円）……④｝×0.02 ＋（④－⑬）×0.01＝⑳　（最高12万5千円）　00
- 住宅の増改築等が特定取得に該当しないとき　｛①の金額（最高1,000万円）……⑬｝×0.02 ＋（⑬－⑬）×0.01＝⑳　（最高12万円）　00

**9** 断熱改修工事等に係る特定増改築等住宅借入金等特別控除を選択した場合　平成30年1月1日から令和3年12月31日までの間に居住の用に供した場合

- 住宅の増改築等が特定取得に該当するとき　｛①の金額（最高1,000万円）……④｝×0.02 ＋（⑬－④）×0.01＝⑳　（最高12万5千円）　00
- 住宅の増改築等が特定取得に該当しないとき　｛①の金額（最高1,000万円）……⑬｝×0.02 ＋（⑬－⑬）×0.01＝⑳　（最高12万円）　00

**10** 多世帯同居改修工事等に係る特定増改築等住宅借入金等特別控除を選択した場合　平成30年1月1日から令和3年12月31日までの間に居住の用に供した場合　｛①の金額（最高1,000万円）……⑬｝ ＋（⑬－⑬）×0.01＝⑳　（最高12万5千円）　00

**11** 震災特例法の住宅の再取得等に係る住宅借入金等特別控除の控除額の特例を選択した場合

令和4年中に居住の用に供した場合
- 住宅の取得等が（特別）特別特例取得に該当するとき　⑪×0.012＝⑳　（最高60万円）　00
- 新築住宅又は買取再販住宅に該当するとき　⑪×0.009＝⑳　（最高45万円）　00
- 中古住宅又は増改築に該当するとき　⑪×0.009＝⑳　（最高27万円）　00

**12** 
- 平成26年4月1日から令和元年12月31日までの間に居住の用に供した場合　⑪×0.012＝⑳　（最高60万円）　00
- 平成25年1月1日から平成26年3月31日までの間に居住の用に供した場合　⑪×0.012＝⑳　（最高36万円）　00

### （再び居住の用に供したことに係る事項）

| 転居年月日 | 年 月 日 | 再居住開始年月日 | 年 月 日 |
|---|---|---|---|
| 居住の用に供していない期間の家屋の用途 | □ 賃貸の用　□ 空家　□ その他 | 年 月 日～ 年 月 日 | |

その家屋に係る（特定増改築等）住宅借入金等特別控除の適用

【再び居住の用に供した場合の再適用】再び居住の用に供したことにより、（特定増改築等）住宅借入金等特別控除の再適用を受ける

【再び居住の用に供した場合の適用】再び居住の用に供したことにより、初めてその家屋に係る（特定増改築等）住宅借入金等特別控除の適用を受ける

---

- ※1 ⑳欄の金額を一面の⑳欄に転記します。
- ※2 ⑳欄の括弧内の金額は、居住の用に供した日の属する年における住宅の取得等又は住宅の増改築等に係る控除限度額となります。
- ※3 （特例）特別特例取得及び（特別）特定取得については、控用の裏面の「用語の説明」を参照してください。
- ※4 「ZEH水準省エネ住宅」又は「省エネ基準適合住宅」で、特別特例取得に該当する場合は、番号「1」の「住宅の取得等が（特例）特別特例取得に該当するとき」欄にて計算してください。
- ※5 「（再び居住の用に供したことに係る事項）」欄は、再居住の特例の適用を受ける方が、転居年月日や再居住開始年月日などを記載します。

### ○ 重複適用又は震災特例法の重複適用の特例を受ける場合

二以上の住宅の取得等又は住宅の増改築等に係る住宅借入金等特別控除の金額がある場合（これらの住宅の取得等又は住宅の増改築等が同一の年に属するもので、上記の表で同一の一の欄を使用して計算する場合を除きます。）には、その住宅の取得等又は住宅の増改築等ごとに（特定増改築等）住宅借入金等特別控除額の計算明細書を作成し、その作成した各明細書の⑳欄の金額の合計額を最も新しい住宅の取得等又は住宅の増改築等に係る明細書の㉓欄に記載します。

| 重複適用を受ける場合 | 各明細書の控除額（⑳の金額）の合計額（住宅の取得等又は住宅の増改築等に係る控除限度額のうち最も高い控除限度額が限度となります。）を記載します。 | ㉓ | 円 00 |
|---|---|---|---|
| 震災特例法の重複適用の特例を受ける場合 | 各明細書の控除額（⑳の金額）の合計額を記載します。 | ㉓ | 円 00 |

※ ㉓欄の金額を一面の㉓欄に転記します。

### ○ 不動産番号が第一面に書ききれない場合

(1) [　　　　　　　　　　] (3) [　　　　　　　　　　]

(2) [　　　　　　　　　　] (4) [　　　　　　　　　　]

※ （特定増改築等）住宅借入金等特別控除の対象となる家屋や土地が複数ある場合で、第一面の「不動産番号」欄に書ききれない家屋や土地の不動産番号を記載します。

# 納める税金の計算

## （付表）連帯債務がある場合の住宅借入金等の年末残高の計算明細書

○ この明細書は、(特定増改築等)住宅借入金等特別控除の適用を受ける場合で、連帯債務に係る住宅借入金等があるときに使用します。
○ 連帯債務に係る住宅借入金等について、当事者間において任意の負担割合が取り決められている場合には、税務署にお尋ねください。

### 令和4年分

### 1 各共有者の取得した資産に係る取得対価の額等の計算

| 連帯債務者(共有者)の氏名 | | | Ⓐ(あなた) ××一郎 | Ⓑ(共有者) ××春子 | Ⓒ(共有者) | Ⓓ 合 計 等 |
|---|---|---|---|---|---|---|
| 取得した資産 | 家屋(増改築等) | ① 家屋の取得対価の額(増改築等の費用の額) | | | | 28,000,000 円 |
| | | ② 各共有者の共有持分 | $\frac{1}{2}$ | $\frac{1}{2}$ | | |
| | | ③ 各共有者の持分に係る家屋の取得対価の額等(①×②) | 14,000,000 円 | 14,000,000 円 | 円 | |
| | 土地等 | ④ 土地等の取得対価の額 | | | | 13,200,000 円 |
| | | ⑤ 各共有者の共有持分 | $\frac{1}{2}$ | $\frac{1}{2}$ | | |
| | | ⑥ 各共有者の持分に係る土地等の取得対価の額(④×⑤) | 6,600,000 円 | 6,600,000 円 | 円 | |
| | | ⑦ 各共有者の取得した資産に係る取得対価の額等(③+⑥) | 20,600,000 | 20,600,000 | | |
| 取得した資産に係る資金の状況 | | ⑧ 各共有者の自己資金負担額 | 5,600,000 | 5,600,000 | | (Ⓐ+Ⓑ+Ⓒ) 11,200,000 円 |
| | 借入金 | ⑨ 各共有者の単独債務による当初借入金額 | | | | (Ⓐ+Ⓑ+Ⓒ) |
| | | ⑩ 当該債務に係る住宅借入金等に係る年末残高 | | | | |
| | | ⑪ 連帯債務による当初借入金額 | | | | 30,000,000 円 |
| | | ⑫ 当該債務に係る住宅借入金等に係る年末残高 | | | | 29,000,000 円 |

※1 ①欄及び④欄には、住宅の取得等又は住宅の増改築等に関し補助金等の交付を受ける場合は、「(特定増改築等)住宅借入金等特別控除額の計算明細書」(以下「計算明細書」といいます。)の2の⑦(増改築等の場合は3の⑦)及び2の⑦の金額をそれぞれ転記します。
※2 ⑩欄及び⑫欄には、金融機関等から交付を受けた「住宅取得資金に係る借入金の年末残高等証明書」(以下「証明書」といいます。)に記載されている住宅借入金等の年末残高を書きます(2か所以上から証明書の交付を受けている場合には、全ての証明書に基づいて書きます。)。
※3 ①と④の金額の合計額(以下「取得対価の額の合計額」といいます。)と、⑧及び⑨の⑪の金額と⑪の金額の合計額(以下「取得資金の額の合計額」といいます。)とが異なる場合には、次により調整が必要となります。
・取得対価の額の合計額の方が多い場合……「各共有者の自己資金負担額」を各共有者間で調整し、増額します。
・取得資金の額の合計額の方が多い場合……「各共有者の自己資金負担額」を各共有者間で調整し、減額します。

### 2 各共有者の住宅借入金等の年末残高

| | | Ⓐ | Ⓑ | Ⓒ | Ⓓ |
|---|---|---|---|---|---|
| ⑬ 各共有者の負担すべき連帯債務による借入金の額(⑦-⑧-⑨) | | (赤字のときは0) 15,000,000 円 | (赤字のときは0) 15,000,00 円 | (赤字のときは0) 円 | |
| ⑭ 連帯債務による借入金に係る各共有者の負担割合(⑬÷⑪) ※小数点以下第2位まで書きます。 | | 50 % | 50 % | % | 100.00 % |
| ⑮ 連帯債務による借入金に係る各共有者の年末残高(⑫×⑭) | | 14,500,000 円 | 14,500,000 円 | 円 | |
| ⑯ 各共有者の住宅借入金等の年末残高(⑩+⑮) | | 14,500,000 | 14,500,000 | | |

※1 連帯債務に係る住宅借入金等について、証明書に記載されている「住宅借入金等の内訳」欄の区分が2以上あるときは、税務署にお尋ねください。
※2 ⑭の割合及び⑯の金額を各共有者の「計算明細書」の⑥欄及び⑦欄に転記します。

04.11

——(552)——

税金から差し引かれる金額（住宅借入金等特別控除）

――住宅借入金等特別控除額の計算明細書（再び居住の用に供した方用）の記載例――

（設　例）
① 居住開始年月日　　　　　　　　　　　　平成29年11月25日
② 転居年月日　　　　　　　　　　　　　　令和2年4月25日
③ 再居住開始年月日　　　　　　　　　　　令和4年11月20日
④ 家屋に関する事項
　　家屋の取得対価の額　　　　　　　　　20,000,000円
　　　　※　特定取得に該当します。
　　家屋の総床面積/うち居住用　　　　　100m²/100m²
⑤ 土地等に関する事項
　　土地等の取得対価の額　　　　　　　　25,000,000円
　　土地等の総面積/うち居住用　　　　　120m²/120m²
⑥ 住宅借入金等に関する事項
　　住宅借入金等の内訳　　　　　　　　　住宅及び土地等
　　年末残高（当初借入金額）　　　　　　25,800,000円（32,000,000円）
※　共有者なし

【記載例】

　　上記の計算例を確定申告書の「住宅借入金等特別控除」欄・「特例適用条文等」欄及び「住宅借入金等特別控除額の計算明細書」に記載すれば、次のとおりです。

（申告書第一表）

| （特定増改築等）住宅借入金等特別控除 | 区分1 | | 区分2 | | ㉞ | | | 2 5 8 0 0 0 |
|---|---|---|---|---|---|---|---|---|

（申告書第二表）

| 特例適用条文等 | ㊙ 平成29年11月25日居住開始（特） |
|---|---|

――(553)――

# 納める税金の計算

## （住宅借入金等特別控除額の計算明細書）

### ■ 令和 04 年分 (特定増改築等)住宅借入金等特別控除額の計算明細書　FA4024

**1 住所及び氏名**

| | |
|---|---|
| 住所 | 郵便番号　○○市△△町×－××－× |
| | 電話番号　（　　） |
| フリガナ | |
| 氏名 | ○○　○○ |

整理番号 □□□□□□□

（共有者の氏名）※共有の場合のみ書いてください。

| フリガナ | | フリガナ | |
|---|---|---|---|
| 氏名 | | 氏名 | |

一面　提出用

○この明細書は、申告書と一緒に提出してください。

**2 新築又は購入した家屋等に係る事項**

| | | 家屋に関する事項 | 土地等に関する事項 |
|---|---|---|---|
| 居住開始年月日 | ⑦ | 平成・令和 29.11.25 | 平成・令和 ．． |
| 契約日 契約区分 | ⑦区分□ | 平成・令和 ．． | |
| 補助金等控除前の取得対価の額 | ⑨ | 20000000 | ⑦ 25000000 |
| 交付を受ける補助金等の額 | ㊴ | 0 | ⑨ 0 |
| 取得対価の額（⑨－㊴ ⑦－⑨） | ㊵ | 20000000 | ㊷ 25000000 |
| 総(床)面積 ※小数点以下第2位まで書きます。 | ㊶ | 100.00 | ㊸ 120.00 |
| うち居住用部分の(床)面積 | ㊷ | 100.00 | ㊹ 120.00 |
| 不動産番号 家屋 ○○○○○○○○○○○○○○ 土地 ×××××××××××××× |

**3 増改築等をした部分に係る事項**

| | | 平成・令和 |
|---|---|---|
| 居住開始年月日 | ㋛ | ．． |
| 契約日 | ㋜ | 平成・令和 ．． |
| 補助金等控除前の増改築等の費用の額 | ㋝ | |
| 交付を受ける補助金等の額 | ㋞ | |
| 増改築等の費用の額（㋝－㋞） | ㋟ | |
| ㋟のうち居住用部分の金額 | ㋠ | |
| 増改築等をした家屋の総床面積 | ㋡ | ． |

**4 家屋や土地等の取得対価の額**

| | | Ⓐ 家屋 | Ⓑ 土地等 | Ⓒ 合計 | Ⓓ 増改築等 |
|---|---|---|---|---|---|
| あなたの共有持分 ※共有の場合のみ書いてください。 | ① | / | / | | / |
| (㊵, ㊷, ㋟)×上記①（※共有でない場合は、㊵,㊷,㋟を書いてください。） | ② | 20000000 | 25000000 | 45000000 | |
| 住宅取得等資金の贈与の特例を受けた金額 | ③ | 0 | | 0 | |
| あなたの持分に係る取得対価の額（②－③） | ④ | 20000000 | 25000000 | 45000000 | |

**5 家屋の取得対価の額又は増改築等の費用の額に課されるべき消費税額等に関する事項**

なし又は5% ○　　10% 税率が10%の場合は㉑、㉒に含まれる消費税額及び地方消費税額の合計額（契約書等に記載された消費税額） □□□□□□□ 円

**6 新型コロナウイルスの影響による入居遅延**

あり

**7 居住用部分の家屋又は土地等に係る住宅借入金等の年末残高**

| | | Ⓔ 住宅のみ | Ⓕ 土地等のみ | Ⓖ 住宅及び土地等 | Ⓗ 増改築等 |
|---|---|---|---|---|---|
| 新築、購入及び増改築等に係る住宅借入金等の年末残高 | ⑤ | | | 25800000 | 円 |
| 連帯債務に係るあなたの負担割合（付表）の④の割合 | ⑥ | | | 100.00 | % |
| 住宅借入金等の年末残高（付表）の⑤の金額 | ⑦ | | | 25800000 | 円 |
| ⑤と⑦のいずれか少ない方の金額 | ⑧ | | | 25800000 | 円 |
| 居住用割合（⑦÷⑦ ②÷㋟） | ⑨ | | | 100.0 | % |
| 居住用部分に係る住宅借入金等の年末残高（⑧×⑨） | ⑩ | | | 25800000 | 円 |
| 住宅借入金等の年末残高の合計額（Ⓔの⑩＋Ⓕの⑩＋Ⓖの⑩＋Ⓗの⑩） ※ ⑪の金額を二面の「住宅借入金等の年末残高の合計額⑪」欄に転記します。 | ⑪ | | | | 25800000 |

**8 特定の増改築等に係る事項**（特定増改築等住宅借入金特別控除の適用を受ける場合のみ書いてください。）

| ⑫ 高齢者等居住改修工事等の費用の額 | ⑬ 特定断熱改修工事等の費用の額 | ⑭ 断熱改修工事等の費用の額 | ⑮ 特定多世帯同居改修工事等の費用の額 |
|---|---|---|---|
| | | | |

| ⑯ 特定耐久性向上改修工事等の費用の額 | ⑰ 特定の増改築等工事の費用の合計額（⑫＋⑭＋⑮＋⑯） | ⑱ あなたの持分に係る特定の増改築等工事の費用の額（⑰又は⑰×Ⓓの①） | ⑲ 特定増改築等住宅借入金等、特定断熱改修住宅借入金等又は特定多世帯同居改修住宅借入金等の年末残高 |
|---|---|---|---|
| | | | |

**9 (特定増改築等)住宅借入金等特別控除額**

| (特定増改築等)住宅借入金等特別控除額　※ 二面の該当する番号及び金額を転記します。 | 番号 2 | ⑳ 258000 |
|---|---|---|

※次に該当する場合に、書いてください。

| 同一年中に8%及び10%の消費税率が含まれる家屋の取得等又は増改築をした場合は、右の欄に○をした上で、10%に係る部分の金額等を書いてください。 | 8%・10%同一年中取得 ○ | 家屋:1 増改築等:2 | ㉑ ⑦又は⑦の金額（10%に係る部分のみ） | ㉒ Ⓐの④又はⒷの④の金額（10%に係る部分のみ） |
|---|---|---|---|---|

| 重複適用（の特例）を受ける場合は、右の該当する文字に○をした上で、二面の㉓の金額を転記してください。 | 重複適用 | 重複適用の特例 | ㉓ ○ ○ |
|---|---|---|---|

**10 控除証明書の交付を要しない場合**

翌年分以後に年末調整でこの控除を受けるための、控除証明書の交付を要しない方は、右の「要しない」の文字を○で囲んでください。　要しない

整理欄 | 登業 | 登土 | 契業 | 契土 | 確 | 証 | 認定 | 付 | 仮 A B C | 住民 | 台帳番号・一連番号

○この明細書の書き方については、控用の裏面を参照してください。○住宅借入金等に連帯債務がある場合には、併せて付表を使用します。

——(554)——

# 税金から差し引かれる金額（住宅借入金等特別控除）

## 令和04年分（特定増改築等）住宅借入金等特別控除額の計算

次の該当する算式のうち、いずれか一の算式により計算します。

氏名　〇〇　〇〇

| 住宅借入金等の年末残高の合計額　※　一面の⑪の金額を転記します。 | ⑪ | 25,800,000 円 |
|---|---|---|

| 番号 | 居住の用に供した日等 | | 算式等 | （特定増改築等）住宅借入金等特別控除額（100円未満の端数切捨て） | 番号 | 居住の用に供した日等 | | 算式等 | （特定増改築等）住宅借入金等特別控除額（100円未満の端数切捨て） |
|---|---|---|---|---|---|---|---|---|---|
| 1 | 住宅借入金等特別控除の適用を受ける場合（3から12のいずれかを選択する場合を除きます。） | 令和4年中に居住の用に供した場合 | 住宅の取得等が（特別）特別特例取得に該当するとき ⑪×0.01=⑳ | （最高40万円）00 円 | 8 | 高齢者等居住改修工事等に係る特定増改築等住宅借入金等特別控除を選択した場合 | 平成30年1月1日から令和3年12月31日までの間に居住の用に供した場合 | 住宅の増改築等が特定取得に該当するとき ①の金額（最高1,000万円）……⑧の金額+（⑥-⑨）×0.01=⑳ | （最高12万5千円）00 円 |
| | | | 新築住宅又は買再販住宅に該当するとき ⑪×0.007=⑳ | （最高21万円）00 | | | | 住宅の増改築等が特定取得に該当しないとき ①の金額（最高1,000万円）……⑧の金額+（⑥-⑨）×0.01=⑳ | （最高12万円）00 |
| | | | 中古住宅は増改築に該当するとき ⑪×0.007=⑳ | （最高14万円）00 | | | | | |
| 2 | | 平成26年1月1日から令和3年12月31日までの間に居住の用に供した場合 | 住宅の取得等が（特別）特定取得に該当するとき ⑪×0.01=⑳ | （最高40万円）258,0 | 9 | 断熱改修工事等に係る特定増改築等住宅借入金等特別控除を選択した場合 | 平成30年1月1日から令和3年12月31日までの間に居住の用に供した場合 | 住宅の増改築等が特定取得に該当するとき ①の金額（最高1,000万円）……⑧の金額+（⑥-⑨）×0.01=⑳ | （最高12万5千円）00 |
| | | | 住宅の取得等が（特別）特定取得に該当しないとき ⑪×0.01=⑳ | （最高20万円）00 | | | | 住宅の増改築等が特定取得に該当しないとき ①の金額（最高1,000万円）……⑧の金額+（⑥-⑨）×0.01=⑳ | （最高12万円）00 |
| | | 平成25年中に居住の用に供した場合 | ⑪×0.01=⑳ | （最高20万円）00 | | | | | |
| 3 | 住宅借入金等特別控除額の控除額の特例を選択した場合 | 平成20年中に居住の用に供した場合 | ⑪×0.004=⑳ | （最高8万円）00 | 10 | 多世帯同居改修工事等に係る特定増改築等住宅借入金等特別控除を選択した場合 | 平成30年1月1日から令和3年12月31日までの間に居住の用に供した場合 | ①の金額（最高1,000万円）……⑧の金額+（⑥-⑨）×0.02=⑳ | （最高12万5千円）00 |
| 4 | | 令和4年中に居住の用に供した場合 | 住宅の取得等が（特別）特別特例取得に該当するとき ⑪×0.01=⑳ | （最高50万円）00 | | | | | |
| | | | 新築住宅又は買取再販住宅に該当するとき ⑪×0.007=⑳ | （最高35万円）00 | 11 | 震災特例法の住宅の再取得等に係る住宅借入金等特別控除の控除額の特例を選択した場合 | 令和4年中に居住の用に供した場合 | 住宅の取得等が（特別）特別特例取得に該当するとき ⑪×0.012=⑳ | （最高60万円）00 |
| | | | 中古住宅に該当するとき ⑪×0.007=⑳ | （最高21万円）00 | | | | 新築住宅又は買取再販住宅に該当するとき ⑪×0.009=⑳ | （最高45万円）00 |
| 5 | 認定住宅等が認定長期優良住宅又は認定低炭素住宅に該当するとき 認定住宅等の新築等に係る住宅借入金等特別控除の特例を選択した場合 | 平成26年1月1日から令和3年12月31日までの間に居住の用に供した場合 | 住宅の取得等が（特別）特定取得に該当するとき ⑪×0.01=⑳ | （最高50万円）00 | | | | 中古住宅は増改築に該当するとき ⑪×0.009=⑳ | （最高27万円）00 |
| | | | 住宅の取得等が（特別）特定取得に該当しないとき ⑪×0.01=⑳ | （最高30万円）00 | 12 | | 平成26年4月1日から令和3年12月31日までの間に居住の用に供した場合 | ⑪×0.012=⑳ | （最高60万円）00 |
| | | 平成25年中に居住の用に供した場合 | ⑪×0.01=⑳ | （最高30万円）00 | | | 平成25年1月1日から平成26年3月31日までの間に居住の用に供した場合 | ⑪×0.012=⑳ | （最高36万円）00 |
| 6 | 認定住宅等がZEH水準省エネ住宅に該当するとき（※4） | 令和4年中に居住の用に供した場合 | 新築住宅又は買取再販住宅に該当するとき ⑪×0.007=⑳ | （最高31万5千円）00 | | | | | |
| | | | 中古住宅に該当するとき ⑪×0.007=⑳ | （最高21万円）00 | | | | | |
| 7 | 認定住宅等が省エネ基準適合住宅に該当するとき（※4） | 令和4年中に居住の用に供した場合 | 新築住宅又は買取再販住宅に該当するとき ⑪×0.007=⑳ | （最高28万円）00 | | | | | |
| | | | 中古住宅に該当するとき ⑪×0.007=⑳ | （最高21万円）00 | | | | | |

**（再び居住の用に供したことに係る事項）**

| 転居年月日 | 令2 年 4月25日 | 再居住開始年月日 | 令4 年 11月20日 |
|---|---|---|---|
| 居住の用に供していない期間の家屋の用途 | ☑空家 □賃貸の用 年 月～ 年 月 日 □その他 | | |

その家屋に係る（特定増改築等）住宅借入金等特別控除の適用
- **【再び居住の用に供した場合の再適用】** ☑ 再び居住の用に供したことにより、（特定増改築等）住宅借入金等特別控除の再適用を受ける
- **【再び居住の用に供した場合の適用】** □ 再び居住の用に供したことにより、初めてその家屋に係る（特定増改築等）住宅借入金等特別控除の適用を受ける

※1　⑳欄の金額を一面の⑳欄に転記します。
※2　⑳欄の括弧内の金額は、居住の用に供した日の属する年における住宅の取得等又は住宅の増改築等に係る控除限度額となります。
※3　（特例）特別特例取得及び（特別）特定取得については、控用の裏面の「用語の説明」を参照してください。
※4　「ZEH水準省エネ住宅」又は「省エネ基準適合住宅」に該当し、（特例）特別特例取得に該当する場合は、番号「1」の「住宅の取得等が（特例）特別特例取得に該当するとき」欄にて計算してください。
※5　「（再び居住の用に供したことに係る事項）」欄は、再居住の特例の適用を受ける方が、転居年月日や再居住開始年月日などを記載します。

○ **重複適用又は震災特例法の重複適用の特例を受ける場合**

二以上の住宅の取得等又は住宅の増改築等に係る住宅借入金等の金額がある場合（これらの住宅の取得等又は住宅の増改築等が同一の年に属するもので、上記の表で同一の欄を使用して計算する場合を除きます。）には、その住宅の取得等又は住宅の増改築等ごとに（特定増改築等）住宅借入金等特別控除額の計算明細書を作成し、その作成した各明細書の⑳欄の金額の合計額を最も新しい住宅の取得等又は住宅の増改築等に係る明細書の㉓欄に記載します。

| 重複適用を受ける場合 | 各明細書の控除額（⑳の金額）の合計額（住宅の取得等又は住宅の増改築等に係る控除限度額のうち最も高い控除限度額が限度となります。）を記載します。 | ㉓ | 00 円 |
|---|---|---|---|
| 震災特例法の重複適用の特例を受ける場合 | 各明細書の控除額（⑳の金額）の合計額を記載します。 | ㉓ | 00 円 |

※　㉓欄の金額を一面の㉓欄に転記します。

○ **不動産番号が第一面に書ききれない場合**

| （1） | | （3） | |
|---|---|---|---|
| （2） | | （4） | |

※（特定増改築等）住宅借入金等特別控除の対象となる家屋や土地が複数ある場合で、第一面の「不動産番号」欄に書ききれない家屋や土地の不動産番号を記載します。

二面（提出用）○二面は一面と一緒に提出してください。

納める税金の計算

## 3　特定増改築等住宅借入金等特別控除

### ［A］　高齢者等居住改修工事等に係る特定増改築等住宅借入金等特別控除

　(1)の特定個人が、自己の所有する家屋で自己の居住の用に供するものについて、(2)の増改築等をして、平成19年4月1日から令和3年12月31日までの間に、その増改築等をした部分を居住の用に供した場合（その増改築等の日から6か月以内に居住の用に供した場合に限ります。）において、(3)の増改築等住宅借入金等を有するときは、2の住宅借入金等特別控除との選択により、居住年以後5年間の各年（居住日以後その年の12月31日まで引き続き居住の用に供している年に限ります。）にわたり、(5)で計算した特定増改築等住宅借入金等特別控除額をその年分の所得税の額から控除することができます。（措法41の3の2①）

**（注1）**　5の住宅特定改修特別税額控除の適用を受ける場合には、2の住宅借入金等特別控除及び3の特定増改築等住宅借入金等特別控除の適用を受けることはできません。

**（注2）**　従前家屋（477ページの⑤参照）が災害により居住の用に供することができなくなった場合には、居住年以後の控除期間の各年のうち、その居住の用に供することができなくなった日の属する年以後の各年は、適用年とみなして、この控除の適用を受けることができます。ただし、次の年以後の各年は適用できません。（措法41の3の2⑳、41㉜）

① 　従前家屋を他の用途に転用した場合の属する年

② 　従前家屋又はその敷地を譲渡して税制上の特例措置の適用を受ける場合の属する年

③ 　新たに住宅の新築取得等をした家屋について住宅借入金等特別控除の適用を受けることとなる場合の属する年

### ⑴　控除が受けられる人

　この控除が受けられる**特定個人**は、次の①から⑤までのいずれかに該当する個人です。（措法41の3の2①）

① 　年齢が50歳以上である者

② 　介護保険法第19条第1項に規定する要介護認定を受けている者

③ 　介護保険法第19条第2項に規定する要支援認定を受けている者

④ 　障害者に該当する者（450ページ1参照）

⑤ 　上記②から④までのいずれかに該当する者又は年齢が65歳以上である者（以下「高齢者等」といいます。）である親族と同居を常況とする者

**（注）**　①の年齢が50歳以上であるかどうか又は⑤の年齢が65歳以上であるかどうかの判定は、その個人がその住宅の増改築等をした部分を居住の用に供した年（以下「居住年」といいます。）の12月31日（①又は⑤の高齢者等が年の中途において死亡した場合には、その死亡の時。以下この**（注）**において同じ。）の年齢によるものとされ、⑤のその個人が高齢者等である親族と同居を常況としているかどうかの判定は、居住年の12月31日の現況によるものとされます。（措法41の3の2⑫）

——(556)——

税金から差し引かれる金額（特定増改築等住宅借入金等特別控除）

## ⑵　適用対象となる増改築等

　この控除の対象となる増改築等とは、特定個人が自己の居住の用に供する自己の所有している家屋（居住の用に供する家屋を2以上有する場合には、主として居住の用に供する1個の家屋に限ります。）について行う、次の□1の工事（これらの工事と併せて行うその工事を施した家屋と一体となって効用を果たす設備の取替えや取付けに係る工事を含みます。）で、□2の要件を満たすもの（以下「住宅の増改築等」といいます。）をいいます。（措法41の3の2②、措令26の4③〜⑥）

## □1　適用対象となる工事

　特定個人が、自己の所有している家屋で自己の居住の用に供するものについて行う高齢者等居住改修工事等を含む次の①〜⑦に掲げる工事をいいます。（措法41の3の2②、措令26の4④〜⑨、26㉝、平成19年国土交通省告示第407号…最終改正令和4年国土交通省告示第442号）

──────── 〈高齢者等居住改修工事等〉（バリアフリー改修）────────

　高齢者等居住改修工事等とは、家屋について行う次に掲げる国土交通大臣が財務大臣と協議して定める高齢者等が自立した日常生活を営むのに必要な構造及び設備の基準に適合させるための増築、改築、修繕又は模様替であり、これらに該当することが住宅の品質確保の促進等に関する法律に規定する登録住宅性能評価機関、建築基準法に規定する指定確認検査機関、建築基準法に基づく建築士事務所に所属する建築士又は住宅瑕疵担保責任保険法人が発行する「増改築等工事証明書」を確定申告書に添付することにより証明された改修工事（当該改修工事が行われる構造又は設備と一体となって効用を果たす設備の取替え又は取付けに係る改修工事を含みます。）をいいます。

イ　介助用の車いすで容易に移動するために通路又は出入口の幅を拡張する工事

ロ　階段の設置（既存の階段の撤去を伴うものに限ります。）又は改良によりその勾配を緩和する工事

ハ　浴室を改良する工事であって、次のいずれかに該当するもの

　㋑　入浴又はその介助を容易に行うために浴室の床面積を増加させる工事

　㋺　浴槽をまたぎの高さの低いものに取り替える工事

　㋩　固定式の移乗台、踏み台その他の高齢者等の浴槽の出入りを容易にする設備を設置する工事

　㋥　高齢者等の身体の洗浄を容易にする水栓器具を設置し又は同器具に取り替える工事

ニ　便所を改良する工事であって、次のいずれかに該当するもの

　㋑　排泄又はその介助を容易に行うために便所の床面積を増加させる工事

　㋺　便器を座便式のものに取り替える工事

　㋩　座便式の便器の座高を高くする工事

ホ　便所、浴室、脱衣室その他の居室及び玄関並びにこれらを結ぶ経路に手すりを取り付ける工事

納める税金の計算

> ヘ 便所、浴室、脱衣室その他の居室及び玄関並びにこれらを結ぶ経路の床の段差を解消する
> 　工事（勝手口その他屋外に面する開口の出入口及び上がりかまち並びに浴室の出入口にあっ
> 　ては、段差を小さくする工事を含みます。）
> ト 出入口の戸を改良する工事であって、次のいずれかに該当するもの
> 　㋑ 開戸を引戸、折戸等に取り替える工事
> 　㋺ 開戸のドアノブをレバーハンドル等に取り替える工事
> 　㋩ 戸に戸車その他の戸の開閉を容易にする器具を設置する工事
> チ 便所、浴室、脱衣室その他の居室及び玄関並びにこれらを結ぶ経路の床の材料を滑りにく
> 　いものに取り替える工事

① 増築、改築、建築基準法に規定する大規模の修繕・大規模の模様替えの工事
　**(注)**「建築基準法に規定する大規模の修繕・大規模の模様替え」とは、家屋の壁（建築物の構造上重要
　　でない間仕切壁を除きます。）、柱（間柱を除きます。）、床（最下階の床を除きます。）、はり、屋根
　　又は階段（屋外階段を除きます。）のいずれか１以上について行う過半の修繕又は模様替え（例えば、
　　トタンぶきの屋根全体のうち２分の１を超える部分について瓦ぶきにする模様替え）をいいます。
② マンションなどの区分所有建物のうち、区分所有する部分の床、階段又は間仕切壁の過半につ
　いて行う一定の修繕・模様替えの工事（①に該当するものを除きます。）
　**(注)**「一定の修繕・模様替え」とは、次に掲げるいずれかの修繕又は模様替えをいいます。
　　ⅰ 区分所有する部分の床の過半又は階段（屋外階段を除きます。）の過半について行う修繕又は模
　　　様替え
　　ⅱ 区分所有する部分の間仕切壁の室内に面する部分の過半について行う修繕又は模様替え（その
　　　間仕切壁の一部について位置の変更を伴うものに限ります。）
　　ⅲ 区分所有する部分の壁（建築物の構造上重要でない間仕切壁を除きます。）の室内に面する部分
　　　の過半について行う修繕又は模様替え（その修繕又は模様替えに係る壁の過半について遮音又は
　　　熱の損失の防止のための性能を向上させるものに限ります。）
③ 家屋（マンションなどの区分所有建物にあっては、区分所有する部分に限ります。）のうち居
　室、調理室、浴室、便所、洗面所、納戸、玄関又は廊下の一室の床若しくは壁の全部について行
　う修繕・模様替えの工事（①及び②に該当するものを除きます。）
④ 家屋について行う地震に対する一定の安全基準に適合させるための修繕・模様替えの工事（①
　から③に該当するものを除きます。）
⑤ 特定断熱改修工事等（571ページ参照）
⑥ 特定多世帯同居改修工事等（576ページ参照）
⑦ 特定断熱改修工事等と併せて行う特定耐久性向上改修工事等（572ページ参照）
　**(注)** 特定増改築等は、本体工事及び本体工事と同時に行う本体工事が行われる構造又は設備と一体と
　　なって効用を果たす設備の取替え又は取付けに係る改修工事（一体工事）をいいますが、エレベー
　　ターの設置その他の単独で行われることも通常想定される工事で、本体工事と併せて行うことが必
　　ずしも必要でないものは、一体工事には含まれません。（措通41の３の２—３）

——(558)——

税金から差し引かれる金額（特定増改築等住宅借入金等特別控除）

2 **適用対象となる要件**（措法41の3の2②、措令26の4④～⑥、措規18の23の2の2①②）

① 高齢者等居住改修工事等に要した費用の額（当該特定工事の費用に関し補助金等（国又は地方公共団体から交付される補助金又は給付金その他これらに準ずるものをいいます。）の交付を受ける場合には、当該高齢者等居住改修工事等に要した費用の額から当該補助金等の額を控除した金額）が50万円を超えること

（注1） 地方公共団体からの補助金等には、助成金、給付金等として交付されるものであっても、特定増改築等に係る改修工事を含む住宅の増改築等に係る工事の費用に充てるために交付されるものは含まれますが、例えば、その住宅の増改築等に係る住宅借入金等の利子の支払に充てるために交付されるものである利子補給金などは含まれません。ただし、利子補給金などであっても、その住宅の増改築等に係る工事の費用に充てるために地方公共団体から補助金等と同一の補助制度等に基づいて交付されるものはその全額が地方公共団体からの補助金等に含まれます。（措通41—26の2）

（注2） 地方公共団体からの補助金等の交付又は居宅介護住宅改修費の給付若しくは介護予防住宅改修費の給付を受ける場合において、その交付等を受ける額が確定申告書を提出するときまでに確定していない場合には、その交付等を受ける額の見込額に基づいてこの控除を適用します。この場合において、後日、その交付等を受ける額の確定額とその見込額とが異なることとなったときは、そ及してその控除の額を訂正します。（措通41—26の3）

② その工事に係る部分のうちに自己の居住の用以外の用に供する部分がある場合には、自己の居住の用に供する部分に係る工事に要した費用の額がその工事に要した費用の総額の2分の1以上であること

③ その工事をした後の家屋の床面積が50m²以上であること

（注） 床面積が50m²以上であるかどうかについては、マンションなどの区分所有建物の場合には、区分所有する部分の床面積により判定します。なお、「区分所有する部分の床面積」とは、登記簿上表示される壁その他の区画の内側線で囲まれた部分の水平投影面積をいいます。また、その家屋が店舗併用住宅であるなど自己の居住の用以外の用にも供される部分がある家屋の場合やその家屋が共有である場合には、その家屋の全体の床面積によって判定します。（措通41—11、41—12）

④ その工事をした後の家屋の床面積の2分の1以上が専ら自己の居住の用に供されるものであること

⑤ 2以上の住宅を所有している場合には、その工事をした後の家屋が、主としてその居住の用に供すると認められるものであること

(3) **適用対象となる借入金等**

対象となる借入金又は債務とは、次の**A**又は**B**に掲げる場合の区分に応じそれぞれに掲げる借入金又は債務（利息に対応するものを除きます。）で、償還期間が5年以上の割賦償還の方法により返済することとされている借入金（⑪を除きます。）若しくは賦払期間が5年以上の割賦払の方法により支払うこととされている債務又は債務者の死亡時に一括償還をする方法により支払うこととされている一定の借入金（以下「増改築等住宅借入金等」といいます。）をいいます。（措法41の3の2③、措令26の4⑩～⑰）

——（559）——

納める税金の計算

A 住宅の増改築等をした場合（次のBに該当する場合を除きます。）……表の①、⑥、⑪の借入金又は⑦、⑧、⑩の債務
B 住宅の増改築等とともにその住宅の増改築等に係る家屋の敷地（敷地の用に供される土地又はその土地の上に存する権利をいいます。以下同じ。）を購入した場合
　(a) 住宅の増改築等の日前に一定期間内の建築条件付きでその家屋の敷地を購入したとき……表の③の借入金又は⑨の債務

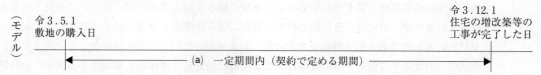

　(b) 住宅の増改築等の日前に3か月以内の建築条件付きでその家屋の敷地を購入したとき……表の④の借入金

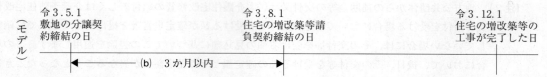

　(c) 住宅の増改築等の日前2年以内にその家屋の敷地を購入したとき……表の⑤の借入金又は債務

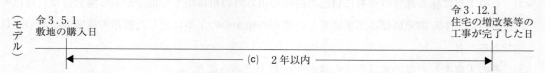

　(d) 住宅の増改築等の日前にその増改築等の着工の日後に受領した借入金によりその家屋の敷地を購入したとき……表の②の借入金

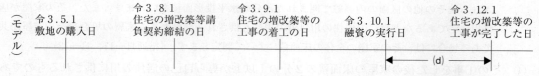

(注1) 控除の対象となる借入金又は債務には、金融機関、独立行政法人住宅金融支援機構又は一定の貸金業者（以下「当初借入先」といいます。）から借り入れた借入金又は当初借入先に対して負担する承継債務について債権の譲渡（当初借入先から償還期間を同じくする債権の譲渡を受けた場合に限ります。）を受けた特定債権者（当初借入先との間でその債権の全部について管理及び回収に係る業務の委託に関する契約を締結し、かつ、その契約に従って当初借入先に対してその債権の管理及び回収に係る業務の委託をしている法人をいいます。）に対して有するその債権に係る借入金又は債務が含まれます。（措令26の4⑫四、措規18の23の2⑦⑧）

(注2) (a)、(b)又は(c)については、住宅の増改築等に係る上記Aに掲げる借入金又は債務を有している必要があることに留意してください。（(4)①の①参照）なお、(d)については、住宅の増改築等とその家屋の敷地の購入の両方に係る借入金又は債務が対象とされています。

税金から差し引かれる金額（特定増改築等住宅借入金等特別控除）

| | |
|---|---|
| ① | 次に掲げる者から借入金のうち、その住宅の増改築等に要する資金に充てるために借り入れたもの（措法41の3の2③一、三、措令26の4⑩、⑫三イ、⑯一、措規18の23の2の2③）<br>イ　銀行、信用金庫、労働金庫、信用協同組合、農業協同組合、農業協同組合連合会、漁業協同組合、漁業協同組合連合会、水産加工業協同組合、水産加工業協同組合連合会、株式会社商工組合中央金庫、生命保険会社、損害保険会社、信託会社、農林中央金庫、信用金庫連合会、労働金庫連合会、共済水産業協同組合連合会、信用協同組合連合会、株式会社日本政策投資銀行又は株式会社日本貿易保険（以下「金融機関」といいます。）<br>ロ　独立行政法人住宅金融支援機構、地方公共団体、沖縄振興開発金融公庫、国家公務員共済組合、国家公務員共済組合連合会、日本私立学校振興・共済事業団、地方公務員共済組合、農林漁業団体職員共済組合（平成30年3月31日以前）又は独立行政法人北方領土問題対策協会<br>ハ　貸金業者で住宅の増改築等に必要な資金の長期貸付けの業務を行うもの<br>ニ　勤労者財産形成促進法に規定する事業主団体又は福利厚生会社（独立行政法人勤労者退職金共済機構からの転貸貸付けの資金に係るものに限ります。）<br>ホ　給与所得者等の使用者<br>ヘ　使用者に代わって住宅の増改築等に要する資金の貸付けを行っていると認められる公共福利厚生法人（487ページ①のト参照） |
| ② | 住宅の増改築等に要する資金及びその家屋の敷地の購入に要する資金に充てるために、次に掲げる者から借り入れた借入金で、その借入金の受領がその住宅の増改築等の着工の日後にされたもの（措令26の4⑪一、二、⑫三ロ、⑮一、措規18の23の2の2④⑤）<br>イ　独立行政法人住宅金融支援機構、沖縄振興開発金融公庫又は独立行政法人北方領土問題対策協会<br>ロ　国家公務員共済組合又は地方公務員共済組合（勤労者財産形成持家融資に係るものに限ります。）<br>ハ　勤労者財産形成促進法に規定する事業主団体又は福利厚生会社（独立行政法人勤労者退職金共済機構からの転貸貸付けの資金に係るものに限ります。）<br>ニ　給与所得者等の使用者（独立行政法人勤労者退職金共済機構からの転貸貸付けの資金に係るものに限ります。） |
| ③ | 地方公共団体、独立行政法人都市再生機構、地方住宅供給公社又は土地開発公社（以下「地方公共団体等」といいます。）から宅地の分譲に係る一定の契約に従って住宅の増改築等の日前に購入したその家屋の敷地の購入に要する資金に充てるために次のイ又はロに掲げる者から借り入れた借入金（②のロ又はニに係るものを除きます。）（措令26の4⑪三、⑮二、⑰二、措規18の23の2の2⑥）<br>イ　①のイ、ハ、ホ又はヘの者<br>ロ　地方公共団体、国家公務員共済組合、国家公務員共済組合連合会、日本私立学校振興・共済事業団、地方公務員共済組合又は農林漁業団体職員共済組合（平成30年3月31日以前）<br>(注)　「宅地の分譲に係る一定の契約」とは、次のi及びⅱの事項が定められているものをいいます。<br>　　i　その宅地の購入者がその宅地の上にその者の住宅の用に供する家屋を購入の日後一定期間内に建築することを条件として購入するものであること<br>　　ⅱ　地方公共団体等は、その宅地の購入者がiの条件に違反したときは、その宅地の分譲に係る契約を解除して、又はその宅地を買い戻すことができること |
| ④ | 宅地建物取引業者から宅地の分譲に係る一定の契約に従ってその住宅の増改築等の日前にその家屋の敷 |

——(561)——

納める税金の計算

地を購入した場合（その契約に従ってその住宅の増改築等の請負契約が成立している場合に限ります。）で、その家屋の敷地の購入に要する資金に充てるために③に掲げる者から借り入れた借入金（②のロ又はニに係るものを除きます。）（措令26の4⑪四、⑮三、⑰三、措規18の23の2の2⑥）

(注)　「宅地の分譲に係る一定の契約」とは、次のⅰ及びⅱの事項が定められているものをいいます。
　　　ⅰ　その宅地の購入者と宅地建物取引業者（又はその販売代理人）との間において、その宅地の購入者がその宅地の上に建築する住宅の用に供する家屋を建築工事の請負契約がその宅地の分譲に係る契約の締結の日以後3か月以内に成立することが、その宅地の分譲に係る契約の成立の条件とされていること
　　　ⅱ　ⅰの条件が成就しなかったときは、その宅地の分譲に係る契約は成立しないものであること

---

| ⑤ | 住宅の増改築等の日前2年以内に購入したその家屋の敷地の購入に要する資金に充てるために次のイからハまでに掲げる者から借り入れた借入金又は住宅の増改築等の日前2年以内にハに掲げる者から購入したその家屋の敷地の購入の対価に係るこれらの者に対する債務で、一定の要件を満たすもの（②のロ又はニ、③若しくは④に係るものを除きます。）（措令26の4⑪五、⑮四、⑯、⑰四、措規18の23の2の2⑥）<br><br>イ　金融機関、地方公共団体又は貸金業者<br>ロ　国家公務員共済組合、国家公務員共済組合連合会、日本私立学校振興・共済事業団、地方公務員共済組合、農林漁業団体職員共済組合（平成30年3月31日以前）又は公共福利厚生法人<br>ハ　給与所得者等の使用者<br>(注)　「一定の要件を満たすもの」とは、イに掲げる者からの借入金については、次のⅰ又はⅱのいずれかに該当するもの、ロ若しくはハに掲げる者からの借入金又は債務については、ⅰからⅲまでのいずれかに該当するものをいいます。<br>　　　ⅰ　その借入金の貸付けをした者又はその敷地の譲渡の対価に係る債権を有する者のそれらの債権を担保するためにその家屋を目的とする抵当権の設定がされたこと<br>　　　ⅱ　その借入金又はその敷地の購入の対価に係る債務を保証をする者又はそれらの債務の不履行により生じた損害を填補することを約する保険契約を締結した保険者のその保証又は填補に係る求償権を担保するためにその家屋を目的とする抵当権が設定されたこと<br>　　　ⅲ　その借入れをした者又はその敷地の購入者が、その敷地の上にその者の居住の用に供する家屋を一定期間内に建築することをその貸付け又は譲渡の条件としており、かつ、その家屋の建築及び敷地の購入がその貸付け又は譲渡の条件に従ってされたことにつきその借入金の貸付けをした者又はその敷地の譲渡の対価に係る債権を有する者の確認を受けているものであること |
| --- | --- |
| ⑥ | 住宅の増改築等を請け負わせた建設業者から、その住宅の増改築等の請負代金に充てるために借り入れた借入金（措法41の3の2③、措令26の4⑫一） |
| ⑦ | 貸金業者又は宅地建物取引業者である法人で住宅の増改築等の請負代金の支払の代行を業とする者から、その請負代金が建設業者に支払われたことによりその法人に対して負担する債務（措法41の3の2③一、措令26の4⑫二） |
| ⑧ | 建設業者に対する住宅の増改築等の工事の請負代金に係る債務又は宅地建物取引業者、独立行政法人都市再生機構、地方住宅供給公社若しくは日本勤労者住宅協会に対する住宅の増改築等の対価に係る債務（措法41の3の2③二） |
| ⑨ | 住宅の増改築等に係る家屋の敷地の用に供する土地等を、次のイ又はロに掲げる者から宅地の分譲に係る一定の契約に従って住宅の増改築等の日前に購入したその家屋の敷地の購入の対価に係る債務（措法 |

——(562)——

税金から差し引かれる金額（特定増改築等住宅借入金等特別控除）

| | 41の3の2③二、措令26の4⑬⑭ |
| --- | --- |
| | イ 独立行政法人都市再生機構又は地方住宅供給公社 |
| | ロ 土地開発公社 |
| | **(注)** 「宅地の分譲に係る一定の契約」とは、次の i 及び ii の事項が定められているものをいいます。 |
| | i その宅地の購入者がその宅地の上にその者の住宅の用に供する家屋を購入の日後一定期間内に建築することを条件として購入するものであること |
| | ii イ又はロは、その宅地の購入者が i の条件に違反したときは、その宅地の分譲に係る契約を解除し、又はその宅地を買い戻すことができること |
| ⑩ | 給与所得者等の使用者に対するその住宅の増改築等の対価に係る債務（措法41の3の2③三） |
| ⑪ | 独立行政法人住宅金融支援機構から借り入れた借入金で、契約においてその借入金に係る債務を有する者（2人以上の個人が共同で借り入れた場合にあっては、その2人以上の個人のすべて）の死亡時に一括償還をする方法により支払うこととされているもの（措法41の3の2③四） |

## (4) 適用対象とならない借入金等及び控除が受けられない年分

### 1 控除の対象とならない借入金等（措法41の3の2⑪、措令26の4⑱㉒、措規18の23の2の2⑨）

(3)の表の①から⑪までに掲げる借入金又は債務であっても、次の①から④までに掲げる場合に該当するものは特定増改築等住宅借入金等特別控除の対象とはなりません。

① 住宅の増改築等の日前に購入したその家屋の敷地の購入に係る借入金又は債務の年末残高のみがあり、その住宅の増改築等に係る借入金又は債務で(3)の**A**に掲げる借入金又は債務の年末残高がない場合

② 給与所得者等が使用者又は勤労者財産形成促進法第9条第1項に規定する事業主団体から、使用人である地位に基づいて貸付けを受けた借入金又は債務につき支払うべき利息がない場合又はその利息の利率が年0.2%未満である場合

③ 給与所得者等が使用者又は勤労者財産形成促進法第9条第1項に規定する事業主団体から、使用人である地位に基づいて借入金又は債務に係る利息に充てるため支払を受けた金額がその利息と同額である場合又はその利息の額から支払を受けた金額を控除した残額を利息であると仮定して計算した利率が年0.2%未満となる場合

④ 給与所得者等が使用者から、使用人である地位に基づいて家屋の敷地を時価の2分の1未満の価額で譲り受けた場合

### 2 控除が受けられない年分

次の①から④までのいずれかに該当する年分については、特定増改築等住宅借入金等特別控除は受けられません。（措法41の3の2⑳、41㉒㉓）

① 自己の合計所得金額が3,000万円を超える年分

② 住宅の増改築等をした部分を居住の用に供しなくなった年以後の各年分（特定増改築等住宅借

入金等特別控除の再適用を受ける年分を除きます。）

**(注１)** 死亡した日の属する年分については、その住宅の増改築等をした部分を居住の用に供した日以後これらの日まで引き続き居住の用に供していた場合には、この控除を受けることができます。

**(注２)** 災害により居住の用に供することができなくなった場合も、この控除を受けることができます。（556ページ参照）

③ 住宅の増改築等をした部分を居住の用に供した年分の所得税について、次に掲げるいずれかの特例の適用を受ける場合やその居住の用に供した年の前年分又は前々年分の所得税について次に掲げるいずれかの特例の適用を受けている場合には、その居住の用に供した年以後５年間の各年分

㈤ 居住用財産を譲渡した場合の長期譲渡所得の課税の特例（措法31の３）

㈥ 居住用財産の譲渡所得の特別控除の特例（措法35）

**(注)** 平成28年４月１日から令和５年12月31日までの間に譲渡する「空き家に係る譲渡所得の特別控除」（措法35③、667ページ）については、住宅借入金等特別控除との重複適用ができます。（措法41の３の２⑳、41㉒かっこ書）

㈥ 特定の居住用財産の買換え・交換の場合の長期譲渡所得の課税の特例（措法36の２、36の５）

㈥ 既成市街地等内にある土地等の中高層耐火建築物等の建設のための買換え及び交換の場合の譲渡所得の課税の特例（措法37の５）

④ 住宅の増改築等をした部分を居住の用に供した年の翌年以後３年以内の各年（令和２年３月31日以前の譲渡については、翌年又は翌々年）中にその住宅の増改築等をした家屋（これらの家屋の敷地を含みます。）以外の一定の資産を譲渡した場合において、その資産の譲渡につき上記③に掲げるいずれかの特例の適用を受けるときは、その居住の用に供した年以後５年間の各年分

**(注)** 一定の資産を譲渡したことにより上記③に掲げるいずれかの特例の適用を受ける場合において、その資産を譲渡した年の前３年以内の各年（令和２年３月31日以前の譲渡については、前年分又は前々年）分の所得税について特定増改築等住宅借入金等特別控除を受けているときは、その前３年以内の各年（令和２年３月31日以前の譲渡については、前年分又は前々年）分の所得税（及び復興特別所得税）について修正申告書や期限後申告書を提出し、その特定増改築等住宅借入金等特別控除の額に相当する税額を納付しなければなりません。

**(5) 控除額の計算**

| 居住年 | 特定増改築等住宅借入金等の年末残高限度額（A）------1,000万円－（A） | 控除率 | 控除期間 | 各年の控除限度額 | 最大控除可能額 |
|---|---|---|---|---|---|
| 平成26年４月～令和３年12月 | ＊250万円（200万円） | 2 ％ | 5 年間 | 12.5万円（12万円） | ＊62.5万円（60万円） |
| | ＊750万円（800万円） | 1 ％ | | | |

税金から差し引かれる金額（特定増改築等住宅借入金等特別控除）

＊平成26年4月〜令和3年12月までの間に居住し、かつ、特定取得（492ページの表の下の「＊」参照）以外の場合には、上の表の（　）内の金額になります。

　控除額は次の算式によって計算した金額です。（措法41の3の2①）

〈特定取得以外の場合〉

┌─────────────────────────────────────────────────────────────────────────────────┐
│ 特定増改築等住宅　　　　　　　　増改築等住宅借入　　　　　　　　特定増改築等　　100円未満の │
│ 借入金等の年末残 × 2％ ＋ 金等の年末残高の −(A) × 1％ ＝ 住宅借入金等 （端数切捨て ） │
│ 高の合計額(A)　　　　　　　　　　合計額　　　　　　　　　　　　特別控除額　　　　　　　　　 │
│ └（最高200万円）┘　　　　　　　（最高1,000万円）　　　　　　 （最高12万円）　　　　　　 │
└─────────────────────────────────────────────────────────────────────────────────┘

〈特定取得に該当する場合〉

┌─────────────────────────────────────────────────────────────────────────────────┐
│ 特定増改築等住宅　　　　　　　　増改築等住宅借入　　　　　　　　特定増改築等　　100円未満の │
│ 借入金等の年末残 × 2％ ＋ 金等の年末残高の −(A) × 1％ ＝ 住宅借入金等 （端数切捨て ） │
│ 高の合計額(A)　　　　　　　　　　合計額　　　　　　　　　　　　特別控除額　　　　　　　　　 │
│ └（最高250万円）┘　　　　　　　（最高1,000万円）　　　　　　 （最高12万5,000円）　　　 │
└─────────────────────────────────────────────────────────────────────────────────┘

※　「特定増改築等住宅借入金等の年末残高の合計額（A）」は、増改築等住宅借入金等の年末残高の合計額のうちその高齢者等居住改修工事等に要した費用の額、その特定断熱改修工事等に要した費用の額、特定多世帯同居改修工事等に要した費用の額及び特定断熱改修工事等と併せて行う特定耐久性向上改修工事等に要した費用の額の合計額に相当する部分の金額をいいます。

　　なお、高齢者等居住改修工事等、特定断熱改修工事等、特定多世帯同居改修工事等又は特定断熱改修工事等と併せて行う特定耐久性向上改修工事等の費用に関し補助金等の交付を受ける場合は、各改修工事等に要した費用の額の合計額からその補助金等の額を差し引きます。

※　各改修工事等に要した費用の額は、増改築等工事証明書（520ページ参照）において確認することができます。

　算式の「増改築等住宅借入金等の年末残高の合計額」は、金融機関等から交付を受けた「住宅取得資金に係る借入金の年末残高等証明書」の「住宅借入金等の金額」欄の「年末残高」の金額ですが、次のいずれかに該当する場合には、それぞれ次に掲げる金額となります。（措法41の3の2①、措令26の4②③）

①　増改築等住宅借入金等の年末残高の合計額が、その住宅の増改築等に要した費用の額を超える場合……その住宅の増改築等に要した費用の額に相当する金額

②　住宅の増改築等とともにしたその家屋の敷地の購入に係る増改築等住宅借入金等で、次のイ又はロのいずれかに該当する場合……イ又はロに掲げる金額

　イ　(3)のBの(d)の場合で、増改築等住宅借入金等の年末残高の合計額がその住宅の増改築等の請負代金とその家屋の敷地の購入の対価の額との合計額を超えるとき……その住宅の増改築等の請負代金とその家屋の敷地の購入の対価の額との合計額に相当する金額

　ロ　(3)のBの(a)、(b)又は(c)の場合で、その家屋の敷地の購入に係る増改築等住宅借入金等の年末残高の合計額がその家屋の敷地の購入の対価の額を超えるとき……その家屋の敷地の購入の対価の額に相当する金額とその住宅の増改築等に係る増改築等住宅借入金等の金額との合計額

③　住宅の増改築等に係る増改築等住宅借入金等で、店舗併用住宅のように、その住宅の増改築等をした部分のうちに居住の用以外の用に供する部分がある場合……増改築等住宅借入金等の年末

残高の合計額に、その住宅の増改築等に要した費用の総額に占める居住用部分の住宅の増改築等に要した費用の額の割合を乗じて計算した金額

④　住宅の増改築等とともにしたその家屋の敷地の購入に係る増改築等住宅借入金等で、店舗併用住宅のように、その住宅の増改築等をした部分及びその家屋の敷地のうちに居住用以外の用に供する部分がある場合……次のイ又はロに掲げる区分に応じそれぞれに掲げる金額

イ　(3)のBの(d)のとき……その住宅の増改築等に係る増改築等住宅借入金等の年末残高の合計額にその家屋の総床面積に占める居住用部分の床面積の割合を乗じて計算した金額とその家屋の敷地の購入に係る増改築等住宅借入金等の年末残高の合計額にその敷地の総面積に占める居住用部分の敷地の面積の割合を乗じて計算した金額との合計額に相当する金額

ロ　(3)のBの(a)、(b)又は(c)のとき……その家屋の敷地の購入に係る増改築等住宅借入金等の年末残高の合計額にその家屋の敷地の総面積に占める居住用部分の敷地の面積の割合を乗じて計算した金額と上記③に掲げる金額との合計額に相当する金額

(注)「敷地の総面積」とは、土地についてはその土地の面積、土地の上に存する権利についてはその土地の面積をいいます。マンションなどの区分所有建物のときは、その一棟の家屋の敷地等の総面積にその一棟の家屋の総床面積のうちに区分所有する部分の床面積の占める割合を乗じて計算した面積をいいます。

⑤　増改築等住宅借入金等の年末残高の合計額が1,000万円を超える場合……1,000万円

## (6)　控除を受けるための手続と必要な書類

特定増改築等住宅借入金等特別控除は、住宅の増改築等をした部分を居住の用に供した年以後5年間受けることができますが、この控除を受ける最初の年分と2年目以後の年分とでは、次のとおりこの控除を受ける手続等が異なっています。

### 1　この控除を受ける最初の年分（措規18の23の2の2⑪）

「(特定増改築等）住宅借入金等特別控除の計算明細書」の所定の欄に必要事項を記載し、特定増改築等住宅借入金等特別控除額を計算した上で、確定申告書の所定の欄に必要事項を記載するとともに、その計算明細書は確定申告書と一緒に税務署に提出することになっています。

(申告書第一表)

| (特定増改築等)住宅借入金等特別控除 | 区分1 | | 区分2 | | ㉞ | | | | | | 00 |
|---|---|---|---|---|---|---|---|---|---|---|---|

(申告書第二表)

| 特例適用条文等 | |
|---|---|

明細書一面の「9（特定増改築等）住宅借入金等特別控除額」⑳の金額を申告書第一表の「税金の計算」欄の「(特定増改築等）住宅借入金特別控除」に転記します。

また、申告書第二表の「特例適用条文等」欄に「居住開始年月日」等を次のように書きます。

(1)　高齢者等居住改修工事等に係る特定増改築等住宅借入金等特別控除の適用を受ける場合で、住

税金から差し引かれる金額（特定増改築等住宅借入金等特別控除）

宅の増改築等が特定取得に該当するとき（例：令和３年10月30日居住開始）

【記載例】

| 特例適用条文等 | ㊞増 令和３年10月30日居住開始（特特） |
| --- | --- |

(2) 高齢者等居住改修工事等に係る特定増改築等住宅借入金等特別控除の適用を受ける場合で、住宅の取得等が特定取得に該当しないとき（例：令和３年３月25日居住開始）

【記載例】

| 特例適用条文等 | ㊞増 令和３年３月25日居住開始 |
| --- | --- |

また、次に掲げる書類も確定申告書と一緒に税務署に提出する必要があります。

① 金融機関から交付を受けた「住宅取得資金に係る借入金の年末残高等証明書」（２か所以上から交付を受けている場合は、すべての証明書）

② (1)の②若しくは③又は(1)の⑤で(1)の②若しくは③に該当する場合には、その者の介護保険の被保険者証の写し

③ 登録住宅性能評価機関、指定確認検査機関、建築士事務所に所属する建築士又は住宅瑕疵担保責任保険法人が発行する「増改築等工事証明書」（(2)①の①に該当する場合には、確認済証の写し、検査済証の写し又は増改築等工事証明書）

④ 住宅の増改築等をした家屋の登記事項証明書などで、その住宅の増改築等をした家屋の床面積が50m²以上であることを明らかにする書類

⑤ 住宅の増改築等に係る工事請負契約書の写し並びに補助金等、居宅介護住宅改修費及び介護予防住宅改修費の額を証する書類などで、その住宅の増改築等をした年月日、その費用の額並びに地方公共団体から交付等を受ける補助金等、居宅介護住宅改修費又は介護予防住宅改修費の額を明らかにする書類

⑥ 敷地を先行取得した場合は、次のイ及びロの書類

イ 敷地の登記事項証明書、売買契約書の写し、敷地の分譲に係る契約書の写しなどで、敷地の購入年月日及び敷地の購入の対価の額を明らかにする書類

ロ 敷地の購入に係る増改築等住宅借入金等が次の(イ)から(ハ)までのいずれかに該当するときには、それぞれに掲げる書類

(イ) 住宅の増改築等の日前に一定期間内の建築条件付きで購入したその家屋の敷地の購入に係る増改築等住宅借入金等（(3)の表の③に掲げる借入金又は同⑨に掲げる債務）であるとき……敷地の分譲に係る契約書の写しなどで、契約において一定期間内の建築条件が定められていることなどを明らかにする書類（イの書類により明らかにされているときは不要です。）

(ロ) 住宅の増改築等の日前に３か月以内の建築条件付きで購入したその家屋の敷地の購入に係る増改築等住宅借入金等（(3)の表の④に掲げる借入金）であるとき……敷地等の分譲に係る契約書の写しなどで、契約において３か月以内の建築条件が定められていることなどを明ら

かにする書類（イの書類により明らかにされているときは不要です。）

　(ハ)　住宅の増改築等の日前2年以内に購入したその家屋の敷地の購入に係る増改築等住宅借入金等（(3)の表の⑤に掲げる借入金又は債務）であるとき……次の④又は⑪の別に応じて、それぞれに掲げる書類

　　　④　金融機関、地方公共団体又は貸金業者から借り入れた借入金……家屋の登記事項証明書などで、家屋に抵当権が設定されていることを明らかにする書類（(3)の表の④の書類により明らかにされている場合には不要です。）

　　　⑪　上記④以外のもの……家屋の登記事項証明書などで、家屋に抵当権が設定されていることを明らかにする書類（(3)の表の④の書類により明らかにされている場合には不要です。）又は貸付け若しくは譲渡の条件に従って一定期間内に家屋が建築されたことをその貸付けをした者若しくはその譲渡の対価に係る債権を有する者が確認した旨を証する書類

　　(注)　旧措法第29条《給与所得者等が住宅資金の貸付け等を受けた場合の課税の特例》の規定に該当する借入金又は債務については、例えば、次のような事項を記載した書面も確定申告書と一緒に提出する必要があります。

　　　　ⅰ　旧措法29条1項（又は3項）該当、年利2％

　　　　ⅱ　旧措法29条2項（又は3項）該当、年利4％、支払利子の額400,000円、利子補給金の額200,000円、実質金利2％

　　　　ⅲ　旧措法29条3項該当、①土地等の取得の対価の額7,000,000円、②取得時における土地等の価額10,000,000円、①／②の割合70％

　⑦　その増改築等が特定取得に該当する場合には、特定取得に該当する事実を明らかにする書類

(注1)　平成28年1月1日以後に従前家屋（477ページの⑤参照）が災害により居住の用に供することができなくなった場合に、継続適用を受ける年においては、市区町村又は特別区の区長の従前家屋に係る災害による被害の状況その他の事項を証する書類（その写しを含みます。）、従前家屋の登記事項証明書その他の書類で従前家屋が災害により居住の用に供することができなくなったことを明らかにする書類の添付が必要です。（措規18の21⑧一リ）

(注2)　令和2年10月1日以後に、令和2年分以後の特定増改築等住宅借入金等特別控除の適用を受ける際の確定申告書等に添付すべき書類は、住宅取得資金に係る借入金の年末残高等証明書に記載すべき事項を記録した電子証明書等に係る電磁的記録印刷書面（電子証明書等に記録された情報の内容を、国税庁長官が定める方法によって出力することにより作成した書面をいいます。）とすることができます。（措規18の23の2の2⑪、平30改措規附20）

(注3)〈登記事項証明書の添付省略〉

　　　土地・建物の登記事項証明書については、「（特定増改築等）住宅借入金等特別控除額の計算明細書」に不動産番号を記載することなどにより、その添付を省略することができます。

2　この控除を受ける2年目以後の年分

イ　確定申告書を提出してこの控除を受ける場合（措規18の23の2の2⑫、18の21⑩）

　『（特定増改築等）住宅借入金等特別控除額の計算明細書』の所定の欄に必要事項を書いて、特定

――（568）――

税金から差し引かれる金額（特定増改築等住宅借入金等特別控除）

増改築等住宅借入金等特別控除額を計算し（重複適用を受ける場合については、一の住宅の増改築等ごとに『（特定増改築等）住宅借入金等特別控除額の計算明細書』を作成し、特定増改築等住宅借入金等特別控除額を計算します。）、申告書第一表の「税金の計算」欄の「（特定増改築等）住宅借入金等特別控除」にその控除額を、申告書第二表の「特例適用条文等」欄に「居住開始年月日」等を転記するとともに、その計算明細書及び金融機関等から交付を受けた『住宅取得資金に係る借入金の年末残高等証明書』（２か所以上から交付を受けている場合には、その全ての証明書）を確定申告書と一緒に税務署に提出する必要があります。

> **(注)** 既に年末調整によってこの控除を受けた給与所得者がその年分の確定申告書を提出する場合には、金融機関等から交付を受け口により年末調整を受けるときまでに給与の支払者に提出した「住宅取得資金に係る借入金の年末残高等証明書」は確定申告書と一緒に税務署に提出する必要はありません。ただし、年末調整によりこの控除を受けた増改築等住宅借入金等以外の増改築等住宅借入金等についてもこの控除を受けるためその年分の確定申告書を提出する場合には、金融機関等から交付を受けた「住宅取得資金に係る借入金の年末残高等証明書」は年末調整を受けるときまでに給与の支払者に提出したものも含めて確定申告書と一緒に税務署に提出する必要があります。

**ロ　給与所得者が年末調整によってこの控除を受ける場合**

確定申告をしてこの控除の適用を受けた給与所得者は、その確定申告をした年の翌年以後の各年分の所得税について、年末調整によってこの控除を受けることができます。（措法41の３の２⑳、41の２の２）

年末調整によってこの控除を受けようとする給与所得者は、税務署から送付される「給与所得者の（特定増改築等）住宅借入金等特別控除申告書兼年末調整のための（特定増改築等）住宅借入金等特別控除証明書」及び金融機関等から交付を受けた 「住宅取得資金に係る借入金の年末残高等証明書」（２か所以上から交付を受けている場合は、そのすべての証明書）を年末調整を受けるときまでに給与の支払者に提出する必要があります。

> **(注１)** 年末調整によってこの控除を受けようとする各年の12月31日まで居住する見込みであるとしてこの控除を受けた場合であっても、同日まで居住していないときには、この控除を受けることはできません。
>
> **(注２)** 令和２年10月１日以後に提出する特定増改築等住宅借入金等特別控除の適用を受ける際の確定申告書及び同日以後交付する住宅取得資金に係る借入金の年末残高等証明書について、以下のように電磁的記録印刷書面とすることができます。（平30改所法等附78、平30改措令附17、平30改措規附19）
>
> ①　居住日の属する年分又はその翌年以後いずれかの年分の所得税につき特定増改築等住宅借入金等特別控除の適用を受けた個人は、年末調整の際に住宅借入金等を有する場合の所得税額の特別控除申告書の提出に代えて、税務署長の承認を受けている給与等の支払者に対し、その申告書に記載すべき事項を電磁的方法により提供することができます。（措法41の２の２④⑤）
>
> ②　居住日の属する年分（令和元年から令和３年までの各年分に限ります。以下「居住年分」といいます。）又はその居住年分の翌年以後のいずれかの年分の所得税につき特定増改築等住宅借入金等特別控除の適用を受けた個人は、住宅借入金等特別控除の確定申告書に記載すべき事項

——(569)——

納める税金の計算

を電磁的方法により提供する場合には、住宅借入金等を有する場合の所得税額の特別控除証明書又は住宅取得資金に係る借入金の年末残高等証明書の提出に代えて、これらの証明書に記載されるべき事項を電磁的方法により提供することができます。（措法41の3の2⑳、措規18の23の2の2⑲）

③　住宅借入金等に係る債権者は、住宅取得資金に係る借入金の年末残高等証明書の交付に代えて、特定増改築等住宅借入金等特別控除の適用を受けようとする個人の承諾を得て、その証明書に記載すべき事項を電磁的方法により提供することができます。（措令26の4㉔、措規18の23の2の2⑯）

④　住宅借入金等特別控除の確定申告書に添付すべき書類について、住宅借入金等を有する場合の所得税額の特別控除証明書に記載すべき事項を記録した電子証明書等に係る電磁的記録印刷書面及び住宅取得資金に係る借入金の年末残高等証明書に記載すべき事項を記録した電子証明書に係る電磁的記録印刷書面とすることができます。（措規18の23の2の2⑲）

税金から差し引かれる金額（特定増改築等住宅借入金等特別控除）

## ［B］ 断熱改修工事等に係る特定増改築等住宅借入金等特別控除

　個人が、自己の所有する家屋で自己の居住の用に供するものについて、(1)の増改築等をして、平成20年4月1日から令和3年12月31日までの間に、その増改築等をした部分を居住の用に供した場合（その増改築等の日から6か月以内に居住の用に供した場合に限ります。）において、(2)の増改築等住宅借入金等を有するときは、2の住宅借入金等特別控除との選択により、居住年以後5年間の各年（居住日以後その年の12月31日まで引き続き居住の用に供している年に限ります。）にわたり、(4)で計算した特定増改築等住宅借入金等特別控除額をその年分の所得税の額から控除することができます。（措法41の3の2⑤）

**（注1）** 5の住宅特定改修特別税額控除の適用を受ける場合には、2の住宅借入金等特別控除及び3の特定増改築等住宅借入金等特別控除の適用を受けることはできません。

**（注2）** 従前家屋（477ページの⑤参照）が災害により居住の用に供することができなくなった場合には、居住年以後の控除期間の各年のうち、その居住の用に供することができなくなった日の属する年以後の各年は、適用年とみなして、この控除の適用を受けることができます。ただし、次の年以後の各年は適用できません。（措法41の3の2⑳、41㉜、平29改所法等附56②）

① 従前家屋を他の用途に転用した場合の属する年

② 従前家屋又はその敷地を譲渡して税制上の特例措置の適用を受ける場合の属する年

③ 新たに住宅の新築取得等をした家屋について住宅借入金等特別控除の適用を受けることとなる場合の属する年

### ⑴ 適用対象となる増改築等

### ① 適用対象となる工事

　個人が、自己の所有している家屋で自己の居住の用に供するものについて行う特定断熱改修工事等、特定断熱改修工事等と併せて行う特定耐久性向上改修工事等又は断熱改修工事等を含む［A］⑵①の①～⑦（558ページ）に掲げる工事をいいます。

---

**〈（特定）断熱改修工事等〉（省エネ改修）**

1　断熱改修工事等（控除率1％適用）とは、家屋について行う国土交通大臣が財務大臣と協議して定めるエネルギーの使用の合理化に相当程度資する増築、改築、修繕又は模様替（①居室のすべての窓の改修工事、又は①の工事と併せて行う②床の断熱工事、③天井の断熱工事若しくは④壁の断熱工事のいずれかに該当する工事）で次のイ及びロの要件を満たすものであり、これらに該当する旨が住宅の品質確保の促進等に関する法律に基づく登録住宅性能評価機関、建築基準法に基づく指定確認検査機関、建築士法に基づく建築士事務所に所属する建築士又は住宅瑕疵担保責任保険法人が発行する「増改築等工事証明書」を確定申告書に添付することにより証明された改修工事（当該改修工事が行われる構造又は設備と一体となって効用を果たす設備の取替え又は取付けに係る改修工事を含みます。）をいいます。

イ　改修部位の省エネ性能がいずれも平成28年基準以上（平成29年3月以前居住の場合は、

---

——(571)——

平成25年基準以上）となること

　　ロ　改修後の住宅全体の断熱等性能等級が改修前から一段階相当以上上がると認められる工事内容であること

　2　特定断熱改修工事等（控除率2％適用）とは、すべての居室のすべての窓の改修工事、又はその工事と併せて行う床の断熱工事、天井の断熱工事若しくは壁の断熱工事で、次のイ及びロの要件を満たす工事、又は、居室の窓の改修工事、又はその工事と併せて行う床の断熱工事、天井の断熱工事若しくは壁の断熱工事で、次のイ及びハの要件を満たす工事をいいます。

　　イ　改修部位の省エネ性能がいずれも平成28年基準以上となること。

　　ロ　改修後の住宅全体の断熱等性能等級が平成28年基準相当（平成29年3月以前居住の場合は、平成25年基準相当）となると認められること。

　　ハ　改修後の住宅全体の断熱等性能等級が現状から一段階以上上がり、改修後の住宅全体の省エネ性能について断熱等性能等級が等級4又は一次エネルギー消費量等級が等級4以上かつ断熱等性能等級が等級3となること。

　3　1又は2の工事と併せて行う一定の修繕・模様替えの工事

（措法41の3の2⑥、措令26の4⑥⑲、26㉝、平成20年国土交通省告示第513号…最終改正令和4年国土交通省告示第443号）

───────〈特定耐久性向上改修工事等〉（長期優良住宅化改修）───────

　　この「特定耐久性向上改修工事等」とは、①小屋裏、②外壁、③浴室、脱衣室、④土台、軸組等、⑤床下、⑥基礎若しくは⑦地盤に関する劣化対策工事又は⑧給排水管若しくは給湯管に関する維持管理若しくは更新を容易にするための工事で、次の要件を満たすものをいいます。

　（措法41の3の2②四、措令26の4⑨、措規18の23の2の2①、平成29年国土交通省告示第279号…最終改正令和4年国土交通省告示第453号）

　　イ　住宅借入金等特別控除の対象となる増築、改築、大規模の修繕、大規模の模様替等に該当するものであること（483ページの2(2)④参照）

　　ロ・認定を受けた長期優良住宅建築等計画に基づくものであること

　　ハ　改修部位の劣化対策並びに維持管理及び更新の容易性が、いずれも増改築による長期優良住宅の認定基準に新たに適合することとなること

　　ニ　特定耐久性向上改修工事等に要した費用の額（補助金等の交付がある場合には、補助金等の額を控除した後の金額）が50万円を超えること

　　ホ　国土交通大臣が財務大臣と協議して定める増改築等工事証明書によって適用対象となる特定耐久性向上改修工事等であることの証明がされていること

　　なお、特定断熱改修工事等と併せて行う特定耐久性向上改修工事等に要した費用の額に係る住宅借入金等の金額は、控除率2％の適用対象となります。（措法41の3の2③⑦）これらの工事等に要した費用の額の合計額が、控除限度額を超える部分については、控除率1％の適用対象となります。

税金から差し引かれる金額（特定増改築等住宅借入金等特別控除）

② **適用対象となる要件**（措法41の３の２⑥、措令26の４⑳）

　① 特定断熱改修工事等又は断熱改修工事等に要した費用の額が50万円を超えること

　（注）　上記の「断熱改修工事等に要した費用の額」には、その断熱改修工事等に係る補助金等の交付がある場合には、その補助金等の額を控除しなければなりません。

　② その工事に係る部分のうちに自己の居住の用以外の用に供する部分がある場合には、自己の居住の用に供する部分に係る工事に要した費用の額がその工事に要した費用の総額の２分の１以上であること

　③ その工事をした後の家屋の床面積が50m²以上であること

　（注）　床面積が50m²以上であるかどうかについては、マンションなどの区分所有建物の場合には、区分所有する部分の床面積により判定します。なお、「区分所有する部分の床面積」とは、登記簿上表示される壁その他の区画の内側線で囲まれた部分の水平投影面積をいいます。また、その家屋が店舗併用住宅であるなど自己の居住の用以外の用にも供される部分がある家屋の場合やその家屋が共有である場合には、その家屋の全体の床面積によって判定します。

　④ その工事をした後の家屋の床面積の２分の１以上が専ら自己の居住の用に供されるものであること

　⑤ ２以上の住宅を所有している場合には、その工事をした後の家屋が、主としてその居住の用に供すると認められるものであること

　⑥ 特定断熱改修工事等と併せて行う特定耐久性向上改修工事等でその特定耐久性向上改修工事等に要した費用の額が50万円を超えること

⑵ **適用対象となる借入金等**（措法41の３の２③⑦、措令26の４⑩～⑰）

　［A］の場合と同様（⑶の表の⑪を除きます。）ですので、559ページ⑶を参照してください。

⑶ **控除の対象とならない借入金等及び控除が受けられない年分**（措法41の３の２⑪、措令26の４⑱⑫、措規18の23の２の２⑨）

　［A］の場合と同様ですので、563ページ⑷を参照してください。

⑷ **控除額の計算**

| 居住年 | 特定断熱改修住宅借入金等の年末残高限度額(A) ──── 1,000万円－(A) | 控除率 | 控除期間 | 各年の控除限度額 | 最大控除可能額 |
|---|---|---|---|---|---|
| 平成26年４月～令和３年12月 | ＊250万円（200万円） | ２％ | ５年間 | ＊12.5万円（12万円） | ＊62.5万円（60万円） |
| | ＊750万円（800万円） | １％ | | | |

＊平成26年４月～令和３年12月までの間に居住し、かつ、特定取得（492ページの表の下の「＊」参照）以外

——（573）——

納める税金の計算

の場合には、上の表の（　）内の金額になります。

　断熱改修工事等に係る特定増改築等住宅借入金等特別控除額は、次の算式によって計算した金額です。（措法41の3の2⑤）

〈特定取得以外の場合〉

| 特定増改築等住宅借入金等の年末残高の合計額(A)（最高200万円） | ×2％＋ | （増改築等住宅借入金等の年末残高の合計額（最高1,000万円）－(A)）×1％＝ | 特定増改築等住宅借入金等特別控除額（最高12万円） | 100円未満の端数切捨て |

〈特定取得に該当する場合〉

| 特定増改築等住宅借入金等の年末残高の合計額(A)（最高250万円） | ×2％＋ | （増改築等住宅借入金等の年末残高の合計額（最高1,000万円）－(A)）×1％＝ | 特定増改築等住宅借入金等特別控除額（最高12万5,000円） | 100円未満の端数切捨て |

※　「特定増改築等住宅借入金等の年末残高の合計額(A)」は、増改築等住宅借入金等の年末残高の合計額のうちその特定断熱改修工事等に要した費用の額（その改修工事等に係る補助金等の交付がある場合には、その補助金等の額を控除します。）、特定多世帯同居改修工事等に要した費用の額及び特定断熱改修工事等と併せて行う特定耐久性向上改修工事等に要した費用の額の合計額に相当する部分の金額をいいます。

※　各改修工事等に要した費用の額は、増改築等工事証明書（520ページ参照）において確認することができます。

　また、「増改築等住宅借入金等の年末残高の合計額」については、[A] の場合と同様ですので、565ページを参照してください。

⑸　断熱改修工事等に係る特定増改築等住宅借入金等特別控除を受けるための手続と必要な書類

　断熱改修工事等に係る特定増改築等住宅借入金等特別控除は、住宅の増改築等をした部分を居住の用に供した年以後5年間受けることができますが、この控除を受ける最初の年分と2年目以後の年分とでは、次のようにこの控除を受ける手続等が異なります。

１　この控除を受ける最初の年分（措規18の23の2の2⑪）

　「（特定増改築等）住宅借入金等特別控除の計算明細書」の所定の欄に必要事項を書いて、特定増改築等住宅借入金等特別控除額を計算し、確定申告書の所定の欄に必要事項を記載するとともに、その計算明細書は確定申告書と一緒に税務署に提出する必要があります。

（申告書第一表）

| 特定増改築等住宅借入金等特別控除 | 区分1 | | 区分2 | | ㉞ | | | | | | | | 0 0 |

（申告書第二表）

| 特例適用条文等 | |

　明細書一面の「9　（特定増改築等）住宅借入金等特別控除額」⑳の金額を申告書第一表の「税金の

——(574)——

税金から差し引かれる金額（特定増改築等住宅借入金等特別控除）

計算」欄の「（特定増改築等）住宅借入金特別控除」に転記します。

また、申告書第二表の「特例適用条文等」欄に「居住開始年月日」等を次のように書きます。

(1) 断熱改修工事等に係る特定増改築等住宅借入金等特別控除の適用を受ける場合で、住宅の増改築等が特定取得に該当するとき（例：令和３年10月30日居住開始）

【記載例】

| 特例適用<br>条 文 等 | 断 令和３年10月30日居住開始（特特） |
|---|---|

(2) 断熱改修工事等に係る特定増改築等住宅借入金等特別控除の適用を受ける場合で、住宅の取得等が特定取得に該当しないとき（例：令和３年３月25日居住開始）

【記載例】

| 特例適用<br>条 文 等 | 断 令和３年３月25日居住開始 |
|---|---|

また、次に掲げる書類も確定申告書と一緒に税務署に提出する必要があります。

① 金融機関等から交付を受けた「住宅取得資金に係る借入金の年末残高等証明書」（２か所以上から交付を受けている場合は、そのすべての証明書）

② 登録住宅性能評価機関、指定確認検査機関、建築士事務所に所属する建築士又は住宅瑕疵担保責任保険法人が発行する「増改築等工事証明書」（[A]⑵①の①に該当する場合には、建築確認済証の写し、検査済証の写し又は増改築等工事証明書）

③ 住宅の増改築等をした家屋の登記事項証明書などで、その住宅の増改築等をした家屋の床面積が50㎡以上であることを明らかにする書類

④ 住宅の増改築等に係る工事請負契約書の写し、補助金等の額を証する書類（平成23年６月30日以後に住宅の増改築等に係る契約を締結した場合に限ります。）などで、その住宅の増改築等をした年月日、その費用の額を明らかにする書類

⑤ 敷地を先行取得した場合は、[A]⑹①の⑥のイ及びロの書類

⑥ 平成26年分以後の居住分について、その増改築等が特定取得に該当する場合には、特定取得に該当する事実を明らかにする書類

(注1) 従前家屋（477ページの⑤参照）が災害により居住の用に供することができなくなった場合に、継続適用を受ける年においては、市区町村又は特別区の区長の従前家屋に係る災害による被害の状況その他の事項を証する書類（その写しを含みます。）、従前家屋の登記事項証明書その他の書類で従前家屋が災害により居住の用に供することができなくなったことを明らかにする書類の添付が必要です。（措法41の３の２⑳、措規18の21⑧一リ）

(注2)〈登記事項証明書の添付省略〉
　　　土地・建物の登記事項証明書については、「（特定増改築等）住宅借入金等特別控除額の計算明細書」に不動産番号を記載することなどにより、その添付を省略することができます。

② この控除を受ける２年目以後の年分

[A]の場合と同様ですので、568ページを参照してください。

納める税金の計算

## ［C］　多世帯同居改修工事等に係る特定増改築等住宅借入金等特別控除

　個人が、自己の所有する家屋で自己の居住の用に供するものについて、⑴の増改築等をして、平成28年4月1日から令和3年12月31日までの間に、その増改築等をした部分を居住の用に供した場合(その増改築等の日から6か月以内に居住の用に供した場合に限ります。)において、⑵の増改築等住宅借入金等を有するときは、2の住宅借入金等特別控除との選択により、居住年以後5年間の各年(居住日以後その年の12月31日まで引き続き居住の用に供した場合に限ります。)にわたり、⑷で計算した特定増改築等住宅借入金等特別控除額をその年分の所得税の額から控除することができます。(措法41の3の2⑧)

**(注1)**　5の住宅特定改修特別税額控除の適用を受ける場合には、2の住宅借入金等特別控除及び3の特定増改築等住宅借入金等特別控除の適用を受けることはできません。

**(注2)**　従前家屋(477ページの⑤参照)が災害により居住の用に供することができなくなった場合には、居住年以後の控除期間の各年のうち、その居住の用に供することができなくなった日の属する年以後の各年は、適用年とみなして、この控除の適用を受けることができます。ただし、次の年以後の各年は適用できません。(措法41の3の2⑳、41㉜、平29改所法等附56②)

① 　従前家屋を他の用途に転用した場合の属する年

② 　従前家屋又はその敷地を譲渡して税制上の特例措置の適用を受ける場合の属する年

③ 　新たに住宅の新築取得等をした家屋について住宅借入金等特別控除の適用を受けることとなる場合の属する年

### ⑴　適用対象となる増改築等

### ①　適用対象となる工事

　個人が、自己の所有している家屋で自己の居住の用に供するものについて行う増築、改築その他以下に掲げる工事をいいます。

------------------------------ 〈**特定多世帯同居改修工事等**〉(同居対応改修) ------------------------------

　特定多世帯同居改修工事等とは、他の世帯との同居をするのに必要な設備の数を増加させるための改修工事とされ、具体的には、次のいずれかに該当する工事(その工事が行われる設備と一体となって効用を果たす設備の取替え又は取付けに係る改修工事を含み、その改修工事をした家屋のうち居住の用に供する部分に調理室、浴室、便所又は玄関のうちいずれか2以上の室がそれぞれ複数あることとなる場合に限ります。)であって、「増改築等工事証明書」(520ページ)によって証明がされたものをいいます(措法41の3の2②三、措令26の4⑧、措規18の23の2の2①、平成28年国土交通省告示第585号…最終改正令和4年国土交通省告示第451号)。

　イ　調理室を増設する工事

　　**(注)** 　多世帯同居改修家屋のうちその者の居住の用に供する部分に、ミニキッチン(台所流し、こんろ台その他調理のために必要な器具又は設備が一体として組み込まれた既製の小型ユニ

税金から差し引かれる金額（特定増改築等住宅借入金等特別控除）

ットをいいます。）を設置する調理室以外の調理室がある場合に限られます。

　ロ　浴室を増設する工事

　（注）　多世帯同居改修家屋のうちその者の居住の用に供する部分に、浴槽を設置する浴室がある
　　　　　場合に限られます。

　ハ　便所を増設する工事

　ニ　玄関を増設する工事

② **適用対象となる要件**（措法41の3の2⑨、措令26の4㉑）

　①　特定多世帯同居改修工事等に要した費用の額（注）が50万円を超えること

　　（注）　上記の「特定多世帯同居改修工事等に要した費用の額」には、その特定多世帯同居改修工事等に
　　　　　係る補助金等の交付がある場合には、その補助金等の額を控除しなければなりません。

　②　その工事に係る部分のうちに自己の居住の用以外の用に供する部分がある場合には、自己の居
　　住の用に供する部分に係る工事に要した費用の額がその工事に要した費用の総額の2分の1以上
　　であること

　③　その工事をした家屋が、自己の居住の用に供される次の家屋（その家屋の床面積の2分の1以
　　上に相当する部分が専ら居住の用に供されるものに限ります。）のいずれかに該当するものであ
　　ること

　　イ　家屋の床面積が50㎡以上であるもの

　　ロ　マンションなどの区分所有建物の場合には、区分所有する部分の床面積が50㎡以上であるも
　　　の

　④　その工事をした家屋が、主としてその居住の用に供すると認められるものであること

⑵　**適用対象となる借入金等**（措法41の3の2③⑩、措令26の4⑩〜⑰）

　［A］の場合と同様（⑶の表の⑪を除きます。）ですので、559ページ⑶を参照してください。

⑶　**控除の対象とならない借入金等及び控除が受けられない年分**（措法41の3の2⑪、措令26の4⑱
㉒、措規18の23の2の2⑨）

　［A］の場合と同様ですので、563ページ⑷を参照してください。

⑷　**控除額の計算**

| 居住年 | 特定多世帯同居改修住宅借入金等の年末残高限度額(A) | 控除率 | 控除期間 | 各年の控除限度額 | 最大控除可能額 |
|---|---|---|---|---|---|
| | 1,000万円－(A) | | | | |
| 平成28年4月〜令和3年12月 | 250万円 | 2% | 5年間 | 12.5万円 | 62.5万円 |
| | 750万円 | 1% | | | |

——（577）——

多世帯同居改修工事に係る特定増改築等住宅借入金等特別控除額は、次の算式によって計算した金額です。（措法41の3の2⑧）

| 特定増改築等住宅借入金等の年末残高の合計額(A)（最高250万円） | ×２％＋ | （増改築等住宅借入金等の年末残高の合計額（最高1,000万円）－(A)） | ×１％＝ | 特定増改築等住宅借入金等特別控除額（最高12万5,000円万円） | （100円未満の端数切捨て） |
|---|---|---|---|---|---|

※　「特定増改築等住宅借入金等の年末残高の合計額（A）」は、増改築等住宅借入金等の年末残高の合計額のうちその特定多世帯同居改修工事等に要した費用の額（その改修工事等に係る補助金等の交付がある場合には、その補助金等の額を控除します。）の合計額に相当する部分の金額をいいます。

※　特定多世帯同居改修工事等に要した費用の額は、増改築等工事証明書（520ページ参照）において確認することができます。

また、**「増改築等住宅借入金等の年末残高の合計額」**については、**［A］**の場合と同様ですので565ページを参照してください。

### ⑸　多世帯同居改修工事等に係る特定増改築等住宅借入金等特別控除を受けるための手続と必要な書類

多世帯同居改修工事等に係る特定増改築等住宅借入金等特別控除は、住宅の増改築等をした部分を居住の用に供した年以後５年間受けることができますが、この控除を受ける最初の年分と２年目以後の年分とでは、次のようにこの控除を受ける手続等が異なります。

**1　この控除を受ける最初の年分**（措規18の23の２の２⑪）

「（特定増改築等）住宅借入金等特別控除の計算明細書」の所定の欄に必要事項を書いて、特定増改築等住宅借入金等特別控除額を計算し、確定申告書の所定の欄に必要事項を記載するとともに、その計算明細書は確定申告書と一緒に税務署に提出する必要があります。

**（申告書第一表）**

| (特定増改築等)住宅借入金等特別控除 | 区分1 | | 区分2 | | ㉞ | | | | | | | 0 | 0 |
|---|---|---|---|---|---|---|---|---|---|---|---|---|---|

**（申告書第二表）**

| 特例適用条文等 | |
|---|---|

明細書一面の「９（特定増改築等）住宅借入金等特別控除額」⑳の金額を申告書第一表の「税金の計算」欄の「（特定増改築等）住宅借入金特別控除」に転記します。

また、申告書第二表の「特例適用条文等」欄に「居住開始年月日」等を次のように書きます。

多世帯同居改修工事等に係る特定増改築等住宅借入金等特別控除の適用を受ける場合（例：令和３年10月30日居住開始）

【記載例】

| 特例適用条文等 | ㊫ 令和３年10月30日居住開始 |
|---|---|

税金から差し引かれる金額（特定増改築等住宅借入金等特別控除）

また、次に掲げる書類も確定申告書と一緒に税務署に提出する必要があります。

① 金融機関等から交付を受けた「住宅取得資金に係る借入金の年末残高等証明書」（2か所以上から交付を受けている場合は、そのすべての証明書）

② 登録住宅性能評価機関、指定確認検査機関、建築士事務所に所属する建築士又は住宅瑕疵担保責任保険法人が発行する「増改築等工事証明書」（[A]⑵①の①に該当する場合には、建築確認済証の写し、検査済証の写し又は増改築等工事証明書）

③ 住宅の増改築等をした家屋の登記事項証明書などで、その住宅の増改築等をした家屋の床面積が50㎡以上であることを明らかにする書類

④ 住宅の増改築等に係る工事請負契約書の写し、補助金等の額を証する書類などで、その住宅の増改築等をした年月日、その費用の額を明らかにする書類

⑤ 敷地を先行取得した場合は、[A]⑹①の⑥のイ及びロの書類

**(注1)** 従前家屋（477ページの⑤参照）が災害により居住の用に供することができなくなった場合に、継続適用を受ける年においては、市区町村又は特別区の区長の従前家屋に係る災害による被害の状況その他の事項を証する書類（その写しを含みます。）、従前家屋の登記事項証明書その他の書類で従前家屋が災害により居住の用に供することができなくなったことを明らかにする書類の添付が必要です。（措法41の3の2⑳、41㉜、措規18の21⑧一リ）

**(注2)** 〈登記事項証明書の添付省略〉

　　土地・建物の登記事項証明書については、「（特定増改築等）住宅借入金等特別控除額の計算明細書」に不動産番号を記載することなどにより、その添付を省略することができます。

② **この控除を受ける2年目以後の年分**

[A]の場合と同様ですので、568ページを参照してください。

納める税金の計算

## 4 住宅耐震改修特別控除

個人が、平成26年4月1日から令和5年12月31日までの間に、その者の居住の用に供する一定の家屋（昭和56年5月31日以前に建築されたものに限ります。）の耐震改修（地震に対する安全性の向上を目的とした増築、改築、修繕又は模様替をいいます。）として一定の証明がされたもの（以下「住宅耐震改修」といいます。）を行った場合には、次により計算した住宅耐震改修特別控除額をその年分の所得税の額から控除できます。（措法41の19の2①）

なお、住宅耐震改修特別控除と住宅借入金等特別控除について、いずれの適用条件も満たしている場合には、重ねて適用できます。

**(注)** 住宅耐震改修と併せて耐久性向上改修工事等を行う場合については、「**5 住宅特定改修特別税額控除**」を参照してください。（措法41の19の3④⑥）

### 〈住宅耐震改修特別控除額の計算〉

控除額は、次に掲げる計算方法により算出します。（措法41の19の2①④）

**(注)** A又はBのそれぞれに対して算出された控除額のうち100円未満の端数金額は切り捨てます。また、令和3年12月31日以前に住宅耐震改修をした場合には、Aに対する控除額のみとなります。

控除額＝A×10％＋B×5％

A 住宅耐震改修に係る耐震工事の標準的な費用の額（工事の費用に関し補助金等の交付を受ける場合には、その補助金等の額を控除します。以下同じです。）（控除対象限度額を限度）（注1）（注2）

B 次の(1)、(2)のいずれか低い金額（1,000万円からAの金額を控除した金額を限度）（注3）（注4）

(1) 次のイとロの合計額

イ 住宅耐震改修に係る耐震工事の標準的な費用の額のうち控除対象限度額を超える部分の額

ロ 住宅耐震改修に係る耐震工事と併せて行う増築、改築その他の一定の工事に要した費用の額（補助金等の交付がある場合には当該補助金等の額を控除した後の金額）の合計額

(2) 住宅耐震改修に係る耐震工事の標準的な費用の額

**(注1)** 住宅耐震改修に係る耐震工事の標準的な費用の額とは、住宅耐震改修に係る工事の種類ごとに単位当たりの標準的な工事費用の額として定められた金額に、その住宅耐震改修に係る工事を行った床面積等を乗じて計算した金額をいい、増改築等工事証明書又は住宅耐震改修証明書において確認することができます。

**(注2)** 住宅耐震改修に係る耐震工事の控除対象限度額

令和4年1月1日以後に住宅耐震改修をした場合は、250万円です。

令和3年12月31日以前に住宅耐震改修をした場合、住宅耐震改修に要した費用の額に含まれる消費税額等（消費税額及び地方消費税額の合計額をいいます。以下同じです。）のうちに、8％又は10％の消費税及び地方消費税の税率により課されるべき消費税額等が含まれている場合であり、それ以外の場合の限度額は200万円となります。（旧措法41の19の2②）

**(注3)** Bの控除の適用を受ける場合、自己が所有する家屋であって、かつ、この特別控除を受ける年分の

税金から差し引かれる金額（住宅耐震改修特別控除）

合計所得金額が3,000万円以下である要件を満たす必要があります。

**(注4)** この控除と併せて5(1)①から⑤の工事をして住宅特定改修特別税額控除の適用を受ける場合の**B**の金額は、次の(1)、(2)のいずれか低い金額（1,000万円から各改修工事に係る**A**の金額の合計額を控除した金額を限度）となります。（措法41の19の3⑦）

(1) 次のイとロの合計額

イ 各改修工事の標準的な費用の額のうち各改修工事の控除対象限度額を超える部分の額の合計額

ロ 各改修工事と併せて行う増築、改築その他の一定の工事に要した費用の額（補助金等の交付がある場合には当該補助金等の額を控除した後の金額）の合計額

(2) 各改修工事の標準的な費用の額の合計額

〈適用要件〉

(1) 昭和56年5月31日以前に建築された家屋であって、自己の居住の用に供する家屋であること

(2) 耐震改修（地震に対する安全性の向上を目的とした増築、改築、修繕又は模様替えをいいます。以下同じです。）をした家屋が、現行の耐震基準に適合するもの（注）であること

(3) 2以上の住宅を所有している場合には、主として居住の用に供すると認められる住宅であること

**(注)** 申請により登録住宅性能評価機関、指定確認検査機関、建築士又は住宅瑕疵担保責任保険法人から「増改築等工事証明書」（平成29年3月31日以前に控除の対象となる改修工事を行った場合は「住宅耐震改修証明書」）が発行されます。なお、地方公共団体の長に申請を行った場合は、「住宅耐震改修証明書」が発行されます。

〈申告の手続〉

住宅耐震改修特別控除を受けるためには、確定申告書に、控除額についての記載（第一表の㊳〜㊵欄の「区分」欄に「1」と記入します。5の住宅特定改修特別税額控除額又は6の認定住宅等新築等特別税額控除額もある場合は、「区分」欄に「4」と記入し合計額を記入します。）をするとともに、次の書類を添付することが必要です。（措法41の19の2②、措規19の11の2③）

**(申告書第一表)**

| 住宅耐震改修特別控除等 | 区分 | | ㊳〜㊵ | | | | | | | | |

① 住宅耐震改修特別控除額・住宅特定改修特別税額控除額の計算明細書（584ページ参照）

② 登記事項証明書等で、昭和56年5月31日以前に建築されたものであることの証明書類

③ 増改築等工事証明書又は住宅耐震改修証明書

**(注)** 〈登記事項証明書の添付省略〉

土地・建物の登記事項証明書については、「住宅耐震改修特別控除額の計算明細書」に不動産番号を記載することなどにより、その添付を省略することができます。

——(581)——

納める税金の計算

（令和4年4月1日以降用）

別表

# 住 宅 耐 震 改 修 証 明 申 請 書

申 請 者 　住 　所
　　　　　　電 　話
　　　　　　氏 　名
家屋の所在地

上記家屋に係る住宅耐震改修が完了した日
　　　　　　　　　　　　年　月　日

イ　上記家屋が（1）の要件を満たすこと及び当該家屋に係る住宅耐震改修（租税特別措置法第41
　　条の19の2第1項に規定する住宅耐震改修をいう。以下同じ。）の費用の額が（2）の額であっ
　　たことについて証明願います。

| （1） | 住宅耐震改修をした家屋であること | | |
|---|---|---|---|
| （2） | （イ）　当該住宅耐震改修に係る耐震工事の標準的な費用の額 | | 円 |
| | （ロ）　当該住宅耐震改修に係る補助金等の交付の有無 | 有　　無 | |
| | 「有」の場合　　交付される補助金等の額 | | ．　　円 |
| | （ハ）　（イ）から（ロ）を差し引いた金額 | | 円 |
| | （ニ）　（ハ）又は250万円のいずれか少ない金額（10％控除分） | | 円 |
| | （ホ）　（ハ）から（ニ）を差し引いた金額 | | 円 |
| | （ヘ）　1000万円から（ニ）を差し引いた金額 | | 円 |
| | （ト）　（ホ）又は（ヘ）のいずれか少ない金額（5％控除分） | | 円 |

ロ　上記家屋において、地方税法施行令附則第12条第19項に規定する基準に適合する耐震改
　　修が行われたことを証明願います。

# 税金から差し引かれる金額（住宅耐震改修特別控除）

## 住　宅　耐　震　改　修　証　明　書

　　上記家屋が（1）の要件を満たすこと及び当該家屋に係る住宅耐震改修の費用の額が（2）の額であったこと又は上記家屋において地方税法施行令附則第 12 条第 19 項に規定する基準に適合する耐震改修が行われたことについて証明します。

| 証 明 年 月 日 | 　　　　　　年　　　　　月　　　　　日 |
|---|---|

| 証明を行った地方公共団体の長 | 　　　　　　　　　　　　　　　　　　　　　　　　　　　　印 |
|---|---|

（用紙　日本産業規格　Ａ４）

納める税金の計算

# 住宅耐震改修特別控除額
# 住宅特定改修特別税額控除額 の計算明細書

（　　　年分）　　　　　　　　　　　　　　　　氏　名＿＿＿＿＿＿＿＿＿＿＿＿＿＿＿＿＿

**提出用**

この明細書は、次のⅠ又はⅡの場合に、住宅耐震改修特別控除額又は住宅特定改修特別税額控除額を計算するために使用します。
Ⅰ　平成29年4月1日以後に住宅耐震改修をして住宅耐震改修特別控除を受ける場合
Ⅱ　高齢者等居住改修工事等、一般断熱改修工事等、多世帯同居改修工事等又は耐久性向上改修工事等（住宅耐震改修又は一般断熱改修工事等と併せて行うものに限る。）をした部分を平成29年4月1日以後に居住の用に供して住宅特定改修特別税額控除を受ける場合

なお、平成29年3月31日以前に住宅耐震改修をして住宅耐震改修特別控除を受ける場合には、平成29年3月31日以前に住宅耐震改修をした方のための『住宅耐震改修特別控除額の計算明細書』を、平成29年3月31日以前に居住の用に供して住宅特定改修特別税額控除を受ける場合には、平成29年3月31日以前に居住の用に供した方のための『住宅特定改修特別税額控除額の計算明細書』を使用してください。詳しくは、国税庁ホームページをご覧ください。

○この明細書は、申告書と一緒に提出してください。

## Ⅰ　住宅耐震改修特別控除額の計算

| | | | |
|---|---|---|---|
| 住宅耐震改修の標準的な費用の額 | ① | | 円 |
| 交付を受ける補助金等の合計額 | ② | | |
| （①－②） | ③ | | |
| 住宅耐震改修に係る耐震改修工事限度額 | ④ | | |
| ③と④のいずれか少ない方の金額 | ⑤ | | |
| 住宅耐震改修特別控除額（⑤ × 10%） | ⑥ | | （100円未満の端数切捨て） |

「増改築等工事証明書」の「3(3)①ア　当該住宅耐震改修に係る標準的な費用の額」欄の金額を転記してください。

国又は地方公共団体等から交付を受ける補助金等の合計額を書きます。

「増改築等工事証明書」の「3(3)①エ　当該住宅耐震改修に係る耐震改修工事限度額」欄の金額を転記してください。

申告書第一表の「税金の計算」欄の住宅耐震改修特別控除、住宅特定改修・認定住宅新築等特別税額控除の「住宅耐震改修特別控除」の文字を○で囲み、「区分」欄に「1」を書き、控除額を転記してください。
なお、⑱の金額や認定住宅新築等特別税額控除がある方は、「区分」欄に「4」を書き、合計額を書きます。

| | |
|---|---|
| 不動産番号 | |

家屋の「登記事項証明書」の不動産番号を転記してください。

※住宅耐震改修証明書の場合は、上記に準じて転記してください。

## Ⅱ　住宅特定改修特別税額控除額の計算

### 1　改修工事をした家屋に係る事項

| | | | |
|---|---|---|---|
| 居住開始年月日 | ⑦ | 年　月　日 | |
| あなたの共有持分 ※共有の場合のみ書いてください。 | ⑧ | ／ | |

共有者の氏名　※共有の場合のみ書いてください。

| | |
|---|---|
| フ リ ガ ナ | |
| 氏　　　名 | |
| フ リ ガ ナ | |
| 氏　　　名 | |

| | |
|---|---|
| 不動産番号 | |

家屋の「登記事項証明書」の不動産番号を転記してください。

### 2　高齢者等居住改修工事等に係る事項

（あなた又は同居親族の方が⑨から⑪のいずれかに該当する場合のみ書いてください。）
あなた又は同居親族の方について、⑨から⑪のいずれか該当する欄の右の「該当」の文字を○で囲んでください。

| | | |
|---|---|---|
| 年齢が50歳以上（同居親族の方の場合は65歳以上） | ⑨ | 該当 |
| 障害者（⑨に該当する方を除きます。） | ⑩ | 該当 |
| 要介護認定又は要支援認定を受けている（⑨又は⑩に該当する方を除きます。） | ⑪ | 該当 |
| 高齢者等居住改修工事等の標準的な費用の額 | ⑫ | 円 |
| 交付を受ける補助金等の合計額 | ⑬ | |
| （⑫ － ⑬）※50万円を超える場合に限ります。 | ⑭ | |
| ⑭ 又は（⑭ × ⑧） | ⑮ | |
| 高齢者等居住改修工事等に係る改修工事限度額 | ⑯ | |
| ⑮と⑯のいずれか少ない方の金額 | ⑰ | |
| （⑰ × 10%） | ⑱ | （100円未満の端数切捨て） |

同居親族の方が⑨から⑪のいずれかに該当する場合は、その方の氏名等を書きます。
氏名（　　　　　　　　　）
続柄（　　　　　　　）

「増改築等工事証明書」の「3(3)②ア　当該高齢者等居住改修工事等に係る標準的な費用の額」欄の金額を転記してください。

国又は地方公共団体等から交付を受ける補助金等の合計額を書きます。

「増改築等工事証明書」の「3(3)②エ　当該高齢者等居住改修工事等に係る改修工事限度額」欄の金額を転記してください。

⑯の金額が2以上ある場合には、⑯の金額のうち最も高い改修工事限度額が限度となります。

**（注）**　上記の様式は、令和3年分のものです。令和4年分以降用については変更が予定されています。

税金から差し引かれる金額（住宅耐震改修特別控除）

## 納める税金の計算

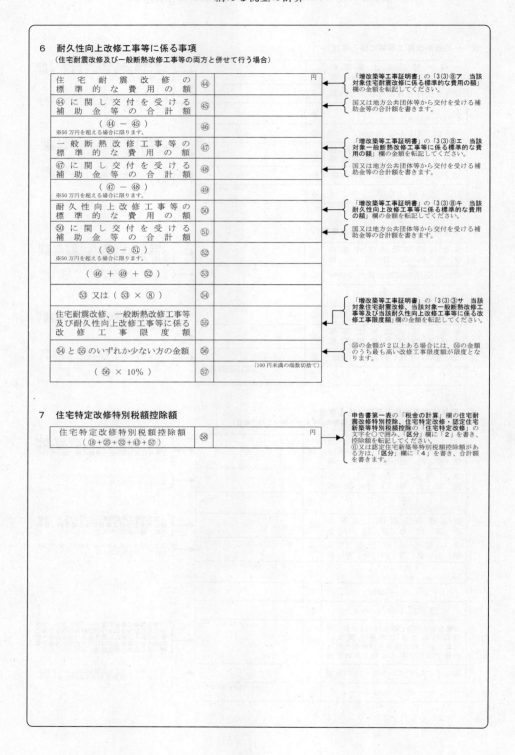

税金から差し引かれる金額（住宅特定改修特別税額控除）

## 5　住宅特定改修特別税額控除

### (1)　適用要件及び控除額

　特定個人（556ページ(1)参照）又は個人が、その所有する自己の居住の用に供する家屋について、①高齢者等居住改修工事等（特定個人に限ります。）、②一般断熱改修工事等、③多世帯同居改修工事等、④住宅耐震改修（４参照（以下同様です。））又は一般断熱改修工事等のいずれかと併せて行う耐久性向上改修工事等、⑤住宅耐震改修及び一般断熱改修工事等の両方と併せて行う耐久性向上改修工事等をして、平成26年４月１日（③の工事は平成28年４月１日、④⑤の工事は平成29年４月１日）から令和５年12月31日までの間に、その家屋（その家屋の改修工事に係る部分に限ります。）を自己の居住の用に供した場合（これらの改修工事の日から６か月以内にその者の居住の用に供した場合に限ります。）には、その居住の用に供した日の属する年分の所得税の額から、これらの改修工事等に係る標準的な費用の額（その金額が控除対象限度額を超える場合には、控除対象限度額とされます。）の10％に相当する金額を控除することができます。（措法41の19の３①～⑥）

　また、個人が、その所有する居住用の家屋について４の住宅耐震改修特別控除又は住宅特定改修特別税額控除（10％税額控除）の対象となる住宅耐震改修、①～⑤の改修工事等（以下「対象改修工事」といいます。）をして、その家屋（その家屋の改修工事に係る部分に限ります。）を令和４年１月１日から令和５年12月31日までの間にその者の居住の用に供した場合（これらの改修工事の日から６か月以内にその者の居住の用に供した場合に限ります。）には、10％税額控除の適用を受ける場合に限り、その個人の居住の用に供した日の属する年分の所得税の額から次に掲げる金額の合計額（対象改修工事に係る標準的な費用の額の合計額と1,000万円からその金額（その金額が控除対象限度額を超える場合には、その控除対象限度額）を控除した金額のいずれか低い金額を限度）の５％に相当する金額を控除することができます。（措法41の19の３⑦）

| （イ） | その対象改修工事に係る標準的な費用の額（控除対象限度額を超える部分に限ります。）の合計額 |
|---|---|
| （ロ） | その対象改修工事と併せて行う増築、改築その他の一定の工事（以下「その他工事」といいます。）に要した費用の額（補助金等の交付がある場合には当該補助金等の額を控除した金額）の合計額 |

　ただし、特定個人又は個人のその年分の所得税に係る合計所得金額が3,000万円を超える場合は、住宅特定改修特別税額控除は適用できません。（措法41の19の３⑧）

　また、これらの改修工事について、２の住宅借入金等特別控除又は３の特定増改築等住宅借入金等特別控除を適用する場合には、その改修工事について住宅特定改修特別税額控除は適用できません。（措法41⑳、措法41の３の２②⑥⑨）

——(587)——

納める税金の計算

**(注)**〈前年以前3年内の重複適用の制限〉

①の工事をした場合の住宅特定改修特別税額控除は、その特定個人がその年の前年以前3年内の各年分の所得税について同控除の適用を受けている場合には、適用することはできません。ただし、次の場合はこの限りではありません。（措法41の19の3⑬）

イ その各年分の所得税について①の工事に係る住宅特定改修特別税額控除の適用を受けた居住用の家屋と異なる居住用の家屋について①の工事をした場合

ロ その年分の所得税につき、特定個人（介護保険法施行規則第76条第2項《介護の必要の程度が著しく高くなった場合の特例》の規定の適用を受けた者に限ります。）が、その年の前年以前3年内の各年分の所得税につき、①の工事に係る住宅特定改修特別税額控除の適用を受けている場合（措規19の11の3⑧）

②、④のうち一般断熱改修工事等と併せて行う耐久性向上改修工事等又は⑤の工事をした場合の住宅特定改修特別税額控除は、個人がその年の前年以前3年内の各年分の所得税についてこれらの税額控除の適用を受けている場合には、適用することはできません。ただし、その各年分の所得税についてこれらの住宅特定改修特別税額控除の適用を受けた居住用の家屋と異なる居住用の家屋について②の工事をした場合は、この限りではありません。（措法41の19の3⑭）

③の工事をした場合の住宅特定改修特別税額控除は、その個人が前年以前3年内の各年分の所得税について同控除の適用を受けている場合には、適用することはできません。ただし、その各年分の所得税について③の工事に係る住宅特定改修特別税額控除の適用を受けた居住用の家屋と異なる居住用の家屋について③の工事をした場合は、この限りではありません。（措法41の19の3⑮）

税金から差し引かれる金額（住宅特定改修特別税額控除）

## (2)　工事要件及び対象工事

<table>
<tr>
<td rowspan="2">① 高齢者<br>等居住改<br>修工事等</td>
<td>

**イ　工事要件**（措法41の19の3①、措令26の28の5③）

(イ)　その改修工事等に係る標準的費用額が50万円を超えること。

(ロ)　その改修工事等をした家屋のその改修工事等に係る部分のうちにその者の居住の用以外
の用に供する部分がある場合には、その居住の用に供する部分に係る改修工事等の費用の
額が全体の改修工事等の費用の額の2分の1以上であること。

(ハ)　その改修工事等をした家屋のその居住の用に供される床面積（区分所有建物については、
その区分所有部分の床面積）が50㎡以上の家屋（その床面積の2分の1以上相当が専ら
その居住の用に供されるものに限ります。）に該当するものであること。

(ニ)　その改修工事等をした家屋が、その者が主としてその居住の用に供するものであること。
</td>
</tr>
<tr>
<td>

**ロ　対象工事**

　特定個人が所有している家屋につき行う高齢者等が自立した日常生活を営むのに必要な構
造及び設備の基準に適合させるための次の改修工事で、その改修工事に該当するものである
ことにつき増改築等工事証明書により証明がされたものであること。（措法41の19の3⑨、
措令26の28の5⑮⑰、措規19の11の3②、平成19年国土交通省告示第407号、最終改正令和
4年国土交通省告示第442号）

イ　介助用の車椅子で容易に移動するために通路又は出入口の幅を拡張する工事

ロ　階段の設置（既存の階段の撤去を伴うものに限ります。）又は改良によりその勾配を緩
和する工事

ハ　浴室を改良する工事であって、次のいずれかに該当するもの

　(イ)　入浴又はその介助を容易に行うために浴室の床面積を増加させる工事

　(ロ)　浴槽をまたぎ高さの低いものに取り替える工事

　(ハ)　固定式の移乗台、踏み台その他の高齢者等の浴槽の出入りを容易にする設備を設置す
る工事

　(ニ)　高齢者等の身体の洗浄を容易にする水栓器具を設置し又は同器具に取り替える工事

ニ　便所を改良する工事であって、次のいずれかに該当するもの

　(イ)　排泄又はその介助を容易に行うために便所の床面積を増加させる工事

　(ロ)　便器を座便式のものに取り替える工事

　(ハ)　座便式の便器の座高を高くする工事

ホ　便所、浴室、脱衣室その他の居室及び玄関並びにこれらを結ぶ経路に手すりを取り付け
る工事

ヘ　便所、浴室、脱衣室その他の居室及び玄関並びにこれらを結ぶ経路の床の段差を解消す
る工事（勝手口その他屋外に面する開口の出入口及び上がりかまち並びに浴室の出入口に
あっては、段差を小さくする工事を含みます。）

ト　出入口の戸を改良する工事であって、次のいずれかに該当するもの

　(イ)　開戸を引戸、折戸等に取り替える工事

　(ロ)　開戸のドアノブをレバーハンドル等に取り替える工事

　(ハ)　戸に戸車その他の戸の開閉を容易にする器具を設置する工事

チ　便所、浴室、脱衣室その他の居室及び玄関並びにこれらを結ぶ経路の床の材料を滑りに
くいものに取り替える工事
</td>
</tr>
</table>

納める税金の計算

| | | |
|---|---|---|
| ② 一般断熱改修工事等 | **イ 工事要件**（措法41の19の3②、措令26の28の5⑥）<br>①イの工事要件を満たすものであること。<br><br>**ロ 対象工事**<br>　個人が所有している家屋につき行う次の(イ)、(ロ)又は(ハ)の改修工事であって、その改修工事、エネルギー使用合理化設備及び太陽光発電設備に該当するものであることにつき増改築等工事証明書により証明がされたものであること。（措法41の19の3⑩、措令26の28の5⑯〜㉑、措規19の11の3③〜⑤）<br>(イ)　エネルギーの使用の合理化に資する一定の省エネ改修工事<br>　　家屋について行うエネルギーの使用の合理化に資する改修工事で「(a)窓の断熱改修工事」又は「(a)の工事と併せて行う(b)床の断熱工事、(c)天井の断熱工事若しくは(d)壁の断熱工事」で、改修部位の省エネ性能がいずれも平成28年省エネ基準以上となる改修工事をいいます。（平成21年国土交通省告示第379号、最終改正令和4年国土交通省告示第445号）<br>**(注)**　令和3年12月31日前に居住の用に供した場合は次の改修工事をいいます。（平成21年国土交通省告示第379号、令和4年国土交通省告示第445号附則②）<br>　　i　「(a)全ての居室の全ての窓の改修工事」又は「(a)の工事と併せて行う(b)床等の断熱工事、(c)天井の断熱工事若しくは(d)壁の断熱工事」で、改修部位の省エネ性能がいずれも平成28年省エネ基準以上となる改修工事<br>　　ii　上記iの全ての居室の全ての窓の断熱性を高める工事を行っていない工事であっても、「(a)居室の窓の改修工事」又は「(a)の工事と併せて行う(b)床等の断熱工事、(c)天井の断熱工事若しくは(d)壁の断熱工事」で、改修部位の省エネ性能がいずれも平成28年省エネ基準以上となり、かつ、改修後の住宅全体の断熱等性能等級が改修前から1段階相当以上向上し、改修後の住宅全体の省エネ性能が「断熱等性能等級4」又は「一次エネルギー消費量等級4以上かつ断熱等性能等級3」となると認められる改修工事<br>(ロ)　エネルギー使用合理化設備設置工事<br>　　上記(イ)の「一定の省エネ改修工事」が行われる構造又は設備と一体となって効用を果たす一定のエネルギーの使用の合理化に著しく資する設備（エネルギー使用合理化設備）の設置工事をいいます。（平成25年経済産業省・国土交通省告示第5号、最終改正令和4年経済産業省・国土交通省告示第5号）<br>(ハ)　太陽光発電設備設置工事（(イ)の工事と併せて行うものに限ります。）<br>　　上記(イ)の「一定の省エネ改修工事」が行われた家屋と一体となって効用を果たす太陽光の利用に資する一定の設備（太陽光発電設備）の設置工事をいいます。（平成21年経済産業省告示第68号、最終改正令和4年経済産業省告示第87号）。 |
| ③ 多世帯同居改修工事等 | **イ 工事要件**（措法41の19の3③、措令26の28の5⑨）<br>①イの工事要件を満たすものであること。<br><br>**ロ 対象工事**<br>　個人が所有している家屋につき行う他の世帯との同居をするのに必要な設備の数を増加させるための家屋について行う調理室、浴室、便所又は玄関を増設する工事で、その改修工事をした家屋のうちその者の居住の用に供する部分に調理室、浴室、便所又は玄関のうちいずれか二以上の室がそれぞれ複数あることとなるものであって、その改修工事に該当するものであることにつき増改築等工事証明書により証明がされたものであること。（措法41の19の3⑪、措令26の28の5㉒㉔、措規19の11の3⑥、平成28年国土交通省告示第585号、最終改正令和4年国土交通省告示第451号） |

——(590)——

税金から差し引かれる金額（住宅特定改修特別税額控除）

| | |
|---|---|
| ④ 耐久性<br>　向上改修<br>　工事等 | **イ　工事要件**（措法41の19の3④、措令26の28の5⑬）<br>(イ)　認定を受けた長期優良住宅建築等計画に基づくものであること。<br>(ロ)　改修部位の劣化対策並びに維持保全及び更新の容易性が、いずれも増改築による長期優良住宅の認定基準に新たに適合することとなること。<br>(ハ)　①イの工事要件を満たすものであること<br><br>**ロ　対象工事**<br>　個人が所有している家屋につき行う構造の腐食、腐朽及び摩耗を防止し、又は維持保全を容易にするための①小屋裏、②外壁、③浴室、脱衣室、④土台、軸組等、⑤床下、⑥基礎若しくは⑦地盤に関する劣化対策工事又は⑧給排水管若しくは給湯管に関する維持保全若しくは更新を容易にするための工事（認定長期優良住宅建築等計画に基づくものに限ります。）で、その改修工事に該当するものであることにつき増改築等工事証明書により証明がされたものであること。（措法41の19の3⑫、措令26の28の5㉓㉔、措規19の11の3⑦、平成29年国土交通省告示第279号、最終改正令和4年国土交通省告示第453号）。 |
| ⑤ その他<br>　一定の工<br>　事 | 　上記①～④の改修工事と併せて行う増築、改築その他の一定の工事（2(2)④の「増改築等の要件」に掲げる工事（上記①～④の工事を除きます。））で、その工事に該当するものであることにつき増改築等工事証明書により証明がされたものであること。（措法41の19の3⑦一ホ、二ハ、三ハ、四ハ、措令26の28の5⑭、措規19の11の3①） |

## (3) 控除額の計算

### ① 高齢者等居住改修工事等に係る住宅特定改修特別税額控除額の計算

$$控除額＝（A）＋（F）$$

$$（A）＝ \boxed{\begin{array}{c}\text{高齢者等居住改修工事等に係る標準的な費用の額（注1）（注2）}\\\text{（控除対象限度額200万円（注3）}\end{array}}×10\%\binom{\text{100円未満の}}{\text{端数切捨て}}$$

(注1)　高齢者等居住改修工事等を含む改修工事の費用に関し補助金等（国又は地方公共団体から交付される補助金又は給付金その他これらに準ずるものをいいます。（措法41の19の2①））の交付を受ける場合には、その補助金等を控除した金額とされます。（措法41の19の3①）

(注2)　高齢者等居住改修工事等に係る標準的な費用の額とは、高齢者等居住改修工事等の種類ごとに単位当たりの標準的な工事費用の額として定められた金額に、その単位とされる高齢者等居住改修工事等を行った床面積等を乗じて計算した金額の合計額をいいます。（措令26の28の5①）（595ページ参照）

　高齢者等居住改修工事等に係る標準的な費用の額は、増改築等工事証明書（520ページ参照）において確認することができます。

(注3)　高齢者等居住改修工事等をした家屋を令和3年12月31日までに居住の用に供した場合の控除対象限度額は、特定取得（492ページの表の下の「＊」参照）に該当する場合は200万円、特定取得以外の場合は150万円です。（旧措法41の19の3②）

(注4)　高齢者等居住改修工事等をした家屋を令和3年12月31日までに居住の用に供した場合は、（A）に対する控除額のみとなります。

——（591）——

納める税金の計算

② **一般断熱改修工事等に係る住宅特定改修特別税額控除額の計算**（一般断熱改修工事等と併せて耐久性向上改修工事等を行う場合は④又は⑤の計算になります。）

> 控除額＝（B）＋（F）

（B）＝ 一般断熱改修工事等に係る標準的な費用の額（注1）（注2）<br>控除対象限度額250万円〈一般断熱改修工事等として<br>太陽光発電設備設置工事を行う場合は350万円〉（注3） ×10%（100円未満の端数切捨て）

（注1）　一般断熱改修工事等の費用に関し補助金等（国又は地方公共団体から交付される補助金又は給付金その他これらに準ずるものをいいます。（措法41の19の2①））の交付を受ける場合には、その補助金等の額を控除した金額とされます（以下において同様です。）。（措法41の19の3②）

（注2）　一般断熱改修工事等に係る標準的な費用の額とは、一般断熱改修工事等の種類ごとに単位当たりの標準的な工事費用の額として定めた金額に、その単位とされる改修工事等を行った床面積等、その単位とされる集熱器の面積等又はその単位とされる太陽電池モジュールの出力等を乗じて計算した金額の合計額をいいます（④⑤において同様です。）。（措令26の28の5④）（596ージ参照）

　　　　一般断熱改修工事等に係る標準的な費用の額は、増改築等工事証明書（520ページ参照）において確認することができます。

（注3）　一般断熱改修工事等をした家屋を令和3年12月31日までに居住の用に供した場合の控除対象限度額は、特定取得（492ページの表の下の「＊」参照）に該当する場合は250万円（太陽光発電設備設置工事が含まれる場合は350万円）、特定取得以外の場合は、200万円（太陽光発電設備設置工事が含まれる場合は300万円）です。（旧措法41の19の3④）

（注4）　一般断熱改修工事等をした家屋を令和3年12月31日までに居住の用に供した場合は、（B）に対する控除額のみとなります。

③ **多世帯同居改修工事等に係る住宅特定改修特別税額控除額の計算**

> 控除額＝（C）＋（F）

（C）＝ 多世帯同居改修工事等に係る標準的費用額（注1）（注2）<br>（控除対象限度額250万円） ×10%（100円未満の端数切捨て）

（注1）　その多世帯同居改修工事等の費用に関し補助金等（国又は地方公共団体から交付される補助金又は給付金その他これらに準ずるものをいいます。（措法41の19の2①））の交付を受ける場合には、その多世帯同居改修工事等に要した費用の額から補助金等の額を控除した金額となります。（措法41の19の3③）

（注2）　多世帯同居改修工事等に係る標準的な費用額は、多世帯同居改修工事等の種類ごとの標準的な工事費用の額として定めた金額に、その工事の箇所数を乗じて計算した金額の合計額をいいます。（措令26の28の5⑦）（599ページ参照）

　　　　多世帯同居改修工事等に係る標準的な費用額は、増改築等工事証明書（520ページ参照）において確認することができます。

（注3）　多世帯同居改修工事等をした家屋を令和3年12月31日までに居住の用に供した場合は、（C）に対する控除額のみとなります。

税金から差し引かれる金額（住宅特定改修特別税額控除）

④　住宅耐震改修又は一般断熱改修工事等のいずれかと併せて行う耐久性向上改修工事等に係る住宅特定改修特別税額控除額の計算

控除額＝（D）＋（G）

（D）＝ 耐震改修工事等に係る標準的な費用額（注1）　又は　一般断熱改修工事等に係る標準的な費用の額　＋　耐久性向上改修工事等に係る標準的な費用の額（注2）（注3）　×10%　（100円未満の端数切捨て）
控除対象限度額250万円〈一般断熱改修工事等として太陽光発電設備設置工事を行う場合は350万円〉

（注1）　耐震改修工事等に係る標準的な費用の額は、580ページの（注1）を参照してください。

（注2）　その耐久性向上改修工事等の費用に関し補助金等（国又は地方公共団体から交付される補助金又は給付金その他これらに準ずるものをいいます。（措法41の19の2①））の交付を受ける場合には、その耐久性向上改修工事等に要した費用の額から補助金等の額を控除した金額となります（⑤において同様です。）。（措法41の19の3④）

（注3）　耐久性向上改修工事等に係る標準的な費用の額は、改修工事等の種類ごとの標準的な工事費用の額として定めた金額に、その工事の箇所数等を乗じて得た金額の合計額をいいます（⑤において同様です。）。（措令26の28の5⑪）（599ページ参照）

　　　　耐久性向上改修工事等に係る標準的な費用の額は、増改築等工事証明書（520ページ参照）において確認することができます。

（注4）　耐久性向上改修工事等をした家屋を令和3年12月31日までに居住の用に供した場合は、（D）に対する控除額のみとなります。

⑤　住宅耐震改修及び一般断熱改修工事等の両方と併せて行う耐久性向上改修工事等に係る住宅特定改修特別税額控除額の計算

控除額＝（E）＋（H）

（E）＝ 耐震改修工事等に係る標準的な費用額　＋　一般断熱改修工事等に係る標準的な費用の額　＋　耐久性向上改修工事等に係る標準的な費用の額　×10%　（100円未満の端数切捨て）
控除対象限度額500万円〈一般断熱改修工事等として太陽光発電設備設置工事を行う場合は600万円〉

（注）　耐久性向上改修工事等をした家屋を令和3年12月31日までに居住の用に供した場合は、（E）に対する控除額のみとなります。

——（593）——

納める税金の計算

⑥　4の住宅耐震改修特別控除又は住宅特定改修特別税額控除（10％税額控除）の①～③の適用を受ける場合のその他工事等特別税額控除額（5％税額控除）の計算　（措法41の19の3⑦一）

$$
(F) = \left[
\begin{array}{c}
\text{4の耐震改修工事等に係る標準的な費用の額} \\
\text{から250万円を控除した額} \\
+ \\
\text{①の高齢者等居住改修工事等に係る標準的な} \\
\text{費用の額から200万円を控除した額} \\
+ \\
\text{②の一般断熱改修工事等に係る標準的な費用} \\
\text{の額から250万円〈一般断熱改修工事等とし} \\
\text{て太陽光発電設備設置工事を行う場合は350} \\
\text{万円〉を控除した額} \\
+ \\
\text{③の多世帯同居改修工事等に係る標準的な費} \\
\text{用の額から250万円を控除した額}
\end{array}
+
\begin{array}{c}
\text{その他一定の工事} \\
\text{に要した費用の額} \\
\text{(注)}
\end{array}
\right] \times 5\% \binom{\text{100円未満の}}{\text{端数切捨て}}
$$

次のイ又はロのいずれか低い金額を限度
イ　対象改修工事に係る標準的な費用の額の合計額
ロ　1,000万円からイの金額（その金額が控除対象限度額の合計額を超える場合には、その控除対象限度額の合計額）を控除した金額

**(注)**　その工事の費用に関し補助金等（国又は地方公共団体から交付される補助金又は給付金その他これらに準ずるものをいいます。（措法41の19の2①））の交付を受ける場合には、その工事に要した費用の額から補助金等の額を控除した金額となります（②③において同様です。）。（措法41の19の3⑦）

⑦　住宅特定改修特別税額控除（10％税額控除）の④の適用を受ける場合のその他工事等特別税額控除額（5％税額控除）の計算　（措法41の19の3⑦二、三）

$$
(G) = \left[
\begin{array}{c}
\text{④の耐震改修工事等に係る標準的な費用の額} \\
\text{及び耐久性向上改修工事等に係る標準的な費} \\
\text{用の額の合計額から250万円を控除した額又} \\
\text{は一般断熱改修工事等に係る標準的な費用の} \\
\text{額及び耐久性向上改修工事等に係る標準的な} \\
\text{費用の額の合計額から250万円〈一般断熱改} \\
\text{修工事等として太陽光発電設備設置工事を行} \\
\text{う場合は350万円〉を控除した金額} \\
+ \\
\text{①の高齢者等居住改修工事等に係る標準的な} \\
\text{費用の額から200万円を控除した額} \\
+ \\
\text{③の多世帯同居改修工事等に係る標準的な費} \\
\text{用の額から250万円を控除した額}
\end{array}
+
\begin{array}{c}
\text{その他一定の工事} \\
\text{に要した費用の額}
\end{array}
\right] \times 5\% \binom{\text{100円未満の}}{\text{端数切捨て}}
$$

次のイ又はロのいずれか低い金額を限度
イ　対象改修工事に係る標準的な費用の額の合計額
ロ　1,000万円からイの金額（その金額が控除対象限度額の合計額を超える場合には、その控除対象限度額の合計額）を控除した金額

税金から差し引かれる金額（住宅特定改修特別税額控除）

⑧　住宅特定改修特別税額控除（10％税額控除）の⑤の適用を受ける場合のその他工事等特別税額控除額（5％税額控除）の計算（措法41の19の3⑦四）

$$
(H) = \left[
\begin{array}{c}
\text{⑤の耐震改修工事等に係る標準的な費用の額、}\\
\text{一般断熱改修工事等に係る標準的な費用の額}\\
\text{及び耐久性向上改修工事等に係る標準的な費}\\
\text{用の額の合計額から500万円〈一般断熱改修}\\
\text{工事等として太陽光発電設備設置工事を行う}\\
\text{場合にあっては600万円〉を控除した額}\\
+\\
\text{①の高齢者等居住改修工事等に係る標準的な}\\
\text{費用の額から200万円を控除した額}\\
+\\
\text{③の多世帯同居改修工事等に係る標準的な費}\\
\text{用の額から250万円を控除した額}
\end{array}
+
\begin{array}{c}
\text{その他一定の工事}\\
\text{に要した費用の額}
\end{array}
\right] \times 5\%
$$

（100円未満の端数切捨て）

次のイ又はロのいずれか低い金額を限度
イ　対象改修工事に係る標準的な費用の額の合計額
ロ　1,000万円からイの金額（その金額が控除対象限度額の合計額を
　　超える場合には、その控除対象限度額の合計額）を控除した金額

〈住宅特定改修特別税額控除額の計算〉

|  |
|---|
| 「（A）＋（B）＋（C）＋（F）」 |
| 又は |
| 住宅特定改修特別税額控除額　＝　「（A）＋（C）＋（D）＋（G）」 |
| 又は |
| 「（A）＋（C）＋（E）＋（H）」 |

納める税金の計算

## ◎高齢者等居住改修工事等に係る標準的な費用の額 （措令26の28の5①②、平成21年国土交通省告示第384号、最終改正令和4年国土交通省告示第447号）

| 改修工事等の種類 | | | 単位当たり標準額 | | 単位 |
|---|---|---|---|---|---|
| | | | 平26.4.1～令元.12.31 | 令2.1.1以後 | |
| 介助用の車いすで容易に移動するために通路又は出入口の幅を拡張する工事 | | 通路の幅を拡張する工事 | 172,700円 | 166,100円 | 当該工事の施工面積（単位 m²） |
| | | 出入口の幅を拡張する工事 | 189,900円 | 189,200円 | 当該工事の箇所数 |
| 階段の設置（既存の階段の撤去を伴うものに限る。）又は改良によりその勾配を緩和する工事 | | | 614,600円 | 585,000円 | 当該工事の箇所数 |
| 浴室を改良する工事 | イ | 入浴又はその介助を容易に行うために浴室の床面積を増加させる工事 | 472,300円 | 471,700円 | 当該工事の施工面積（単位 m²） |
| | ロ | 浴槽をまたぎ高さの低いものに取り替える工事 | 495,400円 | 529,100円 | 当該工事の箇所数 |
| | ハ | 固定式の移乗台、踏み台その他の高齢者等の浴槽の出入りを容易にする設備を設置する工事 | 26,800円 | 27,700円 | 当該工事の箇所数 |
| | ニ | 高齢者等の身体の洗浄を容易にする水栓器具を設置し又は同器具に取り替える工事 | 56,500円 | 56,900円 | 当該工事の箇所数 |
| 便所を改良する工事であって、次のいずれかに該当するもの | イ | 排泄又はその介助を容易に行うために便所の床面積を増加させる工事 | 271,700円 | 260,600円 | 当該工事の施工面積（単位 m²） |
| | ロ | 便器を座便式のものに取り替える工事 | 348,400円 | 359,700円 | 当該工事の箇所数 |
| | ハ | 座便式の便器の座高を高くする工事 | 306,700円 | 298,900円 | 当該工事の箇所数 |
| 便所、浴室、脱衣室その他の居室及び玄関並びにこれらを結ぶ経路に手すりを取り付ける工事 | | 長さが150cm以上の手すりを取り付けるもの | 19,200円 | 19,600円 | 当該手すりの長さ（単位 m） |
| | | 長さが150cm未満の手すりを取り付けるもの | 33,400円 | 32,800円 | 当該工事の箇所数 |
| 便所、浴室、脱衣室その他の居室及び玄関並びにこれらを結ぶ経路の床の段差を解消する工事（勝手口その他屋外に面する開口の出入口及び上がりかまち並びに浴室の出入口にあっては、段差を小さくする工事を含む。） | | 玄関、勝手口その他屋外に面する開口の出入口及び上がりかまちの段差を解消するもの並びに段差を小さくするもの（以下「玄関等段差解消等工事」という。） | 42,400円 | 43,900円 | 当該工事の箇所数 |
| | | 浴室の出入口の段差を解消するもの及び段差を小さくするもの（以下「浴室段差解消等工事」という。） | 92,700円 | 96,000円 | 当該工事の施工面積（単位 m²） |

税金から差し引かれる金額（住宅特定改修特別税額控除）

| | | | 玄関等段差解消等工事及び浴室段差解消等工事以外のもの | 35,900円 | 35,100円 | 当該工事の施工面積（単位 m²） |
|---|---|---|---|---|---|---|
| 出入口の戸を改良する工事であって、次のいずれかに該当するもの | イ | | 開戸を引戸、折戸等に取り替える工事 | 149,400円 | 149,700円 | 当該工事の箇所数 |
| | ロ | | 開戸のドアノブをレバーハンドル等に取り替える工事 | 14,000円 | 13,800円 | 当該工事の箇所数 |
| | ハ | | 戸に戸車その他の戸の開閉を容易にする器具を設置する工事のうち、戸に開閉のための動力装置を設置するもの（以下「動力設置工事」という。） | 447,800円 | 447,500円 | 当該工事の箇所数 |
| | | | 戸に戸車その他の戸の開閉を容易にする器具を設置する工事のうち、戸を吊戸方式に変更するもの（以下「吊戸工事」という。） | 136,100円 | 134,600円 | 当該工事の箇所数 |
| | | | 戸に戸車その他の戸の開閉を容易にする器具を設置する工事のうち、戸に戸車を設置する工事その他の動力設置工事及び吊戸工事以外のもの | 26,700円 | 26,400円 | 当該工事の箇所数 |
| 便所、浴室、脱衣室その他の居室及び玄関並びにこれらを結ぶ経路の床の材料を滑りにくいものに取り替える工事 | | | | 20,500円 | 19,800円 | 当該工事の施工面積（単位 m²） |

◎**一般断熱改修工事等に係る標準的な費用の額**（措令26の28の5④⑤、平成21年経済産業省・国土交通省告示第4号、最終改正令和4年経済産業省・国土交通省告示第4号）

1：エネルギーの使用の合理化に資する一定の省エネ改修工事

| 工事の種別 | 地域区分 | 単位当たりの金額（円／m²（床面積）） | 割　合 |
|---|---|---|---|
| 窓の断熱性を高める工事及び窓の日射遮蔽性を高める工事のうち、ガラスの交換 | 1から8地域まで | 6,300 | 外気に接する窓（既存の窓の室内側に設置する既存の窓と一体となった窓を含む。この欄において同じ。）のうち左欄に掲げる工事を行ったものの面積の合計を、外気に接する全ての窓の面積の合計で除した割合 |
| 窓の断熱性を高める工事のうち、内窓の新設又は交換 | 1、2及び3地域 | 11,300 | |
| 窓の断熱性を高める工事のうち、内窓の新設 | 4、5、6及び7地域 | 8,100 | |
| 窓の断熱性を高める工事のうち、サッシ及びガラスの交換 | 1、2、3及び4地域 | 19,000 | |
| 窓の断熱性を高める工事のうち、サッシ及びガラスの交換 | 5、6及び7地域 | 15,000 | |
| 天井等の断熱性を高める工事 | 1から8地域まで | 2,700 | 1 |
| 壁の断熱性を高める工事 | 1から8地域まで | 19,400 | |
| 床等の断熱性を高める工事 | 1、2及び3地域 | 5,800 | |
| 床等の断熱性を高める工事 | 4、5、6及び7地域 | 4,600 | |

（**注**）　令和3年12月31日以前に居住の用に供した場合は次のイ及びロとおり。

納める税金の計算

イ　すべての居室のすべての窓の断熱性を高める工事（ガラス交換については、すべての居室のすべての窓の日射遮蔽性を高める工事を含む）

| 改修工事等の種類 | 対象となる地域区分 | 単位当たり標準額（円／m²（床面積）） | |
| --- | --- | --- | --- |
| | 平26.4.1以後 | 平26.4.1〜令元.12.31 | 令2.1.1〜令3.12.31 |
| 窓の断熱性を高める工事のうち、ガラス交換 | 1から8地域まで | 6,400 | 6,300 |
| 窓の断熱性を高める工事のうち、内窓の新設又は交換 | 1、2及び3地域 | 11,800 | 11,300 |
| 窓の断熱性を高める工事のうち、内窓の新設 | 4、5、6及び7地域 | 7,700 | 8,100 |
| 窓の断熱性を高める工事のうち、サッシ及びガラスの交換 | 1、2、3及び4地域 | 18,900 | 19,000 |
| 窓の断熱性を高める工事のうち、サッシ及びガラスの交換 | 5、6及び7地域 | 15,500 | 15,000 |
| 天井等の断熱性を高める工事 | 1から8地域まで | 2,700 | 2,700 |
| 壁の断熱性を高める工事 | 1から8地域まで | 19,300 | 19,400 |
| 床等の断熱性を高める工事 | 1、2及び3地域 | 5,700 | 5,800 |
| 床等の断熱性を高める工事 | 4、5、6及び7地域 | 4,700 | 4,600 |

ロ　平成29年4月以降に居住の場合で、居室の窓の断熱性を高める工事（ガラス交換については、居室の窓の日射遮蔽性を高める工事を含む）

| 改修工事等の種類 | 対象となる地域区分 | 単位当たり標準額（円／m²（床面積）） | | 割合 |
| --- | --- | --- | --- | --- |
| | | 平29.4.1〜令元.12.31 | 令2.1.1〜令3.12.31 | |
| 窓の断熱性を高める工事のうち、ガラス交換 | 1から8地域まで | 6,400 | 6,300 | 「居室の窓のうち左欄の工事を行った窓の面積」を「すべての居室のすべての窓の面積」で除した割合 |
| 窓の断熱性を高める工事のうち、うち窓の新設又は交換 | 1、2及び3地域 | 11,800 | 11,300 | |
| 窓の断熱性を高める工事のうち、うち窓の新設 | 4、5、6及び7地域 | 7,700 | 8,100 | |
| 窓の断熱性を高める工事のうち、サッシ及びガラス交換 | 1、2、3及び4地域 | 18,900 | 19,000 | |
| 窓の断熱性を高める工事のうち、サッシ及びガラス交換 | 5、6及び7地域 | 15,500 | 15,000 | |
| 天井等の断熱性を高める工事 | 1から8地域まで | 2,700 | 2,700 | |
| 壁の断熱性を高める工事 | 1から8地域まで | 19,300 | 19,400 | |
| 床等の断熱性を高める工事 | 1、2及び3地域 | 5,700 | 5,800 | 1 |
| 床等の断熱性を高める工事 | 4、5、6及び7地域 | 4,700 | 4,600 | |

税金から差し引かれる金額（住宅特定改修特別税額控除）

## ２：エネルギー使用合理化設備設置工事

| 工事内容 | 単位当たり標準額 | | | 単位 |
|---|---|---|---|---|
| | 平29. 4. 1 ～令元.12.31 | 令2. 1. 1以後 | 令5. 1. 1以後 | |
| 太陽熱利用冷温熱装置（いわゆる「ソーラーシステム」）の設置工事 | 140,000 | 151,600 | 151,600 | 円 ／集熱器1㎡ |
| 太陽熱利用冷温熱装置（いわゆる「太陽熱温水器」）の設置工事 | 391,400 | 365,400 | 365,400 | 円 ／件 |
| 潜熱回収型給湯器の設置工事 | 98,400 | 75,200 | 49,700 | 円 ／件 |
| ヒートポンプ式電気給湯器の設置工事 | 393,200 | 412,200 | 412,200 | 円 ／件 |
| 燃料電池コージェネレーションシステムの設置工事 | 1,728,700 | 1,057,200 | 789,800 | 円 ／件 |
| ガスエンジン給湯器の設置工事 | 478,600 | 458,300 | —— | 円 ／件 |
| エアコンディショナーの設置工事 | 91,200 | 88,600 | 88,600 | 円 ／件 |

## ３：太陽光発電設備設置工事

| 工事内容 | 単位当たり標準額 | | | 単位 |
|---|---|---|---|---|
| | 平26. 4. 1 ～令元.12.31 | 令2. 1. 1以後 | 令5. 1. 1以後 | |
| 太陽光発電設備設置工事 | 537,200 | 425,500 | 425,500 | 円 ／kw |
| 安全対策工事（急勾配の屋根面又は三階建以上の家屋の屋根面に太陽光発電設備設置工事をする場合に、当該太陽光発電設備設置工事に従事する者並びに当該太陽光発電設備設置工事で設置する設備及び工具の落下を防止するために必要となる足場を組み立てる工事をいいます。） | 53,700 | 37,600 | 37,600 | 円 ／kw |
| 陸屋根防水基礎工事（陸屋根の家屋の屋根面に太陽光発電設備設置工事をする場合に、当該陸屋根に架台の基礎を設置する部分を掘削して行う基礎工事及び防水工事をいいます。 | 52,500 | 44,000 | 55,500 | 円 ／kw |
| 積雪対策工事（太陽光発電設備設置工事で設置する設備が積雪荷重に対して構造耐力上安全であるように太陽電池モジュール及び架台を補強する工事をいいます。） | 31,500 | 27,800 | 27,800 | 円 ／kw |
| 塩害対策工事(太陽光発電設備設置工事で設置する設備に対する塩害を防止するために必要となる防錆工事をいいます。) | 10,500 | 9,000 | 9,000 | 円 ／kw |
| 幹線増強工事（単相二線式の引込線を単相三線式に増強し、併せて分電盤を交換する工事をいいます。） | 105,000 | 106,800 | 106,800 | 円 ／件 |

納める税金の計算

◎多世帯同居改修工事等に係る標準的な費用の額（措令26の28の5⑦⑧、平成28年国土交通省告示第586号、最終改正令和4年国土交通省告示第452号）

| 多世帯同居改修工事等の内容 | | 箇所当たりの金額 | |
|---|---|---|---|
| | | 令元.12.31以前 | 令2.1.1以後 |
| ① 調理室を増設する工事（改修後の住宅にミニキッチン以外の調理室がある場合に限ります。） | イ ミニキッチンを設置する工事以外の工事 | 1,649,200円 | 1,622,000円 |
| | ロ ミニキッチンを設置する工事 | 434,700円 | 476,100円 |
| ② 浴室を増設する工事（改修後の住宅に浴槽を有する浴室がある場合に限ります。） | イ 給湯設備の設置・取替を伴う浴槽の設置工事 | 1,406,000円 | 1,373,800円 |
| | ロ 給湯設備の設置・取替を伴わない浴槽の設置工事 | 837,800円 | 855,400円 |
| | ハ 浴槽がないシャワー専用の工事 | 589,300円 | 584,100円 |
| ③ 便所を増設する工事 | | 532,100円 | 526,200円 |
| ④ 玄関を増設する工事 | イ 地上階に玄関を増設する工事 | 655,300円 | 658,700円 |
| | ロ 地上階以外の階に玄関を増設する工事 | 1,244,500円 | 1,254,100円 |

◎耐久性向上改修工事等に係る標準的な費用の額（措令26の28の5⑪⑫、平成29年国土交通省告示第280号、最終改正令和4年国土交通省告示第727号）

| 耐久性向上改修工事等の内容 | 単価当たり標準額 | | 工事内容ごとの単位 |
|---|---|---|---|
| | 令4.12.31以前 | 令5.1.1以後 | |
| 小屋裏の壁のうち屋外に面するものに換気口を取り付ける工事 | 20,900円 | 20,900円 | 工事の箇所数 |
| 軒裏に換気口を取り付ける工事（軒裏に通気孔を有する天井板を取り付けるものを除きます。） | 7,800円 | 7,800円 | 工事の箇所数 |
| 軒裏に換気口を取り付ける工事のうち、軒裏に通気孔を有する天井板を取り付けるもの | 5,900円 | 5,900円 | 工事の施工面積（単位 ㎡） |
| 小屋裏の頂部に排気口を取り付ける工事 | 47,400円 | 47,400円 | 工事の箇所数 |
| 小屋裏の状態を確認するための点検口を天井又は小屋裏の壁に取り付ける工事 | 18,300円 | 18,300円 | 工事の箇所数 |
| 外壁を通気構造等とする工事 | 14,200円 | 14,200円 | 工事の施工面積（単位 ㎡） |
| 浴室を日本工業規格 A4416に規定する浴室ユニット又はこれと同等の防水上有効な措置が講じられたものとする工事 | 896,900円 | 896,900円 | 工事の箇所数 |
| 脱衣室の壁に耐水性を有する化粧合板その他の防水上有効な仕上材を取り付ける工事（壁にビニルクロスを取り付けるものを除きます。） | 12,800円 | 12,800円 | 工事の施工面積（単位 ㎡） |
| 脱衣室の壁に耐水性を有する化粧合板その他の防水上有効な仕上材を取り付ける工事のうち、壁にビニルクロスを取り付けるもの | 5,400円 | 5,400円 | 工事の施工面積（単位 ㎡） |

税金から差し引かれる金額（住宅特定改修特別税額控除）

| | | | |
|---|---|---|---|
| 脱衣室の床に塩化ビニル製のシートその他の防水上有効な仕上材を取り付ける工事（床に耐水性を有するフローリングを取り付けるものを除きます。） | 6,600円 | 6,600円 | 工事の施工面積（単位　㎡） |
| 脱衣室の床に塩化ビニル製のシートその他の防水上有効な仕上材を取り付ける工事のうち、床に耐水性を有するフローリングを取り付けるもの | 12,000円 | 12,000円 | 工事の施工面積（単位　㎡） |
| 土台に防腐処理又は防蟻処理をする工事 | 2,100円 | 2,100円 | 工事の施工面積（単位　㎡） |
| 土台に接する外壁の下端に水切りを取り付ける工事 | 2,400円 | 2,400円 | 工事の施工長さ（単位　m） |
| 外壁の軸組等に防腐処理又は防蟻処理をする工事 | 2,100円 | 2,100円 | 工事の施工面積（単位　㎡） |
| 床下をコンクリートで覆う工事 | 12,700円 | 12,700円 | 工事の施工面積（単位　㎡） |
| 床下を厚さ0.1mm以上の防湿フィルム又はこれと同等の防湿性を有する材料で覆う工事 | 1,300円 | 1,300円 | 工事の施工面積（単位　㎡） |
| 床下の状態を確認するための点検口を床に取り付ける工事 | 27,800円 | 27,800円 | 工事の箇所数 |
| 高さが400mm以上の基礎が有する機能（土台又は外壁下端への軒先から流下する水のはね返りを防止するものに限ります。）を代替する雨どいを軒又は外壁に取り付ける工事 | 3,900円 | 3,900円 | 工事の施工長さ（単位　m） |
| 防蟻に有効な土壌処理をする工事 | 3,100円 | 3,100円 | 工事の施工面積（単位　㎡） |
| 地盤をコンクリートで覆う工事 | 12,700円 | 12,700円 | 工事の施工面積（単位　㎡） |
| 給水管又は給湯管を維持管理上有効な位置に取り替える工事（共用の給水管を取り替えるものを除きます。） | 9,500円 | 9,500円 | 工事の施工長さ（単位　m） |
| 給水管又は給湯管を維持管理上有効な位置に取り替える工事のうち、共用の給水管を取り替えるもの | 32,000円 | 22,600円 | 工事の施工長さ（単位　m） |
| 排水管を維持管理上又は更新上有効なもの及び位置に取り替える工事（共同住宅等の排水管を取り替えるものを除きます。） | 9,800円 | 9,800円 | 工事の施工長さ（単位　m） |
| 排水管を維持管理上又は更新上有効なもの及び位置に取り替える工事のうち、共同住宅等の排水管（専用の排水管を除きます。）を取り替えるもの | 16,800円 | 16,800円 | 工事の施工長さ（単位　m） |
| 排水管を維持管理上又は更新上有効なもの及び位置に取り替える工事のうち、共同住宅等の専用の排水管（施工前に他住戸等の専用部分に設置されているものを除きます。）を取り替えるもの | 15,600円 | 15,600円 | 工事の施工長さ（単位　m） |
| 排水管を維持管理上又は更新上有効なもの及び位置に取り替える工事のうち、共同住宅等の専用の排水管（施工前に他住戸等の専用部分に設置されているものに限ります。）を取り替えるもの | 49,200円 | 176,000円 | 工事の施工長さ（単位　m） |
| 給水管、給湯管又は排水管の主要接合部等を点検し又は排水管を清掃するための開口を床、壁又は天井に設ける工事のうち、開口を床（共用部の床を除きます。）に設けるもの | 25,000円 | 25,000円 | 工事の箇所数 |

納める税金の計算

| 工事内容 | | | |
|---|---|---|---|
| 給水管、給湯管又は排水管の主要接合部等を点検し又は排水管を清掃するための開口を床、壁又は天井に設ける工事のうち、開口を壁又は天井（共用部の壁又は天井を除きます。）に設けるもの | 17,700円 | 17,700円 | 工事の箇所数 |
| 給水管、給湯管又は排水管の主要接合部等を点検し又は排水管を清掃するための開口を床、壁又は天井に設ける工事のうち、開口を共用部の床、壁又は天井に設けるもの | 51,400円 | 132,300円 | 工事の箇所数 |

## (4) 申告の手続

　住宅特定改修特別税額控除を受けるためには、確定申告書に、控除額についての記載（第一表の㊳〜㊵欄の「区分」欄に「2」と記入します。4の住宅耐震改修特別控除額又は6の認定住宅等新築等特別税額控除額もある場合は、「区分」欄に「4」と記入し合計額を記入します。）をするとともに、次の書類を添付することが必要です。（措法41の19の3⑯、措規19の11の3⑨〜⑪）

**（申告書第一表）** 　住宅耐震改修 特別控除等 ｜区分｜□｜㊳〜㊵｜□□□□□□□

① 　特定個人が(1)①の高齢者等居住改修工事等に係る住宅特定改修特別税額控除の適用を受ける場合

　イ 　住宅耐震改修特別控除額・住宅特定改修特別税額控除額の計算明細書（584ページ参照）

　ロ 　家屋の登記事項証明書など家屋の床面積が50m² 以上であることを明らかにする書類

　ハ 　増改築等工事証明書

　ニ 　対象者（同居親族を含みます。）が要介護認定又は要支援認定を受けている場合は、介護保険の被保険者証の写し

　ホ 　前年以前3年内※の所得税について高齢者等居住改修工事等をして、この控除を適用している者で、その年においても高齢者等居住改修工事等を行いこの控除を適用する場合（前年以前3年内の所得税についてこの控除を受けた家屋と異なる家屋についてこの控除を適用する場合を除きます。）は、介護保険法施行規則第76条第2項の規定を受けたことを証する書類

　**(注)**〈登記事項証明書の添付省略〉

　　　　土地・建物の登記事項証明書については、「住宅特定改修特別税額控除額の計算明細書」に不動産番号を記載することなどにより、その添付を省略することができます。

② 　特定個人又は個人が(1)②の一般断熱改修工事等、同③の多世帯同居改修工事等、同④の住宅耐震改修又は一般断熱改修工事等のいずれかと併せて行う耐久性向上改修工事等、同⑤の住宅耐震改修及び一般断熱改修工事等の両方と併せて行う耐久性向上改修工事等に係る住宅特定改修特別税額控除並びに同⑥から⑦までのその他工事等特定税額控除の適用を受ける場合

　イ 　①のイ〜ハの書類

　ロ 　(1)④又は同⑤の改修工事等に係る住宅特定改修特別税額控除の適用を受ける場合は、改修工事等をした家屋に係る長期優良住宅建築等計画の認定通知書（長期優良住宅建築等計画の変更の認定があった場合には、変更認定通知書）の写し（認定計画実施者の地位の承継があった場合には、認定通知書及び地位の承継の承認通知書の写し）

税金から差し引かれる金額（認定住宅等新築等特別税額控除）

## 6　認定住宅等新築等特別税額控除

　個人が、認定長期優良住宅、認定低炭素住宅（475ページの②（注2）（注3）参照）又は特定エネルギー消費性能向上住宅（475ページの②（注4）参照）（認定住宅等）の新築等をして、平成21年6月4日（特定エネルギー消費性能向上住宅については、令和4年1月1日）から令和5年12月31日までの間に、その家屋をその者の居住の用に供した場合（その認定住宅等をその新築の日又はその取得の日から6か月以内にその者の居住の用に供した場合に限ります。）には、次により計算した税額控除額（認定住宅等新築等特別税額控除額）をその年分の所得税の額から控除できます。（措法41の19の4①）

　また、個人がその年において、その年の前年における税額控除額のうち前年において控除をしてもなお控除しきれない金額を有する場合、又はその年の前年分の所得税につきその確定申告書を提出すべき場合及び提出することができる場合のいずれにも該当しない場合には、その控除しきれない金額に相当する金額又はその年の前年における税額控除額（以下「控除未済税額控除額」といいます。）をその年の所得税の額から控除できます。（措法41の19の4②）

　なお、認定住宅等の新築等について、住宅借入金等特別控除を適用する場合には、その認定住宅等の新築等について認定住宅等新築等特別税額控除は適用できません。（措法41㉔）

**（注1）**　居住年の合計所得金額が3,000万円を超える場合は、この控除を適用できません。また、居住年又は居住年の翌年の合計所得金額が3,000万円を超える場合は、居住年の翌年において控除未済税額控除額を控除できません。（措法41の19の4③④）

**（注2）**　認定住宅等の新築等をした家屋を居住の用に供した年分の所得税について、次に掲げるいずれかの特例を適用する場合やその居住年の前年分又は前々年分の所得税について次に掲げるいずれかの特例を適用している場合は、この控除を適用できません。（措法41の19の4⑪）

　イ　居住用財産を譲渡した場合の長期譲渡所得の課税の特例（措法31の3①）

　ロ　居住用財産の譲渡所得の特別控除（措法35①）（平成28年4月1日から令和5年12月31日までの間に譲渡する「空き家に係る譲渡所得の特別控除」（措法35③、667ページ）については、重複適用ができます。）

　　また、居住年の翌年以後3年以内の各年中に認定住宅等及びその敷地以外の資産を譲渡した場合において、その資産の譲渡につきイ又はロに掲げるいずれかの特例を適用する場合は、この控除を適用できません。（措法41の19の4⑫）

〈認定住宅等新築等特別控除額の計算〉（平成26年4月1日以後居住分）

> （その認定住宅等について講じられた構造及び設備に係る標準的な性能強化費用の額（注1）　　（控除対象限度額650万円）（注2））×10%＝認定住宅等新築等特別税額控除額（100円未満の端数切捨て）

**（注1）**　認定住宅等について講じられた構造及び設備に係る標準的な性能強化費用の額とは、個人が新築をし、又は取得をした認定住宅等について講じられた構造及び設備に係る標準的な費用の額として定められた金額をいい、その認定住宅等の構造の区分にかかわらず1㎡当たり45,300円（令和元年12月31日以前に居住した場合は43,800円）にその認定住宅等の床面積（その認定住宅等が一棟の家

屋でその構造上区分された数個の部分を独立して住居その他の用途に供することができるものであって、その者がその各部分を区分所有する場合には、その者の区分所有する床面積）を乗じて計算した金額をいいます。なお、居住用以外の部分がある場合の金額は、総床面積のうちに居住の用に供する部分の占める割合を乗じて計算した金額とされます。（措令26の28の6①③、平成21年国土交通省告示第385号、最終改正令和4年国土交通省告示第448号）。

(注2) 認定住宅等の新築等をして令和3年12月31日までに居住の用に供した場合は、「控除対象限度額650万円」は、特定取得（492ページの表の下の「＊」参照）の場合であり、特定取得以外の場合は「控除対象限度額500万円」となります。（旧措法41の19の4②）

〈申告の手続〉

認定住宅等新築等特別税額控除を受けるためには、確定申告書に、控除額についての記載（第一表の㊳〜㊵欄の「区分」欄に「3」と記入します。4の住宅耐震改修特別控除額又は5の住宅特定改修特別税額控除額もある場合は、「区分」欄に「4」と記入し合計額を記入します。）をするとともに、次の書類を添付することが必要です。（措法41の19の4⑤、措規19の11の4）

(申告書第一表)

| 住宅耐震改修<br>特別控除等 | 区分 | | ㊳<br>〜㊵ | | | | | | | |
|---|---|---|---|---|---|---|---|---|---|---|

① 居住年に認定住宅等新築等特別税額控除を適用する場合

イ 認定住宅等新築等特別税額控除額の計算明細書

ロ 家屋の登記事項証明書など家屋の床面積が50㎡以上であることを明らかにする書類

ハ 認定住宅等の次の区分に応じ、それぞれに掲げる書類

(イ) 認定長期優良住宅

A その家屋に係る長期優良住宅建築等計画の認定通知書の写し

(注) 長期優良住宅建築等計画の変更の認定を受けた場合は、変更認定通知書の写し、認定計画実施者の地位の承継があった場合は認定通知書及び地位の承継の承認通知書の写しが必要です。

B 住宅用家屋証明書若しくはその写し又は認定長期優良住宅建築証明書

(注) Aの認定通知書の区分が「既存」である場合は添付不要です。

(ロ) 低炭素建築物

A その家屋に係る低炭素建築物新築等計画認定通知書の写し

(注) 低炭素建築物新築等計画の変更の認定を受けた場合は、低炭素建築物新築等計画変更認定通知書の写し、認定計画実施者の地位の承継があった場合は認定通知書及び地位の承継の承認通知書の写しが必要です。

B 住宅用家屋証明書若しくはその写し又は認定低炭素住宅建築証明書

(ハ) 低炭素建築物とみなされる特定建築物

特定建築物用の住宅用家屋証明書

(ニ) 特定省エネルギー消費性能向上住宅

住宅省エネルギー性能証明書又は建設住宅性能評価書の写し

ニ 工事請負契約書の写し、売買契約書の写しなど家屋の新築年月日又は取得年月日を明らかにす

税金から差し引かれる金額（認定住宅等新築等特別税額控除）

　　る書類

**（注1）**　平成28年1月1日以後に従前家屋（477ページの⑤参照）が災害により居住の用に供することができ
　　　なくなった場合に、継続適用を受ける年においては、市区町村又は特別区の区長の従前家屋に係る災
　　　害による被害の状況その他の事項を証する書類（その写しを含みます。）、従前家屋の登記事項証明書
　　　その他の書類で従前家屋が災害により居住の用に供することができなくなったことを明らかにする書
　　　類の添付が必要です。（措規19の11の4③）

**（注2）**〈登記事項証明書の添付省略〉

　　　土地・建物の登記事項証明書については、「認定住宅等新築等特別税額控除額の計算明細書」に不動産
　　　番号を記載することなどにより、その添付を省略することができます。

②　居住年の翌年の所得税の額から控除未済税額控除額を控除する場合

　　①のイの書類（居住年において、確定申告書を提出すべき場合及び提出することができる場合の
　　いずれにも該当しない場合は①のイ～ニの書類）

——(605)——

納める税金の計算

## 認定住宅新築等特別税額控除額の計算明細書

（　　　　　年分）　　　　　　　　　　　　　　　　　　　　氏　名＿＿＿＿＿＿＿＿＿＿＿

提出用

　この明細書は、認定住宅の新築又は建築後使用されたことのない認定住宅の取得をして居住の用に供した方が、認定住宅新築等特別税額控除を受ける場合に、認定住宅新築等特別税額控除額を計算するために使用します。

　詳しくは、「認定住宅新築等特別税額控除を受けられる方へ」を読んでください。

○ この明細書は、申告書と一緒に提出してください。

### 1　共有者の氏名（共有の場合のみ書いてください。）

| フリガナ | | フリガナ | |
|---|---|---|---|
| 氏　　名 | | 氏　　名 | |

### 2　認定住宅に係る事項

　※　前年分においてこの控除を受けた場合で前年から繰り越された控除未済税額控除額のみについてこの控除を受けるときは、①欄のみ記入します。

| 居 住 開 始 年 月 日 | ① | 　　　　年　　　月　　　日 | |
|---|---|---|---|
| 総　　　床　　　面　　　積 | ② | | ㎡ |
| ②のうち居住用部分の床　　　面　　　積 | ③ | | |
| 床面積1㎡当たりの標準的なかかり増し費用の額 | ④ | 4 5，3 0 0 | 円 |
| あなたの共有持分※ 共有の場合のみ書いてください。 | ⑤ | ／ | |
| 不 動 産 番 号 | | | |

「登記事項証明書」の床面積（区分所有建物の場合は、区分所有する部分の床面積）を書きます。

家屋の「登記事項証明書」の不動産番号を転記してください。

### 3　税額控除限度額の計算等

　※　前年分においてこの控除を受けた場合で前年から繰り越された控除未済税額控除額のみについてこの控除を受けるときは、⑬欄のみ記入します。

| 標準的なかかり増し費用の額（ ④ × ② ） | ⑥ | | 円 |
|---|---|---|---|
| あなたの持分に相当する費用の額⑥ 又は （ ⑥ × ⑤ ） | ⑦ | | |
| 居　　住　　用　　割　　合（ ③ ÷ ② ）※ 小数点以下第1位まで書きます。 | ⑧ | | ％ |
| 居住用部分に相当する費用の額（ ⑦ × ⑧ ） | ⑨ | | 円 |
| 認 定 住 宅 限 度 額 | ⑩ | 650万円・500万円 | |
| ⑨と⑩のいずれか少ない方の金額 | ⑪ | | 円 |
| 税 額 控 除 限 度 額（ ⑪ × 10％ ） | ⑫ | （100円未満の端数切捨て） | |
| 前年から繰り越された控除未済税額控除額（前年分の計算明細書の㉓の金額） | ⑬ | | |

⑧欄の割合が90％以上である場合は、100.0％と書きます。

該当する金額を○で囲んでください。認定住宅の新築等に係る対価の額又は費用の額に含まれる消費税額及び地方消費税額の合計額（以下「消費税額等」といいます。）のうちに、8％又は10％の消費税及び地方消費税の税率により課されるべき消費税額等（以下「新消費税額等」といいます。）が含まれる場合の認定住宅限度額は、650万円です。それ以外の場合の認定住宅限度額は、500万円です。

認定住宅の新築等に係る対価の額又は費用の額に含まれる消費税額等が、新消費税額等とその新消費税額等以外の額（以下「旧消費税額等」といいます。）の合計額から成る場合には、裏面の算式で計算した㉚の金額を⑪欄に転記します。

### 4　本年分で差し引く認定住宅新築等特別税額控除額の計算等

| 課 税 総 所 得 金 額 に 対 す る 税 額 | ⑭ | | 円 |
|---|---|---|---|
| 配　　　　当　　　　控　　　　除 | ⑮ | | |
| 投 資 税 額 等 控 除 | ⑯ | | |
| （特定増改築等）住宅借入金等特別控除 | ⑰ | | |
| 政 党 等 寄 附 金 等 特 別 控 除 | ⑱ | | |
| 住 宅 耐 震 改 修 特 別 控 除 | ⑲ | | |
| 住 宅 特 定 改 修 特 別 税 額 控 除 | ⑳ | | |
| （⑭－⑮－⑯－⑰－⑱－⑲－⑳） | ㉑ | （赤字のときは0） | |
| 認 定 住 宅 新 築 等 特 別 税 額 控 除 額（⑫と㉑のいずれか少ない方の金額又は⑬と㉑のいずれか少ない方の金額） | ㉒ | | |
| 翌年に繰り越す控除未済税額控除額（ ⑫ － ㉒ ）※ 前年に居住の用に供した住宅の場合は「0」となります。 | ㉓ | | |

申告書A第一表の「税金の計算」欄の⑳の金額又は申告書B第一表の「税金の計算」欄の㉛の金額を書きます。

申告書第一表の「税金の計算」欄の住宅耐震改修特別控除等の「区分」欄に「3」を書き、控除額を転記してください。

住宅耐震改修特別控除額又は住宅特定改修特別税額控除額がある方は、「区分」欄に「4」を書き、合計額を書きます。

**（注）** 上記の様式は、令和3年分のものです。令和4年分以降用については変更が予定されています。

税金から差し引かれる金額（外国税額控除）

## 7　外国税額控除

　令和4年中に国外に源泉のある所得について、その国の法令により所得税に相当する税（以下「外国所得税」といいます。)を課されたとき（通常行うと認められない取引により生じた所得に対する外国所得税を納付する場合を除きます。）は、国際二重課税を防止する目的で一定額をその年分の所得税の額（一定の場合には、所得税及び復興特別所得税の額）から、その外国所得税の額を差し引くことができます。(所法95)

### 〈外国所得税に含まれるもの〉（所令221②）

①　超過所得税その他個人の所得の特定の部分を課税標準として課される税

②　個人の所得又はその特定の部分を課税標準として課される税の附加税

③　個人の所得を課税標準として課される税と同一の税目に属する税で、個人の特定の所得につき、徴税上の便宜のため、所得に代えて収入金額その他これに準ずるものを課税標準として課されるもの

④　個人の特定の所得につき、所得を課税標準とする税に代え、個人の収入金額その他これに準ずるものを課税標準として課される税

### 〈外国所得税に含まれないもの〉（所令221③）

①　税を納付する人が、その税の納付後、任意にその金額の全部又は一部の還付を請求することができる税

②　税を納付する人が、税の納付が猶予される期間を任意に定めることができる税

③　複数の税率の中から税を納付することとなる人と外国若しくはその地方公共団体又はこれらの者により税率を合意する権限を付与された者との合意により税率が決定された税のうち一定の部分

④　外国所得税に附帯して課される附帯税に相当する税その他これに類する税

### 〈居住者に係る外国税額控除の対象とならない外国所得税〉（所令222の2）

①　通常行われる取引と認められない一定の取引に基因して生じた所得に対して課される外国所得税の額（所令222の2①②）

②　資本の払戻しなど所得税法第25条第1項各号に掲げる事由により交付を受ける金銭の額及び金銭以外の資産の価額に対して課される外国所得税額（その交付の基因となったその法人の株式又は出資の取得価額を超える部分の金銭に対して課される部分を除きます。）（所令222の2③一）

③　国外事業所等から事業場等への支払につきその国外事業所等の所在する国又は地域において当該支払に係る金額を課税標準として課される外国所得税の額（所令222の2③二）

④　居住者が有する株式又は出資を発行した外国法人の本店又は主たる事務所の所在する国又は地域の法令に基づき、その外国法人に係る租税の課税標準等又は税額等につき更正又は決定に相当する処分（その居住者との間の取引に係るものを除きます。）があった場合において、その処分が行われたことにより増額されたその外国法人の所得の金額に相当する金額に対し、これを所得税法第24条第1項に規定する剰余金の配当、利益の配当又は剰余金の分配の額に相当する金銭の支払とみな

して課される外国所得税の額その他の他の者の所得の金額に相当する金額に対し、これを居住者（居住者と他の者との間に一定の関係がある場合における居住者に限ります。）の所得の金額とみなして課される外国所得税の額（所令222の2③三）

⑤　居住者の国外事業所等の所在する国又は地域において課される一定の外国所得税の額（所令222の2③四）

⑥　租税特別措置法第9条の8に規定する非課税口座内上場株式等の配当等又は同法第9条の9第1項に規定する未成年者口座内上場株式等の配当等に対して課される外国所得税の額（所令222の2③五）

⑦　居住者がその年以前の年において非居住者であった期間内に生じた所得に対して課される外国所得税の額（所令222の2④一）

⑧　外国法人から受ける剰余金の配当等の額（租税特別措置法第40条の5第1項又は第2項の規定の適用を受ける部分の金額に限ります。）を課税標準として課される一定の外国所得税の額（所令222の2④二）

⑨　外国法人から受ける剰余金の配当等の額（租税特別措置法第40条の8第1項又は第2項の規定の適用を受ける部分の金額に限ります。）を課税標準として課される外国所得税額（所令222の2④三）

⑩　わが国が租税条約を締結している相手国等において課される外国所得税の額のうち、その租税条約の規定によりその相手国等において課することができることとされる額を超える部分に相当する金額又は免除することとされる額に相当する金額（所令222の2④四）

⑪　外国において課される外国所得税の額のうち、外国居住者等の所得に対する相互主義による所得税等の非課税等に関する法律の規定により、外国居住者等の対象国内源泉所得に対して所得税を軽減することとされる部分に相当する金額又は免除することとされる額に相当する金額（所令222の2④四）

⑫　居住者の所得に対して課される外国所得税の額で租税条約の規定において外国税額控除をされるべき金額の計算に当たって考慮しないものとされるもの（所令222の2④五）

### 〈外国税額控除を受けるための手続〉（所令222①）

$$\text{その年分の所得税の額} \times \frac{\text{その年分の調整国外所得総額}}{\text{その年分の所得総額}} = \text{控除限度額}$$

(1)　控除対象外国所得税の額が所得税の控除限度額に満たない場合
　　外国税額控除額は、控除対象外国所得税の額となります。

(2)　控除対象外国所得税の額が所得税の控除限度額を超える場合
　　外国税額控除額は、所得税の控除限度額と、次の①又は②のいずれか少ない方の金額の合計額となります。
　①　控除対象外国所得税の額から所得税の控除限度額を差し引いた残額

税金から差し引かれる金額（外国税額控除）

② 次の算式により計算した復興特別所得税※の控除限度額

$$\text{復興特別所得税の控除限度額} = \text{その年分の復興特別所得税額} \times \frac{\text{その年分の調整国外所得総額}}{\text{その年分の所得総額}}$$

※ 復興特別所得税については1151ページ参照

**(注1)** 「その年分の所得税の額」とは、配当控除や住宅借入金等特別控除等の税額控除、及び災害減免法による減免税額を適用した後の額をいいます。（所令222①）

**(注2)** 「その年分の所得総額」とは、純損失又は雑損失の繰越控除や居住用財産の買換え等の場合の譲渡損失の繰越控除等の各種繰越控除の適用を受けている場合は、それらの規定を適用しないで計算した場合のその年分の総所得金額等（総所得金額、分離長（短）期譲渡所得の金額（特別控除前の金額）、一般株式等に係る譲渡所得等の金額、上場株式等に係る譲渡所得等の金額、申告分離課税の上場株式等に係る配当所得等の金額、先物取引に係る雑所得等の金額、退職所得金額及び山林所得の金額）の合計額をいいます。（所令222②）

**(注3)** 「その年分の調整国外所得金額」とは、純損失又は雑損失の繰越控除や居住用財産の買換え等の場合の譲渡損失の繰越控除等の各種繰越控除の適用を受けている場合は、それらの規定を適用しないで計算した場合のその年分の国外所得金額（非永住者については、当該国外源泉所得のうち、国内において支払われ、又は国外から送金されたものに限ります。）をいいます。ただし、その年分の国外源泉所得が、その年分の所得総額に相当する金額を超える場合には、その年分の所得総額に相当する金額に達するまでの金額とします。（所令222③）

この外国税額控除を受けるためには、確定申告書、修正申告書又は更正請求書に次の書類を添付する必要があります。（所法95⑩、所規41）

① 外国税額控除に関する明細書（居住者用）（612ページ）

② 外国所得税を課されたことを証する書類

③ 外国の法令により課される税の名称及び金額、その税を納付することとなった日及びその納付の日又は納付予定日、その税を課す外国又はその地方公共団体の名称並びにその税が外国税額控除の対象となる外国所得税に該当することについての説明を記載した書類

④ 上記③の税を課されたことを証するその税に係る申告書の写し又はこれに代わるべきその税に係る書類及びその税が既に納付されている場合にはその納付を証する書類（納税証明書や更正決定に係る通知書、賦課決定通知書、納税告知書、源泉徴収票などを含みます。）

⑤ 外国所得税が減額され、下記〈**外国所得税の額に異動が生じた場合**〉の(1)の適用がある場合には、減額に係る年において減額された外国所得税額につきその減額された金額及びその減額されることとなった日並びにその外国所得税額がその減額に係る年の前年以前の各年において控除されるべき金額の計算の基礎となったことについての説明を記載した書類

⑥ 国外源泉所得の金額の計算に関する明細を記載した書類

納める税金の計算

（申告書第一表） 外国税額控除等 | 区分 | ⑯〜⑰

* 1 　『外国税額控除に関する明細書』で計算した金額を転記します。
* 2 　「区分」の□には、外国税額控除のみ適用があり、かつ、外国税額控除が復興特別所得税から控除されている場合は「1」を、分配時調整外国税相当額控除のみ適用があり、かつ、分配時調整外国税相当額控除が復興特別所得税から控除されている場合は「2」を、外国税額控除及び分配時調整外国税相当額控除の両方の適用があり、かつ、どちらかの控除（又は両方の控除）が復興特別所得税から控除されている場合は「3」を記入します。

### 〈繰越外国所得税額の控除〉

⑴　令和4年において納付することとなる外国所得税の額が、令和4年の所得税の控除限度額及び復興特別所得税の控除限度額と地方税控除限度額（その年の所得税の控除限度額の30％）との合計額を超える場合、令和3年以前3年内の各年の所得税控除限度額のうち、その年に繰り越される部分の金額（以下「繰越控除限度額」といいます。）があるときは、その繰越控除限度額を限度として、その超える部分の金額を令和4年分の所得税の額から差し引くことができます。（所法95②）

⑵　令和4年において納付することとなる外国所得税の額が、令和4年の所得税の控除限度額に満たない場合、令和3年以前3年内の各年において納付することとなった外国所得税の額で各年において控除しきれなかった金額（以下「控除限度超過額」といいます。）があるときは、その控除限度超過額の合計額を一定の範囲内で令和4年分の所得税の額から差し引くことができます。（所法95③）

### 〈外国所得税の額に異動が生じた場合〉

⑴　外国所得税の額が減額された場合

　　居住者に係る外国税額控除の適用を受けた年の翌年以後7年内の各年において、その適用を受けた外国所得税の額が減額された場合には、その減額されることとなった日の属する年分における外国税額控除の適用関係は、次のとおりです。（所法95⑨、所令226）

　　①　その減額されることとなった日の属する年（「減額に係る年」といいます。）において納付することとなる外国所得税の額（「納付外国所得税額」といいます。）から、その減額された外国所得税の額（「減額外国所得税額」といいます。）に相当する金額を控除し、その控除後の金額につき外国税額控除を適用します。

　　②　減額に係る年に納付外国所得税額がない場合又は納付外国所得税額が減額外国所得税額に満たない場合には、減額に係る年の前年以前3年内の各年の控除限度超過額から、それぞれ減額外国所得税の全額又は減額外国所得税のうち納付外国所得税額を超える部分の金額に相当する金額を控除し、その控除後の金額について居住者に係る外国税額控除を行います。

　　③　減額外国所得税額のうち上記①及び②の外国税額控除の適用額の調整に充てられない部分の金額は、外国所得税が減額された年分の雑所得の金額の計算上、総収入金額に算入します。

——(610)——

税金から差し引かれる金額（外国税額控除）

(2)　外国所得税の額が増額された場合（所基通95―16）

　居住者が外国所得税の額につき居住者に係る外国税額控除の適用を受けた場合において、その適用を受けた年分後の年分にその外国所得税額の増額があり、かつ、居住者に係る外国税額控除の適用を受けるときは、増額した外国所得税の額は、その増額のあった日の属する年分において新たに生じたものとして居住者に係る外国税額控除の計算を行います。

〈二重課税の調整〉

　国外転出時課税（810ページ参照）の申告をした人が、納税猶予期間中に国外転出先の国で対象資産を譲渡等した場合において、国外転出先の国が国外転出時課税による課税に伴う二重課税を調整しない国であるときは、外国税額控除の適用を受けることができます。（所法95の2）

　そのためには、外国所得税を納付することとなる日から4か月以内に更正の請求をする必要があります。（所法153の6）

〈外国所得税の額の必要経費算入〉

　納税者の選択により、外国税額控除の適用に代えて外国所得税の額をその計算の基礎とされた不動産所得、事業所得、山林所得若しくは雑所得又は一時所得の金額の計算上、必要経費又は支出した金額に算入することもできます。（所法46、所基通46―1）


※　非居住者に係る外国税額控除については、869ページを参照してください。

# 外国税額控除に関する明細書（居住者用）
**（令和２年分以降用）**

（　　　年分）　　　　　　　　氏　名＿＿＿＿＿＿＿＿＿＿

提出用

○この明細書は、申告書と一緒に提出してください。

**1　外国所得税額の内訳**

○　本年中に納付する外国所得税額

| 国　名 | 所得の種類 | 税種目 | 納付確定日 | 納付日 | 源泉・申告（賦課）の区分 | 所得の計算期間 | 相手国での課税標準 | 左に係る外国所得税額 |
|---|---|---|---|---|---|---|---|---|
| | | | ・　・ | ・　・ | | ・　・<br>・　・ | （外貨　　）<br>円 | （外貨　　）<br>円 |
| | | | ・　・ | ・　・ | | ・　・<br>・　・ | （外貨　　）<br>円 | （外貨　　）<br>円 |
| | | | ・　・ | ・　・ | | ・　・<br>・　・ | （外貨　　）<br>円 | （外貨　　）<br>円 |
| 計 | | | | | | | 円 | Ⓐ　円 |

○　本年中に減額された外国所得税額

| 国　名 | 所得の種類 | 税種目 | 納付日 | 源泉・申告（賦課）の区分 | 所得の計算期間 | 外国税額控除の計算の基礎となった年分 | 減額されることとなった日 | 減額された外国所得税額 |
|---|---|---|---|---|---|---|---|---|
| | | | ・　・ | | ・　・<br>・　・ | 年分 | ・　・ | （外貨　　）<br>円 |
| | | | ・　・ | | ・　・<br>・　・ | 年分 | ・　・ | （外貨　　）<br>円 |
| | | | ・　・ | | ・　・<br>・　・ | 年分 | ・　・ | （外貨　　）<br>円 |
| 計 | | | | | | | | Ⓑ　円 |

Ⓐの金額がⒷの金額より多い場合（同じ金額の場合を含む。）

Ⓐ　　　円　－　Ⓑ　　　円　＝　Ⓒ　　　円　→　**5の「⑬」欄に転記します。**

Ⓐの金額がⒷの金額より少ない場合

Ⓑ　　　円　－　Ⓐ　　　円　＝　Ⓓ　　　円　→　**2の「Ⓓ」欄に転記します。**

**2　本年の雑所得の総収入金額に算入すべき金額の計算**

| 前３年以内の控除限度超過額 | | | |
|---|---|---|---|
| 年　分 | ㋑ 前年繰越額 | ㋺ ㋑から控除すべきⒹの金額 | ㋩ ㋑－㋺ |
| 年分（３年前） | 円 | 円 | Ⓖ　円 |
| 年分（２年前） | | | Ⓗ |
| 年分（前　年） | | | Ⓘ |
| 計 | | Ⓔ | |

Ⓖ、Ⓗ、Ⓘの金額を**4**の「㋠前年繰越額及び本年発生額」欄に転記します。

| 本年中に納付する外国所得税額を超える減額外国所得税額 | | |
|---|---|---|
| 本年発生額 | Ⓓに充当された前３年以内の控除限度超過額 | 雑所得の総収入金額に算入する金額（Ⓓ－Ⓔ） |
| Ⓓ　円 | Ⓔ　円 | Ⓕ　円 |

→　雑所得の金額の計算上、総収入金額に算入します。

**(注)**　上記の様式は、令和３年分のものです。令和４年分以降用については変更が予定されています。

# 税金から差し引かれる金額（外国税額控除）

## 3 所得税及び復興特別所得税の控除限度額の計算

| | | 円 |
|---|---|---|
| 所 得 税 額 | ① | |
| 復 興 特 別 所 得 税 額 | ② | |
| 所 得 総 額 | ③ | |
| 調 整 国 外 所 得 金 額 | ④ | |
| 所 得 税 の 控除限度額（①×④/③） | ⑤ | |
| 復興特別所得税の 控除限度額（②×④/③） | ⑥ | |

→ 2の㋰の金額がある場合には、その金額を雑所得の総収入金額に算入して申告書により計算した税額を書きます（詳しくは、控用の裏面を読んでください。）。

→ 「①」欄の金額に2.1%の税率を乗じて計算した金額を書きます。

→ 2の㋰の金額がある場合には、その金額を雑所得の総収入金額に算入して計算した所得金額の合計額を書きます（詳しくは、控用の裏面を読んでください。）。

→ 2の㋰の金額がある場合には、その金額を含めて計算した調整国外所得金額の合計額を書きます。

→ 4の「㋩」欄及び5の「⑦」欄に転記します。

→ 4の「㋭」欄及び5の「⑧」欄に転記します。

## 4 外国所得税額の繰越控除余裕額又は繰越控除限度超過額の計算の明細

### 本 年 分 の 控 除 余 裕 額 又 は 控 除 限 度 超 過 額 の 計 算

| 控除限度額 | 所 得 税 （3の⑤の金額） | ㋩ | 円 | 控除余裕額 | 所 得 税 （㋩－①） | ㋺ | 円 |
|---|---|---|---|---|---|---|---|
| | 復 興 特 別 所 得 税 （3の⑥の金額） | ㋭ | | | 道 府 県 民 税 （㋩＋㋭＋㋬－⑦）と㋺のいずれか少ない方の金額 | ㋡ | |
| | 道 府 県 民 税 （㋩×12%又は6%） | ㋬ | | | 市 町 村 民 税 （㋩－⑦）と㋥のいずれか少ない方の金額 | ㋠ | |
| | 市 町 村 民 税 （㋩×18%又は24%） | ㋣ | | | 計 （㋺＋㋡＋㋠） | ㋜ | |
| | 計 （㋩＋㋭＋㋬＋㋣） | ㋥ | | | | | |
| | 外 国 所 得 税 額 （1の㋬の金額） | ㋦ | | 控 除 限 度 超 過 額 （㋦－㋥） | ㋧ | |

### 前 3 年 以 内 の 控 除 余 裕 額 又 は 控 除 限 度 超 過 額 の 明 細 等

| 年 分 | 区 分 | 控 除 余 裕 額 | | | 控 除 限 度 超 過 額 | | | 所 得 税 の 控 除 限 度 額 等 |
|---|---|---|---|---|---|---|---|---|
| | | ㋸前年繰越額 及び本年発生額 | ㋾本年使用額 | ㋠翌年繰越額 （㋸－㋾） | ㋭前年繰越額 及び本年発生額 | ㋬本年使用額 | ㋡翌年繰越額 （㋭－㋬） | |
| 年分 （3年前） | 所 得 税 | 円 | 円 | | Ⓖ | 円 | 円 | 翌年1月1日 時点の住所 □指定都市 □一般市 |
| | 道府県民税 | | | | | | | |
| | 市町村民税 | | | | | | | |
| | 地 方 税 計 | | | | | | | |
| 年分 （2年前） | 所 得 税 | | 円 | Ⓗ | | | 円 | 翌年1月1日 時点の住所 □指定都市 □一般市 |
| | 道府県民税 | | | | | | | |
| | 市町村民税 | | | | | | | |
| | 地 方 税 計 | | | | | | | |
| 年分 （前 年） | 所 得 税 | | | | Ⓘ | | | 翌年1月1日 時点の住所 □指定都市 □一般市 |
| | 道府県民税 | | | | | | | |
| | 市町村民税 | | | | | | | |
| | 地 方 税 計 | | | | | | | |
| 合 計 | 所 得 税 | Ⓙ | | | Ⓜ | | | |
| | 道府県民税 | | | | | | | |
| | 市町村民税 | | | | | | | |
| | 計 | Ⓚ | | | | | | |
| 本 年 分 | 所 得 税 | ㋸ | Ⓛ | | ㋧ | Ⓝ | | |
| | 道府県民税 | ㋡ | | | | | | |
| | 市町村民税 | ㋠ | | | | | | |
| | 計 | ㋜ | Ⓜ | | | | | |

## 5 外国税額控除額等の計算

| | | 円 | | | 円 |
|---|---|---|---|---|---|
| 所 得 税 の 控 除 限 度 額 （ 3 の ⑤ の 金 額 ） | ⑦ | | 所法第95条第1項による控除税額 （⑪と⑬とのいずれか少ない方の金額） | ⑭ | |
| 復 興 特 別 所 得 税 の 控 除 限 度 額 （ 3 の ⑥ の 金 額 ） | ⑧ | | 復興財確法第14条第1項による控除税額 （⑭が⑪より小さい場合に（⑫－⑭）と⑮とのいずれか少ない方の金額） | ⑮ | |
| 分配時調整外国税相当額控除後の 所 得 税 額（※） | ⑨ | | 所法第95条第2項による控除税額 （ 4 の Ⓙ の 金 額 ） | ⑯ | |
| 分配時調整外国税相当額控除後の 復 興 特 別 所 得 税 額（※） | ⑩ | | 所法第95条第3項による控除税額 （ 4 の Ⓛ の 金 額 ） | ⑰ | |
| 所 得 税 の 控 除 可 能 額 （⑦の金額又は⑨とのいずれか少ない方の金額） | ⑪ | | 外 国 税 額 控 除 の 金 額 （ ⑭ ＋ ⑮ ＋ （⑯ 又 は ⑰） ） | ⑱ | |
| 復興特別所得税の控除可能額 （⑧の金額又は⑩とのいずれか少ない方の金額） | ⑫ | | 分配時調整外国税相当額控除可能額 （※） | ⑲ | |
| 外 国 所 得 税 額 （ 1 の ㋬ の 金 額 ） | ⑬ | | 外 国 税 額 控 除 等 の 金 額 （⑱＋⑲） | ⑳ | |

（※）分配時調整外国税相当額控除の適用がない方は
記載する必要はありません。

申告書第一表「税金の計算」欄の「外国税額控除等」欄（申告書Aは㊵～㊷欄、申告書Bは㊸～㊺欄）に転記します。同欄の「区分」欄の□の記入については、控用の裏面を読んでください。

納める税金の計算

## 8　分配時調整外国税相当額控除

　令和2年1月1日以後に居住者が各年において集団投資信託の収益の分配の支払を受ける場合において、集団投資信託の収益の分配に係る源泉徴収の特例によりその収益の分配に係る源泉徴収所得税の額から控除することにより二重課税調整が行われた外国所得税の額があるときは、その収益の分配に係る分配時調整外国税相当額は、その年分の所得税の額から控除することができます。(所法93①)

　また、令和2年1月1日以後に恒久的施設を有する非居住者が各年において集団投資信託の収益の分配の支払を受ける場合（恒久的施設帰属所得に該当するものの支払を受ける場合に限ります。）において、その収益の分配に対して課される源泉徴収所得税の額から控除することにより二重課税調整が行われた外国所得税の額があるときは、その収益の分配に係る分配時調整外国税相当額は、控除限度額を限度（所得税の額を限度）として、その年分の所得税の額から控除することができます。(所法165の5の3①)

　この分配時調整外国税相当額控除を受けるためには、確定申告書、修正申告書又は更正請求書に次の書類を添付する必要があります。(所法93②、165の5の3②、所規40の10の2、66の7の2)

①　分配時調整外国税相当額控除に関する明細書

②　分配時調整外国税相当額を証する書類

**(申告書第一表)**

| 外国税額控除等 | 区分 | | ㊻〜㊼ | | | | | | | | | |

* 1　『分配時調整外国税相当額控除に関する明細書』で計算した金額を転記します。
* 2　「区分」の□には、外国税額控除のみ適用があり、かつ、外国税額控除が復興特別所得税から控除されている場合は「1」を、分配時調整外国税相当額控除のみ適用があり、かつ、分配時調整外国税相当額控除が復興特別所得税から控除されている場合は「2」を、外国税額控除及び分配時調整外国税相当額控除の両方の適用があり、かつ、どちらかの控除（又は両方の控除）が復興特別所得税から控除されている場合は「3」を記入します。

税金から差し引かれる金額（分配時調整外国税相当額控除）

## 分配時調整外国税相当額控除に関する明細書

（　　　年分）　　　　　　　　　　　氏　名＿＿＿＿＿＿＿＿＿＿＿＿

提出用

**1　特定口座の配当等（源泉徴収選択口座内配当等）及び未成年者口座の配当等に係る事項**

| 金融商品取引業者等の名称、所在地 | 種類 | 配当等の額 | 源泉徴収税額（納付税額）［①］ | 上場株式配当等控除額［②］ | 控除所得税相当額［③］ | 控除外国所得税相当額等［②－③］ | 源泉徴収税額相当額［①＋③］ |
|---|---|---|---|---|---|---|---|
| | 特定 | 円 | 円 | 円 | 円 | 円 | 円 |
| | 未成年者 | | | | | | |
| | 特定 | | | | | | |
| | 未成年者 | | | | | | |
| | 特定 | | | | | | |
| | 未成年者 | | | | | | |
| | 特定 | | | | | | |
| | 未成年者 | | | | | | |
| 合計額 | | (A) | | | | (B) | (C) |

○この明細書は、申告書と一緒に提出してください。

**2　上記1以外の配当等に係る事項**

| 支払者又は支払の取扱者の名称、所在地 | 種別等 | 配当等の額 | 源泉徴収税額［④］ | 通知外国税相当額［⑤］ | 通知所得税相当額［⑥］ | 支払確定又は支払年月日 | 源泉徴収税額相当額［④＋⑥］ |
|---|---|---|---|---|---|---|---|
| | | 円 | 円 | 円 | 円 | ・　・ | 円 |
| | | | | | | ・　・ | |
| | | | | | | ・　・ | |
| | | | | | | ・　・ | |
| 合計額 | | (D) | | (E) | | | (F) |

**3　控除額等の計算**

| | |
|---|---|
| (1)　対象となる配当等の額（収入金額）<br>（1の(A)＋2の(D)） | 円 |
| (2)　源泉徴収税額相当額<br>（1の(C)＋2の(F)） | |
| (3)　分配時調整外国税相当額控除額<br>（1の(B)＋2の(E)） | |
| (4)　再差引所得税額（基準所得税額）<br>（申告書Aは㊳欄、申告書Bは㊸欄の金額） | |
| (5)　復興特別所得税額<br>（申告書Aは㊴欄、申告書Bは㊹欄の金額） | |
| (6)　所法第93条第1項の規定による控除額<br>（(3)と(4)のうち、いずれか少ない方の金額） | |
| (7)　分配時調整外国税相当額控除後の所得税額<br>（(4)－(6)） | |
| (8)　復興財確法第13条の2の規定による控除額<br>（(3)が(6)より大きい場合に（(3)－(6)）と(5)のいずれか少ない方の金額） | |
| (9)　分配時調整外国税相当額控除後の復興特別所得税額<br>（(5)－(8)） | |
| (10)　分配時調整外国税相当額控除可能額<br>（(6)及び(8)の合計額） | |

- 申告書第二表「○所得の内訳（所得税及び復興特別所得税の源泉徴収税額）」欄の「収入金額」欄に(1)の金額を、「源泉徴収税額」欄に(2)の金額を転記します。
- 「給与などの支払者の氏名、名称・所在地等」欄には、「分配時調整外国税相当額控除に関する明細書のとおり」と記入します。

- 外国税額控除の適用を受ける場合には、(7)、(9)及び(10)の金額を、「**外国税額控除に関する明細書**」欄の5の⑨欄、⑩欄及び⑲欄にそれぞれ転記します。

- 外国税額控除の適用を受けない場合には、(10)の金額を、申告書第一表「税金の計算」欄の「外国税額控除等」欄（申告書Aは㊶～㊷欄、申告書Bは㊻～㊼欄）に転記します。このとき、(8)の金額がある場合は、「外国税額控除等」欄の区分の□に「2」を記入します。

**（注）**　上記の様式は、令和3年分のものです。令和4年分以降用については変更が予定されています。

納める税金の計算

## 9 試験研究費控除（令和4年分）

| 申告書第一表 | 投資税額等 | 区分 1 | ㉝ | | | ×××××× |
|---|---|---|---|---|---|---|

> 「試験研究を行った場合の所得税額の特別控除」など9又は10の税額控除の適用を受けるときは、「投資税額等」と、「区分」の□に"1"と記載し、㉝欄に控除額を記載します。

　青色申告者のその年分（事業を廃止した年分を除きます。）の事業所得の金額の計算上必要経費に算入される試験研究費の額がある場合は、その試験研究費の額の一定割合の金額をその年分の総所得金額に係る所得税額から控除することができます。（措法10）

### (1) 試験研究費の額（措法10⑧一）

　この制度の対象となる試験研究費の額とは、製品の製造又は技術の改良、考案若しくは発明に係る試験研究のために要する原材料費、人件費及び経費のほか、他の者に試験研究を委託するために支払う費用などの額をいいます。ただし、試験研究に充てるために他の者から支払を受ける金額がある場合には、その金額を控除した金額が試験研究費の額となります。

### (2) 試験研究費の総額に係る税額控除（措法10①～③、旧措法10①②）

> 税額控除額 ＝ 試験研究費の額 × 税額控除割合

〈令和4年分・5年分〉

（注1）　税額控除割合は、次の区分に応じて定める割合です。（小数点以下3位未満切捨て）

| 区　分 | | 税額控除割合 |
|---|---|---|
| イ | 増減試験研究費割合が9.4％超 | 10.145％ ＋ ｛（増減試験研究費割合－9.4％）×0.35｝<br>〈14％が上限〉 |
| ロ | 増減試験研究費割合が9.4％以下 | 10.145％ － ｛（9.4％－増減試験研究費割合）×0.175｝<br>〈2％が下限〉 |
| ハ | 事業を開始した年（相続又は包括遺贈により事業を承継した年を除く。）又は比較試験研究費の額が零 | 8.5％ |

（注2）　税額控除額の控除限度額は、次のとおりです。

| 区　分 | | 税額控除額の控除限度額 |
|---|---|---|
| イ | 試験研究費割合が10％以下 | 調整前事業所得税額の25％相当 |
| ロ | 試験研究費割合が10％超 | 調整前事業所得税額の25％＋調整前事業所得税額× ｛（試験研究費割合－0.10）×2 〈10％が上限〉｝ により計算した金額 |

──(616)──

税金から差し引かれる金額（試験研究費控除）

〈令和２年分・３年分〉

**（注１）** 税額控除割合は、次の区分に応じて定める割合です。（小数点以下３位未満切捨て）

| 区　分 | | 税額控除割合 |
|---|---|---|
| イ | 増減試験研究費割合が８％超 | ９.９％＋｛（増減試験研究費割合－８％）×0.3｝ 〈14％が上限〉 |
| ロ | 増減試験研究費割合が８％以下 | ９.９％－｛（８％－増減試験研究費割合）×0.175｝ 〈６％が下限〉 |
| ハ | 事業を開始した年（相続又は包括遺贈により事業を承継した年を除く）又は比較試験研究費の額が零 | 8.5％ |

**（注２）** 税額控除額の控除限度額は、調整前事業所得税額の25％相当額が控除限度額となります。

**（注３）** 令和２年分及び令和３年分において、試験研究費割合（試験研究費の売上高に占める割合）が10％を超える場合は、次のとおりです。

> 税額控除割合〈14％が上限〉＝　税額控除割合＋（税額控除割合×控除割増率※）
>
> ※　控除割増率〈10％が上限〉＝（試験研究費割合－10％）×0.5

税額控除額の控除限度額は、次のとおりです。

> 調整前事業所得税額の25％相当額＋｛調整前事業所得税額×（試験研究費割合－10％）×２〈10％が上限〉｝

## ⑶　中小企業技術基盤強化税制における税額控除（措法10④〜⑥、旧措法10③〜⑤）

**中小事業者**（常時使用する従業員の数が1,000人以下の事業者をいいます。以下同じ）については、上記⑵に代えて、次の算式により算出された額を控除することができます。

> 税額控除額　＝　試験研究費の額　×　税額控除割合（12％）

税額控除の控除限度額は、調整前事業所得税額の25％相当額となります。

**（注１）** 令和４年分及び５年分において、増減試験研究費割合が9.4％を超える場合は、次のとおり上乗せ措置があります。

> 税額控除割合〈17％が上限〉＝12％＋｛（増減試験研究費割合－9.4％）×0.35｝

税額控除の控除限度額は、調整前事業所得税額の35％相当額となります。

**（注２）** 令和２年分及び令和３年分において、増減試験研究費割合が８％を超える場合は、次のとおりとなります。

> 税額控除割合〈17％が上限〉＝12％＋｛（増減試験研究費割合－８％）×0.3｝

税額控除の控除限度額は、調整前事業所得税額の35％相当額となります。

**（注３）** 令和２年分及び令和３年分において、試験研究費割合が10％を超える場合は、次のとおりとなり

納める税金の計算

ます。

＜税額控除割合＞

イ　増減試験研究費が８％を超える場合（（注２）に該当する場合）

> 税額控除割合〈17％が上限〉＝A＋（A×控除割増率）
>
> ※　A＝（注１）の税額控除割合（12％＋｛（増減試験研究費割合－８％）×0.3）｝
>
> ※　控除割増率〈10％が上限〉＝（試験研究費割合－10％）×0.5

ロ　増減試験研究費が８％以下の場合

> 税額控除割合　＝　12％＋（12％×控除割増率）
>
> ※　控除割増率〈10％が上限〉＝（試験研究費割合－10％）×0.5

＜控除限度額＞

> 調整前事業所得税額の25％相当額＋｛調整前事業所得税額×（試験研究費割合－10％）×2
> 〈10％が上限〉｝

## (4)　特別試験研究費に係る税額控除（措法10⑦、旧措法10⑥）

　試験研究費の額のうち、特別試験研究費の額（上記(2)又は(3)の適用を受ける特別試験研究費の額は除きます。）については、次のイ、ロ及びハにより算出された額の合計額を控除します。

| イ | 特別試験研究費の額のうち、国の試験研究機関や大学その他これらに準ずる者と共同し、又はこれらの者へ委託して行う試験研究費の額×30％により算出された額 |
|---|---|
| ロ | 特別試験研究費の額のうち新事業開拓事業者等と共同して行う試験研究又は新事業開拓事業者等に委託する試験研究で、革新的なもの又は国立研究開発法人その他これに準ずる者における研究開発の成果を実用化するために行うもの（令和３年４月１日以後に支出されるものに限ります。）に係る試験研究費の額（イの額を除きます。）×25％により算出された額 |
| ハ | 特別試験研究費の額のうちイ及びロ以外の金額×20％により算出された額 |

　控除限度額は、調整前事業所得税額の10％相当額となります。この税額控除限度額は上記(2)及び(3)とは別枠です。

## (5)　用語の意義（措法10⑧、旧措法10⑦）

①　「増減試験研究費割合」とは、次の算式により計算した金額をいいます。

> 増減試験研究費の額÷比較試験研究費の額

②　「増減試験研究費の額」とは、適用年の試験研究費の額から比較試験研究費の額を減算した額をいいます。

③　「比較試験研究費の額」とは、適用年前３年以内の各年分の試験研究費の額を平均した額をいいます。

④　「調整前事業所得税額」とは、次の算式により計算した金額をいいます。

——(618)——

税金から差し引かれる金額（試験研究費控除）

> 総所得金額に係る所得税額（※1）×事業所得の金額／a＋b（※2）
>
> 　a……事業所得、不動産所得、給与所得、総合課税の利子所得・配当所得・短期譲渡所得、雑所
> 　　　　得の合計額
>
> 　b……総合課税の長期譲渡所得の2分の1の金額と一時所得の2分の1の金額の合計額
>
> 　※1　「総所得金額に係る所得税額」は、配当控除後の額をいいます。
>
> 　※2　上記の算式中の分母は、損益通算や純損失等の繰越控除等をする前の黒字の所得金額の合計額
> 　　　　です。

⑤　「試験研究費割合」とは、適用年分の試験研究費の額の平均売上金額に対する割合をいいます。

⑥　「平均売上金額」とは、適用年分及びその年前3年以内の各年分の売上金額の平均額をいいます。

⑦　「特別試験研究費の額」とは、試験研究費のうち国の試験研究機関や大学その他の者と共同して
　行う試験研究などに係る試験研究費の額で一定のものをいいます。


⑹　**申告の手続**（措法10⑩）

　⑵～⑷の適用には、確定申告書、修正申告書又は更正請求書に、適用を受ける試験研究費の額等、
控除を受ける金額を記載するとともに、その金額の計算に関する明細書を添付することが必要です。

納める税金の計算

## 10 その他の投資税額等控除

### (1) 高度省エネルギー増進設備等を取得した場合の税額控除（旧措法10の2）

中小事業者に該当する青色申告者が、平成30年4月1日（次の②及び③に掲げるものは、省エネ法の一部を改正する法律の施行の日（平成30年12月1日））から令和4年3月31日までの間に、高度省エネルギー増進設備等の取得又は製作若しくは建設（以下「取得等」といいます。）をして、国内にある個人の事業の用に供した場合で、204ページの(1)の特別償却及び他の特別償却や税額控除の適用を受けないときは、その事業の用に供した年分（事業を廃止した年分を除きます。）の総所得金額に係る所得税の額から取得価額の7％相当額（その年分の調整前事業所得税額の20％相当額が限度）が控除されます。（旧措法10の2③）

① 省エネ法に定める特定事業者又は特定連鎖化事業者（特定連鎖化事業者が行う連鎖化事業（以下「特定連鎖化事業」といいます。）の加盟者（以下「特定加盟者」といいます。）を含む。）

② 省エネ法の認定を受けた工場等を設置している者

③ 省エネ法の認定を受けた荷主

**(注1)** 「中小事業者」については9(3)を、「高度省エネルギー増進設備等」については204ページを、「調整前事業所得税額」については9(5)④を参照してください。

**(注2)** (1)の適用には、確定申告書、修正申告書又は更正請求書に控除を受ける金額等の計算に係る明細書を添付することが必要です。（旧措法10の2⑦）

**(注3)** (1)の税額控除は、令和3年度の税制改正により、廃止されました。

　　ただし、個人が令和3年4月1日前に取得又は製作若しくは建設をした高度省エネルギー増進設備等及び次に掲げる個人が同日から令和4年3月31日までの間に取得又は製作若しくは建設をする高度省エネルギー増進設備等でそれぞれ次に定めるものについては従前どおりです。（令3改所法等附26）

① 上記①の個人……204～205ページの表内①の高度省エネルギー増進設備等のうちエネルギーの使用の合理化に特に効果の高いものであることが令和3年4月1日前に確認されたもの

② 令和3年4月1日前に省エネ法の認定を受けた工場等を設置している者……205ページの表内②の高度省エネルギー増進設備等（同日以後にその認定に係る連携省エネルギー計画につき省エネ法による変更の認定があるときは、その変更によりその連携省エネルギー計画に新たに記載されるものを除きます。）

③ 令和3年4月1日前に省エネ法の認定を受けた荷主……205ページの表内③の高度省エネルギー増進設備等（同日以後にその認定に係る荷主連携省エネルギー計画につき省エネ法による変更の認定があるときは、その変更によりその荷主連携省エネルギー計画に新たに記載されるものを除きます。）

### (2) 中小事業者が機械等を取得した場合等の税額控除（措法10の3③～⑤、措令5の5）

中小事業者に該当する青色申告者が、平成10年6月1日から令和5年3月31日までの期間（指定期間）内に、特定機械装置等を取得等して指定事業の用に供した場合で206ページ(2)の特別償却の適用

——(620)——

税金から差し引かれる金額（その他の投資税額等控除）

を受けないときは、その指定事業の用に供した年分（事業を廃止した年分を除きます。）の総所得金額に係る所得税の額から取得価額（船舶は、取得価額の75％相当額）の合計額の７％相当額（その年分の調整前事業所得税額の20％相当額が限度）が控除されます。（措法10の３③④）

　なお、上記のいずれの場合もその年において控除しきれなかった金額については、翌年（事業を廃止した年分を除きます。）に繰越税額控除限度超過額として控除することができます。

**(注１)**　「中小事業者」については９(3)を、「特定機械装置等」については206ページを、「指定事業」については206ページ(注２)を、「調整前事業所得税額」については９(5)④を参照してください。

**(注２)**　(2)の適用には、確定申告書、修正申告書又は更正請求書に、控除を受ける金額等の計算に係る明細書を添付することが必要です。（措法10の３⑧⑨）

---

　※　平成29年分以後の所得税については、(2)、(6)及び(7)の税額控除額の上限について、これらの税額控除制度における控除税額の合計で、その適用を受ける年分の調整前事業所得税額の20％相当額とされます。この場合において、これらの控除税額は次の①から⑥までの制度の順番で控除額を適用します。（措法10の３③④、旧10の５の２③④、10の５の３③④、平29改所法等附43、措令５の５⑧⑨、旧５の６の２④⑤、５の６の３④⑤、平29改措令附５）

　①　中小事業者が機械等を取得した場合の所得税額の特別控除制度（供用年分）

　②　特定中小事業者が経営改善設備を取得した場合の所得税額の特別控除制度（供用年分）

　③　特定中小事業者が特定経営力向上設備等を取得した場合の所得税額の特別控除制度（供用年分）

　④　中小事業者が機械等を取得した場合の所得税額の特別控除制度（繰越分）

　⑤　特定中小事業者が経営改善設備を取得した場合の所得税額の特別控除制度（繰越分）

　⑥　特定中小事業者が特定経営力向上設備等を取得した場合の所得税額の特別控除制度（繰越分）

---

(3)　**地域経済牽引事業の促進区域内において特定事業用機械等を取得した場合の税額控除（地域中核企業向け設備投資促進税制）**（措法10の４）

　青色申告者である地域経済牽引事業の促進による地域の成長発展の基盤強化に関する法律の承認地域経済牽引事業者が、平成29年７月31日から令和５年３月31日までの間に、その事業者の行う承認地域経済牽引事業に係る促進区域内において承認地域経済牽引事業計画に従って特定地域経済牽引事業施設等の新設又は増設をする場合において、その新設又は増設に係る特定事業用機械等の取得等をして、その承認地域経済牽引事業の用に供した場合で207ページ(3)の特別償却及び他の特別償却や特別控除の適用を受けないときは、その事業の用に供した年分（事業を廃止した年分を除きます。）の総所得金額に係る所得税の額から、その基準取得価額に次に掲げる減価償却資産の区分に応じそれぞれ次に定める割合を乗じて計算した金額（その年分の調整前事業所得税額の20％相当額が限度）が控除されます。（措法10の４③）

　①　機械及び装置並びに器具及び備品　４％（平成31年４月１日以後に特定個人がその承認地域経済牽引事業の用に供したものについては５％）

　②　建物及びその附属設備並びに構築物　２％

　なお、適用を受けた年分において事業所得の金額に係る所得税額の20％相当額を限度とする所得税

——(621)——

額基準により控除できなかった控除限度超過額については、１年の繰越しが認められます。(措法10
の４①③)

**(注１)**　「特定事業用機械等」、「特定個人」及び「承認地域経済牽引事業」については207ページ(3)を、「調
整前事業所得税額」については９(5)④を参照してください。

**(注２)**　(3)の適用には、確定申告書、修正申告書又は更正請求書に、控除を受ける金額等の計算に係る明
細書を添付することが必要です。(措法10の４⑤⑥)

### ⑷　地方活力向上地域等において特定建物等を取得した場合の税額控除 (措法10の４の２③、措令５の５の３)

　青色申告者で、地域再生法の一部を改正する法律の施行日（平成27年８月10日）から令和６年３月
31日までの期間内に地域再生法の地方活力向上地域等特定業務施設整備計画について認定を受けたも
のが、その認定の日から３年以内（２年以内とする場合もあります。208ページ(4)参照）に、同法の
地方活力向上地域等内において、特定建物等の取得等をして、これをその事業の用に供した場合で208
ページ(4)の特別償却及び他の特別償却や特別控除の適用を受けないときは、その事業の用に供した年
分（事業を廃止した年分を除きます。）において、次の区分に応じそれぞれ次の金額（その年分の調
整前事業所得税額の20％相当額が限度）を特別税額控除することができます。(措法10の４の２③)

| 平成27年８月10日～令和６年３月31日の間に認定 |
| --- |
| 特定建物等の取得価額の４％相当額<br>（その地方活力向上地域特定業務施設整備計画が移転型計画である場合には、７％相当額） |

**(注１)**　特定建物等の範囲については209ページを、「調整前事業所得税額」については９(5)④を参照して
ください。

**(注２)**　取得等した特定建物等を事業の用に供する期限「３年以内」については、令和４年度税制改正の
経過措置があります。209ページを参照してください。

**(注３)**　(4)の適用には、確定申告書、修正申告書又は更正請求書に、控除を受ける金額等の計算に係る明
細書を添付することが必要です。(措法10の４の２⑥)

### ⑸　地方活力向上地域等において雇用者の数が増加した場合の税額控除 (措法10の５)

　青色申告者のうち、令和６年３月31日までに拡充型事業の計画又は移転型事業の計画の認定を受け
た地域再生法に定める認定事業者であって、適用年の12月31日における特定業務施設の雇用者の数が
適用年の前年の12月31日における特定業務施設の雇用者の数に比して２人以上増加していることなど
について証明がされるなど一定の要件を満たす場合、税額控除が認められます。

**(注)**　ここでいう拡充型事業とは、地域再生法17条の２第１項第２号に定める整備事業をいい、移転型事
業とは、同条第１項第１号に定める整備事業をいいます。

　この制度は、令和元年から令和６年（令和６年３月31日までに拡充型事業の計画又は移転型事業の
計画の認定を受け、その認定日を含む年以後３年間に限ります。）の各年において、適用できます。

　ただし、適用対象年であっても、事業を開始した個人のその開始した日の属する年（相続又は包括

税金から差し引かれる金額（その他の投資税額等控除）

遺贈により当該事業を承継した日の属する年を除きます。）及びその事業を廃止した日の属する年については適用できません。（措法10の5③一）

〈適用要件〉

　この制度の適用を受けるためには、次の全ての要件を満たしている必要があります。

① 　適用年及び適用前年に事業主都合による離職した雇用者及び高年齢雇用者がいないこと（措法10の5⑤）

　（注1） 　雇用者とは、個人の使用人のうち雇用保険法第60条の2第1項第1号に規定する一般被保険者をいいます。

　（注2） 　高年齢雇用者とは、個人の使用人のうち雇用保険法第37条の2第1項に規定する高年齢被保険者をいいます。

② 　特定新規雇用者等数が2人以上であること（令和2年4月1日から令和4年3月31日までに地域再生法第17条の2第3項の認定を受けた場合に限ります。）（旧措法10の5①一イ）

　（注1） 　特定新規雇用者等数とは、「地方事業所基準雇用者数のうち特定新規雇用者数に達するまでの数＋地方事業所基準雇用者数から新規雇用者総数を控除した数」で算出された数をいいます。

　（注2） 　地方事業所基準雇用者数とは、認定事業者が認定を受けた日を含む年以後3年以内に地方活力向上地域に整備した特定業務施設（工場を除きます。）のみを個人の事業所とみなした場合における基準雇用者数をいいます。

　（注3） 　特定新規雇用者数とは、特定業務施設において適用年に新たに雇用された特定雇用者（雇用者のうち無期雇用かつフルタイムの要件を満たす者をいいます。）で当該適用年の12月31日において勤務するものの総数をいいます。

　（注4） 　新規雇用者総数とは、特定業務施設において適用年に新たに雇用された雇用者で同年の12月31日において特定業務施設に勤務するものの総数をいいます。

　（注5） 　基準雇用者数とは、「適用年の12月31日の雇用者数－適用前年の12月31日の雇用者数」で算出された数をいいます。なお、適用年の12月31日において高年齢雇用者に該当する者は、適用年末及びその前年末の雇用者数に含めません。

　（注6） 　特定業務施設とは、地域再生法第5条第4項第5号に規定する特定業務施設で、同号に規定する地方活力向上地域において、同法第17条の2第6項に規定する認定地方活力向上地域特定業務施設整備計画に従って整備されたものをいいます。

③ 　雇用保険法に規定する適用事業を行い、かつ他の法律により業務の規制及び適正化のための措置が講じられている事業として定めるものを行っていないこと。（措法10の5①一）

〈税額控除限度額等〉

① 　税額控除限度額

【令和2年4月1日以降に地域再生法の認定を受けた場合】

　次のイ及びロで算出された金額の合計額です。（旧措法10の5①二）

　イ 　30万円×地方事業所基準雇用者数のうち特定新規雇用者数に達するまでの数

（移転型特定新規雇用者がある場合には、20万円に特定新規雇用者基礎数に達するまでの数を乗じた金額を加算）

ロ　20万円×地方事業所基準雇用者数から新規雇用者総数を控除して計算した数

（移転型非新規基準雇用者数が零を超える場合には、移転型非新規基準雇用者数に達するまでの数を加算した数）

**【令和２年３月31日以前に地域再生法の認定を受けた場合】**

次の区分に応じて算出された金額を控除することができます。

イ　基準雇用者割合が８％以上の場合（措法10の５①二イ）

　　次の(イ)及び(ロ)で算出された金額の合計額です。

　(イ)　60万円×特定新規雇用者基礎数

　(ロ)　50万円×［非特定新規雇用者数のうち新規雇用者総数の40％までの数＋（地方事業所基準雇用者数－新規雇用者総数）］

ロ　基準雇用者割合が５％以上の場合（移転型事業に限ります。）（旧措法10の５①二ロ）

　　次の(イ)及び(ロ)で算出された金額の合計額です。

　(イ)　30万円×（特定新規雇用者基礎数＋特定新規雇用者基礎数のうち移転型特定新規雇用者数までの数）

　(ロ)　20万円×［（非特定新規雇用者数のうち新規雇用者総数の40％までの数(A)＋(A)のうち移転型非特定新規雇用者数に達するまでの数×1.5＋（地方事業所基準雇用者数－新規雇用者総数)(B)＋(B)のうち移転型非新規基準雇用者数に達するまでの数×1.5)］

ハ　上記イ及びロ以外（旧措法10の５①二ハ）

　　次の(イ)及び(ロ)で算出された金額の合計額です。

　(イ)　30万円×特定新規雇用者基礎数

　(ロ)　20万円×［非特定新規雇用者数のうち新規雇用者総数×40％までの数＋（地方事業所基準雇用者数－新規雇用者総数）］

②　地方事業所特別税額控除限度額

　移転型事業で、上記①の規定の適用を受ける年であるか、又は適用期間内で既に適用を受けた年がある場合で上記**〈適用要件〉**を満たす場合には、「40万円（令和２年３月31日以前に地域再生法の認定を受けた場合は30万円）（特定業務施設が地域再生法第５条第４項第５号ロに規定する準地方活力向上地域内にある場合には30万円（令和２年３月31日以前に地域再生法の認定を受けた場合は20万円））×地方事業所特別基準雇用者数」により算出された金額を控除することができます。（措法10の５②）

　ただし、認定事業者の認定日以降の年分で、基準雇用者数又は地方事業所基準雇用者数が零に満たない年以後は適用できません。（措法10の５②）

（注１）　208ページ(4)の「地方活力向上地域等において特定建物等を取得した場合の特別償却」及び622ページ(4)の「地方活力向上地域等において特定建物等を取得した場合の税額控除」の適用を受ける年分

税金から差し引かれる金額（その他の投資税額等控除）

については、上記①の制度は適用できません。

**（注2）** 税額控除限度額は、調整前事業所得税額の20％を限度とします。

**（注3）** 地方事業所特別税額控除限度額は、調整前事業所得税額の20％を限度とします。

　　　なお、上記①及び(5)の「地方活力向上地域等において特定建物等を取得した場合の税額控除」の適用により控除される金額がある場合には、調整前事業所得税額の20％からこれらの金額を差し引いた残額が税額控除限度額となります。

**（注4）** 特定新規雇用者基礎数とは、地方事業所基準雇用者数のうち特定新規雇用者数に達するまでの数をいいます。

**（注5）** 非特定新規雇用者数とは、新規雇用者総数から特定新規雇用者数を控除した数をいいます。

**（注6）** 移転型特定新規雇用者数とは、地域再生法に規定する移転型事業の計画の認定を受けた者の、当該計画の認定に係る特定業務施設（「移転型特定業務施設」といいます。）において、適用年に新たに雇用された特定雇用者で適用年の12月31日において当該移転型特定業務施設に勤務するものの数をいいます。

**（注7）** 移転型非特定新規雇用者数とは、移転型新規雇用者総数から移転型特定新規雇用者数を控除した数のうち非特定新規雇用者数に達するまでの数をいいます。

**（注8）** 移転型新規雇用者総数とは、移転型特定業務施設において適用年に新たに雇用された雇用者で適用年の12月31日において当該移転型特定業務施設に勤務するものの総数をいいます。

**（注9）** 移転型非新規基準雇用者数とは、移転型特定業務施設のみを事業所とみなした場合における適用年の基準雇用者数から移転型新規雇用者総数を控除した数をいいます。

**（注10）** 地方事業所特別基準雇用者数とは、認定事業者が認定を受けた日を含む年以後3年以内に本店（本社機能）を地方に移転して、これに伴い整備した特定業務施設（工場を除きます。）のみを個人の事業所とみなした場合における基準雇用者数をいいます。


〈その他注意点〉

① 雇用者とは、個人の使用人のうち雇用保険法の一般被保険者であるものをいい、個人の特殊関係者は除かれます。（措法10の5③三）

　　なお、個人の特殊関係者とは、次に掲げる者をいいます。（措令5の6④）

イ 個人の親族

ロ 個人と婚姻の届出をしていないが事実上婚姻関係と同様の事情にある者

ハ 上記イ、ロ以外の者で個人から生計の支援を受けているもの

ニ 上記ロ、ハの者と生計を一にするこれらの者の親族

② この制度の適用を受けるためには、次の手続等が必要です。

イ 公共職業安定所に雇用促進計画の提出を行い、都道府県労働局又は公共職業安定所で、上記**〈適用要件〉**及び基準雇用割合の要件についての確認を受け、その際交付される雇用促進計画の達成状況を確認した旨の書類の写しを確定申告書に添付する必要があります。（措規5の9①②③）

ロ 確定申告書に控除を受ける金額の記載及びその金額の計算に関する明細書を添付する必要があります。（措法10の5⑥）

納める税金の計算

　ハ　この制度の適用を受ける場合は、復興産業集積区域において被災雇用者等を雇用した場合の税額控除、企業立地促進区域において避難対象雇用者等を雇用した場合の税額控除、避難解除区域等において避難対象雇用者等を雇用した場合の税額控除は適用できません。

　なお、(8)の「給与等の引上げ及び設備投資を行った場合等の所得税額の特別控除」を受ける年分においては、控除額の調整を行ったうえで適用されます。（措法10の5の4①）

## (6)　特定中小事業者が経営改善設備を取得した場合の所得税額の特別控除（旧措法10の5の2）

　特定中小事業者が、平成25年4月1日から令和3年3月31日までの期間内に、経営改善設備の取得等をして、指定事業の用に供した場合で、209ページの(5)の特別償却の適用を受けないときは、その事業の用に供した年分（事業を廃止した年分を除きます。）の総所得金額に係る所得税の額から、その経営改善設備の取得価額の7％相当額（その年分の調整前事業所得税額の20％相当額を限度）が控除されます。（旧措法10の5の2③④）

　なお、その年において控除しきれなかった金額については、翌年（事業を廃止した年分を除きます。）に繰越税額控除限度超過額として控除することができます。

(注1)　「特定中小事業者」「指定事業」「経営改善設備の範囲」については210ページを、「調整前事業所得税額」については9(5)④を参照してください。

(注2)　(6)の適用には、確定申告書、修正申告書又は更正請求書に、控除を受ける金額等についての計算明細書を添付することが必要です。（旧措法10の5の2⑧）

> ※　平成29年分以後の所得税については、(2)、(6)及び(7)の税額控除額の上限について、これらの税額控除制度における控除税額の合計で、その適用を受ける年分の調整前事業所得税額の20％相当額とされます。（措法10の5の2③④、平29改所法等附43）（621ページ参照）

(注)　(6)の税額控除は、適用期限（令和3年3月31日）の到来をもって廃止されました。個人が、令和3年4月1日前に取得又は製作若しくは建設をした経営改善設備については従前どおりです。（令3改所法等附28）

## (7)　特定中小事業者が特定経営力向上設備等を取得した場合の所得税額の特別控除（措法10の5の3）

　特定中小事業者が、平成29年4月1日から令和5年3月31日までの間に、特定経営力向上設備等の取得等をして、これを国内にあるその特定中小事業者の営む指定事業の用に供した場合で210ページ(6)の特別償却の適用を受けないときは、その事業の用に供した年分（事業を廃止した年分を除きます。）の総所得金額に係る所得税の額からその特定経営力向上設備等の取得価額の10％相当額（その年分の調整前事業所得税額の20％相当額を限度）が控除されます。（措法10の5の3③）

　なお、その年において控除しきれなかった金額については、翌年（事業を廃止した年分を除きます。）に繰越税額控除限度超過額として控除することができます。

(注1)　「特定経営力向上設備等」については211ページを、「指定事業」については206ページ、210ページを、「調整前事業所得税額」については9(5)④を参照してください。

——(626)——

税金から差し引かれる金額（その他の投資税額等控除）

(**注2**) (7)の適用には、確定申告書、修正申告書又は更正請求書に、控除を受ける金額等の計算に係る明細書を添付することが必要です。(措法10の5の3⑧⑨)

---

※　平成29年分以後の所得税については、(2)、(6)及び(7)の税額控除額の上限について、これらの税額控除制度における控除税額の合計で、その適用を受ける年分の調整前事業所得税額の20％相当額とされます。(措法10の5の3③④、平29改所法等附43)(621ページ参照)

---

⑻　**給与等の支給額が増加した場合の所得税額の特別控除制度**（旧措法10の5の4）

　青色申告書を提出する個人が令和元年から令和5年までの各年において、国内新規雇用者に対して支払う給与等支給額が適用年の前年の給与等支給額に比して一定割合以上増加した場合に、税額控除が認められます。(旧措法10の5の4①②)

　なお、令和元年分から令和3年分までの各年においては、国内雇用者に対して支払う給与等支給額が適用年の前年の給与等支払額に比して一定割合以上増加した場合に、税額控除が認められます。(旧措法10の5の4①②)

〈**適用要件（令和4年分）**〉

　次の区分に応じた要件を満たす必要があります。

①　中小事業者の場合

　国内雇用者に対して給与等を支給する場合において、雇用者給与等支給額から比較雇用者給与等支給額を控除した金額のその比較雇用者給与等支給額に対する割合が100分の2.5以上であること

②　中小事業者以外の場合

　国内新規雇用者に対して給与等を支給する場合において、新規雇用者給与等支給額から新規雇用者比較給与等支給額を控除した金額のその新規雇用者比較給与等支給額に対する割合が100分の2以上であること

〈**適用要件（令和元年分〜令和3年分）**〉

　次の区分に応じて要件全てを満たす必要があります。

①　中小事業者の場合

　イ　雇用者給与等支給額が比較雇用者給与等支給額以上であること

　ロ　継続雇用者給与等支給額から継続雇用者比較給与等支給額を控除した金額の継続雇用者比較給与等支給額に対する割合が100分の1.5以上であること

②　中小事業者以外の場合

　イ　雇用者給与等支給額が比較雇用者給与等支給額以上であること

　ロ　継続雇用者給与等支給額から継続雇用者比較給与等支給額を控除した金額の継続雇用者比較給与等支給額に対する割合が100分の3以上であること

　ハ　国内設備投資額がその償却費総額の100分の95（令和2年分以前は100分の90）に相当する金額

納める税金の計算

以上であること

**(注1)** 国内雇用者とは、個人の使用人（個人と特殊の関係のある者を除きます（※）。）のうち、個人の国内事業所に勤務する者で、労働基準法第108条に規定する賃金台帳に記載された者をいいます。

※ 個人と特殊の関係にある者とは次の者をいいます。

イ 個人の親族

ロ 個人と婚姻の届出をしていないが、事実上婚姻関係と同様の事情にある者

ハ 上記イ、ロ以外の者で個人から受ける金銭その他の資産（個人からの給与に該当しないものに限ります。）によって生計の支援を受けている者

ニ 上記ロ、ハに該当する者と生計を一にするこれらの者の親族

**(注2)** 国内新規雇用者とは、国内雇用者のうち、国内の事業所の勤務が１年を経過していない者をいいます。

**(注3)** 雇用者給与等支給額とは、適用年の事業所得の金額の計算上必要経費に算入される国内雇用者に対する給与等の支給額（その給与等に充てるため、他の者から支払を受ける金額（国又は地方公共団体から受ける雇用保険法第62条第１項第１号に掲げる事業として支給が行われる助成金その他これに類するものの額を除きます。以下同様です。）がある場合には、これを給与等の支給額から差し引きます。）をいいます。

**(注4)** 比較雇用者給与等支給額とは、適用年の前年分の事業所得の金額の計算上必要経費に算入される国内雇用者に対する給与等の支給額をいいます。

**(注5)** 新規雇用者給与等支給額とは、適用年の事業所得の金額の計算上必要経費に算入される国内新規雇用者のうち一般被保険者に該当する者に対する給与等の支給額をいいます。

**(注6)** 新規雇用者比較給与等支給額とは、適用年の前年分の事業所得の金額の計算上必要経費に算入される国内新規雇用者のうち一般被保険者に該当する者に対する給与等の支給額をいいます。

**(注7)** 継続雇用者とは、適用年及び適用年の前年の各月において給与の支給を受けた国内雇用者をいいます。

**(注8)** 継続雇用者給与等支給額とは、継続雇用者に対する適用年の給与等の支給額をいいます。

**(注9)** 継続雇用者比較給与等支給額とは、適用年の前年分の給与等支給額のうち継続雇用者に対する給与等の支給額をいいます。

**(注10)** 中小事業者とは、常時使用する従業員の数が1,000人以下の個人をいいます。

**(注11)** 比較教育訓練費の額とは、事業所得の金額の計算上必要経費に算入される教育訓練費の額（適用年の前年において事業を開始した場合には、適用年の前年の教育訓練費の額に12を乗じて、これを適用年の前年に事業を営んでいた月数で除した金額）をいいます。

〈税額控除限度額（令和４年分）〉

税額控除限度額は、次のとおりです。

なお、税額控除限度額が調整前事業所得税額の20％を超える場合には、その20％が控除限度額となります。（旧措法10の５の４①②）

① 中小事業者の場合

適用年分の雇用者給与等支給額から比較雇用者給与等支給額を控除した金額の15％相当額です。た

税金から差し引かれる金額（その他の投資税額等控除）

だし、次のイ及びロの要件を満たす場合には25％相当額です。

イ　雇用者給与等支給額から比較雇用者給与等支給額を控除した金額のその比較雇用者給与等支給額に対する割合が100分の2.5以上である。

ロ　次に掲げる要件のいずれかを満たすこと

(イ)　教育訓練費の額から前年分の教育訓練費（比較教育訓練費）の額を控除した金額のその比較教育訓練費の額に対する割合が100分の10以上であること

(ロ)　中小企業等経営強化法の認定を受けた中小事業者で、経営力向上計画に記載された経営力向上が確実に行われたことにつき一定の証明がされたものであること

② 中小事業者以外の場合

適用年分の新規雇用者給与等支給額から新規雇用者比較給与等支給額を控除した金額のその新規雇用者比較給与等支給額に対する割合が100分の2以上であるときは15％相当額です。ただし、教育訓練費の額から比較教育訓練費の額を控除した金額の比較教育訓練費の額に対する割合が100分の20以上である場合は、20％相当額です。

〈税額控除限度額（令和元年分〜令和3年分）〉

税額控除限度額は、次のとおりです。

なお、税額控除限度額が調整前事業所得税額の20％を超える場合には、その20％が控除限度額となります。（旧措法10の5の4①②）

① 中小事業者の場合

適用年分の雇用者給与等支給額から比較雇用者給与等支給額を控除した金額の15％（継続雇用者給与等支給額から継続雇用者比較給与等支給額を控除した金額の継続雇用者比較給与等支給額に対する割合が100分の2.5以上で次の要件のいずれかを満たす場合には25％）相当額です。

イ　適用年分の事業所得の計算上必要経費に算入される教育訓練費が前年分の教育訓練費より100分の10以上増加していること

ロ　中小企業等経営強化法の認定を受けた中小事業者で、経営力向上計画に記載された経営力向上が確実に行われたことにつき一定の証明がされたものであること

② 中小事業者以外の場合

適用年分の雇用者給与等支給額から比較雇用者給与等支給額を控除した金額の15％（適用年分の事業所得の計算上必要経費に算入される教育訓練費の額から比較教育訓練費の額を控除した金額の比較教育訓練費の額に対する割合が100分の20以上である場合には20％）相当額です。

〈その他注意点〉

① この制度の適用を受けるためには、確定申告書に控除を受ける金額の記載及びその金額の計算に関する明細書を添付する必要があります。（旧措法10の5の4⑤）

② この制度の適用を受ける場合は、復興産業集積区域において被災雇用者等を雇用した場合の税額控除、企業立地促進区域において避難対象雇用者等を雇用した場合の税額控除、避難解除区域等に

納める税金の計算

　おいて避難対象雇用者等を雇用した場合の税額控除は適用できません。

　なお、(5)の「地方活力向上地域等において雇用者の数が増加した場合の所得税額の特別控除制度」の適用を受ける年分においては、控除額の調整を行ったうえで適用されます。(旧措法10の5の4①)

---

《令和4年度税制改正》

　(8)の税額控除について、次の見直しが行われました。令和5年分以後の所得税について適用されます。(令4改所法等附26)

①　個人の新規雇用者給与等支給額が増加した場合に係る措置が改組され、青色申告書を提出する個人が、令和5年及び令和6年の各年において国内雇用者に対して給与等を支給する場合において、その年において継続雇用者給与等支給増加割合が3％以上であるときは、その個人のその年の控除対象雇用者給与等支給増加額（その年において、地方活力向上地域等において雇用者の数が増加した場合の所得税額の特別控除制度の適用を受ける場合には、その適用による控除を受ける金額の計算の基礎となった者に対する給与等の支給額を控除した残額）に15％（その年において次の要件を満たす場合にはそれぞれ次の割合を加算した割合とし、その年において次の要件の全てを満たす場合には次の割合を合計した割合を加算した割合とします。）を乗じて計算した金額の税額控除ができることとされました。(措法10の5の4①)

イ　継続雇用者給与等支給増加割合が4％以上であること……10％

ロ　その個人のその年分の事業所得の金額の計算上必要経費に算入される教育訓練費の額からその比較教育訓練費の額を控除した金額のその比較教育訓練費の額に対する割合が20％以上であること……5％

②　中小事業者の雇用者給与等支給額が増加した場合に係る措置について、次の見直しが行われた上、その適用期限が令和6年まで1年延長されました。(措法10の5の4②)

イ　税額控除割合の上乗せ措置について、適用年において次の要件を満たす場合には、15％にそれぞれ次の割合を加算した割合を税額控除割合とし、その適用年において次の要件の全てを満たす場合には、15％に次の割合を合計した割合を加算した割合（すなわち40％）を税額控除割合とする措置とされました。

(イ)　雇用者給与等支給増加割合が2.5％以上であること……15％

(ロ)　その中小事業者のその年分の事業所得の金額の計算上必要経費に算入される教育訓練費の額からその比較教育訓練費の額を控除した金額のその比較教育訓練費の額に対する割合が10％以上であること……10％

ロ　上記イ(ロ)の税額控除割合の上乗せの適用を受ける場合には、教育訓練費の明細を記載した書類の保存（改正前：確定申告書への添付）をしなければならないこととされました。

ハ　上記(5)の「地方活力向上地域等において雇用者の数が増加した場合の税額控除」の見直しに伴い、地方活力向上地域等において雇用者の数が増加した場合の所得税額の特別控除制度の適用を受ける場合の控除対象雇用者給与等支給増加額の調整計算の見直しが行われました。

税金から差し引かれる金額（その他の投資税額等控除）

(9)　認定特定高度情報通信技術活用設備を取得した場合の所得税額の特別控除制度

　特定高度情報通信技術活用システムの開発供給及び導入の促進に関する法律（令和２年法律第37号）の認定導入事業者である青色申告者が、令和２年８月31日から令和７年３月31日までの間に、その認定導入計画に記載された認定特定高度情報通信技術活用設備の取得等をして事業の用に供した場合で、211ページの(7)の特別償却及び他の特別償却や税額控除の適用を受けないときは、その事業の用に供した日の属する年（事業を廃止した日の属する年を除きます。）においてその認定特定高度情報通信技術活用設備の取得価額の15％相当額（次の①〜③に掲げる認定特定高度情報通信技術活用設備については、それぞれ①〜③に定める割合）（その年分の調整前事業所得税額の20％相当額が限度）を控除することができます。（措法10の５の５③）

①　令和４年４月１日から令和５年３月31日までの間に離島など条件不利地域以外の地域内において事業の用に供した認定特定高度情報通信技術活用設備（電波法第27条の12第１項に規定する特定基地局の無線設備（次の②において、特定基地局用認定設備といいます。）に限ります。）……９％

②　令和５年４月１日から令和６年３月31日までの間に事業の用に供した認定特定高度情報通信技術活用設備……９％（離島など条件不利地域以外の地域内において事業の用に供した特定基地局用認定設備については、５％）

③　令和６年４月１日から令和７年３月31日までの間に事業の用に供した認定特定高度情報通信技術活用設備……３％

　**(注１)**　「認定特定高度情報通信技術活用設備」については212ページを、「調整前事業所得税額」については９(5)④を参照してください。

　**(注２)**　(9)の適用には、確定申告書、修正申告書又は更正請求書に、控除を受ける金額等の計算に係る明細を添付することが必要です。（措法10の５の５⑥）

(10)　事業適応設備を取得した場合等の所得税額の特別控除

①　デジタルトランスフォーメーション投資促進税制

イ　事業適応設備に係る措置

　青色申告書を提出する個人で産業競争力強化法の認定事業適応事業者であるものが、産業競争力強化法等の一部を改正する等の法律（令和３年法律第70号）の施行の日（令和３年８月２日）から令和５年３月31日までの間に、情報技術事業適応の用に供するために特定ソフトウエアの新設若しくは増設をした場合などにおいて、その新設又は増設に係る特定ソフトウエアなどとともに情報技術事業適応設備の取得又は製作をして、その個人の事業の用に供したとき（貸付けの用に供した場合を除きます。）で、214ページの(9)の特別償却の適用を受けないときは、その事業の用に供した日の属する年（事業を廃止した日の属する年を除きます。）において、その取得価額（下記ロの措置の対象となる資産と合計して300億円が上限**(注２)**）の３％（情報技術事業適応のうち産業競争力の強化に著しく資するもの**(注３)**の用に供する資産については、５％）相当額の税額控除（下記ロの措置の税額控除及び下記②の制度の税額控除と合計して調整前事業所得税額の20％相当額が上

——(631)——

納める税金の計算

限）ができます。（措法10の5の6①⑦）

**（注1）** 「情報技術事業適応設備」については214ページを、「調整前事業所得税額」については9(5)④を参照してください。

**（注2）** 下記ロの措置の対象となる資産との合計額が300億円を超える場合は、300億円に情報技術事業適応設備の取得価額がその合計額に占める割合を乗じて計算した金額となります。（措法10の5の6①⑦）

**（注3）** 「情報技術事業適応のうち産業競争力の強化に著しく資するもの」は、産業競争力の強化に著しく資するものとして経済産業大臣が定める基準に適合するものであることについて主務大臣の確認を受けたものとされています。（措令5の6の6③）

---

- 対象資産合計が300億円以下の場合
  
  税額控除限度額＝情報技術事業適応設備の取得価額×3％（一定の場合**(注3)**には5％）
- 対象資産合計が300億円を超える場合
  
  税額控除限度額＝300億円×（情報技術事業適応設備の取得価額／対象資産合計）×3％
  
  　　　　　　　　　　　　　　　　　　　　　　　　　（一定の場合**(注3)**には5％）

---

**ロ　事業適応繰延資産に係る措置**

　青色申告書を提出する個人で産業競争力強化法の認定事業適応事業者であるものが、産業競争力強化法等の一部を改正する等の法律（令和3年法律第70号）の施行の日（令和3年8月2日）から令和5年3月31日までの間に、事業適応繰延資産の利用に係る費用を支出した場合で、214ページの(9)の特別償却の適用を受けないときは、その費用を支出した日の属する年（事業を廃止した日の属する年を除きます。）において、その支出した費用に係る繰延資産の額（上記イの措置の対象となる資産と合計して300億円が上限**(注2)**（上記イの措置の対象となる資産との合計額が300億円を超える場合は、300億円に事業適応繰延資産の額がその合計額に占める割合を乗じて計算した金額））の3％（情報技術事業適応のうち産業競争力の強化に著しく資するもの**(注3)**を実施するために利用するソフトウエアのその利用に係る費用に係る繰延資産については、5％）相当額の税額控除（上記イの措置の税額控除及び下記②の制度の税額控除と合計して調整前事業所得税額の20％相当額が上限）ができます。（措法10の5の6③⑧）

**（注1）** 「事業適応繰延資産」については215ページを、「調整前事業所得税額」については9(5)④を参照してください。

**（注2）** 上記イの措置の対象となる資産との合計額が300億円を超える場合は、300億円に事業適応繰延資産の額がその合計額に占める割合を乗じて計算した金額）となります。（措法10の5の6⑧）

**（注3）** 「情報技術事業適応のうち産業競争力の強化に著しく資するもの」は、産業競争力の強化に著しく資するものとして経済産業大臣が定める基準に適合するものであることについて主務大臣の確認を受けたものとされています。（措令5の6の6③）

---

- 対象資産合計が300億円以下の場合
  
  税額控除限度額＝（事業適応繰延資産の額×3％（一定の場合**(注3)**には5％）

税金から差し引かれる金額（その他の投資税額等控除）

> ・対象資産合計が300億円を超える場合
>
> 　税額控除限度額＝300億円×（事業適応繰延資産の額／対象資産合計）×３％
>
> （一定の場合(注3)には５％）

② **カーボンニュートラルに向けた投資促進税制**

　青色申告書を提出する個人で産業競争力強化法の認定事業適応事業者(その認定事業適応計画(エネルギー利用環境負荷低減事業適応に関するものに限ります。)にその計画に従って行うエネルギー利用環境負荷低減事業適応のための措置として生産工程効率化等設備等を導入する旨の記載があるものに限ります。)であるものが、産業競争力強化法等の一部を改正する等の法律（令和３年法律第70号）の施行の日（令和３年８月２日）から令和６年３月31日までの間に、その計画に記載された生産工程効率化等設備等の取得又は製作若しくは建設をして、その個人の事業の用に供した場合（貸付けの用に供した場合を除きます。）で、214ページの(9)の特別償却の適用を受けないときは、その事業の用に供した日の属する年（事業を廃止した日の属する年を除きます。）において、その取得価額（500億円が上限(注2)）の５％（その生産工程効率化等設備等のうちエネルギーの利用による環境への負荷の低減に著しく資するもの(注3)については、10％）相当額の税額控除（上記①の制度の税額控除と合計して調整前事業所得税額の20％相当額が上限）ができます。（措法10の５の６⑤⑨）

(**注1**)　「生産工程効率化等設備等」については216ページを、「調整前事業所得税額」については9(5)④を参照してください。

(**注2**)　その認定エネルギー利用環境負荷低減事業適応計画に従って行うエネルギー利用環境負荷低減事業適応のための措置として取得又は製作若しくは建設をする生産工程効率化等設備等の取得価額の合計額（以下「対象資産合計額」といいます。）が500億円を超える場合には、500億円にその生産工程効率化等設備等の取得価額が対象資産合計額のうちに占める割合を乗じて計算した金額の50％相当額とされます。（措法10の５の６⑤本文）

(**注3**)　「エネルギーの利用による環境への負荷の低減に著しく資するもの」は、生産工程効率化等設備のうちエネルギーの利用による環境への負荷の低減に著しく資するものとして経済産業大臣が定める基準に適合するもの及び需要開拓商品生産設備とされています。（措令5の6の6⑥）

> ・生産工程効率化等設備等の取得価額が500億円以下の場合
>
> 　税額控除限度額＝生産工程効率化等設備等の取得価額×５％（一定の場合(注3)には10％）
>
> ・生産工程効率化等設備等の取得価額の合計額が500億円を超える場合
>
> 　税額控除限度額＝500億円×（生産工程効率化等設備等の取得価額／生産工程効率化等設備等の取得価額の合計額）×５％（一定の場合(注3)には10％）

(**注**)　上記①イ、ロ又は②の適用を受ける場合には、確定申告書、修正申告書又は更正請求書に控除を受ける金額等の計算に係る明細書を添付することが必要です。（措法10の５の６⑫）

納める税金の計算

## 11 所得税の額から控除される特別控除額の特例

### 〈2以上の特別控除を適用する場合の特例〉

　その年において、9の(2)～(4)及び10の(1)～(11)のうち2以上の規定の適用を受けようとする場合は、その適用を受けようとする規定による税額控除可能額（それぞれの区分に応じて定める金額をいいます。）の合計額がその年分の調整前事業所得税額の90％相当額を超えるときは、これらの規定にかかわらず、その超える部分の金額（「調整前事業所得税額超過額」といいます。）は、その年分の総所得金額に係る所得税の額から控除しないこととされます。

　この場合において、その調整前事業所得税額超過額は、控除可能期間が最も長いものから順次成るものとされます。（措法10の6①）

　**(注)**　控除可能期間とは、この規定の適用を受けた年の翌年1月1日から、同項各号に定める金額について繰越税額控除の規定を適用したならば、その年分の総所得金額に係る所得税額から控除できる最終の年の12月31日までの期間をいいます。（措法10の6②）

### 〈特定税額控除規定の適用除外〉

　令和元年から令和6年までの各年（以下「対象年」といいます。）において、中小事業者を除く一定の個人が、特定税額控除規定の適用を受けようとする場合において、次に掲げる要件のいずれにも該当しないとき（事業開始年など一定の場合は除きます。）は、その特定税額控除規定は、適用できません。（措法10の6⑤）

①　その対象年の継続雇用者給与等支給額が継続雇用者比較給与等支給額を超えること
②　国内設備投資額がその年の償却費総額の100分の30相当額を超えること

　**(注)**　「特定税額控除規定」とは、試験研究を行った場合の所得税額の特別控除（措法10①⑦）、地域経済牽引事業の促進区域内において特定事業用機械等を取得した場合の所得税額の特別控除（措法10の4③）、認定特定高度情報通信技術活用設備を取得した場合の所得税額の特別控除制度（措法10の5の5③）、及び事業適応設備を取得した場合等の所得税額の特別控除制度（措法10の5の6⑦～⑨）をいいます。

税金から差し引かれる金額（政党等寄附金特別控除）

## 12 政党等寄附金特別控除

　平成7年1月1日から令和6年12月31日までの間に支出した次の①又は②の団体に対する寄附金で、政治資金規正法の規定により報告がされたものについては、選択により寄附金控除に代えて、次の算式により計算した政党等寄附金特別控除額を所得税の額から控除できます（寄附金控除との選択は、本年中に支出した政党等に対する寄附金の全額について行うものとされます。）。（措法41の18②）

① 政党（政治資金規正法第3条第2項に規定するもの）

② 政治資金団体（政治資金規正法第5条第1項第2号に規定するもの）

**（申告書第一表）** 政党等寄附金等特別控除 ㉟〜㊲ □□□□□□□□

政党等寄附金特別控除額の計算明細書で計算します。

$$\left\{ \left[ \begin{matrix} その年中に支出した政党、政治資金団\\ 体に対する寄附金の額の合計額（＊1） \end{matrix} \right] - 2,000円（＊2） \right\} \times 30\% \binom{100円未満}{切\ 捨\ て}$$

－－－－－－－－－ その年分の所得税額の25％相当額を限度 －－－－－－－－－

（＊1） 「その年中に支出した政党、政治資金団体に対する寄附金の額の合計額」は、その年分の総所得金額等の合計額の40％相当額を限度とします。ただし、寄附金控除の適用を受ける特定寄附金の額、公益社団法人等寄附金特別控除の適用を受ける公益社団法人等寄附金の額、認定NPO法人等寄附金特別控除の適用を受ける認定NPO法人等寄附金の額（以下「特定寄附金等の額」といいます。）がある場合で、政党等に対する寄附金の額の合計額にその特定寄附金等の額を加算した金額が、その年分の総所得金額等の合計額の40％相当額を超える場合は、次の算式により計算された金額を「その年中に支出した政党、政治資金団体に対する寄附金の額の合計額」として上記の計算を行います。

$$\binom{その年分の総所得金額等の合}{計額の40\%に相当する金額} - \binom{特定寄附金等}{の額の合計額}$$

（＊2） 寄附金控除の適用を受ける特定寄附金の額がある場合には、2,000円からその特定寄附金等の額の合計額を控除した残額（赤字のときは0）とされます。

**（注）** この所得税額の特別控除を受けるためには、確定申告書にその控除に関する記載をし、かつ、「政党等寄附金特別控除額の計算明細書」及び総務大臣又は都道府県の選挙管理委員会等の確認印のある「寄附金（税額）控除のための書類」を添付することが必要です。（措法41の18③、措規19の10の3）

　なお、これらの添付書類を電磁的記録印刷書面（438ページ）によることもできます。（措規19の10の3、平28改措規附19①）

納める税金の計算

## 政 党 等 寄 附 金 特 別 控 除 額 の 計 算 明 細 書

（　　年分）　　　　　　　　　　　　　　　　　氏　名＿＿＿＿＿＿＿＿＿＿＿＿＿

この明細書は、本年中に支出した政党又は政治資金団体に対する寄附金で一定のもの（以下「政党等寄附金」といいます。）があり、その寄附金について政党等寄附金特別控除の適用を受ける場合に、政党等寄附金特別控除額を計算するために使用します（詳しくは、**裏面**の「**政党等寄附金特別控除を受けられる方へ**」を読んでください。）。

申告書第一表の「税金の計算」欄の(特定増改築等)住宅借入金等特別控除までの記入が終わったら、まず、「**1　寄附金の区分等**」欄に必要事項を記入し、次に、「**2　政党等寄附金特別控除額の計算**」欄で政党等寄附金特別控除額の計算をします。

また、公益社団法人等寄附金特別控除又は認定ＮＰＯ法人等寄附金特別控除の適用も受ける場合は、まず、『**公益社団法人等寄附金特別控除額の計算明細書**』により公益社団法人等寄附金特別控除額の計算をし、次に、『**認定ＮＰＯ法人等寄附金特別控除額の計算明細書**』により認定ＮＰＯ法人等寄附金特別控除額の計算をしてから、この計算明細書で政党等寄附金特別控除額の計算をします。

○この明細書は、申告書と一緒に提出してください。

### 1　寄附金の区分等

| 寄附金の区分等 | 政党等寄附金の額 | ① | 円 |
| | ①以外の寄附金の額 | ② | |
| | ①　＋　② | ③ | |
| 所得金額の合計額 | | ④ | |
| ④　×　40％ | | ⑤ | |

政党等寄附金の額の合計額を書いてください。
（政党等寄附金の内訳）

| 寄附先の名称 | 寄附年月日 | 金　　額 |
|---|---|---|
| | | 円 |
| | | |

申告書第二表の「寄附金控除に関する事項」欄の寄附金の金額を転記してください。また、公益社団法人等寄附金特別控除又は認定ＮＰＯ法人等寄附金特別控除の適用を受ける場合には、『**公益社団法人等寄附金特別控除額の計算明細書**』の①の金額又は『**認定ＮＰＯ法人等寄附金特別控除額の計算明細書**』の①の金額を加算してください。

申告書第一表の「所得金額等」欄の合計を転記してください。
(注) 次の場合には、それぞれ次の金額を加算してください。
・退職所得及び山林所得がある場合……その所得金額
・ほかに申告分離課税の所得がある場合……その所得金額(特別控除前の金額)
なお、損失申告の場合には、**申告書第四表(損失申告用)**の「**4　繰越損失を差し引く計算**」欄の⑫の金額を転記してください。

### 2　政党等寄附金特別控除額の計算

| ⑤　－　② | ⑥ | （赤字のときは0）　円 |
| ①と⑥のいずれか少ない方の金額 | ⑦ | |
| 2千円－② | ⑧ | （赤字のときは0） |
| （⑦　－　⑧）　×　30％ | ⑨ | （100円未満の端数切捨て） |
| 年分の所得税の額 | ⑩ | |
| ⑩　×　25％ | ⑪ | （100円未満の端数切捨て） |
| 政党等寄附金特別控除額（⑨と⑪のいずれか少ない方の金額） | ⑫ | |

申告書第一表の㉝の金額を転記してください。

申告書第一表の「税金の計算」欄の政党等寄附金等特別控除（㉟～�37欄）に転記してください。ほかに、公益社団法人等寄附金特別控除又は認定ＮＰＯ法人等寄附金特別控除の適用を受ける場合には、『**公益社団法人等寄附金特別控除額の計算明細書**』の⑫の金額又は『**認定ＮＰＯ法人等寄附金特別控除額の計算明細書**』の⑬の金額と合計し、その合計額を申告書第一表の政党等寄附金等特別控除に記入してください。

※　肉用牛の売却による農業所得の課税の特例を受ける所得のある方は、税務署にお尋ねください。

○　この計算明細書を使った方は、**申告書第二表の「特例適用条文等」欄に「措法41の18」と書いてください。**

04.11

税金から差し引かれる金額（認定NPO法人等に対する寄附金に係る特別控除）

## 13　認定NPO法人等に対する寄附金に係る特別控除

　認定特定非営利活動法人等（以下「認定NPO法人等」といいます。）に対して支出したその認定
NPO法人等が行う特定非営利活動に係る事業に関連する寄附金（その寄附をした者に特別の利益が
及ぶと認められるもの及び令和3年4月1日以後に支出する寄付金で出資に関する業務に充てられる
ことが明らかなものを除きます。（令3改所法等附39））については、その年中に支出したその寄附金
の額の合計額（その年分の総所得金額等の40％相当額が限度）が2,000円を超える場合には、寄附金
控除（所得控除）との選択により、その超える金額の40％相当額（所得税額の25％相当額が限度）を
その年分の所得税の額から控除できます。（措法41の18の2）

**（申告書第一表）**

| 政党等寄附金等特別控除 | ㉟〜㊲ | | | | | | | | |
|---|---|---|---|---|---|---|---|---|---|

$$\left\{\left[\begin{array}{l}\text{その年中に支出した認定NPO法人}\\\text{等に対する寄附金の額の合計額}\end{array}\right]-2,000円\right\}×40\%\left(\begin{array}{l}\text{100円未満}\\\text{切　捨　て}\end{array}\right)$$

‥‥‥‥‥‥‥‥その年分の所得税額の25％相当額を限度‥‥‥‥‥‥‥‥

**（注1）**　税額控除限度額（所得税額の25％相当額）は、次の**14**の公益社団法人等寄附金特別控除の額と合
わせて判定します。

　　　　なお、政党等寄附金特別控除の税額控除限度額は、これとは別枠で判定します。

　　　　また、控除対象寄附金額（総所得金額等の40％相当額）及び控除適用下限額（2,000円）は、寄附
金控除（所得控除）並びに政党等寄附金特別控除及び公益社団法人等寄附金特別控除の税額控除対
象寄附金の額と合わせて判定します。

**（注2）**　その年分の寄附金につき、この税額控除の適用を受けるためには、確定申告書にこの控除に関す
る記載をし、かつ、「認定NPO法人等寄附金特別控除額の計算明細書」及び寄附金を受領した旨、
寄附金が認定NPO法人等の主たる目的である業務に関連する旨、寄附金の額及び受領年月日を証す
る書類（寄附者の住所、氏名が記載されたもので、電磁的記録印刷書面（438ページ）を含みます。）
を確定申告書に添付しなければなりません。（措法41の18の2③、措規19の10の4、平28改措規附19
①）

納める税金の計算

# 認定ＮＰＯ法人等寄附金特別控除額の計算明細書

（　　　　　年分）　　　　　　　　　　　　　　　　　氏　名＿＿＿＿＿＿＿＿＿＿＿＿＿＿

　この明細書は、本年中に認定特定非営利活動法人等（認定ＮＰＯ法人等）に対して支出したその認定特定非営利活動法人等の行う特定非営利活動に係る事業に関連する寄附金（以下「認定ＮＰＯ法人等寄附金」といいます。）があり、その寄附金について認定ＮＰＯ法人等寄附金特別控除の適用を受ける場合に、認定ＮＰＯ法人等寄附金特別控除額を計算するために使用します（詳しくは、裏面の「認定ＮＰＯ法人等寄附金特別控除を受けられる方へ」を読んでください。）。

　**申告書第一表の「税金の計算」欄の(特定増改築等)住宅借入金等特別控除までの記入が終わったら、まず、「1 寄附金の区分等」**欄に必要事項を記入し、次に、**「2 認定ＮＰＯ法人等寄附金特別控除額の計算」**欄で認定ＮＰＯ法人等寄附金特別控除額の計算をします。

　また、この控除のほかに公益社団法人等寄附金特別控除の適用も受ける方は、まず、**『公益社団法人等寄附金特別控除額の計算明細書』**で公益社団法人等寄附金特別控除額の計算をし、次にこの計算明細書で認定ＮＰＯ法人等寄附金特別控除額を計算します。なお、政党等寄附金特別控除の適用も受ける方は、この計算明細書の計算の次に、**『政党等寄附金特別控除額の計算明細書』**で政党等寄附金特別控除額を計算します。

○この明細書は、申告書と一緒に提出してください。

### 1 寄附金の区分等

| 寄附金の区分等 | 認定ＮＰＯ法人等寄附金の額 | ① | 円 |
|---|---|---|---|
| | ①以外の寄附金の額 | ② | |
| | ① ＋ ② | ③ | |
| 所 得 金 額 の 合 計 額 | | ④ | |
| ④ × 40％ | | ⑤ | |

認定ＮＰＯ法人等寄附金の額の合計額を書いてください。
（認定ＮＰＯ法人等寄附金の内訳）

| 寄附先の名称 | 寄附年月日 | 金　額 |
|---|---|---|
| | ・　・ | 円 |
| | ・　・ | |
| | ・　・ | |

**申告書第二表の「寄附金控除に関する事項」欄の寄附金の金額を転記してください。また、公益社団法人等寄附金特別控除の適用を受ける場合は、『公益社団法人等寄附金特別控除額の計算明細書』の①の金額を加算してください。**

**申告書第一表の「所得金額等」欄の合計を転記してください。**
(注)次の場合には、それぞれ次の金額を加算してください。
・退職所得及び山林所得がある場合……その所得金額
・ほかに申告分離課税の所得がある場合……その所得金額（特別控除前の金額）
　なお、損失申告の場合には、**申告書第四表（損失申告用）**の「4 繰越損失を差し引く計算」欄の⑫の金額を転記してください。

### 2 認定ＮＰＯ法人等寄附金特別控除額の計算

| ⑤ － ② | ⑥ | （赤字のときは0） 円 |
|---|---|---|
| ① と ⑥ のいずれか少ない方の金額 | ⑦ | |
| 2千円 － ② | ⑧ | （赤字のときは0） |
| （ ⑦ － ⑧ ）× 40％ | ⑨ | （100円未満の端数切捨て） |
| 年分の所得税の額 | ⑩ | |
| ⑩ × 25％ | ⑪ | （100円未満の端数切捨て） |
| ⑪－公益社団法人等寄附金特別控除額 | ⑫ | （赤字のときは0） |
| 認定ＮＰＯ法人等寄附金特別控除額（⑨と⑫のいずれか少ない方の金額） | ⑬ | |

**申告書第一表の㉛の金額を転記してください。**

「公益社団法人等寄附金特別控除額」とは、『公益社団法人等寄附金特別控除額の計算明細書』の⑫の金額をいいます。

**申告書第一表の「税金の計算」欄の政党等寄附金等特別控除（㉟〜㊲欄）に転記してください。**ほかに、公益社団法人等寄附金特別控除又は政党等寄附金特別控除の適用を受ける場合には、『公益社団法人等寄附金特別控除額の計算明細書』の⑫の金額又は『政党等寄附金特別控除額の計算明細書』の⑫の金額と合計し、その合計額を申告書第一表の政党等寄附金等特別控除に記入してください。

※　肉用牛の売却による農業所得の課税の特例を受ける所得のある方は、税務署にお尋ねください。

○　この計算明細書を使った方は、**申告書第二表の「特例適用条文等」欄に「措法41の18の2」**と書いてください。

04.11

税金から差し引かれる金額（公益社団法人等寄附金特別控除）

## 14　公益社団法人等寄附金特別控除

　特定寄附金のうち、次に掲げるもの（その運営組織及び事業活動が適正であること並びに市民から支援を受けていることにつき一定の要件を満たすものに限ります。）に対するもの（以下「税額控除対象寄附金」といいます。）については、その年中に支出した税額控除対象寄附金の額の合計額（その年分の総所得金額等の40％相当額が限度）が2,000円を超える場合には、寄附金控除（所得控除）との選択により、その超える金額の40％相当額（所得税額の25％相当額が限度）をその年分の所得税の額から控除することができます。（措法41の18の3①）

| (1)　イ～ニに掲げる法人に対する寄附金 | イ　公益社団法人及び公益財団法人 |
| | ロ　私立学校法第3条に規定する学校法人及び同法第64条第4項の規定により設立された法人 |
| | ハ　社会福祉法人 |
| | ニ　更生保護法人 |
| (2)　イ～ハに掲げる法人に対する寄附金のうち、学生等に対する修学支援のための事業に充てられることが確実であるもの | イ　国立大学法人 |
| | ロ　公立大学法人 |
| | ハ　独立行政法人国立高等専門学校機構及び独立行政法人日本学生支援機構 |
| (3)　イ～ハに掲げる法人に対する寄附金のうち、学生又は不安定な雇用状態にある研究者に対するこれらの者が行う研究への助成又は研究者としての能力の向上のための事業に充てられることが確実であるもの | イ　国立大学法人及び大学共同利用機関法人 |
| | ロ　公立大学法人 |
| | ハ　独立行政法人国立高等専門学校機構 |

　**(注)**　令和3年4月1日以後に支出する寄附金については、出資に関する業務に充てられることが明らかなものを除きます。（令3改所法等附6）

**（申告書第一表）**　政党等寄附金等特別控除　㉟～㊲ □□□□□□□□□

$$\left\{\left[\begin{array}{l}\text{その年中に支出した公益社団法人}\\\text{等に対する寄附金の額の合計額}\end{array}\right]-2,000円\right\}\times40\%\genfrac{}{}{0pt}{}{(100円未満}{切　捨　て)}$$

----------その年分の所得税額の25％相当額を限度----------

　**(注1)**　税額控除限度額（所得税額の25％相当額）、控除対象寄附金額（総所得金額等の40％相当額）及び控除適用下限額（2,000円）は、上記**13**の**(注1)**に準じた方法で判定します。

　**(注2)**　その年分の寄附金につき、この税額控除の適用を受けるためには、確定申告書にこの控除に関する記載をし、かつ、「公益社団法人等寄附金特別控除額の計算明細書」及び寄附金の額、寄附金を受領した旨、受領年月日、寄附金がその法人の主たる目的である業務に関連する寄附金である旨、寄附金の額及び受領年月日を証する書類（寄附者の住所、氏名が記載されたもので、電磁的記録印刷書面（438ページ）を含みます。）を確定申告書に添付しなければなりません。（措法41の18の3②、措令26の28の2①②、措規19の10の5⑫、平28改措規附19①）

納める税金の計算

## 公益社団法人等寄附金特別控除額の計算明細書
### （令和４年分以降用）

（　　　年分）　　　　　　　　　　　氏　名＿＿＿＿＿＿＿＿＿＿＿＿＿＿＿＿＿＿＿

○この明細書は、申告書と一緒に提出してください。

　この明細書は、本年中に支出した公益社団法人等に対する寄附金で一定のもの（以下「公益社団法人等寄附金」といいます。）があり、その寄附金について公益社団法人等寄附金特別控除の適用を受ける場合に、公益社団法人等寄附金特別控除額を計算するために使用します（詳しくは、裏面の「公益社団法人等寄附金特別控除を受けられる方へ」を読んでください。）。

　**申告書第一表**の「税金の計算」欄の（特定増改築等）住宅借入金等特別控除までの記入が終わったら、まず、「**１　寄附金の区分等**」欄に必要事項を記入し、次に、「**２　公益社団法人等寄附金特別控除額の計算**」欄で公益社団法人等寄附金特別控除額の計算をします。

　なお、公益社団法人等寄附金特別控除のほか、認定ＮＰＯ法人等寄附金特別控除又は政党等寄附金特別控除の適用も受ける方は、この計算明細書の計算の次に、それぞれ順に『**認定ＮＰＯ法人等寄附金特別控除額の計算明細書**』又は『**政党等寄附金特別控除額の計算明細書**』により計算を行います。

### １　寄附金の区分等

| 寄附金の区分等 | 公益社団法人等寄附金の額 | ① | 円 |
|---|---|---|---|
| | ①以外の寄附金の額 | ② | |
| | ①　＋　② | ③ | |
| 所　得　金　額　の　合　計　額 | | ④ | |
| ④　×　40％ | | ⑤ | |

公益社団法人等寄附金の額の合計額を書いてください。
（公益社団法人等寄附金の内訳）

| 寄附先の名称 | 寄附年月日 | 金　　額 |
|---|---|---|
| | ・　・ | 円 |
| | ・　・ | |
| | ・　・ | |

**申告書第二表**の「寄附金控除に関する事項」欄の寄附金の金額を転記してください。

**申告書第一表**の「所得金額等」欄の合計を転記してください。
（注）次の場合には、それぞれ次の金額を加算してください。
・退職所得及び山林所得がある場合……その所得金額
・ほかに申告分離課税の所得がある場合……その所得金額（特別控除前の金額）
なお、損失申告の場合には、**申告書第四表（損失申告用）**の「４　繰越損失を差し引く計算」欄の㉒の金額を転記してください。

### ２　公益社団法人等寄附金特別控除額の計算

| ⑤　－　② | ⑥ | （赤字のときは０）　　　円 |
|---|---|---|
| ①と⑥のいずれか少ない方の金額 | ⑦ | |
| ２千円　－　② | ⑧ | （赤字のときは０） |
| （　⑦　－　⑧　）　×　40％ | ⑨ | （100円未満の端数切捨て） |
| 年分の所得税の額 | ⑩ | |
| ⑩　×　25％ | ⑪ | （100円未満の端数切捨て） |
| 公益社団法人等寄附金特別控除額（⑨と⑪のいずれか少ない方の金額） | ⑫ | |

**申告書第一表**の㉛の金額を転記してください。

**申告書第一表**の「税金の計算」欄の政党等寄附金等特別控除（㉟～㊲欄）に転記してください。
ほかに、認定ＮＰＯ法人等寄附金特別控除又は政党等寄附金特別控除の適用を受ける場合には、『**認定ＮＰＯ法人等寄附金特別控除額の計算明細書**』の⑬の金額又は『**政党等寄附金特別控除額の計算明細書**』の⑫の金額と合計し、その合計額を**申告書第一表**の**政党等寄附金等特別控除**に記入してください。

※　肉用牛の売却による農業所得の課税の特例を受ける所得のある方は、税務署にお尋ねください。

○　この計算明細書を使った方は、**申告書第二表**の「**特例適用条文等**」欄に「**措法41の18の３**」と書いてください。

04. 11

税金から差し引かれる金額（税額控除等の順序）

## 15　税額控除等の順序

　肉用牛の売却による農業所得の免税 ⇨ 1の配当控除 ⇨ 9の試験研究費控除 ⇨ 10のその他の投資税額等控除 ⇨ 2・3の（特定増改築等）住宅借入金等特別控除 ⇨ 14の公益社団法人等寄附金特別控除 ⇨ 13の認定NPO法人等に対する寄附金特別控除 ⇨ 12の政党等寄附金特別控除 ⇨ 4の住宅耐震改修特別控除 ⇨ 5の住宅特定改修特別税額控除 ⇨ 6の認定住宅等新築等特別税額控除 ⇨ 次の二の災害減免額 ⇨ 8の分配時調整外国税相当額控除 ⇨ 7の外国税額控除（措通41の19の4－4）

## 二 災害減免額

　確定申告をする人又はその人と生計を一にする令和4年分の総所得金額等の合計額（分離課税の譲渡所得の特別控除前の金額）が基礎控除額（466ページ）以下の配偶者やその他の親族が、震災、風水害、火災などの災害により所有する住宅や家財について損害を受けたときは、次の①～③のいずれにも該当する場合に限り、災害減免法の適用を受けることができます。（災免法2、災免令1）

①　その損害金額（保険金や損害賠償金などにより補填された金額を除きます。）が住宅や家財の価額の50％以上であること

②　その年分の総所得金額等の合計額（分離課税の譲渡所得の特別控除後の金額。下表のイ～ハにおいて同じ）が1,000万円以下であること

③　雑損控除を受けなかったこと

　災害減免法による減免税額は、次の区分に応じ前記一の1～6、8～13の税額控除後の所得税額に対するそれぞれ次の割合の金額になります。

| イ | 総所得金額等の合計額が500万円以下である場合 | 全　　額 |
| --- | --- | --- |
| ロ | 総所得金額等の合計額が500万円を超え750万円以下である場合 | 50％相当額 |
| ハ | 総所得金額等の合計額が750万円を超え1,000万円以下である場合 | 25％相当額 |

（申告書第一表）　災　害　減　免　額　㊷ ☐☐☐☐☐☐☐☐

### ＜申告書への記載＞

| 差引所得税額<br>（申告書第一表㊶） | 　　　　　　　　　　円 | A |
| --- | --- | --- |

| 総所得金額等の合計額<br>（分離譲渡の特別控除後） | 災　害　減　免　額 |
| --- | --- |
| ～5,000,000円 | Aの金額<br>＝ ＿＿＿＿＿円 |
| 5,000,001円<br>～7,500,000円 | A×0.5<br>＝ ＿＿＿＿＿円 |
| 7,500,001円<br>～10,000,000円 | A×0.25<br>＝ ＿＿＿＿＿円 |

➡ 申告書第一表の「災害減免額㊷」欄へ

　減免を受けようとする人は、確定申告書、期限後申告書、修正申告書又は更正請求書に、その旨、被害の状況、損害金額を記載し、所轄税務署長に提出しなければなりません。（災免令2）なお、損害金額が所得金額を超える場合でも、雑損控除のようにその超える金額を翌年以降に繰り越すことはできません。

税金から差し引かれる金額（復興特別所得税額）

## 三　復興特別所得税額

　平成23年12月 2 日に東日本大震災からの復興のための施策を実施するために必要な財源の確保に関する特別措置法が公布され、「復興特別所得税」が創設されました。

　復興特別所得税は、平成25年から令和19年までの各年分の所得税に係る基準所得税額に2.1%の税率を乗じて計算します。（復興財確法12、13）。

　※詳しくは、巻末の「復興特別所得税のあらまし」（1151ページ）を参照ください。

（申告書第一表）

| 再差引所得税額(基準所得税額) (41)－(42) | ㊸ | | | | | | | | | |
|---|---|---|---|---|---|---|---|---|---|---|
| 復興特別所得税額 (43)×2.1% | ㊹ | | | | | | | | | |
| 所得税及び復興特別所得税の額 (43)＋(44) | ㊺ | | | | | | | | | |

### ＜申告書への記載＞

| 基準所得税額 （申告書第一表㊸） | | 円 | A |
|---|---|---|---|
| 復興特別所得税額 A×0.021 | （ 1 円未満切捨て） ＝ | 円 | B |
| A＋B | ＝ | 円 | C |

B ➡ 申告書第一表の「復興特別所得税額㊹」欄へ

C ➡ 申告書第一表の「所得税及び復興特別所得税の額㊺」欄へ

納める税金の計算

## 四　源泉徴収税額

　給与、配当、公的年金等、原稿料、印税、作曲料、医師・弁護士・税理士及び外交員の報酬などは、その支払を受ける際に支払者によって所得税及び復興特別所得税が源泉徴収されることになっていますから、申告納税額の計算に当たり、その所得に係る源泉徴収税額を差し引きます。また、未払となっている給与、配当などの所得があっても、令和4年中に支払の確定したものは令和4年分の所得として申告することになりますから、その未払の所得についての源泉徴収税額の未徴収分も申告納税額の計算においては、これを差し引くことになります。（所法120①四）

**（申告書第一表）**

| 源泉徴収税額 | ㊽ | | | | | | | | | |
|---|---|---|---|---|---|---|---|---|---|---|

**（申告書第二表）**　○　所得の内訳（所得税及び復興特別所得税の源泉徴収税額）

| 所得の種類 | 種　目 | 給与などの支払者の「名称」及び「法人番号又は所在地」等 | 収 入 金 額 | 源泉徴収税額 |
|---|---|---|---|---|
| | | | 円 | 円 |
| | | | | |
| | | | | |
| | | | | |
| | | | ㊽　源泉徴収税額の合計額 | 円 |

**（注1）**　「収入金額」欄には、手取額ではなく、源泉徴収税額を差し引く前の金額を記入します。

**（注2）**　源泉徴収された金額のうち、雑所得、一時所得の金額に対するものがある場合にその合計額を下記の㊾欄に記入します。また、源泉徴収税額が還付となる場合で、給与などが未払のため、納付されていない源泉徴収税額がある場合には、下記の㊿欄にその金額を記入します。

**（注3）**　申告書第三表（分離課税用）を使用して、退職所得や源泉徴収選択口座の上場株式等の譲渡所得等を申告する場合に、それらの所得に係る源泉徴収税額も併せて記入します。

　　　また、下記の㊾欄にそれらの所得に係る源泉徴収税額も合計します。

**（申告書第一表）**

| 雑所得・一時所得等の源泉徴収税額の合計額 | ㊾ | | | | | | | | | |
|---|---|---|---|---|---|---|---|---|---|---|
| 未納付の源泉徴収税額 | ㊿ | | | | | | | | | |

——（644）——

第3期分の延納等

# Ⅲ　申告納税額及び確定申告により納付する第3期分の税額

　課税総所得金額について算出した税額の合計額から各種の税額控除、及び災害減免額を差し引いた基準所得税額（「再差引所得税額㊸」）に復興特別所得税を加えた金額（「所得税及び復興特別所得税の額㊺」）から外国税額控除及び源泉徴収税額を差し引いた残りの税額が「申告納税額㊾」（差し引いた金額が黒字の場合は100円未満切捨て）になります。

　申告納税額から予定納税額の第1期分（納期限は令和4年7月31日）及び第2期分（納期限は令和4年11月30日）として納付の確定した税額を差し引いた残額が、確定申告の際に納付する第3期分の税額になります。（所法120①五、②）

　ただし、予定納税額が申告納税額を超えるときは、その超える金額は確定申告をすることにより還付されます。

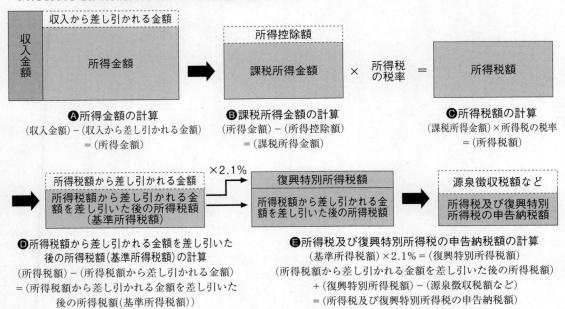

**（注1）**　「申告納税額㊾」欄が黒字の場合は、100円未満の端数を切り捨てた金額を、赤字の場合は端数を切り捨てずにそのままの金額の頭部に△を付して記入します。

(注2)　㊾欄の金額から㊿欄の金額を差し引いた結果、黒字の場合は、100円未満の端数を切り捨てた金額（黒字の金額が100円未満の場合は「0」）を(51)欄に記入し、差し引いた金額が赤字の場合は、そのままの金額を(52)欄に記入します。

(注3)　還付される税金がある場合に、まだ未払となっている給与、配当などについての源泉徴収税額は実際に源泉徴収されるまでは還付されません。

第３期分の延納等

# Ⅳ　第３期分の延納等

　第３期分の税額を令和５年３月15日までに一時に納付することができない人は、第３期分の税額の２分の１以上（1,000円未満の端数は同日の納付分に合算します。）を同日までに納付すれば、残額については、令和５年５月31日まで延納することができます。（所法131①）

　この延納を希望する人は、確定申告書の提出期限までに延納届出書を提出しなければなりません。ただし、確定申告書に延納の事項が書き込める欄が設けられていますので、この欄に記載すれば別に届出書を提出する必要はありません。

　なお、延納届出額については、その期間について年7.3％(注)の割合で計算した利子税を納付しなければなりません。（所法131③、措法93①）

(注)　利子税特例基準割合※が年7.3％の割合に満たない場合には、その利子税特例基準割合が適用されます。（令和４年分及び令和５年分の利子税特例基準割合は年0.9％）

※　利子税特例基準割合とは、平均貸付割合（各年の前々年の９月から前年の８月までの各月における銀行の新規の短期貸付約定平均金利の合計を12で除して得た割合として各年の前年の11月30日までに財務大臣が告示する割合（令和５年分は年0.4％））に、年0.5％の割合を加算した割合をいいます。

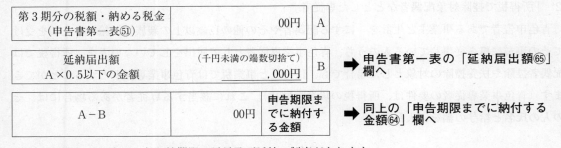

(注)　このほか、次のような納期限の延長及び延納の制度があります。
　①　納期限の延長ができる場合……災害等
　②　延納ができる場合……延払条件付譲渡

# 第五節　住民税・事業税に関する事項

　住民税や事業税の税額は、所得税の確定申告書に記載された所得の金額その他の事項を基に、都道府県や市区町村が税額を計算してそれぞれ納税者に通知することになっていますが、次の事項については、所得税と住民税や事業税とでは、その取扱いが違っています。

○ 住民税・事業税に関する事項

| 住民税 | 非上場株式の少額配当等 | 非居住者の特例 | 配当割額控除額 | 株式等譲渡所得割額控除額 | 特定配当等・特定株式等譲渡所得の全部の申告不要 | 給与、公的年金等以外の所得に係る住民税の徴収方法 | | 都道府県、市区町村への寄附（特例控除対象） | 共同募金、日赤その他の寄附 | 都道府県条例指定寄附 | 市区町村条例指定寄附 |
|---|---|---|---|---|---|---|---|---|---|---|---|
| | 円 | 円 | 円 | 円 | | 特別徴収 / 自分で納付 | | 円 | 円 | 円 | 円 |

| 退職所得のある配偶者・親族の氏名 | 個人番号 | 続柄 | 生年月日 | 退職所得を除く所得金額 | 障害者 | その他 | 寡婦・ひとり親 |
|---|---|---|---|---|---|---|---|
| | | | 明・大昭・平 | 円 | 障 / 特障 | 調整 | 寡婦 / ひとり親 |

| 事業税 | 非課税所得など | 番号 | 所得金額 | 円 | 損益通算の特例適用前の不動産所得 | | 円 | 前年中の開（廃）業 | 開始・廃止 月日 |
|---|---|---|---|---|---|---|---|---|---|
| | 不動産所得から差し引いた青色申告特別控除額 | | | | 事業用資産の譲渡損失など | | | 他都道府県の事務所等 | |

| 上記の配偶者・親族・事業専従者のうち別居の者の氏名・住所 | 氏名 | 住所 | 国外 | 所得税で控除対象配偶者などとした専従者 | 氏名 | 給与 | 円 | 一連番号 |
|---|---|---|---|---|---|---|---|---|

> この申告書の様式は、申告書第二表の一部分です。
> 　ここでは、所得税の確定申告書に記載する事項に限って説明します。詳しくは付録の「住民税及び事業税に関する申告の手引」を参照してください。

⑴ 「上記の配偶者・親族・事業専従者のうち別居の者の氏名・住所」

　配偶者・親族・事業専従者のうち、別居している方の氏名と住所を記入します。国外居住者である場合は「国外」に「○」を記入します。

⑵ 「所得税で控除対象配偶者などとした専従者」

　青色申告者である事業主と生計を一にする配偶者やその他の15歳以上の親族で、給与の支払を受けてその事業に専ら従事している人のうち、青色事業専従者として届出をしていない人を、所得税では配偶者控除や扶養控除の対象とした場合でも、住民税と事業税では青色事業専従者とすることができます（青色事業専従者の要件は、所得税の場合と同様）。これに該当する専従者がある場合には、その人の氏名と給与の額を記入します。

住民税・事業税に関する事項

## 1　住　民　税

### (1)　「非上場株式の少額配当等」

　所得税と住民税では、配当所得の計算方法が異なっていますので、所得税で確定申告しないことを選択した非上場株式の少額配当等がある人は次の算式で計算した金額を書きます。

　　　　申告した配当所得の金額（申告書第一表⑤）　　　　確定申告不要制度を選択した非上場株式の少額配当等

　　　　────────────────────円　＋　───────────────────────────円

### (2)　「非居住者の特例」

　所得税で総合課税されない非居住者（国内に住所を有しない者等をいいます。）の国内源泉所得であっても、住民税では他の所得と総合して課税されます。申告書には、前年中の非居住者であった期間内に生じた国内源泉所得の金額のうち所得税及び復興特別所得税で源泉分離課税された金額を書きます。

### (3)　「配当割額控除額」

　上場株式等の配当等について所得税及び復興特別所得税の確定申告をした場合は、住民税でも配当控除や特別徴収税額が控除又は還付されますので、その配当割額を書きます。

### (4)　「株式等譲渡所得割額控除額」

　源泉徴収選択口座の上場株式等の譲渡について所得税及び復興特別所得税の確定申告をした場合は、住民税でも特別徴収税額が控除又は還付等されますので、その株式等譲渡所得割額を書きます。

　　※　道府県民税配当割額（５％の税率）及び道府県民税株式等譲渡所得割額（５％の税率）が特別徴収された(3)及び(4)に係る所得について、住民税において所得税と異なる課税方式を選択する場合は、居住する市区町村からの住民税の納税通知書が送付される前に住民税の申告書の提出が必要となります。

　　　　ただし、特別徴収された特定配当等の額及び特別徴収された特定株式等譲渡所得金額の全てを住民税において特別徴収で済ませること（申告不要）とする場合は、「特定配当等・特定株式等譲渡所得の全部の申告不要」欄に○を記入することで住民税の申告書の提出が不要となります。

### (5)　「特定配当等・特定株式等譲渡所得の全部の申告不要」

　令和４年中の配当所得及び株式等に係る譲渡所得等が、特別徴収された特定配当等の額及び特別徴収された特定株式等譲渡所得金額のみであり、その全てを住民税において特別徴収で済ませること（申告不要）としようとする場合（所得税においてもその全てを申告不要とする場合を除きます。）には、「特定配当等・特定株式等譲渡所得の全部の申告不要」欄に○を記入します。この場合、原則として、お住まいの市区町村に対する住民税の申告書の提出は不要となりますが、以下の点に留意が必要です。

　　※　住民税において、配当所得及び株式等に係る譲渡所得等のうち一部でも申告するものがある場合には、当該欄に○を記入することはできません。

　　※　上場株式等の配当等のうち大口株主等が支払を受けるもの、非上場株式の配当等（所得税において申

告不要とする非上場株式の少額配当等を含みます。)、上場株式等の譲渡所得等（源泉徴収口座以外のもの）又は非上場株式の譲渡所得等を有する場合には、住民税において申告不要とすることができないため、当該欄に○を記入することはできません。

※　住民税において、所得税と異なる控除の適用を受けようとする場合には、別途、住民税の申告書の提出が必要となることがあります。

※　当該欄に○を記入し、住民税の申告書を提出しない場合には、住民税において上場株式等に係る譲渡損失の繰越控除の適用ができません。

(6)　「給与・公的年金等以外の所得に係る住民税の徴収方法の選択」

給与所得者や公的年金の受給者で、給与や公的年金（一定の金額制限などがあります。）以外（令和5年4月1日において65歳未満の方は給与所得以外）の所得に対する住民税の徴収方法は次のとおり二通りありますから、希望する徴収方法の□に○を記入します。

「特別徴収」……毎月支払われる給与や公的年金から天引し納付する方法

「自分で納付」（普通徴収）……給与から差し引かないで、自分で納付する方法

(7)　「都道府県、市区町村への寄附（特別控除対象）」「共同募金、日赤その他の寄附」「都道府県条例指定寄附」「市区町村条例指定寄附」

都道府県又は市区町村への寄附金（ふるさと納税）とそれ以外の寄附金とでは控除額が異なり、都道府県又は市区町村が条例で指定する寄附金は、それぞれ都道府県民税又は市区町村民税からのみ控除されますので、支出先の区分ごとにそれぞれの寄附金の額を書きます。

※　都道府県・市区町村の両方が条例で指定した寄附金がある場合は、両方の欄に記入します。

※　東日本大震災義援金として日本赤十字社や中央共同募金会等の募金団体に寄附したものなど最終的に被災地方団体や義援金配分委員会等に拠出されるものは、「都道府県、市区町村への寄附（特別控除対象）」欄に記入してください。

(8)　「退職所得のある配偶者・親族の氏名」欄

令和4年中に退職所得（源泉徴収されたものに限ります。）のある配偶者又は親族等の退職所得を除いた合計所得金額が48万円以下になる場合には、あなたが個人住民税の配偶者（特別）控除、扶養控除等を受けることができます。その場合には、令和4年中に退職所得のある配偶者又は扶養控除の氏名・マイナンバー（個人番号）・続柄・生年月日・令和4年分の退職所得を除いた合計所得金額を記入します。

## 2　事 業 税

(1)　「非課税所得など」

次の(イ)及び(ロ)に該当する人は、「非課税所得など」欄に、該当する番号とその所得金額を書きます。

(イ)　複数の事業を兼業している人で、そのうち次に掲げる事業より生ずる所得がある場合

1　畜産業（農業に付随して行うものを除きます。）から生ずる所得

2　水産業（小規模な水産動植物の採捕の事業を除きます。）から生ずる所得

3　薪炭製造業から生ずる所得

住民税・事業税に関する事項

4　あん摩、マッサージ又は指圧、はり、きゅう、柔道整復その他の医業に類する事業から生ずる所得

　　ただし、両眼の視力を喪失した人又は両眼の視力（矯正視力）が0.06以下の人が行う場合は事業税が課されませんので「10」となります。

5　装蹄師業から生ずる所得

(ロ)　次に掲げる所得（非課税所得）がある場合

6　林業から生ずる所得

7　鉱物掘採（事）業から生ずる所得

8　社会保険診療報酬等に係る所得

9　外国での事業に係る所得（外国に有する事務所等で生じた所得）

10　地方税法第72条の2に定める個人の行う事業（1057〜1058ページの1〜3参照）に該当しないものから生ずる所得

(2)　「損益通算の特例適用前の不動産所得」

　所得税における不動産所得の赤字の金額のうち土地等を取得するために要した負債の利子の額に相当する部分の損益通算不適用の規定は、事業税には適用されませんので、これに該当する金額がある場合はこの特例の適用前の不動産所得の金額を書きます。

(3)　「前年中の開（廃）業」

　事業主控除額は年間の営業月数により算出することになっていますから、令和4年の中途で開業、廃業をしたときは「開始」、「廃止」のいずれかの文字を○で囲み、その月日を書きます。

(4)　「不動産所得から差し引いた青色申告特別控除額」

　青色申告者であるときは、不動産所得から差し引いた青色申告特別控除額を記載します。

(5)　「事業用資産の譲渡損失など」

①　事業税が課税される事業に使用した機械及び装置、車両運搬具、牛馬、果樹などの事業用資産（土地、構築物、建物、無形固定資産は除きます。）を事業に使用しなくなってから1年以内に譲渡した場合の譲渡損失は、損失の生じた年（青色申告書を提出することが認められている場合に限ります。）の翌年以後連続して申告をする場合に限り、事業税でも翌年以後3年間に繰り越して控除されますから、その損失額を書きます。

②　白色申告者で、事業税が課税される事業が赤字の場合で、そのうちに被災事業用資産の損失が含まれているときは、その損失額は損失の生じた年の翌年以後連続して申告する場合に限り、事業税でも翌年以後3年間に繰り越して控除できますから、その損失額を書きます。

(6)　他都道府県の事務所等

　事業税では、事務所等が所在する都道府県ごとに課税されますので、他都道府県に事務所又は事業所がある場合には、「他都道府県の事務所等」欄の□に○を記入します。

——(651)——

# 第六節　変動所得、臨時所得の平均課税の申告

　課税所得は、第一節の事業所得、利子所得、配当所得、不動産所得、給与所得、譲渡所得、一時所得、雑所得及び第四章第五節の山林所得、退職所得の10種類の所得にすべて分類されることになりますが、これらの分類とは別の観点からの類型として「**変動所得**」と「**臨時所得**」があります。

　この変動所得と臨時所得は、10種類の所得のほかにあるのではなく、事業所得や不動産所得、雑所得に属するものですが、年によって収入に著しい変動があったり、特定の事情によってその年分のこれらの所得が臨時に増加したような場合に、税負担を調整する目的で所得税額の計算に当たり、平均課税方式という特別の方法によることができることになっています。(所法90)

　この平均課税により税額を算出した場合は、申告書第一表の㉛欄には**五**で計算した金額（「変動所得・臨時所得の平均課税の計算書」を使用します。）を記載します。

　また、確定申告書第一表の次の欄に該当事項を記入します。

| (申告書)(第 一 表) | 平均課税対象金額 | ㉒ | | | | | | | | ◀ 五の1参照 |
| | 変動・臨時所得金額 [区分] | ㉓ | | | | | | | | ◀ 五の4参照 |

　変動所得、臨時所得の平均課税の適用には、確定申告書、修正申告書又は更正請求書に適用を受ける旨を記載するとともに、その計算の明細を記載した書類を添付する必要があります。

## 一　平均課税の選択ができる場合

　平均課税の選択ができるのは、次の区分に応じ次の要件に当てはまる場合に限られます。

(1)　変動所得のみの場合

　　次の①（令和３年分又は令和２年分に変動所得があったときは①及び②）の要件に該当すること

　①　令和４年分の変動所得の金額が、令和４年分の総所得金額の20％以上であること

　②　令和４年分の変動所得の金額が、令和３年分と令和２年分の変動所得の金額の合計額の２分の１相当額を超えていること

(2)　臨時所得のみの場合

　　令和４年分の臨時所得の金額が、令和４年分の総所得金額の20％以上であること

(3)　変動所得と臨時所得の両方がある場合

　①　令和４年分の変動所得の金額が、令和３年分と令和２年分の変動所得の金額の合計額の２分の１相当額以下の場合……令和４年分の臨時所得の金額が、令和４年分の総所得金額の20％以上であること

　②　①以外の場合……令和４年分の変動所得の金額と臨時所得の金額の合計が、令和４年分の総所得金額の20％以上であること

**(注)** ②の要件を満たさないときでも、臨時所得のみで①の要件を満たしているときは、その臨時所得については平均課税を適用することができます。（所基通90─6）

## 二 変動所得の範囲

| 変 | 種　　目 | Ⓐ 収 入 金 額 | Ⓑ 必 要 経 費 | Ⓒ 専 従 者 控 除 額<br>（白色申告者のみ記入） | 所得金額（青色申告者は青色申<br>告特別控除後の金額）<br>（Ⓐ－Ⓑ－Ⓒ） |
|---|---|---|---|---|---|
| 動 | | 円 | 円 | 円 | 円 |
| 所 | 本 年 分 の 変 動 所 得 の 合 計 額 | | | ① | |
| 得 | ① の う ち 雑 所 得 に 係 る 金 額 | | | ② | |

この様式は、「変動所得・臨時所得の平均課税の計算書」の一部です。（三と**五**の様式も同じです。）

変動所得とは、事業所得や雑所得のうち、年によって収入に著しい変動がある次の所得をいいます。
（所法2①二十三、所令7の2、所基通90─2）

① 漁獲又はのりの採取から生ずる所得

② はまち、まだい、ひらめ、かき、うなぎ、ほたて貝、真珠・真珠貝の養殖から生じる所得

③ 原稿又は作曲の報酬に係る所得

④ 著作権の使用料（印税）に係る所得

**(注1)** 漁獲による所得とは、魚類や貝類などの水産動物を捕獲してそのまま販売したり、又は簡単な加工を施して販売する場合の所得をいいますから、こいなどの水産動物の養殖販売による所得は含まれません。また、こんぶ、わかめ、てんぐさなどの水産植物の採取による所得もこれには入りません。（所基通2─30、2─31）

**(注2)** 著作権の使用料に係る所得には、著作権者以外の者が著作権者のために著作物の出版等による利用に関する代理若しくは媒介をし、又は著作物を管理することにより受ける対価に係る所得は含まれません。（所基通2─32）

## 三 臨時所得の範囲

| 臨 | 種　　目 | Ⓐ 収 入 金 額 | Ⓑ 必 要 経 費 | Ⓒ 専 従 者 控 除 額<br>（白色申告者のみ記入） | 所得金額（青色申告者は青色申<br>告特別控除後の金額）<br>（Ⓐ－Ⓑ－Ⓒ） |
|---|---|---|---|---|---|
| 時 | | 円 | 円 | 円 | 円 |
| 所 | 本 年 分 の 臨 時 所 得 の 合 計 額 | | | ③ | |
| 得 | ③ の う ち 雑 所 得 に 係 る 金 額 | | | ④ | |

臨時所得とは、事業所得や不動産所得、雑所得のうち、次のような臨時的に生じた所得をいいます。
（所法2①二十四、所令8、所基通2─37）

① 土地や家屋などの不動産、借地権や耕作権などの不動産上の権利、船舶、航空機、採石権、鉱業権、

漁業権、工業所有権その他の技術に関する権利などを、3年以上の期間他人に使用させることにより一時に受ける権利金や頭金などで、その金額がその契約による使用料の年額の2倍相当額以上であるもの

> **(注)** 借地権や地役権を設定して、土地を長期間使用させることにより、一時に受ける権利金や頭金などで譲渡所得とされる場合（329、659ページ参照）は、臨時所得の取扱いを受けることはできません。

② 公共事業の施行などに伴い従来営んでいた業務を休止、転換又は廃止することにより、3年以上の期間の所得補償として受け取る補償金

③ 鉱害その他の災害により業務に使用している資産について損害を受けたことにより、3年以上の期間分の所得補償として受け取る補償金

④ 職業野球選手などが、3年以上の期間、特定の者と専属契約を結ぶことにより一時に受ける契約金で、その金額がその契約による報酬の年額の2倍相当額以上であるもの

⑤ 3年以上の期間にわたる不動産の貸付けの対価の総額として一括支払を受ける賃貸料でその全額がその年分の不動産所得の総収入金額に算入されるもの

⑥ 不動産の賃貸人が、賃借人の交替又は転貸により賃借人又は転借人（前借人を含みます。）から支払を受ける名義書替料、承諾料などで、(イ)賃借人の交替又は転貸後の貸付期間が3年以上で、(ロ)支払を受ける金額がその交替又は転貸後に賃貸人の受ける賃貸料年額の2倍相当額以上であるもの（譲渡所得となるものを除きます。）

⑦ 土地や家屋などの不動産、借地権や耕作権などの不動産上の権利、船舶、航空機、採石権、鉱業権、漁業権、工業所有権その他の技術に関する権利などについて損害を受けたことにより、3年以上の期間分の事業所得などの賠償として受け取る損害賠償金など（譲渡所得となるものを除きます。）

⑧ 金銭債権の債務者から受け取る債務不履行に基づく損害賠償金や国税通則法及び地方税法の規定に基づく還付加算金で3年以上の期間分に係るもの

# 四　所得計算の際に注意しなければならない点

変動所得、臨時所得の金額を計算する場合、まず事業所得や不動産所得、雑所得のうち、変動所得、臨時所得に相当する所得を抜き出して計算するわけですが、その際必要経費等については次の点に注意する必要があります。

① 事業所得や雑所得のうちに変動所得とそれ以外の所得とがある場合には、それらの事業所得や雑所得の必要経費は、変動所得の収入金額に対応する部分とそれ以外の部分とに区分してそれぞれ計算することになります。

　なお、それぞれの収入金額に対応する部分の金額が個別に計算できない必要経費については、その必要経費の種類や性質に応じて、収入金額の比や従事割合、使用割合その他適切な基準、方法によって計算します。（所基通90─5）

② 臨時所得の金額を計算する場合の必要経費は、次のような費用又は損失に限られ、経常収入に対

応する必要経費は含まれません。
イ　業務の廃止、休止又は転換に係る広告費
ロ　資産の移転、移築又は除却のための費用及び損失（対価補償金等により補てんされるものを除きます。）
ハ　休業（廃業の日まで休業していた場合を含みます。）期間中の人件費その他の一般管理費
ニ　3年以上の期間にわたる不動産の貸付けの対価の総額として一括支払を受ける賃貸料でその全額がその年分の不動産所得の総収入金額に算入されるものについては、その年に生じた費用とその年の翌年以後の貸付期間が終了する日までの各年において通常生ずると見込まれる費用の合計額

③　青色申告特別控除の適用を受ける不動産所得又は事業所得のうちに変動所得又は臨時所得がある場合には、次の算式により計算した金額を、変動所得又は臨時所得の金額の計算上、青色申告特別控除額として控除します。（措通25の2－2）

$$\text{不動産所得又は事業所得の金額の計算上控除される青色申告特別控除額} \times \frac{\text{変動所得又は臨時所得の金額}}{\text{青色申告特別控除前の不動産所得又は事業所得の金額}}$$

## 五　平均課税の仕組み

### 1　平均課税対象金額の計算

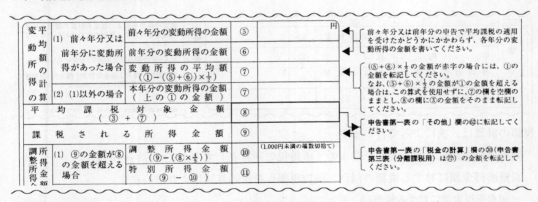

税額の計算の前にまず、次の算式によって平均課税対象金額の計算を行います。

① 令和2年及び令和3年のいずれの年にも変動所得があって、令和4年分の変動所得の金額が、令和2年分と令和3年分の変動所得の金額の合計額の2分の1を超える場合

$$\left(\text{令和4年分の変動所得の金額} - \text{令和2年分と令和3年分の変動所得の金額の合計額} \times \frac{1}{2}\right) + \text{令和4年分の臨時所得の金額} = \text{平均課税対象金額}$$

② 令和2年か令和3年のいずれかの年に変動所得があって、令和4年分の変動所得の金額が、令和2年分か令和3年分のいずれかの年分の変動所得の金額の2分の1を超える場合

$$\left(\text{令和4年分の変動所得の金額} - \text{令和2年分か令和3年分のいずれかの年分の変動所得の金額} \times \frac{1}{2}\right) + \text{令和4年分の臨時所得の金額} = \text{平均課税対象金額}$$

③ 令和2年及び令和3年のいずれの年にも変動所得がなかった場合

令和４年分の変動所得の金額＋令和４年分の臨時所得の金額＝**平均課税対象金額**

（上記の平均課税対象金額を申告書第一表の(62)欄に記入します。）

## 2　調整所得金額・特別所得金額の区分

| | | | | |
|---|---|---|---|---|
| 調整所得金額・特別所得金額の計算 | (1)　⑨の金額が⑧の金額を超える場合 | 調整所得金額（⑨－（⑧×$\frac{4}{5}$）） | ⑩ | (1,000円未満の端数切捨て) |
| | | 特別所得金額（⑨－⑩） | ⑪ | |
| | (2)　(1)以外の場合 | 調整所得金額（⑨×$\frac{1}{5}$） | ⑩ | (1,000円未満の端数切捨て) |
| | | 特別所得金額（⑨－⑩） | ⑪ | |

課税される総所得金額を次の算式によって、調整所得金額と特別所得金額に区分します。

①　課税される総所得金額が平均課税対象金額を超える場合

課税される総所得金額$-\left(\text{平均課税対象金額}\times\frac{4}{5}\right)=$調整所得金額（1,000円未満の端数切捨て）

②　課税される総所得金額が、平均課税対象金額以下の場合

課税される総所得金額$\times\frac{1}{5}=$調整所得金額（1,000円未満の端数切捨て）

**課税される総所得金額－調整所得金額＝特別所得金額**

## 3　税額の計算

| | | | | |
|---|---|---|---|---|
| 計算 | （⑨－⑩） | ⑪ | | |
| 税額の計算 | 調整所得金額⑩に対する税額 | ⑫ | | ← 確定申告の手引きの税金の計算の課税される所得金額に対する税額で求めた税額を書いてください。 |
| | 平均税率 | ⑬ | % | ← $\frac{⑫}{⑩}$×100（小数点以下切捨て）を書いてください。 |
| | 特別所得金額⑪に対する税額（⑪×⑬） | ⑭ | 円 | → 申告書第一表の「税金の計算」欄の㉛（申告書第三表（分離課税用）は(85)）に転記してください。 |
| | 税額の計（⑫＋⑭） | ⑮ | | （申告書第一表の「その他」欄の(61)に転記してく… |

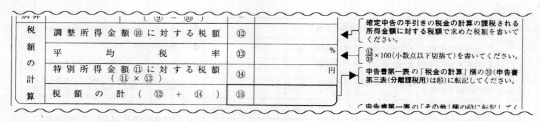

税額の計算は、次によって行います。

①　調整所得金額に対する税額を巻末の「所得税の速算表」で求めます。………A

②　調整所得金額に対する税額の割合（平均税率）を次の算式により求めます。

$$\frac{\text{調整所得金額に対する税額(A)}}{\text{調整所得金額}}=\text{平均税率}$$

（注）小数点以下２位まで求め３位以下は切り捨てます。

③　特別所得金額×平均税率＝特別所得金額に対する税額……………………………B

④　A＋B＝ 令和４年分の課税総所得金額に対する税額 ➡ **申告書第一表㉛欄（申告書第三表（分離課税用）は(93)欄）へ**

## 4 申告書第一表㊶欄への記載

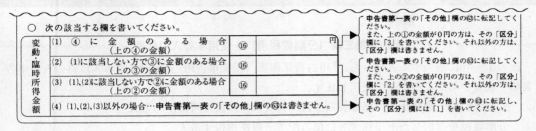

# 第四章　分離課税用（第三表）の申告書の書き方

## 申告書第三表（分離課税用）を使用する人の範囲

次の①～⑥に該当する人のうち、「申告書第四表（損失申告用）」を使用する人以外の人が申告書第一表及び第二表と併せて使用します。

① 分離課税の土地建物等に係る長期譲渡所得又は短期譲渡所得がある人
② 分離課税を選択した上場株式等に係る配当所得を申告する人
③ 分離課税の株式等に係る譲渡所得、事業所得、雑所得を申告する人
④ 分離課税の先物取引に係る譲渡取得、事業所得又は雑所得がある人
⑤ 山林所得がある人
⑥ 退職所得について申告する人

**（注1）** 申告書第三表（分離課税用）を使用する場合は、申告書第一表の「課税される所得金額（⑫－㉙）又は第三表」㉚欄は記載の必要はありません。また、申告書第一表の「上の㉚に対する税額又は第三表の㊓」㉛欄には、この申告書第三表（分離課税用）の㊓欄の金額を転記します。

**（注2）**「特例適用条文」欄の記載方法は「所法」、「措法」又は「震法」を〇で囲み、その横のマス目に「条文」を書きます。

## 第一節　分離課税の土地建物等の譲渡所得の申告

### I　土地建物等の譲渡所得の範囲

#### 一　土地建物等の譲渡所得

##### 1　土地建物等の譲渡

分離課税とされる土地建物等の譲渡とは、土地等（土地又は土地の上に存する権利）や建物等（建物及びその附属設備又は構築物）の譲渡をいい、その譲渡には、建物又は構築物の所有を目的とする地上権又は賃借権の設定その他契約により他人に土地を長期間使用させる設定行為で資産の譲渡とみなされる行為（所令79①）も含まれます。（措法31①）

| 区　　分 | 範　　　　　　　　　　　　　　　　囲 |
|---|---|
| 土　　　地 | 宅地、田、畑、鉱泉地、池、沼、山林地、牧場、ゴルフ場、原野、借地権、地役権など |
| 建物・構築物 | 住宅、アパート、店舗、事務所、工場、倉庫、別荘、へい、庭園、貯水池など |
| 株式・出資 | 短期保有土地等が総資産の70％以上を占める法人の株式・出資など |

土地建物等の分離譲渡所得（対象範囲）

## 2 借地権・地役権の設定

　借地権又は地役権の設定によって受けた権利金等の額や敷金等から生ずる特別の経済的利益の額が、土地（転貸の場合は借地権）の価額の2分の1（その設定が地下又は空間について上下の範囲を定めたものである場合又は河川に係る遊水地の設置を目的とする地役権の設定である場合は4分の1）を超える場合に限り、その所得を譲渡所得として計算します。ただし、これに該当しない場合には、権利金等の額について、不動産所得として取り扱われます。（所法33、所令79、80）

┌─ 借　地　権 ─────────────────────────────────
│　土地を借りて、その土地の上に建物や構築物を建築することを条件とした地上権、賃借権を総称して、税法上借地権といいます。借地権の設定があれば、地主は、借地人の所有する建物や構築物が存続する限り、その土地の使用に制限を受けることとなります。
└──────────────────────────────────────────

┌─ 地　役　権 ─────────────────────────────────
│　一般に、甲地の利益のために乙地を利用し、ここを通行したり引水したりする権利を地役権といいますが、税法上、譲渡所得となる場合の地役権は、次の目的で設定されるもので建造物の設置を制限する権利に限られます。
│①特別高圧架空（地中）電線の架設（敷設）　②高圧ガス導管の敷設　③飛行場の設置　④ケーブルカーやモノレールの敷設　⑤砂防設備である導流堤又は遊砂地の設置　⑥都市計画法に定める特定街区内における建築物の建築　⑦都市計画法第4条第14項に規定する公共施設（道路、公園、下水道など）の設置　⑧河川に係る遊水地などの施設の設置
└──────────────────────────────────────────

## 3 短期保有土地等の譲渡に類する株式等の譲渡による譲渡所得

　次の(1)の短期保有土地等の譲渡に類する株式等の譲渡をした場合において、その譲渡が、次の(2)の事業等の譲渡に類する株式等の譲渡に該当するときは、その譲渡による所得は分離短期譲渡所得として、765ページ二により課税されます。（措法32②、措令21③④）

### (1) 短期保有の土地等の譲渡に類する株式等の譲渡

　次に掲げる株式等の譲渡をいいます。

①　その有する資産の価額の総額のうちに占める短期保有土地等（その法人が取得の日から引き続き所有していた土地等で、株式の譲渡をした年の1月1日までの所有期間が5年以下であるもの及び譲渡の年に取得したもの）の価額の合計額の割合が70％以上である法人の株式

②　その有する資産の価額の総額のうちに占める土地等の価額の合計額の割合の70％以上である法人の株式で、その譲渡をした年の1月1日において所有期間が5年以下であるもの及び譲渡の年に取得したもの

### (2) 事業等の譲渡に類する株式等の譲渡

　次に掲げる要件に該当する場合のその年における②の株式等の譲渡をいいます。

①　その年以前3年内のいずれかの時において特殊関係株主等が発行済株式等の総数（総額）の30％

分離課税の土地建物等の譲渡所得の申告

以上を有し、かつ、その株式又は出資の譲渡をした人が特殊関係株主等であること

②　その年において、その株式又は出資の譲渡をした人を含む特殊関係株主等が発行済株式等の総数等の５％以上の譲渡をし、かつ、その年以前３年内において、発行済株式等の総数（総額）の15％以上の譲渡をしたこと

### 4　土地などの継続譲渡

　固定資産である土地などの譲渡（２の借地権等の設定等を含みます。）による所得であっても、次のいずれかに当てはまる場合は、その土地などが極めて長期間（おおむね10年以上をいいます。）引き続き所有されていた場合を除き、事業所得又は雑所得として取り扱われます。（所基通33―３、33―４）

①　土地等を相当の期間にわたり継続して譲渡している場合

②　相当規模の土地に区画形質の変更を加え又は水道その他の施設を設け宅地等として譲渡した場合

③　土地に建物を建設し建物を建売りをした場合

**(注)**　上表の②、③に当てはまる土地が極めて長期間引き続き所有されていたものであるときは、区画形質の変更などによる利益に対応する部分が事業所得又は雑所得に相当し、その他の部分は譲渡所得として取り扱われます。この場合において、譲渡所得に係る収入金額は、区画形質の変更等の着手直前におけるその土地の価額とされます。なお、その土地、建物等の譲渡に要した費用は、すべて事業所得又は雑所得に係る必要経費とします。（所基通33―５）

## 二　区分・所得の生ずる場所など

　「分離課税の短期・長期譲渡所得に関する事項」の「区分」欄には、長期・一般などと譲渡所得の区分を書きます。また、譲渡した土地や建物などの所在地が、所得の生ずる場所になります。

○　分離課税の短期・長期譲渡所得に関する事項

(分離課税用)
(第　三　表)

| 区　分 | 所得の生ずる場所 | 必　要　経　費 | 差引金額<br>(収入金額<br>ー必要経費) | 特別控除額 |
|---|---|---|---|---|
| | | 円 | 円 | 円 |
| | | | | |
| 差引金額の合計額　⑨⑨ | | | | |
| 特別控除額の合計額　⑩⑩ | | | | |

――(660)――

## Ⅱ 譲渡所得の金額の計算

　土地建物等の譲渡所得がある場合には、申告書第三表（分離課税用）の次の各欄に収入金額及び所得金額を記載します。

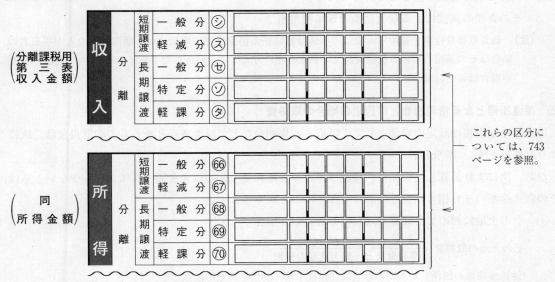

　分離課税の譲渡所得がなくて総合課税の譲渡所得のある人は、この申告書第三表を使用せず、申告書第一表及び第二表のみを使用します。

## 一　収 入 金 額

　総合課税の場合（339ページ参照）と同様に計算します。
　なお、算入すべき時期について農地法の規定による許可を受けなければならない農地又は採草放牧地の譲渡についても、原則として、その農地などの引渡しが行われた日が収入金額に算入すべき時期となります。ただし、その農地などの転用等の許可がない場合や届出の効力が発生していない場合であっても譲渡（売買）契約の締結された日を収入金額に算入すべき日として申告しても差し支えありません。（所基通36—12）

## 二　必 要 経 費

　原則として、総合課税の場合（343ページ参照）と同様に計算します。

分離課税の土地建物等の譲渡所得の申告

## ⑴ 概算取得費控除

　昭和27年12月31日以前に取得した土地建物等の取得費は、次の①、②のうちいずれか多い金額とすることができることとされており、この取得費の計算方法は、土地建物等の譲渡所得である限り昭和28年1月1日以後の取得に係るものにも同様の取扱いが認められています。（措法31の4、措通31の4—1）

　①　実際の取得価額を基として計算した金額

　②　その資産の譲渡による収入金額の5％相当額

　**（注）**　概算取得費控除を適用する場合の収入金額に係る消費税等の取扱いは、譲渡をした人が事業者の場合はその適用している税抜経理又は税込経理の方式により算定した金額によります。（事業者でない場合は税込経理）

## ⑵ 譲渡所得となる借地権などの設定の場合の取得費

　借地権や地役権の設定の対価として受け取った権利金などで譲渡所得となるものの取得費は、次により計算します。（所令174）

　なお、次により計算した金額が、譲渡所得となる権利金などの収入金額の5％よりも少ないときは、その収入金額の5％相当額をその取得費とすることができます。

　①　その土地に初めて借地権や地役権を設定した場合

$$\text{その土地の取得費} \times \frac{\text{権利金などの額}}{\text{権利金などの額} + \text{底地の価額}}$$

　**（注）**　「底地の価額」が不明のときは、地代年額の20倍を底地の価額とします。

　②　現に借地権や地役権が設定してある土地に、さらに借地権などを設定した場合

　　（例えば、既に借地権の設定してある土地の地下を地下鉄や地下商店街などに使用させた場合）

$$\left(\begin{array}{l}\text{その土地} \\ \text{の取得費}\end{array} - \begin{array}{l}\text{現に設定してある借地権などについて上} \\ \text{記①により計算して取得費とされた金額}\end{array}\right) \times \frac{\text{権利金などの額}}{\text{権利金などの額} + \text{底地の価額}}$$

　**（注）**　過去に借地権などの設定があった土地で現に借地権などの設定がないものについて借地権などを設定した場合や、借地権者が借地を転貸した場合の取得費の計算については、例外があります。

## ⑶ 土地と建物を一括で購入している場合の取得費の区分

　購入時の契約で土地と建物の価額が区分されている場合は、その価額によりますが、区分されていない場合で建物の消費税額が分かるときは①の方法により、それ以外のときは②の方法で区分計算します。

　①　契約書等にその建物に課税された消費税額がわかるときは、次の算式により建物の取得費を計算することができます。（残余を土地の取得費とします。土地は消費税非課税）

$$\text{その建物の消費税額} \times \frac{1 + \text{分母の消費税率}}{\text{消費税率※}} \qquad \text{※消費税率}$$

| | 消費税率 |
|---|---|
| ～平成9年3月31日 | 3％ |
| 平成9年4月1日～平成26年3月31日 | 5％ |
| 平成26年4月1日～令和元年9月30日 | 8％ |
| 令和元年10月1日～ | 10％ |

土地建物等の分離譲渡所得（所得計算）

② 購入時の時価の割合で区分計算しますが、建物の標準的な建築価額（351ページ参照）に床面積（マンションは専有部分の床面積）を乗じて建物の取得費（中古の建物を購入していた場合は、建築時から取得時までの経過年数に応じた償却費相当額を控除します。）を計算しても差し支えありません。（残余を土地の取得費とします。）

⑷ **譲渡費用の例示**

土地建物等の譲渡に関する次のような費用はいずれも譲渡費用として差し引くことができます。（所基通33─7）

① 譲渡のために借家人を立ち退かせるための立退料

② 土地（借地権を含みます。）を譲渡するためにその土地の上にある建物等の取壊しに要した費用

③ 仲介手数料

④ 契約書に貼付した印紙代

⑸ **土地等の譲渡に際しその土地の上にある建物等の取壊しに要した費用**

資産の取壊し又は除却による損失（その取壊しなどのために支出した費用を含みます。）が、譲渡のためにされたものであることが明らかであるときは、次の算式によって計算した金額を、譲渡費用の額に含めることができます。（所基通33─8）

$$\left(\begin{matrix}その資産\\の取得費\end{matrix} + \begin{matrix}取壊しなどのために\\支出した費用の金額\end{matrix}\right) - \begin{matrix}その資産の取壊しなどにより生じた廃\\材などの処分価額又は処分可能見込額\end{matrix} = \begin{matrix}譲渡費用に\\含める額\end{matrix}$$

# 三　譲渡所得の金額

収入金額から必要経費を差し引いた金額（譲渡益）が、分離課税の譲渡では「譲渡所得の金額」になります。

〈**長期譲渡と短期譲渡との譲渡損益の通算**〉

分離課税の土地建物等の短期譲渡所得の金額の計算上生じた損失の金額は、分離課税の土地建物等の長期譲渡所得がある場合は、その長期譲渡所得の金額から当該金額を限度として控除します。（措法31①）

同様に、分離課税の土地建物等の長期譲渡所得の金額の計算上生じた損失の金額は、分離課税の土地建物等の短期譲渡所得がある場合には、その短期譲渡所得の金額から当該金額を限度として控除します。（措法32①）

四 特別控除額

　土地建物等の譲渡所得金額からは、次表に掲げる特殊な場合における長期の譲渡及び短期の譲渡について、次表に掲げる特別控除額を差し引くことができます。

| 譲　　渡　　の　　態　　様 | 特別控除額 | 特例適用条文 |
|---|---|---|
| 土地収用法などで土地建物等を収用等された場合 | 5,000万円 | 措法33条の4 |
| 居住用財産を譲渡した場合 | 3,000万円 | 措法35条 |
| 被相続人の居住用財産を譲渡した場合（空き家に係る譲渡所得の特別控除） | 3,000万円 | 措法35条3項 |
| 特定土地区画整理事業等のために土地等を譲渡した場合 | 2,000万円 | 措法34条 |
| 特定住宅地造成事業等のために土地等を譲渡した場合 | 1,500万円 | 措法34条の2 |
| 平成21・22年に取得した長期所有土地等を譲渡した場合 | 1,000万円 | 措法35条の2 |
| 農地保有の合理化等のために農地等を譲渡した場合 | 800万円 | 措法34条の3 |
| 低未利用土地等を譲渡した場合 | 100万円 | 措法35条の3 |

## 1　居住用財産の3,000万円特別控除（措法35、措令23）

### (1)　特例のあらまし

　次の①～③のいずれかに該当する場合には、その資産の譲渡所得の金額から3,000万円を控除することができます。

①　居住用家屋（その家屋のうちに居住用以外の部分があるときは、居住用部分に限られ、その人が居住用家屋を2以上有している場合には、これらの家屋のうち、その人が主として居住していると認められる1個の家屋に限ります。）を譲渡した場合

②　居住用家屋とともにその敷地とされている土地等の譲渡（譲渡所得の基因となる不動産等の貸付けを含みます。以下同じ。）をした場合

③　次のイ～ハのいずれかに該当する家屋又は土地等を、これらの家屋にその人が居住しなくなった日から3年を経過した年の12月31日までの間に譲渡した場合

イ　災害により滅失した居住用家屋の敷地とされていた土地等

ロ　居住用家屋で居住されなくなったもの

ハ　ロの居住用家屋の敷地とされている土地等で、ロの居住用家屋とともに譲渡されるもの

(注1)　居住用家屋を取り壊してその敷地とされていた土地等を譲渡した場合の取扱いは、居住用財産の長期譲渡所得がある場合の税額計算の特例と同じですので、760ページハを参照（ただし、同(イ)の要件は適用がありません。）してください。（措通35-2）

(注2)　土地等の譲渡についての特別控除は、居住用家屋とその敷地のいずれをも所有し、かつ、これを一体として譲渡した場合に適用されることとされていますから、家屋の所有者と土地等の所有者とが異なる場合の土地等の譲渡については、原則として適用されません。

土地建物等の分離譲渡所得（所得計算）

しかし、その家屋の譲渡益が3,000万円に満たず、かつ、次の要件の全てに該当する場合に限り、その満たない金額の範囲内で、その家屋の所有者以外の人が所有する土地等の譲渡所得の計算上、その残額を控除することができます。（措通35―4）

① その家屋とともにその敷地とされている土地等の譲渡があったこと

② その家屋の所有者とその土地等の所有者とが親族関係を有し、かつ、生計を一にしていること

③ その土地等の所有者は、その家屋の所有者とともにその家屋に居住していること

なお、②③の要件に該当するかどうかは、その家屋の譲渡の時の状況により判定します。ただし、その家屋にその所有者が居住しなくなった日から3年を経過した年の12月31日までの間に譲渡されたものであるときは、②の要件に該当するかどうかは、その家屋にその所有者が居住しなくなった時からその家屋の譲渡の時までの間の状況により、③の要件に該当するかどうかは、その家屋にその所有者が居住しなくなった時の直前の状況により判定します。

**(注3)** 同一年中に譲渡した居住用財産の譲渡所得のうちに、短期譲渡所得と長期譲渡所得とがある場合は、特別控除額は、分離短期譲渡所得→分離長期譲渡所得の順に控除します。

## (2) 居住用家屋の範囲

この特別控除の対象となる「居住用家屋」とは、その人が生活の拠点として利用している家屋（一時的な利用を目的とする家屋を除きます。）をいい、これに該当するかどうかは、その人及び配偶者等（社会通念上その人と同居することが通常であると認められる配偶者その他の人をいいます。以下同じ。）の日常生活の状況、その家屋への入居目的、その家屋の構造及び設備の状況その他の事情を総合的に考慮して判定することになります。（措通31の3―2）

### 〈転勤等により単身で他に起居している場合〉

転勤、転地療養等の事情のため、配偶者等と離れ、単身で他に起居している場合であっても、その事情が解消した後は、配偶者等と起居を共にすることになると認められるときは、配偶者等が居住している家屋は、その人にとっても、その居住用家屋として取り扱われます。

### 〈一時的な目的で入居した家屋等〉

次のような家屋は、居住用家屋には該当しません。

① この特別控除の適用を受けるためのみの目的で入居したと認められる家屋、居住用家屋の新築期間中だけの仮住まいである家屋その他一時的な目的で入居したと認められる家屋

**(注)** 譲渡した家屋における居住期間が短期間であっても、その家屋への入居目的が一時的なものでない場合には、その家屋は①の家屋には該当しません。

② 主として趣味、娯楽又は保養の用に供する目的で有する家屋

## (3) 特例が適用されない場合

次の場合に該当するときは、この特別控除の適用を受けることはできません。（措法35②）

① 譲渡した相手方が次のいずれかに該当する場合（措令23②、20の3①）

| イ | 譲渡者の配偶者及び直系血族 |
|---|---|
| ロ | 譲渡者の親族（上記イの人を除きます。以下同じ。）で次に該当する人 |
| | (イ) 譲渡者と生計を一にしている人 |

——(665)——

# 分離課税の土地建物等の譲渡所得の申告

| | |
|---|---|
| (ロ) | 居住用家屋の譲渡がされた後、譲渡者とその家屋に居住する人 |
| ハ | 譲渡者とまだ婚姻の届出をしないが事実上婚姻関係と同様の事情にある人及びその人の親族でその人と生計を一にしている人 |
| ニ | 上記イ〜ハの人及び譲渡者の使用人以外の人で譲渡者から受ける金銭その他の財産によって生計を維持している人及びその人の親族でその人と生計を一にしている人 |
| ホ | 譲渡者、譲渡者の上記イ、ロの親族、譲渡者の使用人若しくはその使用人の親族でその使用人と生計を一にしている人又は譲渡者に係る上記ハ、ニに該当する人を判定の基礎となる所得税法第2条第1項第8号の2に規定する株主等とした場合に法人税法施行令第4条第2項に規定する特殊の関係その他これに準ずる関係のあることとなる会社その他の法人 |

② その譲渡について次の特例の適用を受ける場合（措法35②一）

| | |
|---|---|
| イ | 固定資産の交換の特例（所法58） |
| ロ | 収用等に伴い代替資産を取得した場合の特例（措法33） |
| ハ | 交換処分等に伴い資産を取得した場合の特例（措法33の2） |
| ニ | 換地処分等に伴い資産を取得した場合の特例（措法33の3） |
| ホ | 収用交換等の場合の譲渡所得等の特別控除の特例（措法33の4） |
| ヘ | 特定の事業用資産の買換え・交換の特例（措法37、37の4） |
| ト | 特定普通財産とその隣接する土地等の交換の特例（措法37の8） |
| チ | 平成21・22年に土地等の先行取得をした場合の特例（旧措法37の9） |

**(注)** この特別控除の適用を受ける場合は、次の特例については重複適用ができません。（措法31の2④、34①、34の2①、35の2②、35の3②三、37の5①、37の6①三）

| | |
|---|---|
| (イ) | 優良住宅地の造成等のために土地等を譲渡した場合の長期譲渡所得の課税の特例（措法31の2） |
| (ロ) | 特定土地区画整理事業等のために土地等を譲渡した場合の譲渡所得の特別控除（措法34） |
| (ハ) | 特定住宅地造成事業等のために土地等を譲渡した場合の譲渡所得の特別控除（措法34の2） |
| (ニ) | 特定期間に取得をした土地等を譲渡した場合の長期譲渡所得の特別控除（措法35の2） |
| (ホ) | 低未利用土地等を譲渡した場合の長期譲渡所得の特別控除（措法35の3） |
| (ヘ) | 既成市街地等内にある土地等の中高層耐火建築物等の建設のための買換え及び交換の場合の譲渡所得の課税の特例（措法37の5） |
| (ト) | 特定の交換分合により土地等を取得した場合の特例（措法37の6） |

③ 譲渡者がその年の前年又は前々年において既にこの特別控除の適用を受けている場合（ただし、次の2の特例を受けている場合を除きます。）（措法35②本文かっこ書）

④ 譲渡者がその年の前年又は前々年において既に特定の居住用財産の買換え・交換の特例（措法36の2、36の5）、居住用財産の買換え等の場合の譲渡損失の損益通算及び繰越控除（措法41の5）又は特定居住用財産の譲渡損失の損益通算及び繰越控除（措法41の5の2）の特例の適用を受けている場合（措法35②本文かっこ書）

——(666)——

土地建物等の分離譲渡所得（所得計算）

### (4) 申告の手続

　この特別控除は、対象となる資産の譲渡をした年分の申告書第三表の「特例適用条文」欄に「措法35条」と記載するとともに、次の書類を確定申告書に添付した場合に限り適用されます。（措法35⑪、措規18の2①一、②一）

① 　譲渡した居住用財産に係る「譲渡所得の内訳書（確定申告書付表兼計算明細書)」

② 　居住用財産の売買契約日の前日においてその居住用財産を売った人の住民票に記載されていた住所とその居住用財産の所在地が異なる場合などには次の書類

　イ 　譲渡者の戸籍の附票の写し（譲渡日から2か月経過後に交付を受けたものに限ります。）又は、消除された戸籍の附票の写し

　ロ 　譲渡者の住民基本台帳に登載されていた住所がその資産の所在地と異なっていた事情の詳細を記載した書類

　ハ 　譲渡者がその資産に居住していた事実を明らかにする書類

## 2　被相続人の居住用財産を譲渡した場合の3,000万円特別控除（空き家に係る譲渡所得の特別控除）（措法35③）

### (1) 特例のあらまし

　相続又は遺贈により「被相続人居住用家屋」（注1）及び「被相続人居住用家屋の敷地等」（注2）を取得した相続人（包括受遺者を含みます。）が、平成28年4月1日から令和5年12月31日までの間に、その取得した被相続人居住用家屋又は被相続人居住用家屋の敷地等を譲渡した場合には、その譲渡所得の金額から3,000万円を控除することができます。（措法35①③）

(注1)　「被相続人居住用家屋」とは、相続開始の直前において被相続人の居住の用（居住の用に供することができない事由として下記の※1で定める特定事由によりその相続の開始の直前においてその被相続人の居住の用に供されていなかった場合（下記の※2で定める要件を満たす場合に限ります。）におけるその特定事由により居住の用に供されなくなる直前のその被相続人の居住の用（「対象従前居住の用」といいます。」を含みます。）に供されていた家屋（主として居住の用に供していた一の建築物に限ります。）で、以下の要件を満たすものをいいます。（措法35④）

① 　昭和56年5月31日以前に建築されたこと

② 　区分所有建物ではないこと

③ 　相続開始の直前において被相続人以外に居住をしていた者がいなかったこと（その被相続人のその居住の用に供されていた家屋が対象従前居住の用に供されていた家屋である場合には、その特定事由によりその家屋が居住の用に供されなくなる直前においてその被相続人以外に居住をしていた者がいなかったこと。）

※1　※1で定める特定事由とは、次の事由をいいます。（措法35④、措令23⑥）

　イ 　介護保険法に規定する要介護認定又は要支援認定を受けていた被相続人その他これに類する被相続人が養護老人ホーム等、介護老人保健施設等又はサービス付き高齢者向け住宅に入居又は入所をしていたこと。

　ロ 　障害者の日常生活及び社会生活を総合的に支援するための法律に規定する障害支援区分の

認定を受けていた被相続人が同法に規定する障害者支援施設（施設入所支援が行われるものに限ります。）又は共同生活援助を行う住居に入所又は入居をしていたこと。

※2　※2で定める要件（措法35④、措令23⑦）

イ　特定事由により被相続人居住用家屋が被相続人の居住の用に供されなくなった時から相続の開始の直前まで引き続き被相続人居住用家屋がその被相続人の物品の保管その他の用に供されていたこと。

ロ　特定事由により被相続人居住用家屋が被相続人の居住の用に供されなくなった時から相続の開始の直前まで被相続人居住用家屋が事業の用、貸付けの用又は被相続人以外の者の居住の用に供されていたことがないこと。

ハ　被相続人が老人ホーム等に入居又は入所をした時から相続の開始の直前までの間において被相続人の居住の用に供する家屋が2以上ある場合には、これらの家屋のうち、その住居又は施設が、被相続人が主としてその居住の用に供していた一の家屋に該当するものであること。

**（注2）**　「被相続人居住用家屋の敷地等」とは、相続開始の直前においてその被相続人居住用家屋の敷地の用に供されていた土地等をいいます。

**（注3）**　平成31年4月1日前に行う対象譲渡については、適用対象となる被相続人居住用家屋及び被相続人居住用家屋の敷地等の範囲に、特定事由により相続の開始の直前においてその被相続人の居住の用に供されていなかった場合におけるその特定事由により居住の用に供されなくなる直前にその被相続人の居住の用に供されていた家屋及びその家屋の敷地の用に供されていた土地等は、含まれません。（措法35③④⑤、平31改所法等附34⑥）

## ⑵　特例の対象となる譲渡

相続開始があった日から同日以後3年を経過する日の属する年の12月31日までに、次の①又は②を譲渡した場合で、その譲渡の対価の額が1億円を超えないものが対象となります。（措法35③一、二）

①　相続若しくは遺贈により取得した被相続人居住用家屋（相続開始の時後に被相続人居住用家屋につき行われた増築等に係る部分を含むものとし、次のイ及びロに掲げる要件を満たすものに限ります。）の譲渡又は被相続人居住用家屋とともにする相続若しくは遺贈により取得をした被相続人居住用家屋の敷地等（次のイに掲げる要件を満たすものに限ります。）の譲渡

イ　相続開始の時から譲渡の時まで事業の用、貸付けの用又は居住の用に供されていたことがないこと

ロ　譲渡の時において地震に対する安全性に係る規定又は基準に適合するものであること

②　相続又は遺贈により取得をした被相続人居住用家屋（次のイに掲げる要件を満たすものに限ります。）の全部の取壊し等をした後における相続又は遺贈により取得をした被相続人居住用家屋の敷地等（次のロ及びハに掲げる要件を満たすものに限ります。）の譲渡

イ　相続開始の時から取壊し等の時まで事業の用、貸付けの用又は居住の用に供されていたことがないこと

ロ　相続開始の時から譲渡の時まで事業の用、貸付けの用又は居住の用に供されていたことがないこと

土地建物等の分離譲渡所得（所得計算）

ハ　取壊し等の時から譲渡の時まで建物又は構築物の敷地の用に供されていたことがないこと

## (3)　特例が適用されない場合

次の場合に該当するときは、この特別控除の適用を受けることはできません。

①　譲渡した相手方が1の(3)の①（665ページ）に該当する場合（措法35②一）

②　その譲渡について次の特例の適用を受ける場合（措法35③、②一）

| イ | 固定資産の交換の場合の譲渡所得の特例（所法58） |
|---|---|
| ロ | 収用等に伴い代替資産を取得した場合の譲渡所得の特例（措法33） |
| ハ | 交換処分等に伴い資産を取得した場合の課税の特例（措法33の2） |
| ニ | 換地処分等に伴い資産を取得した場合の課税の特例（措法33の3） |
| ホ | 収用交換等の場合の譲渡所得等の特別控除（措法33の4） |
| ヘ | 特定の事業用資産の買換えの場合の譲渡所得の課税の特例（措法37） |
| ト | 特定の事業用資産を交換した場合の譲渡所得の課税の特例（措法37の4） |
| チ | 特定普通財産とその隣接する土地等の交換の場合の譲渡所得の課税の特例（措法37の8） |
| リ | 平成21年及び平成22年に土地等の先行取得をした場合の譲渡所得の課税の特例（旧措法37の9） |
| ヌ | 相続財産に係る譲渡所得の課税の特例（措法39） |

**(注1)**　この特別控除の適用を受ける場合は、次の特例については重複適用ができません。（措法31の2④、34①、34の2①、35の2②、35の3②三、37の5①、37の6①二）

| (イ) | 優良住宅地の造成等のために土地等を譲渡した場合の長期譲渡所得の課税の特例（措法31の2） |
|---|---|
| (ロ) | 特定土地区画整理事業等のために土地等を譲渡した場合の譲渡所得の特別控除（措法34） |
| (ハ) | 特定住宅地造成事業等のために土地等を譲渡した場合の譲渡所得の特別控除（措法34の2） |
| (ニ) | 特定期間に取得をした土地等を譲渡した場合の長期譲渡所得の特別控除（措法35の2） |
| (ホ) | 低未利用土地等を譲渡した場合の長期譲渡所得の特別控除（措法35の3） |
| (ヘ) | 既成市街地等内にある土地等の中高層耐火建築物等の建設のための買換え及び交換の場合の譲渡所得の課税の特例（措法37の5） |
| (ト) | 特定の交換分合により土地等を取得した場合の特例（措法37の6） |

**(注2)**　この特例は、相続開始の直前において被相続人が被相続人居住用家屋に1人で居住をしていたこと（(1)の**(注1)**③）が要件とされており、相続人は別に生活の本拠としている住宅があることから、「1　居住用財産の3,000万円特別控除」とは異なり、次の特例については重複適用が可能です。（措法36の2①、36の5、41⑳㉑、41の5⑦一、41の5の2⑦一、41の19の4⑫⑬）、

| (イ) | 特定の居住用財産の買換え・交換の場合の長期譲渡所得の課税の特例（措法36の2、36の5） |
|---|---|
| (ロ) | 住宅借入金等を有する場合の所得税額の特別控除（措法41） |
| (ハ) | 居住用財産の買換え等の場合の譲渡損失の損益通算及び繰越控除（措法41の5） |
| (ニ) | 特定居住用財産の譲渡損失の損益通算及び繰越控除（措法41の5の2） |

分離課税の土地建物等の譲渡所得の申告

| (ホ) 認定住宅等の新築等をした場合の所得税額の特別控除（措法41の19の4） |
| --- |

③ 譲渡者が既にこの特例を受けている場合（措法35③）

※1回の相続につき1人の相続人ごとに1回しかこの特例の適用を受けることはできません。

④ 相続開始の時からその対象譲渡をした日以後3年を経過する日の属する年の12月31日までの間に、「その対象譲渡に係る対価の額」と、「その相続又は遺贈により被相続人居住用家屋又は被相続人居住用家屋の敷地等の取得をした相続人（他の相続人を含みます。）が行った、その対象譲渡に係る被相続人居住用家屋と一体としてその被相続人の居住の用に供されていた家屋又はその家屋の敷地の用に供されていた土地等の譲渡の対価の額」との合計額が1億円を超える場合（措法35⑤⑥）。

## (4) 申告の手続

この特別控除は、対象となる資産の譲渡をした年分の申告書第三表の「特例適用条文」欄に「措法35条3項」と記載するとともに、次の書類を確定申告書に添付した場合に限り適用されます。（措法35⑪、措規18の2①二、②二）

① 相続又は遺贈により取得した被相続人居住用家屋を売るか、被相続人居住用家屋とともに被相続人居住用家屋の敷地等を売った場合

イ 譲渡所得の内訳書（確定申告書付表兼計算明細書）〔土地・建物用〕

ロ 売った資産の登記事項証明書等で次の3つの事項を明らかにするもの

(イ) 売った人が被相続人居住用家屋及び被相続人居住用家屋の敷地等を被相続人から相続又は遺贈により取得したこと。

(ロ) 被相続人居住用家屋が昭和56年5月31日以前に建築されたこと。

(ハ) 被相続人居住用家屋が区分所有建物登記がされている建物でないこと。

(注)〈登記事項証明書の添付省略〉

土地・建物の登記事項証明書については、「譲渡所得の特例の適用を受ける場合の不動産に係る不動産番号等の明細書」に不動産番号を記載することなどにより、その添付を省略することができます。

ハ 売った資産の所在地を管轄する市区町村長から交付を受けた「被相続人居住用家屋等確認書」

(注) ここでいう「被相続人居住用家屋等確認書」とは、対象譲渡をした被相続人居住用家屋又は被相続人居住用家屋及び被相続人居住用家屋の敷地等の所在地の市町村長又は特別区の区長の次の事項（対象従前居住の用以外の居住の用である場合には、i及びiiに掲げる事項）を確認した旨を記載した書類をいいます。（措規18の2②二イ(3)）

i 相続の開始の直前（その被相続人居住用家屋が対象従前居住の用に供されていた被相続人居住用家屋である場合には、特定事由によりその被相続人居住用家屋が被相続人の居住の用に供されなくなる直前）において、被相続人がその被相続人居住用家屋を居住の用に供しており、かつ、被相続人居住用家屋に被相続人以外に居住をしていた者がいなかったこと。

ii 被相続人居住用家屋又は被相続人居住用家屋及び被相続人居住用家屋の敷地等が相続の時か

土地建物等の分離譲渡所得（所得計算）

ら対象譲渡の時まで事業の用、貸付けの用又は居住の用に供されていたことがないこと。

iii　被相続人居住用家屋が特定事由により相続の開始の直前において被相続人の居住の用に供されていなかったこと。

iv　特定事由により被相続人居住用家屋が被相続人の居住の用に供されなくなった時から相続の開始の直前まで引き続き被相続人居住用家屋が被相続人の物品の保管その他の用に供されていたこと。

v　特定事由により被相続人居住用家屋が被相続人の居住の用に供されなくなった時から相続の開始の直前まで被相続人居住用家屋が事業の用、貸付けの用又は被相続人以外の者の居住の用に供されていたことがないこと。

vi　被相続人が老人ホーム等の住居又は施設に入居又は入所をした時から相続の開始の直前までの間において被相続人の居住の用に供する家屋が2以上ある場合には、これらの家屋のうち、その住居又は施設が、被相続人が主としてその居住の用に供していた一の家屋に該当するものであること。

ニ　耐震基準適合証明書又は建設住宅性能評価書の写し

ホ　売買契約書の写しなどで売却代金が1億円以下であることを明らかにするもの

②　相続又は遺贈により取得した被相続人居住用家屋の全部の取壊し等をした後に被相続人居住用家屋の敷地等を売った場合

イ　上記①のイ、ロ及びホに掲げる書類

ロ　売った資産の所在地を管轄する市区町村長から交付を受けた「被相続人居住用家屋等確認書」

　　(注)　ここでいう「被相続人居住用家屋等確認書」とは、対象譲渡をした被相続人居住用家屋の敷地等の所在地の市町村長又は特別区の区長の次の事項（対象従前居住の用以外の居住の用である場合には、iからivまでに掲げる事項）を確認した旨を記載した書類をいいます。（措令18の2②ニロ(3)）

　　　i　相続の開始の直前（その被相続人居住用家屋が対象従前居住の用に供されていた被相続人居住用家屋である場合には、特定事由により被相続人居住用家屋が被相続人の居住の用に供されなくなる直前）において、被相続人がその被相続人居住用家屋の敷地等に係る被相続人居住用家屋を居住の用に供しており、かつ、その被相続人居住用家屋に被相続人以外に居住をしていた者がいなかったこと。

　　　ii　被相続人居住用家屋の敷地等に係る被相続人居住用家屋が相続の時からその全部の取壊し、除却又は滅失の時まで事業の用、貸付けの用又は居住の用に供されていたことがないこと。

　　　iii　被相続人居住用家屋の敷地等が相続の時から対象譲渡の時まで事業の用、貸付けの用又は居住の用に供されていたことがないこと。

　　　iv　被相続人居住用家屋の敷地等が上記iiの取壊し、除却又は滅失の時から対象譲渡の時まで建物又は構築物の敷地の用に供されていたことがないこと。

　　　v　被相続人居住用家屋の敷地等に係る被相続人居住用家屋が特定事由により相続の開始の直前において被相続人の居住の用に供されていなかったこと。

　　　vi　特定事由によりその被相続人居住用家屋の敷地等に係る被相続人居住用家屋が被相続人の居

分離課税の土地建物等の譲渡所得の申告

住の用に供されなくなった時から相続の開始の直前まで引き続き被相続人居住用家屋が被相続人の物品の保管その他の用に供されていたこと。

vii　特定事由によりその被相続人居住用家屋の敷地等に係る被相続人居住用家屋が被相続人の居住の用に供されなくなった時から相続の開始の直前まで被相続人居住用家屋が事業の用、貸付けの用又は被相続人以外の者の居住の用に供されていたことがないこと。

viii　被相続人が老人ホーム等の住居又は施設に入居又は入所をした時から相続の開始の直前までの間において被相続人の居住の用に供する家屋が2以上ある場合には、これらの家屋のうち、その住居又は施設が、被相続人が主としてその居住の用に供していた一の家屋に該当するものであること。

## 3　収用などにより資産を譲渡した場合の5,000万円控除の特例（措法33の4）

### (1)　特例のあらまし

収用などにより、土地や借地権、建物などの資産若しくはその土地の上にある建物に係る配偶者居住権を譲渡した場合で、しかも、その譲渡が公共事業施行者から買取りなどの申出のあった日から6か月を経過した日までに行われているなど、一定の要件に当てはまるときは、その収用などにより譲渡した資産の譲渡所得から5,000万円が差し引かれます。

### (2)　特例の適用が受けられる場合

次のイ～ハのすべての要件に該当する場合です。

イ　土地収用法などの特定の法律の規定により、又は土地収用法などによる収用を背景とした売買契約などにより、土地や借地権、建物など（配偶者居住権及び配偶者居住権の目的となっている建物の敷地の用に供される土地等を当該配偶者居住権に基づき使用する権利（「配偶者居住権等」）を含みます（令和2年4月1日以後）（令2改所法等附63②）。）が公共事業のために収用、買取り、消滅、取壊しなどされて、補償金等や代わりの資産を取得したこと

(注)　土地区画整理事業や土地改良事業などの換地処分、市街地再開発事業の権利変換により取得した代わりの土地や建物の一部を取得する権利などについては、この特例の適用は受けられませんが、これらの処分により取得した清算金や補償金については、この特例の適用が受けられます。

ロ　イの収用、買取りなどをされた資産（イの(注)の換地処分や権利変換により取得した土地や権利などに対応する部分を除きます。）の全部について、「収用などの場合の買換えの特例」（706ページ四参照）及び「優良住宅地の造成等のために土地等を譲渡した場合の長期譲渡所得の課税の特例」（746ページ2）の適用を受けないこと

ハ　資産の譲渡が、公共事業施行者から最初に買取りなどの申出のあった日から6か月を経過した日（この期間内に、土地収用法による補償金の支払請求をした資産や、農地法による転用などの許可申請や届出をした農地・採草放牧地については、例外があります。）までに行われていること

(注1)　同一の収用交換等の事業について、年をまたがって2回以上に分けて資産を譲渡したときは、たとえ買取りなどの申出が2回以上なされた場合でも、最初の年に譲渡した資産に限ってこの特例が適用されます。

土地建物等の分離譲渡所得（所得計算）

**(注2)** 最初に買取りなどの申出を受けた人（その申出を受けた人が死亡した場合には、その死亡により
その資産を取得した人）が譲渡した場合に限って適用されます。

**(3) 特別控除額の控除の方法**

収用などをされた資産のうちこの特例の適用が受けられるものの譲渡所得（この特例の対象となる
資産のなかに山林がある場合には、山林所得を含みます。）から5,000万円が差し引かれます。

**(4) 申告の手続**

この5,000万円控除の特例を適用してもなお確定申告をしなければならない人は、確定申告書第一
表及び第二表又はこれと併せて提出する分離課税用の申告書（第三表）の「特例適用条文」欄に「措
法33条の4」と記入するとともに、次の書類（②〜④の証明書は、公共事業施行者から交付を受けた
もの）を申告書に添付しなければなりません。

① 譲渡所得の内訳書（確定申告書付表兼計算明細書）

② 収用等の証明書（措通33—50の別表2参照）

③ 公共事業用資産の買取り等の申出証明書

④ 公共事業用資産の買取り等の証明書

参考までに、買取申出証明書、買取り証明書の様式を示すと次ページのとおりです。

## 分離課税の土地建物等の譲渡所得の申告

### 公共事業用資産の買取り等の申出証明書

資産の所有者への交付用

| 資 産 の 所 有 者 | 住所（居所）又は所在地 | | | | | | |
|---|---|---|---|---|---|---|---|
| | 氏 名 又 は 名 称 | 法人 個人 | | | | | |
| 事 業 名 | 買取り等の申出年月日 | 買取り等の区分 | 買 取 り 等 の 申 出 を し た 資 産 | | | | |
| | | | 所 在 地 | | 種類 | 数量 ㎡ | |
| | ・ ・ | | | | | | |
| | | | | | | | |
| | | | | | | | |
| | | | | | | | |
| 摘 要 | | | （ | | （ ・ ・ ）） | | |
| | | | （ | | （ ・ ・ ）） | | |
| 公共事業施行者 | 事 業 場 の 所 在 地 | | | | | | |
| | 事 業 場 の 名 称 | | | | | 印 | |

※ 収用等の5,000万円控除の特例の適用を受ける場合には、この証明書を確定申告書等に添付してください。

（資6−58−1−A6統一）

### 公共事業用資産の買取り等の証明書

| 譲渡者等 | 住所（居所）又は所在地 | | | | | |
|---|---|---|---|---|---|---|
| | 氏 名 又 は 名 称 | 法人 個人 | | | | |
| 資 産 の 所 在 地 | 資産の種類 | 数　量 | 買取り等の区分 | 買取り等の年月日 | 買取り等の金額 | |
| | | ㎡ | | ・ ・ | 百万 千 円 | |
| | | | | ・ ・ | | |
| | | | | ・ ・ | | |
| | | | | ・ ・ | | |

（摘要）

○事業名

○買取り等の申出年月日
○〔　　　　　　　　　　　　　　（ ・ ・ ）〕
　〔　　　　　　　　　　　　　　（ ・ ・ ）〕

| 公共事業施行者 | 事 業 場 の 所 在 地 | |
|---|---|---|
| | 事 業 場 の 名 称 | 印 |

※ 収用等の5,000万円控除の特例の適用を受ける場合には、この証明書を確定申告書等に添付してください。

（資6−59−A6統一）

土地建物等の分離譲渡所得（所得計算）

## 4 特定土地区画整理事業等のために土地等を譲渡した場合の2,000万円控除の特例 (措法34)

### (1) 特例のあらまし

国や地方公共団体、独立行政法人都市再生機構などが土地区画整理事業として行う公共施設の整備改善や宅地造成事業のために、土地や土地の上に存する権利を譲渡した場合（建物、建物附属設備及び構築物の譲渡は除きます。）は、その譲渡所得から2,000万円が差し引かれます。

### (2) 特例の適用が受けられる場合

土地等を特定土地区画整理事業等のために買い取られた場合で、その譲渡した資産について、優良住宅地の造成等のために土地等を譲渡した場合の長期譲渡所得の課税の特例、居住用財産を譲渡した場合の3,000万円控除の特例、居住用財産の買換え（交換）の特例、特定の事業用資産の買換え（交換）の特例又は平成21年及び平成22年に土地等の先行取得をした場合の譲渡所得の課税の特例等の適用を受けない場合に限り、この特例の適用があります。

「特定土地区画整理事業等のために買い取られた場合」とは、次の場合をいいます。

① 国、地方公共団体、独立行政法人都市再生機構又は地方住宅供給公社が土地区画整理事業、住宅街区整備事業、第一種市街地再開発事業又は防災街区整備事業として行う公共施設の整備改善、宅地の造成、共同住宅の建設又は建築物及び建築敷地の整備に関する事業の用に供するために土地等がこれらの者に買い取られる場合

　　(注) 民間の土地区画整理組合が行う土地区画整理事業は、この特別控除の適用を受けることはできません。

② 第一種市街地再開発事業の事業予定地内の土地等が、都市計画法第56条第1項の規定に基づいて事業認可前に設立された市街地再開発組合に買い取られる場合

③ 防災街区整備事業の事業予定地内の土地等が、都市計画法第56条第1項の規定に基づいて事業認可前に設立された防災街区整備事業組合に買い取られる場合

④ 古都における歴史的風土の保存に関する特別措置法や都市緑地法等に規定する買取請求に基づいて地方公共団体等に土地等が買い取られる場合

⑤ 重要文化財、史跡、名勝又は天然記念物として指定された土地や国立公園の特別地域等として指定された区域内の土地が国又は地方公共団体に買い取られる場合（重要文化財、史跡、名勝又は天然記念物として指定された土地が独立行政法人国立文化財機構、独立行政法人国立科学博物館、一定の地方独立行政法人又は一定の文化財保存活用支援団体に買い取られる場合を含みます。）

⑥ 保安林等として指定された区域内の土地等が保安施設事業のために国又は地方公共団体に買い取られる場合

⑦ 防災のための集団移転促進事業に係る国の財政上の特別措置等に関する法律に規定する集団移転促進事業計画に定められた移転促進区域内の農地等が同計画に基づいて地方公共団体に買い取られる場合

⑧ 農業経営基盤強化促進法第23条の2第1項の規定により定められた農用地利用規程（同法第23

——(675)——

分離課税の土地建物等の譲渡所得の申告

条第1項の認定に係るものに限ります。）に係る同法第23条の2第1項に規定する農用地利用改善事業の実施区域内にある農用地が、同条第6項の申出に基づき、同項の一定の農地中間管理機構に買い取られる場合

**(注)** ⑧については、農業経営基盤強化促進法等の一部を改正する法律（令和4年法律第56号）の施行の日以後、「農業経営基盤強化促進法第22条の4第1項に規定する区域（地域計画の特例に係る区域）内にある農用地が、同条第2項の農用地等の所有者等からの申出に基づき同項の一定の農地中間管理機構に買い取られる場合」とされます。（令4改所法等附32②）

〈買取りが分割して行われた場合の適用制限〉

　同一の特定土地区画整理事業等の用に供するために、その買取りが2回以上、2年以上にわたって行われた場合には、これらの買取りのうち、最初にその買取りが行われた年において行われたもの以外の買取りについては、控除の対象となりません。

(3) **申告の手続**

　この特例を適用してもなお確定申告をしなければならない人は、確定申告書第一表及び第二表と併せて提出する分離課税用の申告書（第三表）の「特例適用条文」欄に「措法34条」と記載するとともに、事業施行者から交付を受けた買取り証明書及び国土交通大臣又は都道府県知事の事業に関する証明書（これらの証明書については措通34―5の別表3参照）を併せて提出しなければなりません。（措法34④、措規17①）

## 5　特定住宅地造成事業等のために土地等を譲渡した場合の1,500万円控除の特例

(措法34の2、措令22の8)

(1) **特例のあらまし**

　特定住宅地造成事業等のために土地や土地の上に存する権利が買い取られた場合には、その譲渡所得から1,500万円が差し引かれます。

　**(注)** 建物や建物の附属設備、構築物の譲渡による譲渡所得には、この特例は適用されません。

(2) **特例の適用が受けられる場合**

　土地等を特定住宅地造成事業等のために買い取られた場合で、その譲渡した資産について優良住宅地の造成等のために土地等を譲渡した場合の長期譲渡所得の課税の特例、居住用財産の譲渡の場合の3,000万円控除の特例、居住用財産の買換え（交換）の特例、特定の事業用資産の買換え（交換）の特例又は平成21年及び平成22年に土地等の先行取得をした場合の譲渡所得の課税の特例等の適用を受けない場合に限りこの特例の適用を受けることができます。

　「特定住宅地造成事業等のために買い取られた場合」とは、次の場合をいいます。

①　地方公共団体等が行う住宅建設又は宅地造成事業のために土地等が買い取られる場合

②　収用の対償地に充てるために土地等が買い取られる場合

③　住宅地区改良法の改良住宅建設のため改良地区外の土地等が買い取られる場合

④　公営住宅法の公営住宅の買取りにより土地等が地方公共団体に買い取られる場合

土地建物等の分離譲渡所得（所得計算）

⑤　平成6年1月1日から令和5年12月31日までの間に、土地区画整理法による土地区画整理事業
として行われる一団の宅地の造成事業（その施行地区の全部が市街化区域に含まれる土地区画整
理事業として行われる一団の宅地造成事業に係る土地等の譲渡であるなど一定の要件を満たすも
のに限られます。）のために土地等が買い取られる場合

⑥　公有地の拡大の推進に関する法律の買取り協議に基づき地方公共団体等に土地等が買い取られ
る場合

⑦　特定空港周辺航空機騒音対策特別措置法に規定する航空機騒音障害防止特別地区内にある土地
が特定空港の設置者に買い取られる場合

⑧　地方公共団体又は沿道整備推進機構が沿道整備道路の沿道の整備のために行う一定の事業の用
に供するために沿道地区計画の区域内にある土地等がこれらの者に買い取られる場合

⑨　地方公共団体又は防災街区整備推進機構が防災街区としての整備のために行う一定の事業の用
に供するために特定防災街区整備地区又は防災街区整備地区計画の区域内にある土地等がこれら
の者に買い取られる場合

⑩　地方公共団体又は中心市街地整備推進機構が認定中心市街地の整備のために行う一定の事業の
用に供するために認定中心市街地の区域内にある土地等がこれらの者に買い取られる場合

⑪　地方公共団体又は景観整備機構が景観重要公共施設の整備に関する事業の用に供するために景
観計画の区域内にある土地等がこれらの者に買い取られる場合

⑫　地方公共団体又は都市再生推進法人が行う都市再生整備計画又は立地適正化計画に記載された
公共施設の整備に関する事業の用に供するために都市再生整備計画又は立地適正化計画の区域内
にある土地等がこれらの者に買い取られる場合

⑬　地方公共団体又は歴史的風致維持向上支援法人が行う認定重点区域における認定歴史的風致維
持向上計画に記載された公共施設又は公用施設の整備に関する事業の用に供するために認定重点
区域内にある土地等がこれらの者に買い取られる場合

⑭　地方公共団体又は国若しくは地方公共団体の出資に係る一定の法人が国又は都道府県が作成し
た総合的な地域開発に関する計画に基づいて行う工業用地等の造成事業のために土地等が買い取
られる場合

⑮　商店街の活性化のための地域住民の需要に応じた事業活動の促進に関する法律の認定商店街活
性化事業計画に基づく商店街活性化事業又は認定商店街活性化支援事業計画に基づく商店街活性
化支援事業の用に供するために地方公共団体の出資に係る法人等に土地等が買い取られる場合

⑯　中心市街地の活性化に関する法律の認定特定民間中心市街地活性化事業計画に基づく一定の中
小小売商業高度化事業の用に供するために地方公共団体の出資に係る法人等に土地等が買い取ら
れる場合

⑰　農業協同組合が行う宅地等供給事業で一定の要件を満たすもののために農地等が買い取られる
場合

⑱　独立行政法人中小企業基盤整備機構の中小企業活性化資金の融資を受けて造成する商業団地で

一定の要件を満たすもののために土地等が買い取られる場合

⑲　総合特別区域法に規定する共同して又は一の団地若しくは主として一の建物に集合して行う事業の用に供する土地の造成に関する事業で一定の要件を満たすもののために土地等が買い取られる場合

⑳　産業廃棄物の処理に係る特定施設の整備の促進に関する法律による整備計画の認定を受けて行われる特定施設の整備事業のために地方公共団体の出資に係る法人等に土地等が買い取られる場合

㉑　広域臨海環境整備センター法による基本計画の認可を受けて行う廃棄物の搬入施設の整備事業の用に供するために広域臨海環境整備センターに土地等が買い取られる場合

㉒　生産緑地地区内の土地が買取申出等に基づき地方公共団体等に買い取られる場合

㉓　国土利用計画法による規制区域内の土地等が地方公共団体等に買い取られる場合

㉔　国土利用計画法の土地利用基本計画に定められた学園都市計画等の地域の開発保全整備計画に係る事業のために地方公共団体等に土地等が買い取られる場合

㉕　土地区画整理促進区域等内の土地等が買取申出に基づき地方公共団体等に買い取られる場合

㉖　土地区画整理事業の施行に伴い、一定の既存不適格建築物の敷地について換地を定めることが困難なため清算金を取得する場合

㉗　被災市街地復興推進地域内にある土地等につき、被災市街地復興土地区画整理事業が施行された場合において、保留地が定められたことに伴い、その土地等に係る換地処分により、その土地等のうち保留地の対価の額に対応する部分の譲渡があった場合

㉘　マンション建替事業が施行された場合において、やむを得ない事情により、その土地等に係る権利変換により補償金を取得する場合又は売渡し請求等により買い取られた場合

㉙　通行障害既存耐震不適格建築物に該当する決議特定要除却認定マンションの敷地の用に供されている土地等につきマンション敷地売却事業が実施された場合において、その土地等に係る分配金取得計画に基づき分配金を取得する場合又は売渡し請求により買い取られた場合

㉚　絶滅のおそれのある野生動植物の種の保存に関する法律による管理地区内の土地が国若しくは地方公共団体に買い取られる場合又は鳥獣の保護及び管理並びに狩猟の適正化に関する法律による特別保護地区内の土地のうち天然記念物である鳥獣の生息地等が国若しくは地方公共団体に買い取られる場合

㉛　自然公園法の都道府県立自然公園の区域内のうち条例により特別地域として指定された地域で、その地域内における行為が同法の行為規制と同等の規制が行われている地域として環境大臣が認定した地域内の土地又は自然環境保全法の都道府県自然環境保全地域のうち条例により特別地区として指定された地区で、その地区内における行為が同法の行為規制と同等の規制が行われている地区として環境大臣が認定した地区内の土地が地方公共団体に買い取られる場合

㉜　農業経営基盤強化促進法の買取り協議に基づき農用地区域内にある農用地が一定の農地中間管理機構に買い取られる場合

土地建物等の分離譲渡所得（所得計算）

**(注)** ㉜については、農業経営基盤強化促進法等の一部を改正する法律（令和4年法律第56号）の施行の日以後、「農業経営基盤強化促進法第22条第2項の買入協議に基づき農業振興地域の整備に関する法律第8条第2項第1号に規定する農用地区域として定められている区域内にある農用地が農業経営基盤強化促進法第22条第2項の一定の農地中間管理機構に買い取られる場合」とされます。（令4改所法等附32⑤）

〈買取りが分割して行われた場合の適用制限〉

　同一の特定住宅地造成事業等の用に供するために、その買取りが2回以上、2年以上にわたって行われた場合には、これらの買取りのうち、最初にその買取りが行われた年において行われたもの以外の買取りについては、控除の対象となりません。

(3) 申告の手続

　この特例を適用してもなお確定申告をしなければならない人は、確定申告書第一表及び第二表と併せて提出する分離課税用の申告書（第三表）の「特例適用条文」欄に「措法34条の2」と記載するとともに、それぞれの場合に必要な証明書（措通34の2—24別表4参照）を添付しなければなりません。

## 6　平成21・22年に取得した土地等の長期譲渡所得の1,000万円控除の特例

（措法35の2、措令23の2、措規18の3）

(1) 特例のあらまし

　平成21年1月1日から平成22年12月31日までの間に取得をした国内にある土地等で、その年1月1日において所有期間が5年を超えるものの譲渡をした場合には、その年中のその譲渡に係る長期譲渡所得の金額から1,000万円を控除することができます。（平成21年に取得した土地等の場合は、平成27年1月1日以後の譲渡からこの特例の適用対象となります。）

(2) 特例の対象となる譲渡資産

　この特例の対象となる譲渡資産は、平成21年中及び平成22年中に取得をし、譲渡の年の1月1日における所有期間が5年を超える国内の土地等であれば、その取得後の用途は問われませんが、棚卸資産に該当するものは除かれます。

　なお、次に掲げる取得は、この特例の対象から除かれます。

①　1(3)の①のイ、ロ(イ)、ハ～ホに該当する特別の関係がある者からの取得

②　相続、遺贈、贈与及び交換による取得、代物弁済としての取得並びに所有権移転外リース取引による取得

(3) 他の特例との適用関係

イ　同一の譲渡につき重複適用ができない特例

　この特例の対象となる譲渡には、次の各特例の適用を受ける譲渡が除かれます。すなわち、同一の譲渡についてこの特例と次の各特例との重複適用はできないこととされます。（措法35の2②、35の3②三）

①　固定資産の交換の場合の特例（所法58）

分離課税の土地建物等の譲渡所得の申告

② 収用交換等の場合の5,000万円特別控除（措法33の4）

③ 特定土地区画整理事業等のために土地等を譲渡した場合の2,000万円特別控除（措法34）

④ 特定住宅地造成事業等のために土地等を譲渡した場合の1,500万円特別控除（措法34の2）

⑤ 農地保有合理化等のために農地等を譲渡した場合の800万円特別控除（措法34の3）

⑥ 居住用財産を譲渡した場合の3,000万円特別控除（措法35）

⑦ 低未利用土地等を譲渡した場合の長期譲渡所得の特別控除（措法35の3）

ロ 同一年に適用を受けられない特例

　この特例の対象となる土地等を譲渡した場合において、その土地等の全部又は一部について次の各特例の適用を受けている場合は、この特例の規定を受けることはできません。（措法35の2①）

① 収用等に伴い代替資産を取得した場合の特例（措法33）

② 交換処分等に伴い資産を取得した場合の特例（措法33の2）

③ 換地処分等に伴い資産を取得した場合の特例（措法33の3）

④ 特定の居住用財産の買換えの場合の長期譲渡所得の特例（措法36の2）

⑤ 特定の居住用財産を交換した場合の長期譲渡所得の特例（措法36の5）

⑥ 特定の事業用資産の買換えの場合の特例（措法37）

⑦ 特定の事業用資産を交換した場合の特例（措法37の4）

⑧ 特定普通財産とその隣接する土地等の交換の場合の特例（措法37の8）

⑷ **特別控除額の控除の方法**

　この1,000万円特別控除は、その年中に譲渡をした対象となる土地等の長期譲渡所得の金額の合計額から1,000万円を限度として控除します。

⑸ **申告の手続**

　この特別控除は、その適用を受けようとする年分の申告書第三表の「特例適用条文」欄に「措法35条の2」と記載するとともに、譲渡した土地等に係る登記事項証明書、売買契約書の写しその他の書類で当該土地等が平成21年1月1日から平成22年12月31日までの間に取得をされたものであることを明らかにする書類を添付した場合に限り適用されます。

　　**(注)**〈登記事項証明書の添付省略〉

　　　　土地・建物の登記事項証明書については、「譲渡所得の特例の適用を受ける場合の不動産に係る不動産番号等の明細書」に不動産番号を記載することなどにより、その添付を省略することができます。

## 7 農地保有の合理化等のために農地等を譲渡した場合の800万円控除の特例（措法34の3）

⑴ **特例のあらまし**

　農地保有の合理化等のために農地等を譲渡した場合は、その譲渡所得から800万円が差し引かれます。

土地建物等の分離譲渡所得（所得計算）

## (2) 特例の適用が受けられる場合

　土地等を農地保有の合理化等のために譲渡した場合で、特定の事業用資産の買換・交換の特例（措法37、37の4）又は平成21年及び平成22年に土地等の先行取得をした場合の譲渡所得の課税の特例（旧措法37の9）等の適用を受けていないときに限ります。

　「農地保有の合理化等のために農地等を譲渡した場合」とは、次の場合をいいます。

① 　農業振興地域の整備に関する法律に規定する勧告に係る協議、調停、あっせんに基づき土地等を譲渡した場合

② 　一定の農地中間管理機構に対し、農地売買等事業（農地等を買い入れて、その農地等を売り渡し、交換し、又は貸し付ける事業をいいます。以下同じです。）のために農業振興地域の整備に関する法律に規定する農用地区域内にある農地等を譲渡した場合（農業経営基盤強化促進法等の一部を改正する法律（令和4年法律第56号）の施行の日以後、③に掲げる場合を除きます。）

③ 　農業経営基盤強化促進法の規定による公告があった農用地利用集積計画の定めるところにより農用地区域内にある土地等を譲渡した場合

　**(注)** 　③については、農業経営基盤強化促進法等の一部を改正する法律（令和4年法律第56号）の施行の日以後、「農地中間管理事業の推進に関する法律の規定による公告があった農用地利用集積等促進計画の定めるところにより農業振興地域の整備に関する法律に規定する農用地区域内にある土地等を譲渡した場合」とされます。（令4改所法等附32⑦）

④ 　特定農山村地域における農林業等の活性化のための基盤整備の促進に関する法律の規定による公告があった所有権移転等促進計画の定めるところにより土地等を譲渡した場合（令和4年3月31日までに行った土地等の譲渡まで適用）（令4改所法等附32⑨）

⑤ 　農村地域への産業の導入の促進等に関する法律の規定により産業導入地区内の土地等を施設用地のために譲渡した場合

⑥ 　土地改良法の土地改良事業による換地処分により清算金を取得した場合

⑦ 　林業経営の規模の拡大等に資するため、森林組合法の森林組合等に委託して一定の山林に係る土地を譲渡した場合

⑧ 　林業経営基盤の強化等の促進のための資金の融通等に関する暫定措置法の規定による都道府県知事のあっせんにより、同法の林業経営改善計画の認定を受けた者に一定の山林に係る土地の譲渡をした場合（令和4年3月31日までに行った土地等の譲渡まで適用）（令4改所法等附32⑩）

⑨ 　農業振興地域の整備に関する法律の規定による交換分合で、同意又は申出により取得すべき土地を定めないで清算金を取得する場合

⑩ 　集落地域整備法に規定する交換分合により土地等を取得しなかったことに伴い清算金を取得する場合（令和4年3月31日までに行った土地等の譲渡まで適用）（令4改所法等附32⑪）

## (3) 申告の手続

　この特例控除は、その適用を受けようとする年分の申告書（第三表）の「特例適用条文」欄に「措法34条の3」と記載するとともに、それぞれの場合に必要な証明書（措通34の3―1別表5参照）を

分離課税の土地建物等の譲渡所得の申告

添付した場合に限り適用されます。

## 8　低未利用土地等を譲渡した場合の長期譲渡所得の100万円控除の特例（措法35の3）

### (1)　特例のあらまし

　個人が、令和2年7月1日から令和4年12月31日までの間において、都市計画区域内にある一定の低未利用土地等を500万円以下で譲渡した場合には、その年の低未利用土地等の譲渡に係る譲渡所得の金額から100万円を控除することができます。その譲渡所得の金額が100万円に満たない場合には、その譲渡所得の金額が控除額になります。

### (2)　特例の適用が受けられる場合

①　譲渡した土地等が、都市計画区域内にある低未利用土地等である。

(注)　低未利用土地等とは、居住の用、事業の用その他の用途に利用されておらず、又はその利用の程度がその周辺の地域における同一の用途若しくはこれに類する用途に利用されている土地の利用の程度に比し、著しく劣っている土地や当該低未利用土地の上に存する権利のことをいいます。（土地基本法13④）

②　譲渡した年の1月1日において、所有期間が5年を超えること。

③　売手と買手が、親子や夫婦など特別な関係でないこと。特別な関係には、生計を一にする親族、内縁関係にある人、特殊な関係のある法人なども含まれます。

④　譲渡した金額が、低未利用土地等の上にある建物等の対価を含めて500万円以下であること。

⑤　譲渡した後に、その低未利用土地等の利用がされること。

### (3)　特例の適用が受けられない場合

次の場合に該当するときは、この特別控除の適用を受けることができません。

①　その譲渡について次の特例の適用を受ける場合（措法35の3①）

| イ | 収用等に伴い代替資産を取得した場合の課税の特例（措法33） |
|---|---|
| ロ | 交換処分等に伴い資産を取得した場合の課税の特例（措法33の2） |
| ハ | 換地処分等に伴い資産を取得した場合の課税の特例（措法33の3） |
| ニ | 特定の居住用財産の買換えの場合の長期譲渡所得の課税の特例（措法36の2） |
| ホ | 特定の居住用財産を交換した場合の長期譲渡所得の課税の特例（措法36の5） |
| ヘ | 特定の事業用資産の買換えの場合の譲渡所得の課税の特例（措法37） |
| ト | 特定の事業用資産を交換した場合の譲渡所得の課税の特例（措法37の4） |
| チ | 特定普通財産とその隣接する土地等の交換の場合の譲渡所得の課税の特例（措法37の8） |

②　次に掲げる特例の適用を受ける譲渡（措法35の3②三）

| イ | 固定資産の交換の場合の譲渡所得の特例（所法58） |
|---|---|
| ロ | 収用交換等の場合の5,000万円特別控除（措法33の4） |
| ハ | 特定土地区画整理事業等のために土地等を譲渡した場合の2,000万円特別控除（措法34） |

——(682)——

土地建物等の分離譲渡所得（所得計算）

| ニ | 特定住宅地造成事業等のために土地等を譲渡した場合の1,500万円特別控除（措法34の2） |
|---|---|
| ホ | 農地保有の合理化等のために農地等を譲渡した場合の800万円特別控除（措法34の3） |
| ヘ | 居住用財産を譲渡した場合の3,000万円特別控除（措法35） |
| ト | 特定期間に取得をした土地等を譲渡した場合の長期譲渡所得の1,000万円特別控除（措法35の2） |

③　この特例の適用を受けようとする低未利用土地等と一筆であった土地から前年又は前々年に分筆された土地又はその土地の上に存する権利について、前年又は前々年にこの特例を受けている場合（措法35の3③）

⑷　**申告の手続**

　この特例控除は、その適用を受けようとする年分の申告書（第三表）の「特例適用条文」欄に「措法35の3」と記載するとともに、次の書類を確定申告書に添付した場合に限り適用されます。

①　譲渡所得の内訳書（確定申告書付表兼計算明細書）［土地・建物用］

②　譲渡した土地等の所在地の市区町村長の、次のイからニまでに掲げる事項を確認した旨並びにホ及びヘに掲げる事項を記載した書類

　　イ　譲渡した土地等が都市計画区域内にあること

　　ロ　譲渡した土地等が、譲渡した時において低未利用土地等に該当するものであること

　　ハ　譲渡した土地等が、譲渡した後に利用されていること又は利用される見込みであること

　　ニ　譲渡した土地等の所有期間が5年を超えるものであること

　　ホ　譲渡した土地等と一筆であった土地からその年の前年又は前々年に分筆された土地等の有無

　　ヘ　上記ホの分筆された土地等がある場合には、その土地等につきこの②の書類のその土地等を譲渡した者への交付の有無

③　譲渡した金額が、低未利用土地等の上にある建物等の対価を含めて500万円以下であることを明らかにする書類（売買契約書の写し等）

## 五　課税譲渡所得金額

　三の譲渡所得の金額から四の特別控除額を差し引いた金額（総所得金額から控除できなかった所得控除額がある場合には、一定の順序（467ページⅩⅢ参照）でその金額を控除した後の金額）が、分離課税の土地建物等の譲渡では「課税譲渡所得金額」になり、短期及び長期の区分ごとに（さらに、課税長期譲渡所得金額については、一般分・特定分・軽課分の別に、課税短期譲渡所得金額については、一般分・軽減分の別に）、それぞれ定められている税率を乗じて分離課税の土地建物等の譲渡所得に対する所得税の額を清算することになります。

**（注）**　土地建物等の譲渡所得の区分については、743ページⅤを参照してください。

——(683)——

分離課税の土地建物等の譲渡所得の申告

〈特別控除額を差し引く順序〉

令和4年中に譲渡した土地建物等が2以上あって、それぞれ異なった特別控除額の適用がある場合には、次に定められている順序や限度に従って計算します。

(1) 令和4年中の譲渡所得の金額を、それぞれ異なった特別控除額の適用を受けるグループに区分します。

(2) 収用交換等の5,000万円控除の適用を受けるグループ内では、①分離短期（一般分→軽減分）→②総合短期→③総合長期→④山林所得→⑤分離長期（一般分→特定分→軽課分）の順に差し引きます。

　その他の特別控除の適用を受けるグループ内では、①分離短期（一般分→軽減分）→②分離長期（一般分→特定分→軽課分）の順に差し引きます。

(3) 特別控除額の合計額が5,000万円に達するまで次表の順序により、それぞれの特別控除額を差し引きます。したがって、特別控除額の合計額が5,000万円に達すればそれを超えて控除を受けることはできないことになります。（措法36、措通36—1後段）

| 　　　　　　所得の区分<br>控除の区分 | 分離短期<br>譲渡所得 | 総合短期<br>譲渡所得 | 総合長期<br>譲渡所得 | 山林所得 | 分離長期<br>譲渡所得 |
|---|---|---|---|---|---|
| 収用交換等の場合の5,000万円控除 | ① | ② | ③ | ④ | ⑤ |
| 居住用財産を譲渡した場合の3,000万円控除 | ⑥ | | | | ⑦ |
| 特定土地区画整理事業等の場合の2,000万円控除 | ⑧ | | | | ⑨ |
| 特定住宅地造成事業等の場合の1,500万円控除 | ⑩ | | | | ⑪ |
| 特定期間に取得をした土地等を譲渡した場合の長期譲渡所得の1,000万円控除 | | | | | ⑫ |
| 農地保有の合理化等の場合の800万円控除 | ⑬ | | | | ⑭ |
| 低未利用土地等を譲渡した場合の長期譲渡所得の100万円控除 | — | — | — | — | ⑮ |

＊　上表の番号順に控除します。

土地建物等の分離譲渡所得（所得計算）

┌─ 計算例 ─────────────────────────────────────────────┐
**特別控除額を差し引く順序と課税所得金額の計算**

| | | （譲渡所得金額） | （特別控除額） | （課税譲渡所得金額） |
|---|---|---|---|---|
| 5,000万円控除対象の譲渡（収用交換等） | 分 離 短 期 | 2,500万円 | 2,500万円 | 0万円 |
| | 総 合 短 期 | 1,300 | 1,300 | 0 |
| | 分 離 長 期 | 600 | 600 | 0 |
| 1,500万円控除対象の譲渡 | 30％課税短期 | 600 | 600 | 0 |
| | 15％課税短期 | 100 | 0 | 100 |
| | 分 離 長 期 | 300 | 0 | 300 |
| その他の譲渡──分離短期 | | 200 | ─ | 200 |
| （合　　計） | | 5,600 | 5,000 | 600 |

└────────────────────────────────────────────────────┘

## 六　分離課税の譲渡所得間の損益の通算

　分離課税の土地建物等の譲渡に、長期譲渡に該当するものと短期譲渡に該当するものとがあり、いずれか一方に損失が生じている場合には、三で説明したように互いに損益を通算することとされています。この場合、分離課税の土地建物等の長期譲渡所得や短期譲渡所得の中に軽減税率が適用される所得とその他の所得がある場合には、まずそれぞれの譲渡所得を区分して計算し、次のようにその相互間で損益の通算をします。(措通31・32共─2、31─1(1)(2)、32─9(1)(2))

(1)　分離短期譲渡所得に一般分と軽減分がある場合で、いずれか一方に損失が生じているときは、相互に損益を通算します。

(2)　分離長期譲渡所得の計算上生じた損失の通算は次によります。

　イ　特定分又は軽課分の譲渡損は、一般分の譲渡益から控除します。

　ロ　イにより控除しきれない損失又は一般分の譲渡損は、特定分→軽課分の譲渡益から順次控除します。

(3)　(1)で控除しきれない分離短期一般分（又は軽減分）の譲渡損は、(2)による控除後の分離長期の譲渡益（一般分→特定分→軽課分）から控除します。

(4)　(2)で控除しきれない分離長期一般分（又は特定分若しくは軽課分）の譲渡損は、(1)による通算後の分離短期の譲渡益（一般分→軽減分）から控除します。

　※　上記(1)～(4)の順序を表にすると次のようになります。

分離課税の土地建物等の譲渡所得の申告

| 譲渡益 ＼ 譲渡損 | | 分離短期の譲渡損 | | 分離長期の譲渡損 | | |
| --- | --- | --- | --- | --- | --- | --- |
| | | 一般分 | 軽減分 | 一般分 | 特定分 | 軽課分 |
| 分離短期の譲渡益 | 一般分 | | ② | | ⑨ | |
| | 軽減分 | ① | | | ⑩ | |
| 分離長期の譲渡益 | 一般分 | ⑥ | | | | ③ |
| | 特定分 | ⑦ | | ④ | | ④ |
| | 軽課分 | ⑧ | | | ⑤ | |

(5) (3)及び(4)で控除しきれない分離短期の譲渡損及び分離長期の譲渡損（（特定）居住用財産の譲渡損失を除きます。）は、所得金額の計算上なかったものとみなされます。

### 〈特別控除額の異なる譲渡グループの所得金額の構成〉

　分離課税の譲渡所得の損益通算は、先に述べたように、分離長期・短期の２つのグループを単位として行われます。（軽減税率が適用される所得があるときは、結果的に５グループに分かれます。）

　したがって、１つの区分の所得の計算上生じた損失を他の区分に属する所得から控除するときは、その区分に属する譲渡所得がいかなる資産の譲渡による所得か（つまり、いかなる特別控除の対象となる所得か）を問わないことになります。

　しかし、同じ区分に属する譲渡所得が２以上の種類の特別控除の適用対象となるときは、通算の後残った所得がどの特別控除の対象となる所得であるかを決めておかなければ、特別控除後の所得（課税短期・長期譲渡所得）が計算できません。

　このような場合は、納税者の有利なように（通算後の所得が、特別控除額の多い所得の順に）構成されているものとして課税短期・長期譲渡所得を計算することになります。（つまり、他の区分に属する所得の計算上生じた損失は、特別控除の適用のない譲渡資産に係る譲渡益及び特別控除額の少ない譲渡資産に係る譲渡益から先に控除されたものとみることになります。）

　すなわち、前記三の場合において、短期譲渡に係る損失を長期譲渡所得から控除するとき（又は長期譲渡に係る損失を短期譲渡所得から控除するとき）において長期譲渡所得 （又は短期譲渡所得）に各種特別控除の適用がある部分の金額とその他の部分の金額とがあるときは、その損失の金額は、次の①〜⑧の金額の順に控除します。（措令20⑥、21⑧）

① 　②〜⑧以外の部分の金額

② 　低未利用土地等を譲渡した場合の長期譲渡所得の特別控除の適用がある部分の金額

③ 　農地保有の合理化等のために農地等を譲渡した場合の特別控除の適用がある部分の金額

④ 　平成21・22年に取得した土地等の長期譲渡所得の特別控除の適用がある部分の金額

⑤ 　特定住宅地造成事業等のために土地等を譲渡した場合の特別控除の適用がある部分の金額

⑥ 　特定土地区画整理事業等のために土地等を譲渡した場合の特別控除の適用がある部分の金額

⑦ 　居住用財産を譲渡した場合の特別控除の適用がある部分の金額

⑧ 　収用交換等の場合の特別控除の適用がある部分の金額

## 土地建物等の分離譲渡所得（所得計算）

　例えば、分離長期譲渡所得に、収用交換等の5,000万円控除の対象となる所得と、居住用財産の3,000万円控除その他の特別控除の対象となる所得が含まれているときは、特別控除による負担軽減措置をより多く適用するという税法の趣旨から、それぞれの金額の範囲内において、まず収用交換等の5,000万円控除の対象となる資産の譲渡益からなるものとし、次に居住用財産の3,000万円控除、特定土地区画整理事業等の2,000万円控除、特定住宅地造成事業等の1,500万円控除、平成21・22年に取得した土地等の1,000万円控除、農地保有合理化等の800万円控除、低未利用土地等を譲渡した場合の長期譲渡所得の100万円控除の特例の対象となる資産の譲渡益又はその他の資産の譲渡益の順で通算後の譲渡益を構成しているとみることになります。

　なお、この考え方は、居住用財産の買換え等の場合の譲渡損失や（特定）居住用財産の譲渡損失の損益通算及び繰越控除又は雑損失の繰越控除の場合にも同様に適用されます。（措通31・32共－3）

**（注）** 上記により特別控除の対象となる通算後の譲渡所得を計算する場合においても、同一の特別控除の対象となる資産の譲渡益の中に税額が軽減される所得分とその他の所得分とがあるときは、通算後の譲渡益は、まずその税額が軽減される所得分の譲渡益からなるものとみなします。つまり、他の所得の計算上生じた損失は、まず税額が軽減される所得分以外の譲渡益から控除されたものとみなすことになります。（措通31－1(3)、32－9(3)）

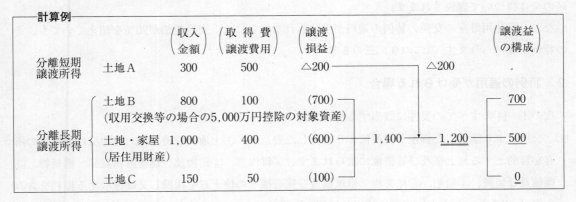

分離課税の土地建物等の譲渡所得の申告

# Ⅲ　土地建物等の買換え・交換の場合の課税の特例

## 一　同種の固定資産を交換した場合の特例

### 1　特例のあらまし

　土地、借地権、耕作権、建物、機械及び装置などの固定資産を、これらと同種の固定資産と交換し、交換によって取得した新しい資産を交換によって譲渡した資産の交換直前の用途と同じ用途に使用した場合で、かつ、交換の時における取得した資産の価額と譲渡した旧資産の価額との差額がこれらの価額のうち多い方の金額の20％以内のときは、交換に伴って受け取った交換差金などについてだけ課税されます。(所法58)

　したがって、この条件に該当する交換について交換差金などを受け取らない場合には、課税されません。しかし、その差額が20％を超える場合には、この特例は適用されず、交換によって譲渡した資産の全体について課税されます。

　なお、居住用財産の交換の特例の適用が受けられる場合には、交換差額が20％を超えていても、その特例が受けられます。(二の9、三の8参照)

### 2　特例の適用が受けられる場合

　次の(1)～(4)のすべての要件に該当する場合です。

(1)　交換により譲渡した資産と交換により取得した資産が、①土地及び借地権（建物又は構築物の所有を目的とする地上権及び賃借権に限られます。)・耕作権、②建物及び建物附属設備・構築物、③機械及び装置、④船舶、⑤鉱業権（租鉱権及び採石権その他土石を採掘し又は採取する権利を含みます。) であり、しかも、相互に「同じ種類の資産」であること

**(注)**　「同じ種類の資産」とは、上記①～⑤の区分の別に、それぞれその区分に属する資産をいいます。

(2)　交換による譲渡資産又は取得資産は、それぞれ交換のために取得したものでなく、かつ、1年以上所有していたものであること

(3)　交換により取得した資産を交換により譲渡した資産の譲渡直前の用途と「同じ用途」に使用すること

　なお、交換の相手方については制限がありませんから、相手が個人であろうと、会社又は公益法人、地方公共団体等であろうと関係なく、この特例の適用があります。

**(注)**　「同じ用途」であるかどうかは、次表の「資産の種類」ごとに、「用途の区分」欄のそれぞれの用途とおおむね同じ用途であるかどうかによって判定します。

　　なお、店舗兼住宅のように、店舗と住宅とに併用されている建物は、「居住専用」又は「店舗専用」とみて、次表の用途の区分を判定してもよいことになっています。(所基通58―6)

――(688)――

土地建物等の分離譲渡所得（買換特例）

| 資産の種類 | 用　途　の　区　分 |
|---|---|
| 土　　　地 | ①宅地　②田畑　③鉱泉地　④池沼　⑤山林　⑥牧場や原野　⑦その他 |
| 建　　　物 | ①居住の用　②店舗や事務所の用　③工場の用　④倉庫の用　⑤その他の用 |
| 機械及び装置 | 平成20年財務省令第32号による改正前の耐用年数省令別表第2の「設備の種類」ごとの用 |
| 船　　　舶 | ①漁船　②運送船　③作業船　④その他 |

(4)　交換の時における譲渡した資産の価額と取得した資産の価額との差額が、これらの価額のうち多い方の金額の20％以内であること

　**(注)**　譲渡した資産の価額及び取得した資産の価額は、交換の時におけるそれぞれの時価、つまり通常の取引価額をいいますが、交換当事者間で合意されたその資産の価額が交換をするに至った事情等に照らし合理的に算定されていると認められるものであるときは、その合意された価額が通常の取引価額と異なるときであっても、この特例の適用上は、これらの資産の価額は当事者間で合意された価額によることになっています。（所基通58―12）

## 3　特例の内容

(1)　交換差金などを受け取らない場合……課税されません。

(2)　交換差金などを受け取った場合………次の収入金額から必要経費を差し引いて、課税対象となる譲渡所得の金額を計算することになります。

　①　収入金額＝相手方から受け取った交換差金など

　②　必要経費＝$\left(\begin{array}{l}\text{交換により譲渡し}\\\text{た資産の取得費}\end{array}+\begin{array}{l}\text{譲渡}\\\text{費用}\end{array}\right)\times\dfrac{\text{受け取った交換差金などの額Ⓐ}}{\text{Ⓐ＋交換により取得した資産の時価}}$

　　課税対象となる譲渡所得の金額＝①－②

## 4　申告の手続

　申告書第三表の「特例適用条文」欄に「所法58条」と記入するとともに、「譲渡所得の内訳書（確定申告書付表兼計算明細書）」を申告書に添付しなければなりません。

## 二 特定の居住用財産の買換え・交換の特例

### 1 特例のあらまし

　平成5年4月1日から令和5年12月31日までの間に、所有期間が10年を超える**譲渡資産**を譲渡（譲渡の対価が1億円を超えるものを除きます。）した場合において、その譲渡の日の属する年（以下「譲渡年」といいます。）の前年1月1日から譲渡年の12月31日までに**買換資産**を取得し、かつ、その取得の日から譲渡年の翌年12月31日までの間にその人の居住の用に供したとき、又は供する見込みであるときは、①その譲渡資産の譲渡による収入金額が買換資産の取得価額以下である場合は、その譲渡資産の譲渡がなかったものとし、②その収入金額がその取得価額を超える場合は、その譲渡資産のうちその超える金額に相当する部分についてのみ譲渡があったものとして長期譲渡所得の計算を行います。（措法36の2①）

　（注）　この特例の適用を受けて取得した家屋については、（特定増改築等）住宅借入金等特別控除の適用を受けることはできません。

### 2 特例の対象となる譲渡資産の範囲

　この特例の適用対象となる譲渡資産は、平成5年4月1日から令和5年12月31日までの間に譲渡（譲渡の対価が1億円を超えるものを除きます。）をした次の①～④のいずれかに該当する家屋又は土地等で、譲渡年の1月1日において所有期間が10年を超えるものをいいます。（措法36の2①、措令24の2①②④）

①　その人が居住の用に供している家屋（その人が居住の用に供している期間が10年以上であるものに限ります。）で国内にあるもの

②　①の家屋でその人の居住の用に供されなくなったもののうち、その居住の用に供されなくなった日から同日以後3年を経過する日の属する年の12月31日までの間に譲渡されるもの

③　①又は②の家屋及びその家屋の敷地の用に供されている土地等

④　①の家屋が災害により滅失した場合で、その家屋を引き続き所有していたならば、譲渡年の1月1日においてその所有期間が10年を超えることとなるものの敷地であった土地等（その災害があった日から同日以後3年を経過する日の属する年の12月31日までの間に譲渡されるものに限ります。）

（注1）　居住の用に供している期間には、例えば、譲渡者が居住していた借家を購入し、引き続き居住していた場合におけるその借家に居住していた期間も含まれます。（措通36の2－4）

（注2）　居住用家屋にその居住の用以外の用に供する部分がある場合は、その居住の用に供している部分だけが特例の対象になり、また、居住用家屋を2以上有する場合は、主としてその居住の用に供していると認められる1個の家屋だけが特例の対象となります。（措令24の2⑦、20の3②）

土地建物等の分離譲渡所得（買換特例）

## 3　買換資産の取得期間及び居住の用に供する期間の要件の緩和措置

　平成5年4月1日から令和5年12月31日までの間において譲渡資産の譲渡をした個人が、譲渡年の翌年12月31日（以下「取得期限」といいます。）までに買換資産を取得する見込みであり、かつ、その取得の日の属する年の翌年12月31日までにその買換資産をその個人の居住の用に供する見込みである場合についても、この特例の適用を受けることができます。（措法36の2②）

**（注1）**　譲渡の日の属する年の翌年中に買換資産を取得する見込みでこの特例の適用を受けようとする場合は、買換資産の明細書を提出する必要があります。（措規18の4③）

**（注2）**　特定非常災害に基因するやむを得ない事情により、取得期限までに買換資産の取得をすることが困難となった場合は、その取得期限後2年以内に買換資産の取得をする見込みであり、かつ納税地の税務署長の承認を受けたときは、「譲渡年の翌々年12月31日」を「取得期限」とすることができます。（措法36の2②）

## 4　特例の対象となる買換資産の範囲

　対象となる買換資産は、次に掲げる資産の区分に応じ、それぞれ次に定めるものをいいます。（措令24の2③）

| 自己の居住の用に供する家屋 | イ　建築後使用されたことのない家屋（その家屋を令和6年1月1日以後にその人の居住の用に供した場合又は供する見込みである場合にあっては、特定居住用家屋に該当するものを除きます。(注1)(注2)） | ①　一棟の家屋の床面積のうちその人が居住の用に供する部分の床面積が50m²以上であるもの |
| | | ②　一棟の家屋のうちその独立部分を区分所有する場合には、その独立部分の床面積のうちその人が居住の用に供する部分の床面積が50m²以上であるもの |
| | ロ　建築後使用されたことのある家屋で耐火建築物に該当するもの | 上記イ①又は②に掲げる家屋（その取得の日以前25年以内に建築されたもの又は建築基準法施行令第3章及び第5章の4の規定若しくは国土交通大臣が財務大臣と協議して定める地震に対する安全性に係る基準（「建築基準等」といいます。）に適合することが耐震基準適合証明書により証明されたものに限ります。） |
| | ハ　建築後使用され | 上記イ①又は②に掲げる家屋（その取得の日以前25年以内 |

―― (691) ――

| | | |
|---|---|---|
| | たことのある家屋で耐火建築物に該当しないもの | に建築されたもの又は措法36条の2第1項に規定する譲渡の日の属する年の12月31日までに建築基準等に適合することが耐震基準適合証明書により証明されたものに限ります。) |
| 上記の家屋の敷地の用に供する土地等 | その土地の面積（上記イ②の家屋については、その一棟の家屋の敷地の用に供する土地の面積にその家屋の床面積のうちにその人の区分所有する独立部分の床面積の占める割合を乗じて計算した面積）が500m²以下であるもの | |

(注1) 特定居住用家屋とは、「エネルギーの使用の合理化に資する住宅の用に供する家屋として国土交通大臣が財務大臣と協議して定める基準」に適合する家屋以外の家屋で、次に掲げる要件のいずれにも該当しないものとされています。（措法41㉕、措令26㊲）

 イ　その家屋が令和5年12月31日以前に建築確認を受けているものであること。

 ロ　その家屋が令和6年6月30日以前に建築されたものであること。

(注2) かっこ書の規定は、個人が令和4年1月1日以後に行う譲渡資産の譲渡に係る買換資産について適用され、個人が同日前に行った譲渡資産の譲渡に係る買換資産については従前どおりです。（令4改措令附8②）

## 5　特例の内容（課税対象となる譲渡所得の計算）

(1)　譲渡資産の譲渡収入金額と買換資産の取得価額が同額か、譲渡資産の譲渡収入金額より買換資産の取得価額の方が多い場合……課税されません。

(2)　譲渡資産の譲渡収入金額が買換資産の取得価額より多い場合……次の収入金額から必要経費を差し引いて、課税対象となる譲渡所得の金額を計算することになります。

 ①　収入金額＝譲渡資産の譲渡価額－買換資産の取得価額

 ②　必要経費＝$\left(\begin{array}{c}譲渡資産\\の取得費\end{array}+\begin{array}{c}譲渡\\費用\end{array}\right)×\dfrac{譲渡資産の譲渡価額－買換資産の取得価額}{譲渡資産の譲渡価額}$

 課税対象となる譲渡所得の金額＝①－②

## 6　特例の適用が受けられない場合

(1)　譲渡した相手方が762ページ(3)の①特別の関係がある者に該当する場合

(2)　譲渡をした年、その前年又は前々年に次の特例の適用を受けている場合

 ①　居住用財産の長期譲渡所得に対する軽減税率（措法31の3）

 ②　居住用財産の3,000万円特別控除（措法35）

  (注)　平成28年4月1日から令和5年12月31日までの間に譲渡する「空き家に係る譲渡所得の特別控除」（措法35③、667ページ）については、この特例との重複適用ができます。（措法36の2①）

 ③　居住用財産の買換え等の場合の譲渡損失の損益通算及び繰越控除（措法41の5）

 ④　特定居住用財産の譲渡損失の損益通算及び繰越控除（措法41の5の2）

(3)　次の特例の適用を受ける場合

土地建物等の分離譲渡所得（買換特例）

① 収用等に伴い代替資産を取得した場合の特例（措法33）

② 交換処分等に伴い資産を取得した場合の特例（措法33の２）

③ 換地処分等に伴い資産を取得した場合の特例（措法33の３）

④ 収用等により資産を譲渡した場合の5,000万円特別控除（措法33の４）

⑤ 特定土地区画整理事業等のために土地等を譲渡した場合の2,000万円控除（措法34①）

⑥ 特定住宅地造成事業等のために土地等を譲渡した場合の1,500万円控除（措法34の２①）

⑦ 平成21年・22年に取得した土地等を譲渡した場合の1,000万円特別控除（措法35の２①）

⑧ 低未利用土地等を譲渡した場合の100万円控除（措法35の３①）

⑨ 特定の事業用資産の買換え・交換の特例（措法37条、37条の４）

⑩ 既成市街地等内にある土地等の中高層耐火建築物等への買換え・交換の特例（措法37の５①）

⑪ 特定の交換分合により土地等を取得した場合の特例（措法37の６①三）

⑫ 特定普通財産とその隣接する土地等の交換の特例（措法37の８）

⑬ 平成21年及び平成22年に土地等の先行取得をした場合の特例（旧措法37の９）

(4) 譲渡をした年、その前年若しくは前々年（以下「前３年以内の譲渡」といいます。）又は譲渡を
した年の翌年若しくは翌々年にその譲渡資産と一体として居住の用に供されていた家屋等を譲渡
（収用交換等による譲渡を除きます。）した場合において、その収入金額を加算した合計額が１億
円を超える場合（措法36の２③④）

**(注)** その譲渡が贈与（低額譲渡を含みます。）によるものである場合には、その贈与の時における価額を
もって譲渡に係る対価の額とされます。（措令24の２⑨）

## 7 申告の手続

申告書第三表の「特例適用条文」欄に「措法36条の２」と記載するとともに、「譲渡所得の内訳書
（確定申告書付表兼計算明細書）【土地・建物用】」及び次の書類を添付し、１の適用を受ける場合は
確定申告書の提出の日までに、３の適用を受ける場合は買替資産の取得をした日（その取得をした日
が二以上ある場合には、そのいずれか遅い日）から４月を経過する日までに納税地の所轄税務署長に
提出しなければなりません。（措法36の２⑤、措法36の２⑦において準用する措法33⑦、措令24の２
⑩、措規18の４⑤〜⑦）

(1) 譲渡資産に係るもの

① 譲渡資産が次のいずれかの資産に該当する事実を記載した書類

イ 自分が住んでいる家屋のうち国内にあるもの（家屋の存在する場所に居住していた期間が10
年以上であるものに限られます。）

ロ 上記イの家屋で自分が以前に住んでいたもの（住まなくなった日から３年目の年の12月31日
までの間に譲渡されるものに限ります。）

ハ 上記イ又はロの家屋及びその家屋の敷地や借地権

ニ 上記イの家屋が災害により滅失した場合において、その家屋を引き続き所有していたとした

ならば、その年の１月１日において所有期間が10年を超えるその家屋の敷地や借地権（災害があった日から３年目の年の12月31日までの間に売ったものに限ります。）

② 譲渡資産の登記事項証明書等で所有期間が10年を超えるものであることを明らかにするもの

**(注)**〈登記事項証明書の添付省略〉

土地・建物の登記事項証明書については、「譲渡所得の特例の適用を受ける場合の不動産に係る不動産番号等の明細書」に不動産番号を記載することなどにより、その添付を省略することができます。下記の買替資産に係るものも同様です。

③ 譲渡資産に係る売買契約を締結した日の前日において住民票に記載されていた住所と譲渡資産の所在地とが異なる場合や売った日の前10年以内において住民票に記載されていた住所を異動したことがある場合その他これらに類する場合には、戸籍の附票の写し等で、譲渡資産が上記①のイからニのいずれかに該当することを明らかにするもの

④ 売買契約書の写しなどで売却代金が１億円以下であることを明らかにするもの

(2) 買換資産に係るもの

① 買換資産の登記事項証明書や売買契約書の写しで、取得したこと及び買換資産の面積を明らかにするもの

② 令和４年１月１日以後に行う譲渡資産の譲渡に係る買換資産については、令和６年１月１日以後にその者の居住の用に供した又は供する見込みである建築後使用されたことのない家屋を買換資産とする場合には、その家屋が特定居住用家屋に該当するもの以外のものであることを明らかにする書類（504ページ）

③ 買換資産が耐火建築物の中古住宅である場合には、取得の日以前25年以内に建築されたものであることを明らかにする書類、又は耐震基準適合証明書（518ページ）など

④ 確定申告書の提出の日までに買替資産に住んでいない場合には、その旨及び住まいとして使用を開始する予定年月日その他の事項を記載したもの

**(注)** 特定非常災害に基因するやむを得ない事情により、取得期限の延長について税務署長の承認を受けようとする個人は、取得期限の属する年の翌年３月15日までに、次の書類を税務署長に提出しなければなりません。ただし、税務署長においてやむを得ない事情があると認める場合には、その書類の添付を要しません。（措規18の４③）

① 譲渡資産について承認を受けようとする旨、特定非常災害に基因するやむを得ない事情により買換資産の取得をすることが困難であると認められる事情の詳細、買換資産の取得予定年月日及びその取得価額の見積額その他の明細を記載した申請書

② その特定非常災害に基因するやむを得ない事情により買換資産の取得をすることが困難であると認められる事情を証する書類

## 8 更正の請求及び修正申告

(1) **更正の請求**……買換資産を取得する見込みで特例の適用を受けた「取得価額の見積額」が買換資産の「実際の取得価額」より少なかった場合には、買換資産を取得した日から４月以内に「更正の

土地建物等の分離譲渡所得（買換特例）

請求書」を提出して税金の還付を受けることができます。（措法36の3②）

⑵ **修正申告**……次の事情に該当することになったときは、それぞれの日までに「修正申告書」を提出して、差額の税金を納めなければなりません。（措法36の3①②③）

① 譲渡資産を譲渡した年中及びその前年中に買換資産の全部を取得してこの特例の適用を受けた人が、その譲渡した年の翌年12月31日までに買換資産をその人の居住の用に供しない場合や供しなくなった場合には、その譲渡した年の翌々年4月30日まで

② 次のイ～ニのいずれかに該当することとなったときは、それぞれ次の日から4月以内の日まで

イ 買換資産の取得価額が特例の適用を受けた「取得価額の見積額」に対して不足額を生ずることとなったときは、その買換資産の取得をした日

ロ 取得期限までに買換資産の取得をしていないときは、譲渡資産を譲渡した年の翌年12月31日

ハ 買換資産の取得後、譲渡資産を譲渡した年の翌々年12月31日までに買換資産をその人の居住の用に供しないときや供しなくなったときは、譲渡資産を譲渡した年の翌々年12月31日

ニ 譲渡資産を譲渡した年の翌年又は翌々年に、譲渡資産と一体として居住の用に供されていた家屋等を譲渡したことにより、家屋等の譲渡に係る対価の額と譲渡資産の譲渡に係る対価の額（6の⑷の前3年以内の譲渡がある場合には、その合計額）との合計額が1億円を超えることとなったときは、譲渡資産を譲渡した日

## 9 交換の場合の特例の適用

買換えの特例における譲渡資産に該当する資産（以下「交換譲渡資産」といいます。）と買換資産に該当する資産（以下「交換取得資産」といいます。）との交換をした場合（交換に伴い交換差金を取得し、又は支払う場合を含みます。）又は交換譲渡資産と交換取得資産以外の資産との交換を行い、かつ、交換差金を取得した場合（以下「他資産との交換の場合」といいます。）には、次の譲渡及び取得があったものとみなして、買換えの特例と同じ内容の交換の特例が適用されます。（措法36の5、措令24の4）

⑴ 交換譲渡資産（他資産との交換の場合は、交換差金に対応する部分で次の算式で計算した金額に限ります。）は、その交換の日に、同日のその資産の価額に相当する金額で譲渡したものとみなされます。

$$\frac{\text{交換譲渡資}}{\text{産の価額}} \times \frac{\text{交 換 差 金 の 額}}{\text{交換により取得した他資産の価額＋交換差金の額}}$$

⑵ 交換取得資産は、その交換の日に、同日のその資産の価額に相当する金額で取得をしたものとみなされます。

⑶ この交換の特例は、次のいずれかの特例の適用を受ける場合には、適用できません。

① 交換処分等に伴い資産を取得した場合の特例（措法33の2①二）

② 低未利土地等を譲渡した場合の特例（措法35の3）

③ 特定の事業用資産の交換の特例（措法37の4）

——(695)——

分離課税の土地建物等の譲渡所得の申告

④　既成市街地等内にある土地等の中高層耐火建築物等の建設のための交換の特例（措法37の5④）

⑤　特定の交換分合により土地等を取得した場合の特例（措法37の6①三）

⑥　特定普通財産とその隣接する土地等の交換の特例（措法37の8）

⑦　平成21年及び平成22年に土地等の先行取得をした場合の特例（旧措法37の9）

⑧　固定資産の交換の特例（所法58①）

《参考》　居住用財産の譲渡所得に係る各特例の関係

| 特例の区分／譲渡した居住用財産の区分 | | 措法35条 ①　3,000万円の特別控除 | 措法31条の3 ②　軽減税率の特例 | 措法36条の2 ③　特定の居住用財産の買換特例 |
|---|---|---|---|---|
| 譲渡の年の1月1日現在で所有期間が10年超のもの | ・譲渡者の居住期間が10年以上<br>・買換家屋の床面積が50m²以上<br>・買換土地等の面積が500m²以下 | 適用できる | 適用できる | 適用できる |
| | 上記以外のもの | 適用できる | 適用できる | 適用できない |
| 同じく所有期間が10年以下のもの | | 適用できる | 適用できない | 適用できない |

①②は両方適用可
①②と③は選択適用（注）

（注）　①のうち、平成28年4月1日から令和5年12月31日までの間に譲渡する「空き家に係る譲渡所得の特別控除」（措法35③、667ページ）については、③の特例との重複適用ができます。（措法36の2①）


## 三　特定の事業用資産の買換え・交換の特例

### 1　特例のあらまし

(1)　昭和45年1月1日から令和5年12月31日まで（**2**の表の❹の譲渡資産にあっては令和5年3月31日まで）の間に、事業の用に供している特定の資産（以下「譲渡資産」といいます。）の譲渡をし、その譲渡の日の属する年の12月31日までに一定の資産（以下「買換資産」といいます。）の取得（建設及び製作を含みます。以下同じです。）をし、その取得の日から1年以内にその買換資産を事業の用に供した場合又は供する見込みである場合には、次に掲げる場合の区分に応じそれぞれ次に定める譲渡資産の譲渡があったものとして、土地・建物等に係る長期譲渡所得又は短期譲渡所得の課税（船舶の場合にあっては、所得税法第33条の規定に基づく譲渡所得課税）を行うこととされ、取得価額の引継ぎによる80%（**注3**）の課税の繰延べができます。（措法37①）

| ① | その譲渡資産の譲渡による収入金額が買換資産の取得価額以下である場合 | その譲渡資産のうち収入金額の80%（**注3**）に相当する金額を超える金額に相当する部分 |
|---|---|---|
| ② | その譲渡資産の譲渡による収入金額が買換資産の取得価額を超える場合 | その譲渡資産のうちその買換資産の取得価額の80%（**注3**）に相当する金額を超える金額に相当する部分 |

土地建物等の分離譲渡所得（買換特例）

**（注1）** 減価償却資産である買換資産については、平成20年4月1日以後契約を締結した所有権移転外リース取引により取得したものは特例の対象から除かれます。また、この特例の適用を受けた場合には、特別償却（割増償却）（障害者を雇用する場合の機械等の割増償却等を除きます。）や投資税額控除の適用を受けることはできません。（措法37①）

**（注2）** 所有期間5年以下の短期所有土地等の譲渡は、原則として、この特例の適用対象から除外されますが、平成10年1月1日から令和5年3月31日までの間の土地等の譲渡については、この規制はなく、個別の適用要件によりその適否を判定することになります。（措法37⑤⑫）

**（注3）** 上記の80％の繰延べ割合は、次に掲げる場合には、それぞれ次に定める割合とされます。（措法37①⑩、平27改所法等附1十一イ、措令25④⑤）

　　これらの割合に応じ、3の買換資産の取得価額も調整されます。（措法37の3②、措令25の2⑥）

　イ　下記2の表の❹に係る譲渡資産が地域再生法に規定する集中地域以外の地域内にある資産に該当し、買換資産が同法第17条の2第1項第1号に規定する地域（東京都の特別区の在する区域）内にある資産に該当する場合……70％

　ロ　下記2の表の❹に係る譲渡資産が地域再生法に規定する集中地域以外の地域内にある資産に該当し、買換資産が集中地域（同法第17条の2第1項第1号に規定する地域（東京都の特別区の存する区域）を除きます。）内にある資産に該当する場合……75％

　ハ　令和2年4月1日前に下記2の表の❷の譲渡資産に該当し、かつ、❷の買換資産に該当する場合……70％

**（注4）** 本特例の適用を受けるためには、譲渡資産が事業に使われていたものであること、及び買換資産を事業に使うことが必要です。この「事業」には、農業、製造業、小売業などのほか、事業と称するに至らない不動産又は船舶の貸付けその他これに類する行為で相当の対価を得て継続的に行うものを含みます。（措通37―3）

⑵　次に掲げる場合についても本特例を適用することができることとされています

①　買替えのための先行取得資産の特例（措法37③、措令25⑰）

　　個人が昭和45年1月1日から令和5年12月31日（2の表の❻の譲渡資産にあっては令和5年3月31日まで）までの間に、譲渡資産の譲渡をし、その譲渡の日の属する年の前年中（工場等の敷地の用に供するための宅地の造成並びにその工場等の建設及び移転に要する期間が通常1年を超えると認められる事情その他これに準ずる事情がある場合には、譲渡の日の属する年の前年以前2年の期間内）に買換資産の取得をし、かつ、その取得の日から1年以内にその買換資産をその個人の事業の用に供した場合

②　譲渡のあった年の翌年以後において買換資産を取得する場合の特例（措法37④、措令25⑱⑲）

　　昭和45年1月1日から令和5年12月31日（2の表の❻の譲渡資産にあっては令和5年3月31日まで）までの間に、譲渡資産の譲渡をした個人が、その譲渡の日の属する年の翌年の1月1日から同年の12月31日までの期間（工場等の敷地の用に供するための宅地の造成並びにその工場等の建設及び移転に要する期間が通常1年を超えると認められる事情その他これに準ずる事情があるため、同日までに買換資産の取得をすることが困難である場合において、税務署長の承認を受けたときは、買換資産の取得をすることができるものとして同日後2年以内においてその税務署長

――（697）――

分離課税の土地建物等の譲渡所得の申告

が認定した日までの期間。以下この期間を「取得指定期間」といいます。）内に買換資産の取得をする見込みであり、かつ、その取得の日から1年以内にその取得をした資産をその個人の事業の用に供する見込みである場合

　　**(注)**　特定非常災害に基因するやむを得ない事情により、取得指定期間内に買換資産の取得をすることが困難となった場合において、その取得指定期間の初日からその取得指定期間の末日後2年以内の一定の日までの期間内に買換資産の取得をする見込みであり、かつ、納税地の税務署長の承認を受けたときは、「取得指定期間」を「取得指定期間の初日から取得指定期間の末日後2年以内の日であって税務署長が承認の際に認定した日までの期間」に延長することができます。（措法37⑧、平29改所法等附51⑲）

## 2　特例の対象となる譲渡資産及び買換資産の範囲（令和3年4月1日以後譲渡分から適用）

| 譲　渡　資　産 | 買　換　資　産 |
|---|---|
| ❶　既成市街地等(注)内にある事業所(工場、作業場その他これらに類する施設が相当程度集積している区域として国土交通大臣が指定する区域内にあるもの及び福利厚生施設を除きます。)として使用されている建物(付属設備を含みます。以下同じ。)又はその敷地である土地等で、その個人により取得された所有期間（譲渡した年の1月1日における所有期間。❹において同じ。）が10年を超えるもの<br><br>**(注)**　「**既成市街地等**」とは、㋑首都圏における既成市街地（東京都の特別区及び武蔵野市の全部、三鷹市、横浜市、川崎市、川口市の一定区域）、㋺近畿圏における既成都市区域（大阪市の全部及び京都市、守口市、東大阪市、堺市、神戸市、尼崎市、西宮市、芦屋市の一定区域）、㋩中部圏における旧名古屋市の区域をいいます。（措令25⑧） | ❶　既成市街地等以外の地域内にある土地等、建物、構築物又は機械及び装置（農業及び林業以外の事業の用に供されるものにあっては次に掲げる区域（ロに掲げる区域にあっては、市街化調整区域を除きます。）内にあるものに限るものとし、農業又は林業の用に供されるものにあっては市街化区域以外の地域内にあるものに限るものとし、立地適正化計画を作成した市町村のその立地適正化計画に記載された都市機能誘導区域以外の地域内にある誘導施設に係る土地等、建物及び構築物を除きます。）<br>　イ　市街化区域のうち都市計画法第7条第1項ただし書の規定により区域区分を定めるものとされている区域<br>　ロ　首都圏整備法第2条第5項又は近畿圏整備法第2条第5項に規定する都市開発区域、中部圏開発整備法第2条第4項に規定する都市開発区域（措令25⑨） |
| ❷　航空機騒音障害区域内にある土地等（平成26年4月1日又はその土地等のある区域が航空機騒音障害区域となった日のいずれか遅い日以後に取得（相続、遺贈又は贈与による取得を除きます。）をされたものを除きます。）、建物又は構築物で特定空港周辺航空機騒音対策特定措置法等により買い取られ、又は補償金を取得する場合に譲渡をされるもの | ❷　航空機騒音障害区域以外の地域内にある土地等、建物、構築物又は機械及び装置（農林業の用に供されるものにあっては、市街化区域以外の地域内にあるものに限ります。） |

土地建物等の分離譲渡所得（買換特例）

| | |
|---|---|
| ❸　既成市街地等及びこれに類する区域（都市計画に都市再開発法第2条の3第1項第2号に掲げる地区若しくは同条第2項に規定する地区の定められた市又は道府県庁所在の市の都市計画区域のうち最近の国勢調査の結果による人口集中地区の区域をいいます。）内にある土地等、建物又は構築物 | ❸　左欄に規定する区域内にある土地等、建物、構築物又は機械及び装置で、都市再開発法による市街地再開発事業に関する都市計画の実施に伴い、当該都市計画に従って取得されるもの（中高層耐火建築物以外の建物及び住宅の用に供される部分が含まれる建物（住宅の用に供される部分に限ります。）を除きます。）（措令25⑪） |
| ❹　国内にある土地等、建物又は構築物で、その個人により取得された所有期間が10年を超えるもの | ❹　国内にある土地等（事務所、工場、作業場、研究所、営業所、店舗、倉庫、住宅その他これらに類する施設（福利厚生施設に該当するものを除きます。以下❹において「特定施設」といいます。）の敷地の用に供されるもの（当該特定施設に係る事業の遂行上必要な駐車場の用に供されるものを含みます。）又は駐車場の用に供されるもの（建物又は構築物の敷地の用に供されていないことについて下記イからニまでで定めるやむを得ない事情（措令25⑬）があるものに限ります。）で、その面積が300m²以上のものに限ります。）、建物又は構築物<br>イ　都市計画法第29条第1項又は第2項の規定による許可の手続<br>ロ　建築基準法第6条第1項に規定する確認の手続<br>ハ　文化財保護法第93条第2項に規定する発掘調査<br>ニ　建築物の建築に関する条例の規定に基づく手続（建物又は構築物の敷地の用に供されていないことが当該手続を理由とするものであることにつき国土交通大臣が証明したものに限ります。） |
| ❺　船舶（船舶法第1条に規定する日本船舶に限るものとし、漁業（水産動植物の採捕又は養殖の事業をいいます。）の用に供されるものを除きます。以下❺において同じ。）のうちその進水の日からその譲渡の日までの期間が次の期間に満たないもの（措令25⑭）<br>イ　海洋運輸業又は沿海運輸業の用に供されている船舶　25年<br>ロ　建設業又はひき船業の用に供されている船舶 | ❺　船舶（措令25⑮の要件を満たすものに限ります。） |

——(699)——

分離課税の土地建物等の譲渡所得の申告

| 35年 | |
|---|---|

買換資産である土地等に係る面積が譲渡資産である土地等に係る面積の5倍を超えるときは、その超える部分は買換資産になりません。（措法37②、措令25⑭）

**（注1）**「譲渡資産」には、収用などによる譲渡、贈与、現物出資、代物弁済により譲渡した資産は含まれません。なお、事業の用に供している土地に借地権や地役権を設定して受け取る権利金が譲渡所得になる場合（659ページ2参照）も、この特例の適用が受けられます。

**（注2）**「買換資産」には、贈与、代物弁済又は非適格現物分配により取得した資産は含まれません。

## 3 特例の内容（課税対象となる譲渡所得金額の計算）

⑴ 譲渡による収入金額と買換資産の取得価額が同額か、買換資産の取得価額の方が多い場合（譲渡による収入金額≦買換資産の取得価額）……次の収入金額から必要経費を差し引いて、課税対象となる譲渡所得の金額を計算することになります。

① 収入金額＝譲渡による収入金額×20％※
② 必要経費＝（譲渡資産の取得費＋譲渡費用）×20％※ 〕①－②＝課税対象となる譲渡所得金額

※ 1の⑴の**（注3）**のイの場合は30％、ロの場合は25％、ハの場合は30％

⑵ 譲渡による収入金額が買換資産の取得価額より多い場合（譲渡による収入金額＞買換資産の取得価額）……次の収入金額から必要経費を差し引いて、課税対象となる譲渡所得の金額を計算することになります。

① 収入金額＝譲渡による収入金額－（買換資産の取得価額×80％）※

$$② \quad 必要経費＝\left(\begin{array}{c}譲渡資産\\の取得費\end{array}＋\begin{array}{c}譲渡\\費用\end{array}\right)×\dfrac{\begin{array}{c}譲渡による\\収入金額\end{array}－\left(\begin{array}{c}買換資産の\\取得価額\end{array}×80％※\right)}{譲渡による収入金額}$$

①－②＝課税対象となる譲渡所得金額

※ 1の⑴の**（注3）**のイの場合は70％、ロの場合は75％、ハの場合は70％

なお、この特例の適用を受けた譲渡所得については、譲渡所得の特別控除額は控除されません。

## 4 申告の手続

申告書第三表の「特例適用条文」欄に「措法37条」と記入するとともに、①「譲渡所得の内訳書（確定申告書付表兼計算明細書）」、②「買換資産の登記事項証明書などその資産の取得を証明する書類」、③「譲渡資産や買換資産（2の表の❷、❸又は❹の「買換資産」欄の資産に該当するものを除きます。）に関する証明書」を申告書に添付しなければなりません。（措法37⑥、措規18の5）

**（注1）** 1の⑵の①の先行取得資産について、この買換えの特例を受ける場合は、その資産を取得した年の翌年3月15日までに「先行取得資産に係る買換えの特例の適用に関する届出書」を税務署長に提出しなければなりません。（措令25⑯）

**（注2）** 譲渡の翌年中に買換資産を取得する見込みである場合（1の⑵の②の場合）は、買換資産の明細書を確定申告書に添付しなければなりません。この場合、上記②の登記事項証明書などは、買換資産を取得した日から4月以内に提出しなければなりません。（措令25⑳）

土地建物等の分離譲渡所得（買換特例）

**（注3）** 1の(2)の②の**(注)**の取得指定期間の延長について税務署長の承認を受けようとする個人は、取得指定期間の末日の属する年の翌年3月15日（同日がその者の義務的修正申告書の提出期限後である場合には、その提出期限）までに、次の書類を税務署長に提出しなければなりません。ただし、税務署長においてやむを得ない事情があると認める場合には、その書類の添付を要しません。（措規18の5⑥）

　　① 申請者の氏名及び住所、特定非常災害に基因するやむを得ない事情の詳細、買換資産の取得予定年月日及びその認定を受けようとする年月日、その他参考となるべき事項を記載した申請書

　　② その特定非常災害に基因するやむを得ない事情により買換資産の取得をすることが困難であると認められる事情を証する書類

**（注4）**〈登記事項証明書の添付省略〉

　　土地・建物の登記事項証明書については、「譲渡所得の特例の適用を受ける場合の不動産に係る不動産番号等の明細書」に不動産番号を記載することなどにより、その添付を省略することができます。

# 6 更正の請求及び修正申告

⑴ **更正の請求**……買換資産を取得する見込みで特例の適用を受けた「取得価額の見積額」が買換資産の「実際の取得価額」より少なかった場合又は買換資産の所在する地域が取得見込みの買換資産の所在する地域と異なり課税繰延割合が異なることとなったため、申告した譲渡所得の金額が多かった場合には、買換資産を取得した日から4月以内に「更正の請求書」を提出して税金の還付を受けることができます。（措法37の2②）

⑵ **修正申告**……①確定申告の際にはこの特例の適用を受けられる要件に該当していたが、その後この要件に該当しなくなった場合や、②買換資産の「取得価額の見積額」より買換資産の「実際の取得価額」が少なかった場合又は買換資産の所在する地域が取得見込みの買換資産の所在する地域と異なり課税繰延割合が異なることとなったため、申告した譲渡所得の金額が少なかった場合には、これらの事情に該当することとなった日から4月以内に「修正申告書」を提出して、差額の税金を納めなければなりません。（措法37の2①②）

分離課税の土地建物等の譲渡所得の申告

――計算例――

**特定の事業用資産の買換えの場合の特例の計算**

**(設　例)**……２の表の❸に該当する買換え（買換えの要件を満たしている。）

譲渡資産　宅地165m²（全部事業用）

　　　　　　昭和44年３月30日取得・取得費150万円（概算取得費は200万円）

　　　　　　令和４年12月10日譲渡・譲渡価額4,000万円

　　　　　　譲渡費用・譲渡土地上の建物取壊費用200万円、収入印紙代10,000円

買換資産　鉄筋コンクリート賃貸住宅（特定建物の一部）300m²

　　　　　　令和５年12月１日取得予定・事業供用見込日令和６年１月10日

　　　　　　取得価額の見積額6,000万円

なお、事業所得の経理方式は税込経理を採用しています。

**(所得金額の計算)**……３(1)を適用

収入金額＝40,000,000円×20％＝8,000,000円

　　　　　　　　　　　　概算取得費
必要経費＝(40,000,000円×５％＋2,010,000円)×20％＝802,000円

所得金額＝8,000,000円－802,000円＝7,198,000円

**(税額の計算)**……746ページの一般長期譲渡所得がある場合（一般分）の税額計算の計算式を適用

7,198,000円×15％＝1,079,700円

土地建物等の分離譲渡所得（買換特例）

【記載例】

上記の計算例を譲渡所得の内訳書（確定申告書付表兼計算明細書）に記入すると次のとおりです。

なお、この他に買換資産の明細書を記載する必要があります。

（一面は略）

---

### 2 面

名簿番号

### 1 譲渡（売却）された土地・建物について記載してください。

(1) どこの土地・建物を譲渡（売却）されましたか。

| 所在地 | 所在地番 | 大阪市○区××町4－2－6 |
| | （住居表示） | |

(2) どのような土地・建物をいつ譲渡（売却）されましたか。

| 土地 | ☑宅 地　□田<br>□山 林　□畑<br>□雑種地　□借地権<br>□その他（　　） | （実測）　　　㎡<br>（公簿等）<br>165　㎡ |
| --- | --- | --- |
| 建物 | □居 宅　□マンション<br>□店 舗　□事務所<br>□その他<br>（　　　） | ㎡ |

| 利 用 状 況 |
| --- |
| □ 自己の居住用<br>（居住期間　　　年　月～　　年　月） |
| ☑ 自己の事業用 |
| □ 貸付用 |
| □ 未利用 |
| □ その他（　　　） |

| 売買契約日 |
| --- |
| 令<br>4 年 10 月 10 日 |
| 引き渡した日 |
| 令<br>4 年 12 月 10 日 |

○ 次の欄は、譲渡（売却）された土地・建物が共有の場合に記載してください。

| あなたの持分 | | 共有者の住所・氏名 | 共有者の持分 | |
| --- | --- | --- | --- | --- |
| 土地 | 建物 | | 土地 | 建物 |
| | | （住所）　　　　　　　　（氏名） | | |
| | | （住所）　　　　　　　　（氏名） | | |

(3) どなたに譲渡（売却）されましたか。

| 買主 | 住所<br>（所在地） | 大阪市×区△△町3－2－6 | |
| --- | --- | --- | --- |
| | 氏名<br>（名称） | （株）南里不動産 | 職業<br>（業種）　不動産業 |

(4) いくらで譲渡（売却）されましたか。

| ① 譲 渡 価 額 |
| --- |
| 40,000,000 円 |

【参考事項】

| 代金の<br>受領状況 | 令 1回目<br>4 年 10 月 10 日<br>4,000,000 円 | 令 2回目<br>4 年 12 月 10 日<br>36,000,000 円 | 3回目<br>　年　月　日<br>　　円 | 未収金<br>　年　月　日（予定）<br>　　円 |
| --- | --- | --- | --- | --- |

| お売りになった<br>理　由 | □ 買主から頼まれたため<br>☑ 他の資産を購入するため<br>□ 事業資金を捻出するため | □ 借入金を返済するため<br>□ その他<br>（　　　　） |
| --- | --- | --- |

分離課税の土地建物等の譲渡所得の申告

3 面

## 2 譲渡（売却）された土地・建物の購入（建築）代金などについて記載してください。

（1）譲渡（売却）された土地・建物は、どなたから、いつ、いくらで購入（建築）されましたか。

| 購入建築価額の内訳 | 購入（建築）先・支払先 住所（所在地） | 氏名（名称） | 購入年月日建築 | 購入・建築代金又は譲渡価額の5% |
|---|---|---|---|---|
| 土 地 | 大阪市×区××町3−3−3 | (株)大手建設 | 昭44・3・30 | 2,000,000 円 |
| | | | ・・ | 円 |
| | | | ・・ | 円 |
| | | 小 計 (イ) | | 2,000,000 円 |
| 建 物 | | | | 円 |
| | | | | 円 |
| | | | | 円 |
| 建物の構造 □木造 □木骨モルタル □(鉄骨)鉄筋 □金属造 □その他 | | 小 計 (ロ) | | 円 |

※ 土地や建物の取得の際に支払った仲介手数料や非業務用資産に係る登記費用などが含まれます。

（2）建物の償却費相当額を計算します。

建物の購入・建築価額(ロ)　　　償却率　　経過年数　　償却費相当額(ハ)
□標準
_____ 円 × 0.9 × _____ × _____ = _____ 円

（3）取得費を計算します。

| ② 取得費 | (イ)＋(ロ)−(ハ) 円 2,000,000 |
|---|---|

※ 「譲渡所得の申告のしかた」を参照してください。なお、建物の標準的な建築価額による建物の取得価額の計算をしたものは、「□標準」に☑してください。
※ 非業務用建物（居住用）の (ハ) の額は、(ロ) の価額の95%を限度とします（償却率は1面をご覧ください）。

## 3 譲渡（売却）するために支払った費用について記載してください。

| 費用の種類 | 支払先 住所（所在地） | 氏名（名称） | 支払年月日 | 支払金額 |
|---|---|---|---|---|
| 仲介手数料 | | | ・・ | 円 |
| 収入印紙代 | | | ・・ | 10,000 円 |
| 建物取壊費用 | 大阪市北区○○町1−1−1 | 北建設(株) | 令4・12・1 | 2,000,000 円 |
| | | | | 円 |
| | | ③ 譲渡費用 | | 2,010,000 円 |

※ 修繕費、固定資産税などは譲渡費用にはなりません。

## 4 譲渡所得金額の計算をします。

| 区分 | 特例適用条文 | A 収入金額 (①) | B 必要経費 (②＋③) | C 差引金額 (A−B) | D 特別控除額 | E 譲渡所得金額 (C−D) |
|---|---|---|---|---|---|---|
| 短期・長期 | 所・措・震条の | 円 | 円 | 円 | 円 | 円 |
| 短期・長期 | 所・措・震条の | 円 | 円 | 円 | 円 | 円 |
| 短期・長期 | 所・措・震条の | 円 | 円 | 円 | 円 | 円 |

※ ここで計算した内容（交換・買換え（代替）の特例の適用を受ける場合は、4面の「6」で計算した内容）を「申告書第三表（分離課税用）」に転記します。

整理欄

## 土地建物等の分離譲渡所得（買換特例）

**4 面**

### 「交換・買換え（代替）の特例の適用を受ける場合の譲渡所得の計算」
この面（4面）は、交換・買換え（代替）の特例の適用を受ける場合（※）にのみ記載します。

※ 交換・買換え（代替）の特例の適用を受けた場合、交換・買換え（代替）資産として取得された（される）資産を将来譲渡したときの取得費やその資産が業務用資産であるときの減価償却費の額の計算は、その資産の実際の取得価額ではなく、譲渡（売却）された資産から引き継がれた取得価額を基に一定の計算をすることになりますので、ご注意ください。

### 5 交換・買換（代替）資産として取得された（される）資産について記載してください。

| 物件の所在地 | 種類 | 面積 | 用途 | 契約（予定）年月日 | 取得（予定）年月日 | 使用開始（予定）年月日 |
|---|---|---|---|---|---|---|
| 大阪市○区××町4－2－6 | 建物 | ㎡<br>300 | 貸付用 | 令<br>4・10・10 | 令<br>5・12・1 | 令<br>6・1・10 |
| | | ㎡ | | ・・ | ・・ | ・・ |

※ 「種類」欄は、宅地・田・畑・建物などと、「用途」欄は、貸付用・居住用・事務所などと記載してください。

取得された（される）資産の購入代金など（取得価額）について記載してください。

| 費用の内容 | 支払先住所（所在地）及び氏名（名称） | 支払年月日 | 支払金額 |
|---|---|---|---|
| 土　地 | | ・・ | 円 |
| | | ・・ | 円 |
| | | ・・ | 円 |
| 建　物 | 大阪市×区△△町3－2－6　（株）南里不動産 | 令<br>5・12・1 | 60,000,000 円 |
| | | ・・ | 円 |
| | | ・・ | 円 |
| ④ 買換（代替）資産・交換取得資産の取得価額の合計額 | | | 60,000,000 円 |

※ 買換（代替）資産の取得の際に支払った仲介手数料や非業務用資産に係る登記費用などが含まれます。
※ 買換（代替）資産をこれから取得される見込みのときは、「買換（代替）資産の明細書」（国税庁ホームページ【https://www.nta.go.jp】からダウンロードできます。なお、税務署にも用意してあります。）を提出し、その見込額を記載してください。

### 6 譲渡所得金額の計算をします。

「2面」・「3面」で計算した「①譲渡価額」、「②取得費」、「③譲渡費用」と上記「5」で計算した「④買換（代替）資産・交換取得資産の取得価額の合計額」により、譲渡所得金額の計算をします。

(1) (2)以外の交換・買換え（代替）の場合［交換(所法58)・収用代替(措法33)・居住用買換え(措法36の2)・震災買換え(震法12)など］

| 区　分 | 特例適用 | F 収入金額 | G 必要経費 | H 譲渡所得金額<br>（F－G） |
|---|---|---|---|---|
| 収用代替 | 条　文 | $①－③－④$ | $②×\dfrac{F}{①－③}$ | |
| 上記以外 | | $①－④$ | $(②+③)×\dfrac{F}{①}$ | |
| 短期<br>・<br>長期 | 所・措・震<br>条<br>の | 円 | 円 | 円 |

(2) 特定の事業用資産の買換え・交換(措法37・37の4)などの場合

| 区　分 | 特例適用 | J 収入金額 | K 必要経費 | L 譲渡所得金額<br>（J－K） |
|---|---|---|---|---|
| ① ≦ ④ | 条　文 | $①×20\%^{(※)}$ | $(②+③)×20\%^{(※)}$ | |
| ① ＞ ④ | | $(①－④)+④×20\%^{(※)}$ | $(②+③)×\dfrac{J}{①}$ | |
| 短期<br>⦅長期⦆ | 措法<br>37条<br>の | 8,000,000 円 | 802,000 円 | 7,198,000 円 |

※ 上記算式の20％は、一定の場合は25％又は30％となります。

——(705)——

### 7　交換の場合の特例の適用

　昭和45年1月1日から令和5年12月31日まで（2の表の❻の譲渡資産にあっては令和5年3月31日まで）の間に、2の「譲渡資産」の土地建物等のうち事業（事業とまでは至らない相当の収入を得ている継続的な不動産等の貸付けを含みます。）に使用しているものを他の資産と交換した場合で、次の(1)又は(2)に該当し、かつ、1の(1)、(2)①又は同②の要件を満たしているときは、買換えの特例と同じ内容の交換の特例が適用されます。（措法37の4）

(1)　その交換により取得した資産が、2の「譲渡資産」に対応する「買換資産」である場合

(2)　(1)以外の場合で、その交換により金銭による交換差金を取得し、その交換差金で、2の「譲渡資産」に対応する「買換資産」を取得した場合

　この特例の適用を受けた場合には、交換の日における交換譲渡資産の時価でその交換譲渡資産を譲渡したものとし、交換の日における交換取得資産の時価でその交換取得資産を取得したものとして、買換えの場合と同じ方法により譲渡所得を計算することになります。したがって、

⑴　交換差金の支払を受けない場合には、交換譲渡資産の20％（1の(1)の**（注3）**のイの場合は30％、ロの場合は25％）相当額の譲渡があったものとされ、その部分についてのみ課税されます。

⑵　交換差金を受けた場合は、その交換差金と交換取得資産の時価の20％（1の(1)の**（注3）**のイの場合は70％、ロの場合は75％）相当額との合計額に相当する部分だけ交換譲渡資産の譲渡があったものとして課税されます。


## 四　収用などの場合の買換えの特例

### 1　特例のあらまし

　収用などにより、土地や借地権、建物などの資産を譲渡し、①補償金などの全部で代替資産を取得した場合や、補償金などの代わりに収用などをされた資産と同種の資産だけをもらった場合には、課税されません。また、②補償金などの一部で代替資産を取得した場合には、残りの補償金などの部分についてのみ課税されます。（措法33）

　**（注）**　減価償却資産である代替資産については、平成20年4月1日以後契約を締結した所有権移転外リース取引により取得したものは特例の対象から除かれます。また、この特例の適用を受けた場合には、特別償却（割増償却）や投資税額控除の適用を受けることはできません。（措法33①、33の6②）

### 2　特例の適用が受けられる場合

　次の(1)～(3)のいずれかに該当する場合です。しかし、「収用などにより資産を譲渡した場合の5,000万円特別控除」（Ⅱ四の3）の適用を受ける場合には、この買換えの特例は適用されません。

(1)　土地収用法などの特定の法律の規定により、又は土地収用法などによる収用を背景とした売買契

土地建物等の分離譲渡所得（買換特例）

約などにより、土地や借地権、建物などの資産が公共事業のために収用、買取り、消滅などをされて補償金などを取得し、その補償金などで収用などのあった年中に代替資産（**注1**）を取得したり、収用などのあった日の属する年の翌年1月1日から収用などのあった日以後2年（特定の場合で税務署長の承認を受けたときは、取得期限の延長の特例があります。）を経過した日までの期間（以下「取得指定期間」といいます。）に代替資産を取得する見込み（代替資産の明細書を申告の際に提出します。）である場合（措法33①③）、又は収用等のあった日の属する年の前年中（その収用等によりその個人の有する資産の譲渡をすることとなることが明らかとなった日以後の期間に限ります。）に代替資産となるべき資産の取得をした場合（その代替資産となるべき資産が土地等である場合において、工場敷地の造成など一定のやむを得ない事情があるときは、収用等のあった日の属する年の前年以前3年の期間（その収用等によりその個人の有する資産の譲渡をすることとなることが明らかとなった日以後の期間に限ります。）内に取得をしたとき）（令和4年4月1日以後にされる収用等に係る代替資産となるべき資産について適用（令4改所法等附32①））（措法33②）（**注2**）

⑵ ⑴の収用などにより、交換により資産を取得した場合又は交換により取得した資産とともに補償金等を取得し、その額の全部若しくは一部に相当する金額をもって代替資産の取得をした場合、若しくは取得をする見込みがある場合、又は代替資産となるべき資産をあらかじめ取得した場合（令和4年4月1日以後にされる収用等に係る代替資産となるべき資産について適用（令4改所法等附32①））（次の⑶に該当する場合を除きます。）（措法33の2①②）（**注2**）

⑶ 土地区画整理事業や、土地改良事業などによる換地処分、市街地再開発事業による権利変換により、代わりの土地や建物の一部を取得する権利などを取得した場合（措法33の3）

**（注1）**「代替資産」とは、収用などにより譲渡した資産と同じ次の区分に属する資産をいいます。

① 土地や土地の上に存する権利（借地権など）

② 建物や建物に附属する構築物

③ その他の構築物

④ その他の資産（この区分に属するものは、さらに同じ用途であることが必要です。）

ただし、上記の区分の異なる2以上の資産で、一の効用をもっている一組の資産について収用などをされた場合で新たに取得した資産が同じ効用をもっているものであるとき（例えば、住宅とその敷地を収用されて、住宅だけを取得したような場合）や、事業用資産の収用などをされた場合で新たに取得した資産が事業用のものであるときは、上記の同じ区分に属するものでなくても、代替資産とすることができます。

**（注2）** 特定非常災害に基因するやむを得ない事情により、取得指定期間内に代替資産の取得をすることが困難となった場合において、その取得指定期間の初日からその取得指定期間の末日後2年以内の一定の日までの期間内に代替資産の取得をする見込みであり、かつ、納税地の税務署長の承認を受けたときは、「取得指定期間」を「取得指定期間の末日後2年以内の日であって税務署長が承認の際に認定した日」まで延長することができます。（措法33⑧、33の2⑤、平29改所法等附51⑦）

## 3 特例の内容

(1) ①補償金などの全部で代替資産を取得したり、取得する見込みで特例の適用を受けた場合又は収用等のあった日の属する年の前年中に代替資産となるべき資産の取得をした場合、②補償金などの代わりに収用などをされた資産と同種の資産だけを受け取った場合……課税されません。

(2) 補償金などの一部で代替資産を取得したり、取得する見込みで特例の適用を受けた場合又は収用等のあった日の属する年の前年中に代替資産となるべき資産の取得をした場合……次の収入金額から必要経費を差し引いて、課税対象となる譲渡所得の金額を計算することになります。

① 収入金額＝（補償金などの額－譲渡費用）－代替資産の取得価額

② 必要経費＝収用などをされた資産の取得費×$\dfrac{\left(\begin{smallmatrix}補償金な\\ど の 額\end{smallmatrix}-\begin{smallmatrix}譲渡\\費用\end{smallmatrix}\right)-\begin{smallmatrix}代替資産の\\取 得 価 額\end{smallmatrix}}{補償金などの額－譲渡費用}$

　　 課税対象となる譲渡所得の金額＝①－②

(注) 譲渡費用を補填するための補償金を受け取っている場合は、算式中の「譲渡費用」は、その補償金で補填された残りの譲渡費用となります。

(3) 補償金などとともに、収用などをされた資産と同種の資産を受け取った場合……次の収入金額から必要経費を差し引いて、課税対象となる譲渡所得の金額を計算することになります。

① 収入金額＝補償金などの額

② 必要経費＝$\left(\begin{smallmatrix}収用などをされ\\た資産の取得費\end{smallmatrix}+\begin{smallmatrix}譲渡\\費用\end{smallmatrix}\right)×\dfrac{補償金などの額}{補償金などの額＋受け取った資産の時価}$

　　 課税対象となる譲渡所得金額＝①－②

(注1) 補償金などで代替資産を取得したり、取得する見込みで特例の適用を受けた場合には、さらに、上記(1)又は(2)の特例の適用が受けられます。

(注2) 「譲渡費用」については、上記(2)の(注)に同じ。

## 4 申告の手続

申告書第三表の「特例適用条文」欄に、2の(1)に該当する場合には「措法33条」と、同(2)に該当する場合には「措法33条の2」と、それぞれ記入するとともに、①「譲渡所得の内訳書（確定申告書付表兼計算明細書）」、②「収用等の証明書」（公共事業施行者から交付を受けたもの）、③「取得した資産の登記事項証明書などその資産の取得を証明する書類」を申告書に添付しなければなりません。なお、2の(3)に該当する場合はこのような手続は必要ありません。（措法33⑥、33の2③）

(注1) 代替資産を取得する見込みでこの特例の適用を受ける場合には、③の登記事項証明書などは、代替資産を取得した日から4月以内に提出しなければなりません。

(注2) 2の(注2)の取得指定期間の延長について税務署長の承認を受けようとする個人は、取得指定期間の末日の属する年の翌年3月15日（同日がその者の義務的修正申告書の提出期限後である場合には、その提出期限）までに、次の書類を税務署長に提出しなければなりません。ただし、税務署長においてやむを得ない事情があると認める場合には、その書類の添付を要しません。（措規14⑧、

土地建物等の分離譲渡所得（買換特例）

14の2②）

① 譲渡資産について承認を受けようとする旨、特定非常災害に基因するやむを得ない事情の詳細、代替資産の取得予定年月日及びその取得価額の見積額並びにその認定を受けようとする年月日その他の明細を記載した申請書

② その特定非常災害に基因するやむを得ない事情により代替資産の取得をすることが困難であると認められる事情を証する書類

(注3)〈登記事項証明書の添付省略〉

土地・建物の登記事項証明書については、「譲渡所得の特例の適用を受ける場合の不動産に係る不動産番号等の明細書」に不動産番号を記載することなどにより、その添付を省略することができます。

## 5 更正の請求及び修正申告

(1) **更正の請求**……代替資産を取得する見込みで特例の適用を受けた「取得価額の見積額」が代替資産の「実際の取得価額」より少なかった場合には、代替資産の取得をした日から4月以内に「更正の請求書」を提出して、税金の還付を受けることができます。（措法33の5④）

(2) **修正申告**……代替資産の取得をする見込みでこの特例の適用を受けていた場合で、①代替資産を取得しなかったときや、②代替資産の「実際の取得価額」が特例の適用を受けた「取得価額の見積額」より少なかったときは、これらの事情に該当することとなった日から4月以内に「修正申告書」を提出して、差額の税金を納めなければなりません。（措法33の5①）

# 五 既成市街地等内にある土地等の中高層耐火建築物等の建設のための買換え・交換の特例

## 1 特例のあらまし

既成市街地等内に有する土地等、建物又は構築物を譲渡し、一定期間内（原則としてその譲渡をした年）に、

《A》 その譲渡をした土地等又は建物等の敷地の上に特定民間再開発事業により建築された地上階数4以上の中高層耐火建築物の全部又は一部を取得してその取得の日から1年以内に事業の用又は居住の用に供した場合

《B》 その譲渡をした土地等又は譲渡した建物等の敷地の上に建築された地上階数3以上の主として住宅の用に供される中高層耐火共同住宅の全部又は一部を取得してその取得の日から1年以内に事業の用又は居住の用に供した場合

には、(1)その譲渡資産の譲渡価額が取得した資産（買換資産）の取得価額以下である場合には、その譲渡がなかったものとし、(2)その譲渡資産の譲渡価額が買換資産の取得価額を超える場合には、その超える部分についてのみ土地等の譲渡があったものとして課税されます。（措法37の5）

分離課税の土地建物等の譲渡所得の申告

**（注1）** 減価償却資産である買換資産については、所有権移転外リース取引により取得したものは特例の対象から除かれます。また、この特例の適用を受けた場合には、特別償却（割増償却）や投資税額控除の適用を受けることはできません。（措法37の5①②、措通37の3―3）

**（注2）** この特例の適用を受けて取得した家屋については、（特定増改築等）住宅借入金等特別控除の適用を受けることはできません。

## 2 特例の適用が受けられる場合

### 《A》 特定民間再開発事業により建築された地上階数4以上の中高層耐火建築物の買換え等の特例

次の(1)～(3)のすべての要件に該当する場合です。

### (1) 特例の対象となる譲渡資産及び買換資産の範囲

（措法37の5①一、措令25の4③、20の2⑮二～五）

| 譲 渡 資 産 | 買 換 資 産 |
|---|---|
| 次の区域又は地区内にある土地（土地の上に存する権利を含みます。）、建物（その附属設備を含みます。）、構築物で、これらの土地等又は建物若しくは構築物の敷地の上に地上階数4以上の中高層耐火建築物の建築をする特定民間再開発事業の用に供するために譲渡されるもの（その特定民間再開発事業の施行される区域に限ります。）であること<br>① 首都圏における既成市街地<br>② 近畿圏における既成都市区域<br>③ 中部圏における旧名古屋市の区域<br>④ 都市計画に都市再開発法第2条の3第1項第2号に掲げる地区として定められた地区（いわゆる2号地区）（上記①～③の区域内にある区域を除きます。）<br>⑤ 都市計画に都市計画法第8条第1項第3号の高度利用地区として定められた地区、同法第12条の4第1項第1号の地区計画の区域（同法の再開発等促進区内の第1種・第2種低層住居専用地域、第1種・第2種中高層住居専用地域を除きます。）、同法第12条の4第1項第2号の防災街区整備地区計画の区域、同第4号の沿道地区計画の区域のうち一定の要件を満たすもの及び中心市街地の活性化に関する法律第16条第1項の認定中心市街地の区域として定められた地区、都市再生特別措置法第2条第3項に規定する都市再生緊急整備地域又は同法第67条に規定する認定整備事業計画（その認定整備事業計画に同条の都市再生整備事業の施行される土地の区域の面積が | 特定民間再開発事業の施行により譲渡した土地等又は建物若しくは構築物の敷地の上に建築された中高層耐火建築物又はこの特定民間再開発事業の施行される地区（左欄の④、⑤の地区に限ります。）内で行われる他の特定民間再開発事業その他特定の事業の施行によりこの地区内に建築された中高層耐火建築物（これらの建物の敷地の用に供されている土地等を含みます。）又はこれらの建物に係る構築物の全部又は一部で、かつ、その取得の日から1年以内に事業の用又は居住の用に供するもの（又は供する見込みのもの）であること |

――(710)――

土地建物等の分離譲渡所得（買換特例）

0.5ヘクタール以上であることが定められているものに限ります。）の区域

⑥　都市の低炭素化の促進に関する法律第12条に規定する認定集約都市開発事業計画の区域で、集約都市開発事業の施行される土地の区域の面積が2,000m²以上であり、同法第9条第1項に規定する特定公共施設の整備がされるもの（平成25年6月1日以後適用）

(注1)　譲渡資産は棚卸資産や雑所得の基因となるものは除かれますが、その譲渡前の用途又は所有期間の制限はありません。

(注2)　「事業の用」には、事業と称するに至らない不動産の貸付けその他これに類する行為で相当の対価を得て継続的に行う場合が含まれ、「居住の用」又は「事業の用」には、その人の親族の居住の用又は事業の用に供する場合が含まれます。（親族が事業の用に供する場合には、その親族がその人と生計を一にする者に限ります。）

特定民間再開発事業とは、上記(1)の表の①～⑥の区域又は地区内で施行される地上階数4以上の中高層耐火建築物の建築をすることを目的とする事業で、次のいずれにも該当するものをいいます。（措令25の4②）

①　その事業の施行される土地の区域（以下「施行地区」といいます。）の面積が1,000m²以上であること

②　その事業の施行地区内に都市施設（道路、公園その他の公共施設）の用に供される土地又は敷地面積に応じて定められた割合以上の空地が確保されていること

③　その事業の施行地区内の土地の利用の共同化に寄与するものとして一定の要件(注)を満たすこと

④　上記①～③について建築主の申請に基づき都道府県知事（その事業が都市再生特別措置法の認定計画に係る都市再生事業又は同法の認定誘導事業計画に係る誘導施設等整備事業に該当する場合は、国土交通大臣）が認定したものであること

(注)　その事業の施行地区内の土地（借地権が設定されている土地を除きます。）につき所有権を有する者又は借地権を有する者の数が2以上であり、かつ、その事業施行後もこれらの者等が所有権者等となるものをいいます。（措規18の6①）

② **買換資産の取得時期**

買換資産は、①譲渡資産の譲渡をした年中に取得したもの又は②翌年中(注1)に取得する見込みであること。（なお、翌年中に取得見込みの場合には、確定申告をする際に買換資産の明細書を税務署長に提出しなければなりません。）

(注1)　中高層耐火建築物の建築期間が1年を超える等のやむを得ない事情があるときは、税務署長の認定を受けることにより、その取得の日を譲渡した年の翌年以後最長3年の期間内の日とすることができます。

(注2)　特定非常災害に基因するやむを得ない事情により、②の期間（以下「取得指定期間」といいます。）内に買換資産の取得をすることが困難となった場合において、その取得指定期間の初日からその取

得指定期間の末日後2年以内の一定の日までの期間内に買換資産の取得をする見込みであり、かつ、納税地の税務署長の承認を受けたときは、「取得指定期間」を「取得指定期間の初日から取得指定期間の末日後2年以内の日であって税務署長が承認の際に認定した日までの期間」に延長することができます。（措法37の5②、平29改所法等附51⑲）

### (3) 譲渡及び取得の範囲

① 譲渡は、次の場合に該当するものでないこと

　イ　その土地等の譲渡について、前記二～四の買換えの特例又はⅡ四の特別控除の適用を受ける場合

　ロ　その土地等が贈与又は出資により譲渡されたものである場合

② 取得は、贈与によるものでないこと

　**(注)**　譲渡は、一般的な任意の売買による譲渡のほか、借地権の設定など譲渡所得の基因となる不動産等の貸付けは特例の対象となります。取得には、建設によるものを含みます。

### 《B》　地上階数3以上の主として住宅の用に供される中高層耐火共同住宅の買換え等の特例

　次の(1)～(3)のすべての要件に該当する場合です。

### (1) 譲渡資産及び買換資産の範囲　（措法37の5①二、措令25の4⑥）

| 譲　渡　資　産 | 買　換　資　産 |
|---|---|
| 既成市街地等（698ページの表の「譲渡資産」欄の❶の(注)を参照）内、既成市街地等に準ずる区域(注)内及び中心市街地の活性化に関する法律の認定基本計画に基づいて行われる中心市街地共同住宅供給事業（一定の要件を満たすもの）の区域内にある①土地（土地の上に存する権利を含みます。）、②建物、③構築物であること | その譲渡をした土地等又は譲渡をした建物等の敷地の上に、譲渡資産の取得をした者又は譲渡資産の譲渡をした者が建築した地上階数3以上の主として住宅の用に供される中高層耐火共同住宅（敷地の用に供されている土地等を含みます。）の全部又は一部で、かつ、その取得の日から1年以内に事業の用（事業に準ずる一定の貸付けの用を含みます。）又は居住の用に供するもの（又は供する見込みのもの）であること |

　**(注1)**　既成市街地等に準ずる区域とは、首都圏の近郊整備地帯、近畿圏の近郊整備区域又は中部圏の都市整備区域のうち国土交通大臣が財務大臣と協議して指定した区域をいいます。具体的には、次の市の区域のうちの市街化区域をいいます。

| 都府県名 | 市　　　　　　　　　　　　　　　名 |
|---|---|
| 埼 玉 県 | 川口市、さいたま市、所沢市、岩槻市、春日部市、上尾市、草加市、越谷市、蕨市、戸田市、鳩ヶ谷市、朝霞市、志木市、和光市、新座市、八潮市、富士見市、三郷市 |
| 千 葉 県 | 千葉市、市川市、船橋市、松戸市、野田市、佐倉市、習志野市、柏市、流山市、八千代市、我孫子市、鎌ヶ谷市、浦安市、四街道市 |
| 東 京 都 | 八王子市、立川市、三鷹市、青梅市、府中市、昭島市、調布市、町田市、小金井市、小平市、日野市、東村山市、国分寺市、国立市、西東京市、福生市、狛江市、東大和市、清瀬市、東久留米市、武蔵村山市、多摩市、稲城市、羽村市 |
| 神奈川県 | 横浜市、川崎市、横須賀市、平塚市、鎌倉市、藤沢市、茅ヶ崎市、逗子市、相模原市、厚木市、大和市、海老名市、座間市、綾瀬市 |
| 愛 知 県 | 名古屋市、春日井市、小牧市、尾張旭市、豊明市 |

土地建物等の分離譲渡所得（買換特例）

| 京都府 | 京都市、宇治市、向日市、長岡京市、八幡市 |
| --- | --- |
| 大阪府 | 堺市、岸和田市、豊中市、池田市、吹田市、泉大津市、高槻市、貝塚市、守口市、枚方市、茨木市、八尾市、泉佐野市、富田林市、寝屋川市、河内長野市、松原市、大東市、和泉市、箕面市、柏原市、羽曳野市、門真市、摂津市、高石市、藤井寺市、東大阪市、四条畷市、交野市、大阪狭山市 |
| 兵庫県 | 神戸市、尼崎市、西宮市、芦屋市、伊丹市、宝塚市、川西市 |

（注2）　譲渡資産は棚卸資産や雑所得の基因となるものは除かれますが、その譲渡前の用途又は所有期間の制限はありません。

（注3）　「主として住宅の用に供される」とは、その床面積の2分の1以上が専ら居住用であるものとされています。

（注4）　買換資産をその取得の日から1年以内に事業の用又は居住の用に使用しなくなった場合は、この要件に該当しません。

（注5）　事業の用には、生計を一にする親族の事業の用を含み、居住の用には、親族（生計を一にしていなくてもかまいません。）の居住の用を含みます。

⑵　**買換資産の取得時期**……《**A**》の⑵に同じ。

⑶　**譲渡及び取得の範囲**……《**A**》の⑶に同じ。

## 3　特例の内容

⑴　譲渡資産の譲渡価額と買換資産の取得価額が同額か、買換資産の取得価額の方が多い場合……課税されません。

⑵　譲渡資産の譲渡価額が買換資産の取得価額より多い場合……次の収入金額から必要経費を差し引いて、課税対象となる譲渡所得の金額を計算することになります。

①　収入金額＝譲渡資産の譲渡価額－買換資産の取得価額

②　必要経費 $= \left( \begin{array}{c} 譲渡資産 \\ の取得費 \end{array} + \begin{array}{c} 譲渡 \\ 費用 \end{array} \right) \times \dfrac{譲渡資産の譲渡価額－買換資産の取得価額}{譲渡資産の譲渡価額}$

　　課税対象となる譲渡所得の金額＝①－②

## 4　申告の手続

　申告書第三表の「特例適用条文」欄に「措法37条の5」と記入するとともに、①「譲渡所得の内訳書（確定申告書付表兼計算明細書）」、②「買換資産に関する登記事項証明書その他買換資産を取得した旨を証する書類」及び次の区分に応じ、それぞれ次の書類を申告書に添付しなければなりません。（措法37の5②、37⑥、措規18の6②）

《**A**》の場合……「都道府県知事（**注1**）の特定民間再開発事業の認定をした旨の証明書」

《**B**》の場合……「買換資産についての建築基準法第7条第5項に規定する検査済証の写し」、「買換資産に係る事業概要書又は各階平面図その他の書類でその中高層耐火共同住宅が所定の要件に該当するものであることを明らかにする書類」及び譲渡資産が既成市街地等とそれに準ずる区域に所在するときは「譲渡資産が既成市街地等内にあることの市町村長の証明書（**注2**）の

区域内にあるものに限ります。）」、中心市街地共同住宅供給事業の区域に所在するときは「譲渡資産の所在地の市町村長のその区域内である旨並びに中心市街地活性化法の所定の必要事項を証する書類

- **（注1）** その事業が都市再生特別措置法の都市再生事業又は誘導施設等整備事業に該当する場合は、国土交通大臣とされます。
- **（注2）** 上記の市町村長の証明書を必要とする区域は、東京都の特別区（23区）、武蔵野市又は大阪市の区域以外の区域です。
- **（注3）** 買換資産を取得する見込みでこの特例を受けた場合には、上記②の登記事項証明書などは、買換資産を取得した日から4月以内に提出しなければなりません。
- **（注4）** 取得指定期間の延長について税務署長の承認を受けようとする個人は、取得指定期間の末日の属する年の翌年3月15日（同日がその者の義務的修正申告書の提出期限後である場合には、その提出期限）までに、次の書類を税務署長に提出しなければなりません。ただし、税務署長においてやむを得ない事情があると認める場合には、その書類の添付を要しません。（措規18の6③）
  - ① 譲渡資産について承認を受けようとする旨、特定非常災害に基因するやむを得ない事情により買換資産の取得をすることが困難であると認められる事情の詳細、買換資産の取得予定年月日及びその取得価額の見積額、その認定を受けようとする年月日、買換資産が租税特別措置法第37条の5第1項の表の各号の下欄のいずれに該当するかの別（買換資産が中高層耐火建築物又は中高層の耐火建築物のいずれかである場合には、そのいずれに該当するかの別）その他の明細を記載した申請書
  - ② その特定非常災害に基因するやむを得ない事情により買換資産の取得をすることが困難であると認められる事情を証する書類
- **（注5）**〈登記事項証明書の添付省略〉
  土地・建物の登記事項証明書については、「譲渡所得の特例の適用を受ける場合の不動産に係る不動産番号等の明細書」に不動産番号を記載することなどにより、その添付を省略することができます。

## 5　更正の請求及び修正申告

⑴　**更正の請求**……買換資産を取得する見込みで特例の適用を受けた「取得価額の見積額」が買換資産の「実際の取得価額」より少なかった場合には、買換資産を取得した日から4月以内に「更正の請求書」を提出して税金の還付を受けることができます。（措法37の5②、37の2②）

⑵　**修正申告**……①確定申告の際にはこの特例の適用を受けられる要件に該当していたが、その後この要件に該当しなくなった場合や、②特例の適用を受けた買換資産の「取得価額の見積額」より買換資産の「実際の取得価額」が少なかった場合には、これらの事情に該当することとなった日から4月以内に「修正申告書」を提出して、軽減分の税額を納付しなければなりません。（措法37の5②、37の2②）

—— (714) ——

土地建物等の分離譲渡所得（買換特例）

## 6　交換の場合の特例の適用

　買換えの特例における譲渡資産に該当する資産（以下「交換譲渡資産」といいます。）と買換資産に該当する資産（以下「交換取得資産」といいます。）との交換をした場合（交換差金を取得し、又は支払った場合を含みます。）又は交換譲渡資産と交換取得資産以外の資産との交換をし、かつ、交換差金を取得した場合（以下「他資産との交換の場合」といいます。）には、次の譲渡及び取得があったものとして、買換えの特例と同じ内容の交換の特例が適用されます。（措法37の5④）

(1)　交換譲渡資産（他資産との交換の場合は、交換差金に対応する部分（注2）に限ります。）は、その交換の日に、その日のその資産の価額に相当する金額で譲渡をしたものとみなされます。

(2)　交換取得資産は、その交換の日に、その日のその資産の価額に相当する金額で取得をしたものとみなされます。

**(注1)**　上記の交換には、一〜三、七以下の交換の特例の適用を受けたものは含まれません。

**(注2)**　他資産との交換の場合において取得した交換差金のうち、買換えの場合の特例の対象となる譲渡があったものとされる部分の金額は、次により計算した金額となります。（措令25の4⑮）

$$\text{交換譲渡資産の価額} \times \frac{\text{交換差金}}{\text{交換により取得した他資産の価額}+\text{交換差金}}$$

　なお、申告の手続等は、買換えの特例と同様です。

## 7　特別な事情により中高層耐火建築物を取得することが困難である場合の特例措置

　《A》の特定民間再開発事業により譲渡資産を譲渡した場合において、その特定民間再開発事業により建築された中高層耐火建築物の取得をすることが困難な次表の左欄の特別な事情（譲渡者及び建築主の申請により都道府県知事〈又は国土交通大臣〉が認定します。）があり、他の居住用財産又は事業用資産を取得した場合には、次表の右欄の特例の適用を受けることができます。（措法37の5⑤、措令25の4⑰）

| 特　別　な　事　情 | 適　用　さ　れ　る　特　例 |
|---|---|
| 　譲渡資産がその人の居住の用に供されていた場合で、①その人又はその人と同居を常況とする人の老齢、身体上の障害、②中高層耐火建築物の用途が専ら業務用に設計されたものであること、③中高層耐火建築物が住宅用に不適当な構造、配置及び利用状況にあると認められることにより、その中高層耐火建築物を取得して引き続き居住することが困難であると認められること | 　譲渡資産が所有期間10年以下の居住用財産であっても、759ページ(1)の①〜④のいずれかに該当するときは、「居住用財産の長期譲渡所得に対する軽減税率」の適用を受けることができます。 |

　**(注)**　上記右欄の特例の適用を受けるには、都道府県知事（又は国土交通大臣）のやむを得ない事情を認定した旨の証明書、都道府県知事（又は国土交通大臣）の特定民間再開発事業の認定をした旨の証明書（その中高層耐火建築物の建築確認のあった年月日を記載したものに限ります。）を申告書に添付しま

分離課税の土地建物等の譲渡所得の申告

す。

　また、中高層耐火建築物の建築に係る建築基準法の確認済証の交付のあった日の翌日以後6か月を経過する日までの間に譲渡資産を譲渡した場合で、その譲渡資産の譲渡の一部について、買換えの特例の適用を受けない場合に限って適用されます。

## 六　特定の交換分合により土地等を取得した場合の課税の特例

### 1　特例のあらまし

　個人の有する土地又は土地の上に存する権利（棚卸資産又は雑所得の基因となる土地及び土地の上に存する権利を除きます。以下「土地等」といいます。）が次の①から③までに掲げる場合に該当するときは、その交換分合により譲渡（譲渡所得の基因となる不動産の貸付けを含みます。）をした土地等（土地等とともに清算金を取得した場合は、譲渡をした土地等のうち清算金の額に対応する部分を除きます。）の譲渡がなかったものとされます。（措法37の6、措令25の5）

① 　農業振興地域の整備に関する法律第13条の2第2項の規定による交換分合により土地等の譲渡（租税特別措置法に定める特別控除の特例や特定の事業用資産の買換え等の特例の適用を受けるものを除きます。）をし、かつ、その交換分合により土地等を取得した場合

② 　集落地域整備法第11条第1項の規定による交換分合により土地等の譲渡（租税特別措置法に定める特別控除の特例や特定の事業用資産の買換え等の特例の適用を受けるものを除きます。）をし、かつ、その交換分合により土地等を取得した場合（令和4年3月31日までに行った交換分合による土地等の譲渡まで適用）（令4改所法等附32⑫）

③ 　農住組合法第7条第2項第3号の規定による交換分合（同法第2章第3節に定める交換分合計画の決定手続により行われたものに限ります。）により土地等（農住組合の組合員である個人その他一定の者の有する土地等に限ります。）の譲渡（租税特別措置法に定める特別控除の特例や収用交換等の特例又は各種の買換え等の特例の適用を受けるものを除きます。）をし、かつ、その交換分合により土地等を取得した場合

　**(注)**　③の交換分合による土地等の譲渡については、その交換分合が平成3年1月1日において次に掲げる区域に該当する区域において行われる場合に限ってこの特例の対象となります。（措令25の5③）

　イ　都の区域（特別区の存する区域に限ります。）

　ロ　首都圏整備法第2条第1項に規定する首都圏、近畿圏整備法第2条第1項に規定する近畿圏又は中部圏開発整備法第2条第1項に規定する中部圏内にある地方自治法第252条の19第1項の市の区域

　ハ　ロに規定する市以外の市でその区域の全部又は一部が首都圏整備法第2条第3項に規定する既成市街地若しくは同条第4項に規定する近郊整備地帯、近畿圏整備法第2条第3項に規定する既成都市区域若しくは同条第4項に規定する近郊整備区域又は中部圏開発整備法第2条第3項に規定する都市整備区域内にあるものの区域

―― (716) ――

土地建物等の分離譲渡所得（買換特例）

## 2 特例の内容

⑴ 交換分合により土地等のみを取得した場合……譲渡所得は課税されません。

⑵ 交換分合により土地等とともに清算金を取得した場合……次のように譲渡所得の金額を計算することになります。

$$
\overbrace{清算金の額}^{（収入金額）} - \overbrace{\left(\begin{array}{l}交換分合により譲渡\\した土地等の取得費\end{array} + 譲渡費用\right) \times \dfrac{清算金}{清算金 + 交換分合により所得した土地等の価額}}^{（必要経費）}
$$

## 3 申告の手続

この特例を適用する場合は、確定申告書第一表及び第二表と併せて提出する分離課税用の申告書（第三表）の「特例適用条文」欄に、「措法37条の6」と記入するとともに、①「交換分合により譲渡した土地等及び取得した土地等の登記事項証明書」、②「交換分合計画の写し」を申告書に添付しなければなりません（1の③の交換分合による土地等の譲渡については、その土地等が同③の(注)のイからハまでに掲げる区域内にあることを明らかにする書類も添付する必要があります。）。（措法37の6②、措規18の7）

**(注1)** 上記②の「交換分合計画の写し」は、農業振興地域の整備に関する法律第13条の2第3項の規定による認可をした者の交換分合計画の写しである旨の記載のあるもの、集落地域整備法第11条第2項の規定による認可をした者の交換分合計画の写しである旨の記載のあるもの又は農住組合法第11条において準用する土地改良法第99条第12項の規定による公告をした者の交換分合計画の写しである旨の記載のあるものに限ります。（措規18の7）

**(注2)**〈登記事項証明書の添付省略〉

土地・建物の登記事項証明書については、「譲渡所得の特例の適用を受ける場合の不動産に係る不動産番号等の明細書」に不動産番号を記載することなどにより、その添付を省略することができます。

# 七　特定普通財産とその隣接する土地等の交換の場合の譲渡所得の課税の特例

## 1 特例のあらまし

個人が、その有する国有財産特別措置法第9条第2項の普通財産のうち同項に規定する土地等として一定の証明がされたもの（以下「特定普通財産」といいます。）に隣接する土地（その特定普通財産の上に存する権利を含み、棚卸資産その他これに準ずる資産で雑所得の基因となる土地及び土地の上に存する権利を除きます。以下「所有隣接土地等」といいます。）につき、国有財産特別措置法第9条第2項の規定によりその所有隣接土地等とその特定普通財産との交換をしたとき（交換差金を取得し、又は支払った場合を含みます。）は、その所有隣接土地等（その特定普通財産とともに交換差金を取得した場合には、その所有隣接土地等のうちその交換差金に相当するものとして(注2)で定め

——(717)——

分離課税の土地建物等の譲渡所得の申告

る部分を除きます。）の交換がなかったものとして、土地建物等の長期譲渡所得の課税の特例又は短期譲渡所得の課税の特例の規定が適用されます。（措法37の8①、措令25の6①②）

(注1) 「特定普通財産」とは、国有財産特別措置法第9条第2項に規定する土地等のうち、財務局長等のその土地等が同法第9条第2項に規定する円滑に売り払うため必要があると認められるものとして次の①から③までのいずれかに該当する土地等であることにつき証明がされたものをいいます。（措規18の8①）

① 建築物の敷地の用に供する場合には建築基準法第43条の規定に適合しないこととなる土地等

② 財務局長等が著しく不整形と認める土地等

③ 建物又は構築物の所有を目的とする地上権又は賃借権の目的となっている土地等

(注2) この特例の適用除外となる部分は、交換をした所有隣接土地等のうち、交換差金の額がその交換の日における特定普通財産の価額（その特定普通財産が2以上ある場合には、各特定普通財産の価額の合計額）とその交換差金の額との合計額のうちに占める割合を、その所有隣接土地等の価額に乗じて計算した金額に相当する部分とされます。（指令25の6③）

## 2 特定普通財産の取得価額の計算等

この特例の適用を受けた者の1に規定する交換により取得した特定普通財産について、その特定普通財産を取得した日以後その譲渡（譲渡所得の基因となる不動産等の貸付けを含みます。）、相続（限定承認に係るものに限ります。）、遺贈（法人に対するもの及び個人に対する包括遺贈のうち限定承認に係るものに限ります。）又は贈与（法人に対するものに限ります。）があった場合において、事業所得の金額、譲渡所得の金額又は雑所得の金額を計算するときは、その特定普通財産の取得価額は、次に掲げる場合の区分に応じそれぞれに掲げる金額とされます。（措法37の8④、措令25の6⑥⑦）

(1) 特定普通財産とともに交換差金を取得した場合

その交換により譲渡した所有隣接土地等の取得価額のうちその交換差金に対応する部分以外の部分の額として次により計算した金額

$$\left(\begin{array}{c}\text{交換により譲渡した所有}\\\text{隣接土地等の取得価額}\end{array} + \begin{array}{c}\text{交換に要}\\\text{した費用}\end{array}\right) \times \frac{\text{特定普通財産の額}}{\text{特定普通財産の額} + \text{交換差金の額}}$$

(2) 交換により譲渡した所有隣接土地等の価額が特定普通財産の価額に等しい場合

交換により譲渡した所有隣接土地等の取得価額＋交換に要した費用

(3) 特定普通財産を取得した場合（交換差金を支払った場合に限ります。）

交換により譲渡した所有隣接土地等の取得価額＋交換に要した費用＋支払った交換差金の額

## 3 申告の手続

この特例は、この特例の適用を受けようとする者の1の譲渡をした日の属する年分の確定申告書に、この特例の適用を受けようとする旨の記載があり、かつ、その譲渡をした資産の譲渡価額、買換資産の取得価額又はその見積額に関する明細書、1に規定する交換により取得した特定普通財産に係る登記事項証明書その他特定普通財産を取得した旨を証する書類の写し、その他交換の契約書の写しのほ

土地建物等の分離譲渡所得（買換特例）

か次に掲げる書類の添付がある場合に限り、適用されます。（措法37の8②③、37⑥、措規18の8②
③）

① 特定普通財産が国の一般会計に属する場合……その特定普通財産の所在を管轄する財務局長等から交付を受けた国有財産特別措置法第9条第2項の規定に基づき交換をした旨及びその特定普通財産が1の(注1)の①から③までのいずれかの土地等に該当する旨を証する書類

② 特定普通財産が国有財産法施行令第4条各号に掲げる特別会計に属する場合……その特定普通財産を所管する国有財産法第4条第2項に規定する各省各庁の長から交付を受けた次に掲げる書類

　イ　その特定普通財産の所在地を管轄する財務局長等のその各省各庁の長から協議されたその特定普通財産の国有財産特別措置法第9条第2項に規定する交換について同意する旨及びその特定普通財産が1の(注1)の①から③までのいずれかの土地等に該当する旨を証する書類の写し

　ロ　その各省各庁の長の国有財産特別措置法第9条第2項の規定に基づき交換をした旨を証する書類

**(注)** 〈登記事項証明書の添付省略〉

　　　土地・建物の登記事項証明書については、「譲渡所得の特例の適用を受ける場合の不動産に係る不動産番号等の明細書」に不動産番号を記載することなどにより、その添付を省略することができます。

——(719)——

分離課税の土地建物等の譲渡所得の申告

# Ⅳ 譲渡所得の内訳書などの記載例

## 1 収用等の場合の買換えの特例（代替資産を取得した場合）の記載例

---

**（設　例）**

(1)　譲渡資産　　　　　　　　　　　　　　　　宅地　　　300m²　（貸付用）

　　イ　収用等された年月日　　　　　　　　　令和 4 年 6 月11日

　　ロ　対価補償金　　　　　　　　　　　　　　70,000,000円

　　ハ　譲渡資産の取得時期　　　　　　　　　昭和50年 6 月 5 日

　　ニ　譲渡資産の取得費　　　　　　不明につき補償金の 5 ％相当額（概算取得費）

　　　　　　　　　　　　　　　　70,000,000円× 5 ％＝3,500,000円

　　ホ　譲渡費用　　　　　　　収入印紙代　　　　　30,000円

(2)　代替取得資産　　　　　　宅地　140m²　　　　　木造アパート　150m²

　　イ　取得価額　　　　30,000,000円　　　　　　　20,000,000円

　　ロ　取得時期　　　　　　　　　　　　　　令和 4 年12月10日

　　ハ　事業の用に供した日　　　　　　　　　令和 4 年12月15日

---

——(720)——

土地建物等の分離譲渡所得（内訳書の記載例）

1 面

# 譲渡所得の内訳書
## （確定申告書付表兼計算明細書）【土地・建物用】

【令和 4 年分】

名簿番号

提出 ___ 枚のうちの___

　この内訳書は、土地や建物の譲渡（売却）による譲渡所得金額の計算用として使用するものです。「譲渡所得の申告のしかた」（国税庁ホームページ【https://www.nta.go.jp】からダウンロードできます。税務署にも用意してあります。）を参考に、契約書や領収書などに基づいて記載してください。
　なお、国税庁ホームページでは、画面の案内に沿って収入金額などの必要項目を入力することにより、この内訳書や確定申告書などを作成することができます。

| 現 住 所<br>（前住所） | （ ××市○○町331 　） | フリガナ<br>氏 名 | タカ シマ イチ ロウ<br>高島一郎 |
|---|---|---|---|
| 電話番号<br>（連絡先） | ×××○○○○ | 職 業 | 不動産貸付 |

※ 譲渡（売却）した年の1月1日以後に転居された方は、前住所も記載してください。

| 関 与 税 理 士 名 |
|---|
| （電話　　　　　　　　　） |

-- 記 載 上 の 注 意 事 項 --

○　この内訳書は、一の契約ごとに1枚ずつ使用して記載し、「確定申告書」とともに提出してください。
　　また、譲渡所得の特例の適用を受けるために必要な書類（※）などは、この内訳書に添付して提出してください。
　　※　譲渡所得の特例の適用を受けるために必要な書類のうち、登記事項証明書については、その登記事項証明書に代えて「譲渡所得の特例の適用を受ける場合の不動産に係る不動産番号等の明細書」等を提出することもできます。

○　長期譲渡所得又は短期譲渡所得のそれぞれごとで、二つ以上の契約がある場合には、いずれか1枚の内訳書の譲渡所得金額の計算欄（3面の「4」各欄の上段）に、その合計額を二段書きで記載してください。

○　譲渡所得の計算に当たっては、適用を受ける特例により、記載する項目が異なります。
●　交換・買換え（代替）の特例、被相続人の居住用財産に係る譲渡所得の特別控除の特例の適用を受けない場合
　　　　　　……1面・2面・3面
●　交換・買換え（代替）の特例の適用を受ける場合
　　　　　　……1面・2面・3面（「4」を除く）・4面
●　被相続人の居住用財産に係る譲渡所得の特別控除の特例の適用を受ける場合
　　　　　　……1面・2面・3面・5面
　　　　　　（また、下記の 5面 に○を付してください。）

○　土地建物等の譲渡による譲渡損失の金額については、一定の居住用財産の譲渡損失の金額を除き、他の所得と損益通算することはできません。

○　非業務用建物（居住用）の償却率は次のとおりです。

| 区 分 | 木 造 | 木 骨<br>モルタル | （鉄骨）鉄筋<br>コンクリート | 金属造① | 金属造② |
|---|---|---|---|---|---|
| 償却率 | 0.031 | 0.034 | 0.015 | 0.036 | 0.025 |

（注）「金属造①」……軽量鉄骨造のうち骨格材の肉厚が3mm以下の建物
　　　「金属造②」……軽量鉄骨造のうち骨格材の肉厚が3mm超4mm以下の建物

5面

（令和4年分以降用）

R4.11

# 分離課税の土地建物等の譲渡所得の申告

| 2 面 | | 名簿番号 | |
|---|---|---|---|

## 1 譲渡（売却）された土地・建物について記載してください。

**(1) どこの土地・建物を譲渡（売却）されましたか。**

| 所在地 | 所在地番 | ××市△町2-4 |
|---|---|---|
| | （住居表示） | |

**(2) どのような土地・建物をいつ譲渡（売却）されましたか。**

| 土地 | ☑宅 地　□田<br>□山 林　□畑<br>□雑種地　□借地権<br>□その他（　　） | （実測）300 ㎡<br>（公簿等）285 ㎡ |
|---|---|---|

| 利 用 状 況 |
|---|
| □ 自己の居住用<br>（居住期間　　年 月～　年 月）<br>□ 自己の事業用<br>☑ 貸付用<br>□ 未利用<br>□ その他（　　　　　） |

| 売買契約日 |
|---|
| 令<br>4 年 3 月 1 日 |

| 引き渡した日 |
|---|
| 令<br>4 年 6 月 11 日 |

| 建物 | □居 宅　□マンション<br>□店 舗　□事務所<br>□その他<br>（　　　） | ㎡ |
|---|---|---|

**○ 次の欄は、譲渡（売却）された土地・建物が共有の場合に記載してください。**

| あなたの持分 | | 共有者の住所・氏名 | 共有者の持分 | |
|---|---|---|---|---|
| 土地 | 建物 | | 土地 | 建物 |
| | | （住所）　　　　　（氏名） | | |
| | | （住所）　　　　　（氏名） | | |

**(3) どなたに譲渡（売却）されましたか。**

| 買主 | 住所<br>(所在地) | | |
|---|---|---|---|
| | 氏名<br>(名称) | ××市 | 職業<br>(業種) |

**(4) いくらで譲渡（売却）されましたか。**

| ① 譲 渡 価 額 |
|---|
| 70,000,000 円 |

**【参考事項】**

| 代金の<br>受領状況 | 令<br>1回目<br>4 年 6 月 11 日<br>70,000,000 円 | 2回目<br>年 月 日<br>円 | 3回目<br>年 月 日<br>円 | 未収金<br>年 月 日（予定）<br>円 |
|---|---|---|---|---|

| お売りになった<br>理　　由 | ☑ 買主から頼まれたため<br>☑ 他の資産を購入するため<br>□ 事業資金を捻出するため | □ 借入金を返済するため<br>□ その他<br>（　　　　　　　） |
|---|---|---|

---

「相続税の取得費加算の特例」や「保証債務の特例」の適用を受ける場合などの記載方法

○ 「相続税の取得費加算の特例」の適用を受けるときは、「相続財産の取得費に加算される相続税の計算明細書」（※）で計算した金額を3面の「2」の「②取得費」欄の上段に「相×××円」と二段書きで記載してください。
○ 「保証債務の特例」の適用を受けるときは、「保証債務の履行のための資産の譲渡に関する計算明細書（確定申告書付表）」（※）で計算した金額を3面の「4」の「B必要経費」欄の上段に「保×××円」と二段書きで記載してください。
○ 4面を記載される方で、「相続税の取得費加算の特例」や「保証債務の特例」の適用を受ける場合には、税務署に記載方法をご確認ください。
○ 配偶者居住権の目的となっている建物又はその敷地の譲渡など一定の場合は、「配偶者居住権に関する譲渡所得に係る取得費の金額の計算明細書《確定申告書付表》」（※）で計算した金額を3面の「2」の「②取得費」欄に転記してください。
※ これらの様式は、国税庁ホームページ【https://www.nta.go.jp】からダウンロードできます。なお、税務署にも用意してあります。

# 土地建物等の分離譲渡所得（内訳書の記載例）

3 面

## 2 譲渡（売却）された土地・建物の購入（建築）代金などについて記載してください。

(1) 譲渡（売却）された土地・建物は、どなたから、いつ、いくらで購入（建築）されましたか。

| 購入建築 価額の内訳 | 購入（建築）先・支払先 住所（所在地） | 氏名（名称） | 購入建築 年月日 | 購入・建築代金 又は譲渡価額の5% |
|---|---|---|---|---|
| 土　地 | ××市△町1-1 | ○川×郎 | 昭 50・6・5 | 3,500,000 円 |
| | | | ・・ | 円 |
| | | | ・・ | 円 |
| | | 小　計 | (イ) | 3,500,000 円 |
| 建　物 | | | ・・ | 円 |
| | | | ・・ | 円 |
| | | | ・・ | 円 |
| 建物の構造 □木造 □木骨モルタル □(鉄骨)鉄筋 □金属造 □その他 | | 小　計 | (ロ) | 円 |

※ 土地や建物の取得の際に支払った仲介手数料や非業務用資産に係る登記費用などが含まれます。

(2) 建物の償却費相当額を計算します。

建物の購入・建築価額(ロ)　　償却率　　経過年数　　償却費相当額(ハ)
□標準
　　　　円 × 0.9 ×　　　　×　　　　=　　　　円

(3) 取得費を計算します。

| ② 取得費 | (イ)+(ロ)-(ハ) 円 3,500,000 |
|---|---|

※ 「譲渡所得の申告のしかた」を参照してください。なお、建物の標準的な建築価額による建物の取得価額の計算をしたものは、「□標準」に☑してください。
※ 非業務用建物（居住用）の(ハ)の額は、(ロ)の価額の95%を限度とします（償却率は1面をご覧ください。）。

## 3 譲渡（売却）するために支払った費用について記載してください。

| 費用の種類 | 支払先 住所（所在地） | 氏名（名称） | 支払年月日 | 支払金額 |
|---|---|---|---|---|
| 仲介手数料 | | | ・・ | 円 |
| 収入印紙代 | | | ・・ | 30,000 円 |
| | | | ・・ | 円 |
| | | | ・・ | 円 |

※ 修繕費、固定資産税などは譲渡費用にはなりません。

| | 円 |
|---|---|
| ③ 譲渡費用 | 30,000 |

## 4 譲渡所得金額の計算をします。

| 区分 | 特例適用 条文 | A 収入金額 ① | B 必要経費 (②+③) | C 差引金額 (A-B) | D 特別控除額 | E 譲渡所得金額 (C-D) |
|---|---|---|---|---|---|---|
| 短期 長期 | 所・措・震 条の | 円 | 円 | 円 | 円 | 円 |
| 短期 長期 | 所・措・震 条の | 円 | 円 | 円 | 円 | 円 |
| 短期 長期 | 所・措・震 条の | 円 | 円 | 円 | 円 | 円 |

※ ここで計算した内容（交換・買換え（代替）の特例の適用を受ける場合は、4面の「6」で計算した内容）を「申告書第三表（分離課税用）」に転記します。

| 整理欄 | | |
|---|---|---|

分離課税の土地建物等の譲渡所得の申告

| 4 面 |
| --- |

### 「交換・買換え（代替）の特例の適用を受ける場合の譲渡所得の計算」

この面（4面）は、交換・買換え（代替）の特例の適用を受ける場合（※）にのみ記載します。

※ 交換・買換え（代替）の特例の適用を受けた場合、交換・買換（代替）資産として取得された（される）資産を将来譲渡したときの取得費やその資産が業務用資産であるときの減価償却費の額の計算は、その資産の実際の取得価額ではなく、譲渡（売却）された資産から引き継がれた取得価額を基に一定の計算をすることになりますので、ご注意ください。

### 5 交換・買換（代替）資産として取得された（される）資産について記載してください。

| 物 件 の 所 在 地 | 種 類 | 面 積 | 用 途 | 契約（予定）年月日 | 取得（予定）年月日 | 使用開始（予定）年月日 |
| --- | --- | --- | --- | --- | --- | --- |
| ××市△×町44 | 宅地 | 140 ㎡ | 貸付用 | 令 4・7・10 | 令 4・12・10 | 令 4・12・15 |
| 同 上 | 建物 | 150 ㎡ | 貸付用 | 令 4・7・10 | 令 4・12・10 | 令 4・12・15 |

※ 「種類」欄は、宅地・田・畑・建物などと、「用途」欄は、貸付用・居住用・事務所などと記載してください。

取得された（される）資産の購入代金など（取得価額）について記載してください。

| 費 用 の 内 容 | 支払先住所（所在地）及び氏名（名称） | 支払年月日 | 支 払 金 額 |
| --- | --- | --- | --- |
| 土　　地 | ××市△×町15　○○不動産(株) | 令 4・12・10 | 30,000,000 円 |
| | | ・・ | 円 |
| | | ・・ | 円 |
| 建　　物 | 同 上 | 令 4・12・10 | 20,000,000 円 |
| | | ・・ | 円 |
| | | ・・ | 円 |
| ④　買換（代替）資産・交換取得資産の取得価額の合計額 | | | 50,000,000 円 |

※ 買換（代替）資産の取得の際に支払った仲介手数料や非業務用資産に係る登記費用などが含まれます。
※ 買換（代替）資産をこれから取得される見込みのときは、「買換（代替）資産の明細書」(国税庁ホームページ【https://www.nta.go.jp】からダウンロードできます。なお、税務署にも用意してあります。)を提出し、その見込額を記載してください。

### 6 譲渡所得金額の計算をします。

「2面」・「3面」で計算した「①譲渡価額」、「②取得費」、「③譲渡費用」と上記「5」で計算した「④買換（代替）資産・交換取得資産の取得価額の合計額」により、譲渡所得金額の計算をします。

(1) (2)以外の交換・買換え（代替）の場合［交換（所法58）・収用代替（措法33）・居住用買換え（措法36の2）・震災買換え（震法12）など］

| 区　分 | 特例適用 条　文 | F 収 入 金 額 | G 必 要 経 費 | H 譲渡所得金額 （F－G） |
| --- | --- | --- | --- | --- |
| 収用代替 | | ①－③－④ | ② × $\frac{F}{①-③}$ | |
| 上記以外 | | ①－④ | (②+③) × $\frac{F}{①}$ | |
| 短期 ~~長期~~ | 所・㊵・震 ㊶条の 33 | 円 19,970,000 | 円 998,928 | 円 18,971,072 |

(2) 特定の事業用資産の買換え・交換（措法37・37の4）などの場合

| 区　分 | 特例適用 条　文 | J 収 入 金 額 | K 必 要 経 費 | L 譲渡所得金額 （J－K） |
| --- | --- | --- | --- | --- |
| ①≦④ | | ①×20%（※） | (②+③)×20%（※） | |
| ①＞④ | | (①－④)＋④×20%（※） | (②+③) × $\frac{J}{①}$ | |
| 短期・ 長期 | 措法 条の | 円 | 円 | 円 |

※ 上記算式の20%は、一定の場合は25%又は30%となります。

——（724）——

土地建物等の分離譲渡所得（内訳書の記載例）

2　特定の事業用資産の買換えの特例（買換資産を譲渡の年の翌年12月31日までに取得する予定である場合）の記載例

（設　例）

(1)　譲渡資産　　　　　　　　　　　　　宅地（店舗用地）200m²

　イ　譲渡時期　　　　　　　　　　　令和4年4月10日

　ロ　譲渡価額　　　　　　　　　　　50,000,000円

　ハ　譲渡資産の取得時期　　　　　　昭和44年4月30日

　ニ　譲渡資産の取得費

　　・実際の取得費　　　　　　　　　2,000,000円

　　・概算取得費　　　　　　　　　　2,500,000円（50,000,000円×5％）

　ホ　譲渡費用　　　譲渡土地上の建物取壊費用　2,000,000円　　収入印紙代　10,000円

(2)　買換予定資産　　　　　　　　　　鉄筋アパート　300m²

　イ　買換予定資産の取得価額の見積額　80,000,000円

　ロ　取得予定年月日　　　　　　　　令和5年12月20日

　ハ　事業の用に供する見込日　　　　令和6年1月10日

分離課税の土地建物等の譲渡所得の申告

| 2 面 | | 名簿番号 | |

## 1 譲渡（売却）された土地・建物について記載してください。

**(1) どこの土地・建物を譲渡（売却）されましたか。**

| 所在地 | 所在地番 | ○○市××77－10 |
| | （住居表示） | |

**(2) どのような土地・建物をいつ譲渡（売却）されましたか。**

| 土地 | ☑宅　地　□田<br>□山　林　□畑<br>□雑種地　□借地権<br>□その他（　　　） | （実測）　　　㎡<br><br>（公簿等）　　㎡<br>**200** |
| 建物 | □居　宅　□マンション<br>□店　舗　□事務所<br>□その他<br>（　　　　　） | ㎡ |

| 利用状況 |
| □　自己の居住用 |
| （居住期間　　　年　月～　　年　月） |
| ☑　自己の事業用 |
| □　貸付用 |
| □　未利用 |
| □　その他（　　　　　　　　　） |

| 売買契約日 |
| 令<br>4 年 2 月 1 日 |
| 引き渡した日 |
| 令<br>4 年 4 月 10 日 |

○ 次の欄は、譲渡（売却）された土地・建物が共有の場合に記載してください。

| あなたの持分 | | 共有者の住所・氏名 | 共有者の持分 | |
| 土地 | 建物 | | 土地 | 建物 |
| | | （住所）　　　　　　　（氏名） | | |
| | | （住所）　　　　　　　（氏名） | | |

**(3) どなたに譲渡（売却）されましたか。**

| 買主 | 住所<br>（所在地） | ○○市××町1－501 | | |
| | 氏名<br>（名称） | △△不動産（株） | 職業<br>（業種） | 不動産業 |

**(4) いくらで譲渡（売却）されましたか。**

| ① 譲 渡 価 額 |
| 50,000,000 　円 |

【参考事項】

| 代金の<br>受領状況 | 1回目<br>令<br>4 年 2 月 1 日<br>5,000,000 円 | 2回目<br>令<br>4 年 4 月 10 日<br>45,000,000 円 | 3回目<br>年 月 日<br>　　　円 | 未収金<br>年 月 日（予定）<br>　　　円 |

| お売りになった理由 | □　買主から頼まれたため<br>☑　他の資産を購入するため<br>□　事業資金を捻出するため | □　借入金を返済するため<br>□　その他<br>（　　　　　　　　） |

---

**「相続税の取得費加算の特例」や「保証債務の特例」の適用を受ける場合などの記載方法**

○　「相続税の取得費加算の特例」の適用を受けるときは、「相続財産の取得費に加算される相続税の計算明細書」（※）で計算した金額を3面の「2」の「②取得費」欄の上段に「相×××円」と二段書きで記載してください。

○　「保証債務の特例」の適用を受けるときは、「保証債務の履行のための資産の譲渡に関する計算明細書（確定申告書付表）」（※）で計算した金額を3面の「4」の「B必要経費」欄の上段に「保×××円」と二段書きで記載してください。

○　4面を記載される方で、「相続税の取得費加算の特例」や「保証債務の特例」の適用を受ける場合には、税務署に記載方法をご確認ください。

○　配偶者居住権の目的となっている建物又はその敷地の譲渡など一定の場合は、「配偶者居住権に関する譲渡所得に係る取得費の金額の計算明細書（確定申告書付表）」（※）で計算した金額を3面の「2」の「②取得費」欄に転記してください。

※　これらの様式は、国税庁ホームページ【https://www.nta.go.jp】からダウンロードできます。なお、税務署にも用意してあります。

# 土地建物等の分離譲渡所得（内訳書の記載例）

3 面

## 2 譲渡（売却）された土地・建物の購入（建築）代金などについて記載してください。

（1）譲渡（売却）された土地・建物は、どなたから、いつ、いくらで購入（建築）されましたか。

| 購入建築 価額の内訳 | 購入（建築）先・支払先 住　所（所在地） | 氏　名（名　称） | 購入建築年月日 | 購入・建築代金又は譲渡価額の5% | |
|---|---|---|---|---|---|
| 土　地 | ○○市△△町3−1 | （株）×○建設 | 昭44・4・30 | 2,500,000 | 円 |
| | | | ・・ | | 円 |
| | | | ・・ | | 円 |
| | | 小　計 （イ） | | 2,500,000 | 円 |
| 建　物 | | | ・・ | | 円 |
| | | | ・・ | | 円 |
| | | | ・・ | | 円 |
| 建物の構造 □木造 □木骨モルタル □（鉄骨）鉄筋 □金属造 □その他 | | 小　計 （ロ） | | | 円 |

※ 土地や建物の取得の際に支払った仲介手数料や非業務用資産に係る登記費用などが含まれます。

（2）建物の償却費相当額を計算します。

建物の購入・建築価額（ロ）　　償却率　　経過年数　　償却費相当額（ハ）
□標準
＿＿＿＿＿＿ 円 × 0.9 × ＿＿＿＿＿ × ＿＿＿＿ = ＿＿＿＿＿ 円

（3）取得費を計算します。

| ② 取得費 | （イ）+（ロ）−（ハ）　円 |
|---|---|
| | 2,500,000 |

※ 「譲渡所得の申告のしかた」を参照してください。なお、建物の標準的な建築価額による建物の取得価額の計算をしたものは、「□標準」に☑してください。
※ 非業務用建物（居住用）の（ハ）の額は、（ロ）の価額の95％を限度とします（償却率は1面をご覧ください。）。

## 3 譲渡（売却）するために支払った費用について記載してください。

| 費用の種類 | 支　払　先 住　所（所在地） | 氏　名（名　称） | 支払年月日 | 支　払　金　額 | |
|---|---|---|---|---|---|
| 仲介手数料 | | | ・・ | | 円 |
| 収入印紙代 | | | | 10,000 | 円 |
| 建物取壊費用 | ○○市××60−3 | △×建設（株） | 令4・3・31 | 2,000,000 | 円 |
| | | | ・・ | | 円 |

※ 修繕費、固定資産税などは譲渡費用にはなりません。

| ③ 譲渡費用 | 　円 2,010,000 |
|---|---|

## 4 譲渡所得金額の計算をします。

| 区分 | 特例適用条文 | A 収入金額（①） | B 必要経費（②+③） | C 差引金額（A−B） | D 特別控除額 | E 譲渡所得金額（C−D） |
|---|---|---|---|---|---|---|
| 短期・長期 | 所・措・震条の | 円 | 円 | 円 | 円 | 円 |
| 短期・長期 | 所・措・震条の | 円 | 円 | 円 | 円 | 円 |
| 短期・長期 | 所・措・震条の | 円 | 円 | 円 | 円 | 円 |

※ ここで計算した内容（交換・買換え（代替）の特例の適用を受ける場合は、4面の「6」で計算した内容）を「申告書第三表（分離課税用）」に転記します。

整理欄 ＿＿＿＿＿＿＿＿＿

——（727）——

分離課税の土地建物等の譲渡所得の申告

4 面

「交換・買換え（代替）の特例の適用を受ける場合の譲渡所得の計算」
この面（4面）は、交換・買換え（代替）の特例の適用を受ける場合（※）にのみ記載します。

※ 交換・買換え（代替）の特例の適用を受けた場合、交換・買換え（代替）資産として取得された（される）資産を将来譲渡したときの取得費やその資産が業務用資産であるときの減価償却費の額の計算は、その資産の実際の取得価額ではなく、譲渡（売却）された資産から引き継がれた取得価額を基に一定の計算をすることになりますので、ご注意ください。

### 5 交換・買換え（代替）資産として取得された（される）資産について記載してください。

| 物 件 の 所 在 地 | 種 類 | 面 積 | 用 途 | 契約(予定)年月日 | 取得(予定)年月日 | 使用開始(予定)年月日 |
|---|---|---|---|---|---|---|
| ○○市××77−10 | 建物 | 300 ㎡ | 貸付用 | 令 4・2・1 | 令 5・12・20 | 令 6・1・10 |
|  |  | ㎡ |  | ・ ・ | ・ ・ | ・ ・ |

※ 「種類」欄は、宅地・田・畑・建物などと、「用途」欄は、貸付用・居住用・事務所などと記載してください。

取得された（される）資産の購入代金など（取得価額）について記載してください。

| 費 用 の 内 容 | 支払先住所（所在地）及び氏名（名称） | 支払年月日 | 支 払 金 額 |
|---|---|---|---|
| 土 地 |  | ・ ・ | 円 |
|  |  | ・ ・ | 円 |
|  |  | ・ ・ | 円 |
| 建 物 | ○○市××町1−501　△△不動産(株) | 令 5・12・20 | 80,000,000 円 |
|  |  | ・ ・ | 円 |
|  |  | ・ ・ | 円 |
| ④ 買換(代替)資産・交換取得資産の取得価額の合計額 | | | 80,000,000 円 |

※ 買換（代替）資産の取得の際に支払った仲介手数料や非業務用資産に係る登記費用などが含まれます。
※ 買換（代替）資産をこれから取得される見込みのときは、「買換（代替）資産の明細書」（国税庁ホームページ【https://www.nta.go.jp】からダウンロードできます。なお、税務署にも用意してあります。）を提出し、その見込額を記載してください。

### 6 譲渡所得金額の計算をします。

「2面」・「3面」で計算した「①譲渡価額」、「②取得費」、「③譲渡費用」と上記「5」で計算した「④買換（代替）資産・交換取得資産の取得価額の合計額」により、譲渡所得金額の計算をします。

(1) (2)以外の交換・買換え（代替）の場合〔交換（所法58）・収用代替（措法33）・居住用買換え（措法36の2）・震災買換え（震法12）など〕

| 区 分 | 特例適用条文 | F 収 入 金 額 | G 必 要 経 費 | H 譲渡所得金額（F−G） |
|---|---|---|---|---|
| 収用代替 |  | ①−③−④ | ②×$\frac{F}{①−③}$ |  |
| 上記以外 |  | ①−④ | (②+③)×$\frac{F}{①}$ |  |
| 短期・長期 | 所・措・震 条の | 円 | 円 | 円 |

(2) 特定の事業用資産の買換え・交換（措法37・37の4）などの場合

| 区 分 | 特例適用条文 | J 収 入 金 額 | K 必 要 経 費 | L 譲渡所得金額（J−K） |
|---|---|---|---|---|
| ①≦④ |  | ①×20%⁽※⁾ | (②+③)×20%⁽※⁾ |  |
| ①>④ |  | (①−④)+④×20%⁽※⁾ | (②+③)×$\frac{J}{①}$ |  |
| 短期・長期 | 措法 37条の | 10,000,000 円 | 902,000 円 | 9,098,000 円 |

※ 上記算式の20%は、一定の場合は25%又は30%となります。

土地建物等の分離譲渡所得（内訳書の記載例）

○　○　　　税務署
令和 5 年 3 月 3 日提出

名簿番号

# 買換（代替）資産の明細書

| 住　　所 | ○○市△△町4－50 | | |
|---|---|---|---|
| フリガナ | イツ　キ　サブロウ | 電話番号 | （××） |
| 氏　　名 | 五木 三郎 | | ○○○○ |

　交換・買換え（代替）の特例（租税特別措置法第33条、第36条の2、第37条、第37条の5又は震災特例法第12条）を受ける場合の、譲渡した資産の明細及び取得される予定の資産の明細について記載します。

1　特例適用条文

⟨租税特別措置法／震災特例法⟩　第 37 条　第 4 項

2　譲渡した資産の明細

| 所　在　地 | ○○市××77－10 | | |
|---|---|---|---|
| 資産の種類 | 宅地 | 数　　量 | 200 ㎡ |
| 譲　渡　価　額 | 50,000,000 円 | 譲渡年月日 | 令 4 年 4 月 10 日 |

3　買い換える（取得する）予定の資産の明細

| 資産の種類 | 鉄筋アパート | 数　　量 | 300 ㎡ |
|---|---|---|---|
| 取得資産の該当条項 | ①　租税特別措置法　(1) 第37条第1項の表の | 第　　号　第 4 号（23区・23区以外の集中地域　集中地域以外の地域 | |
| | (2) 第37条の5第1項の表の | 第 1 号（中高層耐火建築物・中高層の耐火建築物）第 2 号（中高層の耐火共同住宅） | |
| | 2　震災特例法　・　第12条第1項の表の | 第　　号（　　　　　　　） | |
| 取得価額の見積額 | 80,000,000 円 | 取得予定年月日 | 令 5 年 12 月 20 日 |
| 付　記　事　項 | | | |

(注)　3に記載した買換（取得）予定資産を取得しなかった場合や買換（代替）資産の取得価額が見積額を下回っている場合などには、修正申告が必要になります。

| 関与税理士 | | 電話番号 | |
|---|---|---|---|

（資6－8－4－A4統一）

——(729)——

分離課税の土地建物等の譲渡所得の申告

## 3　相続財産を譲渡した場合の取得費の特例の記載例

（設　例）

(1)　譲渡資産　　　　　　　　　　　　　　　宅地（更地）250m²

　　イ　譲渡時期　　　　　　　　　　　　　令和4年9月10日

　　ロ　譲渡価額　　　　　　　　　　　　　31,000,000円

　　ハ　譲渡資産の取得時期　　　　　　　　昭和52年6月10日

　　ニ　譲渡資産の取得費　　　　　不明につき譲渡価額の5％（概算取得費）

　　　　　　　　　　　　　　　　　31,000,000円×5％＝1,550,000円

　　ホ　譲渡費用　　　　　　　　　仲介手数料　1,089,000円　　収入印紙代　10,000円

(2)　相続開始年月日　　　　　　　　　　　　令和3年9月1日

(3)　相続税の申告書を提出した年月日　　　　令和4年6月30日

(4)　相続税の課税価格　　　　　　　　　　　120,000,000円

　　　相続税の課税価格に算入された土地等の価額は、次のとおりです。

　　　・上記の宅地（更地）　相続開始日現在の相続税評価額　　23,520,000円

　　　・宅地（貸付地）　　　　　〃　　　　　　　〃　　　　　10,080,000円

(5)　相続税額　　　　　　　　　　　　　　　4,300,000円

土地建物等の分離譲渡所得（内訳書の記載例）

# 相続財産の取得費に加算される相続税の計算明細書

○この特例は、相続財産を相続税の申告期限から3年以内に譲渡した場合に適用されます。

特例の内容の詳しいことは、税務署にお尋ねください。

なお、明細書の記載に当たっては、裏面を参照してください。

平成二十七年一月一日以後相続開始用

| 譲　渡　者 | 住所 | ○○市○○5－4－10 | 氏名 | 浦部一郎 |
|---|---|---|---|---|
| 被　相　続　人 | 住所 | ○○市○○5－4－10 | 氏名 | 浦部太郎 |

| 相続の開始があった日 | 令3年9月1日 | 相続税の申告書を提出した日 | 令4年6月30日 | 相続税の申告書の提出先 | ○○税務署 |
|---|---|---|---|---|---|

## 1　譲渡した相続財産の取得費に加算される相続税額の計算

| 譲渡した相続財産 | 所　在　地 | ○○市××3－20－6 | | |
|---|---|---|---|---|
| | 種　　　類 | 宅地 | | |
| | 利用状況　数量 | 空地　　250 m² | | |
| | 譲渡した年月日 | 令4年9月10日 | 　年　月　日 | 　年　月　日 |
| | 相続税評価額　Ⓐ 裏面の計算が必要となる場合がありますので、ご注意ください。 | 23,520,000 円 | 円 | 円 |
| | 相続税の課税価格　Ⓑ 相続税の申告書第1表の①+②+⑤の金額を記載してください。 | 120,000,000 円 | | |
| | 相　続　税　額　Ⓒ 相続税の申告書第1表の㉒の金額を記載してください。ただし、贈与税額控除又は相次相続控除を受けている方は、下の2又は3で計算した①又はⓈの金額を記載してください。 | 4,300,000 円 | | |
| | 取得費に加算される相続税額 Ⓓ（Ⓒ×Ⓐ／Ⓑ） | 842,800 円 | 円 | 円 |

## 【贈与税額控除又は相次相続控除を受けている場合のⒸの相続税額】

### 2　相続税の申告書第1表の㉒の小計の額がある場合

| 暦年課税分の贈与税額控除額 （相続税の申告書第1表の⑫の金額） | Ⓔ | 円 |
|---|---|---|
| 相次相続控除額 （相続税の申告書第1表の⑱の金額） | Ⓕ | 円 |
| 相続時精算課税分の贈与税額控除額 （相続税の申告書第1表の⑳の金額） | Ⓖ | 円 |
| 小　計　の　額 （相続税の申告書第1表の㉒の金額） | Ⓗ | 円 |
| 相　続　税　額 （Ⓔ+Ⓕ+Ⓖ+Ⓗ） | ① | 円 |

※　相続税の申告において、贈与税額控除又は相次相続控除を受けていない場合は、「2　相続税の申告書第1表の㉒の小計の額がある場合」欄及び「3　相続税の申告書第1表の㉒の小計の額がない場合」欄の記載等は不要です。

| 関　与　税　理　士 | 電　話　番　号 |
|---|---|
| | |

### 3　相続税の申告書第1表の㉒の小計の額がない場合

| 算　出　税　額 （相続税の申告書第1表の⑨又は⑩の金額） | Ⓙ | 円 |
|---|---|---|
| 相続税額の2割加算が行われる場合の加算金額 （相続税の申告書第1表の⑪の金額） | Ⓚ | 円 |
| 合　　　計　（Ⓙ+Ⓚ） | Ⓛ | 円 |
| 税額控除等 | 配偶者の税額軽減額 （相続税の申告書第5表のⒶ又はⓃの金額） | Ⓜ | 円 |
| | 未成年者控除額 （相続税の申告書第6表の1の②又は⑥の金額） | Ⓝ | 円 |
| | 障害者控除額 （相続税の申告書第6表の2の②又は⑥の金額） | Ⓞ | 円 |
| | 外国税額控除額 | Ⓟ | 円 |
| | 医療法人持分税額控除額 | Ⓠ | 円 |
| | 計　（Ⓜ+Ⓝ+Ⓞ+Ⓟ+Ⓠ） | Ⓡ | 円 |
| 相　続　税　額　（Ⓛ－Ⓡ） （赤字の場合は0と記載してください。） | Ⓢ | 円 |

（資6－11－A4統一）

——（731）——

分離課税の土地建物等の譲渡所得の申告

| 2 面 | 名簿番号 |

## 1 譲渡（売却）された土地・建物について記載してください。

### (1) どこの土地・建物を譲渡（売却）されましたか。

| 所在地 | 所在地番 |
|---|---|
| | ○○市××3−20−6 |
| | （住居表示） |

### (2) どのような土地・建物をいつ譲渡（売却）されましたか。

| 土地 | ☑宅 地　□田　（実測）㎡ □山 林　□畑 □雑種地　□借地権　（公簿等）㎡ □その他（　）　250 | 利 用 状 況 | 売 買 契 約 日 |
|---|---|---|---|
| | | □ 自己の居住用 （居住期間　　年　月〜　　年　月） □ 自己の事業用 □ 貸付用 ☑ 未利用 □ その他（　　　　　） | 令 4 年 7 月15日 |
| 建物 | □居 宅　□マンション　㎡ □店 舗　□事務所 □その他 （　　　　　） | | 引 き 渡 し た 日 令 4 年 9 月10日 |

○ 次の欄は、譲渡（売却）された土地・建物が共有の場合に記載してください。

| あなたの持分 | | 共 有 者 の 住 所 ・ 氏 名 | 共有者の持分 | |
|---|---|---|---|---|
| 土 地 | 建 物 | | 土 地 | 建 物 |
| | | （住所）　　　　　（氏名） | | |
| | | （住所）　　　　　（氏名） | | |

### (3) どなたに譲渡（売却）されましたか。

| 買主 | 住所（所在地） | ○○市×△1−10−6 | | |
|---|---|---|---|---|
| | 氏名（名称） | ×本○郎 | 職業（業種） | 会社員 |

### (4) いくらで譲渡（売却）されましたか。

| ① 譲 渡 価 額 |
|---|
| 31,000,000 円 |

【参考事項】

| 代金の受領状況 | 1回目 令 4 年 7 月15日 3,100,000 円 | 2回目 令 4 年 9 月10日 27,900,000 円 | 3回目 年 月 日 円 | 未 収 金 年 月 日（予定） 円 |
|---|---|---|---|---|

| お 売 り に な っ た 理 由 | □ 買主から頼まれたため □ 他の資産を購入するため □ 事業資金を捻出するため | □ 借入金を返済するため ☑ その他 （　相続税の納付のため　） |
|---|---|---|

---

「相続税の取得費加算の特例」や「保証債務の特例」の適用を受ける場合などの記載方法

○ 「相続税の取得費加算の特例」の適用を受けるときは、「相続財産の取得費に加算される相続税の計算明細書」（※）で計算した金額を3面の「2」の「②取得費」欄の上段に「相×××円」と二段書きで記載してください。
○ 「保証債務の特例」の適用を受けるときは、「保証債務の履行のための資産の譲渡に関する計算明細書（確定申告書付表）」（※）で計算した金額を3面の「4」の「B必要経費」欄の上段に「保×××円」と二段書きで記載してください。
○ 4面を記載される方で、「相続税の取得費加算の特例」や「保証債務の特例」の適用を受ける場合には、税務署に記載方法をご確認ください。
○ 配偶者居住権の目的となっている建物又はその敷地の譲渡など一定の場合は、「配偶者居住権に関する譲渡所得に係る取得費の金額の計算明細書〈確定申告書付表〉」（※）で計算した金額を3面の「2」の「②取得費」欄に転記してください。
※ これらの様式は、国税庁ホームページ【https://www.nta.go.jp】からダウンロードできます。なお、税務署にも用意してあります。

——（732）——

土地建物等の分離譲渡所得（内訳書の記載例）

3 面

## 2 譲渡（売却）された土地・建物の購入（建築）代金などについて記載してください。

(1) 譲渡（売却）された土地・建物は、どなたから、いつ、いくらで購入（建築）されましたか。

| 購入建築価額の内訳 | 購入（建築）先・支払先 | | 購入建築年月日 | 購入・建築代金又は譲渡価額の5% | |
|---|---|---|---|---|---|
| | 住所（所在地） | 氏名（名称） | | | |
| 土　地 | 相続により取得 | 31,000,000×5% | ・　・ | 1,550,000 | 円 |
| | | | ・　・ | | 円 |
| | | | ・　・ | | 円 |
| | | 小　計 | (イ) | 1,550,000 | 円 |
| 建　物 | | | ・　・ | | 円 |
| | | | ・　・ | | 円 |
| | | | ・　・ | | 円 |
| 建物の構造 | □木造 □木骨モルタル □(鉄骨)鉄筋 □金属造 □その他 | 小　計 | (ロ) | | 円 |

※ 土地や建物の取得の際に支払った仲介手数料や非業務用資産に係る登記費用などが含まれます。

(2) 建物の償却費相当額を計算します。

建物の購入・建築価額(ロ)　　償却率　　経過年数　　償却費相当額(ハ)
□ 標準
　　　　　円 × 0.9 × ＿＿＿ × ＿＿＿ ＝ ＿＿＿ 円

(3) 取得費を計算します。

② 取得費　(イ)＋(ロ)－(ハ)　円
相 842,800
　1,550,000

※ 「譲渡所得の申告のしかた」を参照してください。なお、建物の標準的な建築価額による建物の取得価額の計算をしたものは、「□標準」に☑してください。
※ 非業務用建物（居住用）の(ハ)の額は、(ロ)の価額の95%を限度とします（償却率は1面をご覧ください。）。

## 3 譲渡（売却）するために支払った費用について記載してください。

| 費用の種類 | 支払先 | | 支払年月日 | 支払金額 | |
|---|---|---|---|---|---|
| | 住所（所在地） | 氏名（名称） | | | |
| 仲介手数料 | ○○市×△2-1-1 | ○○不動産(株) | 令4・7・15 | 1,089,000 | 円 |
| 収入印紙代 | | | | 10,000 | 円 |
| | | | ・　・ | | 円 |
| | | | ・　・ | | 円 |
| | | | | | 円 |

※ 修繕費、固定資産税などは譲渡費用にはなりません。

③ 譲渡費用　1,099,000

## 4 譲渡所得金額の計算をします。

| 区分 | 特例適用条文 | A 収入金額（①） | B 必要経費（②＋③） | C 差引金額（A－B） | D 特別控除額 | E 譲渡所得金額（C－D） |
|---|---|---|---|---|---|---|
| 短期 長期 | 所・措・震 39 条の | 円 31,000,000 | 円 3,491,800 | 円 27,508,200 | 円 | 27,508,200 円 |
| 短期 長期 | 所・措・震 条の | 円 | 円 | 円 | 円 | 円 |
| 短期 長期 | 所・措・震 条の | 円 | 円 | 円 | 円 | 円 |

※ ここで計算した内容（交換・買換え（代替）の特例の適用を受ける場合は、4面の「6」で計算した内容）を「申告書第三表（分離課税用）」に転記します。

整理欄

——（733）——

## 4 空き家に係る譲渡所得の特別控除の特例の記載例

---

**（設　例）**

⑴　譲渡財産　　　　　　　　　　　　　被相続人居住用家屋の敷地等300m²

　イ　譲渡時期　　　　　　　　　　　　　　　　　令和4年9月8日

　ロ　譲渡価額　　　　　　　　　　　　　　　　　60,000,000円

　ハ　譲渡資産の取得時期　　　　　　　　　　　昭和56年10月10日

　ニ　譲渡資産の取得費　　　　　不明につき譲渡価額の5％（概算取得費）

　　　　　　　　　　　　　　　　60,000,000円×5％＝3,000,000円

　ホ　譲渡費用　　　　　　　　　　　　　　取壊し費用　2,000,000円

　　　　　　　　　　　　　　　　　　　　仲介手数料　2,046,000円

　　　　　　　　　　　　　　　　　　　　収入印紙代　　 30,000円

⑵　相続開始年月日　　　　　　　　　　　　　　令和3年10月10日

⑶　被相続人居住用家屋及びその敷地等の相続開始の日以後における状況

　※1　被相続人居住用家屋については、その全部の取壊しをしている。

　※2　土地、建物の取得価額は不明である。

土地建物等の分離譲渡所得（内訳書の記載例）

1 面

# 譲 渡 所 得 の 内 訳 書
（確定申告書付表兼計算明細書）【土地・建物用】

【令和 4 年分】

名簿番号

提出＿＿＿枚のうちの＿＿＿

この内訳書は、土地や建物の譲渡（売却）による譲渡所得金額の計算用として使用するものです。「譲渡所得の申告のしかた」（国税庁ホームページ【https://www.nta.go.jp】からダウンロードできます。税務署にも用意してあります。）を参考に、契約書や領収書などに基づいて記載してください。
　なお、国税庁ホームページでは、画面の案内に沿って収入金額などの必要項目を入力することにより、この内訳書や確定申告書などを作成することができます。

| 現 住 所 （前住所） | △市△△町○○1－3－5 （　　　　　　　　　　　　　　　） | フリガナ 氏 名 | コク ゼイ イチ ロウ 国税一郎 |
| 電話番号 （連絡先） | ○○○－×××－△△△△ | 職 業 | 会社員 |

※ 譲渡（売却）した年の1月1日以後に転居された方は、前住所も記載してください。

| 関 与 税 理 士 名 |
| （電話　　　　　　　　　　　　） |

・・・・記 載 上 の 注 意 事 項・・・・

○　この内訳書は、一の契約ごとに1枚ずつ使用して記載し、「確定申告書」とともに提出してください。
　　また、譲渡所得の特例の適用を受けるために必要な書類（※）などは、この内訳書に添付して提出してください。
　※　譲渡所得の特例の適用を受けるために必要な書類のうち、登記事項証明書については、その登記事項証明書に代えて「譲渡所得の特例の適用を受ける場合の不動産に係る不動産番号等の明細書」等を提出することもできます。

○　長期譲渡所得又は短期譲渡所得のそれぞれごとで、二つ以上の契約がある場合には、いずれか1枚の内訳書の譲渡所得金額の計算欄（3面の「4」各欄の上段）に、その合計額を二段書きで記載してください。

○　譲渡所得の計算に当たっては、適用を受ける特例により、記載する項目が異なります。
　●　交換・買換え（代替）の特例、被相続人の居住用財産に係る譲渡所得の特別控除の特例の適用を受けない場合
　　　　　　　……1面・2面・3面
　●　交換・買換え（代替）の特例の適用を受ける場合
　　　　　　　……1面・2面・3面（「4」を除く）・4面
　●　被相続人の居住用財産に係る譲渡所得の特別控除の特例の適用を受ける場合
　　　　　　　……1面・2面・3面・5面
　　　　　　　（また、下記の 5面 　　　 に○を付してください。）

○　土地建物等の譲渡による譲渡損失の金額については、一定の居住用財産の譲渡損失の金額を除き、他の所得と損益通算することはできません。

○　非業務用建物（居住用）の償却率は次のとおりです。

| 区 分 | 木 造 | 木 骨 モルタル | （鉄骨）鉄筋 コンクリート | 金属造① | 金属造② |
| --- | --- | --- | --- | --- | --- |
| 償却率 | 0.031 | 0.034 | 0.015 | 0.036 | 0.025 |

（注）「金属造①」……軽量鉄骨造のうち骨格材の肉厚が3mm以下の建物
　　　「金属造②」……軽量鉄骨造のうち骨格材の肉厚が3mm超4mm以下の建物

5面 　○　

（令和4年分以降用）

R4.11

――（735）――

分離課税の土地建物等の譲渡所得の申告

| 2 面 | 名簿番号 | |
|---|---|---|

## 1　譲渡（売却）された土地・建物について記載してください。

**(1) どこの土地・建物を譲渡（売却）されましたか。**

| 所在地 | 所在地番 | ○市××町△△1－54 |
|---|---|---|
| | （住居表示） | |

**(2) どのような土地・建物をいつ譲渡（売却）されましたか。**

| 土地 | ☑ 宅 地　□ 田<br>□ 山 林　□ 畑<br>□ 雑種地　□ 借地権<br>□ その他（　　） | （実測）300 ㎡<br>（公簿等）290 ㎡ | **利 用 状 況** | **売買契約日** |
|---|---|---|---|---|
| | | | □ 自己の居住用<br>（居住期間<br>　年 月～　年 月）<br>□ 自己の事業用<br>□ 貸付用<br>☑ 未利用<br>□ その他（　　　） | 令 4 年 8 月 8 日 |
| 建物 | □ 居 宅　□ マンション<br>□ 店 舗　□ 事務所<br>□ その他<br>（　　　　） | ㎡ | | **引き渡した日**<br>令 4 年 9 月 8 日 |

○ 次の欄は、譲渡（売却）された土地・建物が共有の場合に記載してください。

| あなたの持分 | | 共有者の住所・氏名 | 共有者の持分 | |
|---|---|---|---|---|
| 土 地 | 建 物 | | 土 地 | 建 物 |
| | | （住所）　　　　　（氏名） | | |
| | | （住所）　　　　　（氏名） | | |

**(3) どなたに譲渡（売却）されましたか。**

| 買主 | 住所<br>（所在地） | △市□□町××6－7－8 | | |
|---|---|---|---|---|
| | 氏名<br>（名称） | （株）○○土地開発 | 職業<br>（業種） | |

**(4) いくらで譲渡（売却）されましたか。**

| ① 譲 渡 価 額 | |
|---|---|
| | 円 |
| 60,000,000 | |

**【参考事項】**

| 代金の<br>受領状況 | 1 回目<br>年 月 日<br>円 | 2 回目<br>年 月 日<br>円 | 3 回目<br>年 月 日<br>円 | 未 収 金<br>年 月 日（予定）<br>円 |
|---|---|---|---|---|

| お売りになった<br>理　由 | □ 買主から頼まれたため　　　□ 借入金を返済するため<br>□ 他の資産を購入するため　　□ その他<br>□ 事業資金を捻出するため　　（　　　　　　　） |
|---|---|

---

**「相続税の取得費加算の特例」や「保証債務の特例」の適用を受ける場合などの記載方法**

○　「相続税の取得費加算の特例」の適用を受けるときは、「相続財産の取得費に加算される相続税の計算明細書」（※）で計算した金額を3面の「2」の「②取得費」欄の上段に「㈼×××円」と二段書きで記載してください。
○　「保証債務の特例」の適用を受けるときは、「保証債務の履行のための資産の譲渡に関する計算明細書（確定申告書付表）」（※）で計算した金額を3面の「4」の「Ｂ必要経費」欄の上段に「㉚×××円」と二段書きで記載してください。
○　4面を記載される方で、「相続税の取得費加算の特例」や「保証債務の特例」の適用を受ける場合には、税務署に記載方法をご確認ください。
○　配偶者居住権の目的となっている建物又はその敷地の譲渡など一定の場合は、「配偶者居住権に関する譲渡所得に係る取得費の金額の計算明細書（確定申告書付表）」（※）で計算した金額を3面の「2」の「②取得費」欄に転記してください。
※　これらの様式は、国税庁ホームページ【https://www.nta.go.jp】からダウンロードできます。なお、税務署にも用意してあります。

土地建物等の分離譲渡所得（内訳書の記載例）

3 面

## 2 譲渡（売却）された土地・建物の購入（建築）代金などについて記載してください。

（1）譲渡（売却）された土地・建物は、どなたから、いつ、いくらで購入（建築）されましたか。

| 購入・建築 価額の内訳 | 購入（建築）先・支払先 住 所（所 在 地） | 氏 名（名 称） | 購入 建築年月日 | 購入・建築代金 又は譲渡価額の5％ | |
|---|---|---|---|---|---|
| 土 地 | 令和3年相続 | 60,000,000×0.05 | ・ ・ | 3,000,000 | 円 |
| | | | ・ ・ | | 円 |
| | | | ・ ・ | | 円 |
| | | 小 計 | （イ） | 3,000,000 | 円 |
| 建 物 | | | | | 円 |
| | | | ・ ・ | | 円 |
| | | | ・ ・ | | 円 |
| 建物の構造 □木造 □木骨モルタル □（鉄骨）鉄筋 □金属造 □その他 | | 小 計 | （ロ） | | 円 |

※ 土地や建物の取得の際に支払った仲介手数料や非業務用資産に係る登記費用などが含まれます。

（2）建物の償却費相当額を計算します。

建物の購入・建築価額（ロ）　　償却率　　経過年数　　償却費相当額（ハ）
□ 標準
　　　　　　　　円 × 0.9 ×　　　×　　　＝　　　　　円

（3）取得費を計算します。

| ② 取得費 | （イ）＋（ロ）－（ハ）　円 |
|---|---|
| | 3,000,000 |

※ 「譲渡所得の申告のしかた」を参照してください。なお、建物の標準的な建築価額による建物の取得価額の計算をしたものは、「□ 標準」に☑してください。
※ 非業務用建物（居住用）の（ハ）の額は、（ロ）の価額の95％を限度とします（償却率は1面をご覧ください。）。

## 3 譲渡（売却）するために支払った費用について記載してください。

| 費用の種類 | 支 払 先 住 所（所 在 地） | 氏 名（名 称） | 支払年月日 | 支 払 金 額 | |
|---|---|---|---|---|---|
| 仲介手数料 | ○市△△町××3-4-5 | ××不動産（株） | 令 4 ・9・8 | 2,046,000 | 円 |
| 収入印紙代 | | | | 30,000 | |
| 取壊し費用 | ○市××町××5-6-7 | △△建設（株） | 令 4 ・7・25 | 2,000,000 | 円 |
| | | | ・ ・ | | 円 |
| | | | | | 円 |

※ 修繕費、固定資産税などは譲渡費用にはなりません。

| ③ 譲渡費用 | 4,076,000 |
|---|---|

## 4 譲渡所得金額の計算をします。

| 区分 | 特例適用 条 文 | A 収入金額 （①） | B 必要経費 （②＋③） | C 差引金額 （A－B） | D 特別控除額 | E 譲渡所得金額 （C－D） |
|---|---|---|---|---|---|---|
| 短期 長期 | 所・措・震 35の 3項 | 円 60,000,000 | 円 7,076,000 | 円 52,924,000 | 円 30,000,000 | 22,924,000 |
| 短期 長期 | 所・措・震 条の | 円 | 円 | 円 | 円 | 円 |
| 短期 長期 | 所・措・震 条の | 円 | 円 | 円 | 円 | 円 |

※ ここで計算した内容（交換・買換え（代替）の特例の適用を受ける場合は、4面の「6」で計算した内容）を「申告書第三表（分離課税用）」に転記します。

整理欄

分離課税の土地建物等の譲渡所得の申告

5 面

【令和 4 年分】

| 現 住 所 | △市△△町○○1－3－5 | | |
|---|---|---|---|
| フリガナ 氏 名 | コクゼイ イチロウ 国税一郎 | 電話番号 (連絡先) ○○○－×××－△△△△ | 名簿番号 |

「被相続人の居住用財産に係る譲渡所得の特別控除の特例の適用を受ける場合の記載事項」
この面（5面）は、被相続人の居住用財産に係る譲渡所得の特別控除の特例の適用を受ける場合にのみ記載します。

## 7　被相続人居住用家屋及びその敷地等について、被相続人の氏名などを記載してください。

(1) 被相続人居住用家屋（一の建築物）及びその敷地等について、被相続人の氏名などを記載してください。

| 被相続人 | フリガナ 氏 名 | | コクゼイ タロウ 国税太郎 | | 死亡年月日 | 令 3 年 10 月 10 日 | |
|---|---|---|---|---|---|---|---|
| | 死亡の時における住所 | | ○市××町△△1－2－3 | | | | |
| | 居 住 期 間 | | 昭和56 年　10 月 ～ 令和 3 年　10 月 | | | | |

| | | | 所 在 地 | 床面積・面積 | あなたが相続又は遺贈により取得した持分 | あなたが相続又は遺贈以外により取得した持分 |
|---|---|---|---|---|---|---|
| 被相続人居住用家屋 | Ⓐ | | ○市××町△△1－54 | ⓐ　200 ㎡ | $\frac{1}{1}$ | |
| 被相続人居住用家屋の敷地の用に供されていた土地等 | Ⓑ | | ○市××町△△1－54 | 300 ㎡ | $\frac{1}{1}$ | |
| | Ⓒ | | | ㎡ | | |

(2) 相続の開始の直前（※）においてその土地が用途上不可分の関係にある二以上の建築物のある一団の土地であった場合の被相続人居住用家屋以外の建築物の種類などを記載してください。
　特例対象となる部分とそれ以外の部分の金額の計算などについては、裏面の【参考事項】に記載してください。

| 一団の土地の面積 | ⓑ | ㎡ | 一団の土地の面積のうち、あなたが被相続人から相続又は遺贈により取得し、譲渡した部分の面積 | | ⓒ | ㎡ |
|---|---|---|---|---|---|---|
| 被相続人居住用家屋以外の建築物の種類・床面積 | 種 類 | | 離 れ | 倉 庫 | 床面積の合計 | |
| | 床面積 | | ㎡ | ㎡ | ㎡ | ⓓ ㎡ |
| 上記の建築物の所有者 | フリガナ 氏 名 | | | | | |
| | 住 所 | | | | | |
| 被相続人居住用家屋の敷地等に該当する部分 | $\left( ⓑ × \dfrac{ⓐ}{ⓐ+ⓓ} \right) × \dfrac{ⓒ}{ⓑ}$ | | | | | ㎡ |

※　その土地が対象従前居住の用に供されていた被相続人居住用家屋の敷地の用に供されていた土地であった場合には、「特定事由により被相続人居住用家屋が被相続人の居住の用に供されなくなる直前」となります。

(3) あなた以外の居住用家屋取得相続人がいる場合又はあなたが適用前譲渡をしている場合には、相続人ごとに氏名などを記載してください。

| 居住用家屋取得相続人 | フリガナ 氏 名 | | | | | |
|---|---|---|---|---|---|---|
| | 住 所 | | | | | |
| 相続の開始の時における被相続人居住用家屋又はその敷地等の持分 | Ⓐ 家屋 | Ⓑ 敷地等 | Ⓒ 敷地等 | Ⓐ 家屋 | Ⓑ 敷地等 | Ⓒ 敷地等 |
| | | | | | | |
| 適用前譲渡 | 譲渡年月日 | 年　月　日 | | 年　月　日 | | |
| | 譲渡の対価の額 | 円 | | 円 | | |

※　あなたが適用前譲渡をしている場合には、「適用前譲渡」欄の譲渡年月日と譲渡の対価の額のみを記載してください。

（令和4年分以降用）　R4.11

土地建物等の分離譲渡所得（内訳書の記載例）

5 保証債務の履行のために資産を譲渡した場合の記載例

（設　例）

⑴　譲渡資産　　　　　　　　　　　　　宅地　1800m²

　イ　譲渡時期　　　　　　　　　　　令和 4 年 9 月25日

　ロ　譲渡価額　　　　　　　　　　　14,000,000円

　ハ　譲渡資産の取得時期　　　　　　昭和47年 2 月 3 日

　ニ　譲渡資産の取得費

　　・実際の取得費　　　　　　　　　400,000円

　　・概算取得費　　　　　　　　　　700,000円（14,000,000円× 5 ％）

　ホ　譲渡費用　　　　仲介手数料　528,000円　　収入印紙代　10,000円

⑵　求償権の額　　　　　　　　　　　　8,000,000円

⑶　求償権行使不能額　　　　　　　　　8,000,000円

⑷　総所得金額　　　　　　　　　　　　2,500,000円

　（注）　保証債務の履行のための資産の譲渡に関する計算明細書の書き方：

　　　　「分離課税の長期譲渡所得の金額⑭」欄……譲渡価額の総額から取得費及び譲渡費用を差し引い

　　　た金額（12,762,000円）を記載します。

# 分離課税の土地建物等の譲渡所得の申告

| 【令和 4 年分】<br>保証債務の履行のための資産の譲渡に関する計算明細書（確定申告書付表） | 譲渡者 | 住所 | △△市○○1152 | 氏名 | 信田　五郎 | 電話番号 | (××)<br>○○○○ |
|---|---|---|---|---|---|---|---|
| | 関与税理士 | 住所 | | 氏名 | | 電話番号 | (　) |

| 保証債務の明細 | 主たる債務者 | 住所又は所在地 | | 氏名又は名称 | |
|---|---|---|---|---|---|
| | | △△市△×○1048 | | 片山株式会社 | |
| | 債権者 | 住所又は所在地 | | 氏名又は名称 | |
| | | △△市○×5−8−405 | | 桧　一郎 | |
| | 保証債務の内容 | 債務を保証した年月日 | 保証債務の種類 | 保証した債務の金額 | |
| | | 令和 3 年 8 月 20 日 | 連帯保証 | 8,000,000 円 | |
| | 保証債務の履行に関する事項 | 保証債務を履行した年月日 | 保証債務を履行した金額 | 求償権の額Ⓐ | |
| | | 令和 4 年 9 月 25 日 | 8,000,000 円 | 8,000,000 円 | |
| | 求償権の行使に関する事項 | 求償権の行使不能となった年月日 | 求償権の行使不能額Ⓑ | Ⓐのうち既に支払を受けた金額 | |
| | | 令和 4 年 9 月 25 日 | 8,000,000 円 | 0 円 | |

| 保証債務を履行するため譲渡した資産の明細 | 短期・長期の区分 | 短期・⟨長期⟩ | 短期・長期 | 短期・長期 |
|---|---|---|---|---|
| | 資産の所在地番 | △△市××1−10−15 | | |
| | 資産の種類 | 宅地 | | |
| | 資産の利用状況　資産の数量 | 未利用　　1800 ㎡(株(口)・㎡) | ㎡(株(口)・㎡) | ㎡(株(口)・㎡) |
| | 譲渡先　住所又は所在地 | ××市○△町36 | | |
| | 譲渡先　氏名又は名称 | (職業) 会社役員<br>△村　○郎 | (職業) | (職業) |
| | 譲渡した年月日 | 令和 4 年 9 月 25 日 | 年　月　日 | 年　月　日 |
| | 譲渡資産を取得した時期 | 昭和47 年 2 月 3 日 | 年　月　日 | 年　月　日 |
| | 譲渡価額の総額 | 14,000,000 円 | 円 | 円 |

| 譲渡所得（山林所得）のうちないものとみなされる金額 | 所得税法第64条第2項適用前の各種所得の合計額 | 求償権の行使不能額（上のⒷの金額） | Ⓒ | 8,000,000 円 | 譲渡所得又は山林所得の所得税法第64条第2項適用前の金額の | 総合課税の短期・長期譲渡所得の金額（申告書第一表の㋖＋㋙に相当する金額。赤字のときは0） | Ⓜ | 円 |
|---|---|---|---|---|---|---|---|---|
| | | 総所得金額（申告書第一表の⑫に相当する金額）(注1) | Ⓓ | 2,500,000 円 | | 分離課税の短期・長期譲渡所得の金額（Ⓗの金額） | Ⓝ | 12,762,000 円 |
| | | 山林所得金額（申告書第三表の㊵に相当する金額） | Ⓔ | 円 | | 分離課税の一般株式等・上場株式等に係る譲渡所得の金額（繰越控除後）（Ⓘの金額のうち、譲渡所得の金額。それぞれ赤字のときは0） | Ⓞ | 円 |
| | | 退職所得金額（申告書第三表の㊷に相当する金額） | Ⓕ | 円 | | 分離課税の先物取引に係る譲渡所得の金額（繰越控除後）（Ⓚの金額のうち、譲渡所得の金額。赤字のときは0） | Ⓟ | 円 |
| | | 小　計　（Ⓓ+Ⓔ+Ⓕ。赤字のときは0） | Ⓖ | 2,500,000 円 | | | | |
| | | 分離課税の短期・長期譲渡所得の金額（申告書第三表の㊱に相当する金額。赤字のときは0） | Ⓗ | 12,762,000 円 | | 合　計（Ⓜ+Ⓝ+Ⓞ+Ⓟ） | Ⓠ | 12,762,000 円 |
| | | 分離課税の一般株式等・上場株式等に係る譲渡所得等の金額（繰越控除後）（申告書第三表の㊲+㊳に相当する金額。それぞれ赤字のときは0） | Ⓘ | 円 | | 山林所得金額（Ⓔの金額。赤字のときは0） | Ⓡ | 円 |
| | | 分離課税の上場株式等に係る配当所得等の金額（損益通算及び繰越控除後）（申告書第三表の㊴に相当する金額） | Ⓙ | 円 | | 譲渡所得又は山林所得のうちないものとみなされる金額<br>Ⓒ・Ⓛ・Ⓠのうち低い金額又はⒸ・Ⓛ・Ⓡのうち低い金額 | Ⓢ | 8,000,000 円 |
| | | 分離課税の先物取引に係る雑所得等の金額（繰越控除後）（申告書第三表の㊺に相当する金額。赤字のときは0） | Ⓚ | 円 | | | | |
| | | 合　計（Ⓖ+Ⓗ+Ⓘ+Ⓙ+Ⓚ） | Ⓛ | 15,262,000 円 | | | | |

| 求償権が行使不能となった事情の説明 | 債務者が債務超過で倒産したため、残余財産の配当が受けられなかった。 |
|---|---|

(注) 1 総合課税の長期譲渡所得又は一時所得のある人の「Ⓓ」の金額は、申告書第一表の「⑫+(㋙+㋚)×½」の金額となります。
2 「所得税法第64条第2項適用前の各種所得の合計額」欄は損益通算後の金額を、「所得税法第64条第2項適用前の譲渡所得又は山林所得の金額」欄は損益通算前の金額を、それぞれ記載してください。
3 「Ⓢ」の金額は、譲渡所得、株式等に係る譲渡所得又は山林所得に関する各計算明細書の「必要経費」欄の上段に「Ⓢ×××円」と二段書きしてください。詳しくは、税務署にお尋ねください。

(資 6−12−A 4 統一)
(令和 4 年分以降用)
R4. 11

土地建物等の分離譲渡所得（内訳書の記載例）

2 面

名簿番号

## 1 譲渡（売却）された土地・建物について記載してください。

(1) どこの土地・建物を譲渡（売却）されましたか。

| 所在地 | 所在地番 | △△市××1−10−15 |
|---|---|---|
| | （住居表示） | |

(2) どのような土地・建物をいつ譲渡（売却）されましたか。

| 土地 | ☑宅 地　□田<br>□山 林　□畑<br>□雑種地　□借地権<br>□その他（　　　） | （実測）　　㎡<br><br>（公簿等）　㎡<br>1800 | 利用状況 | 売買契約日<br>令<br>4 年 9 月 1 日 |
|---|---|---|---|---|
| 建物 | □居 宅　□マンション<br>□店 舗　□事務所<br>□その他<br>（　　　） | 　　㎡ | □ 自己の居住用<br>（居住期間<br>　年 月～　年 月）<br>□ 自己の事業用<br>□ 貸付用<br>☑ 未利用<br>□ その他（　　　） | 引き渡した日<br>令<br>4 年 9 月 25 日 |

○ 次の欄は、譲渡（売却）された土地・建物が共有の場合に記載してください。

| あなたの持分 | | 共有者の住所・氏名 | | 共有者の持分 | |
|---|---|---|---|---|---|
| 土地 | 建物 | | | 土地 | 建物 |
| | | （住所）　　　　　　　　（氏名） | | | |
| | | （住所）　　　　　　　　（氏名） | | | |

(3) どなたに譲渡（売却）されましたか。　　　　(4) いくらで譲渡（売却）されましたか。

| 買主 | 住所<br>（所在地） | ××市○△町36 | | | ① 譲 渡 価 額 |
|---|---|---|---|---|---|
| | 氏名<br>（名称） | △村○郎 | 職業<br>（業種） | 会社役員 | 14,000,000　円 |

【参考事項】

| 代金の<br>受領状況 | 1回目<br>令<br>4 年 9 月 1 日 | 2回目<br>令<br>4 年 9 月 25 日 | 3回目<br>年 月 日 | 未収金<br>年 月 日（予定） |
|---|---|---|---|---|
| | 1,400,000 円 | 12,600,000 円 | 円 | 円 |

| お売りになった<br>理　　　由 | □ 買主から頼まれたため<br>□ 他の資産を購入するため<br>□ 事業資金を捻出するため | □ 借入金を返済するため<br>☑ その他<br>（　保証債務履行のため　） |
|---|---|---|

---

「相続税の取得費加算の特例」や「保証債務の特例」の適用を受ける場合などの記載方法

○ 「相続税の取得費加算の特例」の適用を受けるときは、「相続財産の取得費に加算される相続税の計算明細書」（※）で計算した金額を3面の「2」の「②取得費」欄の上段に「⑱×××円」と二段書きで記載してください。

○ 「保証債務の特例」の適用を受けるときは、「保証債務の履行のための資産の譲渡に関する計算明細書（確定申告書付表）」（※）で計算した金額を3面の「4」の「B必要経費」欄の上段に「㊿×××円」と二段書きで記載してください。

○ 4面を記載される方で、「相続税の取得費加算の特例」や「保証債務の特例」の適用を受ける場合には、税務署に記載方法をご確認ください。

○ 配偶者居住権の目的となっている建物又はその敷地の譲渡など一定の場合は、「配偶者居住権に関する譲渡所得に係る取得費の金額の計算明細書《確定申告書付表》」（※）で計算した金額を3面の「2」の「②取得費」欄に転記してください。

※ これらの様式は、国税庁ホームページ【https://www.nta.go.jp】からダウンロードできます。なお、税務署にも用意してあります。

分離課税の土地建物等の譲渡所得の申告

3 面

## 2 譲渡（売却）された土地・建物の購入（建築）代金などについて記載してください。

(1) 譲渡（売却）された土地・建物は、どなたから、いつ、いくらで購入（建築）されましたか。

| 購入建築 価額の内訳 | 購入（建築）先・支払先 | | 購入建築年月日 | 購入・建築代金又は譲渡価額の5% |
|---|---|---|---|---|
| | 住　所（所在地） | 氏　名（名　称） | | |
| 土　　地 | △△市××2-1-1 | (株)○○不動産 | 昭47・2・3 | 700,000 円 |
| | | | ・・ | 円 |
| | | | ・・ | 円 |
| | | | 小　計 (イ) | 700,000 円 |
| 建　　物 | | | ・・ | 円 |
| | | | ・・ | 円 |
| | | | ・・ | 円 |
| 建物の構造 □木造 □木骨モルタル □(鉄骨)鉄筋 □金属造 □その他 | | | 小　計 (ロ) | 円 |

※ 土地や建物の取得の際に支払った仲介手数料や非業務用資産に係る登記費用などが含まれます。

(2) 建物の償却費相当額を計算します。

建物の購入・建築価額(ロ)　　償却率　　経過年数　　償却費相当額(ハ)
□ 標準
　　　　　　円 × 0.9 × 　　　　　× 　　　　 = 　　　　　　円

(3) 取得費を計算します。

| ② 取得費 | (イ)＋(ロ)－(ハ) 円 |
|---|---|
| | 700,000 |

※ 「譲渡所得の申告のしかた」を参照してください。なお、建物の標準的な建築価額による建物の取得価額の計算をしたものは、「□標準」に☑してください。
※ 非業務用建物（居住用）の (ハ) の額は、(ロ) の価額の95%を限度とします（償却率は1面をご覧ください。）。

## 3 譲渡（売却）するために支払った費用について記載してください。

| 費用の種類 | 支　払　先 | | 支払年月日 | 支払金額 |
|---|---|---|---|---|
| | 住　所（所在地） | 氏　名（名　称） | | |
| 仲介手数料 | △△市○△町10 | (株)△△不動産 | 令4・9・1 | 528,000 円 |
| 収入印紙代 | | | ・・ | 10,000 円 |
| | | | ・・ | 円 |
| | | | ・・ | 円 |
| ※ 修繕費、固定資産税などは譲渡費用にはなりません。 | | | ③ 譲渡費用 | 538,000 円 |

## 4 譲渡所得金額の計算をします。

| 区分 | 特例適用条文 | A 収入金額 (①) | B 必要経費 (②＋③) | C 差引金額 (A－B) | D 特別控除額 | E 譲渡所得金額 (C－D) |
|---|---|---|---|---|---|---|
| 短期・長期 | ㊣・措・震 64 条の | 14,000,000 円 | ㊂8,000,000 円 1,238,000 | 4,762,000 円 | 円 | 4,762,000 円 |
| 短期・長期 | 所・措・震 条の | 円 | 円 | 円 | 円 | 円 |
| 短期・長期 | 所・措・震 条の | 円 | 円 | 円 | 円 | 円 |

※ ここで計算した内容（交換・買換え（代替）の特例の適用を受ける場合は、4面の「6」で計算した内容）を「申告書第三表（分離課税用）」に転記します。

整理欄

# V 土地建物等の譲渡所得の区分

　土地建物等の譲渡所得は、まず長期譲渡所得と短期譲渡所得に大別されますが、そのそれぞれについて、各種の税額軽減の特例の適用関係から、さらに次のように区分されます。

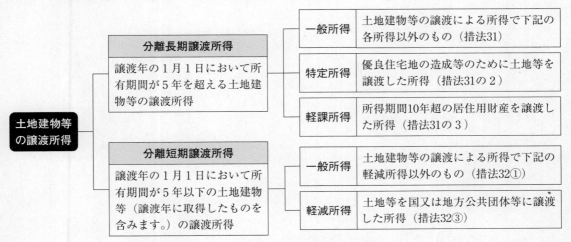

　※ 「所有期間」とは、譲渡をした土地建物等をその取得（建設を含みます。）をした日の翌日から引き続き所有していた期間をいいます。（措法31②、措令20②）

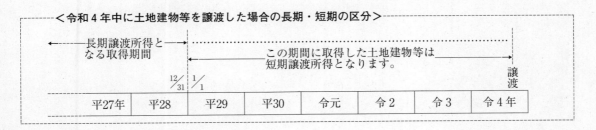

## 1 分離長期譲渡所得に該当するもの

　長期保有の土地建物等の譲渡による譲渡所得に該当するものは、土地建物等で、その年の1月1日において所有期間が5年を超えるもの（令和4年中に譲渡したものについては、平成28年12月31日以前に取得したものが該当します。）を譲渡した場合の譲渡所得です。（措法31①）

　（注）　所有期間を判定する場合において、次の土地建物等は、それぞれ次の取得の日の翌日から引き続き所有していたものとみなして計算します。（措令20③）
　　① 所得税法第58条第1項の固定資産の交換の場合の譲渡所得の特例（688ページ―）の適用を受けて取得した土地建物等……その交換により譲渡した資産（旧資産）の取得の日
　　② 所得税法第60条第1項各号に該当する贈与、相続、遺贈又は低額譲渡により取得した土地建物等……その贈与をした人、その相続に係る被相続人、その遺贈に係る遺贈者又はその低額譲渡をした人がその土地建物等を取得した日

分離課税の土地建物等の譲渡所得の申告

## 2 分離短期譲渡所得に該当するもの

短期保有の土地建物等の譲渡による譲渡所得に該当するものは、次の譲渡所得です。(措法32①②)

① 土地建物等でその年の1月1日において所有期間が5年以下のものの譲渡による譲渡所得

② 659ページ3の短期保有土地等の譲渡に類する株式等の譲渡による譲渡所得

# VI 分離長期・短期譲渡所得に対する税額の計算

　土地建物等の譲渡所得については、その譲渡益から特別控除額を控除し、総所得金額から控除しきれなかった所得控除額を控除した後の金額（課税される所得金額）及びその金額に対応する税額を、分離課税用の申告書（第三表）の 税額の計算 の次の欄（短期譲渡分は㋦欄→㋮欄、長期譲渡分は㋧欄→㋯欄）に記載します。

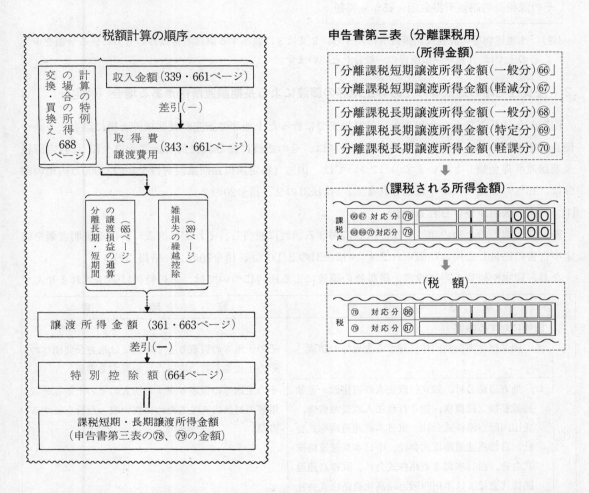

　分離課税の土地建物等の譲渡所得に対する税額の計算は、Ⅰ～Ⅲによって計算した「課税短期・長期譲渡所得金額」（総所得金額から控除しきれない所得控除額がある場合は、その所得控除額を控除した残額となります。）を基として、以下のような方法で計算します。

分離課税の土地建物等の譲渡所得の申告

## 一　課税長期譲渡所得の税額計算

※　平成25年1月1日から令和19年12月31日までの各年分の確定申告の際には、併せて基準所得税額に2.1%の税率を乗じて計算した復興特別所得税を申告・納付することになります。

### 1　一般長期譲渡所得がある場合（一般分）（措法31）

> その課税長期譲渡所得金額×15％＝税額

**（注）**　土地建物等の課税長期譲渡所得のうち、2又は3に該当する譲渡所得以外のものに係る金額を申告書の上では、「長期譲渡所得の一般分」といいます。

### 2　優良住宅地の造成等のための土地等の譲渡による長期譲渡所得がある場合（特定分）

　昭和62年10月1日から令和4年12月31日までに行った土地等の譲渡が長期譲渡所得に該当し、かつ、優良住宅地等のための譲渡に該当する場合には、その譲渡に係る課税長期譲渡所得金額（「特定課税長期譲渡所得金額」といいます。）については、10％（特定課税長期譲渡所得金額の2,000万円超の部分は、15％）の税率により課税されます。（措法31の2、措令20の2）

#### ⑴　特例の適用が受けられる場合

　優良住宅地等のための譲渡とは、次表に掲げる譲渡に該当し、それぞれ次表に掲げる証明書類を確定申告書に添付した場合に限られます。（措法31の2①②③、措令20の2、措規13の3）

　なお、建物や建物の附属設備、構築物の譲渡による所得については、この特例は適用されません。

| | 譲　渡　の　区　分 | 証　明　書 |
|---|---|---|
| ① | **国等に対する譲渡**<br>イ　国又は地方公共団体に対する土地等の譲渡 | その土地等の買取りをする国又は地方公共団体のその土地等を買い取った旨を証する書類 |
| | ロ　地方道路公社、独立行政法人鉄道建設・運輸施設整備支援機構、独立行政法人水資源機構、成田国際空港株式会社、東日本高速道路株式会社、首都高速道路株式会社、中日本高速道路株式会社、西日本高速道路株式会社、阪神高速道路株式会社又は本州四国連絡高速道路株式会社に対する土地等の譲渡で、これらの法人の行う土地収用法等に基づく収用等の対償に充てられるもの | その土地等の買取りをする法人のその土地等を収用等の対償に充てるために買い取った旨を証する書類 |
| ② | **宅地等の供給又は先行取得業務のための譲渡**<br>　次に掲げる法人に対する土地等の譲渡で、その土地等が宅地若しくは住宅の供給又は土地の先行 | |

——(746)——

土地建物等の分離譲渡所得（税額計算）

| | |
|---|---|
| 取得の業務を行うために直接必要であると認められるものをいいます。 | |
| イ　独立行政法人都市再生機構、土地開発公社、成田国際空港株式会社、独立行政法人中小企業基盤整備機構、地方住宅供給公社又は日本勤労者住宅協会<br><br>（注）　土地開発公社に対する土地等の譲渡のうち、公有地の拡大の推進に関する法律第17条第1項第1号ニに掲げる土地等の譲渡を除きます。 | 土地の買取りをする法人のその土地等の宅地若しくは住宅の供給又は土地の先行取得の業務の用に直接供するために買い取った旨を証する書類 |
| ロ　宅地若しくは住宅の供給又は土地の先行取得の業務を目的とする公益社団法人（その社員総会における議決権の全部が地方公共団体により保有されているものに限ります。）又は公益財団法人（その拠出された金額の全額が地方公共団体により拠出されたものに限ります。）で、その地方公共団体の管理のもとに業務を行っている法人 | 土地等の買取りをする法人を所轄する地方公共団体の長のその土地等を宅地若しくは住宅の供給又は土地の先行取得の業務の用に直接供するために買い取った旨を証する書類 |
| ハ　幹線道路の沿道の整備に関する法律の規定により市町村長の指定を受けて沿道整備事業の用に供される土地の先行取得の業務を行う沿道整備推進機構 | 市町村長又は特別区の区長のその土地等の買い取りをする者が沿道整備推進機構である旨及びその土地等が沿道整備事業の用に供される土地の先行取得の業務の用に直接供されるために買い取られた旨を証する書類 |
| ニ　密集市街地における防災街区の整備の促進に関する法律の規定により防災街区整備事業の用に供される土地の先行取得の業務を行う防災街区整備推進機構 | 市町村長又は特別区の区長のその土地等の買取りをする者が防災街区整備推進機構である旨及びその土地等が防災街区整備事業の用に供される土地の先行取得の業務の用に直接供するために買い取られた旨を証する書類 |
| ホ　中心市街地の活性化に関する法律の規定により中心市街地の整備改善を図るために有効に利用できる一定の土地の先行取得業務を行う中心市街地整備推進機構 | 市町村長又は特別区の区長のその土地等の買取りをする者が中心市街地整備推進機構である旨及びその土地等が中心市街地の整備改善を図るために有効に利用できる一定の土地の先行取得の業務の用に直接供するために買い取られた旨を証する書類 |
| ヘ　都市再生特別措置法第119条第4号に掲げる業務を行う都市再生推進法人 | 市町村長又は特別区の区長の当該土地等の買取りをする者がヘに掲げる法人である旨及び当該土地等が当該法人により②に規定する業務の用に直接供するために買い取られた旨を証する書類 |
| ②の2　**被災市街地復興土地区画整理事業等のための譲渡**<br>　土地開発公社に対する次に掲げる土地等の譲渡 | 土地開発公社のその土地等をイ又はロに掲げる土 |

——(747)——

分離課税の土地建物等の譲渡所得の申告

| | | |
|---|---|---|
| | で、その譲渡に係る土地等が独立行政法人都市再生機構が施行するそれぞれ次に定める事業の用に供されるもの<br>イ 被災市街地復興特別措置法により都市計画に定められた被災市街地復興推進地域内にある土地等<br>…被災市街地復興土地区画整理事業<br>ロ 被災市街地復興特別措置法に規定する住宅被災市町村の区域内にある土地等<br>…都市再開発法による第二種市街地再開発事業 | 地等の区分に応じ、それぞれイ又はロに定める事業の用に供するために買い取った旨を証する書類（その土地等の所在地の記載があるものに限ります。） |
| ③ | **収用交換等による譲渡**<br>　措置法第33条の4第1項に規定する収用交換等による土地等の譲渡をいいます（①又は②に掲げる譲渡又は市街地再開発事業の施行者である再開発会社に対するその再開発会社の株主若しくは社員である個人の有する土地等の譲渡に該当するものを除きます。）。 | その譲渡に係る土地等についての収用等の証明書 |
| ④ | **第一種市街地再開発事業のための譲渡**<br>　都市再開発法による第一種市街地再開発事業の施行者に対する土地等の譲渡で、その譲渡に係る土地等がその事業の用に供されるものをいいます（①から③までに掲げる譲渡又は市街地再開発事業の施行者である再開発会社に対するその再開発会社の株主若しくは社員である個人の有する土地等の譲渡に該当するものを除きます。）。 | 土地等の買取りをする第一種市街地再開発事業の施行者のその土地等をその事業の用に供するために買取った旨を証する書類 |
| ⑤ | **防災街区整備事業のための譲渡**<br>　密集市街地における防災街区の整備の促進に関する法律による防災街区整備事業の施行者に対する土地等の譲渡で、その譲渡に係る土地等がその防災街区整備事業の用に供されるものをいいます（①から③までに掲げる譲渡又は防災街区整備事業の施行者である事業会社に対するその事業会社の株主若しくは社員である個人の有する土地等の譲渡に該当するものを除きます。）。 | 土地等の買取をする防災街区整備事業の施行者のその土地等をその事業の用に供するため買い取った旨を証する書類 |
| ⑥ | **防災再開発促進地区内の認定建替事業のための譲渡**<br>　密集市街地における防災街区の整備の促進に関する法律の防災再開発促進地区の区域内における認定建替計画（次のイ及びロ〈当該認定建替計画に定められた建替事業区域の周辺の区域からの避 | 土地等の買取りをする認定事業者から交付を受けた次に掲げる書類<br>ｉ　所管行政庁の当該土地等に係る当該認定建替計画がイからハまでの要件を満たすものである |

## 土地建物等の分離譲渡所得（税額計算）

難に利用可能な通路を確保する場合にあっては、イ及びハ）の要件を満たすものに限ります。）に係る建築物の建替えを行う事業の認定事業者に対する土地等の譲渡で、当該譲渡に係る土地等が当該事業の用に供されるもの（②から⑤までに掲げる譲渡又は当該認定事業者である法人に対する当該法人の株主又は社員である個人の有する土地等の譲渡に該当するものを除きます。）

イ　認定建替計画に定められた新築する建築物の敷地面積がそれぞれ100m²以上であり、かつ、当該敷地面積の合計が500m²以上であること

ロ　認定建替計画に定められた建替事業区域内に密集市街地における防災街区の整備の促進に関する法律第2条第10号に規定する公共施設が確保されていること

ハ　その確保する通路が次に掲げる要件を満たすこと

（イ）密集市街地における防災街区の整備の促進に関する法律第289条第4項の認可を受けた避難経路協定（その避難経路協定を締結した土地所有者等に地方公共団体が含まれているものに限ります。）において避難経路として定められていること

（ロ）幅員4m以上のものであること

旨を証する書類の写し

ⅱ　土地等の買取りをする者の当該土地等を認定建替計画に係る建築物の建替えを行う事業の用に供するために買い取った旨を証する書類

---

⑦ **都市再生事業のための譲渡**

都市再生特別措置法の規定による都市再生事業で、施行面積が1ヘクタール以上であるなど一定の要件を満たすものの認定事業者又はその事業者と土地等の取得に関する協定を締結した独立行政法人都市再生機構に対する土地等の譲渡で、その譲渡をした土地等がその土地再生事業の用に供されるものをいいます（②から⑥までに掲げる譲渡に該当するものを除きます。）。

土地等の買取りをする認定事業者から交付を受けた次に掲げる書類

ⅰ　国土交通大臣のその都市再生事業が都市再生特別措置法第25条に規定する認定事業である旨及び一定の要件を満たすものである旨を証する書類

ⅱ　土地等の買取りをする者のその土地等を都市再生事業の用に供するために買い取った旨を証する書類（土地等の買取りをする者が独立行政法人都市再生機構である場合には、その他、認定事業者との土地等の取得に関する協定書に基づいて買い取った旨を証する書類）

分離課税の土地建物等の譲渡所得の申告

| | | |
|---|---|---|
| ⑧ | **国家戦略特別区域法の認定区域計画に定められている特定事業のための譲渡**<br>　国家戦略特別区域法の認定区域計画に定められている特定事業又はその特定事業の実施に伴い必要となる施設を整備する事業（これらの事業のうち、産業の国際競争力の強化又は国際的な経済活動の拠点の形成に特に資するものとして一定のものに限ります。）を行う者に対する土地等の譲渡で、その譲渡に係る土地等がこれらの事業の用に供されるもの（②から⑦までに該当するものを除きます。）<br><br>　**(注)**　この⑧は、平成27年7月15日以後に行う優良住宅地等のための譲渡に該当する譲渡について適用されます。（平27改所法等附67①） | 土地等の買取りをする特定事業又はその特定事業の実施に伴い必要となる施設を整備する事業を行う者から交付を受けた次に掲げる書類<br>ⅰ　国家戦略特別区域法に規定する国家戦略特別区域担当大臣のその土地等に係る特定事業が認定区域計画に定められている旨及びその特定事業又はその特定事業の実施に伴い必要となる施設を整備する事業が国家戦略特別区域法施行規則に掲げる要件の全てを満たすものである旨を証する書類の写し<br>ⅱ　その土地等の買取りをする者のその土地等を特定事業又はその特定事業の実施に伴い必要となる施設を整備する事業の用に供するために買い取った旨を証する書類 |
| ⑧の2 | **所有者不明土地の利用の円滑化等に関する特別措置法の規定による譲渡**<br>　所有者不明土地の利用の円滑化等に関する特別措置法の規定により行われた裁定に係る裁定申請書に記載された事業を行うその裁定申請書に記載された事業者に対する次に掲げる土地等の譲渡（その裁定後に行われるものに限ります。）で、その譲渡に係る土地等がその事業の用に供されるもの（①から②の2まで又は④から⑧までに掲げる譲渡に該当するものを除きます。）<br>イ　その裁定申請書に記載された特定所有者不明土地又はその特定所有者不明土地の上に存する権利<br>ロ　その裁定申請書に添付された所有者不明土地の利用の円滑化等に関する特別措置法に掲げる事業計画書の計画にその事業者が取得するものとして記載がされた特定所有者不明土地以外の土地又はその土地の上に存する権利（その裁定申請書に記載されたその事業がその特定所有者不明土地以外の土地をイに掲げる特定所有者不明土地と一体として使用する必要性が高い事業と認められない事業（事業区域の面積が500㎡以上であり、かつ、特定所有者不明土地の面積 | 次に掲げる書類<br>ⅰ　都道府県知事の裁定をした旨を所有者不明土地の利用の円滑化等に関する特別措置法の規定により通知した文書の写し<br>ⅱ　次に定める場合の区分に応じそれぞれ次に定める書類<br>a　その土地等が左のイに掲げる土地等である場合　その土地等の買取りをする者の所有者不明土地の利用の円滑化等に関する特別措置法の規定による提出をしたⅰに規定する裁定に係る裁定申請書の写し及びその土地等をその事業の用に供するために買い取った旨を証する書類<br>b　その土地等が左のロに掲げる土地等である場合　その土地等の買取りをする者の所有者不明土地の利用の円滑化等に関する特別措置法の規定による提出をしたⅰに規定する裁定に係る裁定申請書の写し、その裁定申請書に添付された事業計画書の写し及びその土地等をその記載がされた事業の用に供するために買い取った旨を証する書類 |

—— (750) ——

土地建物等の分離譲渡所得（税額計算）

| | | |
|---|---|---|
| | の事業区域の面積に対する割合が4分の1未満である事業）に該当する場合におけるその記載がされたものを除きます。）<br>**(注)** この⑧の2は、令和元年6月1日以後に行う優良住宅地等のための譲渡に該当する譲渡について適用されます。（平31改所法等附34①） | |
| ⑨ | **マンション建替事業のための譲渡**<br>　次に掲げる土地等の譲渡で、その譲渡をした土地等がマンション建替事業の用に供されるものをいいます（⑥から⑧までに掲げる譲渡に該当するものを除きます。）。<br>イ　マンションの建替え等の円滑化に関する法律に規定する売渡請求若しくは買取請求又は権利変換を希望しない旨の申出に基づくマンション建替事業の施行者に対する土地等の譲渡 | マンション建替事業の施行者のその土地等をマンションの建替え等の円滑化に関する法律に規定する売渡請求若しくは買取請求又は権利変換を希望しない旨の申出に基づきその土地等をその事業の用に供するために買取った旨を証する書類 |
| | ロ　施行マンションが一定の建築物（いわゆる既存不適格建築物）に該当し、かつ、施行再建マンションの延べ面積が施行マンションの延べ面積以上であるマンション建替事業の施行者に対する隣接施行敷地の土地等の譲渡 | マンション建替事業の施行者の施行マンションが一定の建築物に該当すること及び施行再建マンションの延べ面積が施行マンションの延べ面積以上であることにつき都道府県知事等の証明を受けた旨並びに隣接施行敷地の土地等を施行再建マンションの敷地とするために買い取った旨を証する書類 |
| ⑩ | **マンション敷地売却事業のための譲渡**<br>　マンションの建替え等の円滑化に関する法律に規定する売渡請求に基づくマンション敷地売却事業を実施する者に対する土地等の譲渡又は当該マンション敷地売却事業に係る認可を受けた分配金取得計画に基づく当該マンション敷地売却事業を実施する者に対する土地等の譲渡で、譲渡した土地等がマンション敷地売却事業の用に供されるもの | 優良住宅地等のための譲渡に該当するものであることを証する書類<br>並びにその土地において整備される道路、公園、広場その他の公共の用に供する施設に関する事項その他の一定の事項の記載がある書類 |
| ⑪ | **優良建築物の建築事業のための譲渡**<br>　建築面積が150m²以上である建築物の建築をする事業（次の要件を満たす事業に限ります。）を行う者に対する市街化区域内の土地等の譲渡で、その譲渡をした土地等がその事業の用に供されるものをいいます（⑥から⑨まで、⑬から⑯までに掲げる譲渡に該当するものを除きます。）。 | 土地等の買取りをして建築物の建築をする事業を行う者から交付を受けた次に掲げる書類<br>ⅰ　国土交通大臣のその建築物の建築面積が150m²以上である旨及びその建築事業がイ及びロからニまでのいずれかの事業要件を満たすものである旨を証する書類の写し |

分離課税の土地建物等の譲渡所得の申告

<table>
<tr>
<td></td>
<td>
イ　その建築事業の施行地区の面積が500m²以上であること<br>
ロ　その建築事業の施行地区内において都市施設の用に供される土地が確保されていること<br>
ハ　一定規模の空地が確保されてること<br>
ニ　その建築事業の施行地区内の土地につき所有権を有する者又はその施行地区内の土地につき借地権を有する者の数が2以上であること（土地に係る所有権又は借地権が共有である場合は1とします。）
</td>
<td>
ⅱ　その土地等の買取りをする者のその譲渡をした土地等が次の区域内に所在し、かつ、その土地等をその建築事業の用に供する旨を証する書類<br>
a　市街化区域内<br>
b　市街化区域及び市街化調整区域に関する都市計画が定められていない都市計画区域のうち都市計画法第8条に規定する用途地域が定められている区域内
</td>
</tr>
<tr>
<td>⑫</td>
<td>
**中高層耐火建築物の建築事業のための譲渡**<br>
　地上階数4以上の中高層の耐火建築物の建築を目的とする事業（その事業の施行される区域の面積が500m²以上であることなどについて都道府県知事が認定したもの）を行う者に対する既成市街地等内、都市計画法第2条の3第1項第2号に掲げる地区、同法第8条第1項第3号に掲げる高度利用地区又は同法第12条の4第1項に掲げる地区計画の区域、同項第2号に掲げる防災街区整備地区計画の区域及び同項第4号に掲げる沿道地区計画の区域のうち一定のものの内にある土地等の譲渡で、その譲渡に係る土地等がその事業の用に供されるものをいいます（⑥から⑨まで、⑪、⑬から⑯までに掲げる譲渡に該当するものを除きます。）。
</td>
<td>
土地等の買取りをする者から交付を受けた次に掲げる書類<br>
ⅰ　都道府県知事のその事業を行う者の申請に基づき認定をしたことを証する書類<br>
ⅱ　土地等の買取りをする者のその土地等をその事業の用に供するために買い取った旨を証する書類
</td>
</tr>
<tr>
<td>⑬</td>
<td>
**開発許可を要する住宅造成事業のための譲渡**<br>
　都市計画区域内において都市計画法の開発許可を受けて行われる面積1,000m²（開発許可を要する面積が1,000m²未満とされている区域内にあっては、都道府県の規則により開発許可を要することとされている面積）以上の住宅建設の用に供する一団の宅地の造成（その開発許可の内容に適合して行われると認められるものに限ります。）を行う者（この一団の宅地の造成を行う個人又は法人には、都市計画法第44条又は第45条に規定する開発許可に基づく地位の承継を受けた個人又は法人が含まれます。）に対する土地等の譲渡で、その譲渡した土地等がその一団の宅地の用に供されるものをいいます（⑥から⑧の2までに掲げる譲
</td>
<td>
土地等の買取りをする者から交付を受けた次に掲げる書類<br>
ⅰ　その一団の宅地の造成に係る都市計画法に規定する開発許可申請書の写し（その造成に関する事業概要書など一定の書類の添付のあるものに限ります。）及び同法の開発許可通知の文書の写し<br>
ⅱ　土地等の買取りをする者のその買い取った土地等がⅰの開発許可の通知に係る開発区域内に所在し、かつ、その土地等をその一団の宅地の用に供する旨を証する書類
</td>
</tr>
</table>

渡に該当するものを除きます。）。

**開発許可を要しない住宅地造成事業のための譲渡**

　都市計画区域内の宅地の造成につき開発許可を要しない場合において、住宅建設の用に供する優良な宅地の供給に寄与するものであることにつき都道府県知事の認定を受けて行われる一団の宅地の造成（その認定の内容に適合して行われる面積1,000m²〈三大都市圏の特定市町村の市街化区域内で土地区画整理事業として行われるものについては500m²〉以上のものに限ります。）を行う者（その一団の宅地の造成が土地区画整理法による土地区画整理事業として行われる場合には、同法第2条第3項に規定する施行者又は同法第25条第1項に規定する組合員である個人又は法人に限ります。）に対する土地等の譲渡で、その譲渡した土地等がその一団の宅地の用に供されるものをいいます（⑥から⑧の2までに掲げる譲渡又は土地区画整理事業の施行者である区画整理会社に対するその区画整理会社の株主又は社員である個人の有する土地等の譲渡を除きます。）。

⑭

土地等の買取りをする者から交付を受けた次に掲げる書類

i　その一団の住宅地の造成の面積要件及び地域要件に関する事項の記載のある都道府県知事に対する優良な宅地の供給に寄与するものであることの認定申請書の写し及び都道府県知事のその申請に基づきその認定をしたことを証する書類の写し

（注）　都道府県知事に対する認定申請書の写しは、その造成に関する事業概要書、設計説明書及びその造成される一団の住宅地の位置や区域等を明らかにする地形図の添付があるものに限ります。

ii　土地等の買取りをする者のその買い取った土地等がiの都道府県知事の認定に係る区域内に所在し、かつ、その土地等をその一団の宅地の用に供する旨（その一団の宅地の造成が土地区画整理法による土地区画整理事業として行われる場合には、その位置団の宅地がその土地区画整理事業の同法第2条第4項に規定する施行地区内に所在し、かつ、その譲渡に係る土地等がその土地等の買取りをする者の有するその施行地区内の土地と併せて一団の土地に該当することとなる旨を含みます。）を証する書類

iii　次に掲げる場合の区分に応じそれぞれ次に定める書類

a　一団地の宅地の造成の事業が土地区画整理事業として行われる場合　都道府県知事の土地区画整理事業の施行の認可又は土地区画整理組合の設立の許可を受けた旨を証する書類

b　a以外の場合　都道府県知事のその一団の宅地の造成がiの認定の内容に適合して行われている旨を証する書類の写し

（注）　土地等の買取りをする者から、一団の宅地の造成をiの認定申請書の内容に適合して行う旨及び都道府県知事からその宅地の造成が認定の内容に適合して行われている旨を証す

分離課税の土地建物等の譲渡所得の申告

<table>
<tr>
<td colspan="2"></td>
<td>る書類の交付を受けた場合には、遅滞なくその写しを提出する旨を約する書類が、その造成に関する事業に係る事務所等の所轄税務署長に提出されている場合には、その所轄税務署長に提出した書類（その所轄税務署の受理日付印のあるものに限ります。）の写しをもってⅲの書類の写しに代えることができます。</td>
</tr>
<tr>
<td rowspan="2">⑮</td>
<td>

**優良住宅等建設事業のための譲渡**

　都市計画区域内において、優良な住宅の供給に寄与するものであることにつき都道府県知事（中高層の耐火共同住宅の敷地の面積が1,000m²未満のものにあっては市町村長）の認定を受けて行われる25戸以上の一団の住宅又は住居の用途に供する独立部分が15戸以上の中高層の耐火共同住宅若しくは床面積が1,000m²以上の中高層の耐火共同住宅（一定の要件を満たすものに限ります。）の建設を行う者に対する土地等の譲渡で、その譲渡した土地等がその一団の住宅又は中高層の耐火共同住宅の敷地の用に供されるものをいいます（⑥から⑨まで、又は⑬及び⑭に掲げる譲渡に該当するものを除きます。）。

　**(注)**　中高層の耐火共同住宅にあっては、次の要件のすべてを満たしている建築物であることが必要です。
　　イ　住居の用途に供する独立部分が15以上であること又は床面積が1,000m²以上のものであること
　　ロ　耐火建築物又は準耐火建築物に該当するものであること
　　ハ　地上階数3以上の建築物であること
　　ニ　その建築物の床面積の4分の3以上に相当する部分が専ら居住の用（その居住の用に供される部分に係る廊下、階段その他その共用に供されるべき部分を含みます。）に供されるものであること
　　ホ　住居の用途に供する独立部分の床面積が50m²以上（寄宿舎にあっては18m²以上）200m²以下のものであること
</td>
<td>

土地等の買取りをする者から交付を受けた次に掲げる書類
ⅰ　その一団の住宅又は中高層の耐火共同住宅の建設に係る規模要件及び地域要件に関する事項の記載のある都道府県知事（又は市町村長）に対する優良な住宅の供給に寄与するものであることの認定申請書の写し及び都道府県知事（又は市町村長）のその認定をしたことを証する書類の写し
　**(注)**　都道府県知事（又は市町村長）に対する認定申請書の写しは、その建設に関する事業概要書（中高層の耐火共同住宅にあっては、建設に関する事業概要書及び各階平面図）及びその建設を行う場所や区域等を明らかにする地形図の添付のあるものに限ります。
ⅱ　土地等の買取りをする者のその買い取った土地等がⅰの都道府県知事（又は市町村長）の認定に係る一団の住宅又は中高層の耐火共同住宅の建設を行う区域内に所在し、かつ、その土地等をその一団の住宅又は中高層の耐火共同住宅の用に供する旨を証する書類
ⅲ　その一団の住宅又は中高層の耐火共同住宅に係る建築基準法第7条第5項に規定する検査済証の写し
　**(注)**　土地等の買取りをする者から、一団の住宅又は中高層の耐火共同住宅の建設をⅰの認定申請書の内容に適合して行う旨及び検査済証の交付を受けたときは、遅滞なくその写しを提出する旨を約する書類が、その建設に関する事業に係る事務所等の所在地の所轄税務署長に提出されている場合には、その所轄税務署長に提出した書類（その所轄税務署の受理日付印のあるものに限ります。）の写しをもって検査済証の写しに代えることができます。
</td>
</tr>
</table>

—(754)—

土地建物等の分離譲渡所得（税額計算）

|  | | |
| --- | --- | --- |
| ⑯ | **仮換地指定地域における住宅等建設のための譲渡**<br>　建築基準法などの住宅の建築に関する法令に適合する住宅又は中高層の耐火共同住宅（次の要件を満たすものに限ります。）の建設を行う者に対する土地区画整理事業の施行地区内の土地等（仮換地の指定がされたものに限ります。）の譲渡のうち、その仮換地の指定の効力の発生の日（土地区画整理法第99条第2項の規定により、使用又は収益を開始することができる日が定められている場合には、その日）から3年を経過する日の属する年の12月31日までの間に譲渡したもので、その譲渡した土地等につき仮換地の指定がされた土地等がその住宅又は中高層の耐火共同住宅の用に供されるものをいいます（⑥から⑨まで、又は⑬から⑮までに掲げる譲渡に該当するものを除きます。）。<br>　イ　住宅にあっては、その建設される一の住宅の床面積が50m²以上200m²以下のもので、かつ、その一の住宅の用に供される土地等の面積が100m²以上500m²以下のものであること<br>　ロ　中高層の耐火共同住宅にあっては、次の要件のすべてを満たしている建築物であること<br>　　(イ)　耐火建築物又は準耐火建築物に該当するものであること<br>　　(ロ)　地上階数が3以上の建築物であること<br>　　(ハ)　その建築物の床面積の4分の3以上に相当する部分が専ら居住の用（その居住の用に供される部分に係る廊下、階段その他その共用に供されるべき部分を含みます。）に供されるものであること<br>　　(ニ)　住居の用途に供する独立部分の床面積が50m²以上（寄宿舎にあっては18m²以上）200m²以下のものであること | 土地等の買取りをする者から交付を受けた次に掲げる書類及びその譲渡した土地等に係る土地区画整理法第98条第5項又は第6項の規定による仮換地の指定の通知書（同法第99条第2項の規定による通知書を含みます。）の写し<br>ⅰ　その住宅又は中高層の耐火共同住宅の建設に係る規模要件に関する事項の記載のある建築基準法第6条第1項に規定する建築確認申請書の写し<br>　**(注)**　建築確認申請書の写しはその建設に関する事業概要書及びその建設を行う場所及び区域等を明らかにする地形図の添付があるものに限ります。<br>ⅱ　土地等の買取りをする者のその買い取った土地等につき仮換地の指定がされた土地等をⅰの確認申請書に係る住宅又は中高層の耐火共同住宅の用に供する旨を証する書類<br>ⅲ　その住宅又は中高層の耐火共同住宅に係る建築基準法第7条第5項に規定する検査済証の写し |
| ⑰ | **確定優良住宅地等予定地の譲渡**<br>　宅地の造成又は住宅の建設を行う者に対する土地等の譲渡で、その譲渡の日から同日以後2年を経過する日の属する年の12月31日までの期間（予定期間）内に次に掲げる土地等の譲渡に該当することとなることが確実であると認められるものを | |

——(755)——

# 分離課税の土地建物等の譲渡所得の申告

いいます。（措法31の2③、措令20の2㉓〜㉕、措規13の3⑨〜⑫）

　(注)　「予定期間」については、特定の事由がある場合には、延長（最長8年）が認められます。

イ　上記の⑬から⑮までに掲げる土地等の譲渡

土地等の買取りをする者から交付を受けた次に掲げる書類

i　次に掲げる場合の区分に応じ、それぞれ次に掲げる書類

　a　国土利用計画法第14条第1項の規定による許可を受けてその土地等が買い取られる場合　その許可に係る通知の文書の写し

　b　国土利用計画法第27条の4第1項（同法第27条の7第1項において準用する場合を含みます。）の規定による届出をしてその土地等が買い取られる場合　都道府県知事（又は指定都市の長）のその届出につき国土利用計画法第27条の5第1項又は第27条の8第1項の勧告をしなかった旨を証する書類の写し

　c　a及びb以外の場合　国土交通大臣の次に掲げる事項を認定したことを証する書類の写し

　　ⓐ　土地等の買取りをする者の資力、信用、過去の事業実績等からみて、その土地等の買取りをする者の行う一団の宅地の造成又は一団の住宅若しくは中高層の耐火共同住宅の建設が完成すると認められること

　　ⓑ　ⓐの一団の宅地の造成又は一団の住宅若しくは中高層の耐火共同住宅の建設が、上記の⑬若しくは⑭の一団の宅地の造成又は⑮に掲げる一団の住宅若しくは中高層の耐火共同住宅の建設に該当することとなると見込まれること

ii　その一団の宅地の造成に関する事業概要書及びその土地等の所在を明らかにする地形図

iii　土地等の買取りをする者のその買い取った土地等を特例期間内に上記の⑬若しくは⑭の一団の宅地又は⑮に掲げる一団の住宅若しくは中高層の耐火共同住宅の用に供することを約する書類

土地建物等の分離譲渡所得（税額計算）

| | |
|---|---|
| ロ　上記の⑭に掲げる土地等の譲渡のうち、一団の宅地の造成が土地区画整理事業として行われるもの | 土地等の買取りをする者から交付を受けた次に掲げる書類<br>i　イのiのa又はbに掲げる場合には、それぞれの場合に応じてそれぞれに掲げる書類<br>ii　国土交通大臣の次に掲げる事項を認定したことを証する書類の写し<br>　a　土地等の買取りをする者の資力、信用、過去の事業実績等からみて、その土地等の買取りをする者の行う一団の宅地の造成が完成すると認められること<br>　b　aの一団の宅地の造成が、上記の⑭に掲げる一団の宅地の造成に該当することとなると見込まれること<br>iii　その一団の宅地の造成に関する事業概要書及びその土地等の所在地を明らかにする地形図<br>iv　土地等の買取りをする者のその買い取った土地等を特例期間内に上記の⑭に掲げる一団の宅地の用に供することを約する書類 |
| ハ　上記の⑯に掲げる土地等の譲渡 | 土地等の買取りをする者から交付を受けた次に掲げる書類及びその譲渡した土地等に係る土地区画整理法第98条第5項又は第6項の規定による仮換地の指定の通知書（同法第99条第2項の規定による通知書を含みます。）の写し<br>i　その住宅又は中高層の耐火共同住宅の建設に関する事業概要書及びその土地等の所在地を明らかにする地形図<br>ii　土地等の買取りをする者のその買い取った土地等を特例期間内に上記の⑯に掲げる住宅又は中高層の耐火共同住宅の用に供することを約する書類 |

＊1　上表の⑬及び⑭までの譲渡における一団の宅地の面積要件及び⑮の譲渡における一団の住宅の戸数要件の判定は、一定の書類を所轄税務署長に提出することを要件として定期借地権設定地又は定期借地権設定予定地を含めて行うことができます。（平成9年課所4－5、4－7）

＊2　上表の①から⑰までの譲渡に関する証明書類等の詳細は措通別表1を参照してください。（措通31の2－32）

＊3　予定期間の末日が平成29年4月1日以後となる場合については、特定非常災害に基因するやむを得ない事情により、上表の⑰が、予定期間内に優良住宅地等のための譲渡に該当することが困難となった場合（開発許可等を受けることが困難であると認められるとして税務署長の承認を受けた場合に限ります。）において、その予定期間の初日からその予定期間の末日後2年以内の一定の日までの期間内

分離課税の土地建物等の譲渡所得の申告

にその譲渡が優良住宅地等のための譲渡に該当することが確実であると認められることについて証明
がされたときは、「予定期間の末日」を「予定期間の末日後2年以内の日であって税務署長が承認の際
に認定した日の属する年の12月31日」まで延長することができます。（措法31の2⑦、措令20の2㉖）

この場合の手続は、次のとおりです。

イ　既に確定優良住宅地等予定地のための譲渡に係る確定申告書を提出した個人

　　…確定申告書を提出した後、譲渡に係る土地等の買取りをした者からその土地等につき税務署長
　　が認定した日の通知に関する文書の写しの交付を受けたときは、その通知に関する文書の写し
　　を、遅滞なく、納税地の税務署長に提出しなければなりません。（措規13の3⑯）

ロ　通知に関する文書の写しの交付を受けた後に、確定優良住宅地等予定地のための譲渡に係る確定
　　申告書を提出する個人

　　…通知に関する文書の写しを確定申告書に添付します。（措規13の3⑨）

## ⑵　税額の計算

| | | |
|---|---|---|
| ① | 特定課税長期譲渡所得金額が2,000万円以下の場合 | 特定課税長期譲渡所得金額×10％＝税額 |
| ② | 特定課税長期譲渡所得金額が2,000万円を超える場合 | 200万円＋$\left(\begin{array}{l}\text{特定課税長期}\\ \text{譲渡所得金額}\end{array}-2,000万円\right)×15％＝税額$ |

　（注）　特定課税長期譲渡所得金額……課税長期譲渡所得金額のうち、優良住宅地等のための譲渡に係る部
　　　　分の金額（申告書の上では、「長期譲渡所得の特定分」といいます。）をいいます。

## ⑶　特例が適用されない場合

　収用交換等により代替資産等を取得した場合の課税の特例（措法33）、交換処分等に伴い資産を取
得した場合の課税の特例（措法33の2）、換地処分等に伴い資産を取得した場合の課税の特例（措法
33の3）、収用交換等の5,000万円特別控除（措法33の4）、特定土地区画整理事業等のための2,000万
円特別控除（措法34）、特定住宅地造成事業等のための1,500万円特別控除（措法34の2）、農地保有
合理化等のための800万円特別控除　（措法34の3）、居住用財産の3,000万円特別控除（措法35）、特
定期間に取得をした土地等を譲渡した場合の長期譲渡所得の1,000万円特別控除（措法35の2）、低未
利用土地等を譲渡した場合の長期譲渡所得の100万円特別控除（措法35の3）、特定の居住用財産の買
換え（交換）の特例（措法36の2、36の5）、特定の事業用資産の買換え（交換）の特例（措法37、
37の4）、中高層耐火建築物等の建設のための買換え（交換）の特例　（措法37の5）、特定の交換分
合により土地等を取得した場合の特例（措法37の6）、特定普通財産とその隣接する土地等の交換の
特例（措法37の8）又は平成21年及び平成22年に土地等の先行取得をした場合の特例（旧措法37の9）
の適用を受けるときは、この特例は適用しないこととされています。（措法31の2④）

## ⑷　申告の手続

　この特例の適用を受ける場合は、確定申告書第一表及び第二表と併せて提出する分離課税用の申告
書（第三表）の次の欄に「措法31条の2　2項○号」と記入するとともに⑴に掲げるそれぞれの証明
書を申告書に添付しなければなりません。

土地建物等の分離譲渡所得（税額計算）

### (5) 修正申告等

　(1)の⑰に掲げる土地等の譲渡につき、この特例による税額軽減を受けていた場合において、その全部又は一部が予定期間内に(1)の⑬から⑯までに掲げる土地等の譲渡に該当しないこととなった場合には、その予定期間経過後4月以内に、土地等を譲渡した日の属する年分の所得税につき修正申告書を提出して、差額の税金を納付しなければなりません。（措法31の2⑧）

　また、その全部又は一部が予定期間内に(1)の⑬から⑯までに掲げる土地等の譲渡に該当することとなった場合には、土地等の買取りをした者から交付を受けた(1)の⑬から⑯までに掲げる書類を提出しなければなりません。（措法31の2⑤⑥、措規13の3⑪⑫）

## 3　居住用財産の長期譲渡所得がある場合（軽課分）

　個人が、居住用の家屋及びその敷地（以下「**居住用財産**」といいます。）で所有期間が10年を超えるものを譲渡した場合には、その譲渡に係る課税長期譲渡所得金額のうち6,000万円以下の部分については10%の税率により、6,000万円超の部分については15%の税率により、課税されます。（措法31の3）

**（注1）**　この特例の対象となる資産の「譲渡」には、譲渡所得の基因となる借地権又は地役権の設定が含まれます。

**（注2）**　この居住用財産の長期譲渡所得を申告書の上では「軽課分の長期譲渡所得」といいます。

**（注3）**　この特例の適用を受けて取得した家屋については、（特定増改築等）住宅借入金等特別控除の適用を受けることはできません。

### (1)　特例の対象となる居住用財産の範囲

　この特例の対象となる居住用財産は、譲渡の年の1月1日において所有期間が10年を超える家屋又は土地等のうち次のいずれかに該当するもので、国内にあるものに限られます。

①　自己の居住の用に供している家屋

②　①の家屋でその者の居住の用に供されなくなったもの（その者の居住の用に供されなくなった日から同日以後3年を経過する日の属する年の12月31日までの間に譲渡されるものに限ります。）

③　①又は②の家屋及びその家屋の敷地の用に供されている土地等

④　①の家屋が災害により滅失した場合において、その者がその家屋を引き続き所有していたとしたならば、譲渡の年の1月1日において所有期間が10年を超えることとなるその家屋の敷地の用に供されていた土地等（その災害があった日から同日以後3年を経過する日の属する年の12月31日までの間に譲渡されるものに限ります。）

**（注1）**　「居住の用に供している家屋」の範囲は、665ページ(2)を参照してください。

**（注2）**　上記①〜④の資産が、その者の居住の用に供している部分と居住の用以外の用に供している部分とからなるものであるときは、居住の用に供している部分に限り、この特例の適用対象となります（店舗兼住宅等の居住部分に係る家屋及びその敷地とされている土地等も適用対象となります。）。

**（注3）**　その人が居住の用に供している家屋を2以上有する場合には、そのうちその人が主として居住の

——(759)——

分離課税の土地建物等の譲渡所得の申告

用に供している１個の家屋に限り、この特例の適用対象となります。

**イ　居住用家屋の範囲**

　この特例の対象となる居住用家屋は、その所有者が生活の拠点としている家屋（一時的な利用を目的としているものを除きます。）に限られますが、これに該当するかどうかは、その者及び配偶者等（社会通念に照らしその者と同居することが通常と認められる配偶者その他の者をいいます。）の日常生活の状況、その家屋への入居目的、その家屋の構造又は設備の状況その他の事情を総合勘案した上で判定することになっていますが、次の点に注意してください。（措通31の３—２）

　(イ)　転勤、転地療養等の事情で配偶者等と離れ単身で他に起居している場合であってもその事情が解消したときは、その配偶者等と同居することとなると認められるときは、その配偶者等が居住している家屋は、その者の居住の用に供する家屋となります。

　(ロ)　この特例の適用を受けるためのみの目的で入居したと認められる家屋、自用住宅新築期間中だけの仮住居としての家屋その他一時的な目的で入居したと認められる家屋及び主として趣味、娯楽又は保養の用に供する目的で有する家屋は、ここにいう居住用家屋には該当しません。

　　ただし、入居目的が一時的なものでない家屋は、その入居期間が短期間のものであっても特例の対象となる居住用家屋となります。

**ロ　居住用家屋及びその敷地の用に供されている土地等**

　上記(1)の③の家屋及び土地等とは、居住用家屋とともにその敷地の用に供されている土地等でその年の１月１日において所有期間が10年を超えるものを譲渡した場合の家屋及びその敷地の用に供されていた土地等をいい、家屋又はその敷地である土地等のいずれか一方のその年１月１日における所有期間が10年以下であるときは、この特例の対象となりません。なお、その家屋又は敷地である土地等のいずれか一方に係る譲渡所得のみについてこの特例を適用することはできません。（措通31の３—３）

　また、上記の土地等のうちにその年の１月１日における所有期間が10年を超える部分とその他の部分とがあるときは、その土地等のうち所有期間が10年を超える部分のみがこの特例の対象となります。（措通31の３—４）

**ハ　居住用土地等のみの譲渡**

　居住の用に供している家屋又は居住用家屋でその居住の用に供されなくなったものを取り壊し、その家屋の敷地の用に供されていた土地等を譲渡した場合（その取壊し後、その土地等の上にその土地等の所有者が建物等を建設し、その建物等とともに譲渡する場合を除きます。）において、その譲渡した土地等が次の要件のすべてを満たすときは、その土地等は、この特例の対象となる居住用財産に該当します。ただし、その家屋を引き家してその土地等を譲渡する場合のその土地等及びその取壊しの日の属する年の１月１日において所有期間が10年を超えない家屋の敷地の用に供されていた土地等についてはこの特例を適用することはできません。（措通31の３—５）

　(イ)　その土地等は、家屋が取り壊された日の属する年の１月１日において所有期間が10年を超えるものであること

　(ロ)　その土地等は、その土地等の譲渡契約が家屋の取壊しの日から１年以内に締結され、かつ、家

土地建物等の分離譲渡所得（税額計算）

屋を居住の用に供さなくなった日以後3年を経過する日の属する年の12月31日までに譲渡したものであること

(ハ) その土地等は、家屋を取り壊した後譲渡契約を締結した日まで、貸付けその他の用に供していないものであること

**ニ 生計を一にする親族の居住の用に供している家屋**

家屋の所有者が譲渡の時にその者の生活の拠点としていない場合であっても次の(イ)から(ニ)までの要件のすべてを満たす場合には、生計を一にする親族がその家屋を居住の用に供さなくなってから1年を経過した日以後にその家屋又は敷地を譲渡した場合を除き、その家屋は居住の用に供している家屋に該当するものとしてこの特例を適用することができます。（措通31の3―6）

(イ) その家屋は、従来その者が所有者として居住していた家屋であること

(ロ) その家屋は、その者が居住の用に供さなくなった日以後引き続いてその生計を一にする親族が居住の用に供している家屋であること

(ハ) その者がその家屋を居住の用に供さなくなった日以後において、この特例、居住用財産の譲渡所得の特別控除（措法35）(注)、特定の居住用財産の買換え及び交換の特例（措法36の2、36の5）、居住用財産の買換え等の場合の譲渡損失の損益通算及び繰越控除（措法41の5）又は特定居住用財産の譲渡損失の損益通算及び繰越控除（措法41の5の2）の適用を受けたことがないこと

(注) 平成28年4月1日から令和5年12月31日までの間に譲渡する「空き家に係る譲渡所得の特別控除」（措法35③、667ページ）を適用する場合を除きます。

(ニ) その者が現在居住している家屋が自己所有の家屋でないこと

**ホ 家屋又は敷地の一部の譲渡**

居住用家屋又は敷地の一部を譲渡しても、残りの部分が機能的にみて独立した居住用家屋と認められる場合には、その譲渡部分についてこの特例を適用することはできません。（措通31の3―10）

**ヘ 居住用家屋の所有者とその敷地の所有者が異なる場合**

譲渡家屋の所有者以外の者がその譲渡家屋の敷地である土地等でその譲渡年の1月1日における所有期間が10年を超えているもの（以下「譲渡敷地」といいます。）の全部又は一部を有している場合において、譲渡家屋の所有者と譲渡敷地の所有者の行った譲渡が次の要件のすべてを満たすときは、これらの者がともにこの特例の適用を受ける旨の申告をしたときに限り、この特例を適用することができます。（措通31の3―19）

(イ) 譲渡敷地は、譲渡家屋とともに譲渡されているものであること

(ロ) 譲渡家屋の所有者と譲渡敷地の所有者とが親族関係を有し、かつ、生計を一にしていること

(ハ) 譲渡家屋は、その家屋の所有者が譲渡敷地の所有者とともにその居住の用に供している家屋であること

(注1) (ロ)及び(ハ)の要件に該当するかどうかは、その家屋の譲渡の時の状況により判定します。ただし、その家屋が所有者の居住の用に供されなくなった日から同日以後3年を経過する日の属する年の12

分離課税の土地建物等の譲渡所得の申告

月31日までの間に譲渡されたものであるときは、(ロ)の要件に該当するかどうかは、その家屋がその所有者の居住の用に供されなくなった時からその家屋の譲渡の時までの間の状況により、(ハ)の要件に該当するかどうかは、その家屋がその所有者の居住の用に供されなくなった時の直前の状況により判定します。

**(注2)** この取扱いは、譲渡家屋の所有者がその家屋（譲渡敷地のうちその者が有している部分を含みます。）の譲渡につきこの特例の適用を受けない場合（その譲渡に係る長期譲渡所得がない場合を除きます。）には、譲渡敷地の所有者について適用することはできません。

**(注3)** この取扱いにより、譲渡敷地の所有者がその敷地の譲渡についてこの特例の適用を受ける場合には、譲渡家屋の所有者に係る居住用財産の譲渡損失の金額について居住用財産の買換え等の場合の譲渡損失の損益通算及び繰越控除（措法41の5①）、特定居住用財産の譲渡損失の損益通算及び繰越控除（措法41の5の2①）の適用を受けることはできません。

## (2) 税額の計算

| ① | 軽課分の課税長期譲渡所得金額が6,000万円以下の場合 | その課税長期譲渡所得金額×10％＝税額 |
|---|---|---|
| ② | 軽課分の課税長期譲渡所得金額が6,000万円を超える場合 | $600万円＋\left(\begin{array}{l}その課税長期\\譲渡所得金額\end{array}－6,000万円\right)×15％＝税額$ |

**(注)** 居住用財産の3,000万円控除その他の特別控除の適用が受けられる場合には、その特別控除後の長期譲渡所得金額を基にして上記の計算をします。

## (3) 特例の適用が受けられない場合

居住用財産の譲渡が次のいずれかに該当する場合は、この特例の適用は受けられません。（措法31の3①、措令20の3①）

① 居住用財産の譲受者が次に掲げる者である場合

イ 譲渡者の配偶者及び直系血族（祖父母、父母、子、孫など）

ロ 譲渡者と生計を一にしている親族（イに該当する者を除きます。）

ハ 居住用家屋の譲受け後その譲り受けた家屋に譲渡者と同居する親族（イ又はロに該当する者を除きます。）

ニ 譲渡者の内縁の妻又は夫及びその者の親族でその者と生計を一にしている者

ホ 譲渡者から受ける金銭その他の財産（離婚により受けた分与財産を除きます。）によって生計を維持している者及びその者の親族でその者と生計を一にしている者（イからニまでに該当する者及び譲渡者の使用人を除きます。）

ヘ 譲渡者、譲渡者の親族のうちイからハまでに該当する者、譲渡者の使用人及びその使用人の親族でその使用人と生計を一にしている者並びにニ及びホに該当する者（以下これらを「同族関係者」といいます。）を判定の基礎となる株主等とした場合に次の要件に該当することとなる法人（会社以外の医療法人などを含みます。）

(イ) 同族関係者の有する株式数（出資の金額）の合計が発行済株式の総数（出資金額）の50％超である法人

土地建物等の分離譲渡所得（税額計算）

(ロ)　同族関係者及び(イ)の法人の有する株式数（出資の金額）の合計が発行済株式の総数（出資
金額）の50％超である法人

(ハ)　同族関係者及び(イ)、(ロ)の法人の有する株式数（出資の金額）の合計が発行済株式の総数（出
資金額）の50％超である法人

②　その譲渡について次に掲げる特例の適用を受ける場合

固定資産の交換の場合の特例（法58）、優良住宅地の造成等のために土地等を譲渡した場合の
長期譲渡所得の特例（措法31の2）、収用等に伴い代替資産を取得した場合の特例（措法33）、交
換処分等に伴い資産を取得した場合の特例（措法33の2）、換地処分等に伴い資産を取得した場
合の特例（措法33の3）、低未利用土地等を譲渡した場合の長期譲渡所得の特例（措法35の3）、
特定の居住用財産の買換えの場合の長期譲渡所得の特例（措法36の2）、特定の居住用財産を交
換した場合の長期譲渡所得の特例（措法36の5）、特定の事業用資産の買換えの場合の特例（措
法37）、特定の事業用資産を交換した場合の特例（措法37の4）、既成市街地等内にある土地等の
中高層耐火建築物等の建設のための買換え及び交換の場合の特例（措法37の5）（715ページ7を
除きます。）、特定の交換分合により土地等を取得した場合の特例（措法37の6）、特定普通財産
とその隣接する土地等の交換の場合の特例（措法37の8）、平成21・22年に土地等の先行取得を
した場合の特例（旧措法37の9）

③　譲渡年の前年又は前々年において既にこの特例の適用を受けている場合

## (4)　申告の手続

この特例を適用する場合は、確定申告書第一表及び第二表と併せて提出する分離課税用の申告書（第
三表）の「特例適用条文」欄に、「措法31条の3」と記入するとともに、次の書類を申告書に添付し
なければなりません。（措法31の3③、措規13の4）

①　譲渡した家屋又は土地等に係る登記事項証明書

②　譲渡した家屋又は土地等が(1)に該当する事実を記載した書類

③　譲渡資産に係る売買契約を締結した日の前日において住民票に記載されていた住所と譲渡した
土地建物等の所在地とが異なる場合その他これに類する場合には、戸籍の附票の写し等でその土
地建物等が(1)に該当することを明らかにするもの

**(注)**　〈登記事項証明書の添付省略〉

土地・建物の登記事項証明書については、「譲渡所得の特例の適用を受ける場合の不動産に係る不動
産番号等の明細書」に不動産番号を記載することなどにより、その添付を省略することができます。

——(763)——

分離課税の土地建物等の譲渡所得の申告

---
**計算例1**

**分離課税の長期譲渡所得金額（一般分）に対する税額の計算**

**（設 例）**

事業所得の金額　200万円　　土地の譲渡（分離長期一般分）による収入金額　5,400万円

土地の取得費　　250万円　　譲渡費用　30万円　　所得控除額　225万円

（消費税等が課税されるものは税込経理によるものとします。）

**（土地の取得費の計算）**

（土地の取得費）　　（概算取得費）
　250万円　＜5,400万円×5％（＝270万円）となるため、取得費は270万円

**（課税長期譲渡所得金額の計算）**

（収入金額）　　（取得費）　（譲渡費用）　（長期譲渡所得金額）
5,400万円－（270万円＋30万円）＝　5,100万円

（総所得金額）　（所得控除額）　（所得控除の控除不足額）
200万円 － 225万円 ＝　　△25万円

（課税長期譲渡所得金額）
5,100万円－25万円＝　5,075万円

**（税額の計算）**

5,075万円×15％＝7,612,500円…土地の譲渡（分離長期一般分）による収入金額5,400万円に対する税額

---
**計算例2**

**分離課税の長期譲渡所得金額（所有期間が10年超の居住用財産の譲渡による所得）に対する税額の計算**

**（設 例）**

土地建物の譲渡（分離長期）による収入金額　10,060万円

取得費450万円（土地建物の合計）、譲渡費用100万円

（居住用財産の3,000万円特別控除の適用を受けられるものとします。）

**（土地建物の取得費の計算）**

（土地建物の取得費）　　（概算取得費）
　450万円　＜10,060万円×5％（＝503万円）となるため、取得費は503万円

**（課税長期譲渡所得金額の計算）**…軽課分の長期譲渡所得金額

（収入金額）　　（取得費）　（譲渡費用）
10,060万円－（503万円＋100万円）＝9,457万円

（居住用財産の特別控除額）
9,457万円－　　3,000万円　　＝6,457万円

**（税額の計算）**

600万円＋（6,457万円－6,000万円）×15％＝6,685,500円…居住用財産の譲渡（分離長期軽課分）による収入金額10,060万円に対する税額

土地建物等の分離譲渡所得（税額計算）

## 二　課税短期譲渡所得の税額計算

※　平成25年1月1日から令和19年12月31日までの各年分の確定申告の際には、併せて基準所得
税額に2.1％の税率を乗じて計算した復興特別所得税を申告・納付することになります。

### (1)　一般の短期譲渡所得の場合（一般分）（措法32①）

その課税短期譲渡所得金額×30％＝税額

(注)　土地建物等の課税短期譲渡所得のうち、(2)に該当する譲渡所得以外のものを申告書の上では、「短期
譲渡所得の一般分」といいます。

### (2)　国、地方公共団体等に対する譲渡の場合（軽減分）

国、地方公共団体等に対する課税短期譲渡所得金額×15％＝税額　（措法32③）

(注)　この国、地方公共団体等に対する短期譲渡所得を申告書の上では「短期譲渡所得の軽減分」といい
ます。

### イ　特例の適用が受けられる場合

「国、地方公共団体等に対する譲渡」として税率の軽減される短期譲渡とは、土地等の譲渡で次表
に掲げる譲渡に該当することにつき、次表に掲げる証明書により証明がされたものをいいます。（措
法28の4③一～三、措令19⑧～⑩、措規11①一～三）

| 譲　渡　の　区　分 | 証　明　書 |
|---|---|
| ①　国又は地方公共団体等に対する譲渡（賃借権の設定等を含みます。） | 国、地方公共団体の買取証明書 |
| ②　独立行政法人都市再生機構、土地開発公社、地方住宅供給公社、日本勤労者住宅協会、成田国際空港株式会社、独立行政法人中小企業基盤整備機構及び一定の要件を満たす公益社団法人若しくは公益財団法人に対する譲渡（土地開発公社に対する土地等の譲渡である場合には、公有地の拡大の推進に関する法律第17条第1項第1号ニに規定する土地等の譲渡を除きます。） | イ　買取りをする公団、公社等の発行した買取証明書<br>ロ　予定対価の額の明細書（特定の民法法人に対する面積1,000m²以上の土地等の譲渡の場合に限ります。） |
| ③　収用交換等による譲渡（賃借権の設定等を含みます。） | イ　収用証明書（収用等の課税の特例の適用を受ける場合に同じです。）<br>ロ　予定対価の額の明細書（特定の土地等の譲渡を除く土地等の譲渡で面積1,000m²以上のものの場合に限ります。） |

(注)　上表の②のロ及び③のロ（適正価格以下の要件の証明書）は、平成11年1月1日から令和5年3月

分離課税の土地建物等の譲渡所得の申告

31日までの(2)の土地等の譲渡については不要とされています。(措規13の5③)

**ロ　申告の手続**

　この特例の適用を受ける場合は、確定申告書第一表及び第二表と併せて提出する分離課税用の申告書（第三表）の「特例適用条文」欄に、「措法32条3項」と記入するとともに、**イ**の表に掲げる証明書を添付しなければなりません。

---

**計算例**

**分離課税の短期譲渡所得金額（一般分）に対する税額の計算**

**（設　例）**

| | |
|---|---|
| 短期譲渡所得金額 | 3,200万円 |
| 分離長期譲渡の譲渡損失 | 180万円 |

特定住宅地造成事業等のための土地等の譲渡に該当

**（課税短期譲渡所得金額の計算）**

(短期譲渡所得金額)　　(分離長期の損失)　　(措法34の2の特別控除)　　(課税短期譲渡所得金額)

3,200万円　－　180万円　－　1,500万円　＝　1,520万円

**（税額の計算）**

1,520万円×30％＝456万円…短期譲渡所得金額3,200万円に対する税額

---

# 第二節　分離課税の土地等の事業所得・雑所得の申告

───── 令和 5 年 3 月までの適用停止 ─────

　第二節の特例は、平成10年度の税制改正により、平成10年 1 月 1 日から平成12年12月31日までの間にした土地の譲渡等については適用しないこととされ、それ以後の税制改正においてもその適用停止期間が延長されており、現在、令和 5 年 3 月31日まで延長されています。（措法28の 4 ⑥）

## 1 不動産業者等の土地譲渡益に係る課税の特例

### ⑴ 制度のあらまし

　不動産業者等が、他の者から取得した土地又は土地の上に存する権利（以下「土地等」といいます。）で事業取得又は雑所得の基因となるもの（棚卸資産である土地等又は継続的取引を行っている場合の土地等をいいます。以下同じ。）のうち、その年の 1 月 1 日において所有期間が 5 年以下であるもの（その年中に他の者から取得したものを含みます。）の譲渡をした場合には、国又は地方公共団体に対する譲渡や土地政策上望ましい宅地の供給に役立つ一定の譲渡を除き、その譲渡に係る事業所得又は雑所得については、他の所得と分離して、「土地等に係る事業所得等の金額」として、最低でも40％という高率で所得税が重課されることになっています。（措法28の 4 ）

### ⑵ 譲渡の範囲

　譲渡には、売買、交換、収用、法人に対する現物出資等のほか、次に掲げる場合も含まれます。（措法28の 4 ①）

① 　地上権又は賃借権の設定その他契約により他人に土地を長期間使用させる行為のうち、次に掲げるもの（措令19②）

　イ 　地上権又は賃借権の設定その他契約により他人に土地を長期間使用させる行為で、その対価として支払を受ける金額が土地の価額の 2 分の 1 （特別な場合は 4 分の 1 ）を超えるもの

　ロ 　イのほか、地上権又は賃借権の設定その他契約により他人に土地を長期間使用させる行為で、その対価として権利金その他の一時金の支払を受けるもののうち、その行為をした日の属する年においてその土地の譲渡があったもの

② 　土地等の売買又は交換の代理又は媒介に関し報酬を受ける行為で、宅地建物取引業法第46条第 1 項に規定する報酬の額を超える報酬を受けているもの（措令19③）

### ⑶ 課税の方法

　土地等の譲渡による所得だけを他の所得と総合せずに、特別の税率を適用して税額を計算する分離課税の方法で、次に掲げる金額のうちいずれか多い方の金額に相当する税額が課税されます。（措法28の4①、措令19⑤）

① 　土地等に係る課税事業所得等の金額×40％

──(767)──

土地等の分離事業・雑所得

② ｛(土地等に係る課税事業所得等の金額＋課税総所得金額)×総合課税の税率

　　－課税総所得金額×総合課税の税率｝×110％

　**(注)**　その年中の所得のうちに、分離短期譲渡所得がある場合は、「課税短期譲渡所得金額」を「課税総所得金額」に含めて②の計算をします。

## 2　土地等に係る事業所得等の金額の計算

　「土地等に係る事業所得等の金額」の計算は、次により計算した土地の譲渡等に係る事業所得、雑所得の金額の合計額とされています。(措法28の4①、措令19④)

### ⑴　通常の場合

　土地の譲渡等による事業所得又は雑所得の収入金額から次に掲げる金額の合計額を控除した金額

①　土地等の取得費及び改良費の額

②　その年中の支払利子の額のうち、その土地の譲渡等に係る部分の金額

③　その土地の譲渡等のために要した販売費及び一般管理費の額

### ⑵　割賦販売又は延払条件付販売の場合　(措法28の4⑤、措令19④)

　土地の譲渡等による事業所得の収入金額及び原価等の額について割賦基準又は延払基準の方法により経理しているときは、これらの基準によって計算した事業所得の金額

## 3　最低40％課税の適用を除外される譲渡

　望ましい宅地の供給や、国、地方公共団体等の必要な用地確保が阻害されることのないように、一定の譲渡については、最低40％課税の適用を除外し、所得税法本則（総合課税）を適用することとしています。(措法28の4③)

# 第三節　分離課税の上場株式等の配当所得等の申告

## 〔上場株式等に係る配当所得等の申告分離課税制度〕

　居住者等が、平成28年1月1日以後に支払を受けるべき上場株式等の配当等を有する場合において、その上場株式等の配当等に係る配当所得等の課税方法について、「総合課税」に代えて「申告分離課税」の適用を受けようとする旨の記載のある確定申告書を提出したときは、その上場株式等の配当等に係る配当所得等については、他の所得と区分して、その年中のその上場株式等の配当等に係る配当所得等の金額（以下「上場株式等に係る配当所得等の金額」といいます。）に対し、上場株式等に係る課税配当所得等の金額（所得控除を適用した後の上場株式等に係る配当所得等の金額をいいます。）の15％の税率により所得税 **(注1)**（住民税は5％）（特例につき**(5)**を参照）が課税されます。（措法8の4①）

- **(注1)**　平成25年1月1日から令和19年12月31日までの各年分の確定申告の際には、併せて基準所得税額に2.1％の税率を乗じて計算した復興特別所得税を申告・納付することになります。
- **(注2)**　平成28年以後に支払を受ける特定公社債等の利子等（285ページ）を申告する場合には、すべて申告分離課税の対象となりますが、確定申告不要制度により申告しないこともできます。

　上場株式等の配当等について申告分離課税の適用を受けようとする人は、「第三表（分離課税用）」の申告書を使用し、第三表の次の欄で申告をすることになります。

（分離課税用 第三表 収入金額）上場株式等の配当等 ㋐ [　　　　　　　　　　]

（同 所得金額）上場株式等の配当等 ⑦⑧ [　　　　　　　　　　]

（同 課税所得金額）⑦⑧ 対応分 ⑧① [　　　　　　　○○○]

（同 税額）⑧① 対応分 ⑧⑨ [　　　　　　　　　　]

　また、申告書第二表と第三表（分離課税用）の次の欄に次のように記載します。

○ 所得の内訳（所得税及び復興特別所得税の源泉徴収税額）

（申告書 第二表）

| 所得の種類 | 種目 | 給与などの支払者の「名称」及び「法人番号又は所在地」等 | 収入金額 | 源泉徴収税額 |
|---|---|---|---|---|
| 配当 | 株式の配当 | NT株式会社 | 50,000 円 | 7,657 円 |

- ＊　申告分離課税を選択した配当所得については、「所得の種類」欄に記載した「配当」の文字を◯で囲みます。
- ＊　住民税の配当割額（この例では2,500円）を「住民税・事業税に関する事項」欄の「配当割額控除額」欄に記載します。

分離課税の上場株式等の配当所得等の申告

## (1) 上場株式等の配当等の範囲

上場株式等の配当等とは、利子等（源泉分離課税の対象となるものを除きます。）又は配当等（源泉分離課税とされる（国外）私募公社債等運用投資信託の収益の分配に係る配当等を除きます。）のうち次のものをいいます。（措法8の4①）

① 株式等で金融商品取引所に上場されているものその他これに類するもの(注)の利子等又は配当等で、内国法人から支払がされるその配当等の支払に係る基準日においてその内国法人の発行済株式（投資法人にあっては発行済の投資口）又は出資の総数又は総額の3％以上を有する者（いわゆる大口株主等）が支払を受ける配当等以外のもの

(注) 取引所上場株式等に類するものとは、次のものをいいます。（措法37の11②一、措令25の9②、措規18の10①）

　　イ 店頭売買登録銘柄として登録された株式（出資を含みます。）
　　ロ 店頭転換社債型新株予約権付社債
　　ハ 店頭管理銘柄株式（出資及び投資口を含みます。）
　　ニ 登録銘柄として認可金融商品取引業協会に備える登録原簿に登録された日本銀行出資証券
　　ホ 外国金融商品市場において売買されている株式等

> 《令和4年度税制改正事項》
>
> いわゆる大口株主等の範囲について見直しが行われ、「その配当等の支払を受ける個人でその配当等の支払に係る基準日においてその個人を判定の基礎となる株主として選定した場合に同族会社に該当する法人が保有する株式等と合算してその内国法人の発行済株式等の総数等の3％以上を有することとなる個人」を含むこととされました。（措法8の4①一）
>
> 令和5年10月1日以後に支払を受けるべき配当等について適用され、同日前に支払を受けるべき配当等については従前どおりとされています。（令4改所法等附23①）

② 投資信託でその設定に係る受益権の募集が公募により行われたもの（特定株式投資信託を除きます。）の収益の分配に係る配当等

③ 特定投資法人の投資口の配当等

④ 特定受益証券発行信託でその信託の締結時において委託者が取得する受益権の募集が一定の公募により行われたものの収益の分配

⑤ 特定目的信託（その信託契約の締結時において原委託者が有する受益権の募集が一定の公募により行われたもの）の社債的受益権の剰余金の配当

⑥ 特定公社債の利子

## (2) 配当控除の不適用

申告分離課税を適用した上場株式等の配当等に係る配当所得については、配当控除（所法92①）は適用できません。（措法8の4①）

## (3) 総合課税と申告分離課税の選択適用

(1)の①〜③の上場株式等の配当等（②に掲げる収益の分配については、公社債投資信託以外の証券

投資信託に係るものに限ります。以下「特定上場株式等の配当等」といいます。）に係る配当所得については、申告分離課税を選択する確定申告書を提出した場合に限り申告分離課税の対象とされ、特定上場株式等の配当等について、総合課税の適用を受けた場合には、同一年中に支払を受けるべき他の特定上場株式等の配当等に係る配当所得については申告分離課税を適用しないこととされていますので、その申告をする上場株式等の配当等に係る配当所得のすべてについて、総合課税と申告分離課税のいずれかを選択することになります。（措法8の4②）

　なお、上場株式等の配当等に係る配当所得等の申告不要の特例（措法8の5①）（290ページ**3**参照）を適用し、上場株式等の配当等を申告しないことを選択することも可能です。

　**(注)**　上場株式等の利子等又は配当等の申告不要の特例は、1回に支払を受ける利子等の額又は配当等の額ごとに選択適用ができます。（措法8の5④）

⑷　**申告分離課税を選択した上場株式等に係る配当所得等の金額の計算等**

　①　申告分離課税を選択した上場株式等に係る配当所得等の金額は、総合課税に係る配当所得等と同じ方法により計算します。

　②　所得税法上の控除対象配偶者、扶養親族、寡婦、ひとり親、勤労学生等の所得要件該当性の判定は、申告分離課税を選択した上場株式等に係る配当所得等の金額を含めて行います。（措法8の4③一）

　③　総所得金額、退職所得金額又は山林所得金額を計算する場合において、不動産所得の金額、事業所得の金額、山林所得の金額又は譲渡所得の金額の計算上生じた損失の金額を他の各種所得の金額と損益通算を行う場合において、申告分離課税を選択した上場株式等に係る配当所得等の金額は、総合課税の対象となる所得の計算上生じた損失の金額との損益通算を行うことができません。（措法8の4③二）

　④　申告分離課税を選択して申告した上場株式等に係る配当所得等については、その後において更正の請求や修正申告をする場合に、総合課税や申告不要の特例の適用に変更することはできません。（措通8の4—1）

⑸　**上場株式等の配当等に係る配当所得等を申告する場合に添付すべき書類**

〈**確定申告書への書類の添付義務の廃止**〉

　その年において上場株式等の配当等に係る配当所得を有する居住者等が確定申告書を提出する場合に添付が必要とされていた、オープン型証券投資信託収益の分配の支払通知書、配当等とみなす金額に関する支払通知書、上場株式配当等の支払通知書、特定口座年間取引報告書などについては、それらの書類の作成者から税務署長に提出することとされていることから（所法225、措法37の11の3⑦、37の14の2）、確定申告書への添付を要しません。（旧措令4の2⑨⑪、25の9⑭⑮、措令25の11の2⑳、25の12の2㉔）

　**(注)**　平成31年4月1日前に提出した確定申告書については従前どおり確定申告書への添付が必要とされています。（平31改措令附2、5、7②、8②）

# 第四節　分離課税の株式等の譲渡所得・事業所得・雑所得の申告

| 平15年分 | 16年分〜27年分 | 28年分〜30年分 | 令元年分〜3年分 | 4年分 |
|---|---|---|---|---|
| 【申告分離課税】<br>20% | ←――――――――― 15% ―――――――――→ | | | → |
| 上場株式等に係る譲渡損失の繰越控除　　損益通算及び繰越控除 | | | | |
| | | 上場株式等に係る譲渡損失と配当所得等の損益<br>通算及び繰越控除　　二の1（800ページ） | | |
| 特定口座内保管上場株式等の譲渡等に係る所得計算等の特例など　　　　二の2（808ページ） | | | | |

## 一　有価証券を譲渡した場合の課税

　個人が株式等を譲渡した場合の所得については、他の所得と分離して、その所得の金額に**15%(注)**（住民税は**5%**）の税率により確定申告を通じて課税されます。

　**(注)**　平成25年1月1日から令和19年12月31日までの各年分の確定申告の際には、併せて基準所得税額に2.1%の税率を乗じて計算した復興特別所得税を申告・納付することになります。

　平成28年1月1日以後は、株式等に係る譲渡所得等について、上場株式等に係る譲渡所得等とそれ以外の株式等に係る譲渡所得等に区分し、「一般株式等に係る譲渡所得等の申告分離課税制度」と「上場株式等に係る譲渡所得等の申告分離課税制度」に改組されました。（措法37の10、37の11）

〈株式等の範囲〉（措法37の10②、措令25の8③、措法29の2④）

| | |
|---|---|
| ① | 株式（株主又は投資主となる権利、株式の割当てを受ける権利、新株予約権（新投資口予約権を含みます。）及び新株予約権の割当てを受ける権利を含みます。） |
| ② | 特別の法律により設立された法人の出資者の持分、合名会社、合資会社又は合同会社の社員の持分、協同組合等の組合員又は会員の持分その他法人の出資者の持分（出資者、社員、組合員又は会員となる権利及び出資の割当てを受ける権利を含むものとし、③に掲げるものを除きます。） |
| ③ | 協同組織金融機関の優先出資に関する法律に規定する優先出資（優先出資者となる権利及び優先出資の割当てを受ける権利を含みます。）及び資産の流動化に関する法律第2条第5項に規定する優先出資（優先出資社員となる権利及び同法に規定する引受権を含みます。） |
| ④ | 投資信託の受益権 |
| ⑤ | 特定受益証券発行信託の受益権 |
| ⑥ | 社債的受益権 |
| ⑦ | 公社債（預金保険法第2条第2項第5号に規定する長期信用銀行債等その他一定のものを除きます。） |

有価証券を譲渡した場合の課税

| ⑧ | ストックオプションに係る経済的利益の非課税の特例の適用を受けて取得した株式 |

　分離課税の一般株式等又は上場株式等の譲渡所得等のある人は、申告書第一表及び第二表と併せて「第三表（分離課税用）」の申告書を使用し、第三表の次の欄で申告をすることになります。

| 分離課税用 第三表 収入金額 | 一般株式等の譲渡 | ㋝ | |
| | 上場株式等の譲渡 | ㋡ | |
| 同 所得金額 | 一般株式等の譲渡 | ⑦ | |
| | 上場株式等の譲渡 | ⑫ | |
| 同 課税所得金額 | ⑦⑫ 対応分 | ⑧ | ０００ |
| 同 税額 | ⑧ 対応分 | ⑧ | |

　令和４年中に株式等の有価証券を譲渡した場合の課税関係をまとめると次のようになります。

| 課税方法 | 対　象　所　得 |
| --- | --- |
| ① 一般株式等に係る譲渡所得等として分離課税されるもの（措法37の10） | 　上場株式等以外の一般株式等を譲渡したことによる事業所得、譲渡所得及び雑所得については、他の所得と区分して、15％（住民税５％）（注）の税率により分離課税（申告分離課税）されます。<br>　なお、「一般株式等に係る譲渡所得等」以外の所得との損益通算を行うことはできません。 |
| ② 上場株式等に係る譲渡所得等として分離課税されるもの（措法37の11） | 　上場株式等を譲渡したことによる事業所得、譲渡所得及び雑所得については、他の所得と区分して、15％（住民税５％）（注）の税率により分離課税（申告分離課税）されます。<br>　申告分離課税を選択した一定の公社債等の利子所得及び上場株式等の配当等に係る配当所得等との損益通算が可能です。<br>　なお、「一般株式等に係る譲渡所得等」との損益通算を行うことはできません。 |
| ③ 短期譲渡所得として分離課税されるもの（措法32②、 | 　次の株式又は出資の譲渡で事業譲渡類似に該当する場合の所得は、分離課税の短期譲渡所得として課税されます。（659ページ３参照）<br>イ　その有する資産の時価総額に占める短期所有（５年以下）土地等の時価の合計額が70％以上である法人の株式等<br>ロ　その有する資産の時価総額に占める土地等の時価の合計額が70％以上である法 |

——（773）——

分離課税の株式等の譲渡所得・事業所得・雑所得の申告

| 措令21③） | 人の株式等で、所有期間が5年以下のもの |
|---|---|
| ④　総合課税されるもの（所法41の2、措令25の8②） | 次に掲げる所得は、総合課税の対象として課税されます。なお、これらの所得の計算上生じた損失は、原則として他の所得との損益通算を行うことはできません。<br>イ　発行法人から与えられた株式を取得する権利の譲渡による所得<br>ロ　株式又は出資の形でのゴルフ会員権の譲渡による所得（譲渡所得となります。） |
| ⑤　非課税とされるもの（措法37の14、37の14の2、37の15） | 次に掲げる所得は、非課税とされます。<br>イ　貸付信託の受益証券（333ページ(5)参照）<br>ロ　非課税口座内の少額上場株式等に係る譲渡所得等（NISA及びつみたてNISA）<br>ハ　未成年者口座内の少額上場株式等に係る譲渡所得等（ジュニアNISA） |

**(注)**　平成25年から令和19年12月31日までの各年分の確定申告の際には、併せて基準所得税額に2.1%の税率を乗じて計算した復興特別所得税を申告・納付することになります。

## 1　一般株式等に係る譲渡所得等の申告分離課税

　居住者又は恒久的施設を有する非居住者が、平成28年1月1日以後に一般株式等（注）の譲渡（有価証券先物取引の方法により行うもの並びに法人の自己の株式又は出資の取得及び公社債の買入れの方法による償還に係るものを除きます。）をした場合には、その一般株式等の譲渡による事業所得、譲渡所得及び雑所得については、他の所得と区分し、その年中のその一般株式等の譲渡に係る事業所得の金額、譲渡所得の金額及び雑所得の合計額（以下「一般株式等に係る譲渡所得等の金額」といいます。）に対し、一般株式等に係る課税譲渡所得等の金額（各種所得控除をした後の一般株式等に係る譲渡所得等の金額をいいます。）の15%相当額の所得税（他に個人住民税5%）が課税《申告分離課税》されます。（措法37の10①）

　また、一般株式等に係る譲渡所得等の金額の計算上生じた損失の金額があるときは、所得税に関する法令の規定の適用については、その損失の金額は生じなかったものとみなすこととされています。

　**(注)**　一般株式等とは、772ページの〈**株式等の範囲**〉のうち、上場株式等（**2**参照）以外のものをいいます。（措法37の10①）

## 2　上場株式等に係る譲渡所得等の申告分離課税

　居住者又は恒久的施設を有する非居住者が、平成28年1月1日以後に上場株式等の譲渡をした場合には、その上場株式等の譲渡による事業所得、譲渡所得及び雑所得については、他の所得と区分し、その年中のその上場株式等の譲渡に係る事業所得の金額、譲渡所得の金額及び雑所得の金額の合計額（以下「上場株式等に係る譲渡所得等の金額」といいます。）に対し、上場株式等に係る課税譲渡所

有価証券を譲渡した場合の課税

得等の金額（各種所得控除をした後の上場株式等に係る譲渡所得等の金額をいいます。）の15％相当額の所得税（他に個人住民税５％）が課税《申告分離課税》されます。（措法37の11①）

〈上場株式等の範囲〉

対象となる上場株式等とは、株式等（株式、公社債、投資信託の受益権その他株式等譲渡益課税の対象となる株式等をいいます。）のうち次に掲げるものをいいます。（措法37の11②、措令25の９②〜⑩、措規18の10①）

| ① | 株式等で金融商品取引所に上場されているものその他これに類するものとして次に掲げるもの<br>イ 店頭売買登録銘柄として登録された株式（出資を含みます。）<br>ロ 店頭転換社債型新株予約権付社債（新株予約権付社債（転換特定社債及び新優先出資引受権付特定社債を含みます。）で、認可金融商品取引業協会が、その定める規則に従い、その店頭売買につき、その売買価格を発表し、かつ、その新株予約権付社債の発行法人に関する資料を公開するものとして指定したものをいいます。）<br>ハ 店頭管理銘柄株式（金融商品取引所への上場が廃止され、又は店頭売買登録銘柄としての登録が取り消された株式（出資及び投資口を含みます。）のうち、認可金融商品取引業協会が指定したものをいいます。）<br>ニ 登録銘柄として認可金融商品取引業協会に備える登録原簿に登録された日本銀行出資証券<br>ホ 外国金融商品市場において売買されている株式等 |
|---|---|
| ② | 公募の投資信託（特定株式投資信託を除きます。）の受益権 |
| ③ | 特定投資法人の投資口 |
| ④ | 公募の特定受益証券発行信託の受益権 |
| ⑤ | 公募の特定目的信託の社債的受益権 |
| ⑥ | 国債及び地方債 |
| ⑦ | 外国又はその地方公共団体が発行し、又は保証する債券 |
| ⑧ | 会社以外の法人が特別の法律により発行する債券（外国法人に係るもの並びに投資法人債、短期投資法人債、特定社債及び特定短期社債を除きます。） |
| ⑨ | その募集が一定の取得勧誘により行われた公社債 |
| ⑩ | 社債のうち、その発行の日前９か月以内（外国法人の場合は12か月以内）に有価証券届出書、有価証券報告書、四半期報告書、半期報告書、外国会社届出書、外国会社報告書、外国会社四半期報告書又は外国会社半期報告書（以下「有価証券報告書等」といいます。）を内閣総理大臣に提出している法人が発行するもの |
| ⑪ | 金融商品取引所等（外国の金融商品取引所も含みます。）において公表された公社債情報に基づき発行する公社債で、その発行の際に作成される目論見書にその旨の記載のあるもの |
| ⑫ | 国外において発行された公社債で、次に掲げるもの<br>イ 売出し公社債で、取得の時から引き続き金融商品取引業者等の営業所において保管の委託がされているもの<br>ロ 売付け勧誘等に応じて取得した公社債（売出し公社債を除きます。）で、その取得の日前９か月以内（外国法人の場合は12か月以内）に有価証券報告書等を提出している会社が発行したもの（取得 |

分離課税の株式等の譲渡所得・事業所得・雑所得の申告

| | の時から引き続き金融商品取引業者等の営業所において保管の委託がされているものに限ります。） |
|---|---|
| ⑬ | イ　次に掲げる外国法人等が発行し、又は保証する債券<br>　（イ）　出資金額又は拠出をされた金額の合計額の2分の1以上が外国の政府により出資又は拠出をされている外国法人<br>　（ロ）　外国の特別の法令の規定に基づき設立された外国法人で、その業務がその外国の政府の管理の下に運営されているもの<br>　ロ　国際間の取極に基づき設立された国際機関が発行し、又は保証する債券 |
| ⑭ | 銀行業若しくは第一種金融商品取引業を行う者若しくは外国の法令に準拠して銀行業若しくは金融商品取引業を行う法人（「銀行等」といいます。）又は次に掲げる者が発行した社債<br>　イ　銀行等がその発行済株式又は出資の全部を直接又は間接に保有する関係として一定の関係（以下「完全支配の関係」といいます。）にある法人<br>　ロ　親法人（銀行等の発行済株式又は出資の全部を直接又は間接に保有する関係として一定の関係のある法人をいいます。）が完全支配の関係にあるその銀行等以外の法人 |
| ⑮ | 平成27年12月31日以前に発行された公社債（同族会社に該当する会社が発行する社債を除きます。） |

## 3　対象となる譲渡・ならない譲渡

### ⑴　対象となる譲渡の範囲

　税法上の「譲渡」には、売買だけでなく、現物出資、代物弁済、交換、法人に対する贈与や遺贈、低額・無償譲渡などのみなし譲渡（329ページ）も含まれます。

### ⑵　対象とならない譲渡

　次の譲渡は、この一（及び次の二）の制度の対象とされません。（措法37の10、32②）

①　金融商品取引法第28条第8項第3号イに掲げる取引（有価証券先物取引）の方法による株式等の譲渡（分離課税の先物取引の事業所得・雑所得となります。）

②　実質的に短期保有の土地等と同様とみなされる株式等の譲渡で、「事業等の譲渡に類似する有価証券の譲渡」に該当するもの（土地等の分離短期譲渡所得となります。）

### ⑶　譲渡がなかったものとされる特例

### イ　株式交換等の特例

　居住者が、各年において、その有する株式（以下「旧株」といいます。）につき、その旧株を発行した法人の行った株式交換によりその株式交換完全親法人に対しその旧株の譲渡をし、かつ、その株式の交付を受けた場合又はその旧株を発行した法人の行った特定無対価株式交換（その法人の株主に株式交換完全親法人の株式その他の資産が交付されなかった株式交換で、その法人の株主に対する株式交換完全親法人の株式の交付が省略されたと認められる株式交換で一定のものをいいます。）によりその旧株を有しないこととなった場合には、事業所得、譲渡所得、雑所得又は贈与等の場合の譲渡所得等の特例の規定の適用については、その旧株の譲渡又は贈与がなかったものとみなされます。（所法57の4①）

（注1）　上記特例の対象となる株式交換とは、その旧株を発行した法人の株主に法人税法第2条第12号の

有価証券を譲渡した場合の課税

6の3《定義》に規定する株式交換完全親法人又は株式交換完全親法人との間にその株式交換完全親法人の発行済株式若しくは出資（その株式交換完全親法人が有する自己の株式又は出資を除きます。）の全部を直接若しくは間接に保有する一定の関係がある法人のうちいずれか一の法人の株式（出資を含みます。）以外の資産（その株主に対する剰余金の配当として交付された金銭その他の資産及び株式交換に反対するその株主に対するその買取請求に基づく対価として交付される金銭その他の資産を除きます。）が交付されなかったものに限られます。（所法57の4①）

(注2)　平成31年4月1日前に行われる株式交換については、株主にその法人の行った株式交換により株式交換完全親法人との間にその株式交換完全親法人の発行済株式等の全部を間接に保有する関係がある法人の株式以外の資産が交付されない場合のその法人の行った株式交換は、上記の特例の対象となる株式交換とはなりません。（所法57の4①、平31改所法等附4）

## ロ　種類株式の譲渡の特例

居住者が、各年において、その有する次表の①から⑥までに掲げる有価証券をそれぞれ①から⑥までに定める事由により譲渡をし、かつ、その事由によりそれぞれ①から⑥までに規定する取得をする法人の株式（出資を含みます。）又は新株予約権の交付を受けた場合（交付を受けた株式又は新株予約権の価額が譲渡した有価証券の価額とおおむね同額となっていない場合を除きます。）には、事業所得、譲渡所得又は雑所得の規定（所法27、33、35）の適用については、その有価証券の譲渡がなかったものとみなされます。（所法57の4③）

| | | |
|---|---|---|
| ① | 取得請求権付株式（法人がその発行する全部又は一部の株式の内容として株主等がその法人に対して株式の取得を請求することができる旨の定めを設けている場合のその株式をいいます。） | 取得請求権付株式に係る請求権の行使によりその取得の対価として取得をする法人の株式のみが交付される場合のその請求権の行使 |
| ② | 取得条項付株式（法人がその発行する全部又は一部の株式の内容としてその法人が一定の事由（取得事由）が発生したことを条件としてその株式の取得をすることができる旨の定めを設けている場合のその株式をいいます。） | 取得条項付株式に係る取得事由の発生によりその取得の対価として取得をされる株主等にその取得をする法人の株式のみが交付される場合のその取得事由の発生（その取得の対象となった種類の株式の全てが取得をされる場合には、その取得の対価として取得をされる株主等に株式及び新株予約権のみが交付される場合を含みます。） |
| ③ | 全部取得条項付種類株式（ある種類の株式について、これを発行した法人が株主総会その他これに類するものの決議（取得決議）によってその全部の取得をする旨の定めがある場合のその種類の株式をいいます。） | 全部取得条項付種類株式に係る取得決議によりその取得の対価として取得をされる株主等にその取得をする法人の株式のみが交付される場合又はその取得をする法人の株式及び新株予約権のみが交付される場合のその取得決議（平成20年4月1日以後に行われる取得決議については、当該取得の価格の決定の申立てに基づいて金銭等が交付される場合を含みます。） |

| | | |
|---|---|---|
| ④ | 新株予約権付社債についての社債 | 新株予約権付社債に付された新株予約権の行使によりその取得の対価として取得をする法人の株式が交付される場合のその新株予約権の行使 |
| ⑤ | 取得条項付新株予約権（新株予約権について、これを発行した法人が一定の事由 （取得事由）が発生したことを条件としてこれを取得することができる旨の定めがある場合のその新株予約権をいい、次に掲げるものを除きます。）<br>イ　新株予約権を引き受ける者に特に有利な条件又は金額により交付された新株予約権<br>ロ　役務の提供その他の行為に係る対価の全部又は一部として交付された新株予約権 | 取得条項付新株予約権に係る取得事由の発生によりその取得の対価として取得をされる新株予約権者にその取得をする法人の株式のみが交付される場合のその取得事由の発生 |
| ⑥ | 取得条項付新株予約権（新株予約権について、これを発行した法人が一定の事由 （取得事由）が発生したことを条件としてこれを取得することができる旨の定めがある場合のその新株予約権をいいます。）が付された新株予約権付社債 | 取得条項付新株予約権に係る取得事由の発生によりその取得の対価として取得をされる新株予約権者にその取得をする法人の株式のみが交付される場合のその取得事由の発生 |

## ハ　株式等を対価とする株式の譲渡に係る譲渡所得等の課税の特例

　令和3年4月1日以後、個人が、その有する株式（以下「所有株式」といいます。）を発行した法人を株式交付子会社とする株式交付によりその所有株式の譲渡をし、その株式交付に係る株式交付親会社の株式の交付を受けた場合（その株式交付により交付を受けたその株式交付親会社の株式の価額がその株式交付により交付を受けた金銭の額及び金銭以外の資産の価額の合計額のうちに占める割合が100分の80に満たない場合を除きます。）には、その譲渡をした所有株式（その株式交付により交付を受けた金銭又は金銭以外の資産（その株式交付親会社の株式を除きます。）がある場合には、その所有株式のうち、その株式交付により交付を受けた金銭の額及び金銭以外の資産の価額の合計額（その株式交付親会社の株式の価額を除きます。）に対応する部分以外のものとして一定の部分(注)に限ります。）の譲渡がなかったものとみなされ、その譲渡に係る事業所得、譲渡所得及び雑所得の課税が繰り延べられます。（措法37の13の3①）

**(注)** 　「一定の部分」とは、この制度の適用がある株式交付により譲渡した所有株式のうち、その所有株式の価額に株式交付割合（その株式交付により交付を受けた株式交付親会社の株式の価額がその株式交付により交付を受けた金銭の額及び金銭以外の資産の価額の合計額（剰余金の配当として交付を受けた金銭の額及び金銭以外の資産の価額の合計額を除きます。）のうちに占める割合をいいます。以下同じです。）を乗じて計算した金額に相当する部分をいいます。（措令25の12の3①）

　この制度の適用を受けた個人が株式交付により交付を受けたその株式交付に係る株式交付親会社の株式に係る事業所得の金額、譲渡所得の金額又は雑所得の金額の計算については、次に掲げる金額の合計額がその株式交付親会社の株式の取得価額とされます。（措令25の12の3④）

有価証券を譲渡した場合の課税

① 次に掲げる場合の区分に応じそれぞれ次に定める金額

　イ　その株式交付により交付を受けた金銭又は金銭以外の資産（その株式交付親会社の株式を除きます。）がある場合……その株式交付により譲渡した所有株式の取得価額にその株式交付に係る株式交付割合を乗じて計算した金額

　ロ　上記イに掲げる場合以外の場合……その株式交付により譲渡した所有株式の取得価額

② その株式交付親会社の株式の交付を受けるために要した費用がある場合には、その費用の額

## 4　譲渡所得等の金額の計算

　株式等に係る譲渡所得等の金額は、株式等の譲渡による譲渡所得、事業所得又は雑所得の金額の合計額とされます。株式等の譲渡による所得がどの所得に該当するかは、株式等の取引のための施設、その者の職業、売買の規模などの事情を勘案して、営利を目的として継続的に売買されているかどうかにより判断されます。

　**(注)**　次の株式等の譲渡による所得については、譲渡所得として取り扱って差し支えないとされています。（措通37の10・37の11共─2）

　　イ　上場株式等（2参照）で所有期間が1年を超えるものの譲渡による所得

　　ロ　一般株式等の譲渡による所得

　この株式等の譲渡による譲渡所得、事業所得又は雑所得の金額は、それぞれの一般の所得金額の計算と同様にして求めます。すなわち、計算式で示すと次のとおりです。

① 株式等に係る事業所得又は雑所得の金額 ＝ その年の株式等の譲渡に係る総収入金額 － (その収入金額に係る株式等の取得価額、借入金の利子、売買手数料、管理費その他これらの所得を生ずべき業務について生じた費用)

② 株式等に係る譲渡所得の金額 ＝ その年の株式等の譲渡に係る総収入金額 － (その所得の基因となった株式等の取得費、その株式等の譲渡に要した費用の額、借入金の利子の合計額)

　**(注1)**　その株式等の譲渡による所得が譲渡所得となる場合でも、譲渡所得に係る50万円特別控除や長期譲渡所得に係る2分の1課税の適用はありません。

　**(注2)**　これらの計算は、一般株式等と上場株式等の別に行います。（措法37の10①、37の11①）

## 5　総収入金額

　その株式等の譲渡の対価としてその年において収入すべき金額をいいます。収入金額とは、具体的に取引の態様別に示すと次のとおりです。

| 取引の態様 | 収入金額 |
|---|---|
| 売買（信用取引を含みます。） | 実際の譲渡価額 |
| 現物出資 | 出資により取得した株式等の取得時の時価 |
| 代物弁済 | 弁済により消滅した債務の消滅時の額 |
| 交換 | 交換により取得した財産の取得時の時価 |
| みなし譲渡 | 贈与・譲渡等により移転した財産のその贈与・譲渡等の時の時価 |

分離課税の株式等の譲渡所得・事業所得・雑所得の申告

**(注)** ストック・オプションの権利行使により経済的利益が非課税とされた特定株式については、保管委託等の解約などがあった場合には譲渡があったものとみなされます。

### 〈株式等に係る譲渡所得等の収入金額とみなされるもの〉

居住者等である株主等が交付を受ける次の金額（みなし配当とされる部分の金額〈292ページ参照〉を除きます。）(注1)は、一般株式等又は上場株式等に係る譲渡所得等の収入金額とみなされます。（措法37の10③、37の11③）

| 項　目 | みなし収入金額 | 備　　考 |
|---|---|---|
| ① 合併交付金等 | その法人の合併（法人課税信託の信託の併合を含みます。）により交付を受ける金銭の額及び金銭以外の資産の価額の合計額 | 合併法人（信託の併合による新たな法人課税信託の受託法人を含みます。）又は合併法人との間に当該合併法人の発行済株式等（自己の株式等を除きます。）の全部を直接若しくは間接に保有する関係がある法人のうちいずれか一の法人の株式等以外の資産（剰余金の配当等として交付された金銭等及び合併反対株主等の買取請求に基づく対価として交付された金銭等を除きます。）の交付がされなかったものを除きます。 |
| ② 分割交付金等 | その法人の分割により交付を受ける金銭の額及び金銭以外の資産の価額の合計額 | 分割対価資産として分割承継法人（信託の分割により受託者を同一とする他の信託から信託財産の一部の移転を受ける法人課税信託の受託法人を含みます。）又は分割承継法人との間に当該分割承継法人の発行済株式等（自己の株式等を除きます。）の全部を直接若しくは間接に保有する関係がある法人のうちいずれか一の法人の株式等以外の資産の交付がされなかったもので、その株式等が分割法人の発行済株式等の総数又は総額のうちに占める当該分割法人の各株主等の有する当該分割法人の株式の数又は金額の割合に応じて交付されたものを除きます。 |
| ③ 株式分配交付金等 | その法人の行った株式分配により交付を受ける金銭の額及び金銭以外の資産の価額の合計額 | その法人の株主等に完全子法人の株式又は出資以外の資産の交付がされなかったもので、その株式又は出資が現物分配法人の発行済株式等の総数又は総額のうちに占める当該現物分配法人の各株主等の有する当該現物分配法人の株式の数又は金額の割合に応じて交付されたものを除きます。 |
| ④ 減資払戻金、清算分配金等 | その法人の資本の払戻しにより、又はその法人の解散による残余財産の分配として交付を受ける金銭の額及び金銭以外の資産の価額の合計額 | 資本の払戻しとは、剰余金の配当（資本剰余金の額の減少に伴うものに限ります。）のうち分割型分割（法人課税信託の信託の分割を含みます。）によるもの及び株式分配以外のもの並びに出資等減少分配をいいます。 |
| ⑤ 自己株式取得交付金等 | その法人の自己の株式等の取得により交付を受ける金銭の額及び金銭以外の資産の価額の合計額 | 金融商品取引所の開設する市場における購入による取得その他一定の取得を除きます。 |

有価証券を譲渡した場合の課税

| ⑥ 出資消却（払戻し）交付金、脱退交付金等 | その法人の出資の消却（払戻し）、その法人からの退社若しくは脱退による持分の払戻し又はその法人の株式等をその法人が取得することなく消滅させることにより交付を受ける金銭の額及び金銭以外の資産の価額の合計額 | 出資の消却については、取得した出資について行うものを除きます。 |
|---|---|---|
| ⑦ 組織変更交付金 | その法人の組織変更により交付を受ける金銭の額及び金銭以外の資産の価額の合計額 | その組織変更に際して、その法人の株式等以外の資産が交付された組織変更に限ります。 |
| ⑧ 公社債の元本の償還金 | 公社債の元本の償還により交付を受ける金銭等の額の合計額 | 元本の価額の変動に基因するものの価額を含むものとし、特定公社債以外の公社債の償還により交付を受ける金銭又は金銭以外の資産（償還金等）でその償還の日においてその者を判定の基礎となる株主として選定した場合にその償還金等の交付をした法人が同族会社に該当することとなるときにおけるその株主その他一定の者が交付を受けるもの、及び令和3年4月1日以後に交付を受けるべき特定公社債以外の公社債の償還金等で、その同族会社の判定の基礎となる株主である法人がその支払を受ける個人（以下「対象者」といいます。）と特殊の関係のある法人である場合におけるその対象者及び対象者の親族等が支払を受けるもの（措法3①四、令3改所法等附16、36）の価額を除きます。 |
| ⑨ 分離利子公社債 | 分離利子公社債に係る利子として交付を受ける金銭等の額の合計額 | 分離利子公社債とは、公社債で元本に係る部分と利子に係る部分とに分離されてそれぞれ独立して取引されるもののうち、当該利子に係る部分であった公社債をいいます。 |

**（注1）** 上記①に掲げる合併交付金等のうちに被合併法人の株主等に対する株式又は出資に係る剰余金の配当、利益の配当、剰余金の分配又は金銭の分配として交付がされた金銭その他の資産及び合併に反対するその株主等に対するその買取請求に基づく対価として交付がされる金銭その他の資産があるとき、又は上記②に掲げる分割交付金等のうちに分割法人の株主等に対する株式又は出資に係る剰余金の配当又は利益の配当として交付がされた分割対価資産以外の金銭その他の資産があるときは、その金銭の額及び金銭以外の資産の価額は、①又は②の合計額には含まれないものとされます。（措令25の8⑦）

**（注2）** 投資信託若しくは特定受益証券発行信託（以下「投資信託等」といいます。）の受益権で一般株式等に該当するもの又は社債的受益権で一般株式等に該当するものを有する居住者又は恒久的施設を有する非居住者がこれらの受益権につき交付を受ける次に掲げる金額は、一般株式等に係る譲渡所得等に係る収入金額とみなして、所得税法及び1の規定が適用されます。（措法37の10④）

　イ　その上場廃止特定受益証券発行信託（その受益権が金融商品取引所に上場されていた等の要件に該当する特定受益証券発行信託をいいます。）の終了（その上場廃止特定受益証券発行信託の信

分離課税の株式等の譲渡所得・事業所得・雑所得の申告

託の併合に係るものである場合にあっては、その上場廃止特定受益証券発行信託の受益者にその信託の併合に係る新たな信託の受益権以外の資産（信託の併合に反対する当該受益者に対するその買取請求に基づく対価として交付される金銭その他の資産を除きます。）の交付がされた信託の併合に係るものに限ります。）又は一部の解約により交付を受ける金銭の額及び金銭以外の資産の価額の合計額

ロ　その投資信託等（上場廃止特定受益証券発行信託を除きます。）の終了（その投資信託等の信託の併合に係るものである場合にあっては、その投資信託等の受益者にその信託の併合に係る新たな信託の受益権以外の資産（信託の併合に反対する当該受益者に対するその買取請求に基づく対価として交付される金銭その他の資産を除きます。）の交付がされた信託の併合に係るものに限ります。）又は一部の解約により交付を受ける金銭の額及び金銭以外の資産の価額の合計額のうちその投資信託等について信託されている金額（その投資信託等の受益権に係る部分の金額に限ります。）に達するまでの金額

ハ　その特定受益証券発行信託に係る信託の分割（分割信託（信託の分割によりその信託財産の一部を受託者を同一とする他の信託又は新たな信託の信託財産として移転する信託をいいます。）の受益者に承継信託（信託の分割により受託者を同一とする他の信託からその信託財産の一部の移転を受ける信託をいいます。）の受益権以外の資産（信託の分割に反対する当該受益者に対する信託法第103条第6項に規定する受益権取得請求に基づく対価として交付される金銭その他の資産を除きます。）の交付がされたものに限ります。）により交付を受ける金銭の額及び金銭以外の資産の価額の合計額のうち当該特定受益証券発行信託について信託されている金額（当該特定受益証券発行信託の受益権に係る部分の金額に限ります。）に達するまでの金額

ニ　社債的受益権の元本の償還により交付を受ける金銭の額及び金銭以外の資産の価額の合計額

(注3)　投資信託若しくは特定受益証券発行信託（以下「投資信託等」といいます。）の受益権で上場株式等に該当するもの又は社債的受益権で上場株式等に該当するものを有する居住者又は恒久的施設を有する非居住者がこれらの受益権につき交付を受ける次に掲げる金額は、上場株式等に係る譲渡所得等に係る収入金額とみなして、所得税法及び2の規定が適用されます。（措法37の11④）

イ　その投資信託等の終了（その投資信託等の信託の併合に係るものである場合にあっては、その投資信託等の受益者にその信託の併合に係る新たな信託の受益権以外の資産（信託の併合に反対するその受益者に対するその買取請求に基づく対価として交付される金銭その他の資産を除きます。）の交付がされた信託の併合に係るものに限ります。）又は一部の解約により交付を受ける金銭の額及び金銭以外の資産の価額の合計額

ロ　その特定受益証券発行信託に係る信託の分割（分割信託の受益者に承継信託の受益権以外の資産（信託の分割に反対する当該受益者に対する信託法第103条第6項に規定する受益権取得請求に基づく対価として交付される金銭その他の資産を除きます。）の交付がされたものに限ります。）により交付を受ける金銭の額及び金銭以外の資産の価額の合計額

ハ　社債的受益権の元本の償還により交付を受ける金銭の額及び金銭以外の資産の価額の合計額

(注4)　平成16年4月1日以後の相続等により取得した非上場株式をその発行会社に譲渡した場合には、みなし配当課税の特例があります。（措法9の7）

(注5)　居住者が新株予約権等（株式を無償又は有利な価額により取得することができる一定の権利で、その権利を行使したならば経済的な利益として課税されるものをいいます。）を発行法人から与えら

——(782)——

れた場合において、その居住者等がその権利をその発行法人に譲渡したときは、その譲渡の対価の額からその権利の取得価額を控除した金額を、事業所得に係る収入金額、給与等の収入金額、退職手当等の収入金額、一時所得に係る収入金額又は雑所得に係る収入金額とみなして課税されます。(所法41の2)

(注6) 平成31年4月1日前に行われる合併又は分割型分割については、一般株式等（上場株式等）の譲渡所得等に係る収入金額とみなして課税する事由として、次に掲げるものが含まれます。(措法37の10③一、二、措令25の8⑤⑥、平31改所法等附35)。

① 法人の株主等がその法人の合併により合併法人との間にその合併法人の発行済株式等の全部を直接若しくは間接に保有する関係がある法人の株式以外の資産が交付されない場合のその法人の合併

② 法人の株主等がその法人の分割により分割承継法人との間にその分割承継法人の発行済株式等の全部を直接若しくは間接に保有する関係がある法人の株式以外の資産が交付されない場合のその法人の分割

# 6 必要経費

原則として総合課税の場合と同様です。主な必要経費は、次のとおりです。

(1) **株式等の取得価額**（所令109、111、113の2）

① 金銭の払込みにより取得した有価証券（③に該当するものを除きます。）……その払込みをした金銭の額（金銭の払込みによる取得のために要した費用があれば加算します。）

(注) 新株予約権（新投資口予約権を含みます。）の行使により取得した有価証券は、その新株予約権の取得価額を含みます。

② 特定譲渡制限付株式又は承継譲渡制限付株式……その譲渡についての制限が解除された日（解除された日前に死亡した場合で、無償取得事由に該当しないことが確定している同株式については、その死亡の日）における価額

③ 発行法人から与えられた株式と引換えに払い込むべき額が有利な金額である場合のその株式を取得する権利の行使により取得した有価証券……その払込み又は給付の期日における価額

(注1) 会社法及び旧商法の規定により取締役等が新株予約権、新株引受権又は株式譲渡請求権（ストック・オプション）の行使により取得した有価証券は、権利行使の日の価額によります。(ストック・オプションの非課税の特例の適用を受けて取得した特定株式については、786ページ参照)

(注2) 特定新規中小会社が発行した株式を取得した場合の寄附金控除の特例（446ページ2参照）の適用を受けた場合には、その適用対象額は、その適用を受けた控除対象特定新規株式の取得価額又は取得費から控除する（取得価額等の圧縮を行う）こととされています。(措令26の28の3⑥)

$$\begin{array}{l}\text{圧縮後の1}\\\text{株当たりの}\\\text{取得価額}\end{array}=\begin{array}{l}\text{適用控除対象特定新規株式}\\\text{の1株当たりの適用年の12}\\\text{月31日における取得価額}\end{array}-\dfrac{\text{適用控除対象特定新規株式の適用対象額}-2,000\text{円}}{\text{適用年の12月31日の適用控除対象特定新規株式数}}$$

④ 発行法人に対し新たな払込み又は給付を要しないで取得した株式等又は新株予約権のうち株主等として与えられる場合の株式等又は新株予約権……ゼロ

⑤ 購入した有価証券……購入代価（購入手数料その他の費用を含みます。）

分離課税の株式等の譲渡所得・事業所得・雑所得の申告

⑥ 相続、贈与等により取得した有価証券（所令109②一）

 イ 相続、贈与又は遺贈により取得した有価証券……被相続人の死亡の時において、その被相続人がその有価証券につきよるべきものとされていた評価の方法により評価した金額

 ロ 著しく低い価額の対価により取得した有価証券……その対価の額と実質的に贈与を受けたと認められる金額（事業所得又は雑所得の金額の計算上総収入金額に算入された金額に限ります。）との合計額

⑦ 新株予約権の行使により取得した株式（旧商法第280条ノ21第１項の新株予約権の有利発行の決議又は会社法第238条第２項の募集事項の決定の決議により発行された新株予約権〈新株予約権を引き受ける者に特に有利な条件若しくは金額であることとされるもの又は役務の提供その他の行為による対価の全部若しくは一部であることとされるものに限ります。〉の行使により取得したものを除きます。）……次の算式により計算した金額（所基通48—6の2、措通37の10・37の11共—11）

$$\text{新株１株当たりの払込金額} + \frac{\text{新株予約権のその行使直前の取得価額}}{\text{その行使により取得した新株の数}}$$

⑧ 株主割当てにより取得した株式……次の区分に応じそれぞれの算式により計算した金額

 イ 金銭の払込みによる株主割当て

$$\text{旧株及び新株の１株当たりの取得価額} = \frac{\text{旧株１株の従前の取得価額} + \left[\left(\text{新株１株当たりの払込金額} + \text{払込みによるために要した費用}\right) \times \text{旧株１株につき取得した新株の数}\right]}{\text{旧株１株につき取得した新株の数} + 1}$$

 ロ 株式無償割当て

$$\text{株式無償割当て後の所有株式１株当たりの取得価額} = \frac{\text{旧株１株の従前の取得価額} \times \text{旧株の数}}{\text{株式無償割当て後の所有株式の数}}$$

 **(注)** 株主割当ての他に、合併・分割型分割・資本の払戻し等があった場合の取得価額の算出法について規定があります。

⑨ 平成29年４月１日以後に行われた株式分配により取得した完全子法人の株式（所令61②、113の2①②）

 イ 完全子法人の株式のみが交付された場合……次の算式により計算した金額

 《算式》

$$\text{完全子法人株式１株当たりの取得価額} = \frac{\text{所有株式１株の従前の取得価額} \times \text{純資産移転割合}}{\text{所有株式１株について取得した完全子法人株式の数}} + \left[\text{完全子法人株式１株当たりのみなし配当額} + \text{完全子法人株式１株当たりの取得費用の額}\right]$$

 ※ 上記の純資産移転割合は、次により計算した割合です。

$$\text{純資産移転割合} = \frac{\text{株式分配の直前の完全子法人の株式の帳簿価額}}{\begin{array}{c}\text{株式分配の日の属する事業年度の前}\\\text{事業年度終了の時の資産の帳簿価額}\\\text{から負債の帳簿価額を減算した金額}\end{array}}$$

ロ　完全子法人の株式その他の資産が交付された場合……次の算式により計算した金額

《算式》

$$\begin{matrix}\text{所有株式1株当} \\ \text{たりの取得価額}\end{matrix} = \begin{matrix}\text{所有株式1株の} \\ \text{従前の取得価額}\end{matrix} - \left[\begin{matrix}\text{所有株式1株の} \\ \text{従前の取得価額}\end{matrix} \times \begin{matrix}\text{純資産移} \\ \text{転割合}\end{matrix}\right]$$

※　純資産移転割合については、イを参照。

⑩　株式交付親会社の株式（措令25の12の3④）

778ページの3の(3)ハの制度の適用を受けた個人が株式交付により交付を受けたその株式交付に係る株式交付親会社の株式に係る事業所得の金額、譲渡所得の金額又は雑所得の金額の計算については、次に掲げる金額の合計額

イ　次に掲げる場合の区分に応じそれぞれ次に定める金額

(イ)　その株式交付により交付を受けた金銭又は金銭以外の資産（その株式交付親会社の株式を除きます。）がある場合……その株式交付により譲渡した所有株式の取得価額にその株式交付に係る株式交付割合を乗じて計算した金額

(ロ)　上記(イ)に掲げる場合以外の場合……その株式交付により譲渡した所有株式の取得価額

ロ　その株式交付親会社の株式の交付を受けるために要した費用がある場合には、その費用の額

⑪　上記以外……取得時における取得のための通常要する価額

〈取得時期の異なる同一銘柄の株式等の取得価額〉

2回以上にわたって取得した同一銘柄の株式等の一部を譲渡した場合の取得価額の計算は、次によることとされます。（所法48③、所令118）

**イ　事業所得の場合**（所令105①、措令25の8⑦）

総平均法（移動平均法は認められません。）により一単位当たりの取得価額を算出します。

総平均法とは、種類及び銘柄の同じ株式等について次の算式により求める方法をいいます。

$$\frac{\text{その年1月1日の所有分の取得価額の総額} + \text{その年の取得分の取得価額の総額}}{\text{分 子 の 株 式 等 の 総 数}}$$

**ロ　譲渡所得又は雑所得の場合**

その同一銘柄の株式等を最初に取得した時（その後、既にその株式等の一部を譲渡している場合には、直前の譲渡の時。以下同じ。）からその譲渡の時までの期間を基礎として、最初に取得した時において有していたその株式等及びその期間内に取得した株式等について総平均法に準ずる方法によって一単位当たりの取得価額を算出します。1円未満の端数が生じた場合には、原則として切り上げます。（措通37の10・37の11共—14）

分離課税の株式等の譲渡所得・事業所得・雑所得の申告

---

**計算例**

**2回以上にわたって取得した同一銘柄の株式の一部を譲渡した場合の取得価額の計算**

（設 例）

|  | 株数 | 単価 | 価額 |
|---|---|---|---|
| 令和3年12月8日取得 | 1,000株 | 900円 | 900,000円 |
| 令和4年6月22日取得 | 2,000株 | 1,200円 | 2,400,000円 |
| 令和4年8月3日譲渡 | 1,000株 | 1,500円 | 1,500,000円 |
| 令和4年11月30日取得 | 3,000株 | 1,500円 | 4,500,000円 |
| 令和4年12月15日譲渡 | 2,000株 | 1,400円 | 2,800,000円 |

（計 算）

　令和4年12月に譲渡した株式の取得価額は、次のとおりとなります。

(1) 事業所得に該当する場合

$$\frac{900,000円 + 2,400,000円 + 4,500,000円}{1,000株 + 2,000株 + 3,000株} = 1,300円（1株当たり）$$

$$2,000株 × 1,300円 = 2,600,000円$$

(2) 譲渡所得又は雑所得に該当する場合

　まず、令和4年8月に譲渡した株式の取得価額を計算します。

$$\frac{900,000円 + 2,400,000円}{1,000株 + 2,000株} = 1,100円（1株当たり）$$

　次に、令和4年12月の譲渡分を計算します。

$$\frac{\{(900,000円 + 2,400,000円) - (1,100円 × 1,000株)\} + 4,500,000円}{\{(1,000株 + 2,000株) - 1,000株\} + 3,000株} = 1,340円（1株当たり）$$

$$2,000株 × 1,340円 = 2,680,000円$$

---

〈概算取得費の特例〉

　株式等を譲渡した場合の譲渡所得、事業所得又は雑所得の金額の計算に当たって譲渡による収入金額から控除する取得費の計算を、実額による計算に代えて、その譲渡収入金額の5％相当額として計算しても差し支えありません。（措通37の10・37の11共—13）

**【特定株式に係るみなし譲渡課税】**

　次に掲げる事由により、特定の取締役等が受ける新株予約権等の行使による株式の取得に係る経済的利益の非課税の規定（316ページ(7)参照）の適用を受けた個人（以下「**特例適用者**」といいます。）が有するその適用を受けて取得をした株式及び分割等株式（317ページ(7)の⑥に規定する取決めに従い金融商品取引業者等の振替口座簿に記載若しくは記録を受け、又は金融商品取引業者等の営業所等に保管の委託若しくは管理等信託がされているものに限ります。以下「**特定株式**」といいます。）の全部又は一部の返還又は移転があった場合（特例適用者から相続（限定承認に係るものを除きます。）又は遺贈（包括遺贈のうち限定承認に係るものを除きます。）により特定株式（特定従事者（317ページの(7)参照）に対して与えられた特定新株予約権の行使により取得をした株式及び分割等株式を除きます。（以下「**取締役等の特定株式**」といいます。）の取得をした個人（以下「**承継特例適用者**」といいます。）が、その取締役等の特定株式をその取決めに従い引き続きその取締役等の特定株式に係る

有価証券を譲渡した場合の課税

金融商品取引業者等の振替口座簿に記載若しくは記録を受け、又は金融商品取引業者等の営業所等に保管の委託若しくは管理等信託をする場合を除きます。）には、その返還又は移転があった特定株式については、その事由が生じた時に、その時における価額に相当する金額による譲渡があったものと、①に掲げる事由による返還を受けた特例適用者については、その事由が生じた時に、その時における価額に相当する金額をもってその返還を受けた特定株式の数に相当する数のその特定株式と同一銘柄の株式の取得をしたものとそれぞれみなして、一般株式等及び上場株式等の譲渡所得等に係る申告分離課税（措法37の10、37の11）その他の所得税に関する法令の規定が適用されます。

　なお、次に掲げる事由により、承継特例適用者が有する承継特定株式（特例適用者から相続又は遺贈により取得をした取締役等の特定株式及びその特定株式につき有し、又は取得することとなる分割等株式で、その取決めに従い引き続きその取締役等の特定株式に係る金融商品取引業者等の振替口座簿に記載若しくは記録を受け、又は金融商品取引業者等の営業所等に保管の委託若しくは管理等信託がされているものをいいます。）の全部又は一部の返還又は移転があった場合についても、上記と同様されます。（措法29の2④、措令19の3⑩⑪⑫）

①　当該金融商品取引業者等の振替口座簿への記載若しくは記録、保管の委託又は管理等信託の解約又は終了（その取決めに従ってされる譲渡に係る終了及び令和元年7月16日以後のその取決めに従ってされる取締役等の特定株式以外の特定株式を有する特例適用者の国外転出（国内に住所及び居所を有しないこととなることをいいます。）に係る終了を除きます。）

②　贈与（法人に対するものを除きます。）又は相続（限定承認に係るものを除きます。）若しくは遺贈（法人に対するもの及び個人に対する包括遺贈のうち限定承認に係るものを除きます。）

③　当該取決めに従ってされる譲渡以外の譲渡でその譲渡の時における価額より低い価額によりされるもの（法人に対する譲渡で譲渡時の価額の2分の1に満たない価額による譲渡を除きます。）

（注1）　「分割等株式」とは、特例適用者が、非課税の適用を受けて取得をした株式につき有し、又は取得することとなる分離又は併合後の所有株式、株式無償割当て後の所有株式、合併法人株式又は合併親法人株式、分割承継法人株式又は分割承継親法人株式及び株式分配に係る完全法人株式並びに3の(3)のイの株式交換により株式交換完全親法人から交付を受けた株式交換完全親法人等の株式ほか（単元未満株式その他これに類するものとして財務省令で定めるものを除きます。）をいいます。（措令19の3⑨）

（注2）　特例適用者又は承継特例適用者の有する同一銘柄の株式のうちに特定株式又は承継特定株式とその特定株式及び承継特定株式以外の株式とがある場合には、これらの株式については、それぞれその銘柄が異なるものとして、有価証券の評価の方法、有価証券の取得価額及び譲渡所得の基因となる有価証券の取得費等の規定を適用することとされます。（措令19の3⑲）

（注3）　特定新株予約権等の行使に係る経済的利益の非課税の特例の適用を受けて取得した株式の取得価額は、その権利行使の時における価額（時価）ではなく、その実際の譲渡価額又は払込価額によることとされます。（措令19の3㉑）

〈特例適用者が国外転出をした場合のみなし譲渡課税制度〉

　特例適用者が国外転出をする場合には、その国外転出の時に有する特定株式（取締役等の特定株式

を除きます。）のうち国外転出時価額がその取得に要した金額を超えるものであることなど一定の要件を満たす株式（以下「特定従事者の特定株式」といいます。）については、その国外転出の時に、権利行使時価額による譲渡があったものと、その特例適用者については、その国外転出の時に、その権利行使時価額をもってその特定従事者の特定株式の数に相当する数のその特定従事者の特定株式と同一銘柄の株式の取得をしたものとそれぞれみなして、株式等に係る譲渡所得等の課税の特例その他の所得税に関する法令の規定が適用されます。（措法29の2⑤）

**（注1）** 特例適用者の国外転出に伴い、上記のみなし譲渡課税に加え、国外転出をする場合の譲渡所得等の特例（所法60の2）の適用を併せて受けることもあります。

**（注2）** このみなし譲渡課税は、取締役等の特定株式については適用されません。したがって、特定従事者が特定新株予約権の行使により取得した株式その他これに類する株式が対象となります。

**（注3）** 上記のみなし譲渡課税制度は、中小企業の事業活動の継続に資するための中小企業等経営強化法等の一部を改正する法律の施行の日（令和元年7月16日）前に行われる付与決議に基づき締結される契約により与えられる特定新株予約権に係る株式については、適用されません。（平31改所法等附33、令元政令第57号）

## ⑵ 借入金の利子

株式等の取得に要した借入金の利子については、その譲渡した年中に支払うべき金額のうち元本所有期間に対応する部分の金額を譲渡収入金額から控除できます。

また、譲渡した株式等についてその年中に配当がある場合は、その譲渡した株式等に係る借入金の利子は、必ず株式等の譲渡による収入金額から控除することとされていますので、配当所得の計算上控除することはできません。

そこで借入金の利子を、譲渡した株式等を取得するために要したものとその他のものに区分する必要が生じます。しかし、この区分は通常、困難ですので、次の算式により計算した金額を、一般株式等に係る譲渡所得等の金額又は上場株式等に係る譲渡所得等の金額の計算上控除する借入金の利子の額とすることができます。（措通37の10・37の11共—16）

$$\text{株式等を取得するために要した負債の利子の総額} \times \frac{\text{その利子の額を差し引く前の申告分離課税となる一般株式等の譲渡所得等の金額又は上場株式等に係る譲渡所得等の金額}}{\text{配当所得の収入金額} + \text{その利子の額を差し引く前の申告分離課税となる一般株式等の譲渡所得等の金額及び上場株式等に係る譲渡所得等の金額} + \text{その利子の額を差し引く前の総合課税の株式等の事業所得等の金額}}$$

# 7 譲渡所得等の金額の損失の通算

一般株式等の譲渡所得等の金額とは、その年中の一般株式等の譲渡に係る事業所得の金額、譲渡所得の金額及び雑所得の金額の合計額をいいます。

また、上場株式等の譲渡所得等の金額とは、その年中の上場株式等の譲渡に係る事業所得の金額、譲渡所得の金額及び雑所得の金額の合計額をいいます。

この場合において、これらの金額の計算上生じた損失の金額があるときは、その損失の金額は、次に掲げる損失の金額の区分に応じ、それぞれに定めるところにより控除することとされます。（措令

有価証券を譲渡した場合の課税

25の8①、25の9①、措通37の10・37の11共―4）

　なお、控除しきれない金額はなかったものとされ、他の所得から控除したり、翌年以降に繰り越して控除することはできません（**9**で説明している特定中小会社の発行した株式の譲渡損失及び**二の3**の一定の上場株式等に係る譲渡損失については、翌年以後3年以内の株式等に係る譲渡所得等の金額からの繰越控除が認められます。）。

| | | |
|---|---|---|
| ① | 一般株式等の譲渡に係る事業所得の金額の計算上生じた損失の金額 | その損失の金額は、一般株式等の譲渡に係る譲渡所得の金額及び雑所得の金額から控除します。この場合において一般株式等の譲渡に係る譲渡所得の金額又は雑所得の金額のうちに、公開等特定株式に係る譲渡所得の金額又は公開等特定株式に係る雑所得の金額があるときは、その損失の金額は、まず、公開等特定株式に係る譲渡所得の金額及び公開等特定株式に係る雑所得の金額から控除するものとされます。 |
| ② | 一般株式等の譲渡に係る譲渡所得の金額の計算上生じた損失の金額 | その損失の金額は、一般株式等の譲渡に係る事業所得の金額及び雑所得の金額から控除します。この場合において、一般株式等の譲渡に係る事業所得の金額又は雑所得の金額のうちに、公開等特定株式に係る事業所得の金額又は公開等特定株式に係る雑所得の金額があるときは、その損失の金額は、まず、公開等特定株式に係る事業所得の金額及び公開等特定株式に係る雑所得の金額から控除するものとされます。 |
| ③ | 一般株式等の譲渡に係る雑所得の金額の計算上生じた損失の金額 | その損失の金額は、一般株式等の譲渡に係る事業所得の金額及び譲渡所得の金額から控除します。この場合において、一般株式等の譲渡に係る事業所得の金額又は譲渡所得の金額のうちに、公開等特定株式に係る事業所得の金額又は公開等特定株式に係る譲渡所得の金額があるときは、その損失の金額は、まず、公開等特定株式に係る事業所得の金額及び公開等特定株式に係る譲渡所得の金額から控除するものとされます。 |
| ④ | 上場株式等の譲渡に係る事業所得の金額の計算上生じた損失の金額 | その損失の金額は、上場株式等の譲渡に係る譲渡所得の金額及び雑所得の金額から控除します。この場合において上場株式等の譲渡に係る譲渡所得の金額又は雑所得の金額のうちに、公開等特定株式に係る譲渡所得の金額又は公開等特定株式に係る雑所得の金額があるときは、その損失の金額は、まず、公開等特定株式に係る譲渡所得の金額及び公開等特定株式に係る雑所得の金額から控除するものとされます。 |
| ⑤ | 上場株式等の譲渡に係る譲渡所得の金額の計算上生じた損失の金額 | その損失の金額は、上場株式等の譲渡に係る事業所得の金額及び雑所得の金額から控除します。この場合において、上場株式等の譲渡に係る事業所得の金額又は雑所得の金額のうちに、公開等特定株式に係る事業所得の金額又は公開等特定株式に係る雑所得の金額があるときは、その損失の金額は、まず、公開等特定株式に係る事業所得の金額及び公開等特定株式に係る雑所得の金額から控除するものとされます。 |
| ⑥ | 上場株式等の譲渡に係る雑所得の金額の計算上生じた損失の金額 | その損失の金額は、上場株式等の譲渡に係る事業所得の金額及び譲渡所得の金額から控除します。この場合において、上場株式等の譲渡に係る事業所得の金額又は譲渡所得の金額のうちに、公開等特定株式に係る事業所得の金額又は公開等特定株式に係る譲渡所得の金額があるときは、その損失の金額は、 |

分離課税の株式等の譲渡所得・事業所得・雑所得の申告

|  | まず、公開等特定株式に係る事業所得の金額及び公開等特定株式に係る譲渡所得の金額から控除するものとされます。 |

**（注1）** 損益通算の規定（382ページ以下参照）の適用については、一般株式等又は上場株式等に係る譲渡所得等の金額はないものとされますので、一般株式等又は上場株式等に係る譲渡所得等の金額以外の所得金額の計算上生じた損失を一般株式等又は上場株式等に係る譲渡所得等の金額から控除することはできません。（措法37の10⑥四、37の11⑥）

**（注2）** 一般株式等又は上場株式等に係る譲渡所得等の金額の計算上生じた損失は、生じなかったものとみなされますので、その損失は翌年以後に繰り越すことはできない（**9**の特定中小会社が発行した株式に係る譲渡損失及び二の**1**の一定の上場株式等に係る譲渡損失の繰越控除の適用がある場合を除きます。）のはもちろんですが、一般株式等又は上場株式等に係る譲渡所得等の金額の黒字の金額から純損失の繰越額を控除することもできません。ただし、雑損失の繰越額及び他の所得金額から控除できなかった所得控除の控除不足額を控除することはできます。（措法37の10⑥四、37の11⑥）

## 8　特定管理株式等が価値を失った場合の株式等に係る譲渡所得の課税の特例

### ⑴　特例のあらまし

　居住者等（居住者又は恒久的施設を有する非居住者）について、その有する特定管理株式等又は特定口座内公社債が、株式又は公社債としての価値を失ったことによる損失が生じた場合には、その損失の金額として次の①～②の算式で計算した金額は、その株式の譲渡をしたことにより生じた損失の金額とみなされます。（措法37の11の2、措令25の9の2）

**（注）** 令和2年分の所得税まで本特例の適用対象とされていた特定保有株式については、その全てについて会社更生手続又は民事再生手続が終了し、特定保有株式が存在しないため、令和3年分以後の所得税より、特例の適用対象から除外されました。（令3改所法等附15）

① 特定管理株式等に係る損失の金額

⑶の事実の発生時において特定管理口座で管理されている特定管理株式等の1株又は1単位当たりの取得価額 × 当該特定管理口座において当該事実の発生の直前に有する特定管理株式等の数

**（注）** 特定管理株式等が譲渡された場合には、それぞれの特定管理口座ごとに、その特定管理口座に係る特定管理株式等の譲渡による譲渡所得等とその特定管理株式等以外の株式等の譲渡による譲渡所得等とを区分して、これらの所得の金額を計算します。

② 特定口座内公社債に係る損失の金額

⑶の事実の発生時における特定口座内公社債の1単位当たりの取得価額 × その事実の発生の直前に有するその特定口座内公社債の数

**（注）** 同一銘柄の公社債のうちに特定管理株式等及び特定管理株式等以外の公社債がある場合には、これらの公社債については、それぞれ銘柄が異なるものとして取得価額の計算を行うこととなります。（措令25の9の2⑤）

### ⑵　対象となる株式

　この特例の対象となる特定管理株式等とは、それぞれ次のものをいいます。（措法37の11の2①）

① 特定管理株式等　　居住者等の開設する二の4⑴ロ⑷④の特定口座に係る同イの特定口座内保管上場株式等が上場株式等に該当しないこととなった内国法人が発行した株式又は公社債につき、その上場株式等に該当しないこととなった日以後引き続きその特定口座を開設する金融商品取引業者等に開設される特定管理口座（その上場株式等に該当しないこととなった内国法人が発行した株式又は公社債につきその特定口座から移管により保管の委託をされることその他一定の要件を満たす口座をいいます。）に係る振替口座簿に記載若しくは記録がされ、又は特定管理口座に保管の委託がされているその内国法人が発行した株式又は公社債

② 特定口座内公社債　　その特定口座に係る振替口座簿に記載若しくは記録がされ、又はその特定口座に保管の委託がされている内国法人が発行した公社債

## ⑶　株式としての価値を失った場合

⑴の株式としての価値を失ったことによる損失が生じた場合とは、内国法人が解散（合併による解散を除きます。）をし、その清算が終了した場合のほか次の事実が発生したことをいいます。（措法37の11の2①一、二、措令25の9の2③）

① 特定管理株式等である株式

　イ　特定管理株式等である株式を発行した内国法人（特定株式発行法人）が破産手続開始の決定を受けたこと

　ロ　特定株式発行法人がその発行済株式の全部を無償で消滅させることを定めた更生計画につき認可の決定を受け、その発行済株式の全部を無償で消滅させたこと

　ハ　特定株式発行法人がその発行済株式（投資法人にあっては、発行済みの投資口）の全部を無償で消滅させることを定めた再生計画につき認可の決定が確定し、その発行済株式の全部を無償で消滅させたこと

　ニ　特定株式発行法人が預金保険法の規定による特別危機管理開始決定を受けたこと

② 特定管理株式等である公社債又は特定口座内公社債（特定口座内公社債等）

　イ　特定口座内公社債等を発行した内国法人（特定口座内公社債等発行法人）が破産手続廃止の決定又は破産手続終結の決定を受けたことにより、特定口座内公社債等と同一銘柄の社債に係る債権の全部について弁済を受けることができないことが確定したこと

　ロ　特定口座内公社債等発行法人がその社債を無償で消滅させることを定めた更生計画につき認可の決定を受け、特定口座内公社債等と同一銘柄の社債を無償で消滅させたこと

　ハ　特定口座内公社債等発行法人がその社債を無償で消滅させることを定めた再生計画につき認可の決定が確定し、その特定口座内公社債等と同一銘柄の社債を無償で消滅させたこと

## ⑷　申告の手続

この特例の適用を受けようとする場合には、⑶の事実が発生した日の属する年分の確定申告書第三表の特例適用条文欄に「措法37条の11の2」と記載するとともに、次の書類を添付しなければなりません。（措法37の11の2③、措規18の10の2④）

① その金融商品取引業者等の営業所の長が⑶の事実等を確認した旨を証する書類

〔特定管理株式の場合〕

(3)の事実を確認した旨及び以下の事項の記載のあるもの

イ　(3)の事実の内容及びその発生年月日

ロ　その株式に係る1株当たりの金額に相当する金額及びその事実の発生直前において有する株式の数

ハ　居住者等の氏名及び住所（国内に住所を有しない者にあっては、次の区分に応じそれぞれ次の場所）

(イ)　国内に居所を有する者　　その居所地

(ロ)　非居住者で(イ)以外の者　　恒久的施設を通じて行う事業に係る事務所、事業所その他これらに準ずるもの（その主たるもの）の所在地

〔特定口座内公社債等の場合〕

(3)の事実を確認した旨及び以下の事項の記載があるもの

イ　(3)の事実の内容及びその発生年月日

ロ　その公社債等に係る1単位当たりの金額に相当する金額及びその事実の発生の直前において有するその公社債等の数

ハ　居住者等の氏名及び住所（国内に住所を有しない者にあっては、次の区分に応じそれぞれ次の場所）

(イ)　国内に居所を有する者　　その居所地

(ロ)　非居住者で(イ)以外の者　　恒久的施設を通じて行う事業に係る事務所、事業所その他これらに準ずるもの（その主たるもの）の所在地

②　株式等に係る譲渡所得等の金額の計算明細書（特定管理株式とそれ以外の株式等との別に、特定管理株式に係る損失の金額及び他の株式等に係る譲渡所得等の金額の計算に関する明細の記載があるものに限ります。）

## 9　特定中小会社が発行した株式に係る譲渡損失の繰越控除等

次の(1)の表に掲げる株式会社（以下「特定中小会社」といいます。）が発行する株式の譲渡について、その取得費の控除については次の(1)、譲渡損については(2)又は(3)、譲渡益については(4)の特例が適用されます。

### (1)　特定中小会社の発行株式の取得費控除の特例

平成15年4月1日以後に、次表の左欄に掲げる特定中小会社の設立の際に発行された株式又はその設立の日後に発行されたその特定中小会社の同表の右欄に掲げる株式（以下「特定株式」といいます。）を払込み（これらの株式の発行に際してするものに限ります。以下同じ。）により取得をした居住者等（居住者又は恒久的施設を有する非居住者）（一定の同族株主等を除きます。）が、その特定株式を払込みにより取得をした場合には、その取得をした年分の一般株式等に係る譲渡所得等の金額又は上場株式等に係る譲渡所得等の金額の計算上、その年中に払込みにより取得をした特定株式（以下「控

有価証券を譲渡した場合の課税

除対象特定株式」といいます。）の取得に要した金額の合計額（この特例の適用前の一般株式等に係る譲渡所得等の金額及び適用前の上場株式等に係る譲渡所得等の金額の合計額（以下「適用前の株式等に係る譲渡所得等の金額の合計額」といいます。）がその取得に要した金額の合計額に満たない場合は、その適用前の株式等に係る譲渡所得等の金額の合計額に相当する額となります。）を控除することができます。（措法37の13①）

| ① | 中小企業経営強化法第6条に規定する特定新規中小企業者に該当する株式会社 | その株式会社により発行される株式 |
|---|---|---|
| ② | 内国法人のうちその設立の日以後10年を経過していない株式会社（中小企業基本法第2条第1項各号に掲げる中小企業者に該当する会社であることその他の財務省令で定める要件を満たすものに限ります。） | その株式会社により発行される株式で次に掲げるものイ 投資事業有限責任組合契約に関する法律第2条第2項に規定する投資事業有限責任組合（財務省令で定めるものに限ります。）に係る同法第3条第1項に規定する投資事業有限責任組合契約に従って取得をされるものロ 金融商品取引法第29条の4の2第10項に規定する第一種少額電子募集取扱業務を行う者（財務省令で定めるものに限ります。）が行う同項に規定する電子募集取扱業務により取得をされるもの　　　　　　　　（令和2年4月1日以後） |
| ③ | 内国法人のうち、沖縄振興特別措置法第57条の2第1項に規定する指定会社で平成26年4月1日から令和7年3月31日までの間に同項の規定による指定を受けたもの | 当該指定会社により発行される株式 |

イ　控除対象特定株式とは、その居住者等がその年中に払込みにより取得した特定株式のうち、その年12月31日において次の算式で計算した株式数に対応する特定株式をいいます。（措令25の12④）

その居住者等がその年中に払込みにより取得した特定株式数 － その居住者等がその年中に譲渡等した特定株式数及びその同一銘柄の他の株式数

ロ　控除対象特定株式の取得に要した金額は、その居住者等がその年中に払込みにより取得した特定株式の銘柄ごとに、次の算式で計算した金額です。（措令25の12③）

$$\frac{特定株式の取得に要した金額の合計額}{その年中に払込みにより取得した特定株式の数} × イの算式で計算した株式数$$

(注1)　316ページ(7)の「特定の取締役等が受ける新株予約権の行使による株式の取得に係る経済的利益」の適用を受ける者は、9 の特例の適用対象にはなりません。

(注2)　特定中小会社が発行した株式を取得した場合の寄附金控除の特例（446ページ2参照）の適用を受けた控除対象特定新規株式と同一銘柄の株式で、その適用を受けた年中に取得したものについては、この特例の適用を受けることはできません。（措法41の19②）

(注3)　この特例の適用を受けた年の翌年以後、特例により控除した額をその適用を受けた特定株式に係る同一銘柄の株式の取得価額から控除することとされています。

分離課税の株式等の譲渡所得・事業所得・雑所得の申告

(注4) この特例の適用を受ける場合には、確定申告書にこの特例の適用を受ける旨を記載し、控除の計算に関する明細書等その他一定の書類を添付することが必要です。(措法37の13②)

(注5) 控除対象特定株式の取得に要した金額は、まず一般株式等に係る譲渡所得等の金額の計算上控除し、なお控除しきれない金額があるときは、上場株式等に係る譲渡所得等の金額の計算上控除します。(措令25の12②、措通37の10・37の11共―4(3))

## (2) 特定中小会社が発行した株式が価値を失った場合のみなし譲渡等

特定中小会社の特定株式を払込み（これらの株式の発行に際してするものに限ります。）により取得した居住者等について、その特定中小会社の設立の日からその株式の上場等の日（届出がなされて最初にいずれかの金融商品取引所に上場された日又は最初に店頭売買登録銘柄として登録された日をいい、以下「上場等の日」といいます。）の前日までの期間（以下「適用期間」といいます。）内に次の①又は②に掲げる事実が発生したときは、その事実が発生したことはその特定株式を譲渡したことと、その損失の金額として一定の金額は、その特定株式を譲渡したことにより生じた損失の金額とそれぞれみなして、所得税に関する規定が適用されます。（措法37の13の2①④⑧、措令25の12の2①～③）

① 特定株式の発行会社が解散（合併による解散を除きます。）をし、その清算が結了したこと

② 特定株式の発行会社が破産法の規定による破産手続開始の決定を受けたこと

(注1) 上記の「特定株式の取得」は、払込みによる取得に限られますから、現物出資、相対取引、相続・贈与などによって取得した場合は、対象となりません。

(注2) その損失として一定の金額を一般株式等に係る譲渡所得等の金額から控除してもなお控除しきれないときは、上場株式等に係る譲渡所得等の金額から控除します。（措法37の13の2①④、措通37の10・37の11共―4(4)）

(注3) 清算が結了したこととは、通常清算又は特別清算が結了したことをいいます。

## (3) 特定株式に係る譲渡損失の繰越控除

確定申告書を提出する居住者等が、その年の前年以前3年内の各年において生じた特定株式に係る譲渡損失の金額（この規定の適用を受けて前年以前において控除されたものを除きます。）を有する場合には、その特定株式に係る譲渡損失の金額に相当する金額は、その年分の一般株式等及び上場株式等に係る譲渡所得等の金額を限度として、その年分の一般株式等及び上場株式等に係る譲渡所得等の金額の計算上控除することができます。（措法37の13の2⑦）

(注1) 上記の「特定株式に係る譲渡損失の金額」とは、居住者等が、適用期間内に、その払込みにより取得した特定株式の譲渡（一定の特殊関係者等に対する譲渡を除きます。）をしたことにより生じた損失の金額として政令（措令25の12の2⑨）で定めるところにより計算した金額のうち、その者のその譲渡をした年分の一般株式等に係る譲渡所得等の金額又は上場株式等に係る譲渡所得等の金額の計算上控除しても控除しきれない金額として政令（措令25の12の2⑩⑪）で定めるところにより計算した金額をいいます。（措法37の13の2⑧）

(注2) (3)の適用を受ける場合は、その繰越控除に係る譲渡損失の金額を、まず一般株式等に係る譲渡所得等の金額の計算上控除し、なお控除しきれない金額があるときは、上場株式等に係る譲渡所得等

有価証券を譲渡した場合の課税

の金額の計算上控除します。（措令25の12の2⑦、措通37の10・37の11共―4⑸）

---

**【参考1】 非課税口座内の少額上場株式等に係る配当所得及び譲渡所得等の非課税措置（NISA）**

⑴と⑵はいずれかを選択して適用できます。

**⑴ 非課税上場株式等管理契約に係る非課税措置（NISA）**

　非課税口座内の少額上場株式等に係る配当所得及び譲渡所得等の非課税措置（いわゆるNISA）は、20歳以上（口座開設の年の1月1日現在）の居住者又は恒久的施設を有する非居住者を対象として、平成26年から令和5年までの間に、年間投資額120万円（平成26年・27年は100万円）を上限として非課税口座で取得した上場株式等の配当等やその上場株式等を売却したことにより生じた譲渡益が、非課税管理勘定が設けられた日の属する年の1月1日から最長5年間非課税（非課税期間）となる制度です。（297ページ参照）

　この制度は、平成26年1月1日以後に支払を受ける非課税口座内上場株式等の配当等及び同日以後の非課税口座内上場株式等の譲渡について適用されます。（措法9の8、37の14、平25改所法等附32、48①②）

**⑵ 非課税累積投資契約に係る非課税措置（つみたてNISA）**

　イ　金融商品取引業者等の営業所に非課税口座を開設している居住者等が、その非課税口座に累積投資勘定を設けた日から同日の属する年の1月1日以後20年を経過する日までの間に支払を受けるべきその累積投資勘定に係る公社債投資信託以外の上場等株式投資信託の配当等については、所得税が非課税となる制度です。（298ページ参照）

　ロ　金融商品取引業者等の営業所に非課税口座を開設している居住者等が、その非課税口座に累積投資勘定を設けた日から同日の属する年の1月1日以後20年を経過する日までの間にその累積投資勘定に係る上場等株式投資信託の受益権の非課税累積投資契約に基づく譲渡をした場合には、その譲渡による譲渡所得等については、所得税が非課税となります。

　この制度は、平成29年10月1日以後に累積投資勘定の設定に係る手続を行い、平成30年1月1日以後に設定された累積投資勘定に受け入れる上場等株式投資信託について適用されます。（措法9の8、37の14、平29改所法等附1三チ）

　**(注)**　令和5年1月1日以後に開設される非課税口座について、居住者等が非課税口座を開設することができる年齢要件が、その年1月1日において18歳以上に引き下げられます。（措法37の14⑤一、平31改所法等附37①）

　《令和2年度税制改正事項》
　現行の「NISA（非課税管理勘定）」の勘定設定期間（平成26年1月1日から令和5年12月31日まで）の終了にあわせ、令和6年1月1日から令和10年12月31日までを勘定設定期間とする新たな「NISA（特定累積投資勘定及び特定非課税管理勘定）」が創設され、年分ごとに「つみたてNISA」と選択して適用できることとされました。（措法37の14①等）

分離課税の株式等の譲渡所得・事業所得・雑所得の申告

**【参考2】 未成年者口座内の少額上場株式等に係る配当所得及び譲渡所得等の非課税措置（ジュニア NISA）**

　20歳未満の居住者等を対象として、平成28年から令和5年までの間に、年間投資額80万円を上限として未成年者口座で取得した上場株式等の配当等やその上場株式等を売却したことにより生じた譲渡益が、非課税管理勘定が設けられた日の属する年の1月1日から最長5年間（非課税期間）非課税となる制度です。（300ページ参照）

　この制度は、平成28年1月1日以後に未成年者口座の開設の申込みがされ、同年4月1日からその未成年者口座に受け入れる上場株式等について適用されます。（措法9の9、37の14の2、平27改所法等附70）

　(注)　令和5年1月1日以後に開設される未成年者口座及び同日以後に設けられる非課税管理勘定について、居住者等が未成年者口座の開設並びに非課税管理勘定及び継続管理勘定の設定をすることができる年齢要件が、その年1月1日において18歳未満に引き下げられます。（措法37の14の2①二、⑤一～四、平31改所法等附38①）

> 《令和2年度税制改正事項》
>
> 　ジュニア NISA 口座の開設可能期間（平成28年4月1日から令和5年12月31日まで）が延長されずに終了することとされたほか、いわゆる「払出制限」について、令和6年1月1日以後は、源泉徴収が行われることなくジュニア NISA 口座（課税未成年者口座を含みます。）内の上場株式等や金銭その他の資産を払い出すことができることとされました。（措法37の14の2⑥⑧）

## 10　課税譲渡所得等の金額と税額の計算

> **一般株式等に係る課税譲渡所得等の金額〔A〕**
>
> 　＝一般株式等に係る譲渡所得等の金額－他の所得からの所得控除の控除不足額
>
> **一般株式等の譲渡所得税額＝〔A〕×15％（他に住民税5％）**
>
> **上場株式等に係る課税譲渡所得等の金額〔B〕**
>
> 　＝上場株式等に係る譲渡所得等の金額－他の所得からの所得控除の控除不足額
>
> **上場株式等の譲渡所得税額＝〔B〕×15％（他に住民税5％）**
>
> 　(注)　平成25年1月1日から令和19年12月31日までの各年分の確定申告の際には、併せて基準所得税額に2.1％の税率を乗じて計算した復興特別所得税を申告・納付することになります。

　なお、その年分の課税総所得金額に係る所得税額から控除しきれない配当控除額、（特定増改築等）住宅借入金等特別控除額、政党等寄附金特別控除額、認定 NPO 法人等寄附金特別控除、公益社団法人等寄附金特別控除、住宅耐震改修特別控除額、住宅特定改修特別税額控除額又は認定住宅等新築等特別税額控除額があるときは、一般株式等に係る課税譲渡所得等又は上場株式等に係る課税譲渡所得等に対する所得税額から控除できます。また、外国税額控除についても、その年分の課税総所得金額に係る所得税額から上記の各税額控除額を控除した残額から控除しきれない外国税額控除額がある場

——(796)——

有価証券を譲渡した場合の課税

合には、一般株式等に係る課税譲渡所得等又は上場株式等に係る課税譲渡所得等に対する所得税額から控除できます。（措法37の10⑥、37の11⑥）

## 11　確定申告と受領者の告知・本人確認及び支払調書

### ⑴　確定申告

　確定申告をするに当たっては、確定申告書に「**株式等に係る譲渡所得等の金額の計算明細書**」を添付することとされています（税制適格ストック・オプションにより取得した株式や9の特例の対象となる株式を譲渡した場合は、「**株式等に係る譲渡所得等の金額の計算明細書（特定権利行使株式分及び特定投資株式分がある場合）**」を添付することとされています。）。（措令25の8⑭、25の9⑬）

### ⑵　受領者の告知・本人確認

　株式等の譲渡をした者で次の者からその対価（注）の支払を受けるものは、その支払を受けるべき時までに、その支払者に対し、その者の氏名、住所及び個人番号（個人番号を有しない場合には氏名及び住所）を告知し、かつ、一定の公的書類を提示又は署名用電子証明書等を送信して本人確認を受けることとされています。（所法224の3①）

①　その株式等の譲渡を受けた法人（②及び③の者を通じてその譲渡を受けたものを除きます。）

②　その株式等の譲渡について売委託（③の株式等の競売についてのものを除きます。）を受けた金融商品取引業者又は登録金融機関

③　会社法の規定により1株又は1口に満たない端数に係る株式等の競売をした法人

（注）　平成26年4月1日以後に行う株式等の譲渡の対価については、その額の全部又は一部が給与等の収入金額又は退職手当等の収入金額とみなされるもの（318ページの⑻参照）を除きます。

### ⑶　支払調書

　株式等の譲渡の対価の支払者は、「株式等の譲渡の対価の支払調書」を所轄税務署に提出することとされています。（所法225①十、十一、措法38、所規90の2、措規18の17）

---

　一の適用を受ける株式等に係る譲渡所得等の金額は、控除対象配偶者や扶養親族等の判定の基となる合計所得金額に含まれます。

---

分離課税の株式等の譲渡所得・事業所得・雑所得の申告

1 面

# 株式等に係る譲渡所得等の金額の計算明細書

【令和＿＿年分】

整理番号

　この明細書は、「一般株式等に係る譲渡所得等の金額」又は「上場株式等に係る譲渡所得等の金額」を計算する場合に使用するものです。
　なお、国税庁ホームページ【https://www.nta.go.jp】では、画面の案内に沿って収入金額などの必要項目を入力することにより、この明細書や確定申告書などを作成することができます。

| 住　所<br>（前住所） | （ | | | ） | フリガナ<br>氏　名 | |
| 電話番号<br>（連絡先） | | 職業 | | | 関与税理士名<br>（電　話） | （　　　　） |

※　譲渡した年の1月1日以後に転居された方は、前住所も記載してください。

## 1　所得金額の計算

| | | | 一　般　株　式　等 | 上　場　株　式　等 |
|---|---|---|---|---|
| 収入金額 | 譲 渡 に よ る 収 入 金 額 | ① | 円 | 円 |
| | そ　の　他　の　収　入 | ② | | |
| | 小　　　　計（①＋②） | ③ | 申告書第三表㋖へ | 申告書第三表㋗へ |
| 必要経費又は譲渡 | 取 得 費（ 取 得 価 額 ） | ④ | | |
| | 譲渡のための委託手数料 | ⑤ | | |

「上場株式等」の⑪欄の金額が赤字の場合で、譲渡損失の損益通算及び繰越控除の特例の適

## 【参考】　特定口座以外で譲渡した株式等の明細

二面

| 区　分 | 譲渡年月日<br>（償還日） | 譲渡した株式等の銘柄 | 数　量 | 譲渡先（金融商品取引業者等）の所在地・名称等 | 譲渡による収入金額 | 取得費（取得価額） | 譲渡のための委託手数料 | 取得年月日 |
|---|---|---|---|---|---|---|---|---|
| 一般株式等・上場株式等 | ・・ | | 株(口、円) | | 円 | 円 | 円 | ・・<br>（・・・） |
| 一般株式等・上場株式等 | ・・ | | | | | | | ・・<br>（・・・） |
| 一般株式等・上場株式等 | ・・ | | | | | | | ・・<br>（・・・） |
| 一般株式等・上場株式等 | ・・ | | | | | | | ・・<br>（・・・） |
| 一般株式等・上場株式等 | ・・ | | | | | | | ・・<br>（・・・） |
| 合　計 | 一　　般　　株　　式　　等 | | | | 1面①へ | 1面④へ | 1面⑤へ | |
| | 上 場 株 式 等（一 般 口 座） | | | | 1面①へ | 1面④へ | 1面⑤へ | |

――（798）――

有価証券を譲渡した場合の課税

1 面

# 株式等に係る譲渡所得等の金額の計算明細書
## （特定権利行使株式分及び特定投資株式分がある場合）

【令和＿＿年分】

整理番号

この明細書は、租税特別措置法第29条の2に規定する特定権利行使株式（いわゆる税制適格ストック・オプションにより取得した株式）
又は租税特別措置法第37条の13の2及び平成20年改正前租税特別措置法第37条の13の3に規定する特定投資株式（いわゆるエンジェル税制の
対象となる株式）を譲渡した方が使用するものです。

| 住 所<br>（前住所） | （ | ） | フリガナ<br>氏 名 | |
|---|---|---|---|---|
| 電話番号<br>（連絡先） | | 職業 | 関与税理士名<br>（電 話） | （ ） |

※ 譲渡した年の1月1日以後に転居された方は、前住所も記載してください。

## 1 所得金額の計算

（単位：円）

| | | | 一般株式等 | 内、特定権利<br>行使株式分 | 内、特定投資<br>株式分 | 内、公開等<br>特定株式分 | 上場株式等 | 内、特定権利<br>行使株式分 | 内、公開等<br>特定株式分 |
|---|---|---|---|---|---|---|---|---|---|
| 収入金額 | 譲渡による<br>収入金額 | ① | | | | | | | |
| | その他の収入 | ② | | | | | | | |
| | 小計 （①＋②） | ③ | 申告書第三表㋐へ | | | | 申告書第三表㋑へ | | |
| 必要経費又は譲渡 | 取得費<br>（取得価額） | ④ | | | | | | | |
| | 譲渡のための<br>委託手数料 | ⑤ | | | | | | | |

## 3 特定投資株式の価値喪失の金額の計算

| ① 特定残株数 | ② 1株当たりの取得費 | ③ 特定投資株式の価値喪失の金額（①×②） |
|---|---|---|
| 株 | 円 | 「1 所得金額の計算」の「一般株式等」の⑨へ 円 |

（注） ①及び②は、「株式の異動明細書」の「異動事由」欄の清算結了等の直前の特定残株数と、その時における1株当たりの取得費を転記してください。

## 4 公開等特定株式に該当する株式数の計算

【譲渡の日：令和 年 月 日】

| ① 譲渡の時の直前の特定残株数 | 株 |
|---|---|
| ② 平成12年4月1日から譲渡の日の3年前の日の前日（取得期間）までに払込みにより取得した株式数 | 株 |
| ③ 公開等特定株式に該当する株式数 （①又は②のいずれか少ない株式数） | 株 |

（注） 1 「譲渡の時の直前の特定残株数」は、譲渡の直前における「株式の異動明細書」の「⑦特定残株数」欄の株式数を記載してください。
2 「平成12年4月1日から譲渡の日の3年前の日の前日（取得期間）までに払込みにより取得した株式数」は、既に「特定投資株式に係る譲渡所得等の課税の特例」の適用を受けた株式数を除きます。
3 公開等特定株式に該当する株式について、譲渡した株式数が③の株式数を上回る場合には、③の株式数が公開等特定株式に該当する株式数の上限となりますので、1面の「一般株式等」又は「上場株式等」の「内、公開等特定株式分」には、③の株式数に相当する金額のみ記載してください。

## 5 公開等特定株式に係る所得金額の計算

| 一般株式等 | 「1 所得金額の計算」⑫欄（所得金額）が「Ⓐ≧Ⓑ」の場合 | （Ⓐ－（Ⓑ÷2）） 「1 所得金額の計算」の「一般株式等」の⑬へ 円 |
|---|---|---|
| | 「1 所得金額の計算」⑫欄（所得金額）が「Ⓐ＜Ⓑ」の場合 | （Ⓐ÷2） ・「1 所得金額の計算」の「一般株式等」の⑬へ 円 |
| 上場株式等 | 「1 所得金額の計算」⑫欄（所得金額）が「Ⓒ≧Ⓓ」の場合 | （Ⓒ－（Ⓓ÷2）） 「1 所得金額の計算」の「上場株式等」の⑬へ 円 |
| | 「1 所得金額の計算」⑫欄（所得金額）が「Ⓒ＜Ⓓ」の場合 | （Ⓒ÷2） 「1 所得金額の計算」の「上場株式等」の⑬へ 円 |

## 6 特定口座以外で譲渡した株式等の明細

| 区 分 | 譲渡<br>年月日<br>（償還日） | 譲渡した<br>株式等<br>の銘柄 | 数量 | 譲渡先（金融商品<br>取引業者等）の所<br>在地・名称等（※1） | 譲渡による<br>収入金額 | 取得費<br>（取得価額） | 譲渡のための<br>委託手数料 | 取　得<br>年月日（※2） |
|---|---|---|---|---|---|---|---|---|
| 一般株式等<br>・<br>上場株式等 | ・ ・ | | 株（口、円） | | 円 | 円 | 円 | ・ ・<br>（ ・ ・ ） |

二
面

分離課税の株式等の譲渡所得・事業所得・雑所得の申告

## 二　上場株式等に係る譲渡所得等の課税の特例

### 1　上場株式等に係る譲渡損失の損益通算及び繰越控除

#### 《A》上場株式等に係る譲渡損失と上場株式等に係る配当所得等との損益通算

　確定申告書を提出する居住者等（居住者又は恒久的施設を有する非居住者）の平成28年分以後の年分の上場株式等に係る譲渡損失の金額がある場合には、上場株式等に係る配当所得等の金額（申告分離課税を選択したものに限ります。）を限度として、その年分の上場株式等に係る配当所得等の金額の計算上控除されます。（措法37の12の2①）

#### (1)　上場株式等に係る譲渡損失の金額

　「上場株式等に係る譲渡損失の金額」とは、その居住者等が、「上場株式等」の一定の譲渡をしたことにより生じた損失金額のうち、その者のその譲渡をした年分の上場株式等に係る譲渡所得等の金額の計算上控除してもなお控除しきれない部分の金額をいいます。（措法37の12の2②、措令25の11の2④～⑥）

イ　上場株式等の譲渡の範囲

① 　金融商品取引法第2条第9項に規定する金融商品取引業者（第1種金融商品取引業を行う者に限ります。②において「金融商品取引業者」といいます。）又は同法第2条第11項に規定する登録金融機関（③において「登録金融機関」といいます。）への売委託により行う上場株式等の譲渡

② 　金融商品取引業者に対する上場株式等の譲渡

③ 　登録金融機関に対する上場株式等の譲渡で金融商品取引法第2条第8項第1号の規定に該当するもの又は投資信託及び投資法人に関する法律第2条第11項に規定する投資信託委託会社に対する上場株式等の譲渡で金融商品取引法施行令第1条の12に規定する買取りに該当するもの

④ 　上場株式等について、会社の合併・分割等、投資信託等の終了等又は特定受益証券発行信託に係る信託の分割の事由が生じたことによる上場株式等の譲渡

⑤ 　上場株式等を発行した法人の行う株式交換又は株式移転によるその法人に係る株式交換完全親法人又は株式移転完全親法人に対するその上場株式等の譲渡

⑥ 　上場株式等を発行した法人に対して会社法第192条第1項の規定に基づいて行う同項に規定する単元未満株式の譲渡及び取得条項付新株予約権又は新株予約権付社債のこれらを発行した法人に対する譲渡でその譲渡が一の3(3)ロに規定する場合に該当しない場合におけるその譲渡及び取得条項付新投資口予約権のその発行した法人に対する譲渡

⑦ 　上場株式等を発行した法人に対して会社法の施行前の商法の規定に基づいて行う端株の譲渡

⑧ 　上場株式等を発行した法人が行う会社法第234条第1項又は第235条第1項の規定による1株又

上場株式等に係る譲渡所得等の課税の特例

　　は１口に満たない端数に係る上場株式等の競売によるその上場株式等の譲渡

⑨　信託会社（金融機関の信託業務の兼営等に関する法律により同法第１条第１項に規定する信託業務を営む同項に規定する金融機関を含みます。⑩において同じです。）の営業所（国内にある営業所又は事務所をいいます。以下同じです。）に信託されている上場株式等の譲渡で、その営業所を通じて金融商品取引法第58条に規定する外国証券業者（⑩において単に「外国証券業者」といいます。）への売委託により行うもの

⑩　信託会社の営業所に信託されている上場株式等の譲渡で、その営業所を通じて外国証券業者に対して行うもの

⑪　国外転出をする場合の譲渡所得等の特例又は贈与等により非居住者に資産が移転した場合の譲渡所得等の特例の規定により行われたものとみなされた上場株式等の譲渡

ロ　上記の「上場株式等の一定の譲渡をしたことにより生じた損失の金額」の計算（措令25の11の２①、措規18の14の２①）

（イ）　その損失の金額が、事業所得又は雑所得の基因となる上場株式等の譲渡をしたことにより生じたものである場合……その上場株式等の譲渡（以下「上場株式等の特定譲渡」といいます。）による事業所得又は雑所得とその上場株式等の特定譲渡以外の上場株式等の譲渡（以下「上場株式等の一般譲渡」といいます。）による事業所得又は雑所得とを区分してその上場株式等の特定譲渡に係る事業所得の金額又は雑所得の金額を計算した場合にこれらの金額の計算上生ずる損失の金額に相当する金額

　　（注）　その上場株式等の特定譲渡をした日の属する年分の上場株式等の譲渡に係る事業所得の金額又は雑所得の金額の計算上必要経費に算入されるべき金額のうちにその上場株式等の特定譲渡とその上場株式等の一般譲渡の双方に関連して生じた「共通必要経費の額」があるときは、その共通必要経費の額は、これらの所得を生ずべき業務に係る収入金額などその業務の内容及び費用の性質に照らして合理的と認められるものによりその上場株式等の特定譲渡に係る必要経費の額とその上場株式等の一般譲渡に係る必要経費の額とに配分することになります。（措規18の14の２①）

（ロ）　その損失の金額が、譲渡所得の基因となる上場株式等の譲渡をしたことにより生じたものである場合……その上場株式等の譲渡による譲渡所得の金額の計算上生じた損失の金額

ハ　上記の「上場株式等に係る譲渡所得等の金額の計算上控除してもなお控除しきれない部分の金額」の計算（措令25の11の２②③）

　　上場株式等に係る譲渡所得等の金額の計算上控除してもなお控除しきれない部分の金額は、上場株式等の譲渡をした日の属する年分の上場株式等に係る譲渡所得等の金額の計算上生じた損失の金額のうち、「特定譲渡損失の金額」の合計額に達するまでの金額とします。

　　この場合における「特定譲渡損失の金額」とは、その年中の上場株式等の譲渡に係る事業所得の金額の計算上生じた損失の金額、上場株式等の譲渡に係る譲渡所得の金額の計算上生じた損失の金額又は上場株式等の譲渡に係る雑所得の金額の計算上生じた損失の金額のうち、それぞれの所得の基因となる上場株式等の譲渡に係る上記ロの(イ)及び(ロ)に掲げる金額の合計額に達するまでの金額を

——（801）——

分離課税の株式等の譲渡所得・事業所得・雑所得の申告

いいます。

## (2)　上場株式等に係る配当所得等の金額

上場株式等に係る譲渡損失の金額を控除することができる「上場株式等に係る配当所得等の金額」は、上場株式等に係る配当所得等の課税の特例（措法8の4）による申告分離課税を選択したもののみとなります。（措法37の12の2①）

したがって、上場株式等に係る配当所得等について、総合課税を選択して申告をした年分については、この損益通算は適用することができません。

（注）　後述する「上場株式等に係る譲渡損失の繰越控除」の適用上も同様の取扱いとなります。

## (3)　申告の手続

この損益通算の適用を受けるためには、その適用しようとする年分の確定申告書に、損益通算の適用をしようとする旨を記載し、かつ、「一定の書類」を添付しなければなりません。（措法37の12の2③）

（注）　この場合における確定申告書には、所得税法上の確定申告書（確定所得申告書、還付申告書及び確定損失申告書並びにこれらの期限後申告書を含みます。）のほか、次に掲げる申告書が含まれます。（措法37の12の2①）

①　その年の翌年以後において「上場株式等に係る譲渡損失の繰越控除」（措法37の12の2⑤）の適用を受けようとする場合で、所得税法上の確定申告書を提出すべき場合及び還付申告書又は確定損失申告書を提出することができる場合のいずれにも該当しない場合に提出することができる確定損失申告書（措法37の12の2⑨）

②　「特定中小会社が発行した株式に係る譲渡損失の繰越控除（エンジェル税制）」（措法37の13の2⑦）において提出することができる確定損失申告書（措法37の13の2⑩）

〈損益通算の適用をする場合に確定申告書に添付しなければならない「一定の書類」〉

この「一定の書類」とは、以下の書類をいいます。（措規18の14の2②）

①　上場株式等に係る譲渡損失の金額の計算に関する明細書

②　上場株式等に係る譲渡所得等の金額の計算明細書

（注）　ただし、上記②の明細書は、次の場合には、それぞれ次の書類となります（後述する「上場株式等に係る譲渡損失の繰越控除」の場合も同様です。）。

イ　その年中に特定口座における上場株式等の譲渡しかなく、その年分の確定申告書に、上記②の明細書に代えて特定口座年間取引報告書又は電磁的方法により提供を受けたその特定口座年間取引報告書に記載すべき事項を書面に出力したもの（2以上の特定口座を有する場合には、その2以上の特定口座に係るこれらの書類及びその合計表）を添付する場合……その特定口座年間取引報告書等

ロ　その年中に特定口座における上場株式等の譲渡とそれ以外の株式等の譲渡があり、その年分の確定申告書に、一部の記載を省略した上記②の明細書と特定口座年間取引報告書を添付する場合……その上記②の明細書及び特定口座年間取引報告書

## (4)　他の規定との調整等

申告分離課税の対象となる「上場株式等に係る配当所得等の金額」は、この損益通算の適用後の金額となります。（措法37の12の2④）

なお、この損益通算の適用がある場合には、所得税の扶養控除の対象となる扶養親族に該当するか

上場株式等に係る譲渡所得等の課税の特例

どうかなどを判定する際の「合計所得金額」等についても、この損益通算の適用後の金額を基礎として計算することになります。（措法8の4③、措令25の11の2⑮⑳）

### 《B》 上場株式等に係る譲渡損失の繰越控除

平成28年分以後、居住者等が、上場株式等に係る譲渡損失の金額（この特例の適用を受けて前年以前に控除されたものを除きます。）を有する場合には、一定の要件の下で、その上場株式等に係る譲渡損失の金額は、その年の翌年以後3年内の各年分の上場株式等に係る譲渡所得等の金額及び上場株式等に係る配当所得等の金額から繰越控除することとされました。（措法37の12の2⑤）

### (1) 上場株式等に係る譲渡損失の金額の計算

繰越控除の対象となる「上場株式等に係る譲渡損失の金額」は、「上場株式等の一定の譲渡をしたことにより生じた損失の金額」のうち、その譲渡をした日の属する年分の「上場株式等に係る譲渡所得等の金額の計算上控除してもなお控除しきれない部分の金額とその年における上場株式等に係る配当所得等の金額との損益通算後の金額」となります。（措法37の12の2⑥）

① 「上場株式等の一定の譲渡をしたことにより生じた損失の金額」の計算

「上場株式等の一定の譲渡をしたことにより生じた損失の金額」は、前記Aの(1)のロの損益通算制度に係る「上場株式等の一定の譲渡をしたことにより生じた損失の金額」と同じ金額になります。（措令25の11の2⑨）

② 「上場株式等に係る譲渡所得等の金額の計算上控除してもなお控除しきれない部分の金額」の計算

「上場株式等に係る譲渡所得等の金額の計算上控除してもなお控除しきれない部分の金額」は、前記Aの(1)のハの損益通算制度に係る「上場株式等に係る譲渡所得等の金額の計算上控除してもなお控除しきれない部分の金額」と同じ金額になります。（措令25の11の2⑩）

### (2) 上場株式等に係る譲渡損失の金額の繰越控除

上場株式等に係る譲渡損失の金額の繰越控除は、次の順序により行います。（措令25の11の2⑧）

① 控除する上場株式等に係る譲渡損失の金額が前年以前3年内の2以上の年に生じたものである場合には、これらの年のうち最も古い年に生じた上場株式等に係る譲渡損失の金額から順次控除します。

② 上場株式等に係る譲渡損失の金額の控除をする場合において、その年分の上場株式等に係る譲渡所得等の金額（「特定中小会社が発行した株式の取得に要した金額の控除等」〈措法37の13①〉又は「特定中小会社が発行した株式に係る譲渡損失の繰越控除」〈措法37の13の2④⑦〉（エンジェル税制）の適用がある場合には、その適用後の金額）及び上場株式等に係る配当所得等の金額があるときは、その上場株式等に係る譲渡損失の金額は、まずその上場株式等に係る譲渡所得等の金額から控除し、なお控除しきれない損失の金額があるときは、その上場株式等に係る配当所得等の金額から控除します。

③ 雑損失の繰越控除（所法71①）が行われる場合には、まず上場株式等に係る譲渡損失の繰越控除を行った後、雑損失の繰越控除を行います。

分離課税の株式等の譲渡所得・事業所得・雑所得の申告

### (3) 申告の手続

　この繰越控除の適用をするためには、以下のすべての要件を満たさなくてはならないこととされています。（措法37の12の2⑦⑪、措令25の11の2⑪）

① 　上場株式等に係る譲渡損失の金額が生じた年分の所得税につき一定の書類の添付がある確定申告書を提出すること

② 　その後において連続して確定申告書を提出すること

③ 　この繰越控除の適用をしようとする年分の確定申告書に一定の書類を添付すること

**〈繰越控除の適用をする場合に確定申告書に添付しなければならない「一定の書類」〉**

　上記の「一定の書類」とは、以下の書類をいいます。（措規18の14の2②〜④）

① 　控除を受ける金額の計算に関する明細書（上場株式等に係る譲渡損失の金額の計算に関する明細書）

　**(注)** 　上場株式等に係る譲渡損失の金額が生じた年の翌年以後にこの繰越控除制度の適用を受けようとする場合には、上場株式等の譲渡がない場合でも、その年分の確定申告書に上記①の明細書を添付する必要があります。

② 　上場株式等に係る譲渡所得等の金額の計算明細書

　**(注)** 　ただし、上記②の明細書は、次の場合には、それぞれ次の書類となります（前述した「上場株式等に係る譲渡損失の損益通算」の場合と同様です。）。

　　イ 　その年中に特定口座における上場株式等の譲渡しかなく、その年分の確定申告書に、上記②の明細書に代えて特定口座年間取引報告書又は電磁的方法により提供を受けたその特定口座年間取引報告書に記載すべき事項を書面に出力したもの（2以上の特定口座を有する場合には、その2以上の特定口座に係るこれらの書類及びその合計表）を添付する場合……その特定口座年間取引報告書等

　　ロ 　その年中に特定口座における上場株式等の譲渡とそれ以外の株式等の譲渡があり、その年分の確定申告書に、一部の記載を省略した上記②の明細書と特定口座年間取引報告書を添付する場合……その上記②の明細書及び特定口座年間取引報告書

### (4) 他の規定との調整等

　扶養親族に該当するかどうかなどを判定する際の「合計所得金額」等については、繰越控除の適用をする場合は、損益通算の適用をする場合と異なり、繰越控除の適用前の金額が基礎となります。

## 上場株式等に係る譲渡所得等の課税の特例

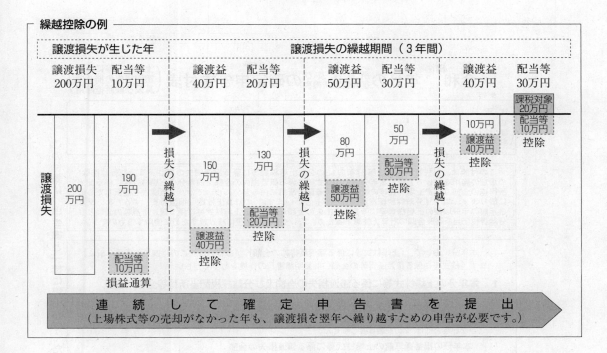

分離課税の株式等の譲渡所得・事業所得・雑所得の申告

| 一連番号 | | 1 面 |

## 令和＿年分の 所 得 税 及 び 復興特別所得税 の確定申告書付表（上場株式等に係る 譲渡損失の損益通算及び繰越控除用）

受付印

| 住 所 又 は 居 所 事業所等 | | フリガナ | |
| 氏 名 | |

この付表は、租税特別措置法第37条の12の2（上場株式等に係る譲渡損失の損益通算及び繰越控除）の規定の適用を受ける方が、本年分の上場株式等に係る譲渡損失の金額を同年分の上場株式等に係る配当所得等の金額（特定上場株式等の配当等に係る配当所得に係る部分については、分離課税を選択したものに限ります。以下「分離課税配当所得等金額」といいます。）の計算上控除（損益通算）するため、又は3年前の年分以後の上場株式等に係る譲渡損失の金額を本年分の上場株式等に係る譲渡所得等の金額及び分離課税配当所得等金額の計算上控除するため、若しくは翌年以後に繰り越すために使用するものです。

○ この付表は、申告書と一緒に提出してください。

○ 本年分において、「上場株式等に係る譲渡所得等の金額」がある方は、この付表を作成する前に、まず「株式等に係る譲渡所得等の金額の計算明細書」の作成をしてください。

### 1 本年分の上場株式等に係る譲渡損失の金額及び分離課税配当所得等金額の計算

（赤字の金額は、△を付けないで書きます。[2面]の2も同じです。）

○ 「①上場株式等に係る譲渡所得等の金額」が黒字の場合又は「②上場株式等に係る譲渡損失の金額」がない場合には、(1)の記載は要しません。また、「④本年分の損益通算前の分離課税配当所得等金額」がない場合には、(2)の記載は要しません。

### (1) 本年分の損益通算前の上場株式等に係る譲渡損失の金額

| 上場株式等に係る譲渡所得等の金額 （「株式等に係る譲渡所得等の金額の計算明細書」の [1面] の「上場株式等」 の⑪欄の金額） | ① | 円 |
| 上場株式等に係る譲渡損失の金額 （※） （「株式等に係る譲渡所得等の金額の計算明細書」の [1面] の「上場株式等」 の⑨欄の金額） | ② | |
| 本年分の損益通算前の上場株式等に係る譲渡損失の金額 （①欄の金額と②欄の金額のうち、いずれか少ない方の金額） | ③ | |

※ ②欄の金額は、租税特別措置法第37条の12の2第2項に規定する上場株式等の譲渡以外の上場株式等の譲渡（相対取引など）がある場合には、同項に規定する上場株式等の譲渡に係る金額（「株式等に係る譲渡所得等の金額の計算明細書」の [1面] の「上場株式等」の⑨欄の括弧書の金額）のみを記載します。

### (2) 本年分の損益通算前の分離課税配当所得等金額

| 種目・所得の生ずる場所 | 利子等・配当等の収入金額（税込） | 配当所得に係る負債の利子 |
|---|---|---|
| | 円 | 円 |
| | | |
| | | |
| | | |
| 合　　　計 | ⓐ 申告書第三表⑦へ | ⓑ |
| 本年分の損益通算前の分離課税配当所得等金額 （ⓐ－ⓑ）（赤字の場合には0と書いてください。） | ④ | |

（注）利子所得に係る負債の利子は控除できません。

### (3) 本年分の損益通算後の上場株式等に係る譲渡損失の金額又は分離課税配当所得等金額

| 本年分の損益通算後の上場株式等に係る譲渡損失の金額 （③－④） （③欄の金額≦④欄の金額の場合には0と書いてください。） （(2)の記載がない場合には、③欄の金額を移記してください。） | ⑤ | △を付けて、申告書第三表⑫へ 円 |
| 本年分の損益通算後の分離課税配当所得等金額 （④－③） （③欄の金額≧④欄の金額の場合には0と書いてください。） （(1)の記載がない場合には、④欄の金額を移記してください。） | ⑥ | 申告書第三表㊷へ |

（令和4年分以降用）

R4.11

――（806）――

2 面（確定申告書付表）

## 2　翌年以後に繰り越される上場株式等に係る譲渡損失の金額の計算

| 譲渡損失の生じた年分 | 前年から繰り越された上場株式等に係る譲渡損失の金額 | 本年分で差し引く上場株式等に係る譲渡損失の金額（※1） | 本年分で差し引くことのできなかった上場株式等に係る譲渡損失の金額 |
|---|---|---|---|
| 本年の3年前分（令和　年分） | Ⓐ（前年分の付表の⑦欄の金額）円 | Ⓓ（上場株式等に係る譲渡所得等の金額から差し引く部分）円<br>Ⓔ（分離課税配当所得等金額から差し引く部分） | （本年の３年前分の譲渡損失の金額を翌年以後に繰り越すことはできません。） |
| 本年の2年前分（令和　年分） | Ⓑ（前年分の付表の⑧欄の金額） | Ⓕ（上場株式等に係る譲渡所得等の金額から差し引く部分）<br>Ⓖ（分離課税配当所得等金額から差し引く部分） | ⑦（Ⓑ－Ⓕ－Ⓖ）円 |
| 本年の前年分（令和　年分） | Ⓒ（前年分の付表の⑤欄の金額） | Ⓗ（上場株式等に係る譲渡所得等の金額から差し引く部分）<br>Ⓘ（分離課税配当所得等金額から差し引く部分） | ⑧（Ⓒ－Ⓗ－Ⓘ） |
| 本年分で上場株式等に係る譲渡所得等の金額から差し引く上場株式等に係る譲渡損失の金額の合計額（Ⓓ＋Ⓕ＋Ⓗ） | ⑨ | 計算明細書の「上場株式等」の⑫へ | |
| 本年分で分離課税配当所得等金額から差し引く上場株式等に係る譲渡損失の金額の合計額（Ⓔ＋Ⓖ＋Ⓘ） | ⑩ | 申告書第三表(56)へ | |
| 翌年以後に繰り越される上場株式等に係る譲渡損失の金額（⑤＋⑦＋⑧） | | ⑪ | 申告書第三表(56)へ（※2）円 |

（注）①面の⑤欄及び②面の⑦欄、⑧欄の金額は、翌年の確定申告の際に使用します（翌年に株式等の売却がない場合でも、上場株式等に係る譲渡損失の金額をその年の翌年以後に繰り越すための申告が必要です。）。

※１　「本年分で差し引く上場株式等に係る譲渡損失の金額」は、「前年から繰り越された上場株式等に係る譲渡損失の金額」のうち最も古い年に生じた金額から順次控除します。
　また、「本年分で差し引く上場株式等に係る譲渡損失の金額」は、同一の年に生じた「前年から繰り越された上場株式等に係る譲渡損失の金額」内においては、「株式等に係る譲渡所得等の金額の計算明細書」の①面の「上場株式等」の⑪欄の金額（赤字の場合には、０とみなします。）及び「⑥本年分の損益通算後の分離課税配当所得等金額」の合計額を限度として、まず上場株式等に係る譲渡所得等の金額から控除し、なお控除しきれない損失の金額があるときは、分離課税配当所得等金額から控除します。

※２　本年の３年前分に生じた上場株式等に係る譲渡損失のうち、本年分で差し引くことのできなかった上場株式等に係る譲渡損失の金額を、翌年以後に繰り越して控除することはできません。

## 3　前年から繰り越された上場株式等に係る譲渡損失の金額を控除した後の本年分の分離課税配当所得等金額の計算

○　「⑥本年分の損益通算後の分離課税配当所得等金額」がない場合には、この欄の記載は要しません。

| | | |
|---|---|---|
| 前年から繰り越された上場株式等に係る譲渡損失の金額を控除した後の本年分の分離課税配当所得等金額（※）（⑥－⑩） | ⑫ | 申告書第三表(61)へ　円 |

※　⑫欄の金額を申告書に転記するに当たって申告書第三表の㉙欄の金額が同⑫欄の金額から控除しきれない場合には、税務署にお尋ねください。

○　特例の内容又は記載方法についての詳細は、税務署にお尋ねください。

## 2 特定口座制度

### (1) 特例の概要

　居住者等が、金融商品取引業者等に特定口座を開設した場合（1金融商品取引業者等につき、1口座（ただし、課税未成年者口座として設けられた特定口座を除きます。）に限られます。）に、その特定口座内における上場株式等の譲渡による譲渡所得等の金額については、特定口座外で譲渡した他の株式等の譲渡による所得と区分して計算します。（措法37の11の3）

　この計算は金融商品取引業者等が行いますので、金融商品取引業者等から送られる特定口座年間取引報告書により、簡便に申告（簡易申告口座の場合）を行うことができます。

　また、特定口座内で生じる所得に対して源泉徴収することを選択した場合には、その特定口座（以下「源泉徴収口座」といいます。）における上場株式等の譲渡による所得は原則として、確定申告は不要です。（措法37の11の4）

　ただし、他の口座での譲渡損益と相殺する場合や上場株式等に係る譲渡損失を繰越控除する特例の適用を受ける場合には、確定申告をする必要があります。（措法37の12の2）

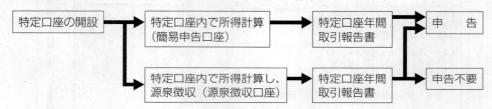

### (2) 特定口座内における源泉徴収の選択

　特定口座を開設している居住者等が、特定口座内に保管等されている上場株式等の譲渡による所得等について、源泉徴収を選択する場合は、その年の最初の譲渡の時までに、金融商品取引業者等に対して、「特定口座源泉徴収選択届出書」を提出する必要があります。また、その選択は、年単位であることから、年の途中で源泉徴収を行わないように変更することはできません。（措法37の11の4、措通37の11の4－1）

　この源泉徴収を選択した場合には、源泉徴収口座内の上場株式等を譲渡した都度、一定の計算により、譲渡益に相当する金額に15.315％（他に住民税5％）の税率を乗じて計算した金額の所得税及び復興特別所得税が、その譲渡の対価又は差金決済に係る差益に相当する金額が支払われる際に源泉徴収されます。

### (3) 源泉徴収口座内で受け入れた配当等と譲渡損失との損益通算

　源泉徴収口座を開設している金融商品取引業者等の営業所を通じて上場株式等（その源泉徴収口座以外の口座に保管委託等されている上場株式等を含みます。）に係る利子等又は配当等（配当等については、一定の大口株主等が受けるものを除きます。）の支払を受ける場合は、その上場株式等に係る利子等及び配当等をその金融商品取引業者等の営業所に開設している源泉徴収口座に受け入れるこ

とを選択することができます。この選択をする場合には、源泉徴収口座が開設されている金融商品取引業者等に対して「源泉徴収選択口座内配当等受入開始届出書」を提出する必要があります。

上記の選択がされた場合において、源泉徴収口座に受け入れた上場株式等に係る利子等及び配当等に係る源泉徴収税額を計算する際に、その源泉徴収口座内における上場株式等の譲渡損失の金額があるときは、その上場株式等に係る利子等の金額及び配当等の金額からその譲渡損失の金額を控除した金額に対して、上記(2)の源泉徴収税率を適用して徴収すべき所得税等の計算をすることになります。

また、その源泉徴収口座内で生じた上場株式等に係る譲渡損失の金額について、確定申告を行うことにより、他の上場株式等に係る譲渡所得等の金額及び他の上場株式等に係る利子等の金額及び配当等（上場株式等に係る配当等については、申告分離課税を選択したものに限ります。）の金額から控除するときは、その源泉徴収口座に係る上場株式等に係る利子等の金額及び配当等の金額は確定申告不要制度を適用できないことから確定申告をする必要があります。

# 第五節　国外転出時課税制度

　平成27年度税制改正により、「国外転出をする場合の譲渡所得等の特例」（以下「**国外転出時課税**」といいます。）及び「贈与等により非居住者に資産が移転した場合の譲渡所得等の特例」（以下「国外転出（贈与・相続）時課税」）が創設され、これらを総称して「国外転出時課税制度」といいます。

　国外転出時課税制度は、平成27年7月1日以後に、国外転出、贈与・相続又は遺贈をする場合に適用されます。

　なお、平成28年分の所得税から、上場株式等に係る譲渡損失の損益通算及び繰越控除の対象となる上場株式等の範囲に、国外転出時課税制度の適用により行われたとみなされた上場株式等の譲渡が追加されています。

　国外転出時課税の対象となる方は、所得税の確定申告（3の場合は準確定申告）の手続を行う必要があります。

　また、一定の場合は、納税猶予制度や税額を減額するなどの措置（以下「減額措置等」といいます。）を受けることができます。いずれの減額措置等も国外転出までに納税管理人の届出書を所轄税務署に提出するなどの手続が必須となります。

## 1　国外転出時課税

　平成27年7月1日以後に国外転出（国内に住所及び居所を有しないこととなることをいいます。）をする一定の居住者が1億円以上の有価証券等、未決済信用取引等又は未決済デリバティブ取引（以下「対象資産」といいます。）を所有又は契約の締結（以下「所有等」といいます。）している場合には、国外転出の時に、イ又はロの場合の区分に応じた金額でその対象資産について譲渡又は決済（以下「譲渡等」といいます。）があったものとみなして、対象資産の含み益に所得税**(注)**が課税されることとなりました。（所法60の2①）

　**(注)**　令和19年分までの所得税の確定申告の際には、所得税のほかに復興特別所得税（所得税額の2.1%）が課税されます。

| イ | 国外転出後に確定申告書を提出する場合 | 国外転出の時における次の金額<br>①　有価証券等の価額に相当する金額<br>②　未決済信用取引等又は未決済デリバティブ取引を決済したものとみなして算出した利益の額又は損失の額に相当する金額 |
|---|---|---|
| ロ | 国外転出前に確定申告書を提出する場合 | 国外転出予定日から起算して3か月前の日（同日後に取得をしたものは、その取得時）における次の金額<br>①　有価証券等の価額に相当する金額<br>②　未決済信用取引等又は未決済デリバティブ取引を決済したものとみなして算出した利益の額又は損失の額に相当する金額 |

国外転出時課税制度

(1) 国外転出時課税の対象者

国外転出時において、①及び②のいずれにも該当する居住者が、国外転出時課税の対象者となります（所法60の2⑤）。

① 所有等している対象資産の金額（未決済信用取引等又は未決済デリバティブ取引については、決済をしたものとみなして算出した利益の額又は損失の額に相当する金額）の合計が1億円以上であること

② 原則として、国外転出をする日前10年以内において国内に5年を超えて住所又は居所を有していること

(2) 対象資産（所法60の2①〜③）

① 有価証券（株式、投資信託等）
② 匿名組合契約の出資の持分
③ 未決済の信用取引
④ 未決済の発行日取引
⑤ 未決済のデリバティブ取引

(注1) 平成28年分以後については、①のうち、次に掲げる有価証券で国内源泉所得を生ずべきものが除外されます。（所法60の2①、所令170①）

イ 特定譲渡制限付株式等で譲渡についての制限が解除されていないもの

ロ 株式を無償又は有利な価額により取得することができる一定の権利で、その権利を行使したならば経済的な利益として課税されるものを表示する有価証券

(注2) 対象資産については、含み益があるかどうかにかかわらず、全ての対象資産の価額の合計額が1億円以上となるかを判定します。

また、譲渡による所得が非課税となるNISA口座内の有価証券や国外で所有等している対象資産についても、国外転出時課税制度の対象資産として1億円以上となるかの判定に含める必要があります。

(3) 申告納税手続

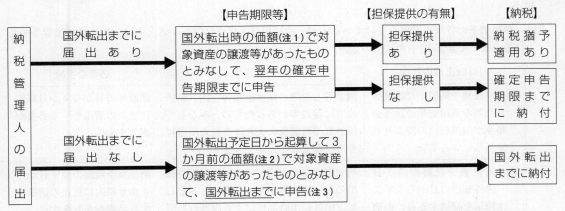

(注1) 対象資産の価額の合計額が1億円以上となるかについても、対象資産の国外転出の時の価額の合計額で判定します。

(注2) 対象資産の価額の合計額が1億円以上となるかについても、国外転出予定日から起算して3か月前の日の対象資金の価

額の合計額で判定します。

**(注3)** 国外転出後に納税管理人の届出をし、申告をするときは、国外転出時の価額で対象資産の含み益について譲渡所得等の申告をする必要があります。この場合には、原則として納税猶予の適用はありません。

### (4) 納税猶予制度

　国外転出時までに「納税管理人の届出書」を提出した人は、確定申告期限までに(7)の書類を添付した確定申告書（納税猶予の特例を受けようとする旨を記載したもの）の提出をし、納税猶予分の所得税額及び利子税額に相当する担保を提供することにより、当該所得税の額について納税が国外転出から5年間猶予されます（猶予期間中は、各年の3月15日（土・日曜日の場合は翌月曜日）までに継続届出書の提出が必要です。）。また、長期海外滞在が必要な状況にある場合は、納税猶予期間の延長の届出をすることで、更に5年間納税猶予期間を延長することができます（所法137の2①②）。

### (5) 各種減額措置等

　国外転出の日から5年を経過する日（納税猶予の特例の適用を受け期限延長をしている場合は10年を経過する日）までに、次に掲げる場合に該当するときは、帰国の時まで引き続き所有等している対象資産又は贈与、相続若しくは遺贈により移転した対象資産について、国外転出時課税の適用がなかったものとして、国外転出をした年分の所得税を再計算することができます。このためには、帰国などをした日から4か月以内に更正の請求をする必要があります。（所法60の2⑥、153の2①）

① 帰国（国内に住所を有し、又は現在まで引き続いて1年以上居所を有することとなることをいいます。）をした場合

② 対象資産を居住者に贈与した場合

③ 国外転出時課税の申告をした人が亡くなり、その国外転出時において有していた対象資産を相続（限定承認に係るものを除きます。）又は遺贈（包括遺贈のうち限定承認に係るものを除きます。）により取得した相続人及び受遺者の全員が居住者となった場合

④ 国外転出時課税の申告した人が亡くなり、その国外転出時において有していた対象資産を、遺産分割等で相続又は遺贈により取得した相続人及び受遺者に非居住者が含まれないこととなった場合

**(注)** 納税猶予の特例の適用を受けている人が、次に掲げる場合に該当するときは、次の減額措置等を受けることができます。（所法60の2⑧）

| 国外転出後の状況 | 減額措置等 | 必要な手続 |
|---|---|---|
| ① 納税猶予期間中に譲渡等した際の適用資産の譲渡価額等が国外転出の時よりも下落している場合 | 譲渡等した際の譲渡価額等で国外転出の時に譲渡等があったものとみなして、国外転出時課税により課された所得税を再計算することができます。 | 譲渡等の日から4か月以内に更正の請求をする必要があります。 |
| ② 納税猶予期間の満了日（国外転出の日から5年又は10年を経過する日）の適用資産の価額が国外転出の | 納税猶予期間の満了日の価額で国外転出の時に譲渡等があったものとみなして、国外転出時課税により課された所得税を再計算することができます。 | 納税猶予期間の満了日から4か月以内に更正の請求をする必要があります。 |

国外転出時課税制度

| 時よりも下落している場合 | | |
|---|---|---|
| ③ 譲渡等したときに、国外転出先の国の外国所得税と二重課税が生じる場合 | 外国税額控除を適用することができます。 | 外国所得税を納付することとなる日から4か月以内に更正の請求をする必要があります。 |

⑹ 確定申告書の記載事項

　この制度の適用がある場合には、その年分の確定申告書には、次の事項を記載する必要があります。（所法120①八、所規47③十二）

　①　国外転出の日又はその予定日

　②　有価証券等、未決済信用取引等に係る契約又は未決済デリバティブ取引に係る契約の種類別及び名称又は銘柄別の数量、その価額又は利益の額若しくは損失の額、取得費並びに取得又は取引開始の年月日

⑺ 提出書類

　①　所得税及び復興所得税の確定申告書

　②　株式等に係る譲渡所得等の金額の計算明細書など

　③　国外転出等の時に譲渡又は決済があったものとみなされる対象資産の明細書（兼納税猶予の特例の適用を受ける場合の対象資産の明細書）《確定申告書付表》

　④　国外転出をする場合の譲渡所得等の特例等に係る納税猶予分の所得税及び復興特別所得税の額の計算書（納税猶予の特例の適用を受ける場合）

　⑤　担保関係書類（納税猶予の特例の適用を受ける場合）

## 2　国外転出（贈与）時課税

　国外転出（贈与）時課税は、贈与の時点で1億円以上の対象資産を所有等している一定の居住者が国外に居住する親族等（非居住者）へ対象資産の全部又は一部（贈与対象資産）を贈与した場合に、その贈与の時に、贈与対象資産の譲渡等があったものとみなして、その贈与対象資産の含み益に対して贈与者に所得税が課税される制度です。また、国外転出（贈与）時課税においても、1と同様に、納税猶予制度や外国税額控除を除いた各種減額措置等を受けることができます。（所法60の3）

⑴ 国外転出（贈与）時課税の対象者

　贈与の時において、次の①及び②のいずれにも該当する居住者（贈与者）が、国外転出（贈与）時課税の対象者となります。（所法60の3⑤）

　①　贈与者が所有等している対象資産の贈与の時の価額の合計額が1億円以上であること

　②　贈与の日前10年以内において贈与者が国内に5年を超えて住所又は居所を有していること

⑵ 対象資産

　1の⑵と同様です。

## 3 国外転出（相続）時課税

　国外転出（相続）時課税は、相続開始の時点で1億円以上の対象資産を所有等している一定の居住者（対象者）が亡くなり、非居住者である相続人等がその相続又は遺贈により対象資産の全部又は一部（相続対象資産）を取得した場合に、その相続開始の時に、相続対象資産の譲渡等があったものとみなして、その相続対象資産の含み益に対して適用被相続人等に所得税が課税される制度です。また、国外転出（相続）時課税においても、1と同様に、納税猶予制度や外国税額控除を除いた各種減額措置等を受けることができます。（所法60の3）

### ⑴　国外転出（相続）時課税の対象者

　相続開始の時において、次の①及び②のいずれにも該当する居住者（適用被相続人等）が、国外転出（相続）時課税の対象者となります。（所法60の3⑤）

　　①　被相続人が所有等している対象資産の相続開始の時の価額の合計額が1億円以上であること

　　②　相続開始の日前10年以内において被相続人が国内に5年を超えて住所又は居所を有していること

### ⑵　対象資産

　1の⑵と同様です。

# 第六節　分離課税の先物取引の事業所得・雑所得の申告

　分離課税の先物取引に係る雑所得等がある人は、申告書第一表及び第二表と併せて「**第三表（分離課税用）**」の申告書を使用し、第三表の次の欄で申告をすることになります。

| （分離課税用 第 三 表 収 入 金 額） | 先 物 取 引 ⑰ | | | | | | | |
|---|---|---|---|---|---|---|---|---|

| （同 所 得 金 額） | 先 物 取 引 ⑭ | | | | | | | |
|---|---|---|---|---|---|---|---|---|

| （同 課税所得金額） | ⑭ 対応分 ⑧ | | | | | | ○ | ○ | ○ |
|---|---|---|---|---|---|---|---|---|---|

| （同 税 額） | ⑧ 対応分 ⑨ | | | | | | | |
|---|---|---|---|---|---|---|---|---|

## 1　先物取引に係る雑所得等の申告分離課税

　居住者又は恒久的施設を有する非居住者が、下表の左欄に掲げる取引をし、かつ下表の各取引等（以下「**先物取引**」といいます。）の区分に応じそれぞれの右欄に定める決済等（以下「**差金等決済**」といいます。）をした場合には、その差金等決済に係る先物取引による事業所得、譲渡所得及び雑所得については、他の所得と区分し、その年中のその先物取引による事業所得の金額、譲渡所得の金額及び雑所得の金額として計算した金額（4の適用がある場合は、その適用後の金額。以下「**先物取引に係る雑所得等の金額**」といいます。）に対し、先物取引に係る課税雑所得等の金額（先物取引に係る雑所得等の金額から他の所得金額から控除できなかった所得控除額を控除した後の金額をいいます。）の15％に相当する金額の所得税が課税《申告分離課税》されます。（措法41の14、措令26の23②）

　**(注)**　平成25年1月1日から令和19年12月31日までの各年分の確定申告の際には、併せて基準所得税額の2.1％の税率を乗じて計算した復興特別所得税を申告・納付することになります。

| | 取　引　等 | 決　済　等 |
|---|---|---|
| ① | 商品先物取引<br>イ　平成13年4月1日以後に行う、商品先物取引法第2条第3項に定められている先物取引で同項第1号から第4号までに掲げる取引のうち一定のもの（すなわち、商品取引所の定める基準及び方法に従って、商品市場において行われる、いわゆる現物先物取引、現金決済型先物取引、商品指数先物取引、商品オプション取引、商品の実物取引のオプション取引）<br>ロ　平成24年1月1日以後に行う、商品先物取引法第2条第14 | その商品先物取引の決済（その商品先物取引等に係る商品の受渡しが行われることとなるものを除きます。） |

| | | |
|---|---|---|
| | 項に定められている店頭商品デリバティブ取引で同項第1号から第5号までに掲げる取引のうち一定のもの（商品市場及び外国商品市場によらないで行われる、いわゆる現物先物取引、現金決済先物取引、指数先物取引、オプション取引、指数現物オプション取引）<br>（注）　平成28年10月1日以後に商品先物取引業者以外と行う店頭商品デリバティブ取引を除きます。 | |
| ② | 金融商品先物取引等<br>イ　金融商品取引法に規定する市場デリバティブ取引のうち一定のもの（金融商品市場において、金融商品市場を開設する者の定める基準及び方法に従い行う次の取引）<br>①　平成16年1月1日以後に行う、平成18年改正前の証券取引法に定められている有価証券先物取引、有価証券指数等先物取引及び有価証券オプション取引<br>②　平成17年7月1日以後に行う、廃止前の金融先物取引法に定められている取引所金融先物取引（いわゆる通貨等先物取引、金利等先物取引、金融オプション取引）<br>③　平成19年9月30日以後に行う、金融商品取引法第2条第21項第1号から第3号までに定められている取引<br>ロ　平成24年1月1日以後に行う、金融商品取引法第2条第22項に定められている店頭デリバティブ取引で同項第1号から第4号までに掲げる取引のうち一定のもの（金融商品市場及び外国金融商品市場によらないで行われる、いわゆる先渡取引、指標先渡取引、オプション取引、指標オプション取引）<br>（注）　平成28年10月1日以後に金融商品取引業者（第一種金融商品取引業を行う者に限ります。）又は登録金融機関以外と行う店頭デリバティブ取引を除きます。 | その金融商品先物取引等の決済（その金融商品先物取引等に係る金融商品取引法第2条第24項に規定する金融商品の受渡しが行われることとなるものを除きます。） |
| ③ | 金融商品取引法第2条第1項第19号に掲げる有価証券（同条第8項第3号ロに規定する外国金融商品市場において行う取引であって同条第21項第3号に掲げる取引と類似の取引に係る権利を表示するものを除きます。）（カバードワラント）の取得 | 平成22年1月1日以後に行うカバードワラントに表示される権利の行使（その行使により金融商品取引法第2条第24項に規定する金融商品の受渡しが行われることとなるものを除きます。）若しくは放棄又はカバードワラントの譲渡（同条第9項に規定する金融 |

先物取引の分離雑所得等

| | | 商品取引業者に対するもの又は金融商品取引業者への売委託により行う譲渡に限ります。) |
|---|---|---|
| | | **(注)** 金融商品取引所に上場されていないカバードワラントについては、平成24年1月1日以後に行う差金等決済に限られます。 |

$$\text{先物取引による総収入金額} - \text{先物取引の差金等決済に係る先物取引に要した委託手数料その他の経費の額} = \text{先物取引に係る雑所得等の金額}$$

　この場合において、先物取引に係る雑所得等の金額の計算上生じた損失の金額があるときは、その損失の金額は生じなかったものとみなされます。

　**(注1)**　1の適用がある先物取引に係る雑所得等については、所得税及び復興特別所得税の他に5％の税率で住民税が分離課税されます。

　**(注2)**　損益通算の規定の適用上、先物取引に係る雑所得等の金額はないものとされますので、他の所得の計算上生じた損失の金額を先物取引に係る雑所得等の金額から控除することはできません。ただし、雑損失の繰越控除はできます。（措法41の14②三、四）

## 2　先物取引に係る雑所得等の金額の計算

　先物取引に係る雑所得等の金額とは、その年中の1の規定する先物取引による事業所得の金額、譲渡所得の金額及び雑所得の金額の合計額をいいます。この場合において、これらの金額の計算上生じた損失の金額があるときは、その損失の金額は、次の①から③に掲げる損失の金額の区分に応じ①から③に定める金額から控除します。（措令26の23①）

①　先物取引による事業所得の金額の計算上生じた損失の金額……先物取引による譲渡所得の金額及び雑所得の金額

②　先物取引による譲渡所得の金額の計算上生じた損失の金額……先物取引による事業所得の金額及び雑所得の金額

③　先物取引による雑所得の金額の計算上生じた損失の金額……先物取引による事業所得の金額及び譲渡所得の金額

## 3　確定申告の手続

　原則として、申告書第一表及び第二表と併せて申告書第三表（分離課税用）を提出します。その第三表の「特例適用条文」欄に「措法41条の14」と記入するとともに、「先物取引に係る雑所得等の金額の計算明細書」を添付します。

　**(注)**　先物取引の差金等決済をする者については、告知書の提出等・本人確認制度及び先物取引に関する

先物取引の分離雑所得等

調書制度が適用されます。

## 4　先物取引の差金等決済に係る損失の繰越控除

確定申告書を提出する居住者等が、平成15年1月1日以後に先物取引の差金等決済をしたことにより生じた損失の金額のうち、その差金等決済をした年分の先物取引に係る雑所得等の金額の計算上控除しても控除しきれない金額があるときは、1の規定（先物取引に係る雑所得等の金額の計算上生じた損失の金額は生じなかったものとみなす）にかかわらず、その損失の金額を、その損失の生じた年の翌年以後3年内の各年分の先物取引に係る雑所得等の金額から繰越控除をすることができます。（措法41の15）

| (分離課税用 第三表 所得金額) | 先物取引 ⑭ | | | | | | | |
|---|---|---|---|---|---|---|---|---|

| (そ の 他) | 先物取引 | 本年分の⑭から 差し引く繰越損失額 ⑰ | | | | | | | |
|---|---|---|---|---|---|---|---|---|---|
| | | 翌年以後に繰り越される 損失の金額 ⑱ | | | | | | | |

### ⑴　繰越控除の方法 （措法26の26①）

① 繰越控除する先物取引の差金等決済に係る損失の金額のうちに前年以前3年内の2以上の年に生じたものがある場合……これらの年のうち最も古い年に生じた先物取引の差金等決済に係る損失の金額から順次控除します。

② 雑損失の繰越控除が行われる場合……まず、この先物取引の差金等決済に係る損失の繰越控除を行った後、雑損失の繰越控除を行います。

### ⑵　繰越控除の適用手続

この繰越控除は、居住者等が①先物取引の差金等決済に係る損失の金額が生じた年分の所得税につき「確定申告書付表（先物取引に係る繰越損失用）」など一定の書類の添付がある確定申告書を提出し、かつ、②その後において連続して「確定申告書付表（先物取引に係る繰越損失用）」を添付した確定申告書を提出している場合であって、③この繰越控除を受けようとする年分の確定申告書に「確定申告書付表（先物取引に係る繰越損失用）」など一定の書類の添付がある場合に限り、適用を受けることができます。

（注）　扶養控除の対象となる扶養親族に該当するかどうかなどを判定する際の「合計所得金額」は、この繰越控除の適用前の金額となります。

## 第七節　山林所得・退職所得の申告

### 山　林　所　得

　山林を伐採して譲渡(注)したり、あるいは山林を立木のままで譲渡したりすることによって生ずる所得を山林所得といいます。したがって、山林を伐採してもまだ譲渡等しない場合は、山林所得は発生しません。

　ただし、山林をその取得の日以後5年以内に伐採して譲渡したりすることによる所得は、山林所得ではなく、山林経営が事業と称するに足りる規模で営まれているときは事業所得とし、そうでない場合は雑所得とされています。(所法32①②)

　これは、山林所得の実質が、長い年月にわたる山林育成の結果としての所得であることから、税金の計算においては、他の所得との総合を行わず、更に「5分5乗」という特別の方式で累進税率の適用が緩和されるシステムを採っていますが、一方、山林の育成期間の短いものや転売をするようなものについてまでこのような制度の適用を認めることは、著しく負担の公平が損なわれることになるためといわれています。

　山林所得のある人は、申告書第一表及び第二表と併せて「**第三表（分離課税用）**」の申告書を使用し、第三表の次の欄で申告をすることになります。

**(注)**　山林の「譲渡」には、通常の売買のほか、交換、競売、公売、代物弁済、収用、法人に対する現物出資なども含まれます。

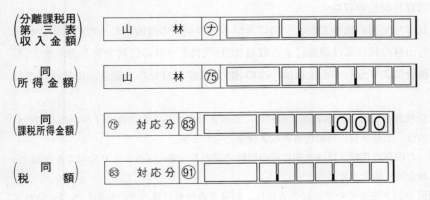

山林所得

# 一 山林所得となるものの範囲

山林所得については、次のような取扱いがあります。

⑴ **土地とともに山林を譲渡した場合**には、その山林の譲渡から生じた部分の所得は山林所得となり、土地の譲渡から生ずる部分の所得は、譲渡所得となります。（所法33②二、所基通32―2）

⑵ **製材業者が自ら植林して育成した山林を伐採し、製材して販売する場合**には、原則として、植林から製品の販売までの全所得がその販売した時の事業所得となりますが、植林又は幼齢林の取得から伐採までの所得を山林所得とし、製材から販売までの所得を事業所得としてもよいことになっています。（所基通23～35共―12）

⑶ **分収造林契約又は分収育林契約に係る収益及び権利の譲渡収入等**については、次によります。（所令78～78の3）

**(注)** 分収造林契約とは、分収林特別措置法第2条第1項に規定する分収造林契約、その他造林に関して①土地の所有者、②造林者（①以外の者でその土地につき造林を行うもの）、③造林費負担者（①、②以外の者でその造林に関する費用の全部又は一部を負担するもの）の3者又はこれらの者のうち2者が当事者となってその造林に関する契約を締結し、その契約に係る造林による収益を一定の割合によって分収することを定めたものをいいます。

分収育林契約とは、分収林特別措置法第2条第2項に規定する分収育林契約、その他育林に関して①土地の所有者、②育林者（①以外の者でその山林につき育林を行うもの）、③育林費負担者（①、②以外の者でその育林に関する費用の全部又は一部を負担するもの）の3者又はこれらの者のうち2者が当事者となってその育林に関する契約を締結し、その契約に係る育林による収益を一定の割合によって分収することを定めたものをいいます。

① 分収造林契約又は分収育林契約の収益

分収造林契約又は分収育林契約の当事者が、契約に基づきその契約の目的となった山林の造林又は育林による収益のうち山林の伐採又は譲渡による収益（山林所得とされる保険金等を含みます。）を契約に定める一定の割合により分収する金額は、次の**(注)**に掲げるのものを除き、山林所得の収入金額になります。

**(注)** 分収造林契約又は分収育林契約の当事者がその契約に基づき分収する金額で次のイ～ハの金額のいずれかに該当するものは、山林所得以外の所得の収入金額となります。

イ 契約の目的となった山林の伐採又は譲渡前にその契約に定める一定の割合により分収する金額（山林所得とされる保険金等を除きます。）

ロ 契約の締結の期間中引き続きその契約に係る地代、利息その他の対価（その契約に基づく造林又は育林に係るものを除きます。）に相当する金額の支払を受ける者がその契約に定める一定の割合により分収する金額

ハ 契約に係る権利を取得した日以後5年以内にその契約に定める一定の割合により分収する金額

② 分収造林契約又は分収育林契約に係る権利の譲渡による収入金額は、次の**(注)**のものを除き、山林所得の収入金額になります。

――(820)――

山 林 所 得

- **(注)** 次の収入金額は、事業所得又は雑所得に係る収入金額になります。

    イ 分収造林契約の当事者である土地の所有者若しくは造林者又は分収育林契約の当事者である土地の所有者若しくは育林者が受けるその契約に係る権利の取得の日以後5年以内にしたその権利の譲渡による収入金額

    ロ 分収造林契約の当事者である造林費負担者又は分収育林契約の当事者である育林費負担者が受けるその契約に係る権利の譲渡による収入金額

③ 山林の所有者がその山林につき分収育林契約を締結することにより、その契約を締結する他の者から支払を受けるその契約の目的となった山林の持分の対価の額は、山林所得の収入金額になります。

- **(注)** その山林の取得の日以後5年以内に支払を受ける持分の対価の額は事業所得又は雑所得の収入金額になります。

④ 分収造林契約又は分収育林契約の当事者が、不特定の者に対しその契約の造林費負担者又は育林費負担者として権利を取得し義務を負うこととなるための申込みを勧誘したことにより、新たにその権利を取得し義務を負うこととなった者から支払を受ける持分の対価の額は、山林所得の収入金額になります。

- **(注)** その当事者がその契約に係る権利の取得の日以後5年以内に支払を受ける持分の対価の額は、事業所得又は雑所得の収入金額となります。

**〈山林所得があったとみなされる場合〉**

次の事由によって山林（事業所得の基因となるものを除きます。）に係る所有権の移転があった場合には、その事由の生じた時に、その時における山林の価額で山林の譲渡があったものとみなされます。

① 法人に対する贈与や遺贈、時価の2分の1未満の価額による譲渡

② 限定承認に係る相続や限定承認に係る包括遺贈（個人に対するものに限ります。）


## 二 所得金額の計算

山林所得の金額は次の算式で計算しますが、この場合、事業所得などの計算と異なり山林の育成期間中に生じた各年ごとの管理費などは、そのつど必要経費とするのではなく、山林を譲渡した年分までの累積額を経費として処理する、いわば完全な個別収支対応の計算方式となっています。（所法32③④）

| 総収入金額－必要経費－山林所得の特別控除額＝山林所得の金額 |
|:---:|

- **(注1)** 収用等に伴い代替資産を取得した場合の課税の特例（706ページ参照）又は収用等の場合の5,000万円特別控除（672ページ参照）の適用があるときは、その適用後の金額から「山林所得の特別控除額」を差し引いて「山林所得の金額」を計算します。

- **(注2)** 青色申告特別控除の適用があるときは、「山林所得の特別控除額」控除後の金額から最高10万円を控除した金額が「山林所得の金額」となります。

山 林 所 得

**(注3)** 「損益通算」（382ページ参照）、「繰越損失の控除」（389ページ参照）の適用がある場合は、上記の
算式で計算した金額にこれらの適用を行った残額が所得金額となります。

## 1 総収入金額

　山林所得の総収入金額には、その年中に収入すべき山林の譲渡対価はもちろん、間伐などによって
生ずる付随収入のほか、次のようなものも含まれます。

① 　山林所得を生ずる業務を行う人が山林について損害を受けたことによって取得する保険金、損害
賠償金、見舞金など（取得後5年以内のものについて受けた場合は、雑所得の収入金額になります。）
　（所令94①）

② 　山林を伐採して自宅の建築に使用するなど家事消費した場合には、その消費した時の山林の価額
　（取得後5年以内のものについては、その消費した人が製材業者又は立木の売買業者であるときは
事業所得、その他の人であるときは雑所得になります。）（所法39、所基通39―4）

　**(注)** 　山林を所有する人がその山林を伐採し、製材その他の加工をして自己の業務の用に供する建物等の
建築材料として使用したような場合は、自家消費とはみなされませんので、山林所得の収入金額は発
生しません。

　　この場合、その山林の植林費、取得に要した費用、管理費、伐採費、その他その山林の育成に要し
た費用（償却費以外の費用でその年において債務の確定しないものを除きます。）及びその伐採した立
木の搬出費用又は製材費用等の額はその建物等の取得費又は取得価額に算入します。（所基通39―5）

　総収入金額の収入の時期は、立木又は伐木を引き渡し、所有権が移転した時が基準になります。し
かし、その譲渡契約の効力が生じた時を収入の時期としても差し支えありません。（所基通36―12）

## 2 必 要 経 費

　譲渡した山林に係る植林費、取得に要した費用、管理費、伐採費その他その山林の育成又は譲渡に
要した費用は必要経費となり収入金額から控除されます。（所法37②）

　**(注)** 「植林費」とは、その山林の苗木の買入代、植付費その他植林のために要した費用をいいます。

　　「取得に要した費用」とは、その山林が自生し、又は植林されたものである場合の買入代をいいます。

　　「管理費」とは、その山林の下刈り又は枝下し費用、その他山林を育成するための費用をいいます。

　　「育成費」とは、肥料代、防虫費、下刈り・枝打ち・除草などのための人件費など山林を育成するた
めに要した費用をいいます。

　　「伐採費及び譲渡に要した費用」とは、譲渡のための伐採費、搬出費、周旋料などをいいます。

### 〈昭和27年12月31日以前から所有していた山林の必要経費の特例〉

　昭和27年12月31日以前から引き続き所有していた山林を伐採又は譲渡した場合の山林所得の金額の
計算上控除される必要経費については、昭和28年1月1日における価額として定められた相続税評価
額と、同日以後に支出した管理費、伐採費などの必要経費の金額との合計額によることとされます。
（所法61）

山 林 所 得

### 〈概算経費控除の特例〉

その年の15年前の年の12月31日以前から引き続き所有していた山林を譲渡した場合には、50％の概算経費率を用いて、次の算式により必要経費の金額を計算してもよいことになっています。これを**概算経費控除**といい、この方法を選択適用する場合は、申告書第三表（分離課税用）の特例適用条文欄の「措法」を「○」で囲み「□□□条の」内に「30条の」と記載する必要があります。（措法30、措令19の5、措規12）

$$\left[\left[\begin{array}{l}\text{その年の15年前の年の12}\\\text{月31日以前から所有して}\\\text{いた山林の譲渡収入金額}\end{array}-\begin{array}{l}\text{伐採、譲}\\\text{渡に要し}\\\text{た費用}\end{array}\right]\times\begin{array}{l}\text{概 算}\\\text{経費率}\\\text{50％}\end{array}+\begin{array}{l}\text{伐採、譲}\\\text{渡に要し}\\\text{た費用}\end{array}+\begin{array}{l}\text{被災事業}\\\text{用資産の}\\\text{損失}\end{array}\right]=\begin{array}{l}\text{必要経費}\\\text{の金額}\end{array}$$

植林費、取得に要した費用、管理費及び育成に
要した費用の合計額に相当する金額

- **(注1)** 「伐採、譲渡に要した費用」とは、伐採費、運搬費、仲介手数料等をいいますが、事業専従者控除についても、伐採、譲渡に要した費用対応分はこれに含まれます。
- **(注2)** この規定と消費税等の関係については、上記の「収入金額」及び「伐採、譲渡に要した費用」は、その個人事業者が適用している経理方式（税抜経理方式又は税込経理方式）により算定した金額によります。

## 3 山林所得の特別控除

### (1) 一般の特別控除

収入金額から必要経費を差し引いた残額が
- 50万円未満の場合…………その残額
- 50万円以上の場合…………50万円

### (2) 森林計画特別控除

平成24年から令和6年までの各年において、森林法の規定による市町村長（又は都道府県知事・農林水産大臣）の認定を受けた森林経営計画に基づいて山林を伐採又は譲渡（交換・出資・収用換地等によるものは除きます。）した場合に限り、収入金額から必要経費を差し引いた残額から次の①、②のうちいずれか低い方の金額（2の概算経費控除を適用する場合には、①の金額）を控除することができます。（措法30の2）

① （収入金額－伐採、譲渡に要した費用）×20％

※ （収入金額－伐採、譲渡に要した費用）が2,000万円を超える場合には、その超える部分の金額については10％

② $\left[\begin{array}{l}\text{収入}\\\text{金額}\end{array}-\begin{array}{l}\text{伐採、譲渡に}\\\text{要した費用}\end{array}\right]\times50\%-\left[\begin{array}{l}\text{伐採、譲渡に要した費用及び被災事業用資産}\\\text{の損失のうち、森林計画特別控除の対象とな}\\\text{る収入金額に対応する部分以外の必要経費}\end{array}\right]$

- **(注1)** 「伐採、譲渡に要した費用」とは、伐採費、運搬費、仲介手数料等をいいますが、事業専従者控除についても、伐採、譲渡に要した費用対応分はこれに含まれます。

山 林 所 得

**(注2)** この規定と消費税等の関係については、上記の「収入金額」及び「伐採、譲渡に要した費用」は、その個人事業者が適用している経理方式（税抜又は税込経理方式）により算定した金額によります。

**(注3)** この適用を受ける場合は、確定申告書に①「山林所得収支内訳書（計算明細書）」（次ページ参照）、②その伐採や譲渡が「森林経営計画」に基づくものである旨などの市町村長（又は都道府県知事・農林水産大臣）の証明書、③その伐採や譲渡に係る山林の測量図及び森林経営計画書の写しを添付し、申告書第三表（分離課税用）の特例適用条文欄の「措法」を「○」で囲み「□□□条の□」内に「30条の2」と記載する必要があります。（措法30の2③）

**(注4)** みなし譲渡として課税される贈与、相続のあった場合には適用されません。

**(注5)** 森林経営計画の認定取消しがあった場合には、前年以前に遡及して特別控除の適用ができないことになっています。

この場合、認定取消しがあった日から4月以内にその年分の修正申告書を提出すれば、期限内申告書とみなされます。（措法30の2⑤⑦）

## 三　山林所得金額に対する税額の計算

山林所得金額（損益通算〈382ページ参照〉、繰越損失の控除〈389ページ参照〉の適用がある場合は、これらの適用を行った残額）に対する税額は、課税山林所得金額の5分の1の金額について総所得金額に対する税額の計算と同様の方法で計算した金額を5倍して計算します。（所法89）

> （課税山林所得金額×$\frac{1}{5}$×税率）×5＝課税山林所得金額に対する税額

このような税額計算の方法を「5分5乗の方法」といい、累進税率が緩和され、税額は少なくなります。山林所得の金額は、ほかの所得とは別個に5分5乗の方法によって税額を計算するため、総所得金額から切り離して課税標準の計算を行うことになっています。また、課税山林所得金額とは、山林所得金額から所得控除の金額を差し引いた金額をいいます。

税額の計算は、実務上では上記の「5分5乗の方法」による手計算をしないで、471ページの「**課税総所得金額に対する税額の求め方**」と同じ要領で、巻末の「**山林所得に対する所得税の速算表**」（1134ページ参照）を用いて税額を求めます。

## 山林所得

| 山林所得<br>収支内訳書<br>（計算明細書） | 譲渡者 | 住所 | | 氏名<br>（フリガナ） | | 電話<br>番号 | （　　　　） |
|---|---|---|---|---|---|---|---|
| | 関　与<br>税理士 | 住所 | | 氏名 | | 電話<br>番号 | （　　　　） |

| | | | 合　　計 | 内　　　訳 | | | |
|---|---|---|---|---|---|---|---|
| 特　例　適　用　条　文 | | | | 措法　　　条 | | 措法　　　条 | |
| 譲渡した山林の明細 | 山林の所在地番 | | | | | | |
| | 面積 | 皆伐・間伐の区分 | | ヘクタール | 皆伐・間伐 | ヘクタール | 皆伐・間伐 |
| | 樹種 | 樹齢 | | | 年 | | 年 |
| | 本数数量 | | | 本 | ㎡ | 本 | ㎡ |
| | 譲渡先 | 住所又は所在地 | | | | | |
| | | 氏名又は名称 | | | | | |
| | 譲渡した年月日 | | | 年　　月　　日 | | 年　　月　　日 | |
| | 譲渡山林を植林・購入した時期 | | | 年　　月　　日 | | 年　　月　　日 | |
| 譲渡価額の総額（収入金額） | ① | | A　　　　　　　　円 | | 円 | | 円 |
| 伐採費など | 伐採費、運搬費、譲渡費用の額 | ② | | 円 | | 円 | |
| | 専従者控除額のうち②に相当する部分の金額 | ③ | | 円 | | 円 | |
| | 計（②＋③） | ④ | | 円 | | 円 | |
| 差　　引　（①－④） | ⑤ | | | 円 | | 円 | |
| 取得費、管理費など | 概算経費率による場合 | 概算経費の額（⑤×50％） | ⑥ | | 円 | | 円 | 円 |
| | 概算経費率によらない場合 | 植林費、取得に要した経費 | ⑦ | | 円 | | 円 | 円 |
| | | 管理費その他の育成費用 | ⑧ | | 円 | | 円 | 円 |
| | | ③以外の専従者控除額 | ⑨ | | 円 | | 円 | 円 |
| | | 計（⑦＋⑧＋⑨） | ⑩ | | 円 | | 円 | 円 |
| 被災事業用資産の損失の金額<br>（保険金等で補填される部分を除く。） | ⑪ | | 円 | | 円 | | 円 |
| 必要経費{④＋（⑥又は⑩）＋⑪} | ⑫ | | 円 | | 円 | | 円 |
| 森林計画特別控除（注1） | 概算経費率の適用を受ける場合<br>(注2)で計算した金額を記載する。 | ⑬ | | 円 | | 円 | | 円 |
| | 概算経費率の適用を受けない場合 | 収入金額基準額<br>((注2)で計算した金額を記載する。) | ⑭ | | | 円 | | 円 |
| | | 所得基準額（⑤×50％－⑩） | ⑮ | | | 円 | | 円 |
| | | ⑭と⑮のうち低い方の金額 | ⑯ | | 円 | | 円 | | 円 |
| 差　引　金　額<br>{①－⑫－（⑬又は⑯）} | ⑰ | | 円 | | 円 | | 円 |
| 特　別　控　除　額 | ⑱ | | 円 | | | | |
| 山　林　所　得　金　額 | ⑲ | | B　　　　　　　　円 | | | | |

（注）　1　「森林計画特別控除」の欄は、租税特別措置法第30条の2第1項の適用を受ける場合に記載してください。
　　　　2　⑤の金額が2,000万円以下のときは「⑤×20％」、⑤の金額が2,000万円超のときは「⑤×10％＋200万円」で計算した金額を記載してください。

（資7－6－1－A4統一）
（平成28年分以降用）
R4.11

退 職 所 得

# 退 職 所 得

　退職金や一時恩給など退職に際して勤務先から受けるもの、倒産のため退職せざるを得なくなった勤労者に対して弁済される未払賃金や社会保険制度に基づいて支給される一時金など（以下「退職手当等」といいます。）の所得を退職所得といいます。

　したがって、退職に際し又は退職後に使用者等から支払われる給与で、支払金額の計算基準等からみて、他の引き続き勤務している人に支払われる賞与等と同性質であるものは、退職所得でなく、給与所得とされます。

　退職所得に対する所得税は、普通は源泉徴収によって納付され、その段階で納税は完結していますから改めて確定申告をする必要はありませんが、例外として確定申告が必要な場合があります。また、確定申告によって所得税の還付を受けられる場合もあります。なお、申告時の税金の計算においては他の所得との総合を行わず、退職所得の金額だけに税率を乗じる分離課税とされています。

　**（注）** 上記未払賃金には、賞与等の臨時給与に係る債務は含まれません。

　退職所得の申告をする人は、申告書第一表及び第二表と併せて**「第三表（分離課税用）」**の申告書を使用し、第三表の次の欄で申告することになります。

| 分離課税用 第三表 収入金額 | 退　職 ㊀ | |
| 同 所得金額 | 退　職 ⑦⑥ | |
| 同 課税所得金額 | ⑦⑥ 対応分 ㊷ | ０００ |
| 同 税額 | ㊷ 対応分 ㊴ | |

## 一　退職所得の申告をする場合 （所法120）

### ⑴　確定申告を行う必要がある場合

　「退職所得の受給に関する申告書」が提出されていないため、20.42％（**注3**）の税率で所得税を源泉徴収された人で、その源泉徴収税額が正規の計算による税額（六及び八参照）より少ない場合は、確定申告をしなければなりません。

　（注1）　「退職所得の受給に関する申告書」の提出がない場合には、通常その提出があった場合に比べて多額の税額が源泉徴収されることになりますが、この税額の精算は、退職所得の受給者本人が直接税務署に確定申告をすることにより行うことになります。（下記⑵の②参照）

退職所得

(注2)　退職手当等に係る所得税の源泉徴収税額が20.42％の税率で計算されているかどうかは、退職手当等の支払者から交付された「令和4年分　退職所得の源泉徴収票」の源泉徴収税額が「法第201条第3項適用分」の欄に記載があるかどうかによって判別ができます。

(注3)　平成25年1月1日から令和19年12月31日までの間に支払を受ける退職所得の受給に関する申告書が提出されていない退職手当等の収入金額については、所得税とともに復興特別所得税が源泉徴収されます。

⑵　**確定申告を行うことにより源泉徴収された税額の還付が受けられる場合**

次の場合は確定申告書を提出することにより税額の還付が受けられます。

①　退職手当等の収入金額に対する源泉徴収税額を計算する場合には、基礎控除、扶養控除などの所得控除は他の所得から控除されるものとして考慮されていませんから、他の所得が少ないか又はないなどのため、他の所得から控除しきれない所得控除額を退職所得から控除する場合又は他の所得に対する所得税額から控除しきれない税額控除額を退職所得に対する所得税額から控除する場合

②　退職手当等について20.42％の税率で所得税及び復興特別所得税の源泉徴収が行われている場合で、その税額が、正規の計算による税額を上回っている場合

## 二　退職所得となるものの範囲 (所法30、31、所令72)

| 区　分 | 種　　　　　　　　　目 |
|---|---|
| 1　退職手当等 | 　退職金、退職手当、退職一時金、一時恩給、退職により一時に受ける給与及びこれらの性質を有する給与、弁済を受けた未払賃金 |
| 2　退職手当等とみなされる退職一時金 | 　社会保険制度又は共済制度その他これらに類する制度に基づいて支給される次の一時金は、退職手当等とみなされます。<br>①　国民年金法、厚生年金保険法（第9章《厚生年金基金及び企業年金連合会》の規定を除きます。）、国家公務員共済組合法、地方公務員等共済組合法、私立学校教職員共済法及び独立行政法人農業者年金基金法の規定に基づく一時金、昭和60年改正前の船員保険法に基づく一時金、地方公務員等共済組合法の一部を改正する法律附則の規定に基づく一時金（平成23年6月1日施行）、廃止前の農林漁業団体職員共済組合法に基づく一時金（令和2年3月31日以前）及び30年農林共済改正法に規定する特例一時金（令和2年4月1日以後）（平31政令第145号）<br>②　平成25年改正前の厚生年金保険法第9章の規定に基づく一時金で加入員の退職に基因して支払われるもの及び石炭鉱業年金基金法の規定に基づく一時金で同法に規定する坑内員又は坑外員の退職に基因して支払われるもの<br>③　確定給付企業年金法の規定に基づいて支給を受ける一時金で、その一時金の支給の基因となった勤務をした者の退職により支払われるもの（その掛金のうちに加入者の負担した金額がある場合には、その一時金の額からその負担した金額を控除した金額に限ります。）その他これに類する次の一時金（これに類する給付を含みま |

——(827)——

## 退職所得

す。)

イ　特定退職金共済団体が行う退職金共済に関する制度に基づいて支給される一時金

ロ　独立行政法人勤労者退職金共済機構が中小企業退職金共済法の規定により支給する退職金

ハ　独立行政法人中小企業基盤整備機構（旧中小企業総合事業団）が支給する小規模企業共済法に規定する共済契約に基づいて支給される共済金及び年齢65歳以上の共済契約者が支給を受ける同共済契約に係る解約手当金

ニ　適格退職年金契約に基づいて支給を受ける一時金で、その一時金が支給される基因となった勤務をした者の退職により支払われるもの（その契約に基づいて払い込まれた掛金又は保険料のうちに支給を受ける人の負担した金額がある場合には、その一時金の金額からその負担した金額を控除した金額に相当する部分に限ります。）

ホ　平成25年厚生年金等改正法附則又は改正前の確定給付企業年金等の規定に基づいて支給を受ける一定の一時金で加入員又は加入者の退職により支払われるもの（確定給付企業年金に係る規約に基づいて拠出された掛金のうちに加入者の負担した金額がある場合には、その一時金の額からその負担した金額を控除した金額に相当する部分に限ります。）

ヘ　確定拠出年金法に規定する企業型年金規約又は個人型年金規約に基づいて老齢給付金として支給される一時金

ト　独立行政法人福祉医療機構が社会福祉施設職員等退職手当共済法の規定により支給する退職手当金

チ　外国の法令に基づく保険又は共済制度で上記①、②の法律の規定による社会保険又は共済制度に類するものに基づいて支給される一時金

| 3　引き続き勤務する人に支払われる給与で退職手当とされるもの | 引き続き勤務する人に使用者から支払われる次の給与で、その給与の支払が行われた後に支払われる退職手当の計算上その給与の計算の基礎となった勤続期間を一切加味しない条件の下に支払われるものは、退職所得とされます。（所基通30―2）<br><br>イ　新たに退職給与規程を制定し、又は中小企業退職金共済制度や確定拠出年金制度へ移行するなど相当の理由により従来の退職給与規程を改正した場合に、使用人に対し、制定前又は改正前の勤続期間に対する退職手当として支払われる給与<br>（注）　上記の給与は、合理的な理由による退職金制度の実質的な改変により精算の必要から支払われるものに限られますから、例えば、使用人の選択によって支払われるものは、上記の給与に含まれません。<br><br>ロ　使用人から役員になった人に対し、使用人であった勤続期間に対する退職手当として支払われる給与（退職給与規程の制定又は改正をして、使用人から役員になった人に対し使用人であった期間に対する退職手当を支払うこととした場合に、その制定又は改正の時に既に役員になっている人の全員に対し退職手当として支払われる給与で、その人が役員になった時までの期間の退職手当として相当なものを含みます。） |

## 退 職 所 得

ハ　役員の分掌変更等により、例えば、常勤役員が非常勤役員（常時勤務していない人であっても代表権がある人及び代表権はないが実質的にその法人の経営上主要な地位を占めていると認められる人を除きます。）になったこと、分掌変更等の後における報酬が激減（おおむね50％以上減少）したことなど、職務の内容や地位が激変した人に対し、その分掌変更等の前における役員であった勤続期間に対する退職手当として支払われる給与

ニ　いわゆる定年に達した後引き続き勤務する使用人に対し、定年に達する前の勤続期間に対する退職手当として支払われる給与

ホ　労働協約等を改正していわゆる定年を延長した場合に、延長前の定年（以下このホにおいて「旧定年」といいます。）に達した使用人に対し、旧定年に達する前の勤続期間に対する退職手当として支払われる給与で、その支払をすることにつき相当の理由があると認められるもの

ヘ　法人が解散した場合に、引き続き役員又は使用人として清算事務に従事する人に対し、解散前の勤続期間に対する退職手当として支払われる給与

| 4　使用人から執行役員への就任に伴い退職手当等として支給される一時金 | 　使用人（職制上使用人としての地位のみを有する者に限ります。）からいわゆる執行役員に就任した者に対し、その就任前の勤続期間に係る退職手当等として一時に支払われる給与（その給与が支払われた後に支払われる退職手当等の計算上その給与の計算の基礎となった勤続期間を一切加味しない条件の下に支払われるものに限ります。）のうち、例えば、次のいずれにも該当する執行役員制度の下で支払われるものは、退職手当等に該当します。（所基通30─2の2）<br>イ　執行役員との契約は、委任契約又はこれに類するもの（雇用契約又はこれに類するものは含まれません。）であり、かつ、執行役員退任後の使用人としての再雇用が保障されているものではないこと<br>ロ　執行役員に対する報酬、福利厚生、服務規律等は役員に準じたものであり、執行役員は、その任務に反する行為又は執行役員に関する規程に反する行為により使用者に生じた損害について賠償する責任を負うこと<br>　（注）　上記例示以外の執行役員制度の下で支払われるものであっても、個々の事例の内容から判断して、使用人から執行役員への就任につき、勤務関係の性質、内容、労働条件等において重大な変動があって、形式的には継続している勤務関係が実質的には単なる従前の勤務関係の延長とはみられないなどの特別の事実関係があると認められる場合には、退職手当等に該当することとなります。 |
|---|---|
| 5　受給者が掛金を拠出することにより退職に際して使用者から | 　使用人が在職中に使用者に対し所定の掛金を拠出することにより退職に際してその使用者から支払われる一時金は、退職所得とされます。この場合、退職手当等の収入金額は、その一時金の額から受給者が拠出した掛金の額と支払日までにその掛金の運用益として元本に繰り入れられた金額との合計額を控除した残額によります。（所基通30─3） |

## 退職所得

| | |
|---|---|
| 支払われる一時金 | |
| 6 過去の勤務に基づき使用者であった者から支給される年金に代えて支払われる一時金 | 過去の勤務に基づき使用者であった者から支給される年金の受給資格者に対し、その年金に代えて支払われる一時金については、その一時金のうち、退職の日以後その年金の受給開始日までの間に支払われるものについては退職所得とされ、その年金の受給開始日後に支払われるものについては公的年金等に係る雑所得とされます。ただし、その年金の受給開始日後に支払われる一時金であっても、将来の年金給付の総額に代えて支払われるものは、それぞれ次のように取り扱われます。（所基通30―4）<br>イ 退職の日以後その退職に基因する退職手当の支払を既に受けている人に支払われる一時金については、退職手当のうち最初に支払われたものの支給期（退職手当の収入すべきことが確定する日をいいます。）の属する年分の退職所得とされます。<br>ロ イ以外の一時金については、その一時金の支給期の属する年分の退職所得とされます。 |
| 7 解雇予告手当 | 使用者が労働基準法第20条《解雇の予告》の規定による予告をしないで使用人を解雇する場合に、その使用者から支払われる予告手当は、退職所得とされます。（所基通30―5） |
| 8 確定給付企業年金法等の規定に基づいて支払われる一時金 | 確定給付企業年金法の規定に基づいて支払われる退職一時金、改正前の厚生年金保険法第9章《厚生年金基金及び企業年金連合会》等の規定に基づいて支払われる退職一時金、適格退職年金契約に基づいて支払われる退職一時金又は確定拠出年金法の規定に基づいて老齢給付金として支払われる一時金のうち、次に掲げる一時金は退職所得とされます。（所基通31―1）<br>イ 確定給付企業年金規約、厚生年金基金規約又は適格退職年金契約に基づいて支給される年金の受給資格者に対し年金に代えて支払われる一時金のうち、退職の日以後その年金の受給開始日までの間に支払われるもの又は年金の受給開始日後に支払われる一時金で、将来の年金給付の総額に代えて支払われるもの<br>（注） 一時金の課税年分については、6のイ及びロと同様です。<br>ロ 確定拠出年金法に規定する企業型年金規約又は個人型年金規約に基づく年金の受給開始日後に支払われる一時金のうち、将来の年金給付の総額に代えて支払われるもの<br>（注） 一時金の課税年分については、その支給期の属する年分とし、所得税法施行令第77条の規定の適用はありません。<br>ハ 確定給付企業年金規約の加入者又は厚生年金基金（企業年金連合会を含みます。）若しくは適格退職年金契約の加入員に対し、3のロ及びニからへまで並びに4に掲げる退職に準じた事実等が生じたことに伴い加入者又は加入員（厚生年金基金の場合の加算適用加入員を含みます。）としての資格を喪失したことを給付事由として支払われる一時金（その事実等が生じたことを給付事由として、使用者から3のロ及びニからへまで並びに4に掲げる退職手当が支払われる場合に限ります。）<br> この場合において、加入者又は加入員に支払われる退職手当が確定給付企業年金 |

退職所得

| | |
|---|---|
| | 規約又は厚生年金基金規約若しくは適格退職年金契約に基づいて支払われるもののみである場合には、上記括弧書は適用されません。 |
| **9 未払賃金立替払制度に基づき国が弁済する未払賃金** | 事業主の倒産等により賃金の支払を受けないで退職した労働者に対し、国がその使用者に代わって未払賃金を弁済するといういわゆる未払賃金立替払制度に基づいて、労働者が国から弁済を受けた給与は、その労働者が退職した日の属する年分の退職所得とされます。（措法29の4） |

（注1）　死亡退職により支払われる退職手当は、それぞれ次のように取り扱われます。

イ　死亡した人に対する退職手当で、死亡後に支給期の到来するもののうち相続税法の規定により相続税の課税価格計算の基礎に算入されるものについては、所得税は課されません。（所基通9—17）

ロ　死亡した人に対する退職手当で、死亡後に支給期の到来するもののうち、イ以外のものについては、支払を受ける遺族の一時所得とされます。（所基通34—2）

（注2）　公傷病により労働能力を著しく喪失して退職する人に対し、内規によりその傷病の程度及び勤続年数に応じて支払われる特別見舞金で、一般の退職手当と明確に区分され、しかも、その見舞金を支払うことによって一般の退職手当の支給額が減額されることのないものは、課税されません。（所法9①十八、所令30三）

## 《退職手当等の区分》（所法30④⑤⑦）

| | |
|---|---|
| **一般退職手当等** | 退職手当等のうち、特定役員退職手当等及び短期退職手当等以外の退職手当等 |
| **特定役員退職手当等** | 退職手当等のうち、役員等勤続年数が5年以下である人が、その役員等勤続年数に対応する退職手当等として支払を受けるもの |
| **短期退職手当等**<br>（令和4年分以後） | 退職手当等のうち、退職手当等の支払をする者から短期勤続年数（勤続年数のうち、役員等以外の者としての勤続年数が5年以下であるものをいいます。）に対応する退職手当等として支払を受けるものであって、特定役員退職手当等に該当しないもの |

（注1）　役員等勤続年数とは、退職金等に係る勤続期間のうち、役員等として勤務した期間の年数（1年未満の端数がある場合はその端数を1年に切り上げたもの）をいいます。

（注2）　役員等とは次に掲げる人のことをいいます。

①　法人税法第2条第15号《定義》に規定する役員

②　国会議員及び地方公共団体の議会の議員

③　国家公務員及び地方公務員

退　職　所　得

## 三　所得の生ずる場所など

　申告書第三表（分離課税用）の「退職所得に関する事項」に、収入金額、退職所得控除額（**五～七参照**）を記載します。

○　退職所得に関する事項

| 区　分 | 収　　入　　金　　額 | 退 職 所 得 控 除 額 |
|---|---|---|
| 一般 | 円 | 円 |
| 短期 | | |
| 特定役員 | | |

## 四　収入金額

(1)　退職手当等は、通常、金銭で支払われますが、生命保険等の権利や物品で支払われることもあります。これらの収入金額は「**令和4年分　退職所得の源泉徴収票**」の支払金額欄に記載されていますので、その金額をそのまま収入金額とします。

　　また、退職所得を2か所以上から支給される場合、例えば、数か所の会社の役員を兼務していた人がその役員を退くことにより、その年中に退職金を数か所から支給された場合には、退職所得の金額は、その合計額によって計算します。

(2)　退職所得は、退職を原因として支給されますから、通常は退職した時にその収入金額が生じたものとされます。なお、会社役員の退職手当などで、会社の定款、その他の規定によって株主総会などの決議を必要とするものについては、その決議のあった時（その決議が退職手当等の支給だけを定め、具体的な支給金額を定めていないときはその金額が具体的に定められた時）とします。（所基通36—10(1)）

《特別な退職手当等の収入金額の計算》

| 区　　　　分 | 収　入　金　額　の　計　算 |
|---|---|
| 確定給付企業年金法又は適格退職年金契約に基づいて支給される退職一時金 | 　確定給付企業年金法の規定又は適格退職年金契約に基づいて払い込まれた保険料又は掛金のうちに従業員自身が負担したものがある場合は、その支給額から従業員が負担した金額を差し引いた残額が、退職所得の収入金額になります。（所法31三、所令72③四） |
| 退職するときに交付された生命保険証書でその権利が退職金となるもの | 　その支給時において契約を解除したとした場合に支払われることとなる解約返戻金の額と前納保険料の金額、剰余金の分配額などがある場合には、これらの金額との合計額が退職所得の収入金額になります。（所基通36—37） |
| 新株予約権等を発行法人から与えられ、その権利をその発行法人に譲渡した場合の譲渡対価が退職金となるもの | 　その譲渡の対価の額からその権利の取得価額を控除した金額が、退職手当等の収入金額となります。（所法41の2） |

——(832)——

退 職 所 得

## 五　退職所得控除額の計算

退職所得控除額は、退職手当の支払を受ける人の勤続年数に応じて計算されることとされています。

## 1　通常の場合の勤続年数と退職所得控除額の計算

### ⑴　勤続年数の計算

通常の場合の勤続年数は、退職手当の支払を受ける人が、退職手当の支払者の下においてその退職手当の支払の基因となった退職の日まで引き続き勤務した期間（以下「勤続期間」といいます。）によって計算します。

この勤続期間の計算に当たっては、次のことに注意する必要があります。

イ　勤続期間に1年未満の端数があるときは、その端数は1年に切り上げて勤続年数を計算します。（所令69②）

ロ　長期欠勤や休職（他に勤務するための休職を除きます。）の期間も、勤続期間に含まれますが、日々雇い入れられる者であったため、支給を受ける給与について日額表の丙欄の適用を受けていた期間は、勤続期間には含まれません。（所基通30―7、30―9）

また、勤続年数は、退職手当の支払金額の計算の基礎となった期間が、その退職手当の支払者の下において引き続き勤務した期間の一部である場合又はその勤務した期間に一定の率を乗ずるなどにより換算をしたものである場合であっても、退職の日まで引き続き勤務した実際の期間により計算し、引き続き勤務する人に支給される給与で退職手当とされるものについての勤続年数は、その給与の計算の基礎とされた勤続期間の末日において退職したものとして計算します。（所基通30―6、30―8）

### ⑵　退職所得控除額の計算

通常の場合の退職所得控除額は、⑴により計算した勤続年数を基として、次の表の算式によって計算します。（所法30③、所令69①）

| 勤 続 年 数 | 退職所得控除額 |
|---|---|
| 20年以下の場合 | 40万円×勤続年数　（80万円に満たない場合には、80万円） |
| 20年を超える場合 | 800万円＋70万円×（勤続年数－20年） |

退 職 所 得

```
┌─計算例──────────────────────────────────────┐
│  一般的な場合の退職所得控除額                            │
│ （設　例）                                        │
│   就職の日　平成元年 4 月 1 日 ┐                        │
│                        ├ 勤続年数　33年 7 か月10日……34年 │
│   退職の日　令和 4 年11月10日 ┘                        │
│ （計　算）                                        │
│   （勤続年数20年を超える場合の算式によることとなります。）        │
│   70万円×（34年－20年）＋800万円＝1,780万円……退職所得控除額   │
└──────────────────────────────────────────┘
```

## 2　特殊な場合の勤続年数と退職所得控除額の計算

### ⑴　勤続年数の計算

　　次の場合の退職所得控除額の計算の基礎となる勤続年数は、それぞれ次により計算します。この場合、計算した期間に 1 年未満の端数があるときは、その端数は 1 年に切り上げて、勤続年数を求めます。（所令69）

イ　退職手当の支払を受ける人がその支払者の下において就職の日から退職の日までの間に一時勤務しなかった期間がある場合

　　一時勤務しなかった期間前にその支払者の下において引き続き勤務した期間を勤続期間に加算した期間により勤続年数を計算します。（所令69①一イ）

ロ　退職手当の支払を受ける人がその支払者の下において勤務しなかった期間に他の者の下において勤務したことがある場合において、その支払者がその退職手当の支払金額の計算の基礎とする期間のうちにその他の者の下において勤務した期間を含めて計算するとき

　　その他の者の下において勤務した期間を勤続期間に加算した期間により勤続年数を計算します。（所令69①一ロ）

ハ　退職手当の支払を受ける人がその支払者から前に退職手当の支払を受けたことがある場合

　　前の退職手当の支払金額の計算の基礎とされた期間の末日以前の期間は、 1 の⑴の勤続期間やイ又はロにより加算する期間には含めないで、勤続年数を計算します。ただし、その支払者がその退職手当の支払金額の計算の基礎とする期間のうちに、前の退職手当の支払金額の計算の基礎とされた期間を含めて計算する場合には、その含めて計算した前の退職手当の支払金額の計算の基礎とされた期間は、 1 の⑴の勤続期間やイ又はロにより加算する期間に含めて勤続年数を計算します。（所令69①一ハ）

ニ　退職手当とみなされる退職一時金等（所法31）である場合

　　その退職一時金等の支払金額の計算の基礎とされた期間(注)により勤続年数を計算します。この場合、その期間が時の経過に従って計算した期間によらず、これに一定の期間を加算した期間によっているときは、その加算をしなかったものとして計算した期間によります。ただし、その退職一時金等が、確定拠出年金法に基づく老齢給付金として支給される一時金である場合には、

——(834)——

その支払金額の計算の基礎となった期間は、企業型年金加入者期間（確定拠出年金法の他の制度の資産の移管又は脱退一時金相当額等の移換の規定により通算加入者等期間に算入された期間及び同法の脱退一時金相当額等又は残余財産の移換の規定により移換された資産の額の算定の基礎となった期間のうち、①加入者が60歳に達した日の前日が属する月の翌月以後の期間及び②運用指図者期間として既に通算加入期間に算入されている期間と重複する期間を含みます。個人型年金加入者期間についても同様です。）と、個人型年金加入者期間のうち企業型年金加入者期間と重複していない期間を合算した期間によります。（所令69①二、所規18の３）

(注) 退職手当等とみなされる退職一時金等の金額のうちに、次の金額が含まれている場合には、これらの金額の計算の基礎となった期間を含みます。

1 独立行政法人勤労者退職金共済機構が特定退職金共済団体から個人単位又は事業主単位で受け入れた金額

2 解散存続厚生年金基金から独立行政法人勤労者退職金共済機構に交付された額

3 独立行政法人勤労者退職金共済機構から特定退職金共済団体に引き渡された退職金に相当する額

4 特定退職金共済団体間で引き渡された退職給付金又は引継退職給付金に相当する額

ホ その年に２以上の退職手当や退職一時金等の支払を受ける場合

これらの退職手当等のそれぞれについて、１の(1)の勤続期間又はイからニまでに説明したところにより計算した期間のうち、最も長い期間によって勤続年数を計算します。ただし、その最も長い期間以外の期間のうちにその最も長い期間と重複しない期間があるときは、その重複しない部分の期間（１の(1)の勤続期間又はイからニまでに準じて計算した期間）をその最も長い期間に加算して、勤続年数を計算します。（所令69①三）

## (2) 退職所得控除額の計算

次の場合の退職所得控除額は、それぞれ次により計算します。

イ 退職所得控除額が80万円に満たない場合

１の(2)に掲げる表又は次のハ以下により計算した退職所得控除額が80万円に満たない場合には、退職所得控除額は80万円とされます。（所法30⑥二）

ロ 障害退職の場合

職務上又は職務外の傷病により障害者となったことに直接基因して退職する場合には、１の(2)に掲げる表又は次のハ以下により計算した金額（80万円に満たない場合には、80万円）に更に100万円を加算した金額が退職所得控除額とされます。（所法30⑥三）

この場合、障害者となったかどうかは、障害者控除の対象となる障害者に該当することとなったかどうかにより判定します。また、障害者になったことに直接基因して退職した場合とは、退職手当の支払を受ける人が在職中に障害者に該当することとなったことにより、障害者になった日以後全く勤務しないか又はほとんど勤務に服さないで退職した場合をいいます。（所令71）

退職所得

ハ　退職手当が前年以前に支払を受けた退職手当の勤続期間を通算して計算されている場合

　　退職手当の支払を受ける人が、①その支払者の下において勤務しなかった期間に他の者の下において勤務したことがあり、かつ、その他の者から前に退職手当の支払を受けている場合において、その支払者がその他の者の下において勤務した期間を今回支払う退職手当の支払金額の計算の基礎に含めているとき又は②その支払者から前に退職手当の支払を受けたことがある場合において、その支払者が前に支払った退職手当の計算の基礎となった期間を今回支払う退職手当の支払金額の計算の基礎に含めているときは、これらの今回支払う退職手当に対する退職所得控除額は、次の(イ)に掲げる金額から(ロ)に掲げる金額を控除した金額となります。(所法30⑥一、所令70①一、③)

　(イ)　今回支払を受ける退職手当につき上記1の(1)又は2の(1)により計算した勤続年数を基として、1の(2)に掲げる表により計算した金額

　(ロ)　他の者から前に支払を受けた退職手当又は今回支払を受ける退職手当の支払者から前に支払を受けた退職手当につき1の(1)又は2の(1)により計算した期間（その期間に1年未満の端数があるときは、その端数を切り捨てた期間）を勤続年数とみなして、1の(2)に掲げる表により計算した金額

ニ　その年に支払を受ける退職手当についての勤続期間等と前年以前4年内に支払を受けた他の退職手当についての勤続期間等とに重複している期間がある場合

　　その年の前年以前4年内（その年に確定拠出年金法に基づく老齢給付金として支給される一時金の支払を受ける場合には、14年内（令和4年4月1日以後に支払を受けるべき確定拠出年金法の老齢給付金として支給を受ける一時金については19年内）。以下、同様です。）に退職手当（ハの「前に支払を受けた退職手当」を除きます。）の支払を受けたことがある場合において、その年に支払を受ける退職手当につき1の(1)又は2の(1)により計算した期間の一部が前の退職手当につき1の(1)又は2の(1)により計算した期間と重複している場合には、その年に支払を受ける退職手当についての退職所得控除額は、原則として、次の(イ)に掲げる金額から(ロ)に掲げる金額を控除した金額となります。(所法30⑥一、所令70①二、②③)

　(イ)　その年に支払を受ける退職手当につき1の(1)又は2の(1)により計算した勤続年数を基として、1の(2)に掲げる表により計算した金額

　(ロ)　重複している部分の期間（その期間に1年未満の端数があるときは、その端数を切り捨てた期間）を勤続年数とみなして、1の(2)に掲げる表により計算した金額

ホ　ニの場合において、前の退職手当の金額がその退職手当の勤続年数を基として計算した退職所得控除額に満たないとき

　　この場合の前の退職手当の勤続期間等は、前の退職手当の金額の計算の基礎とされた勤続期間等のうち、前の退職手当についての就職の日（退職手当とみなされる退職一時金等については、その支払金額の計算の基礎となった期間の初日）から、次表の算式により計算した数（その数に1未満の端数が生じたときは、これを切り捨てた数）に相当する年数を経過した日の前日までの

退職所得

期間であったものとして、ニの「その年に支払を受ける退職手当」についての勤続期間等との重複期間の計算をします。（所令70②）

| 前の退職手当の収入金額 | 算　　式 |
|---|---|
| 800万円以下の場合 | 収入金額÷40万円 |
| 800万円を超える場合 | （収入金額−800万円）÷70万円＋20 |

## 六　特定役員退職手当等に係る退職所得控除額の計算

### 1　特定役員退職手当等の範囲

特定役員退職手当等とは、役員等勤続年数が5年以下である人が支払を受ける退職手当のうち、その役員等勤続年数に対応する退職手当として支払を受けるものをいいます。（所法30⑤）

この役員等勤続年数とは、五の2の(1)のイからハまでにより勤続期間に一定の期間を加算した期間（以下「調整後勤続期間」といいます。）のうち、役員等として勤務した期間(注)の年数（1年未満の端数がある場合はその端数を切り上げたもの）をいいます。（所法30⑤、所令69の2②）

(注)　調整後勤続期間のうち、役員等として勤務した期間を「役員等勤続期間」といいます。

なお、一般の使用人として入社し、一定期間勤務した後に役員等に就任してその後退職した場合に、その退職の際に一般の使用人の分と役員等の分とを合わせて退職手当の支払を受けるケースのように、調整後勤続期間のうちに5年以下の役員等勤続期間と役員等勤続期間以外の期間がある退職手当を受ける場合には、その退職手当は次に掲げるものからなるものとされます。（所令71の2⑬）

①　退職手当の金額から②に掲げる金額を控除した残額に相当する特定役員退職手当等

②　役員等勤続期間以外の期間を基礎として、他の使用人に対する退職給与の支給の水準等を勘案して相当と認められる金額に相当する一般退職手当等又は短期退職手当等

### 2　特定役員退職所得控除額の計算

特定役員退職所得控除額は、次の算式により求めた金額となります。（所令71の2③一）

$$\text{特定役員退職所得控除額} = 40万円 \times \left( \text{特定役員等勤続年数} - \text{重複勤続年数} \right) + 20万円 \times \text{重複勤続年数}$$

イ　「特定役員等勤続年数」とは、特定役員等勤続期間（特定役員退職手当等につき五の2の(1)のイからハまで、及びホにより計算をした期間をいいます。）により計算した年数(注)をいいます。（所令71の2④）

ロ　「重複勤続年数」とは、特定役員等勤続期間と一般勤続期間（一般退職手当等につき五の2の(1)により計算をした期間をいいます。）とが重複している期間により計算した年数(注)をいいま

——(837)——

す。(所令71の2④)

なお、この重複している期間がない場合の特定役員退職所得控除額は、40万円に特定役員等勤続年数を乗じて計算した金額となります。

(注) イの特定役員等勤続期間又はロの重複している期間に1年未満の端数が生じたときは、これを1年として特定役員等勤続年数又は重複勤続年数を計算します。(所令71の2⑩、69②)

ハ 五の2の(2)のハ又はニの場合に該当し、かつ、次のいずれかに該当するときは、特定役員退職所得控除額は上記の算式により求めた金額からそれぞれ次の金額を控除したものとされます。(所令71の2⑫)

(イ) 五の2の(2)のハの前年以前に支払を受けた退職手当で勤続期間を通算したものの全部又は一部が特定役員退職手当等に該当する場合

特定役員等勤続期間のうち、その前年以前に支払を受けた特定役員退職手当等に係る期間を基礎として五の2の(1)により計算した期間(注)を勤続年数とみなして、五の1の(2)に掲げる表により計算した金額

(ロ) 特定役員等勤続期間の全部又は一部が五の2の(2)のニの前年以前4年内に支払を受けた他の退職手当についての勤続期間等と重複している場合

その重複している部分の期間(注)を勤続年数とみなして、五の1の(2)に掲げる表により計算した金額

(注) (イ)の計算した期間又は(ロ)の重複している部分の期間に1年未満の端数があるときは、これを切り捨てます。(所令70③)

---

**計算例**

**特定役員等勤続期間と一般勤続期間とが重複していない場合の退職所得控除額**

(設例)
勤続期間　　　　　　　　　平19.7.1～令4.7.31
　うち　一般勤続期間　　　平19.7.1～平29.8.31
　　　　特定役員等勤続期間　平29.9.1～令4.7.31

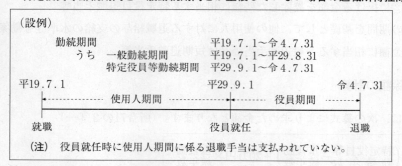

(注) 役員就任時に使用人期間に係る退職手当は支払われていない。

この場合の特定役員等勤続年数は、平29.9.1から令4.7.31までの5年(4年11か月→5年)となり、特定役員退職所得控除額は200万円(＝40万円×5(年))となります。

なお、この場合の退職所得控除額は勤続年数が平19.7.1から令4.7.31までの16年(15年1か月→16年)ですので、640万円となります。

退職所得

## 七　短期退職手当等に係る退職所得控除額の計算

### 1　短期退職手当等の範囲

　短期退職手当等とは、退職手当等のうち、短期勤続年数に対応する退職手当等として支払を受けるもので、特定役員退職手当等に該当しないものをいいます。（所法30④）

　この短期勤続年数とは、調整後勤続期間のうち、その退職手当を受ける居住者が役員等以外の者として勤務した期間により計算した勤続年数（1年未満の端数がある場合はこれを1年としてその年数を計算したもの）が5年以下であるものをいいます。（所法30④、所令69の2①）

**(注)**　調整後勤続期間のうちに役員等勤続期間がある場合には役員等以外の者として勤務した期間にはその役員等勤続期間を含めて計算します。（所令69の2③）

### 2　短期退職所得控除額の計算

　短期退職所得控除額は、次の計算式により求めた金額となります。（所令71の2①一イ）

$$\text{短期退職所得控除額} = 40万円 \times \left(\text{短期勤続年数} - \text{重複勤続年数}\right) + 20万円 \times \text{重複勤続年数}$$

イ　「短期勤続年数」とは、短期勤続期間（短期退職手当等につき**五の2の(1)**のイからホまでにより計算した期間をいいます。）により計算した年数をいいます。（所令71の2②）

ロ　「重複勤続年数」とは、短期勤続期間と一般勤続期間とが重複している期間により計算した年数をいいます。（所令71の2⑥）

　　なお、この重複している期間がない場合の短期退職所得控除額は、40万円に短期勤続年数を乗じて計算した金額となります。

**(注)**　イの短期勤続期間又はロの重複している期間に1年未満の端数が生じたときは、これを1年として短期勤続年数又は重複勤続年数を計算します。（所法71の2⑩、69②）

ハ　**五の2の(2)**のハ又はニの場合に該当し、かつ、次のいずれかに該当するときは、短期退職所得控除額は上記の算式により求めた金額からそれぞれ次の金額を控除したものとされます。（所令71の2⑪）

(イ)　**五の2の(2)**のハの前年以前に支払を受けた退職手当で勤続期間を通算したものの全部又は一部が短期退職手当等に該当する場合

　　短期勤続期間のうち、その前年以前に支払を受けた短期退職手当等に係る期間を基礎として**五の2の(1)**により計算した期間を勤続年数とみなして、**五の1の(2)**に掲げる表により計算した金額

(ロ)　短期勤続期間の全部又は一部が**五の2の(2)**のニの前年以前4年以内に支払を受けた他の退職

—— (839) ——

手当についての勤続期間等と重複している場合

その重複している部分の期間を勤続年数とみなして、**五の1の(2)**に掲げる表により計算した金額

**(注)** (イ)の計算した期間又は(ロ)の重複している部分の期間に1年未満の端数があるときは、これを切り捨てます。(所令70③)

# 八 所 得 金 額

退職所得は、その年中に支払を受ける退職手当等の区分に応じ、次の課税退職所得金額を課税標準とします。(所法22①③、30①②、所令71の2①③⑤⑦)

| 退職手当等の区分 | | 課税退職所得金額 |
|---|---|---|
| 一般退職手当等の場合 | | $\left(\begin{array}{l}\text{一般退職}\\\text{手当等の}\\\text{収入金額}\end{array} - \begin{array}{l}\text{退職所得}\\\text{控 除 額}\end{array}\right) \times \dfrac{1}{2}$ |
| 特定役員退職手当等の場合 | | $\begin{array}{l}\text{特 定 役 員}\\\text{退職手当等}\\\text{の収入金額}\end{array} - \begin{array}{l}\text{退職所得}\\\text{控 除 額}\end{array}$ |
| 短期退職手当等の場合 | イ | 短期退職手当等の収入金額－退職所得控除額 ≦ 300万円の場合<br><br>(短期退職手当等の収入金額－退職所得控除額)$\times \dfrac{1}{2}$ |
| | ロ | 短期退職手当等の収入金額－退職所得控除額 ＞ 300万円の場合<br><br>150万円＋｛短期退職手当等の収入金額－(300万円＋退職所得控除額)｝ |
| 一般退職手当等と特定役員退職手当等の両方がある場合 | | $\left(\begin{array}{l}\text{特定役員}\\\text{退職手当等}\\\text{の収入金額}\end{array} - \begin{array}{l}\text{特定役員}\\\text{退職所得}\\\text{控除額}\end{array}\right) + \left\{\begin{array}{l}\text{一般退職}\\\text{手当等の}\\\text{収入金額}\end{array} - \left(\begin{array}{l}\text{退職所得}\\\text{控 除 額}\end{array} - \begin{array}{l}\text{特定役員}\\\text{退職所得}\\\text{控 除 額}\end{array}\right)\right\} \times \dfrac{1}{2}$ |
| 一般退職手当等と短期退職手当等の両方がある場合 | イ | 短期退職手当等の収入金額－短期退職所得控除額 ≦ 300万円の場合<br><br>$\left(\begin{array}{l}\text{短期退職手当等}\\\text{の 収 入 金 額}\end{array} - \begin{array}{l}\text{短 期 退 職}\\\text{所得控除額}\end{array}\right) \times \dfrac{1}{2}$<br><br>$+\left\{\begin{array}{l}\text{一般退職}\\\text{手当等の}\\\text{収入金額}\end{array} - \left(\begin{array}{l}\text{退職所得}\\\text{控 除 額}\end{array} - \begin{array}{l}\text{短 期 退 職}\\\text{所得控除額}\end{array}\right)\right\} \times \dfrac{1}{2}$ |
| | ロ | 短期退職手当等の収入金額－短期退職所得控除額 ＞ 300万円の場合<br><br>$150\text{万円}+\left\{\begin{array}{l}\text{短期退職}\\\text{手当等の}\\\text{収入金額}\end{array} - \left(300\text{万円}+\begin{array}{l}\text{短 期 退 職}\\\text{所得控除額}\end{array}\right)\right\}$<br><br>$+\left\{\begin{array}{l}\text{一般退職}\\\text{手当等の}\\\text{収入金額}\end{array} - \left(\begin{array}{l}\text{退職所得}\\\text{控 除 額}\end{array} - \begin{array}{l}\text{短 期 退 職}\\\text{所得控除額}\end{array}\right)\right\} \times \dfrac{1}{2}$ |

退 職 所 得

| | | |
|---|---|---|
| 特定役員退職手当等と短期退職手当等の両方がある場合 | イ | 短期退職手当等の収入金額 − 短期退職所得控除額 ≦ 300万円の場合<br><br>$\left(\begin{array}{c}特定役員\\退職手当等\\の収入金額\end{array} - \begin{array}{c}特定役員\\退職所得\\控除額\end{array}\right)$<br><br>$+ \left\{\begin{array}{c}短期退職手当等\\の収入金額\end{array} - \left(\begin{array}{c}短期退職\\所得控除額\end{array} - \begin{array}{c}特定役員\\退職所得\\控除額\end{array}\right)\right\} \times \frac{1}{2}$ |
| | ロ | 短期退職手当等の収入金額 − 短期退職所得控除額 ＞ 300万円の場合<br><br>$\left(\begin{array}{c}特定役員\\退職手当等\\の収入金額\end{array} - \begin{array}{c}特定役員\\退職所得\\控除額\end{array}\right)$<br><br>$+ 150万円 + \left\{\begin{array}{c}短期退職\\手当等の\\収入金額\end{array} - \left(300万円 + \left(\begin{array}{c}短期退職\\所得控除額\end{array} - \begin{array}{c}特定役員\\退職所得\\控除額\end{array}\right)\right)\right\}$ |
| 一般退職手当等、短期退職手当等及び特定役員退職手当等の3つの退職手当等がある場合 | イ | 短期退職手当等の収入金額 − 短期退職所得控除額 ≦ 300万円の場合<br><br>$\left(\begin{array}{c}特定役員\\退職手当等\\の収入金額\end{array} - \begin{array}{c}特定役員\\退職所得\\控除額\end{array}\right)$<br><br>$+ \left(\begin{array}{c}短期退職手当等\\の収入金額\end{array} - \begin{array}{c}短期退職\\所得控除額\end{array}\right) \times \frac{1}{2}$<br><br>$+ \left\{\begin{array}{c}一般退職\\手当等の\\収入金額\end{array} - \left(\begin{array}{c}退職所得\\控除額\end{array} - \left(\begin{array}{c}特定役員\\退職所得\\控除額\end{array} + \begin{array}{c}短期退職\\所得控除額\end{array}\right)\right)\right\} \times \frac{1}{2}$ |
| | ロ | 短期退職手当等の収入金額 − 短期退職所得控除額 ＞ 300万円の場合<br><br>$\left(\begin{array}{c}特定役員\\退職手当等\\の収入金額\end{array} - \begin{array}{c}特定役員\\退職所得\\控除額\end{array}\right)$<br><br>$+ 150万円 + \left\{\begin{array}{c}短期退職\\手当等の\\収入金額\end{array} - \left(300万円 + \begin{array}{c}短期退職\\所得控除額\end{array}\right)\right\}$<br><br>$+ \left\{\begin{array}{c}一般退職\\手当等の\\収入金額\end{array} - \left(\begin{array}{c}退職所得\\控除額\end{array} - \left(\begin{array}{c}特定役員\\退職所得\\控除額\end{array} + \begin{array}{c}短期退職\\所得控除額\end{array}\right)\right)\right\} \times \frac{1}{2}$ |

　なお、「損益通算」（382ページ参照）、「繰越損失の控除」（389ページ参照）の適用がある場合は、これらの適用後の金額が所得金額となります。

## 九　申告手続に必要な資料

　確定申告書には、退職手当等の支払者からその支払を受ける者に交付される源泉徴収票の内容を記載する必要があります。

　なお、退職手当等の支払者からその支払を受ける者に交付される源泉徴収票については、その支払者から別途、税務署長へ提出することとされていることから（所法226、94）、確定申告書への添付を要しません。

## 十　退職所得金額に対する税額の計算

退職所得金額に対する税額は、課税退職所得金額について総所得金額に対する税額の計算と同様の方法で計算します。

課税退職所得金額とは、退職所得金額から課税総所得金額等の計算上引ききれなかった所得控除の金額を差し引いた金額をいいます。

**《税額の求め方》**

471ページの「**課税総所得金額に対する税額の求め方**」と同じ要領で、巻末の「**所得税の速算表**」（1133ページ）で求めます。

**（注）**　課税退職所得金額に対する税額は、総合課税の課税総所得金額に対する税額を求める場合と同じ税額表を使って計算しますが、これらの合計額について税額表を適用するのではありませんから注意してください。なお、求めた税額も申告書第三表（分離課税用）の(85)欄と(92)欄に分けて記入します。

# 第五章　損失申告用（第四表）の申告書の書き方

### 申告書第四表（損失申告用）を提出できる人の範囲

　次のような場合で、純損失や雑損失の繰越控除又は各種の繰越控除、純損失の繰戻しによる還付を受けようとするときは、申告書第一表及び第二表と併せて第四表（損失申告用）の申告書を提出することができます。

① 青色申告者で、その年に生じた純損失の金額を翌年以後に繰り越す場合

② その年の雑損失の金額を翌年以後に繰り越す場合

③ 前年からの繰越損失額があり、かつ翌年以後への繰越損失がある場合

④ 純損失のうちに、翌年以後に繰り越す変動所得の損失額、被災事業用資産の損失額がある場合

⑤ 居住用財産の買換え等・特定居住用財産の譲渡損失の繰越控除、特定中小会社の特定株式の譲渡損失の繰越控除、上場株式等に係る譲渡損失の繰越控除又は先物取引の差金等決済に係る損失の繰越控除を受けようとする場合

## 〔損失の繰越控除又は繰戻しによる還付を受けるための申告〕

　第四表（損失申告用）の申告書は、次に掲げる純損失や雑損失の繰越控除、その他上記①～⑤に掲げる損失の繰越控除及び純損失の繰戻しによる還付を受ける場合に申告書第一表及び第二表と併せて提出する申告書です。（詳細は389ページ以下を参照してください。）

※ 東日本大震災の被災者の方で雑損失の繰越控除の特例又は純損失の繰越控除の特例の適用を受ける方は、損失申告用（第四表付表）も併せて提出してください。

### 1　令和3年以前3年間に生じた繰越損失の控除

　令和3年以前3年間に生じた雑損失や純損失の金額で令和3年までに引ききれなかった金額のうち、次表の金額を損益通算後の所得金額から一定の順序で差し引きます。（所法70、71）

| 区　分 | 差し引くことのできる損失の金 | | 差し引くための条件 |
| --- | --- | --- | --- |
| | 雑損失の金額 | 純損失の金額 | |
| 青色申告者 | 全　部 | 全部（居住用財産の買換え等・特定居住用財産の譲渡損失に係る特定純損失の金額を除く。） | 確定申告書を提出し、その後の年に引き続いて確定申告書を提出していること |
| 白色申告者 | 全　部 | 居住用財産の買換え等・特定居住用財産の譲渡損失の繰越控除の特例の規定における通算後譲渡損失の金額（395・403ページ参照） | |
| | | 変動所得の損失及び被災事業用資産の損失の金額 | |

—— (843) ——

損失申告用（第四表）

## 2　令和4年中に生じた損失の繰越し

損益通算の結果、令和4年中の「所得の合計額」が赤字となった場合のその赤字の金額（純損失の金額）や雑損控除額を合計所得金額から引ききれなかった場合のその引ききれなかった部分の金額（雑損失の金額）については、次表の金額を令和5年以後3年間に繰り越すことができます。（所法70、71）

| 区　　分 | 繰り越すことのできる損失の金額 | | 繰り越すための条件 |
|---|---|---|---|
| | 雑損失の金額 | 純損失の金額 | |
| 青色申告者 | 全　　部 | 全部（居住用財産の買換え等・特定居住用財産の譲渡損失に係る特定純損失の金額を除く。） | 確定申告書を提出すること |
| 白色申告者 | 全　　部 | 居住用財産の買換え等・特定居住用財産の譲渡損失の繰越控除の特例の規定における通算後譲渡損失の金額 | |
| | | 変動所得の損失及び被災事業用資産の損失の金額 | |

**(注)**　分離課税の土地建物等の譲渡所得、分離課税の上場株式等の配当所得等の金額、分離課税の株式等の譲渡所得等の金額及び分離課税の先物取引の雑所得等の金額からは純損失の金額は差し引けませんが、雑損失の金額は差し引くことができます。

### 《申告書の添付書類の提出》

令和5年以後に繰り越される上場株式の譲渡損失又は特定中小会社の特定株式の譲渡損失及び先物取引の差金等決済に係る損失のある人は、申告書第四表（損失申告用）にそれぞれの確定申告書付表（103ページ参照）を添付して提出します。

令和5年以後で繰越控除される「居住用財産の買換え等の場合の譲渡損失の繰越控除の特例」又は「特定居住用財産の譲渡損失の繰越控除の特例」を受ける人は、第四表（損失申告用）の申告書に「居住用財産の譲渡損失の金額の明細書《確定申告書付表》」及び「居住用財産の譲渡損失の損益通算及び繰越控除の対象となる金額の計算書」又は「特定居住用財産の譲渡損失の金額の明細書《確定申告書付表》」及び「特定居住用財産の譲渡損失の損益通算及び繰越控除の対象となる金額の計算書」を添付して提出します。

## 3　令和4年中に生じた純損失の繰戻し（青色申告の特典）

青色申告者については、令和4年に生じた純損失の金額を令和5年以降3年間に繰り越して控除することのほか、令和3年分についても青色申告書を提出している場合は、その純損失の金額の全部又は一部を令和3年分の課税所得金額から控除したところで所得税額を計算し直して、その差額の税額の還付を請求することもできます。（所法140）（393ページ参照）

この場合には、確定申告期限内に申告書第一表及び第二表と併せて第四表（損失申告用）の申告書を提出すると同時に、「純損失の金額の繰戻しによる所得税の還付請求書」も提出しなければならないこととされています。

また、この繰戻しについては、上記のほか、令和4年中に廃業、死亡などのため、令和3年分に生

損失申告用（第四表）

じた純損失の金額を令和4年以降3年間に繰り越すことができなくなったときにおいても、令和2年分についても青色申告書を提出していたことを条件として、その令和3年分に生じた純損失の金額を令和2年分に繰り戻すことができます。この場合の手続も上記と同様です。

# 第六章　総収入金額報告書の書き方

## 総収入金額報告書を使用する人の範囲

　事業所得、不動産所得又は山林所得を生ずべき業務を行っている人で、令和4年中のこれらの所得の総収入金額の合計額が3,000万円を超える人が使用します。しかし、令和4年分の確定申告書を提出している人は、総収入金額報告書を提出する必要はありません。

## 1　提出義務者の判定等

　この報告書を提出する義務のある人は、次のいずれにも該当する人です。（所法233）

①　事業所得、不動産所得又は山林所得を生ずべき業務を行っている人

②　①の各所得の総収入金額の合計額が3,000万円を超える人

③　令和4年分の確定申告書を提出していない人

　以上の①～③のすべてに該当する人は、令和5年3月15日までに、総収入金額報告書を提出する義務があります。

(1)　総収入金額とは、売上、賃貸料、雑収入その他収入すべき金額をいい、原則として、収入すべき権利が確定したものをいいます。（131ページ参照）

(2)　総収入金額報告書は、その年分の事業所得等の総収入金額の合計額が3,000万円を超える場合に提出しなければならないとされていますので、これに該当すれば、たとえその年分の所得がゼロやマイナスでもこの報告書の提出義務があります。

　　ただし、この場合、損失の繰越控除を受けるための損失申告用の確定申告書や、還付を受けるための申告書を提出していれば、総収入金額報告書は提出する必要はありません。

## 2　記載要領

(1)　「所得の生ずる場所」欄

　　事業所得、不動産所得、山林所得の別ごとに、それぞれの欄に記入します。

　　例えば、事業所得では、店舗、営業所などの事業所の所在地を、不動産所得では、貸家、アパート、貸宅地などの貸し付けた不動産などの所在地を、山林所得では、山林の所在地を記入します。

(2)　「その年中の収入金額」欄

　　「主な得意先・貸付先・売却先」欄は、各所得の別ごとに、さらに得意先などの別ごとに、その住所・氏名と収入金額を記入します。

　　なお、表面に書ききれないときは、裏面に書いてください。

総収入金額報告書

（設　例）

　建具製造販売業を営む鈴木弘は、中条工務店に売掛金1,000万円を有していましたが、中条工務店は資産状況が悪化して倒産してしまいました。そこで中条工務店に対する売掛金の全額が回収できないこととなったので、貸倒金として処理しました。

　この結果、鈴木弘の令和4年分の所得金額は、事業所得と不動産所得の合計で30万円となり、確定申告書の提出の必要がなくなりました。

　なお、鈴木弘の令和4年中の収入金額の内容は、次のとおりです。

| 種　　　　　　　　類 | | 収　入　金　額 |
|---|---|---|
| **事 業 所 得** | 茨木市上中条×－×　中条工務店 | 3,200万円 |
| | 茨木市中穂積△－△　穂積建設 | 530万円 |
| | 高槻市淀の原町○○　淀住宅 | 380万円 |
| **不動産所得** | 高槻市京口町×－△所在の貸家 | 60万円 |

【記載例】

　上記の「設例」を総収入金額報告書に記入すれば、次ページのようになります。

総収入金額報告書

# 令和 4 年分の総収入金額報告書

税務署受付印
○

＿＿茨木＿＿ 税務署長

5 年 3 月 1 日提出

| 提出用 | 住　所 | （〒 569 － 0067　） 高槻市桃園町× | | フリガナ 氏　名 | スズキ ヒロシ 鈴木 弘 |
|---|---|---|---|---|---|
| | 事業所 | （〒　－　　） 　同　上 | | 個人番号 | ○○○○○○○○○○○○ |
| | 納税地 | （〒　－　　） 　同　上 | | 電話番号 | 072－×××－×××× |
| | 業種名 | 建具製造販売 | | 屋　号 雅　号 | 鈴木建具店 |

○　その年中の収入金額をこの表に記入してください。

| 所得の生ずる場所 | | | 事業所得の収入金額 高槻市桃園町× | 不動産所得の収入金額 高槻市京口町×ー△ | 山林所得の収入金額 |
|---|---|---|---|---|---|
| その年中の収入金額 | 主な得意先・貸付先・売却先 | （住所・氏名） 茨木市上中条×ー× 中条工務店 | 32,000,000 円 | 円 | 円 |
| | | 茨木市中穂積△ー△ 穂積建設 | 5,300,000 | | |
| | | 高槻市淀の原町○○ 淀　住宅 | 3,800,000 | | |
| | | 高槻市京口町×ー△ 江口 守 | | 600,000 | |
| | | | | | |
| | | | | | |
| | | | | | |
| | | 裏面の計の金額 | | | |
| | 上記以外の収入金額の計 | | | | |
| | 合　　　計 | | ① 41,100,000 | ② 600,000 | ③ |
| | | | | （①+②+③） 41,700,000 | |

※書ききれないときは、裏面に書いてください。

○　その年分の確定申告書を提出していない方で、その年中の事業所得、不動産所得又は山林所得に係る総収入金額の合計額が3,000万円を超える場合には、この報告書をその年の翌年3月15日（その年分の確定申告期限）までに提出しなければならないことになっています。
○　この報告書を提出する際には、①個人番号（12桁）の記入及び②報告をする方の本人確認書類の提示又は写しの添付が必要となります。
　　なお、報告書の控えを保管する場合においては、その控えには個人番号を記入しない（複写により控えを作成し保管する場合は、個人番号部分が複写されない措置を講ずる）など、個人番号の取扱いには十分ご注意ください。

| 税整理務署欄 | 通信日付印の年月日 年　月　日 | 確　認 | 番号確認 | 身元確認 □ 済 □ 未済 | 確認書類 個人番号カード　／　通知カード・運転免許証 その他（　　　　　） | 一連番号 |
|---|---|---|---|---|---|---|

（税理士署名 電話番号）

# 第七章　確定申告を誤った場合などの手続

　確定申告書を提出した後で、申告漏れになっていた所得があったり間違って税金を過大に申告したことなど、申告額の誤りに気付いた場合には、申告した税額が実際より少な過ぎたときなどには「修正申告」、申告した税額が実際より多過ぎたときなどには「更正の請求」の手続をしてそれぞれ正しい税額等に是正することができます。

　税務署の調査によって申告した税額が少なかったことなどが判明した場合には、結果的には別途加算税などの税金を負担することになりますから、自主的に是正の手続をとってください。

**（注）**　令和4年分の確定申告から申告書第五表（修正申告の際に使用）は廃止されました。修正申告の際には申告書第一表及び第二表を使用します。

## 一　修　正　申　告

　確定申告書を提出し、その申告期限後にその申告書に記載した金額が、次のいずれかに当てはまるときは、先の確定申告について税務署から更正の通知があるまでは、いつでも、誤った申告額を修正するための「**修正申告書**」を提出することができます。なお、令和4年分以降の修正申告をするに当たっては、申告書第一表及び第二表を使用します。（通法19）

①　確定申告書の提出によって、「納める税金」として記載した税額に不足があるとき

②　確定申告書に記載した「純損失などの金額」が多過ぎるとき

③　確定申告書の提出によって、「還付される税金」として記載した金額が多過ぎるとき

④　確定申告書の提出によって、納める税金があったにもかかわらず「納める税金」として税額を記載しなかったとき

**（注1）**　純損失などの金額とは、繰越しや繰戻しの対象となるものに限られます。（二において同じ）

**（注2）**　自分で申告内容の誤りに気が付いて、自主的に修正申告書を提出したときは、過少申告加算税はかかりません。しかし、以下の場合の修正申告については、新たに納めることとなった税金のほかに、過少申告加算税などがかかります。（通法65①②⑥、66①②⑦⑧）

| | | |
|---|---|---|
| ① | 税務署の調査通知を受けて修正申告をした場合で、調査による更正や決定を予知してされたものでない場合<br>　（平成29年1月1日以後に法定申告期限が到来するもの） | 過少申告加算税5％（期限内申告税額と50万円のいずれか多い額を超える部分は10％）<br>※期限後申告の場合は、無申告加算税10％（納付すべき税額が50万円を超える部分は15％） |
| ② | 税務署の調査に基づいて修正申告書を提出した場合 | 過少申告加算税10％<br>　（期限内申告税額と50万円のいずれか多い額を超える部分は15％）<br>※期限後申告の場合は、無申告加算税15％（納付すべき税額が50万円を超える部分は20％） |

確定申告を誤った場合

(注3) 修正申告により増加した税額は、修正申告書の提出と同時に納めなければなりません。
また、納付すべき税額には、確定申告期限の翌日から納付する日まで延滞税がかかりますから、次の「延滞税の計算方法」により計算して同時に納付してください。(通法60～63)

〔延滞税の計算方法〕

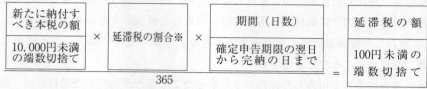

※ 延滞税の割合は、年単位（1/1～12/31）で適用することとなります。
具体的には次のとおりです。
・修正申告書を提出した日の翌日から2月を経過する日まで
……年「7.3％」と「延滞税特例基準割合＋1％」のいずれか低い割合（令和5年分については、年2.4％）
・修正申告書を提出した日の翌日から2月を経過した日以後
……年「14.6％」と「延滞税特例基準割合＋7.3％」のいずれか低い割合（令和5年分については、年8.7％）
なお、延滞税特例基準割合とは、各年の前々年の9月から前年の8月までの各月における銀行の新規の短期貸付約定平均金利の合計を12で除して得た割合として各年の前年の11月30日までに財務大臣が告示する割合（令和5年分は年0.4％）に、年1％の割合を加算した割合をいいます。
(措法94)
○新たに納付すべき本税の額が10,000円未満の場合には、延滞税を納付する必要はありません。
○延滞税の額が1,000円未満の場合には、延滞税を納付する必要はありません。
○確定申告書を提出してから1年を経過する日後に修正申告書を提出する場合には、延滞税の計算の基礎となる「期間（日数）」に特例が設けられています。

修正申告書は、修正申告書を提出する直前の申告書等の第3期分の税額を申告書第一表の㊾欄に、修正申告により増加する第3期分の増加額を申告書第一表の㊿欄に記入し、第二表と一緒に提出します。（分離課税の所得が異動したときは、第三表も併せて提出します。）

なお、申告書第一表の種類欄の「修正」の文字を○で囲み、第二表の「特例適用条文等」欄に修正申告によって修正する事項・理由を記載します。

## 二 更正の請求

確定申告書を提出し、その申告期限後に、その申告書に記載した金額の計算が税法の定めるところに従っていなかったり、その計算に誤りがあるため、次の場合に該当するときは、申告期限から5年以内に限り、誤った申告額の訂正を求めるための更正の請求をすることができます。（通法23）

**(注)** 確定申告をしなくてもよい人が還付を受けるための確定申告書を提出した場合（99ページ参照）の更正の請求は、確定申告書を提出した日から5年以内に限り行うことができます。（所基通122―1）

① 確定申告書の提出によって、「納める税金」として記載した税額が多過ぎるとき

② 確定申告書に記載した「純損失などの金額」が少な過ぎたときや確定申告書に「純損失などの金額」を記載しなかったとき

③ 確定申告書の提出によって、「還付される税金」として記載した金額が少な過ぎたときや確定申告書に「還付される税金」としての金額の記載がなかったとき

### 1 特別な場合の更正の請求

次のような特別な事情があるときは、上記の更正請求の期限（申告期限から5年以内）にかかわらず、その事由が生じた日の翌日から2月以内であれば、特別に更正の請求ができます。（通法23②、所法152、153、通令6、所令274）

① 事業の所得以外の所得の収入金額のうち未回収分が貸倒れになったとき

② 保証債務を履行するため資産を譲渡したが、その履行に伴う求償権の行使ができなくなったとき

③ 事業を廃止した後に、廃止前の事業所得に係る必要経費となる金額が生じたとき

④ 事業の所得以外の所得の計算の基礎となった事実のうちに含まれていた無効な行為により生じた経済的成果が、その行為の無効であることによって失われ、又はこれらの所得の計算の基礎となった事実のうちに含まれていた取り消し得べき行為が取り消されたとき

⑤ 修正申告書の提出、又は更正若しくは決定を受けたことに伴い翌年分以後の確定申告書に記載した所得税額又は決定を受けた所得税額が過大となるとき及び還付を受けられる金額が増加するとき

⑥ 申告、更正又は決定の際に、所得金額等の計算の基となった事実が、その事実に係る判決又はこれと同一の効力を有する和解で、申告等の計算の基礎と異なることが確定したとき

⑦ 申告、更正又は決定の際に、自分のものと判断した所得が、他の者に帰属するものとして、その者に更正又は決定があったとき

⑧ 申告、更正又は決定の基礎となった事実が、農地の譲渡、収用など官公署の許可又は処分を要するもので、その処分などが取り消されたとき

⑨ 申告、更正又は決定の基礎となった契約が、解除（やむを得ない事情のときの合意解除も含みます。）されたり、無効として取り消されたとき

⑩ 帳簿書類の押収その他やむを得ない事情などによって、記録に基づいた申告ができず、推計計算

によって申告されていた場合において、その後、記録による計算ができることとなったとき

⑪ わが国が締結した所得に対する租税に関する二重課税の回避又は脱税の防止のための条約に規定する権限のある当局間の協議により、その申告、更正又は決定に係る課税標準等又は税額等に関し、その内容と異なる内容の合意が行われたとき

⑫ 申告、更正又は決定に係る課税標準等の計算の基礎となった事実に係る国税庁長官の法令の解釈が、判決等に伴って変更され、変更後の解釈が公表されたことにより、その課税標準等が異なることとなる取扱いを受けることとなることを知ったとき

## 2 国外転出時課税の場合の更正の請求

下記(1)又は(2)の課税の取消しにより、その人の国外転出の日の属する年分の所得税について、所得税額などが過大となる場合又は純損失の金額などが過少となる場合には、下記(1)の表①から③までのいずれかの場合に該当することとなった日から4月以内に、更正の請求をすることができます。(所法153の2①)

(1) 国外転出の日の属する年分の所得税につき国外転出時課税制度の適用を受けるべき人が、その国外転出の時に有していた有価証券等又は契約を締結していた未決済信用取引等若しくは未決済デリバティブ取引のうち、次に掲げる場合の区分に応じそれぞれ次に定めるものについては、この制度による課税を受けた人の国外転出の日の属する年分の事業所得の金額、譲渡所得の金額又は雑所得の金額の計算上、そのみなされた有価証券等の譲渡、未決済信用取引等の決済及び未決済デリバティブ取引の決済の全てがなかったものとすることができます。(所法60の2⑥)

| | 区分 | 課税の取消しができるもの |
|---|---|---|
| ① | 国外転出の日から5年を経過する日までに帰国をした場合 | その帰国の時まで引き続き有している有価証券等又は決済していない未決済信用取引等若しくは未決済デリバティブ取引 |
| ② | 国外転出の日から5年を経過する日までにその国外転出の時に有していた有価証券等又は締結していた未決済信用取引等若しくは未決済デリバティブ取引に係る契約を贈与により居住者に移転した場合 | その贈与による移転があった有価証券等、未決済信用取引等又は未決済デリバティブ取引 |
| ③ | 国外転出の日から5年を経過する日までにその人が死亡したことにより、国外転出の時に有していた有価証券等又は締結していた未決済信用取引等若しくは未決済デリバティブ取引に係る契約の相続（限定承認に係るものを除きます。）又は遺贈（包括遺贈のうち限定承認に係るものを除きます。）による移転があった場合において、イ又はロの場合に該当することとなったとき<br>イ その国外転出の日から5年を経過する日までに有価証券等又は未決済信用取引等若しくは未決済デリバティブ取引に係る契約の移転を受けた相続人及び受遺者がすべて居住者となった場合 | その相続又は遺贈による移転があった有価証券等、未決済信用取引等又は未決済デリバティブ取引 |

確定申告を誤った場合

| |
|---|
| ロ　遺産分割等の事由により、有価証券等又は未決済信用取引等若しくは未決済デリバティブ取引に係る契約の移転を受けた相続人及び受遺者に非居住者が含まれないこととなった場合 |

**（注1）**　この措置は、国外転出の時に有価証券等の譲渡又は未決済信用取引等若しくは未決済デリバティブ取引の決済があったものとみなされたもののうち①から③までに定めるものの全てについて適用することとされており、対象となる譲渡又は決済の一部について課税の取消しをすることはできません。

**（注2）**　③の場合は、相続人等が複数いる場合には、その相続人等全てが居住者となることが必要です。

(2)　国外転出の日の属する年分の所得税につき国外転出時課税制度の適用を受けた人で、国外転出をする場合の譲渡所得等の特例の適用がある場合の納税猶予（所法137の2①）のうち10年間の納税の猶予（所法137の2②）を受けている者については、上記(1)の課税の取消しについては、上記(1)の表①から③までの記述中「5年」とあるのを「10年」として課税の取消しを受けることができます。（所法60の2⑦）

**（注）**　国外転出の日から5年を経過する日までに帰国をした場合等の課税の取消しは、納税猶予の適用の有無を問わずに適用することができます。

## 3　その他の更正の請求

　1及び2のほか、次の特例もあります。

(1)　非居住者である受贈者等が帰国をした場合等の更正の請求の特例（所法153の3）

(2)　相続により取得した有価証券等の取得費の額に変更があった場合等の更正の請求の特例（所法153の4）

(3)　遺産分割等があった場合の更正の請求の特例（所法153の5）

(4)　国外転出をした者が外国所得税を納付する場合の更正の請求の特例（所法153の6）

## 4　更正の請求の手続

　更正の請求を行う場合には、更正の請求に基づく所得金額及び税額と、更正の請求をする理由及び請求をするに至った事情の詳細、その請求に係る更正前の納付すべき税額及び還付金の額に相当する税額その他参考となる事項を記載した**「所得税及び復興特別所得税の更正の請求書」**を、所定の期限までに所轄の税務署に提出する必要があります。（通法23③）

　また、更正の請求をする理由の基礎となる「事実を証明する書類」を添付する必要があります。（通令6）

確定申告を誤った場合

# ＿＿＿年分所得税及び復興特別所得税の更正の請求書

税務署受付印

（令和四年分以降用）

＿＿＿＿＿＿税務署長

＿＿年＿＿月＿＿日提出

| 納税地<br>（住所等） | （〒　－　　） | | 個人番号（マイナンバー） | |
|---|---|---|---|---|
| フリガナ<br>氏名 | | 職業 | 電話<br>番号 | |

＿＿＿＿年分所得税及び復興特別所得税について次のとおり更正の請求をします。

| 請求の目的となった<br>申告又は処分の種類 | | 申告書を提出した日、処分の<br>通知を受けた日又は請求の<br>目的となった事実が生じた日 | 年　　月　　日 |
|---|---|---|---|
| 更正の請求をする<br>理由、請求をするに<br>至った事情の詳細等 | | | |
| 添付した書類 | | | |

請求額の計算書（記載に当たっては、所得税及び復興特別所得税の確定申告の手引きなどを参照してください。）

| | | | 請　求　額 | | | | 請　求　額 |
|---|---|---|---|---|---|---|---|
| 総合課税の所得金額 | | | 円 | 税額 | ⑭ に 対 す る 金 額 | | 円 |
| | | | | | ⑮ に 対 す る 金 額 | | |
| | | | | | ⑯ に 対 す る 金 額 | | |
| | | | | | 計 | | |
| | | | | 配 当 控 除 | | | |
| | 合　　計 | ① | | 投 資 税 額 等 の 控 除 | | | |
| ※ | | ② | | （ 特 定 増 改 築 等 ）<br>住 宅 借 入 金 等 特 別 控 除 | | | |
| ※ | | ③ | | 政 党 等 寄 附 金 等 特 別 控 除 | | | |
| 所得から差し引かれる金額 | 社 会 保 険 料<br>小規模企業共済等掛金 控除 | ④ | | 住 宅 耐 震 改 修 特 別 控 除 等 | | | |
| | 生 命 保 険 料<br>地 震 保 険 料 控除 | ⑤ | | 差 引 所 得 税 額 | | | |
| | 寡婦・ひとり親、控除<br>勤労学生、障害者 | ⑥ | | 災 害 減 免 額 | | | |
| | 配偶者（特別）控除 | ⑦ | | 再 差 引 所 得 税 額<br>（ 基 準 所 得 税 額 ） | | | |
| | 扶 養 控 除 | ⑧ | 人 | 復 興 特 別 所 得 税 額 | | | |
| | 基 礎 控 除 | ⑨ | | 所得税及び復興特別所得税の額 | | | |
| | ④ か ら ⑨ ま で の 計 | ⑩ | | 外 国 税 額 控 除 等 | | | |
| | 雑 損 控 除<br>医療費（特例）控除 | ⑪ | | 源 泉 徴 収 税 額 | | | |
| | 寄 附 金 控 除 | ⑫ | | 申 告 納 税 額 | | | |
| | 合　　計 | ⑬ | | 予 定 納 税 額<br>（ 第 1 期 分 ・ 第 2 期 分 ） | | | |
| 課税される所得金額 | ① に 対 す る 金 額 | ⑭ | , 000 | 第 3 期 分 の<br>税　額 | 納 め る 税 金 | A | |
| | ② に 対 す る 金 額 | ⑮ | , 000 | | 還 付 さ れ る<br>税 金 | B | |
| | ③ に 対 す る 金 額 | ⑯ | , 000 | この請求前の第3期分の税額<br>（還付の場合は頭に△を記載） | | C | |
| | | | | 第 3 期 分 の 税 額 の 差 額<br>（ 減 少 額 （ C － A ＋ B ）） | | | |

署理名士（電話番号）税理士

赤字の場合は0と書いてください。

黒字の場合、百円未満の端数は切り捨ててください。

※・ ②、③の各欄は、「分離短期譲渡所得」、「分離長期譲渡所得」、「一般株式等の譲渡所得等」、「上場株式等の譲渡所得等」、<br>「上場株式等の分離配当所得等」、「先物取引の分離雑所得等」、「山林所得」、「退職所得」を記載してください。

| 還 付 さ れ る<br>税 金 の<br>受 取 場 所 | （銀行等の預金口座に振込みを希望する場合）<br>　　　　　　　　銀　行　　　　　本店・支店<br>　　　　　　　　金庫・組合　　　　出張所<br>　　　　　　　　農協・漁協　　　　本所・支所<br>　　　　　預金 口座番号＿＿＿＿＿ | （ゆうちょ銀行の口座に振込みを希望する場合）<br>貯金口座の<br>記 号 番 号　　　　　－<br><br>（郵便局等の窓口受取りを希望する場合） |
|---|---|---|
| | 公金受取口座への登録に同意する　□ | （公金受取口座への振込みを希望する場合）<br>公金受取口座を利用する　□ |

※ 個人番号（マイナンバー）の記載がない場合は、公金受取口座を登録・利用することができません。

| 税整<br>理理<br>署欄 | 通信日付印の年月日 | 確認 | 整理番号 | 番号確認 | 身元確認 | 確認書類<br>個人番号カード ／ 通知カード・運転免許証<br>その他（　　　　　　　） | 一連番号 |
|---|---|---|---|---|---|---|---|
| | 年　月　日 | | | | □ 済<br>□ 未済 | | |

04.03

——（854）——

# 第八章　青色申告決算書及び収支内訳書の書き方

### 青色申告決算書・収支内訳書を使用する人の範囲

　その年において事業所得、不動産所得又は山林所得を生ずべき業務を行っている次の人は、確定申告書に、青色申告決算書又は収支内訳書を添付して提出します。

(1)　青色申告により確定申告書を提出する人……青色申告決算書

(2)　白色申告により確定申告書を提出する人……収支内訳書

　また、令和4年分以後について、雑所得を生ずべき業務を行っている人で、その年の前々年分のその業務に係る収入金額が1,000万円を超える場合は、確定申告書に収支内訳書を添付して提出します。

## 一　青色申告決算書の書き方

### 1　添付すべき人の範囲

　事業所得、不動産所得又は山林所得を生ずべき業務を行っている人は、所轄税務署長の承認を受けた場合には、確定申告書を青色の申告書により提出することができます。提出に際しては、原則として①貸借対照表及び損益計算書、②事業所得・不動産所得・山林所得の各金額の計算に関する明細書、③純損失の金額の計算に関する明細書を添付することを要しますが、実務上、①及び②は青色申告決算書によることとされています。

### 2　記載方法

　青色申告決算書の使用区分及び種類は、次のとおりです。

　青色申告決算書は、次表の区分の2以上に該当すれば、それぞれの種類の決算書を各別に作成しなければなりません。

| 使　用　区　分 | 種　　　　類 |
|---|---|
| ①　事業所得（農業所得を除きます。）がある場合 | ○一般用（OCR）　　○現金主義用（OCR） |
| ②　不動産所得がある場合 | ○不動産所得用（OCR） |
| ③　農業所得がある場合 | ○農業所得用（OCR） |
| ④　山林所得がある場合 | （注） |

(注)　山林所得については特に用紙が定められていませんので、山林所得計算明細書を使用します。

【記載例】……次ページ以下に一般用の青色申告決算書の記載例を掲げました。

青色申告決算書

FA3000

# 令和 04 年分所得税青色申告決算書（一般用）

|  |  |
|---|---|
| 住所 | 大阪市北区南扇町×-×××-× |
| 事業所所在地 | 同上 |
| 業種名 | ○○小売業 |
| フリガナ 氏名 | コクゼイ タロウ　国税 太郎 |
| 電話番号 | （自宅）06-××××-××××（事業所）06-△△△△-△△△△ |
| 加入団体名 | ○○青色申告会 |
| 屋号 | ○○商店 |
| 依頼税理士等（事務所所在地・氏名（名称）・電話番号等） | |

この青色申告決算書は機械で読み取りますので、黒のボールペンで書いてください。

令和 5 年 3 月 2 日

提出用（令和二年分以降用）

整理番号 □□□□□□□□

## 損益計算書（自 1月 1日 至 12月 31日）

| 科目 | | 金額（円） |
|---|---|---:|
| 売 上（収入）金 額（雑収入を含む） | ① | 3,928,000 |
| 売上原価 期首商品（製品）棚卸高 | ② | 370,500 |
| 仕入金額（製品製造原価） | ③ | 2,759,600 |
| 小計（②＋③） | ④ | 3,130,100 |
| 期末商品（製品）棚卸高 | ⑤ | 381,400 |
| 差引原価（④－⑤） | ⑥ | 2,748,700 |
| 差引金額（①－⑥） | ⑦ | 1,179,300 |
| 経費 租税公課 | ⑧ | 38,500 |
| 荷造運賃 | ⑨ | 22,400 |
| 水道光熱費 | ⑩ | 14,800 |
| 旅費交通費 | ⑪ | 16,700 |
| 通信費 | ⑫ | 10,500 |
| 広告宣伝費 | ⑬ | 16,300 |
| 接待交際費 | ⑭ | 10,500 |
| 損害保険料 | ⑮ | 10,500 |
| 修繕費 | ⑯ | 25,900 |
| 消耗品費 | ⑰ | 37,800 |
| 減価償却費 | ⑱ | 143,869 |
| 福利厚生費 | ⑲ | |
| 給料賃金 | ⑳ | 262,500 |
| 外注工賃 | ㉑ | |
| 利子割引料 | ㉒ | |
| 地代家賃 | ㉓ | 120,000 |
| 貸倒金 | ㉔ | |
| | ㉕ | |
| | ㉖ | |
| | ㉗ | |
| | ㉘ | |
| | ㉙ | |
| | ㉚ | |
| | ㉛ | |
| 雑費 | ㉜ | 48,000 |
| 計 | ㉝ | 647,186 |
| 差引金額（⑦－㉝） | | 532,114 |

| 科目 | | 金額（円） |
|---|---|---:|
| 繰戻額等 貸倒引当金 | ㉞ | |
| 各種引当金・準備金等 | ㉟ | |
| | ㊱ | 64,460 |
| | ㊲ | |
| 計 | ㊳ | 64,460 |
| 繰入額等 専従者給与 | ㊴ | 120,000 |
| 貸倒引当金 | ㊵ | 74,140 |
| 各種準備金等 | ㊶ | |
| | ㊷ | |
| 計 | ㊸ | 1,274,140 |
| 青色申告特別控除前の所得金額（㉝＋㊶－㊴） | ㊹ | 411,451 |
| 青色申告特別控除額 | ㊺ | 550,000 |
| 所得金額（㊹－㊺） | ㊻ | 3,561,451 |

● 青色申告特別控除については、「決算の手引き」の「青色申告特別控除」の項を読んでください。
● 下の欄には、書かないでください。

| ㊿ | ㉝ | ㉞ | ㉟ |
|---|---|---|---|
| | | | |

Ⓐ

# 青色申告決算書

F A 3 0 2 5

整理番号 □□□□□□□

## 令和 ０４ 年分

フリガナ　コクゼイ　タロウ
氏名　国税 太郎

提出用（令和二年分以降用）

### ○月別売上（収入）金額及び仕入金額

| 月 | 売上（収入）金額 | 仕入金額 |
|---|---|---|
| 1 | 2,644,000 | 1,756,000 |
| 2 | 2,506,000 | 2,102,000 |
| 3 | 2,980,000 | 2,149,000 |
| 4 | 3,044,000 | 2,195,000 |
| 5 | 3,107,000 | 2,452,000 |
| 6 | 3,459,000 | 2,283,000 |
| 7 | 3,228,000 | 2,014,000 |
| 8 | 2,859,000 | 2,227,000 |
| 9 | 3,351,000 | 2,456,000 |
| 10 | 3,602,000 | 2,629,000 |
| 11 | 3,838,000 | 2,605,000 |
| 12 | 4,135,000 | 2,728,000 |
| 家事消費等① | 207,000 | |
| 雑収入② | 320,000 | |
| 計③ | 39,280,000 | 27,596,000 |
| うち軽減税率対象 | 3,000,000 | 2,000,000 |

### ○給料賃金の内訳

| 氏名 | 年齢 | 従事月数 | 給料賃金 | 賞与 | 合計 | 所得税及び復興特別所得税の源泉徴収税額 |
|---|---|---|---|---|---|---|
| ○○ ○○ | 25歳 | 12 | 1,200,000 | 300,000 | 1,500,000 | 17,100 |
| ○○ ○○ | 21 | 12 | 900,000 | 225,000 | 1,125,000 | 0 |
| その他（　人分） | | | | | | |
| 計 | 延べ従事月数 2 4 | | 2,100,000 | 525,000 | 2,625,000 | 17,100 |

### ○専従者給与の内訳

| 氏名 | 続柄 | 年齢 | 従事月数 | 給料 | 賞与 | 合計 | 所得税及び復興特別所得税の源泉徴収税額 |
|---|---|---|---|---|---|---|---|
| 国税 春子 | 妻 | 38歳 | 12 | 960,000 | 240,000 | 1,200,000 | 2,600 |
| 計 | | 延べ従事月数 1 2 | | 960,000 | 240,000 | 1,200,000 | 2,600 |

### ○青色申告特別控除額の計算

（この計算に当たっては、「決算の手引き」の「青色申告特別控除」の項を読んでください。）

| | | 金額 |
|---|---|---|
| 本年分の不動産所得の金額（青色申告特別控除前の金額） | ⑥ | （赤字のときは0） |
| 青色申告特別控除前の所得金額（1ページの⑨の金額と⑥のいずれか少ない方の金額を書いてください。） | ⑦ | （赤字のときは0）4,111,451 |
| 65万円又は55万円の青色申告特別控除を受ける場合 | ⑧ | （不動産所得から差し引く65万円又は55万円の青色申告特別控除額です。）550,000 |
| 上記以外の場合 | ⑧ | （10万円と⑦のいずれか少ない方の金額） |
| 青色申告特別控除額 | ⑨ | （⑧と⑦のいずれか少ない方の金額「10万円－⑧」と⑦とでの金額）550,000 |

青色申告特別控除を受ける人は、適宜の用紙にその明細を記載し、この決算書に添付してください。

### ○貸倒引当金繰入額の計算

（この計算に当たっては、「決算の手引き」の「貸倒引当金」の項を読んでください。）

| | | 金額 |
|---|---|---|
| 個別評価による本年分繰入額（個別評価による明細を付ける場合のみこの欄の金額を書いてください） | ① | |
| 一括評価による本年分繰入額（年末における一括評価による貸倒引当金の対象となる貸金の合計額） | ② | 1,348,000 |
| 本年分繰入限度額（②×5.5%）（金融業は3.3%） | ③ | 74,140 |
| 本年分繰入額 | ④ | 74,140 |
| 本年分の貸倒引当金繰入額（①＋④） | ⑤ | 74,140 |

（注）　貸倒引当金、専従者給与や３ページの割増（特別）償却以外の特典を利用する人は、適宜の用紙にその明細を記載し、この決算書に添付してください。

青色申告決算書

FA3050

整理番号 □□□□□□□

## ○減価償却費の計算

| 減価償却資産の名称等（繰延資産を含む） | 面積又は数量 | 取得年月 | ⑦取得価額（償却保証額） | ⑪償却の基礎になる金額 | 償却方法 | 耐用年数 | 償却率又は改定償却率 | ⑤本年中の償却期間 | ⑥本年分の普通償却費（⑪×⑨×⑤） | ◎割増（特別）償却費 | ⑦本年分の償却費合計（⑥＋◎） | ◎事業専用割合 | ⑦本年分の必要経費算入額（⑦×◎） | ⑧未償却残高（期末残高） | 摘要 |
|---|---|---|---|---|---|---|---|---|---|---|---|---|---|---|---|
| 木造建物店舗分 | 43 m² | H15·7 | 6,000,000 | 5,400,000 | 旧定額 | 22年 | 0.046 | 12/12 | 248,400 | - | 248,400 | 100% | 248,400 | 1,156,200 | |
| 〃 シャッター分 | | R4·9 | 600,000 | 600,000 | 定額 | 22 | 0.046 | 4/12 | 9,200 | - | 9,200 | 100 | 9,200 | 590,800 | 均等償却 |
| 照明設備 | 1台 | H16·1 | 800,000 | 40,000 | - | - | - | 12/12 | 8,000 | - | 8,000 | 100 | 8,000 | 16,000 | 均等償却 |
| 耐火キャビネット | 1台 | H19·3 | 700,000 | 72,311 | 旧定率 | 15 | 0.142 | 12/12 | 10,269 | - | 10,269 | 100 | 10,269 | 62,042 | |
| レジスター | 1台 | R4·7 | 390,000（42,120） | 390,000 | 定率 | 5 | 0.400 | 6/12 | 78,000 | - | 78,000 | 100 | 78,000 | 312,000 | |
| アーケード負担金 | - | R2·1 | 250,000 | 250,000 | - | - | 0.200 | 12/12 | 50,000 | - | 50,000 | 100 | 50,000 | 100,000 | |
| 一括償却資産 | - | R4· | 180,000 | 180,000 | - | - | 1/3 | -/12 | 60,000 | - | 60,000 | 100 | 60,000 | 120,000 | 措法28の2 |
| 冷蔵庫他 | - | R4· | 合計980,000（明細は別途保管） | | | | | 12 | - | - | - | | 980,000 | - | |
| 計 | | | | | | | | | 463,869 | - | 463,869 | | 1,443,869 | 2,357,042 | |

（注）平成19年4月1日以後に取得した減価償却資産について定率法を採用する場合には⑨欄のカッコ内に償却保証額を記入します。

## ○利子割引料の内訳（金融機関を除く）

| 支払先の住所・氏名 | 期末現在の借入金等の金額 | 本年中の利子割引料 | 左のうち必要経費算入額 |
|---|---|---|---|
| | 円 | 円 | 円 |

## ○税理士・弁護士等の報酬・料金の内訳

| 支払先の住所・氏名 | 本年中の報酬等の金額 | 左のうち必要経費算入額 | 所得税及び復興特別所得税の源泉徴収税額 |
|---|---|---|---|
| | 円 | 円 | 円 |

◎本年中における特殊事情

## ○地代家賃の内訳

| 支払先の住所・氏名 | 貸借物件 | 本年中の賃借料・権利金等 | 左のうち必要経費算入額 |
|---|---|---|---|
| 港区磯路町×－×× ○○ ○○ | 土地 | 権 240,000 賃 | 120,000 |
| | | 権 賃 | |

青色申告決算書

整理番号 □□□□□□□  FA3075

# 貸借対照表 （資産負債調）　（令和4年12月31日現在）

| 資産の部 科目 | 1月1日（期首） | 12月31日（期末） | 負債・資本の部 科目 | 1月1日（期首） | 12月31日（期末） |
|---|---|---|---|---|---|
| 現金 | 292,300 | 372,772 | 支払手形 | | |
| 当座預金 | 576,000 | 1,183,000 | 買掛金 | 1,672,000 | 2,034,000 |
| 定期預金 | 1,463,400 | 1,824,500 | 借入金 | 2,283,000 | 2,290,000 |
| その他の預金 | 98,000 | 133,000 | 未払金 | 238,000 | 246,000 |
| 受取手形 | | | 前受金 | | |
| 売掛金 | 1,172,000 | 1,348,000 | 預り金 | 3,080 | 24,202 |
| 有価証券 | | | | | |
| 棚卸資産 | 3,705,000 | 3,814,000 | | | |
| 前払金 | | | | | |
| 貸付金 | | | 貸倒引当金 | 64,460 | 74,140 |
| 建物 | 1,404,600 | 1,747,000 | | | |
| 建物附属設備 | 24,000 | 16,000 | | | |
| 機械装置 | | | | | |
| 車両運搬具 | | | | | |
| 工具器具備品 | 72,311 | 494,042 | 事業主借 | | |
| 土地 | 150,000 | 100,000 | 元入金 | 4,697,071 | 4,697,071 |
| 繰延資産 | | | 青色申告特別控除前の所得金額 | | 541,450 |
| 事業主貸 | | 2,986,000 | | | |
| 合計 | 8,957,611 | 14,018,314 | 合計 | 8,957,611 | 14,018,314 |

（注）「元入金」は、「期首の資産の総額」から「期首の負債の総額」を差し引いて計算します。

◉ 65万円又は55万円の青色申告特別控除を受ける人は、必ず記入してください。それ以外の人でもわかる箇所はできるだけ記入してください。

（令和二年分以降用）

# 製造原価の計算
（原価計算を行っていない人は、記入する必要はありません。）

| 科目 | | 金額 |
|---|---|---|
| 原材料費 | 期首原材料棚卸高 ① | |
| | 原材料仕入高 ② | |
| | 小計（①+②） ③ | |
| | 期末原材料棚卸高 ④ | |
| | 差引原材料費（③-④） ⑤ | |
| | 労務費 ⑥ | |
| | 外注工賃 ⑦ | |
| | 電力費 ⑧ | |
| | 水道光熱費 ⑨ | |
| その他の製造経費 | 修繕費 ⑩ | |
| | 減価償却費 ⑪ | |
| | ⑫ | |
| | ⑬ | |
| | ⑭ | |
| | ⑮ | |
| | ⑯ | |
| | ⑰ | |
| | ⑱ | |
| | ⑲ | |
| | 雑費 ⑳ | |
| | 計 ㉑ | |
| 総製造費（⑤+⑥+㉑） ㉒ | | |
| 期首半製品・仕掛品棚卸高 ㉓ | | |
| 小計（㉒+㉓） ㉔ | | |
| 期末半製品・仕掛品棚卸高 ㉕ | | |
| 製品製造原価（㉔-㉕） ㉖ | | |

（注）⑳欄の金額は、1ページの「損益計算書」の③欄に移記してください。

収支内訳書

## 二 収支内訳書の書き方

### 1 添付すべき人の範囲等

収支内訳書を確定申告書に添付して提出する義務のある人は、次のいずれにも該当する人です。

① 事業所得、不動産所得若しくは山林所得を生ずべき業務を行っており、かつ、白色申告をしている人又は令和4年分以後、雑所得を生ずべき業務を行っている人でその年の前々年分のその業務に係る収入金額が1,000万円を超える人

② 確定申告書を提出する人

収支内訳書を添付する確定申告書には、次の申告書も含まれます。

イ 還付を受けるための申告書

ロ 損失申告用の申告書

ハ 準確定申告書

したがって、確定申告書を提出する義務がある場合だけでなく、確定申告書を提出する場合で、上記①及び②に該当すれば収支内訳書を添付することになります。

### 2 記載方法

収支内訳書は、下の表の使用区分に応じて作成します。

収支内訳書の使用区分及び種類は、次のとおりです。

| 使　用　区　分 | 種　　　類 |
|---|---|
| ① 事業所得（農業所得を除きます。）がある場合 | ○一般用（OCR） |
| ② 雑所得がある場合（1の①に該当する人に限ります。） | ○一般用（OCR） |
| ③ 不動産所得がある場合 | ○不動産所得用（OCR） |
| ④ 農業所得がある場合 | ○農業所得用（OCR） |
| ⑤ 山林所得がある場合 | ○山林所得収支内訳書（計算明細書） |

なお、収支内訳書は、上記の区分の2以上に該当すれば、それぞれの種類の収支内訳書を各別に作成しなければなりません。

**【記載例】**……次ページ以下に一般用の収支内訳書の記載例を掲げました。

# 収支内訳書

FA7001

令和 **04** 年分収支内訳書（一般用）

（この収支内訳書は機械で読み取りますので、黒のボールペンで書いてください。）

提出用
（令和四年分以降用）

令和 5 年 3 月 2 日

（自 **1** 月 **1** 日 至 **12** 月 **31** 日）

| | |
|---|---|
| 住所 | 大阪市中央区谷町×-×××-× |
| 事業所所在地 | 同上 |
| 業種名 | ○○卸売業 |
| 屋号 | ○○商会 |
| フリガナ | コクゼイ タロウ |
| 氏名 | 国税 太郎 |
| 電話番号 | （自宅）06-××××-×××× （事業所）06-△△△△-△△△△ |
| 加入団体名 | ○○卸売組合 |

依頼税理士等：事務所所在地／氏名（名称）／電話番号

整理番号 □□□

（あなたの本年分の事業所得又は雑所得の金額の計算内容をこの表に記載して確定申告書に添付してください。）

所得税及び復興特別所得税の源泉徴収税額　計　9,900　0　**9900**

【税務署整理欄】 ㊿ ㊼ ㊽ ㊾ ㊺ ㊻

## 収入金額・経費（営業等）

| 科目 | | 金額（円） |
|---|---|---:|
| 収入金額 | 売上（収入）金額 ① | 4,795,000 |
| | 家事消費 ② | 284,000 |
| | その他の収入 ③ | 80,000 |
| | 計（①＋②＋③） ④ | 4,831,400 |
| 売上原価 | 期首商品（製品）棚卸高 ⑤ | 370,500 |
| | 仕入金額（製品製造原価） ⑥ | 3,882,900 |
| | 小計（⑤＋⑥） ⑦ | 4,253,400 |
| | 期末商品（製品）棚卸高 ⑧ | 381,400 |
| | 差引原価（⑦－⑧） ⑨ | 3,872,000 |
| 差引金額（④－⑨） ⑩ | | 959,400 |
| 経費 | 給料賃金 ⑪ | 1,860,000 |
| | 外注工賃 ⑫ | 232,500 |
| | 減価償却費 ⑬ | 470,669 |
| | 貸倒金 ⑭ | |
| | 地代家賃 ⑮ | 192,000 |
| | 利子割引料 ⑯ | 147,000 |
| | 租税公課 ⑰ | 165,000 |
| | 荷造運賃 ⑱ | |
| | 水道光熱費 ⑲ | 224,100 |

## その他の経費

| 科目 | | 金額（円） |
|---|---|---:|
| その他の経費 | 旅費交通費 ㋑ | 148,000 |
| | 通信費 ㋺ | 167,000 |
| | 広告宣伝費 ㋩ | 205,000 |
| | 接待交際費 ㋥ | 163,000 |
| | 損害保険料 ㋭ | 105,000 |
| | 修繕費 ㋬ | 259,000 |
| | 消耗品費 ㋣ | 348,000 |
| | 福利厚生費 ㋠ | 177,000 |
| | | |
| | | |
| | 雑費 | 66,000 |
| 経費 | 小計（㋑～㋾の計） ⑰ | 2,027,000 |
| | 計（⑪～⑯までの計＋⑰） ⑱ | 5,161,669 |
| 経費差引前の所得金額（⑩－⑱） ⑲ | | 443,231 |
| 専従者控除前の所得金額 ⑳ | | |
| 専従者控除 ㉑ | | 860,000 |
| 所得金額（⑲－㉑） | | 357,231 |

## ○給料賃金の内訳

| 氏名 | 年齢 | 従事月数 | 給料賃金 | 賞与 | 計 | 所得税及び復興特別所得税の源泉徴収税額 |
|---|---|---|---:|---:|---:|---:|
| ○○ | 25 | 12 | 1,020,000 | 255,000 | 1,275,000 | 9,900 |
| ○○ | 21 | 12 | 840,000 | 210,000 | 1,050,000 | 0 |
| その他（　人分） | | | | | | |
| 計 | | 24 | 1,860,000 | 465,000 | 2,325,000 | 9,900 |

延べ従事月数 **2 4**

## ○税理士・弁護士等の報酬・料金の内訳

| 支払先の住所・氏名 | 本年中の報酬等の金額 | 左のうち必要経費算入額 | 所得税及び復興特別所得税の源泉徴収税額 |
|---|---|---|---|
| | | | |

## ○事業専従者の氏名等

| 氏名 | 続柄 | 年齢 | 従事月数 |
|---|---|---|---|
| 国税 春子 | 妻 | 43歳 | 12 |

延べ従事月数 **1 2**

※ 給料賃金の金額の計算においては、事業専従者控除を受けることはできません。

— 1 —

# 収支内訳書

FA7051　整理番号 □□□□□□

## ○売上(収入)金額の明細
（令和四年分以降用）

| 売上先名 | 所在地 | 売上(収入)金額 |
|---|---|---|
| ○○(株) | ○○○○○ | 15,026,000 |
| ○○商店 | ○○○○○ | 10,141,000 |
| ○○(有) | ○○○○○ | 8,337,000 |
| ○○商事 | ○○○○○ | 7,819,000 |
| 上記以外の売上先の計 | | 6,627,000 |
| 計　① | | 47,950,000 |
| 右記①のうち軽減税率対象 | 3,000,000 | |

## ○仕入金額の明細

| 仕入先名 | 所在地 | 仕入金額 |
|---|---|---|
| △△(株) | ○○○○○ | 17,006,000 |
| △△(有) | ○○○○○ | 7,837,000 |
| △△商会 | ○○○○○ | 5,469,000 |
| △△商店 | ○○○○○ | 5,133,000 |
| 上記以外の仕入先の計 | | 3,384,000 |
| 計　⑥ | | 38,829,000 |
| 右記⑥のうち軽減税率対象 | 2,000,000 | |

## ○減価償却費の計算

| 減価償却資産の名称等（繰延資産を含む） | 面積又は数量 | 取得年月 | ①取得価額（償却保証額） | ①償却の基礎になる金額 | 償却方法 | 耐用年数 | ①償却率又は改定償却率 | ①本年中の償却期間 | ①本年分の普通償却費（①×①×①） | ①割増(特別)償却費 | ①本年分の償却費合計（①＋①） | ①事業専用割合 | ①本年分の必要経費算入額（①×①） | ①未償却残高（期末残高） | 摘要 |
|---|---|---|---|---|---|---|---|---|---|---|---|---|---|---|---|
| 木造建物(店舗) | 50.0㎡ | H15・7 | 10,000,000 | 9,000,000 | 旧定額 | 22年 | 0.046 | 12/12 | 414,000 | - | 414,000 | 80% | 331,200 | 1,927,000 | |
| シャッター | | R4・9 | 600,000（　） | 600,000 | 定額 | 22 | 0.046 | 4/12 | 9,200 | - | 9,200 | 100 | 9,200 | 590,800 | |
| 照明設備 | 1台 | H16・1 | 800,000（　） | 40,000 | 旧定額 | - | - | 12/12 | 8,000 | - | 8,000 | 100 | 8,000 | 16,000 | 均等償却 |
| 耐火キャビネット | 1台 | H19・3 | 700,000（　） | 72,311 | 旧定率 | 15 | 0.142 | 12/12 | 10,269 | - | 10,269 | 100 | 10,269 | 62,042 | |
| レジスター | 1台 | R4・7 | 260,000（28,080） | 260,000 | 定率 | 5 | 0.400 | 6/12 | 52,000 | - | 52,000 | 100 | 52,000 | 208,000 | |
| 一括償却資産 | - | R4・ | 180,000（　） | 180,000 | | | 1/3 | - | 60,000 | - | 60,000 | 100 | 60,000 | 120,000 | |
| 計 | | | | | | | | | 553,469 | - | 553,469 | | 470,669 | 2,923,842 | |

(注) 平成19年4月1日以後に取得した減価償却資産について定率法を採用する場合にのみ⑥欄のカッコ内に償却保証額を記入します。

## ○地代家賃の内訳

| 支払先の住所・氏名 | 賃借物件 | 本年中の賃借料・権利金等 | 左の賃借料のうち必要経費算入額 |
|---|---|---|---|
| 八尾市高美町×-×× ○○ ○○ | 土地 | 権 更<br>賃 240,000 | 192,000 |

## ○利子割引料の内訳（金融機関を除く）

| 支払先の住所・氏名 | 期末現在の借入金等の金額 | 本年中の利子割引料 | 左のうち必要経費算入額 |
|---|---|---|---|
| | | | |

◎本年中における特殊事情

— 2 —

——(862)——

# 第九章　非居住者の確定申告

## 一　概　　　要

　非居住者に該当する人が日本国内で得た所得（**国内源泉所得**）について確定申告をする場合、あるいは年の途中で居住者が非居住者になったり、非居住者が居住者になったりした場合については、一般の居住者と異なる申告が必要になります。

### 1　所得金額と税額の計算

　非居住者の各種所得の計算方法、税額の計算等については「居住者」に準じて行います。ただし、所得控除については、雑損控除（国内にある資産について生じた損失に限ります。）、寄附金控除及び基礎控除が適用できるだけで、他の控除は適用できません。（所法165）

　なお、非居住者についても、利子所得、配当所得及び割引債の償還差益についての源泉分離課税や上場株式等に係る譲渡所得等について税率の特例などが認められています。（措法3、8の2、37の10、37の11）

　また、土地等、建物等の譲渡所得の分離課税の適用も認められています。（所法165、169、措法31、32、41の14）

### 2　申告、納付及び還付

　原則として居住者に準じ、翌年2月16日から3月15日（令和4年分については、令和5年3月15日）までの間に確定申告及び納税を行います。（所法166）

### 3　納税管理人の選任と納税地

　国内に住所又は居所を有しない非居住者で、申告納税をしなければならない人は、その事務処理のために納税管理人を選任して、自分の納税地の所轄税務署長に届け出なければなりません。（通法117）

　届け出がされると、税務署長は納税管理人の住所又は居所に書類の送達を行いますが、申告書等の提出先は、納税管理人の納税地でなく、非居住者本人の納税地の所轄税務署です。

　国内に住所又は居所を有しなくなった人の納税地は原則として次のとおりです。（所法15、所令53、54）

イ　その有しないこととなった時に事業所等を有せず、かつ、その納税地とされていた場所にその人の親族等が引き続き居住している場合……その納税地とされていた場所

ロ　イに該当しない場合で、国内にある不動産、不動産上の権利の貸付け等の対価がある場合……その不動産の所在地

ハ　イ、ロに該当しない場合…その有しないこととなった時の直前において納税地であった場所

ニ　イ〜ハのどれにも該当しない場合……所得税に関する申告、請求などの行為をする場合に、その納税者が納税地として選択した場所

ホ　イ〜ニのどれにも該当しない場合……麹町税務署の管轄区域内の場所

## 二　非居住者とは

非居住者とは、居住者以外の人、すなわち国内に住所がなく、また居所を有する期間が1年未満の人をいいます。(所法2①三、五)

| 居住者 | ・国内に住所を有する個人<br>・現在まで引き続き1年以上居所を有する個人 |
|---|---|
| 非永住者 | 日本国籍を有しておらず、かつ、過去10年以内において国内に住所又は居所を有していた期間の合計が5年以下である個人 |
| **非居住者** | 居住者以外の個人 |

**(参考)**　居住者は、さらに「非永住者以外の居住者」と「非永住者」に区分されます。(所法2①四)

　　　　なお、申告年分において、「非永住者」であった期間を有する人については、確定申告書に「居住形態等に関する確認書」を添付する必要があります。(所法120⑦)

**(判定表)**

| | | 過去10年のうち住所又は居所を有していた期間 | 日本の国籍 | |
|---|---|---|---|---|
| | | | あり | なし |
| 住所あり | | 5年超 | 非永住者以外の居住者 | |
| | | 5年以下 | | 非永住者 |
| 住所なし | 居所あり | 5年超 | 非永住者以外の居住者 | |
| | | 1年以上5年以下 | | 非永住者 |
| | | 1年未満 | 非居住者 | |
| | 居所なし | | | |

外国から入国した人、あるいは国内から国外へ出国した人については、その人が国内に住所を有するかどうかにより居住者・非居住者を判定することになります。例えば、次の場合には国内に住所を有するものと推定されます。(所法3、所令14、15)

(1)　その人が国内において、継続して1年以上居住することを通常必要とする職業を有すること

(2)　その人が日本の国籍を有し、かつ、その人が国内において生計を一にする配偶者その他の親族を有することその他国内におけるその人の職業及び資産の有無等の状況に照らし、その人が国内において継続して1年以上居住するものと推測するに足りる事実があること

**(注1)**　また、国内で職業に就く人については、在留期間が契約等によりあらかじめ1年未満であることが明らかであると認められる場合を除き、国内に住所を有するものと推定することとしています。(所基通3—3)

**(注2)**　上記により、国内に住所を有する者と推定される個人と生計を一にする配偶者その他その者の扶

養する親族が国内に居住する場合には、これらの者も国内に住所を有する者と推定されます。

## 三　国内源泉所得とは

非居住者に対する課税所得の範囲は、「国内源泉所得」と呼ばれる特定の所得に限られています。「国内源泉所得」には次のようなものがあります。(所法161①)

① 恒久的施設帰属所得、国内にある資産の運用又は所有により生ずる所得

② 国内にある資産の譲渡により生ずる所得

③ 組合契約等に基づいて恒久的施設を通じて行う事業から生ずる利益で、その組合契約に基づいて配分を受けるもののうち一定のもの

④ 国内にある土地、土地の上に存する権利、建物及び建物の附属設備又は構築物の譲渡による対価

⑤ 国内で行う人的役務の提供を事業とする者の、その人的役務の提供に係る対価

　例えば、映画俳優、音楽家等の芸能人、職業運動家、弁護士、公認会計士等の自由職業者又は科学技術、経営管理等の専門的知識や技能を持つ人の役務を提供したことによる対価がこれに当たります。

⑥ 国内にある不動産や不動産の上に存する権利等の貸付けにより受け取る対価

⑦ 日本の国債、地方債、内国法人の発行した社債の利子、外国法人が発行する債券の利子のうち恒久的施設を通じて行う事業に係るもの、国内の営業所に預けられた預貯金の利子等

⑧ 内国法人から受ける剰余金の配当、利益の配当、剰余金の分配等

⑨ 国内で業務を行う者に貸し付けた貸付金の利子で国内業務に係るもの

⑩ 国内で業務を行う者から受ける工業所有権等の使用料、又はその譲渡の対価、著作権の使用料又はその譲渡の対価、機械装置等の使用料で国内業務に係るもの

⑪ 給与、賞与、人的役務の提供に対する報酬のうち国内において行う勤務、人的役務の提供に基因するもの、公的年金、退職手当等のうち居住者期間に行った勤務等に基因するもの

⑫ 国内で行う事業の広告宣伝のための賞金品

⑬ 国内にある営業所等を通じて締結した保険契約等に基づく年金等

⑭ 国内にある営業所等が受け入れた定期積金の給付補塡金等

⑮ 国内において事業を行う者に対する出資につき、匿名組合契約等に基づく利益の分配

⑯ その他の国内源泉所得

　例えば、国内において行う業務又は国内にある資産に関し受ける保険金、補償金又は損害賠償金に係る所得がこれに当たります。

## 四　恒久的施設とは

非居住者に対して課税する場合には、国内源泉所得のみが課税対象とされますが、同じ国内源泉所

得でも、その所得の支払を受ける非居住者が国内に「恒久的施設」を有するかどうか、その国内源泉所得が「恒久的施設」に帰せられる所得かどうかによって課税関係が異なります。

例えば、「恒久的施設」を有する非居住者に対する使用料等の対価について、その対価が恒久的施設に帰せられる所得である場合は、原則として源泉徴収のうえ、総合課税の対象とされますが、その対価が恒久的施設に帰せられない所得である場合は、原則として源泉分離課税の対象とされます。また、「恒久的施設」を有しない非居住者に対する使用料等の対価については、源泉分離課税の対象とされます。

恒久的施設は、「PE」（Permanent Establishment）と略称され、次の3種類に分けて定められています。（所法2①八の四）

ただし、我が国が締結した租税条約において、国内法上の恒久的施設と異なる定めがある場合には、その租税条約の適用を受ける非居住者については、その租税条約上の恒久的施設を国内法上の恒久的施設とします。（所法2①八の四）

**（注1）** 非居住者に属する物品若しくは商品又はそれらの在庫の保管、展示又は引渡しのためのみに使用又は保有する施設等については、それが非居住者の事業の遂行上準備的又は補助的な性格のものである場合は、支店等PE及び建設PEに含まれません。（所令1の2④）

**（注2）** 事業を行う一定の場所を有している非居住者が、その事業を行う一定の場所以外の場所（「他の場所」といいます。）においても事業上の活動を行う場合において、他の場所が非居住者の恒久的施設に該当するなど一定の要件に該当するときは、**（注1）** の取扱いは適用されません。（所令1の2⑤）

日本国内に恒久的施設を有するかどうかを判定するに当たっては、形式的に行うのではなく機能的な側面を重視して判定することになります。例えば、事業活動の拠点となっているホテルの一室は、恒久的施設に該当しますが、単なる製品の貯蔵庫は恒久的施設に該当しないことになります。

## 1 支店等PE

非居住者が国内において事業の管理を行う場所、支店、事務所、工場、作業場若しくは鉱山その他の天然資源を採取する場所又はその他事業を行う一定の場所をいいます。（所令1の2①、所基通161－1）

| 含まれる場所 | 含まれない場所 |
|---|---|
| イ　支店、出張所その他の事業所若しくは事務所、工場又は倉庫（倉庫業者がその事業の用に供するものに限られます。）<br>ロ　鉱山、採石場その他の天然資源を採取する場所<br>ハ　その他事業を行う一定の場所でイ、ロに掲げる場所に準ずるもの（例：倉庫、サーバー、農園、真珠・かきの養殖場、植林地、貸しビ | イ　非居住者がその資産を購入する業務のためにのみ使用する一定の場所<br>ロ　非居住者がその資産を保管するためにのみ使用する一定の場所<br>ハ　非居住者が広告、宣伝、情報の提供、市場調査、基礎的研究その他その事業の遂行にとって補助的な機能を有する事業上の活動を行うためにのみ使用する一定の場所 |

| | |
|---|---|
| ル等のほか、国内において事業活動の拠点としているホテルの一室、展示即売場) | |

## 2 建設PE

非居住者が国内において建設、据付けの工事又はこれらの指揮監督の役務の提供（「建設工事等」といいます。）を１年を超えて行う場所（１年を超えて行われる建設工事等（「長期建設工事現場等」といいます。）を含みます。）をいいます。（所令１の２②）

なお、長期建設工事現場等の期間要件について、その期間を１年以内にすることを主たる目的として契約を分割して締結した場合などは、それらを合計した期間（重複する期間を除きます。）が１年を超えるかどうかで判定します。（所令１の２③）

１年を超えて行われる建設工事等には、次のものが含まれます。（所基通161─２）

イ　建設工事等に要する期間が１年を超えることが契約等からみて明らかであるもの

ロ　一の契約に基づく建設工事等に要する期間が１年以下であっても、これに引き続いて他の契約等に基づく建設工事等を行い、これらの建設工事等に要する期間を通算すると１年を超えることになるもの

**(注１)**　建設工事等は、その建設工事等を独立した事業として行うものに限られず、例えば、非居住者が機械設備等を販売したことに伴う据付の工事等であっても「建設工事等」に該当します。

**(注２)**　上記イ又はロに該当しない建設工事等であっても、所得税法施行令第１条の２第３項の規定の適用により、１年を超えて行われるものに該当する場合があります。

## 3 代理人PE

非居住者が国内に置く代理人等で、その事業に関し、反復して契約を締結する権限を有し、又は契約締結のために反復して主要な役割を果たす等の一定の者（「契約締結代理人等」といいます。）をいいます。（所令１の２⑦）

非居住者の代理人等が、その事業に係る業務を、非居住者に対し独立して行い、かつ、通常の方法により行う場合には、契約締結代理人等に含まれません。ただし、その代理人等が、専ら又は主として一又は二以上の自己と特殊の関係にある者に代わって行動する場合は、この限りではありません。（所令１の２⑧）

**(注)**　特殊の関係とは、一方の者が他方の法人の発行済株式又は出資の総数又は総額の50％超を直接・間接に保有する等の一定の関係にある者をいいます。（所令１の２⑨）

## 五　非居住者に対する課税の方法

非居住者の課税方法は、国内源泉所得の種類、恒久的施設の有無、国内源泉所得が恒久的施設に帰

非居住者の確定申告

せられる所得か否かによって異なり、確定申告の対象となる所得（【総合課税】の対象となる所得）と、源泉徴収だけで課税関係が終了する所得（【源泉分離課税】の所得）とに分けられます。（所法164）

なお、租税条約によって国内源泉所得について異なる定めがある場合は、租税条約に従うことになります。（所法162）

例えば、恒久的施設を有する非居住者に対する使用料等の対価について、その対価が恒久的施設に帰せられる所得である場合は、源泉徴収のうえ、申告納税方式を原則としていますが、その対価が恒久的施設に帰せられない所得である場合は、原則として源泉徴収のみで課税関係が完結する源泉分離課税方式が基本となっています。また、「恒久的施設」を有しない非居住者に対する使用料等の対価については、源泉徴収のみで課税関係が完結する源泉分離課税方式が基本となっています。

課税関係の概要は次の表のとおりです。（所基通164—1）

## 非居住者に対する課税関係の概要

| 非居住者の区分／所得の種類 | 非居住者 | | | 所得税の源泉徴収 |
|---|---|---|---|---|
| | 恒久的施設を有する者 | | 恒久的施設を有しない者 | |
| | 恒久的施設帰属所得 | その他の所得 | | |
| （事業所得） | 【総合課税】 | 【課税対象外】 | | 無 |
| ①資産の運用・保有により生ずる所得（⑦から⑮に該当するものを除く。） | | 【総合課税（一部）】 | | 無 |
| ②資産の譲渡により生ずる所得 | | | | 無 |
| ③組合契約事業利益の配分 | 【源泉徴収の上、総合課税】 | 【課税対象外】 | | 20% |
| ④土地等の譲渡による所得 | | 【源泉徴収の上、総合課税】 | | 10% |
| ⑤人的役務提供事業の所得 | | | | 20% |
| ⑥不動産の賃貸料等 | | | | 20% |
| ⑦利子等 | | 【源泉分離課税】 | | 15% |
| ⑧配当等 | | | | 20% |
| ⑨貸付金利子 | | | | 20% |
| ⑩使用料等 | | | | 20% |
| ⑪給与その他人的役務の提供に対する報酬、公的年金等、退職手当等 | | | | 20% |
| ⑫事業の広告宣伝のための賞金 | | | | 20% |
| ⑬生命保険契約に基づく年金等 | | | | 20% |
| ⑭定期積金の給付補塡金等 | | | | 15% |
| ⑮匿名組合契約等に基づく利益の分配 | | | | 20% |
| ⑯その他の国内源泉所得 | 【総合課税】 | 【総合課税】 | | 無 |

——（868）——

非居住者の確定申告

(注1) 措置法の規定により、上表の総合課税の対象とされる所得のうち一定のものについては、申告分離課税又は源泉分離課税の対象とされる場合があります。

(注2) 措置法の規定により、上表の源泉徴収税率のうち一定の所得に係るものについては、軽減又は免除される場合があります。

(注3) 令和2年1月1日以後に、PEを有する非居住者が集団投資信託の収益の分配の支払を受ける場合には、その支払を受ける収益の分配（PE帰属所得に該当するものに限ります。）に係る分配時調整外国税相当額は、PE帰属所得に係る所得の金額に係る所得税相当額を限度に、その年分の所得税の額から控除されます。（所法165の5の3、平30改所法等附13）

(注4) 平成25年1月1日から令和19年12月31日までの各年分の国内源泉所得に対する所得税については、復興特別所得税の対象となります。

## 六　非居住者に係る外国税額控除

　非居住者は、国内源泉所得についてわが国で課税されますが、国内に恒久的施設を有する非居住者がその恒久的施設に帰属する所得（恒久的施設帰属所得）について外国の法令で所得税に相当する租税（以下「外国所得税」といいます。）の課税対象とされる場合、わが国及びその外国の双方で二重に所得税が課税されることになります。

　平成29年分以後の所得税より、この国際的な二重課税を調整するために、恒久的施設を有する非居住者が恒久的施設帰属所得につき外国所得税を納付することとなる場合には、所得税の控除限度額を限度として、その外国所得税の額をその納付することとなる年分の所得税の額から差し引くことができます。（所法165の6）

(注1) その外国所得税の額が所得税の控除限度額を超える場合には、復興特別所得税の控除限度額を限度として、その超える金額をその年分の復興特別所得税額から差し引くことができます。

(注2) 外国所得税については607ページを参照してください。

---

〈非居住者に係る外国税額控除の計算方法〉

$$\text{その年分の恒久的施設帰属所得に係る所得税の額} \times \frac{\text{その年分の調整国外所得金額}}{\text{その年分の恒久的施設帰属所得金額}} = \text{所得税の控除限度額}$$

(注1) 「その年分の恒久的施設帰属所得に係る所得税の額」とは、配当控除や住宅借入金等特別控除などの税額控除、災害減免額を適用した後の恒久的施設帰属所得に係る所得税の額をいいます。

(注2) 「その年分の恒久的施設帰属所得金額」とは、純損失の繰越控除や雑損失の繰越控除の規定を適用しないで計算した場合のその年分の恒久的施設帰属所得金額をいいます。

(注3) 「その年分の調整国外所得金額」とは、純損失の繰越控除や雑損失の繰越控除の規定を適用しないで計算した場合のその年分の恒久的施設帰属所得金額のうち国外所得金額に係るものをいいます。ただし、その年分の国外源泉所得が、その年分の恒久的施設帰属所得金額に相当する金額を超える場合には、その年分の恒久的施設帰属所得金額に相当する金額に達するまでの金額とします。

(1) 控除対象外国所得税の額が所得税の控除限度額に満たない場合

外国税額控除額は、控除対象外国所得税の額となります。

(2) 控除対象外国所得税の額が所得税の控除限度額を超える場合

外国税額控除額は、所得税の控除限度額と次の①又は②のいずれか少ない方の金額との合計額となります。

① 控除対象外国所得税の額から所得税の控除限度額を差し引いた残額

② 次の算式により計算した復興特別所得税の控除限度額

## 七　居住者と非居住者の両方の期間がある場合等の確定申告（所法8、102）

以上のように、非居住者と居住者とでは確定申告の対象となる所得が異なりますが、年の中途で出国（あるいは帰国）した場合、つまり1年間に「居住者期間」と「非居住者期間」の両方がある場合の確定申告は次のようになります。

### 1　年の中途で居住者が非居住者となった場合

```
1/1    居住者期間    出国    非居住者期間    12/31
       すべての所得（A）    総合課税を受ける国内源
                           泉所得（B）
```

納税管理人を選任した場合……ＡとＢの合計を翌年2月16日から3月15日（令和4年分は令和5年3月15日）までの間に納税管理人を通じて確定申告します。

納税管理人を選任しない場合…出国の時までにＡについて確定申告（準確定申告）します。さらに翌年2月16日から3月15日（令和4年分は令和5年3月15日）までの間にＡとＢの合計を確定申告します。その際には、出国の時までにした確定申告に係る納税額は予納税額として納付すべき所得税の額から控除します。

――確定申告に際して適用する諸控除――

イ　医療費、社会保険料、小規模企業共済等掛金、生命保険料又は地震保険料の各控除の額は居住者期間に支払ったこれらの金額を基として計算します。

ロ　配偶者、扶養、障害者、寡婦、ひとり親及び勤労学生の各控除の額は、次の区分に応じて判定したところで計算します。（所基通165―2）

　(イ)　納税管理人を選任した場合……その年12月31日（その年中に死亡した時は、その死亡の時）の現況

（ロ）　納税管理人を選任しない場合……居住者でないこととなる時（出国の日）の現況

ハ　雑損控除、寄附金控除、基礎控除は、1年を通じて控除額を計算します。ただし、非居住者期間内の雑損控除については、国内にある資産から生じた損失のみが対象となります。

ニ　その者が非居住者であった期間内に支払を受けた集団投資信託の収益の分配に係る分配時調整外国税相当額があるときは、その非居住者であった期間内に生じた恒久的施設帰属所得に係る所得の金額及び居住者であった期間内に生じた所得の金額について計算したその年分の所得税の額に相当する金額を限度として、その分配時調整外国税相当額を控除します。（所令258④）

ホ　外国税額控除については、非居住者期間内に生じた恒久的施設帰属所得があるときは、次によります。（所令258⑤）

（イ）　非居住者期間内に生じた恒久的施設帰属所得に係る所得の金額について、その年分の所得税の額に①に掲げる金額のうちに②に掲げる金額の占める割合を乗じて計算した「控除限度額」を限度として、その者が各年において納付することとなる控除対象外国所得税合計額を控除します。

①　居住者期間内に生じた所得及び非居住者期間内に生じた恒久的施設帰属所得に係る所得について、純損失の繰越控除又は雑損失の繰越控除の規定を適用しないで計算した場合のその年分の総所得金額、退職所得金額及び山林所得金額の合計額

②　居住者期間内に生じた国外源泉所得に係る所得について純損失の繰越控除又は雑損失の繰越控除の規定を適用しないで計算した場合の国外所得金額（非永住者については、当該国外所得金額のうち、国内において支払われ、又は国外から送金された国外源泉所得に係る部分に限ります。）に相当する金額及び非居住者期間内に生じた国外源泉所得に係る所得について純損失の繰越控除又は雑損失の繰越控除の規定を適用しないで計算した場合の国外所得金額に相当する金額の合計額（当該合計額が①を超える場合には、①の金額）

（ロ）　その者が各年において納付することとなる控除対象外国所得税合計額がその年の控除限度額と地方税控除限度額との合計額を超える場合、前3年以内の各年の控除限度額のうち繰越控除限度額があるときは、その繰越控除限度額を限度としてその超える部分の金額を控除します。

（ハ）　その者が各年において納付することとなる控除対象外国所得税合計額がその年の控除限度額に満たない場合、前3年以内の各年において納付することとなった控除対象外国所得税の額のうち繰越控除対象外国所得税額があるときは、その繰越控除対象外国所得税額を限度としてその繰越控除対象外国所得税額を控除します。

## 2　年の中途で非居住者が居住者となった場合

　ＢとＡの合計を翌年２月16日から３月15日（令和４年分は令和５年３月15日）までの間に確定申告します。

---
**確定申告に際して適用する諸控除**

イ　医療費、社会保険料、小規模企業共済等掛金、生命保険料又は地震保険料の各控除の額は居住者期間に支払ったこれらの金額を基として計算します。

ロ　配偶者、扶養、障害者、寡婦、ひとり親及び勤労学生の各控除の額は、その年12月31日（その年中に死亡した時は、その死亡の時）の現況により判定したところで計算します。

ハ　雑損控除、寄附金控除、基礎控除は、１年を通じて控除額を計算します。ただし、非居住者期間内の雑損控除については、国内にある資産から生じた損失のみが対象となります。

ニ　その者が非居住者であった期間内に支払を受けた集団投資信託の収益の分配に係る分配時調整外国税相当額があるときは、その非居住者であった期間内に生じた恒久的施設帰属所得に係る所得の金額及び居住者であった期間内に生じた所得の金額について計算したその年分の所得税の額に相当する金額を限度として、その分配時調整外国税相当額を控除します。（所令258④）

ホ　外国税額控除については、非居住者期間内に生じた恒久的施設帰属所得があるときは、次によります。（所令258⑤）

　(イ)　非居住者期間内に生じた恒久的施設帰属所得に係る所得の金額について、その年分の所得税の額に①に掲げる金額のうちに②に掲げる金額の占める割合を乗じて計算した「控除限度額」を限度として、その者が各年において納付することとなる控除対象外国所得税合計額を控除します。

　　①　居住者期間内に生じた所得及び非居住者期間内に生じた恒久的施設帰属所得に係る所得について、純損失の繰越控除又は雑損失の繰越控除の規定を適用しないで計算した場合のその年分の総所得金額、退職所得金額及び山林所得金額の合計額

　　②　居住者期間内に生じた国外源泉所得に係る所得について純損失の繰越控除又は雑損失の繰越控除の規定を適用しないで計算した場合の国外所得金額（非永住者については、当該国外所得金額のうち、国内において支払われ、又は国外から送金された国外源泉所得に係る部分に限ります。）に相当する金額及び非居住者期間内に生じた国外源泉所得に係る所得について純損失の繰越控除又は雑損失の繰越控除の規定を適用しないで計算した場合の国外所得金額に相当する金額の合計額（当該合計額が①を超える場合には、①の金額）

非居住者の確定申告

(ロ) その者が各年において納付することとなる控除対象外国所得税合計額がその年の控除限度額と地方税控除限度額との合計額を超える場合、前3年以内の各年の控除限度額のうち繰越控除限度額があるときは、その繰越控除限度額を限度としてその超える部分の金額を控除します。

(ハ) その者が各年において納付することとなる控除対象外国所得税合計額がその年の控除限度額に満たない場合、前3年以内の各年において納付することとなった控除対象外国所得税の額のうち繰越控除対象外国所得税額があるときは、その繰越控除対象外国所得税額を限度としてその繰越控除対象外国所得税額を控除します。

## 3 年を通じて非居住者である場合

総合課税を受ける国内源泉所得の金額（B）が基礎控除額を超えることとなる場合は翌年2月16日から3月15日（令和4年分は令和5年3月15日）までの間に確定申告をする必要があります。

Bが基礎控除額以下の場合でも、源泉徴収された税額の還付を受けるために確定申告をすることができます。

この場合の申告に当たり適用される諸控除は前記一の1のとおり、基礎控除、雑損控除及び寄附金控除だけです。

# 八　退職所得についての選択課税 (所法171、173)

非居住者が退職金を支給された場合で、総支給額のうち居住者であった期間に係る勤務期間等に対応する部分は、国内源泉所得として日本で課税されます（868ページの表の⑪に該当）。

居住者が受ける退職金については、退職所得控除額を差し引いた残額の2分の1が退職所得となり分離課税（累進税率）されますが、非居住者の場合はこの課税方法は適用されず、支払額のうちの国内源泉所得部分について一律20.42％（復興特別所得税を含みます。）の源泉徴収がされます。（所法164②、169、170、復興財確法28②、31①②）

したがって、長年居住者として勤務していた者が、たまたま退職金の支払を非居住者であった時に受けた場合と、居住者として退職金を受けた場合とで多額の税負担の差が生じることもあります。

この問題を考慮して、「退職所得の選択課税」という特殊な課税方法が定められています。（所法171）

退職所得の選択課税とは、退職金の支払の基因となった「退職」によってその年中に支払を受ける退職金の総額(注1)を居住者として支払を受けたとして計算し(注2)、その税額が、源泉徴収された税額よりも少額の場合に、その差額の還付を受けることができるというものです。（所法173）

**(注1)**　ここでいう退職金の総額は国内源泉所得部分だけではありません。

**(注2)**　税額の計算に当たって、所得控除は基礎控除を含め一切適用しません。

——(873)——

非居住者の確定申告

---

**選択課税の手続**

　この選択課税を受けるためには、その年の翌年1月1日（同日前に選択課税の対象となる退職所得の総額が確定した場合には、その確定した日）以後に、次の事項を記載した申告書を提出しなければなりません。

㈠　その年中に支払を受ける退職所得の総額及びその総額について上記により計算した所得税の額

㈡　その年中に支払を受ける退職所得について源泉徴収された又は源泉徴収されるべき所得税の額

㈢　㈡の税額から㈠の税額を控除した金額

㈣　退職手当等の総額の支払者別の内訳及び支払者の氏名又は名称、住所等

　※　申告書については特別のものがないため、申告書第一表及び第二表と申告書第三表（分離課税用）を使用します。

---

　選択課税は、その適用を受けた方が常に有利とはいえません。例えば、居住者としての勤続期間が比較的短期間である場合には選択課税を受けない方が有利な場合もあります。

〈例〉退職金の支払額　　　　　　　　　　　2,000万円

　　　勤続期間　　　　　　　　　　　　　　20年

　　　　内居住者としての勤続期間　　　　　2年

　　　源泉徴収税額　2,000万円×2年／20年＝200万円（国内源泉所得）

　　　　　　　　　　200万円×20.42％＝40万8,400円

　　　選択課税を受けるとして計算した額

　　　　　　　　　　2,000万円−800万円（退職所得控除額）＝1,200万円

　　　　　　　　　　1,200万円÷2＝600万円

　　　　　　　税額　78万8,722円

　（源泉徴収税額40万8,400円＜78万8,722円のため、選択課税を受けない方が有利）

## 九　源泉徴収を受けない給与等の申告納税 （所法172）

　国内源泉所得（所得税法161条第1項第12号イ又はハに掲げる給与等（国内において行う勤務に基因する給与等））であっても、それが国外で支払われる場合には源泉徴収の適用がありません。この場合には、その年の翌年3月15日までに、源泉徴収されない給与等について20.42％の税率による所得税及び復興特別所得税を申告により納税しなければなりません。

　この場合は、「令和　年分所得税及び復興特別所得税の準確定申告書（所得税法第172条第1項及び東日本大震災からの復興のための施策を実施するために必要な財源の確保に関する特別措置法第17条第5項に規定する申告書）」を使用します。

# 第四編

# 令和4年分 消費税 及び 地方消費税 の確定申告書の書き方

消費税及び地方消費税の確定申告書の書き方

# 第一章　消費税・地方消費税の確定申告のあらまし

## 一　確定申告をしなければならない場合

　事業者は、国内において、事業として、対価を得て行う資産の譲渡及び貸付け並びに役務の提供について、消費税及び地方消費税（以下この編において「**消費税等**」といいます。）を納める義務が課されています。（消法2①八、5）

　また、平成27年10月1日以後に、電気通信回線（インターネット等）を介して、国内の事業者・消費者に対して行われる電子書籍・広告の配信等のサービスの提供（「電気通信利用役務の提供」といいます。）については、国外から行われるものについても消費税が課税されます。（第三章第四節参照）

　そして、次のいずれかに該当する個人事業者は、消費税等の確定申告をしなければなりません。（消法9、9の2、10）

　①　基準期間の課税売上高が1,000万円を超える人

　②　①以外の人で「消費税課税事業者選択届出書」を提出している人

　**(注)**　基準期間の課税売上高が1,000万円以下の個人事業者は、原則として消費税等を納める義務はありませんが、課税事業者になることはできます。

　③　①②以外の人で、特定期間の課税売上高が1,000万円を超える人

　なお、特定期間における1,000万円の判定は、課税売上高に代えて、給与等支払額の合計額によることもできます。

## 1　基準期間

　基準期間は、個人事業者については、その年の前々年をいうこととされていますから、令和4年分の基準期間は令和2年となります。（消法2①十四）

　**(注)**　令和4年中の課税売上高が1,000万円以下となる場合であっても、令和2年中の課税売上高が1,000万円を超えるときは、令和4年分について消費税等の確定申告の義務があることになりますから注意してください。

## 2　特定期間

　個人事業者について、その年の前年の1月1日から6月30日までの期間を、「特定期間」といいます。この特定期間の課税売上高が1,000万円を超える事業者については、消費税の確定申告をしなければなりません。（消法9の2）

　令和2年中の課税売上高が1,000万円以下となる場合であっても、令和3年1月1日から6月30日までの課税売上高が1,000万円を超えるときは、令和4年分について消費税の確定申告の義務があります。

——(876)——

消費税及び地方消費税の確定申告書の書き方

(注) 特定期間の課税売上高の判定について
・課税売上高が1,000万円を超えていても、給与等支払額が1,000万円を超えていなければ給与等支払額により免税事業者と判定することができます。
・課税売上高に代えて給与等支払額で判定することができることとされていますので、必ず両方の要件で判定を行う必要はなく、例えば特定期間の課税売上高の集計を省略し、給与等支払額の基準のみで判定しても差し支えありません。

## 3 課税売上高

課税売上高は、その年中の資産の譲渡及び貸付け並びに役務の提供の対価の額（売上金額や収入金額など）を基として消費税法の規定を当てはめて計算します。（消法9②）

## 4 「課税売上高」の計算

課税売上高は、その年分の所得税の事業所得や不動産所得、山林所得、譲渡所得、雑所得に係る売上金額や収入金額に、消費税法上事業として行われたことによるものやその性質上事業に付随して行われたことによるものを合計して計算します。

また、売上げに係る返品や値引き、割戻しがあるときには、これらの金額も売上金額から差し引いて計算します。（消法9②）

(注1) 課税売上高には課されるべき消費税等に相当する金額を含めないこととされています。そのため、令和2年分が課税事業者である場合は、課税売上げに係る売上（収入）金額（消費税込みの金額）を適用税率ごとに区分し、消費税率6.3％又は6.24％適用の売上金額の100／108に相当する金額と、消費税率7.8％適用の売上金額の100／110に相当する金額の合計額が課税売上高となります。

(注2) 令和2年分が免税事業者である場合には、課されるべき消費税額がありませんので、上記3の要領で計算した金額がそのまま課税売上高となります。

消費税及び地方消費税の確定申告書の書き方

## 二　確定申告の手続

### 1　提出期間

　令和5年1月1日から3月31日までが、令和4年分の消費税等の確定申告書の提出期間とされています。（消法45①、措法86の4）

### 2　提出先

　所得税の確定申告の場合と同様です。

### 3　中間申告

　前年分の確定消費税額（申告書⑨欄の差引税額）に応じて、次のように中間申告・納付が必要となります。（消法42）

| 前年分の<br>確定消費税額 | 48万円以下 | 48万円超～<br>400万円以下 | 400万円超～<br>4,800万円以下 | 4,800万円超 |
|---|---|---|---|---|
| 中間申告の回数 | 中間申告不要<br>（注2） | 年1回 | 年3回 | 年11回 |
| 中間申告・納付期限 | | 8月末 | 5月末<br>8月末<br>11月末 | 1～3月分：5月末<br>4～11月：各月末から2か月以内 |
| 中間納付税額 | | 前年分の確定消費税額の1／2 | 前年分の確定消費税額の1／4 | 前年分の確定消費税額の1／12 |
| 1年の合計申告回数 | 年1回<br>（確定申告1回） | 年2回<br>（確定申告1回、中間申告1回） | 年4回<br>（確定申告1回、中間申告3回） | 年12回<br>（確定申告1回、中間申告11回） |

**（注1）**　消費税の中間申告書を提出する必要のある事業者は、消費税の中間納付税額の22／78の金額を地方消費税の中間納付税額として、消費税の中間申告と併せて申告・納付しなければなりません。

**（注2）**　前年の確定消費税額（地方消費税額を含まない年税額）が48万円以下の場合（中間申告義務のない場合）であっても、「任意の中間申告書を提出する旨の届出書」を納税地の所轄税務署長に提出した場合には、その届出書を提出した日以後にその末日が最初に到来する6月中間申告対象期間から、自主的に中間申告・納付できます。

　　　中間納付税額は、前年分の確定消費税額の6／12の額となります。また、中間納付税額と併せて地方消費税の中間納付税額を納付することとなります。

**（注3）**　災害その他やむを得ない理由により申告期限の延長された事業者で、中間申告書の提出期限と確定申告書の提出期限とが同一の日となる場合は、その中間申告書の提出は必要ありません。（消法42の2）

消費税及び地方消費税の確定申告書の書き方

## 4　課税事業者が死亡した場合の確定申告（準確定申告）の手続

　①令和４年分の消費税等の確定申告書を提出すべき人が、令和５年１月１日から３月31日までの間に申告書を提出しないで死亡した場合、又は②課税事業者が令和４年中に死亡した場合で、令和４年分の消費税等について確定申告書を提出しなければならないときは、その相続人が、相続の開始があったことを知った日の翌日から４月以内に申告しなければなりません。（消法45②③）

---

### 【参考１】中小事業者向けの特例制度

#### 1　事業者免税点制度

　その課税期間の基準期間における課税売上高が1,000万円以下の事業者は、その課税期間における課税資産の譲渡等について、納税義務が免除されます（**事業者免税点制度**）。この事業者を「免税事業者」といいます。（消法９）

　免税事業者は、課税資産の譲渡等を行っても、その課税期間は消費税が課税されないことになり、課税仕入れ及び課税貨物に係る消費税額の控除もできません。

　**(注)**　その課税期間の基準期間における課税売上高が1,000万円以下であっても、特定期間における課税売上高が1,000万円を超えた場合は、当課税期間から課税事業者となります。（消法９の２）

　基準期間の課税売上高が1,000万円以下の事業者であっても、「消費税課税事業者選択届出書」を提出することにより、課税事業者となることができます。（消法９）

#### 2　簡易課税制度

　その基準期間における課税売上高が5,000万円以下である事業者に対しては、選択により、売上げに係る消費税額を基礎として、仕入れに係る消費税額を簡易な方法により計算できる**簡易課税制度**が設けられています。（消法37、第三章第三節参照）

#### 3　特例制度の制限

①　「消費税課税事業者選択届出書」を提出して課税事業者となった事業者は、課税事業者となった日から２年間は、免税事業者となることはできません。

②　「消費税課税事業者選択届出書」を提出した事業者は、課税事業者となった日から２年を経過する日までの間に開始した各課税期間中に調整対象固定資産の課税仕入れを行い、かつ、その仕入れた日の属する課税期間の確定申告を一般課税で行う場合には、調整対象固定資産の課税仕入れを行った日の属する課税期間の初日から原則として３年間は、免税事業者となることはできず、簡易課税制度を適用して申告することもできません。（消法９、37）

③　課税事業者が、簡易課税制度の適用を受けない課税期間中に高額特定資産の仕入れ等を行った場合には、当該高額特定資産の仕入れ等の日の属する課税期間の翌課税期間から、当該高額特定資産の仕入れ等の日の属する課税期間の初日以後３年を経過する日の属する課税期間までの各課税期間は免税事業者となることはできません。

　　また、高額特定資産のうち自己建設高額特定資産については、その自己建設高額特定資産の建設等に要した仕入れ等の支払対価の額（課税事業者であった課税期間で、かつ、簡易課税制度の適用を受けない課税期間において行った原材料費及び経費に係るものに限り、消費税に相当する額を除

きます。）の累計額が1,000万円以上となった日の属する課税期間の翌課税期間から、当該建設等が完了した日の属する課税期間の初日以後3年を経過する日の属する課税期間までの各課税期間は免税事業者となることはできません。（消法12の4①）

④　事業者が、事業者免税点制度又は簡易課税制度の適用を受けない課税期間において高額特定資産の仕入れ等を行った場合又は自己建設高額特定資産の仕入れを行った場合には、③のとおり一定期間、事業者免税点制度の適用が制限されますが、当該期間については、原則として簡易課税制度を適用して申告することもできません。（消法37③三）

**（注）**　③及び④については、平成28年4月1日以後に高額特定資産の仕入れ等を行った場合（自己建設高額特定資産にあっては、その自己建設高額特定資産の建設等が同日以後に完了した場合）に該当することとなるものについて適用することとされています。（平28改所法等附1）

⑤　事業者が、高額特定資産である棚卸資産等について、令和2年4月1日以後に消費税法第36条第1項又は第3項の規定（以下「棚卸資産の調整措置」といいます。）の適用を受けた場合には、その適用を受けた課税期間の翌課税期間からその適用を受けた課税期間の初日以後3年を経過する日の属する課税期間までの各課税期間については、免税事業者になることができません。

**（注1）**　高額特定資産とは、一の取引単位につき、課税仕入れ等に係る支払対価の額（税抜き）が1,000万円以上の棚卸資産又は調整対象固定資産をいいます。

**（注2）**　棚卸資産の調整措置とは、免税事業者が課税事業者となる日の前日に、免税事業者であった期間中に行った課税仕入れ等に係る棚卸資産を有している場合、その棚卸資産の課税仕入れ等に係る消費税額を、課税事業者となった課税期間の課税仕入れ等に係る消費税とみなして仕入税額控除の計算の対象とする等の制度です。

　　同様に、事業者が、調整対象自己建設高額資産について、令和2年4月1日以後に棚卸資産の調整措置の適用を受けた場合にも、その適用を受けた課税期間の翌課税期間からその適用を受けた課税期間（その適用を受けることとなった日の前日までに建設等が完了していない調整対象自己建設高額資産にあっては、その建設等が完了した日の属する課税期間）の初日以後3年を経過する日の属する課税期間までの各課税期間については、免税事業者になることができません。（消法12の4②）

**（注3）**　調整対象自己建設高額資産とは、他の者との契約に基づき、又は事業者の棚卸資産として自ら建設等をした棚卸資産で、その建設等に要した課税仕入れに係る支払対価の額の100／110に相当する金額等の累計額が1,000万円以上となったものをいいます。

⑥　事業者が、高額特定資産である棚卸資産等又は調整対象自己建設高額資産について、令和2年4月1日以後に棚卸資産の調整措置の適用を受けた場合には、⑤のとおり一定期間、事業者免税点制度の適用が制限されますが、当該期間は、簡易課税制度を適用して申告することもできません。（消法37③四）

---

## 【参考2】特定非常災害の被災事業者に係る特例

　特定非常災害の被災者である事業者に対する消費税の税制上の措置として、次の災害特例が設けられています。（措法86の5）

　この災害特例は、原則として今後特定非常災害が発生した場合に、その特定非常災害の被災事業者について適用されます。

### 1　「消費税課税事業者選択届出書」等を提出する場合の特例

　被災日の属する課税期間以後の課税期間について、課税事業者を選択する（やめる）場合や簡易課税

制度を選択する（やめる）場合には、指定日までに「消費税課税事業者選択届出書」等の各届出書を所轄税務署長へ提出することにより、選択等をしようとする課税期間の初日以後であっても、課税事業者の選択等をすることができます。

2　課税事業者を選択した場合等の継続適用要件の不適用等

「消費税課税事業者選択届出書」又は「消費税簡易課税制度選択届出書」を提出した事業者が被災事業者となった場合や、被災事業者が指定日までにこれらの届出書を提出した場合には、課税事業者の選択又は簡易課税制度の選択に係る継続適用要件が適用されません。

3　被災事業者が高額特定資産を取得した場合の納税義務の免除の特例等

被災事業者が、被災日前に高額特定資産の仕入れ等を行った場合に該当していた場合又は被災日から指定日以後2年を経過する日の属する課税期間の末日までの間に高額特定資産の仕入れ等を行った場合に該当することとなった場合には、被災日の属する課税期間以後の課税期間については、納税義務の免除の特例及び簡易課税制度の適用に係る制限規定が適用されません。

## 【参考3】消費税の軽減税率制度

令和元年10月1日から、消費税及び地方消費税の税率が8％から10％に引き上げられると同時に、消費税の軽減税率制度が実施されています。

■軽減税率の対象品目

軽減税率が適用されるのは、次の対象品目の譲渡です。
①酒類・外食を除く飲食料品　②週2回以上発行される新聞（定期購読契約に基づくもの）

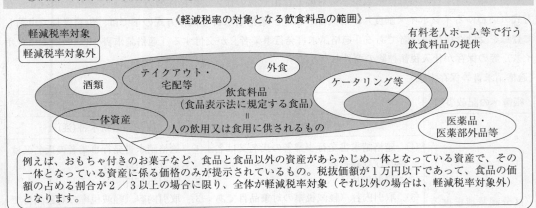

《軽減税率の対象となる飲食料品の範囲》

例えば、おもちゃ付きのお菓子など、食品と食品以外の資産があらかじめ一体となっている資産で、その一体となっている資産に係る価格のみが提示されているもの。税抜価額が1万円以下であって、食品の価額の占める割合が2／3以上の場合に限り、全体が軽減税率対象（それ以外の場合は、軽減税率対象外）となります。

■帳簿及び請求書等の記載と保存（令和元年10月1日～令和5年9月30日）

軽減税率の対象品目の売上げや仕入れ（経費）がある事業者の方は、税率ごとの区分を追加した請求書等（区分記載請求書等）の交付や記帳などの経理（区分経理）を行う必要があります。課税事業者の方は、仕入税額控除の適用を受けるためには、区分経理に対応した帳簿及び区分記載請求書等の保存が必要となります（区分記載請求書等保存方式）。(注1)

消費税及び地方消費税の確定申告書の書き方

《区分記載請求書等保存方式》

| 帳簿への記載事項 | 請求書等への記載事項 |
|---|---|
| ① 課税仕入れの相手方の氏名又は名称<br>② 取引年月日<br>③ 取引の内容<br>④ 対価の額<br>⑤ 軽減税率対象品目である旨 | ① 請求書発行者の氏名又は名称<br>② 取引年月日<br>③ 取引の内容<br>④ 対価の額<br>⑤ 請求書受領者の氏名又は名称※<br><br>※ 小売業、飲食店業等不特定多数の者と取引する事業者が交付する請求書等には、⑤の記載は省略できます。<br><br>⑥ 軽減税率対象品目である旨<br>⑦ 税率の異なるごとに合計した税込金額　　　（注2） |

（注1）　区分記載請求書等保存方式の下でも、3万円未満の少額な取引や自動販売機からの購入など請求書等の交付を受けなかったことにつきやむを得ない理由があるときは、必要な事項を記載した帳簿の保存のみで、仕入税額控除の要件を満たすこととなります。

（注2）　仕入先から交付された請求書等に、「⑥軽減税率対象品目である旨」や「⑦税率の異なるごとに合計した税込金額」の記載がないときは、これらの項目に限って、交付を受けた事業者自らが、その取引の事実に基づき追記することができます。

## 【参考4】 適格請求書等保存方式

### ■適格請求書とは

　令和5年10月1日からは、複数税率に対応した消費税の仕入税額控除の方式として適格請求書等保存方式（いわゆるインボイス制度）が導入されます。適格請求書等保存方式の下では、税務署長に申請して登録を受けた課税事業者である「適格請求書発行事業者」が交付する「適格請求書」（いわゆるインボイス）等の保存が仕入税額控除の要件となります。

《適格請求書等保存方式》

| 帳簿への記載事項 | 請求書等への記載事項 | |
|---|---|---|
|  | 適格請求書 | 簡易適格請求書(注) |
| （区分記載請求書等保存方式と同様） | ① 適格請求書発行事業者の氏名又は名称及び登録番号<br>② 取引年月日<br>③ 取引内容（軽減税率の対象品目である旨）<br>④ 税率ごとに区分して合計した対価の額（税抜き又は税込み）及び適用税率<br>⑤ 税率ごとに区分した消費税額等<br>⑥ 書類の交付を受ける事業者の氏名又は名称 | ① 適格請求書発行事業者の氏名又は名称及び登録番号<br>② 取引年月日<br>③ 取引内容（軽減税率の対象品目である旨）<br>④ 税率ごとに区分して合計した対価の額（税抜き又は税込み）<br>⑤ 税率ごとに区分した消費税額等又は適用税率 |

（注）　不特定かつ多数の者に課税資産の譲渡等を行う次の事業を行う場合には、適格請求書に代えて、適格請求書の記載事項を簡易なものとした適格簡易請求書を交付することができます。（消法57の4②、消令70の11）

　　① 小売業

② 飲食店業
③ 写真業
④ 旅行業
⑤ タクシー業
⑥ 駐車場業（不特定かつ多数の者に対するものに限ります。）
⑦ その他これらの事業に準ずる事業で不特定かつ多数の者に資産の譲渡等を行う事業

■税額計算の方法

令和5年10月1日以降の売上税額及び仕入税額の計算は、次の①又は②を選択することができます。
① 適格請求書に記載のある消費税額等を積み上げて計算する「積上げ計算」
② 適用税率ごとの取引総額を割り戻して計算する「割戻し計算」

ただし、売上税額を「積上げ計算」により計算する場合には、仕入税額も「積上げ計算」により計算しなければなりません。なお、売上税額について「積上げ計算」を選択できるのは、適格請求書発行事業者に限られます。

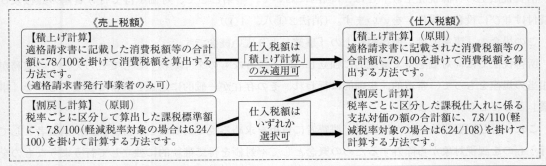

■免税事業者等からの課税仕入れに係る経過措置

適格請求書等保存方式の導入後は、免税事業者や消費者など、適格請求書発行事業者以外の者から行った課税仕入れは、原則として仕入税額控除を行うことができません。

ただし、区分記載請求書等と同様の事項が記載された請求書等及びこの経過措置の規定の適用を受ける旨を記載した帳簿を保存している場合には、次の表のとおり、一定の期間は、仕入税額相当額の一定割合を仕入税額として控除できる経過措置が設けられています。

| 期　　間 | 割　　合 |
| --- | --- |
| 令和5年10月1日から令和8年9月30日まで | 仕入税額相当額の80％ |
| 令和8年10月1日から令和11年9月30日まで | 仕入税額相当額の50％ |

消費税及び地方消費税の確定申告書の書き方

# 第二章　所得税の決算と消費税等の申告

　個人事業者の消費税等の確定申告に当たっては、通常、所得税に関する帳簿書類などに基づいて消費税額及び地方消費税額（以下この編において「消費税額等」といいます。）を計算することになります。しかし、所得税の「収入金額及び必要経費等」と消費税の「課税売上げ及び課税仕入れの金額」の範囲が異なりますから、所得税の決算額を基に種々の調整をすることが必要になります。また、消費税等の確定申告額の算定に伴い、所得税の決算額を調整することも必要になることがあります。

## 1　所得税の所得区分との関係

　消費税法上の「課税売上げ」とは、「国内において、事業として、対価を得て行う資産の譲渡及び貸付け並びに役務の提供」をいいます。(消法2①八、4①)

　この場合の「事業」は、所得税法上の「事業」より広い概念です。

　所得税法では、対価を得て継続的に独立して行うようなものを「業務」としてとらえ、その業務が相当の規模をもって、常習的、規則的に行われ、その存在が一般的に認識され得る程度のものを「事業」としてとらえています。

　これに対し消費税法では、消費税が消費者に負担を求める税であることから、個人が消費者として行うものを課税対象から除外するための概念として、対価を得て継続的に独立して行うようなものを「事業」としてとらえています。

　したがって、一言でいえば、消費税法上の「事業」の概念は、所得税法上の「業務」の概念に近い概念であるといえます。

　しかし、消費税法では、「事業」に該当するものを一まとめにして消費税の課税対象に取り込んでおり、また、その性質上事業に付随して対価を得て行うものなども取り込んでいますが、所得税法では、所得の種類別に所得金額の計算をすることとしている関係上、「業務」に該当するものは、原則として事業所得、不動産所得、山林所得及び雑所得を生ずべき業務の別に区分して計算することとし、その性質上業務に付随して対価を得て行うものなどで他の所得の区分に該当するものは、譲渡所得や雑所得などに含めて計算することとしています。

　このようなことから、個人事業者の消費税等の計算に当たっては、所得税法上の事業所得だけでなく、不動産所得、山林所得、譲渡所得、雑所得などが関係することになります。

　これらの所得のうち、特に譲渡所得や雑所得については、その内容により、消費税における事業として行われたことによるもの、あるいはその性質上事業に付随して行われたことによるものであるか否かを判定し、それらに該当するものがあれば消費税の課税対象に取り込むことになります。

――(884)――

消費税及び地方消費税の確定申告書の書き方

## 2 消費税等の申告額が所得税の決算額に影響する場合

### ⑴ 消費税の課税事業者で税込経理方式を採用している場合

税込経理方式の場合の消費税等の納付（還付）税額は、消費税等の申告時の年分の必要経費（収入金額）に算入するのが原則ですが、納付（還付）すべき消費税等相当額を未払金（未収入金）として計上した年分の必要経費（収入金額）としてもよいこととされています。

したがって、原則どおりの方法で処理するとすれば、令和4年分の消費税等の納付（還付）税額は令和5年分の必要経費（収入金額）に算入することとなるため、令和4年分の所得税の決算額の調整といった問題は生じません。

しかし、未払金（未収入金）として計上する方法で処理するとすれば、所得税の決算において、その未払金（未収入金）に相当する金額の調整が必要となります。

### ⑵ 消費税の課税事業者で税抜経理方式を採用している場合

税抜経理方式を採用している課税事業者の場合は、課税売上げに係る消費税等を仮受消費税等とし、課税仕入れに係る消費税等を仮払消費税等として経理するため、消費税等の納付（還付）税額は、原則として所得税の損益計算には影響しません。

しかし、簡易課税制度の適用を受ける場合などには、その適用後の消費税等の納付税額と年末現在の仮受消費税等の金額と仮払消費税等の金額との差額とが一致しなくなりますし、また、課税期間の課税売上割合が95％未満である場合、又は課税売上高が5億円を超える場合には、非課税売上げに対応する仕入れ等に係る消費税額等が控除されない（消法30②）ことから、その税額に対応する仮払消費税等の額が残る（控除対象外消費税額等が生ずる）ことになります。このような場合の差額等については、その差額等が生じた年において処理することになりますから、令和4年分の所得税の決算において調整が必要となります。

   **(注)**　「**税込経理方式**」とは、消費税等の額とその消費税等に係る取引の対価の額とを区分しないで経理する方式をいいます。なお、商品の価格表示が内税・外税のいずれかとは関係ありません。

　　　「**税抜経理方式**」とは、消費税等の額とその消費税等に係る取引の対価の額とを区分して経理する方式をいいます。

消費税及び地方消費税の確定申告書の書き方

★ 基本的な申告書第一表記載手順

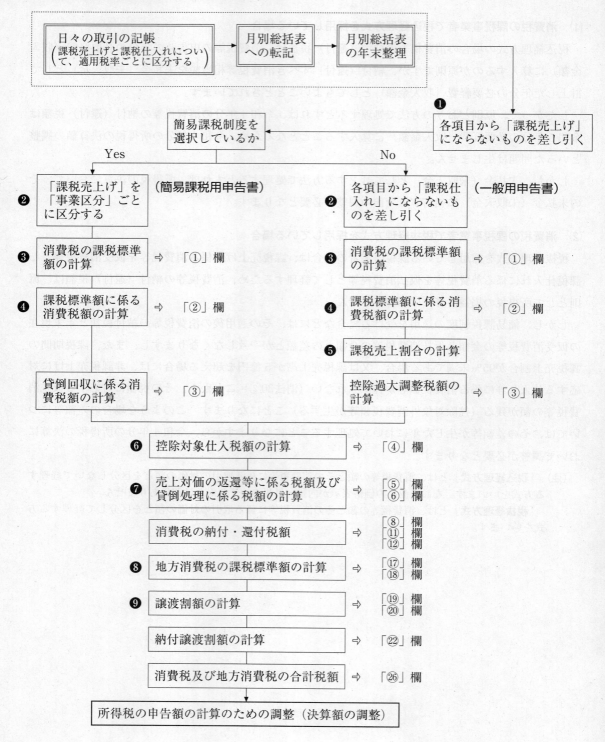

消費税及び地方消費税の確定申告書の書き方

# 第三章　消費税等の課税取引金額の計算と確定申告書の書き方

## 第一節　計算手順のあらまし

　所得税の決算額を基礎にして消費税等の申告額を算定する場合の手順は、次のとおりです。

⑴　事業所得、不動産所得などの青色申告決算書や収支内訳書の売上（収入）金額から、令和4年分の売上（収入）金額を計算します。

⑵　⑴の令和4年分の売上（収入）金額から「課税売上げにならないもの」を差し引いて課税売上高を計算します。

⑶　業務用固定資産等の売却収入（譲渡所得）の金額のうち、消費税の課税の対象となるものを抽出して、消費税の課税売上高に加算します。

　**(注)**　⑵、⑶の課税売上高は、次の適用税率ごとに区分する必要があります。

| 区分　＼　適用時期 | 令和元年10月1日～ | | (参考)<br>～令和元年9月30日 |
|---|---|---|---|
| | 標準税率 | 軽減税率 | |
| 消費税率 | **7.8%** | **6.24%** | **6.3%** |
| 地方消費税率 | 2.2%<br>（消費税額の22／78） | 1.76%<br>（消費税額の22／78） | 1.7%<br>（消費税額の17／63） |
| 合　計 | 10.0% | 8.0% | 8.0% |

⑷　⑴、⑵、⑶により計算した課税売上高に係る消費税額を計算します。

⑸　⑴と同じ要領で、令和4年分の仕入金額及び経費の金額を計算します。

⑹　⑵と同じ要領で、消費税の課税仕入高を計算します。

⑺　業務用固定資産等の購入代金のうち、消費税の課税仕入れとなるものを、青色申告決算書や収支内訳書の減価償却費の計算欄などから抽出して、消費税の課税仕入高に加算します。

　**(注)**　⑹、⑺の課税仕入高は、適用税率（⑶の**(注)**参照）ごとに区分する必要があります。

⑻　⑸、⑹、⑺により計算した課税仕入高に係る消費税額を計算します。

⑼　売上げや仕入れの返品、値引き、割戻しがある場合で、これらの金額を売上（収入）金額や仕入金額から減額する方法で経理していないときには、所定の方法で消費税額の調整をします。

⑽　売掛金その他の債権の貸倒れがある場合には、所定の方法で消費税額の調整をします。

⑾　⑴から⑽までにより、消費税の納付税額又は還付税額の計算をします。

　**(注)**　簡易課税制度の適用を受ける場合には、⑸、⑹、⑺、⑻の計算及び⑼のうち、仕入れに係る計算は不要です。

⑿　令和4年分の課税売上げ及び課税仕入れ等を基に計算した消費税額から地方消費税額の計算をします。

——(887)——

消費税及び地方消費税の確定申告書の書き方

---

### 〈中小事業者の税額計算の特例〉

　令和元年10月１日から一定期間、売上げ又は仕入れを軽減税率と標準税率とに区分することが困難な中小事業者に対して、売上税額又は仕入税額の計算の特例が設けられています。

　**（注）** 中小事業者とは、基準期間における課税売上高が5,000万円以下の事業者をいいます。

#### 売上税額の計算の特例

　売上げを税率ごとに区分することが困難な中小事業者は、課税期間のうち、令和元年10月１日から令和５年９月30日までの期間において、売上げの一定割合を軽減税率の対象売上げとして、売上税額を計算することができます。

　使用できる「一定の割合」については、中小事業者の態様に応じて次のとおりとなります。

① 小売等軽減仕入割合の特例

　課税仕入れ等（税込み）を税率ごとに管理できる卸売業又は小売業を営む中小事業者は、当該事業に係る課税売上げ（税込み）に、当該事業に係る課税仕入れ等（税込み）に占める軽減税率の対象となる売上げにのみ要する課税仕入れ等（税込み）の割合（小売等軽減仕入割合）を掛けて、軽減税率の対象となる課税売上げ（税込み）を算出し、売上税額を計算できます。

② 軽減売上割合の特例

　課税売上げ（税込み）に、通常の連続する10営業日の課税売上げ（税込み）に占める同期間の軽減税率の対象となる課税売上げ（税込み）の割合（軽減売上割合）を掛けて、軽減税率の対象となる課税売上げ（税込み）を算出し、売上税額を計算できます。

　※ 通常の連続する10営業日とは、当該特例の適用を受けようとする期間内の通常の事業を行う連続する10営業日であれば、いつかは問いません。

③ 上記①及び②の割合の計算が困難な場合

　①及び②の割合の計算が困難な中小事業者であって、主として軽減対象資産の譲渡等を行う事業者は、これらの割合を $\dfrac{50}{100}$ とすることができます。

　※ 主として軽減対象資産の譲渡等を行う事業者とは、適用対象期間中の課税売上げのうち、軽減税率の対象となる課税売上げの占める割合がおおむね50％以上である事業者をいいます。

---

特例計算による軽減税率の対象となる課税売上げ（税込み）

| 課税売上げ（税込み） | × | ①小売等軽減仕入割合（卸、小売業のみ可）<br>又は②軽減売上割合<br>又は③50％（①、②が困難な場合に可） | = | 軽減税率の対象となる課税売上げ（税込み） |

---

――(888)――

# 消費税及び地方消費税の確定申告書の書き方

第5-(1)号様式

## 課税資産の譲渡等の対価の額の計算表 〔軽減売上割合（10営業日）を使用する課税期間用〕 売上区分用

　軽減対象資産の譲渡等（税率6.24％適用分）を行う事業者が、適用対象期間中に国内において行った課税資産の譲渡等（免税取引及び旧税率（6.3％等）が適用される取引は除く。）の税込価額を税率の異なるごとに区分して合計することにつき困難な事情があるときは、この計算表を使用して計算をすることができます（所得税法等の一部を改正する法律（平成28年法律第15号）附則38①）。

　以下の①～⑪欄に、当該適用対象期間中に行った取引について記載してください。

| 課　税　期　間 | ・・～・・ | 氏名又は名称 | |
|---|---|---|---|
| 適 用 対 象 期 間 | ・・～・・ | | |

| | | | 事　業　の　区　分　ご　と　の　計　算 | | | |
|---|---|---|---|---|---|---|
| | | | （　　　　） | （　　　　） | （　　　　） | 合　　計 |
| 税率ごとの区分が困難な事業における課税資産の譲渡等 | 課税資産の譲渡等の税込価額の合計額 | ① | 円 | 円 | 円 | |
| | 通常の事業を行う連続する10営業日 | ② | 年 月 日<br>(自) ・・<br>(至) ・・ | 年 月 日<br>(自) ・・<br>(至) ・・ | 年 月 日<br>(自) ・・<br>(至) ・・ | |
| | ②の期間中に行った課税資産の譲渡等の税込価額の合計額 | ③ | 円 | 円 | 円 | |
| | ③のうち、軽減対象資産の譲渡等（税率6.24％適用分）に係る部分の金額（税込み） | ④ | | | | |
| | 軽 減 売 上 割 合<br>（④／③）（※1） | ⑤ | 〔　　　％〕<br>※端数切捨て | 〔　　　％〕<br>※端数切捨て | 〔　　　％〕<br>※端数切捨て | |
| | 軽減対象資産の譲渡等（税率6.24％適用分）の対価の額の合計額（税抜き）<br>（①×④／③×100／108）（※1） | ⑥ | 円 | 円 | 円 | 円 |
| | 軽減対象資産の譲渡等以外の課税資産の譲渡等（税率7.8％適用分）の対価の額の合計額（税抜き）<br>（（①－（①×④／③））×100／110）（※1） | ⑦ | | | | |

（※1）　主として軽減対象資産の譲渡等（税率6.24％適用分）を行う事業者が、軽減売上割合の算出につき困難な事情があるときは、「50／100」を当該割合とみなして計算することができる。その場合は、②～④欄は記載せず、⑤欄に50と記載し、⑥及び⑦欄の金額の計算において、「④／③」を「50／100」として計算する。

| 課税資産の譲渡等が税率ごとの事業に区分けできる可能な事業における等 | 軽減対象資産の譲渡等（税率6.24％適用分）の対価の額の合計額（税抜き）（※2） | ⑧ | 円 |
|---|---|---|---|
| | 軽減対象資産の譲渡等以外の課税資産の譲渡等（税率7.8％適用分）の対価の額の合計額（税抜き）（※3） | ⑨ | |

（※2）　⑧欄には、軽減対象資産の譲渡等（税率6.24％適用分）のみを行う事業における課税資産の譲渡等の対価の額を含む。
（※3）　⑨欄には、軽減対象資産の譲渡等以外の課税資産の譲渡等（税率7.8％適用分）のみを行う事業における課税資産の譲渡等の対価の額を含む。

| 全課税資産の譲渡等における | 軽減対象資産の譲渡等（税率6.24％適用分）の対価の額の合計額（税抜き）<br>（⑥合計＋⑧） | ⑩ | ※付表1-1を使用する場合は、付表1-1の①-1D欄へ<br>※付表4-1を使用する場合は、付表4-1の①-1D欄へ<br>※付表1-3を使用する場合は、付表1-3の①-1A欄へ<br>※付表4-3を使用する場合は、付表4-3の①-1A欄へ　　円 |
|---|---|---|---|
| | 軽減対象資産の譲渡等以外の課税資産の譲渡等（税率7.8％適用分）の対価の額の合計額（税抜き）<br>（⑦合計＋⑨） | ⑪ | ※付表1-1を使用する場合は、付表1-1の①-1E欄へ<br>※付表4-1を使用する場合は、付表4-1の①-1E欄へ<br>※付表1-3を使用する場合は、付表1-3の①-1B欄へ<br>※付表4-3を使用する場合は、付表4-3の①-1B欄へ |

注意　1　金額の計算においては、1円未満の端数を切り捨てる。
　　　2　事業の区分ごとの計算がこの計算表に記載しきれないときは、この計算表を複数枚使用し、事業の区分ごとに①～⑦欄を適宜計算した上で、いずれか1枚の計算表に⑥及び⑦欄の合計額を記載する。

—— (889) ——

消費税及び地方消費税の確定申告書の書き方

# 課 税 資 産 の 譲 渡 等 の 対 価 の 額 の 計 算 表
## 〔軽減売上割合（10 営業日）を使用する課税期間用〕の留意事項等

1　この計算表における**「適用対象期間」**とは、基準期間における課税売上高が 5,000 万円以下である課税期間（法 37①に規定する分割等に係る課税期間を除く。）のうち、令和 元 年 10 月 1 日から令和 5 年 9 月 30 日までの期間に該当する期間をいいます（附則 38①）。

2　この計算表における**「軽減対象資産の譲渡等（税率 6.24%適用分）」**とは、令和 元 年 10 月 1 日から令和 5 年 9 月 30 日までの間に国内において行う課税資産の譲渡等のうち以下の(1)及び(2)に該当するものをいいます（附則 34①）。

　⑴　飲食料品（食品表示法（平成 25 年法律第 70 号）第 2 条第 1 項に規定する食品（酒税法（昭和 28 年法律第 6 号）第 2 条第 1 項に規定する酒類を除く。）をいい、食品と食品以外の資産が一の資産を形成し、又は構成しているもののうち一定の資産を含む。）の譲渡（次に掲げる課税資産の譲渡等は、含まないものとする。）

　　イ　飲食店業等を営む者が行う食事の提供（テーブル、椅子、カウンターその他の飲食に用いられる設備のある場所において飲食料品を飲食させる役務の提供をいい、当該飲食料品を持ち帰りのための容器に入れ、又は包装を施して行う譲渡は、含まないものとする。）
　　ロ　課税資産の譲渡等の相手方が指定した場所において行う加熱、調理又は給仕等の役務を伴う飲食料品の提供（ただし一定の場合を除く。）

　⑵　一定の題号を用い、政治、経済、社会、文化等に関する一般社会的事実を掲載する新聞（1 週に 2 回以上発行する新聞に限る。）の定期購読契約（当該新聞を購読しようとする者に対して、当該新聞を定期的に継続して供給することを約する契約をいう。）に基づく譲渡

3　この計算表における**「軽減対象資産の譲渡等以外の課税資産の譲渡等（税率 7.8%適用分）」**とは、令和 元 年 10 月 1 日から令和 5 年 9 月 30 日までの間に国内において行う課税資産の譲渡等のうち、以下の(1)から(3)に該当しない課税資産の譲渡等をいいます。

　⑴　上記の 2 に該当する課税資産の譲渡等
　⑵　輸出免税の適用がある課税資産の譲渡等
　⑶　税率引上げに伴う経過措置の適用により旧税率が適用される一定の課税資産の譲渡等

4　「課税資産の譲渡等の対価の額の計算表〔小売等軽減仕入割合を使用する課税期間用〕」を使用する場合は、この計算表を使用することはできません。

# 消費税及び地方消費税の確定申告書の書き方

第5-(2)号様式

## 課税資産の譲渡等の対価の額の計算表 〔小売等軽減仕入割合を 使用する課税期間用〕 　売上区分用

　軽減対象資産の譲渡等（税率6.24％適用分）を行う事業者が、適用対象期間中に国内において行った卸売業及び小売業に係る課税資産の譲渡等（免税取引及び旧税率（6.3％等）が適用される取引は除く。）の税込価額を税率の異なるごとに区分して合計することにつき困難な事情があるときは、この計算表を使用して計算をすることができます（所得税法等の一部を改正する法律（平成28年法律第15号）附則38②）。

　以下の①～⑬欄に、当該適用対象期間中に行った取引について記載してください。

| 課　税　期　間 | ・・～・・ | 氏 名 又 は 名 称 | |
|---|---|---|---|
| 適 用 対 象 期 間 | ・・～・・ | | |

| | | | 事 業 の 区 分 ご と の 計 算 | | 合　　計 |
|---|---|---|---|---|---|
| | | | （　　　　） 円 | （　　　　） | |
| 卸売業及び小売業に係る課税取引 | 課税仕入れに係る支払対価の額（税込み） | ① | | | |
| | 特定課税仕入れに係る支払対価の額×110／100<br>（経過措置により旧税率が適用される場合は×108／100） | ② | | | |
| | 保税地域から引き取った課税貨物に係る税込引取価額 | ③ | | | |
| | 課税仕入れに係る支払対価の額等の合計額<br>（①＋②＋③） | ④ | | | |
| | ④のうち、軽減対象資産の譲渡等（税率6.24％適用分）にのみ要するものの金額（税込み） | ⑤ | | | |
| | 小 売 等 軽 減 仕 入 割 合<br>（⑤／④）（※1） | ⑥ | 〔　　　％〕<br>※端数切捨て | 〔　　　％〕<br>※端数切捨て | |
| | 課税資産の譲渡等の税込価額の合計額 | ⑦ | 円 | 円 | |
| | 軽減対象資産の譲渡等（税率6.24％適用分）の対価の額の合計額（税抜き）<br>（⑦×⑤／④×100／108）（※1） | ⑧ | | | 円 |
| | 軽減対象資産の譲渡等以外の課税資産の譲渡等（税率7.8％適用分）の対価の額の合計額（税抜き）<br>（（⑦－（⑦×⑤／④））×100／110）（※1） | ⑨ | | | |

（※1）　主として軽減対象資産の譲渡等（税率6.24％適用分）を行う事業者が、小売等軽減仕入割合の算出につき困難な事情があるときは、「50／100」を当該割合とみなして計算することができる。その場合は、①～⑤欄は記載せず、⑥欄に50と記載し、⑧及び⑨欄の金額の計算において、「⑤／④」を「50／100」として計算する。

| | | | |
|---|---|---|---|
| 卸の売課事業税及取び引小以売外業に係る | 軽減対象資産の譲渡等（税率6.24％適用分）の対価の額の合計額（税抜き） | ⑩ | 円 |
| | 軽減対象資産の譲渡等以外の課税資産の譲渡等（税率7.8％適用分）の対価の額の合計額（税抜き） | ⑪ | |
| 全事業に係る課税取引 | 軽減対象資産の譲渡等（税率6.24％適用分）の対価の額の合計額（税抜き）<br><br>（⑧合計＋⑩） | ⑫ | ※付表1-1を使用する場合は、付表1-1の①-1D欄へ<br>※付表1-3を使用する場合は、付表1-3の①-1A欄へ　円 |
| | 軽減対象資産の譲渡等以外の課税資産の譲渡等（税率7.8％適用分）の対価の額の合計額（税抜き）<br><br>（⑨合計＋⑪） | ⑬ | ※付表1-1を使用する場合は、付表1-1の①-1E欄へ<br>※付表1-3を使用する場合は、付表1-3の①-1B欄へ |

注意　1　金額の計算においては、1円未満の端数を切り捨てる。

　　　2　事業の区分ごとの計算がこの計算表に記載しきれないときは、この計算表を複数枚使用し、事業の区分ごとに①～⑨欄を適宜計算した上で、いずれか1枚の計算表に⑧及び⑨欄の合計額を記載する。

——（891）——

消費税及び地方消費税の確定申告書の書き方

## 課 税 資 産 の 譲 渡 等 の 対 価 の 額 の 計 算 表
## 〔小売等軽減仕入割合を使用する課税期間用〕の留意事項等

1　この計算表における**「適用対象期間」**とは、基準期間における課税売上高が 5,000 万円以下である課税期間（法 37①の規定の適用を受ける課税期間及び同項に規定する分割等に係る課税期間を除く。）のうち、令和 元 年 10 月 1 日から令和 5 年 9 月 30 日までの期間に該当する期間をいいます(附則 38②)。

2　この計算表における**「軽減対象資産の譲渡等（税率 6.24%適用分）」**とは、令和 元 年 10 月 1 日から令和 5 年 9 月 30 日までの間に国内において行う課税資産の譲渡等のうち以下の(1)及び(2)に該当するものをいいます(附則 34①)。

　⑴　飲食料品(食品表示法(平成 25 年法律第 70 号)第 2 条第 1 項に規定する食品(酒税法(昭和 28 年法律第 6 号)第 2 条第 1 項に規定する酒類を除く。)をいい、食品と食品以外の資産が一の資産を形成し、又は構成しているもののうち一定の資産を含む。)の譲渡（次に掲げる課税資産の譲渡等は、含まないものとする。）

　　イ　飲食店業等を営む者が行う食事の提供(テーブル、椅子、カウンターその他の飲食に用いられる設備のある場所において飲食料品を飲食させる役務の提供をいい、当該飲食料品を持ち帰りのための容器に入れ、又は包装を施して行う譲渡は、含まないものとする。)
　　ロ　課税資産の譲渡等の相手方が指定した場所において行う加熱、調理又は給仕等の役務を伴う飲食料品の提供(ただし一定の場合を除く。)

　⑵　一定の題号を用い、政治、経済、社会、文化等に関する一般社会的事実を掲載する新聞(1 週に 2 回以上発行する新聞に限る。)の定期購読契約(当該新聞を購読しようとする者に対して、当該新聞を定期的に継続して供給することを約する契約をいう。)に基づく譲渡

3　この計算表における**「軽減対象資産の譲渡等以外の課税資産の譲渡等（税率 7.8%適用分）」**とは、令和 元 年 10 月 1 日から令和 5 年 9 月 30 日までの間に国内において行う課税資産の譲渡等のうち、以下の(1)から(3)に該当しない課税資産の譲渡等をいいます。

　⑴　上記の 2 に該当する課税資産の譲渡等
　⑵　輸出免税の適用がある課税資産の譲渡等
　⑶　税率引上げに伴う経過措置の適用により旧税率が適用される一定の課税資産の譲渡等

4　以下の(1)又は(2)に該当する場合は、この計算表を使用することはできません。

　⑴　簡易課税制度の適用を受ける場合
　⑵　「課税資産の譲渡等の対価の額の計算表〔軽減売上割合(10 営業日)を使用する課税期間用〕」又は「課税仕入れ等の税額の計算表〔小売等軽減売上割合を使用する課税期間用〕」を使用する場合

# 第二節　課否区分と抽出

　個人事業者のすべての売上高は、消費税法上、次のように分類されますが、このうち、消費税等の申告額を算定する場合に影響するのは、☐で囲まれた売上高です。

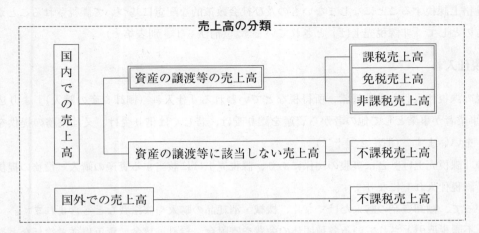

　課税期間中の売上高及びこれらの売上高ごとの対価の返還等の金額について、課税売上高、免税売上高、非課税売上高ごとの区分を誤りますと、正しい納付税額は計算できません。
　また、非課税売上高か不課税売上高かの区分にも十分注意する必要があります。例えば、事業者が事業用地を売却した場合は非課税売上高ですが、家庭で使用していた自家用車やテレビなどの非事業用資産を売却した場合は不課税売上高となります。したがって、不課税売上高となる非事業用資産の譲渡対価を非課税売上高に誤って含めてしまうと、課税売上割合が小さくなるため、結果的に消費税額等の納付額が過大になることがあります。

## 1　課税売上げ

　消費税法上の課税売上げは、次のa～dのいずれの要件にも該当する売上げをいいます。（消法2①八、4①）

---

a　国内において行うものであること
b　事業者が事業として行うものであること
c　対価を得て行うものであること
d　資産の譲渡等（資産の譲渡、資産の貸付け又は役務の提供）であること

---

　なお、これらに該当しない売上げを「不課税売上げ」といい、消費税等は課されません。例えば、利益の配当や補助金などは、対価を得て行う、すなわち反対給付を伴うものではありませんので不課

税売上げとなります。

課税売上げには、通常の売上げである商品、製品の販売代金、請負工事代金、サービス料などのほか、機械、建物等の事業用資産の売却代金や、建物の賃貸収入などが含まれます。

ただし、上記a～dのすべての要件に該当する売上げであっても、土地の売却代金・賃貸収入、住宅の賃貸収入、商品券等の物品切手販売収入及び社会保険診療収入などは、消費に負担を求める税としての性格上課税することになじまないもの及び社会政策的な配慮に基づいて課税されることが適当でないものとして「非課税売上げ」とされています。(消法6①、別表第一)

## 2　課税仕入れ

消費税の課税仕入れとは、通常、所得税などでいわれる「仕入れ（棚卸資産の購入）」より広い概念で、「事業者が事業として他の者から資産を譲り受け、若しくは借り受け、又は役務の提供を受けること」をいいます。(消法2①十二)

前述の「課税売上げ」とは裏腹の関係にあり、課税売上げに該当する資産の購入・役務の提供を受ければ「課税仕入れ」になります。

したがって、棚卸資産の購入だけでなく、機械・消耗品の購入や修繕費なども含まれます。

また、不課税取引とされている各種団体の会費や寄附金、給料・賃金、青色専従者給与などや、非課税取引とされている利子割引料、保険料などは課税仕入れとはなりません。

なお、免税事業者や消費者から棚卸資産等を購入した場合でも課税仕入れとなります。この場合、消費税等は購入価額の中に含まれているものとして計算します。

> **(注)**　平成27年10月1日以後に国内において国外事業者から受けた「事業者向け電気通信利用役務の提供」及び「特定役務の提供」を「特定課税仕入れ」といい、この「特定課税仕入れ」がリバースチャージ方式による申告の対象となります。(リバースチャージ方式による申告については第四節参照)

## 3　減価償却資産等

所得税法では、減価償却資産となる資産を購入した場合は、減価償却費だけが必要経費になります。

これに対して、消費税法では、減価償却資産を購入した段階で、その資産の対価が課税仕入れとなり、減価償却費は課税仕入れとなりません。また、開業費、開発費等の繰延資産についても、減価償却資産と同様に取り扱います。

消費税及び地方消費税の確定申告書の書き方

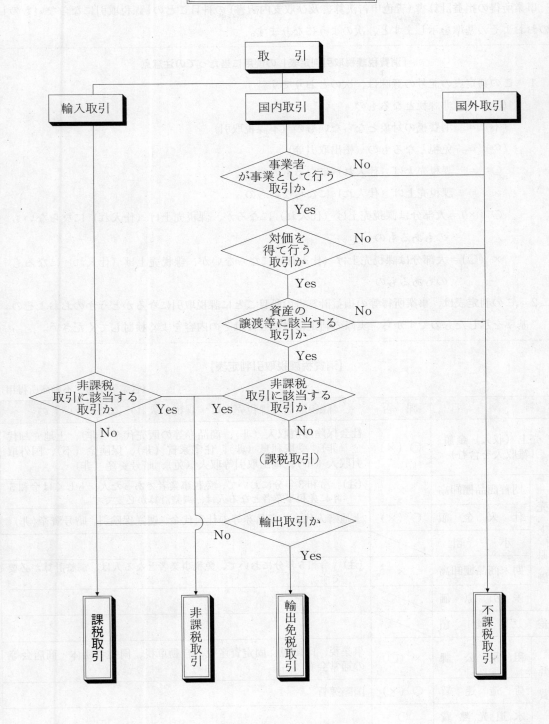

消費税及び地方消費税の確定申告書の書き方

## 4　勘定科目別の取扱い一覧表

　事業所得の損益計算書（青色申告決算書及び収支内訳書）の科目ごとの「課税取引にならないもの」のおおよその基準を示しますと、次のようになります。

---

### 「消費税課税取引判定表」の使用に当たっての注意点

1　この判定表の記号の意味は、次のとおりです。

　（非）＝　非課税となるもの

　（不）＝　消費税の対象とならないもの（不課税取引）

　（免）＝　免税となるもの（輸出取引等）

　○　＝　課税売上げ（仕入れ）になるもの

　×　＝　課税売上げ（仕入れ）にならないもの

　○（×）＝大部分は課税売上げ（仕入れ）になるが、課税売上げ（仕入れ）にならないものもあるもの

　×（○）＝大部分は課税売上げ（仕入れ）にならないが、課税売上げ（仕入れ）になるものもあるもの

2　この判定表は、事業所得等の損益計算書の科目ごとに課税取引になるかどうかのおおよその基準を示したものですから、実際の判定に当たってはその内容をよく検討してください。

---

### 【消費税課税取引判定表】

（営業等所得・不動産所得用）

| 科　　　目 | | 課　否 | 課税取引（課税売上げ・課税仕入れ）にならないもの |
|---|---|---|---|
| 売上（収入）金額<br>（雑収入を含む） | | ○（×） | 社会保険診療収入（非）、商品券等の販売代金（非）、土地売却代金（非）、受取利息（非）、住宅家賃（非）、保険金（不）、国外取引収入（不）、輸出取引等収入（免）、暗号資産（非） |
| 売上原価 | 期首商品棚卸高 | × | **(注)**　令和３年分において、免税事業者であった人、もしくは令和５年に免税事業者となる人は、調整計算が必要です。 |
| | 仕　入　金　額 | ○（×） | 土地購入代金、商品券等の仕入代金、運送保険料、暗号資産(非) |
| | 小　　　計 | | |
| | 期末商品棚卸高 | × | **(注)**　令和５年分において、免税事業者となる人は、調整計算が必要です。 |
| | 差　引　原　価 | | |
| 差　引　金　額 | | | |
| 経費 | 租　税　公　課 | ×（○） | 事業税、印紙税、固定資産税、自動車税、同業者団体・商店会等の通常会費 |
| | 荷　造　運　賃 | ○（×） | 国際運賃 |
| | 水　道　光　熱　費 | ○ | |

消費税及び地方消費税の確定申告書の書き方

| | | | |
|---|---|---|---|
| 経費 | 旅費交通費 | ○（×） | 海外渡航費・滞在費 |
| | 通信費 | ○（×） | 国際通信・国際郵便料金 |
| | 広告宣伝費 | ○（×） | プリペイドカード等の購入費 |
| | 接待交際費 | ○（×） | 慶弔費・餞別などの現金支出、商品券・ビール券・プリペイドカード等の購入費 |
| | 損害保険料 | × | 全て課税仕入れになりません。 |
| | 修繕費 | ○ | |
| | 消耗品費 | ○ | |
| | 減価償却費 | × | 全て課税仕入れになりません。（減価償却資産の購入代金は課税仕入れ） |
| | 福利厚生費 | ×（○） | 健康保険料などの法定福利費、慶弔費（慰安旅行費等は課税仕入れ） |
| | 給料賃金 | ×（○） | 給料・賞与・退職金（通勤手当は課税仕入れ） |
| | 外注工賃 | ○ | |
| | 利子割引料 | × | 全て課税仕入れになりません。 |
| | 地代家賃 | ○（×） | 地代、住宅家賃 |
| | 貸倒金 | × | **(注)** 別途、貸倒れに係る税額控除の対象となります。 |
| | 支払手数料 | ○（×） | 登記・免許・特許等の法令に基づく行政手数料 |
| | 雑費 | ○（×） | 損害賠償金 |
| | 計 | | |
| 差引金額 | | | |
| 引当金等 | 貸倒引当金繰戻し | × | |
| | 専従者給与 | × | |
| | 貸倒引当金繰入れ | × | |
| 青色申告特別控除前の所得金額 | | | |
| 青色申告特別控除額 | | × | |
| 所得金額 | | | |

——(897)——

消費税及び地方消費税の確定申告書の書き方

# 第三節　簡易課税制度と事業区分

　簡易課税制度とは、**基準期間における課税売上高が5,000万円以下となる課税期間**について簡易課税制度の適用を受ける旨の届出書を所轄税務署長に提出している場合に適用されるもので、実際の課税仕入れに係る消費税額を計算することなく、その課税期間の課税標準額に対する消費税額からその課税期間の売上げに係る対価の返還等の金額に係る消費税額の合計額を控除した金額にみなし仕入率を乗じた金額を仕入れに係る消費税額とみなして仕入税額控除を行うことができるというものです。
（消法37）

　**(注)**　879ページの**【参考1】**の規定により事業者免税点制度を適用しないこととされた課税期間については、簡易課税制度の適用を受けられません。

　この場合のみなし仕入率は、次表のように、課税売上高を5つの事業に区分した上で定められています。（消令57）

| 事 業 区 分 | みなし仕入率 | 該　当　す　る　事　業 |
|---|---|---|
| 第一種事業 | 90% | 卸売業（他の者から購入した商品をその性質及び形状を変更しないで他の事業者に対して販売する事業〈商品の購入は、事業者からの購入に限りません。〉） |
| 第二種事業 | 80% | 小売業（他の者から購入した商品をその性質及び形状を変更しないで販売する事業で第一種事業以外のもの〈製造小売業を除きます。〉）、農業・林業・漁業（飲食料品の譲渡を行う部分を含みます。） |
| 第三種事業 | 70% | 農業・林業・漁業（飲食料品の譲渡を行う部分を除きます。）、鉱業、採石業、砂利採取業、建設業、製造業（製造小売業を含みます。）電気業、ガス業、熱供給業、水道業（第一種事業又は第二種事業に該当するもの及び加工賃その他これに類する料金を対価とする役務の提供を除きます。また、第三種事業の範囲は、おおむね日本標準産業分類の大分類の区分により判定します。） |
| 第四種事業 | 60% | 飲食店業のほか、第一種事業から第三種事業、第五種事業及び第六種事業以外の事業 |
| 第五種事業 | 50% | 運輸業、情報通信業、金融・保険業等、サービス業（飲食店業に該当する事業を除きます。）（第一種事業から第三種事業までの事業に該当する事業を除きます。また、第五種事業の範囲は、おおむね日本標準産業分類の大分類の区分により判定します。） |
| 第六種事業 | 40% | 不動産業（第一種事業から第三種事業及び第五種事業に該当する事業を除きます。また、第六種事業の範囲は、おおむね日本標準産業分類の大分類の区分により判定します。） |

消費税及び地方消費税の確定申告書の書き方

(注) 2種類以上の事業を営む事業者は、課税資産の譲渡等（いわゆる課税売上高）を、事業の種類ごとに区分してそれぞれの事業に係るみなし仕入率を適用することになりますが、第一種事業から第六種事業の区分は、原則として、課税資産の譲渡等ごとに判定することとされています。

## 1 第一種事業から第六種事業までの事業のうち1種類の事業のみを営む場合

事業者が、第一種事業から第六種事業のうち1種類の事業のみを営んでいる場合には、その課税期間の課税標準額に対する消費税額からその課税期間における売上げに係る対価の返還等の金額に係る消費税額の合計額を控除した残額に、その事業区分に応じて定められているみなし仕入率を乗じた金額が仕入控除税額となります。（消令57①）

## 2 第一種事業から第六種事業までの事業のうち2種類以上の事業を営む場合

第一種事業から第六種事業までの事業のうち2以上の事業を行っている場合の仕入控除税額は、原則として次の算式により計算します。（消令57②）

仕入控除税額

$$
= \substack{課税標準 \\ 額に対する \\ 消費税額} \times \frac{\substack{第一種事 \\ 業に係る \\ 消費税額} \times 90\% + \substack{第二種事 \\ 業に係る \\ 消費税額} \times 80\% + \substack{第三種事 \\ 業に係る \\ 消費税額} \times 70\% + \substack{第四種事 \\ 業に係る \\ 消費税額} \times 60\% + \substack{第五種事 \\ 業に係る \\ 消費税額} \times 50\% + \substack{第六種事 \\ 業に係る \\ 消費税額} \times 40\%}{\substack{第一種事業に \\ 係る消費税額} + \substack{第二種事業に \\ 係る消費税額} + \substack{第三種事業に \\ 係る消費税額} + \substack{第四種事業に \\ 係る消費税額} + \substack{第五種事業に \\ 係る消費税額} + \substack{第六種事業に \\ 係る消費税額}}
$$

(注1) 貸倒れ回収額がある場合などを除いて次の簡便な方法によることができます。

仕入控除税額

$$
= \substack{第一種事 \\ 業に係る \\ 消費税額} \times 90\% + \substack{第二種事 \\ 業に係る \\ 消費税額} \times 80\% + \substack{第三種事 \\ 業に係る \\ 消費税額} \times 70\% + \substack{第四種事 \\ 業に係る \\ 消費税額} \times 60\% + \substack{第五種事 \\ 業に係る \\ 消費税額} \times 50\% + \substack{第六種事 \\ 業に係る \\ 消費税額} \times 40\%
$$

(注2) 「第一種事業に係る消費税額」、「第二種事業に係る消費税額」、「第三種事業に係る消費税額」、「第四種事業に係る消費税額」、「第五種事業に係る消費税額」及び「第六種事業に係る消費税額」とは、それぞれの事業ごとの課税資産の譲渡等に係る消費税額の合計額から売上げに係る対価の返還等の金額に係る消費税額の合計額を控除した残額をいいます。

## 3 第一種事業から第六種事業までの事業のうち2種類以上の事業を営む場合で1種類の事業に係る課税売上高が課税売上高の合計額の75％以上を占める場合

第一種事業から第六種事業までの事業のうち2種類以上の事業を営む場合で、そのうち1種類の事業の課税売上高がその課税期間の課税売上高の合計額の75％以上を占める場合には、その75％以上を占める事業のみなし仕入率を課税売上高の全体に適用することができるという特例制度が設けられています。（消令57③一）

(注1) この75％以上の割合を計算する場合における「課税売上高」とは、課税資産の譲渡等の対価の額の合計額からその課税期間中に行った課税売上げに係る対価の返還等の金額の合計額を控除した残額をいい、課税資産の譲渡等には、消費税法第7条第1項《輸出免税等》、同法第8条第1項《輸出

消費税及び地方消費税の確定申告書の書き方

物品販売場における輸出物品の譲渡に係る免税）その他の法律又は条約の規定により消費税が免除されるものは除くこととされています。

**(注2)** この特例の要件に該当する場合でも、特例計算によらず事業の種類ごとにみなし仕入率を適用する原則計算によって仕入控除税額を計算することとしても差し支えありません。

## 4 第一種事業から第六種事業までの事業のうち3種類以上の事業を営む場合で2種類の事業に係る課税売上高が課税売上高の合計額の75％以上を占める場合

第一種事業から第六種事業までの事業のうち3種類以上の事業を営む場合で、そのうち2種類の事業の課税売上高の合計額がその課税期間の課税売上高の合計額の75％以上を占める場合は、その2種類の事業のうちみなし仕入率の高い方の事業に係る課税売上高については、そのまま本来のみなし仕入率を適用し、それ以外の課税売上高については、全体の75％以上を占める2種類の事業のうち低い方のみなし仕入率を適用して仕入控除税額を計算してもよいという特例制度が設けられています。(消令57③二)

---

例えば、卸売業、小売業、サービス業の3種類の事業を営んでいる事業者のそれぞれの事業に係る課税売上高の割合が、卸売業部分100分の50、小売業部分100分の30、サービス業部分100分の20の場合には、卸売業部分と小売業部分の課税売上高の割合が75％以上となっていますので、卸売業部分の売上げについては90％、残りの小売業及びサービス業部分の売上高の合計については小売業の80％のみなし仕入率を適用することができます。

---

**(注)** この特例の要件に該当する場合でも、特例計算によらず事業の種類ごとにみなし仕入率を適用する原則計算によって仕入税額を計算することとしても差し支えありません。

## 5 第一種事業から第六種事業までの事業のうち2種類以上の事業を営む場合で事業の種類を区分していない場合

第一種事業から第六種事業までの事業のうち2種類以上の事業を営む場合で、その課税期間中に行った課税資産の譲渡等を事業の種類ごとに区分していない場合には、その区分していない課税売上高については、これら2種類以上の事業のうち最も低いみなし仕入率に係る事業に係る課税売上高として仕入控除税額の計算を行うこととされています。(消令57④)

この場合において、仕入控除税額の計算は、事業の種類を区分していない課税売上高を2種類以上の事業のうち最も低いみなし仕入率に係る事業の課税売上高に区分した上で、改めて特例計算の対象となるかどうかを判定して計算することとなります。

―― (900) ――

★ 簡易課税制度における事業区分判別フローチャート

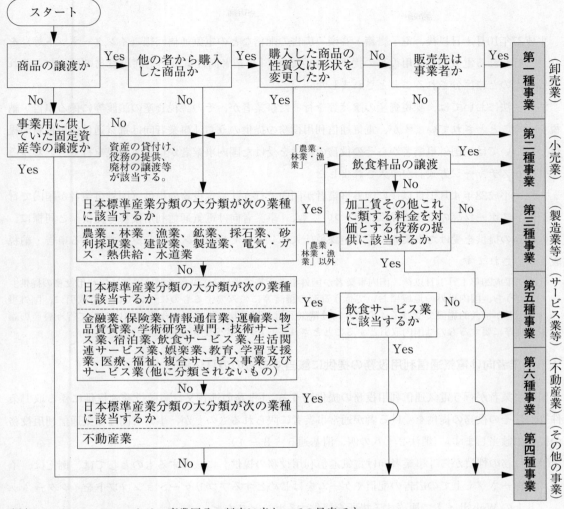

(注) このフローチャートは、事業区分の判定に当たっての目安です。
※ 事業区分の判定は、社会通念上の取引単位を基に行いますが、資産の譲渡等と役務の提供とが混同した取引で、それぞれの対価の額が区分されている場合には、区分されたところにより、それぞれの事業の種類を判定することになります。
※ 「購入した商品の性質又は形状を変更したか」という判定では、例えば次のような行為は、性質及び形状を変更しないものと判断します。
・商標、ネーム等を添付又は表示すること
・それ自体を販売している複数の商品を詰め合わせること
・液状等の商品を販売容器に収容すること
・ガラス、その他の商品を販売のために裁断すること
※ 日本標準産業分類上製造業等に該当することとなっても、対価の名称のいかんを問わず他の者の原料若しくは材料又は製品等に加工を行いその加工等の対価を受領する役務の提供は第四種事業に該当します。

# 第四節　リバースチャージ方式による申告

　平成27年10月１日以後、電子書籍・音楽・広告の配信などの電気通信回線（インターネット等）を介して行われる電気通信利用役務の提供については、「事業者向け電気通信利用役務の提供」とそれ以外のものとに区分されることとされました。

　消費税法においては、課税資産の譲渡等を行った事業者が、その課税資産の譲渡等に係る申告・納税を行うこととされていますが、電気通信利用役務の提供のうち「事業者向け電気通信利用役務の提供」については、国外事業者からその役務の提供を受けた国内事業者が申告・納税を行う、いわゆる「リバースチャージ方式」が導入されました。

　また、平成28年４月１日以後に国外事業者が国内で行う「特定役務の提供（国外事業者が国内で行う芸能・スポーツ等の役務の提供）」についても、「事業者向け電気通信利用役務の提供」と同様に、その役務の提供を受けた事業者に「特定課税仕入れ」としてリバースチャージ方式による申告・納税義務が課されます。

　**(注)**　平成29年１月１日以後、国内事業者が国外事業所等で受ける「事業者向け電気通信利用役務の提供」のうち、国内以外の地域において行う資産の譲渡等にのみ要するものについては国外取引に、国外事業者が恒久的施設で受ける「事業者向け電気通信利用役務の提供」のうち国内において行う資産の譲渡等に要するものは国内取引とすることとされました。（平28改所法等附１三八）

## 1　事業者向け電気通信利用役務の提供に該当するものの具体例

　国外事業者が行う電気通信利用役務の提供のうち、「役務の性質又は当該役務の提供に係る取引条件等からその役務の提供を受ける者が通常事業者に限られるもの」が、事業者向け電気通信利用役務の提供に該当します。（消法２①八の四、消基通５－８－４）

① 　役務の性質から「事業者向け電気通信利用役務の提供」に該当するものとしては、例えば、インターネット上での広告の配信やゲームをはじめとするアプリケーションソフトをインターネット上の Web サイトで販売する場所を提供するサービスなど

② 　取引条件等から「事業者向け電気通信利用役務の提供」に該当するものとしては、例えば、クラウドサービス等の電気通信利用役務の提供のうち、取引当事者間において提供する役務の内容を個別に交渉し、取引当事者間固有の契約を結ぶもので、契約において役務の提供を受ける事業者が事業として利用することが明らかなものなど

　なお、インターネットの Web サイトから申込みを受け付けるようなクラウドサービス等において、「事業者向け」であることをその Web サイトに掲載していたとしても、消費者をはじめとする事業者以外の者からの申込みが行われた場合に、その申込みを事実上制限できないものは、取引条件等から「その役務の提供を受ける者が通常事業者に限られるもの」には該当しません。

消費税及び地方消費税の確定申告書の書き方

## 2　特定役務の提供に該当するものの具体例

　映画若しくは演劇の俳優、音楽家その他の芸能人又は職業運動家の役務の提供を主たる内容とする事業として行う役務の提供のうち、国外事業者が他の事業者に対して行う役務の提供（その国外事業者が不特定かつ多数の者に対して行う役務の提供を除きます。）とします。（消令2の2、消基通5－8－5）

- (注1)　運動家のうち、いわゆるアマチュア、ノンプロ等と称される者であっても、競技等の役務の提供を行うことにより報酬・賞金を受ける場合には、これに含まれます。
- (注2)　運動家には、陸上競技などの選手に限られず、騎手、レーサーのほか、大会などで競技する囲碁、チェス等の競技者等も含まれます。

## 3　リバースチャージ方式による申告が必要な事業者

　国内において国外事業者から受けた「事業者向け電気通信利用役務の提供」及び「特定役務の提供」を「特定課税仕入れ」といい、この「特定課税仕入れ」がリバースチャージ方式による申告の対象となります。

　申告の対象となる課税期間において「事業者向け電気通信利用役務の提供」を受けた場合で、その課税期間について一般課税により申告する事業者で、課税売上割合が95％未満の事業者は、リバースチャージ方式による申告が必要です。（平27改所法等附42、44②）

- (注1)　一般課税で申告を行う事業者であっても、以下の場合には、当分の間、特定課税仕入れはなかったものとされます。また、免税事業者は、特定課税仕入れについても消費税の納税義務が免除されていますので、リバースチャージ方式による申告は必要ありません。
  - ①　課税期間における課税売上割合が95％以上である事業者
  - ②　課税期間について簡易課税制度が適用される事業者
- (注2)　免税事業者である国外事業者から受けた「事業者向け電気通信利用役務の提供」も「特定課税仕入れ」に該当します。

## 4　リバースチャージ方式による申告方法等

　リバースチャージ方式による申告における課税標準額等は、次のとおりとなります。

- ①　課税標準額

　国内事業者自身が行った課税資産の譲渡等の対価の額及び特定課税仕入れに係る支払対価の額の合計金額が、その課税期間における課税標準額となります。（千円未満切捨て）

- ②　仕入税額控除の対象となる消費税額

　他の課税仕入れに係る支払対価の額に110分の7.8を乗じた金額及び特定課税仕入れに係る支払対価の額に100分の7.8を乗じた金額の合計額が、その課税期間における仕入控除税額となります。

- (注)　特定課税仕入れについては、他の課税仕入れに係る記載事項のほか、当該課税仕入れが特定課税仕入れである旨を帳簿に記載しておく必要があります。

消費税及び地方消費税の確定申告書の書き方

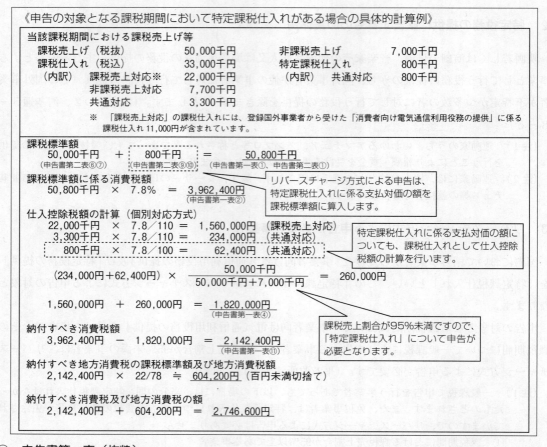

○ 申告書第一表（抜粋）

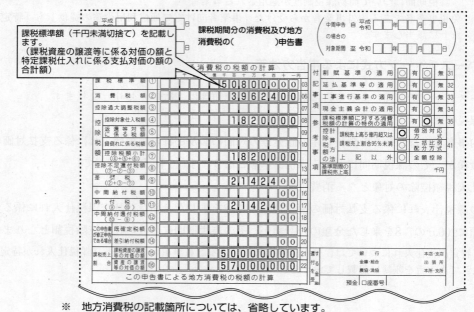

※ 地方消費税の記載箇所については、省略しています。

# 消費税及び地方消費税の確定申告書の書き方

## ○ 申告書第二表（抜粋）

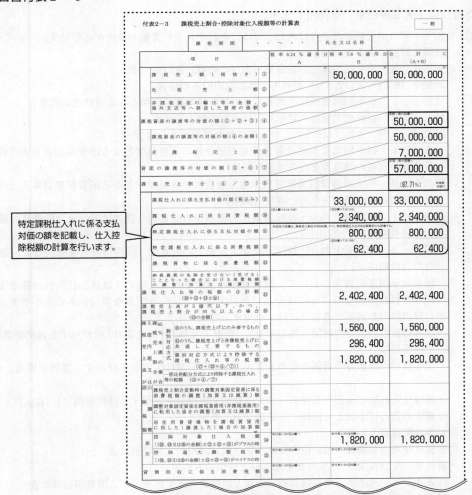

※ 売上げに係る対価の返還等をした場合、又は特定課税仕入れに係る対価の返還等を受けた場合には⑰～⑲の欄も記載します。

## ○ 申告書付表2－3

※ 経過措置（旧税率）が適用される資産の譲渡等がある場合には、付表2－1、2－2を使用してください。

消費税及び地方消費税の確定申告書の書き方

# 第五節　設例に基づく消費税等の課税取引金額の計算と申告書の作成

　一般的な個人事業者の消費税等の課税取引金額の計算と申告書の作成について、「設例」に基づいて説明します。

　個人事業者の令和4年分の消費税の納付税額は、令和4年1月1日から同年12月31日までの期間における課税売上げに係る消費税額から課税仕入れに係る消費税額を控除した金額を納付することになりますが、消費税等の納付税額の計算方法は、簡易課税制度を選択した場合とその選択をしなかった場合とでは、異なります。ここでは、はじめに簡易課税制度を選択しなかった場合の計算方法について説明し、次に簡易課税制度を選択した場合の計算方法について説明します。

　なお、消費税等の申告書は、簡易課税制度を選択しなかった場合は「**一般用**」を、簡易課税制度を選択した場合は「**簡易課税用**」を使用します。

**（注1）**　令和4年分の消費税等の申告にあたっては、それぞれ次の書類の提出が必要です。
　　　　○一般課税制度による場合
　　　　消費税及び地方消費税の確定申告書第一表（一般用）及び第二表
　　　　・新税率（6.24％又は7.8％）が適用された取引のみの場合
　　　　　付表1-3　税率別消費税額計算表兼地方消費税の課税標準となる消費税額計算表
　　　　　付表2-3　課税売上割合・控除対象仕入税額等の計算表
　　　　・旧税率（3％、4％又は6.3％）が適用された取引がある場合
　　　　　付表1-1　税率別消費税額計算表兼地方消費税の課税標準となる消費税額計算表〔経過措置対象課税資産の譲渡等を含む課税期間用〕
　　　　　付表1-2　税率別消費税額計算表兼地方消費税の課税標準となる消費税額計算表〔経過措置対象課税資産の譲渡等を含む課税期間用〕
　　　　　付表2-1　課税売上割合・控除対象仕入税額等の計算表〔経過措置対象課税資産の譲渡等を含む課税期間用〕
　　　　　付表2-2　課税売上割合・控除対象仕入税額等の計算表〔経過措置対象課税資産の譲渡等を含む課税期間用〕
　　　　※　軽減税率制度実施後において、課税資産の譲渡等の税込価格又は課税仕入れに係る支払対価の額等を税額の異なるごとに区分して合計することにつき困難な事情がある中小事業者が、税額計算の特例を適用する場合には、適用する特例に応じて、
　　　　・課税資産の譲渡等の対価の額の計算表〔軽減売上割合（10営業日）を使用する課税期間用〕（売上区分用）
　　　　・課税資産の譲渡等の対価の額の計算表〔小売等軽減仕入割合を使用する課税期間用〕（売上区分用）
　　　　・課税仕入れ等の税額の計算表〔小売等軽減売上割合を使用する課税期間用〕（仕入区分用）
　　　　を確定申告書に添付して提出する必要があります。
　　　　○簡易課税制度による場合
　　　　消費税及び地方消費税の確定申告書第一表（簡易課税用）及び第二表
　　　　・新税率（6.24％又は7.8％）が適用された取引のみの場合
　　　　　付表4-3　税率別消費税額計算表兼地方消費税の課税標準となる消費税額計算表
　　　　　付表5-3　控除対象仕入税額等の計算表
　　　　・旧税率（3％、4％又は6.3％）が適用された取引がある場合

――（906）――

消費税及び地方消費税の確定申告書の書き方

付表4-1　税率別消費税額計算表兼地方消費税の課税標準となる消費税額計算表〔経過措置対象課税資産の譲渡等を含む課税期間用〕

付表4-2　税率別消費税額計算表兼地方消費税の課税標準となる消費税額計算表〔経過措置対象課税資産の譲渡等を含む課税期間用〕

付表5-1　控除対象仕入税額等の計算表〔経過措置対象課税資産の譲渡等を含む課税期間用〕

付表5-2　控除対象仕入税額等の計算表〔経過措置対象課税資産の譲渡等を含む課税期間用〕

※　軽減税率制度実施後において、簡易課税制度を選択しており、売上げを税率ごとに区分することが困難な中小事業者が、軽減売上割合の特例を適用する場合には、

・課税資産の譲渡等の対価の額の計算表〔軽減売上割合（10営業日）を使用する課税期間用〕（売上区分用）

を確定申告書に添付して提出する必要があります。

**(注2)**　消費税の還付申告書を提出する場合は、「消費税の還付申告に関する明細書」の添付が必要となります。ただし、控除不足還付税額がない申告書（中間納付還付税額のみの還付申告書）には添付する必要はありません。

---

　説明の都合上、「課税取引金額計算表」、「課税売上高計算表」、「課税仕入高計算表」を使用することとしています。これらの表は、消費税等の申告に添付しなければならないものではありませんが、消費税等の申告書を作成する上で便利です。これらの表は、国税庁ホームページからダウンロードすることができます。（税務署にも備え付けてあります。）

---

——(907)——

消費税及び地方消費税の確定申告書の書き方

設 例

【設例1】 簡易課税制度を選択しなかった場合の計算方法

(1) 私は物品販売（小売）業を行っている個人事業者です。

令和4年分の所得は、物品販売（小売）業による事業所得及び業務用固定資産の譲渡所得以外にはありません。

(2) 消費税等に関する記帳は、税込経理方式で行っています。

(3) 令和3年分は免税事業者でした。

(4) 令和4年分の所得税の決算額は〔表イー1〕の「決算額」欄のとおりです。なお、特定課税仕入れはありません。

令和4年1月1日から令和4年12月31日までの期間の消費税等に関する特記事項は次のとおりです。

① 「売上（収入）金額」の内訳は次のとおりです。

| 項　　目 | 金　　額 |
|---|---|
| 商品売上高 | 12,760,000円 |
| 　軽減税率6.24%適用分 | 6,800,000円 |
| 　標準税率7.8%適用分 | 5,610,000円 |
| 　ビール券の売上高 | 350,000円 |

（注） 期首商品棚卸高はすべて免税事業者であった令和3年中に仕入れたもので、全て課税取引に係るものです。

② 「仕入金額」の内訳は次のとおりです。

| 項　　目 | 金　　額 |
|---|---|
| 商品仕入高 | 8,250,000円 |
| 　軽減税率6.24%適用分 | 4,520,000円 |
| 　標準税率7.8%適用分 | 3,410,000円 |
| 　ビール券の仕入高 | 320,000円 |

③ 「福利厚生費」は、すべて労災保険や雇用保険の雇用主負担分です。

④ 「給料賃金」の中には、従業員の通勤手当25,000円（通勤に通常必要な金額）が含まれています。

⑤ 「地代家賃」は、すべて地代です。

⑥ 令和4年8月に店舗を改装し、店舗のシャッター代600,000円とショーケース代320,000円を支払いました。

⑦ 中古貨物自動車を、令和4年9月に280,000円で売却しました。

⑧ 売上げや仕入れに係る返品、値引き、割戻しの金額はありますが、それらの金額は売上金額又は仕入金額から直接減額する方法で経理しています。

消費税及び地方消費税の確定申告書の書き方

⑨　収入、仕入れ及び経費の内訳は、〔表イ－1〕のとおりです。

(5)　基準期間（令和2年分）の課税売上高は、11,650,485円です。なお、令和4年に中間申告は行っていません。


〈計算方法〉

(1)　課税取引内容の整理

　　課税期間（令和4年1月1日～令和4年12月31日）における、税率の異なるごとに区分した課税取引に係る売上げの合計金額（消費税及び地方消費税を含みません。）を計算します。

　　〔表イ－1〕「課税取引金額計算表（事業所得用）」を使用します。

(注)　本設例は、申告に係る課税期間に標準税率7.8％又は軽減税率6.24％が適用された取引のみを行った場合について説明しています。旧税率（6.3％）が適用された取引がある場合は、「【旧税率適用区分欄あり】課税取引金額計算表（事業所得用）」を用いて計算します。

①　令和4年分の区分経理された帳簿等から、〔表イ－1〕のA欄に金額を転記します。

②　A欄の金額のうち、課税取引にならないものの金額を、B欄に記入します。

③　A欄の金額のうち、課税取引になるものの金額（A欄の金額とB欄の金額の差額）を計算し、C欄に記入します。

④　C欄の金額のうち、軽減税率6.24％適用分をD欄に、標準税率7.8％適用分をE欄にそれぞれ記入します。


(2)　課税売上高の合計額の計算

　　〔表ロ〕「課税売上高計算表」を使用します。

(注)　本設例は、申告に係る課税期間に標準税率7.8％又は軽減税率6.24％が適用された取引のみを行った場合について説明しています。旧税率（6.3％）が適用された取引がある場合は、「【旧税率適用区分欄あり】課税売上高計算表」を用いて計算します。

①　〔表イ－1〕①C～E欄の内容を転記します。→〔表ロ〕①欄にそれぞれ記入します。

　　【設例1】の場合、

　　　　〔表ロ〕①「金額」欄に、〔表イ－1〕①C欄の12,410,000円

　　　　〔表ロ〕①「うち軽減税率6.24％適用分」欄に、〔表イ－1〕①D欄6,800,000円

　　　　〔表ロ〕①「うち標準税率7.8％適用分」欄に、〔表イ－1〕①E欄5,610,000円

　　をそれぞれ転記します。

②　業務用固定資産等の譲渡所得に係る収入金額がある場合は、収入金額と課税売上げにならないものの金額を記入した上で、差額を計算します。→〔表ロ〕⑦～⑨欄を使用します。

　　【設例1】の中古貨物自動車の売却は、業務用固定資産等の譲渡に該当します。差引課税売上高は、280,000円－0円＝280,000円と求められますので、〔表ロ〕⑦及び⑨「金額」欄に280,000円と記入します。また、この資産は令和4年9月に売却していますので、7.8％の税率が適用されることから〔表ロ〕⑦及び⑨「うち標準税率7.8％適用分」欄に280,000円と記入します。

——(909)——

消費税及び地方消費税の確定申告書の書き方

③　課税売上高の合計額を計算します。→〔表ロ〕⑩欄を使用します。

【設例１】の場合、課税売上高の合計額（〔表ロ〕⑩欄）の

「金額」欄は、12,410,000円＋280,000円＝12,690,000円

「うち軽減税率6.24％適用分」欄は、6,800,000円

「うち標準税率7.8％適用分」欄は、5,610,000円＋280,000円＝5,890,000円

となりますので、それぞれ記入します。

(3)　課税標準額の計算

①　課税売上高の合計額（〔表ロ〕⑩欄）に100／108又は100／110を掛けて、税率の異なるごとに区分した課税取引に係る売上げの合計金額を計算し、〔表ロ〕⑪⑫欄に記入し、付表１－３①－１欄（特定課税仕入れがある場合には、その金額を付表１－３①－２欄）に転記します。

**（注１）**　税抜経理方式によっている場合には、課税売上高の合計額に課税売上げに係る仮受消費税等の金額を加算した金額に、100／108又は100／110を掛けて、課税標準額を計算します。

**（注２）**　課税売上割合が95％未満で、かつ、特定課税仕入れがある場合には、特定課税仕入れに係る支払対価の額を付表１－３①－２欄に記入します。この場合、特定課税仕入れに係る支払対価の額が課税標準となりますので、課税期間中の課税仕入れを、特定課税仕入れの金額と特定課税仕入れ以外の金額とに区分して集計します。特定課税仕入れの金額から特定課税仕入れの対価の返還等の金額を直接減額する方法で経理している場合には、減額した後の金額が付表１－３①－２欄の金額となります。

【設例１】の場合、

〔表ロ〕⑪欄は、6,800,000円×100／108＝6,296,296円（付表１－３①－１Ａ欄に転記）

〔表ロ〕⑫欄は、5,890,000円×100／110＝5,354,545円（付表１－３①－１Ｂ欄に転記）

合計は、6,296,296円＋5,354,545円＝11,650,841円（付表１－３①－１Ｃ欄に記入）

とそれぞれ求められます。

②　①の計算結果（表ロ⑪⑫欄）（特定課税仕入れがある場合には、付表１－３①－２欄の金額との合計金額）の1,000円未満の端数を切り捨て、付表１－３①欄に記入します。

【設例１】の場合、①で求めた金額の1,000円未満の端数を切り捨て、付表１－３①欄に記入します。

6,296,296円→6,296,000円（付表１－３①Ａ欄に記入）

5,354,545円→5,354,000円（付表１－３①Ｂ欄に記入）

課税標準額の合計額は、

6,296,000円＋5,354,000円＝11,650,000円（付表１－３①Ｃ欄に記入）

と求められます。

**（注）**　本設例は、申告に係る課税期間に標準税率7.8％又は軽減税率6.24％が適用された取引のみを行った(付表１－３を用いて計算する)場合について説明しています。旧税率（３％、４％又は6.3％）が適用された取引がある場合は、付表１－１及び１－２を用いて計算します。

消費税及び地方消費税の確定申告書の書き方

(4)　消費税額の計算

　　付表1－3①課税標準額に、消費税（国税）の税率（6.24％又は7.8％）を掛けて消費税額を計算し、その計算結果を付表1－3②欄に記入します。

　　【設例1】の場合、消費税額は次のように求められます。

　　　税率6.24％適用分（付表1－3②A欄に記入）　6,296,000円×6.24％＝<u>392,870円</u>

　　　税率7.8％適用分（付表1－3②B欄に記入）　5,354,000円×7.8％＝<u>417,612円</u>

　　　合計（付表1－3②C欄に記入）　392,870円＋417,612円＝<u>810,482円</u>

消費税及び地方消費税の確定申告書の書き方

〔表イ－1〕課税取引金額計算表（令和4年分・事業所得用）（【設例1】大津商店の場合）

表イ－1

## 課 税 取 引 金 額 計 算 表

（令和 4 年分）　　　　　　　　　　　　　　　　　　　　　　　　　　　　　　　　（事業所得用）

| 科　目 | | 決算額 A | Aのうち課税取引にならないもの（※1）B | 課税取引金額（A－B）C | うち軽減税率6.24％適用分 D | うち標準税率7.8％適用分 E | |
|---|---|---|---|---|---|---|---|
| 売上（収入）金額（雑収入を含む） ① | | 円 12,760,000 | 円 350,000 | 円 12,410,000 | 円 6,800,000 | 円 5,610,000 | 太枠の箇所は課税売上高計算表及び課税仕入高計算表へ転記します。 |
| 売上原価 | 期首商品棚卸高 ② | 1,235,000 | | | | | |
| | 仕 入 金 額 ③ | 8,250,000 | 320,000 | 7,930,000 | 4,520,000 | 3,410,000 | |
| | 小　計 ④ | 9,485,000 | | | | | |
| | 期末商品棚卸高 ⑤ | 1,271,000 | | | | | |
| | 差 引 原 価 ⑥ | 8,214,000 | | | | | |
| 差 引 金 額 ⑦ | | 4,546,000 | | | | | |
| 経費 | 租 税 公 課 ⑧ | 128,000 | 128,000 | 0 | | 0 | |
| | 荷 造 運 賃 ⑨ | | | | | | |
| | 水 道 光 熱 費 ⑩ | 74,000 | | 74,000 | | 74,000 | |
| | 旅 費 交 通 費 ⑪ | 49,000 | | 49,000 | | 49,000 | |
| | 通 信 費 ⑫ | 55,000 | | 55,000 | 0 | 55,000 | |
| | 広 告 宣 伝 費 ⑬ | 68,000 | | 68,000 | 0 | 68,000 | |
| | 接 待 交 際 費 ⑭ | 54,000 | | 54,000 | 36,000 | 18,000 | |
| | 損 害 保 険 料 ⑮ | 35,000 | 35,000 | | | | |
| | 修 繕 費 ⑯ | 86,000 | | 86,000 | | 86,000 | |
| | 消 耗 品 費 ⑰ | 142,000 | | 142,000 | 0 | 142,000 | |
| | 減 価 償 却 費 ⑱ | 157,354 | 157,354 | | | | |
| | 福 利 厚 生 費 ⑲ | 57,000 | 57,000 | 0 | | 0 | |
| | 給 料 賃 金 ⑳ | 875,000 | 850,000 | 25,000 | | 25,000 | |
| | 外 注 工 賃 ㉑ | | | | | | |
| | 利 子 割 引 料 ㉒ | 76,000 | 76,000 | | | | |
| | 地 代 家 賃 ㉓ | 60,000 | 60,000 | | | 0 | |
| | 貸 倒 金 ㉔ | | | | | | |
| | ㉕ | | | | | | |
| | ㉖ | | | | | | |
| | ㉗ | | | | | | |
| | ㉘ | | | | | | |
| | ㉙ | | | | | | |
| | ㉚ | | | | | | |
| | 雑 費 ㉛ | 16,000 | | 16,000 | 11,500 | 4,500 | |
| | 計 ㉜ | 1,932,354 | 1,363,354 | 569,000 | 47,500 | 521,500 | |
| 差 引 金 額 ㉝ | | 2,613,646 | | | | | |
| ③＋㉜ ㉞ | | 10,182,354 | | 8,499,000 | 4,567,500 | 3,931,500 | |

※1　B欄には、非課税取引、輸出取引等、不課税取引を記入します。
　　また、売上原価・経費に特定課税仕入れに係る支払対価の額が含まれている場合には、その金額もB欄に記入します。
※2　斜線がある欄は、一般的な取引において該当しない項目です。

——（912）——

消費税及び地方消費税の確定申告書の書き方

〔表口〕課税売上高計算表（令和4年分）（【設例1】大津商店の場合）

## 表口

# 課 税 売 上 高 計 算 表

（令和　4　年分）

| (1) 事業所得に係る課税売上高 | | 金　額 | うち軽減税率 6.24%適用分 | うち標準税率 7.8%適用分 |
|---|---|---|---|---|
| 営業等課税売上高 | ① | 表イ-1の①C欄の金額　　　円 12,410,000 | 表イ-1の①D欄の金額　　円 6,800,000 | 表イ-1の①E欄の金額　　円 5,610,000 |
| 農業課税売上高 | ② | 表イ-2の④C欄の金額 | 表イ-2の④D欄の金額 | 表イ-2の④E欄の金額 |

| (2) 不動産所得に係る課税売上高 | | 金　額 | うち軽減税率 6.24%適用分 | うち標準税率 7.8%適用分 |
|---|---|---|---|---|
| 課税売上高 | ③ | 表イ-3の④C欄の金額 | 表イ-3の④D欄の金額 | 表イ-3の④E欄の金額 |

| (3) （　　）所得に係る課税売上高 | | 金　額 | うち軽減税率 6.24%適用分 | うち標準税率 7.8%適用分 |
|---|---|---|---|---|
| 損益計算書の収入金額 | ④ | | | |
| ④のうち、課税売上げにならないもの | ⑤ | | | |
| 差引課税売上高（④-⑤） | ⑥ | | | |

| (4) 業務用資産の譲渡所得に係る課税売上高 | | 金　額 | うち軽減税率 6.24%適用分 | うち標準税率 7.8%適用分 |
|---|---|---|---|---|
| 業務用固定資産等の譲渡収入金額 | ⑦ | 280,000 | | 280,000 |
| ⑦のうち、課税売上げにならないもの | ⑧ | | | |
| 差引課税売上高（⑦-⑧） | ⑨ | 280,000 | | 280,000 |

| (5) 課税売上高の合計額 （①＋②＋③＋⑥＋⑨） | ⑩ | 12,690,000 | 6,800,000 | 5,890,000 |
|---|---|---|---|---|

(6) 課税資産の譲渡等の対価の額の計算

| 6,800,000 円×100/108 税抜経理方式によっている場合、⑩軽減税率6.24%適用分欄の金額に課税売上げに係る仮受消費税等の金額を加算して計算します。 | ⑪ | （1円未満の端数切捨て） （一般用）付表1-3の①-1A欄へ （簡易課税用）付表4-3の①-1A欄へ　　6,296,296 |
|---|---|---|
| 5,890,000 円×100/110 税抜経理方式によっている場合、⑩標準税率7.8%適用分欄の金額に課税売上げに係る仮受消費税等の金額を加算して計算します。 | ⑫ | （1円未満の端数切捨て） （一般用）付表1-3の①-1B欄へ （簡易課税用）付表4-3の①-1B欄へ　　5,354,545 |

# 消費税及び地方消費税の確定申告書の書き方

## 〔付表1－3〕（抜粋）（【設例1】大津商店の場合）

第4-(9)号様式

### 付表1－3　税率別消費税額計算表　兼　地方消費税の課税標準となる消費税額計算表

一般

| 課税期間 | 令和 4・1・1 ～ 4・12・31 | | 氏名又は名称 | 大津　太郎 |
|---|---|---|---|---|

| 区　　分 | | | 税率 6.24 % 適用分 A | 税率 7.8 % 適用分 B | 合　　計　C (A+B) |
|---|---|---|---|---|---|
| 課　税　標　準　額 | ① | | 6,296,000 円 | 5,354,000 円 | ※第二表の①欄へ 11,650,000 円 |
| ①の内訳 | 課税資産の譲渡等の対価の額 | ①-1 | ※第二表の⑤欄へ 6,296,296 | ※第二表の⑥欄へ 5,354,545 | ※第二表の⑦欄へ 11,650,841 |
| | 特定課税仕入れに係る支払対価の額 | ①-2 | ※①-2欄は、課税売上割合が95%未満、かつ、特定課税仕入れがある事業者のみ記載する。 | ※第二表の⑨欄へ | ※第二表の⑩欄へ |
| 消　費　税　額 | ② | | ※第二表の⑮欄へ 392,870 | ※第二表の⑯欄へ 417,612 | ※第二表の⑪欄へ 810,482 |
| 控除過大調整税額 | ③ | | (付表2-3の㉕・㉖A欄の合計金額) | (付表2-3の㉕・㉖B欄の合計金額) | ※第一表の③欄へ |

——(914)——

消費税及び地方消費税の確定申告書の書き方

⑸ 課税仕入高の合計額の計算

〔表ハ〕「課税仕入高計算表」を使用します。

① 〔表イ－1〕㉞C～E欄の内容を転記します。→〔表ハ〕①欄にそれぞれ記入します。

　**(注)**　消費税では、所得税の場合と異なり、商品棚卸高や減価償却費の計算、引当金、準備金の計算をする必要はありませんが、免税事業者が新たに課税事業者となる場合又は課税事業者が免税事業者となる場合には、所有する棚卸資産に係る消費税について調整が必要となりますから御注意ください。

　【設例1】の場合は、

　　〔表ハ〕①「金額」欄に、〔表イ－1〕㉞C欄8,499,000円

　　〔表ハ〕①「うち軽減税率6.24％適用分」欄に、〔表イ－1〕㉞D欄4,567,500円

　　〔表ハ〕①「うち標準税率7.8％適用分」欄に、〔表イ－1〕㉞E欄3,931,500円

をそれぞれ記入します。

② 業務用固定資産等の取得に係る課税仕入高がある場合は、取得費用等と課税仕入れにならないものの金額を記入し、差額を計算します。→〔表ハ〕⑦～⑨欄を使用します。

　【設例1】の店舗の改装によるシャッターとショーケースの代金は、業務用固定資産等の取得費に該当します。差引課税仕入高は、920,000円－0円＝920,000円と求められますので、〔表ハ〕⑦及び⑨「金額」欄に920,000円と記入します。

　また、この資産は令和4年8月に取得していますので、7.8％の税率が適用されることから、〔表ハ〕⑦及び⑨「うち標準税率7.8％適用分」欄に920,000円と記入します。

③ 課税仕入高の合計額を計算します。→〔表ハ〕⑩欄を使用します。

　【設例1】の場合、課税仕入高の合計額（〔表ハ〕⑩欄）の

　　「金額」欄は、8,499,000円＋920,000円＝9,419,000円

　　「うち軽減税率6.24％適用分」欄は、4,567,500円

　　「うち標準税率7.8％適用分」欄は、3,931,500円＋920,000円＝4,851,500円

となりますので、それぞれ記入します。

④ 課税仕入高の合計額（〔表ハ〕⑩欄）に6.3／108、6.24／108又は7.8／110を掛けて、税率の異なるごとに区分した課税仕入れに係る消費税額を計算します。→〔表ハ〕⑪⑫欄を使用します。

　【設例1】の場合、

　　〔表ハ〕⑪欄は、4,567,500円×6.24／108＝263,899円

　　〔表ハ〕⑫欄は、4,851,500円×7.8／110＝344,015円

とそれぞれ求められます。

消費税及び地方消費税の確定申告書の書き方

〔表ハ〕課税仕入高計算表（令和４年分）（【設例１】大津商店の場合）

**表ハ**

# 課 税 仕 入 高 計 算 表

（令和　4　年分）

| (1) 事業所得に係る課税仕入高 | | 金　　額 | うち軽減税率 6.24%適用分 | うち標準税率 7.8%適用分 |
|---|---|---|---|---|
| 営業等課税仕入高 | ① | 表イ-1の㉝C欄の金額　円 8,499,000 | 表イ-1の㉝D欄の金額　円 4,567,500 | 表イ-1の㉝E欄の金額　円 3,931,500 |
| 農業課税仕入高 | ② | 表イ-2の㉝C欄の金額 | 表イ-2の㉝D欄の金額 | 表イ-2の㉝E欄の金額 |

| (2) 不動産所得に係る課税仕入高 | | 金　　額 | うち軽減税率 6.24%適用分 | うち標準税率 7.8%適用分 |
|---|---|---|---|---|
| 課税仕入高 | ③ | 表イ-3の⑭C欄の金額 | 表イ-3の⑭D欄の金額 | 表イ-3の⑭E欄の金額 |

| (3) （　　　）所得に係る課税仕入高 | | 金　　額 | うち軽減税率 6.24%適用分 | うち標準税率 7.8%適用分 |
|---|---|---|---|---|
| 損益計算書の仕入金額と経費の金額の合計額 | ④ | | | |
| ④のうち、課税仕入れにならないもの | ⑤ | | | |
| 差引課税仕入高（④－⑤） | ⑥ | | | |

| (4) 業務用資産の取得に係る課税仕入高 | | 金　　額 | うち軽減税率 6.24%適用分 | うち標準税率 7.8%適用分 |
|---|---|---|---|---|
| 業務用固定資産等の取得費 | ⑦ | 920,000 | | 920,000 |
| ⑦のうち、課税仕入れにならないもの※ | ⑧ | | | |
| 差引課税仕入高（⑦－⑧） | ⑨ | 920,000 | | 920,000 |

| (5) 課税仕入高の合計額（①＋②＋③＋⑥＋⑨） | | | 付表2-3の⑨A欄へ | 付表2-3の⑨B欄へ |
|---|---|---|---|---|
| | ⑩ | 9,419,000 | 4,567,500 | 4,851,500 |

(6) 課税仕入れに係る消費税額の計算

| 　4,567,500　円×6.24/108 税抜経理方式によっている場合、⑩軽減税率6.24%適用分欄の金額に輸入取引以外の取引に係る仮払消費税等の金額を加算して計算します。 | ⑪ | （1円未満の端数切捨て）付表2-3の⑩A欄へ 263,899 |
|---|---|---|
| 　4,851,500　円×7.8/110 税抜経理方式によっている場合、⑩標準税率7.8%適用分欄の金額に輸入取引以外の取引に係る仮払消費税等の金額を加算して計算します。 | ⑫ | （1円未満の端数切捨て）付表2-3の⑩B欄へ 344,015 |

※　⑧欄は、課税仕入れにならないもの（非課税、免税、不課税の仕入れ等）のほか、居住用賃貸建物の取得等に係る仕入税額控除の制限の規定の適用を受ける場合は、当該居住用賃貸建物の取得費を合わせて記載します。

—— (916) ——

# 消費税及び地方消費税の確定申告書の書き方

(6) 課税資産の譲渡等の対価の額の計算

① 付表2－3に、課税売上額、免税売上額、非課税資産の輸出等の金額等を記入します。→付表2－3①～③欄に記入します。

　**(注)**　「免税売上額」付表2－3②欄及び「非課税資産の輸出等の金額、海外支店等へ移送した資産の価額」付表2－3③欄は、次の金額がある場合に記載します。

　　・「免税売上額」……消費税法第7条及び第8条並びに租税特別措置法等の規定により消費税が免除される課税資産の譲渡等（輸出取引等）を行った場合の、その対価の額

　　・「非課税資産の輸出等の金額、海外支店等へ移送した資産の価額」……国内で譲渡すれば非課税売上げとなる資産を輸出した場合や海外で自ら使用又は譲渡するために資産を輸出した場合の、その輸出取引等に係る金額

　【設例1】の場合は、

　　付表2－3①A欄に、〔表ロ〕⑪欄6,296,296円

　　付表2－3①B欄に、〔表ロ〕⑫欄5,354,545円

をそれぞれ転記し、

　　付表2－3①C欄に、各欄の合計額11,650,841円を記入します。

　**(注)**　本設例は、申告に係る課税期間に標準税率7.8％又は軽減税率6.24％が適用された取引のみを行った（付表2－3を用いて計算する）場合について説明しています。旧税率（3％、4％又は6.3％）が適用された取引がある場合は、付表2－1及び2－2を用いて計算します。

② 課税資産の譲渡等の対価の額を計算します（付表2－3①～③欄の合計）。→付表2－3④C欄を使用します。

　【設例1】の場合、課税資産の譲渡等の対価の額は、11,650,841円＋0円＋0円＝11,650,841円と求められます。

(7) 資産の譲渡等の対価の額の計算

① 課税資産の譲渡等の対価の額（(6)の②）、〔表イー1〕①B「Aのうち課税取引にならないもの」欄の金額のうち非課税売上額を記入します。→付表2－3⑤C、⑥C欄に記入します。

　【設例1】の場合は、付表2－3⑤C欄に、付表2－3④C欄の11,650,841円を転記します。

　　付表2－3⑥C欄に、〔表イー1〕①B欄の350,000円を転記します。

② 資産の譲渡等の対価の額を計算します（付表2－3⑤C、⑥C欄の合計）。→付表2－3⑦C欄を使用します。

　【設例1】の場合、資産の譲渡等の対価の額は、課税資産の譲渡等の対価の額11,650,841円＋非課税売上額350,000円＝12,000,841円と求められます。

(8) 課税売上割合の計算

　課税資産の譲渡等の対価の額（課税売上高）（(6)の②）を資産の譲渡等の対価の額（総売上高）（(7)の②）で割ります。→付表2－3⑧C欄を使用します。

　**(注1)**　課税売上割合の端数処理は原則として行いませんが、任意の位で切り捨てることも認められま

消費税及び地方消費税の確定申告書の書き方

す。

**(注2)** 課税売上割合の計算上は、課税標準となる特定課税仕入れに係る金額を考慮する必要はありません。また、国外事業者においては、「事業者向け電気通信利用役務の提供」及び「特定役務の提供」に係る金額を考慮する必要はありません。

**(注3)** 課税売上割合が95％以上である場合、その課税期間については、当分の間、特定課税仕入れはなかったものとされます。

【設例1】の場合、課税売上割合は、課税資産の譲渡等の対価の額11,650,841円÷資産の譲渡等の対価の額12,000,841円≒<u>97.08％</u>と求められます。

(9) 課税仕入れに係る消費税額の計算

課税仕入れに係る支払対価の額（税込み）に〔表ハ〕で計算した課税仕入高の合計（〔表ハ〕⑩欄）を、課税仕入れに係る消費税額に〔表ハ〕⑪⑫欄をそれぞれ記入します。→付表2−3の⑨、⑩欄に記入します。

【設例1】の場合は、

付表2−3⑨A欄に、〔表ハ〕⑩「うち軽減税率6.24％適用分」欄4,567,500円

付表2−3⑨B欄に、〔表ハ〕⑩「うち標準税率7.8％適用分」欄4,851,500円

付表2−3⑩A欄に、〔表ハ〕⑪欄<u>263,899円</u>

付表2−3⑩B欄に、〔表ハ〕⑫欄<u>344,015円</u>

をそれぞれ転記し、

付表2−3⑨C欄に、〔表ハ〕⑩「金額」欄9,419,000円

付表2−3⑩C欄に、〔表ハ〕⑪⑫欄の合計額<u>607,914円</u>

をそれぞれ記入します。

(10) 特定課税仕入れに係る消費税額の計算

課税売上割合（(8)）が95％未満で、特定課税仕入れがある（事業者向け電気通信利用役務の提供又は特定役務の提供を受けた）方のみ計算が必要です。付表2−3の「特定課税仕入れに係る支払対価の額」⑪欄に、課税期間中の特定課税仕入れに係る支払対価の額から特定課税仕入れに係る対価の返還等の金額を控除した後の金額を記入し、付表2−3の「特定課税仕入れに係る消費税額」⑫欄に、消費税額（⑪欄×7.8／100）を記入します。

**(注)** 特定課税仕入れに係る対価の返還等の金額を直接特定課税仕入れの金額から減額する方法で経理している場合は、減額後の金額を記載します。

【設例1】の場合、特定課税仕入れはないため、記入は不要です。

(11) 課税貨物に係る消費税額を記入

保税地域から引き取った課税貨物に課された消費税額（地方消費税の額を除きます。）又は、課されるべき消費税額（地方消費税の額を除きます。）がある場合に記入します。→付表2−3⑬欄

——(918)——

消費税及び地方消費税の確定申告書の書き方

に記入します。

【設例1】の場合、保税地域から引き取った課税課物はないため、記入は不要です。

⑿　納税義務の免除を受けない、又は受けることとなった場合の、消費税額の調整額の計算

　　Aに該当する場合は加算、Bに該当する場合は減算することになります。

　A　令和3年分は免税事業者だったが、令和4年分から課税事業者となった場合の消費税額の調整額

| 税率6.24%適用分 | 令和3年12月31日に所有していた棚卸資産のうち、令和3年中に国内において譲り受けた棚卸資産で、税率6.24%適用分の課税仕入れ等に係るものの取得に要した費用 | $\times \dfrac{6.24}{108}$ = 消費税額の調整額 |

　　→付表2－3⑭A欄に記入します。

| 税率7.8%適用分 | 令和3年12月31日に所有していた棚卸資産のうち、令和3年中に国内において譲り受けた棚卸資産で、税率7.8%適用分の課税仕入れ等に係るものの取得に要した費用 | $\times \dfrac{7.8}{110}$ = 消費税額の調整額 |

　　→付表2－3⑭B欄に記入します。

　B　令和4年分は課税事業者であるが、令和5年分から免税事業者となる場合の消費税額の調整額

| 税率6.24%適用分 | 令和4年12月31日に所有していた棚卸資産のうち、令和4年中に国内において譲り受けた棚卸資産で、税率6.24%適用分の課税仕入れ等に係るものの取得に要した費用 | $\times \dfrac{6.24}{108}$ = 消費税額の調整額 |

　　→付表2－3⑭A欄に記入します。

| 税率7.8%適用分 | 令和4年12月31日に所有していた棚卸資産のうち、令和4年中に国内において譲り受けた棚卸資産で、税率7.8%適用分の課税仕入れ等に係るものの取得に要した費用 | $\times \dfrac{7.8}{110}$ = 消費税額の調整額 |

　　→付表2－3⑭B欄に記入します。

　【設例1】の場合は、令和4年分から新たに課税事業者となったので、納税義務の免除を受けないこととなった場合の消費税額の調整を行います。

　　消費税額の調整額は、200,000円×6.24／108＝11,555円

　　　　　　　　　　　　　1,035,000円×7.8／110＝73,390円

　合計　11,555円＋73,390円＝84,945円（付表2－3⑭C欄に記入）

消費税及び地方消費税の確定申告書の書き方

⒀　課税仕入れ等の税額の合計額の計算

　　課税仕入れに係る消費税額（⑼）、特定課税仕入れに係る消費税額（⑽）、課税貨物に係る消費税額（⑾）、消費税額の調整額（⑿）の合計額を計算します。→付表2－3⑮欄を使用します。

　　【設例1】の場合、課税仕入れ等の税額の合計額は、次のように求められます。

　　　税率6.24％適用分　263,899円＋0円＋11,555円＝275,454円（付表2－3⑮A欄に記入）

　　　税率7.8％適用分　344,015円＋0円＋0円＋73,390円＝417,405円（付表2－3⑮B欄に記入）

　　　合計　275,454円＋417,405円＝692,859円（付表2－3⑮C欄に記入）

⒁　控除対象仕入税額の計算

　　→付表2－3⑯～⑳欄を使用します。

　A　課税期間中の課税売上高が5億円以下、かつ、課税売上割合（⑻）が95％以上の場合は、課税仕入れ等の税額の合計額を全額控除します。

　　　　　課税仕入れ等の税額の合計額＝控除対象仕入税額

　B　課税期間中の課税売上高が5億円超又は課税売上割合（⑻）が95％未満の場合は、次のいずれかの方式で計算します。

　　個別対応方式……課税仕入れに係る消費税額を、①課税売上げ（免税売上げを含みます。）にのみ対応するもの、②非課税売上げにのみ対応するもの、③どちらにも共通して対応するものの、3つに区分して計算する方法です。

　　　　課税仕入れの税額の合計額のうち課税売上げにのみ対応するもの ＋ ［課税仕入れの税額の合計額のうち課税売上げと非課税売上げに共通して対応するもの × 課税売上割合］ ＝控除対象仕入税額

　　一括比例配分方式……課税仕入れに係る消費税額に、課税売上割合を掛けて、仕入控除税額を計算する方法です。

　　　　　課税仕入れ等の税額の合計額×課税売上割合＝控除対象仕入税額

　　（注）　一括比例配分方式を採用している事業者は、この方法を2年間以上継続適用した後でなければ、個別対応方式に変更できません。

　　【設例1】の場合は、課税期間中の課税売上高が5億円以下、かつ、課税売上割合が95％以上（⑻97.08％）なので、課税仕入れ等の税額の合計額を、全額控除します。

⒂　控除税額の調整

　　→付表2－3㉑、㉒、㉓欄を使用します。

　　次のいずれかに該当する場合は、控除税額の調整が必要です。

消費税及び地方消費税の確定申告書の書き方

A　取得した調整対象固定資産に係る消費税額を、令和２年分の消費税の申告において次により控除した場合で、令和４年課税期間の末日において当該資産を有しており、当該課税期間の課税売上割合が著しく変動したときは、その調整額を計算し、付表２－３㉑欄に記入します。

・課税売上割合が95％以上で、全額控除した場合

・個別対応方式により、課税売上げと非課税売上げに共通して対応する課税仕入れとして控除した場合

・一括比例配分方式により控除した場合

B　個別対応方式を適用している方が、取得した調整対象固定資産を、取得してから３年以内に、次により用途を変更した場合は、その調整額を計算し、付表２－３㉒欄に記入します。

・課税売上げにのみ要するものを、非課税売上げにのみ要するものに、用途を変更した場合

・非課税売上げにのみ要するものを、課税売上げにのみ要するものに、用途を変更した場合

**(注)**　調整対象固定資産とは、建物（附属設備を含みます。）、機械装置、車両運搬具、工具、備品等の資産で、一取引単位についての購入価額（税抜き）が100万円以上のものをいいます。

C　「居住用賃貸建物の取得等に係る仕入税額控除の制限」の適用を受けた「居住用賃貸建物」について、次のいずれかに該当する場合には、その調整額を計算し、付表２－３㉓欄に記入します。

・第三年度の課税期間（**注１**）の末日にその居住用賃貸建物を有しており、かつ、その居住用賃貸建物の全部又は一部を調整期間（**注２**）に課税賃貸用（**注３**）に供した場合

・その居住用賃貸建物の全部又は一部を調整期間に他の者に譲渡した場合

**(注１)**　第三年度の課税期間とは、居住用賃貸建物の仕入れ等の日の属する課税期間の初日以後３年を経過する日の属する課税期間をいいます。

**(注２)**　調整期間とは、居住用賃貸建物の仕入れ等の日から第三年度の課税期間の末日までの間をいいます。

**(注３)**　課税賃貸用とは、非課税とされる住宅の貸付け以外の貸付けの用をいいます。

【設例１】の場合は、これらに該当しないため、控除税額の調整は不要です。


⒃　差引控除対象仕入税額の計算

→付表２－３㉔欄を使用します。

控除対象仕入税額（⒁）と控除税額の調整額（⒂）の差額を計算します。

差額がプラス（正の値）の場合は、控除対象仕入税額（付表２－３㉔欄）です。計算結果を付表１－３④欄に転記します。

差額がマイナス（負の値）の場合は、⒄に進みます。


⒄　控除過大調整税額の計算

⒃の計算結果がマイナス（負の値）の場合に、その計算結果を付表２－３㉕欄に記入します。

課税売上げに係る売掛金等が回収できずに貸倒れとなった場合は、課税標準額に対する消費税額から、貸倒れとなった売掛金等（以下「貸倒債権」といいます。）に含まれる消費税額を控除しま

消費税及び地方消費税の確定申告書の書き方

すが、令和4年分の課税期間中に、過去に控除した貸倒債権の一部、又は全部を回収した場合は、適用税率ごとに、回収した貸倒債権に含まれる消費税額を計算します。この計算結果を付表2－3⑳欄に記入します。

# 消費税及び地方消費税の確定申告書の書き方

## 〔付表2-3〕（【設例1】大津商店の場合）

第4-(10)号様式

付表2-3　課税売上割合・控除対象仕入税額等の計算表

一般

| 課税期間 | 令和 4 ・1 ・1 ～ 4 ・12・31 | 氏名又は名称 | 大津　太郎 | |
|---|---|---|---|---|

| 項　目 | | | 税率 6.24 % 適用分 A | 税率 7.8 % 適用分 B | 合　計 C (A+B) |
|---|---|---|---|---|---|
| 課 税 売 上 額 （ 税 抜 き ） | | ① | 6,296,296 円 | 5,354,545 円 | 11,650,841 円 |
| 免 税 売 上 額 | | ② | | | |
| 非 課 税 資 産 の 輸 出 等 の 金 額 、海 外 支 店 等 へ 移 送 し た 資 産 の 価 額 | | ③ | | | |
| 課 税 資 産 の 譲 渡 等 の 対 価 の 額 （①＋②＋③） | | ④ | | | ※第一表の⑮欄へ 11,650,841 |
| 課 税 資 産 の 譲 渡 等 の 対 価 の 額 （④ の 金 額） | | ⑤ | | | 11,650,841 |
| 非 課 税 売 上 額 | | ⑥ | | | 350,000 |
| 資 産 の 譲 渡 等 の 対 価 の 額 （⑤＋⑥） | | ⑦ | | | ※第一表の⑯欄へ 12,000,841 |
| 課 税 売 上 割 合 （④／⑦） | | ⑧ | | | ［97.08%］ ※端数 切捨て |
| 課 税 仕 入 れ に 係 る 支 払 対 価 の 額 （税 込 み） | | ⑨ | 4,567,500 | 4,851,500 | 9,419,000 |
| 課 税 仕 入 れ に 係 る 消 費 税 額 | | ⑩ | (⑨A欄×6.24/108) 263,899 | (⑨B欄×7.8/110) 344,015 | 607,914 |
| 特 定 課 税 仕 入 れ に 係 る 支 払 対 価 の 額 | | ⑪ | ※⑪及び⑫欄は、課税売上割合が95%未満、かつ、特定課税仕入れがある事業者のみ記載する。 | | |
| 特 定 課 税 仕 入 れ に 係 る 消 費 税 額 | | ⑫ | | (⑪B欄×7.8/100) | |
| 課 税 貨 物 に 係 る 消 費 税 額 | | ⑬ | | | |
| 納 税 義 務 の 免 除 を 受 け な い （受 け る）こ と と な っ た 場 合 に お け る 消 費 税 額の 調 整 （加 算 又 は 減 算 ）額 | | ⑭ | 11,555 | 73,390 | 84,945 |
| 課 税 仕 入 れ 等 の 税 額 の 合 計 額 （⑩＋⑫＋⑬±⑭） | | ⑮ | 275,454 | 417,405 | 692,859 |
| 課 税 売 上 高 が 5 億 円 以 下 、 か つ 、課 税 売 上 割 合 が 95 % 以 上 の 場 合 （⑮の金額） | | ⑯ | 275,454 | 417,405 | 692,859 |
| 課5課95税億税%売未売円上満上超高の割がの合はが場合 | 個別対応方式 | ⑮のうち、課税売上げにのみ要するもの | ⑰ | | | |
| | | ⑮のうち、課税売上げと非課税売上げに共 通 し て 要 す る も の | ⑱ | | | |
| | | 個 別 対 応 方 式 に よ り 控 除 す る課 税 仕 入 れ 等 の 税 額 〔⑰＋（⑱×④／⑦）〕 | ⑲ | | | |
| | 一 括 比 例 配 分 方 式 に よ り 控 除 す る 課 税 仕 入 れ 等の税額 （⑮×④／⑦） | | ⑳ | | | |
| 控除税額の調整 | 課 税 売 上 割 合 変 動 時 の 調 整 対 象 固 定 資 産 に 係 る消 費 税 額 の 調 整 （加 算 又 は 減 算 ）額 | | ㉑ | | | |
| | 調 整 対 象 固 定 資 産 を 課 税 業 務 用 （非 課 税 業 務 用）に 転 用 し た 場 合 の 調 整 （加 算 又 は 減 算 ）額 | | ㉒ | | | |
| | 居 住 用 賃 貸 建 物 を 課 税 賃 貸 用に 供 し た （譲 渡 し た）場 合 の 加 算 額 | | ㉓ | | | |
| 差引 | 控 除 対 象 仕 入 税 額 〔（⑯、⑲又は⑳の金額）±㉑±㉒＋㉓〕がプラスの時 | | ㉔ | ※付表1-3の④A欄へ 275,454 | ※付表1-3の④B欄へ 417,405 | 692,859 |
| | 控 除 過 大 調 整 税 額 〔（（⑯、⑲又は⑳の金額）±㉑±㉒＋㉓〕がマイナスの時 | | ㉕ | ※付表1-3の③A欄へ | ※付表1-3の③B欄へ | |
| 貸 倒 回 収 に 係 る 消 費 税 額 | | ㉖ | ※付表1-3の③A欄へ | ※付表1-3の③B欄へ | |

注意　1　金額の計算においては、1円未満の端数を切り捨てる。
　　　2　⑨及び⑪欄には、値引き、割戻し、割引きなど仕入対価の返還等の金額がある場合（仕入対価の返還等の金額を仕入金額から直接減額している場合を除く。）には、その金額を控除した後の金額を記載する。

(R2.4.1以後終了課税期間用)

消費税及び地方消費税の確定申告書の書き方

⒅　返還等対価に係る税額の計算

　　課税売上げについて、返品を受け、又は値引き若しくは割戻しをした場合は、適用税率ごとに、その返品等に係る消費税額を計算し、付表1-3⑤-1、⑤欄に記入します。

　　**（注1）**　付表1-3⑤-1、⑤欄に記載がある場合には、⑹の課税資産の譲渡等の対価の額は、課税売上げに係る返品・値引き・割戻しの金額に100／108又は100／110を掛けた金額を差し引いた金額となります。

　　**（注2）**　課税売上割合が95％未満で、特定課税仕入れについて返品をし、又は値引き若しくは割戻しを受けた場合は、その返品等に係る消費税額を計算し、付表1-3⑤-2欄に記入し、⑤-1欄との合計額を⑤欄に記入します。

　　【設例1】のように、課税売上げに係る返品、値引き等の金額を、売上金額から直接減額する経理処理を行っている場合には、この計算は必要ありません。

⒆　貸倒れに係る税額の計算

　　課税売上げに係る売掛金等が回収できずに貸倒れとなった場合は、課税標準額に対する消費税額から、貸倒れとなった売掛金等（貸倒債権）に含まれる消費税額を控除します。この計算結果を付表1-3⑥欄に記入します。

　　なお、貸倒れに係る消費税額の控除を受ける場合は、債権の切捨ての事実を証する書類、その他貸倒れの事実を明らかにする書類を保存する必要があります。

　　**（注）**　以下の貸倒回収や返還等対価及び貸倒れに係る税額については、付表1-3③欄、⑤欄及び⑥欄の計算は行いません。
　　　　・免税事業者であった課税期間における課税売上げに係る売掛金等の貸倒れの回収
　　　　・免税事業者であった課税期間における課税売上げに係る返品、値引き、割戻し
　　　　・免税事業者であった課税期間における課税売上げに係る売掛金等の貸倒れ
　　　　・課税売上げに係る債権以外の債権の貸倒れ

　　【設例1】の場合は、貸倒れはないため、計算は不要です。

⒇　控除税額小計の計算

　　適用税率ごとに、控除対象仕入税額、返還等対価に係る税額及び貸倒れに係る税額（付表1-3④、⑤及び⑥欄）を合計し、控除税額小計を計算します。その計算結果を付表1-3⑦欄に記入します。

　　【設例1】の場合、控除税額小計は、次のように求められます。

　　　税率6.24％適用分　（付表1-3⑦A欄に記入）

　　　　275,454円＋0円＋0円＝275,454円

　　　税率7.8％適用分　（付表1-3⑦B欄に記入）

　　　　417,405円＋0円＋0円＝417,405円

　　　合計　（付表1-3⑦C欄に記入）

　　　　275,454円＋417,405円＝692,859円

消費税及び地方消費税の確定申告書の書き方

(21)  差引税額又は控除不足還付税額の計算

適用税率ごとに、課税売上げに係る消費税額（消費税額と控除過大調整税額の合計額）から、控除税額小計を差し引いて差引税額を計算し、計算結果を付表1－3⑨欄に記入します。

②消費税額＋③控除過大調整税額－⑦控除税額小計＝⑨差引税額（100円未満切捨て）

上記の計算結果がマイナス（負の値）の場合、還付申告となります。この場合、次の計算式で控除不足還付税額を計算し、計算結果を付表1－3⑧欄に記入します。

⑦控除税額小計－②消費税額－③控除過大調整税額＝⑧控除不足還付税額

【設例1】の場合は、差引税額は次のように求められます。

810,482円＋0円－692,859円＝117,600円（付表1－3⑨欄に記入（100円未満切捨て））

(22)  地方消費税の課税標準となる消費税額の計算

付表1－3⑨欄に記入がある場合は、⑨差引税額を付表1－3⑪欄に転記します。

付表1－3⑧欄に記入がある場合は、⑧控除不足還付税額を付表1－3⑩欄に転記します。

【設例1】の場合は、地方消費税の課税標準額となる消費税額は、117,600円となります。

(23)  譲渡割額（納税額）又は譲渡割額（還付額）の計算

次の計算式により計算し、計算結果を付表1－3⑫若しくは⑬欄に記入します。

$$
\begin{array}{c}
\text{地方消費税の課税標準となる消費税額} \\
\text{（付表1－3⑩控除不足還付税額又は⑪差引税額）}
\end{array}
\times \frac{22}{78} =
\begin{array}{c}
\text{譲渡割額} \\
\text{（付表1－3⑫還付額又は⑬納税額} \\
\text{（⑬納税額は100円未満切捨て））}
\end{array}
$$

【設例1】の場合、譲渡割額（納税額）は、次のように求められます。

117,600円×22／78＝33,100円（付表1－3⑬欄に記入（100円未満切捨て））

## 消費税及び地方消費税の確定申告書の書き方

### 〔付表1－3〕（【設例1】大津商店の場合）

第4-(9)号様式

#### 付表1－3　税率別消費税額計算表　兼　地方消費税の課税標準となる消費税額計算表

一般

| 課 税 期 間 | 令和 4・1・1 ～ 4・12・31 | 氏 名 又 は 名 称 | 大津　太郎 |
|---|---|---|---|

| 区　　　　　分 | | 税率 6.24 % 適用分 A | 税率 7.8 % 適用分 B | 合　　計　　C (A＋B) |
|---|---|---|---|---|
| 課 税 標 準 額 | ① | 6,296,000 円 | 5,354,000 円 | ※第二表の①欄へ 11,650,000 円 |
| ① の 内 訳 課税資産の譲渡等の対価の額 | ①-1 | ※第二表の⑤欄へ 6,296,296 | ※第二表の⑥欄へ 5,354,545 | ※第二表の⑦欄へ 11,650,841 |
| ① の 内 訳 特定課税仕入れに係る支払対価の額 | ①-2 | ※①-2欄は、課税売上割合が95%未満、かつ、特定課税仕入れがある事業者のみ記載する。 | ※第二表の⑨欄へ | ※第二表の⑩欄へ |
| 消 費 税 額 | ② | ※第二表の⑮欄へ 392,870 | ※第二表の⑯欄へ 417,612 | ※第二表の⑪欄へ 810,482 |
| 控 除 過 大 調 整 税 額 | ③ | (付表2-3の㉕・㉖A欄の合計金額) | (付表2-3の㉕・㉖B欄の合計金額) | ※第一表の③欄へ |
| 控 除 控除対象仕入税額 | ④ | (付表2-3の㉔A欄の金額) 275,454 | (付表2-3の㉔B欄の金額) 417,405 | ※第一表の④欄へ 692,859 |
| 控 除 返還等対価に係る税額 | ⑤ | | | ※第二表の⑰欄へ |
| ⑤ の 内 訳 売上げの返還等対価に係る税額 | ⑤-1 | | | ※第二表の⑱欄へ |
| ⑤ の 内 訳 特定課税仕入れの返還等対価に係る税額 | ⑤-2 | ※⑤-2欄は、課税売上割合が95%未満、かつ、特定課税仕入れがある事業者のみ記載する。 | | ※第二表の⑲欄へ |
| 除 税 額 貸倒れに係る税額 | ⑥ | | | ※第一表の⑥欄へ |
| 控 除 税 額 小 計 (④＋⑤＋⑥) | ⑦ | 275,454 | 417,405 | ※第一表の⑦欄へ 692,859 |
| 控 除 不 足 還 付 税 額 (⑦－②－③) | ⑧ | | | ※第一表の⑧欄へ |
| 差 引 税 額 (②＋③－⑦) | ⑨ | | | ※第一表の⑨欄へ 117,600 |
| 地方消費税の課税標準となる消費税額 控除不足還付税額 (⑧) | ⑩ | | | ※第一表の⑰欄へ ※マイナス「－」を付して第二表の㉑及び㉓欄へ |
| 地方消費税の課税標準となる消費税額 差 引 税 額 (⑨) | ⑪ | | | ※第一表の⑱欄へ ※第二表の⑳及び㉓欄へ 117,600 |
| 譲渡割額 還 付 額 | ⑫ | | | (⑩C欄×22/78) ※第一表の⑲欄へ |
| 譲渡割額 納 税 額 | ⑬ | | | (⑪C欄×22/78) ※第一表の⑳欄へ 33,100 |

注意　金額の計算においては、1円未満の端数を切り捨てる。

(R2.4.1以後終了課税期間用)

消費税及び地方消費税の確定申告書の書き方

⑷ 申告書第二表の記入

　付表１－３から、次のとおり申告書第二表に必要な事項を転記します。

| 申告書第二表の記載項目 | | | 転記元項目等 |
|---|---|---|---|
| 課税標準額 | | ① | 付表１－３①Ｃ欄の金額 |
| 課税資産の譲渡等の対価の額の合計額 | ３％適用分 | ② | |
| | ４％適用分 | ③ | |
| | 6.3％適用分 | ④ | |
| | 6.24％適用分 | ⑤ | 付表１－３①－１Ａ欄の金額 |
| | 7.8％適用分 | ⑥ | 付表１－３①－１Ｂ欄の金額 |
| | | ⑦ | 付表１－３①－１Ｃ欄の金額 |
| 特定課税仕入れに係る支払対価の額の合計額 | 6.3％適用分 | ⑧ | |
| | 7.8％適用分 | ⑨ | 付表１－３①－２Ｂ欄の金額 |
| | | ⑩ | 付表１－３①－２Ｃ欄の金額 |
| 消費税額 | | ⑪ | 付表１－３②Ｃ欄の金額 |
| ⑪の内訳 | ３％適用分 | ⑫ | |
| | ４％適用分 | ⑬ | |
| | 6.3％適用分 | ⑭ | |
| | 6.24％適用分 | ⑮ | 付表１－３②Ａ欄の金額 |
| | 7.8％適用分 | ⑯ | 付表１－３②Ｂ欄の金額 |
| 返還等対価に係る税額 | | ⑰ | 付表１－３⑤Ｃ欄の金額 |
| ⑰の内訳 | 売上げの返還等対価に係る税額 | ⑱ | 付表１－３⑤－１Ｃ欄の金額 |
| | 特定課税仕入れの返還等対価に係る税額 | ⑲ | 付表１－３⑤－２Ｃ欄の金額 |
| 地方消費税の課税標準となる消費税額 | | ⑳ | 付表１－３⑪Ｃ欄（プラスの場合）又は⑩Ｃ欄（マイナスの場合）の金額 |
| | ４％適用分 | ㉑ | |
| | 6.3％適用分 | ㉒ | |
| | 6.24％及び7.8％適用分 | ㉓ | 付表１－３⑪Ｃ欄（プラスの場合）又は⑩Ｃ欄（マイナスの場合）の金額 |

⑸ 申告書第一表の記入

　申告書第二表、付表１－３及び２－３から、次のとおり申告書第一表に必要な事項を転記します。

| 申告書第一表の記載項目 | | 転記元項目等 |
|---|---|---|
| 課税標準額 | ① | 申告書第二表の①欄の金額 |

消費税及び地方消費税の確定申告書の書き方

| 消費税額 | | ② | 申告書第二表の⑪欄の金額 |
|---|---|---|---|
| 控除過大調整税額 | | ③ | 付表1－3③C欄の金額 |
| 控除税額 | 控除対象仕入税額 | ④ | 付表1－3④C欄の金額 |
| | 返還等対価に係る税額 | ⑤ | 申告書第二表の⑰欄の金額 |
| | 貸倒れに係る税額 | ⑥ | 付表1－3⑥C欄の金額 |
| | 控除税額小計 | ⑦ | 付表1－3⑦C欄の金額 |
| 控除不足還付税額 | | ⑧ | 付表1－3⑧C欄の金額 |
| 差引税額 | | ⑨ | 付表1－3⑨C欄の金額 |
| 課税売上割合 | 課税資産の譲渡等の対価の額 | ⑮ | 付表2－3④C欄の金額 |
| | 資産の譲渡等の対価の額 | ⑯ | 付表2－3⑦C欄の金額 |

**(注)** 申告書第一表⑨欄の差引税額が48万円超の場合は、令和5年分の中間申告・納付が必要となります。

㉖ **申告書第一表⑩中間納付税額の記入（令和4年分の中間申告を行った事業者の方）**

　　中間申告を行った事業者の方は、実際に納付したかどうかにかかわらず、令和4年の消費税の中間納付税額の合計額を、申告書第一表⑩欄に記入します。なお、税務署から送付された申告書には、中間納付税額がある場合、その合計額が印字されています。

　　**(注1)** 3月ごと（年3回）又は1月ごと（年11回）の中間申告を行った場合、中間納付税額は印字されません。最終の中間申告分（3回分又は11回分）までの消費税額を合計し、申告書第一表⑩欄に記入します。

　　**(注2)** 「確定申告のお知らせ」はがき又は通知書をお持ちの事業者の方は、中間納付税額の金額を確認します。

　　【設例1】の場合、中間納付税額はないため、記入は不要です。

㉗ **申告書第一表⑪納付税額の計算**

　　申告書第一表⑨差引税額が⑩中間納付税額を上回る場合、その差額を計算し、計算結果を申告書第一表⑪欄に記入します。計算結果がマイナス（負の値）となる場合は、申告書第一表⑪欄は空欄のまま、㉘に進みます。

　　【設例1】の場合、納付税額は、117,600円－0円＝<u>117,600円</u>と求められます。

㉘ **申告書第一表⑫中間納付還付税額の計算**

　　申告書第一表⑩中間納付税額が⑨差引税額を上回る場合、その差額を計算し、計算結果を申告書第一表⑫欄に記入します。

消費税及び地方消費税の確定申告書の書き方

⑳　申告書第一表⑰欄から⑳欄までの記入

付表１－３から、次のとおり申告書第一表に必要な事項を転記します。

| 申告書の記載項目 | | | 転記元項目等 |
|---|---|---|---|
| 地方消費税の課税標準となる消費税額 | 控除不足還付税額 | ⑰ | 付表１－３⑩Ｃ欄の金額 |
| | 差引税額（100円未満切捨て） | ⑱ | 付表１－３⑪Ｃ欄の金額 |
| 譲渡割額 | 還付額 | ⑲ | 付表１－３⑫Ｃ欄の金額 |
| | 納税額（100円未満切捨て） | ⑳ | 付表１－３⑬Ｃ欄の金額 |

⑳　申告書第一表㉑中間納付譲渡割額の記入（令和４年分の中間申告を行った事業者の方）

中間申告を行った方は、実際に納付したかどうかにかかわらず、令和４年の地方消費税の中間納付譲渡割額の合計額を申告書第一表㉑欄に記入します。なお、税務署から送付された申告書には、中間納付譲渡割額がある場合、その合計額が印字されています。

**（注１）**　３月ごと（年３回）又は１月ごと（年11回）の中間申告を行った場合、中間納付譲渡割額は印字されません。最終の中間申告分（３回分又は11回分）までの地方消費税額を合計し、申告書第一表㉑欄に記入します。

**（注２）**　「確定申告のお知らせ」はがき又は通知書をお持ちの事業者の方は、中間納付譲渡割額の金額を確認します。

【設例１】の場合、中間納付譲渡割額はないため、記入は不要です。

⑳　申告書第一表㉒納付譲渡割額の計算

申告書第一表⑳納税額が、㉑中間納付譲渡割額を上回る場合、その差額を計算し、計算結果を申告書第一表㉒欄に記入します。計算結果がマイナス（負の値）となる場合は、申告書第一表㉒欄は空欄のまま、⑳に進みます。

【設例１】の場合、納付譲渡割額は、33,100円－０円＝33,100円と求められます。

⑳　申告書第一表㉓中間納付還付譲渡割額の計算

申告書第一表㉑中間納付譲渡割額が⑳納税額を上回る場合、その差額を計算し、計算結果を申告書第一表㉓欄に記入します。

⑳　申告書第一表㉖消費税及び地方消費税の合計税額の計算（納付又は還付）

納税する又は還付を受ける消費税及び地方消費税の合計税額を計算し、その計算結果を申告書第一表㉖欄に記入します。なお、計算結果がマイナス（負の値）の場合には、数字の左側のマスにマイナス記号（－）を記入します。

## 消費税及び地方消費税の確定申告書の書き方

$$\left(\begin{array}{c}⑪納付\\税額\end{array}+\begin{array}{c}㉒納付\\譲渡割額\end{array}\right)-\left(\begin{array}{c}⑧控除不足\\還付税額\end{array}+\begin{array}{c}⑫中間納付\\還付税額\end{array}+⑲還付額+\begin{array}{c}㉓中間納付\\還付譲渡\\割額\end{array}\right)=\begin{array}{c}㉖消費税及び\\地方消費税の\\合計(納付又は\\還付)税額\end{array}$$

【設例1】の場合、消費税及び地方消費税の合計税額は、

　　　(117,600円＋33,100円) － (0円＋0円＋0円＋0円) ＝<u>150,700円</u>

と求められます。

㉞　その他の項目の記載

①　提出日・提出先税務署名・納税地・屋号・マイナンバー（個人番号）・氏名

・提出日【第一表】……申告書を提出する年月日を記入します。

・提出先税務署名【第一表】……申告書を提出する税務署名を記入します。

・納税地・屋号【第一表・第二表】……申告する事業者の現住所と電話番号、屋号をそれぞれ記入します。

・マイナンバー（個人番号）【第一表】……申告する事業者のマイナンバー（個人番号）を記入します。税務署で本人確認を行うため、本人確認書類の提示又は写しの添付が必要です。

　　**(注)** 本人確認書類

| マイナンバーカードを持っている方 | マイナンバーカード（個人番号カード）<br>（写しを添付する場合には、表面及び裏面の写しが必要です。） | |
|---|---|---|
| マイナンバーカードを持っていない方 | ①番号確認書類　＋　②身元確認書類 | |
| | ① | 番号確認書類（本人のマイナンバーを確認できる書類） | ・通知カード<br>・住民票の写し（マイナンバーの記載があるものに限ります。）<br>などのうち、いずれか一つ |
| | ② | 身元確認書類（記載したマイナンバーの持ち主であることを確認できる書類） | ・運転免許証　・パスポート<br>・公的医療保険の被保険者証<br>・身体障害者手帳　・在留カード<br>などのうち、いずれか一つ |

・氏名【第一表・第二表】……申告者の氏名とフリガナを記入します。

**(注)** マイナンバーの記入は申告書第一表のみです。

②　課税期間・表題

・課税期間【第一表・第二表】……個人事業者の方の課税期間は、原則として暦年（1月1日から12月31日まで）です。なお、税務署から送付された申告書では、課税期間があらかじめ印字してあります。

　　**(注)** 元号欄について、「平成」又は「令和」を○印で囲みます。なお、○印で囲んでいない場合でも、有効な申告書として取り扱われます。また、課税期間の記入は数字で記載します。（「元年」ではなく、「1年」と記入します。）

・表題【第一表・第二表】……表題のカッコ内に「確定」と記入します。

消費税及び地方消費税の確定申告書の書き方

③　付記事項・参考事項【第一表】

・割賦基準・延払基準等・工事進行基準・現金主義会計……特別な売上基準を適用している場合には、該当する売上基準の「有」に○印をつけます。適用していない場合は「無」に○印をつけます。

・課税標準額に対する消費税額の計算の特例の適用……次に示す課税標準額に対する消費税計算の特例を、売上げの全て、又は一部に適用している場合には、「有」に○印をつけます。適用していない場合には「無」に○印をつけます。

　　a　税込価格を基礎として代金決済を行っている場合……代金を領収するたびに、税込価格と、価格に含まれる消費税及び地方消費税相当額（１円未満の端数を処理した金額）を領収書等に明示しており、端数処理後の消費税及び地方消費税相当額の累計額を基に、課税標準額に対する消費税額を計算する方法。

　　b　税抜価格を基礎として代金決済を行っている場合……代金を領収するたびに、本体価格と、消費税及び地方消費税相当額とを、区分して領収し、その消費税及び地方消費税相当額の累計額を基に、課税標準額に対する消費税額を計算する方法

・控除税額の計算方法……⒁で適用した計算方法に○印をつけます。

・基準期間の課税売上高……令和２年分の課税売上高を記入します。

④　還付を受けようとする金融機関等【第一表】

　　還付申告となる場合（申告書第一表㉖欄の計算結果がマイナス（負の値）の場合）は、還付金の受取りについて、希望する振込先預貯金口座を記入します。

⑤　税理士法に基づく書面を提出する場合【第一表】

　　「税理士法第30条に規定する税務代理権限証書」及び「税理士法第33条の２に規定する計算・審査事項等を記載した添付書面」を提出する場合は、該当する箇所に○印をつけます。

⑥　改正法附則による税額の特例計算【第二表】

　　消費税の軽減税率制度の実施に伴い、課税売上げ又は課税仕入れ等を税率の異なるごとに区分して合計することにつき困難な事情がある中小事業者が、税額計算の特例を適用して課税標準又は課税仕入れ等に係る消費税額を計算している場合には、該当する特例に○印をつけます。

# 消費税及び地方消費税の確定申告書の書き方

## 申告書第一表（【設例1】大津商店の場合）

**この用紙はとじこまないでください。**

第3－（1）号様式

GK0304

令和 5 年 3 月 31 日　　　　　　大津 税務署長殿

| 納税地 | 大津市中央×－×－× |
|---|---|
| | （電話番号 077 － ××× － ××××） |
| （フリガナ） | オオツショウテン |
| 名称又は屋号 | 大津商店 |
| 個人番号又は法人番号 | ○○○○○○○○○○○○○ |
| （フリガナ） | オオツ　タロウ |
| 代表者氏名又は氏名 | 大津　太郎 |

※税務署処理欄

| 一連番号 | | 翌年以降送付不要 ○ |
|---|---|---|
| 所轄 要否 整理番号 | | |
| 申告年月日 | 令和　年　月　日 | |
| 申告区分　指導等　庁指定　局指定 | | |
| 通信日付印　確認 | 確認書類　個人番号カード / 通知カード・運転免許証 / その他 | 身元確認 |
| 指導年月日 令和 | 相談　区分1 区分2 区分3 | |

自 平成・令和 4 年 1 月 1 日
至 令和 4 年 12 月 31 日

**課税期間分の消費税及び地方消費税の（ 確定 ）申告書**

中間申告の場合の対象期間　自 平成・令和　年　月　日　至 令和　年　月　日

第一表

令和元年十月一日以後終了課税期間分（一般用）

### この申告書による消費税の税額の計算

| | | | 十兆千百十億千百十万千百十一円 | |
|---|---|---|---|---|
| 課税標準額 | ① | | 1165 0000 0 | 03 |
| 消費税額 | ② | | 810 482 | 06 |
| 控除過大調整税額 | ③ | | | 07 |
| 控除税額 | 控除対象仕入税額 | ④ | 692 859 | 08 |
| | 返還等対価に係る税額 | ⑤ | | 09 |
| | 貸倒れに係る税額 | ⑥ | | 10 |
| | 控除税額小計（④＋⑤＋⑥） | ⑦ | 692 859 | 11 |
| 控除不足還付税額（⑦－②－③） | ⑧ | | | 13 |
| 差引税額（②＋③－⑦） | ⑨ | | 117 600 | 15 |
| 中間納付税額 | ⑩ | | 00 | 16 |
| 納付税額（⑨－⑩） | ⑪ | | 117 600 | 17 |
| 中間納付還付税額（⑩－⑨） | ⑫ | | 00 | 18 |
| この申告書が修正申告である場合 | 既確定税額 | ⑬ | | 19 |
| | 差引納付税額 | ⑭ | 00 | 20 |
| 課税売上割合 | 課税資産の譲渡等の対価の額 | ⑮ | 1165 0841 | 21 |
| | 資産の譲渡等の対価の額 | ⑯ | 1200 0841 | 22 |

### この申告書による地方消費税の税額の計算

| 地方消費税の課税標準となる消費税額 | 控除不足還付税額 | ⑰ | | 51 |
|---|---|---|---|---|
| | 差引税額 | ⑱ | 117 600 | 52 |
| 譲渡割額 | 還付額 | ⑲ | | 53 |
| | 納税額 | ⑳ | 33 100 | 54 |
| 中間納付譲渡割額 | ㉑ | | 00 | 55 |
| 納付譲渡割額（⑳－㉑） | ㉒ | | 33 100 | 56 |
| 中間納付還付譲渡割額（㉑－⑳） | ㉓ | | 00 | 57 |
| この申告書が修正申告である場合 | 既確定譲渡割額 | ㉔ | | 58 |
| | 差引納付譲渡割額 | ㉕ | | 59 |
| 消費税及び地方消費税の合計（納付又は還付）税額 | ㉖ | | 150 700 | 60 |

㉖＝（⑪＋㉒）－（⑧＋⑫＋⑲＋㉓）・修正申告の場合は⑭＋㉕
㉖が還付税額となる場合はマイナス「－」を付してください。

### 付記事項・参考事項

| 付記事項 | 割賦基準の適用 | ○ 有 ○無 | 31 |
|---|---|---|---|
| | 延払基準等の適用 | ○ 有 ○無 | 32 |
| | 工事進行基準の適用 | ○ 有 ○無 | 33 |
| | 現金主義会計の適用 | ○ 有 ○無 | 34 |
| 参考事項 | 課税標準額に対する消費税額の計算の特例の適用 | ○ 有 ○無 | 35 |
| | 控除税額の計算の方法 | 課税売上高5億円超又は課税売上割合95%未満 ○ 個別対応方式 / 一括比例配分方式 | 41 |
| | | 上記以外 ○ 全額控除 | |
| | 基準期間の課税売上高 | 11,650 千円 | |

還付を受けようとする金融機関等

| 銀行 / 金庫・組合 / 農協・漁協 | 本店・支店 / 出張所 / 本所・支所 |
|---|---|
| 預金 口座番号 | |
| ゆうちょ銀行の貯金記号番号 | － |
| 郵便局名等 | |

※税務署整理欄

| 税理士署名 | |
|---|---|
| （電話番号 － － ） | |

○ 税理士法第30条の書面提出有
○ 税理士法第33条の2の書面提出有

OCR入力用（この用紙は機械で読み取ります。折ったり汚したりしないでください。）

# 消費税及び地方消費税の確定申告書の書き方

## 申告書第二表（【設例1】大津商店の場合）

GK0601

第3-(2)号様式

### 課税標準額等の内訳書

整理番号 □□□□□□□□

| 納税地 | 大津市中央×-×-× |
| --- | --- |
| | （電話番号 077 - ××× - ××××） |
| （フリガナ） | オオツショウテン |
| 名称又は屋号 | 大津商店 |
| （フリガナ） | オオツ タロウ |
| 代表者氏名又は氏名 | 大津 太郎 |

**改正法附則による税額の特例計算**

| | | | |
| --- | --- | --- | --- |
| 軽減売上割合（10営業日） | ○ | 附則38① | 51 |
| 小売等軽減仕入割合 | ○ | 附則38② | 52 |
| 小売等軽減売上割合 | ○ | 附則39① | 53 |

OCR入力用（この用紙は機械で読み取ります。折ったり汚したりしないでください。）

第二表

自 平成・令和 ④ 年 ① 月 ① 日
至 令和 ④ 年 ①② 月 ③① 日

**課税期間分の消費税及び地方消費税の（ 確定 ）申告書**

中間申告の場合の対象期間 自 平成・令和 □□ 年 □□ 月 □□ 日 至 令和 □□ 年 □□ 月 □□ 日

令和元年十月一日以後終了課税期間分

| 課税標準額 ※申告書（第一表）の①欄へ | ① | 116500000 | 01 |
| --- | --- | --- | --- |

| 課税資産の譲渡等の対価の額の合計額 | 3 ％ 適用分 | ② | | 02 |
| --- | --- | --- | --- |
| | 4 ％ 適用分 | ③ | | 03 |
| | 6.3 ％ 適用分 | ④ | | 04 |
| | 6.24 ％ 適用分 | ⑤ | 62962 96 | 05 |
| | 7.8 ％ 適用分 | ⑥ | 53545 45 | 06 |
| | | ⑦ | 116508 41 | 07 |

| 特定課税仕入れに係る支払対価の額の合計額 （注1） | 6.3 ％ 適用分 | ⑧ | | 11 |
| --- | --- | --- | --- |
| | 7.8 ％ 適用分 | ⑨ | | 12 |
| | | ⑩ | | 13 |

| 消費税額 ※申告書（第一表）の②欄へ | ⑪ | 810482 | 21 |
| --- | --- | --- | --- |

| ⑪ の 内 訳 | 3 ％ 適用分 | ⑫ | | 22 |
| --- | --- | --- | --- |
| | 4 ％ 適用分 | ⑬ | | 23 |
| | 6.3 ％ 適用分 | ⑭ | | 24 |
| | 6.24 ％ 適用分 | ⑮ | 392870 | 25 |
| | 7.8 ％ 適用分 | ⑯ | 417612 | 26 |

| 返還等対価に係る税額 ※申告書（第一表）の⑤欄へ | ⑰ | | 31 |
| --- | --- | --- | --- |

| ⑰の内訳 | 売上げの返還等対価に係る税額 | ⑱ | | 32 |
| --- | --- | --- | --- |
| | 特定課税仕入れの返還等対価に係る税額 （注1） | ⑲ | | 33 |

| 地方消費税の課税標準となる消費税額 （注2） | | ⑳ | 117600 | 41 |
| --- | --- | --- | --- |
| | 4 ％ 適用分 | ㉑ | | 42 |
| | 6.3 ％ 適用分 | ㉒ | | 43 |
| | 6.24%及び7.8％ 適用分 | ㉓ | 117600 | 44 |

（注1） ⑧〜⑩及び⑲欄は、一般課税により申告する場合で、課税売上割合が95％未満、かつ、特定課税仕入れがある事業者のみ記載します。
（注2） ⑳〜㉓欄が還付税額となる場合はマイナス「－」を付してください。

——（933）——

消費税及び地方消費税の確定申告書の書き方

## 【設例2】 簡易課税制度を選択した場合の計算方法

(1) 私は、物品販売（小売）業を営む個人事業者です。

(2) 令和4年分の所得は、小売業による事業所得と、業務用固定資産の売却（譲渡所得）以外はありません。

(3) 基準期間である令和2年分の課税売上高は、11,650,485円です。

(4) 消費税及び地方消費税に関する記帳は、税込経理方式で行っています。

(5) 令和4年分の所得税の決算額と特記事項は次のとおりです。

① 「売上（収入）金額」の内訳は次のとおりです。

| 項　　目 | 金　　額 |
|---|---|
| 商品売上高 | 12,760,000円 |
| 　軽減税率6.24％適用分 | 6,800,000円 |
| 　標準税率7.8％適用分 | 5,610,000円 |
| ビール券の売上高 | 350,000円 |

② 令和4年9月に配達用の車両を、280,000円で売却しました。

③ 売上げに係る返品、値引きなどの金額がありますが、それらの金額は、売上金額から直接減額する方法で経理処理しています。

(6) 令和3年中に「消費税簡易課税制度選択届出書」を提出しています。

### 〈計算方法〉

(1) 課税売上高の合計額の計算

課税期間（令和4年1月1日～令和4年12月31日）における、税率の異なるごとに区分した課税取引に係る売上げの合計金額（消費税及び地方消費税を含みません。）を計算します。計算には、〔表ロ〕「課税売上高計算表」を使用します。

**(注)** 本設例は、申告に係る課税期間に標準税率7.8％又は軽減税率6.24％が適用された取引のみを行った場合について説明しています。旧税率（6.3％）が適用された取引がある場合は、「【旧税率適用区分欄あり】課税売上高計算表」を用いて計算します。

① 令和4年分の区分経理された帳簿等から、事業所得（営業等）に係る売上（収入）金額、それに含まれる課税売上げにならないものの金額から差額を計算します。→〔表ロ〕①欄を使用します。

【設例2】の場合、ビール券の売上げは非課税取引ですので、課税売上げにはなりません。

〔表ロ〕①「金額」欄は12,760,000円－350,000円＝<u>12,410,000円</u>と求められます。

課税取引金額12,410,000円のうち、

軽減税率6.24％適用分<u>6,800,000円</u>を〔表ロ〕①「うち軽減税率6.24％適用分」欄に、

標準税率7.8％適用分<u>5,610,000円</u>を〔表ロ〕①「うち標準税率7.8％適用分」欄に記入します。

——(934)——

消費税及び地方消費税の確定申告書の書き方

②　業務用固定資産等の譲渡所得に係る収入金額がある場合は、収入金額及び課税売上げにならないものの金額を記入し、差額を計算します。→〔表ロ〕⑦～⑨欄を使用します。

　　【設例2】の場合、配達用車両の売却は、業務用固定資産等の譲渡に該当します。差引課税売上高は、

　　　　280,000円 − 0円 = 280,000円

と求められますので、〔表ロ〕⑦及び⑨「金額」欄に280,000円と記入します。

　　また、令和4年9月に売却していますので、7.8%の税率が適用されることから、〔表ロ〕⑦及び⑨「うち標準税率7.8%適用分」欄に280,000円と記入します。

③　計算した差引課税売上高の合計額を計算します。→〔表ロ〕の⑩欄を使用します。

　　【設例2】の場合、課税売上高の合計額（〔表ロ〕⑩欄）の

　　「金額」欄は、12,410,000円 + 280,000円 = 12,690,000円

　　「うち軽減税率6.24%適用分」欄は、6,800,000円

　　「うち標準税率7.8%適用分」欄は、5,610,000円 + 280,000円 = 5,890,000円

となりますので、それぞれ記入します。

(2)　課税標準額の計算

①　課税売上高の合計額（〔表ロ〕⑩欄）に100／108又は100／110を掛けて、税率の異なるごとに区分した課税取引に係る売上げの合計金額を計算し、〔表ロ〕⑪⑫欄に記入し、付表4−3①−1欄に転記します。

　　(注)　税抜経理方式によっている場合には、課税売上高の合計額に課税売上げに係る仮受消費税等の金額を加算した金額に、100／108又は100／110を掛けて、課税標準額を計算します。

　　【設例2】の場合、

　　　〔表ロ〕⑪欄は、6,800,000円×100／108 = 6,296,296円（付表4−3①−1A欄に転記）

　　　〔表ロ〕⑫欄は、5,890,000円×100／110 = 5,354,545円（付表4−3①−1B欄に転記）

　　合計は、6,296,296円 + 5,354,545円 = 11,650,841円（付表4−3①−1C欄に記入）

とそれぞれ求められます。

　　(注)　本設例は、申告に係る課税期間に標準税率7.8%又は軽減税率6.24%が適用された取引のみを行った（付表4−3を用いて計算する）場合について説明しています。旧税率（3%、4%又は6.3%）が適用された取引がある場合は、付表4−1及び4−2を用いて計算します。

②　①の計算結果（〔表ロ〕⑪⑫欄）の1,000円未満の端数を切り捨て、付表4−3①欄に記入します。

　　【設例2】の場合、

　　　6,296,296円→6,296,000円（付表4−3①A欄に記入）

　　　5,354,545円→5,354,000円（付表4−3①B欄に記入）

　　課税標準額の合計額は、

　　　6,296,000円 + 5,354,000円 = 11,650,000円（付表4−3①C欄に記入）

とそれぞれ求められます。

消費税及び地方消費税の確定申告書の書き方

〔表口〕課税売上高計算表（令和４年分）（【設例２】大津商店の場合）

**表口**

# 課 税 売 上 高 計 算 表

（令和　４　年分）

| (1) 事業所得に係る課税売上高 | | 金　　　額 | うち軽減税率<br>6.24%適用分 | うち標準税率<br>7.8%適用分 |
|---|---|---|---|---|
| 営業等課税売上高 | ① | 表イー1の①C欄の金額　円<br>12,410,000 | 表イー1の①D欄の金額　円<br>6,800,000 | 表イー1の①E欄の金額　円<br>5,610,000 |
| 農業課税売上高 | ② | 表イー2の④C欄の金額 | 表イー2の④D欄の金額 | 表イー2の④E欄の金額 |

| (2) 不動産所得に係る課税売上高 | | 金　　　額 | うち軽減税率<br>6.24%適用分 | うち標準税率<br>7.8%適用分 |
|---|---|---|---|---|
| 課税売上高 | ③ | 表イー3の④C欄の金額 | 表イー3の④D欄の金額 | 表イー3の④E欄の金額 |

| (3) （　　）所得に係る課税売上高 | | 金　　　額 | うち軽減税率<br>6.24%適用分 | うち標準税率<br>7.8%適用分 |
|---|---|---|---|---|
| 損益計算書の収入金額 | ④ | | | |
| ④のうち、課税売上げにならないもの | ⑤ | | | |
| 差引課税売上高（④－⑤） | ⑥ | | | |

| (4) 業務用資産の譲渡所得に係る課税売上高 | | 金　　　額 | うち軽減税率<br>6.24%適用分 | うち標準税率<br>7.8%適用分 |
|---|---|---|---|---|
| 業務用固定資産等の譲渡収入金額 | ⑦ | 280,000 | | 280,000 |
| ⑦のうち、課税売上げにならないもの | ⑧ | | | |
| 差引課税売上高（⑦－⑧） | ⑨ | 280,000 | | 280,000 |

| (5) 課税売上高の合計額<br>（①＋②＋③＋⑥＋⑨） | ⑩ | 12,690,000 | 6,800,000 | 5,890,000 |
|---|---|---|---|---|

(6) 課税資産の譲渡等の対価の額の計算

| 6,800,000　　　円×100/108<br>税抜経理方式によっている場合、⑩軽減税率6.24%適用分欄の金額に課税売上げに係る仮受消費税等の金額を加算して計算します。 | ⑪ | （1円未満の端数切捨て）<br>（一般用）付表1－3の①－1A欄へ<br>（簡易課税用）付表4－3の①－1A欄へ<br><br>6,296,296 |
|---|---|---|
| 5,890,000　　　円×100/110<br>税抜経理方式によっている場合、⑩標準税率7.8%適用分欄の金額に課税売上げに係る仮受消費税等の金額を加算して計算します。 | ⑫ | （1円未満の端数切捨て）<br>（一般用）付表1－3の①－1B欄へ<br>（簡易課税用）付表4－3の①－1B欄へ<br><br>5,354,545 |

——（936）——

消費税及び地方消費税の確定申告書の書き方

⑶ 消費税額の計算

　付表4－3①課税標準額に、消費税（国税）の税率（6.24％又は7.8％）を掛けて消費税額を計算し、その計算結果を付表4－3②欄に記入します。

　【設例2】の場合、消費税額は次のように求められます。

　　税率6.24％適用分　6,296,000円×6.24％＝<u>392,870円</u>（付表4－3②A欄に記入）

　　税率7.8％適用分　5,354,000円×7.8％＝<u>417,612円</u>（付表4－3②B欄に記入）

　　合計　392,870円＋417,612円＝<u>810,482円</u>（付表4－3②C欄に記入）

⑷ 貸倒回収に係る消費税額の計算

　課税売上げに係る売掛金等が回収できずに貸倒れとなった場合は、課税標準額に対する消費税額から、貸倒れとなった売掛金等（以下「貸倒債権」といいます。）に含まれる消費税額を控除します。令和4年分の課税期間中に、貸倒債権の一部又は全部を回収した場合は、適用税率ごとに、回収した貸倒債権に含まれる消費税額を計算します。この計算結果を付表4－3③欄に記入します。

　また、付表4－3③A・B欄の金額の合計額を付表4－3③C欄に記入します。

　**(注)**　免税事業者であったときに行った課税売上げに係る売掛金等の貸倒れの回収については、計算の必要はありません。

　【設例2】の場合、貸倒れはないため、記入は不要です。

⑸ 返還等対価に係る税額の計算

　課税売上げについて、返品を受け、又は値引き、割戻しをした場合は、適用税率ごとに、その返品、値引き等に係る消費税額を計算します。この計算結果を、付表4－3⑤欄に記入します。

　また、付表4－3⑤A・B欄の金額の合計額を付表4－3⑤C欄に記入します。

　**(注)**　免税事業者であったときに行った課税売上げに係る返品、値引き等については、計算の必要はありません。

　【設例2】のように、課税売上げに係る返品、値引き等の金額を、売上金額から直接減額する経理処理を行っている場合には、この計算は必要ありません。

# 消費税及び地方消費税の確定申告書の書き方

## 〔付表4－3〕（抜粋）、（【設例2】大津商店の場合）

第4-(11)号様式

**付表4－3　税率別消費税額計算表　兼　地方消費税の課税標準となる消費税額計算表**　　　　簡易

| 課税期間 | 令和<br>4・1・1～4・12・31 | 氏名又は名称 | 大津　太郎 |
|---|---|---|---|

| 区　　　　　　　分 | | 税率 6.24 % 適用分<br>A | 税率 7.8 % 適用分<br>B | 合　　　　計　　C<br>(A＋B) |
|---|---|---|---|---|
| 課　税　標　準　額 | ① | 円<br>6,296,000 | 円<br>5,354,000 | ※第二表の①欄へ 円<br>11,650,000 |
| 課税資産の譲渡等<br>の　対　価　の　額 | ①<br>-1 | ※第二表の⑤欄へ<br>6,296,296 | ※第二表の⑥欄へ<br>5,354,545 | ※第二表の⑦欄へ<br>11,650,841 |
| 消　　費　　税　　額 | ② | ※付表5-3の①A欄へ<br>※第二表の⑮欄へ<br>392,870 | ※付表5-3の①B欄へ<br>※第二表の⑯欄へ<br>417,612 | ※付表5-3の①C欄へ<br>※第二表の⑪欄へ<br>810,482 |
| 貸倒回収に係る消費税額 | ③ | ※付表5-3の②A欄へ | ※付表5-3の②B欄へ | ※付表5-3の②C欄へ<br>※第一表の③欄へ |
| 控<br>除 | 控除対象仕入税額 | ④ | (付表5-3の⑤A欄又は㉒A欄の金額) | (付表5-3の⑤B欄又は㉒B欄の金額) | (付表5-3の⑤C欄又は㉒C欄の金額)<br>※第一表の④欄へ |
| | 返還等対価<br>に係る税額 | ⑤ | ※付表5-3の③A欄へ | ※付表5-3の③B欄へ | ※付表5-3の③C欄へ<br>※第二表の⑰欄へ |
| | | | | | ※第一表の⑥欄へ |

消費税及び地方消費税の確定申告書の書き方

(6) 控除対象仕入税額の基礎となる消費税額の計算

　　控除対象仕入税額の計算には、付表5－3を使用します。

① 付表4－3②、③、⑤欄の計算結果を、次のとおり付表5－3に転記します。

　　　付表4－3②A欄の金額→付表5－3①A欄へ転記

　　　付表4－3②B欄の金額→付表5－3①B欄へ転記

　　　付表4－3②C欄の金額→付表5－3①C欄へ転記

　　【設例2】の場合、

　　　付表5－3①A欄に、付表4－3②A欄の金額392,870円

　　　付表5－3①B欄に、付表4－3②B欄の金額417,612円

　　　付表5－3①C欄に、付表4－3②C欄の金額810,482円

　をそれぞれ転記します。

　(注1)　貸倒回収に係る消費税額がある場合又は売上対価の返還等に係る消費税額がある場合は、付表4－3③及び⑤欄の金額を付表5－3②及び③欄に転記します。

　(注2)　本設例は、申告に係る課税期間に標準税率7.8％又は軽減税率6.24％が適用された取引のみを行った（付表5－3を用いて計算する）場合について説明しています。旧税率（3％、4％又は6.3％）が適用された取引がある場合は、付表5－1及び5－2を用いて計算します。

② 適用税率ごとに、付表5－3④欄で、控除対象仕入税額の基礎となる消費税額を計算します。

　　また、付表5－3④A・B欄の金額の合計額を付表5－3④C欄に記入します。

　　【設例2】の場合、控除対象仕入税額の基礎となる消費税額は、次のように求められます。

　　税率6.24％適用分　392,870円＋0円－0円＝392,870円（付表5－3④A欄に記入）

　　税率7.8％適用分　417,612円＋0円－0円＝417,612円（付表5－3④B欄に記入）

　　合計　392,870円＋417,612円＝810,482円（付表5－3④C欄に記入）


**(営む事業が1種類の場合)**

(7) 控除対象仕入税額の計算

　　(6)の②で計算した基礎となる消費税額に、営む事業のみなし仕入率を掛けて、控除対象仕入税額を計算します。この計算結果を付表5－3⑤欄に記入します。

　　また、付表5－3⑤欄の金額を付表4－3④欄に転記します。

　　　付表5－3⑤A欄の金額→付表4－3④A欄へ転記

　　　付表5－3⑤B欄の金額→付表4－3④B欄へ転記

　　　付表5－3⑤C欄の金額→付表4－3④C欄へ転記

　　【設例2】の場合、物品販売業は第2種事業に、配達用車両の売却による譲渡収入は第4種事業に区分されますので、2種類の事業を営むことになります。

消費税及び地方消費税の確定申告書の書き方

**（営む事業が２種類以上の場合）**

(8)　事業区分別の、それぞれの課税売上高（税抜き）の計算

①　事業区分別に、適用税率別の課税売上高（税込み）に100／108又は100／110を掛けて、税抜きの課税売上高を計算します。

→付表５－３⑦～⑫欄を使用します。

次のとおり計算した結果の金額を付表５－３⑦～⑫欄に記入します。

付表５－３⑦～⑫それぞれのＡ欄の金額＋Ｂ欄の金額＝Ｃ欄

【設例２】の場合、事業区分別の課税売上高（税抜き）は、次のように求められます。

【第２種事業（物品販売業）】

税率6.24％適用分　6,800,000円×100／108＝6,296,296円（付表５－３⑧Ａ欄に記入）

税率7.8％適用分　5,610,000円×100／110＝5,100,000円（付表５－３⑧Ｂ欄に記入）

合計　6,296,296円＋5,100,000円＝11,396,296円（付表５－３⑧Ｃ欄に記入）

【第４種事業（譲渡収入）】

税率7.8％適用分　280,000円×100／110＝254,545円（付表５－３⑩Ｂ欄に記入）

合計　0円＋254,545円＝254,545円（付表５－３⑩Ｃ欄に記入）

②　事業区分別に、適用税率別の課税売上高（税抜き）の合計を計算します。また、付表５－３⑥Ａ・Ｂ欄の金額の合計額を付表５－３⑥Ｃ欄に記入します。

【設例２】の場合、事業区分別の課税売上高（税抜き）の合計額は、次のように求められます。

【事業区分別の合計額】

税率6.24％適用分　6,800,000円×100／108＝6,296,296円（付表５－３⑥Ａ欄に記入）

税率7.8％適用分　5,890,000円×100／110＝5,354,545円（付表５－３⑥Ｂ欄に記入）

合計　6,296,296円＋5,354,545円＝11,650,841円（付表５－３⑥Ｃ欄に記入）

(9)　事業区分別の、それぞれの売上割合の計算

(8)の計算結果を基に、事業区分別の売上割合を計算します。

事業区分別の課税売上高（税抜き）÷課税売上高（税抜き）の合計額×100＝事業区分別の売上割合

→付表５－３⑦～⑫欄の売上割合の欄を記入します。

【設例２】の場合、事業区分別の売上割合は、次のように求められます。

【第２種事業（物品販売業）】11,396,296÷11,650,841×100≒97.8％

【第４種事業（譲渡収入）】254,545÷11,650,841×100≒2.1％

(10)　事業区分別の、それぞれの消費税額の計算

①　事業区分別に、適用税率別の消費税額を計算します。

——（940）——

消費税及び地方消費税の確定申告書の書き方

→付表5－3⑭～⑲欄を使用します。

次のとおり計算した結果の金額を付表5－3⑭～⑲欄に記入します。

　付表5－3⑭～⑲それぞれのA欄の金額＋B欄の金額＝C欄

【設例2】の場合、事業区分別の消費税額は、次のように求められます。

【第2種事業（物品販売業）】

　税率6.24％適用分　6,800,000円×6.24／108＝392,888円（付表5－3⑮A欄に記入）

　税率7.8％適用分　5,610,000円×7.8／110＝397,800円（付表5－3⑮B欄に記入）

　合計　392,888円＋397,800円＝790,688円（付表5－3⑮C欄に記入）

【第4種事業（譲渡収入）】

　税率7.8％適用分　280,000×7.8／110＝19,854円（付表5－3⑰B欄に記入）

　合計　0円＋19,854円＝19,854円（付表5－3⑰C欄に記入）

② 事業区分別に、適用税率別の課税売上高に係る消費税額の合計を計算します。また、付表5－3⑬A・B欄の金額の合計額を付表5－3⑬C欄に記入します。

　【設例2】の場合、事業区分別の消費税額の合計額は、次のように求められます。

　税率6.24％適用分　392,888円（付表5－3⑬A欄に記入）

　税率7.8％適用分　397,800円＋19,854円＝417,654円（付表5－3⑬B欄に記入）

　合計　392,888円＋417,654円＝810,542円（付表5－3⑬C欄に記入）

⑾ 控除対象仕入税額を計算する方法の選択

　2種類以上の事業を営む場合は、以下に示すA～Dのいずれかの方法で、控除対象仕入税額を計算します。

　なお、A～Cの計算方法のうち、複数の計算方法を用いることができる方は、いずれかの計算方法を選択できます。ただし、適用税率ごとに異なる計算方法を選択することはできません。

A　原則

$$\text{基礎となる消費税額} \times \frac{\begin{array}{c}\text{第1種}\\\text{事業の}\\\text{消費税額}\\\times 90\%\end{array} + \begin{array}{c}\text{第2種}\\\text{事業の}\\\text{消費税額}\\\times 80\%\end{array} + \begin{array}{c}\text{第3種}\\\text{事業の}\\\text{消費税額}\\\times 70\%\end{array} + \begin{array}{c}\text{第4種}\\\text{事業の}\\\text{消費税額}\\\times 60\%\end{array} + \begin{array}{c}\text{第5種}\\\text{事業の}\\\text{消費税額}\\\times 50\%\end{array} + \begin{array}{c}\text{第6種}\\\text{事業の}\\\text{消費税額}\\\times 40\%\end{array}}{\text{事業区分別の消費税額の合計額}} = \begin{array}{c}\text{控除対象}\\\text{仕入税額}\end{array}$$

→付表5－3⑳欄を使用します。

B　特例1　1種類の事業の課税売上高が、全体の課税売上高の75％以上を占める場合

　　　　2種類以上の事業を営む事業者で、ある1種類の事業の課税売上高が全体の75％以上を占める場合、その事業のみなし仕入率を用いて控除対象仕入税額を計算します。

　　　　→付表5－3㉑欄を使用します。

消費税及び地方消費税の確定申告書の書き方

C 特例2 2種類の事業の課税売上高の合計が、全体の課税売上高の75％以上を占める場合

3種類以上の事業を営む事業者で、そのうちの2種類の事業の課税売上高の合計が全体の75％以上を占める場合、その2種類の事業のうち、みなし仕入率の高い方の事業の課税売上高には、その事業のみなし仕入率を用います。それ以外の事業には、全体の75％以上を占める2種類の事業のうち、みなし仕入率の低い方の事業のみなし仕入率を用いて、控除対象仕入税額を計算します。

→付表5－3㉒～㊱欄のうち、該当する欄を使用します。

D 事業の種類ごとに売上げを区分していない場合

2種類以上の事業を営む事業者で、事業ごとに売上げを区分していない場合、区分していない課税売上高については、その区分していない事業のうち、最も低いみなし仕入率を用いて控除対象仕入税額を計算します。例えば、3種類の事業を営む事業者が、売上げをまったく区分していない場合は、行っている事業のみなし仕入率のうち、最も低いみなし仕入率を用いて控除対象仕入税額を計算します。

また、区分している事業としていない事業が混在する場合は、区分している事業についてはその事業のみなし仕入率を、区分していない事業については、それらの事業のみなし仕入率のうち最も低いみなし仕入率を用いて、控除対象仕入税額を計算します。

【設例2】の場合、AとBの方法を用いることができます。そこで、両方の方法で控除対象仕入税額を計算し、控除額が大きいBの計算方法を選択しています。

A 原則

税率6.24％適用分

$$392,870円 \times \frac{392,888円 \times 80\%}{392,888円} = \underline{314,295円}（付表5－3㉑A欄に記入）$$

税率7.8％適用分

$$417,612円 \times \frac{397,800円 \times 80\% + 19,854円 \times 60\%}{417,654円} = \underline{330,118円}（付表5－3㉑B欄に記入）$$

合計 $314,295円 + 330,118円 = \underline{644,413円}$（付表5－3㉑C欄に記入）

B 特例1

税率6.24％適用分 $392,870円 \times 80\% = \underline{314,296円}$（付表5－3㉑A欄に記入）

税率7.8％適用分 $417,612円 \times 80\% = \underline{334,089円}$（付表5－3㉑B欄に記入）

合計 $314,296円 + 334,089円 = \underline{648,385円}$（付表5－3㉑C欄に記入）

⑿ 控除対象仕入税額の決定

控除対象仕入税額を決定し、付表5－3㊲欄に記入します。（適用税率ごとに異なる計算方法を選択することはできません。）

また、付表5－3㊲欄の金額を次のとおり付表4－3④欄に転記します。

消費税及び地方消費税の確定申告書の書き方

　　付表5－3㊲A 欄の金額→付表4－3④A 欄へ転記

　　付表5－3㊲B 欄の金額→付表4－3④B 欄へ転記

　　付表5－3㊲C 欄の金額→付表4－3④C 欄へ転記

【設例2】の場合、

　　付表5－3㊲A 欄の金額314,296円を、付表4－3④A 欄に転記します。

　　付表5－3㊲B 欄の金額334,089円を、付表4－3④B 欄へ転記します。

　　付表5－3㊲C 欄の金額648,385円を、付表4－3④C 欄へ転記します。

# 消費税及び地方消費税の確定申告書の書き方

## 〔付表5-3〕（【設例2】大津商店の場合）

第4-(12)号様式

付表5-3　控除対象仕入税額等の計算表

| 簡易 |

| 課税期間 | 令和 4·1·1 ～ 4·12·31 | 氏名又は名称 | 大津　太郎 |

### Ⅰ　控除対象仕入税額の計算の基礎となる消費税額

| 項　目 | | 税率6.24%適用分 A | 税率7.8%適用分 B | 合計 C (A＋B) |
|---|---|---|---|---|
| 課税標準額に対する消費税額 | ① | (付表4-3の②A欄の金額)　円 392,870 | (付表4-3の②B欄の金額)　円 417,612 | (付表4-3の②C欄の金額)　円 810,482 |
| 貸倒回収に係る消費税額 | ② | (付表4-3の③A欄の金額) | (付表4-3の③B欄の金額) | (付表4-3の③C欄の金額) |
| 売上対価の返還等に係る消費税額 | ③ | (付表4-3の⑤A欄の金額) | (付表4-3の⑤B欄の金額) | (付表4-3の⑤C欄の金額) |
| 控除対象仕入税額の計算の基礎となる消費税額 (①＋②-③) | ④ | 392,870 | 417,612 | 810,482 |

### Ⅱ　1種類の事業の専業者の場合の控除対象仕入税額

| 項　目 | | 税率6.24%適用分 A | 税率7.8%適用分 B | 合計 C (A＋B) |
|---|---|---|---|---|
| ④ × みなし仕入率 (90%·80%·70%·60%·50%·40%) | ⑤ | ※付表4-3の④A欄へ　円 | ※付表4-3の④B欄へ　円 | ※付表4-3の④C欄へ　円 |

### Ⅲ　2種類以上の事業を営む事業者の場合の控除対象仕入税額

#### (1) 事業区分別の課税売上高（税抜き）の明細

| 項　目 | | 税率6.24%適用分 A | 税率7.8%適用分 B | 合計 C (A＋B) | |
|---|---|---|---|---|---|
| 事業区分別の合計額 | ⑥ | 6,296,296　円 | 5,354,545　円 | 11,650,841 | 売上割合 |
| 第一種事業 （卸売業） | ⑦ | | | ※第一表「事業区分」欄へ | ％ |
| 第二種事業 （小売業等） | ⑧ | 6,296,296 | 5,100,000 | ※　〃 11,396,296 | 97.8 |
| 第三種事業 （製造業等） | ⑨ | | | ※　〃 | |
| 第四種事業 （その他） | ⑩ | | 254,545 | ※　〃 254,545 | 2.1 |
| 第五種事業 （サービス業等） | ⑪ | | | ※　〃 | |
| 第六種事業 （不動産業） | ⑫ | | | ※　〃 | |

#### (2) (1)の事業区分別の課税売上高に係る消費税額の明細

| 項　目 | | 税率6.24%適用分 A | 税率7.8%適用分 B | 合計 C (A＋B) |
|---|---|---|---|---|
| 事業区分別の合計額 | ⑬ | 392,888　円 | 417,654　円 | 810,542　円 |
| 第一種事業 （卸売業） | ⑭ | | | |
| 第二種事業 （小売業等） | ⑮ | 392,888 | 397,800 | 790,688 |
| 第三種事業 （製造業等） | ⑯ | | | |
| 第四種事業 （その他） | ⑰ | | 19,854 | 19,854 |
| 第五種事業 （サービス業等） | ⑱ | | | |
| 第六種事業 （不動産業） | ⑲ | | | |

注意　1　金額の計算においては、1円未満の端数を切り捨てる。
　　　2　課税売上げにつき返品を受け又は値引き・割戻しをした金額（売上対価の返還等の金額）があり、売上（収入）金額から減算しない方法で経理して経費に含めている場合には、⑥から⑫欄には売上対価の返還等の金額（税抜き）を控除した後の金額を記載する。

(1／2)

(R1.10.1以後終了課税期間用)

——(944)——

# 消費税及び地方消費税の確定申告書の書き方

### (3) 控除対象仕入税額の計算式区分の明細

#### イ 原則計算を適用する場合

| 控 除 対 象 仕 入 税 額 の 計 算 式 区 分 | | 税率6.24%適用分 A | 税率7.8%適用分 B | 合計 C (A+B) |
|---|---|---|---|---|
| $\dfrac{⑭×90\%+⑮×80\%+⑯×70\%+⑰×60\%+⑱×50\%+⑲×40\%}{⑬}$ | ⑳ | 円 314,295 | 円 330,118 | 円 644,413 |

#### ロ 特例計算を適用する場合

#### (イ) 1種類の事業で75%以上

| 控 除 対 象 仕 入 税 額 の 計 算 式 区 分 | | 税率6.24%適用分 A | 税率7.8%適用分 B | 合計 C (A+B) |
|---|---|---|---|---|
| (⑦C／⑥C・⑧C／⑥C・⑨C／⑥C・⑩C／⑥C・⑪C／⑥C・⑫C／⑥C) ≧ 75%<br>④×みなし仕入率（90%・80%・70%・60%・50%・40%） | ㉑ | 円 314,296 | 円 334,089 | 円 648,385 |

#### (ロ) 2種類の事業で75%以上

| 控 除 対 象 仕 入 税 額 の 計 算 式 区 分 | | | 税率6.24%適用分 A | 税率7.8%適用分 B | 合計 C (A+B) |
|---|---|---|---|---|---|
| 第一種事業及び第二種事業<br>(⑦C＋⑧C)／⑥C ≧ 75% | ④× | $\dfrac{⑭×90\%+(⑬−⑭)×80\%}{⑬}$ | ㉒ | | |
| 第一種事業及び第三種事業<br>(⑦C＋⑨C)／⑥C ≧ 75% | ④× | $\dfrac{⑭×90\%+(⑬−⑭)×70\%}{⑬}$ | ㉓ | | |
| 第一種事業及び第四種事業<br>(⑦C＋⑩C)／⑥C ≧ 75% | ④× | $\dfrac{⑭×90\%+(⑬−⑭)×60\%}{⑬}$ | ㉔ | | |
| 第一種事業及び第五種事業<br>(⑦C＋⑪C)／⑥C ≧ 75% | ④× | $\dfrac{⑭×90\%+(⑬−⑭)×50\%}{⑬}$ | ㉕ | | |
| 第一種事業及び第六種事業<br>(⑦C＋⑫C)／⑥C ≧ 75% | ④× | $\dfrac{⑭×90\%+(⑬−⑭)×40\%}{⑬}$ | ㉖ | | |
| 第二種事業及び第三種事業<br>(⑧C＋⑨C)／⑥C ≧ 75% | ④× | $\dfrac{⑮×80\%+(⑬−⑮)×70\%}{⑬}$ | ㉗ | | |
| 第二種事業及び第四種事業<br>(⑧C＋⑩C)／⑥C ≧ 75% | ④× | $\dfrac{⑮×80\%+(⑬−⑮)×60\%}{⑬}$ | ㉘ | | |
| 第二種事業及び第五種事業<br>(⑧C＋⑪C)／⑥C ≧ 75% | ④× | $\dfrac{⑮×80\%+(⑬−⑮)×50\%}{⑬}$ | ㉙ | | |
| 第二種事業及び第六種事業<br>(⑧C＋⑫C)／⑥C ≧ 75% | ④× | $\dfrac{⑮×80\%+(⑬−⑮)×40\%}{⑬}$ | ㉚ | | |
| 第三種事業及び第四種事業<br>(⑨C＋⑩C)／⑥C ≧ 75% | ④× | $\dfrac{⑯×70\%+(⑬−⑯)×60\%}{⑬}$ | ㉛ | | |
| 第三種事業及び第五種事業<br>(⑨C＋⑪C)／⑥C ≧ 75% | ④× | $\dfrac{⑯×70\%+(⑬−⑯)×50\%}{⑬}$ | ㉜ | | |
| 第三種事業及び第六種事業<br>(⑨C＋⑫C)／⑥C ≧ 75% | ④× | $\dfrac{⑯×70\%+(⑬−⑯)×40\%}{⑬}$ | ㉝ | | |
| 第四種事業及び第五種事業<br>(⑩C＋⑪C)／⑥C ≧ 75% | ④× | $\dfrac{⑰×60\%+(⑬−⑰)×50\%}{⑬}$ | ㉞ | | |
| 第四種事業及び第六種事業<br>(⑩C＋⑫C)／⑥C ≧ 75% | ④× | $\dfrac{⑰×60\%+(⑬−⑰)×40\%}{⑬}$ | ㉟ | | |
| 第五種事業及び第六種事業<br>(⑪C＋⑫C)／⑥C ≧ 75% | ④× | $\dfrac{⑱×50\%+(⑬−⑱)×40\%}{⑬}$ | ㊱ | | |

#### ハ 上記の計算式区分から選択した控除対象仕入税額

| 項 目 | | 税率6.24%適用分 A | 税率7.8%適用分 B | 合計 C (A+B) |
|---|---|---|---|---|
| 選 択 可 能 な 計 算 式 区 分（⑳〜㊱）<br>の 内 か ら 選 択 し た 金 額 | ㊲ | ※付表4-3の④A欄へ 円 314,296 | ※付表4-3の④B欄へ 円 334,089 | ※付表4-3の④C欄へ 円 648,385 |

注意 金額の計算においては、1円未満の端数を切り捨てる。

(R1.10.1以後終了課税期間用)

消費税及び地方消費税の確定申告書の書き方

⒀　貸倒れに係る税額の計算

　　課税売上げに係る売掛金等が回収できずに貸倒れとなった場合は、適用税率ごとに、貸倒れとなった売掛金等（以下「貸倒債権」といいます。）に含まれる消費税額を計算します。この計算結果を付表4－3⑥欄に記入します。

　　また、付表4－3⑥A・B欄の金額の合計額を付表4－3⑥C欄に記入します。

　　なお、貸倒れに係る消費税額の控除を受ける場合は、債権の切捨ての事実を証する書類、その他貸倒れの事実を明らかにする書類を保存する必要があります。

　（注1）　課税売上げに係る債権以外の債権の貸倒れについては、計算の必要はありません。
　（注2）　免税事業者であったときに行った課税売上げに係る売掛金等の貸倒れについては、計算の必要はありません。
　（注3）　消費税における貸倒れの範囲は、所得税における取扱いと同じです。

　【設例2】の場合、貸倒れはないため、計算は不要です。


⒁　控除税額小計の計算

　　適用税率ごとに、控除対象仕入税額、返還等対価に係る税額及び貸倒れに係る税額（付表4－3④、⑤及び⑥欄）を合計し、控除税額小計を計算します。その計算結果を付表4－3⑦欄に記入します。

　　また、付表4－3⑦A・B欄の金額の合計額を付表4－3⑦C欄に記入します。

　【設例2】の場合、控除税額小計は、次のように求められます。

　　　税率6.24％適用分　　314,296円＋0円＋0円＝<u>314,296円</u>（付表4－3⑦A欄に記入）
　　　税率7.8％適用分　　334,089円＋0円＋0円＝<u>334,089円</u>（付表4－3⑦B欄に記入）
　　　合計　314,296円＋334,089円＝<u>648,385円</u>（付表4－3⑦C欄に記入）


⒂　差引税額又は控除不足還付税額の計算

　　適用税率ごとに、課税売上げに係る消費税額（消費税額と貸倒回収に係る消費税額の合計額）から、控除税額小計を差し引いて差引税額を計算し、計算結果を付表4－3⑨欄に記入します。

　　　　②消費税額＋③貸倒回収に係る税額－⑦控除税額小計＝⑨差引税額（100円未満切捨て）

　　上記の計算結果がマイナス（負の値）の場合、還付申告となります。この場合、次の計算式で控除不足還付税額を計算し、計算結果を付表4－3⑧欄に記入します。

　　　　⑦控除税額小計－②消費税額－③貸倒回収に係る税額＝⑧控除不足還付税額

　【設例2】の場合、差引税額は次のように求められます。

　　　810,482円＋0円－648,385円＝<u>162,000円</u>（付表4－3⑨C欄に記入（100円未満切捨て））

消費税及び地方消費税の確定申告書の書き方

⒃　地方消費税の課税標準となる消費税額の計算

　　付表4－3⑨欄に記入がある場合は、⑨差引税額を付表4－3⑪欄に転記します。

　　付表4－3⑧欄に記入がある場合は、⑧控除不足還付税額を付表4－3⑩欄に転記します。

　　【設例2】の場合、

　　　付表4－3⑪C欄に、⑨C欄の金額162,000円を転記します。


⒄　譲渡割額（納税額）又は譲渡割額（還付額）の計算

　　次の計算式により計算し、計算結果を付表4－3⑫若しくは⑬欄に記入します。

地方消費税の課税標準となる消費税額
（付表4－3⑩控除不足還付税額又は⑪差引税額）　$\times$　$\dfrac{22}{78}$　=　譲渡割額
（付表4－3⑫還付額又は⑬納税額
（⑬納税額は100円未満切捨て））

　　【設例2】の場合、譲渡割額（納税額）は、次のように求められます。

　　　162,000円×22／78＝45,600円（付表4－3⑬C欄に記入（100円未満切捨て））

# 消費税及び地方消費税の確定申告書の書き方

## 〔付表4－3〕（【設例2】大津商店の場合）

第4-(11)号様式

付表4－3　税率別消費税額計算表　兼　地方消費税の課税標準となる消費税額計算表

簡易

| 課税期間 | 令和 4・1・1～4・12・31 | 氏名又は名称 | 大津　太郎 |
|---|---|---|---|

| 区　分 | | 税率6.24％適用分 A | 税率7.8％適用分 B | 合　計　C (A+B) |
|---|---|---|---|---|
| 課税標準額 | ① | 6,296,000 円 | 5,354,000 円 | ※第二表の①欄へ 11,650,000 円 |
| 課税資産の譲渡等の対価の額 | ①-1 | ※第二表の⑤欄へ 6,296,296 | ※第二表の⑥欄へ 5,354,545 | ※第二表の⑦欄へ 11,650,841 |
| 消費税額 | ② | ※付表5-3の①A欄へ ※第二表の⑮欄へ 392,870 | ※付表5-3の①B欄へ ※第二表の⑯欄へ 417,612 | ※付表5-3の①C欄へ ※第二表の⑪欄へ 810,482 |
| 貸倒回収に係る消費税額 | ③ | ※付表5-3の②A欄へ | ※付表5-3の②B欄へ | ※付表5-3の②C欄へ ※第一表の③欄へ |
| 控除 控除対象仕入税額 | ④ | (付表5-3の⑤A欄又は㉗A欄の金額) 314,296 | (付表5-3の⑤B欄又は㉗B欄の金額) 334,089 | (付表5-3の⑤C欄又は㉗C欄の金額) ※第一表の④欄へ 648,385 |
| 除 返還等対価に係る税額 | ⑤ | ※付表5-3の③A欄へ | ※付表5-3の③B欄へ | ※付表5-3の③C欄へ ※第二表の⑰欄へ |
| 税 貸倒れに係る税額 | ⑥ | | | ※第一表の⑥欄へ |
| 額 控除税額小計 (④+⑤+⑥) | ⑦ | 314,296 | 334,089 | ※第一表の⑦欄へ 648,385 |
| 控除不足還付税額 (⑦-②-③) | ⑧ | | | ※第一表の⑧欄へ |
| 差引税額 (②+③-⑦) | ⑨ | | | ※第一表の⑨欄へ 162,0 00 |
| 地方消費税の課税標準となる消費税額 控除不足還付税額 (⑧) | ⑩ | | | ※第一表の⑰欄へ ※マイナス「－」を付して第二表の㉑及び㉓欄へ |
| 差引税額 (⑨) | ⑪ | | | ※第一表の⑱欄へ ※第二表の⑳及び㉓欄へ 162,0 00 |
| 譲渡割額 還付額 | ⑫ | | | (⑩C欄×22/78) ※第一表の⑲欄へ |
| 割額 納税額 | ⑬ | | | (⑪C欄×22/78) ※第一表の⑳欄へ 45,6 00 |

注意　金額の計算においては、1円未満の端数を切り捨てる。

(R1.10.1以後終了課税期間用)

消費税及び地方消費税の確定申告書の書き方

⒅　申告書第二表の記入

　付表4－3から、次のとおり申告書第二表に必要な事項を転記します。

| 申告書第二表の記載項目 | | | 転記元項目等 |
|---|---|---|---|
| 課税標準額 | | ① | 付表4－3①C欄の金額 |
| 課税資産の譲渡等の対価の額の合計額 | 3％適用分 | ② | |
| | 4％適用分 | ③ | |
| | 6.3％適用分 | ④ | |
| | 6.24％適用分 | ⑤ | 付表4－3①－1A欄の金額 |
| | 7.8％適用分 | ⑥ | 付表4－3①－1B欄の金額 |
| | | ⑦ | 付表4－3①－1C欄の金額 |
| 特定課税仕入れに係る支払対価の額の合計額 | 6.3％適用分 | ⑧ | |
| | 7.8％適用分 | ⑨ | |
| | | ⑩ | |
| 消費税額 | | ⑪ | 付表4－3②C欄の金額 |
| ⑪の内訳 | 3％適用分 | ⑫ | |
| | 4％適用分 | ⑬ | |
| | 6.3％適用分 | ⑭ | |
| | 6.24％適用分 | ⑮ | 付表4－3②A欄の金額 |
| | 7.8％適用分 | ⑯ | 付表4－3②B欄の金額 |
| 返還等対価に係る税額 | | ⑰ | 付表4－3⑤C欄の金額 |
| ⑰の内訳 | 売上げの返還等対価に係る税額 | ⑱ | 付表4－3⑤C欄の金額 |
| | 特定課税仕入れの返還等対価に係る税額 | ⑲ | |
| 地方消費税の課税標準となる消費税額 | | ⑳ | 付表4－3⑪C欄（プラスの場合）又は⑩C欄（マイナスの場合）の金額 |
| | 4％適用分 | ㉑ | |
| | 6.3％適用分 | ㉒ | |
| | 6.24％及び7.8％適用分 | ㉓ | 付表4－3⑪C欄（プラスの場合）又は⑩C欄（マイナスの場合）の金額 |

⒆　申告書第一表の記入

　申告書第二表、付表4－3から、次のとおり申告書第一表に必要な事項を転記します。

| 申告書第一表の記載項目 | | 転記元項目等 |
|---|---|---|
| 課税標準額 | ① | 申告書第二表の①欄の金額 |

——(949)——

消費税及び地方消費税の確定申告書の書き方

| 消費税額 | | ② | 申告書第二表の⑪欄の金額 |
|---|---|---|---|
| 貸倒回収に係る消費税額 | | ③ | 付表4－3③C欄の金額 |
| 控除税額 | 控除対象仕入税額 | ④ | 付表4－3④C欄の金額 |
| | 返還等対価に係る税額 | ⑤ | 申告書第二表の⑰欄の金額 |
| | 貸倒れに係る税額 | ⑥ | 付表4－3⑥C欄の金額 |
| | 控除税額小計 | ⑦ | 付表4－3⑦C欄の金額 |
| 控除不足還付税額 | | ⑧ | 付表4－3⑧C欄の金額 |
| 差引税額（100円未満切捨て） | | ⑨ | 付表4－3⑨C欄の金額 |

**（注）** 申告書第一表⑨欄の差引税額が48万円超の場合は、令和5年分の中間申告・納付が必要となります。

⑳ 申告書第一表⑩中間納付税額の記入（令和4年分の中間申告を行った事業者の方）

　中間申告を行った事業者の方は、実際に納付したかどうかにかかわらず、令和4年の消費税の中間納付税額の合計額を、申告書第一表⑩欄に記入します。なお、税務署から送付された申告書には、中間納付税額がある場合、その合計額が印字されています。

　**（注1）** 3月ごと（年3回）又は1月ごと（年11回）の中間申告を行った場合、中間納付税額は印字されません。最終の中間申告分（3回分又は11回分）までの消費税額を合計し、申告書第一表⑩欄に記入します。

　**（注2）** 「確定申告のお知らせ」はがき又は通知書をお持ちの事業者の方は、中間納付税額の金額を確認します。

　【設例2】の場合、中間納付税額はないため、記入は不要です。

㉑ 申告書第一表⑪納付税額の計算

　申告書第一表⑨差引税額が⑩中間納付税額を上回る場合、その差額を計算し、計算結果を申告書第一表⑪欄に記入します。計算結果がマイナス（負の値）となる場合は、申告書第一表⑪欄は空欄のまま、㉒に進みます。

　【設例2】の場合、納付税額は、162,000円－0円＝162,000円と求められます。

㉒ 申告書第一表⑫中間納付還付税額の計算

　申告書第一表⑩中間納付税額が⑨差引税額を上回る場合、その差額を計算し、計算結果を申告書第一表⑫欄に記入します。

㉓ 申告書第一表⑮欄及び⑯欄に課税期間及び基準期間の課税売上高を記入

　申告書第一表⑮欄にこの課税期間の課税売上高を記載します。なお、輸出等の免税売上げがある場合には免税売上高を加算し、申告書第一表⑤欄に記載がある場合には、課税売上げに係る返品、値引き又は割戻しの金額に100／108又は100／110を掛けた金額を差し引いて記載します。令和4年

消費税及び地方消費税の確定申告書の書き方

分の基準期間は、令和２年分です。令和２年分の課税売上高を申告書第一表⑯欄に記入します。

【設例２】の場合、申告書第一表⑮欄に11,650,841円、申告書第一表⑯欄に11,650,485円と記入します。

⑳　申告書第一表⑰欄から⑳欄までの記入

付表４－３から、次のとおり申告書第一表に必要な事項を転記します。

| 申告書の記載項目 | | | 転記元項目等 |
|---|---|---|---|
| 地方消費税の課税標準となる消費税額 | 控除不足還付税額 | ⑰ | 付表４－３⑩Ｃ欄の金額 |
| | 差引税額（100円未満切捨て） | ⑱ | 付表４－３⑪Ｃ欄の金額 |
| 譲渡割額 | 還付額 | ⑲ | 付表４－３⑫Ｃ欄の金額 |
| | 納税額（100円未満切捨て） | ⑳ | 付表４－３⑬Ｃ欄の金額 |

⑳　申告書第一表㉑中間納付譲渡割額の記入（令和４年分の中間申告を行った事業者の方）

中間申告を行った事業者の方は、実際に納付したかどうかにかかわらず、令和４年の地方消費税の中間納付譲渡割額の合計額を申告書第一表㉑欄に記入します。なお、税務署から送付された申告書には、中間納付譲渡割額がある場合、その合計額が印字されています。

**（注１）**　３月ごと（年３回）又は１月ごと（年11回）の中間申告を行った場合、税務署から送付される申告書に中間納付譲渡割額は印字されません。最終の中間申告分（３回分又は11回分）までの地方消費税額を合計し、申告書第一表㉑欄に記入します。

**（注２）**　「確定申告のお知らせ」はがき又は通知書をお持ちの事業者の方は、中間納付譲渡割額の金額を確認します。

【設例２】の場合、中間納付譲渡割額はないため、記入は不要です。

⑳　申告書第一表㉒納付譲渡割額の計算

申告書第一表⑳納税額が、㉑中間納付譲渡割額を上回る場合、その差額を計算し、計算結果を申告書第一表㉒欄に記入します。計算結果がマイナス（負の値）となる場合は、申告書第一表㉒欄は空欄のまま、⑳に進みます。

【設例２】の場合、納付譲渡割額は、45,600円－０円＝45,600円と求められます。

⑳　申告書第一表㉓中間納付還付譲渡割額の計算

申告書第一表㉑中間納付譲渡割額が⑳納税額を上回る場合、その差額を計算し、計算結果を申告書第一表㉓欄に記入します。

⑳　申告書第一表㉖消費税及び地方消費税の合計税額の計算（納付又は還付）

納税する又は還付を受ける消費税及び地方消費税の合計税額を計算し、その計算結果を申告書第

消費税及び地方消費税の確定申告書の書き方

一表㉖欄に記入します。なお、計算結果がマイナス（負の値）の場合には、数字の左側のマスにマイナス記号（－）を記入します。

$$\left(\text{⑪納付税額} + \text{㉒納付譲渡割額}\right) - \left(\text{⑧控除不足還付税額} + \text{⑫中間納付還付税額} + \text{⑲還付額} + \text{㉓中間納付還付譲渡割額}\right)$$

$$= \text{㉖消費税及び地方消費税の合計（納付又は還付）税額}$$

【設例2】の場合、消費税及び地方消費税の合計納付税額は、

（162,000円＋45,600円）－（0円＋0円＋0円＋0円）＝<u>207,600円</u>と求められます。

㉙　その他の項目の記載

①　提出日・提出先税務署名・納税地・屋号・マイナンバー（個人番号）・氏名

・提出日【第一表】……申告書を提出する年月日を記入します。

・提出先税務署名【第一表】……申告書を提出する税務署名を記入します。

・納税地・屋号【第一表・第二表】……申告する事業者の現住所と電話番号、屋号をそれぞれ記入します。

・マイナンバー（個人番号）【第一表】……申告する事業者のマイナンバー（個人番号）を記入します。税務署で本人確認を行うため、本人確認書類の提示又は写しの添付が必要です。

　　（注）　本人確認書類

| マイナンバーカードを持っている方 | マイナンバーカード（個人番号カード）<br>（写しを添付する場合には、表面及び裏面の写しが必要です。） | |
|---|---|---|
| マイナンバーカードを持っていない方 | ①番号確認書類　＋　②身元確認書類 | |
| | ①　番号確認書類（本人のマイナンバーを確認できる書類） | ・通知カード<br>・住民票の写し（マイナンバーの記載があるものに限ります。）<br>などのうち、いずれか一つ |
| | ②　身元確認書類（記載したマイナンバーの持ち主であることを確認できる書類） | ・運転免許証　・パスポート<br>・公的医療保険の被保険者証<br>・身体障害者手帳　・在留カード<br>などのうち、いずれか一つ |

・氏名【第一表・第二表】……申告者の氏名とフリガナを記入します。

　　（注）　マイナンバーの記入は、申告書第一表のみです。

②　課税期間・表題

・課税期間【第一表・第二表】……個人事業者の方の課税期間は、原則として暦年（1月1日から12月31日まで）です。なお、税務署から送付される申告書では、課税期間はあらかじめ印字してあります。

　　（注）　元号欄について、「平成」又は「令和」を○印で囲みます。なお、○印で囲んでいない場合でも、有効な申告書として取り扱われます。また、課税期間の記入は数字で記載します。（「元

年」ではなく、「1年」と記入します。)

・表題【第一表・第二表】……表題のカッコ内に「確定」と記入します。

③　付記事項・参考事項【第一表】

・割賦基準・延払基準等・工事進行基準・現金主義会計……特別な売上基準を適用している場合には、該当する売上基準の「有」に〇印をつけます。適用していない場合は「無」に〇印をつけます。

・課税標準額に対する消費税額の計算の特例の適用……次に示す課税標準額に対する消費税計算の特例を、売上げの全て、又は一部に適用している場合には、「有」に〇印をつけます。適用していない場合には「無」に〇印をつけます。

　a　税込価格を基礎として代金決済を行っている場合……代金を領収するたびに、税込価格と、価格に含まれる消費税及び地方消費税相当額（1円未満の端数を処理した金額）を領収書等に明示しており、端数処理後の消費税及び地方消費税相当額の累計額を基に、課税標準額に対する消費税額を計算する方法

　b　税抜価格を基礎として代金決済を行っている場合……代金を領収するたびに、本体価格と、消費税及び地方消費税相当額とを、区分して領収し、その消費税及び地方消費税相当額の累計額を基に、課税標準額に対する消費税額を計算する方法

・事業区分ごとの課税売上高（税抜き）と売上割合

　　課税売上高（税抜き）……(8)の①で計算した事業区分ごとの課税売上高（税抜き）を、1,000円未満の端数を四捨五入し、転記します。

　　売上割合……(9)で計算した事業区分ごとの売上割合を転記します。

・特例計算の適用

　　(12)で、(11)のＡの原則の計算方法により計算した金額（付表5-3⑳欄の金額）を控除対象仕入税額とした場合は「無」に〇印を、Ｂ、Ｃ、Ｄのいずれかの方法を適用して計算した金額を控除対象仕入税額とした場合は「有」に〇印をつけます。

④　還付を受けようとする金融機関等【第一表】

　　還付申告となる場合（申告書第一表㉖欄の計算結果がマイナス（負の値）の場合）は、還付金の受取りについて、希望する振込先預貯金口座を記入します。

⑤　税理士法に基づく書面を提出する場合【第一表】

　　「税理士法第30条に規定する税務代理権限証書」及び「税理士法第33条の2に規定する計算・審査事項等を記載した添付書面」を提出する場合は、該当する箇所に〇印をつけます。

⑥　改正法附則による税額の特例計算【第二表】

　　消費税の軽減税率制度の実施に伴い、課税売上げを税率の異なるごとに区分して合計することにつき困難な事情がある中小事業者が、税額計算の特例を適用して課税標準額又は課税仕入れ等に係る消費税額を計算している場合には、該当する特例に〇印をつけます。

# 消費税及び地方消費税の確定申告書の書き方

## 申告書第一表（【設例2】大津商店の場合）

第3－(3)号様式

GK0405

令和 5 年 3 月 31 日　　　　　　大津 税務署長殿

（簡）第一表

令和元年十月一日以後終了課税期間分（簡易課税用）

OCR入力用（この用紙は機械で読み取ります。折ったり汚したりしないでください。）

| 納税地 | 大津市中央×－×－× |
|---|---|
| | （電話番号 077 － ××× － ××××） |
| （フリガナ） | オオツショウテン |
| 名称又は屋号 | 大津商店 |
| 個人番号又は法人番号 | ↓個人番号の記載に当たっては、左端を空欄とし、ここから記載してください。 〇〇〇〇〇〇〇〇〇〇〇〇 |
| （フリガナ） | オオツ　タロウ |
| 代表者氏名又は氏名 | 大津 太郎 |

※税務署処理欄

| 一連番号 | | | | 翌年以降送付不要 | 〇 |

所要整理番号

申告年月日　令和　　年　　月　　日

申告区分　指導等　庁指定　局指定

通信日付印　確認　確認書類　個人番号カード　通知カード・運転免許証　その他（　）　身元確認

指導年月日　相談　区分1　区分2　区分3

令和

自 平成（令和）4 年 1 月 1 日

至 令和 4 年 12 月 31 日

**課税期間分の消費税及び地方消費税の（　確定　）申告書**

中間申告の場合の対象期間　自 平成令和　　年　　月　　日　至 令和　　年　　月　　日

### この申告書による消費税の税額の計算

| | | 十兆千百十億千百十万千百十一円 | |
|---|---|---|---|
| 課税標準額 | ① | 1 1 6 5 0 0 0 0 | 03 |
| 消費税額 | ② | 8 1 0 4 8 2 | 06 |
| 貸倒回収に係る消費税額 | ③ | | 07 |
| 控除税額 控除対象仕入税額 | ④ | 6 4 8 3 8 5 | 08 |
| 返還等対価に係る税額 | ⑤ | | 09 |
| 貸倒れに係る税額 | ⑥ | | 10 |
| 控除税額小計（④＋⑤＋⑥） | ⑦ | 6 4 8 3 8 5 | 11 |
| 控除不足還付税額（⑦－②－③） | ⑧ | | 13 |
| 差引税額（②＋③－⑦） | ⑨ | 1 6 2 0 0 0 | 15 |
| 中間納付税額 | ⑩ | 0 0 | 16 |
| 納付税額（⑨－⑩） | ⑪ | 1 6 2 0 0 0 | 17 |
| 中間納付還付税額（⑩－⑨） | ⑫ | 0 0 | 18 |
| この申告書が修正申告である場合 既確定税額 | ⑬ | | 19 |
| 差引納付税額 | ⑭ | 0 0 | 20 |
| この課税期間の課税売上高 | ⑮ | 1 1 6 5 0 8 4 1 | 21 |
| 基準期間の課税売上高 | ⑯ | 1 1 6 5 0 4 8 5 | |

### この申告書による地方消費税の税額の計算

| | | | |
|---|---|---|---|
| 地方消費税の課税標準となる消費税額 控除不足還付税額 | ⑰ | | 51 |
| 差引税額 | ⑱ | 1 6 2 0 0 0 | 52 |
| 譲渡割額 還付額 | ⑲ | | 53 |
| 納税額 | ⑳ | 4 5 6 0 0 | 54 |
| 中間納付譲渡割額 | ㉑ | 0 0 | 55 |
| 納付譲渡割額（⑳－㉑） | ㉒ | 4 5 6 0 0 | 56 |
| 中間納付還付譲渡割額（㉑－⑳） | ㉓ | 0 0 | 57 |
| この申告書が修正申告である場合 既確定譲渡割額 | ㉔ | | 58 |
| 差引納付譲渡割額 | ㉕ | 0 0 | 59 |
| 消費税及び地方消費税の合計（納付又は還付）税額 | ㉖ | 2 0 7 6 0 0 | 60 |

㉖＝(⑪＋㉒)－(⑧＋⑫＋⑲＋㉓)・修正申告の場合㉖＝⑭＋㉕
㉖が還付税額となる場合はマイナス「－」を付してください。

### 付記事項 / 参考事項

| 割賦基準の適用 | 〇有 | 〇無 | 31 |
|---|---|---|---|
| 延払基準等の適用 | 〇有 | 〇無 | 32 |
| 工事進行基準の適用 | 〇有 | 〇無 | 33 |
| 現金主義会計の適用 | 〇有 | 〇無 | 34 |
| 課税標準額に対する消費税額の計算の特例の適用 | 〇有 | 〇無 | 35 |

| 事業区分 | 課税売上高（免税売上高を除く） 千円 | 売上割合 % | |
|---|---|---|---|
| 第1種 | | . | 36 |
| 第2種 | 11,396 | 9 7 . 8 | 37 |
| 第3種 | | . | 38 |
| 第4種 | 255 | 2 . 1 | 39 |
| 第5種 | | . | 42 |
| 第6種 | | . | 43 |
| 特例計算適用（令57③） | 〇有　〇無 | | 40 |

### 還付を受けようとする金融機関等

| 銀行 | 本店・支店 |
|---|---|
| 金庫・組合 | 出張所 |
| 農協・漁協 | 本所・支所 |

預金 口座番号

ゆうちょ銀行の貯金記号番号　　－

郵便局名等

※税務署整理欄

| 税理士署名 | |
|---|---|
| （電話番号　　－　　－　　） | |

〇 税理士法第30条の書面提出有

〇 税理士法第33条の2の書面提出有

# 消費税及び地方消費税の確定申告書の書き方

## 申告書第二表（【設例2】大津商店の場合）

第3-(2)号様式

GK0601

### 課税標準額等の内訳書

整理番号 □□□□□□□□

| 納税地 | 大津市中央×-×-× |
| --- | --- |
| | （電話番号　077 - ××× - ××××） |
| （フリガナ） | オオツショウテン |
| 名　称<br>又は屋号 | 大津商店 |
| （フリガナ） | オオツ　　タロウ |
| 代表者氏名<br>又は氏名 | 大津　太郎 |

#### 改正法附則による税額の特例計算

| | | |
| --- | --- | --- |
| 軽減売上割合（10営業日） | ◯ | 附則38① 51 |
| 小売等軽減仕入割合 | ◯ | 附則38② 52 |
| 小売等軽減売上割合 | ◯ | 附則39① 53 |

OCR入力用（この用紙は機械で読み取ります。折ったり汚したりしないでください。）

第二表

自 平成<br>　令和 ④ 4 年 ① 1 月 ① 1 日

至 令和 4 年 12 月 31 日

**課税期間分の消費税及び地方消費税の（　確定　）申告書**

中間申告<br>の場合の<br>対象期間　自 平成<br>　　　令和 □□年□□月□□日　至 令和 □□年□□月□□日

令和元年十月一日以後終了課税期間分

| 課　税　標　準　額<br>※申告書（第一表）の①欄へ | ① | 十兆千百十億千百十万千百十一円<br>　　　　　　　１１６５００００ 01 |
| --- | --- | --- |

| | | |
| --- | --- | --- |
| 課税資産の<br>譲渡等の<br>対価の額<br>の合計額 | 3　％適用分 ② | 02 |
| | 4　％適用分 ③ | 03 |
| | 6.3　％適用分 ④ | 04 |
| | 6.24％適用分 ⑤ | ６２９６２９６ 05 |
| | 7.8　％適用分 ⑥ | ５３５４５４５ 06 |
| | ⑦ | １１６５０８４１ 07 |
| 特定課税仕入れ<br>に係る支払対価<br>の額の合計額<br>（注1） | 6.3　％適用分 ⑧ | 11 |
| | 7.8　％適用分 ⑨ | 12 |
| | ⑩ | 13 |

| 消　費　税　額<br>※申告書（第一表）の②欄へ | ⑪ | ８１０４８２ 21 |
| --- | --- | --- |
| ⑪の内訳 | 3　％適用分 ⑫ | 22 |
| | 4　％適用分 ⑬ | 23 |
| | 6.3　％適用分 ⑭ | 24 |
| | 6.24％適用分 ⑮ | ３９２８７０ 25 |
| | 7.8　％適用分 ⑯ | ４１７６１２ 26 |

| 返　還　等　対　価　に　係　る　税　額<br>※申告書（第一表）の⑤欄へ | ⑰ | 31 |
| --- | --- | --- |
| ⑰の内訳 | 売上げの返還等対価に係る税額 ⑱ | 32 |
| | 特定課税仕入れの返還等対価に係る税額 （注1） ⑲ | 33 |

| 地方消費税の<br>課税標準となる<br>消費税額<br>（注2） | ⑳ | １６２０００ 41 |
| --- | --- | --- |
| | 4　％適用分 ㉑ | 42 |
| | 6.3　％適用分 ㉒ | 43 |
| | 6.24％及び7.8％適用分 ㉓ | １６２０００ 44 |

（注1）　⑧～⑩及び⑲欄は、一般課税により申告する場合で、課税売上割合が95％未満、かつ、特定課税仕入れがある事業者のみ記載します。
（注2）　⑳～㉓欄が還付税額となる場合はマイナス「－」を付してください。

——(955)——

消費税及び地方消費税の確定申告書の書き方

# 第六節　所得税の決算額の調整

　消費税等の納付税額又は還付税額が算定できますと、次に所得税の決算額を調整しなければならない場合があります。概要については、第二章の2で説明したとおりですが、ここでは個人事業者が事業所得等を生ずべき業務のうち2以上の所得を生ずべき業務を行う場合等、特殊な場合の処理方法について説明します。

## 一　税込経理方式を採用している場合

### 1　2以上の所得を生ずべき業務がある場合の処理方法

　個人事業者が事業所得、不動産所得などの所得を生ずべき業務のうち2以上の所得を生ずべき業務を行う場合には、消費税法上は、所得の種類に関係なくその者が行う業務の全体を基として課税売上げや課税仕入れの金額を計算しますが、所得税法上は、それぞれの所得の種類ごとに所得金額を計算しなければなりません。

　このため、個人事業者が事業所得等を生ずべき業務のうち2以上の所得を生ずべき業務を行う場合には、次のように消費税等に関する経理処理もそれぞれの所得の種類ごとに行うことが必要になります。

| (1) | 簡易課税制度の適用がない場合 | イ　まず、それぞれの所得を生ずべき業務ごとの課税売上げや課税仕入れの金額を基として、それぞれの所得の別に消費税等の納付税額又は還付税額を計算します。<br>ロ　次に、それぞれの所得の別に求めた消費税等の納付税額又は還付税額を、原則として消費税等の申告書の提出日に、それぞれの所得の別に租税公課として必要経費に算入し、又は雑収入として総収入金額に算入します。<br>**(注)**　消費税等の納付税額又は還付税額を未払金又は未収入金に計上したときは、その計上日の必要経費又は雑収入となります。 |
|-----|------------------------------|---|
| (2) | 簡易課税制度の適用を受ける場合 | イ　まず、それぞれの所得を生ずべき業務ごとの課税売上げの金額を基として、それぞれの所得の別に簡易課税制度の適用を受ける場合の消費税等の納付税額を計算します。<br>ロ　次に、その簡易課税制度の適用後の消費税等の納付税額を、(1)のロと同様にそれぞれの所得の金額の計算上、租税公課として必要経費に算入します。 |

——(956)——

消費税及び地方消費税の確定申告書の書き方

## 2　業務用固定資産等の譲渡がある場合の処理方法

　事業用の店舗や自動車などの減価償却資産を譲渡して消費税等の課税対象となっている場合には、その資産の譲渡をその用に供していた事業所得等を生ずべき業務に係る取引に含めてその業務に係る消費税等の納付（還付）税額を計算し、その消費税等の納付（還付）税額を1の(1)のロと同様にその業務に係る事業所得等の金額の計算上、租税公課として必要経費に算入（雑収入として総収入金額に算入）します。

**（注）**　譲渡所得の金額の計算上は、税込みの譲渡価額を譲渡所得に係る収入金額に算入します。

## 二　税抜経理方式を採用している場合

## 1　一般的な場合の処理方法

　個人事業者が消費税等について税抜経理方式を採用している場合などには、原則として12月31日における仮受消費税等と仮払消費税等とを清算し、その差額（清算差額）が納付すべき消費税等の額又は還付されるべき消費税等の額となります。

　しかし、簡易課税制度の適用を受ける場合には、上記清算差額と納付すべき消費税等の額又は還付されるべき消費税等の額とが一致しないことになります。この一致しない部分の差額は、令和4年分の事業所得等の金額の計算上、総収入金額（雑収入）又は必要経費（雑損失）に算入することになります。

| 〔設例〕 | 簡易課税制度を適用している場合（第二種事業のみを営む者） | |
|---|---|---|
| ① | 課税売上高（税抜き） | 2,000万円 |
| | うち税率6.24％適用分 | 1,200万円 |
| | うち税率7.8％適用分 | 800万円 |
| ② | 課税売上げに係る消費税等の額（仮受消費税等の金額） | 176万円 |
| ③ | 課税仕入高（税抜き） | 1,200万円 |
| ④ | 課税仕入れに係る消費税等の額（仮払消費税等の金額） | 105.6万円 |

**＜計算＞**

　1　仮受消費税等と仮払消費税等と清算

　　仮受消費税等の金額 − 仮払消費税等との金額 ＝ 176万円 − 105.6万円 ＝ 70.4万円………⑤

　　（②）　　　　　　（④）

　2　簡易課税制度適用による納付すべき消費税額

　　税率6.24％適用分　1,200万円×6.24％＝748,800円

　　税率7.8％適用分　　800万円×7.8％＝624,000円

　　合計　748,800円＋624,000円＝1,372,800円

税率6.24％適用分　748,800円×80％＝599,040円

税率7.8％適用分　624,000円×80％＝499,200円

合計　599,040円＋499,200円＝1,098,240円

税率6.24％、7.8％適用分　（748,800円＋624,000円）－（599,040円＋499,200円）
$$＝274,560円$$

合計　274,560円 ･････････････････････････････････････････････････････ ⑥

3　簡易課税制度適用による納付すべき地方消費税額

税率22／78適用分　274,560円×22／78＝77,440円

合計　77,440円 ････････････････････････････････････････････････････････ ⑦

4　納付すべき消費税及び地方消費税

　　⑥　　　　　⑦
274,560円＋77,440円＝352,000円 ･･････････････････････････････････ ⑧

5　事業所得等の金額の計算上総収入金額に算入される雑収入

　　　　　⑤　　　　　⑧
雑収入＝704,000円－352,000円＝352,000円

**＜仕訳＞**

| 12/31 | （仮受消費税等） | 1,760,000円 | （仮払消費税等） | 1,056,000円 |
|---|---|---|---|---|
| | | | （未　払　金） | 352,000円 |
| | | | （雑　収　入） | 352,000円 |

## 2　2以上の所得を生ずべき業務がある場合の処理方法

　事業所得や不動産所得などを生ずべき業務のうち2以上の所得を生ずべき業務を行う場合には、消費税等の経理処理はそれぞれの所得の種類ごとに行うことになりますから、簡易課税制度の適用がある場合の差額の処理についても、それぞれの所得の種類ごとに行うこととなります。

　なお、事業所得等を生ずべき業務の用に供している機械や自動車、建物などの資産の譲渡がある場合は、その固定資産の譲渡に係る仮受消費税等は事業所得等に係る仮受消費税等に含めて処理することになります。

消費税及び地方消費税の確定申告書の書き方

〔設例〕 簡易課税制度を適用している場合

| (1) 事業所得<br>(第二種事業のみ) | ① | 課税売上高（税抜き） | 1,000万円 |
| | | うち税率6.24%適用分 | 600万円 |
| | | うち税率7.8%適用分 | 400万円 |
| | ② | 課税売上げに係る消費税等の額（仮受消費税等の金額） | 88万円 |
| | ③ | 課税仕入高（税抜き） | 600万円 |
| | ④ | 課税仕入れに係る消費税等の額（仮払消費税等の金額） | 52.8万円 |
| (2) 不動産所得<br>(第六種事業) | 1 | 課税売上高（税抜き） | 800万円 |
| | | うち税率6.24%適用分 | 0万円 |
| | | うち税率7.8%適用分 | 800万円 |
| | 2 | 課税売上げに係る消費税等の額（仮受消費税等の金額） | 80万円 |
| | 3 | 課税仕入高（税抜き） | 200万円 |
| | 4 | 課税仕入れに係る消費税等の額（仮払消費税等の金額） | 20万円 |

## ＜計算＞

1 仮受消費税等と仮払消費税等との清算

(1) 事業所得 ②－④＝880,000円－528,000円＝352,000円 ・・・・・・・・・・・・・・・・・・・・・⑤

(2) 不動産所得 2－4＝800,000円－200,000円＝600,000円 ・・・・・・・・・・・・・・・・・・・・5

2 簡易課税制度適用による納付すべき消費税額

(1) 事業所得

税率6.24%適用分　600万円×6.24%－（600万円×6.24%×80%）

$\qquad$ ＝374,400円－299,520円＝74,880円

税率7.8%適用分　400万円×7.8%－（400万円×7.8%×80%）＝312,000円－249,600円

$\qquad$ ＝62,400円

合計　74,880円＋62,400円＝137,280円 ・・・・・・・・・・・・・・・・・・・・・・・・・・・・・・⑥

(2) 不動産所得

税率7.8%適用分　800万円×7.8%－（800万円×7.8%×40%）＝624,000円－249,600円

$\qquad$ ＝374,400円

合計　374,400円 ・・・・・・・・・・・・・・・・・・・・・・・・・・・・・・・・・・・・・・・・・・・・・・6

(3) 納付すべき消費税額（⑥＋6）＝137,280円＋374,400円＝511,680円・・・・・・・・・・・・・・・⑦

※第二種事業の課税売上高が全体の75％に満たないため原則的な計算方法となります。

## 消費税及び地方消費税の確定申告書の書き方

3　簡易課税制度適用による納付すべき地方消費税額

(1)　事業所得

　　税率22／78適用分　（74,880円＋62,400円）×22／78＝38,720円

　　合計　38,720円 ……………………………………………………………⑧

(2)　不動産所得

　　税率22／78適用分　374,400円×22／78＝105,600円

　　合計　105,600円 …………………………………………………………⑧

(3)　納付すべき地方消費税額（⑧＋⑧）＝38,720円＋105,600円＝144,320円 ……………⑨

4　納付すべき消費税及び地方消費税

(1)　事業所得　　137,280円＋38,720円＝176,000円 ………………………⑩
　　　　　　　　　⑥　　　　　　⑧

(2)　不動産所得　374,400円＋105,600円＝480,000円 ………………………⑩
　　　　　　　　　⑥　　　　　⑧

5　事業所得の金額の計算上総収入金額に算入される雑収入

　　雑収入＝352,000円－176,000円＝176,000円
　　　　　　　⑤　　　　　⑩

6　不動産所得の金額の計算上総収入金額に算入される雑収入

　　雑収入＝600,000円－480,000円＝120,000円
　　　　　　　⑤　　　　　⑩

### ＜仕訳＞

| | | | | | | |
|---|---|---|---|---|---|---|
| 事業所得 | 12/31 | （仮受消費税等） | 880,000円 | （仮払消費税等） | 528,000円 |
| | | | | （未　払　金） | 176,000円 |
| | | | | （雑　収　入） | 176,000円 |
| 不動産所得 | 12/31 | （仮受消費税等） | 800,000円 | （仮払消費税等） | 200,000円 |
| | | | | （未　払　金） | 480,000円 |
| | | | | （雑　収　入） | 120,000円 |

消費税及び地方消費税の確定申告書の書き方

## 3 控除対象外消費税額等の処理

　課税売上高が5億円以下であり、かつ、課税期間の課税売上割合が95％以上である場合には、課税仕入れに係る仮払消費税等の全額を課税売上げに係る仮受消費税額等から控除できますが、課税売上高が5億円超又は課税売上割合が95％未満である場合には、課税仕入れに係る仮払消費税額等のうち非課税売上げに対応するものは控除することができず、仕入税額控除の対象外の消費税額等（控除対象外消費税額等）が生じますので、税抜経理方式を採用している個人事業者にあっては、控除対象外消費税額等に相当する金額が仮払消費税等勘定に残ってしまいます。

　この控除対象外消費税額等については、所得金額の計算上、個々の資産の取得価額又は経費に算入するか、次のように処理するかいずれかによることとされています。

| イ　控除対象外消費税額等の処理区分 | (イ)　資産に係る控除対象外消費税額等（所令182の2①②）<br>　A　次のものは、その全額について、その年分の必要経費に算入します。<br>　　a　消費税の課税売上割合が80％以上である年分の控除対象外消費税額等<br>　　b　一の資産に係る控除対象外消費税額等で、その消費税等の額が20万円未満のもの<br>　　c　棚卸資産に係る控除対象外消費税額等<br>　　d　特定課税仕入れ（902ページ参照）に係る控除対象外消費税額等<br>　B　上記Aのいずれにも該当しないものは、「繰延消費税額等」として、次のロにより必要経費に算入します。<br>(ロ)　経費に係る控除対象外消費税額等<br>　　経費に係る控除対象外消費税額等は、その全額を必要経費に算入します。 |
|---|---|
| ロ　繰延消費税額等の必要経費算入額の計算 | (イ)　繰延消費税額等が発生した年（所令182の2③）<br><br>$$\text{その年の必要経費算入額}=\text{繰延消費税額等}\times\frac{\text{その年において事業所得等を生ずべき業務を行っていた期間の月数}}{60}\times\frac{1}{2}$$<br><br>(ロ)　繰延消費税額等が発生した年の翌年以後の年（所令182の2④）<br><br>$$\text{その年の必要経費算入額}=\text{その年の前年以前の各年において生じた繰延消費税額等}\times\frac{\text{その年において事業所得等を生ずべき業務を行っていた期間の月数}}{60}$$<br><br>**(注)**　前年から繰り越された繰延消費税額等の金額を限度とします。 |

　**(注)**　上記イ又はロにより処理することにした場合には、上記により必要経費に算入される金額に関する明細書（「資産に係る控除対象外消費税額等の必要経費算入に関する明細書」）を所得税の申告書に添付することが必要です。

消費税及び地方消費税の確定申告書の書き方

《参考》控除対象外消費税額等の処理区分のフローチャート
（所得税法施行令182条の2を適用した場合）

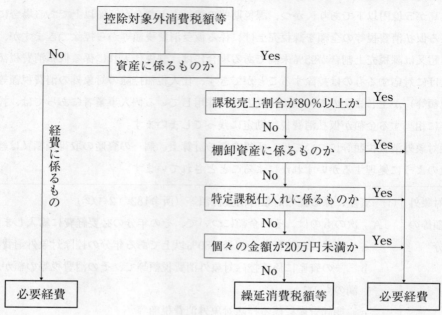

消費税及び地方消費税の確定申告書の書き方

# 第四章　消費税等の業種別計算例

　この章では、既に908ページの設例で説明しました小売業を除き、主な業種について、設例によって説明します。

**（注1）**　設例の中では、「所得税に係る決算額」の金額は、令和4年分の青色申告決算書等の金額を示し、消費税の確定申告に関係しない科目については、金額を省略しています。

**（注2）**　特に設例において中間申告による納付税額が記載されていない場合は、中間申告を要しなかったものとします。

## 飲食店業の計算例

### 【設　例】

1　私は飲食店業を営む個人事業者です。

　令和4年分は、飲食店業による事業所得以外の所得はありません。

2　消費税等に関する記帳は、税込経理方式を採用しています。

3　令和4年分の所得税に係る決算額は〔**表1**〕のとおりで、消費税等に関する特記事項は次のとおりです。

　①　売上高の内訳は次のとおりです。

| 項　　　目 | 金　　額 | 内　　訳 | |
|---|---|---|---|
| 飲食売上高（＊1） | 77,287,454円 | 軽減税率6.24％適用分 | 0円 |
| | | 標準税率7.8％適用分 | 77,287,454 |
| ハイヤー・タクシー代相当額（＊2） | 384,000 | 軽減税率6.24％適用分 | 0 |
| | | 標準税率7.8％適用分 | 384,000 |
| 酒屋から受領した取引高の2％のリベート | 800,546 | | |
| 顧客からのチップ | 138,000 | | |

　＊1　すべて飲食店業に係るものです。

　＊2　売上げの際、区分して請求していません。また、その支払については、旅費交通費として経理しています。

　②　租税公課のうち363,000円は消費税の中間納付税額、102,300円は地方消費税の中間納付譲渡割額です。

　③　使用人に対して提供した食事の原価相当額（300,000円）を期末に給与に加算しています。

　〈仕訳〉　給与　300,000　／　仕入　300,000

——（963）——

消費税及び地方消費税の確定申告書の書き方

④　大口得意先に対して、10月の売上げの2％（189,000円）の割戻しを行い、販売促進費として処理しました。

⑤　福利厚生費は、すべて労災保険や雇用保険の雇用主負担分です。

⑥　地代家賃は、すべて店舗の家賃です。

4　簡易課税制度を選択しています。（令和2年分の課税売上高は43,395,471円です。）

5　売上げを適用税率ごとに区分することが困難な中小事業者に対する売上税額の計算の特例は適用していません。

消費税及び地方消費税の確定申告書の書き方

〔表1〕 所得税に係る決算額

| 科 目 | | 決 算 額 |
|---|---|---|
| 売上（収入）金額<br>（雑収入を含む） | | 78,610,000円 |
| 売上原価 | 期首商品棚卸高 | 230,000 |
| | 仕 入 金 額 | 28,180,000 |
| | 小 計 | 28,410,000 |
| | 期末商品棚卸高 | 190,000 |
| | 差 引 原 価 | 28,220,000 |
| 差 引 金 額 | | 50,390,000 |
| 経費 | 租 税 公 課 | 1,333,100 |
| | 水 道 光 熱 費 | 3,067,000 |
| | 旅 費 交 通 費 | 1,250,000 |
| | 通 信 費 | 130,000 |
| | 広 告 宣 伝 費 | 762,000 |
| | 接 待 交 際 費 | 343,000 |
| | 損 害 保 険 料 | 119,000 |
| | 修 繕 費 | 248,000 |
| | 消 耗 品 費 | 1,471,000 |
| | 減 価 償 却 費 | 583,000 |
| | 福 利 厚 生 費 | 834,560 |
| | 給 料 賃 金 | 24,696,000 |
| | 利 子 割 引 料 | 895,000 |
| | 地 代 家 賃 | 3,494,200 |

| 科 目 | | 決 算 額 |
|---|---|---|
| 販 売 促 進 費 | | 189,000円 |
| 雑 費 | | 83,000 |
| 計 | | 39,497,860 |
| 差 引 金 額 | | 10,892,140 |
| 引当金等 | 貸倒引当金繰戻し | 0 |
| | 専 従 者 給 与 | 0 |
| | 貸倒引当金繰入れ | 0 |
| 青色申告特別控除前<br>の 所 得 金 額 | | 10,892,140 |
| 青色申告特別控除額 | | 650,000 |
| 所 得 金 額 | | 10,242,140 |

——(965)——

消費税及び地方消費税の確定申告書の書き方

〔チェックポイント〕

1 事業区分

飲食店業の場合、第一種事業、第二種事業、第三種事業、第五種事業及び第六種事業のいずれにも該当しませんので、原則として第四種事業に該当することになります。（ただし、宿泊業に係るものは第五種事業とされます。）

なお、飲食店が土産品用等として製造した商品を販売した場合は、第三種事業となり、仕入れた商品をそのまま土産品用等として販売した場合は、第一種事業又は第二種事業に該当することになります。

2 タクシー代の立替払い

飲食店等において、客が自ら又は客の依頼を受けてタクシーや宴会のコンパニオンを呼んだ場合には、本来それらの役務の提供の対価は客が直接役務の提供者に支払うべきものですから、飲食店が当該対価を客に代わって立替払いをし、その旨を明確に区分している場合は、その代金を客から領収しても課税売上げに含める必要はなく、また、この場合のその支払は飲食店の課税仕入れに該当しません。

3 仕入返品、値引き、割戻し等があった場合

課税事業者が課税仕入れについて、返品をしたり、値引き、割引や割戻しを受けて、支払対価の額の全部又は一部の返還や支払対価の額に係る買掛金、その他の債務の額の全部又は一部の減額（以下、「仕入対価の返還等」といいます。）を受けた場合に、所得税の計算上、その仕入対価の返還等の金額を仕入金額から減額する方法で経理しないで売上（収入）金額に含めている場合には、仕入対価の返還等を受けた課税期間中の仕入税額から仕入対価の返還等に係る消費税額を控除して計算することになりますから、売上（収入）金額に含めたリベート収入の金額は課税売上げから除きます。

4 チップ収入の消費税における課否

客からの心付け（チップ）は、役務の提供の対価の支払とは別に支出されるものであり、提供を受ける役務との間に明白な対価関係は認められませんから、課税の対象とはなりません。

消費税及び地方消費税の確定申告書の書き方

〈計算方法〉

(1) **課税売上高の合計額の計算**（〔表ロ〕の作成）

① 事業所得に係る課税売上高

〔表1〕の「売上（収入）金額」欄の金額78,610,000円－（酒屋から受領した取引高の2％のリベート800,546円＋顧客からのチップ138,000円）＝77,671,454円（→〔表ロ〕①「金額」欄に記入）

※ 「ハイヤー・タクシー代相当額」については、区分せず請求しているため課税売上げに含めます。

税率7.8％適用分　77,671,454円（→〔表ロ〕①「うち標準税率7.8％適用分」欄に記入）

② 課税売上高の合計額

合計（〔表ロ〕①「金額」欄）

77,671,454円（→〔表ロ〕⑩「金額」欄に記入）

税率7.8％適用分（〔表ロ〕①「うち標準税率7.8％適用分」欄）

77,671,454円（→〔表ロ〕⑩「うち標準税率7.8％適用分」欄に記入）

(2) **課税標準額の計算**（〔表ロ〕、付表4－3の作成）

① 課税資産の譲渡等の対価の額の計算

税率7.8％適用分（〔表ロ〕⑩「うち標準税率7.8％適用分」欄×100／110）

77,671,454円×100／110＝70,610,412円（→〔表ロ〕⑫欄、付表4－3①－1B欄に記入）

合計（付表4－3①－1A欄＋B欄）

0円＋70,610,412円＝70,610,412円（→付表4－3①－1C欄に記入）

② 課税標準額の計算

税率7.8％適用分（付表4－3①－1B欄の金額を1,000円未満切捨て）

70,610,412円→70,610,000円（→付表4－3①B欄に記入）

合計（付表4－3①A欄＋B欄）

0円＋70,610,000円＝70,610,000円（→付表4－3①C欄に記入）

(3) **消費税額の計算**（付表4－3、5－3の作成）

税率7.8％適用分（付表4－3①B欄×7.8％）

70,610,000円×7.8％＝5,507,580円（→付表4－3②B欄、付表5－3①B欄に記入）

合計（付表4－3②A欄＋B欄）

0円＋5,507,580円＝5,507,580円（→付表4－3②C欄、付表5－3①C欄に記入）

(4) **返還等対価に係る税額の計算**（付表4－3、5－3の作成）

〔表1〕の経費の「販売促進費」189,000円は、対価の返還等をした金額として、その税額を計算します。

税率7.8％適用分　189,000円×7.8／110＝13,401円（→付表4－3⑤B欄、付表5－3③B欄に記入）

合計（付表4－3⑤A欄＋B欄）

0円＋13,401円＝13,401円（→付表4－3⑤C欄、付表5－3③C欄に記入）

⑸　**控除対象仕入税額の基礎となる消費税額の計算**（付表5－3の作成）

税率7.8％適用分（付表5－3①B欄＋②B欄－③B欄）

5,507,580円＋0円－13,401円＝5,494,179円（→付表5－3④B欄に記入）

合計（付表5－3④A欄＋B欄）

0円＋5,494,179円＝5,494,179円（→付表5－3④C欄に記入）

⑹　**控除対象仕入税額の計算**（付表4－3、5－3の作成）

【本設例】の場合、飲食店業以外の事業を営んでいませんので、付表5－3⑤欄を使用して、控除対象仕入税額を計算します。

税率7.8％適用分（付表5－3④B欄×みなし仕入率）

5,494,179円×60％＝3,296,507円（→付表5－3⑤B欄、付表4－3④B欄に記入）

合計（付表5－3⑤A欄＋B欄）

0円＋3,296,507円＝3,296,507円（→付表5－3⑤C欄、付表4－3④C欄に記入）

⑺　**控除税額小計の計算**（付表4－3の作成）

税率7.8％適用分（付表4－3④B欄＋⑤B欄＋⑥B欄）

3,296,507円＋13,401円＋0円＝3,309,908円（→付表4－3⑦B欄に記入）

合計（付表4－3⑦A欄＋B欄）

0円＋3,309,908円＝3,309,908円（→付表4－3⑦C欄に記入）

⑻　**差引税額又は控除不足還付税額の計算**（付表4－3の作成）

差引税額の計算（付表4－3②C欄＋③C欄－⑦C欄）

5,507,580円＋0円－3,309,908円＝2,197,600円（100円未満切捨て）（→付表4－3⑨C欄）

⑼　**地方消費税の課税標準となる消費税額の計算**（付表4－3の作成）

差引税額の転記（付表4－3⑨C欄の金額）

2,197,600円（→付表4－3⑪C欄に記入）

⑽　**譲渡割額（納税額）又は譲渡割額（還付額）の計算**（付表4－3の作成）

譲渡割額（納税額）の計算（付表4－3⑪C欄×22／78）

2,197,600円×22／78＝619,800円（100円未満切捨て）（→付表4－3⑬C欄に記入）

⑾　**申告書第二表の記入**

付表4－3から、次のとおり申告書第二表に必要な事項を転記します。

付表4－3①C欄の金額　70,610,000円（→申告書第二表①欄）

付表4－3①－1B欄の金額　70,610,412円（→申告書第二表⑥欄）

付表4－3①－1C欄の金額　70,610,412円（→申告書第二表⑦欄）

付表4－3②C欄の金額　5,507,580円（→申告書第二表⑪欄）

付表4－3②B欄の金額　5,507,580円（→申告書第二表⑯欄）

消費税及び地方消費税の確定申告書の書き方

□ 付表4－3⑤C欄の金額　13,401円（→申告書第二表⑰及び⑱欄）

付表4－3⑪C欄の金額　2,197,600円（→申告書第二表⑳及び㉓欄）

⑿ **申告書第一表の記入**

申告書第二表及び付表4－3から、次のとおり申告書第一表に必要な事項を転記します。

申告書第二表①欄の金額　70,610,000円（→申告書第一表①欄）

申告書第二表⑪欄の金額　5,507,580円（→申告書第一表②欄）

付表4－3④C欄の金額　3,296,507円（→申告書第一表④欄）

申告書第二表⑰欄の金額　13,401円（→申告書第一表⑤欄）

付表4－3⑦C欄の金額　3,309,908円（→申告書第一表⑦欄）

付表4－3⑨C欄の金額　2,197,600円（→申告書第一表⑨欄）

⒀ **中間納付税額の記入**

363,000円（→申告書第一表⑩欄に記入）

⒁ **納付税額の計算**（申告書第一表⑨欄－⑩欄）

2,197,600円－363,000円＝1,834,600円（→申告書第一表⑪欄に記入）

⒂ **課税期間及び基準期間の課税売上高を記入**

課税期間の課税売上高70,610,412円－返還等対価に係る金額171,818円＝70,438,594円（→申告書第一表⑮欄に記入）

※　返還等対価に係る金額（販売促進費189,000円）
　　税率7.8%適用分　189,000円×100／110＝171,818円
　　合計　171,818円

令和2年分の課税売上高　43,395,471円（→申告書第一表⑯欄に記入）

⒃ **地方消費税の税額の計算**

付表4－3⑪C欄の金額　2,197,600円（→申告書第一表⑱欄）

付表4－3⑬C欄の金額　619,800円（→申告書第一表⑳欄）

⒄ **中間納付譲渡割額の記入**

102,300円（→申告書第一表㉑欄に記入）

⒅ **納付譲渡割額の計算**（申告書第一表⑳欄－㉑欄）

619,800円－102,300円＝517,500円（申告書第一表㉒欄に記入）

⒆ **消費税及び地方消費税の合計税額の計算**（申告書第一表⑪欄＋㉒欄）

1,834,600円＋517,500円＝2,352,100円（→申告書第一表㉖欄に記入）

## 消費税及び地方消費税の確定申告書の書き方

**表口**

# 課 税 売 上 高 計 算 表

（令和　4　年分）

| (1) 事業所得に係る課税売上高 | | 金　　額 | うち軽減税率<br>6.24%適用分 | うち標準税率<br>7.8%適用分 |
|---|---|---|---|---|
| 営業等課税売上高 | ① | 表イー1の①C欄の金額　円<br>**77,671,454** | 表イー1の①D欄の金額　円 | 表イー1の①E欄の金額　円<br>**77,671,454** |
| 農業課税売上高 | ② | 表イー2の④C欄の金額 | 表イー2の④D欄の金額 | 表イー2の④E欄の金額 |

| (2) 不動産所得に係る課税売上高 | | 金　　額 | うち軽減税率<br>6.24%適用分 | うち標準税率<br>7.8%適用分 |
|---|---|---|---|---|
| 課税売上高 | ③ | 表イー3の④C欄の金額 | 表イー3の④D欄の金額 | 表イー3の④E欄の金額 |

| (3) （　　　）所得に係る課税売上高 | | 金　　額 | うち軽減税率<br>6.24%適用分 | うち標準税率<br>7.8%適用分 |
|---|---|---|---|---|
| 損益計算書の収入金額 | ④ | | | |
| ④のうち、課税売上げにならないもの | ⑤ | | | |
| 差引課税売上高（④－⑤） | ⑥ | | | |

| (4) 業務用資産の譲渡所得に係る課税売上高 | | 金　　額 | うち軽減税率<br>6.24%適用分 | うち標準税率<br>7.8%適用分 |
|---|---|---|---|---|
| 業務用固定資産等の譲渡収入金額 | ⑦ | | | |
| ⑦のうち、課税売上げにならないもの | ⑧ | | | |
| 差引課税売上高（⑦－⑧） | ⑨ | | | |

| (5) 課税売上高の合計額<br>（①＋②＋③＋⑥＋⑨） | ⑩ | **77,671,454** | | **77,671,454** |
|---|---|---|---|---|

**(6) 課税資産の譲渡等の対価の額の計算**

| ＿＿＿＿＿＿＿＿＿　円×100/108<br><br>税抜経理方式によっている場合、⑩軽減税率6.24%適用分欄の金額に課税売上げに係る仮受消費税等の金額を加算して計算します。 | ⑪ | （1円未満の端数切捨て）<br>（一般用）付表1－3の①－1A欄へ<br>（簡易課税用）付表4－3の①－1A欄へ |
|---|---|---|
| **77,671,454**　円×100/110<br><br>税抜経理方式によっている場合、⑩標準税率7.8%適用分欄の金額に課税売上げに係る仮受消費税等の金額を加算して計算します。 | ⑫ | （1円未満の端数切捨て）<br>（一般用）付表1－3の①－1B欄へ<br>（簡易課税用）付表4－3の①－1B欄へ　**70,610,412** |

# 消費税及び地方消費税の確定申告書の書き方

第4-(11)号様式

## 付表4-3　税率別消費税額計算表　兼　地方消費税の課税標準となる消費税額計算表

簡　易

| 課　税　期　間 | 令和<br>4・1・1 ～ 4・12・31 | 氏　名　又　は　名　称 | 大手　一郎 |
|---|---|---|---|

| 区　　　　分 | | 税率 6.24 ％ 適用分<br>A | 税率 7.8 ％ 適用分<br>B | 合　　　計　　C<br>(A+B) |
|---|---|---|---|---|
| 課　税　標　準　額 | ① | 円<br>000 | 円<br>70,610,000 | ※第二表の①欄へ 円<br>70,610,000 |
| 課税資産の譲渡等<br>の　対　価　の　額 | ①<br>-1 | ※第二表の⑤欄へ | ※第二表の⑥欄へ<br>70,610,412 | ※第二表の⑦欄へ<br>70,610,412 |
| 消　　費　　税　　額 | ② | ※付表5-3の①A欄へ<br>※第二表の⑮欄へ | ※付表5-3の①B欄へ<br>※第二表の⑯欄へ<br>5,507,580 | ※付表5-3の①C欄へ<br>※第二表の⑪欄へ<br>5,507,580 |
| 貸倒回収に係る消費税額 | ③ | ※付表5-3の②A欄へ | ※付表5-3の②B欄へ | ※付表5-3の②C欄へ<br>※第一表の③欄へ |
| 控<br>除<br>税<br>額 | 控除対象仕入税額 ④ | (付表5-3の⑤A欄又は⑦A欄の金額) | (付表5-3の⑤B欄又は⑦B欄の金額)<br>3,296,507 | (付表5-3の⑤C欄又は⑦C欄の金額)<br>※第一表の④欄へ<br>3,296,507 |
| | 返　還　等　対　価<br>に　係　る　税　額 ⑤ | ※付表5-3の③A欄へ | ※付表5-3の③B欄へ<br>13,401 | ※付表5-3の③C欄へ<br>※第二表の⑰欄へ<br>13,401 |
| | 貸倒れに係る税額 ⑥ | | | ※第一表の⑥欄へ |
| | 控　除　税　額　小　計<br>（④＋⑤＋⑥） ⑦ | | 3,309,908 | ※第一表の⑦欄へ<br>3,309,908 |
| 控除不足還付税額<br>（⑦－②－③） ⑧ | | | | ※第一表の⑧欄へ |
| 差　　引　　税　　額<br>（②＋③－⑦） ⑨ | | | | ※第一表の⑨欄へ<br>2,197,600 |
| 地方消費税の課税標準となる消費税額 | 控除不足還付税額<br>（⑧） ⑩ | | | ※第一表の⑰欄へ<br>※マイナス「－」を付して第二表の㉑及び㉓欄へ |
| | 差　　引　　税　　額<br>（⑨） ⑪ | | | ※第一表の⑱欄へ<br>※第二表の㉒及び㉓欄へ<br>2,197,600 |
| 譲渡割額 | 還　　付　　額 ⑫ | | | (⑩C欄×22/78)<br>※第一表の⑲欄へ |
| | 納　　税　　額 ⑬ | | | (⑪C欄×22/78)<br>※第一表の⑳欄へ<br>619,800 |

注意　金額の計算においては、1円未満の端数を切り捨てる。

（R1.10.1以後終了課税期間用）

# 消費税及び地方消費税の確定申告書の書き方

第4-(12)号様式

## 付表5-3　控除対象仕入税額等の計算表

簡易

| 課税期間 | 令和 4・1・1 ～ 4・12・31 | 氏名又は名称 | 大手　一郎 |
|---|---|---|---|

### Ⅰ　控除対象仕入税額の計算の基礎となる消費税額

| 項　目 | 税率6.24%適用分 A | 税率7.8%適用分 B | 合計 C (A+B) |
|---|---|---|---|
| 課税標準額に対する消費税額 ① | (付表4-3の②A欄の金額)　円 | (付表4-3の②B欄の金額)　円 5,507,580 | (付表4-3の②C欄の金額)　円 5,507,580 |
| 貸倒回収に係る消費税額 ② | (付表4-3の③A欄の金額) | (付表4-3の③B欄の金額) | (付表4-3の③C欄の金額) |
| 売上対価の返還等に係る消費税額 ③ | (付表4-3の⑤A欄の金額) | (付表4-3の⑤B欄の金額) 13,401 | (付表4-3の⑤C欄の金額) 13,401 |
| 控除対象仕入税額の計算の基礎となる消費税額 (① + ② - ③) ④ | | 5,494,179 | 5,494,179 |

### Ⅱ　1種類の事業の専業者の場合の控除対象仕入税額

| 項　目 | 税率6.24%適用分 A | 税率7.8%適用分 B | 合計 C (A+B) |
|---|---|---|---|
| ④ × みなし仕入率 (90%・80%・70%・60%・50%・40%) ⑤ | ※付表4-3の④A欄へ　円 | ※付表4-3の④B欄へ　円 3,296,507 | ※付表4-3の④C欄へ　円 3,296,507 |

### Ⅲ　2種類以上の事業を営む事業者の場合の控除対象仕入税額

#### (1)　事業区分別の課税売上高(税抜き)の明細

| 項　目 | 税率6.24%適用分 A | 税率7.8%適用分 B | 合計 C (A+B) | 売上割合 |
|---|---|---|---|---|
| 事業区分別の合計額 ⑥ | 円 | 円 | 円 | |
| 第一種事業 (卸売業) ⑦ | | | ※第一表「事業区分」欄へ | % |
| 第二種事業 (小売業等) ⑧ | | | ※　〃 | |
| 第三種事業 (製造業等) ⑨ | | | ※　〃 | |
| 第四種事業 (その他) ⑩ | | | ※　〃 | |
| 第五種事業 (サービス業等) ⑪ | | | ※　〃 | |
| 第六種事業 (不動産業) ⑫ | | | ※　〃 | |

#### (2)　(1)の事業区分別の課税売上高に係る消費税額の明細

| 項　目 | 税率6.24%適用分 A | 税率7.8%適用分 B | 合計 C (A+B) |
|---|---|---|---|
| 事業区分別の合計額 ⑬ | 円 | 円 | 円 |
| 第一種事業 (卸売業) ⑭ | | | |
| 第二種事業 (小売業等) ⑮ | | | |
| 第三種事業 (製造業等) ⑯ | | | |
| 第四種事業 (その他) ⑰ | | | |
| 第五種事業 (サービス業等) ⑱ | | | |
| 第六種事業 (不動産業) ⑲ | | | |

注意　1　金額の計算においては、1円未満の端数を切り捨てる。
　　　2　課税売上げにつき返品を受け又は値引き・割戻しをした金額(売上対価の返還等の金額)があり、売上(収入)金額から減算しない方法で経理して経費に含めている場合には、⑥から⑫欄には売上対価の返還等の金額(税抜き)を控除した後の金額を記載する。

(1/2)

(R1.10.1以後終了課税期間用)

# 消費税及び地方消費税の確定申告書の書き方

第3-(2)号様式

## 課税標準額等の内訳書

GK0601

整理番号 ☐☐☐☐☐☐☐☐

| 納 税 地 | 大阪市中央区大手前×-×-× |
|---|---|
| | （電話番号 06 -××××- ××××） |
| （フリガナ） | オオ テ マエハンテン |
| 名　　称<br>又は屋号 | 大手前飯店 |
| （フリガナ） | オオ テ　イチロウ |
| 代表者氏名<br>又は氏名 | 大手 一郎 |

### 改正法附則による税額の特例計算

| | | |
|---|---|---|
| 軽減売上割合（10営業日） | ◯ | 附則38① 51 |
| 小売等軽減仕入割合 | ◯ | 附則38② 52 |
| 小売等軽減売上割合 | ◯ | 附則39① 53 |

第二表

OCR入力用（この用紙は機械で読み取ります。折ったり汚したりしないでください。）

自 平成<br>令和 ☐4☐ 年 ☐1☐ 月 ☐1☐ 日

至 令和 ☐4☐ 年 ☐12☐ 月 ☐31☐ 日

### 課税期間分の消費税及び地方消費税の（ 確定 ）申告書

中間申告<br>の場合の　自 平成<br>令和 ☐☐ 年 ☐☐ 月 ☐☐ 日

対象期間 至 令和 ☐☐ 年 ☐☐ 月 ☐☐ 日

令和元年十月一日以後終了課税期間分

| 課　税　標　準　額<br>※申告書（第一表）の①欄へ | ① | 十兆千百十億千百十万千百十一円<br>7 0 6 1 0 0 0 0 | 01 |
|---|---|---|---|

| | | | | |
|---|---|---|---|---|
| 課税資産の<br>譲渡等の<br>対価の額<br>の合計額 | 3 ％ 適用分 | ② | | 02 |
| | 4 ％ 適用分 | ③ | | 03 |
| | 6.3 ％ 適用分 | ④ | | 04 |
| | 6.24 ％ 適用分 | ⑤ | | 05 |
| | 7.8 ％ 適用分 | ⑥ | 7 0 6 1 0 4 1 2 | 06 |
| | | ⑦ | 7 0 6 1 0 4 1 2 | 07 |
| 特定課税仕入れ<br>に係る支払対価<br>の額の合計額<br>（注1） | 6.3 ％ 適用分 | ⑧ | | 11 |
| | 7.8 ％ 適用分 | ⑨ | | 12 |
| | | ⑩ | | 13 |

| 消　費　税　額<br>※申告書（第一表）の②欄へ | ⑪ | 5 5 0 7 5 8 0 | 21 |
|---|---|---|---|

| | | | | |
|---|---|---|---|---|
| ⑪ の 内 訳 | 3 ％ 適用分 | ⑫ | | 22 |
| | 4 ％ 適用分 | ⑬ | | 23 |
| | 6.3 ％ 適用分 | ⑭ | | 24 |
| | 6.24 ％ 適用分 | ⑮ | | 25 |
| | 7.8 ％ 適用分 | ⑯ | 5 5 0 7 5 8 0 | 26 |

| 返　還　等　対　価　に　係　る　税　額<br>※申告書（第一表）の⑤欄へ | ⑰ | 1 3 4 0 1 | 31 |
|---|---|---|---|

| | | | | |
|---|---|---|---|---|
| ⑰<br>の<br>内<br>訳 | 売上げの返還等対価に係る税額 | ⑱ | 1 3 4 0 1 | 32 |
| | 特定課税仕入れの返還等対価に係る税額 （注1） | ⑲ | | 33 |

| | | | | |
|---|---|---|---|---|
| 地方消費税の<br>課税標準となる<br>消費税額<br>（注2） | | ⑳ | 2 1 9 7 6 0 0 | 41 |
| | 4 ％ 適用分 | ㉑ | | 42 |
| | 6.3 ％ 適用分 | ㉒ | | 43 |
| | 6.24%及び7.8％ 適用分 | ㉓ | 2 1 9 7 6 0 0 | 44 |

（注1） ⑧〜⑩及び⑲欄は、一般課税により申告する場合で、課税売上割合が95％未満、かつ、特定課税仕入れがある事業者のみ記載します。

（注2） ⑳〜㉓欄が還付税額となる場合はマイナス「-」を付してください。

——（973）——

# 消費税及び地方消費税の確定申告書の書き方

**この用紙はとじこまないでください。**

GK0405

第3−(3)号様式

令和 5 年 3 月 1 日　　　　　　　　　　東 税務署長殿

OCR入力用（この用紙は機械で読み取ります。折ったり汚したりしないでください。）

| | |
|---|---|
| 納税地 | 大阪市中央区大手前×−×−× |
| | （電話番号 06 − ××××−×××× ） |
| （フリガナ） | オオ テ マエハンテン |
| 名　称 又は屋号 | 大手前飯店 |
| 個人番号 又は法人番号 | ××××××××××××× |
| （フリガナ） | オオ テ イチロウ |
| 代表者氏名 又は氏名 | 大手 一郎 |

※税務署処理欄

| 一 連 番 号 | | | 翌年以降送付不要 ○ |
|---|---|---|---|
| 所 署 要 否 整理番号 | | | |

申告年月日　令和　　年　　月　　日

申告区分　指導等　庁指定　局指定

通信日付印　確認　確認書類　個人番号カード　通知カード・運転免許証　その他（　　）　身元確認

指　導　年　月　日　　相談　区分1 区分2 区分3

令和

簡　第一表

令和元年十月一日以後終了課税期間分（簡易課税用）

自 平成・令和 **4** 年 **1** 月 **1** 日
至 令和 **4** 年 **12** 月 **31** 日

**課税期間分の消費税及び地方消費税の（ 確定 ）申告書**

中間申告 自 平成・令和 　　年 　　月 　　日
の場合の 対象期間 至 令和 　　年 　　月 　　日

## この申告書による消費税の税額の計算

| | | 十兆千百十億千百十万千百十一円 | |
|---|---|---|---|
| 課税標準額 | ① | 706100000 0 | 03 |
| 消費税額 | ② | 5507580 | 06 |
| 貸倒回収に係る消費税額 | ③ | | 07 |
| 控除税額 控除対象仕入税額 | ④ | 3296507 | 08 |
| 返還等対価に係る税額 | ⑤ | 13401 | 09 |
| 貸倒れに係る税額 | ⑥ | | 10 |
| 控除税額小計（④+⑤+⑥） | ⑦ | 3309908 | |
| 控除不足還付税額（⑦−②−③） | ⑧ | | 13 |
| 差引税額（②+③−⑦） | ⑨ | 2197600 | 15 |
| 中間納付税額 | ⑩ | 363000 | 16 |
| 納付税額（⑨−⑩） | ⑪ | 1834600 | 17 |
| 中間納付還付税額（⑩−⑨） | ⑫ | 00 | 18 |
| この申告書が修正申告である場合 既確定税額 | ⑬ | | 19 |
| 差引納付税額 | ⑭ | 00 | 20 |
| この課税期間の課税売上高 | ⑮ | 70438594 | 21 |
| 基準期間の課税売上高 | ⑯ | 43395471 | |

## この申告書による地方消費税の税額の計算

| | | | |
|---|---|---|---|
| 地方消費税の課税標準となる消費税額 控除不足還付税額 | ⑰ | | 51 |
| 差引税額 | ⑱ | 2197600 | 52 |
| 譲渡割額 還付額 | ⑲ | | 53 |
| 納税額 | ⑳ | 619800 | 54 |
| 中間納付譲渡割額 | ㉑ | 102300 | 55 |
| 納付譲渡割額（⑳−㉑） | ㉒ | 517500 | 56 |
| 中間納付還付譲渡割額（㉑−⑳） | ㉓ | 00 | 57 |
| この申告書が修正申告である場合 既確定譲渡割額 | ㉔ | | 58 |
| 差引納付譲渡割額 | ㉕ | | 59 |
| 消費税及び地方消費税の合計（納付又は還付）税額 | ㉖ | 2352100 | 60 |

㉖=（⑪+㉒）−（⑧+⑫+⑲+㉓）・修正申告の場合㉖=⑭+㉕
㉖が還付税額となる場合はマイナス「−」を付してください。

### 付記事項

| | |  |  | |
|---|---|---|---|---|
| 割賦基準の適用 | ○ | 有 | ○無 | 31 |
| 延払基準等の適用 | ○ | 有 | ○無 | 32 |
| 工事進行基準の適用 | ○ | 有 | ○無 | 33 |
| 現金主義会計の適用 | ○ | 有 | ○無 | 34 |
| 課税標準額に対する消費税額の計算の特例の適用 | ○ | 有 | ○無 | 35 |

### 参考事項 事業区分

| 区分 | 課税売上高（免税売上高を除く） | 売上割合% | |
|---|---|---|---|
| 第1種 | 千円 | ． | 36 |
| 第2種 | | ． | 37 |
| 第3種 | | ． | 38 |
| 第4種 | 70,439 | 100.0 | 39 |
| 第5種 | | ． | 42 |
| 第6種 | | ． | 43 |

特例計算適用（令57③）　○ 有　○無　40

### 還付を受けようとする金融機関等

| 銀 行　　　　本店・支店 |
|---|
| 金庫・組合　　出 張 所 |
| 農協・漁協　　本所・支所 |
| 預金 口座番号 |
| ゆうちょ銀行の貯金記号番号　− |
| 郵 便 局 名 等 |

※税務署整理欄

税理士署名

（電話番号　　　　　　　　）

○ 税 理 士 法 第 30 条 の 書 面 提 出 有
○ 税 理 士 法 第 33 条 の 2 の 書 面 提 出 有

——（974）——

消費税及び地方消費税の確定申告書の書き方

# 製造小売業の計算例

## 【設 例】

1 私はパンの製造小売業を営む個人事業者です。令和4年分は製造販売小売による売上げのほか、店内飲食による売上げ及び他から仕入れた商品の販売による売上げがあります。

2 消費税等に関する記帳は、税抜経理方式を採用しています。

3 令和4年分の所得税に係る決算額は〔表1〕のとおりで、消費税等に関する特記事項は次のとおりです。

① 売上高の内訳は次のとおりです。

| 項　　目 | 金　　額 | 内　　訳 | |
|---|---|---|---|
| 製造小売による売上高 | 13,333,900円 | 軽減税率6.24％適用分 | 13,333,900円 |
| | | 標準税率7.8％適用分 | 0 |
| 店内飲食による売上高 | 4,512,300 | 軽減税率6.24％適用分 | 0 |
| | | 標準税率7.8％適用分 | 4,512,300 |
| 他から仕入れた商品の販売による売上高 | 845,600 | 軽減税率6.24％適用分 | 0 |
| | | 標準税率7.8％適用分 | 845,600 |

② 売上値引返品に係る金額は、売上金額から直接減額する方法で経理しています。

③ 福利厚生費は、すべて労災保険や雇用保険の雇用主負担分です。

4 簡易課税制度を選択しています。（令和2年分の課税売上高は16,759,000円です。）

5 仮受消費税等勘定の貸方残高は、1,602,502円です。内訳は、次のとおりです。

| | 軽減税率8％適用分 | 標準税率10％適用分 |
|---|---|---|
| 製造小売による売上高対応分 | 1,066,712円 | 0円 |
| 店内飲食による売上高対応分 | 0 | 451,230 |
| 他から仕入れた商品の販売による売上高対応分 | 0 | 84,560 |

6 仮払消費税等勘定の借方残高は、639,318円です。内訳は、軽減税率8％適用分409,401円、標準税率10％適用分229,917円です。

7 売上げを適用税率ごとに区分することが困難な中小事業者に対する売上税額の計算の特例は適用していません。

消費税及び地方消費税の確定申告書の書き方

〔表1〕 所得税に係る決算額

| 科　目 | | 決　算　額 |
|---|---|---|
| 売上（収入）金額（雑収入を含む） | | 18,691,800円 |
| 売上原価 | 期首商品棚卸高 | 98,500 |
| | 仕　入　金　額 | 5,472,500 |
| | 小　　　計 | 5,571,000 |
| | 期末商品棚卸高 | 120,400 |
| | 差　引　原　価 | 5,450,600 |
| 差　引　金　額 | | 13,241,200 |
| 経費 | 租　税　公　課 | 122,600 |
| | 荷　造　運　賃 | 24,000 |
| | 水　道　光　熱　費 | 1,154,400 |
| | 旅　費　交　通　費 | 72,500 |
| | 通　信　費 | 120,000 |
| | 広　告　宣　伝　費 | 48,000 |
| | 接　待　交　際　費 | 60,800 |
| | 損　害　保　険　料 | 140,000 |
| | 修　繕　費 | 45,800 |
| | 消　耗　品　費 | 325,900 |
| | 減　価　償　却　費 | 442,000 |
| | 福　利　厚　生　費 | 212,000 |
| | 給　料　賃　金 | 4,200,000 |
| | 利　子　割　引　料 | 36,000 |

| 科　目 | | 決　算　額 |
|---|---|---|
| 貸　倒　金 | | 0円 |
| 雑　　費 | | 92,800 |
| 計 | | 7,096,800 |
| 差　引　金　額 | | 6,144,400 |
| 引当金等 | 貸倒引当金繰戻し | 0 |
| | 専　従　者　給　与 | 2,400,000 |
| | 貸倒引当金繰入れ | 0 |
| 青色申告特別控除前の　所　得　金　額 | | 3,744,400 |
| 青色申告特別控除額 | | 650,000 |
| 所　得　金　額 | | 3,094,400 |

——(976)——

消費税及び地方消費税の確定申告書の書き方

〔チェックポイント〕

○　消費税法上の製造小売業の定義

　　製造小売業が簡易課税制度の適用上、小売業（第二種事業）に区分されるのか製造業（第三種事業）に区分されるのかは、消令57⑤により判断することになります。これによりますと、製造業には製造した棚卸資産を小売りする事業を含むとされていますので、第三種事業に該当することとなります。

　　しかしながら、消費税法が規定する事業区分の基準とされる日本標準産業分類（総務省制定）によりますと、製造業は、

①　新製品の製造加工を行う事業であること

②　新製品を主として卸売する事業であること

の双方の条件を備えた事業と規定されています。

　　一方、小売業については、

①　個人用又は家庭用消費のために商品を販売するもの

②　産業用使用者に少量又は少額に商品を販売するもの

を主として行う事業と規定されています。

　　これから判断しますと、製造小売業は小売業に該当し、第二種事業に該当することとなります。

　　これらの違いは、日本標準産業分類が各事業所の事業の種類を主たる事業で分類しているのに対して、簡易課税制度における事業区分の判定は、課税資産の譲渡等ごとに行っているために起こるものです。

　　したがって、消費税法上の事業区分は日本標準産業分類の基準におおむね合致させることを念頭に規定されていますが、必ずしも一致するものではないことに留意してください。

　　以上により、この計算例では、製造小売による売上高は第三種事業に、店内飲食による売上高は第四種事業に、他から仕入れた商品の販売による売上高は第二種事業に、それぞれ該当することとなります。

消費税及び地方消費税の確定申告書の書き方

〈計算方法〉

(1) **課税売上高の合計額の計算**（〔表ロ〕の作成）

① 事業所得に係る課税売上高

〔**表1**〕の「売上（収入）金額」欄の金額

　18,691,800円（→〔表ロ〕①「金額」欄に記入）

税率6.24％適用分

　13,333,900円（→〔表ロ〕①「うち軽減税率6.24％適用分」欄に記入）

税率7.8％適用分

　5,357,900円（→〔表ロ〕①「うち標準税率7.8％適用分」欄に記入）

② 課税売上高の合計額

合計（〔表ロ〕①「金額」欄）

　18,691,800円（→〔表ロ〕⑩「金額」欄に記入）

税率6.24％適用分（〔表ロ〕①「うち軽減税率6.24％適用分」欄）

　13,333,900円（→〔表ロ〕⑩「うち軽減税率6.24％適用分」欄に記入）

税率7.8％適用分（〔表ロ〕①「うち標準税率7.8％適用分」欄）

　5,357,900円（→〔表ロ〕⑩「うち標準税率7.8％適用分」欄に記入）

(2) **課税標準額の計算**（〔表ロ〕、付表4－3の作成）

① 課税資産の譲渡等の対価の額の計算

税率6.24％適用分（〔表ロ〕⑩「うち軽減税率6.24％適用分」欄＋課税売上げに係る仮受消費税等の金額）×100／108）

　13,333,900円＋1,066,712円＝14,400,612円

　14,400,612円×100／108＝13,333,900円（→〔表ロ〕⑪欄、付表4－3①－1A欄に記入）

税率7.8％適用分（〔表ロ〕⑩「うち標準税率7.8％適用分」欄＋課税売上げに係る仮受消費税等の金額）×100／110）

　5,357,900円＋535,790円＝5,893,690円

　5,893,690円×100／110＝5,357,900円（→〔表ロ〕⑫欄、付表4－3①－1B欄に記入）

合計（付表4－3①－1A欄＋B欄）

　13,333,900円＋5,357,900円＝18,691,800円（→付表4－3①－1C欄に記入）

② 課税標準額の計算

税率6.24％適用分（付表4－3①－1A欄の金額を1,000円未満切捨て）

　13,333,900円→13,333,000円（→付表4－3①A欄に記入）

税率7.8％適用分（付表4－3①－1B欄の金額を1,000円未満切捨て）

　5,357,900円→5,357,000円（→付表4－3①B欄に記入）

合計（付表4－3①A欄＋B欄）

　13,333,000円＋5,357,000円＝18,690,000円（→付表4－3①C欄に記入）

## 消費税及び地方消費税の確定申告書の書き方

⑶　**消費税額の計算**（付表4－3、5－3の作成）

　税率6.24％適用分（付表4－3①A欄×6.24％）

　　13,333,000円×6.24％＝<u>831,979円</u>（→付表4－3②A欄、付表5－3①A欄に記入）

　税率7.8％適用分（付表4－3①B欄×7.8％）

　　5,357,000円×7.8％＝<u>417,846円</u>（→付表4－3②B欄、付表5－3①B欄に記入）

　合計（付表4－3②A欄＋B欄）

　　831,979円＋417,846円＝<u>1,249,825円</u>（→付表4－3②C欄、付表5－3①C欄に記入）

⑷　**控除対象仕入税額の基礎となる消費税額の計算**（付表5－3の作成）

　税率6.24％適用分（付表5－3①A欄＋②A欄－③A欄）

　　831,979円＋0円－0円＝<u>831,979円</u>（→付表5－3④A欄に記入）

　税率7.8％適用分（付表5－3①B欄＋②B欄－③B欄）

　　417,846円＋0円－0円＝<u>417,846円</u>（→付表5－3④B欄に記入）

　合計（付表5－3④A欄＋B欄）

　　831,979円＋417,846円＝<u>1,249,825円</u>（→付表5－3④C欄に記入）

⑸　**事業区分別の、それぞれの課税売上高（税抜き）の計算**（付表5－3の作成）

　①　事業区分別、適用税率別の税抜きの課税売上高の計算

　　【第二種事業（小売業等）】

　　　税率7.8％適用分

　　　　（845,600円＋84,560円）×100／110＝<u>845,600円</u>（→付表5－3⑧B欄に記入）

　　　合計（付表5－3⑧A欄＋B欄）

　　　　0円＋845,600円＝<u>845,600円</u>（→付表5－3⑧C欄、1,000円未満四捨五入して申告書第
　　　　一表事業区分欄に記入）

　　【第三種事業（製造小売業）】

　　　税率6.24％適用分

　　　　（13,333,900円＋1,066,712円）×100／108＝<u>13,333,900円</u>（→付表5－3⑨A欄に記入）

　　　合計（付表5－3⑨A欄＋B欄）

　　　　13,333,900円＋0円＝<u>13,333,900円</u>（→付表5－3⑨C欄、1,000円未満四捨五入して申
　　　　告書第一表事業区分欄に記入）

　　【第四種事業（飲食サービス業）】

　　　税率7.8％適用分

　　　　（4,512,300円＋451,230円）×100／110＝<u>4,512,300円</u>（→付表5－3⑩B欄に記入）

　　　合計（付表5－3⑩A欄＋B欄）

　　　　0円＋4,512,300円＝<u>4,512,300円</u>（→付表5－3⑩C欄、1,000円未満四捨五入して申告
　　　書第一表事業区分欄に記入）

消費税及び地方消費税の確定申告書の書き方

② 事業区分別、適用税率別の課税売上高（税抜き）の合計の計算

税率6.24％適用分（付表5－3⑨A欄）

13,333,900円（→付表5－3⑥A欄に記入）

税率7.8％適用分（付表5－3⑧B欄＋⑩B欄）

845,600円＋4,512,300円＝5,357,900円（→付表5－3⑥B欄に記入）

合計（付表5－3⑥A欄＋B欄）

13,333,900円＋5,357,900円＝18,691,800円（→付表5－3⑥C欄に記入）

⑹ 事業区分別の、それぞれの売上割合の計算（付表5－3の作成）

【第二種事業（小売業等）】（付表5－3⑧C欄÷⑥C欄×100）

845,600円÷18,691,800円×100≒4.5％（→付表5－3⑧C欄、申告書第一表事業区分欄に記入）

【第三種事業（製造小売業）】（付表5－3⑨C欄÷⑥C欄×100）

13,333,900円÷18,691,800円×100≒71.3％（→付表5－3⑨C欄、申告書第一表事業区分欄に記入）

【第四種事業（飲食サービス業）】（付表5－3⑩C欄÷⑥C欄×100）

4,512,300円÷18,691,800円×100≒24.1％（→付表5－3⑩C欄、申告書第一表事業区分欄に記入）

⑺ 事業区分別の、それぞれの消費税額の計算（付表5－3の作成）

① 事業区分別、適用税率別の課税売上高に係る消費税額の計算

【第二種事業（小売業等）】

税率7.8％適用分

（845,600円＋84,560円）×7.8／110＝65,956円（→付表5－3⑮B欄に記入）

合計（付表5－3⑮A欄＋B欄）

0円＋65,956円＝65,956円（→付表5－3⑮C欄に記入）

【第三種事業（製造小売業）】

税率6.24％適用分

（13,333,900円＋1,066,712円）×6.24／108＝832,035円（→付表5－3⑯A欄に記入）

合計（付表5－3⑯A欄＋B欄）

832,035円＋0円＝832,035円（→付表5－3⑯C欄に記入）

【第四種事業（飲食サービス業）】

税率7.8％適用分

（4,512,300円＋451,230円）×7.8／110＝351,959円（→付表5－3⑰B欄に記入）

合計（付表5－3⑰A欄＋B欄）

0円＋351,959円＝351,959円（→付表5－3⑰C欄に記入）

消費税及び地方消費税の確定申告書の書き方

② 事業区分別、適用税率別の課税売上高に係る消費税額の合計の計算

税率6.24％適用分（付表5－3⑯A欄）

832,035円（→付表5－3⑬A欄に記入）

税率7.8％適用分（付表5－3⑮B欄＋⑰B欄）

65,956円＋351,959円＝417,915円（→付表5－3⑬B欄に記入）

合計（付表5－3⑬A欄＋B欄）

832,035円＋417,915円＝1,249,950円（→付表5－3⑬C欄に記入）

(8) **控除対象仕入税額を計算する方法の選択**（付表5－3の作成）

【本設例】の場合、原則計算か2種類の事業の課税売上高が全体の75％以上を占める場合の特例計算のいずれかの方法を用いることができますので、両方の検討をし、いずれか有利な方を選択します。

イ 原則的な計算方法

税率6.24％適用分

$$831,979円 \times \frac{832,035円 \times 70\%}{832,035円} = 582,384円$$

（→付表5－3⑳A欄に記入）

税率7.8％適用分

$$417,846円 \times \frac{65,956円 \times 80\% + 351,959円 \times 60\%}{417,915円} = 263,895円$$

（→付表5－3⑳B欄に記入）

合計（付表5－3⑳A欄＋B欄）

582,384円＋263,895円＝846,279円（→付表5－3⑳C欄に記入）

ロ 2種類の事業の課税売上高が、全体の課税売上高の75％以上を占める場合の特例計算

（第二種事業及び第三種事業）

税率6.24％適用分

$$831,979円 \times \frac{0円 \times 80\% + (832,035円 - 0円) \times 70\%}{832,035円} = 582,384円$$

（→付表5－3㉗A欄に記入）

税率7.8％適用分

$$417,846円 \times \frac{65,956円 \times 80\% + (417,915円 - 65,956円) \times 70\%}{417,915円} = 299,085円$$

（→付表5－3㉗B欄に記入）

合計（付表5－3㉗A欄＋B欄）

582,384円＋299,085円＝881,469円（→付表5－3㉗C欄に記入）

（第三種事業及び第四種事業）

税率6.24％適用分

消費税及び地方消費税の確定申告書の書き方

$$831,979円 \times \frac{832,035円 \times 70\% + (832,035円 - 832,035円) \times 60\%}{832,035円} = \underline{582,384円}$$

（→付表5－3㉛A欄に記入）

税率7.8％適用分

$$417,846円 \times \frac{0円 \times 70\% + (417,915円 - 0円) \times 60\%}{417,915円} = \underline{250,707円}$$

（→付表5－3㉛B欄に記入）

合計（付表5－3㉛A欄＋B欄）

582,384円＋250,707円＝<u>833,091円</u>（→付表5－3㉛C欄に記入）

**(9) 控除対象仕入税額の決定**（付表4－3、5－3の作成）

付表5－3⑳C欄、㉗C欄、㉛C欄から、最も有利な㉗C欄を選択します。

税率6.24％適用分（付表5－3㉗A欄）

<u>582,384円</u>（→付表5－3㊲A欄、付表4－3④A欄に記入）

税率7.8％適用分（付表5－3㉗B欄）

<u>299,085円</u>（→付表5－3㊲B欄、付表4－3④B欄に記入）

合計（付表5－3㊲A欄＋B欄）

582,384円＋299,085円＝<u>881,469円</u>（→付表5－3㊲C欄、付表4－3④C欄に記入）

**(10) 控除税額小計の計算**（付表4－3の作成）

税率6.24％適用分（付表4－3④A欄＋⑤A欄＋⑥A欄）

582,384円＋0円＋0円＝<u>582,384円</u>（→付表4－3⑦A欄に記入）

税率7.8％適用分（付表4－3④B欄＋⑤B欄＋⑥B欄）

299,085円＋0円＋0円＝<u>299,085円</u>（→付表4－3⑦B欄に記入）

合計（付表4－3⑦A欄＋B欄）

582,384円＋299,085円＝<u>881,469円</u>（→付表4－3⑦C欄に記入）

**(11) 差引税額又は控除不足還付税額の計算**（付表4－3の作成）

差引税額（付表4－3②C欄＋③C欄－⑦C欄）

1,249,825円＋0円－881,469円＝<u>368,300円</u>（→付表4－3⑨C欄に記入（100円未満切捨て））

**(12) 地方消費税の課税標準となる消費税額の計算**（付表4－3の作成）

差引税額の転記（付表4－3⑨C欄）

<u>368,300円</u>（→付表4－3⑪C欄に転記）

**(13) 譲渡割額（納税額）又は譲渡割額（還付額）の計算**（付表4－3の作成）

納税額（付表4－3⑪C欄×22／78）

368,300円×22／78＝<u>103,800円</u>（→付表4－3⑬C欄に記入（100円未満切捨て））

**(14) 申告書第二表の記入**

付表4－3から、次のとおり申告書第二表に必要な事項を転記します。

消費税及び地方消費税の確定申告書の書き方

付表4－3①C欄の金額　18,690,000円（→申告書第二表①欄）

付表4－3①－1A欄の金額　13,333,900円（→申告書第二表⑤欄）

付表4－3①－1B欄の金額　5,357,900円（→申告書第二表⑥欄）

付表4－3①－1C欄の金額　18,691,800円（→申告書第二表⑦欄）

付表4－3②C欄の金額　1,249,825円（→申告書第二表⑪欄）

付表4－3②A欄の金額　831,979円（→申告書第二表⑮欄）

付表4－3②B欄の金額　417,846円（→申告書第二表⑯欄）

付表4－3⑪C欄の金額　368,300円（→申告書第二表⑳及び㉓欄）

⒂ **申告書第一表の記入**

申告書第二表及び付表4－3から、次のとおり申告書第一表に必要な事項を転記します。

申告書第二表①欄の金額　1,869,000円（→申告書第一表①欄）

申告書第二表⑪欄の金額　1,249,825円（→申告書第一表②欄）

付表4－3④C欄の金額　881,469円（→申告書第一表④欄）

付表4－3⑦C欄の金額　881,469円（→申告書第一表⑦欄）

付表4－3⑨C欄の金額　368,300円（→申告書第一表⑨欄）

⒃ **納付税額の計算**（申告書第一表⑨欄－⑩欄）

368,300円－0円＝368,300円（→申告書第一表⑪欄に記入）

⒄ **課税期間及び基準期間の課税売上高を記入**

課税期間の課税売上高　18,691,800円（→申告書第一表⑮欄に記入）

令和2年分の課税売上高　16,759,000円（→申告書第一表⑯欄に記入）

⒅ **地方消費税の税額の計算**

付表4－3⑪C欄の金額　368,300円（→申告書第一表⑱欄に記入）

付表4－3⑬C欄の金額　103,800円（→申告書第一表⑳欄に記入）

⒆ **納付譲渡割額の計算**（申告書第一表⑳欄－㉑欄）

103,800円－0円＝103,800円（申告書第一表㉒欄に記入）

⒇ **消費税及び地方消費税の合計税額の計算**（申告書第一表⑪欄＋㉒欄）

368,300円＋103,800円＝472,100円（→申告書第一表㉖欄に記入）

消費税及び地方消費税の確定申告書の書き方

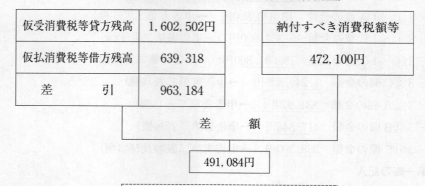

消費税及び地方消費税の確定申告書の書き方

**表口**

# 課 税 売 上 高 計 算 表

（令和　4　年分）

| (1) 事業所得に係る課税売上高 | | 金　　額 | うち 軽 減 税 率 6.24%適用分 | うち 標 準 税 率 7.8%適用分 |
|---|---|---|---|---|
| 営業等課税売上高 | ① | 表イ-1の①C欄の金額　円 18,691,800 | 表イ-1の①D欄の金額　円 13,333,900 | 表イ-1の①E欄の金額　円 5,357,900 |
| 農業課税売上高 | ② | 表イ-2の④C欄の金額 | 表イ-2の④D欄の金額 | 表イ-2の④E欄の金額 |

| (2) 不動産所得に係る課税売上高 | | 金　　額 | うち 軽 減 税 率 6.24%適用分 | うち 標 準 税 率 7.8%適用分 |
|---|---|---|---|---|
| 課税売上高 | ③ | 表イ-3の④C欄の金額 | 表イ-3の④D欄の金額 | 表イ-3の④E欄の金額 |

| (3) (　　　) 所得に係る課税売上高 | | 金　　額 | うち 軽 減 税 率 6.24%適用分 | うち 標 準 税 率 7.8%適用分 |
|---|---|---|---|---|
| 損益計算書の収入金額 | ④ | | | |
| ④のうち、課税売上げにならないもの | ⑤ | | | |
| 差引課税売上高(④－⑤) | ⑥ | | | |

| (4) 業務用資産の譲渡所得に係る課税売上高 | | 金　　額 | うち 軽 減 税 率 6.24%適用分 | うち 標 準 税 率 7.8%適用分 |
|---|---|---|---|---|
| 業務用固定資産等の譲渡収入金額 | ⑦ | | | |
| ⑦のうち、課税売上げにならないもの | ⑧ | | | |
| 差引課税売上高(⑦－⑧) | ⑨ | | | |

| (5) 課税売上高の合計額 (①＋②＋③＋⑥＋⑨) | ⑩ | 18,691,800 | 13,333,900 | 5,357,900 |
|---|---|---|---|---|

| (6) 課税資産の譲渡等の対価の額の計算 | | |
|---|---|---|
| **14,400,612** 　円×100/108 税抜経理方式によっている場合、⑩軽減税率6.24%適用分欄の金額に課税売上げに係る仮受消費税等の金額を加算して計算します。 | ⑪ | (1円未満の端数切捨て) (一般用)付表1-3の①-1A欄へ (簡易課税用)付表4-3の①-1A欄へ **13,333,900** |
| **5,893,690** 　円×100/110 税抜経理方式によっている場合、⑩標準税率7.8%適用分欄の金額に課税売上げに係る仮受消費税等の金額を加算して計算します。 | ⑫ | (1円未満の端数切捨て) (一般用)付表1-3の①-1B欄へ (簡易課税用)付表4-3の①-1B欄へ **5,357,900** |

—— (985) ——

# 消費税及び地方消費税の確定申告書の書き方

第4-(11)号様式

## 付表4－3　税率別消費税額計算表　兼　地方消費税の課税標準となる消費税額計算表

〔簡　易〕

| 課　税　期　間 | 令和 4・1・1 ～ 4・12・31 | 氏名又は名称 | 北野　次郎 |
|---|---|---|---|

| 区　　　　　分 | | 税率 6.24 ％ 適用分 A | 税率 7.8 ％ 適用分 B | 合　　計　　C (A＋B) |
|---|---|---|---|---|
| 課　税　標　準　額 | ① | 13,333,000 円 | 5,357,000 円 | ※第二表の①欄へ 18,690,000 円 |
| 課税資産の譲渡等の対価の額 | ①-1 | ※第二表の⑤欄へ 13,333,900 | ※第二表の⑥欄へ 5,357,900 | ※第二表の⑦欄へ 18,691,800 |
| 消　費　税　額 | ② | ※付表5-3の①A欄へ ※第二表の⑮欄へ 831,979 | ※付表5-3の①B欄へ ※第二表の⑯欄へ 417,846 | ※付表5-3の①C欄へ ※第二表の⑪欄へ 1,249,825 |
| 貸倒回収に係る消費税額 | ③ | ※付表5-3の②A欄へ | ※付表5-3の②B欄へ | ※付表5-3の②C欄へ ※第一表の③欄へ |
| 控除 控除対象仕入税額 | ④ | (付表5-3の⑤A欄又は㉗A欄の金額) 582,384 | (付表5-3の⑤B欄又は㉗B欄の金額) 299,085 | (付表5-3の⑤C欄又は㉗C欄の金額) ※第一表の④欄へ 881,469 |
| 除 返還等対価に係る税額 | ⑤ | ※付表5-3の③A欄へ | ※付表5-3の③B欄へ | ※付表5-3の③C欄へ ※第二表の⑰欄へ |
| 税 貸倒れに係る税額 | ⑥ | | | ※第一表の⑥欄へ |
| 額 控除税額小計 (④＋⑤＋⑥) | ⑦ | 582,384 | 299,085 | ※第一表の⑦欄へ 881,469 |
| 控除不足還付税額 (⑦－②－③) | ⑧ | | | ※第一表の⑧欄へ |
| 差　引　税　額 (②＋③－⑦) | ⑨ | | | ※第一表の⑨欄へ 368,300 |
| 地方消費税の課税標準となる消費税額 控除不足還付税額 (⑧) | ⑩ | | | ※第一表の⑰欄へ ※マイナス「－」を付して第二表の㉑及び㉓欄へ |
| 差　引　税　額 (⑨) | ⑪ | | | ※第一表の⑱欄へ ※第二表の㉑及び㉓欄へ 368,300 |
| 譲渡割額 還　付　額 | ⑫ | | | (⑩C欄×22/78) ※第一表の⑲欄へ |
| 納　税　額 | ⑬ | | | (⑪C欄×22/78) ※第一表の⑳欄へ 103,800 |

注意　金額の計算においては、1円未満の端数を切り捨てる。

(R1.10.1以後終了課税期間用)

──(986)──

# 消費税及び地方消費税の確定申告書の書き方

第4-(12)号様式

## 付表5-3　控除対象仕入税額等の計算表

簡易

| 課税期間 | 令和 4・1・1 ～ 4・12・31 | 氏名又は名称 | 北野　次郎 |
|---|---|---|---|

### I　控除対象仕入税額の計算の基礎となる消費税額

| 項　目 | | 税率6.24%適用分 A | 税率7.8%適用分 B | 合計 C (A+B) |
|---|---|---|---|---|
| 課税標準額に対する消費税額 | ① | (付表4-3の②A欄の金額) 円 831,979 | (付表4-3の②B欄の金額) 円 417,846 | (付表4-3の②C欄の金額) 円 1,249,825 |
| 貸倒回収に係る消費税額 | ② | (付表4-3の③A欄の金額) | (付表4-3の③B欄の金額) | (付表4-3の③C欄の金額) |
| 売上対価の返還等に係る消費税額 | ③ | (付表4-3の⑤A欄の金額) | (付表4-3の⑤B欄の金額) | (付表4-3の⑤C欄の金額) |
| 控除対象仕入税額の計算の基礎となる消費税額 (① + ② - ③) | ④ | 831,979 | 417,846 | 1,249,825 |

### II　1種類の事業の専業者の場合の控除対象仕入税額

| 項　目 | | 税率6.24%適用分 A | 税率7.8%適用分 B | 合計 C (A+B) |
|---|---|---|---|---|
| ④ × みなし仕入率 (90%・80%・70%・60%・50%・40%) | ⑤ | ※付表4-3の①A欄へ 円 | ※付表4-3の④B欄へ 円 | ※付表4-3の④C欄へ 円 |

### III　2種類以上の事業を営む事業者の場合の控除対象仕入税額

#### (1) 事業区分別の課税売上高(税抜き)の明細

| 項　目 | | 税率6.24%適用分 A | 税率7.8%適用分 B | 合計 C (A+B) | 売上割合 |
|---|---|---|---|---|---|
| 事業区分別の合計額 | ⑥ | 円 13,333,900 | 円 5,357,900 | 円 18,691,800 | % |
| 第一種事業 (卸売業) | ⑦ | | | ※第一表「事業区分」欄へ | % |
| 第二種事業 (小売業等) | ⑧ | | 845,600 | ※ 〃 845,600 | 4.5 |
| 第三種事業 (製造業等) | ⑨ | 13,333,900 | | ※ 〃 13,333,900 | 71.3 |
| 第四種事業 (その他) | ⑩ | | 4,512,300 | ※ 〃 4,512,300 | 24.1 |
| 第五種事業 (サービス業等) | ⑪ | | | ※ 〃 | |
| 第六種事業 (不動産業) | ⑫ | | | ※ 〃 | |

#### (2) (1)の事業区分別の課税売上高に係る消費税額の明細

| 項　目 | | 税率6.24%適用分 A | 税率7.8%適用分 B | 合計 C (A+B) |
|---|---|---|---|---|
| 事業区分別の合計額 | ⑬ | 円 832,035 | 円 417,915 | 円 1,249,950 |
| 第一種事業 (卸売業) | ⑭ | | | |
| 第二種事業 (小売業等) | ⑮ | | 65,956 | 65,956 |
| 第三種事業 (製造業等) | ⑯ | 832,035 | | 832,035 |
| 第四種事業 (その他) | ⑰ | | 351,959 | 351,959 |
| 第五種事業 (サービス業等) | ⑱ | | | |
| 第六種事業 (不動産業) | ⑲ | | | |

注意　1　金額の計算においては、1円未満の端数を切り捨てる。
　　　2　課税売上げにつき返品を受け又は値引き・割戻しをした金額(売上対価の返還等の金額)があり、売上(収入)金額から減算しない方法で経理して経費に含めている場合には、⑥から⑫欄には売上対価の返還等の金額(税抜き)を控除した後の金額を記載する。

(1/2)

(R1.10.1以後終了課税期間用)

# 消費税及び地方消費税の確定申告書の書き方

## (3) 控除対象仕入税額の計算式区分の明細

### イ 原則計算を適用する場合

| 控除対象仕入税額の計算式区分 | | 税率6.24%適用分<br>A | 税率7.8%適用分<br>B | 合計C<br>(A+B) |
|---|---|---|---|---|
| ④ × みなし仕入率<br>$\dfrac{⑭×90\%+⑮×80\%+⑯×70\%+⑰×60\%+⑱×50\%+⑲×40\%}{⑬}$ | ⑳ | 582,384 円 | 263,895 円 | 846,279 円 |

### ロ 特例計算を適用する場合

#### (イ) 1種類の事業で75%以上

| 控除対象仕入税額の計算式区分 | | 税率6.24%適用分<br>A | 税率7.8%適用分<br>B | 合計C<br>(A+B) |
|---|---|---|---|---|
| (⑦C／⑥C・⑧C／⑥C・⑨C／⑥C・⑩C／⑥C・⑪C／⑥C・⑫C／⑥C) ≧ 75%<br>④×みなし仕入率（90％・80％・70％・60％・50％・40％） | ㉑ | 円 | 円 | 円 |

#### (ロ) 2種類の事業で75%以上

| 控除対象仕入税額の計算式区分 | | | 税率6.24%適用分<br>A | 税率7.8%適用分<br>B | 合計C<br>(A+B) |
|---|---|---|---|---|---|
| 第一種事業及び第二種事業<br>(⑦C＋⑧C)／⑥C ≧ 75% | ④× $\dfrac{⑭×90\%+(⑬-⑭)×80\%}{⑬}$ | ㉒ | 円 | 円 | 円 |
| 第一種事業及び第三種事業<br>(⑦C＋⑨C)／⑥C ≧ 75% | ④× $\dfrac{⑭×90\%+(⑬-⑭)×70\%}{⑬}$ | ㉓ | | | |
| 第一種事業及び第四種事業<br>(⑦C＋⑩C)／⑥C ≧ 75% | ④× $\dfrac{⑭×90\%+(⑬-⑭)×60\%}{⑬}$ | ㉔ | | | |
| 第一種事業及び第五種事業<br>(⑦C＋⑪C)／⑥C ≧ 75% | ④× $\dfrac{⑭×90\%+(⑬-⑭)×50\%}{⑬}$ | ㉕ | | | |
| 第一種事業及び第六種事業<br>(⑦C＋⑫C)／⑥C ≧ 75% | ④× $\dfrac{⑭×90\%+(⑬-⑭)×40\%}{⑬}$ | ㉖ | | | |
| 第二種事業及び第三種事業<br>(⑧C＋⑨C)／⑥C ≧ 75% | ④× $\dfrac{⑮×80\%+(⑬-⑮)×70\%}{⑬}$ | ㉗ | 582,384 | 299,085 | 881,469 |
| 第二種事業及び第四種事業<br>(⑧C＋⑩C)／⑥C ≧ 75% | ④× $\dfrac{⑮×80\%+(⑬-⑮)×60\%}{⑬}$ | ㉘ | | | |
| 第二種事業及び第五種事業<br>(⑧C＋⑪C)／⑥C ≧ 75% | ④× $\dfrac{⑮×80\%+(⑬-⑮)×50\%}{⑬}$ | ㉙ | | | |
| 第二種事業及び第六種事業<br>(⑧C＋⑫C)／⑥C ≧ 75% | ④× $\dfrac{⑮×80\%+(⑬-⑮)×40\%}{⑬}$ | ㉚ | | | |
| 第三種事業及び第四種事業<br>(⑨C＋⑩C)／⑥C ≧ 75% | ④× $\dfrac{⑯×70\%+(⑬-⑯)×60\%}{⑬}$ | ㉛ | 582,384 | 250,707 | 833,091 |
| 第三種事業及び第五種事業<br>(⑨C＋⑪C)／⑥C ≧ 75% | ④× $\dfrac{⑯×70\%+(⑬-⑯)×50\%}{⑬}$ | ㉜ | | | |
| 第三種事業及び第六種事業<br>(⑨C＋⑫C)／⑥C ≧ 75% | ④× $\dfrac{⑯×70\%+(⑬-⑯)×40\%}{⑬}$ | ㉝ | | | |
| 第四種事業及び第五種事業<br>(⑩C＋⑪C)／⑥C ≧ 75% | ④× $\dfrac{⑰×60\%+(⑬-⑰)×50\%}{⑬}$ | ㉞ | | | |
| 第四種事業及び第六種事業<br>(⑩C＋⑫C)／⑥C ≧ 75% | ④× $\dfrac{⑰×60\%+(⑬-⑰)×40\%}{⑬}$ | ㉟ | | | |
| 第五種事業及び第六種事業<br>(⑪C＋⑫C)／⑥C ≧ 75% | ④× $\dfrac{⑱×50\%+(⑬-⑱)×40\%}{⑬}$ | ㊱ | | | |

### ハ 上記の計算式区分から選択した控除対象仕入税額

| 項目 | | 税率6.24%適用分<br>A | 税率7.8%適用分<br>B | 合計C<br>(A+B) |
|---|---|---|---|---|
| 選択可能な計算式区分（㉑～㊱）の内から選択した金額 | ㊲ | ※付表4-3の④A欄へ<br>582,384 円 | ※付表4-3の④B欄へ<br>299,085 円 | ※付表4-3の④C欄へ<br>881,469 円 |

注意　金額の計算においては、1円未満の端数を切り捨てる。

(R1.10.1以後終了課税期間用)

# 消費税及び地方消費税の確定申告書の書き方

GK0601

第3－(2)号様式

## 課税標準額等の内訳書

整理番号 ☐☐☐☐☐☐☐☐

| 納税地 | 大阪市北区南扇町×－×－× |
| --- | --- |
| | （電話番号 06 －××××－××××） |
| （フリガナ） | キタノ ショクヒン |
| 名 称 又は屋号 | 北野食品 |
| （フリガナ） | キタノ ジロウ |
| 代表者氏名 又は氏名 | 北野　次郎 |

改 正 法 附 則 に よ る 税 額 の 特 例 計 算

| | | | |
| --- | --- | --- | --- |
| 軽減売上割合（10営業日） | ○ | 附則38① | 51 |
| 小売等軽減仕入割合 | ○ | 附則38② | 52 |
| 小売等軽減売上割合 | ○ | 附則39① | 53 |

第二表

OCR入力用（この用紙は機械で読み取ります。折ったり汚したりしないでください。）

令和元年十月一日以後終了課税期間分

自 平成/令和 ④ 年 ① 月 ① 日
至 令和 ④ 年 ①② 月 ③① 日

**課税期間分の消費税及び地方消費税の（　確定　）申告書**

中間申告の場合の対象期間　自 平成/令和 □年□月□日　至 令和 □年□月□日

| 課 税 標 準 額 ※申告書（第一表）の①欄へ | ① | 1 8 6 9 0 0 0 0 | 01 |
| --- | --- | --- | --- |

| 課税資産の譲渡等の対価の額の合計額 | 3 ％ 適用分 | ② | | 02 |
| --- | --- | --- | --- | --- |
| | 4 ％ 適用分 | ③ | | 03 |
| | 6.3 ％ 適用分 | ④ | | 04 |
| | 6.24 ％ 適用分 | ⑤ | 1 3 3 3 3 9 0 0 | 05 |
| | 7.8 ％ 適用分 | ⑥ | 5 3 5 7 9 0 0 | 06 |
| | | ⑦ | 1 8 6 9 1 8 0 0 | 07 |

| 特定課税仕入れに係る支払対価の額の合計額 （注1） | 6.3 ％ 適用分 | ⑧ | | 11 |
| --- | --- | --- | --- | --- |
| | 7.8 ％ 適用分 | ⑨ | | 12 |
| | | ⑩ | | 13 |

| 消 費 税 額 ※申告書（第一表）の②欄へ | ⑪ | 1 2 4 9 8 2 5 | 21 |
| --- | --- | --- | --- |
| ⑪ の 内 訳 | 3 ％ 適用分 ⑫ | | 22 |
| | 4 ％ 適用分 ⑬ | | 23 |
| | 6.3 ％ 適用分 ⑭ | | 24 |
| | 6.24 ％ 適用分 ⑮ | 8 3 1 9 7 9 | 25 |
| | 7.8 ％ 適用分 ⑯ | 4 1 7 8 4 6 | 26 |

| 返 還 等 対 価 に 係 る 税 額 ※申告書（第一表）の⑤欄へ | ⑰ | | 31 |
| --- | --- | --- | --- |
| ⑰の内訳 | 売上げの返還等対価に係る税額 ⑱ | | 32 |
| | 特定課税仕入れの返還等対価に係る税額 （注1） ⑲ | | 33 |

| 地方消費税の課税標準となる消費税額 | | ⑳ | 3 6 8 3 0 0 | 41 |
| --- | --- | --- | --- | --- |
| | 4 ％ 適用分 | ㉑ | | 42 |
| | 6.3 ％ 適用分 | ㉒ | | 43 |
| | 6.24％及び7.8％ 適用分 | ㉓ | 3 6 8 3 0 0 | 44 |

（注1）　⑧～⑩及び⑲欄は、一般課税により申告する場合で、課税売上割合が95％未満、かつ、特定課税仕入れがある事業者のみ記載します。
（注2）　⑳～㉓欄が還付税額となる場合はマイナス「－」を付してください。

# 消費税及び地方消費税の確定申告書の書き方

**この用紙はとじこまないでください。**

GK0405

第3−(3)号様式

令和 5 年 3 月 1 日

北 税務署長殿

(収受印)

| 納税地 | 大阪市北区南扇町×−×−× |
|---|---|
| | （電話番号 06 −××××−××××） |
| （フリガナ） | キタノ ショクヒン |
| 名 称<br>又は屋号 | 北野食品 |
| 個人番号<br>又は法人番号 | ×××××××××××× |
| （フリガナ） | キタノ ジロウ |
| 代表者氏名<br>又は氏名 | 北野 次郎 |

OCR入力用（この用紙は機械で読み取ります。折ったり汚したりしないでください。）

自 平成<br>（令和） 4 年 1 月 1 日
至 令和 4 年 12 月 31 日

課税期間分の消費税及び地方消費税の（ 確定 ）申告書

中間申告<br>の場合の<br>対象期間 自 平成<br>令和 □□年□□月□□日<br>至 令和 □□年□□月□□日

※税務署処理欄

令和元年十月一日以後終了課税期間分（簡易課税用）

第一表

（簡）

| 一 連 番 号 | | | |
|---|---|---|---|
| 所管 | 要否 | 整理番号 | |
| 申告年月日 令和 □□年□□月□□日 | | | |
| 申告区分 | 指導等 | 庁指定 | 局指定 |
| 通信日付印 確認 | | 確認書類 | 個人番号カード<br>通知カード・運転免許証<br>その他（ ） 身元確認 |
| 年 月 日 | | 指導年月日 | 相談 区分1 区分2 区分3 |
| | | 令和 □□□□□ | |

## この申告書による消費税の税額の計算

| | | 十 兆 千 百 十 億 千 百 十 万 千 百 十 円 | |
|---|---|---|---|
| 課税標準額 | ① | 1 8 6 9 0 0 0 0 | 03 |
| 消費税額 | ② | 1 2 4 9 8 2 5 | 06 |
| 貸倒回収に係る消費税額 | ③ | | 07 |
| 控除税額 | 控除対象仕入税額 | ④ | 8 8 1 4 6 9 | 08 |
| | 返還等対価に係る税額 | ⑤ | | 09 |
| | 貸倒れに係る税額 | ⑥ | | 10 |
| | 控除税額小計<br>（④+⑤+⑥） | ⑦ | 8 8 1 4 6 9 | 11 |
| 控除不足還付税額<br>（⑦−②−③） | ⑧ | | 13 |
| 差引税額<br>（②+③−⑦） | ⑨ | 3 6 8 3 0 0 | 15 |
| 中間納付税額 | ⑩ | 0 0 | 16 |
| 納付税額<br>（⑨−⑩） | ⑪ | 3 6 8 3 0 0 | 17 |
| 中間納付還付税額<br>（⑩−⑨） | ⑫ | 0 0 | 18 |
| この申告書<br>が修正申告<br>である場合 | 既確定税額 | ⑬ | | 19 |
| | 差引納付税額 | ⑭ | 0 0 | 20 |
| この課税期間の課税売上高 | ⑮ | 1 8 6 9 1 8 0 0 | 21 |
| 基準期間の課税売上高 | ⑯ | 1 6 7 5 9 0 0 0 | |

## この申告書による地方消費税の税額の計算

| | | | |
|---|---|---|---|
| 地方消費税の課税標準となる消費税額 | 控除不足還付税額 | ⑰ | | 51 |
| | 差引税額 | ⑱ | 3 6 8 3 0 0 | 52 |
| 譲渡割額 | 還付額 | ⑲ | | 53 |
| | 納税額 | ⑳ | 1 0 3 8 0 0 | 54 |
| 中間納付譲渡割額 | ㉑ | 0 0 | 55 |
| 納付譲渡割額<br>（⑳−㉑） | ㉒ | 1 0 3 8 0 0 | 56 |
| 中間納付還付譲渡割額<br>（㉑−⑳） | ㉓ | 0 0 | 57 |
| この申告書<br>が修正申告<br>である場合 | 既確定譲渡割額 | ㉔ | | 58 |
| | 差引納付譲渡割額 | ㉕ | 0 0 | 59 |
| 消費税及び地方消費税の合計（納付又は還付）税額 | ㉖ | 4 7 2 1 0 0 | 60 |

㉖=（⑪+⑫）−（⑧+⑫+⑲+㉓）・修正申告の場合㉖=⑭+㉕
㉖が還付税額となる場合はマイナス「−」を付してください。

| 付記事項 | 割賦基準の適用 | 有 ○ 無 | 31 |
|---|---|---|---|
| | 延払基準等の適用 | 有 ○ 無 | 32 |
| | 工事進行基準の適用 | 有 ○ 無 | 33 |
| | 現金主義会計の適用 | 有 ○ 無 | 34 |
| 参考事項 | 課税標準額に対する消費税額の計算の特例の適用 | 有 ○ 無 | 35 |

| 事業区分 | 課税売上高<br>（免税売上高を除く）<br>千円 | 売上割合％ | |
|---|---|---|---|
| 第1種 | | . | 36 |
| 第2種 | 846 | 4.5 | 37 |
| 第3種 | 13,334 | 71.3 | 38 |
| 第4種 | 4,512 | 24.1 | 39 |
| 第5種 | | | 42 |
| 第6種 | | | 43 |
| 特例計算適用（令57③） | 有 ○ 無 | | 40 |

| 還付を受けようとする金融機関等 | 銀行<br>金庫・組合<br>農協・漁協 | 本店・支店<br>出張所<br>本所・支所 |
|---|---|---|
| | 預金 口座番号 | |
| | ゆうちょ銀行の<br>貯金記号番号 | − |
| | 郵便局名等 | |

※税務署整理欄

| 税理士<br>署名 | |
|---|---|
| | （電話番号 − − ） |

| ○ | 税理士法第30条の書面提出有 |
|---|---|
| ○ | 税理士法第33条の2の書面提出有 |

消費税及び地方消費税の確定申告書の書き方

## 運送業の計算例

【設 例】

1　私は運送業を営む個人事業者です。

2　消費税等に関する記帳は、税込経理方式を採用しています。

3　令和4年分の所得税に係る決算額は〔**表1**〕のとおりで、消費税等に関する特記事項は次のとおりです。

①　収入の内訳は次のとおりです。

| 項　　目 | 金　　額 | 備　　　　　考 | |
|---|---|---|---|
| 運送事業収入 | 40,404,346円 | 軽減税率6.24％適用分 | 0円 |
| | | 標準税率7.8％適用分 | 40,404,346 |
| その他の収入 | 280,000 | 接触事故により、車両を損傷し、加害者から280,000円の損害賠償金を受領しました。 | |

②　租税公課のうち527,500円は消費税の中間納付税額、148,700円は地方消費税の中間納付譲渡割額です。

③　福利厚生費の中には、法定福利費2,330,740円が含まれています。

④　地代家賃は、すべて事業所の家賃です。

⑤　特定の得意先に対して、取引金額の3％（256,500円）のリベートを支払い、これを支払手数料に計上しています。

⑥　令和3年9月の得意先甲に対する売掛債権330,000円（うち消費税等30,000円）が回収不能となりました。

⑦　その他

　　令和4年10月に4トントラック（新車）を4,028,000円（税込み）で購入し、その際、古いトラック（簿価750,000円）を500,000円（税込み）で下取りに出しました。

4　簡易課税制度を選択しています。（令和2年分の課税売上高は35,166,990円です。）

5　売上げを適用税率ごとに区分することが困難な中小事業者に対する売上税額の計算の特例は適用していません。

——(991)——

## 消費税及び地方消費税の確定申告書の書き方

### 〔表1〕 所得税に係る決算額

| 科　目 | 決　算　額 | | 科　目 | 決　算　額 |
|---|---|---|---|---|
| 売上（収入）金額（雑収入を含む） | 40,684,346円 | | 青色申告特別控除前の所得金額 | 3,265,234円 |
| 経費　租税公課 | 786,251 | | 青色申告特別控除額 | 650,000 |
| 経費　水道光熱費 | 311,171 | | 所得金額 | 2,615,234 |
| 経費　接待交際費 | 1,074,450 | | | |
| 経費　修繕費 | 911,162 | | | |
| 経費　消耗品費 | 500,667 | | | |
| 経費　減価償却費 | 1,350,000 | | | |
| 経費　福利厚生費 | 2,873,540 | | | |
| 経費　給料賃金 | 23,713,536 | | | |
| 経費　利子割引料 | 532,564 | | | |
| 経費　地代家賃 | 840,000 | | | |
| 経費　貸倒金 | 330,000 | | | |
| 経費　外注備車料 | 2,029,570 | | | |
| 経費　燃料費 | 1,341,357 | | | |
| 経費　事故賠償費 | 384,844 | | | |
| 経費　支払手数料 | 256,500 | | | |
| 経費　雑費 | 183,500 | | | |
| 計 | 37,419,112 | | | |
| 引当金等　貸倒引当金繰戻し | 0 | | | |
| 引当金等　専従者給与 | 0 | | | |
| 引当金等　貸倒引当金繰入れ | 0 | | | |

## 消費税及び地方消費税の確定申告書の書き方

〔チェックポイント〕

1　損害賠償金の課税

　　被った損害に対して支払われる損害賠償金は、一般的には対価性がないので課税対象とはなりませんが、損害賠償金でも実質的に売買代金や貸付料等と同様の性格を有する場合には課税対象となります。

　　具体的には、①損害を受けた棚卸資産等が加害者（加害者に代わって損害賠償金を支払う者を含みます。）に引き渡される場合で当該棚卸資産等がそのまま又は軽微な修理を加えることにより使用できるときの譲渡代金に相当する損害賠償金、②無体財産権の侵害を受けたことにより受け取る権利の使用料に相当する損害賠償金、③不動産等の明渡し遅滞により受け取る賃貸料に相当する損害賠償金などが課税対象となります。

2　運送業の事業区分

　　運送業は、第五種事業（みなし仕入率は50％）となります。

3　業務用固定資産の売却

　　所得税の計算上、譲渡所得となる業務用固定資産の譲渡であっても、消費税の計算上は、課税資産の譲渡に該当します。

　　なお、事業者が自己において使用していた固定資産等の譲渡を行う事業は、第四種事業に該当します。

消費税及び地方消費税の確定申告書の書き方

〈計算方法〉

(1) **課税売上高の合計額の計算**（〔表ロ〕の作成）

① 事業所得に係る課税売上高

〔表1〕の「売上（収入）金額」欄の金額40,684,346円－損害賠償金収入280,000円＝<u>40,404,346</u>
<u>円</u>（→〔表ロ〕①「金額」欄に記入）

税率7.8％適用分　<u>40,404,346円</u>（→〔表ロ〕①「うち標準税率7.8％適用分」欄に記入）

② 業務用固定資産の譲渡所得に係る課税売上高

トラックの下取価額<u>500,000円</u>（→〔表ロ〕⑦「金額」欄及び「うち標準税率7.8％適用分」欄
に記入し、差引課税売上高として⑨「金額」欄及び「うち標準税率7.8％適用分」欄にも記
入）

③ 課税売上高の合計額

合計（〔表ロ〕①「金額」欄＋⑨「金額」欄）

40,404,346円＋500,000円＝<u>40,904,346円</u>（→〔表ロ〕⑩「金額」欄に記入）

税率7.8％適用分（〔表ロ〕①「うち標準税率7.8％適用分」欄＋⑨「うち標準税率7.8％適用分」
欄）

40,404,346円＋500,000円＝<u>40,904,346円</u>（→〔表ロ〕⑩「うち標準税率7.8％適用分」欄に
記入）

(2) **課税標準額の計算**（〔表ロ〕、付表4－3の作成）

① 課税資産の譲渡等の対価の額の計算

税率7.8％適用分（〔表ロ〕⑩「うち標準税率7.8％適用分」欄×100／110）

40,904,346円×100／110＝<u>37,185,769円</u>（→〔表ロ〕⑫欄、付表4－3①－1B欄に記入）

合計（付表4－3①－1A欄＋B欄）

0円＋37,185,769円＝<u>37,185,769円</u>（→付表4－3①－1C欄に記入）

② 課税標準額の計算

税率7.8％適用分（付表4－3①－1B欄の金額を1,000円未満切捨て）

37,185,769円→<u>37,185,000円</u>（→付表4－3①B欄に記入）

合計（付表4－3①A欄＋B欄）

0円＋37,185,000円＝<u>37,185,000円</u>（→付表4－3①C欄に記入）

(3) **消費税額の計算**（付表4－3、5－3の作成）

税率7.8％適用分（付表4－3①B欄×7.8％）

37,185,000円×7.8％＝<u>2,900,430円</u>（→付表4－3②B欄、付表5－3①B欄に記入）

合計（付表4－3②A欄＋B欄）

0円＋2,900,430円＝<u>2,900,430円</u>（→付表4－3②C欄、付表5－3①C欄に記入）

消費税及び地方消費税の確定申告書の書き方

⑷ **返還等対価に係る税額の計算**（付表4-3、5-3の作成）

〔**表1**〕の経費の「支払手数料」256,500円は、対価の返還等をした金額として、その税額を計算します。

税率7.8％適用分　256,500円×7.8／110＝18,188円（→付表4-3⑤B欄、付表5-3③B欄に記入）

合計（付表4-3⑤A欄＋B欄）

0円＋18,188円＝18,188円（→付表4-3⑤C欄、付表5-3③C欄に記入）

⑸ **貸倒れに係る税額の計算**（付表4-3の作成）

税率7.8％適用分　330,000円×7.8／110＝23,400円（→付表4-3⑥B欄、C欄に記入）

⑹ **控除対象仕入税額の基礎となる消費税額の計算**（付表5-3の作成）

税率7.8％適用分（付表5-3①B欄＋②B欄－③B欄）

2,900,430円＋0円－18,188円＝2,882,242円（→付表5-3④B欄に記入）

合計（付表5-3④A欄＋B欄）

0円＋2,882,242円＝2,882,242円（→付表5-3④C欄に記入）

⑺ **事業区分別の、それぞれの課税売上高（税抜き）の計算**（付表5-3の作成）

① 事業区分別、適用税率別の税抜きの課税売上高の計算

【第四種事業（譲渡収入）】

税率7.8％適用分（〔表ロ〕⑨「うち標準税率7.8％適用分」欄×100／110）

500,000円×100／110＝454,545円（→付表5-3⑩B欄に記入）

合計（付表5-3⑩A欄＋B欄）

0円＋454,545円＝454,545円（→付表5-3⑩C欄、1,000円未満四捨五入して申告書第一表事業区分欄に記入）

【第五種事業（運送業）】

税率7.8％適用分（〔表ロ〕⑪「うち標準税率7.8％適用分」欄×100／110）

40,404,346円×100／110＝36,731,223円（→付表5-3⑪B欄に記入）

合計（付表5-3⑪A欄＋B欄）

0円＋36,731,223円＝36,731,223円（→付表5-3⑪C欄、1,000円未満四捨五入して申告書第一表事業区分欄に記入）

② 事業区分別、適用税率別の課税売上高（税抜き）の合計の計算

税率7.8％適用分（付表5-3⑩B欄＋⑪B欄）

454,545円＋36,731,223円＝37,185,768円（→付表5-3⑥B欄に記入）

合計（付表5-3⑥A欄＋B欄）

0円＋37,185,768円＝37,185,768円（→付表5-3⑥C欄に記入）

消費税及び地方消費税の確定申告書の書き方

(8) **事業区分別の、それぞれの売上割合の計算**（付表5－3の作成）

【第四種事業（譲渡収入）】（付表5－3⑩C欄÷⑥C欄×100）

454,545円÷37,185,768円×100≒1.2%（→付表5－3⑩C欄、申告書第一表事業区分欄に記入）

【第五種事業（運送業）】（付表5－3⑪C欄÷⑥C欄×100）

36,731,223円÷37,185,768円×100≒98.7%（→付表5－3⑪C欄、申告書第一表事業区分欄に記入）

(9) **事業区分ごとの、それぞれの消費税額の計算**（付表5－3の作成）

① 適用税率ごと、事業区分ごとの消費税額の計算

【第四種事業（譲渡収入）】

税率7.8%適用分（〔表ロ〕⑨「うち標準税率7.8%適用分」欄×7.8／110）

500,000円×7.8／110＝35,454円（→付表5－3⑰B欄に記入）

合計（付表5－3⑰A欄＋B欄）

0円＋35,454円＝35,454円（→付表5－3⑰C欄に記入）

【第五種事業（運送業）】

税率7.8%適用分（〔表ロ〕⑪「うち標準税率7.8%適用分」欄×7.8／110）

40,404,346円×7.8／110＝2,865,035円（→付表5－3⑱B欄に記入）

合計（付表5－3⑱A欄＋B欄）

0円＋2,865,035円＝2,865,035円（→付表5－3⑱C欄に記入）

② 事業区分別、適用税率別の課税売上高に係る消費税額の合計の計算

税率7.8%適用分（付表5－3⑰B欄＋⑱B欄）

35,454円＋2,865,035円＝2,900,489円（→付表5－3⑬B欄に記入）

合計（付表5－3⑬A欄＋B欄）

0円＋2,900,489円＝2,900,489円（→付表5－3⑬C欄に記入）

(10) **控除対象仕入税額を計算する方法の選択**（付表5－3の作成）

【本設例】の場合、原則計算か1種類の事業の課税売上高が全体の75%以上を占める場合の特例計算のいずれかの方法を用いることができますので、両方の検討をし、いずれか有利な方を選択します。

イ 原則的な計算方法

税率7.8%適用分

$$2,882,242円×\frac{35,454円×60\%＋2,865,035円×50\%}{2,900,489円}＝1,444,643円$$

（→付表5－3⑳B欄に記入）

合計（付表5－3⑳A欄＋B欄）

0円＋1,444,643円＝1,444,643円（→付表5－3⑳C欄に記入）

## 消費税及び地方消費税の確定申告書の書き方

ロ　1種類の事業の課税売上高が、全体の課税売上高の75％以上を占める場合の特例計算

　　税率7.8％適用分

　　　2,882,242円×50％＝1,441,121円（→付表5−3㉑B欄に記入）

　　合計（付表5−3㉑A欄＋B欄）

　　　0円＋1,441,121円＝1,441,121円（→付表5−3㉑C欄に記入）

(11) **控除対象仕入税額の決定**（付表4−3、5−3の作成）

　　付表5−3⑳C欄、㉑C欄のうち、有利な⑳C欄を選択します。

　　税率7.8％適用分（付表5−3⑳B欄）

　　　1,444,643円（→付表5−3㊲B欄、付表4−3④B欄に記入）

　　合計（付表5−3㊲A欄＋B欄）

　　　0円＋1,444,643円＝1,444,643円（→付表5−3㊲C欄、付表4−3④C欄に記入）

(12) **控除税額小計の計算**（付表4−3の作成）

　　税率7.8％適用分（付表4−3④B欄＋⑤B欄＋⑥B欄）

　　　1,444,643円＋18,188円＋23,400円＝1,486,231円（→付表4−3⑦B欄に記入）

　　合計（付表4−3⑦A欄＋B欄）

　　　0円＋1,486,231円＝1,486,231円（→付表4−3⑦C欄に記入）

(13) **差引税額又は控除不足還付税額の計算**（付表4−3の作成）

　　差引税額（付表4−3②C欄＋③C欄−⑦C欄）

　　　2,900,430円＋0円−1,486,231円＝1,414,100円（→付表4−3⑨C欄に記入（100円未満切
捨て））

(14) **地方消費税の課税標準となる消費税額の計算**（付表4−3の作成）

　　差引税額の転記（付表4−3⑨C欄）

　　　1,414,100円（→付表4−3⑪C欄に記入）

(15) **譲渡割額（納税額）又は譲渡割額（還付額）の計算**（付表4−3の作成）

　　納税額（付表4−3⑪C欄×22／78）

　　　1,414,100円×22／78＝398,800円（→付表4−3⑬C欄に記入（100円未満切捨て））

(16) **申告書第二表の記入**

　　付表4−3から、次のとおり申告書第二表に必要な事項を転記します。

　　付表4−3①C欄の金額　37,185,000円（→申告書第二表①欄）

　　付表4−3①−1B欄の金額　37,185,769円（→申告書第二表⑥欄）

　　付表4−3①−1C欄の金額　37,185,769円（→申告書第二表⑦欄）

　　付表4−3②C欄の金額　2,900,430円（→申告書第二表⑪欄）

　　付表4−3②B欄の金額　2,900,430円（→申告書第二表⑯欄）

　　付表4−3⑤C欄の金額　18,188円（→申告書第二表⑰欄）

　　付表4−3⑪C欄の金額　1,414,100円（→申告書第二表⑳及び㉓欄）

消費税及び地方消費税の確定申告書の書き方

(17) **申告書第一表の記入**

申告書第二表及び付表4−3から、次のとおり申告書第一表に必要な事項を転記します。

申告書第二表①欄の金額　37,185,000円（→申告書第一表①欄）

申告書第二表⑪欄の金額　2,900,430円（→申告書第一表②欄）

付表4−3④C欄の金額　1,444,643円（→申告書第一表④欄）

申告書第二表⑰欄の金額　18,188円（→申告書第一表⑤欄）

付表4−3⑥C欄の金額　23,400円（→申告書第一表⑥欄）

付表4−3⑦C欄の金額　1,486,231円（→申告書第一表⑦欄）

付表4−3⑨C欄の金額　1,414,100円（→申告書第一表⑨欄）

(18) **中間納付税額の記入**

527,500円（→申告書第一表⑩欄に記入）

(19) **納付税額の計算**（申告書第一表⑨欄−⑩欄）

1,414,100円−527,500円＝886,600円（→申告書第一表⑪欄に記入）

(20) **課税期間及び基準期間の課税売上高を記入**

課税期間の課税売上高37,185,769円−返還等対価に係る金額233,181円＝36,952,588円（→申告書第一表⑮欄に記入）

　　※　返還等対価に係る金額（支払手数料256,500円）
　　　　税率7.8％適用分　256,500円×100／110＝233,181円

令和2年分の課税売上高　35,166,990円（→申告書第一表⑯欄に記入）

(21) **地方消費税の税額の計算**

付表4−3⑪C欄の金額　1,414,100円（→申告書第一表⑱欄に記入）

付表4−3⑬C欄の金額　398,800円（→申告書第一表⑳欄に記入）

(22) **中間納付譲渡割額の記入**

148,700円（→申告書第一表㉑欄に記入）

(23) **納付譲渡割額の計算**（申告書第一表⑳欄−㉑欄）

398,800円−148,700円＝250,100円（申告書第一表㉒欄に記入）

(24) **消費税及び地方消費税の合計税額の計算**（申告書第一表⑪欄＋㉒欄）

886,600円＋250,100円＝1,136,700円（→申告書第一表㉖欄に記入）

消費税及び地方消費税の確定申告書の書き方

**表口**

# 課 税 売 上 高 計 算 表

（令和 4 年分）

| (1) 事業所得に係る課税売上高 | | 金　　額 | うち軽減税率 6.24%適用分 | うち標準税率 7.8%適用分 |
|---|---|---|---|---|
| 営業等課税売上高 | ① | 表イ-1の①C欄の金額 <br> 40,404,346 円 | 表イ-1の①D欄の金額 円 | 表イ-1の①E欄の金額 円 <br> 40,404,346 |
| 農業課税売上高 | ② | 表イ-2の④C欄の金額 | 表イ-2の④D欄の金額 | 表イ-2の④E欄の金額 |

| (2) 不動産所得に係る課税売上高 | | 金　　額 | うち軽減税率 6.24%適用分 | うち標準税率 7.8%適用分 |
|---|---|---|---|---|
| 課税売上高 | ③ | 表イ-3の④C欄の金額 | 表イ-3の④D欄の金額 | 表イ-3の④E欄の金額 |

| (3) （　　）所得に係る課税売上高 | | 金　　額 | うち軽減税率 6.24%適用分 | うち標準税率 7.8%適用分 |
|---|---|---|---|---|
| 損益計算書の収入金額 | ④ | | | |
| ④のうち、課税売上げにならないもの | ⑤ | | | |
| 差引課税売上高(④-⑤) | ⑥ | | | |

| (4) 業務用資産の譲渡所得に係る課税売上高 | | 金　　額 | うち軽減税率 6.24%適用分 | うち標準税率 7.8%適用分 |
|---|---|---|---|---|
| 業務用固定資産等の譲渡収入金額 | ⑦ | 500,000 | | 500,000 |
| ⑦のうち、課税売上げにならないもの | ⑧ | | | |
| 差引課税売上高(⑦-⑧) | ⑨ | 500,000 | | 500,000 |

| (5) 課税売上高の合計額 <br> (①＋②＋③＋⑥＋⑨) | ⑩ | 40,904,346 | | 40,904,346 |
|---|---|---|---|---|

**(6) 課税資産の譲渡等の対価の額の計算**

| | | |
|---|---|---|
| ＿＿＿＿＿＿ 円×100/108 <br><br> 税抜経理方式によっている場合、⑩軽減税率6.24%適用分欄の金額に課税売上げに係る仮受消費税等の金額を加算して計算します。 | ⑪ | （1円未満の端数切捨て）<br>（一般用）付表1-3の①-1A欄へ<br>（簡易課税用）付表4-3の①-1A欄へ |
| 40,904,346 円×100/110 <br><br> 税抜経理方式によっている場合、⑩標準税率7.8%適用分欄の金額に課税売上げに係る仮受消費税等の金額を加算して計算します。 | ⑫ | （1円未満の端数切捨て）<br>（一般用）付表1-3の①-1B欄へ<br>（簡易課税用）付表4-3の①-1B欄へ　　37,185,769 |

—— (999) ——

# 消費税及び地方消費税の確定申告書の書き方

第4-(11)号様式

## 付表4－3　税率別消費税額計算表 兼 地方消費税の課税標準となる消費税額計算表

簡 易

| 課 税 期 間 | 令和 4・1・1 ～ 4・12・31 | 氏 名 又 は 名 称 | 京都　五郎 |
|---|---|---|---|

| 区　　　　　　分 | | 税 率 6.24 ％ 適 用 分 A | 税 率 7.8 ％ 適 用 分 B | 合　　　計　　C (A+B) |
|---|---|---|---|---|
| 課 税 標 準 額 | ① | 円 000 | 37,185 000 円 | ※第二表の①欄へ 37,185 000 円 |
| 課 税 資 産 の 譲 渡 等 の 対 価 の 額 | ①-1 | ※第二表の⑤欄へ | ※第二表の⑥欄へ 37,185,769 | ※第二表の⑦欄へ 37,185,769 |
| 消 費 税 額 | ② | ※付表5-3の①A欄へ ※第二表の⑮欄へ | ※付表5-3の①B欄へ ※第二表の⑯欄へ 2,900,430 | ※付表5-3の①C欄へ ※第二表の⑪欄へ 2,900,430 |
| 貸 倒 回 収 に 係 る 消 費 税 額 | ③ | ※付表5-3の②A欄へ | ※付表5-3の②B欄へ | ※付表5-3の②C欄へ ※第一表の③欄へ |
| 控除税額 | 控 除 対 象 仕 入 税 額 | ④ | (付表5-3の⑤A欄又は㉒A欄の金額) | (付表5-3の⑤B欄又は㉒B欄の金額) 1,444,643 | (付表5-3の⑤C欄又は㉒C欄の金額) ※第一表の④欄へ 1,444,643 |
| | 返 還 等 対 価 に 係 る 税 額 | ⑤ | ※付表5-3の③A欄へ | ※付表5-3の③B欄へ 18,188 | ※付表5-3の③C欄へ ※第二表の⑰欄へ 18,188 |
| | 貸 倒 れ に 係 る 税 額 | ⑥ | | 23,400 | ※第一表の⑥欄へ 23,400 |
| | 控 除 税 額 小 計 (④+⑤+⑥) | ⑦ | | 1,486,231 | ※第一表の⑦欄へ 1,486,231 |
| 控 除 不 足 還 付 税 額 (⑦-②-③) | ⑧ | | | ※第一表の⑧欄へ |
| 差 引 税 額 (②+③-⑦) | ⑨ | | | ※第一表の⑨欄へ 1,414,1 00 |
| 地方消費税の課税標準となる消費税額 | 控 除 不 足 還 付 税 額 (⑧) | ⑩ | | | ※第一表の⑰欄へ ※マイナス「－」を付して第二表の㉑及び㉓欄へ |
| | 差 引 税 額 (⑨) | ⑪ | | | ※第一表の⑱欄へ ※第二表の㉒及び㉓欄へ 1,414,1 00 |
| 譲渡割額 | 還 付 額 | ⑫ | | | (⑩C欄×22/78) ※第一表の⑲欄へ |
| | 納 税 額 | ⑬ | | | (⑪C欄×22/78) ※第一表の⑳欄へ 398,8 00 |

注意　　金額の計算においては、1円未満の端数を切り捨てる。

(R1.10.1以後終了課税期間用)

——(1000)——

# 消費税及び地方消費税の確定申告書の書き方

第4-(12)号様式

## 付表5-3　控除対象仕入税額等の計算表

簡易

| 課税期間 | 令和 4・1・1～4・12・31 | 氏名又は名称 | 京都　五郎 |
|---|---|---|---|

### I　控除対象仕入税額の計算の基礎となる消費税額

| 項　目 | 税率6.24%適用分 A | 税率7.8%適用分 B | 合計 C (A+B) |
|---|---|---|---|
| 課税標準額に対する消費税額 ① | (付表4-3の②A欄の金額) 円 | (付表4-3の②B欄の金額) 2,900,430 円 | (付表4-3の②C欄の金額) 2,900,430 円 |
| 貸倒回収に係る消費税額 ② | (付表4-3の③A欄の金額) | (付表4-3の③B欄の金額) | (付表4-3の③C欄の金額) |
| 売上対価の返還等に係る消費税額 ③ | (付表4-3の⑤A欄の金額) | (付表4-3の⑤B欄の金額) 18,188 | (付表4-3の⑤C欄の金額) 18,188 |
| 控除対象仕入税額の計算の基礎となる消費税額 （①＋②－③） ④ | | 2,882,242 | 2,882,242 |

### II　1種類の事業の専業者の場合の控除対象仕入税額

| 項　目 | 税率6.24%適用分 A | 税率7.8%適用分 B | 合計 C (A+B) |
|---|---|---|---|
| ④ × みなし仕入率 (90%・80%・70%・60%・50%・40%) ⑤ | ※付表4-3の④A欄へ 円 | ※付表4-3の④B欄へ 円 | ※付表4-3の④C欄へ 円 |

### III　2種類以上の事業を営む事業者の場合の控除対象仕入税額
#### (1) 事業区分別の課税売上高(税抜き)の明細

| 項　目 | 税率6.24%適用分 A | 税率7.8%適用分 B | 合計 C (A+B) | 売上割合 |
|---|---|---|---|---|
| 事業区分別の合計額 ⑥ | 円 | 37,185,768 円 | 37,185,768 円 | |
| 第一種事業（卸売業） ⑦ | | | ※第一表「事業区分」欄へ | % |
| 第二種事業（小売業等） ⑧ | | | ※ 〃 | |
| 第三種事業（製造業等） ⑨ | | | ※ 〃 | |
| 第四種事業（その他） ⑩ | | 454,545 | 454,545 | 1.2 |
| 第五種事業（サービス業等） ⑪ | | 36,731,223 | 36,731,223 | 98.7 |
| 第六種事業（不動産業） ⑫ | | | ※ 〃 | |

#### (2) (1)の事業区分別の課税売上高に係る消費税額の明細

| 項　目 | 税率6.24%適用分 A | 税率7.8%適用分 B | 合計 C (A+B) |
|---|---|---|---|
| 事業区分別の合計額 ⑬ | 円 | 2,900,489 円 | 2,900,489 円 |
| 第一種事業（卸売業） ⑭ | | | |
| 第二種事業（小売業等） ⑮ | | | |
| 第三種事業（製造業等） ⑯ | | | |
| 第四種事業（その他） ⑰ | | 35,454 | 35,454 |
| 第五種事業（サービス業等） ⑱ | | 2,865,035 | 2,865,035 |
| 第六種事業（不動産業） ⑲ | | | |

注意　1　金額の計算においては、1円未満の端数を切り捨てる。
　　　2　課税売上げにつき返品を受け又は値引き・割戻しをした金額（売上対価の返還等の金額）があり、売上(収入)金額から減算しない方法で経理して経費に含めている場合には、⑥から⑫欄には売上対価の返還等の金額（税抜き）を控除した後の金額を記載する。

(1／2)

(R1.10.1以後終了課税期間用)

——(1001)——

# 消費税及び地方消費税の確定申告書の書き方

**(3) 控除対象仕入税額の計算式区分の明細**

**イ 原則計算を適用する場合**

| 控 除 対 象 仕 入 税 額 の 計 算 式 区 分 | | 税率6.24%適用分<br>A | 税率7.8%適用分<br>B | 合計 C<br>(A+B) |
|---|---|---|---|---|
| ④ × みなし仕入率<br><br>$\dfrac{⑭×90\%+⑮×80\%+⑯×70\%+⑰×60\%+⑱×50\%+⑲×40\%}{⑬}$ | ㉑ | 円 | 円<br>1,444,643 | 円<br>1,444,643 |

**ロ 特例計算を適用する場合**

**(イ) 1種類の事業で75%以上**

| 控 除 対 象 仕 入 税 額 の 計 算 式 区 分 | | 税率6.24%適用分<br>A | 税率7.8%適用分<br>B | 合計 C<br>(A+B) |
|---|---|---|---|---|
| (⑦C／⑥C・⑧C／⑥C・⑨C／⑥C・⑩C／⑥C・⑪C／⑥C・⑫C／⑥C) ≧ 75%<br>④×みなし仕入率（90％・80％・70％・60％・50％・40％） | ㉑ | 円 | 円<br>1,441,121 | 円<br>1,441,121 |

**(ロ) 2種類の事業で75%以上**

| 控 除 対 象 仕 入 税 額 の 計 算 式 区 分 | | | 税率6.24%適用分<br>A | 税率7.8%適用分<br>B | 合計 C<br>(A+B) |
|---|---|---|---|---|---|
| 第一種事業及び第二種事業<br>(⑦C＋⑧C)／⑥C ≧ 75% | ④× | $\dfrac{⑭×90\%+(⑬-⑭)×80\%}{⑬}$ | ㉒ | 円 | 円 | 円 |
| 第一種事業及び第三種事業<br>(⑦C＋⑨C)／⑥C ≧ 75% | ④× | $\dfrac{⑭×90\%+(⑬-⑭)×70\%}{⑬}$ | ㉓ | | | |
| 第一種事業及び第四種事業<br>(⑦C＋⑩C)／⑥C ≧ 75% | ④× | $\dfrac{⑭×90\%+(⑬-⑭)×60\%}{⑬}$ | ㉔ | | | |
| 第一種事業及び第五種事業<br>(⑦C＋⑪C)／⑥C ≧ 75% | ④× | $\dfrac{⑭×90\%+(⑬-⑭)×50\%}{⑬}$ | ㉕ | | | |
| 第一種事業及び第六種事業<br>(⑦C＋⑫C)／⑥C ≧ 75% | ④× | $\dfrac{⑭×90\%+(⑬-⑭)×40\%}{⑬}$ | ㉖ | | | |
| 第二種事業及び第三種事業<br>(⑧C＋⑨C)／⑥C ≧ 75% | ④× | $\dfrac{⑮×80\%+(⑬-⑮)×70\%}{⑬}$ | ㉗ | | | |
| 第二種事業及び第四種事業<br>(⑧C＋⑩C)／⑥C ≧ 75% | ④× | $\dfrac{⑮×80\%+(⑬-⑮)×60\%}{⑬}$ | ㉘ | | | |
| 第二種事業及び第五種事業<br>(⑧C＋⑪C)／⑥C ≧ 75% | ④× | $\dfrac{⑮×80\%+(⑬-⑮)×50\%}{⑬}$ | ㉙ | | | |
| 第二種事業及び第六種事業<br>(⑧C＋⑫C)／⑥C ≧ 75% | ④× | $\dfrac{⑮×80\%+(⑬-⑮)×40\%}{⑬}$ | ㉚ | | | |
| 第三種事業及び第四種事業<br>(⑨C＋⑩C)／⑥C ≧ 75% | ④× | $\dfrac{⑯×70\%+(⑬-⑯)×60\%}{⑬}$ | ㉛ | | | |
| 第三種事業及び第五種事業<br>(⑨C＋⑪C)／⑥C ≧ 75% | ④× | $\dfrac{⑯×70\%+(⑬-⑯)×50\%}{⑬}$ | ㉜ | | | |
| 第三種事業及び第六種事業<br>(⑨C＋⑫C)／⑥C ≧ 75% | ④× | $\dfrac{⑯×70\%+(⑬-⑯)×40\%}{⑬}$ | ㉝ | | | |
| 第四種事業及び第五種事業<br>(⑩C＋⑪C)／⑥C ≧ 75% | ④× | $\dfrac{⑰×60\%+(⑬-⑰)×50\%}{⑬}$ | ㉞ | | | |
| 第四種事業及び第六種事業<br>(⑩C＋⑫C)／⑥C ≧ 75% | ④× | $\dfrac{⑰×60\%+(⑬-⑰)×40\%}{⑬}$ | ㉟ | | | |
| 第五種事業及び第六種事業<br>(⑪C＋⑫C)／⑥C ≧ 75% | ④× | $\dfrac{⑱×50\%+(⑬-⑱)×40\%}{⑬}$ | ㊱ | | | |

**ハ 上記の計算式区分から選択した控除対象仕入税額**

| 項 目 | | 税率6.24%適用分<br>A | 税率7.8%適用分<br>B | 合計 C<br>(A+B) |
|---|---|---|---|---|
| 選 択 可 能 な 計 算 式 区 分（㉑〜㊱）<br>の 内 か ら 選 択 し た 金 額 | ㊲ | ※付表4-3の④A欄へ　円 | ※付表4-3の④B欄へ　円<br>1,444,643 | ※付表4-3の④C欄へ　円<br>1,444,643 |

注意　金額の計算においては、1円未満の端数を切り捨てる。

(R1.10.1以後終了課税期間用)

# 消費税及び地方消費税の確定申告書の書き方

GK0601

第3-(2)号様式

## 課税標準額等の内訳書

整理番号 ☐☐☐☐☐☐☐☐

| 納 税 地 | 京都市左京区聖護院円頓美町×× |
| --- | --- |
| | （電話番号 075 －×××－××××） |
| （フリガナ） | ミヤコウンユ |
| 名 称又は屋号 | 都運輸 |
| （フリガナ） | キョウト　ゴロウ |
| 代表者氏名又は氏名 | 京都 五郎 |

### 改正法附則による税額の特例計算

| 軽減売上割合（10営業日） | ○ | 附則38① | 51 |
| --- | --- | --- | --- |
| 小 売 等 軽 減 仕 入 割 合 | ○ | 附則38② | 52 |
| 小 売 等 軽 減 売 上 割 合 | ○ | 附則39① | 53 |

OCR入力用（この用紙は機械で読み取ります。折ったり汚したりしないでください。）

第二表

自 平成・令和 ☐4☐ 年 ☐1☐ 月 ☐1☐ 日
至 令和 ☐4☐ 年 ☐12☐ 月 ☐31☐ 日

**課税期間分の消費税及び地方消費税の（ 確定 ）申告書**

中間申告の場合の対象期間　自 平成・令和 ☐☐ 年 ☐☐ 月 ☐☐ 日　至 令和 ☐☐ 年 ☐☐ 月 ☐☐ 日

令和元年十月一日以後終了課税期間分

| 課 税 標 準 額 ※申告書（第一表）の①欄へ | ① | 十兆千百十億千百十万千百十一円　3 7 1 8 5 0 0 0 | 01 |
| --- | --- | --- | --- |

| | | | | |
| --- | --- | --- | --- | --- |
| 課税資産の譲渡等の対価の額の合計額 | 3 ％ 適用分 | ② | | 02 |
| | 4 ％ 適用分 | ③ | | 03 |
| | 6.3 ％ 適用分 | ④ | | 04 |
| | 6.24 ％ 適用分 | ⑤ | | 05 |
| | 7.8 ％ 適用分 | ⑥ | 3 7 1 8 5 7 6 9 | 06 |
| | | ⑦ | 3 7 1 8 5 7 6 9 | 07 |
| 特定課税仕入れに係る支払対価の額の合計額　（注1） | 6.3 ％ 適用分 | ⑧ | | 11 |
| | 7.8 ％ 適用分 | ⑨ | | 12 |
| | | ⑩ | | 13 |

| | | | | |
| --- | --- | --- | --- | --- |
| 消 費 税 額 ※申告書（第一表）の②欄へ | | ⑪ | 2 9 0 0 4 3 0 | 21 |
| ⑪ の 内 訳 | 3 ％ 適用分 | ⑫ | | 22 |
| | 4 ％ 適用分 | ⑬ | | 23 |
| | 6.3 ％ 適用分 | ⑭ | | 24 |
| | 6.24 ％ 適用分 | ⑮ | | 25 |
| | 7.8 ％ 適用分 | ⑯ | 2 9 0 0 4 3 0 | 26 |

| | | | | |
| --- | --- | --- | --- | --- |
| 返 還 等 対 価 に 係 る 税 額 ※申告書（第一表）の⑤欄へ | | ⑰ | 1 8 1 8 8 | 31 |
| ⑰の内訳 | 売上げの返還等対価に係る税額 | ⑱ | 1 8 1 8 8 | 32 |
| | 特定課税仕入れの返還等対価に係る税額 （注1） | ⑲ | | 33 |

| | | | | |
| --- | --- | --- | --- | --- |
| 地方消費税の課税標準となる消費税額　（注2） | | ⑳ | 1 4 1 4 1 0 0 | 41 |
| | 4 ％ 適用分 | ㉑ | | 42 |
| | 6.3 ％ 適用分 | ㉒ | | 43 |
| | 6.24％及び7.8％ 適用分 | ㉓ | 1 4 1 4 1 0 0 | 44 |

（注1） ⑧～⑩及び⑲欄は、一般課税により申告する場合で、課税売上割合が95％未満、かつ、特定課税仕入れがある事業者のみ記載します。
（注2） ⑳～㉓欄が還付税額となる場合はマイナス「－」を付してください。

—— (1003) ——

# 消費税及び地方消費税の確定申告書の書き方

**この用紙はとじこまないでください。**

GK0405 ㊞

第3-(3)号様式

令和5年3月1日

左京 税務署長殿

| 納税地 | 京都市左京区聖護院円頓美町×× （電話番号 075 - ×××-××××） |
|---|---|
| （フリガナ） 名称又は屋号 | ミヤコウンユ 都運輸 |
| 個人番号又は法人番号 | ××××××××××× |
| （フリガナ） 代表者氏名又は氏名 | キョウト ゴロウ 京都 五郎 |

↓個人番号の記載に当たっては、左端を空欄とし、ここから記載してください。

**※税務署処理欄**

| 一連番号 | | 翌年以降送付不要 ○ |
|---|---|---|
| 所管 署番号 整理番号 | | |

申告年月日 令和　年　月　日
申告区分 指導等 庁指定 局指定
通信日付印 確認 確認書類 個人番号カード 通知カード・運転免許証 その他（ ） 身元確認
指導 年 月 日 相談 区分1 区分2 区分3
令和

自 平成・令和 4年 1月 1日
至 令和 4年 12月 31日

**課税期間分の消費税及び地方消費税の（ 確定 ）申告書**

中間申告の場合の対象期間 自 平成・令和　年　月　日　至 令和　年　月　日

第一表

令和元年十月一日以後終了課税期間分（簡易課税用）

OCR入力用（この用紙は機械で読み取ります。折ったり汚したりしないでください。）

## この申告書による消費税の税額の計算

| | | 金額 | |
|---|---|---|---|
| 課税標準額 | ① | 37,185,000 | 03 |
| 消費税額 | ② | 2,900,430 | 06 |
| 貸倒回収に係る消費税額 | ③ | | 07 |
| 控除税額 控除対象仕入税額 | ④ | 1,444,643 | 08 |
| 返還等対価に係る税額 | ⑤ | 18,188 | 09 |
| 貸倒れに係る税額 | ⑥ | 23,400 | 10 |
| 控除税額小計（④+⑤+⑥） | ⑦ | 1,486,231 | |
| 控除不足還付税額（⑦-②-③） | ⑧ | | 13 |
| 差引税額（②+③-⑦） | ⑨ | 1,414,100 | 15 |
| 中間納付税額 | ⑩ | 527,500 | 16 |
| 納付税額（⑨-⑩） | ⑪ | 886,600 | 17 |
| 中間納付還付税額（⑩-⑨） | ⑫ | 00 | 18 |
| この申告書が修正申告である場合 既確定税額 | ⑬ | | 19 |
| 差引納付税額 | ⑭ | 00 | 20 |
| この課税期間の課税売上高 | ⑮ | 36,952,588 | 21 |
| 基準期間の課税売上高 | ⑯ | 35,166,990 | |

## この申告書による地方消費税の税額の計算

| | |  | |
|---|---|---|---|
| 地方消費税の課税標準となる消費税額 控除不足還付税額 | ⑰ | | 51 |
| 差引税額 | ⑱ | 1,414,100 | 52 |
| 譲渡割額 還付額 | ⑲ | | 53 |
| 納税額 | ⑳ | 398,800 | 54 |
| 中間納付譲渡割額 | ㉑ | 148,700 | 55 |
| 納付譲渡割額（⑳-㉑） | ㉒ | 250,100 | 56 |
| 中間納付還付譲渡割額（㉑-⑳） | ㉓ | 00 | 57 |
| この申告書が修正申告である場合 既確定譲渡割額 | ㉔ | | 58 |
| 差引納付譲渡割額 | ㉕ | 00 | 59 |
| 消費税及び地方消費税の合計（納付又は還付）税額 | ㉖ | 1,136,700 | 60 |

㉖=（⑪+㉒）-（⑧+⑫+⑲+㉓）・修正申告の場合㉖=⑭+㉕
㉖が還付税額となる場合はマイナス「-」を付してください。

### 付記事項

| | 有 | 無 | |
|---|---|---|---|
| 割賦基準の適用 | ○ | ● | 31 |
| 延払基準等の適用 | ○ | ● | 32 |
| 工事進行基準の適用 | ○ | ● | 33 |
| 現金主義会計の適用 | ○ | ● | 34 |
| 課税標準額に対する消費税額の計算の特例の適用 | ○ | ● | 35 |

### 参考事項

| 事業区分 | 課税売上高（免税売上高を除く） | 売上割合% | |
|---|---|---|---|
| 第1種 | 千円 | . | 36 |
| 第2種 | | . | 37 |
| 第3種 | | . | 38 |
| 第4種 | 455 | 1.2 | 39 |
| 第5種 | 36,731 | 98.7 | 42 |
| 第6種 | | . | 43 |

特例計算適用（令57③） ○有 ●無 40

還付を受けようとする金融機関等

| 銀行 金庫・組合 農協・漁協 | 本店・支店 出張所 本所・支所 |
|---|---|
| 預金 口座番号 | |
| ゆうちょ銀行の貯金記号番号 | - |
| 郵便局名等 | |

※税務署整理欄

税理士署名 （電話番号 　）

○ 税理士法第30条の書面提出有
○ 税理士法第33条の2の書面提出有

——（1004）——

消費税及び地方消費税の確定申告書の書き方

# 歯科医業の計算例

## 【設 例】

1　私は歯科医業を営む個人事業者です。

2　消費税等に関する記帳は、税込経理方式を採用しています。

3　令和4年分の所得税に係る決算額は〔**表1**〕のとおりで、消費税等に関する特記事項は次のとおりです。

　　なお、特定課税仕入れはありません。

　① 収入の内訳は次のとおりです。

| 項　　　　目 | 金　　額 | 備　　　　考 | | |
|---|---|---|---|---|
| 一般社会保険診療収入 | 21,460,957円 | | | |
| 県　国　保　分 | 6,734,621 | | | |
| 社会保険分窓口収入 | 6,381,330 | | | |
| 労　災　収　入 | 495,000 | | | |
| 一般自由診療収入 | 44,408,177 | 軽減税率6.24%適用分 | | 0円 |
| | | 標準税率7.8%適用分 | | 44,408,177 |
| 雑　　収　　入 | 304,960 | 歯ブラシ、デンタルフロス等の販売 | | |
| | | 軽減税率6.24%適用分 | | 0円 |
| | | 標準税率7.8%適用分 | | 304,960 |

　② 通信費の中には、郵便切手100,000円、海外の自費患者に対する通信費として国際電話の支払12,000円が含まれています。

　③ 接待交際費の中には、私が病気をしたときの代診の謝礼（商品券）100,000円が含まれています。

　④ 福利厚生費の中には、法定福利費632,200円が含まれています。

　⑤ 給料賃金の中には、従業員の通勤手当890,000円（通勤に通常必要な金額）が含まれています。

　⑥ 地代家賃の中には、土地の賃借料211,500円が含まれています。

4　令和4年6月に医院を改築し、その工事代金20,000,000円を支払いました。なお、この改築工事の請負契約に係る経過措置の適用はありません。

　　また、同時に歯科医療用機器を13,500,000円で購入しています。

5　収入、仕入れ及び経費の内訳は、〔**表イー1**〕のとおりです。

6　簡易課税制度の選択はしていません。（令和2年分の課税売上高は43,185,622円です。）

7　仕入税額控除においては、一括比例配分方式を採用しています。

——(1005)——

消費税及び地方消費税の確定申告書の書き方

8　売上げ又は仕入れを適用税率ごとに区分することが困難な中小事業者に対する売上税額又は仕入税額の計算の特例は適用していません。

〔表1〕　所得税に係る決算額

| 科　　目 | 決　算　額 |
|---|---|
| 売上（収入）金額（雑収入を含む） | 79,785,045円 |
| 売上原価　期首商品棚卸高 | 1,354,300 |
| 売上原価　仕　入　金　額 | 19,459,474 |
| 売上原価　小　　　　計 | 20,813,774 |
| 売上原価　期末商品棚卸高 | 1,210,000 |
| 売上原価　差　引　原　価 | 19,603,774 |
| 差　引　金　額 | 60,181,271 |
| 経費　租　税　公　課 | 890,325 |
| 経費　水　道　光　熱　費 | 585,254 |
| 経費　旅　費　交　通　費 | 498,600 |
| 経費　通　　信　　費 | 223,000 |
| 経費　広　告　宣　伝　費 | 476,000 |
| 経費　接　待　交　際　費 | 1,387,400 |
| 経費　損　害　保　険　料 | 301,900 |
| 経費　修　　繕　　費 | 317,000 |
| 経費　消　耗　品　費 | 1,458,000 |

| 科　　目 | 決　算　額 |
|---|---|
| 減　価　償　却　費 | 1,685,000 |
| 福　利　厚　生　費 | 891,000 |
| 給　料　賃　金 | 17,836,000 |
| 外　注　技　工　料 | 3,670,000 |
| 利　子　割　引　料 | 360,000 |
| 地　代　家　賃 | 2,911,500円 |
| 雑　　　　費 | 500,000 |
| 計 | 33,990,979 |
| 差　引　金　額 | 26,190,292 |
| 引当金等　貸倒引当金繰戻し | 0 |
| 引当金等　専　従　者　給　与 | 5,600,000 |
| 引当金等　貸倒引当金繰入れ | 0 |
| 青色申告特別控除前の　所　得　金　額 | 20,590,292 |
| 青色申告特別控除額 | 650,000 |
| 所　得　金　額 | 19,940,292 |

——（1006）——

消費税及び地方消費税の確定申告書の書き方

表イー1

# 課 税 取 引 金 額 計 算 表

（令和 4 年分）　　　　　　　　　　　　　　　　　　　　　　　　　　（事業所得用）

| 科　　目 | | 決　算　額 A | Aのうち課税取引にならないもの（※1） B | 課税取引金額（A−B） C | うち軽減税率6.24％適用分 D | うち標準税率7.8％適用分 E |
|---|---|---|---|---|---|---|
| 売上（収入）金額（雑収入を含む） | ① | 79,785,045 円 | 35,071,908 円 | 44,713,137 円 | 0 円 | 44,713,137 円 |
| 売上原価 期首商品棚卸高 | ② | 1,354,300 | | | | |
| 仕　入　金　額 | ③ | 19,459,474 | 0 | 19,459,474 | | 19,459,474 |
| 小　　　　　計 | ④ | 20,813,774 | | | | |
| 期末商品棚卸高 | ⑤ | 1,210,000 | | | | |
| 差　引　原　価 | ⑥ | 19,603,774 | | | | |
| 差　引　金　額 | ⑦ | 60,181,271 | | | | |
| 経費 租　税　公　課 | ⑧ | 890,325 | 890,325 | 0 | | 0 |
| 荷　造　運　賃 | ⑨ | | | | | |
| 水　道　光　熱　費 | ⑩ | 585,254 | | 585,254 | | 585,254 |
| 旅　費　交　通　費 | ⑪ | 498,600 | 0 | 498,600 | | 498,600 |
| 通　　信　　費 | ⑫ | 223,000 | 12,000 | 211,000 | 0 | 211,000 |
| 広　告　宣　伝　費 | ⑬ | 476,000 | 0 | 476,000 | 0 | 476,000 |
| 接　待　交　際　費 | ⑭ | 1,387,400 | 100,000 | 1,287,400 | 0 | 1,287,400 |
| 損　害　保　険　料 | ⑮ | 301,900 | 301,900 | | | |
| 修　　繕　　費 | ⑯ | 317,000 | | 317,000 | | 317,000 |
| 消　耗　品　費 | ⑰ | 1,458,000 | | 1,458,000 | | 1,458,000 |
| 減　価　償　却　費 | ⑱ | 1,685,000 | 1,685,000 | | | |
| 福　利　厚　生　費 | ⑲ | 891,000 | 632,200 | 258,800 | 0 | 258,800 |
| 給　料　賃　金 | ⑳ | 17,836,000 | 16,946,000 | 890,000 | | 890,000 |
| 外　注　工　賃 | ㉑ | 3,670,000 | 0 | 3,670,000 | | 3,670,000 |
| 利　子　割　引　料 | ㉒ | 360,000 | 360,000 | | | |
| 地　代　家　賃 | ㉓ | 2,911,500 | 211,500 | 2,700,000 | | 2,700,000 |
| 貸　倒　金 | ㉔ | | | | | |
| | ㉕ | | | | | |
| | ㉖ | | | | | |
| | ㉗ | | | | | |
| | ㉘ | | | | | |
| | ㉙ | | | | | |
| | ㉚ | | | | | |
| 雑　　　　費 | ㉛ | 500,000 | 0 | 500,000 | 0 | 500,000 |
| 計 | ㉜ | 33,990,979 | 21,138,925 | 12,852,054 | | 12,852,054 |
| 差　引　金　額 | ㉝ | 26,190,292 | | | | |
| ③＋㉜ | ㉞ | 53,450,453 | | 32,311,528 | | 32,311,528 |

太枠の箇所は課税売上高計算表及び課税仕入高計算表へ転記します。

※1　B欄には、非課税取引、輸出取引等、不課税取引を記入します。
　　また、売上原価・経費に特定課税仕入れに係る支払対価の額が含まれている場合には、その金額もB欄に記入します。
※2　斜線がある欄は、一般的な取引において該当しない項目です。

消費税及び地方消費税の確定申告書の書き方

〔チェックポイント〕

## ●消費税で非課税とされる医療

| | |
|---|---|
| 社会保険医療〔療養の給付（現物給付）〕<br>（患者の一部負担金を含む。） | |
| 入院時食事療養費<br>〔社会保険給付部分（患者の一部負担金を含む。）〕 | 〔患者負担額（定額負担額）〕 |
| | 〔患者負担額（自己選択負担額）〕 |
| 指定訪問看護療養費<br>〔社会保険給付部分（患者の一部負担金を含む。）〕 | 〔患者負担額（定率負担額・時間外サービス）〕 |
| | 〔患者負担額（交通費）〕 |
| 入院時生活療養費<br>（食事療養並びに温度、照明、給水に関する適切な療養環境の形成である療養）<br>医薬品、医療機器等の品質、有効性及び安全性の確保等に関する法律に規定する治験<br>〔社会保険給付部分（患者の一部負担金を含む。）〕 | 差額ベッド代<br>歯科材料差額<br>給食の差額部分等<br>〔患者の支払う特別の差額部分〕 |
| 保険外併用療養費の支給に係る療養のうちの高度先進医療<br>〔社会保険給付部分（患者の一部負担金を含む。）〕 | 差額ベッド代、歯科材料差額<br>〔患者の支払う差額部分〕 |
| 公費負担医療（国、地方公共団体から支払われる報酬、医療機関が本人等から受け取る費用等）<br><br>自賠責（任意保険、実費を含む。）<br><br>労　災 | 　特別の病室の提供、特別注文食品を含む給食の提供、前歯の金合金又は白金加金の支給等については、健保点数表により算定される金額を超える部分は課税 |
| 公　害 | 　特別の病室の提供、特別注文食品を含む給食の提供の支給等については、公害点数表により算定される金額を超える部分は課税 |
| 療養費の支給に係る療養（現金給付）<br>（付添看護、移送、治療用装具、緊急の一般診療） | |
| <div align="center">療 養 費 の 支 給 外</div> | |
| 予防接種・老人保健事業の健康診査等 | |
| 正常分娩 | |
| 健康診断（健康診断書作成料を含む。） | |
| その他の自由診療（美容整形、歯科自由診療） | |
| 柔道整復師、鍼灸師、マッサージ師の行う施術（療養費の支給に係るもの） | |
| <div align="center">療 養 費 の 支 給 外 の 施 術</div> | |

（注）　□□□□……非課税とされるもの

——(1008)——

消費税及び地方消費税の確定申告書の書き方

〈計算方法〉

(1) **課税売上高の合計額の計算**（〔表ロ〕の作成）

① 事業所得に係る課税売上高

合計（〔表イ－1〕①C欄）

44,713,137円（→〔表ロ〕①「金額」欄に転記）

7.8％適用分（〔表イ－1〕①E欄）

44,713,137円（→〔表ロ〕①「うち標準税率7.8％適用分」欄に転記）

② 課税売上高の合計額

合計（〔表ロ〕①「金額」欄）

44,713,137円（→〔表ロ〕⑩「金額」欄に記入）

7.8％適用分（〔表ロ〕①「うち標準税率7.8％適用分」欄）

44,713,137円（→〔表ロ〕⑩「うち標準税率7.8％適用分」欄に記入）

(2) **課税標準額の計算**（〔表ロ〕、付表1－3の作成）

① 課税資産の譲渡等の対価の額の計算

7.8％適用分（〔表ロ〕⑩「うち標準税率7.8％適用分」欄×100／110）

44,713,137円×100／110＝40,648,306円（→〔表ロ〕⑫欄、付表1－3①－1B欄に記入）

合計（付表1－3①－1A欄＋B欄）

0円＋40,648,306円＝40,648,306円（→付表1－3①－1C欄に記入）

② 課税標準額の計算

7.8％適用分（付表1－3①－1B欄の金額を1,000円未満切捨て）

40,648,306円→40,648,000円（→付表1－3①B欄に記入）

合計（付表1－3①A欄＋B欄）

0円＋40,648,000円＝40,648,000円（→付表1－3①C欄に記入）

(3) **消費税額の計算**（付表1－3の作成）

税率7.8％適用分（付表1－3①B欄×7.8％）

40,648,000円×7.8％＝3,170,544円（→付表1－3②B欄に記入）

合計（付表1－3②A欄＋B欄）

0円＋3,170,544円＝3,170,544円（→付表1－3②C欄に記入）

(4) **課税仕入高の合計額の計算**（〔表ハ〕、付表2－3の作成）

① 事業所得に係る課税仕入高

合計（〔表イ－1〕㉞C欄）

32,311,528円（→〔表ハ〕①「金額」欄に記入）

税率7.8％適用分（〔表イ－1〕㉞E欄）

32,311,528円（→〔表ハ〕①「うち標準税率7.8％適用分」欄に記入）

消費税及び地方消費税の確定申告書の書き方

② 業務用固定資産等の取得に係る課税仕入高

令和4年6月の医院改築工事代金20,000,000円＋歯科医療用機器購入費13,500,000円＝
33,500,000円（→〔表ハ〕⑦「金額」欄及び「うち標準税率7.8％適用分」欄に記入し、差引課
税仕入高として⑨「金額」欄及び「うち標準税率7.8％適用分」欄にも記入）

③ 課税仕入高の合計額

合計（〔表ハ〕①「金額」欄＋⑨「金額」欄）

32,311,528円＋33,500,000円＝65,811,528円（→〔表ハ〕⑩「金額」欄に記入）

税率7.8％適用分（〔表ハ〕①「うち標準税率7.8％適用分」欄）

32,311,528円＋33,500,000円＝65,811,528円（→〔表ハ〕⑩「うち標準税率7.8％適用分」
欄及び付表2－3⑨B欄に記入）

④ 税率の異なるごとに区分した課税仕入れに係る消費税額

税率7.8％適用分（〔表ハ〕⑩「うち標準税率7.8％適用分」欄×7.8／110）

65,811,528円×7.8／110＝4,666,635円（→〔表ハ〕⑫欄及び付表2－3⑩B欄に記入）

(5) 課税資産の譲渡等の対価の額の計算（付表2－3の作成）

税率7.8％適用分（〔表ロ〕⑫欄）

40,648,306円（→付表2－3①B欄に記入）

合計（付表2－3①A欄＋B欄）

0円＋40,648,306円＝40,648,306円（→付表2－3①C欄に記入）

課税資産の譲渡等の対価の額（付表2－3①C欄＋②C欄＋③C欄）

40,648,306円＋0円＋0円＝40,648,306円（→付表2－3④C欄に記入）

(6) 資産の譲渡等の対価の額の計算（付表2－3の作成）

課税資産の譲渡等の対価の額（付表2－3④C欄）40,648,306円（→付表2－3⑤C欄に記入）

（〔表イ－1〕①B欄）35,071,908円（→付表2－3⑥C欄に記入）

資産の譲渡等の対価の額（付表2－3⑤C欄＋⑥C欄）

40,648,306円＋35,071,908円＝75,720,214円（→付表2－3⑦C欄に記入）

(7) 課税売上割合の計算（付表2－3の作成）

課税売上割合（付表2－3④C欄／⑦C欄）

40,648,306円／75,720,214円＝53.68％（→付表2－3⑧C欄に記入）

(8) 課税仕入れに係る消費税額の計算（付表2－3の作成）

（課税仕入れに係る支払対価の額（税込み））

税率7.8％適用分（〔表ハ〕⑩「うち標準税率7.8％適用分」欄）

65,811,528円（付表2－3⑨B欄）

合計（付表2－3⑨A欄＋B欄）

0円＋65,811,528円＝65,811,528円（→付表2－3⑨C欄に記入）

消費税及び地方消費税の確定申告書の書き方

（課税仕入れに係る消費税額）

税率7.8％適用分（〔表ハ〕⑫欄）

4,666,635円（付表2－3⑩B欄）

合計（付表2－1⑩A欄＋B欄）

0円＋4,666,635円＝4,666,635円（→付表2－3⑩C欄に記入）

(9) **課税仕入れ等の税額の合計額の計算**（付表2－3の作成）

税率7.8％適用分（付表2－3⑩B欄＋⑫B欄＋⑬B欄±⑭B欄）

4,666,635円＋0円＋0円±0円＝4,666,635円（→付表2－3⑮B欄に記入）

合計（付表2－3⑮A欄＋B欄）

0円＋4,666,635円＝4,666,635円（→付表2－3⑮C欄に記入）

(10) **控除対象仕入税額の計算（本設例では、一括比例配分方式を選択）**（付表2－3の作成）

税率7.8％適用分（付表2－3⑮B欄×（④C欄／⑦C欄））

4,666,635円×（40,648,306円／75,720,214円）＝2,505,154円（→付表2－3⑳B欄に記入）

合計（付表2－3⑳A欄＋B欄）

0円＋2,505,154円＝2,505,154円（→付表2－3⑳C欄に記入）

(11) **差引控除対象仕入税額の計算**（付表2－3の作成）

税率7.8％適用分（付表2－3⑳B欄の金額）

2,505,154円（→付表2－3㉔B欄、付表1－3④B欄に記入）

合計（付表2－3㉔A欄＋B欄、付表1－3④A欄＋B欄）

0円＋2,505,154円＝2,505,154円（→付表2－3㉔C欄、付表1－3④C欄に記入）

(12) **控除税額小計の計算**（付表1－3の作成）

税率7.8％適用分（付表1－3④B欄＋⑤B欄＋⑥B欄）

2,505,154円＋0円＋0円＝2,505,154円（→付表1－3⑦B欄に記入）

合計（付表1－3⑦A欄＋B欄）

0円＋2,505,154円＝2,505,154円（→付表1－3⑦C欄に記入）

(13) **差引税額の計算**（付表1－3の作成）

合計（付表1－3②C欄＋③C欄－⑦C欄）

3,170,544円－0円－2,505,154円＝665,300円（→付表1－3⑨C欄に記入（100円未満切捨て））

(14) **地方消費税の課税標準となる消費税額の計算**（付表1－3の作成）

（差引税額の転記）

合計（付表1－3⑨C欄）

665,300円（→付表1－3⑪C欄に記入）

(15) **譲渡割額（納税額）の計算**（付表1－3の作成）

合計（付表1－3⑪C欄×22／78）

665,300円×22／78＝187,600円（→付表1－3⑬C欄に記入（100円未満切捨て））

## 消費税及び地方消費税の確定申告書の書き方·

(16) **申告書第二表の記入**

付表1－3から、次のとおり申告書第二表に必要な事項を転記します。

付表1－3①C欄の金額　40,648,000円　（→申告書第二表①欄）

付表1－3①－1B欄の金額　40,648,306円　（→申告書第二表⑥欄）

付表1－3①－1C欄の金額　40,648,306円　（→申告書第二表⑦欄）

付表1－3②C欄の金額　3,170,544円　（→申告書第二表⑪欄）

付表1－3②B欄の金額　3,170,544円　（→申告書第二表⑯欄）

付表1－3⑪C欄の金額　665,300円　（→申告書第二表⑳欄、㉓欄）

(17) **申告書第一表の記入**

申告書第二表、付表1－3及び2－3から、次のとおり申告書第一表に必要な事項を転記します。

申告書第二表①欄の金額　40,648,000円　（→申告書第一表①欄）

申告書第二表⑪欄の金額　3,170,544円　（→申告書第一表②欄）

付表1－3④C欄の金額　2,505,154円　（→申告書第一表④欄）

付表1－3⑦C欄の金額　2,505,154円　（→申告書第一表⑦欄）

付表1－3⑨C欄の金額　665,300円　（→申告書第一表⑨欄）

付表2－3④C欄の金額　40,648,306円　（→申告書第一表⑮欄）

付表2－3⑦C欄の金額　75,720,214円　（→申告書第一表⑯欄）

(18) **納付税額の計算**　（申告書第一表⑨欄－⑩欄）

665,300円　（→申告書第一表⑪欄に記入）

(19) **地方消費税の税額の計算**

付表1－3から次のとおり申告書第一表に必要な事項を転記します。

付表1－3⑪C欄の金額　665,300円　（→申告書第一表⑱欄）

付表1－3⑬C欄の金額　187,600円　（→申告書第一表⑳欄）

(20) **納付譲渡割額の計算**　（申告書第一表⑳欄－㉑欄）

187,600円　（→申告書第一表㉒欄に記入）

(21) **消費税及び地方消費税の合計税額の計算**　（申告書第一表⑪欄＋㉒欄）

665,300円＋187,600円＝852,900円　（→申告書第一表㉖欄に記入）

——(1012)——

消費税及び地方消費税の確定申告書の書き方

**表口**

# 課 税 売 上 高 計 算 表

(令和　4　年分)

| (1) 事業所得に係る課税売上高 | | 金　　額 | うち軽減税率<br>6.24%適用分 | うち標準税率<br>7.8%適用分 |
|---|---|---|---|---|
| 営業等課税売上高 | ① | 表イ-1の①C欄の金額　円<br>44,713,137 | 表イ-1の①D欄の金額　　円 | 表イ-1の①E欄の金額　　円<br>44,713,137 |
| 農業課税売上高 | ② | 表イ-2の④C欄の金額 | 表イ-2の④D欄の金額 | 表イ-2の④E欄の金額 |

| (2) 不動産所得に係る課税売上高 | | 金　　額 | うち軽減税率<br>6.24%適用分 | うち標準税率<br>7.8%適用分 |
|---|---|---|---|---|
| 課税売上高 | ③ | 表イ-3の④C欄の金額 | 表イ-3の④D欄の金額 | 表イ-3の④E欄の金額 |

| (3) (　　　) 所得に係る課税売上高 | | 金　　額 | うち軽減税率<br>6.24%適用分 | うち標準税率<br>7.8%適用分 |
|---|---|---|---|---|
| 損益計算書の収入金額 | ④ | | | |
| ④のうち、課税売上げにならないもの | ⑤ | | | |
| 差引課税売上高(④-⑤) | ⑥ | | | |

| (4) 業務用資産の譲渡所得に係る課税売上高 | | 金　　額 | うち軽減税率<br>6.24%適用分 | うち標準税率<br>7.8%適用分 |
|---|---|---|---|---|
| 業務用固定資産等の譲渡収入金額 | ⑦ | | | |
| ⑦のうち、課税売上げにならないもの | ⑧ | | | |
| 差引課税売上高(⑦-⑧) | ⑨ | | | |

| (5) 課税売上高の合計額<br>(① + ② + ③ + ⑥ + ⑨) | ⑩ | 44,713,137 | | 44,713,137 |
|---|---|---|---|---|

(6) 課税資産の譲渡等の対価の額の計算

| | | |
|---|---|---|
| ＿＿＿＿＿＿＿　円×100/108<br>税抜経理方式によっている場合、⑩軽減税率6.24%適用分欄の金額に<br>課税売上げに係る仮受消費税等の金額を加算して計算します。 | ⑪ | (1円未満の端数切捨て)<br>(一般用)付表1-3の①-1A欄へ<br>(簡易課税用)付表4-3の①-1A欄へ |
| 44,713,137　円×100/110<br>税抜経理方式によっている場合、⑩標準税率7.8%適用分欄の金額に<br>課税売上げに係る仮受消費税等の金額を加算して計算します。 | ⑫ | (1円未満の端数切捨て)<br>(一般用)付表1-3の①-1B欄へ<br>(簡易課税用)付表4-3の①-1B欄へ　40,648,306 |

# 消費税及び地方消費税の確定申告書の書き方

第4-(9)号様式

## 付表1-3　税率別消費税額計算表 兼 地方消費税の課税標準となる消費税額計算表

一般

| 課　税　期　間 | 令和 4・1・1 ～ 4・12・31 | 氏名又は名称 | 和歌山　太郎 |
|---|---|---|---|

| 区　　　　　　分 | | 税率 6.24 % 適用分 A | 税率 7.8 % 適用分 B | 合　　　計　　　C (A＋B) |
|---|---|---|---|---|
| 課　税　標　準　額 | ① | 円<br>000 | 円<br>40,648,000 | ※第二表の①欄へ 円<br>40,648,000 |
| ①の内訳 課税資産の譲渡等の対価の額 | ①-1 | ※第二表の⑤欄へ | ※第二表の⑥欄へ<br>40,648,306 | ※第二表の⑦欄へ<br>40,648,306 |
| 特定課税仕入れに係る支払対価の額 | ①-2 | ※①-2欄は、課税売上割合が95%未満、かつ、特定課税仕入れがある事業者のみ記載する。 | ※第二表の⑨欄へ | ※第二表の⑩欄へ |
| 消　　費　　税　　額 | ② | ※第二表の⑮欄へ | ※第二表の⑯欄へ<br>3,170,544 | ※第二表の⑪欄へ<br>3,170,544 |
| 控　除　過　大　調　整　税　額 | ③ | (付表2-3の㉓・㉕A欄の合計金額) | (付表2-3の㉓・㉕B欄の合計金額) | ※第一表の③欄へ |
| 控除税額 控除対象仕入税額 | ④ | (付表2-3の㉔A欄の金額) | (付表2-3の㉔B欄の金額)<br>2,505,154 | ※第一表の④欄へ<br>2,505,154 |
| 返還等対価に係る税額 | ⑤ | | | ※第二表の⑰欄へ |
| ⑤の内訳 売上げの返還等対価に係る税額 | ⑤-1 | | | ※第二表の⑱欄へ |
| 特定課税仕入れの返還等対価に係る税額 | ⑤-2 | ※⑤-2欄は、課税売上割合が95%未満、かつ、特定課税仕入れがある事業者のみ記載する。 | | ※第二表の⑲欄へ |
| 貸倒れに係る税額 | ⑥ | | | ※第一表の⑥欄へ |
| 控除税額小計 (④＋⑤＋⑥) | ⑦ | | 2,505,154 | ※第一表の⑦欄へ<br>2,505,154 |
| 控除不足還付税額 (⑦－②－③) | ⑧ | | | ※第一表の⑧欄へ |
| 差　引　税　額 (②＋③－⑦) | ⑨ | | | ※第一表の⑨欄へ<br>665,300 |
| 地方消費税の課税標準となる消費税額 控除不足還付税額 (⑧) | ⑩ | | | ※第一表の⑰欄へ<br>※マイナス「－」を付して第二表の㉑及び㉓欄へ |
| 差　引　税　額 (⑨) | ⑪ | | | ※第一表の⑱欄へ<br>※第二表の㉒及び㉓欄へ<br>665,300 |
| 譲渡割額 還　付　額 | ⑫ | | | (⑩C欄×22/78)<br>※第一表の⑲欄へ |
| 納　税　額 | ⑬ | | | (⑪C欄×22/78)<br>※第一表の⑳欄へ<br>187,600 |

注意　金額の計算においては、1円未満の端数を切り捨てる。

(R2.4.1以後終了課税期間用)

消費税及び地方消費税の確定申告書の書き方

**表八**

# 課 税 仕 入 高 計 算 表

（令和　4　年分）

| (1) 事業所得に係る課税仕入高 | | 金　　額 | うち軽減税率 6.24%適用分 | うち標準税率 7.8%適用分 |
|---|---|---|---|---|
| 営業等課税仕入高 | ① | 表イ-1の㉞C欄の金額　円 32,311,528 | 表イ-1の㉞D欄の金額　円 | 表イ-1の㉞E欄の金額　円 32,311,528 |
| 農業課税仕入高 | ② | 表イ-2の㉛C欄の金額 | 表イ-2の㉛D欄の金額 | 表イ-2の㉛E欄の金額 |

| (2) 不動産所得に係る課税仕入高 | | 金　　額 | うち軽減税率 6.24%適用分 | うち標準税率 7.8%適用分 |
|---|---|---|---|---|
| 課税仕入高 | ③ | 表イ-3の⑭C欄の金額 | 表イ-3の⑭D欄の金額 | 表イ-3の⑭E欄の金額 |

| (3) (　　　) 所得に係る課税仕入高 | | 金　　額 | うち軽減税率 6.24%適用分 | うち標準税率 7.8%適用分 |
|---|---|---|---|---|
| 損益計算書の仕入金額と経費の金額の合計額 | ④ | | | |
| ④のうち、課税仕入れにならないもの | ⑤ | | | |
| 差引課税仕入高（④－⑤） | ⑥ | | | |

| (4) 業務用資産の取得に係る課税仕入高 | | 金　　額 | うち軽減税率 6.24%適用分 | うち標準税率 7.8%適用分 |
|---|---|---|---|---|
| 業務用固定資産等の取得費 | ⑦ | 33,500,000 | | 33,500,000 |
| ⑦のうち、課税仕入れにならないもの※ | ⑧ | | | |
| 差引課税仕入高（⑦－⑧） | ⑨ | 33,500,000 | | 33,500,000 |

| (5) 課税仕入高の合計額 （①＋②＋③＋⑥＋⑨） | | | 付表2-3の⑨A欄へ | 付表2-3の⑨B欄へ |
|---|---|---|---|---|
| | ⑩ | 65,811,528 | | 65,811,528 |

(6) 課税仕入れに係る消費税額の計算

|  | | |
|---|---|---|
| 円×6.24/108 | ⑪ | （1円未満の端数切捨て） 付表2-3の⑩A欄へ |
| 税抜経理方式によっている場合、⑩軽減税率6.24%適用分欄の金額に輸入取引以外の取引に係る仮払消費税等の金額を加算して計算します。 | | |
| 65,811,528 円×7.8/110 | ⑫ | （1円未満の端数切捨て） 付表2-3の⑩B欄へ 4,666,635 |
| 税抜経理方式によっている場合、⑩標準税率7.8%適用分欄の金額に輸入取引以外の取引に係る仮払消費税等の金額を加算して計算します。 | | |

※　⑧欄は、課税仕入れにならないもの（非課税、免税、不課税の仕入れ等）のほか、居住用賃貸建物の取得等に係る仕入税額控除の制限の規定の適用を受ける場合は、当該居住用賃貸建物の取得費を合わせて記載します。

# 消費税及び地方消費税の確定申告書の書き方

第4-(10)号様式

## 付表2-3　課税売上割合・控除対象仕入税額等の計算表

一般

| 課税期間 | 令和 4 ・1・1 ～ 4・12・31 | 氏名又は名称 | 和歌山　太郎 |
|---|---|---|---|

| 項　　目 | | 税率 6.24 ％ 適用分<br>A | 税率 7.8 ％ 適用分<br>B | 合　　計　C<br>(A+B) |
|---|---|---|---|---|
| 課　税　売　上　額（税抜き） | ① | 円 | 40,648,306 円 | 40,648,306 円 |
| 免　　税　　売　　上　　額 | ② | | | |
| 非課税資産の輸出等の金額、海外支店等へ移送した資産の価額 | ③ | | | |
| 課税資産の譲渡等の対価の額（①＋②＋③） | ④ | | | ※第一表の⑮欄へ<br>40,648,306 |
| 課税資産の譲渡等の対価の額（④の金額） | ⑤ | | | 40,648,306 |
| 非　　課　　税　　売　　上　　額 | ⑥ | | | 35,071,908 |
| 資産の譲渡等の対価の額（⑤＋⑥） | ⑦ | | | ※第一表の⑯欄へ<br>75,720,214 |
| 課　税　売　上　割　合（④／⑦） | ⑧ | | | [53.68%] ※端数<br>切捨て |
| 課税仕入れに係る支払対価の額（税込み） | ⑨ | | 65,811,528 | 65,811,528 |
| 課　税　仕　入　れ　に　係　る　消　費　税　額 | ⑩ | (⑨A欄×6.24/108) | (⑨B欄×7.8/110)<br>4,666,635 | 4,666,635 |
| 特定課税仕入れに係る支払対価の額 | ⑪ | ※⑪及び⑫欄は、課税売上割合が95%未満、かつ、特定課税仕入れがある事業者のみ記載する。 | | |
| 特定課税仕入れに係る消費税額 | ⑫ | | (⑪B欄×7.8/100) | |
| 課　税　貨　物　に　係　る　消　費　税　額 | ⑬ | | | |
| 納税義務の免除を受けない（受ける）こととなった場合における消費税額の調整（加算又は減算）額 | ⑭ | | | |
| 課税仕入れ等の税額の合計額（⑩＋⑫＋⑬±⑭） | ⑮ | | 4,666,635 | 4,666,635 |
| 課税売上高が5億円以下、かつ、課税売上割合が95％以上の場合（⑮の金額） | ⑯ | | | |
| 課税売上高が5億円超又は課税売上割合が95％未満の場合 / 個別対応方式 / ⑮のうち、課税売上げにのみ要するもの | ⑰ | | | |
| ⑮のうち、課税売上げと非課税売上げに共通して要するもの | ⑱ | | | |
| 個別対応方式により控除する課税仕入れ等の税額〔⑰＋（⑱×④／⑦）〕 | ⑲ | | | |
| 一括比例配分方式により控除する課税仕入れ等の税額（⑮×④／⑦） | ⑳ | | 2,505,154 | 2,505,154 |
| 控除税額の調整 / 課税売上割合変動時の調整対象固定資産に係る消費税額の調整（加算又は減算）額 | ㉑ | | | |
| 調整対象固定資産を課税業務用（非課税業務用）に転用した場合の調整（加算又は減算）額 | ㉒ | | | |
| 居住用賃貸建物を課税賃貸用に供した（譲渡した）場合の加算額 | ㉓ | | | |
| 差引 / 控　除　対　象　仕　入　税　額〔（⑯、⑲又は⑳の金額）±㉑±㉒＋㉓〕がプラスの時 | ㉔ | ※付表1-3の④A欄へ | ※付表1-3の④B欄へ<br>2,505,154 | 2,505,154 |
| 控　除　過　大　調　整　税　額〔（⑯、⑲又は⑳の金額）±㉑±㉒＋㉓〕がマイナスの時 | ㉕ | ※付表1-3の③A欄へ | ※付表1-3の③B欄へ | |
| 貸　倒　回　収　に　係　る　消　費　税　額 | ㉖ | ※付表1-3の③A欄へ | ※付表1-3の③B欄へ | |

注意 1　金額の計算においては、1円未満の端数を切り捨てる。
2　⑨及び⑪欄には、値引き、割戻し、割引きなど仕入対価の返還等の金額がある場合（仕入対価の返還等の金額を仕入金額から直接減額している場合を除く。）には、その金額を控除した後の金額を記載する。

(R2.4.1以後終了課税期間用)

# 消費税及び地方消費税の確定申告書の書き方

第3-（2）号様式

**GK0601**

## 課税標準額等の内訳書

整理番号 ☐☐☐☐☐☐☐☐

| 納税地 | 和歌山市湊通丁北×－× |
|---|---|
| | （電話番号 0734 － ×× － ××××） |
| （フリガナ） | ワカヤマデンタルクリニック |
| 名 称<br>又は屋号 | 和歌山デンタルクリニック |
| （フリガナ） | ワカヤマ タロウ |
| 代表者氏名<br>又は氏名 | 和歌山 太郎 |

### 改正法附則による税額の特例計算

| | | | |
|---|---|---|---|
| 軽減売上割合（10営業日） | ○ | 附則38① | 51 |
| 小売等軽減仕入割合 | ○ | 附則38② | 52 |
| 小売等軽減売上割合 | ○ | 附則39① | 53 |

第二表

OCR入力用（この用紙は機械で読み取ります。折ったり汚したりしないでください。）

自 平成<br>令和 ☐4☐ 年 ☐1☐ 月 ☐1☐ 日

至 令和 ☐4☐ 年 ☐12☐ 月 ☐31☐ 日

**課税期間分の消費税及び地方消費税の（ 確定 ）申告書**

中間申告<br>の場合の<br>対象期間

自 平成<br>令和 ☐☐ 年 ☐☐ 月 ☐☐ 日

至 令和 ☐☐ 年 ☐☐ 月 ☐☐ 日

令和元年十月一日以後終了課税期間分

| 課税標準額<br>※申告書（第一表）の①欄へ | ① | 十兆千百十億千百十万千百十一円<br>406480000 | 01 |
|---|---|---|---|

| | | | | |
|---|---|---|---|---|
| 課税資産の<br>譲渡等の<br>対価の額<br>の合計額 | 3 ％適用分 | ② | | 02 |
| | 4 ％適用分 | ③ | | 03 |
| | 6.3 ％適用分 | ④ | | 04 |
| | 6.24％適用分 | ⑤ | | 05 |
| | 7.8 ％適用分 | ⑥ | 406480306 | 06 |
| | | ⑦ | 406480306 | 07 |
| 特定課税仕入れ<br>に係る支払対価<br>の額の合計額<br>（注1） | 6.3 ％適用分 | ⑧ | | 11 |
| | 7.8 ％適用分 | ⑨ | | 12 |
| | | ⑩ | | 13 |

| | | | | |
|---|---|---|---|---|
| 消費税額<br>※申告書（第一表）の②欄へ | | ⑪ | 3170544 | 21 |
| ⑪ の 内 訳 | 3 ％適用分 | ⑫ | | 22 |
| | 4 ％適用分 | ⑬ | | 23 |
| | 6.3 ％適用分 | ⑭ | | 24 |
| | 6.24％適用分 | ⑮ | | 25 |
| | 7.8 ％適用分 | ⑯ | 3170544 | 26 |

| | | | | |
|---|---|---|---|---|
| 返還等対価に係る税額<br>※申告書（第一表）の⑤欄へ | | ⑰ | | 31 |
| ⑰の内訳 | 売上げの返還等対価に係る税額 | ⑱ | | 32 |
| | 特定課税仕入れの返還等対価に係る税額（注1） | ⑲ | | 33 |

| | | | | |
|---|---|---|---|---|
| 地方消費税の<br>課税標準となる<br>消費税額<br>（注2） | | ⑳ | 665300 | 41 |
| | 4 ％適用分 | ㉑ | | 42 |
| | 6.3 ％適用分 | ㉒ | | 43 |
| | 6.24％及び7.8％適用分 | ㉓ | 665300 | 44 |

（注1）⑧～⑩及び⑲欄は、一般課税により申告する場合で、課税売上割合が95％未満、かつ、特定課税仕入れがある事業者のみ記載します。
（注2）⑳～㉓欄が還付税額となる場合はマイナス「－」を付してください。

——（1017）——

# 消費税及び地方消費税の確定申告書の書き方

## この用紙はとじこまないでください。

GK0304

第3-(1)号様式

令和5年3月1日　　和歌山　税務署長殿

| 納税地 | 和歌山市湊通丁北×-× （電話番号 0734 - ×× - ××××） |
|---|---|
| （フリガナ） | ワカヤマデンタルクリニック |
| 名称又は屋号 | 和歌山デンタルクリニック |
| 個人番号又は法人番号 | ×××××××××××× |
| （フリガナ） | ワカヤマ　タロウ |
| 代表者氏名又は氏名 | 和歌山　太郎 |

※個人番号の記載に当たっては、左端を空欄とし、ここから記載してください。

※税務署処理欄

一連番号 ／ 所管 ／ 要否 ／ 整理番号 ／ 申告年月日 令和 年 月 日 ／ 申告区分 ／ 指導等 ／ 庁指定 ／ 局指定 ／ 通信日付印 ／ 確認 ／ 確認書類 個人番号カード・通知カード・運転免許証・その他（　　） ／ 身元確認 ／ 指導 年 月 日 ／ 相談 区分1 区分2 区分3 令和

自 平成／令和 4年1月1日
至 令和 4年12月31日

**課税期間分の消費税及び地方消費税の（ 確定 ）申告書**

（中間申告の場合の 対象期間 自 平成／令和　年　月　日　至 令和　年　月　日）

OCR入力用（この用紙は機械で読み取ります。折ったり汚したりしないでください。）

第一表

令和元年十月一日以後終了課税期間分（一般用）

### この申告書による消費税の税額の計算

| | | 金額 | |
|---|---|---:|---|
| 課税標準額 | ① | 40648000 | 03 |
| 消費税額 | ② | 3170544 | 06 |
| 控除過大調整税額 | ③ | | 07 |
| 控除税額　控除対象仕入税額 | ④ | 2505154 | 08 |
| 返還等対価に係る税額 | ⑤ | | 09 |
| 貸倒れに係る税額 | ⑥ | | 10 |
| 控除税額小計（④+⑤+⑥） | ⑦ | 2505154 | 11 |
| 控除不足還付税額（⑦-②-③） | ⑧ | | 13 |
| 差引税額（②+③-⑦） | ⑨ | 665300 | 15 |
| 中間納付税額 | ⑩ | 00 | 16 |
| 納付税額（⑨-⑩） | ⑪ | 665300 | 17 |
| 中間納付還付税額（⑩-⑨） | ⑫ | 00 | 18 |
| この申告書が修正申告である場合　既確定税額 | ⑬ | | 19 |
| 差引納付税額 | ⑭ | 00 | 20 |
| 課税売上割合　課税資産の譲渡等の対価の額 | ⑮ | 40648306 | 21 |
| 資産の譲渡等の対価の額 | ⑯ | 75720214 | 22 |

### この申告書による地方消費税の税額の計算

| | |  | |
|---|---|---:|---|
| 地方消費税の課税標準となる消費税額　控除不足還付税額 | ⑰ | | 51 |
| 差引税額 | ⑱ | 665300 | 52 |
| 譲渡割額　還付額 | ⑲ | | 53 |
| 納税額 | ⑳ | 187600 | 54 |
| 中間納付譲渡割額 | ㉑ | 00 | 55 |
| 納付譲渡割額（⑳-㉑） | ㉒ | 187600 | 56 |
| 中間納付還付譲渡割額（㉑-⑳） | ㉓ | 00 | 57 |
| この申告書が修正申告である場合　既確定譲渡割額 | ㉔ | | 58 |
| 差引納付譲渡割額 | ㉕ | 00 | 59 |
| 消費税及び地方消費税の合計（納付又は還付）税額 | ㉖ | 852900 | 60 |

㉖=（⑪+㉒）-（⑧+⑫+⑲+㉓）・修正申告の場合㉖=⑭+㉕
㉖が還付税額となる場合はマイナス「-」を付してください。

### 付記事項・参考事項

| | | |
|---|---|---|
| 割賦基準の適用 | 有　○無 | 31 |
| 延払基準等の適用 | 有　○無 | 32 |
| 工事進行基準の適用 | 有　○無 | 33 |
| 現金主義会計の適用 | 有　○無 | 34 |
| 課税標準額に対する消費税額の計算の特例の適用 | 有　○無 | 35 |

| 控除税額の計算方法 | | | |
|---|---|---|---|
| 課税売上高5億円超又は課税売上割合95%未満 | ○ | 個別対応方式／一括比例配分方式 | 41 |
| 上記以外 | | 全額控除 | |

基準期間の課税売上高　43,185 千円

還付を受けようとする金融機関等
| 銀行・金庫・組合・農協・漁協 | 本店・支店／出張所／本所・支所 |
|---|---|
| 預金 口座番号 | |
| ゆうちょ銀行の貯金記号番号 | - |
| 郵便局名等 | |

※税務署整理欄

税理士署名　（電話番号　-　-　）

○ 税理士法第30条の書面提出有
○ 税理士法第33条の2の書面提出有

——（1018）——

消費税及び地方消費税の確定申告書の書き方

# 不動産貸付業の計算例

## 【設 例】

1　私は店舗等の貸付け等を行っています。

2　私は消費税の課税事業者を選択しています。

3　消費税等に関する記帳は、税込経理方式を採用しています。

4　令和4年分の所得税に係る決算額は〔**表1**〕のとおりで、消費税等に関する特記事項は次のとおりです。

　　なお、特定課税仕入れはありません。

①　令和4年分の収入の内訳は次のとおりです。

| | | |
|---|---|---|
| 貸店舗に係るもの | 家　賃 | 6,480,000円 |
| | 権利金（契約終了時に返還） | 1,350,000 |
| | 保証金（不返還） | 600,000 |
| | 共益費 | 408,000 |
| 貸住宅に係るもの | 家　賃 | 9,760,000 |
| | 権利金（契約終了時に返還） | 1,000,000 |
| | 保証金（不返還） | 800,000 |
| | 共益費 | 867,000 |
| 貸地に係るもの | 地　代 | 2,520,000 |

②　令和4年8月30日に新たに店舗付きマンションを取得し、9月から賃貸しています。

　　このマンションの工事に係る請負契約は、令和3年12月5日に取り交わしており、その建築費用は1億7,500万円で、このうち、店舗用部分の取得費用は5,000万円でした。

　　(注)　令和2年10月1日以後、居住用賃貸建物の取得等に係る仕入税額控除制度の適用が制限されました（〔**チェックポイント9**〕参照）。この設例の店舗付きマンションの取得時期は、令和4年8月30日ですので、この制限が適用されます。

③　共益費は、借り主に共通部分の使用に係る費用を応分負担させるものです。

④　修繕費546,000円は、貸店舗に係るものです。

5　収入、仕入れ及び経費の内訳は〔**表イ-3**〕のとおりです。

——(1019)——

消費税及び地方消費税の確定申告書の書き方

6 簡易課税制度の選択はしていません。（令和2年分の課税売上高は1,236,000円です。）

7 仕入税額控除においては、一括比例配分方式を採用しています。

8 売上げ又は仕入れを適用税率ごとに区分することが困難な中小事業者に対する売上税額又は仕入税額の計算の特例は適用していません。

〔表1〕 所得税に係る決算額

| 科　　　　目 | | 決　算　額 |
|---|---|---|
| 収　入　金　額 | | 23,785,000円 |
| 経費 | 租 税 公 課 | 2,742,000 |
| | 損 害 保 険 料 | 945,400 |
| | 修　繕　費 | 546,000 |
| | 減 価 償 却 費 | 2,637,500 |
| | 利 子 割 引 料 | 4,724,514 |
| | 給　　料 | 721,000 |
| | 水 道 光 熱 費 | 1,219,514 |
| | 雑　　費 | 350,000 |
| | 計 | 13,885,928 |
| 青色申告特別控除 | | 100,000 |
| 所　得　金　額 | | 9,799,072 |

# 消費税及び地方消費税の確定申告書の書き方

〔チェックポイント〕

1　保証金、権利金等

　　建物又は土地等の賃貸契約等の締結又は更改に当たって受ける保証金、権利金、敷金又は更改料（更新料を含む。）のうち、貸付期間の経過その他当該賃貸契約等の終了前における一定の事由の発生により返還しないこととなるものは、権利の設定の対価ですから資産の譲渡等に係る対価に該当しますが、当該賃貸契約の終了等に伴って返還することとされているものは、資産の譲渡等に係る対価に該当しません。

2　資産の貸付けに伴う共益費

　　建物等の資産の貸付けに際し賃貸人がその貸付先から収受する電気、ガス、水道料等の実費に相当するいわゆる共益費は、建物等の資産の貸付けに付随して行われる課税資産の譲渡等に係る対価ですから、資産の貸付けに係る対価に含まれます。

3　住宅の貸付けの非課税

　　平成3年10月1日以後に行う住宅の貸付けについては、非課税とされています。

　　なお、住宅の貸付けの対価には、月決め等の家賃のほか、敷金、礼金、保証金、一時金等のうち返還しない部分及び共同住宅における共益費も含まれます。

4　土地の貸付けの非課税

　　土地の貸付けについては非課税とされていますが、その貸付期間が1か月未満の場合や駐車場などの施設に伴って土地が使用される場合には課税されます。

5　一括比例配分方式による場合

　　仕入税額控除の額を計算する場合に、課税売上高が5億円超又は課税売上割合が95％未満のときには、原則として個別対応方式又は一括比例配分方式により計算することとされています。

　　一括比例配分方式とは、課税期間中の課税仕入れ及び保税地域から引き取った課税貨物に係る消費税額の合計額に課税売上割合を乗じて仕入税額控除の額を求めるという方法をいいます。

　　この一括比例配分方式を選択した場合には、2年間継続して適用しなければなりません。

6　控除不足還付税額が生じた場合

　　控除不足還付税額が生じた場合にはその金額が還付されることになりますが、申告書に「消費税の還付申告に関する明細書」を添付しなければなりません。

7　課税事業者選択届出書を提出し、課税事業者となる場合

　　課税事業者となった課税期間の初日から2年を経過する日までの間に開始した各課税期間中に調整対象固定資産の課税仕入れを行い、かつ、その仕入れた日の属する課税期間の消費税の確定申告を一般課税で行う場合、調整対象固定資産の課税仕入れを行った日の属する課税期間の初日から原則として3年間は、

・免税事業者になることはできません。（消法9⑦）

・また、簡易課税制度を適用して申告することもできません。（消法37③）

　　（一般課税により消費税の確定申告を行う必要があります。）

消費税及び地方消費税の確定申告書の書き方

8　平成28年4月1日以後に高額特定資産の仕入れ等を行った場合

　・課税事業者が、簡易課税制度の適用を受けない課税期間中に高額特定資産の仕入れ等を行った場合には、その高額特定資産の仕入れ等の日の属する課税期間の翌課税期間から、その高額特定資産の仕入れ等の日の属する課税期間の初日以後3年を経過する日の属する課税期間までの各課税期間は免税事業者となることはできません。（消法12の4）

　・高額特定資産のうち自己建設高額特定資産については、その自己建設高額特定資産の建設等に要した仕入れ等の支払対価の累計額が1,000万円以上となった日の属する課税期間の翌課税期間から、その建設等が完了した日の属する課税期間の初日以後3年を経過する日の属する課税期間までの各課税期間は免税事業者となることはできません。（消法12の4）

　・事業者が、事業者免税点制度又は簡易課税制度の適用を受けない課税期間において高額特定資産の仕入れ等を行った場合又は自己建設高額特定資産の仕入れを行った場合には、一定期間、免税事業者になることはできません。その期間については、原則として簡易課税制度を適用して申告することもできません。（消法37③三）

9　令和2年10月1日以後に居住用賃貸建物を取得した場合

　事業者が、国内において行う居住用賃貸建物（住宅の貸付けの用に供しないことが明らかな建物以外の建物であって高額特定資産又は調整対象自己建設高額資産に該当するもの）に係る課税仕入れ等の税額については、仕入税額控除の対象とされません。（消法30⑩）

　ただし、例えば、建物の一部が店舗用になっている居住用賃貸建物を、その構造及び設備その他の状況により住宅の貸付けの用に供しないことが明らかな部分とそれ以外の部分（「居住用賃貸部分」といいます。）とに合理的に区分しているときは、その居住用賃貸部分以外の部分に係る課税仕入れ等の税額については、仕入税額控除の対象となります。（消令50の2①）

　**(注)**　上記の制限は、令和2年10月1日以後に行われる居住用賃貸建物の課税仕入れ等の税額について適用されます。令和2年3月31日までに締結した契約に基づき令和2年10月1日以後に行われる居住用賃貸建物の課税仕入れ等については、適用されません。（令2改所法等附44①②）

消費税及び地方消費税の確定申告書の書き方

## 表イー3

### 課 税 取 引 金 額 計 算 表

（令和　4 年分）　　　　　　　　　　　　　　　　　　　　　　　　　　　　　　　　　（不動産所得用）

| 科 目 | | | 決 算 額 A | Aのうち課税取引にならないもの（※1）B | 課税取引金額（A－B）C | うち軽減税率6.24％適用分 D | うち標準税率7.8％適用分 E |
|---|---|---|---|---|---|---|---|
| 収入金額 | 賃 貸 料 | ① | 円 18,760,000 | 円 12,280,000 | 円 6,480,000 | 円 | 円 6,480,000 |
| | 礼金・権利金更 新 料 | ② | 3,750,000 | 3,150,000 | 600,000 | | 600,000 |
| | 共 益 費 | ③ | 1,275,000 | 867,000 | 408,000 | | 408,000 |
| | 計 | ④ | 23,785,000 | 16,297,000 | 7,488,000 | | 7,488,000 |
| 経費 | 租 税 公 課 | ⑤ | 2,742,000 | 2,742,000 | 0 | | 0 |
| | 損 害 保 険 料 | ⑥ | 945,400 | 945,400 | | | |
| | 修 繕 費 | ⑦ | 546,000 | | 546,000 | | 546,000 |
| | 減 価 償 却 費 | ⑧ | 2,637,500 | 2,637,500 | | | |
| | 借 入 金 利 子 | ⑨ | 4,724,514 | 4,724,514 | | | |
| | 地 代 家 賃 | ⑩ | — | — | — | | — |
| | 給 料 賃 金 | ⑪ | 721,000 | 721,000 | 0 | | 0 |
| | 水 道 光 熱 費 | ⑫ | 1,219,514 | 0 | 1,219,514 | | 1,219,514 |
| | その他の経費 | ⑬ | 350,000 | 0 | 350,000 | | 350,000 |
| | 計 | ⑭ | 13,885,928 | 11,770,414 | 2,115,514 | | 2,115,514 |
| 差 引 金 額 | | ⑮ | 9,899,072 | | | | |

太枠の箇所は課税売上高計算表及び課税仕入高計算表へ転記します。

※1　B欄には、非課税取引、輸出取引等、不課税取引を記入します。
　　また、経費に特定課税仕入れに係る支払対価の額が含まれている場合には、その金額もB欄に記入します。
※2　斜線がある欄は、一般的な取引において該当しない項目です。

——(1023)——

消費税及び地方消費税の確定申告書の書き方

〈計算方法〉

(1) **課税売上高の合計額の計算** （〔表ロ〕の作成）

　① 不動産所得に係る課税売上高

　　合計（〔表イ－3〕④C欄）

　　　7,488,000円（→〔表ロ〕③「金額」欄に転記）

　　7.8%適用分（〔表イ－3〕④E欄）

　　　7,488,000円（→〔表ロ〕③「うち標準税率7.8%適用分」欄に転記）

　② 課税売上高の合計額

　　合計（〔表ロ〕③「金額」欄）

　　　7,488,000円（→〔表ロ〕⑩「金額」欄に記入）

　　7.8%適用分（〔表ロ〕③「うち標準税率7.8%適用分」欄）

　　　7,488,000円（→〔表ロ〕⑩「うち標準税率7.8%適用分」欄に記入）

(2) **課税標準額の計算** （〔表ロ〕、付表1－3の作成）

　① 課税資産の譲渡等の対価の額の計算

　　7.8%適用分（→〔表ロ〕⑩「うち標準税率7.8%適用分」欄×100／110）

　　　7,488,000円×100／110＝6,807,272円（→〔表ロ〕⑫欄、付表1－3①－1B欄に記入）

　　合計（付表1－3①－1A欄＋B欄）

　　　0円＋6,807,272円＝6,807,272円（→付表1－3①－1C欄に記入）

　② 課税標準額の計算

　　7.8%適用分（付表1－3①－1B欄の金額を1,000円未満切捨て）

　　　6,807,272円→6,807,000円（→付表1－3①B欄に記入）

　　合計（付表1－3①A欄＋B欄）

　　　0円＋6,807,000円＝6,807,000円（→付表1－3①C欄に記入）

(3) **消費税額の計算** （付表1－3の作成）

　　税率7.8%適用分（付表1－3①B欄×7.8%）

　　　6,807,000円×7.8%＝530,946円（→付表1－3②B欄に記入）

　　合計（付表1－3②A欄＋B欄）

　　　0円＋530,946円＝530,946円（→付表1－3②C欄に記入）

(4) **課税仕入高の合計額の計算** （〔表ハ〕、付表2－3の作成）

　① 不動産所得に係る課税仕入高

　　合計（〔表イ－3〕⑭C欄）

　　　2,115,514円（→〔表ハ〕③「金額」欄に記入）

　　税率7.8%適用分（〔表イ－3〕⑭E欄）

　　　2,115,514円（→〔表ハ〕③「うち標準税率7.8%適用分」欄に記入）

　② 業務用固定資産等の取得に係る課税仕入高

——(1024)——

消費税及び地方消費税の確定申告書の書き方

令和4年8月の新築店舗付きマンション取得費用175,000,000円のうち、店舗用部分取得費用 50,000,000円（→〔表ハ〕⑦「金額」欄及び「うち標準税率7.8％適用分」欄に記入し、差引課 税仕入高として⑨「金額」欄及び「うち標準税率7.8％適用分」欄にも記入）

③　課税仕入高の合計額

合計（〔表ハ〕③「金額」欄＋⑨「金額」欄）

2,115,514円＋50,000,000円＝52,115,514円（→〔表ハ〕⑩「金額」欄に記入）

税率7.8％適用分（〔表ハ〕③「うち標準税率7.8％適用分」欄）

2,115,514円＋50,000,000円＝52,115,514円（→〔表ハ〕⑩「うち標準税率7.8％適用分」欄 及び付表2－3⑨B欄に記入）

④　税率の異なるごとに区分した課税仕入れに係る消費税額

税率7.8％適用分（→〔表ハ〕⑩「うち標準税率7.8％適用分」欄×7.8／110）

52,115,514円×7.8／110＝3,695,463円（→〔表ハ〕⑫欄及び付表2－3⑩B欄に記入）

⑸　**課税資産の譲渡等の対価の額の計算**（付表2－3の作成）

税率7.8％適用分（〔表ロ〕⑫欄）

6,807,272円（→付表2－3①B欄に記入）

合計（付表2－3①A欄＋B欄）

0円＋6,807,272円＝6,807,272円（→付表2－3①C欄に記入）

課税資産の譲渡等の対価の額（付表2－3①C欄＋②C欄＋③C欄）

6,807,272円＋0円＋0円＝6,807,272円（→付表2－3④C欄に記入）

⑹　**資産の譲渡等の対価の額の計算**（付表2－3の作成）

課税資産の譲渡等の対価の額（付表2－3④C欄）

6,807,272円（→付表2－3⑤C欄に記入）

（〔表イ－3〕④B欄）

16,297,000円（→付表2－3⑥C欄に記入）

資産の譲渡等の対価の額（付表2－3⑤C欄＋⑥C欄）

6,807,272円＋16,297,000円＝23,104,272円（→付表2－3⑦C欄に記入）

⑺　**課税売上割合の計算**（付表2－3の作成）

課税売上割合（付表2－3④C欄／⑦C欄）

6,807,272円／23,104,272円＝29.46％（→付表2－3⑧C欄に記入）

⑻　**課税仕入れに係る消費税額の計算**（付表2－3の作成）

（課税仕入れに係る支払対価の額（税込み））

税率7.8％適用分（〔表ハ〕⑩欄「うち標準税率7.8％適用分」欄）

52,115,514円（付表2－3⑨B欄）

合計（付表2－3⑨A欄＋B欄）

0円＋52,115,514円＝52,115,514円（→付表2－3⑨C欄に記入）

消費税及び地方消費税の確定申告書の書き方

（課税仕入れに係る消費税額）

税率7.8％適用分（〔表ハ〕⑫欄）

　3,695,463円（付表2－3⑩B欄）

合計（付表2－3⑩A欄＋B欄）

　0円＋3,695,463円＝3,695,463円（→付表2－3⑩C欄に記入）

(9) **課税仕入れ等の税額の合計額の計算**（付表2－3の作成）

税率7.8％適用分（付表2－3⑩B欄＋⑫B欄＋⑬B欄±⑭B欄）

　3,695,463円＋0円＋0円±0円＝3,695,463円（→付表2－3⑮B欄に記入）

合計（付表2－3⑮A欄＋B欄）

　0円＋3,695,463円＝3,695,463円（→付表2－3⑮C欄に記入）

(10) **控除対象仕入税額の計算（本設例では、一括比例配分方式を選択）**（付表2－3の作成）

税率7.8％適用分（付表2－3⑮B欄×（④C欄／⑦C欄））

　3,695,463円×（6,807,272円／23,104,272円）＝1,088,803円（→付表2－3⑳B欄に記入）

合計（付表2－3⑳A欄＋B欄）

　0円＋1,088,803円＝1,088,803円（→付表2－3⑳C欄に記入）

(11) **差引控除対象仕入税額の計算**（付表2－3、1－3の作成）

税率7.8％適用分（付表2－3⑳B欄の金額）

　1,088,803円（→付表2－3㉔B欄及び付表1－3④B欄に記入）

合計（付表2－3㉔A欄＋B欄、付表1－3④A欄＋B欄）

　0円＋1,088,803円＝1,088,803円（付表2－3㉔C欄、付表1－3④C欄）

(12) **控除税額小計の計算**（付表1－3の作成）

税率7.8％適用分（付表1－3④B欄＋⑤B欄＋⑥B欄）

　1,088,803円＋0円＋0円＝1,088,803円（→付表1－3⑦B欄に記入）

合計（付表1－3⑦A欄＋B欄）

　0円＋1,088,803円＝1,088,803円（→付表1－3⑦C欄に記入）

(13) **差引税額又は控除不足還付税額の計算**（付表1－3の作成）

合計（付表1－3②C欄＋③C欄－⑦C欄）

　530,946円＋0円－1,088,803円＝－557,857円（計算結果がマイナスなので、控除不足還付税額を計算します）

（控除不足還付税額）

合計（付表1－3⑦C欄－②C欄－③C欄）

　1,088,803円－530,946円－0円＝557,857円（→付表1－3⑧C欄に記入）

(14) **地方消費税の課税標準となる消費税額の計算**（付表1－3の作成）

（控除不足還付税額）

合計（付表1－3⑧C欄）

消費税及び地方消費税の確定申告書の書き方

557,857円（→付表1－3⑩C欄に記入）

⒂　**譲渡割額（納税額）又は還付割額（還付額）の計算**（付表1－3の作成）

（還付割額（還付額））

合計（付表1－3⑩C欄×22／78）

557,857円×22／78＝157,344円（→付表1－3⑫C欄に記入）

⒃　**申告書第二表の記入**

付表1－3から、次のとおり申告書第二表に必要な事項を転記します。

付表1－3①C欄の金額　6,807,000円（→申告書第二表①欄）

付表1－3①－1B欄の金額　6,807,272円（→申告書第二表⑥欄）

付表1－3①－1C欄の金額　6,807,272円（→申告書第二表⑦欄）

付表1－3②C欄の金額　530,946円（→申告書第二表⑪欄）

付表1－3②B欄の金額　530,946円（→申告書第二表⑯欄）

付表1－3⑩C欄の金額　－557,857円（→申告書第二表⑳欄及び㉓欄）

⒄　**申告書第一表の記入**

申告書第二表、付表1－3及び2－3から、次のとおり申告書第一表に必要な事項を転記します。

申告書第二表①欄の金額　6,807,000円（→申告書第一表①欄）

申告書第二表⑪欄の金額　530,946円（→申告書第一表②欄）

付表1－3④C欄の金額　1,088,803円（→申告書第一表④欄）

付表1－3⑦C欄の金額　1,088,803円（→申告書第一表⑦欄）

付表1－3⑧C欄の金額　557,857円（→申告書第一表⑧欄）

付表2－3④C欄の金額　6,807,272円（→申告書第一表⑮欄）

付表2－3⑦C欄の金額　23,104,272円（→申告書第一表⑯欄）

⒅　**地方消費税の税額の計算**

付表1－3から次のとおり申告書第一表に必要な事項を転記します。

付表1－3⑩C欄の金額　557,857円（→申告書第一表⑰欄）

付表1－3⑫C欄の金額　157,344円（→申告書第一表⑲欄）

⒆　**消費税及び地方消費税の合計税額の計算**（申告書第一表（⑪欄＋㉒欄）－（⑧欄＋⑫欄＋⑲欄＋㉓欄））

（0円＋0円）－（557,857円＋0円＋157,344円＋0円）＝－715,201円（→申告書第一表㉖欄に記入）

⒇　**消費税の還付申告に関する明細書（個人事業者用）の作成**

令和4年8月30日に新たに店舗付きマンション175,000,000円（うち店舗用部分の取得費用50,000,000円）の取得があったために還付となったものですから、「設備投資（高額な固定資産の購入等）」欄に○印を付します。

「3　課税仕入れに係る事項」の「⑴　仕入金額等の明細」「不動産所得」の各欄には次のとおり

## 消費税及び地方消費税の確定申告書の書き方

必要な事項を記入します。

〔表イ－3〕⑭A 欄の金額 <u>13,885,928円</u>（→明細書⑤㋑欄）

〔表イ－3〕⑭B 欄の金額 <u>11,770,414円</u>（→明細書⑤㋺欄）

〔表イ－3〕⑭C 欄の金額 <u>2,115,514円</u>（→明細書⑤（㋑－㋺）欄）

〔表ハ〕⑦「金額」欄の金額 <u>50,000,000円</u>（→明細書⑥㋑欄）

〔表ハ〕⑧「金額」欄の金額 <u>0円</u>（→明細書⑥㋺欄）

〔表ハ〕⑨「金額」欄の金額 <u>50,000,000円</u>（→明細書⑥（㋑－㋺）欄）

⑤㋑欄＋⑥㋑欄の金額 13,885,928円＋50,000,000円＝<u>63,885,928円</u>（→明細書⑦㋑欄）

⑤㋺欄＋⑥㋺欄の金額 11,770,414円＋0円＝<u>11,770,414円</u>（→明細書⑦㋺欄）

⑤（㋑－㋺）欄＋⑥（㋑－㋺）欄の金額 2,115,514円＋50,000,000円＝<u>52,115,514円</u>（→明細書⑦（㋑－㋺）欄）

⑦（㋑－㋺）欄の金額 <u>52,115,514円</u>（→明細書⑫欄）

付表2－3⑮C 欄の金額 <u>3,695,463円</u>（→明細書⑬欄）

消費税及び地方消費税の確定申告書の書き方

**表ロ**

# 課 税 売 上 高 計 算 表

（令和　4　年分）

| (1) 事業所得に係る課税売上高 | | 金　　額 | うち軽減税率 6.24%適用分 | うち標準税率 7.8%適用分 |
|---|---|---|---|---|
| 営業等課税売上高 | ① | 表イ-1の①C欄の金額　　円 | 表イ-1の①D欄の金額　　円 | 表イ-1の①E欄の金額　　円 |
| 農業課税売上高 | ② | 表イ-2の④C欄の金額 | 表イ-2の④D欄の金額 | 表イ-2の④E欄の金額 |

| (2) 不動産所得に係る課税売上高 | | 金　　額 | うち軽減税率 6.24%適用分 | うち標準税率 7.8%適用分 |
|---|---|---|---|---|
| 課税売上高 | ③ | 表イ-3の④C欄の金額 7,488,000 | 表イ-3の④D欄の金額 | 表イ-3の④E欄の金額 7,488,000 |

| (3) (　　　) 所得に係る課税売上高 | | 金　　額 | うち軽減税率 6.24%適用分 | うち標準税率 7.8%適用分 |
|---|---|---|---|---|
| 損益計算書の収入金額 | ④ | | | |
| ④のうち、課税売上げにならないもの | ⑤ | | | |
| 差引課税売上高（④−⑤） | ⑥ | | | |

| (4) 業務用資産の譲渡所得に係る課税売上高 | | 金　　額 | うち軽減税率 6.24%適用分 | うち標準税率 7.8%適用分 |
|---|---|---|---|---|
| 業務用固定資産等の譲渡収入金額 | ⑦ | | | |
| ⑦のうち、課税売上げにならないもの | ⑧ | | | |
| 差引課税売上高（⑦−⑧） | ⑨ | | | |

| (5) 課税売上高の合計額 （①＋②＋③＋⑥＋⑨） | ⑩ | 7,488,000 | | 7,488,000 |
|---|---|---|---|---|

(6) 課税資産の譲渡等の対価の額の計算

| _____ 円×100/108 税抜経理方式によっている場合、⑩軽減税率6.24%適用分欄の金額に課税売上げに係る仮受消費税等の金額を加算して計算します。 | ⑪ | （1円未満の端数切捨て） （一般用）付表1-3の①-1A欄へ （簡易課税用）付表4-3の①-1A欄へ |
|---|---|---|
| 7,488,000 円×100/110 税抜経理方式によっている場合、⑩標準税率7.8%適用分欄の金額に課税売上げに係る仮受消費税等の金額を加算して計算します。 | ⑫ | （1円未満の端数切捨て） （一般用）付表1-3の①-1B欄へ （簡易課税用）付表4-3の①-1B欄へ　　6,807,272 |

——(1029)——

# 消費税及び地方消費税の確定申告書の書き方

第4-(9)号様式

## 付表1-3 税率別消費税額計算表 兼 地方消費税の課税標準となる消費税額計算表

一般

| 課 税 期 間 | 令和 4 ・1 ・1 ～ 4 ・12 ・31 | 氏 名 又 は 名 称 | 南 四郎 |
|---|---|---|---|

| 区 分 | | 税率 6.24 % 適用分 A | 税率 7.8 % 適用分 B | 合 計 C (A+B) |
|---|---|---|---|---|
| 課 税 標 準 額 | ① | 円 000 | 円 6,807,000 | ※第二表の①欄へ 円 6,807,000 |
| ①の内訳 課税資産の譲渡等の対価の額 | ①-1 | ※第二表の⑤欄へ | ※第二表の⑥欄へ 6,807,272 | ※第二表の⑦欄へ 6,807,272 |
| 特定課税仕入れに係る支払対価の額 | ①-2 | ※①-2欄は、課税売上割合が95%未満、かつ、特定課税仕入れがある事業者のみ記載する。 | ※第二表の⑨欄へ | ※第二表の⑩欄へ |
| 消 費 税 額 | ② | ※第二表の⑮欄へ | ※第二表の⑯欄へ 530,946 | ※第二表の⑪欄へ 530,946 |
| 控 除 過 大 調 整 税 額 | ③ | (付表2-3の㉕・㉘A欄の合計金額) | (付表2-3の㉕・㉘B欄の合計金額) | ※第一表の③欄へ |
| 控除税額 控 除 対 象 仕 入 税 額 | ④ | (付表2-3の㉔A欄の金額) | (付表2-3の㉔B欄の金額) 1,088,803 | ※第一表の④欄へ 1,088,803 |
| 返 還 等 対 価 に 係 る 税 額 | ⑤ | | | ※第二表の⑰欄へ |
| ⑤の内訳 売上げの返還等対価に係る税額 | ⑤-1 | | | ※第二表の⑱欄へ |
| 特定課税仕入れの返還等対価に係る税額 | ⑤-2 | ※⑤-2欄は、課税売上割合が95%未満、かつ、特定課税仕入れがある事業者のみ記載する。 | | ※第二表の⑲欄へ |
| 貸 倒 れ に 係 る 税 額 | ⑥ | | | ※第一表の⑥欄へ |
| 控 除 税 額 小 計 (④+⑤+⑥) | ⑦ | | 1,088,803 | ※第一表の⑦欄へ 1,088,803 |
| 控 除 不 足 還 付 税 額 (⑦-②-③) | ⑧ | | | ※第一表の⑧欄へ 557,857 |
| 差 引 税 額 (②+③-⑦) | ⑨ | | | ※第一表の⑨欄へ 00 |
| 地方消費税の課税標準となる消費税額 控 除 不 足 還 付 税 額 (⑧) | ⑩ | | | ※第一表の⑰欄へ ※マイナス「－」を付して第二表の㉓及び㉕欄へ 557,857 |
| 差 引 税 額 (⑨) | ⑪ | | | ※第一表の⑱欄へ ※第二表の㉔及び㉖欄へ 00 |
| 譲渡割額 還 付 額 | ⑫ | | | (⑩C欄×22/78) ※第一表の⑲欄へ 157,344 |
| 納 税 額 | ⑬ | | | (⑪C欄×22/78) ※第一表の⑳欄へ 00 |

注意　金額の計算においては、1円未満の端数を切り捨てる。

(R2.4.1以後終了課税期間用)

消費税及び地方消費税の確定申告書の書き方

# 課 税 仕 入 高 計 算 表

**表八**

（令和　4　年分）

| (1) 事業所得に係る課税仕入高 | | 金　　　額 | うち軽減税率 6.24％適用分 | うち標準税率 7.8％適用分 |
|---|---|---|---|---|
| 営業等課税仕入高 | ① | 表イ-1の㉞C欄の金額　円 | 表イ-1の㉞D欄の金額　円 | 表イ-1の㉞E欄の金額　円 |
| 農業課税仕入高 | ② | 表イ-2の㉛C欄の金額 | 表イ-2の㉛D欄の金額 | 表イ-2の㉛E欄の金額 |

| (2) 不動産所得に係る課税仕入高 | | 金　　　額 | うち軽減税率 6.24％適用分 | うち標準税率 7.8％適用分 |
|---|---|---|---|---|
| 課税仕入高 | ③ | 表イ-3の㉞C欄の金額 2,115,514 | 表イ-3の㉞D欄の金額 | 表イ-3の㉞E欄の金額 2,115,514 |

| (3) （　　）所得に係る課税仕入高 | | 金　　　額 | うち軽減税率 6.24％適用分 | うち標準税率 7.8％適用分 |
|---|---|---|---|---|
| 損益計算書の仕入金額と経費の金額の合計額 | ④ | | | |
| ④のうち、課税仕入れにならないもの | ⑤ | | | |
| 差引課税仕入高（④－⑤） | ⑥ | | | |

| (4) 業務用資産の取得に係る課税仕入高 | | 金　　　額 | うち軽減税率 6.24％適用分 | うち標準税率 7.8％適用分 |
|---|---|---|---|---|
| 業務用固定資産等の取得費 | ⑦ | 50,000,000 | | 50,000,000 |
| ⑦のうち、課税仕入れにならないもの※ | ⑧ | | | |
| 差引課税仕入高（⑦－⑧） | ⑨ | 50,000,000 | | 50,000,000 |

| (5) 課税仕入高の合計額 （①＋②＋③＋⑥＋⑨） | ⑩ | 52,115,514 | 付表2-3の⑨A欄へ | 付表2-3の⑨B欄へ 52,115,514 |
|---|---|---|---|---|

**(6) 課税仕入れに係る消費税額の計算**

| | | | |
|---|---|---|---|
| ＿＿＿＿＿＿＿＿＿＿ 円×6.24/108 | ⑪ | （1円未満の端数切捨て） 付表2-3の⑩A欄へ | |
| 税抜経理方式によっている場合、⑩軽減税率6.24％適用分欄の金額に輸入取引以外の取引に係る仮払消費税等の金額を加算して計算します。 | | | |
| 52,115,514 円×7.8/110 | ⑫ | （1円未満の端数切捨て） 付表2-3の⑩B欄へ 3,695,463 | |
| 税抜経理方式によっている場合、⑩標準税率7.8％適用分欄の金額に輸入取引以外の取引に係る仮払消費税等の金額を加算して計算します。 | | | |

※　⑧欄は、課税仕入れにならないもの（非課税、免税、不課税の仕入れ等）のほか、居住用賃貸建物の取得等に係る仕入税額控除の制限の規定の適用を受ける場合は、当該居住用賃貸建物の取得費を合わせて記載します。

——（1031）——

# 消費税及び地方消費税の確定申告書の書き方

第4-(10)号様式

付表2-3　課税売上割合・控除対象仕入税額等の計算表

　一般

| 課税期間 | 令和 4 ・1 ・1 ～ 令和 4 ・12 ・31 | 氏名又は名称 | 南　四郎 |
|---|---|---|---|

| 項　目 | | 税率 6.24 % 適用分 A | 税率 7.8 % 適用分 B | 合　計 C (A＋B) |
|---|---|---|---|---|
| 課 税 売 上 額 （ 税 抜 き ） | ① | | 6,807,272 円 | 6,807,272 円 |
| 免　税　売　上　額 | ② | | | |
| 非 課 税 資 産 の 輸 出 等 の 金 額 、海 外 支 店 等 へ 移 送 し た 資 産 の 価 額 | ③ | | | |
| 課税資産の譲渡等の対価の額（①＋②＋③） | ④ | | | ※第一表の㉕欄へ 6,807,272 |
| 課税資産の譲渡等の対価の額（④の金額） | ⑤ | | | 6,807,272 |
| 非　課　税　売　上　額 | ⑥ | | | 16,297,000 |
| 資 産 の 譲 渡 等 の 対 価 の 額 （ ⑤ ＋ ⑥ ） | ⑦ | | | ※第一表の㉖欄へ 23,104,272 |
| 課 税 売 上 割 合 （ ④ ／ ⑦ ） | ⑧ | | | ［29.46%］ ※端数切捨て |
| 課 税 仕 入 れ に 係 る 支 払 対 価 の 額 （ 税 込 み ） | ⑨ | | 52,115,514 | 52,115,514 |
| 課 税 仕 入 れ に 係 る 消 費 税 額 | ⑩ | (⑨A欄×6.24/108) | (⑨B欄×7.8/110) 3,695,463 | 3,695,463 |
| 特 定 課 税 仕 入 れ に 係 る 支 払 対 価 の 額 | ⑪ | ※⑪及び⑫欄は、課税売上割合が95%未満、かつ、特定課税仕入れがある事業者のみ記載する。 | | |
| 特 定 課 税 仕 入 れ に 係 る 消 費 税 額 | ⑫ | | (⑪B欄×7.8/100) | |
| 課 税 貨 物 に 係 る 消 費 税 額 | ⑬ | | | |
| 納 税 義 務 の 免 除 を 受 け な い （ 受 け る ） こ と と な っ た 場 合 に お け る 消 費 税 額 の 調 整 （ 加 算 又 は 減 算 ） 額 | ⑭ | | | |
| 課 税 仕 入 れ 等 の 税 額 の 合 計 額 （ ⑩ ＋ ⑫ ＋ ⑬ ± ⑭ ） | ⑮ | | 3,695,463 | 3,695,463 |
| 課 税 売 上 高 が 5 億 円 以 下 、 か つ 、課 税 売 上 割 合 が 95 ％ 以 上 の 場 合 （ ⑮ の 金 額 ） | ⑯ | | | |
| 課5課95 税億税%売円売未上超上満高又割の又はが合場は合がは控除調整税額 | 個別対応方式 | ⑮のうち、課税売上げにのみ要するもの | ⑰ | | | |
| | | ⑮のうち、課税売上げと非課税売上げに共 通 し て 要 す る も の | ⑱ | | | |
| | | 個 別 対 応 方 式 に よ り 控 除 す る 課 税 仕 入 れ 等 の 税 額 〔 ⑰ ＋ （ ⑱ × ④ ／ ⑦ ）〕 | ⑲ | | | |
| | 一括比例配分方式により控除する課税仕入れ等の税額 （ ⑮ × ④ ／ ⑦ ） | | ⑳ | | 1,088,803 | 1,088,803 |
| | 課税売上割合変動時の調整対象固定資産に係る消 費 税 額 の 調 整 （ 加 算 又 は 減 算 ） 額 | | ㉑ | | | |
| | 調 整 対 象 固 定 資 産 を 課 税 業 務 用 （ 非 課 税 業 務 用 ） に 転 用 し た 場 合 の 調 整 （ 加 算 又 は 減 算 ） 額 | | ㉒ | | | |
| | 居 住 用 賃 貸 建 物 を 課 税 賃 貸 用 に 供 し た （ 譲 渡 し た ） 場 合 の 加 算 額 | | ㉓ | | | |
| 差 引 | 控 除 対 象 仕 入 税 額 〔（ ⑯ 、 ⑲ 又 は ⑳ の 金 額 ） ± ㉑ ± ㉒ ＋ ㉓ 〕 が プ ラ ス の 時 | | ㉔ | ※付表1-3の④A欄へ | ※付表1-3の④B欄へ 1,088,803 | 1,088,803 |
| | 控 除 過 大 調 整 税 額 〔（ ⑯ 、 ⑲ 又 は ⑳ の 金 額 ） ± ㉑ ± ㉒ ＋ ㉓ 〕 が マ イ ナ ス の 時 | | ㉕ | ※付表1-3の③A欄へ | ※付表1-3の③B欄へ | |
| 貸 倒 回 収 に 係 る 消 費 税 額 | | ㉖ | ※付表1-3の③A欄へ | ※付表1-3の③B欄へ | |

注意
1　金額の計算においては、1円未満の端数を切り捨てる。
2　⑨及び⑪欄には、値引き、割戻し、割引きなど仕入対価の返還等の金額がある場合（仕入対価の返還等の金額を仕入金額から直接減額している場合を除く。）には、その金額を控除した後の金額を記載する。

(R2.4.1以後終了課税期間用)

# 消費税及び地方消費税の確定申告書の書き方

GK0601

第3-(2)号様式

## 課税標準額等の内訳書

整理番号　☐☐☐☐☐☐☐☐

| 納税地 | 大阪市中央区谷町×－×－× |
| | （電話番号　06 －××××－××××） |
| （フリガナ） | |
| 名　称又は屋号 | |
| （フリガナ） | ミナミ　シロウ |
| 代表者氏名又は氏名 | 南　四郎 |

**改正法附則による税額の特例計算**

| 軽減売上割合（10営業日） | ◯ | 附則38① | 51 |
| 小売等軽減仕入割合 | ◯ | 附則38② | 52 |
| 小売等軽減売上割合 | ◯ | 附則39① | 53 |

第二表

自 平成（令和）☐4☐ 年 ☐1☐ 月 ☐1☐ 日
至 令和 ☐4☐ 年 ☐12☐ 月 ☐31☐ 日

**課税期間分の消費税及び地方消費税の（　確定　）申告書**

中間申告の場合の対象期間
自 平成令和 ☐☐ 年 ☐☐ 月 ☐☐ 日
至 令和 ☐☐ 年 ☐☐ 月 ☐☐ 日

令和元年十月一日以後終了課税期間分

| 課　税　標　準　額 ※申告書（第一表）の①欄へ | ① | 6807000 | 01 |
|---|---|---|---|

| 課税資産の譲渡等の対価の額の合計額 | 3 ％ 適用分 | ② | | 02 |
| | 4 ％ 適用分 | ③ | | 03 |
| | 6.3 ％ 適用分 | ④ | | 04 |
| | 6.24 ％ 適用分 | ⑤ | | 05 |
| | 7.8 ％ 適用分 | ⑥ | 6807272 | 06 |
| | | ⑦ | 6807272 | 07 |

| 特定課税仕入れに係る支払対価の額の合計額 （注1） | 6.3 ％ 適用分 | ⑧ | | 11 |
| | 7.8 ％ 適用分 | ⑨ | | 12 |
| | | ⑩ | | 13 |

| 消　費　税　額 ※申告書（第一表）の②欄へ | ⑪ | 530946 | 21 |
|---|---|---|---|

| ⑪　の　内　訳 | 3 ％ 適用分 | ⑫ | | 22 |
| | 4 ％ 適用分 | ⑬ | | 23 |
| | 6.3 ％ 適用分 | ⑭ | | 24 |
| | 6.24 ％ 適用分 | ⑮ | | 25 |
| | 7.8 ％ 適用分 | ⑯ | 530946 | 26 |

| 返　還　等　対　価　に　係　る　税　額 ※申告書（第一表）の⑤欄へ | ⑰ | | 31 |
|---|---|---|---|

| ⑰の内訳 | 売上げの返還等対価に係る税額 | ⑱ | | 32 |
| | 特定課税仕入れの返還等対価に係る税額 （注1） | ⑲ | | 33 |

| 地方消費税の課税標準となる消費税額 （注2） | | ⑳ | －557857 | 41 |
| | 4 ％ 適用分 | ㉑ | | 42 |
| | 6.3 ％ 適用分 | ㉒ | | 43 |
| | 6.24%及び7.8％ 適用分 | ㉓ | －557857 | 44 |

（注1）　⑥～⑩及び⑲欄は、一般課税により申告する場合で、課税売上割合が95％未満、かつ、特定課税仕入れがある事業者のみ記載します。
（注2）　⑳～㉓欄が還付税額となる場合はマイナス「－」を付してください。

OCR入力用（この用紙は機械で読み取ります。折ったり汚したりしないでください。）

——(1033)——

# 消費税及び地方消費税の確定申告書の書き方

## この用紙はとじこまないでください。

第3−(1)号様式

GK0304

令和 5 年 3 月 1 日　　　　　　　　南 税務署長殿

| | |
|---|---|
| 納 税 地 | 大阪市中央区谷町×−×−×<br>（電話番号 06 −××××− ××××） |
| （フリガナ）<br>名 称<br>又 は 屋 号 | |
| 個 人 番 号<br>又 は 法 人 番 号 | ↓個人番号の記載に当たっては、左端を空欄とし、ここから記載してください。<br>□×××××××××××× |
| （フリガナ）<br>代表者氏名<br>又 は 氏 名 | ミナミ　シロウ<br>南　四郎 |

※税務署処理欄

一 連 番 号 ／ 翌年以降送付不要 ◯

申告年月日　令和　　年　　月　　日
申告区分／指導等／庁指定／局指定
通信日付印／確認／確認書類／個人番号カード 通知カード・運転免許証 その他（　）／身元確認
指導年月日／相談 区分1 区分2 区分3
令和

第一表

自 令和 4 年 1 月 1 日
至 令和 4 年 12 月 31 日

**課税期間分の消費税及び地方消費税の（　確定　）申告書**

中間申告 自 令和　　年　　月　　日
の場合の 対象期間 至 令和　　年　　月　　日

令和元年十月一日以後終了課税期間分（一般用）

## この申告書による消費税の税額の計算

| | | 十兆千百十億千百十万千百十一円 | |
|---|---|---|---|
| 課 税 標 準 額 | ① | 6807000 | 03 |
| 消 費 税 額 | ② | 530946 | 06 |
| 控除過大調整税額 | ③ | | 07 |
| 控除税額 控除対象仕入税額 | ④ | 1088803 | 08 |
| 返還等対価に係る税額 | ⑤ | | 09 |
| 貸倒れに係る税額 | ⑥ | | 10 |
| 控除税額小計（④+⑤+⑥） | ⑦ | 1088803 | |
| 控除不足還付税額（⑦−②−③） | ⑧ | 557857 | 13 |
| 差 引 税 額（②+③−⑦） | ⑨ | 0 0 | 15 |
| 中 間 納 付 税 額 | ⑩ | 0 0 | 16 |
| 納 付 税 額（⑨−⑩） | ⑪ | 0 0 | 17 |
| 中間納付還付税額（⑩−⑨） | ⑫ | 0 0 | 18 |
| この申告書が修正申告である場合 既確定税額 | ⑬ | | 19 |
| 差引納付税額 | ⑭ | 0 0 | 20 |
| 課税売上割合 課税資産の譲渡等の対価の額 | ⑮ | 6807272 | 21 |
| 資産の譲渡等の対価の額 | ⑯ | 23104272 | 22 |

## この申告書による地方消費税の税額の計算

| | | | |
|---|---|---|---|
| 地方消費税の課税標準となる消費税額 控除不足還付税額 | ⑰ | 557857 | 51 |
| 差 引 税 額 | ⑱ | 0 0 | 52 |
| 譲渡割額 還 付 額 | ⑲ | 157344 | 53 |
| 納 税 額 | ⑳ | 0 0 | 54 |
| 中間納付譲渡割額 | ㉑ | 0 0 | 55 |
| 納付譲渡割額（⑳−㉑） | ㉒ | 0 0 | 56 |
| 中間納付還付譲渡割額（㉑−⑳） | ㉓ | 0 0 | 57 |
| この申告書が修正申告である場合 既確定譲渡割額 | ㉔ | | 58 |
| 差引納付譲渡割額 | ㉕ | 0 0 | 59 |
| 消費税及び地方消費税の合計（納付又は還付）税額 | ㉖ | −715201 | 60 |

㉖＝（⑪+⑫）−（⑧+⑫+⑲+㉓）・修正申告の場合㉖＝⑭+㉕
㉖が還付税額となる場合はマイナス「−」を付してください。

### 付記事項・参考事項

| | | | |
|---|---|---|---|
| 割 賦 基 準 の 適 用 | ◯ 有 | ◉ 無 | 31 |
| 延 払 基 準 等 の 適 用 | ◯ 有 | ◉ 無 | 32 |
| 工 事 進 行 基 準 の 適 用 | ◯ 有 | ◉ 無 | 33 |
| 現 金 主 義 会 計 の 適 用 | ◯ 有 | ◉ 無 | 34 |
| 課税標準額に対する消費税額の計算の特例の適用 | ◯ 有 | ◉ 無 | 35 |

| 控除税額の計算方法 | 課税売上高5億円超又は課税売上割合95％未満 | ◯ 個別対応方式<br>◉ 一括比例配分方式 | 41 |
|---|---|---|---|
| | 上 記 以 外 | ◯ 全額控除 | |
| 基準期間の課税売上高 | 1,236 千円 | | |

還付を受けようとする金融機関等

△△ 銀 行 本店・支店<br>金庫・組合 △△ 出 張 所<br>農協・漁協 本所・支所

普 通 預金 口座番号 ×××××××

ゆうちょ銀行の貯金記号番号　−

郵 便 局 名 等

※税務署整理欄

税 理 士 署 名

（電話番号 　−　 −　 ）

◯ 税 理 士 法 第 30 条 の 書 面 提 出 有
◯ 税 理 士 法 第 33 条 の 2 の 書 面 提 出 有

収受印

OCR入力用（この用紙は機械で読み取ります。折ったり汚したりしないでください。）

消費税及び地方消費税の確定申告書の書き方

第28-(8)号様式

# 消費税の還付申告に関する明細書（個人事業者用）

| 課税期間 | 令和<br>4・1・1 ～ 4・12・31 | 住 所 | 大阪市中央区谷町×－×－× |
|---|---|---|---|
| | | 氏 名 | 南 四郎 |

## 1 還付申告となった主な理由（該当する事項に〇印を付してください。）

| | 輸出等の免税取引の割合が高い | その他 | |
|---|---|---|---|
| 〇 | 設備投資（高額な固定資産の購入等） | | |

## 2 課税売上げ等に係る事項

### (1) 主な課税資産の譲渡等（取引金額が100万円以上の取引先を上位5番目まで記載してください。）

| 資 産 の<br>種 類 等 | 譲　渡<br>年 月 日 等 | 取引金額等<br>（税込・税抜） | 取 引 先 の<br>氏 名（名称） | 取引先の住所（所在地） |
|---|---|---|---|---|
| | ・・ | 円 | | |
| | ・・ | | | |
| | ・・ | | | |
| | ・・ | | | |
| | ・・ | | | |

※ 継続的な取引先については、当課税期間中の取引金額の合計額を記載し、譲渡年月日等欄には「継続」と記載してください。輸出取引等は(2)に記載してください。

### (2) 主な輸出取引等の明細（取引金額総額の上位5番目まで記載してください。）

| 取 引 先 の<br>氏 名（名称） | 取引先の住所（所在地） | 取 引 金 額 | 主な取引商品等 | 所 轄 税 関<br>（支署）名 |
|---|---|---|---|---|
| | | 円 | | |
| | | | | |
| | | | | |
| | | | | |
| | | | | |

| 輸出取引等に利用する | 主な<br>金融機関 | | 銀　行<br>金庫・組合<br>農協・漁協 | | 本店・支店<br>出　張　所<br>本所・支所 |
|---|---|---|---|---|---|
| | | 預金 口座番号 | | | |
| | 主な<br>通関業者 | 氏名（名称） | | | |
| | | 住所（所在地） | | | |

（1／2）

——(1035)——

消費税及び地方消費税の確定申告書の書き方

## 3 課税仕入れに係る事項

### (1) 仕入金額等の明細

| 区　分 | | | ⑦　決算額（税込・税抜） | ⑨左のうち課税仕入れにならないもの | （⑦－⑨）課税仕入高 |
|---|---|---|---|---|---|
| 事業所得 | 仕入金額（製品製造原価） | ① | 円 | 円 | 円 |
| | 必要経費 | ② | | | |
| | 固定資産等の取得価額 | ③ | | | |
| | 小計（①＋②＋③） | ④ | | | |
| 不動産所得 | 必要経費 | ⑤ | 13,885,928 | 11,770,414 | 2,115,514 |
| | 固定資産等の取得価額 | ⑥ | 50,000,000 | 0 | 50,000,000 |
| | 小計（⑤＋⑥） | ⑦ | 63,885,928 | 11,770,414 | 52,115,514 |
| 所得 | 仕入金額 | ⑧ | | | |
| | 必要経費 | ⑨ | | | |
| | 固定資産等の取得価額 | ⑩ | | | |
| | 小計（⑧＋⑨＋⑩） | ⑪ | | | |
| 課税仕入高の合計額 | | ⑫ | ④、⑦、⑪の合計額を記載してください。 | | 52,115,514 |
| 課税仕入れ等の税額の合計額 | | ⑬ | ⑫の金額に対する消費税額 | | 3,695,463 |

### (2) 主な棚卸資産・原材料等の取得（取引金額が100万円以上の取引先を上位5番目まで記載してください。）

| 資産の種類等 | 取得年月日等 | 取引金額等（税込・税抜） | 取引先の氏名（名称） | 取引先の住所（所在地） |
|---|---|---|---|---|
| | ・　・ | 円 | | |
| | ・　・ | | | |
| | ・　・ | | | |
| | ・　・ | | | |
| | ・　・ | | | |

※　継続的な取引先については、当課税期間中の取引金額の合計額を記載し、取得年月日等欄には「継続」と記載してください。

### (3) 主な固定資産等の取得（1件当たりの取引金額が100万円以上の取引を上位5番目まで記載してください。）

| 資産の種類等 | 取得年月日等 | 取引金額等（税込・税抜） | 取引先の氏名（名称） | 取引先の住所（所在地） |
|---|---|---|---|---|
| 店舗付きマンション | 4・8・30 | 50,000,000 円 | （株）○○不動産 | 大阪市北区南扇町×－× |
| | ・　・ | | | |
| | ・　・ | | | |
| | ・　・ | | | |

## 4 令和 4 年中の特殊事情（顕著な増減事項等及びその理由を記載してください。）

　新たに店舗付きマンションを取得した。

（2／2）

| 付 録 | 住民税及び事業税<br>に関する申告の手引 |
| --- | --- |

住民税や事業税の税額は、所得税の確定申告書に記載された所得の金額、各種控除額その他の記載事項等を基に都道府県や市町村が税額を計算してそれぞれ納税者に通知することになっています。ただし、所得税の確定申告書を提出する必要のない人で住民税や事業税の申告をする必要がある人については、個別に住民税や事業税の申告をすることになります。実際の取扱いは住民税と事業税で違いますので、個々に分けたところで順を追って説明します。

# 第一節　住　民　税

## 一　住民税のあらまし

　住民税とは市町村民税（特別区民税を含みます。以下同じ。）と都道府県民税を総称している言葉ですが、その言葉が示すように、その地方公共団体に対して納税するものが住民税です。すなわち、住民がその市町村（特別区を含みます。以下同じ。）や都道府県に居住している等が故に負担しなければならない行政上の経費を負担する性質の税金です。

### 1　住民税を納める義務のある人（地法24、294）

　住民税には、均等割、所得割及び利子割・配当割・株式等譲渡所得割（5参照）があります。
　**(注)**　利子割・配当割・株式等譲渡所得割は、均等割、所得割とは課税方法などが異なりますので、以下の解説で特に明記していないときは利子割・配当割・株式等譲渡所得割を含まないものとします。
　均等割とは、納税者の所得金額の多少に関係なく、一定の税額を納めるものです。
　所得割とは、納税者の前年分の所得を基礎にして税額が計算されるものです。

#### (1)　均等割の納税義務者

　イ　都道府県民税……ⓐ都道府県内に住所を有する人、ⓑ都道府県内に事務所、事業所又は家屋敷（以下「事務所等」といいます。）を有する人で、事務所等の所在する市町村内に住所を有しない人
　**(注)**　ⓑの人については、その事務所等を有する市町村ごとに道府県民税の均等割の納税義務があります。（地法24⑦）
　ロ　市町村民税……ⓐ市町村内に住所を有する人、ⓑ市町村内に事務所等を有する人で、事務所等の所在する市町村内に住所を有しない人

#### (2)　所得割の納税義務者

　イ　都道府県民税……都道府県内に住所を有する人
　ロ　市町村民税……市町村内に住所を有する人

付録／住民税の申告

　住民税の課税は、その年の１月１日現在、どこに住所及び事務所等を有していたかで判定すること
になりますが、住所の認定は住民基本台帳に記録されている人はそれにより、はっきりしない場合は、
現実に住所がある市町村で課税されます。（地法24②、294②③）

　住民税を納める義務のある人は、都道府県や市町村に住所又は事務所等を有する個人ですが、上記
を要約しますと次のとおりです。

　　①　道府県（市町村）内に住所を有する個人……均等割額と所得割額との合算額

　　②　道府県（市町村）内に事務所等を有する個人で、その市町村内に住所を有しない個人……均等
　　　割額

## 2　住民税が課税されない人

　次の人には社会政策、経済政策などの面から住民税（均等割及び所得割）を課税しないこととされ
ています。（地法24の５、295）

　　①　生活保護法の規定による生活扶助を受けている人

　　②　障害者、未成年者、寡婦（合計所得金額500万円以下）又はひとり親（住民票の続柄に「夫（未
　　　届)」「妻（未届)」の記載がある者は対象外）で、前年中の所得が135万円以下であった人

　　**(注)**　②に該当する人でも、退職所得の分離課税に係る所得割については、非課税となりません。

　　③　均等割のみを課すべき者のうち、前年中の所得の金額が一定の基準に従いその市町村の条例で
　　　定める金額以下である人

　ただし、日本国外に住所を有する者が、日本国内に家屋敷等を有する場合にはこれらの適用はなく、
均等割が課されます。

　また、前年の所得の金額が、35万円に本人、同一生計配偶者（注）及び扶養親族の数の合計数を乗
じて得た金額に10万円を加算した金額（同一生計配偶者又は扶養親族がある場合には、その金額に32
万円を加算した金額）以下の人には、所得割は課税されません。（地法附３の３）

　　**(注)**　「同一生計配偶者」とは、自己の配偶者でその自己と生計を一にするもの（青色事業専従者等に該当
　　　する者を除きます。）のうち、前年の合計所得金額が48万円以下である者をいいます。（地法23①七、
　　　所得税の定義と同義です。450ページ参照）

## 3　住民税の通知及び納付の方法

　住民税は、市町村が市町村民税を通知するときに都道府県民税も併せて納税者に通知されますので、
納税者はその通知によって定められた期限までに納付する制度を採っています。住民税の所得割の税
額計算の基礎となる所得金額は、前年中の所得金額の合計額です。したがって、**令和５年度分の住民
税は、令和４年中の所得金額に基づいて計算された税額です。**

　このようにして通知された住民税の納付方法は、①給与所得者（公務員、会社員など）と②給与所
得者以外の者（事業を営んでいる者など）とによって納付方法が異なっています。

付録／住民税の申告

## (1) 給与所得者……特別徴収

給与所得者の住民税は、市町村で計算した各人ごとの住民税額を毎年6月から翌年の5月まで12回に分けて給与の支払者が毎月の給料の支払の際に給与から差し引いて市町村に納付する方法が採られています。（地法321の3、321の4、321の5）

## (2) 公的年金受給者……特別徴収

公的年金受給者の住民税は、市町村で計算した各人ごとの住民税額を10月から9月までの年金の支給額から年金保険者が差し引いて市町村に納入する方法が採られています。

※ただし、65歳未満の公的年金等所得を有する給与所得者については、公的年金等に係る所得に係る所得割額を、給与所得に係る所得割額及び均等割額の合算額に加算して給与からの特別徴収の方法によることができます。（地法321の3、321の4、321の7の2）

## (3) 給与所得者及び公的年金受給者以外（令和5年4月1日において65歳未満の場合は給与所得者以外）の人……普通徴収

給与所得者及び公的年金受給者以外の人の住民税は、各人の申告に基づいて市町村において税額を計算して、これを納税通知書によって納税者に通知し、納税者は通知を受けた税額を原則として年4回（6月、8月、10月、1月）に分けて市町村に直接納付する方法が採られています。（地法319、319の2①、320）

# 4　年の中途で死亡した人の納税義務

住民税は、毎年1月1日の住所で納税義務が発生することになりますが、年の中途で死亡した場合は次のようになります。

## (1) 令和4年中に死亡した場合

令和5年度分の住民税は、令和5年1月1日現在に住所を有する人が納税義務者となりますから、令和4年中に死亡した場合は令和5年度分の納税義務はありません。（地法39、318）

ただし、死亡当時に決定されている令和4年度分以前の住民税のうち、未納分については原則として相続人が納税義務を負っています。

## (2) 令和5年1月2日以後に死亡した場合

令和5年度分の住民税と納税義務は、令和5年1月1日に確定しますから、その後に死亡した場合には、その人の納税義務は消滅しません（地法39、318）ので、このような場合には、令和5年度分の住民税の納付義務は、その相続人が承継することになります。（地法9）

# 5　利子割・配当割・株式等譲渡所得割（都道府県民税）の課税

## (1) 利子割

### イ　利子割の納税義務者

所得税において源泉分離課税の対象とされる利子等（285ページ参照）の支払を受ける人です。

### ロ　利子割の非課税

付録／住民税の申告

所得税と同様、利子等の非課税（284ページ参照）が適用されます。

ハ　利子割の徴収と納付

利子等その他の支払等をする金融機関等の営業所等でその支払等の事務を取り扱う者（特別徴収義務者）は、その支払等の際、特別徴収の方法により５％の税率で利子割額を徴収し、翌月10日までにその営業所等の所在する都道府県に納入することとされています。（地法71の５、71の６、71の９、71の10）

**(注)**　利子割が特別徴収される際には、所得税及び復興特別所得税も同時に源泉徴収（税率15.315％）されます。利子割の課税は、この特別徴収だけで納税が完了する源泉分離課税とされます。

⑵　**配当割**

上場株式等、公募証券投資信託の配当等について、基本的には配当等の支払者が支払の際に５％の税率で徴収し都道府県に納入します。この配当等は確定申告を要しませんが、申告した場合は配当控除を受けられるとともに所得割額から配当割額が控除（又は還付）されます。（地法71の27、71の28、71の30、71の31）

⑶　**株式等譲渡所得割**

源泉徴収を選択した特定口座での上場株式等の譲渡について、特定口座が開設されている金融商品取引業者等が譲渡対価の支払のつど年初からの通算所得金額の増減額の５％の税率で徴収（又は還付）し、年間分一括納付方式で都道府県に納入します。この譲渡による所得は確定申告を要しませんが、申告した場合は所得割額から株式等譲渡所得割額が控除（又は還付）されます。（地法71の48、71の49、71の50、71の51）

## 二　住民税の税額の計算

住民税の税額の計算は、均等割額と所得割額とに分けて税額の計算をし、その合算額を納付するようになっています。

### 1　均等割額の計算

市町村民税と都道府県民税の均等割は、次のように、標準税率が定められていますが、実際の税率は、地方公共団体の条例によって均等割額が定められているときは、その税率を適用することになります。この場合の標準税率とは、都道府県や市町村が税率を定めるときに、通常よるべきものとして地方税法に規定するもので、必ずしも義務づけられたものではありません。したがって、市町村の財政状態によって差が生ずることがあります。

①　市町村民税均等割　3,000円（地法310）

②　都道府県民税均等割　1,000円（地法38）

**(注)**　東日本大地震からの復興を図ることを目的として、平成26年度から令和５年度までは、①の市町村民税均等割、②の道府県民税均等割の両方がそれぞれ上記金額より500円ずつ引き上げられた金額とな

付録／住民税の申告

ります。

## 2　住民税の所得割額の計算

住民税の所得割額は、前年中の所得金額を基礎として計算されます。(地法32、313)

したがって、令和5年度分の住民税所得割というときは、令和4年中の所得金額を基礎として計算した税金です。

### (1)　所得割額の税額計算の順序

① 所得金額………収入金額−必要経費
　↓
② 所得控除
③ 課税所得金額…①−②＝③
　↓
④ 税　　率
⑤ 算出税額………③×④＝⑤
⑥ 税額控除
⑦ 所得割額………⑤−⑥＝⑦

なお、①から③までの計算過程は、市町村民税と都道府県民税ともに同じですから③の額は同額となります。

### (2)　所得金額の計算

所得割は、1年間(前年の1月から12月まで)の個人の所得に基づいて課税されますが、所得割の対象となる各種所得の金額の計算は、原則として、前年の所得税法、租税特別措置法などの規定によって計算されたものです。

ただし、住民税所得割と所得税の対象となる所得金額の計算には相違点があり、その主なものは次のとおりです。

① 配当所得に対する課税の特例

所得税では、一定の要件に該当する配当所得については、確定申告をしないことの選択による課税が認められていますが、住民税においては確定申告をしないことを選択した上場株式等の配当等、投資法人からの金銭の分配を除き、他の所得と総合して課税されます。

したがって、所得税の確定申告書の「住民税・事業税に関する事項」の欄に次の算式により計算した金額を記入します。

申告した配当　＋　申告しないことを選択した
所得の金額　　　　非上場株式の少額配当等

② 割引債の償還差益に対する課税の特例

平成28年1月1日以後に支払われる割引債の償還金(特定口座において支払われるものを除きます。)については、その割引債の償還の際、その償還金に係る差益金額に対して配当割が課税され

——(1042)——

付録／住民税の申告

ます。その割引債の償還差益については翌年度の所得割の課税対象とされ、その所得割額からその割引債の償還金に係る配当割額相当額を控除します。

　特定口座内の割引債については、購入価額が口座の勘定に記録されているため、償還差益（償還金額－購入価額）が正確に把握でき、この実額に対して、源泉徴収口座であれば株式等譲渡所得割が特別徴収され、簡易申告口座であれば申告により所得割が課税されます。

〔専従者給与（控除）額〕

イ　青色申告者

　所得税の青色申告書を提出することについて税務署長の承認を受けている青色申告者と生計を一にする配偶者やその他の親族（年齢15歳未満の人を除きます。）で、専らその納税義務者の行う事業に従事して給与の支払を受けている人（青色事業専従者）に支給した給与の金額（労務の対価として相当であると認められる金額に限ります。）は、所得税と同様に不動産所得、事業所得又は山林所得の金額の計算上全額必要経費となります。（地法32③）

ロ　青色申告者以外の人

　所得割の納税義務者と生計を一にする配偶者やその他の親族（年齢15歳未満の人を除きます。）で、専らその納税義務者の行う事業に従事している人（事業専従者）については、住民税の申告書を提出した場合に限り、原則として配偶者である事業専従者につき86万円、配偶者以外の事業専従者１人につき50万円が不動産所得、事業所得又は山林所得の金額の計算上必要経費とみなされます。（地法32④）

## (3)　所得控除額の計算

　住民税における所得控除には次の14種類があります。これらの住民税の各種控除の対象や範囲は、所得税と同一ですので所得税の解説を参照してください。

　令和５年度分の各種の所得控除額は次のとおりです。

| 控　除　項　目 | 控　　除　　額　　等 | 所得税との関連 |
|---|---|---|
| ①　雑　損　控　除 | イ $\left(\text{損失額}-\dfrac{\text{保険金・}}{\text{損害賠償金}}\right)-$ 総所得金額等の $\dfrac{1}{10}$ のいずれか多い金額 $=$ 雑損控除額<br>ロ　災害関連支出の金額 $-$ ５万円 | 配当所得等により控除額に差が生ずることがあります。 |
| ②　医療費控除 | イとロの選択適用<br>イ　従来の医療費控除<br>$\left(\begin{array}{l}\text{前年中に支払っ}\\\text{た医療費（保険}\\\text{金等で補填され}\\\text{た額は除く）}\end{array}-\begin{array}{l}\text{総所得金額等}\times\dfrac{5}{100}\text{相当額又は}\\\text{10万円のいずれか低い金額}\end{array}\right)=\begin{array}{l}\text{医療費控除額}\\\text{（最高200万円）}\end{array}$<br><br>ロ　セルフメディケーション税制<br>$\begin{array}{l}\text{特定一般用医}\\\text{薬品等購入費}\\\text{の合計額}\end{array}-\begin{array}{l}\text{保険金など}\\\text{で補填され}\\\text{る金額}\end{array}-1\text{万}2,000\text{円}=\begin{array}{l}\text{この特例による}\\\text{医療費控除額}\\\text{（最高８万8,000円）}\end{array}$ | イ　同上<br><br><br>ロ　所得税と同じ |

——（1043）——

付録／住民税の申告

| | | | |
|---|---|---|---|
| ③ 社会保険料控除 | 社会保険料の支払額 | | 所得税と同じ |
| ④ 小規模企業共済等掛金控除 | 掛金の全額 | | 同　上 |
| ⑤ 生命保険料控除 | ① 平成23年12月31日以前に保険契約等を締結した場合（旧制度の適用）<br><br><table><tr><th>支払保険料の区分</th><th>支払保険料の合計</th><th>控除額</th></tr><tr><td rowspan="4">(イ) 一般生命保険<br>(ロ) 個人年金保険<br>それぞれ右の計算式に当てはめて計算</td><td>15,000円以下</td><td>支払保険料の全額</td></tr><tr><td>15,000円超<br>40,000円以下</td><td>支払保険料×$\frac{1}{2}$＋7,500円</td></tr><tr><td>40,000円超<br>70,000円以下</td><td>支払保険料×$\frac{1}{4}$＋17,500円</td></tr><tr><td>70,000円超</td><td>35,000円</td></tr></table><br>※(イ)一般生命保険及び(ロ)個人年金保険をあわせて7万円が控除額の限度となります。<br><br>⑤ 平成24年1月1日以後に保険契約等を締結した場合（新制度の適用）<br>※ただし、契約日が平成23年12月31日以前で、平成24年1月1日以後に更新・特約中途付加等を行った場合も新制度が適用されます。<br><br><table><tr><th>支払保険料の区分</th><th>支払保険料の合計</th><th>控除額</th></tr><tr><td rowspan="4">(イ) 一般生命保険<br>(ロ) 個人年金保険<br>(ハ) 介護医療保険<br>それぞれ右の計算式に当てはめて計算</td><td>12,000円以下</td><td>支払保険料</td></tr><tr><td>12,000円超<br>32,000円以下</td><td>支払保険料×$\frac{1}{2}$＋6,000円</td></tr><tr><td>32,000円超<br>56,000円以下</td><td>支払保険料×$\frac{1}{4}$＋14,000円</td></tr><tr><td>56,000円超</td><td>28,000円</td></tr></table><br>※(イ)一般生命保険、(ロ)個人年金保険及び(ハ)介護医療保険をあわせて7万円が控除額の限度となります。<br>**(注)** 身体の傷害のみに起因して保険料が支払われる保険契約などに係る保険料は新制度の対象外です。 | | 控除額に差があります。 |
| ⑥ 地震保険料控除 | 地震保険料の支払額×$\frac{1}{2}$（最高25,000円）　　　＊（注1）参照 | | 控除額に差があります。 |
| ⑦ 障害者控除 | 260,000円　ただし、特別障害者については300,000円（同居特別障害者は530,000円） | | 同　上 |
| ⑧ 寡婦控除 | 260,000円 | | 同　上 |

付録／住民税の申告

| ⑨ ひとり親控除 | 300,000円 | | | | | 同 上 |
|---|---|---|---|---|---|---|
| ⑩ 勤労学生控除 | 260,000円 | 〔勤労学生とは、大学、高校などの学生又は生徒で、自己の勤労による給与所得等を有する人のうち、前年の所得金額の合計額が75万円以下で、かつ、自己の勤労によらない所得が10万円以下である人をいいます。〕 | | | | 同 上 |

| ⑪ 配偶者控除 | 配偶者の前年の合計所得金額 48万円以下 | 納税義務者（扶養する人）本人の前年の合計所得金額 | | | | 同 上 |
|---|---|---|---|---|---|---|
| | | 900万円以下 | 900万円超 950万円以下 | 950万円超 1,000万円以下 | 1,000万円超 | |
| | 控除対象配偶者 | 33万円 | 22万円 | 11万円 | 0 円 | |
| | 老人控除対象配偶者(70歳以上) | 38万円 | 26万円 | 13万円 | | |

| ⑫ 配偶者特別控除 | 配偶者の前年の合計所得金額 | 納税義務者（扶養する人）本人の前年の合計所得金額 | | | | 同 上 |
|---|---|---|---|---|---|---|
| | | 900万円以下 | 900万円超 950万円以下 | 950万円超 1,000万円以下 | 1,000万円超 | |
| | 48万円超 95万円以下 | 33万円 | 22万円 | 11万円 | 0 円 | |
| | 95万円超 100万円以下 | 33万円 | 22万円 | 11万円 | | |
| | 100万円超 105万円以下 | 31万円 | 21万円 | 11万円 | | |
| | 105万円超 110万円以下 | 26万円 | 18万円 | 9万円 | | |
| | 110万円超 115万円以下 | 21万円 | 14万円 | 7万円 | | |
| | 115万円超 120万円以下 | 16万円 | 11万円 | 6万円 | | |
| | 120万円超 125万円以下 | 11万円 | 8万円 | 4万円 | | |
| | 125万円超 130万円以下 | 6万円 | 4万円 | 2万円 | | |
| | 130万円超 133万円以下 | 3万円 | 2万円 | 1万円 | | |
| | 133万円超 | 0 円 | 0 円 | 0 円 | | |

| ⑬ 扶養控除（16歳以上） | イ ロ、ハ以外の控除対象扶養親族(16歳以上19歳未満又は23歳以上) | | 330,000円 | 同 上 |
|---|---|---|---|---|
| | ロ 特定扶養親族（19歳～22歳） | | 450,000 | |
| | ハ 老人扶養親族 (70歳以上) | 同居老親等 | 450,000 | |
| | | その他 | 380,000 | |

| ⑭ 基礎控除 | 本人の前年の合計所得金額 | | 控除額 | 同 上 |
|---|---|---|---|---|
| | 2,400万円以下 | | 43万円 | |
| | 2,400万円超 | 2,450万円以下 | 29万円 | |
| | 2,450万円超 | 2,500万円以下 | 15万円 | |
| | 2,500万円超 | | 0 円（適用なし） | |

付録／住民税の申告

**(注1)** 損害保険料控除の対象であった旧長期損害保険料の支払額がある場合には、⑥の地震保険料控除額は、次のようになります。

  ㋑　地震保険料等（地震保険料及び旧長期損害保険料）のすべてが地震保険料控除の対象となるものである場合……支払保険料の合計額の2分の1（最高25,000円）

  ㋺　地震保険料等のすべてが旧長期損害保険料である場合……支払保険料の5,000円までの部分の全額と5,000円を超える部分の金額の2分の1と合計額（最高10,000円）

  ㋩　地震保険料等が地震保険料と旧長期損害保険料との両方である場合……㋑と㋺のそれぞれで計算した金額の合計額（最高25,000円）

**(注2)** 平成25年度から、生命保険料控除が改組され上表の⑤の㋺のとおり㋑から㋩まで、それぞれの適用限度額が28,000円とされました。ただし、各保険料控除の合計適用限度額は70,000万円とされました。（地法34、314の2関係）

  なお、平成23年12月31日以前に締結した保険契約等（旧契約）についての一般生命保険料控除及び個人年金保険料控除の控除額の計算は従前どおりとされ、これらの控除の適用限度額は、それぞれ35,000円とされました。

  また、新契約と旧契約の双方について保険料控除の適用を受ける場合については、上記にかかわらず、一般生命保険料控除又は個人年金保険料控除の控除額は、それぞれ次に掲げる金額の合計額（適用限度額28,000円）とされました。

| ㋑ | 新契約の支払保険料等につき、上表の⑤の㋺の計算式により計算した金額 |
|---|---|
| ㋺ | 旧契約の支払保険料等につき、上表の⑤の㋑の計算式により計算した金額 |

(4) 課税所得金額

所得割の課税所得金額は、所得金額から所得控除額を差し引いた残額となります。

（所　　得　　金　　額）　－　（所　得　控　除　額）　＝　（課税所得金額）

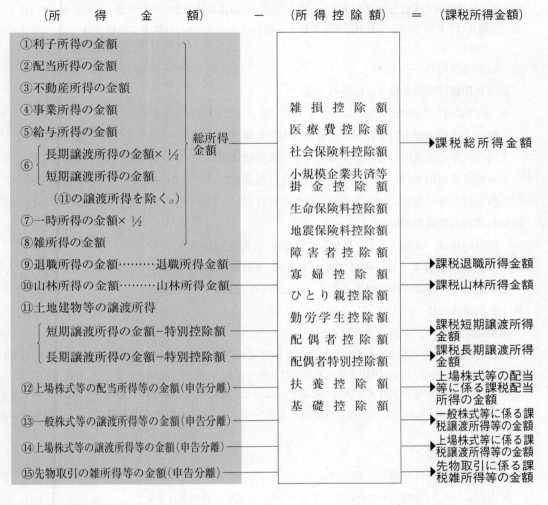

(5) 税率（税額の計算）

　所得割額は、課税所得金額を構成する課税総所得金額などの各種の課税所得金額に別個に税率(注)を乗じて算出しますが、都道府県民税と市町村民税とで、所得割の税率は異なります。税率は、各地方公共団体の条例によって定められていますので、地方によって税率に差が生ずることがあります。

　(注)　指定都市の区域内に住所を有する納税者の場合は、〈　〉内の税率となります。

① 都道府県民税の所得割の税率

　イ　一般の場合は、4％〈2％〉となっています。(地法35)

　ロ　土地建物等の譲渡所得に対する税率（地法附34、35）

　　A　長期譲渡所得

　　　課税長期譲渡所得金額×2％〈1％〉

付録／住民税の申告

　　　＊1　優良住宅地等を譲渡した場合には、その課税長期譲渡所得金額のうち2,000万円以下の部分は
　　　　　1.6%〈0.8%〉、2,000万円を超える部分は2%〈1%〉の税率で課税されます。（地法附34の2）
　　　＊2　長期所有の居住用財産を譲渡した場合には、その課税長期譲渡所得金額のうち6,000万円以下の
　　　　　部分は1.6%〈0.8%〉、6,000万円を超える部分は2%〈1%〉の税率で課税されます。（地法附34
　　　　　の3）

　　　B　短期譲渡所得

　　　課税短期譲渡所得金額×3.6%〈1.8%〉

　　　＊　国等に対して譲渡した場合には、2%〈1%〉の税率で課税されます。

　ハ　一般株式等の譲渡所得等に対する税率（申告分離課税）………2%〈1%〉（地法附35の2①）
　ニ　上場株式等の譲渡所得等に対する税率（申告分離課税）…2%〈1%〉（地法附35の2の2①）
　ホ　上場株式等の配当所得に対する税率（申告分離課税）……………2%〈1%〉（地法附33の2）
　ヘ　先物取引の雑所得等に対する税率（申告分離課税）……………2%〈1%〉（地法附35の4①）

② **市町村民税の所得割の税率**

　イ　一般の場合は、6%〈8%〉となっています。（地法314の3）

　**(注)**　上記の標準税率によらずに、市町村の条例に基づいた税率が適用されることがあります。

　ロ　土地建物等の譲渡所得に対する税率（地法附34、35）

　　A　長期譲渡所得

　　課税長期譲渡所得金額×3%〈4%〉

　　　＊1　優良住宅地等を譲渡した場合には、その課税長期譲渡所得金額のうち2,000万円以下の部分は
　　　　　2.4%〈3.2%〉、2,000万円を超える部分は3%〈4%〉の税率で課税されます。（地法附34の2）
　　　＊2　長期所有の居住用財産を譲渡した場合には、その課税長期譲渡所得金額のうち6,000万円以下の
　　　　　部分は2.4%〈3.2%〉、6,000万円を超える部分は3%〈4%〉の税率で課税されます。（地法附34
　　　　　の3）

　　B　短期譲渡所得

　　課税短期譲渡所得金額×5.4%〈7.2%〉

　　　＊　国等に対して譲渡した場合には、3%〈4%〉の税率で課税されます。

　ハ　一般株式等の譲渡所得等に対する税率（申告分離課税）………3%〈4%〉（地法附35の2⑤）
　ニ　上場株式等の譲渡所得等に対する税率（申告分離課税）…3%〈4%〉（地法附35の2の2⑤）
　ホ　上場株式等の配当所得に対する税率（申告分離課税）……………3%〈4%〉（地法附33の2）
　ヘ　先物取引の雑所得等に対する税率（申告分離課税）……………3%〈4%〉（地法附35の4④）

⑹　**算出税額の計算**

　⑸の税率によって税額を算出します。この場合、⑷のそれぞれの課税所得金額ごとに別個に計算し
て各々の算出税額を合計します。

　　　各種課税所得金額×税率＝算出税額

　**(注1)**　指定都市の区域内に住所を有する納税者の場合は、〈　〉内の税率となります。

――(1048)――

付録／住民税の申告

**（注2）** 前年の合計所得金額が2,500万円以下である場合に、調整控除として次の額が(5)の①及び②を適用して計算した所得割の額から控除されます。（地法37、314の6、地令7の16の2）

イ　個人住民税の合計課税所得金額（課税総所得、課税山林所得及び課税退職所得金額の合計額）が200万円以下の場合

a　所得税との人的控除額の差の合計額

b　合計課税所得金額

のいずれか少ない金額×5%（都道府県民税2%〈1%〉市町村民税　3%〈4%〉）

ロ　個人住民税の合計課税所得金額が200万円を超える場合

aからbを控除した金額（5万円未満の場合は、5万円）の5%（道府県民税2%〈1%〉、市町村民税3%〈4%〉）

a　所得税との人的控除額の差の合計額

b　合計課税所得金額－200万円

＊　人的控除額の差の合計額は、以下の表の該当するものを合計して算出します。

| 人的控除 | 差　額 | 人的控除 | 差　額 |
|---|---|---|---|
| 寡婦控除又はひとり親控除 | | 配偶者特別控除 | |
| 　寡婦又はひとり親のうち父であるもの | 1万円 | 　配偶者の前年の合計所得金額が48万円超50万円未満 | |
| 　ひとり親のうち母であるもの | 5万円 | 　　納税者の前年の合計所得金額が | |
| 勤労学生控除 | 1万円 | 　　900万円以下 | 5万円 |
| 障害者控除 | | 　　900万円超950万円以下 | 4万円 |
| 　障害者 | 1万円 | 　　950万円超1,000万円以下 | 2万円 |
| 　特別障害者 | 10万円 | 　配偶者の前年の合計所得金額が50万円以上55万円未満 | |
| 　同居特別障害者 | 22万円 | 　　納税者の前年の合計所得金額が | |
| 配偶者控除 | | 　　900万円以下 | 3万円 |
| 　一般の控除対象配偶者 | | 　　900万円超950万円以下 | 2万円 |
| 　　納税者の前年の合計所得金額が | | 　　950万円超1,000万円以下 | 1万円 |
| 　　900万円以下 | 5万円 | 扶養控除 | |
| 　　900万円超950万円以下 | 4万円 | 　一般の扶養親族 | 5万円 |
| 　　950万円超1,000万円以下 | 2万円 | 　特定扶養親族 | 18万円 |
| 　老人控除対象配偶者 | | 　老人扶養親族 | 10万円 |
| 　　納税者の前年の合計所得金額が | | 　同居直系尊属である老人扶養親族 | 13万円 |
| 　　900万円以下 | 10万円 | | |
| 　　900万円超950万円以下 | 6万円 | | |
| 　　950万円超1,000万円以下 | 3万円 | | |
| 基礎控除 | 5万円 | | |

付録／住民税の申告

---

《令和2年度税制改正事項》

令和6年度分以後について、控除対象扶養親族は、扶養親族のうち、次に掲げる者の区分に応じそれぞれ次に定める者をいいます。（地法34①十一、314の2①十一、令2改地法附1二）

① 居住者　年齢16歳以上の者

② 非居住者　年齢16歳以上30歳未満の者及び年齢70歳以上の者並びに年齢30歳以上70歳未満の者であって次に掲げる者のいずれかに該当するもの

　イ　留学により国内に住所及び居所を有しなくなった者

　ロ　障害者

　ハ　その居住者からその年において生活費又は教育費に充てるための支払を38万円以上受けている者

---

### (7) 税額控除額の計算

住民税の税額控除は、配当控除、住宅借入金等特別税額控除、寄附金税額控除及び外国税額控除とがあり、上記(6)で計算した税額から控除して納税額を算出します。

**(注)** 指定都市の区域内に住所を有する納税者の場合は、〈　〉内の税率又は割合となります。

#### ① 配当控除

住民税の課税対象となった配当所得についても配当控除が認められます。所得税で確定申告をしないことを選択した非上場株式の少額配当等も、住民税の課税対象となりますから、原則として配当控除が認められます。（地法附5）

配当控除は、通常、次の率が適用されます。（配当控除の対象とされる証券投資信託については、適用率がそれぞれの1/2となります。）

　イ　市町村民税の配当控除の率　1.6%〈2.24%〉

　　　（課税総所得金額が1,000万円を超える場合には、その超える部分の金額は0.8%）〈1.12%〉

　ロ　都道府県民税の配当控除の率　1.2%〈0.56%〉

　　　（課税総所得金額が1,000万円を超える場合には、その超える部分の金額は0.6%）〈0.28%〉

#### ② 住宅借入金等特別税額控除

所得税の住宅借入金等特別控除の適用（特定増改築等住宅借入金等特別控除は適用対象外）を受けた場合（居住年が平成11年から平成18年まで又は平成21年から令和7年12月31日までの期間である場合に限ります。）には、次のイ及びロで計算した金額が調整控除後の所得割の額から控除されます。（地法附5の4の2、45、61②④）

　イ　都道府県民税の所得割の額からの控除額……（a−b）×2/5〈1/5〉（前年分の所得税の課税総所得金額の2%〈1%〉相当額又は3万9,000円〈1万9,500円〉のいずれか少ない金額を限度とします。**(注)**）

　　a　前年の所得税の住宅借入金等特別控除可能額（平成19年又は平成20年の居住年に係る住宅借入金等がある場合には、その金額がなかったものとして計算した金額）

　　b　前年分の所得税の額（住宅借入金等特別控除、政党等寄付金特別控除、住宅耐震改修特別控除、住宅特定改修特別税額控除若しくは認定長期優良住宅新築等特別税額控除、災害減免措置

付録／住民税の申告

又は外国税額控除の適用をしないで計算した金額）

ロ　市町村民税の所得割の額からの控除額……（a－b）×3/5〈4/5〉（前年分の所得税の課税
総所得金額の3％〈4％〉相当額又は5万8,500円〈7万8,000円〉のいずれか少ない金額を限度
とします。**(注)**）

　　a・b……イのa・bに同じ

**(注)**　平成26年4月～令和3年12月に居住した場合（特定取得に該当する場合に限ります。）又は令和4年
　　（新型コロナ税特法の居住の用に供する期間等の特例（478ページの2(1)⑦参照）の適用を受けた場合
　　に限ります。）に居住した場合は、イについて前年分の所得税の課税総所得金額の2.8％〈1.4％〉相当
　　額又は5万4,600円〈2万7,300円〉のいずれか少ない金額が限度、ロについて前年分の所得税の課税
　　総所得金額の4.2％〈5.6％〉相当額又は8万1,900円〈10万9,200円〉のいずれか少ない金額が限度となり
　　ます。

| 居住年 | 平成25年、平成26年1月～3月 | 平成26年4月～令和3年12月又は令和4年（新型コロナ税特法の居住の用に供する期間等の特例（478ページの2(1)⑦参照）の適用を受けた場合に限ります。） |
|---|---|---|
| 控除限度額 | 所得税の課税総所得金額の5％（最高9.75万円） | 所得税の課税総所得金額の＊7％〔5％〕（＊最高13.65万円）〔最高9.75万円〕 |

＊平成26年4月～令和3年12月に居住し、かつ、特定取得以外の場合には、上の表の〔　〕内の金額
　になります。

③　**寄附金税額控除**

住民税では、所得税と異なり、次のイ及びロで計算した金額が調整控除後の所得割の額から控除さ
れます。（地法37の2、314の7）

イ　都道府県民税の所得割の額からの控除額……㈤及び㈥の合計額

㈤　（a～dの寄附金の合計額（総所得金額等の30％が限度）－2,000円）×4％〈2％〉

　　a　都道府県又は市区町村に対する寄附金（その寄附によって設けられた設備を専属的に利用
　　することその他特別の利益が及ぶと認められるものを除きます。）（ふるさと納税）

　　b　住所地の都道府県共同募金会又は日本赤十字社支部に対する寄附金

　　c　所得税の特定寄附金（みなし特定寄附金を含みますが、国や政党等に対する寄附金を除き
　　ます。ロ㈤cも同じ。）のうちその都道府県の条例で指定するもの

　　d　特定非営利活動促進法に規定する特定非営利活動法人（以下「特定非営利活動法人」とい
　　います。）に対するその特定非営利活動法人の行う特定非営利活動に係る事業に関連する寄
　　附金のうち、住民の福祉の増進に寄与する寄附金としてその都道府県の条例で定めるもの（特
　　別の利益がその納税義務者に及ぶと認められるものを除きます。）

㈥　特例控除額（都道府県民税の所得割の額の20％が限度）

　　A　課税総所得金額－人的控除差調整額≧0のとき

——(1051)——

付録／住民税の申告

$$（aの寄附金の額－2,000円）×（90％－所得税の限界税率）×2/5〈1/5〉$$

B　課税総所得金額－人的控除差調整額＜0のとき

$$（aの寄附金の額－2,000円）×90％×2/5〈1/5〉$$

ロ　市区町村民税の所得割の額からの控除額……(イ)及び(ロ)の合計額

(イ)　（a～dの寄附金の合計額（総所得金額等の30％が限度）－2,000円）×6％〈8％〉

　　a・b……イのa・bに同じ

　　c　所得税の特定寄附金のうち当該市区町村の条例で指定するもの

　　d　特定非営利活動に係る事業に関連する寄附金のうち、住民の福祉の増進に寄与する寄附金としてその市町村の条例で定めるもの

(ロ)　特例控除額（市区町村民税の所得割の額の20％が限度）

A　課税総所得金額－人的控除差調整額≧0のとき

$$（aの寄附金の額－2,000円）×（90％－所得税の限界税率）×3/5〈4/5〉$$

B　課税総所得金額－人的控除差調整額＜0のとき

$$（aの寄附金の額－2,000円）×90％×3/5〈4/5〉$$

**(注1)**　イ(ロ)及びロ(ロ)の特例控除額の計算については、Bの場合又は課税総所得金額がない場合で、申告分離課税の所得がある場合には、その所得の種類に応じ控除率が85％～45％に引き下げられます。

**(注2)**　平成26年度から令和20年度までの各年度に限り、特例控除額の算定に用いる所得税の限界税率に復興特別所得税率（100分の2.1）を乗じて得た率を加算することとなります。

---

**【参考】ふるさと納税ワンストップ特例制度**

　確定申告の不要な給与所得者等がふるさと納税を行う場合、確定申告を行わなくてもふるさと納税の寄附金控除を受けられる仕組み「ふるさと納税ワンストップ特例制度」を適用することができます。特例の申請にはふるさと納税先の自治体数が5団体以内で、ふるさと納税を行う際に各ふるさと納税先の自治体に特例の適用に関する申請書を提出する必要があります。

　このふるさと納税ワンストップ特例制度は、平成27年4月1日以降に行うふるさと納税が対象です。

　なお、5団体を超える自治体にふるさと納税を行った場合や、ふるさと納税の有無にかかわらず確定申告を行う場合も、ふるさと納税についての控除を受けるためには、これまで同様に確定申告を行う必要があります。

　また、ふるさと納税ワンストップ特例の適用を受ける場合は、所得税からの控除は発生せず、ふるさと納税を行った翌年の6月以降に支払う住民税の減額という形で控除が行われます。

---

④　**外国税額控除**……所得税と同様に、住民税にも外国税額控除の規定が設けられています。（地法37の3、314の8）

付録／住民税の申告

(8)　免税所得の計算

　農家が飼育した肉用牛の売却による農業所得については、その売却した肉用牛がすべて租税特別措置法第25条第1項に規定する免税対象飼育牛である場合は、令和6年度分まで都道府県民税所得割及び市町村民税所得割の一定金額が免除されます。(地法附6)

(9)　所得割額の計算

　算出税額から税額控除額及び免税額を差し引いた残額が所得割額です。これに均等割額を加えた額が納付すべき住民税の額です。

# 三　住民税の申告

　住民税の申告書は、市町村が所得計算や税額計算を適正に行うための課税資料として提供していただくもので、所得税の申告納税制度とは異なります。

## 1　住民税の申告書を提出しなければならない人

　市町村内に住所を有する人は、令和5年3月15日までにすべて住民税の申告書を提出することになりますが、次の①又は②に該当する人は除かれます。ただし、所得税の確定申告書を提出した人は、住民税の申告書を提出したものとみなされますから、申告の必要はありません。

　①　令和4年中の所得が給与所得又は公的年金等に係る所得のみである人

　②　所得割の納税義務を負わないと認められる人のうち、市町村の条例で定められている人

　(注)　①の人については、令和5年2月1日までに、同年1月1日現在の給与又は公的年金等の支払者から同年1月1日現在居住している市町村長あてに給与支払報告書又は公的年金等支払報告書が提出されていますから、これらの所得者は申告の必要がありません。

　なお、令和4年中の所得が給与所得又は公的年金等に係る所得のみの人でも、同年中に災害等のために雑損控除や、自分や家族について医療費控除を受けようとする場合又は給与所得者の特定支出控除を受ける場合は、そのための申告書を提出することになりますからご注意ください。ただし、所得税の確定申告書を提出しこれらの控除を受けた人は、住民税の申告の必要はありません。

## 2　申告書の提出先及び提出期限

　住民税の申告書は、令和5年1月1日現在の住所地の市区町村に、令和5年3月15日までに提出してください。ただし、令和4年中に死亡した人については、住民税の申告の必要はありません。

付録／住民税の申告

### 3　所得税の確定申告と住民税の申告との相違点

#### (1)　給与所得者で給与所得以外の所得が20万円以下の人

　　所得税では、給与所得以外の所得が20万円以下の場合は、確定申告の必要はありませんが、住民税では、源泉徴収制度を採っていないこと等から、これらの所得も給与所得と併せて申告することになっています。

#### (2)　公的年金等の収入金額が400万円以下であり、かつ、公的年金等に係る雑所得以外の所得金額が、20万円以下の人

　　所得税では、平成24年分以後、確定申告書の提出を要しないこととなりましたが、住民税では源泉徴収制度を採っていないこと等から、公的年金等以外の所得も公的年金等と併せて申告することになっています。

　**(注)**　(1)及び(2)に該当する場合でも、1の②に該当する人は、住民税の申告書を提出する必要はありません。

#### (3)　退職所得のある人

　　退職所得については、原則として分離課税が行われ、特別徴収の方法で徴収されますが、分離課税の行われなかった退職所得のある人は、住民税の申告書を提出しなければなりません。

#### (4)　配当所得のある人

　　所得税では、確定申告をしないことを選択した非上場株式の少額配当等については申告の必要はありませんが、住民税では原則として他の所得と合算して総合課税されますから、所得税の確定申告において申告しないことを選択した非上場株式の少額配当等を有する人は、住民税の申告書を提出する必要があります。ただし、所得税の確定申告書に「住民税、事業税に関する事項」として、「配当に関する住民税の特例」欄にこれらの金額を記載して提出した場合には住民税の申告は必要ありません。

#### (5)　上場株式等の配当所得等がある人

　　上場株式等の配当等については、所得税・住民税ともに①総合課税、②申告不要（源泉徴収のみ）、③申告分離課税のいずれかを選択できることとされていますが、所得税の確定申告書を提出した場合であっても、その後に住民税の申告書を提出した場合には、後者の申告書に記載した課税方法を選択することができます。（旧地法32⑬、313⑬、旧地法附33の2②⑥）

　　例えば、所得税においては総合課税による申告を選択し、住民税においては申告不要制度を選択することができます。

　　株式等譲渡所得割については、総合課税は選択できませんが、申告不要又は申告分離課税を選択できることとなっており、上記と同様に課税方法を選択することができます。（旧地法32⑮、313⑮）

付録／住民税の申告

《令和4年度税制改正事項》

上場株式等の配当等及び譲渡所得等に係る課税方式について、所得税の課税方式と一致させるため、次の措置が講じられました。

① 上場株式等の配当等における改正内容

所得税において総合課税又は申告分離課税の適用を受けようとする旨の記載のある確定申告書が提出された場合に限り、個人住民税においてもこれらの課税方式を適用することとされました。(地法32⑬、313⑬、地法附33の2②⑥)

② 上場株式等の譲渡所得における改正内容

特定株式等譲渡所得金額に対する課税方式についても、①と同様に、所得税において申告分離課税の適用を受けようとする旨の記載のある確定申告書が提出された場合に限り、個人住民税においてもこの課税方式を適用することとされました。(地法32⑮、313⑮)

また、上場株式等に係る譲渡損失の損益通算及び繰越控除についても、所得税の確定申告書を提出し、これらの措置の適用を受ける場合に限り、個人住民税においても適用することとされました。(地法附35の2の6)

**(注)** 上記①及び②の改正は、令和6年度分の個人住民税から適用することとされています。(令4改地法等附4①、11①)

## (6) 配偶者又は親族に退職所得がある人

個人住民税における合計所得金額とは、前年の所得について算定した総所得金額、退職所得金額(現年分離課税される退職所得金額を除きます。)及び山林所得金額の合計額(純損失又は雑損失の繰越控除前の額)をいいます。(地法32、50の2、313、328)

所得税における合計所得金額とは、退職所得金額を含むもの(410ページ参照)ですので、所得税の合計所得金額と個人住民税の合計所得金額には、差異が生じる場合があります。納税義務者の配偶者又は親族が、所得税における同一生計配偶者又は扶養親族に該当しなくても、個人住民税では該当する場合があることとなり、所得税と個人住民税とで配偶者控除等の適用の有無が異なることとなります。

このような場合、所得税の確定申告において所得税の配偶者控除等の適用がなくても、個人住民税の申告をすることで個人住民税の配偶者控除等の適用を受けることができます。

住民税申告書とみなされる令和4年分以後の確定申告書を令和5年1月1日以後に提出する場合は、確定申告書における個人住民税に係る付記事項に、退職手当等を有する一定の配偶者及び扶養親族の氏名等を記載することとなります。(地規2の3②七の二、七の三、令4改地規附2①)

## 4 そ の 他

(1) 所得控除を受けるための医療費の領収証、国民年金保険等の支払保険料の証明書、一般の生命保険の支払保険料で1口9,000円を超えるものの証明書及び個人年金保険の支払保険料の証明書、地震保険料等の支払保険料の証明書は、住民税の申告書に添付しなければなりません。

(2) 所得税で控除対象配偶者又は扶養親族として申告しても、現に事業に従事している場合には、住

——(1055)——

付録／住民税の申告

民税の申告で専従者とすることもできます。

(3)　災害に関する税制上の措置として、次のものがあります。

①　住民税の居住用財産の買換えの特例について、特定非常災害のため、その買換資産を取得期限内に取得することが困難となった場合には、一定の要件の下、その取得期限が2年の範囲内で延長されます。（地法附4）

②　住民税の優良住宅地の造成等のために土地等を譲渡した場合の長期譲渡所得に係る課税の特例について、特定非常災害のため、定められた期間内に土地等の譲渡に該当することが困難となった場合には、一定の要件の下、その期間が2年の範囲内で延長されます。（地法附34の2）

# 第二節　事　業　税

　事業税は、事業に対して、その事業を行う者に課する税金です。事業税を大別すると、法人事業税と個人事業税とがありますが、事業税の課税標準は所得であり、それらの所得の計算は、原則として法人税や所得税の所得計算と同一とされていますので、所得計算については所得税の所得金額の計算を参照していただくことにして、ここでは個人事業税について必要なことのみを説明します。

## 一　個人事業税を納める人（地法72の2③）

　個人事業税を納める人は、第1種事業、第2種事業及び第3種事業を行う個人です。これらの人は、事業を営む事務所又は事業所がある都道府県に事業税を納めなければなりません。事務所又は事業所とは、事業の必要から設けられた人的及び物的設備で、継続して事業を行う場所のことです。（その設備が自己の所有に属するものであるか否かは問いません。）

　行商、縁日の露店などのように、事務所などのない事業の場合は、事業を行う者の住所又は居所のうちその事業と最も関係の深いものが事務所又は事業所とみなされ、それらの場所で個人事業税が課税されます。

## 二　個人事業税の課税対象

　個人事業税では、個人の事業を第1種事業、第2種事業及び第3種事業に分けており、これらの事業を営む場合に限って課税されます。具体的な業種は次のとおりです。

### 1　第1種事業の範囲（地法72の2⑧、地令10の3）

　第1種事業は営業に属する次のものです。

　①物品販売業（動植物その他通常物品といわないものの販売業を含む。）、②保険業、③金銭貸付業、④物品貸付業（動植物その他通常物品といわないものの貸付業を含む。）、⑤不動産貸付業、⑥製造業（物品の加工修理業を含む。）、⑦電気供給業、⑧土石採取業、⑨電気通信事業（放送事業を含む。）、⑩運送業、⑪運送取扱業、⑫船舶定係場業、⑬倉庫業（物品の寄託を受け、これを保管する業を含む。）、⑭駐車場業、⑮請負業、⑯印刷業、⑰出版業、⑱写真業、⑲席貸業、⑳旅館業、㉑料理店業、㉒飲食店業、㉓周旋業、㉔代理業、㉕仲立業、㉖問屋業、㉗両替業、㉘公衆浴場業（第3種事業の公衆浴場業を除く。）、㉙演劇興行業、㉚遊技場業、㉛遊覧所業、㉜商品取引業、㉝不動産売買業、㉞広告業、㉟興信所業、㊱案内業、㊲冠婚葬祭業

付録／事業税の申告

## 2 第2種事業の範囲 （地法72の2⑨、地令11、11の2、12）

第2種事業は、①畜産業（農業に付随して行うものを除く。）、②水産業（小規模な水産動植物の採捕の事業を除く。）、③薪炭製造業です。

これらの業種でも、主として自家労力を用いて行うものは課税されません。

主として自家労力を用いて行うとは、事業者又は同居の親族の労力によって事業を行った日数の合計が、その事業の年間の所要延労働日数の½を超える場合をいいます。

## 3 第3種事業の範囲 （地法72の2⑩、地令13、13の2、14）

第3種事業は、医業及び法務業等の自由業者です。

①医業、②歯科医業、③薬剤師業、④あんま、マッサージ又は指圧、はり、きゅう、柔道整復その他の医業に類する事業（両眼の視力を喪失した者その他両眼の視力が0.06以下の者が行うものを除く。）、⑤獣医業、⑥装蹄師業、⑦弁護士業、⑧司法書士業、⑨行政書士業、⑩公証人業、⑪弁理士業、⑫税理士業、⑬公認会計士業、⑭計理士業、⑮社会保険労務士業、⑯コンサルタント業、⑰設計監督者業、⑱不動産鑑定業、⑲デザイン業、⑳諸芸師匠業、㉑理容業、㉒美容業、㉓クリーニング業、㉔公衆浴場業（温泉、むし風呂などを除く一般の銭湯をいいます。）、㉕歯科衛生士業、㉖歯科技工士業、㉗測量士業、㉘土地家屋調査士業、㉙海事代理士業、㉚印刷製版業

## 三 非課税の範囲 （地法72の4②）

林業及び鉱物の掘採事業に対しては、個人事業税は課税されません。

## 四 個人事業税の税額計算

個人事業税の税額計算は、所得税における所得計算の方法に準じて算定した所得を課税標準として、事業の種類に応じた税率を乗じて計算し、それを各納税義務者に通知するようになっています。

## 1 課税標準 （地法72の49の11、72の49の12）

個人事業税の課税標準は、前年中の第1種事業、第2種事業及び第3種事業から生じた所得です。（年の中途で事業を廃止した場合には、その年の1月1日から事業廃止までの所得が課税標準となります。）事業所得の算定方法は所得税法の規定により算定されますが、医業など（二の3の①〜⑤の事業）の社会保険診療報酬に係る所得は課税標準から除かれており課税されませんが、自由診療報酬に係る所得金額は個人事業税の課税対象となります。

（注） 所得税における不動産所得の損失のうち土地等の取得に要した借入金利子に対応する部分の損益通算等不適用の規定は、事業税には適用されません。

——(1058)——

付録／事業税の申告

## 2　事業専従者給与（控除）額（地法72の49の12②③）

事業専従者が事業から支給を受ける給与額等は、所得税に準じて次の金額を限度として必要経費に算入されます。

①　青色申告者……所得税と同様、その支給した専従者給与の金額が労務の対価として支払われたもので適正な給与額であれば事業の所得計算上必要経費となります。

②　白色申告者……原則として配偶者である専従者につき86万円、配偶者以外の専従者1人につき50万円が必要経費となります。

**（注1）**　事業に従事した期間が6か月以下の場合は事業専従者の範囲から除かれますが、青色申告者に限り就学、病気、結婚など及び事業の休業、廃業等により事業に従事できなかった期間を除く残りの期間の2分の1を超えてその事業に従事した場合は、これに該当します。

**（注2）**　所得税や住民税の申告で、配偶者控除又は扶養控除の対象にされたものでも、現に事業に専従している場合には、個人事業税では、青色事業専従者給与額の必要経費算入が認められます。これは所得税の確定申告書第二表の「住民税・事業税に関する事項」欄（648ページ参照）に対象者の氏名及び給与額を記入することによって認められます。

## 3　事業主控除（地法72の49の14）

事業を行っている納税義務者については、事業主控除が認められます。

事業主控除は、年290万円で事業所得の計算上控除されるものです。事業を行った期間が1年に満たないときは、次の算式によって事業主控除額を月割計算することになります。

$$290万円 \times \frac{事業を行った月数}{12} = 事業主控除額$$

この制度は、所得税の基礎控除に当たるものですが、年の中途で開廃業した場合の扱いは所得税と異なります。

## 4　事業用資産の譲渡損失の控除（地法72の49の12⑥〜⑩）

納税義務者が直接事業の用に供する資産（土地・家屋・構築物・棚卸資産及び無形固定資産を除きます。）を事業の用に供さなくなった日から1年以内に譲渡し、そのために生じた損失は、期限内に申告書を提出した場合に限り控除されます。

事業用資産の譲渡損失の繰越損失は、損失が発生した年分以後の所得税につき青色申告の承認を継続して受けている人に限り翌年以降3年間の繰越控除が認められます。

**（注）**　損失の繰越控除……被災事業用資産の損失の繰越控除の取扱いについては、所得税の取扱いと同じです。

付録／事業税の申告

## 5　税　　　率（地法72の49の17）

個人事業税の標準税率は、次のとおりです。

| 事　業　の　区　分 | 標準税率 | 制限税率 |
|---|---|---|
| ①　第1種事業 | 課税所得の $\frac{5}{100}$ | |
| ②　第2種事業 | 〃　　 $\frac{4}{100}$ | |
| ③　第3種事業（次の④の事業を除きます。） | 〃　　 $\frac{5}{100}$ | 標準税率の1.1倍 |
| ④　第3種事業のうち、あんま、マッサージ又は指圧、はり、きゅう、柔道整復その他医業に類する事業及び装蹄師業 | 〃　　 $\frac{3}{100}$ | |

**(注)**　この場合の課税所得とは、事業主控除額などを控除した後のものをいいます。

## 6　税額の計算

①　総収入金額 − 必要経費 ＝ 事業所得

②　事業所得 − $\binom{損失の繰越控除又は被災事}{業用資産の損失の繰越控除}$ − $\binom{事業用資産の譲渡損失の控除}{（損失の繰越控除を含みます。）}$ − 事業主控除額 ＝ 課税所得

③　課税所得 × 税率 ＝ 事業税額

# 五　個人事業税の申告及び納税（地法72の55、72の55の2）

## 1　申告義務のある人

　個人事業税の申告は、個人事業税が課される事業（第1種事業、第2種事業又は第3種事業）を営む人で、その所得金額が事業主控除額に相当する金額を超える人が申告することになります。この場合の所得金額は事業専従者給与（控除）額を控除した後のものです。したがって、事業の所得金額が事業主控除額以下の場合は申告義務はありません。

　**(注)**　個人事業税の申告がされたものとみなされるもの……前年分の所得について所得税の確定申告書又は都道府県民税の申告書を提出した人は、原則として、個人事業税の申告書を提出する必要はありません。これらの申告書を提出した日をもって個人事業税の申告がなされたものとみなされます。

## 2　申告書の提出

　個人事業税の納税義務者は、令和4年の事業の所得、事業専従者控除・事業用資産の譲渡損失の控除などを記載した申告書を、令和5年3月15日まで（年の中途で事業を廃止した場合には事業廃止の

付録／事業税の申告

日から1月以内、死亡によるときは4月以内）に事務所などの所在地の都道府県知事（都道府県税事務所）に提出しなければなりません。期日までに申告書を提出しない場合には、損失の繰越控除などを認めないこととされています。

### 3　納税の方法

　個人事業税の納付は、普通徴収の方法によって行われ、納税義務者には納税通知書が交付されますのでそれによって納付することになります。

　納期は、都道府県条例によって定められますが、原則として8月31日及び11月30日となっています。

## 六　所得税の「所得金額」と個人事業税の「事業の所得」との相違点

### 〔青色申告特別控除額〕

　青色申告者の令和4年分の所得税については、65万円、55万円又は10万円（所得金額が65万円未満、55万円未満又は10万円未満の場合はその金額）を青色申告特別控除額として、青色申告をしている不動産所得金額及び事業所得金額（10万円の特別控除の場合は、山林所得金額も対象となります。）から控除されます。

　個人事業税の課税標準は「個人の事業の所得」と規定されていますが、これは、青色申告特別控除額を控除する前の金額を指していますので、個人事業税では青色申告特別控除は認められません。したがって、所得税で青色申告特別控除額を控除している場合、その金額だけ所得税の事業所得金額と個人事業税の事業の所得とに差が生ずることになります。

## 参考1　主な非課税所得の一覧表

### 一　所得税法・租税特別措置法の規定によるもの

| 項　目 | あ　ら　ま　し |
|---|---|
| 年1％を超えない利率の利子を付された当座預金の利子及び納税準備預金の利子 | 　利率が年1％を超えない当座預金の利子は、その金額が少額であることなどに鑑み課税されません。（所法9①一、所令18）<br>　ただし、納税準備預金の利子については、納税以外の目的で引き出された場合には、その引出し日に係る利子の計算期間に対応する利子は課税されます。（措法5） |
| 小学校、中学校、義務教育学校、高等学校の児童又は生徒のいわゆる子供銀行の預貯金の利子 | 　小学校、中学校、義務教育学校、高等学校の児童又は生徒が学校長の指導を受けて、生徒代表名義で預け入れた預貯金の利子や合同運用信託の収益の分配で、最初の預入れの際、金融機関の営業所等に学校長の指導を受けている子供銀行の預貯金であることを証明する書類を提出したものは児童又は生徒の貯蓄心のかん養を図る趣旨から課税されません。（所法9①二、所令19） |
| 傷病者や遺族などの受け取る恩給、年金など | 　恩給法によって支給される増加恩給（これに併給される普通恩給を含みます。）や傷病賜金、その他公務上又は業務上の事由による負傷又は疾病により受けるものでこれらに準ずる特定の給付金及び遺族に支給される遺族恩給や遺族年金（死亡した者の勤務に基づいて支給されるものに限ります。）などは、いずれも傷病者や遺族の生活の主たるよりどころとなるものですから課税されません。<br>　また、地方公共団体が心身障害者に関して実施する共済制度（脱退一時金の支給に係る部分を除きます。）に基づいて支給される給付金は、心身障害者を扶養するために支給されるものであることなどの理由から課税されません。（所法9①三、所令20） |
| 給与所得者の出張旅費 | 　給与所得者が、以下の旅行に必要な支出に充てるため支給される金品で、通常必要であると認められるものについては課税されません。（所法9①四）<br>①　勤務する場所を離れてその職務を遂行するための旅行<br>②　転任に伴う転居のための旅行<br>③　就職、退職をした人、死亡による退職をした人の遺族が、これらに伴う転居のための旅行 |

# 非課税所得

| | |
|---|---|
| **給与所得者の通勤手当** | 　給与所得者のうち通勤者が、通勤に必要な交通機関の利用又は交通用具の使用のために支出する費用に充てるものとして通常の給与に加算して受ける通勤手当のうち、一般の通勤者につき通常必要であると認められる一定額（最高月額150,000円）については課税されません。（所法9①五、所令20の2） |
| **給与所得者が受ける職務上必要な給付** | 　給与所得者がその使用者から受ける金銭以外の物（経済的な利益を含みます。）で、その職務の性質上欠くことのできない以下のものについては課税されません。（所法9①六、所令21）<br>①　船員法の規定により支給される食料その他法令の規定により無料で支給される食料<br>②　給与所得者でその職務の性質上制服を着用すべき人がその支給又は貸与される制服その他の身回品<br>③　国家公務員宿舎法の規定により無料で宿舎の貸与を受けることによる利益その他給与所得者で職務の遂行上やむを得ない必要に基づき使用者から指定された場所に居住するために家屋の貸与を受けることによる利益 |
| **国外で勤務する居住者の受ける在外手当** | 　国外で勤務する居住者の受ける給与のうち、その勤務により国内で勤務した場合に受けるべき通常の給与に加算して受ける在外手当等の特別手当は、その勤務先における物価、生活水準、為替相場などの状況に照らし、加算して給与を受けることにより国内で勤務した場合と比べて利益を受けると認められない部分の金額については課税されません。（所法9①七、所令22） |
| **外国政府、国際機関等の職員の給与所得** | 　外国政府、外国の地方公共団体又は財務大臣の指定する国際機関に勤務する者で、特定の者（日本の国籍を有せず、かつ、日本国との平和条約に基づき日本の国籍を離脱した者等の出入国管理に関する特例法に定める特別永住者でない人など）がその勤務によって受ける給与所得は課税されません。ただし、外国政府又は外国の地方公共団体に勤務する者の受ける給与所得については、その外国でもその国に勤務する日本の公務員が受ける給与所得に対して同じように非課税の取扱いをしている場合に限り、相互的に非課税とされます。（所法9①八、所令23、24） |
| **生活用動産の譲渡によって生ずる所得** | 　納税者又はその配偶者その他の親族が生活の用に供する家具、什器や衣類などの動産を売って所得があっても、これらの所得は課税されません。その代わり損失があってもその損失はなかったものとされます。しかし、宝石や貴金属、書画、骨とうなどで1個又は1組の値段が30万円を超えるものの譲渡によって生ずる所得は課税の対象とされます。（所法9①九、所令25） |
| **資力をなくし債務の弁済が著しく困難な者が滞納処分、** | 　事業に失敗するなど資力をなくして債務を弁済することが著しく困難な場合に、強制執行、担保権の実行としての競売、滞納処分、企業担保権の |

## 非課税所得

| | |
|---|---|
| 強制執行、競売などの強制換価手続により、資産を譲渡した所得 | 実行手続や破産手続によるいわゆる強制換価手続により、棚卸資産その他営利を目的として継続的に売買される資産以外の資産が譲渡されたこと及びこのような事情が避けられない場合に、これらの資産を他に譲渡したことにより生じた所得は非課税とされます。（所法9①十、所令26）<br><br>その代わり譲渡による損失があっても、その損失はなかったものとされます。<br><br>（注）「資力をなくして債務を弁済することが著しく困難な場合」とは、債務者の債務超過の状態が著しく、その人の信用、才能等を活用しても、現にその債務の全部を弁済するための資金を調達することができないのみならず、近い将来においても調達することができないと認められる場合をいい、これに該当するかどうかは、これらの資産を譲渡した時の現況により判定します。（所基通9—12の2） |
| 非課税口座内の少額上場株式等に係る配当所得及び譲渡所得等の非課税措置（NISA） | 20歳以上（令和5年1月1日以後口座開設の場合は、18歳以上）（口座開設の年の1月1日現在）の居住者又は恒久的施設を有する非居住者を対象として、次の(1)、(2)のいずれかを選択したものは課税されません。（措法9の8、37の14、297ページ参照）<br><br>(1)　**非課税上場株式等管理契約に係る非課税措置**（NISA）<br>　平成26年から令和5年までの間に、年間120万円（平成26年・27年は100万円）を上限として非課税口座で取得した上場株式等の配当等やその上場株式等を売却したことにより生じた譲渡益が、非課税管理勘定が設けられた日の属する年の1月1日から最長5年間非課税とされます。<br><br>　この非課税措置を受けるためには、金融商品取引業者等に非課税口座を開設し、非課税管理勘定を設定する必要があります。<br><br>(2)　**非課税累積投資契約に係る非課税措置**（つみたてNISA）<br>　平成30年から令和24年までの間に非課税口座に累積投資勘定を設定し、年間40万円を上限として上場等株式投資信託を取得した上、累積投資勘定を設けた日以後20年を経過する日までの間に支払を受けるべき配当等や、その受益権の譲渡をした場合の譲渡所得等については、所得税が非課税となります。<br><br>　この非課税措置を受けるためには、金融商品取引業者等に非課税口座を開設し、非課税累積投資勘定を設定する必要があります。 |
| 未成年者口座内の少額上場株式等に係る配当所得及び譲渡所得等の非課税措置（ジュニアNISA） | 20歳未満（令和5年1月1日以後口座開設の場合は、18歳未満）（口座開設の年の1月1日現在）の居住者又は恒久的施設を有する非居住者を対象として、平成28年4月1日から令和5年12月31日までの間に年間80万円を上限として未成年者口座で取得した上場株式等について、その配当等やその上場株式等を売却したことにより生じた譲渡益が、非課税管理勘定が設けられた日の属する年の1月1日から最長5年間非課税とされます。（措法9の9、37の14の2、300ページ参照）<br><br>　この非課税措置を受けるためには、金融商品取引業者等に未成年者口座を開設し、非課税管理勘定を設定する必要があります。 |

## 非課税所得

| | |
|---|---|
| **貸付信託の受益権等の譲渡による所得** | 次の①、②の所得については、課税されません。（措法37の15、措令25の14の3）<br>①　償還差益につき発行時に源泉徴収の対象とされた割引債、預金保険法第2条第2項第5号に規定する長期信用銀行債等、貸付信託の受益権及び農水産業協同組合貯金保険法第2条第2項第4号に規定する農林債（次の②において「貸付信託の受益権等」といいます。）の譲渡による所得については、課税されません。<br>②　貸付信託の受益権等の譲渡による収入金額がその貸付信託の受益権等の取得費と譲渡費用の額の合計額又はその譲渡に係る必要経費に満たない場合におけるその不足額については、所得税法の規定の適用については、ないものとみなされます。 |
| **資産を国又は地方公共団体に寄附した場合又は公益法人等に寄附して国税庁長官の承認を受けた場合の所得** | 資産を法人に贈与又は遺贈した場合には、時価で資産の譲渡があったものとしてその譲渡所得等に対して課税されますが、国や地方公共団体に資産を寄附した場合、又は公益法人等（国立大学法人等、公益社団法人、公益財団法人、学校法人、社会福祉法人又は認定特定非営利活動法人等）に資産を寄附した場合でその寄附が教育の振興その他公益の増進に著しく寄与する等一定の要件を満たすものとして国税庁長官の承認を受けた場合には、課税されません。（措法40、措令25の17）<br><br>重要文化財（土地を除きます。）を国又は地方公共団体に譲渡した場合にも、課税されません。（措法40の2） |
| **相続税の物納をしたことによる所得** | 相続税法の物納又は特定物納の許可を受けて物納した財産（いわゆる超過物納の部分を除きます。）についての譲渡所得等については、課税されません。（措法40の3） |
| **債務処理計画に基づき資産を贈与した場合の所得** | 中小企業者に該当する内国法人の取締役等でその内国法人の債務の保証に係る保証債務を有するものが、その取締役等の有する資産でその資産に設定された賃借権、使用貸借権等が現にその内国法人の事業の用に供されているものを、その内国法人について策定された一定の債務処理に関する計画に基づき、平成25年4月1日から令和7年3月31日までの間にその内国法人に贈与した場合には、一定の要件の下で、その取締役等に対するみなし譲渡課税は行われません。（措法40の3の2） |
| **オープン型証券投資信託の収益の分配のうち信託財産の元本の払戻しに相当する部分** | オープン型の証券投資信託の契約に基づいて収益調整金のみに係る収益として分配される特別分配金は、信託財産の元本の払戻しに相当する部分として課税されません。（所法9①十一、所令27） |
| **ストック・オプションを行使して株式を取得した場合の経済的利益** | 株式会社又はその株式会社がその発行済株式（議決権があるものに限ります。）若しくは出資の総数の100分の50を超える数の株式若しくは出資を直接若しくは間接に保有する関係にある法人の取締役、執行役又は使用人 |

非課税所得

（一定の大口株主等を除きます。）等が、その株式会社の株主総会の付与決議に基づきその株式会社と締結した次に掲げる要件などが定められた権利付与契約により与えられた会社法の新株予約権（いわゆるストック・オプション）を、その権利付与契約に従って行使することにより株式を取得した場合のその権利行使による経済的利益（その年の権利行使価額の合計額が1,200万円を超えることとなる場合のその権利行使による経済的利益を除きます。）については、一定の要件の下で、所得税を課さないこととされています。（措法29の2）

① 権利行使は、株主総会の付与決議の日後2年を経過した日からその付与決議の日後10年を経過する日までの間に行わなければならないこと

② 権利行使価額の年間の合計額が1,200万円を超えないこと

③ 1株当たりの権利行使価額は、ストック・オプションの権利付与契約締結時におけるその株式の1株当たりの価額相当額以上とされていること

④ 新株予約権については、譲渡をしてはならないこととされていること

⑤ 権利行使に係る株式交付が、当該交付のために付与決議された募集事項等に反しないで行われるものであること

⑥ 権利行使により取得する株式は、一定の方法によって金融商品取引業者等に保管の委託等がされること

⑦ 権利行使の日までに国外転出をする場合には、その時までにその新株予約権に係る契約を締結した株式会社にその旨を通知しなければならないこと

⑧ 新株予約権を与えられた者に係る認定社外高度人材活用新事業分野開拓計画につき権利行使の日以前にその認定の取消しがあった場合には、その新株予約権に係る契約を締結した株式会社は、速やかに、その者にその旨を通知しなければならないこと

(注) 上記の非課税の特例を受けて取得した株式を譲渡した場合の所得については、株式等に係る譲渡所得の申告分離課税が適用されます。

| | |
|---|---|
| 文化功労者年金や学術奨励金等で財務大臣の定めるもの | 文化功労者年金や、学術に関する表彰、奨励のために国、地方公共団体、外国、国際機関、国際団体又は財務大臣の指定する団体や基金から交付される金品で財務大臣の指定するものは、課税されません。（所法9①十三） |
| オリンピック競技大会における成績優秀者を表彰するものとして交付される金品等 | オリンピック競技大会又はパラリンピック競技大会において第1位から第3位までに入賞した者で国の顕彰を受けたものに対し、財団法人日本オリンピック委員会、財団法人日本障害者スポーツ協会その他これらの法人に加盟している団体からオリンピック特別賞又はパラリンピック特別賞として交付される金品は、課税されません。（所法9十四） |
| 給付金等 | 次の給付金等については、課税されません。（措法41の8）<br>① 臨時福祉給付金（措法41の8①一イ、ロ）<br>② 子育て世帯臨時特例給付金（措法41の8①二）<br>③ 年金生活者等支援臨時福祉給付金（措法41の8①三イ、ロ）<br>④ 未婚の児童扶養手当受給者に対する臨時・特別給付金（措法41の8① |

# 非課税所得

|  | 四） |
|---|---|
|  | ⑤ 児童養護施設退所者等に対する自立支援資金貸付事業による貸付けについて受けた債務免除に係る経済的利益（措法41の8②）<br>⑥ 児童扶養手当受給者等に対するひとり親家庭高等職業訓練促進資金貸付事業の住宅支援資金貸付けによる貸付けについて受けた債務免除に係る経済的利益（措法41の8③） |
| **学資金及び法定扶養料** | 学資に充てるため給付される金品（給与その他対価の性質をもつものを除きます。(注))、扶養義務者相互間で扶養義務を履行するため給付される金品、修学のための費用に充てるものとして使用人に支給する金品（学校教育法第1条に規定する学校で、大学及び高等専門学校を除きます。）は、課税されません。（所法9①十五）<br>**(注)** 給与その他の対価の性質をもつもののうち、平成28年4月1日以後に給与所得者がその使用者から通常の給与に加算して受けるものであって、次に掲げる場合に該当するもの以外のものは課税されません。<br>　イ　法人である使用者からその法人の役員の学資に充てるため給付する場合<br>　ロ　法人である使用者からその法人の使用人（役員を含みます。）と特別の関係がある者の学資に充てるため給付する場合<br>　ハ　個人である使用者からその個人の営む事業に従事するその個人の配偶者その他の親族（その個人と生計を一にする者を除きます。）の学資に充てるため給付する場合<br>　ニ　個人である使用者からその個人の使用人（その個人の営む事業に従事するその個人の配偶者その他の親族を含みます。）と特別の関係がある者（その個人と生計を一にするその個人の配偶者その他の親族に該当する者を除きます。）の学資に充てるため給付する場合 |
| **国又は地方公共団体が行う保育その他の子育てに対する助成事業等により支給される金品** | 国又は地方公共団体が保育その他の子育てに対する助成を行う事業その他これに類する一定の助成を行う事業により、その業務を利用する者の居宅等において保育その他の日常生活を営むのに必要な便宜の供与を行う業務又は認可外保育施設その他一定の施設の利用に要する費用に充てるため支給される金品については、非課税とされています。（所法9①十六、所規3の2）<br>**(注1)**　「その他これに類する一定の助成を行う事業」とは、国又は地方公共団体が行う事業で、妊娠中の者に対し、子育てに関する相談、上記の業務その他の援助の利用に対する助成を行う事業をいいます。<br>**(注2)**　「その他一定の施設」とは、児童福祉法に規定する放課後児童健全育成事業、子育て短期支援事業、一時預かり事業等に係る施設をいいます（所規3の2③)。 |
| **相続、遺贈又は個人からの贈与による所得** | 相続や遺贈により財産を取得する場合（死亡退職手当もこれに該当します。）や他人からの贈与により財産を受ける場合には、相続税又は贈与税の課税を受けますから、所得税は課税されません。ただし、法人からの贈与を受ける場合には、贈与税は課税されないで所得税が課税されることになっています。（所法9①十七、所基通34—1(5)) |

――（1068）――

非課税所得

| | |
|---|---|
| | **(注1)** 死亡した者の給与等、公的年金等及び退職手当等で、死亡後に支給期が到来するもののうち相続税が課税されるものは所得税は課税されませんが、これ以外のものは遺族の一時所得となります。 |
| | **(注2)** 被相続人の死亡後に株主総会の決議があり、相続人が受け取る配当金は、相続人の配当所得となります。 |
| **損害保険金、損害賠償金、慰謝料など** | 損害保険金、損害賠償金などで次のようなものは課税されません。<br>　ただし、これらの金額の中に、その損害を受けたことにより、その人の所得の金額の計算上必要経費に算入される金額を補填するための金額が含まれている場合には、その金額を控除した後の部分の金額が非課税とされます。（所法9①十八、所令30）<br>① 保険業法に規定する損害保険会社若しくは外国損害保険会社等の締結した保険契約又は少額短期保険業者の締結したこれに類する保険契約に基づく保険金、生命保険会社若しくは外国生命保険会社等の締結した保険契約又は少額短期保険業社の締結したこれに類する契約又は旧簡易生命保険契約に基づく給付金及び損害保険契約又は生命保険契約に類する共済に係る契約に基づく共済金で、身体の傷害に基因して支払を受けるもの並びに心身に加えられた損害につき支払を受ける慰謝料その他の損害賠償金（その損害に基因して勤務又は業務に従事することができなかったことによる給与又は収益の補償として受けるものを含まれます。）<br>　　**(注1)** いわゆる死亡保険金は、「身体の傷害に基因して支払を受けるもの」には該当しません。（所基通9—20(注)）<br>　　**(注2)** 被保険者の傷害又は疾病によりその被保険者が勤務又は業務に従事することができなかったことによるその期間の給与又は収益の補塡として損害保険契約に基づいて支払を受ける保険金（例えば所得補償保険金）は、「身体の傷害に基因して支払を受けるもの」に該当します。（所基通9—22）<br>　　**(注3)** 疾病により重度障害の状態になったことなどにより生命保険契約又は損害保険契約に基づき支払を受ける、いわゆる高度障害保険金、高度障害給付金、入院費給付金等（一時金として受け取るもののほか、年金として受け取るものも含みます。）は、「身体の傷害に基因して支払を受けるもの」に該当します。（所基通9—21）<br>② 損害保険契約に基づく保険金及び損害保険契約に準ずる共済契約に基づく共済金（満期返戻金や解約返戻金を除きます。）で資産に受けた損害に対して支払を受けるもの並びに不法行為その他突発的な事故により資産に加えられた損害につき支払を受ける損害賠償金（棚卸資産などに加えられた損害に対する保険金や損害賠償金で業務の遂行により生ずる収入金額に代わるものは除かれます。）<br>③ 心身又は資産に加えられた損害につき支払を受ける相当な見舞金（棚卸資産などに加えられた損害に対する見舞金で業務の遂行により生ずる収入金額に代わる性質を有するもの及び役務の対価たる性質を有するものは除かれます。）<br>　　**(注)** 例えば、自動車が店舗に突入して店主が負傷するとともに、資産に損害を加えられた場合に支払を受ける損害賠償金は、次のように取り扱わ |

# 非課税所得

　　れます。
- ㋑　店主の負傷について受ける治療費、慰謝料　…………………………非課税
- ㋺　店主の負傷に基因する収益の補償として受ける賠償金　………非課税
- ㋩　事業用固定資産及び非事業用の資産の損害
　　について受ける賠償金　………………………………………………非課税
- ㊁　棚卸資産の損害について受ける賠償金　……………………………課　税

| | |
|---|---|
| 選挙運動に関し法人から受ける贈与 | 　公職選挙法の適用を受ける選挙（衆議院議員、参議院議員並びに地方公共団体の議員及び長の選挙）に係る公職の候補者が、選挙運動に関し法人から贈与を受けた金品などで同法第189条の規定による報告がなされたものは課税されません。（所法9①十九） |
| 障害者等の少額預金の利子等 | 　国内に住所を有する個人で障害者等であるものが、預貯金、合同運用信託、特定公募公社債等運用投資信託又は一定の有価証券を、金融機関や金融商品取引業者等の営業所や事務所に預け入れ、信託し、又は購入する場合において、次の要件に該当するときは、預貯金の利子、合同運用信託等の収益の分配又は有価証券の利子及び収益の分配については課税されません。（所法10、措法3の4）<br>〈障害者等の範囲〉<br>イ　身体障害者手帳の交付を受けている人<br>ロ　遺族基礎年金受給者である被保険者の妻<br>ハ　寡婦年金受給者　その他一定の人<br>①　最初に預入等する日までに、非課税貯蓄申告書を預入等する金融機関や金融商品取引業者等を経由して税務署長に提出するとともに障害者等の確認のための公的書類を提示して確認した旨の証印を受けること<br>②　原則としてその預入等のつど、非課税貯蓄申込書を金融機関や金融商品取引業者等に提出すること<br>③　預貯金、合同運用信託等及び有価証券の元本の合計額が、その利子又は収益の分配の計算期間を通じて貯蓄先の店舗ごとに定められた非課税限度額以内であり、かつ、貯蓄先の店舗ごとに定められた非課税限度額の合計額が350万円を超えないこと、また、有価証券についてはその利子又は収益の分配期間を通じて、保管の委託又は登録を受けていること |
| 障害者等の少額公債の利子 | 　国内に住所を有する個人で障害者等（上記に同じ。）であるものが所定の国債及び地方債を、金融機関や金融商品取引業者等の営業所又は事務所（郵便局を含みます。）で購入する場合において、上記の非課税制度に準じた手続をすれば、額面金額350万円を限度としてその国債及び地方債の利子には課税されません。（措法4） |
| 勤労者財産形成住宅貯蓄・勤労者財産形成年金貯蓄の利子等 | ⑴　勤労者財産形成住宅貯蓄の利子等（措法4の2）<br>　勤労者財産形成住宅貯蓄とは、勤労者の持家の取得等を目的として55歳未満の勤労者が金融機関、金融商品取引業者又は保険会社等と締結した勤労者財産形成住宅貯蓄契約に基づき、5年以上の期間にわたって、定期的に、賃金から控除する方法により、勤務先（中小企業の事業主が同住宅貯 |

―――（1070）―――

非課税所得

蓄契約に関する事務を勤労者財産形成促進法に規定する事務代行団体に委託している場合の事務代行団体を含みます。）を通じて預入等をする貯蓄をいいます。この貯蓄については最初の預入等をする日までに財産形成非課税住宅貯蓄申込書を提出し、かつ、預入等をする際に財産形成非課税住宅貯蓄申告書を提出すれば、元本550万円（(2)の非課税制度の適用を受ける場合は、(2)と併せて550万円）までの利子等については課税されません。

　なお、次の事項に留意してください。

①　対象となる貯蓄は、預貯金、合同運用信託、有価証券又は生命保険の保険料若しくは生命共済の共済掛金若しくは損害保険の保険料です。

②　財産形成非課税住宅貯蓄申告書は２以上の金融機関の営業所等に提出することはできません。

③　合同運用信託のうち無記名の貸付信託及び有価証券については、その利子又は収益の分配期間を通じて、保管の委託又は登録を受けていることを要します。

④　勤労者財産形成住宅貯蓄契約又はその履行につき次の事実が生じた場合には、その事実が生じた日前５年内に支払われた利子等については非課税制度は適用されず、15％（この他に地方税５％）の税率により源泉徴収されます。

　イ　持家の取得等のため以外に使用された場合

　ロ　勤労者が死亡等した場合などを除いて、中途解約された場合

(2)　**勤労者財産形成年金貯蓄の利子等**（措法４の３）

　上記(1)とほぼ同じ方法により行う年金の受給を目的とする勤労者財産形成年金貯蓄については、年金形式で支払を受ける等一定要件の下で(1)と同様に、その貯蓄に係る利子等については課税されません。

　なお、次の事項に留意してください。

①　対象となる貯蓄は、定期預金等、合同運用信託、有価証券又は生命保険の保険料若しくは生命共済の共済掛金若しくは損害保険の保険料です。

②　非課税枠は上記(1)と併せて550万円です。

　ただし、生命保険、生命共済及び損害保険は、385万円を限度とすることとされます。

③　積立ては、５年以上の期間にわたって定期に行います。

④　払出しは、60歳以後の所定の日から５年以上の期間にわたって年金形式で行うこととされています。

⑤　勤労者財産形成年金貯蓄契約等につき④などの要件に反することとなった場合には、(1)の④と同様に取り扱われます。

**(注)**　上記(1)及び(2)について、財産形成非課税住宅（年金）貯蓄申告書を提出した個人が災害等の事由により、その災害等の事由が生じた日から同日以後１年を経過する日までの間に、財産形成住宅（年金）貯蓄の目的外払出しを行う場合には、その貯蓄の利子等に対する遡及課税等は行われません。（措令２の25の２）

| | |
|---|---|
| **特定寄附信託の利子所得** | 特定寄附信託契約に基づき設定された信託の信託財産につき生ずる公社 |

債等の利子等（その公社債等が当該信託財産に引き続き属していた期間に
対応する部分の額に限ります。）については、課税されません。

特定寄附信託契約とは、居住者が金融機関の信託業務の兼営等に関する
法律により信託業務を営む金融機関又は信託業法の免許を受けた信託会社
と締結した当該居住者を受益者とする信託に関する契約で、その信託財産
を特定寄附金として支出することその他計画的な寄附が適正に実施される
ための要件が定められているものをいいます。

特定寄附信託契約に基づき公益法人等に対して寄附した金額のうち、上
記により非課税となった利子等に相当する金額に係る部分は、寄附金控除
を適用できません。（措法４の５）

**(注)** 平成23年6月30日以後締結分より適用されます。

## 《新型コロナウイルス感染症及びそのまん延防止のための措置》

以下の助成金等は非課税とされます。（新型コロナFAQ）

※ ただし、新型コロナウイルス感染症等の影響に関連して納付されるものに限ります。

| 個人に対して国や地方公共団体から支給された次のような助成金（助成金には、商品券などの金銭以外の経済的利益を含む） | ① 学資として支給される金品（所法9①十五）<br>・学生支援緊急給付金<br>② 心身又は資産に加えられた損害について支給を受ける相当の見舞金（所法9①十八）<br>・低所得のひとり親世帯への臨時特別給付金<br>・低所得の子育て世帯に対する子育て世帯生活支援特別給付金<br>・新型コロナウイルス感染症対応従事者への慰労金<br>・企業主導型ベビーシッター利用者支援事業の特例措置における割引券<br>・東京都のベビーシッター利用支援事業の特例措置における助成 |
|---|---|
| 学生に対して大学等から支給された助成金 | ① 学費を賄うために支給された支援金<br>② 感染症に感染した学生に対する見舞金<br>③ 遠隔授業を受けるために供与されたパソコン等 |
| 給与所得者が受ける感染予防対策費用等 | ① 以下のうち業務のために通常必要な費用とされるもの<br>・通勤時に使用する通常必要なマスク等の消耗品費<br>・テレワークを行うための環境整備費用を精算する方法により企業から支給された金銭（備品の所有権を給与所得者が有するものは除く。）<br>・感染が疑われる場合のホテル等の利用料・ホテル等までの交通費<br>・企業の業務命令により受けたPCR検査費用<br>・テレワークに関連して業務スペースを消毒する必要がある場合の室内消毒費用<br>② ワクチンの職域接種に関する費用<br>・職域接種の接種会場までの交通費<br>・業務遂行上必要なデジタルワクチン接種証明書の取得費用 |

非課税所得

## 二　特別法の規定によるもの〈抄〉

| | 非　課　税　所　得 | 根　拠　法 |
|---|---|---|
| ① | 所有権又は地上権、賃借権その他の使用及び収益を目的とする権利を取得した者の当該権利の取得による経済的な利益 | 入会林野等に係る権利関係の近代化の助長に関する法律第28条 |
| ② | 警察官、海上保安官の職務に協力援助した者に支給される金品 | 警察官の職務に協力援助した者の災害給付に関する法律第11条、海上保安官に協力援助した者等の災害給付に関する法律第7条 |
| ③ | 確定拠出年金法に基づく障害給付金 | 確定拠出年金法第32条第2項 |
| ④ | 確定給付企業年金法に基づく障害給付金 | 確定給付企業年金法第34条第2項 |
| ⑤ | 勧業債券、貯蓄債券、報国債券、臨時資金調整法に基づく証券、貯蓄割増金、証票の当せん金 | 勧業債券の割増金等に対する所得税の課税の特例に関する法律 |
| ⑥ | 旧勲章年金受給者が支給を受ける一時金 | 旧勲章年金受給者に関する特別措置法第11条 |
| ⑦ | 旧令による共済組合等からの年金受給者のための特別措置法による連合会が支給する年金、一時金で旧共済組合法の規定による退職年金及び退職一時金に相当する年金及び一時金以外のもの | 旧令による共済組合等からの年金受給者のための特別措置法第16条 |
| ⑧ | 健康保険及び介護保険の保険給付 | 健康保険法第62条、第149条、介護保険法26条 |
| ⑨ | 原子爆弾被爆者の医療等のために支給される金品 | 原子爆弾被爆者に対する援護に関する法律第46条 |
| ⑩ | 公害被害者の補償給付 | 公害健康被害の補償等に関する法律第17条 |
| ⑪ | 厚生年金保険の保険給付（老齢厚生年金を除きます。） | 厚生年金保険法第41条 |
| ⑫ | 漁業離職者に支給される訓練待期手当、就職促進手当等右欄の法律第7条に規定する給付金（事業主に対して支給するものを除きます。） | 国際協定の締結等に伴う漁業離職者に関する臨時措置法第9条 |
| ⑬ | 職業転換給付金（事業主に対して支給するものを除きます。） | 労働施策の総合的な推進並びに労働者の雇用の安定及び職業生活の充実等に関する法律第22条 |
| ⑭ | 雇用保険の失業等給付 | 雇用保険法第12条 |
| ⑮ | 就学支援金 | 高等学校等就学支援金の支給に関する法律第13条 |
| ⑯ | 公立学校の学校医、学校歯科医及び学校薬剤師の公務災害に対する補償金 | 公立学校の学校医、学校歯科医及び学校薬剤師の公務災害補償に関する法律第10条 |
| ⑰ | 国民健康保険の保険給付 | 国民健康保険法第68条 |

—— (1073) ——

非課税所得

| ⑱ | 国民年金の給付（老年基礎年金及び付加年金を除きます。） | 国民年金法第25条 |
|---|---|---|
| ⑲ | 国会議員の公務傷病年金、遺族扶助年金及び遺族一時金 | 旧国会議員互助年金法第7条 |
| ⑳ | 国会議員の調査研究広報滞在費 | 国会議員の歳費、旅費及び手当等に関する法律第9条第2項 |
| ㉑ | 国家公務員共済組合の給付（退職年金及び公務遺族年金並びに休業手当金を除きます。） | 国家公務員共済組合法第49条 |
| ㉒ | 国家公務員の災害補償金 | 国家公務員災害補償法第30条 |
| ㉓ | 災害弔慰金 | 災害弔慰金の支給等に関する法律第6条 |
| ㉔ | 児童手当 | 児童手当法第16条 |
| ㉕ | 児童福祉法により支給を受ける金品 | 児童福祉法第57条の5 |
| ㉖ | 児童扶養手当 | 児童扶養手当法第25条 |
| ㉗ | 証人等の被害について給付金 | 証人等の被害についての給付に関する法律第11条 |
| ㉘ | 私立学校教職員共済組合の給付として支給を受ける金品（退職年金及び職務遺族年金並びに休業手当金を除きます。） | 私立学校教職員共済法第5条 |
| ㉙ | 自立支援給付として支給を受けた金品 | 障害者の日常生活及び社会生活を総合的に支援するための法律第14条 |
| ㉚ | 障害児の父母若しくは障害児と同居しその生計を維持する父母以外の養育者の特別児童扶養手当 | 特別児童扶養手当等の支給に関する法律第16条、第26条、第26条の5 |
| ㉛ | 消防団員等公務災害補償及び消防団員等福祉事業に関し右欄の法律又は市町村の条例若しくは水害予防組合の組合会の議決により支給を受ける金品 | 消防団員等公務災害補償等責任共済等に関する法律第55条第2項 |
| ㉜ | 職業訓練受講給付金 | 職業訓練の実施等による特定求職者の就職の支援に関する法律第10条 |
| ㉝ | 新型インフルエンザ予防接種による健康被害の救済等に関する給付金 | 新型インフルエンザ予防接種による健康被害の救済に関する特別措置法第9条 |
| ㉞ | じん肺法による転換手当 | じん肺法第36条 |
| ㉟ | スポーツ振興投票権の払戻金 | スポーツ振興投票の実施等に関する法律第16条 |
| ㊱ | 生活保護者に対して支給する保護金品 | 生活保護法第57条 |
| ㊲ | 就職促進給付金（事業主に対して支給するものを除きます。） | 船員の雇用の促進に関する特別措置法第5条 |
| ㊳ | 船員保険の保険給付 | 船員保険法第52条 |

## 非課税所得

| | | |
|---|---|---|
| ㊴ | 戦傷病者、戦没者遺族の障害年金、障害一時金、遺族給与金、弔慰金並びに戦傷病者戦没者遺族等援護法第37条に規定する国債につき遺族又はその相続人が受ける利子及びこれらの者の当該国債の譲渡による所得 | 戦傷病者戦没者遺族等援護法第48条 |
| ㊵ | 戦傷病者等の妻に対する特別給付金 | 戦傷病者等の妻に対する特別給付金支給法第10条 |
| ㊶ | 戦傷病者特別援護法による支給金品 | 戦傷病者特別援護法第27条 |
| ㊷ | 戦没者等の遺族に対する特別弔慰金 | 戦没者等の遺族に対する特別弔慰金支給法第12条 |
| ㊸ | 戦没者等の妻に対する特別給付金 | 戦没者等の妻に対する特別給付金支給法第10条 |
| ㊹ | 戦没者の父母等に対する特別給付金 | 戦没者の父母等に対する特別給付金支給法第12条 |
| ㊺ | 地方公務員の災害補償金品 | 地方公務員災害補償法第65条 |
| ㊻ | 地方公務員共済組合の行う退職年金若しくは公務遺族年金並びに休業手当金以外の給付、並びに公務傷病年金、遺族年金及び遺族一時金の給付（退職給付を除きます。） | 地方公務員等共済組合法第52条、旧第168条 |
| ㊼ | 地方議会議員年金制度廃止に伴う遺族一時金、公務傷病年金、遺族年金 | 地方公務員等共済組合法改正附則 |
| ㊽ | 地方住宅供給公社法第21条に規定する住宅の積立分譲契約による積立額の運用益で住宅の取得代金に充当されるもの | 地方住宅供給公社法第46条 |
| ㊾ | 当せん金付証票の当せん金品 | 当せん金付証票法第13条 |
| ㊿ | 特定B型肝炎ウイルス感染者給付金等 | 特定B型肝炎ウイルス感染者給付金等の支給に関する特別措置法第20条 |
| 51 | 副作用救済給付・感染救済給付 | 独立行政法人医薬品医療機器総合機構法第36条第2項 |
| 52 | 独立行政法人日本スポーツ振興センターの災害共済給付金 | 独立行政法人日本スポーツ振興センター法第34条 |
| 53 | 独立行政法人農業者年金基金の給付金（年金給付を除きます。） | 独立行政法人農業者年金基金法第27条 |
| 54 | 納税貯蓄組合預金の利子（10万円を超える目的外引き出しのあったときを除きます。） | 納税貯蓄組合法第8条 |
| 55 | 農林漁業団体職員共済組合の給付（退職共済年金を除きます。） | 旧農林漁業団体職員共済組合法第13条 |
| 56 | 犯罪被害者等給付金 | 犯罪被害者等給付金の支給等による犯罪被害者等の支援に関する法律第18条 |
| 57 | ハンセン病療養所入所者等に関する補償金 | ハンセン病療養所入所者等に対する補償金の支給等に関する法律第9条 |

| | | |
|---|---|---|
| (58) | 引揚者給付金、遺族給付金、引揚者給付金等支給法第５条又は第11条に規定する国債につき引揚者、遺族又はこれらの者の相続人が受ける利子及びこれらの者の引揚者給付金を受ける権利の譲渡による所得 | 引揚者給付金等支給法第21条 |
| (59) | 引揚者等に対する特別交付金 | 引揚者等に対する特別交付金の支給に関する法律第12条 |
| (60) | 被災者に対する生活再建支援金 | 被災者生活再建支援法第21条 |
| (61) | 未熟児の養育医療又はこれに代わる金銭の給付 | 母子保健法第23条 |
| (62) | 未帰還者の弔慰料として支給を受けた金銭 | 未帰還者に関する特別措置法第12条 |
| (63) | 未帰還者の留守家族が支給を受けた金銭 | 未帰還者留守家族等援護法第32条 |
| (64) | 予防接種法による給付 | 予防接種法第21条 |
| (65) | 回復請求権者が連合国財産株式の回復を受けることによる所得 | 連合国財産である株式の回復に関する政令第35条第２項 |
| (66) | 老人保健法により医療並びに入院時食事療養費及び特定療養費として給付を受けた金品、高齢者の医療の確保に関する法律に規定する後期高齢者医療給付として支給を受けた金品 | 旧老人保健法第46条（現：高齢者の医療の確保に関する法律第63条） |
| (67) | 労働者災害補償保険の保険給付 | 労働者災害補償保険法第12条の６ |

**《新型コロナウイルス感染症及びそのまん延防止のための措置》**

以下の給付金等は非課税とされます。

| | | |
|---|---|---|
| (68) | 市町村又は特別区から給付される次の給付金<br>・特別定額給付金<br>・子育て世帯への臨時特別給付金<br>・緊急小口資金等の特例貸付事業による貸付けについて受けた債務免除に係る経済的利益<br>・住民税非課税世帯等に対する臨時特別給付金及び子育て世帯への臨時特別給付<br>・新型コロナウイルス感染症生活困窮者自立支援金 | 新型コロナウイルス感染症等の影響に対応するための国税関係法律の臨時特例に関する法律第４条 |
| (69) | 厚生労働省へ申請して給付される次の支援金・給付金<br>・新型コロナウイルス感染症対応休業支援金<br>・新型コロナウイルス感染症対応休業給付金 | 新型コロナウイルス感染症等の影響に対応するための雇用保険法の臨時特例等に関する法律第７条 |

# 参考2　減価償却資産の耐用年数表

**別表第一　機械及び装置以外の有形減価償却資産の耐用年数表**

| 種類 | 構造又は用途 | 細　　　　　目 | 耐用年数 | 償　　却　　率 | | |
|---|---|---|---|---|---|---|
| | | | | 定額法<br>(別表第八) | 定率法<br>(別表第九) | 新定率法<br>(別表第十) |
| 建物 | 鉄骨鉄筋コンクリート造又は鉄筋コンクリート造のもの | 事務所用又は美術館用のもの及び下記以外のもの | 年<br>50 | 0.020 | | |
| | | 住宅用、寄宿舎用、宿泊所用、学校用又は体育館用のもの | 47 | 0.022 | | |
| | | 飲食店用、貸席用、劇場用、演奏場用、映画館用又は舞踏場用のもの<br>　飲食店用又は貸席用のもので、延べ面積のうちに占める木造内装部分の面積が3割を超えるもの<br>　その他のもの | <br><br><br><br>34<br>41 | <br><br><br><br>0.030<br>0.025 | | |
| | | 旅館用又はホテル用のもの<br>　延べ面積のうちに占める木造内装部分の面積が3割を超えるもの<br>　その他のもの | <br>31<br>39 | <br>0.033<br>0.026 | | |
| | | 店舗用のもの | 39 | 0.026 | | |
| | | 病院用のもの | 39 | 0.026 | | |
| | | 変電所用、発電所用、送受信所用、停車場用、車庫用、格納庫用、荷扱所用、映画製作ステージ用、屋内スケート場用、魚市場用又はと畜場用のもの | 38 | 0.027 | | |
| | | 公衆浴場用のもの | 31 | 0.033 | | |
| | | 工場（作業場を含む。）用又は倉庫用のもの<br>　塩素、塩酸、硫酸、硝酸その他の著しい腐食性を有する液体又は気体の影響を直接全面的に受けるもの、冷蔵倉庫用のもの（倉庫事業の倉庫用のものを除く。）及び放射性同位元素の放射線を直接受けるもの<br>　塩、チリ硝石その他の著しい潮解性を有する固体を常時蔵置するためのもの及び著しい蒸気の影響を直接全面的に受けるもの<br>　その他のもの<br>　　倉庫事業の倉庫用のもの<br>　　　冷蔵倉庫用のもの<br>　　　その他のもの<br>　　その他のもの | <br><br><br><br><br>24<br><br><br>31<br><br><br>21<br>31<br>38 | <br><br><br><br><br>0.042<br><br><br>0.033<br><br><br>0.048<br>0.033<br>0.027 | | |

—— (1077) ——

耐用年数表

| 種類 | 構造又は用途 | 細目 | 耐用年数 | 償却率 | | |
|---|---|---|---|---|---|---|
| | | | | 定額法 (別表第八) | 定率法 (別表第九) | 新定率法 (別表第十) |
| 建物 | れんが造、石造又はブロック造のもの | 事務所用又は美術館用のもの及び下記以外のもの | 41年 | 0.025 | | |
| | | 店舗用、住宅用、寄宿舎用、宿泊所用、学校用又は体育館用のもの | 38 | 0.027 | | |
| | | 飲食店用、貸席用、劇場用、演奏場用、映画館用又は舞踏場用のもの | 38 | 0.027 | | |
| | | 旅館用、ホテル用又は病院用のもの | 36 | 0.028 | | |
| | | 変電所用、発電所用、送受信所用、停車場用、車庫用、格納庫用、荷扱所用、映画製作ステージ用、屋内スケート場用、魚市場用又はと畜場用のもの | 34 | 0.030 | | |
| | | 公衆浴場用のもの | 30 | 0.034 | | |
| | | 工場（作業場を含む。）用又は倉庫用のもの<br>　塩素、塩酸、硫酸、硝酸その他の著しい腐食性を有する液体又は気体の影響を直接全面的に受けるもの及び冷蔵倉庫用のもの（倉庫事業の倉庫用のものを除く。） | 22 | 0.046 | | |
| | | 　塩、チリ硝石その他の著しい潮解性を有する固体を常時蔵置するためのもの及び著しい蒸気の影響を直接全面的に受けるもの | 28 | 0.036 | | |
| | | 　その他のもの<br>　　倉庫事業の倉庫用のもの<br>　　　冷蔵倉庫用のもの | 20 | 0.050 | | |
| | | 　　　その他のもの | 30 | 0.034 | | |
| | | 　　その他のもの | 34 | 0.030 | | |
| | 金属造のもの（骨格材の肉厚が4ミリメートルを超えるものに限る。） | 事務所用又は美術館用のもの及び下記以外のもの | 38 | 0.027 | | |
| | | 店舗用、住宅用、寄宿舎用、宿泊所用、学校用又は体育館用のもの | 34 | 0.030 | | |
| | | 飲食店用、貸席用、劇場用、演奏場用、映画館用又は舞踏場用のもの | 31 | 0.033 | | |
| | | 変電所用、発電所用、送受信所用、停車場用、車庫用、格納庫用、荷扱所用、映画製作ステージ用、屋内スケート場用、魚市場用又はと畜場用のもの | 31 | 0.033 | | |
| | | 旅館用、ホテル用又は病院用のもの | 29 | 0.035 | | |
| | | 公衆浴場用のもの | 27 | 0.038 | | |

耐用年数表

| 種類 | 構造又は用途 | 細目 | 耐用年数 | 償却率 | | |
|---|---|---|---|---|---|---|
| | | | | 定額法<br>(別表第八) | 定率法<br>(別表第九) | 新定率法<br>(別表第十) |
| 建物 | | 工場（作業場を含む。）用又は倉庫用のもの<br>　塩素、塩酸、硫酸、硝酸その他の著しい腐食性を有する液体又は気体の影響を直接全面的に受けるもの、冷蔵倉庫用のもの（倉庫事業の倉庫用のものを除く。）及び放射性同位元素の放射線を直接受けるもの | 20年 | 0.050 | | |
| | | 　塩、チリ硝石その他の著しい潮解性を有する固体を常時蔵置するためのもの及び著しい蒸気の影響を直接全面的に受けるもの | 25 | 0.040 | | |
| | | 　その他のもの<br>　　倉庫事業の倉庫用のもの<br>　　　冷蔵倉庫用のもの | 19 | 0.053 | | |
| | | 　　　その他のもの | 26 | 0.039 | | |
| | | 　　その他のもの | 31 | 0.033 | | |
| | 金属造のもの（骨格材の肉厚が3ミリメートルを超え4ミリメートル以下のものに限る。） | 事務所用又は美術館用のもの及び下記以外のもの | 30 | 0.034 | | |
| | | 店舗用、住宅用、寄宿舎用、宿泊所用、学校用又は体育館用のもの | 27 | 0.038 | | |
| | | 飲食店用、貸席用、劇場用、演奏場用、映画館用又は舞踏場用のもの | 25 | 0.040 | | |
| | | 変電所用、発電所用、送受信所用、停車場用、車庫用、格納庫用、荷扱所用、映画製作ステージ用、屋内スケート場用、魚市場用又はと畜場用のもの | 25 | 0.040 | | |
| | | 旅館用、ホテル用又は病院用のもの | 24 | 0.042 | | |
| | | 公衆浴場用のもの | 19 | 0.053 | | |
| | | 工場（作業場を含む。）用又は倉庫用のもの<br>　塩素、塩酸、硫酸、硝酸その他の著しい腐食性を有する液体又は気体の影響を直接全面的に受けるもの及び冷蔵倉庫用のもの | 15 | 0.067 | | |
| | | 　塩、チリ硝石その他の著しい潮解性を有する固体を常時蔵置するためのもの及び著しい蒸気の影響を直接全面的に受けるもの | 19 | 0.053 | | |
| | | 　その他のもの | 24 | 0.042 | | |
| | 金属造のもの（骨格材の肉厚が3ミリメートル以下のも | 事務所用又は美術館用のもの及び下記以外のもの | 22 | 0.046 | | |
| | | 店舗用、住宅用、寄宿舎用、宿泊所用、学校用又は体育館用のもの | 19 | 0.053 | | |

耐用年数表

| 種類 | 構造又は用途 | 細目 | 耐用年数 | 償却率 | | |
|---|---|---|---|---|---|---|
| | | | | 定額法(別表第八) | 定率法(別表第九) | 新定率法(別表第十) |
| 建物 | のに限る。) | 飲食店用、貸席用、劇場用、演奏場用、映画館用又は舞踏場用のもの | 19年 | 0.053 | | |
| | | 変電所用、発電所用、送受信所用、停車場用、車庫用、格納庫用、荷扱所用、映画製作ステージ用、屋内スケート場用、魚市場用又はと畜場用のもの | 19 | 0.053 | | |
| | | 旅館用、ホテル用又は病院用のもの | 17 | 0.059 | | |
| | | 公衆浴場用のもの | 15 | 0.067 | | |
| | | 工場（作業場を含む。）用又は倉庫用のもの　塩素、塩酸、硫酸、硝酸その他の著しい腐食性を有する液体又は気体の影響を直接全面的に受けるもの及び冷蔵倉庫用のもの | 12 | 0.084 | | |
| | | 　塩、チリ硝石その他の著しい潮解性を有する固体を常時蔵置するためのもの及び著しい蒸気の影響を直接全面的に受けるもの | 14 | 0.072 | | |
| | | 　その他のもの | 17 | 0.059 | | |
| | 木造又は合成樹脂造のもの | 事務所用又は美術館用のもの及び下記以外のもの | 24 | 0.042 | | |
| | | 店舗用、住宅用、寄宿舎用、宿泊所用、学校用又は体育館用のもの | 22 | 0.046 | | |
| | | 飲食店用、貸席用、劇場用、演奏場用、映画館用又は舞踏場用のもの | 20 | 0.050 | | |
| | | 変電所用、発電所用、送受信所用、停車場用、車庫用、格納庫用、荷扱所用、映画製作ステージ用、屋内スケート場用、魚市場用又はと畜場用のもの | 17 | 0.059 | | |
| | | 旅館用、ホテル用又は病院用のもの | 17 | 0.059 | | |
| | | 公衆浴場用のもの | 12 | 0.084 | | |
| | | 工場（作業場を含む。）用又は倉庫用のもの　塩素、塩酸、硫酸、硝酸その他の著しい腐食性を有する液体又は気体の影響を直接全面的に受けるもの及び冷蔵倉庫用のもの | 9 | 0.112 | | |
| | | 　塩、チリ硝石その他の著しい潮解性を有する固体を常時蔵置するためのもの及び著しい蒸気の影響を直接全面的に受けるもの | 11 | 0.091 | | |
| | | 　その他のもの | 15 | 0.067 | | |
| | 木骨モルタル造のもの | 事務所用又は美術館用のもの及び下記以外のもの | 22 | 0.046 | | |

耐用年数表

| 種類 | 構造又は用途 | 細目 | 耐用年数 | 償却率 | | |
|---|---|---|---|---|---|---|
| | | | | 定額法<br>(別表第八) | 定率法<br>(別表第九) | 新定率法<br>(別表第十) |
| 建物 | | 店舗用、住宅用、寄宿舎用、宿泊所用、学校用又は体育館用のもの | 20年 | 0.050 | | |
| | | 飲食店用、貸席用、劇場用、演奏場用、映画館用又は舞踏場用のもの | 19 | 0.053 | | |
| | | 変電所用、発電所用、送受信所用、停車場用、車庫用、格納庫用、荷扱所用、映画製作ステージ用、屋内スケート場用、魚市場用又はと畜場用のもの | 15 | 0.067 | | |
| | | 旅館用、ホテル用又は病院用のもの | 15 | 0.067 | | |
| | | 公衆浴場用のもの | 11 | 0.091 | | |
| | | 工場(作業場を含む。)用又は倉庫用のもの<br>　塩素、塩酸、硫酸、硝酸その他の著しい腐食性を有する液体又は気体の影響を直接全面的に受けるもの及び冷蔵倉庫用のもの | 7 | 0.143 | | |
| | | 　塩、チリ硝石その他の著しい潮解性を有する固体を常時蔵置するためのもの及び著しい蒸気の影響を直接全面的に受けるもの | 10 | 0.100 | | |
| | | 　その他のもの | 14 | 0.072 | | |
| | 簡易建物 | 木製主要柱が10センチメートル角以下のもので、土居ぶき、杉皮ぶき、ルーフィングぶき又はトタンぶきのもの | 10 | 0.100 | | |
| | | 掘立造のもの及び仮設のもの | 7 | 0.143 | | |
| 建物附属設備 | 電気設備<br>(照明設備を含む。) | 蓄電池電源設備 | 6 | 0.167 | 0.417 | 0.333 |
| | | その他のもの | 15 | 0.067 | 0.167 | 0.133 |
| | 給排水又は衛生設備及びガス設備 | | 15 | 0.067 | 0.167 | 0.133 |
| | 冷房、暖房、通風又はボイラー設備 | 冷暖房設備(冷凍機の出力が22キロワット以下のもの) | 13 | 0.077 | 0.192 | 0.154 |
| | | その他のもの | 15 | 0.067 | 0.167 | 0.133 |
| | 昇降機設備 | エレベーター | 17 | 0.059 | 0.147 | 0.118 |
| | | エスカレーター | 15 | 0.067 | 0.167 | 0.133 |
| | 消火、排煙又は災害報知設備及び格納式避難設備 | | 8 | 0.125 | 0.313 | 0.250 |

# 耐用年数表

| 種類 | 構造又は用途 | 細　目 | 耐用年数 | 償　却　率 定額法（別表第八） | 定率法（別表第九） | 新定率法（別表第十） |
|---|---|---|---|---|---|---|
| 建物附属設備 | エヤーカーテン又はドアー自動開閉設備 | | 年<br>12 | 0.084 | 0.208 | 0.167 |
| | アーケード又は日よけ設備 | 主として金属製のもの | 15 | 0.067 | 0.167 | 0.133 |
| | | その他のもの | 8 | 0.125 | 0.313 | 0.250 |
| | 店用簡易装備 | | 3 | 0.334 | 0.833 | 0.667 |
| | 可動間仕切り | 簡易なもの | 3 | 0.334 | 0.833 | 0.667 |
| | | その他のもの | 15 | 0.067 | 0.167 | 0.133 |
| | 前掲のもの以外のもの及び前掲の区分によらないもの | 主として金属製のもの | 18 | 0.056 | 0.139 | 0.111 |
| | | その他のもの | 10 | 0.100 | 0.250 | 0.200 |
| 構築物 | 鉄道業用又は軌道業用のもの | 軌条及びその附属品 | 20 | 0.050 | 0.125 | 0.100 |
| | | まくら木<br>　木製のもの | 8 | 0.125 | 0.313 | 0.250 |
| | | 　コンクリート製のもの | 20 | 0.050 | 0.125 | 0.100 |
| | | 　金属製のもの | 20 | 0.050 | 0.125 | 0.100 |
| | | 分　岐　器 | 15 | 0.067 | 0.167 | 0.133 |
| | | 通信線、信号線及び電灯電力線 | 30 | 0.034 | 0.083 | 0.067 |
| | | 信　号　機 | 30 | 0.034 | 0.083 | 0.067 |
| | | 送配電線及びき電線 | 40 | 0.025 | 0.063 | 0.050 |
| | | 電車線及び第三軌条 | 20 | 0.050 | 0.125 | 0.100 |
| | | 帰線ボンド | 5 | 0.200 | 0.500 | 0.400 |
| | | 電線支持物（電柱及び腕木を除く。） | 30 | 0.034 | 0.083 | 0.067 |
| | | 木柱及び木塔（腕木を含む。）<br>　架空索道用のもの | 15 | 0.067 | 0.167 | 0.133 |
| | | 　その他のもの | 25 | 0.040 | 0.100 | 0.080 |
| | | 前掲以外のもの<br>　線路設備<br>　　軌道設備<br>　　　道　　床 | 60 | 0.017 | 0.042 | 0.033 |
| | | 　　　その他のもの | 16 | 0.063 | 0.156 | 0.125 |
| | | 　　土工設備 | 57 | 0.018 | 0.044 | 0.035 |
| | | 　　橋りょう<br>　　　鉄筋コンクリート造のもの | 50 | 0.020 | 0.050 | 0.040 |
| | | 　　　鉄骨造のもの | 40 | 0.025 | 0.063 | 0.050 |
| | | 　　　その他のもの | 15 | 0.067 | 0.167 | 0.133 |

# 耐用年数表

| 種類 | 構造又は用途 | 細　　目 | 耐用年数 | 償却率 | | |
|---|---|---|---|---|---|---|
| | | | | 定額法<br>（別表第八） | 定率法<br>（別表第九） | 新定率法<br>（別表第十） |
| 構築物 | | トンネル | 年 | | | |
| | | 　鉄筋コンクリート造のもの | 60 | 0.017 | 0.042 | 0.033 |
| | | 　れんが造のもの | 35 | 0.029 | 0.071 | 0.057 |
| | | 　その他のもの | 30 | 0.034 | 0.083 | 0.067 |
| | | その他のもの | 21 | 0.048 | 0.119 | 0.095 |
| | | 停車場設備 | 32 | 0.032 | 0.078 | 0.063 |
| | | 電路設備 | | | | |
| | | 　鉄柱、鉄塔、コンクリート柱及びコンクリート塔 | 45 | 0.023 | 0.056 | 0.044 |
| | | 　踏切保安又は自動列車停止設備 | 12 | 0.084 | 0.208 | 0.167 |
| | | 　その他のもの | 19 | 0.053 | 0.132 | 0.105 |
| | | その他のもの | 40 | 0.025 | 0.063 | 0.050 |
| | その他の鉄道用又は軌道用のもの | 軌条及びその附属品並びにまくら木 | 15 | 0.067 | 0.167 | 0.133 |
| | | 道　床 | 60 | 0.017 | 0.042 | 0.033 |
| | | 土工設備 | 50 | 0.020 | 0.050 | 0.040 |
| | | 橋りょう | | | | |
| | | 　鉄筋コンクリート造のもの | 50 | 0.020 | 0.050 | 0.040 |
| | | 　鉄骨造のもの | 40 | 0.025 | 0.063 | 0.050 |
| | | 　その他のもの | 15 | 0.067 | 0.167 | 0.133 |
| | | トンネル | | | | |
| | | 　鉄筋コンクリート造のもの | 60 | 0.017 | 0.042 | 0.033 |
| | | 　れんが造のもの | 35 | 0.029 | 0.071 | 0.057 |
| | | 　その他のもの | 30 | 0.034 | 0.083 | 0.067 |
| | | その他のもの | 30 | 0.034 | 0.083 | 0.067 |
| | 発電用又は送配電用のもの | 小水力発電用のもの（農山漁村電気導入促進法（昭和27年法律第358号）に基づき建設したものに限る。） | 30 | 0.034 | 0.083 | 0.067 |
| | | その他の水力発電用のもの（貯水池、調整池及び水路に限る。） | 57 | 0.018 | 0.044 | 0.035 |
| | | 汽力発電用のもの（岸壁、さん橋、堤防、防波堤、煙突、その他汽力発電用のものをいう。） | 41 | 0.025 | 0.061 | 0.049 |
| | | 送電用のもの | | | | |
| | | 　地中電線路 | 25 | 0.040 | 0.100 | 0.080 |
| | | 　塔、柱、がい子、送電線、地線及び添加電話線 | 36 | 0.028 | 0.069 | 0.056 |
| | | 配電用のもの | | | | |
| | | 　鉄塔及び鉄柱 | 50 | 0.020 | 0.050 | 0.040 |
| | | 　鉄筋コンクリート柱 | 42 | 0.024 | 0.060 | 0.048 |

## 耐用年数表

| 種類 | 構造又は用途 | 細目 | 耐用年数 | 償却率 | | |
|---|---|---|---|---|---|---|
| | | | | 定額法(別表第八) | 定率法(別表第九) | 新定率法(別表第十) |
| 構築物 | | 木柱 | 15<sup>年</sup> | 0.067 | 0.167 | 0.133 |
| | | 配電線 | 30 | 0.034 | 0.083 | 0.067 |
| | | 引込線 | 20 | 0.050 | 0.125 | 0.100 |
| | | 添架電話線 | 30 | 0.034 | 0.083 | 0.067 |
| | | 地中電線路 | 25 | 0.040 | 0.100 | 0.080 |
| | 電気通信事業用のもの | 通信ケーブル | | | | |
| | | 　光ファイバー製のもの | 10 | 0.100 | 0.250 | 0.200 |
| | | 　その他のもの | 13 | 0.077 | 0.192 | 0.154 |
| | | 地中電線路 | 27 | 0.038 | 0.093 | 0.074 |
| | | その他の線路設備 | 21 | 0.048 | 0.119 | 0.095 |
| | 放送用又は無線通信用のもの | 鉄塔及び鉄柱 | | | | |
| | | 　円筒空中線式のもの | 30 | 0.034 | 0.083 | 0.067 |
| | | 　その他のもの | 40 | 0.025 | 0.063 | 0.050 |
| | | 鉄筋コンクリート柱 | 42 | 0.024 | 0.060 | 0.048 |
| | | 木塔及び木柱 | 10 | 0.100 | 0.250 | 0.200 |
| | | アンテナ | 10 | 0.100 | 0.250 | 0.200 |
| | | 接地線及び放送用配線 | 10 | 0.100 | 0.250 | 0.200 |
| | 農林業用のもの | 主としてコンクリート造、れんが造、石造又はブロック造のもの | | | | |
| | | 　果樹棚又はホップ棚 | 14 | 0.072 | 0.179 | 0.143 |
| | | 　その他のもの | 17 | 0.059 | 0.147 | 0.118 |
| | | 主として金属造のもの | 14 | 0.072 | 0.179 | 0.143 |
| | | 主として木造のもの | 5 | 0.200 | 0.500 | 0.400 |
| | | 土管を主としたもの | 10 | 0.100 | 0.250 | 0.200 |
| | | その他のもの | 8 | 0.125 | 0.313 | 0.250 |
| | 広告用のもの | 金属造のもの | 20 | 0.050 | 0.125 | 0.100 |
| | | その他のもの | 10 | 0.100 | 0.250 | 0.200 |
| | 競技場用、運動場用、遊園地用又は学校用のもの | スタンド | | | | |
| | | 　主として鉄骨鉄筋コンクリート造又は鉄筋コンクリート造のもの | 45 | 0.023 | 0.056 | 0.044 |
| | | 　主として鉄骨造のもの | 30 | 0.034 | 0.083 | 0.067 |
| | | 　主として木造のもの | 10 | 0.100 | 0.250 | 0.200 |
| | | 競輪場用競走路 | | | | |
| | | 　コンクリート敷のもの | 15 | 0.067 | 0.167 | 0.133 |
| | | 　その他のもの | 10 | 0.100 | 0.250 | 0.200 |
| | | ネット設備 | 15 | 0.067 | 0.167 | 0.133 |

## 耐用年数表

| 種類 | 構造又は用途 | 細目 | 耐用年数 | 償却率 | | |
|---|---|---|---|---|---|---|
| | | | | 定額法(別表第八) | 定率法(別表第九) | 新定率法(別表第十) |
| 構築物 | | 野球場、陸上競技場、ゴルフコースその他のスポーツ場の排水その他の土工施設 | 年 30 | 0.034 | 0.083 | 0.067 |
| | | 水泳プール | 30 | 0.034 | 0.083 | 0.067 |
| | | その他のもの<br>　児童用のもの<br>　　すべり台、ぶらんこ、ジャングルジムその他の遊戯用のもの | 10 | 0.100 | 0.250 | 0.200 |
| | | 　　その他のもの | 15 | 0.067 | 0.167 | 0.133 |
| | | 　その他のもの<br>　　主として木造のもの | 15 | 0.067 | 0.167 | 0.133 |
| | | 　　その他のもの | 30 | 0.034 | 0.083 | 0.067 |
| | 緑化施設及び庭園 | 工場緑化施設 | 7 | 0.143 | 0.357 | 0.286 |
| | | その他の緑化施設及び庭園（工場緑化施設に含まれるものを除く。） | 20 | 0.050 | 0.125 | 0.100 |
| | 舗装道路及び舗装路面 | コンクリート敷、ブロック敷、れんが敷又は石敷のもの | 15 | 0.067 | 0.167 | 0.133 |
| | | アスファルト敷又は木れんが敷のもの | 10 | 0.100 | 0.250 | 0.200 |
| | | ビチューマルス敷のもの | 3 | 0.334 | 0.833 | 0.667 |
| | 鉄骨鉄筋コンクリート造又は鉄筋コンクリート造のもの（前掲のものを除く。） | 水道用ダム | 80 | 0.013 | 0.031 | 0.025 |
| | | トンネル | 75 | 0.014 | 0.033 | 0.027 |
| | | 橋 | 60 | 0.017 | 0.042 | 0.033 |
| | | 岸壁、さん橋、防壁（爆発物用のものを除く。）、堤防、防波堤、塔、やぐら、上水道、水そう及び用水用ダム | 50 | 0.020 | 0.050 | 0.040 |
| | | 乾ドック | 45 | 0.023 | 0.056 | 0.044 |
| | | サイロ | 35 | 0.029 | 0.071 | 0.057 |
| | | 下水道、煙突及び焼却炉 | 35 | 0.029 | 0.071 | 0.057 |
| | | 高架道路、製塩用ちんでん池、飼育場及びへい | 30 | 0.034 | 0.083 | 0.067 |
| | | 爆発物用防壁及び防油堤 | 25 | 0.040 | 0.100 | 0.080 |
| | | 造船台 | 24 | 0.042 | 0.104 | 0.083 |
| | | 放射性同位元素の放射線を直接受けるもの | 15 | 0.067 | 0.167 | 0.133 |
| | | その他のもの | 60 | 0.017 | 0.042 | 0.033 |
| | コンクリート造又はコンクリート | やぐら及び用水池 | 40 | 0.025 | 0.063 | 0.050 |
| | | サイロ | 34 | 0.030 | 0.074 | 0.059 |

# 耐用年数表

| 種類 | 構造又は用途 | 細目 | 耐用年数 | 償却率 定額法（別表第八） | 定率法（別表第九） | 新定率法（別表第十） |
|---|---|---|---|---|---|---|
| 構築物 | ブロック造のもの（前掲のものを除く。） | 岸壁、さん橋、防壁（爆発物用のものを除く。）、堤防、防波堤、トンネル、上水道及び水そう | 30年 | 0.034 | 0.083 | 0.067 |
| | | 下水道、飼育場及びへい | 15 | 0.067 | 0.167 | 0.133 |
| | | 爆発物用防壁 | 13 | 0.077 | 0.192 | 0.154 |
| | | 引湯管 | 10 | 0.100 | 0.250 | 0.200 |
| | | 鉱業用廃石捨場 | 5 | 0.200 | 0.500 | 0.400 |
| | | その他のもの | 40 | 0.025 | 0.063 | 0.050 |
| | れんが造のもの（前掲のものを除く。） | 防壁（爆発物用のものを除く。）、堤防、防波堤及びトンネル | 50 | 0.020 | 0.050 | 0.040 |
| | | 煙突、煙道、焼却炉、へい及び爆発物用防壁　塩素、クロールスルホン酸その他の著しい腐食性を有する気体の影響を受けるもの　その他のもの | 7　25 | 0.143　0.040 | 0.357　0.100 | 0.286　0.080 |
| | | その他のもの | 40 | 0.025 | 0.063 | 0.050 |
| | 石造のもの（前掲のものを除く。） | 岸壁、さん橋、防壁（爆発物用のものを除く。）、堤防、防波堤、上水道及び用水池 | 50 | 0.020 | 0.050 | 0.040 |
| | | 乾ドック | 45 | 0.023 | 0.056 | 0.044 |
| | | 下水道、へい及び爆発物用防壁 | 35 | 0.029 | 0.071 | 0.057 |
| | | その他のもの | 50 | 0.020 | 0.050 | 0.040 |
| | 土造のもの（前掲のものを除く。） | 防壁（爆発物用のものを除く。）、堤防、防波堤及び自動車道 | 40 | 0.025 | 0.063 | 0.050 |
| | | 上水道及び用水池 | 30 | 0.034 | 0.083 | 0.067 |
| | | 下水道 | 15 | 0.067 | 0.167 | 0.133 |
| | | へい | 20 | 0.050 | 0.125 | 0.100 |
| | | 爆発物用防壁及び防油堤 | 17 | 0.059 | 0.147 | 0.118 |
| | | その他のもの | 40 | 0.025 | 0.063 | 0.050 |
| | 金属造のもの（前掲のものを除く。） | 橋（はね上げ橋を除く。） | 45 | 0.023 | 0.056 | 0.044 |
| | | はね上げ橋及び鋼矢板岸壁 | 25 | 0.040 | 0.100 | 0.080 |
| | | サイロ | 22 | 0.046 | 0.114 | 0.091 |
| | | 送配管　鋳鉄製のもの　鋼鉄製のもの | 30　15 | 0.034　0.067 | 0.083　0.167 | 0.067　0.133 |
| | | ガス貯そう　液化ガス用のもの　その他のもの | 10　20 | 0.100　0.050 | 0.250　0.125 | 0.200　0.100 |

耐用年数表

| 種類 | 構造又は用途 | 細　　目 | 耐用年数 | 償　却　率 | | |
| --- | --- | --- | --- | --- | --- | --- |
| | | | | 定額法<br>(別表第八) | 定率法<br>(別表第九) | 新定率法<br>(別表第十) |
| 構築物 | | 薬品貯そう<br>　塩酸、ふっ酸、発煙硫酸、濃硝酸その他の発煙性を有する無機酸用のもの | 年<br>8 | 0.125 | 0.313 | 0.250 |
| | | 　有機酸用又は硫酸、硝酸その他前掲のもの以外の無機酸用のもの | 10 | 0.100 | 0.250 | 0.200 |
| | | 　アルカリ類用、塩水用、アルコール用その他のもの | 15 | 0.067 | 0.167 | 0.133 |
| | | 水そう及び油そう<br>　鋳鉄製のもの | 25 | 0.040 | 0.100 | 0.080 |
| | | 　鋼鉄製のもの | 15 | 0.067 | 0.167 | 0.133 |
| | | 浮きドック | 20 | 0.050 | 0.125 | 0.100 |
| | | 飼育場 | 15 | 0.067 | 0.167 | 0.133 |
| | | つり橋、煙突、焼却炉、打込み井戸、へい、街路灯及びガードレール | 10 | 0.100 | 0.250 | 0.200 |
| | | 露天式立体駐車設備 | 15 | 0.067 | 0.167 | 0.133 |
| | | その他のもの | 45 | 0.023 | 0.056 | 0.044 |
| | 合成樹脂造のもの（前掲のものを除く。） | | 10 | 0.100 | 0.250 | 0.200 |
| | 木造のもの（前掲のものを除く。） | 橋、塔、やぐら及びドック | 15 | 0.067 | 0.167 | 0.133 |
| | | 岸壁、さん橋、防壁、堤防、防波堤、トンネル、水そう、引湯管及びへい | 10 | 0.100 | 0.250 | 0.200 |
| | | 飼育場 | 7 | 0.143 | 0.357 | 0.286 |
| | | その他のもの | 15 | 0.067 | 0.167 | 0.133 |
| | 前掲のもの以外のもの及び前掲の区分によらないもの | 主として木造のもの | 15 | 0.067 | 0.167 | 0.133 |
| | | その他のもの | 50 | 0.020 | 0.050 | 0.040 |
| 船舶 | 船舶法（明治32年法律第46号）第4条から第19条までの適用を受ける鋼船<br>　漁船 | | | | | |
| | | 総トン数が500トン以上のもの | 12 | 0.084 | 0.208 | 0.167 |
| | | 総トン数が500トン未満のもの | 9 | 0.112 | 0.278 | 0.222 |
| | 油そう船 | 総トン数が2,000トン以上のもの | 13 | 0.077 | 0.192 | 0.154 |
| | | 総トン数が2,000トン未満のもの | 11 | 0.091 | 0.227 | 0.182 |

## 耐用年数表

| 種類 | 構造又は用途 | 細目 | 耐用年数 | 償却率 | | |
|---|---|---|---|---|---|---|
| | | | | 定額法<br>(別表第八) | 定率法<br>(別表第九) | 新定率法<br>(別表第十) |
| 船舶 | 薬品そう船 | | 10年 | 0.100 | 0.250 | 0.200 |
| | その他のもの | 総トン数が2,000トン以上のもの | 15 | 0.067 | 0.167 | 0.133 |
| | | 総トン数が2,000トン未満のもの<br>　しゅんせつ船及び砂利採取船 | 10 | 0.100 | 0.250 | 0.200 |
| | | 　カーフェリー | 11 | 0.091 | 0.227 | 0.182 |
| | | 　その他のもの | 14 | 0.072 | 0.179 | 0.143 |
| | 船舶法第4条から第19条までの適用を受ける木船<br>　漁船 | | 6 | 0.167 | 0.417 | 0.333 |
| | 　薬品そう船 | | 8 | 0.125 | 0.313 | 0.250 |
| | 　その他のもの | | 10 | 0.100 | 0.250 | 0.200 |
| | 船舶法第4条から第19条までの適用を受ける軽合金船（他の項に掲げるものを除く。） | | 9 | 0.112 | 0.278 | 0.222 |
| | 船舶法第4条から第19条までの適用を受ける強化プラスチック船 | | 7 | 0.143 | 0.357 | 0.286 |
| | 船舶法第4条から第19条までの適用を受ける水中翼船及びホバークラフト | | 8 | 0.125 | 0.313 | 0.250 |
| | その他のもの<br>　鋼船 | しゅんせつ船及び砂利採取船 | 7 | 0.143 | 0.357 | 0.286 |
| | | 発電船及びとう載漁船 | 8 | 0.125 | 0.313 | 0.250 |
| | | ひき船 | 10 | 0.100 | 0.250 | 0.200 |
| | | その他のもの | 12 | 0.084 | 0.208 | 0.167 |
| | 　木船 | とう載漁船 | 4 | 0.250 | 0.625 | 0.500 |
| | | しゅんせつ船及び砂利採取船 | 5 | 0.200 | 0.500 | 0.400 |
| | | 動力漁船及びひき船 | 6 | 0.167 | 0.417 | 0.333 |

耐用年数表

| 種類 | 構造又は用途 | 細目 | 耐用年数 | 償却率 定額法 (別表第八) | 償却率 定率法 (別表第九) | 償却率 新定率法 (別表第十) |
|---|---|---|---|---|---|---|
| 船舶 | | 薬品そう船 | 7年 | 0.143 | 0.357 | 0.286 |
| | | その他のもの | 8 | 0.125 | 0.313 | 0.250 |
| | その他のもの | モーターボート及びとう載漁船 | 4 | 0.250 | 0.625 | 0.500 |
| | | その他のもの | 5 | 0.200 | 0.500 | 0.400 |
| 航空機 | 飛行機 | 主として金属製のもの 最大離陸重量が130トンを超えるもの | 10 | 0.100 | 0.250 | 0.200 |
| | | 最大離陸重量が130トン以下のもので、5.7トンを超えるもの | 8 | 0.125 | 0.313 | 0.250 |
| | | 最大離陸重量が5.7トン以下のもの | 5 | 0.200 | 0.500 | 0.400 |
| | | その他のもの | 5 | 0.200 | 0.500 | 0.400 |
| | その他のもの | ヘリコプター及びグライダー | 5 | 0.200 | 0.500 | 0.400 |
| | | その他のもの | 5 | 0.200 | 0.500 | 0.400 |
| 車両及び運搬具 | 鉄道用又は軌道用車両（架空索道用搬器を含む。） | 電気又は蒸気機関車 | 18 | 0.056 | 0.139 | 0.111 |
| | | 電車 | 13 | 0.077 | 0.192 | 0.154 |
| | | 内燃動車（制御車及び附随車を含む。） | 11 | 0.091 | 0.227 | 0.182 |
| | | 貨車 高圧ボンベ車及び高圧タンク車 | 10 | 0.100 | 0.250 | 0.200 |
| | | 薬品タンク車及び冷凍車 | 12 | 0.084 | 0.208 | 0.167 |
| | | その他のタンク車及び特殊構造車 | 15 | 0.067 | 0.167 | 0.133 |
| | | その他のもの | 20 | 0.050 | 0.125 | 0.100 |
| | | 線路建設保守用工作車 | 10 | 0.100 | 0.250 | 0.200 |
| | | 鋼索鉄道用車両 | 15 | 0.067 | 0.167 | 0.133 |
| | | 架空索道用搬器 閉鎖式のもの | 10 | 0.100 | 0.250 | 0.200 |
| | | その他のもの | 5 | 0.200 | 0.500 | 0.400 |
| | | 無軌条電車 | 8 | 0.125 | 0.313 | 0.250 |
| | | その他のもの | 20 | 0.050 | 0.125 | 0.100 |
| | 特殊自動車（この項には別表第二に掲げる減価償却資産に含まれるブルドーザー、パワーショベルその他の自走式作業用機械並びにトラクター及び農林業用 | 消防車、救急車、レントゲン車、散水車、放送宣伝車、移動無線車及びチップ製造車 | 5 | 0.200 | 0.500 | 0.400 |
| | | モータースィーパー及び除雪車 | 4 | 0.250 | 0.625 | 0.500 |
| | | タンク車、じんかい車、し尿車、寝台車、霊きゅう車、トラックミキサー、レッカーその他特殊車体を架装したもの 小型車（じんかい車及びし尿車にあっては積載量が2トン以下、その他のものにあっては総排気量が2リットル以下のものをいう。） | 3 | 0.334 | 0.833 | 0.667 |

## 耐用年数表

| 種類 | 構造又は用途 | 細　　　　目 | 耐用年数 | 償　却　率 | | |
|---|---|---|---|---|---|---|
| | | | | 定額法<br>(別表第八) | 定率法<br>(別表第九) | 新定率法<br>(別表第十) |
| 車両及び運搬具 | 運搬機具を含まない。) | その他のもの | 4<sup>年</sup> | 0.250 | 0.625 | 0.500 |
| | 運送事業用、貸自動車業用又は自動車教習所用の車両及び運搬具（前掲のものを除く。） | 自動車（二輪又は三輪自動車を含み、乗合自動車を除く。）<br>　小型車（貨物自動車にあっては積載量が２トン以下、その他のものにあっては総排気量が２リットル以下のものをいう。）<br>　その他のもの | 3 | 0.334 | 0.833 | 0.667 |
| | | 　　大型乗用車（総排気量が３リットル以上のものをいう。） | 5 | 0.200 | 0.500 | 0.400 |
| | | 　　その他のもの | 4 | 0.250 | 0.625 | 0.500 |
| | | 乗合自動車 | 5 | 0.200 | 0.500 | 0.400 |
| | | 自転車及びリヤカー | 2 | 0.500 | 1.000 | 1.000 |
| | | 被けん引車その他のもの | 4 | 0.250 | 0.625 | 0.500 |
| | 前掲のもの以外のもの | 自動車（二輪又は三輪自動車を除く。）<br>　小型車（総排気量が0.66リットル以下のものをいう。）<br>　その他のもの<br>　　貨物自動車<br>　　　ダンプ式のもの | 4 | 0.250 | 0.625 | 0.500 |
| | | 　　　その他のもの | 5 | 0.200 | 0.500 | 0.400 |
| | | 　　報道通信用のもの | 5 | 0.200 | 0.500 | 0.400 |
| | | 　　その他のもの | 6 | 0.167 | 0.417 | 0.333 |
| | | 二輪又は三輪自動車 | 3 | 0.334 | 0.833 | 0.667 |
| | | 自　転　車 | 2 | 0.500 | 1.000 | 1.000 |
| | | 鉱山用人車、炭車、鉱車及び台車<br>　金属製のもの | 7 | 0.143 | 0.357 | 0.286 |
| | | 　その他のもの | 4 | 0.250 | 0.625 | 0.500 |
| | | フォークリフト | 4 | 0.250 | 0.625 | 0.500 |
| | | ト　ロ　ッ　コ<br>　金属製のもの | 5 | 0.200 | 0.500 | 0.400 |
| | | 　その他のもの | 3 | 0.334 | 0.833 | 0.667 |
| | | その他のもの<br>　自走能力を有するもの | 7 | 0.143 | 0.357 | 0.286 |
| | | 　その他のもの | 4 | 0.250 | 0.625 | 0.500 |
| 工具 | 測定工具及び検査工具（電気又は電子を利用するものを | | 5 | 0.200 | 0.500 | 0.400 |

耐用年数表

| 種類 | 構造又は用途 | 細目 | 耐用年数 | 償却率 | | |
|---|---|---|---|---|---|---|
| | | | | 定額法(別表第八) | 定率法(別表第九) | 新定率法(別表第十) |
| 工具 | 含む。) | | 年 | | | |
| | 治具及び取付工具 | | 3 | 0.334 | 0.833 | 0.667 |
| | ロール | 金属圧延用のもの | 4 | 0.250 | 0.625 | 0.500 |
| | | なつ染ロール、粉砕ロール、混練ロールその他のもの | 3 | 0.334 | 0.833 | 0.667 |
| | 型(型枠を含む。)、鍛圧工具及び打抜工具 | プレスその他の金属加工用金型、合成樹脂、ゴム又はガラス成型用金型及び鋳造用型 | 2 | 0.500 | 1.000 | 1.000 |
| | | その他のもの | 3 | 0.334 | 0.833 | 0.667 |
| | 切削工具 | | 2 | 0.500 | 1.000 | 1.000 |
| | 金属製柱及びカッペ | | 3 | 0.334 | 0.833 | 0.667 |
| | 活字及び活字に常用される金属 | 購入活字(活字の形状のまま反復使用するものに限る。) | 2 | 0.500 | 1.000 | 1.000 |
| | | 自製活字及び活字に常用される金属 | 8 | 0.125 | 0.313 | 0.250 |
| | 前掲のもの以外のもの | 白金ノズル | 13 | 0.077 | 0.192 | 0.154 |
| | | その他のもの | 3 | 0.334 | 0.833 | 0.667 |
| | 前掲の区分によらないもの | 白金ノズル | 13 | 0.077 | 0.192 | 0.154 |
| | | その他の主として金属製のもの | 8 | 0.125 | 0.313 | 0.250 |
| | | その他のもの | 4 | 0.250 | 0.625 | 0.500 |
| 器具及び備品 | 1 家具、電気機器、ガス機器及び家庭用品(他の項に掲げるものを除く。) | 事務机、事務いす及びキャビネット 主として金属製のもの | 15 | 0.067 | 0.167 | 0.133 |
| | | その他のもの | 8 | 0.125 | 0.313 | 0.250 |
| | | 応接セット 接客業用のもの | 5 | 0.200 | 0.500 | 0.400 |
| | | その他のもの | 8 | 0.125 | 0.313 | 0.250 |
| | | ベッド | 8 | 0.125 | 0.313 | 0.250 |
| | | 児童用机及びいす | 5 | 0.200 | 0.500 | 0.400 |
| | | 陳列だな及び陳列ケース 冷凍機付及び冷蔵機付のもの | 6 | 0.167 | 0.417 | 0.333 |
| | | その他のもの | 8 | 0.125 | 0.313 | 0.250 |
| | | その他の家具 接客業用のもの | 5 | 0.200 | 0.500 | 0.400 |
| | | その他のもの 主として金属製のもの | 15 | 0.067 | 0.167 | 0.133 |
| | | その他のもの | 8 | 0.125 | 0.313 | 0.250 |

## 耐用年数表

| 種類 | 構造又は用途 | 細目 | 耐用年数 | 償却率 | | |
|---|---|---|---|---|---|---|
| | | | | 定額法<br>(別表第八) | 定率法<br>(別表第九) | 新定率法<br>(別表第十) |
| 器具及び備品 | | ラジオ、テレビジョン、テープレコーダーその他の音響機器 | 年<br>5 | 0.200 | 0.500 | 0.400 |
| | | 冷房用又は暖房用機器 | 6 | 0.167 | 0.417 | 0.333 |
| | | 電気冷蔵庫、電気洗濯機その他これらに類する電気又はガス機器 | 6 | 0.167 | 0.417 | 0.333 |
| | | 氷冷蔵庫及び冷蔵ストッカー（電気式のものを除く。） | 4 | 0.250 | 0.625 | 0.500 |
| | | カーテン、座ぶとん、寝具、丹前その他これらに類する繊維製品 | 3 | 0.334 | 0.833 | 0.667 |
| | | じゅうたんその他の床用敷物<br>　小売業用、接客業用、放送用、レコード吹込用又は劇場用のもの<br>　その他のもの | <br>3<br>6 | <br>0.334<br>0.167 | <br>0.833<br>0.417 | <br>0.667<br>0.333 |
| | | 室内装飾品<br>　主として金属製のもの<br>　その他のもの | <br>15<br>8 | <br>0.067<br>0.125 | <br>0.167<br>0.313 | <br>0.133<br>0.250 |
| | | 食事又はちゅう房用品<br>　陶磁器製又はガラス製のもの<br>　その他のもの | <br>2<br>5 | <br>0.500<br>0.200 | <br>1.000<br>0.500 | <br>1.000<br>0.400 |
| | | その他のもの<br>　主として金属製のもの<br>　その他のもの | <br>15<br>8 | <br>0.067<br>0.125 | <br>0.167<br>0.313 | <br>0.133<br>0.250 |
| | 2　事務機器及び通信機器 | 謄写機器及びタイプライター<br>　孔版印刷又は印書業用のもの<br>　その他のもの | <br>3<br>5 | <br>0.334<br>0.200 | <br>0.833<br>0.500 | <br>0.667<br>0.400 |
| | | 電子計算機<br>　パーソナルコンピュータ（サーバー用のものを除く。）<br>　その他のもの | <br><br>4<br>5 | <br><br>0.250<br>0.200 | <br><br>0.625<br>0.500 | <br><br>0.500<br>0.400 |
| | | 複写機、計算機（電子計算機を除く。）、金銭登録機、タイムレコーダーその他これらに類するもの | 5 | 0.200 | 0.500 | 0.400 |
| | | その他の事務機器 | 5 | 0.200 | 0.500 | 0.400 |
| | | テレタイプライター及びファクシミリ | 5 | 0.200 | 0.500 | 0.400 |
| | | インターホーン及び放送用設備 | 6 | 0.167 | 0.417 | 0.333 |
| | | 電話設備その他の通信機器<br>　デジタル構内交換設備及びデジタルボタン電話設備 | <br><br>6 | <br><br>0.167 | <br><br>0.417 | <br><br>0.333 |

## 耐用年数表

| 種類 | 構造又は用途 | 細目 | 耐用年数 | 償却率 定額法(別表第八) | 償却率 定率法(別表第九) | 償却率 新定率法(別表第十) |
|---|---|---|---|---|---|---|
| 器具及び備品 | | その他のもの | 10年 | 0.100 | 0.250 | 0.200 |
| | 3 時計、試験機器及び測定機器 | 時計 | 10 | 0.100 | 0.250 | 0.200 |
| | | 度量衡器 | 5 | 0.200 | 0.500 | 0.400 |
| | | 試験又は測定機器 | 5 | 0.200 | 0.500 | 0.400 |
| | 4 光学機器及び写真製作機器 | オペラグラス | 2 | 0.500 | 1.000 | 1.000 |
| | | カメラ、映画撮影機、映写機及び望遠鏡 | 5 | 0.200 | 0.500 | 0.400 |
| | | 引伸機、焼付機、乾燥機、顕微鏡その他の機器 | 8 | 0.125 | 0.313 | 0.250 |
| | 5 看板及び広告器具 | 看板、ネオンサイン及び気球 | 3 | 0.334 | 0.833 | 0.667 |
| | | マネキン人形及び模型 | 2 | 0.500 | 1.000 | 1.000 |
| | | その他のもの　主として金属製のもの | 10 | 0.100 | 0.250 | 0.200 |
| | | その他のもの | 5 | 0.200 | 0.500 | 0.400 |
| | 6 容器及び金庫 | ボンベ　溶接製のもの | 6 | 0.167 | 0.417 | 0.333 |
| | | 鍛造製のもの　塩素用のもの | 8 | 0.125 | 0.313 | 0.250 |
| | | その他のもの | 10 | 0.100 | 0.250 | 0.200 |
| | | ドラムかん、コンテナーその他の容器　大型コンテナー（長さが6メートル以上のものに限る。） | 7 | 0.143 | 0.357 | 0.286 |
| | | その他のもの　金属製のもの | 3 | 0.334 | 0.833 | 0.667 |
| | | その他のもの | 2 | 0.500 | 1.000 | 1.000 |
| | | 金庫　手さげ金庫 | 5 | 0.200 | 0.500 | 0.400 |
| | | その他のもの | 20 | 0.050 | 0.125 | 0.100 |
| | 7 理容又は美容機器 | | 5 | 0.200 | 0.500 | 0.400 |
| | 8 医療機器 | 消毒殺菌用機器 | 4 | 0.250 | 0.625 | 0.500 |
| | | 手術機器 | 5 | 0.200 | 0.500 | 0.400 |
| | | 血液透析又は血しょう交換用機器 | 7 | 0.143 | 0.357 | 0.286 |
| | | ハバードタンクその他の作動部分を有する機能回復訓練機器 | 6 | 0.167 | 0.417 | 0.333 |
| | | 調剤機器 | 6 | 0.167 | 0.417 | 0.333 |
| | | 歯科診療用ユニット | 7 | 0.143 | 0.357 | 0.286 |

## 耐用年数表

| 種類 | 構造又は用途 | 細　　　　　目 | 耐用年数 | 償　却　率 | | |
|---|---|---|---|---|---|---|
| | | | | 定額法<br>(別表第八) | 定率法<br>(別表第九) | 新定率法<br>(別表第十) |
| 器具及び備品 | | 光学検査機器<br>　ファイバースコープ<br>　その他のもの | 年<br>6<br>8 | <br>0.167<br>0.125 | <br>0.417<br>0.313 | <br>0.333<br>0.250 |
| | | その他のもの<br>　レントゲンその他の電子装置を使用する機器<br>　　移動式のもの、救急医療用のもの及び自動<br>　　血液分析器<br>　　その他のもの<br>　その他のもの<br>　　陶磁器製又はガラス製のもの<br>　　主として金属製のもの<br>　　その他のもの | <br><br><br><br>4<br>6<br><br>3<br>10<br>5 | <br><br><br><br>0.250<br>0.167<br><br>0.334<br>0.100<br>0.200 | <br><br><br><br>0.625<br>0.417<br><br>0.833<br>0.250<br>0.500 | <br><br><br><br>0.500<br>0.333<br><br>0.667<br>0.200<br>0.400 |
| | 9　娯楽又はスポーツ器具及び興行又は演劇用具 | たまつき用具 | 8 | 0.125 | 0.313 | 0.250 |
| | | パチンコ器、ビンゴ器その他これらに類する球戯用具及び射的用具 | 2 | 0.500 | 1.000 | 1.000 |
| | | ご、しょうぎ、まあじゃん、その他の遊戯具 | 5 | 0.200 | 0.500 | 0.400 |
| | | スポーツ具 | 3 | 0.334 | 0.833 | 0.667 |
| | | 劇場用観客いす | 3 | 0.334 | 0.833 | 0.667 |
| | | どんちょう及び幕 | 5 | 0.200 | 0.500 | 0.400 |
| | | 衣しょう、かつら、小道具及び大道具 | 2 | 0.500 | 1.000 | 1.000 |
| | | その他のもの<br>　主として金属製のもの<br>　その他のもの | <br>10<br>5 | <br>0.100<br>0.200 | <br>0.250<br>0.500 | <br>0.200<br>0.400 |
| | 10　生物 | 植物<br>　貸付業用のもの<br>　その他のもの | <br>2<br>15 | <br>0.500<br>0.067 | <br>1.000<br>0.167 | <br>1.000<br>0.133 |
| | | 動物<br>　魚類<br>　鳥類<br>　その他のもの | <br>2<br>4<br>8 | <br>0.500<br>0.250<br>0.125 | <br>1.000<br>0.625<br>0.313 | <br>1.000<br>0.500<br>0.250 |
| | 11　前掲のもの以外のもの | 映画フィルム（スライドを含む。）、磁気テープ及びレコード | 2 | 0.500 | 1.000 | 1.000 |
| | | シート及びロープ | 2 | 0.500 | 1.000 | 1.000 |
| | | きのこ栽培用ほだ木 | 3 | 0.334 | 0.833 | 0.667 |
| | | 漁具 | 3 | 0.334 | 0.833 | 0.667 |
| | | 葬儀用具 | 3 | 0.334 | 0.833 | 0.667 |
| | | 楽器 | 5 | 0.200 | 0.500 | 0.400 |

耐用年数表

| 種類 | 構造又は用途 | 細　目 | 耐用年数 | 償却率 | | |
|---|---|---|---|---|---|---|
| | | | | 定額法<br>(別表第八) | 定率法<br>(別表第九) | 新定率法<br>(別表第十) |
| 器具及び備品 | | 自動販売機（手動のものを含む。） | 5年 | 0.200 | 0.500 | 0.400 |
| | | 無人駐車管理装置 | 5 | 0.200 | 0.500 | 0.400 |
| | | 焼却炉 | 5 | 0.200 | 0.500 | 0.400 |
| | | その他のもの<br>　主として金属製のもの<br>　その他のもの | <br>10<br>5 | <br>0.100<br>0.200 | <br>0.250<br>0.500 | <br>0.200<br>0.400 |
| | 12　前掲する資産のうち、当該資産について定められている前掲の耐用年数によるもの以外のもの及び前掲の区分によらないもの | 主として金属製のもの | 15 | 0.067 | 0.167 | 0.133 |
| | | その他のもの | 8 | 0.125 | 0.313 | 0.250 |

耐用年数表

## 別表第二　機械及び装置の耐用年数表

| 番号 | 設備の種類 | 細目 | 耐用年数 | 償却率 定額法 (別表第八) | 償却率 定率法 (別表第九) | 償却率 新定率法 (別表第十) |
|---|---|---|---|---|---|---|
| 1 | 食料品製造業用設備 | | 10年 | 0.100 | 0.250 | 0.200 |
| 2 | 飲料、たばこ又は飼料製造業用設備 | | 10 | 0.100 | 0.250 | 0.200 |
| 3 | 繊維工業用設備 | 炭素繊維製造設備 | | | | |
| | | 　黒鉛化炉 | 3 | 0.334 | 0.833 | 0.667 |
| | | 　その他の設備 | 7 | 0.143 | 0.357 | 0.286 |
| | | その他の設備 | 7 | 0.143 | 0.357 | 0.286 |
| 4 | 木材又は木製品（家具を除く。）製造業用設備 | | 8 | 0.125 | 0.313 | 0.250 |
| 5 | 家具又は装備品製造業用設備 | | 11 | 0.091 | 0.227 | 0.182 |
| 6 | パルプ、紙又は紙加工品製造業用設備 | | 12 | 0.084 | 0.208 | 0.167 |
| 7 | 印刷業又は印刷関連業用設備 | デジタル印刷システム設備 | 4 | 0.250 | 0.625 | 0.500 |
| | | 製本業用設備 | 7 | 0.143 | 0.357 | 0.286 |
| | | 新聞業用設備 | | | | |
| | | 　モノタイプ、写真又は通信設備 | 3 | 0.334 | 0.833 | 0.667 |
| | | 　その他の設備 | 10 | 0.100 | 0.250 | 0.200 |
| | | その他の設備 | 10 | 0.100 | 0.250 | 0.200 |
| 8 | 化学工業用設備 | 臭素、よう素又は塩素、臭素若しくはよう素化合物製造設備 | 5 | 0.200 | 0.500 | 0.400 |
| | | 塩化りん製造設備 | 4 | 0.250 | 0.625 | 0.500 |
| | | 活性炭製造設備 | 5 | 0.200 | 0.500 | 0.400 |
| | | ゼラチン又はにかわ製造設備 | 5 | 0.200 | 0.500 | 0.400 |
| | | 半導体用フォトレジスト製造設備 | 5 | 0.200 | 0.500 | 0.400 |
| | | フラットパネル用カラーフィルター、偏光板又は偏光板用フィルム製造設備 | 5 | 0.200 | 0.500 | 0.400 |
| | | その他の設備 | 8 | 0.125 | 0.313 | 0.250 |
| 9 | 石油製品又は石炭製品製造業用設備 | | 7 | 0.143 | 0.357 | 0.286 |
| 10 | プラスチック製品製造業用設備（他の号に掲げるものを除く。） | | 8 | 0.125 | 0.313 | 0.250 |
| 11 | ゴム製品製造業用設備 | | 9 | 0.112 | 0.278 | 0.222 |
| 12 | なめし革、なめし革製品又は毛皮製造業用設備 | | 9 | 0.112 | 0.278 | 0.222 |
| 13 | 窯業又は土石製品製造業用設備 | | 9 | 0.112 | 0.278 | 0.222 |
| 14 | 鉄鋼業用設備 | 表面処理鋼材若しくは鉄粉製造業又は鉄スクラップ加工処理業用設備 | 5 | 0.200 | 0.500 | 0.400 |

耐用年数表

| 番号 | 設備の種類 | 細目 | 耐用年数 | 償却率 | | |
|---|---|---|---|---|---|---|
| | | | | 定額法（別表第八） | 定率法（別表第九） | 新定率法（別表第十） |
| | | 純鉄、原鉄、ベースメタル、フェロアロイ、鉄素形材又は鋳鉄管製造業用設備 | 年<br>9 | 0.112 | 0.278 | 0.222 |
| | | その他の設備 | 14 | 0.072 | 0.179 | 0.143 |
| 15 | 非鉄金属製造業用設備 | 核燃料物質加工設備 | 11 | 0.091 | 0.227 | 0.182 |
| | | その他の設備 | 7 | 0.143 | 0.357 | 0.286 |
| 16 | 金属製品製造業用設備 | 金属被覆及び彫刻業又は打はく及び金属製ネームプレート製造業用設備 | 6 | 0.167 | 0.417 | 0.333 |
| | | その他の設備 | 10 | 0.100 | 0.250 | 0.200 |
| 17 | はん用機械器具（はん用性を有するもので、他の器具及び備品並びに機械及び装置に組み込み、又は取り付けることによりその用に供されるものをいう。）製造業用設備（第20号及び第22号に掲げるものを除く。） | | 12 | 0.084 | 0.208 | 0.167 |
| 18 | 生産用機械器具（物の生産の用に供されるものをいう。）製造業用設備（次号及び第21号に掲げるものを除く。） | 金属加工機械製造設備 | 9 | 0.112 | 0.278 | 0.222 |
| | | その他の設備 | 12 | 0.084 | 0.208 | 0.167 |
| 19 | 業務用機械器具（業務用又はサービスの生産の用に供されるもの（これらのものであって物の生産の用に供されるものを含む。）をいう。）製造業用設備（第17号、第21号及び第23号に掲げるものを除く。） | | 7 | 0.143 | 0.357 | 0.286 |
| 20 | 電子部品、デバイス又は電子回路製造業用設備 | 光ディスク（追記型又は書換え型のものに限る。）製造設備 | 6 | 0.167 | 0.417 | 0.333 |
| | | プリント配線基板製造設備 | 6 | 0.167 | 0.417 | 0.333 |
| | | フラットパネルディスプレイ、半導体集積回路又は半導体素子製造設備 | 5 | 0.200 | 0.500 | 0.400 |
| | | その他の設備 | 8 | 0.125 | 0.313 | 0.250 |
| 21 | 電気機械器具製造業用設備 | | 7 | 0.143 | 0.357 | 0.286 |
| 22 | 情報通信機械器具製造業用設備 | | 8 | 0.125 | 0.313 | 0.250 |
| 23 | 輸送用機械器具製造業用設備 | | 9 | 0.112 | 0.278 | 0.222 |
| 24 | その他の製造業用設備 | | 9 | 0.112 | 0.278 | 0.222 |
| 25 | 農業用設備 | | 7 | 0.143 | 0.357 | 0.286 |
| 26 | 林業用設備 | | 5 | 0.200 | 0.500 | 0.400 |
| 27 | 漁業用設備（次号に掲げるものを除く。） | | 5 | 0.200 | 0.500 | 0.400 |
| 28 | 水産養殖業用設備 | | 5 | 0.200 | 0.500 | 0.400 |

耐用年数表

| 番号 | 設 備 の 種 類 | 細 目 | 耐用年数 | 償 却 率 | | |
|---|---|---|---|---|---|---|
| | | | | 定額法 (別表第八) | 定率法 (別表第九) | 新定率法 (別表第十) |
| 29 | 鉱業、採石業又は砂利採取業用設備 | 石油又は天然ガス鉱業用設備 | 年 | | | |
| | | 坑井設備 | 3 | 0.334 | 0.833 | 0.667 |
| | | 掘さく設備 | 6 | 0.167 | 0.417 | 0.333 |
| | | その他の設備 | 12 | 0.084 | 0.208 | 0.167 |
| | | その他の設備 | 6 | 0.167 | 0.417 | 0.333 |
| 30 | 総合工事業用設備 | | 6 | 0.167 | 0.417 | 0.333 |
| 31 | 電気業用設備 | 電気業用水力発電設備 | 22 | 0.046 | 0.114 | 0.091 |
| | | その他の水力発電設備 | 20 | 0.050 | 0.125 | 0.100 |
| | | 汽力発電設備 | 15 | 0.067 | 0.167 | 0.133 |
| | | 内燃力又はガスタービン発電設備 | 15 | 0.067 | 0.167 | 0.133 |
| | | 送電又は電気業用変電若しくは配電設備 | | | | |
| | | 需要者用計器 | 15 | 0.067 | 0.167 | 0.133 |
| | | 柱上変圧器 | 18 | 0.056 | 0.139 | 0.111 |
| | | その他の設備 | 22 | 0.046 | 0.114 | 0.091 |
| | | 鉄道又は軌道業用変電設備 | 15 | 0.067 | 0.167 | 0.133 |
| | | その他の設備 | | | | |
| | | 主として金属製のもの | 17 | 0.059 | 0.147 | 0.118 |
| | | その他のもの | 8 | 0.125 | 0.313 | 0.250 |
| 32 | ガス業用設備 | 製造用設備 | 10 | 0.100 | 0.250 | 0.200 |
| | | 供給用設備 | | | | |
| | | 鋳鉄製導管 | 22 | 0.046 | 0.114 | 0.091 |
| | | 鉄鋳製導管以外の導管 | 13 | 0.077 | 0.192 | 0.154 |
| | | 需要者用計量器 | 13 | 0.077 | 0.192 | 0.154 |
| | | その他の設備 | 15 | 0.067 | 0.167 | 0.133 |
| | | その他の設備 | | | | |
| | | 主として金属製のもの | 17 | 0.059 | 0.147 | 0.118 |
| | | その他のもの | 8 | 0.125 | 0.313 | 0.250 |
| 33 | 熱供給業用設備 | | 17 | 0.059 | 0.147 | 0.118 |
| 34 | 水道業用設備 | | 18 | 0.056 | 0.139 | 0.111 |
| 35 | 通信業用設備 | | 9 | 0.112 | 0.278 | 0.222 |
| 36 | 放送業用設備 | | 6 | 0.167 | 0.417 | 0.333 |
| 37 | 映像、音声又は文字情報制作業用設備 | | 8 | 0.125 | 0.313 | 0.250 |
| 38 | 鉄道業用設備 | 自動改札装置 | 5 | 0.200 | 0.500 | 0.400 |
| | | その他の設備 | 12 | 0.084 | 0.208 | 0.167 |
| 39 | 道路貨物運送業用設備 | | 12 | 0.084 | 0.208 | 0.167 |
| 40 | 倉庫業用設備 | | 12 | 0.084 | 0.208 | 0.167 |

耐用年数表

| 番号 | 設備の種類 | 細目 | 耐用年数 | 償却率 定額法（別表第八） | 償却率 定率法（別表第九） | 償却率 新定率法（別表第十） |
|---|---|---|---|---|---|---|
| 41 | 運輸に附帯するサービス業用設備 | | 10年 | 0.100 | 0.250 | 0.200 |
| 42 | 飲食料品卸売業用設備 | | 10 | 0.100 | 0.250 | 0.200 |
| 43 | 建築材料、鉱物又は金属材料等卸売業用設備 | 石油又は液化石油ガス卸売用設備（貯そうを除く。） | 13 | 0.077 | 0.192 | 0.154 |
| | | その他の設備 | 8 | 0.125 | 0.313 | 0.250 |
| 44 | 飲食料品小売業用設備 | | 9 | 0.112 | 0.278 | 0.222 |
| 45 | その他の小売業用設備 | ガソリン又は液化石油ガススタンド設備 | 8 | 0.125 | 0.313 | 0.250 |
| | | その他の設備 | | | | |
| | | 　主として金属製のもの | 17 | 0.059 | 0.147 | 0.118 |
| | | 　その他のもの | 8 | 0.125 | 0.313 | 0.250 |
| 46 | 技術サービス業用設備（他の号に掲げるものを除く。） | 計量証明業用設備 | 8 | 0.125 | 0.313 | 0.250 |
| | | その他の設備 | 14 | 0.072 | 0.179 | 0.143 |
| 47 | 宿泊業用設備 | | 10 | 0.100 | 0.250 | 0.200 |
| 48 | 飲食店業用設備 | | 8 | 0.125 | 0.313 | 0.250 |
| 49 | 洗濯業、理容業、美容業又は浴場業用設備 | | 13 | 0.077 | 0.192 | 0.154 |
| 50 | その他の生活関連サービス業用設備 | | 6 | 0.167 | 0.417 | 0.333 |
| 51 | 娯楽業用設備 | 映画館又は劇場用設備 | 11 | 0.091 | 0.227 | 0.182 |
| | | 遊園地用設備 | 7 | 0.143 | 0.357 | 0.286 |
| | | ボウリング場用設備 | 13 | 0.077 | 0.192 | 0.154 |
| | | その他の設備 | | | | |
| | | 　主として金属製のもの | 17 | 0.059 | 0.147 | 0.118 |
| | | 　その他のもの | 8 | 0.125 | 0.313 | 0.250 |
| 52 | 教育業（学校教育業を除く。）又は学習支援業用設備 | 教習用運転シミュレータ設備 | 5 | 0.200 | 0.500 | 0.400 |
| | | その他の設備 | | | | |
| | | 　主として金属製のもの | 17 | 0.059 | 0.147 | 0.118 |
| | | 　その他のもの | 8 | 0.125 | 0.313 | 0.250 |
| 53 | 自動車整備業用設備 | | 15 | 0.067 | 0.167 | 0.133 |
| 54 | その他のサービス業用設備 | | 12 | 0.084 | 0.208 | 0.167 |
| 55 | 前掲の機械及び装置以外のもの並びに前掲の区分によらないもの | 機械式駐車設備 | 10 | 0.100 | 0.250 | 0.200 |
| | | ブルドーザー、パワーショベルその他の自走式作業用機械設備 | 8 | 0.125 | 0.313 | 0.250 |
| | | その他の設備 | | | | |
| | | 　主として金属製のもの | 17 | 0.059 | 0.147 | 0.118 |
| | | 　その他のもの | 8 | 0.125 | 0.313 | 0.250 |

（注）──線部分は、平成26年分以後の個人所得税から適用されています。（平25改耐用年数省令附２）

耐用年数表

## 機械及び装置の耐用年数表（別表第二）における新旧資産区分の対照表

| 改正後の資産区分（別表第二） | | 改正前の資産区分（旧別表第二） | |
|---|---|---|---|
| 番号 | 設備の種類及び細目 | 番号 | 設備の種類及び細目 |
| 1 | 食料品製造業用設備 | 1 | 食肉又は食鳥処理加工設備 |
| | | 2 | 鶏卵処理加工又はマヨネーズ製造設備 |
| | | 3 | 市乳処理設備及び発酵乳、乳酸菌飲料その他の乳製品製造設備（集乳設備を含む。） |
| | | 4 | 水産練製品、つくだ煮、寒天その他の水産食料品製造設備 |
| | | 5 | つけ物製造設備 |
| | | 6 | トマト加工品製造設備 |
| | | 7 | その他の果実又はそ菜処理加工設備 |
| | | | 　　むろ内用バナナ熟成装置 |
| | | | 　　その他の設備 |
| | | 8 | かん詰又はびん詰製造設備 |
| | | 9 | 化学調味料製造設備 |
| | | 10 | 味そ又はしよう油（だしの素類を含む。）製造設備 |
| | | | 　　コンクリート製仕込そう |
| | | | 　　その他の設備 |
| | | 10の2 | 食酢又はソース製造設備 |
| | | 11 | その他の調味料製造設備 |
| | | 12 | 精穀設備 |
| | | 13 | 小麦粉製造設備 |
| | | 14 | 豆腐類、こんにやく又は食ふ製造設備 |
| | | 15 | その他の豆類処理加工設備 |
| | | 16 | コーンスターチ製造設備 |
| | | 17 | その他の農産物加工設備 |
| | | | 　　粗製でん粉貯そう |
| | | | 　　その他の設備 |
| | | 18 | マカロニ類又は即席めん類製造設備 |
| | | 19 | その他の乾めん、生めん又は強化米製造設備 |
| | | 20 | 砂糖製造設備 |
| | | 21 | 砂糖精製設備 |
| | | 22 | 水あめ、ぶどう糖又はカラメル製造設備 |
| | | 23 | パン又は菓子類製造設備 |
| | | 30 | その他の飲料製造設備 |
| | | 31 | 酵母、酵素、種菌、麦芽又はこうじ製造設備（医薬用のものを除く。） |
| | | 32 | 動植物油脂製造又は精製設備（マーガリン又はリンター製造設備を含む。） |
| | | 36 | その他の食料品製造設備 |
| 2 | 飲料、たばこ又は飼料製造業用設備 | 15 | その他の豆類処理加工設備 |

## 耐用年数表

| 改正後の資産区分（別表第二） | | 改正前の資産区分（旧別表第二） | |
|---|---|---|---|
| 番号 | 設備の種類及び細目 | 番号 | 設備の種類及び細目 |
| | | 24 | 荒茶製造設備 |
| | | 25 | 再製茶製造設備 |
| | | 26 | 清涼飲料製造設備 |
| | | 27 | ビール又は発酵法による発ぽう酒製造設備 |
| | | 28 | 清酒、みりん又は果実酒製造設備 |
| | | 29 | その他の酒類製造設備 |
| | | 30 | その他の飲料製造設備 |
| | | 33 | 冷凍、製氷又は冷蔵業用設備<br>　　結氷かん及び凍結さら<br>　　その他の設備 |
| | | 34 | 発酵飼料又は酵母飼料製造設備 |
| | | 35 | その他の飼料製造設備 |
| | | 36の2 | たばこ製造設備 |
| | | 85 | 配合肥料その他の肥料製造設備 |
| 3 | 繊維工業用設備 | | |
| | 炭素繊維製造設備<br>　黒鉛化炉 | 197 | 炭素繊維製造設備<br>　　黒鉛化炉 |
| | 　その他の設備 | 197 | 炭素繊維製造設備<br>　　その他の設備 |
| | その他の設備 | 37 | 生糸製造設備<br>　　自動繰糸機<br>　　その他の設備 |
| | | 38 | 繭乾燥業用設備 |
| | | 39 | 紡績設備 |
| | | 42 | 合成繊維かさ高加工糸製造設備 |
| | | 43 | ねん糸業用又は糸（前号に掲げるものを除く。）製造業用設備 |
| | | 44 | 織物設備 |
| | | 45 | メリヤス生地、編み手袋又はくつ下製造設備 |
| | | 46 | 染色整理又は仕上設備<br>　　圧縮用電極板<br>　　その他の設備 |
| | | 48 | 洗毛、化炭、羊毛トップ、ラップペニー、反毛、製綿又は再生綿業用設備 |
| | | 49 | 整経又はサイジング業用設備 |
| | | 50 | 不織布製造設備 |
| | | 51 | フエルト又はフエルト製品製造設備 |
| | | 52 | 綱、網又はひも製造設備 |
| | | 53 | レース製造設備<br>　　ラッセルレース機<br>　　その他の設備 |
| | | 54 | 塗装布製造設備 |

## 耐用年数表

| 改正後の資産区分（別表第二） | | 改正前の資産区分（旧別表第二） | |
|---|---|---|---|
| 番号 | 設備の種類及び細目 | 番号 | 設備の種類及び細目 |
| | | 55 | 繊維製又は紙製衛生材料製造設備 |
| | | 56 | 縫製品製造業用設備 |
| | | 57 | その他の繊維製品製造設備 |
| | | 147 | レーヨン糸又はレーヨンステープル製造設備 |
| | | 148 | 酢酸繊維製造設備 |
| | | 149 | 合成繊維製造設備 |
| 4 | 木材又は木製品（家具を除く。）製造業用設備 | 59 | 製材業用設備<br>　　　製材用自動送材装置<br>　　　その他の設備 |
| | | 60 | チップ製造業用設備 |
| | | 61 | 単板又は合板製造設備 |
| | | 62 | その他の木製品製造設備 |
| | | 63 | 木材防腐処理設備 |
| | | 313 | コルク又はコルク製品製造設備 |
| 5 | 家具又は装備品製造業用設備 | 62 | その他の木製品製造設備 |
| | | 209 | 石工品又は擬石製造設備 |
| | | 249 | 金属製家具若しくは建具又は建築金物製造設備<br>　　　めつき又はアルマイト加工設備<br>　　　溶接設備<br>　　　その他の設備 |
| 6 | パルプ、紙又は紙加工品製造業用設備 | 55 | 繊維製又は紙製衛生材料製造設備 |
| | | 64 | パルプ製造設備 |
| | | 65 | 手すき和紙製造設備 |
| | | 66 | 丸網式又は短網式製紙設備 |
| | | 67 | 長網式製紙設備 |
| | | 68 | ヴァルカナイズドファイバー又は加工紙製造設備 |
| | | 69 | 段ボール、段ボール箱又は板紙製容器製造設備 |
| | | 70 | その他の紙製品製造設備 |
| | | 72 | セロファン製造設備 |
| | | 73 | 繊維板製造設備 |
| 7 | 印刷業又は印刷関連業用設備 | | |
| | デジタル印刷システム設備 | 75 | 印刷設備 |
| | | 79 | 写真製版業用設備 |
| | 製本業用設備 | 78 | 製本設備 |
| | 新聞業用設備<br>　モノタイプ、写真又は通信設備<br>　その他の設備 | 74 | 日刊新聞紙印刷設備<br>　　　モノタイプ、写真又は通信設備<br>　　　その他の設備 |
| | その他の設備 | 75 | 印刷設備 |
| | | 76 | 活字鋳造業用設備 |

耐用年数表

| 改正後の資産区分（別表第二） | | 改正前の資産区分（旧別表第二） | |
|---|---|---|---|
| 番号 | 設備の種類及び細目 | 番号 | 設備の種類及び細目 |
| | | 77 | 金属板その他の特殊物印刷設備 |
| | | 71 | 枚葉紙樹脂加工設備 |
| | | 80 | 複写業用設備 |
| 8 | 化学工業用設備 | | |
| | 臭素、よう素又は塩素、臭素若しくはよう素化合物製造設備 | 97 | 臭素、よう素又は塩素、臭素若しくはよう素化合物製造設備<br>　　　よう素用坑井設備<br>　　　その他の設備 |
| | 塩化りん製造設備 | 99 | 塩化りん製造設備 |
| | 活性炭製造設備 | 117 | 活性炭製造設備 |
| | ゼラチン又はにかわ製造設備 | 171 | ゼラチン又はにかわ製造設備 |
| | 半導体用フォトレジスト製造設備 | 173 | 半導体用フォトレジスト製造設備 |
| | フラットパネル用カラーフィルター、偏光板又は偏光板用フィルム製造設備 | 268の2 | フラットパネルディスプレイ又はフラットパネル用フィルム材料製造設備 |
| | その他の設備 | 81 | アンモニア製造設備 |
| | | 82 | 硫酸又は硝酸製造設備 |
| | | 83 | 溶成りん肥製造設備 |
| | | 84 | その他の化学肥料製造設備 |
| | | 86 | ソーダ灰、塩化アンモニウム、か性ソーダ又はか性カリ製造設備（塩素処理設備を含む。） |
| | | 87 | 硫化ソーダ、水硫化ソーダ、無水ぼう硝、青化ソーダ又は過酸化ソーダ製造設備 |
| | | 88 | その他のソーダ塩又はカリ塩（第97号（塩素酸塩を除く。）、第98号及び第106号に掲げるものを除く。）製造設備 |
| | | 89 | 金属ソーダ製造設備 |
| | | 90 | アンモニウム塩（硫酸アンモニウム及び塩化アンモニウムを除く。）製造設備 |
| | | 91 | 炭酸マグネシウム製造設備 |
| | | 92 | 苦汁製品又はその誘導体製造設備 |
| | | 93 | 軽質炭酸カルシウム製造設備 |
| | | 94 | カーバイド製造設備（電極製造設備を除く。） |
| | | 95 | 硫酸鉄製造設備 |
| | | 96 | その他の硫酸塩又は亜硫酸塩製造設備（他の号に掲げるものを除く。） |
| | | 98 | ふつ酸その他のふつ素化合物製造設備 |
| | | 100 | りん酸又は硫化りん製造設備 |
| | | 101 | りん又はりん化合物製造設備（他の号に掲げるものを除く。） |
| | | 102 | べんがら製造設備 |
| | | 103 | 鉛丹、リサージ又は亜鉛華製造設備 |

耐用年数表

| 改正後の資産区分（別表第二） | | 改正前の資産区分（旧別表第二） | |
|---|---|---|---|
| 番号 | 設備の種類及び細目 | 番号 | 設備の種類及び細目 |
| | | 104 | 酸化チタン、リトポン又はバリウム塩製造設備 |
| | | 105 | 無水クロム酸製造設備 |
| | | 106 | その他のクロム化合物製造設備 |
| | | 107 | 二酸化マンガン製造設備 |
| | | 108 | ほう酸その他のほう素化合物製造設備（他の号に掲げるものを除く。） |
| | | 109 | 青酸製造設備 |
| | | 110 | 硝酸銀製造設備 |
| | | 111 | 二硫化炭素製造設備 |
| | | 112 | 過酸化水素製造設備 |
| | | 113 | ヒドラジン製造設備 |
| | | 114 | 酸素、水素、二酸化炭素又は溶解アセチレン製造設備 |
| | | 115 | 加圧式又は真空式製塩設備 |
| | | 116 | その他のかん水若しくは塩製造又は食塩加工設備 ・<br>　　　　合成樹脂製濃縮盤及びイオン交換膜<br>　　　　その他の設備 |
| | | 118 | その他の無機化学薬品製造設備 |
| | | 119 | 石炭ガス、オイルガス又は石油を原料とする芳香族その他の化合物分離精製設備 |
| | | 120 | 染料中間体製造設備 |
| | | 121 | アルキルベンゾール又はアルキルフェノール製造設備 |
| | | 122 | カプロラクタム、シクロヘキサノン又はテレフタル酸（テレフタル酸ジメチルを含む。）製造設備 |
| | | 123 | イソシアネート類製造設備 |
| | | 124 | 炭化水素の塩化物、臭化物又はふつ化物製造設備 |
| | | 125 | メタノール、エタノール又はその誘導体製造設備（他の号に掲げるものを除く。） |
| | | 126 | その他のアルコール又はケトン製造設備 |
| | | 127 | アセトアルデヒド又は酢酸製造設備 |
| | | 128 | シクロヘキシルアミン製造設備 |
| | | 129 | アミン又はメラミン製造設備 |
| | | 130 | ぎ酸、しゆう酸、乳酸、酒石酸（酒石酸塩類を含む。）、こはく酸、くえん酸、タンニン酸又は没食子酸製造設備 |
| | | 131 | 石油又は天然ガスを原料とするエチレン、プロピレン、ブチレン、ブタジエン又はア |

耐用年数表

| 改正後の資産区分（別表第二） | | | 改正前の資産区分（旧別表第二） | | |
|---|---|---|---|---|---|
| 番号 | 設備の種類及び細目 | | 番号 | 設備の種類及び細目 | |
| | | | | セチレン製造設備 | |
| | | | 132 | ビニールエーテル製造設備 | |
| | | | 133 | アクリルニトリル又はアクリル酸エステル製造設備 | |
| | | | 134 | エチレンオキサイド、エチレングリコール、プロピレンオキサイド、プロピレングリコール、ポリエチレングリコール又はポリプロピレングリコール製造設備 | |
| | | | 135 | スチレンモノマー製造設備 | |
| | | | 136 | その他オレフィン系又はアセチレン系誘導体製造設備（他の号に掲げるものを除く。） | |
| | | | 137 | アルギン酸塩製造設備 | |
| | | | 138 | フルフラル製造設備 | |
| | | | 139 | セルロイド又は硝化綿製造設備 | |
| | | | 140 | 酢酸繊維素製造設備 | |
| | | | 141 | 繊維素グリコール酸ソーダ製造設備 | |
| | | | 142 | その他の有機薬品製造設備 | |
| | | | 143 | 塩化ビニリデン系樹脂、酢酸ビニール系樹脂、ナイロン樹脂、ポリエチレンテレフタレート系樹脂、ふっ素樹脂又はけい素樹脂製造設備 | |
| | | | 144 | ポリエチレン、ポリプロピレン又はポリブテン製造設備 | |
| | | | 145 | 尿素系、メラミン系又は石炭酸系合成樹脂製造設備 | |
| | | | 146 | その他の合成樹脂又は合成ゴム製造設備 | |
| | | | 150 | 石けん製造設備 | |
| | | | 151 | 硬化油、脂肪酸又はグリセリン製造設備 | |
| | | | 152 | 合成洗剤又は界面活性剤製造設備 | |
| | | | 153 | ビタミン剤製造設備 | |
| | | | 154 | その他の医薬品製造設備（製剤又は小分包装設備を含む。） | |
| | | | 155 | 殺菌剤、殺虫剤、殺そ剤、除草剤その他の動植物用製剤製造設備 | |
| | | | 156 | 産業用火薬類（花火を含む。）製造設備 | |
| | | | 157 | その他の火薬類製造設備（弾薬装てん又は組立設備を含む。） | |
| | | | 158 | 塗料又は印刷インキ製造設備 | |
| | | | 159 | その他のインキ製造設備 | |
| | | | 160 | 染料又は顔料製造設備（他の号に掲げるものを除く。） | |
| | | | 161 | 抜染剤又は漂白剤製造設備（他の号に掲げるものを除く。） | |

## 耐用年数表

| 改正後の資産区分（別表第二） | | 改正前の資産区分（旧別表第二） | |
|---|---|---|---|
| 番号 | 設備の種類及び細目 | 番号 | 設備の種類及び細目 |
| | | 162 | 試薬製造設備 |
| | | 163 | 合成樹脂用可塑剤製造設備 |
| | | 164 | 合成樹脂用安定剤製造設備 |
| | | 165 | 有機ゴム薬品、写真薬品又は人造香料製造設備 |
| | | 166 | つや出し剤、研摩油剤又は乳化油剤製造設備 |
| | | 167 | 接着剤製造設備 |
| | | 168 | トール油精製設備 |
| | | 169 | りゅう脳又はしょう脳製造設備 |
| | | 170 | 化粧品製造設備 |
| | | 172 | 写真フイルムその他の写真感光材料（銀塩を使用するものに限る。）製造設備（他の号に掲げるものを除く。） |
| | | 175 | 化工でん粉製造設備 |
| | | 176 | 活性白土又はシリカゲル製造設備 |
| | | 177 | 選鉱剤製造設備 |
| | | 178 | 電気絶縁材料（マイカ系を含む。）製造設備 |
| | | 179 | カーボンブラック製造設備 |
| | | 180 | その他の化学工業製品製造設備 |
| | | 197の2 | その他の炭素製品製造設備 黒鉛化炉 その他の設備 |
| | | 316 | ろうそく製造設備 |
| | | 320 | 木ろう製造又は精製設備 |
| 9 | 石油製品又は石炭製品製造業用設備 | 181 | 石油精製設備（廃油再生又はグリース類製造設備を含む。） |
| | | 182 | アスファルト乳剤その他のアスファルト製品製造設備 |
| | | 183 | ピッチコークス製造設備 |
| | | 184 | 練炭、豆炭類、オガライト（オガタンを含む。）又は炭素粉末製造設備 |
| | | 185 | その他の石油又は石炭製品製造設備 |
| | | 354 | 石炭ガス、石油ガス又はコークス製造設備（ガス精製又はガス事業用特定ガス発生設備を含む。） |
| 10 | プラスチック製品製造業用設備（他の号に掲げるものを除く。） | 307 | 合成樹脂成形加工又は合成樹脂製品加工用設備 |
| | | 308 | 発ぽうポリウレタン製造設備 |
| 11 | ゴム製品製造業用設備 | 186 | タイヤ又はチューブ製造設備 |
| | | 187 | 再生ゴム製造設備 |
| | | 188 | フォームラバー製造設備 |
| | | 189 | 糸ゴム製造設備 |

耐用年数表

| 改正後の資産区分（別表第二） | | 改正前の資産区分（旧別表第二） | |
|---|---|---|---|
| 番号 | 設備の種類及び細目 | 番号 | 設備の種類及び細目 |
| | | 190 | その他のゴム製品製造設備 |
| | | 192 | 機械ぐつ製造設備 |
| | | 307 | 合成樹脂成形加工又は合成樹脂製品加工業用設備 |
| 12 | なめし革、なめし革製品又は毛皮製造業用設備 | 191 | 製革設備 |
| | | 192 | 機械ぐつ製造設備 |
| | | 193 | その他の革製品製造設備 |
| 13 | 窯業又は土石製品製造業用設備 | 194 | 板ガラス製造設備（みがき設備を含む。）<br>　溶解炉<br>　その他の設備 |
| | | 195 | その他のガラス製品製造設備（光学ガラス製造設備を含む。）<br>　るつぼ炉及びデータンク炉<br>　溶解炉<br>　その他の設備 |
| | | 196 | 陶磁器、粘土製品、耐火物、けいそう土製品、はい土又はうわ薬製造設備<br>　倒炎がま<br>　　塩融式のもの<br>　　その他のもの<br>　トンネルがま<br>　その他の炉<br>　その他の設備 |
| | | 197の2 | その他の炭素製品製造設備<br>　黒鉛化炉<br>　その他の設備 |
| | | 198 | 人造研削材製造設備<br>　溶解炉<br>　その他の設備 |
| | | 199 | 研削と石又は研摩布紙製造設備<br>　加硫炉<br>　トンネルがま<br>　その他の焼成炉<br>　その他の設備 |
| | | 200 | セメント製造設備 |
| | | 201 | 生コンクリート製造設備 |
| | | 202 | セメント製品（気ほうコンクリート製品を含む。）製造設備<br>　　移動式製造又は架設設備及び振動<br>　　加圧式成形設備<br>　　その他の設備 |
| | | 204 | 石灰又は苦石灰製造設備 |
| | | 205 | 石こうボード製造設備 |

# 耐用年数表

| 改正後の資産区分（別表第二） | | 改正前の資産区分（旧別表第二） | |
|---|---|---|---|
| 番号 | 設備の種類及び細目 | 番号 | 設備の種類及び細目 |
| | | | 焼成炉 |
| | | | その他の設備 |
| | | 206 | ほうろう鉄器製造設備 |
| | | | るつぼ炉 |
| | | | その他の炉 |
| | | | その他の設備 |
| | | 207 | 石綿又は石綿セメント製品製造設備 |
| | | 208 | 岩綿（鉱さい繊維を含む。）又は岩綿製品製造設備 |
| | | 209 | 石工品又は擬石製造設備 |
| | | 210 | その他の窯業製品又は土石製品製造設備 |
| | | | トンネルがま |
| | | | その他の炉 |
| | | | その他の設備 |
| | | 326 | 砂利採取又は岩石の採取若しくは砕石設備 |
| 14 | 鉄鋼業用設備 | | |
| | 表面処理鋼材若しくは鉄粉製造業又は鉄スクラップ加工処理業用設備 | 218の2 | 鉄くず処理業用設備 |
| | | 232 | 金属粉末又ははく（圧延によるものを除く。）製造設備 |
| | | 244 | その他のめつき又はアルマイト加工設備 |
| | | 245の2 | 合成樹脂被覆、彫刻又はアルミニウムはくの加工設備 |
| | | | 脱脂又は洗浄設備及び水洗塗装装置 |
| | | | その他の設備 |
| | 純鉄、原鉄、ベースメタル、フェロアロイ、鉄素形材又は鋳鉄管製造業用設備 | 212 | 純鉄又は合金鉄製造設備 |
| | | 219 | 鉄鋼鍛造業用設備 |
| | | 220 | 鋼鋳物又は銑鉄鋳物製造業用設備 |
| | その他の設備 | 211 | 製銑設備 |
| | | 213 | 製鋼設備 |
| | | 214 | 連続式鋳造鋼片製造設備 |
| | | 215 | 鉄鋼熱間圧延設備 |
| | | 216 | 鉄鋼冷間圧延又は鉄鋼冷間成形設備 |
| | | 217 | 鋼管製造設備 |
| | | 218 | 鉄鋼伸線（引き抜きを含む。）設備及び鉄鋼卸売業用シャーリング設備並びに伸鉄又はシャーリング業用設備 |
| | | 222 | その他の鉄鋼業用設備 |
| | | 234 | 鋼索製造設備 |
| | | 237 | くぎ、リベット又はスプリング製造業用設備 |
| | | 238 | 溶接金網製造設備 |
| | | 243 | 電気錫めつき鉄板製造設備 |

耐用年数表

| 改正後の資産区分（別表第二） | | 改正前の資産区分（旧別表第二） | |
|---|---|---|---|
| 番号 | 設備の種類及び細目 | 番号 | 設備の種類及び細目 |
| 15 | 非鉄金属製造業用設備 | | |
| | 核燃料物質加工設備 | 251の2 | 核燃料物質加工設備 |
| | その他の設備 | 218 | 鉄鋼伸線（引き抜きを含む。）設備及び鉄鋼卸売業用シャーリング設備並びに伸鉄又はシャーリング業用設備 |
| | | 223 | 銅、鉛又は亜鉛製錬設備 |
| | | 224 | アルミニウム製錬設備 |
| | | 225 | ベリリウム銅母合金、マグネシウム、チタニウム、ジルコニウム、タンタル、クロム、マンガン、シリコン、ゲルマニウム又は希土類金属製錬設備 |
| | | 226 | ニッケル、タングステン又はモリブデン製錬設備 |
| | | 227 | その他の非鉄金属製錬設備 |
| | | 228 | チタニウム造塊設備 |
| | | 229 | 非鉄金属圧延、押出又は伸線設備 |
| | | 230 | 非鉄金属鋳物製造業用設備<br>　　ダイカスト設備<br>　　その他の設備 |
| | | 231 | 電線又はケーブル製造設備 |
| | | 231の2 | 光ファイバー製造設備 |
| | | 232 | 金属粉末又ははく（圧延によるものを除く。）製造設備 |
| | | 252 | その他の金属製品製造設備 |
| 16 | 金属製品製造業用設備 | | |
| | 金属被覆及び彫刻業又は打はく及び金属製ネームプレート製造業用設備 | 232 | 金属粉末又ははく（圧延によるものを除く。）製造設備 |
| | | 244 | その他のめつき又はアルマイト加工設備 |
| | | 245 | 金属塗装設備<br>　　脱脂又は洗浄設備及び水洗塗装装置<br>　　その他の設備 |
| | | 245の2 | 合成樹脂被覆、彫刻又はアルミニウムはくの加工設備<br>　　脱脂又は洗浄設備及び水洗塗装装置<br>　　その他の設備 |
| | その他の設備 | 221 | 金属熱処理業用設備 |
| | | 233 | 粉末冶金製品製造設備 |
| | | 234 | 鋼索製造設備 |
| | | 235 | 鎖製造設備 |
| | | 236 | 溶接棒製造設備 |

## 耐用年数表

| 改正後の資産区分（別表第二） | | 改正前の資産区分（旧別表第二） | |
|---|---|---|---|
| 番号 | 設備の種類及び細目 | 番号 | 設備の種類及び細目 |
| | | 237 | くぎ、リベット又はスプリング製造業用設備 |
| | | 237の2 | ねじ製造業用設備 |
| | | 238 | 溶接金網製造設備 |
| | | 239 | その他の金網又は針金製品製造設備 |
| | | 241 | 押出しチューブ又は自動組立方式による金属かん製造設備 |
| | | 242 | その他の金属製容器製造設備 |
| | | 246 | 手工具又はのこぎり刃その他の刃物類（他の号に掲げるものを除く。）製造設備 |
| | | 247 | 農業用機具製造設備 |
| | | 248 | 金属製洋食器又はかみそり刃製造設備 |
| | | 249 | 金属製家具若しくは建具又は建築金物製造設備<br>　　　めつき又はアルマイト加工設備<br>　　　溶接設備<br>　　　その他の設備 |
| | | 250 | 鋼製構造物製造設備 |
| | | 251 | プレス、打抜き、しぼり出しその他の金属加工品製造業用設備<br>　　　めつき又はアルマイト加工設備<br>　　　その他の設備 |
| | | 252 | その他の金属製品製造設備 |
| | | 259 | 機械工具、金型又は治具製造業用設備 |
| | | 266 | 食品用、暖ちゆう房用、家庭用又はサービス用機器（電気機器を除く。）製造設備 |
| | | 280 | その他の車両部分品又は附属品製造設備 |
| 17 | はん用機械器具（はん用性を有するもので、他の器具及び備品並びに機械及び装置に組み込み、又は取り付けることによりその用に供されるものをいう。）製造業用設備（第20号及び第22号に掲げるものを除く。） | 253 | ボイラー製造設備 |
| | | 254 | エンジン、タービン又は水車製造設備 |
| | | 259 | 機械工具、金型又は治具製造業用設備 |
| | | 261 | 風水力機器、金属製弁又は遠心分離機製造設備 |
| | | 261の2 | 冷凍機製造設備 |
| | | 262 | 玉又はコロ軸受若しくは同部分品製造設備 |
| | | 263 | 歯車、油圧機器その他の動力伝達装置製造業用設備 |
| | | 264 | その他の産業用機器又は部分品若しくは附属品製造設備 |
| | | 278 | 車両用エンジン、同部分品又は車両用電装品製造設備（ミッション又はクラッチ製造設備を含む。） |
| | | 286 | その他の輸送用機器製造設備 |

耐用年数表

| 番号 | 設備の種類及び細目 | 番号 | 設備の種類及び細目 |
|---|---|---|---|
| | 改正後の資産区分（別表第二） | | 改正前の資産区分（旧別表第二） |
| | | 295 | 前掲以外の機械器具、部分品又は附属品製造設備 |
| 18 | 生産用機械器具（物の生産の用に供されるものをいう。）製造業用設備（次号及び第21号に掲げるものを除く。） | | |
| | 金属加工機械製造設備 | 257 | 金属加工機械製造設備 |
| | その他の設備 | 255 | 農業用機械製造設備 |
| | | 256 | 建設機械、鉱山機械又は原動機付車両（他の号に掲げるものを除く。）製造設備 |
| | | 258 | 鋳造用機械、合成樹脂加工機械又は木材加工用機械製造設備 |
| | | 259 | 機械工具、金型又は治具製造業用設備 |
| | | 260 | 繊維機械（ミシンを含む。）又は同部分品若しくは附属品製造設備 |
| | | 261 | 風水力機器、金属製弁又は遠心分離機製造設備 |
| | | 263の2 | 産業用ロボット製造設備 |
| | | 264 | その他の産業用機器又は部分品若しくは附属品製造設備 |
| | | 266 | 食品用、暖ちゆう房用、家庭用又はサービス用機器（電気機器を除く。）製造設備 |
| 19 | 業務用機械器具（業務用又はサービスの生産の用に供されるもの（これらのものであつて物の生産の用に供されるものを含む。）をいう。）製造業用設備（第17号、第21号及び第23号に掲げるものを除く。） | 157 | その他の火薬類製造設備（弾薬装てん又は組立設備を含む。） |
| | | 252 | その他の金属製品製造設備 |
| | | 256 | 建設機械、鉱山機械又は原動機付車両（他の号に掲げるものを除く。）製造設備 |
| | | 265 | 事務用機器製造設備 |
| | | 266 | 食品用、暖ちゆう房用、家庭用又はサービス用機器（電気機器を除く。）製造設備 |
| | | 280 | その他の車両部分品又は附属品製造設備 |
| | | 285 | 航空機若しくは同部分品（エンジン、機内空気加圧装置、回転機器、プロペラ、計器、降着装置又は油圧部品に限る。）製造又は修理設備 |
| | | 287 | 試験機、測定器又は計量機製造設備 |
| | | 288 | 医療用機器製造設備 |
| | | 288の2 | 理化学用機器製造設備 |
| | | 289 | レンズ又は光学機器若しくは同部分品製造設備 |
| | | 290 | ウオッチ若しくは同部分品又は写真機用シヤッター製造設備 |
| | | 292 | 銃弾製造設備 |

## 耐用年数表

| 改正後の資産区分（別表第二） | | 改正前の資産区分（旧別表第二） | |
|---|---|---|---|
| 番号 | 設備の種類及び細目 | 番号 | 設備の種類及び細目 |
| | | 293 | 銃砲、爆発物又は信管、薬きようその他の銃砲用品製造設備 |
| | | 295 | 前掲以外の機械器具、部分品又は附属品製造設備 |
| | | 310 | 歯科材料製造設備 |
| 20 | 電子部品、デバイス又は電子回路製造業用設備 | | |
| | 光ディスク（追記型又は書換え型のものに限る。）製造設備 | 268の3 | 光ディスク（追記型又は書換え型のものに限る。）製造設備 |
| | プリント配線基板製造設備 | 272の2 | プリント配線基板製造設備 |
| | フラットパネルディスプレイ、半導体集積回路又は半導体素子製造設備 | 268の2 | フラットパネルディスプレイ又はフラットパネル用フィルム材料製造設備 |
| | | 271 | 半導体集積回路（素子数が五百以上のものに限る。）製造設備 |
| | | 271の2 | その他の半導体素子製造設備 |
| | その他の設備 | 174 | 磁気テープ製造設備 |
| | | 268 | 電気計測器、電気通信用機器、電子応用機器又は同部分品（他の号に掲げるものを除く。）製造設備 |
| | | 270 | 電球、電子管又は放電燈製造設備 |
| | | 272 | 抵抗器又は蓄電器製造設備 |
| | | 272の3 | フェライト製品製造設備 |
| | | 273 | 電気機器部分品製造設備 |
| 21 | 電気機械器具製造業用設備 | 267 | 産業用又は民生用電気機器製造設備 |
| | | 268 | 電気計測器、電気通信用機器、電子応用機器又は同部分品（他の号に掲げるものを除く。）製造設備 |
| | | 270 | 電球、電子管又は放電燈製造設備 |
| | | 272 | 抵抗器又は蓄電器製造設備 |
| | | 273 | 電気機器部分品製造設備 |
| | | 274 | 乾電池製造設備 |
| | | 274の2 | その他の電池製造設備 |
| | | 278 | 車両用エンジン、同部分品又は車両用電装品製造設備（ミッション又はクラッチ製造設備を含む。） |
| 22 | 情報通信機械器具製造業用設備 | 268 | 電気計測器、電気通信用機器、電子応用機器又は同部分品（他の号に掲げるものを除く。）製造設備 |
| | | 269 | 交通信号保安機器製造設備 |
| 23 | 輸送用機械器具製造業用設備 | 56 | 縫製品製造業用設備 |
| | | 254 | エンジン、タービン又は水車製造設備 |
| | | 256 | 建設機械、鉱山機械又は原動機付車両（他の号に掲げるものを除く。）製造設備 |

## 耐用年数表

| 改正後の資産区分（別表第二） | | 改正前の資産区分（旧別表第二） | |
|---|---|---|---|
| 番号 | 設備の種類及び細目 | 番号 | 設備の種類及び細目 |
| | | 275 | 自動車製造設備 |
| | | 276 | 自動車車体製造又は架装設備 |
| | | 277 | 鉄道車両又は同部分品製造設備 |
| | | 278 | 車両用エンジン、同部分品又は車両用電装品製造設備（ミッション又はクラッチ製造設備を含む。） |
| | | 279 | 車両用ブレーキ製造設備 |
| | | 280 | その他の車両部分品又は附属品製造設備 |
| | | 281 | 自転車又は同部分品若しくは附属品製造設備　　　　　めつき設備　　　　　その他の設備 |
| | | 282 | 鋼船製造又は修理設備 |
| | | 283 | 木船製造又は修理設備 |
| | | 284 | 舶用推進器、甲板機械又はハッチカバー製造設備　　　　　鋳造設備　　　　　その他の設備 |
| | | 285 | 航空機若しくは同部分品（エンジン、機内空気加圧装置、回転機器、プロペラ、計器、降着装置又は油圧部品に限る。）製造又は修理設備 |
| | | 286 | その他の輸送用機器製造設備 |
| 24 | その他の製造業用設備 | 62 | その他の木製品製造設備 |
| | | 156 | 産業用火薬類（花火を含む。）製造設備 |
| | | 184 | 練炭、豆炭類、オガライト（オガタンを含む。）又は炭素粉末製造設備 |
| | | 195 | その他のガラス製品製造設備（光学ガラス製造設備を含む。）　　　　　るつぼ炉及びデータンク炉　　　　　溶解炉　　　　　その他の設備 |
| | | 239 | その他の金網又は針金製品製造設備 |
| | | 240 | 縫針又はミシン針製造設備 |
| | | 252 | その他の金属製品製造設備 |
| | | 265 | 事務用機器製造設備 |
| | | 270 | 電球、電子管又は放電燈製造設備 |
| | | 281 | 自転車又は同部分品若しくは附属品製造設備　　　　　めつき設備　　　　　その他の設備 |
| | | 289 | レンズ又は光学機器若しくは同部分品製造設備 |

# 耐用年数表

| 改正後の資産区分（別表第二） | | 改正前の資産区分（旧別表第二） | |
|---|---|---|---|
| 番号 | 設備の種類及び細目 | 番号 | 設備の種類及び細目 |
| | | 290 | ウオッチ若しくは同部分品又は写真機用シャッター製造設備 |
| | | 291 | クロック若しくは同部分品、オルゴールムーブメント又は写真フイルム用スプール製造設備 |
| | | 293 | 銃砲、爆発物又は信管、薬きようその他の銃砲用品製造設備 |
| | | 296 | 機械産業以外の設備に属する修理工場用又は工作工場用機械設備 |
| | | 297 | 楽器製造設備 |
| | | 298 | レコード製造設備<br>　　　吹込設備<br>　　　その他の設備 |
| | | 299 | がん具製造設備<br>　　　合成樹脂成形設備<br>　　　その他の設備 |
| | | 300 | 万年筆、シャープペンシル又はペン先製造設備 |
| | | 301 | ボールペン製造設備 |
| | | 302 | 鉛筆製造設備 |
| | | 303 | 絵の具その他の絵画用具製造設備 |
| | | 304 | 身辺用細貨類、ブラシ又はシガレットライター製造設備<br>　　　製鎖加工設備<br>　　　その他の設備<br>　　　前掲の区分によらないもの |
| | | 305 | ボタン製造設備 |
| | | 306 | スライドファスナー製造設備<br>　　　自動務歯成形又はスライダー製造機<br>　　　自動務歯植付機<br>　　　その他の設備 |
| | | 309 | 繊維壁材製造設備 |
| | | 311 | 真空蒸着処理業用設備 |
| | | 312 | マッチ製造設備 |
| | | 314 | つりざお又は附属品製造設備 |
| | | 315 | 墨汁製造設備 |
| | | 317 | リノリウム、リノタイル又はアスファルトタイル製造設備 |
| | | 318 | 畳表製造設備<br>　　　織機、い草選別機及びい割機<br>　　　その他の設備 |
| | | 319 | 畳製造設備 |

耐用年数表

| 改正後の資産区分（別表第二） | | 改正前の資産区分（旧別表第二） | |
|---|---|---|---|
| 番号 | 設備の種類及び細目 | 番号 | 設備の種類及び細目 |
| | | 319の2 | その他のわら工品製造設備 |
| | | 323 | 真珠、貴石又は半貴石加工設備 |
| | | 325 | 前掲以外の製造設備 |
| 25 | 農業用設備 | 322 | 蚕種製造設備<br>　人工ふ化設備<br>　その他の設備 |
| | | 368 | 種苗花き園芸設備 |
| | | 別表第七 | 電動機 |
| | | 〃 | 内燃機関、ボイラー及びポンプ |
| | | 〃 | トラクター<br>　歩行型トラクター<br>　その他のもの |
| | | 〃 | 耕うん整地用機具 |
| | | 〃 | 耕土造成改良用機具 |
| | | 〃 | 栽培管理用機具 |
| | | 〃 | 防除用機具 |
| | | 〃 | 穀類収穫調製用機具<br>　自脱型コンバイン、刈取機（ウインドロウアーを除くものとし、バインダーを含む。）、稲わら収集機（自走式のものを除く。）及びわら処理カッター<br>　その他のもの |
| | | 〃 | 飼料作物収穫調製用機具<br>　モーア、ヘーコンディショナー（自走式のものを除く。）、ヘーレーキ、ヘーテッダー、ヘーテッダーレーキ、フォレージハーベスター（自走式のものを除く。）、ヘーベーラー（自走式のものを除く。）、ヘープレス、ヘーローダー、ヘードライヤー（連続式のものを除く。）、ヘーエレベーター、フォレージブロアー、サイレージディストリビューター、サイレージアンローダー及び飼料細断機<br>　その他のもの |
| | | 〃 | 果樹、野菜又は花き収穫調製用機具<br>　野菜洗浄機、清浄機及び掘取機<br>　その他のもの |
| | | 〃 | その他の農作物収穫調製用機具<br>　い苗分割機、い草刈取機、い草選別機、い割機、粒選機、収穫機、 |

——(1115)——

# 耐用年数表

| 改正後の資産区分（別表第二） | | 改正前の資産区分（旧別表第二） | |
|---|---|---|---|
| 番号 | 設備の種類及び細目 | 番号 | 設備の種類及び細目 |
| | | | 掘取機、つる切機及び茶摘機 |
| | | | その他のもの |
| | | 別表第七 | 農産物処理加工用機具（精米又は精麦機を除く。） |
| | | | 花莚織機及び畳表織機 |
| | | | その他のもの |
| | | 〃 | 家畜飼養管理用機具 |
| | | | 自動給じ機、自動給水機、搾乳機、牛乳冷却機、ふ卵機、保温機、畜衡機、牛乳成分検定用機具、人工授精用機具、育成機、育すう機、ケージ、電牧器、カウトレーナー、マット、畜舎清掃機、ふん尿散布機、ふん尿乾燥機及びふん焼却機 |
| | | | その他のもの |
| | | 〃 | 養蚕用機具 |
| | | | 条桑刈取機、簡易保温用暖房機、天幕及び回転まぶし |
| | | | その他のもの |
| | | 〃 | 運搬用機具 |
| | | 〃 | その他の機具 |
| | | | その他のもの |
| | | | 主として金属製のもの |
| | | | その他のもの |
| 26 | 林業用設備 | 58 | 可搬式造林、伐木又は搬出設備 |
| | | | 動力伐採機 |
| | | | その他の設備 |
| | | 321 | 松脂その他樹脂の製造又は精製設備 |
| | | 334 | ブルドーザー、パワーショベルその他の自走式作業用機械設備 |
| | | 別表第七 | 造林又は伐木用機具 |
| | | | 自動穴掘機、自動伐木機及び動力刈払機 |
| | | | その他のもの |
| | | 〃 | その他の機具 |
| | | | 乾燥用バーナー |
| | | | その他のもの |
| | | | 主として金属製のもの |
| | | | その他のもの |
| 27 | 漁業用設備（次号に掲げるものを除く。） | 324の2 | 漁ろう用設備 |
| 28 | 水産養殖業用設備 | 324 | 水産物養殖設備 |
| | | | 竹製のもの |
| | | | その他のもの |

耐用年数表

| | 改正後の資産区分（別表第二） | | 改正前の資産区分（旧別表第二） |
|---|---|---|---|
| 番号 | 設備の種類及び細目 | 番号 | 設備の種類及び細目 |
| 29 | 鉱業、採石業又は砂利採取業用設備 | | |
| | 石油又は天然ガス鉱業用設備 | 330 | 石油又は天然ガス鉱業用設備 |
| | 坑井設備 | | 坑井設備 |
| | 掘さく設備 | | 掘さく設備 |
| | その他の設備 | | ┌統合→その他の設備 |
| | | 331 | 天然ガス圧縮処理設備 |
| | その他の設備 | 326 | 砂利採取又は岩石の採取若しくは砕石設備 |
| | | 327 | 砂鉄鉱業設備 |
| | | 328 | 金属鉱業設備（架空索道設備を含む。） |
| | | 329 | 石炭鉱業設備（架空索道設備を含む。） |
| | | | 採掘機械及びコンベヤ |
| | | | その他の設備 |
| | | | 前掲の区分によらないもの |
| | | 332 | 硫黄鉱業設備（製錬又は架空索道設備を含む。） |
| | | 333 | その他の非金属鉱業設備（架空索道設備を含む。） |
| 30 | 総合工事業用設備 | 334 | ブルドーザー、パワーショベルその他の自走式作業用機械設備 |
| | | 335 | その他の建設工業設備 |
| | | | 排砂管及び可搬式コンベヤ |
| | | | ジーゼルパイルハンマー |
| | | | アスファルトプラント及びバッチャープラント |
| | | | その他の設備 |
| 31 | 電気業用設備 | | |
| | 電気業用水力発電設備 | 346 | 電気事業用水力発電設備 |
| | その他の水力発電設備 | 347 | その他の水力発電設備 |
| | 汽力発電設備 | 348 | 汽力発電設備 |
| | 内燃力又はガスタービン発電設備 | 349 | 内燃力又はガスタービン発電設備 |
| | 送電又は電気業用変電若しくは配電設備 | 350 | 送電又は電気事業用変電若しくは配電設備 |
| | 需要者用計器 | | 需要者用計器 |
| | 柱上変圧器 | | 柱上変圧器 |
| | その他の設備 | | その他の設備 |
| | 鉄道又は軌道業用変電設備 | 351 | 鉄道又は軌道事業用変電設備 |
| | その他の設備 | 369 | 前掲の機械及び装置以外のもの並びに前掲の区分によらないもの |
| | 主として金属製のもの | | 主として金属製のもの |
| | その他のもの | | その他のもの |
| 32 | ガス業用設備 | | |
| | 製造用設備 | 354 | 石炭ガス、石油ガス又はコークス製造設備（ガス精製又はガス事業用特定ガス発生設備を含む。） |

## 耐用年数表

| 改正後の資産区分（別表第二） | | 改正前の資産区分（旧別表第二） | |
|---|---|---|---|
| 番号 | 設備の種類及び細目 | 番号 | 設備の種類及び細目 |
| | 供給用設備<br>　鋳鉄製導管<br><br>　鋳鉄製導管以外の導管<br><br>　需要者用計量器<br>　その他の設備 | 356 | ガス事業用供給設備<br>　　ガス導管<br>　　　鋳鉄製のもの<br>　　ガス導管<br>　　　その他のもの<br>　　需要者用計量器<br>　　その他の設備 |
| | その他の設備<br><br>　主として金属製のもの<br>　その他のもの | 369 | 前掲の機械及び装置以外のもの並びに前掲の区分によらないもの<br>　　主として金属製のもの<br>　　その他のもの |
| 33 | 熱供給業用設備 | 369 | 前掲の機械及び装置以外のもの並びに前掲の区分によらないもの<br>　　主として金属製のもの |
| 34 | 水道業用設備 | 357 | 上水道又は下水道業用設備 |
| 35 | 通信業用設備 | 343 | 国内電気通信事業用設備<br>　　デジタル交換設備及び電気通信処理設備<br>　　アナログ交換設備<br>　　その他の設備 |
| | | 343の2 | 国際電気通信事業用設備<br>　　デジタル交換設備及び電気通信処理設備<br>　　アナログ交換設備<br>　　その他の設備 |
| | | 345 | その他の通信設備（給電用指令設備を含む。） |
| 36 | 放送業用設備 | 344 | ラジオ又はテレビジョン放送設備 |
| 37 | 映像、音声又は文字情報制作業用設備 | 363 | 映画製作設備（現像設備を除く。）<br>　　照明設備<br>　　撮影又は録音設備<br>　　その他の設備 |
| 38 | 鉄道業用設備<br>　自動改札装置 | 369 | 前掲の機械及び装置以外のもの並びに前掲の区分によらないもの<br>　　主として金属製のもの |
| | 　その他の設備 | 337 | 鋼索鉄道又は架空索道設備<br>　　鋼索<br>　　その他の設備 |
| | | 351の2 | 列車遠隔又は列車集中制御設備 |
| 39 | 道路貨物運送業用設備 | 340 | 荷役又は倉庫業用設備及び卸売又は小売業の荷役又は倉庫用設備<br>　　移動式荷役設備 |

耐用年数表

| 改正後の資産区分（別表第二） | | 改正前の資産区分（旧別表第二） | |
|---|---|---|---|
| 番号 | 設備の種類及び細目 | 番号 | 設備の種類及び細目 |
| | | | くん蒸設備 |
| | | | その他の設備 |
| 40 | 倉庫業用設備 | 33 | 冷凍、製氷又は冷蔵業用設備 |
| | | | 結氷かん及び凍結さら |
| | | | その他の設備 |
| | | 340 | 荷役又は倉庫業用設備及び卸売又は小売業の荷役又は倉庫用設備 |
| | | | 移動式荷役設備 |
| | | | くん蒸設備 |
| | | | その他の設備 |
| 41 | 運輸に附帯するサービス業用設備 | 334 | ブルドーザー、パワーショベルその他の自走式作業用機械設備 |
| | | 340 | 荷役又は倉庫業用設備及び卸売又は小売業の荷役又は倉庫用設備 |
| | | | 移動式荷役設備 |
| | | | くん蒸設備 |
| | | | その他の設備 |
| | | 341 | 計量証明業用設備 |
| | | 342 | 船舶救難又はサルベージ設備 |
| 42 | 飲食料品卸売業用設備 | 1 | 食肉又は食鳥処理加工設備 |
| | | 7 | その他の果実又はそ菜処理加工設備 |
| | | | むろ内用バナナ熟成装置 |
| | | | その他の設備 |
| | | ·12 | 精穀設備 |
| | | 15 | その他の豆類処理加工設備 |
| 43 | 建築材料、鉱物又は金属材料等卸売業用設備 | | |
| | 石油又は液化石油ガス卸売用設備（貯そうを除く。） | 338 | 石油又は液化石油ガス卸売用設備（貯そうを除く。） |
| | その他の設備 | 218 | 鉄鋼伸線（引き抜きを含む。）設備及び鉄鋼卸売業用シャーリング設備並びに伸鉄又はシャーリング業用設備 |
| | | 218の2 | 鉄くず処理業用設備 |
| | | 360の2 | 故紙梱包設備 |
| 44 | 飲食料品小売業用設備 | 1 | 食肉又は食鳥処理加工設備 |
| 45 | その他の小売業用設備 | | |
| | ガソリン又は液化石油ガススタンド設備 | 339 | ガソリンスタンド設備 |
| | | 339の2 | 液化石油ガススタンド設備 |
| | その他の設備 | 369 | 前掲の機械及び装置以外のもの並びに前掲の区分によらないもの |
| | 主として金属製のもの | | 主として金属製のもの |
| | その他のもの | | その他のもの |

耐用年数表

| 改正後の資産区分（別表第二） | | 改正前の資産区分（旧別表第二） | |
|---|---|---|---|
| 番号 | 設備の種類及び細目 | 番号 | 設備の種類及び細目 |
| 46 | 技術サービス業用設備（他の号に掲げるものを除く。） | | |
| | 計量証明業用設備 | 341 | 計量証明業用設備 |
| | その他の設備 | 336 | 測量業用設備 |
| | | | カメラ |
| | | | その他の設備 |
| 47 | 宿泊業用設備 | 358 | ホテル、旅館又は料理店業用設備及び給食用設備 |
| | | | 引湯管 |
| | | | その他の設備 |
| 48 | 飲食店業用設備 | 358 | ホテル、旅館又は料理店業用設備及び給食用設備 |
| | | | 引湯管 |
| | | | その他の設備 |
| 49 | 洗濯業、理容業、美容業又は浴場業用設備 | 359 | クリーニング設備 |
| | | 360 | 公衆浴場設備 |
| | | | かま、温水器及び温かん |
| | | | その他の設備 |
| 50 | その他の生活関連サービス業用設備 | 48 | 洗毛、化炭、羊毛トップ、ラップペニー、反毛、製綿又は再生綿業用設備 |
| | | 361 | 火葬設備 |
| | | 364 | 天然色写真現像焼付設備 |
| | | 365 | その他の写真現像焼付設備 |
| 51 | 娯楽業用設備 | | |
| | 映画館又は劇場用設備 | 366 | 映画又は演劇興行設備 |
| | | | 照明設備 |
| | | | その他の設備 |
| | 遊園地用設備 | 367 | 遊園地用遊戯設備（原動機付のものに限る。） |
| | ボウリング場用設備 | 367の2 | ボウリング場用設備 |
| | | | レーン |
| | | | その他の設備 |
| | その他の設備 | 369 | 前掲の機械及び装置以外のもの並びに前掲の区分によらないもの |
| | 主として金属製のもの | | 主として金属製のもの |
| | その他のもの | | その他のもの |
| 52 | 教育業（学校教育業を除く。）又は学習支援業用設備 | | |
| | 教習用運転シミュレータ設備 | 369 | 前掲の機械及び装置以外のもの並びに前掲の区分によらないもの |
| | | | 主として金属製のもの |
| | その他の設備 | 369 | 前掲の機械及び装置以外のもの並びに前掲の区分によらないもの |

耐用年数表

| 改正後の資産区分（別表第二） | | 改正前の資産区分（旧別表第二） | |
|---|---|---|---|
| 番号 | 設備の種類及び細目 | 番号 | 設備の種類及び細目 |
| | 主として金属製のもの<br>その他のもの | | 主として金属製のもの<br>その他のもの |
| 53 | 自動車整備業用設備 | 294 | 自動車分解整備業用設備 |
| | | 338の2 | 洗車業用設備 |
| 54 | その他のサービス業用設備 | 1 | 食肉又は食鳥処理加工設備 |
| 55 | 前掲の機械及び装置以外のもの並びに前掲の区分によらないもの | | |
| | 機械式駐車設備 | 339の3 | 機械式駐車設備 |
| | その他の設備 | 352 | 蓄電池電源設備 |
| | 　主として金属製のもの | 353 | フライアッシュ採取設備 |
| | | 362 | 電光文字設備 |
| | 　その他のもの | 369 | 前掲の機械及び装置以外のもの並びに前掲の区分によらないもの<br>　　　主として金属製のもの<br>　　　その他のもの |

耐用年数表

## 別表第三　無形減価償却資産の耐用年数表

| 種　　　類 | 細　　　　　　目 | 耐用年数 | 償却率 定額法年率 |
|---|---|---|---|
| 漁　業　権 | | 10年 | 0.100 |
| ダ ム 使 用 権 | | 55 | 0.019 |
| 水　利　権 | | 20 | 0.050 |
| 特　許　権 | | 8 | 0.125 |
| 実 用 新 案 権 | | 5 | 0.200 |
| 意　匠　権 | | 7 | 0.143 |
| 商　標　権 | | 10 | 0.100 |
| ソフトウエア | 複写して販売するための原本 | 3 | 0.334 |
| | その他のもの | 5 | 0.200 |
| 育 成 者 権 | 種苗法(平成10年法律第83号)第4条第2項に規定する品種 | 10 | 0.100 |
| | そ　の　他 | 8 | 0.125 |
| 営　業　権 | | 5 | 0.200 |
| 専用側線利用権 | | 30 | 0.034 |
| 鉄道軌道連絡通行施設利用権 | | 30 | 0.034 |
| 電気ガス供給施設利用権 | | 15 | 0.067 |
| 熱供給施設利用権 **(注)** | | 15 | 0.067 |
| 水道施設利用権 | | 15 | 0.067 |
| 工業用水道施設利用権 | | 15 | 0.067 |
| 電気通信施設利用権 | | 20 | 0.050 |

**(注)** 熱供給施設利用権については、平成28年3月31日以前に取得したものに限ります。平成28年4月1日以後については無形固定資産から除外されました。(平成28年政令第48号)

耐用年数表

## 別表第四　生物の耐用年数表

| 種　類 | 細　　　　　　　　　　目 | 耐用年数 | 償却率 定額法年率 |
|---|---|---|---|
| 牛 | 繁殖用（家畜改良増殖法（昭和25年法律第209号）に基づく種付証明書、授精証明書、体内受精卵移植証明書又は体外受精卵移植証明書のあるものに限る。）<br>　　役肉用牛<br>　　乳用牛 | 年<br><br><br><br>6<br>4 | <br><br><br><br>0.167<br>0.250 |
| | 種付用（家畜改良増殖法に基づく種畜証明書の交付を受けた種おす牛に限る。） | 4 | 0.250 |
| | その他用 | 6 | 0.167 |
| 馬 | 繁殖用（家畜改良増殖法に基づく種付証明書又は授精証明書のあるものに限る。） | 6 | 0.167 |
| | 種付用（家畜改良増殖法に基づく種畜証明書の交付を受けた種おす馬に限る。） | 6 | 0.167 |
| | 競走用 | 4 | 0.250 |
| | その他用 | 8 | 0.125 |
| 豚 | | 3 | 0.334 |
| 綿羊及びやぎ | 種付用 | 4 | 0.250 |
| | その他用 | 6 | 0.167 |
| かんきつ樹 | 温州みかん | 28 | 0.036 |
| | その他 | 30 | 0.034 |
| りんご樹 | わい化りんご | 20 | 0.050 |
| | その他 | 29 | 0.035 |
| ぶどう樹 | 温室ぶどう | 12 | 0.084 |
| | その他 | 15 | 0.067 |
| なし樹 | | 26 | 0.039 |
| 桃樹 | | 15 | 0.067 |
| 桜桃樹 | | 21 | 0.048 |
| びわ樹 | | 30 | 0.034 |
| くり樹 | | 25 | 0.040 |
| 梅樹 | | 25 | 0.040 |
| かき樹 | | 36 | 0.028 |
| あんず樹 | | 25 | 0.040 |
| すもも樹 | | 16 | 0.063 |

耐用年数表

| 種　類 | 細　　　　　　　　　　　　　目 | 耐用年数 | 償却率 定額法年率 |
|---|---|---|---|
| いちじく樹 | | 11年 | 0.091 |
| キウイフルーツ樹 | | 22 | 0.046 |
| ブルーベリー樹 | | 25 | 0.040 |
| パイナップル | | 3 | 0.334 |
| 茶　　　樹 | | 34 | 0.030 |
| オリーブ樹 | | 25 | 0.040 |
| つばき樹 | | 25 | 0.040 |
| 桑　　　樹 | 立　て　通　し | 18 | 0.056 |
| | 根刈り、中刈り、高刈り | 9 | 0.112 |
| こりやなぎ | | 10 | 0.100 |
| みつまた | | 5 | 0.200 |
| こ　う　ぞ | | 9 | 0.112 |
| もう宗竹 | | 20 | 0.050 |
| アスパラガス | | 11 | 0.091 |
| ラ　ミ　ー | | 8 | 0.125 |
| まおらん | | 10 | 0.100 |
| ホ　ッ　プ | | 9 | 0.112 |

耐用年数表

## 別表第五　公害防止用減価償却資産の耐用年数表

| 種　　　　　類 | 耐用年数 | 償　　却　　率 | | |
| --- | --- | --- | --- | --- |
| | | 定額法<br>(別表第八) | 定率法<br>(別表第九) | 新定率法<br>(別表第十) |
| 構　築　物 | 18年 | 0.056 | 0.139 | 0.111 |
| 機械及び装置 | 5 | 0.200 | 0.500 | 0.400 |

## 別表第六　開発研究用減価償却資産の耐用年数表

| 種　　類 | 細　　　　　目 | 耐用年数 | 償　　却　　率 | | |
| --- | --- | --- | --- | --- | --- |
| | | | 定額法<br>(別表第八) | 定率法<br>(別表第九) | 新定率法<br>(別表第十) |
| 建物及び建物附属設備 | 建物の全部又は一部を低温室、恒温室、無響室、電磁しゃへい室、放射性同位元素取扱室その他の特殊室にするために特に施設した内部造作又は建物附属設備 | 5年 | 0.200 | 0.500 | 0.400 |
| 構　築　物 | 風どう、試験水そう及び防壁 | 5 | 0.200 | 0.500 | 0.400 |
| | ガス又は工業薬品貯そう、アンテナ、鉄塔及び特殊用途に使用するもの | 7 | 0.143 | 0.357 | 0.286 |
| 工　　具 | | 4 | 0.250 | 0.625 | 0.500 |
| 器具及び備品 | 試験又は測定機器、計算機器、撮影機及び顕微鏡 | 4 | 0.250 | 0.625 | 0.500 |
| 機械及び装置 | 汎用ポンプ、汎用モーター、汎用金属工作機械、汎用金属加工機械その他これらに類するもの | 7 | 0.143 | 0.357 | 0.286 |
| | その他のもの | 4 | 0.250 | 0.625 | 0.500 |
| ソフトウエア | | 3 | 0.334 | | |

耐用年数表

## 別表第七　平成19年３月31日以前に取得をされた減価償却資産の償却率表

| 耐用年数 | 旧定額法の償却率 | | 旧定率法の償却率 | | 耐用年数 | 旧定額法の償却率 | | 旧定率法の償却率 | |
|---|---|---|---|---|---|---|---|---|---|
| 年 | 年率 | 半年率 | 年率 | 半年率 | 年 | 年率 | 半年率 | 年率 | 半年率 |
| 2 | 0.500 | 0.250 | 0.684 | 0.438 | 51 | 0.020 | 0.010 | 0.044 | |
| 3 | 0.333 | 0.167 | 0.536 | 0.319 | 52 | 0.020 | 0.010 | 0.043 | |
| 4 | 0.250 | 0.125 | 0.438 | 0.250 | 53 | 0.019 | 0.010 | 0.043 | |
| 5 | 0.200 | 0.100 | 0.369 | 0.206 | 54 | 0.019 | 0.010 | 0.042 | |
| 6 | 0.166 | 0.083 | 0.319 | 0.175 | 55 | 0.019 | 0.010 | 0.041 | |
| 7 | 0.142 | 0.071 | 0.280 | 0.152 | 56 | 0.018 | 0.009 | 0.040 | |
| 8 | 0.125 | 0.063 | 0.250 | 0.134 | 57 | 0.018 | 0.009 | 0.040 | |
| 9 | 0.111 | 0.056 | 0.226 | 0.120 | 58 | 0.018 | 0.009 | 0.039 | |
| | | | | | 59 | 0.017 | 0.009 | 0.038 | |
| 10 | 0.100 | 0.050 | 0.206 | 0.109 | 60 | 0.017 | 0.009 | 0.038 | |
| 11 | 0.090 | 0.045 | 0.189 | 0.099 | 61 | 0.017 | 0.009 | 0.037 | |
| 12 | 0.083 | 0.042 | 0.175 | 0.092 | 62 | 0.017 | 0.009 | 0.036 | |
| 13 | 0.076 | 0.038 | 0.162 | 0.085 | 63 | 0.016 | 0.008 | 0.036 | |
| 14 | 0.071 | 0.036 | 0.152 | 0.079 | 64 | 0.016 | 0.008 | 0.035 | |
| 15 | 0.066 | 0.033 | 0.142 | 0.074 | 65 | 0.016 | 0.008 | 0.035 | |
| 16 | 0.062 | 0.031 | 0.134 | 0.069 | 66 | 0.016 | 0.008 | 0.034 | |
| 17 | 0.058 | 0.029 | 0.127 | 0.066 | 67 | 0.015 | 0.008 | 0.034 | |
| 18 | 0.055 | 0.028 | 0.120 | 0.062 | 68 | 0.015 | 0.008 | 0.033 | |
| 19 | 0.052 | 0.026 | 0.114 | 0.059 | 69 | 0.015 | 0.008 | 0.033 | |
| 20 | 0.050 | 0.025 | 0.109 | 0.056 | 70 | 0.015 | 0.008 | 0.032 | |
| 21 | 0.048 | 0.024 | 0.104 | 0.053 | 71 | 0.014 | 0.007 | 0.032 | |
| 22 | 0.046 | 0.023 | 0.099 | 0.051 | 72 | 0.014 | 0.007 | 0.032 | |
| 23 | 0.044 | 0.022 | 0.095 | 0.049 | 73 | 0.014 | 0.007 | 0.031 | |
| 24 | 0.042 | 0.021 | 0.092 | 0.047 | 74 | 0.014 | 0.007 | 0.031 | |
| 25 | 0.040 | 0.020 | 0.088 | 0.045 | 75 | 0.014 | 0.007 | 0.030 | |
| 26 | 0.039 | 0.020 | 0.085 | 0.043 | 76 | 0.014 | 0.007 | 0.030 | |
| 27 | 0.037 | 0.019 | 0.082 | 0.042 | 77 | 0.013 | 0.007 | 0.030 | |
| 28 | 0.036 | 0.018 | 0.079 | 0.040 | 78 | 0.013 | 0.007 | 0.029 | |
| 29 | 0.035 | 0.018 | 0.076 | 0.039 | 79 | 0.013 | 0.007 | 0.029 | |
| 30 | 0.034 | 0.017 | 0.074 | 0.038 | 80 | 0.013 | 0.007 | 0.028 | |
| 31 | 0.033 | 0.017 | 0.072 | 0.036 | 81 | 0.013 | 0.007 | 0.028 | |
| 32 | 0.032 | 0.016 | 0.069 | 0.035 | 82 | 0.013 | 0.007 | 0.028 | |
| 33 | 0.031 | 0.016 | 0.067 | 0.034 | 83 | 0.012 | 0.006 | 0.027 | |
| 34 | 0.030 | 0.015 | 0.066 | 0.033 | 84 | 0.012 | 0.006 | 0.027 | |
| 35 | 0.029 | 0.015 | 0.064 | 0.032 | 85 | 0.012 | 0.006 | 0.026 | |
| 36 | 0.028 | 0.014 | 0.062 | 0.032 | 86 | 0.012 | 0.006 | 0.026 | |
| 37 | 0.027 | 0.014 | 0.060 | 0.031 | 87 | 0.012 | 0.006 | 0.026 | |
| 38 | 0.027 | 0.014 | 0.059 | 0.030 | 88 | 0.012 | 0.006 | 0.026 | |
| 39 | 0.026 | 0.013 | 0.057 | 0.029 | 89 | 0.012 | 0.006 | 0.026 | |
| 40 | 0.025 | 0.013 | 0.056 | 0.028 | 90 | 0.012 | 0.006 | 0.025 | |
| 41 | 0.025 | 0.013 | 0.055 | 0.028 | 91 | 0.011 | 0.006 | 0.025 | |
| 42 | 0.024 | 0.012 | 0.053 | 0.027 | 92 | 0.011 | 0.006 | 0.025 | |
| 43 | 0.024 | 0.012 | 0.052 | 0.026 | 93 | 0.011 | 0.006 | 0.025 | |
| 44 | 0.023 | 0.012 | 0.051 | 0.026 | 94 | 0.011 | 0.006 | 0.024 | |
| 45 | 0.023 | 0.012 | 0.050 | 0.025 | 95 | 0.011 | 0.006 | 0.024 | |
| 46 | 0.022 | 0.011 | 0.049 | 0.025 | 96 | 0.011 | 0.006 | 0.024 | |
| 47 | 0.022 | 0.011 | 0.048 | 0.024 | 97 | 0.011 | 0.006 | 0.023 | |
| 48 | 0.021 | 0.011 | 0.047 | 0.024 | 98 | 0.011 | 0.006 | 0.023 | |
| 49 | 0.021 | 0.011 | 0.046 | 0.023 | 99 | 0.011 | 0.006 | 0.023 | |
| 50 | 0.020 | 0.010 | 0.045 | 0.023 | 100 | 0.010 | 0.005 | 0.023 | |

（注）　「半年率」は編集部で付け加えたものです。

耐用年数表

## 別表第八　平成19年4月1日以後に取得をされた減価償却資産の定額法の償却率表

| 耐用年数 | 償却率 | | 耐用年数 | 償却率 | |
|---|---|---|---|---|---|
| | 年率 | 半年率 | | 年率 | 半年率 |
| 年 | | | 51 年 | 0.020 | 0.010 |
| 2 | 0.500 | 0.250 | 52 | 0.020 | 0.010 |
| 3 | 0.334 | 0.167 | 53 | 0.019 | 0.010 |
| 4 | 0.250 | 0.125 | 54 | 0.019 | 0.010 |
| 5 | 0.200 | 0.100 | 55 | 0.019 | 0.010 |
| 6 | 0.167 | 0.084 | 56 | 0.018 | 0.009 |
| 7 | 0.143 | 0.072 | 57 | 0.018 | 0.009 |
| 8 | 0.125 | 0.063 | 58 | 0.018 | 0.009 |
| 9 | 0.112 | 0.056 | 59 | 0.017 | 0.009 |
| 10 | 0.100 | 0.050 | 60 | 0.017 | 0.009 |
| 11 | 0.091 | 0.046 | 61 | 0.017 | 0.009 |
| 12 | 0.084 | 0.042 | 62 | 0.017 | 0.009 |
| 13 | 0.077 | 0.039 | 63 | 0.016 | 0.008 |
| 14 | 0.072 | 0.036 | 64 | 0.016 | 0.008 |
| 15 | 0.067 | 0.034 | 65 | 0.016 | 0.008 |
| 16 | 0.063 | 0.032 | 66 | 0.016 | 0.008 |
| 17 | 0.059 | 0.030 | 67 | 0.015 | 0.008 |
| 18 | 0.056 | 0.028 | 68 | 0.015 | 0.008 |
| 19 | 0.053 | 0.027 | 69 | 0.015 | 0.008 |
| 20 | 0.050 | 0.025 | 70 | 0.015 | 0.008 |
| 21 | 0.048 | 0.024 | 71 | 0.015 | 0.008 |
| 22 | 0.046 | 0.023 | 72 | 0.014 | 0.007 |
| 23 | 0.044 | 0.022 | 73 | 0.014 | 0.007 |
| 24 | 0.042 | 0.021 | 74 | 0.014 | 0.007 |
| 25 | 0.040 | 0.020 | 75 | 0.014 | 0.007 |
| 26 | 0.039 | 0.020 | 76 | 0.014 | 0.007 |
| 27 | 0.038 | 0.019 | 77 | 0.013 | 0.007 |
| 28 | 0.036 | 0.018 | 78 | 0.013 | 0.007 |
| 29 | 0.035 | 0.018 | 79 | 0.013 | 0.007 |
| 30 | 0.034 | 0.017 | 80 | 0.013 | 0.007 |
| 31 | 0.033 | 0.017 | 81 | 0.013 | 0.007 |
| 32 | 0.032 | 0.016 | 82 | 0.013 | 0.007 |
| 33 | 0.031 | 0.016 | 83 | 0.013 | 0.007 |
| 34 | 0.030 | 0.015 | 84 | 0.012 | 0.006 |
| 35 | 0.029 | 0.015 | 85 | 0.012 | 0.006 |
| 36 | 0.028 | 0.014 | 86 | 0.012 | 0.006 |
| 37 | 0.028 | 0.014 | 87 | 0.012 | 0.006 |
| 38 | 0.027 | 0.014 | 88 | 0.012 | 0.006 |
| 39 | 0.026 | 0.013 | 89 | 0.012 | 0.006 |
| 40 | 0.025 | 0.013 | 90 | 0.012 | 0.006 |
| 41 | 0.025 | 0.013 | 91 | 0.011 | 0.006 |
| 42 | 0.024 | 0.012 | 92 | 0.011 | 0.006 |
| 43 | 0.024 | 0.012 | 93 | 0.011 | 0.006 |
| 44 | 0.023 | 0.012 | 94 | 0.011 | 0.006 |
| 45 | 0.023 | 0.012 | 95 | 0.011 | 0.006 |
| 46 | 0.022 | 0.011 | 96 | 0.011 | 0.006 |
| 47 | 0.022 | 0.011 | 97 | 0.011 | 0.006 |
| 48 | 0.021 | 0.011 | 98 | 0.011 | 0.006 |
| 49 | 0.021 | 0.011 | 99 | 0.011 | 0.006 |
| 50 | 0.020 | 0.010 | 100 | 0.010 | 0.005 |

(注)　「半年率」は編集部で付け加えたものです。

耐用年数表

## 別表第九　平成19年4月1日から平成24年3月31日までの間に取得をされた減価償却資産の定率法の償却率、改定償却率及び保証率の表

| 耐用年数 | 償却率 | | 改定償却率 | | 保証率 |
|---|---|---|---|---|---|
| | 年率 | 半年率 | 年率 | 半年率 | |
| 年 2 | 1.000 | 0.500 | — | — | — |
| 3 | 0.833 | 0.417 | 1.000 | 0.500 | 0.02789 |
| 4 | 0.625 | 0.313 | 1.000 | 0.500 | 0.05274 |
| 5 | 0.500 | 0.250 | 1.000 | 0.500 | 0.06249 |
| 6 | 0.417 | 0.209 | 0.500 | 0.250 | 0.05776 |
| 7 | 0.357 | 0.179 | 0.500 | 0.250 | 0.05496 |
| 8 | 0.313 | 0.157 | 0.334 | 0.167 | 0.05111 |
| 9 | 0.278 | 0.139 | 0.334 | 0.167 | 0.04731 |
| 10 | 0.250 | 0.125 | 0.334 | 0.167 | 0.04448 |
| 11 | 0.227 | 0.114 | 0.250 | 0.125 | 0.04123 |
| 12 | 0.208 | 0.104 | 0.250 | 0.125 | 0.03870 |
| 13 | 0.192 | 0.096 | 0.200 | 0.100 | 0.03633 |
| 14 | 0.179 | 0.090 | 0.200 | 0.100 | 0.03389 |
| 15 | 0.167 | 0.084 | 0.200 | 0.100 | 0.03217 |
| 16 | 0.156 | 0.078 | 0.167 | 0.084 | 0.03063 |
| 17 | 0.147 | 0.074 | 0.167 | 0.084 | 0.02905 |
| 18 | 0.139 | 0.070 | 0.143 | 0.072 | 0.02757 |
| 19 | 0.132 | 0.066 | 0.143 | 0.072 | 0.02616 |
| 20 | 0.125 | 0.063 | 0.143 | 0.072 | 0.02517 |
| 21 | 0.119 | 0.060 | 0.125 | 0.063 | 0.02408 |
| 22 | 0.114 | 0.057 | 0.125 | 0.063 | 0.02296 |
| 23 | 0.109 | 0.055 | 0.112 | 0.056 | 0.02226 |
| 24 | 0.104 | 0.052 | 0.112 | 0.056 | 0.02157 |
| 25 | 0.100 | 0.050 | 0.112 | 0.056 | 0.02058 |
| 26 | 0.096 | 0.048 | 0.100 | 0.050 | 0.01989 |
| 27 | 0.093 | 0.047 | 0.100 | 0.050 | 0.01902 |
| 28 | 0.089 | 0.045 | 0.091 | 0.046 | 0.01866 |
| 29 | 0.086 | 0.043 | 0.091 | 0.046 | 0.01803 |
| 30 | 0.083 | 0.042 | 0.084 | 0.042 | 0.01766 |
| 31 | 0.081 | 0.041 | 0.084 | 0.042 | 0.01688 |
| 32 | 0.078 | 0.039 | 0.084 | 0.042 | 0.01655 |
| 33 | 0.076 | 0.038 | 0.077 | 0.039 | 0.01585 |
| 34 | 0.074 | 0.037 | 0.077 | 0.039 | 0.01532 |
| 35 | 0.071 | 0.036 | 0.072 | 0.036 | 0.01532 |
| 36 | 0.069 | 0.035 | 0.072 | 0.036 | 0.01494 |
| 37 | 0.068 | 0.034 | 0.072 | 0.036 | 0.01425 |
| 38 | 0.066 | 0.033 | 0.067 | 0.034 | 0.01393 |
| 39 | 0.064 | 0.032 | 0.067 | 0.034 | 0.01370 |
| 40 | 0.063 | 0.032 | 0.067 | 0.034 | 0.01317 |
| 41 | 0.061 | 0.031 | 0.063 | 0.032 | 0.01306 |
| 42 | 0.060 | 0.030 | 0.063 | 0.032 | 0.01261 |
| 43 | 0.058 | 0.029 | 0.059 | 0.030 | 0.01248 |
| 44 | 0.057 | 0.029 | 0.059 | 0.030 | 0.01210 |
| 45 | 0.056 | 0.028 | 0.059 | 0.030 | 0.01175 |
| 46 | 0.054 | 0.027 | 0.056 | 0.028 | 0.01175 |
| 47 | 0.053 | 0.027 | 0.056 | 0.028 | 0.01153 |
| 48 | 0.052 | 0.026 | 0.053 | 0.027 | 0.01126 |
| 49 | 0.051 | 0.026 | 0.053 | 0.027 | 0.01102 |
| 50 | 0.050 | 0.025 | 0.053 | 0.027 | 0.01072 |

耐用年数表

別表第九　平成19年4月1日から平成24年3月31日までの間に取得をされた減価償却資産の定率法の償却率、改定償却率及び保証率の表

| 耐用年数 | 償　却　率 | | 改定償却率 | | 保　証　率 |
|---|---|---|---|---|---|
| | 年　率 | 半年率 | 年　率 | 半年率 | |
| 51 年 | 0.049 | 0.025 | 0.050 | 0.025 | 0.01053 |
| 52 | 0.048 | 0.024 | 0.050 | 0.025 | 0.01036 |
| 53 | 0.047 | 0.024 | 0.048 | 0.024 | 0.01028 |
| 54 | 0.046 | 0.023 | 0.048 | 0.024 | 0.01015 |
| 55 | 0.045 | 0.023 | 0.046 | 0.023 | 0.01007 |
| 56 | 0.045 | 0.023 | 0.046 | 0.023 | 0.00961 |
| 57 | 0.044 | 0.022 | 0.046 | 0.023 | 0.00952 |
| 58 | 0.043 | 0.022 | 0.044 | 0.022 | 0.00945 |
| 59 | 0.042 | 0.021 | 0.044 | 0.022 | 0.00934 |
| 60 | 0.042 | 0.021 | 0.044 | 0.022 | 0.00895 |
| 61 | 0.041 | 0.021 | 0.042 | 0.021 | 0.00892 |
| 62 | 0.040 | 0.020 | 0.042 | 0.021 | 0.00882 |
| 63 | 0.040 | 0.020 | 0.042 | 0.021 | 0.00847 |
| 64 | 0.039 | 0.020 | 0.040 | 0.020 | 0.00847 |
| 65 | 0.038 | 0.019 | 0.039 | 0.020 | 0.00847 |
| 66 | 0.038 | 0.019 | 0.039 | 0.020 | 0.00828 |
| 67 | 0.037 | 0.019 | 0.038 | 0.019 | 0.00828 |
| 68 | 0.037 | 0.019 | 0.038 | 0.019 | 0.00810 |
| 69 | 0.036 | 0.018 | 0.038 | 0.019 | 0.00800 |
| 70 | 0.036 | 0.018 | 0.038 | 0.019 | 0.00771 |
| 71 | 0.035 | 0.018 | 0.036 | 0.018 | 0.00771 |
| 72 | 0.035 | 0.018 | 0.036 | 0.018 | 0.00751 |
| 73 | 0.034 | 0.017 | 0.035 | 0.018 | 0.00751 |
| 74 | 0.034 | 0.017 | 0.035 | 0.018 | 0.00738 |
| 75 | 0.033 | 0.017 | 0.034 | 0.017 | 0.00738 |
| 76 | 0.033 | 0.017 | 0.034 | 0.017 | 0.00726 |
| 77 | 0.032 | 0.016 | 0.033 | 0.017 | 0.00726 |
| 78 | 0.032 | 0.016 | 0.033 | 0.017 | 0.00716 |
| 79 | 0.032 | 0.016 | 0.033 | 0.017 | 0.00693 |
| 80 | 0.031 | 0.016 | 0.032 | 0.016 | 0.00693 |
| 81 | 0.031 | 0.016 | 0.032 | 0.016 | 0.00683 |
| 82 | 0.030 | 0.015 | 0.031 | 0.016 | 0.00683 |
| 83 | 0.030 | 0.015 | 0.031 | 0.016 | 0.00673 |
| 84 | 0.030 | 0.015 | 0.031 | 0.016 | 0.00653 |
| 85 | 0.029 | 0.015 | 0.030 | 0.015 | 0.00653 |
| 86 | 0.029 | 0.015 | 0.030 | 0.015 | 0.00645 |
| 87 | 0.029 | 0.015 | 0.030 | 0.015 | 0.00627 |
| 88 | 0.028 | 0.014 | 0.029 | 0.015 | 0.00627 |
| 89 | 0.028 | 0.014 | 0.029 | 0.015 | 0.00620 |
| 90 | 0.028 | 0.014 | 0.029 | 0.015 | 0.00603 |
| 91 | 0.027 | 0.014 | 0.027 | 0.014 | 0.00649 |
| 92 | 0.027 | 0.014 | 0.027 | 0.014 | 0.00632 |
| 93 | 0.027 | 0.014 | 0.027 | 0.014 | 0.00615 |
| 94 | 0.027 | 0.014 | 0.027 | 0.014 | 0.00598 |
| 95 | 0.026 | 0.013 | 0.027 | 0.014 | 0.00594 |
| 96 | 0.026 | 0.013 | 0.027 | 0.014 | 0.00578 |
| 97 | 0.026 | 0.013 | 0.027 | 0.014 | 0.00563 |
| 98 | 0.026 | 0.013 | 0.027 | 0.014 | 0.00549 |
| 99 | 0.025 | 0.013 | 0.026 | 0.013 | 0.00549 |
| 100 | 0.025 | 0.013 | 0.026 | 0.013 | 0.00546 |

(注)　「半年率」は編集部で付け加えたものです。

　　　なお、償却保証額と比較する調整前償却額の計算に使用する定率法の償却率は、事業年度の期間が1年未満の場合でも「年率」によります。

耐用年数表

**別表第十　平成24年4月1日以後に取得をされた減価償却資産の定率法の償却率、改定償却率及び保証率の表**

| 耐用年数 | 償 却 率 | | 改 定 償 却 率 | | 保 証 率 |
|---|---|---|---|---|---|
| | 年 率 | 半年率 | 年 率 | 半年率 | |
| 年 | | | | | |
| 2 | 1.000 | 0.500 | — | — | — |
| 3 | 0.667 | 0.334 | 1.000 | 0.500 | 0.11089 |
| 4 | 0.500 | 0.250 | 1.000 | 0.500 | 0.12499 |
| 5 | 0.400 | 0.200 | 0.500 | 0.250 | 0.10800 |
| 6 | 0.333 | 0.167 | 0.334 | 0.167 | 0.09911 |
| 7 | 0.286 | 0.143 | 0.334 | 0.167 | 0.08680 |
| 8 | 0.250 | 0.125 | 0.334 | 0.167 | 0.07909 |
| 9 | 0.222 | 0.111 | 0.250 | 0.125 | 0.07126 |
| 10 | 0.200 | 0.100 | 0.250 | 0.125 | 0.06552 |
| 11 | 0.182 | 0.091 | 0.200 | 0.100 | 0.05992 |
| 12 | 0.167 | 0.084 | 0.200 | 0.100 | 0.05566 |
| 13 | 0.154 | 0.077 | 0.167 | 0.084 | 0.05180 |
| 14 | 0.143 | 0.072 | 0.167 | 0.084 | 0.04854 |
| 15 | 0.133 | 0.067 | 0.143 | 0.072 | 0.04565 |
| 16 | 0.125 | 0.063 | 0.143 | 0.072 | 0.04294 |
| 17 | 0.118 | 0.059 | 0.125 | 0.063 | 0.04038 |
| 18 | 0.111 | 0.056 | 0.112 | 0.056 | 0.03884 |
| 19 | 0.105 | 0.053 | 0.112 | 0.056 | 0.03693 |
| 20 | 0.100 | 0.050 | 0.112 | 0.056 | 0.03486 |
| 21 | 0.095 | 0.048 | 0.100 | 0.050 | 0.03335 |
| 22 | 0.091 | 0.046 | 0.100 | 0.050 | 0.03182 |
| 23 | 0.087 | 0.044 | 0.091 | 0.046 | 0.03052 |
| 24 | 0.083 | 0.042 | 0.084 | 0.042 | 0.02969 |
| 25 | 0.080 | 0.040 | 0.084 | 0.042 | 0.02841 |
| 26 | 0.077 | 0.039 | 0.084 | 0.042 | 0.02716 |
| 27 | 0.074 | 0.037 | 0.077 | 0.039 | 0.02624 |
| 28 | 0.071 | 0.036 | 0.072 | 0.036 | 0.02568 |
| 29 | 0.069 | 0.035 | 0.072 | 0.036 | 0.02463 |
| 30 | 0.067 | 0.034 | 0.072 | 0.036 | 0.02366 |
| 31 | 0.065 | 0.033 | 0.067 | 0.034 | 0.02286 |
| 32 | 0.063 | 0.032 | 0.067 | 0.034 | 0.02216 |
| 33 | 0.061 | 0.031 | 0.063 | 0.032 | 0.02161 |
| 34 | 0.059 | 0.030 | 0.063 | 0.032 | 0.02097 |
| 35 | 0.057 | 0.029 | 0.059 | 0.030 | 0.02051 |
| 36 | 0.056 | 0.028 | 0.059 | 0.030 | 0.01974 |
| 37 | 0.054 | 0.027 | 0.056 | 0.028 | 0.01950 |
| 38 | 0.053 | 0.027 | 0.056 | 0.028 | 0.01882 |
| 39 | 0.051 | 0.026 | 0.053 | 0.027 | 0.01860 |
| 40 | 0.050 | 0.025 | 0.053 | 0.027 | 0.01791 |
| 41 | 0.049 | 0.025 | 0.050 | 0.025 | 0.01741 |
| 42 | 0.048 | 0.024 | 0.050 | 0.025 | 0.01694 |
| 43 | 0.047 | 0.024 | 0.048 | 0.024 | 0.01664 |
| 44 | 0.045 | 0.023 | 0.046 | 0.023 | 0.01664 |
| 45 | 0.044 | 0.022 | 0.046 | 0.023 | 0.01634 |
| 46 | 0.043 | 0.022 | 0.044 | 0.022 | 0.01601 |
| 47 | 0.043 | 0.022 | 0.044 | 0.022 | 0.01532 |
| 48 | 0.042 | 0.021 | 0.044 | 0.022 | 0.01499 |
| 49 | 0.041 | 0.021 | 0.042 | 0.021 | 0.01475 |
| 50 | 0.040 | 0.020 | 0.042 | 0.021 | 0.01440 |

## 耐用年数表

別表第十　平成24年4月1日以後に取得をされた減価償却資産の定率法の償却率、改定償却率及び保証率の表

| 耐用年数 | 償 却 率 | | 改 定 償 却 率 | | 保 証 率 |
| --- | --- | --- | --- | --- | --- |
| | 年 率 | 半年率 | 年 率 | 半年率 | |
| 51 年 | 0.039 | 0.020 | 0.040 | 0.020 | 0.01422 |
| 52 | 0.038 | 0.019 | 0.039 | 0.020 | 0.01422 |
| 53 | 0.038 | 0.019 | 0.039 | 0.020 | 0.01370 |
| 54 | 0.037 | 0.019 | 0.038 | 0.019 | 0.01370 |
| 55 | 0.036 | 0.018 | 0.038 | 0.019 | 0.01337 |
| 56 | 0.036 | 0.018 | 0.038 | 0.019 | 0.01288 |
| 57 | 0.035 | 0.018 | 0.036 | 0.018 | 0.01281 |
| 58 | 0.034 | 0.017 | 0.035 | 0.018 | 0.01281 |
| 59 | 0.034 | 0.017 | 0.035 | 0.018 | 0.01240 |
| 60 | 0.033 | 0.017 | 0.034 | 0.017 | 0.01240 |
| 61 | 0.033 | 0.017 | 0.034 | 0.017 | 0.01201 |
| 62 | 0.032 | 0.016 | 0.033 | 0.017 | 0.01201 |
| 63 | 0.032 | 0.016 | 0.033 | 0.017 | 0.01165 |
| 64 | 0.031 | 0.016 | 0.032 | 0.016 | 0.01165 |
| 65 | 0.031 | 0.016 | 0.032 | 0.016 | 0.01130 |
| 66 | 0.030 | 0.015 | 0.031 | 0.016 | 0.01130 |
| 67 | 0.030 | 0.015 | 0.031 | 0.016 | 0.01097 |
| 68 | 0.029 | 0.015 | 0.030 | 0.015 | 0.01097 |
| 69 | 0.029 | 0.015 | 0.030 | 0.015 | 0.01065 |
| 70 | 0.029 | 0.015 | 0.030 | 0.015 | 0.01034 |
| 71 | 0.028 | 0.014 | 0.029 | 0.015 | 0.01034 |
| 72 | 0.028 | 0.014 | 0.029 | 0.015 | 0.01006 |
| 73 | 0.027 | 0.014 | 0.027 | 0.014 | 0.01063 |
| 74 | 0.027 | 0.014 | 0.027 | 0.014 | 0.01035 |
| 75 | 0.027 | 0.014 | 0.027 | 0.014 | 0.01007 |
| 76 | 0.026 | 0.013 | 0.027 | 0.014 | 0.00980 |
| 77 | 0.026 | 0.013 | 0.027 | 0.014 | 0.00954 |
| 78 | 0.026 | 0.013 | 0.027 | 0.014 | 0.00929 |
| 79 | 0.025 | 0.013 | 0.026 | 0.013 | 0.00929 |
| 80 | 0.025 | 0.013 | 0.026 | 0.013 | 0.00907 |
| 81 | 0.025 | 0.013 | 0.026 | 0.013 | 0.00884 |
| 82 | 0.024 | 0.012 | 0.024 | 0.012 | 0.00929 |
| 83 | 0.024 | 0.012 | 0.024 | 0.012 | 0.00907 |
| 84 | 0.024 | 0.012 | 0.024 | 0.012 | 0.00885 |
| 85 | 0.024 | 0.012 | 0.024 | 0.012 | 0.00864 |
| 86 | 0.023 | 0.012 | 0.023 | 0.012 | 0.00885 |
| 87 | 0.023 | 0.012 | 0.023 | 0.012 | 0.00864 |
| 88 | 0.023 | 0.012 | 0.023 | 0.012 | 0.00844 |
| 89 | 0.022 | 0.011 | 0.022 | 0.011 | 0.00863 |
| 90 | 0.022 | 0.011 | 0.022 | 0.011 | 0.00844 |
| 91 | 0.022 | 0.011 | 0.022 | 0.011 | 0.00825 |
| 92 | 0.022 | 0.011 | 0.022 | 0.011 | 0.00807 |
| 93 | 0.022 | 0.011 | 0.022 | 0.011 | 0.00790 |
| 94 | 0.021 | 0.011 | 0.021 | 0.011 | 0.00807 |
| 95 | 0.021 | 0.011 | 0.021 | 0.011 | 0.00790 |
| 96 | 0.021 | 0.011 | 0.021 | 0.011 | 0.00773 |
| 97 | 0.021 | 0.011 | 0.021 | 0.011 | 0.00757 |
| 98 | 0.020 | 0.010 | 0.020 | 0.010 | 0.00773 |
| 99 | 0.020 | 0.010 | 0.020 | 0.010 | 0.00757 |
| 100 | 0.020 | 0.010 | 0.020 | 0.010 | 0.00742 |

(注)　「半年率」は編集部で付け加えたものです。

　　　　なお、償却保証額と比較する調整前償却額の計算に使用する定率法の償却率は、事業年度の期間が1年未満の場合でも「年率」によります。

耐用年数表

## 別表第十一　平成19年３月31日以前に取得をされた減価償却資産の残存割合表

| 種　　　　　類 | 細　　　　　目 | 残存割合 |
|---|---|---|
| 別表第一、別表第二、別表第五及び別表第六に掲げる減価償却資産（同表に掲げるソフトウエアを除く。） | | 0.100 |
| 別表第三に掲げる無形減価償却資産、別表第六に掲げるソフトウエア並びに鉱業権及び坑道 | | 0 |
| 別表第四に掲げる生物 | 牛<br>　繁殖用の乳用牛及び種付用の役肉用牛<br>　種付用の乳用牛<br>　その他用のもの | <br>0.200<br>0.100<br>0.500 |
| | 馬<br>　繁殖用及び競走用のもの<br>　種付用のもの<br>　その他用のもの | <br>0.200<br>0.100<br>0.300 |
| | 豚 | 0.300 |
| | 綿羊及びやぎ | 0.050 |
| | 果樹その他の植物 | 0.050 |

——(1132)——

## 令和4年分　所得税の速算表

○　この表は、山林所得以外の所得金額に対する税額を求めるためのものです。

《「課税される所得金額」に対する所得税額の速算表》

| 課税される所得金額 | 税率 | 控除額 |
|---|---|---|
| | ％ | 円 |
| 1,000円から　1,949,000円まで | 5 | ― |
| 1,950,000円から　3,299,000円まで | 10 | 97,500 |
| 3,300,000円から　6,949,000円まで | 20 | 427,500 |
| 6,950,000円から　8,999,000円まで | 23 | 636,000 |
| 9,000,000円から　17,999,000円まで | 33 | 1,536,000 |
| 18,000,000円から　39,999,000円まで | 40 | 2,796,000 |
| 40,000,000円から | 45 | 4,796,000 |

(注1)　課税される所得金額の1,000円未満の端数は切り捨てます。

(注2)　端数処理後の課税される所得金額をこの表の「課税される所得金額」欄に当てはめ、その当てはまる行の右側の「税率」を「課税される所得金額」に掛けて一応の金額を求め、次に、その金額からその行の右端の「控除額」を差し引いた残りの金額が求める税額です。

(注3)　例えば、「課税される所得金額」が650万円の場合には、求める税額は次のようになります。
　　　　6,500,000円×20％－427,500円＝872,500円

(注4)　変動所得や臨時所得に対する平均課税の適用を受ける場合の調整所得金額に対する税額もこの表で求めます。

(注5)　平成25年1月1日から令和19年12月31日までの各年分の確定申告の際には、併せて基準所得税額に2.1％の税率を乗じて計算した復興特別所得税を申告・納付することになります。

## 令和4年分　山林所得に対する所得税の速算表

○　この表は、山林所得金額に対する税額を求めるためのものです。

《「課税山林所得金額」に対する所得税額の速算表》

| 課　税　山　林　所　得　金　額 | 税　率 | 控　除　額 |
|---|---|---|
| | % | 円 |
| 1,000円から　　9,749,000円まで | 5 | ― |
| 9,750,000円から　16,499,000円まで | 10 | 487,500 |
| 16,500,000円から　34,749,000円まで | 20 | 2,137,500 |
| 34,750,000円から　44,999,000円まで | 23 | 3,180,000 |
| 45,000,000円から　89,999,000円まで | 33 | 7,680,000 |
| 90,000,000円から　199,999,000円まで | 40 | 13,980,000 |
| 200,000,000円から | 45 | 23,980,000 |

（注1）　課税山林所得金額の1,000円未満の端数は切り捨てます。

（注2）　端数処理後の課税山林所得金額をこの表の「課税山林所得金額」欄に当てはめ、その当てはまる行の右側の「税率」を「課税山林所得金額」に掛けて一応の金額を求め、次に、その金額からその行の右端の「控除額」を差し引いた残りの金額が求める税額です。

（注3）　例えば、「課税山林所得金額」が4,000万円の場合には、求める税額は次のようになります。

40,000,000円×23％－3,180,000円＝6,020,000円

（注4）　平成25年1月1日から令和19年12月31日までの各年分の確定申告の際には、併せて基準所得税額に2.1％の税率を乗じて計算した復興特別所得税を申告・納付することになります。

# 令和4年分　分離課税の譲渡所得等に対する所得税の速算表

○　この表は、分離課税の譲渡所得等に対する税額を求めるためのものです。

| 分離課税の譲渡所得金額に対する税額 | 分離長期譲渡所得 | 一般所得分<br>（措法31①） | 課税長期譲渡所得金額×15% |
|---|---|---|---|
| | | 特定所得分<br>（措法31の2①） | ①　課税長期譲渡所得金額が2,000万円以下の場合<br>　　課税長期譲渡所得金額×10%<br>②　課税長期譲渡所得金額が2,000万円を超える場合<br>　　課税長期譲渡所得金額×15%－100万円 |
| | | 軽減所得分<br>（措法31の3①） | ①　課税長期譲渡所得金額が6,000万円以下の場合<br>　　課税長期譲渡所得金額×10%<br>②　課税長期譲渡所得金額が6,000万円を超える場合<br>　　課税長期譲渡所得金額×15%－300万円 |
| | 分離短期譲渡所得 | 一般所得分<br>（措法32①） | 課税短期譲渡所得金額×30% |
| | | 軽減所得分<br>（措法32③） | 課税短期譲渡所得金額×15% |
| 分離課税の上場株式等に係る配当所得等の金額に対する税額<br>（措法8の4） | | | 上場株式等に係る課税配当所得等の金額×15% |
| 分離課税の株式等に係る譲渡所得等の金額に対する税額 | | 一般株式等<br>（措法37の10①） | 一般株式等に係る課税譲渡所得等の金額×15% |
| | | 上場株式等<br>（措法37の11①） | 上場株式等に係る課税譲渡所得等の金額×15% |
| 分離課税の先物取引に係る雑所得等の金額に対する税額<br>（措法41の14①） | | | 先物取引に係る課税雑所得等の金額×15% |

**(注)**　平成25年1月1日から令和19年12月31日までの各年分の確定申告の際には、併せて基準所得税額に2.1%の税率を乗じて計算した復興特別所得税を申告・納付することになります。

## 令和4年分　給与所得の速算表

| 給与等の収入金額の合計額 | | 給与所得の金額 | | |
|---|---|---|---|---|
| から | まで | | | |
| 550,999円まで | | 0円 | | |
| 551,000円 | 1,618,999円 | 給与等の収入金額の合計額から550,000円を控除した金額 | | |
| 1,619,000 | 1,619,999 | 1,069,000円 | | |
| 1,620,000 | 1,621,999 | 1,070,000円 | | |
| 1,622,000 | 1,623,999 | 1,072,000円 | | |
| 1,624,000 | 1,627,999 | 1,074,000円 | | |
| 1,628,000 | 1,799,999 | 給与等の収入金額の合計額を「4」で割って千円未満の端数を切り捨て（算出金額：A） | | 「A×2.4＋100,000円」で求めた金額 |
| 1,800,000 | 3,599,999 | | | 「A×2.8－80,000円」で求めた金額 |
| 3,600,000 | 6,599,999 | | | 「A×3.2－440,000円」で求めた金額 |
| 6,600,000 | 8,499,999 | 「収入金額×0.9－1,100,000円」で求めた金額 | | |
| 8,500,000円以上 | | 「収入金額－1,950,000円」で求めた金額 | | |

《計算例》「給与等の収入金額の合計額」が5,812,500円の場合の給与所得の金額

① 5,812,500円÷4＝1,453,125円

② 1,453,125円の千円未満の端数を切り捨てる → 1,453,000円…A

③ 1,453,000円×3.2－440,000円＝4,209,600円

## ◎所得金額調整控除

① 給与等の収入金額の合計額が850万円を超える場合の所得金額調整控除

　給与等の収入金額の合計額が850万円を超える場合で、以下の場合に該当するときの総所得金額の計算においては、給与等の収入金額（その給与等の収入金額が1,000万円を超える場合には、1,000万円）から850万円を控除した金額の10％相当額を、給与所得の金額から控除する。

・本人が特別障害者に該当する場合

・年齢23歳未満の扶養親族又は特別障害者である同一生計配偶者若しくは扶養親族を有する場合

② 給与所得控除後の給与等の金額及び公的年金等に係る雑所得の金額がある場合の所得金額調整控除

　給与所得控除後の給与等の金額及び公的年金等に係る雑所得の金額がある場合で、給与所得控除後の給与等の金額及び公的年金等に係る雑所得の金額の合計額が10万円を超えるときの総所得金額の計算においては、給与所得控除後の給与等の金額（10万円を限度）及び公的年金等に係る雑所得の金額（10万円を限度）の合計額から10万円を控除した残額を、給与所得の金額から控除する。

　ただし、①の適用がある場合、①適用後の金額から控除する。

# 令和4年分　公的年金等に係る雑所得の速算表

　公的年金等に係る雑所得以外の所得に係る合計所得金額及び公的年金等の収入金額に応じて以下のとおりとなります。

⑴　公的年金等に係る雑所得以外の所得に係る合計所得金額が1,000万円以下

| 年齢区分 | | 公的年金等の収入<br>金額の合計額（A） | 公的年金等の雑所得 |
|---|---|---|---|
| （65歳未満）<br>昭和33年1月2日<br>以後に生まれた人 | | 〜600,000円 | 0円 |
| | | 600,001円〜1,299,999円 | A－600,000円 |
| | | 1,300,000円〜4,099,999円 | A×0.75－275,000円 |
| | | 4,100,000円〜7,699,999円 | A×0.85－685,000円 |
| | | 7,700,000円〜9,999,999円 | A×0.95－1,455,000円 |
| | | 10,000,000円〜 | A－1,955,000円 |
| （65歳以上）<br>昭和33年1月1日<br>以前に生まれた人 | | 〜1,100,000円 | 0円 |
| | | 1,100,001円〜3,299,999円 | A－1,100,000円 |
| | | 3,300,000円〜4,099,999円 | A×0.75－275,000円 |
| | | 4,100,000円〜7,699,999円 | A×0.85－685,000円 |
| | | 7,700,000円〜9,999,999円 | A×0.95－1,455,000円 |
| | | 10,000,000円〜 | A－1,955,000円 |

⑵　公的年金等に係る雑所得以外の所得に係る合計所得金額が1,000万円超2,000万円以下

| 年齢区分 | | 公的年金等の収入<br>金額の合計額（A） | 公的年金等の雑所得 |
|---|---|---|---|
| （65歳未満）<br>昭和33年1月2日<br>以後に生まれた方 | | 〜500,000円 | 0円 |
| | | 500,001円〜1,299,999円 | A－500,000円 |
| | | 1,300,000円〜4,099,999円 | A×0.75－175,000円 |
| | | 4,100,000円〜7,699,999円 | A×0.85－585,000円 |
| | | 7,700,000円〜9,999,999円 | A×0.95－1,355,000円 |
| | | 10,000,000円〜 | A－1,855,000円 |
| （65歳以上）<br>昭和33年1月1日<br>以前に生まれた方 | | 〜1,000,000円 | 0円 |
| | | 1,000,001円〜3,299,999円 | A－1,000,000円 |
| | | 3,300,000円〜4,099,999円 | A×0.75－175,000円 |
| | | 4,100,000円〜7,699,999円 | A×0.85－585,000円 |
| | | 7,700,000円〜9,999,999円 | A×0.95－1,355,000円 |
| | | 10,000,000円〜 | A－1,855,000円 |

雑所得の速算表

(3) 公的年金等に係る雑所得以外の所得に係る合計所得金額が2,000万円超

| 年齢区分 | 公的年金等の収入金額の合計額（A） | 公的年金等の雑所得 |
|---|---|---|
| 昭和33年1月2日以後に生まれた方（65歳未満） | 〜400,000円 | 0円 |
| | 400,001円〜1,299,999円 | A−400,000円 |
| | 1,300,000円〜4,099,999円 | A×0.75−75,000円 |
| | 4,100,000円〜7,699,999円 | A×0.85−485,000円 |
| | 7,700,000円〜9,999,999円 | A×0.95−1,255,000円 |
| | 10,000,000円〜 | A−1,755,000円 |
| 昭和33年1月1日以前に生まれた方（65歳以上） | 〜900,000円 | 0円 |
| | 900,001円〜3,299,999円 | A−900,000円 |
| | 3,300,000円〜4,099,999円 | A×0.75−75,000円 |
| | 4,100,000円〜7,699,999円 | A×0.85−485,000円 |
| | 7,700,000円〜9,999,999円 | A×0.95−1,255,000円 |
| | 10,000,000円〜 | A−1,755,000円 |

# 令和4年分／諸控除額一覧表

| 雑 損 控 除 額 | 差引損失額−所得金額の合計額×10% ＝ A いずれか多<br>差引損失額のうち災害関連支出の金額−5万円＝ B い方の金額<br>(注) 差引損失額＝損害金額＋災害関連支出の金額−保険金等で補填される金額 |
|---|---|
| 医 療 費 控 除 額 | $\left(\begin{array}{l}\text{その年中に支払}\\\text{った医療費の額}\end{array}-\begin{array}{l}\text{保険金等で補}\\\text{填される額}\end{array}\right)-\left(\begin{array}{l}\text{10万円と「所得金額の合計額の5}\\\text{％」とのいずれか少ない方の金額}\end{array}\right)$ (最高限度額200万円) |
| 医療費控除の特例<br>＊上記医療費控除と選<br>　択適用 | $\left(\begin{array}{l}\text{その年中に支払った特定一般}\\\text{用医薬品等購入費の合計額}\end{array}-\begin{array}{l}\text{保険金等で補填}\\\text{される額}\end{array}\right)-12,000円$ (最高限度額88,000円) |
| 社会保険料控除額 | 支払った又は給与、公的年金から控除される社会保険料の合計額 |
| 小 規 模 企 業 共 済<br>等 掛 金 控 除 額 | 支払った小規模企業共済掛金（旧第2種共済掛金を除く。）、確定拠出年金法の企業型<br>年金加入者掛金又は個人型年金加入者掛金及び心身障害者扶養共済掛金の合計額 |

## 生命保険料控除額（所得控除額）

平成24年1月1日以後に締結した保険契約等に係る保険料と平成23年12月31日以前に締結した保険契約等に係る保険料では、生命保険料控除の取扱いが異なります。

〔計算〕　　　　　　　　　　　　　　［最高12万円］

［新契約］
- 新生命保険料控除（最高4万円）（遺族保障等）
- 介護医療保険料控除（最高4万円）（介護保障、医療保障）
- 新個人年金保険料控除（最高4万円）（老後保障）

新契約と旧契約の双方について控除の適用を受ける場合は合計で最高4万円　　　　　　　　新契約と旧契約の双方について控除の適用を受ける場合は合計で最高4万円

［旧契約］
- 旧生命保険料控除（最高5万円）（遺族保障、介護保障、医療保障等）
- 旧個人年金保険料控除（最高5万円）（老後保障）

### ① 新契約（平成24年1月1日以後に締結した保険契約等）に基づく場合の控除額

平成24年1月1日以後に締結した保険契約等に基づく新生命保険料、介護医療保険料、新個人年金保険料の控除額は、それぞれ次の表の計算式に当てはめて計算した金額です。

| 年間の支払保険料等 | | 控除額 |
|---|---|---|
| | 20,000円以下 | 支払保険料等の全額 |
| 20,000円超 | 40,000円以下 | 支払保険料等×1/2＋10,000円 |
| 40,000円超 | 80,000円以下 | 支払保険料等×1/4＋20,000円 |
| 80,000円超 | | 一律40,000円 |

### ② 旧契約（平成23年12月31日以前に締結した保険契約等）に基づく場合の控除額

平成23年12月31日以前に締結した保険契約等に基づく旧生命保険料と旧個人年金保険料の控除額は、それぞれ次の表の計算式に当てはめて計算した金額です。

| 年間の支払保険料等 | | 控除額 |
|---|---|---|
| | 25,000円以下 | 支払保険料等の全額 |
| 25,000円超 | 50,000円以下 | 支払保険料等×1/2＋12,500円 |
| 50,000円超 | 100,000円以下 | 支払保険料等×1/4＋25,000円 |
| 100,000円超 | | 一律50,000円 |

(注) いわゆる第三分野とされる保険（医療保険や介護保険）の保険料も、旧生命保険料となります。

### ③ 新契約と旧契約の双方に加入している場合の控除額

新契約と旧契約の双方に加入している場合の新（旧）生命保険料又は新（旧）個人年金保険料は、生命保険料又は個人年金保険料の別に、次のいずれかを選択して控除額を計算します。

| 適用する生命保険料控除 | 控除額 |
|---|---|
| 新契約のみ生命保険料控除を適用 | ①に基づき算定した控除額 |
| 旧契約のみ生命保険料控除を適用 | ②に基づき算定した控除額 |
| 新契約と旧契約の双方について<br>生命保険料控除を適用 | ①に基づき算定した新契約の控除額と<br>②に基づき算定した旧契約の控除額の合計額<br>（最高4万円） |

### ④ 生命保険料控除額

①〜③による各控除額の合計額が生命保険料控除額となります。なお、この合計額が12万円を超える場合には、生命保険料控除額は12万円となります。

# 諸控除額一覧表

<table>
<tr><td rowspan="9">地震保険料控除額</td><td colspan="2">区　分</td><td>支払保険料の金額(A)</td><td colspan="2">控　除　額</td></tr>
<tr><td colspan="2">①地震保険料</td><td>50,000円まで</td><td colspan="2">(A)の金額</td></tr>
<tr><td colspan="2"></td><td>50,000円超</td><td colspan="2">50,000円</td></tr>
<tr><td colspan="2">②旧長期損害保険料</td><td>10,000円まで</td><td colspan="2">(A)の金額</td></tr>
<tr><td colspan="2"></td><td>10,001円から20,000円</td><td colspan="2">(A)×½＋5,000円</td></tr>
<tr><td colspan="2"></td><td>20,000円超</td><td colspan="2">15,000円</td></tr>
<tr><td colspan="2">①、②の両方がある場合</td><td></td><td colspan="2">①、②それぞれの方法で計算した金額の合計額（最高5万円）</td></tr>
<tr><td colspan="5">※　一の損害保険契約等が地震保険料控除の対象となる損害保険契約等又は旧長期損害保険料控除の対象となる長期損害保険契約等のいずれにも該当するときは、いずれか一の契約のみに該当するものとして控除額を計算します。</td></tr>
<tr><td colspan="5"></td></tr>
<tr><td>寄附金控除額</td><td colspan="5">（「特定寄附金の支出額」と「総所得金額等の合計額の40％」とのいずれか少ない方の金額）－2,000円</td></tr>
<tr><td rowspan="5">障害者控除額</td><td colspan="2" rowspan="2">区　分</td><td colspan="3">控　除　額</td></tr>
<tr><td>本　人</td><td colspan="2">同一生計配偶者又は扶養親族</td></tr>
<tr><td colspan="2">障害者</td><td colspan="3">270,000円</td></tr>
<tr><td colspan="2">特別障害者</td><td colspan="3">400,000円</td></tr>
<tr><td colspan="2">同居特別障害者</td><td></td><td colspan="2">750,000円</td></tr>
<tr><td></td><td colspan="5">（注）　障害者控除は、年少扶養親族（年齢16歳未満の者をいいます。）についても適用されます。</td></tr>
<tr><td>寡　婦　控　除</td><td colspan="5">270,000円</td></tr>
<tr><td>ひとり親控除</td><td colspan="5">350,000円</td></tr>
<tr><td>勤労学生控除額</td><td colspan="5">270,000円</td></tr>
<tr><td rowspan="4">配偶者控除額<br>［所得金額が1,000万円を超える年については受けることができません。］</td><td colspan="2" rowspan="2">本人の合計所得金額</td><td colspan="3">控除額</td></tr>
<tr><td colspan="2">控除対象配偶者</td><td>老人控除対象配偶者</td></tr>
<tr><td colspan="2">900万円以下</td><td colspan="2">38万円</td><td>48万円</td></tr>
<tr><td colspan="2">900万円超　950万円以下</td><td colspan="2">26万円</td><td>32万円</td></tr>
<tr><td colspan="2">950万円超　1,000万円以下</td><td colspan="2">13万円</td><td>16万円</td></tr>
</table>

<table>
<tr><td rowspan="11">配偶者特別控除額<br>［所得金額が1,000万円を超える年については受けることができません。］</td><td></td><td>①本人の合計所得金額が900万円以下</td><td>②本人の合計所得金額が900万円超950万円以下</td><td>③本人の合計所得金額が950万円超1,000万円以下</td></tr>
<tr><td>配偶者の合計所得金額</td><td>控除額</td><td>控除額</td><td>控除額</td></tr>
<tr><td>48万円超　95万円以下</td><td>38万円</td><td>26万円</td><td>13万円</td></tr>
<tr><td>95万円超　100万円以下</td><td>36万円</td><td>24万円</td><td>12万円</td></tr>
<tr><td>100万円超　105万円以下</td><td>31万円</td><td>21万円</td><td>11万円</td></tr>
<tr><td>105万円超　110万円以下</td><td>26万円</td><td>18万円</td><td>9万円</td></tr>
<tr><td>110万円超　115万円以下</td><td>21万円</td><td>14万円</td><td>7万円</td></tr>
<tr><td>115万円超　120万円以下</td><td>16万円</td><td>11万円</td><td>6万円</td></tr>
<tr><td>120万円超　125万円以下</td><td>11万円</td><td>8万円</td><td>4万円</td></tr>
<tr><td>125万円超　130万円以下</td><td>6万円</td><td>4万円</td><td>2万円</td></tr>
<tr><td>130万円超　133万円以下</td><td>3万円</td><td>2万円</td><td>1万円</td></tr>
</table>

<table>
<tr><td rowspan="5">扶　養　控　除　額</td><td colspan="2">区　分</td><td>控　除　額</td></tr>
<tr><td colspan="2">一般の控除対象扶養親族<br>（扶養親族のうち年齢16歳以上の者）</td><td>380,000円</td></tr>
<tr><td colspan="2">特定扶養親族<br>（扶養親族のうち年齢19歳以上23歳未満の者）</td><td>630,000円</td></tr>
<tr><td rowspan="2">老人扶養親族<br>（扶養親族のうち年齢70歳以上の者）</td><td>同居老親等以外</td><td>480,000円</td></tr>
<tr><td>同居老親等</td><td>580,000円</td></tr>
</table>

## 諸控除額一覧表

| | | 納税者本人の合計所得金額 | 控除額 |
|---|---|---|---|
| **基礎控除額** | （注）年少扶養親族（年齢16歳未満）に対する扶養控除は廃止されています。 | | |
| | | 2,400万円以下 | 48万円 |
| | | 2,400万円超　2,450万円以下 | 32万円 |
| | | 2,450万円超　2,500万円以下 | 16万円 |
| | | 2,500万円超 | 0円 |

**配当控除額**

「課税総所得金額、土地等に係る課税短期譲渡所得金額、課税長期譲渡所得金額、上場株式等に係る課税配当所得等の金額（申告分離課税）、一般株式等に係る課税譲渡所得等の金額（申告分離課税）、上場株式等に係る課税譲渡所得等の金額（申告分離課税）、先物取引に係る課税雑所得等の金額（申告分離課税）の合計」＝Ⓐの金額が、

① 1千万円までの場合……………………………………**総合課税の配当所得の金額×10%**
② 1千万円を超える場合で、配当所得の金額が、
　 （イ）「Ⓐの金額－1千万円」以下のとき ……… **総合課税の配当所得の金額×5%**
　 （ロ）「Ⓐの金額－1千万円」を超えるとき ……
　　　　**「総合課税の配当所得の金額×10%」－「（Ⓐの金額－1千万円）×5%」**

＊1　証券投資信託等の収益の分配については配当控除率が1/2となります。
＊2　上記の算式の「配当所得の金額」には、基金利息、私募公社債等運用投資信託等の分配金、外国法人からの配当金、申告分離課税を選択した上場株式等に係る配当所得、確定申告をしないことを選択した配当所得は含まれません。

**税額控除額　住宅借入金等特別控除額**

| 居住の用に供した日 | 控除額（100円未満の端数切捨て） | 控除期間 | 所得要件 |
|---|---|---|---|
| 平20.1.1～平20.12.31 | 住宅借入金等の年末残高の合計額（2,000万円が限度）×0.6%（11～15年目　0.4%） | 15年 | 3,000万円以下 |
| 平25.1.1～平26.3.31 | 住宅借入金等の年末残高の合計額（2,000万円が限度）×1% | | |
| 平26.4.1～令3.12.31 | 住宅借入金等の年末残高の合計額（4,000万円＊が限度）×1%　＊ 特定取得（注）に該当しない場合は2,000万円 | 10年 | |
| 令元.10.1～令4.12.31 | ［住宅の取得等が特別特定取得、特例取得、特別特例取得、特例特別特例取得(注)に該当する場合］<br>【1～10年目】住宅借入金等の年末残高の合計額（4,000万円が限度）×1%<br>【11～13年目】次のいずれか少ない額が控除限度額<br>①住宅借入金等の年末残高の合計額（4,000万円が限度）×1%<br>②（住宅取得等対価の額－消費税額）（4,000万円が限度）×2%÷3<br>＊「住宅取得等対価の額」は、補助金及び住宅取得等資金の贈与の額を控除しないで計算した金額をいいます。 | 13年 | 3,000万円以下（特例特別特例取得の場合は1,000万円以下） |

（注）「特定取得」「特別特定取得」「特例取得」「特別特例取得」「特例特別特例取得」については、476ページ以下を参照してください。

| 住宅区分 | 居住の用に供した日 | 控除額（100円未満の端数切捨て） | 控除期間 | 所得要件 |
|---|---|---|---|---|
| 住宅の新築等又は買取再販住宅の取得 | 令4.1.1～令5.12.31 | 住宅借入金等の年末残高の合計額（3,000万円が限度）×0.7% | 13年 | 2,000万円以下（特例居住用家屋の新築等の場合は1,000万円以下） |
| | 令6.1.1～令7.12.31 | 住宅借入金等の年末残高の合計額（2,000万円が限度）×0.7% | 10年 | |
| 既存住宅の取得（買取再販住宅の取得を除きます。）又は増改築等 | 令4.1.1～令7.12.31 | 住宅借入金等の年末残高の合計額（2,000万円が限度）×0.7% | 10年 | |

（注）「特例居住用家屋の新築等」については、485ページを参照してください。

# 諸控除額一覧表

## 〔認定住宅等の新築等の特例の場合〕

| 居住の用に<br>供した日 | 控除額（100円未満の端数切捨て） | 控除<br>期間 | 所得<br>要件 |
|---|---|---|---|
| 平25.1.1〜<br>平26.3.31 | 住宅借入金等の年末残高の合計額（3,000万円が限度）<br>×1% | 10年 | 3,000<br>万円<br>以下 |
| 平26.4.1〜<br>令3.12.31 | 住宅借入金等の年末残高の合計額（5,000万円*が限度）<br>×1%<br>＊ 特定取得（注）に該当しない場合は3,000万円 | | |
| 令元.10.1〜<br>令4.12.31 | ［住宅の取得等が特別特定取得、特例取得、特別特例取得、特例特別特例取得(注)に該当する場合］<br>【1〜10年目】住宅借入金等の年末残高の合計額（5,000万円が限度）×1%<br>【11〜13年目】次のいずれか少ない額が控除限度額<br>① 住宅借入金等の年末残高の合計額×1%<br>　　　（5,000万円が限度）<br>② $\left(\dfrac{住宅取得等対価の額 - 消費税額}{（5,000万円が限度）}\right)$ ×2%÷3<br>＊ 「住宅取得等対価の額」は、補助金及び住宅取得等資金の贈与の額を控除しないで計算した金額をいいます。 | 13年 | 3,000<br>万円<br>以下<br><br>特例特別<br>特例取得<br>の場合は<br>1,000<br>万円以下 |

（注）「特定取得」「特別特定取得」「特例取得」「特別特例取得」「特例特別特例取得」については、476ページ以下を参照してください。

| 住宅区分 | 居住の用に<br>供した日 | 控除額（100円未満の端数切捨て） | 控除<br>期間 | 所得<br>要件 |
|---|---|---|---|---|
| 認定住宅の新築等又は買取再販認定住宅の取得 | 令4.1.1〜<br>令5.12.31 | 住宅借入金等の年末残高の合計額×0.7%<br>（5,000万円が限度） | 13年 | 2,000<br>万円<br>以下<br><br>特例認定<br>住宅等の<br>新築等の<br>場合は<br>1,000<br>万円<br>以下 |
| | 令6.1.1〜<br>令7.12.31 | 住宅借入金等の年末残高の合計額×0.7%<br>（4,500万円が限度） | | |
| 特定エネルギー消費性能向上住宅の新築等又は買取再販特定エネルギー消費性能向上住宅の取得 | 令4.1.1〜<br>令5.12.31 | 住宅借入金等の年末残高の合計額×0.7%<br>（4,500万円が限度） | | |
| | 令6.1.1〜<br>令7.12.31 | 住宅借入金等の年末残高の合計額×0.7%<br>（3,500万円が限度） | | |
| エネルギー消費性能向上住宅の新築等又は買取再販エネルギー消費性能向上住宅の取得 | 令4.1.1〜<br>令5.12.31 | 住宅借入金等の年末残高の合計額×0.7%<br>（4,000万円が限度） | | |
| | 令6.1.1〜<br>令7.12.31 | 住宅借入金等の年末残高の合計額×0.7%<br>（3,000万円が限度） | | |
| 認定住宅等で建築後使用されたことのあるものの取得（買取再販認定住宅等の取得を除きます。） | 令4.1.1〜<br>令7.12.31 | 住宅借入金等の年末残高の合計額×0.7%<br>（3,000万円が限度） | 10年 | |

（注）「特例認定住宅等の新築等」については、485ページを参照してください。

## 諸控除額一覧表

<table>
<tr>
<td rowspan="4">特定増改築等<br>住宅借入金等<br>特別控除額</td>
<td colspan="4">〔平成19年4月1日から令和3年12月31日までの間に居住の用に供した場合〕</td>
</tr>
<tr>
<td></td>
<td>控除額（100円未満の端数切捨て）</td>
<td>控除<br>期間</td>
<td>所得<br>要件</td>
</tr>
<tr>
<td>増改築等工事費用</td>
<td>増改築等住宅借入金等<br>の年末残高の合計額 $\binom{1,000万円}{が限度}$ ×1％</td>
<td rowspan="2">5年</td>
<td rowspan="2">3,000<br>万円<br>以下</td>
</tr>
<tr>
<td>うちバリアフリー改修<br>工事、特定の省エネ改<br>修工事（併せて行う特<br>定耐久性向上改修工事<br>を含む）*1及び特定多<br>世帯同居改修工事費用</td>
<td>特定増改築等住宅借入金<br>等の年末残高の合計額 $\binom{250万円*2}{が限度}$ ×2％</td>
</tr>
</table>

＊1　平成29年4月1日以後に居住の用に供した場合となります。
＊2　平成26年4月1日以後に居住の用に供した場合で、特定取得に該当しないときは200万円が限度となります。

---

| 住宅耐震改修<br>特別控除 | 〔平成26年4月1日から令5年12月31日までの間に居住の用に供した場合〕<br>住宅耐震改修に係る耐震工事の標準的な費用の額（250万円*が限度）×10％<br>＊　令和3年12月31日までは、250万円は特定取得（492ページ参照）の場合であり、それ以外の場合は200万円<br>となります。 |
|---|---|

---

**住宅特定改修特別税額控除**

① **高齢者等居住改修工事等に係る住宅特定改修特別税額控除額の計算**

控除額＝（A）＋（F）

（A）＝ [ 高齢者等居住改修工事等に係る標準的な費用の額<br>（控除対象限度額200万円（注）） ] ×10％ $\binom{100円未満の}{端数切捨て}$

(注)　高齢者等居住改修工事等をした家屋を令和3年12月31日までに居住の用に供した場合の控除対象限度額は、特定取得（492ページの表の下の「＊」参照）に該当する場合は200万円、特定取得以外の場合は150万円です。

② **一般断熱改修工事等に係る住宅特定改修特別税額控除額の計算**（一般断熱改修工事等と併せて耐久性向上改修工事等を行う場合は④又は⑤の計算になります。）

控除額＝（B）＋（F）

（B）＝ [ 一般断熱改修工事等に係る標準的な費用の額<br>（控除対象限度額250万円〈一般断熱改修工事等として<br>太陽光発電設備設置工事を行う場合は350万円〉）（注） ] ×10％ $\binom{100円未満の}{端数切捨て}$

(注)　一般断熱改修工事等をした家屋を令和3年12月31日までに居住の用に供した場合の控除対象限度額は、特定取得（492ページの表の下の「＊」参照）に該当する場合は250万円（太陽光発電設備設置工事が含まれる場合は350万円）、特定取得以外の場合は200万円（太陽光発電設備設置工事が含まれる場合は300万円）です。

③ **多世帯同居改修工事等に係る住宅特定改修特別税額控除額の計算**

控除額＝（C）＋（F）

（C）＝ [ 多世帯同居改修工事等に係る標準的費用額<br>（控除対象限度額250万円） ] ×10％ $\binom{100円未満の}{端数切捨て}$

④ **住宅耐震改修又は一般断熱改修工事等のいずれかと併せて行う耐久性向上改修工事等に係る住宅特定改修特別税額控除額の計算**

控除額＝（D）＋（G）

（D）＝ [ 耐震改修工事等に係る標準的な費用額 又は 一般断熱改修工事等に係る標準的な費用の額 ＋ 耐久性向上改修工事等に係る標準的な費用の額<br>（控除対象限度額250万円〈一般断熱改修工事等として太陽光発電設備設置工事を行う場合は350万円〉） ] ×10％ $\binom{100円未満の}{端数切捨て}$

⑤ **住宅耐震改修及び一般断熱改修工事等の両方と併せて行う耐久性向上改修工事等に係る住宅特定改修特別税額控除額の計算**

控除額＝（E）＋（H）

（E）＝ [ 耐震改修工事等に係る標準的な費用額 ＋ 一般断熱改修工事等に係る標準的な費用の額 ＋ 耐久性向上改修工事等に係る標準的な費用の額<br>（控除対象限度額500万円〈一般断熱改修工事等として太陽光発電設備設置工事を行う場合は600万円〉） ] ×10％ $\binom{100円未満の}{端数切捨て}$

—— (1143) ——

諸控除額一覧表

⑥　住宅耐震改修特別控除又は住宅特定改修特別税額控除（10％税額控除）の①～③の適用を受ける場合のその他工事等特別税額控除額（5％税額控除）の計算

$$(F) = \left[ \begin{array}{c} \text{耐震改修工事等に係る標準的な費用の額} \\ \text{から250万円を控除した額} \\ + \\ \text{①の高齢者等居住改修工事等に係る標準} \\ \text{的な費用の額から200万円を控除した額} \\ + \\ \text{②の一般断熱改修工事等に係る標準的な} \\ \text{費用の額から250万円〈一般断熱改修工} \\ \text{事等として太陽光発電設備設置工事を行} \\ \text{う場合は350万円〉を控除した額} \\ + \\ \text{③の多世帯同居改修工事等に係る標準的} \\ \text{な費用の額から250万円を控除した額} \end{array} + \begin{array}{c} \text{その他一定} \\ \text{の工事に要} \\ \text{した費用の} \\ \text{額} \end{array} \right] \times 5\% \left( \begin{array}{c} \text{100円未満の} \\ \text{端数切捨て} \end{array} \right)$$

次のイ又はロのいずれか低い金額を限度
イ　対象改修工事に係る標準的な費用の額の合計額
ロ　1,000万円からイの金額（その金額が控除対象限度額の合計額を超える場合には、その控除対象限度額の合計額）を控除した金額

⑦　住宅特定改修特別税額控除（10％税額控除）の④の適用を受ける場合のその他工事等特別税額控除額（5％税額控除）の計算

$$(G) = \left[ \begin{array}{c} \text{④の耐震改修工事等に係る標準的な費用} \\ \text{の額及び耐久性向上改修工事等に係る標} \\ \text{準的な費用の額の合計額から250万円を} \\ \text{控除した額又は一般断熱改修工事等に係} \\ \text{る標準的な費用の額及び耐久性向上改修} \\ \text{工事等に係る標準的な費用の額の合計額} \\ \text{から250万円〈一般断熱改修工事等とし} \\ \text{て太陽光発電設備設置工事を行う場合は} \\ \text{350万円〉を控除した金額} \\ + \\ \text{①の高齢者等居住改修工事等に係る標準} \\ \text{的な費用の額から200万円を控除した額} \\ + \\ \text{③の多世帯同居改修工事等に係る標準的} \\ \text{な費用の額から250万円を控除した額} \end{array} + \begin{array}{c} \text{その他一定} \\ \text{の工事に要} \\ \text{した費用の} \\ \text{額} \end{array} \right] \times 5\% \left( \begin{array}{c} \text{100円未満の} \\ \text{端数切捨て} \end{array} \right)$$

次のイ又はロのいずれか低い金額を限度
イ　対象改修工事に係る標準的な費用の額の合計額
ロ　1,000万円からイの金額（その金額が控除対象限度額の合計額を超える場合には、その控除対象限度額の合計額）を控除した金額

⑧　住宅特定改修特別税額控除（10％税額控除）の⑤の適用を受ける場合のその他工事等特別税額控除額（5％税額控除）の計算

$$(H) = \left[ \begin{array}{c} \text{⑤の耐震改修工事等に係る標準的な費用} \\ \text{の額、一般断熱改修工事等に係る標準的} \\ \text{な費用の額及び耐久性向上改修工事等に} \\ \text{係る標準的な費用の額の合計額から500} \\ \text{万円〈一般断熱改修工事等として太陽光} \\ \text{発電設備設置工事を行う場合にあっては} \\ \text{600万円〉を控除した額} \\ + \\ \text{①の高齢者等居住改修工事等に係る標準} \\ \text{的な費用の額から200万円を控除した額} \\ + \\ \text{③の多世帯同居改修工事等に係る標準的} \\ \text{な費用の額から250万円を控除した額} \end{array} + \begin{array}{c} \text{その他一定} \\ \text{の工事に要} \\ \text{した費用の} \\ \text{額} \end{array} \right] \times 5\% \left( \begin{array}{c} \text{100円未満の} \\ \text{端数切捨て} \end{array} \right)$$

次のイ又はロのいずれか低い金額を限度
イ　対象改修工事に係る標準的な費用の額の合計額
ロ　1,000万円からイの金額（その金額が控除対象限度額の合計額を超える場合には、その控除対象限度額の合計額）を控除した金額

## 諸控除額一覧表

| | |
|---|---|
| 認定住宅等新築等特別税額控除 | $\left[\begin{array}{l}\text{認定住宅等について講じられた構造及び設備}\\\text{に係る標準的な費用の額（650万円＊が限度）}\end{array}\right] \times 10\%$ (100円未満の端数切捨て)<br>＊ 令和3年12月31日までは、650万円は特定取得（492ページ参照）の場合であり、それ以外の場合は500万円となります。 |
| 政党等寄附金特別控除額<br>$\left(\begin{array}{l}\text{寄附金控除と}\\\text{選 択 適 用}\end{array}\right)$ | $\left[\begin{array}{l}\text{「政党等への寄附金の支出額」と「総所得金}\\\text{額等の合計額の40％（注）」の少ない方の金額}\end{array} -2,000円\left(\begin{array}{l}\text{特定寄附金}\\\text{の額を控除}\end{array}\right)\text{（注）}\right] \times 30\%\left(\begin{array}{l}\text{100円未満の}\\\text{端数切捨て}\end{array}\right)$<br>-------------- その年分の所得税額の25％相当額を限度 ----------------------------<br>（※以下の寄附金特別控除とは別枠で判定します。） |
| ①認定NPO法人等寄附金特別控除<br>$\left(\begin{array}{l}\text{寄附金控除と}\\\text{選 択 適 用}\end{array}\right)$ | $\left[\begin{array}{l}\text{「認定NPO法人等への寄附金の支出額」と「総所}\\\text{得金額等の合計額の40％（注）」の少ない方の金額}\end{array} -2,000円\text{（注）}\right] \times 40\%\left(\begin{array}{l}\text{100円未満の}\\\text{端数切捨て}\end{array}\right)$<br>-------------- その年分の所得税額の25％相当額を限度 ----------------------------<br>（※②の寄附金特別控除と併せて判定します。） |
| ②公益社団法人等寄附金特別控除<br>$\left(\begin{array}{l}\text{寄附金控除と}\\\text{選 択 適 用}\end{array}\right)$ | $\left[\begin{array}{l}\text{「公益社団法人等への寄附金の支出額」と「総所}\\\text{得金額等の合計額の40％（注）」の少ない方の金額}\end{array} -2,000円\text{（注）}\right] \times 40\%\left(\begin{array}{l}\text{100円未満の}\\\text{端数切捨て}\end{array}\right)$<br>-------------- その年分の所得税額の25％相当額を限度 ----------------------------<br>（※①の寄附金特別控除と併せて判定します。）<br><br>※指定行事の中止等による払戻請求権の放棄についての寄附金控除の特例を適用する場合、「公益社団法人等への寄附金の支出額」を「放棄した払戻請求権の合計額（最高20万円）」と読み替えます。 |
| (注) | 控除対象寄附金額（総所得金額等の40％相当額）及び控除適用下限額（2,000円）は、寄附金控除（所得控除）、政党等寄附金特別控除、上記①及び②の寄附金特別控除（税額控除）対象寄附金の額と併せて判定します。 |

# 令和4年分／確定申告書添付（提示）書類一覧表

| 区分 | 項　目 | 書　類　の　名　称 |
|---|---|---|
| 添付又は提示書類 | 本人確認書類 | (1) マイナンバーカード（個人番号カード）を持つ人<br>　マイナンバーカードだけで本人確認（番号確認と身元確認）が可能<br>(2) マイナンバーカード（個人番号カード）を持ってない人<br>　番号確認書類及び身元確認書類が必要<br>　イ　番号確認書類…通知カード※、住民票の写し又は住民票記載事項証明書（マイナンバーの記載があるものに限ります。）<br>　　※ 「通知カード」は令和2年5月25日に廃止されていますが、通知カードに記載された氏名、住所などが住民票に記載されている内容と一致している場合に限り、引き続き番号確認書類として利用できます。<br>　ロ　身元確認書類…運転免許証、パスポート、在留カード、公的医療保険の被保険者証、身体障害者手帳などのうちいずれか1つ |

| 区分 | 項目 | | 書類の名称 |
|---|---|---|---|
| 添付書類 | 住宅借入金等特別控除及び特定増改築等住宅借入金等特別控除 | 共通 | ① （特定増改築等）住宅借入金等特別控除額の計算明細書<br>② 住宅取得資金等に係る借入金の年末残高等証明書<br>③ 補助金等の額又は住宅取得等資金の額を証する書類<br>〔敷地の取得に係る借入金等について適用を受ける場合〕<br>④ 敷地の登記事項証明書、売買契約書、敷地の分譲契約書などで敷地の購入年月日及び購入対価の額を明らかにする書類又はその写し<br>　※ 敷地を先行取得した場合は、上記のほか、抵当権が設定された家屋の登記事項証明書などが別途必要となります。<br>〔災害により居住の用に供することができなくなった場合〕<br>⑤ 市区町村又は特別区の区長の従前家屋に係る災害による被害の状況その他の事項を証する書類又はその写し<br>⑥ 従前家屋の登記事項証明書その他の書類で従前家屋が災害により居住の用に供することができなくなったことを明らかにする書類（滅失した場合は、閉鎖登記記録に係る登記事項証明書）（原本）<br><br>《新型コロナウイルス感染症及びそのまん延防止のための措置》<br>　新型コロナウイルス感染症緊急経済対策における税制上の措置（既存住宅を特定増改築等した場合の6月以内入居の特例、要耐震改修住宅を耐震改修した場合の6月以内入居の特例又は控除期間の3年間延長の特例の入居期限の特例）により住宅借入金等特別控除の適用を受ける方は、これらの書類に加えて次の書類も添付する必要があります。<br>・入居時期に関する申告書兼証明書<br>　様式A（既存住宅の取得後増改築等を行った場合の申告書兼証明書）<br>　様式B−1（要耐震改修住宅の取得後耐震改修を行った場合の申告書兼証明書）<br>　様式C（控除期間13年間の特例措置の適用に関する申告書兼証明書） |
| | | 住宅借入金等特別控除 | 〈新築住宅〉<br>・家屋の登記事項証明書、新築工事の請負契約書、売買契約書等（家屋の取得年月日、取得価格、床面積を明らかにする書類、特定取得、特別特定取得、特別特例取得、特例特別特例取得に該当する場合はその旨を明らかにする書類又はその写し）<br>〈認定長期優良住宅の追加資料〉<br>・長期優良住宅建築等計画の認定通知書（計画変更の認定を受けた場合は、変更認定通知書）の写し（認定計画実施者の地位の承継があった場合には、認定通知書及び地位の承継の承認通知書の写し）<br>・住宅用家屋証明書若しくはその写し又は認定長期優良住宅建築証明書<br>(注) 認定長期優良住宅建築等計画の認定通知書の区分が「既存」の場合は、認定通知書（写し）のみ<br>〈認定低炭素住宅の追加資料〉<br>・低炭素建築物新築等計画の認定通知書の写し（低炭素建築物新築等計画の変更の認定を受けた場合は変更認定通知書の写し）<br>・住宅用家屋証明書若しくはその写し又は認定低炭素住宅建築証明書<br>・認定低炭素住宅のうち低炭素建築物とみなされる特定建築物について控除を受ける場合には、特定建築物であることについての市区町村長による住宅用家屋証明書（特定建築物用） |

## 確定申告書添付（提示）書類一覧表

〈特定エネルギー消費性能向上住宅の追加資料〉
・住宅省エネルギー性能証明書又は建設住宅性能評価書の写し
〈エネルギー消費性能向上住宅の追加資料〉
・住宅省エネルギー性能証明書又は建設住宅性能評価書の写し

〈中古住宅〉
① 住宅の取得等で特別特例取得又は特例特別特例取得に該当するもの
をした個人が、令和3年1月1日から令和4年12月31日までの間に自
己の居住の用に供した場合
・家屋の登記事項証明書
・売買契約書等で取得年月日及び取得価額を明らかにする書類、特定取
得に該当する場合はその旨を明らかにする書類又はその写し
・築25年以上（耐火建築物以外の建物は20年以上）の建築物で耐震基準
に適合するものはその証書
② 令和4年1月1日以降に居住の用に供し、上記の特別特例取得又は
特例特別特例取得に該当しない場合
〈昭和57年1月1日以後に建築されたものである場合〉
・家屋の登記事項証明書
〈昭和56年12月31日以前に建築されたものである場合〉
（1） 耐震基準を満たす既存住宅の場合
・耐震基準に適合するものはその証書
（2） 要耐震住宅の場合
・要耐震改修住宅の追加資料
〈要耐震改修住宅の追加資料〉
・耐震工事に係る工事請負契約書等で、耐震工事の年月日及び費用の額
を明らかにする書類又はその写し並びに次のいずれかの書類
・建築物の耐震改修の計画の認定申請書の写し及び耐震基準適合証明書
・耐震基準適合証明申請書の写し及び耐震基準適合証明書
・建設住宅性能評価申請書の写し及び建設住宅性能評価書の写し
・既存住宅売買瑕疵担保責任保険契約の申込書の写し及び既存住宅売買
瑕疵担保責任保険契約が締結されていることを証する書類
〈認定住宅等である中古住宅の追加資料〉
・認定住宅等である旨を明らかにする上記の追加資料
〈買取再販住宅の追加資料〉
・増改築工事等証明書（一定の増改築工事が行われた場合には、住宅瑕
疵担保責任保険法人が発行した既存住宅売買瑕疵担保責任保険の保険
付保証明書も必要）
〈買取再販認定住宅等の追加資料〉
・買取再販住宅の追加資料
・認定住宅等である中古住宅の追加資料

〈増改築等〉
・家屋の登記事項証明書
・請負契約書等で増改築をした年月日、要した費用の額及び特定取得に
該当する場合はその旨を明らかにする書類又はその写し
・建築確認通知書又は検査済証の写し若しくは増改築等工事証明書

| | | |
|---|---|---|
| 借入金等特別控除<br>特定増改築等住宅 | 〔共通〕 | |
| | ① （特定増改築等）住宅借入金等特別控除額の計算明細書 | |
| | ② 増改築等工事証明書 | |
| | ③ 家屋の登記事項証明書などで床面積が50m²以上であることを明らかにする書類 | |
| | ④ 工事請負契約書などで特定増改築等をした年月日、その費用の額及び特定取得に該当する場合はその旨を明らかにする書類 | |
| | 〔バリアフリー改修工事の場合〕 | |
| | ⑤ 増改築等を行う者又は増改築等を行う者と同居する親族が要介護認定等を受けている場合には介護保険の被保険証の写し | |
| 住宅耐震改修特別控除 | ① 住宅耐震改修特別控除額・住宅特定改修特別税額控除額計算明細書 | |
| | ② 増改築等工事証明書又は住宅耐震改修証明書 | |
| | ③ 家屋の登記事項証明書 | |
| | ④ 補助金等の額を証する書類 | |

——(1147)——

# 確定申告書添付（提示）書類一覧表

| | | |
|---|---|---|
| | 住宅特定改修特別税額控除 | ① 住宅耐震改修特別控除額・住宅特定改修特別税額控除額計算明細書<br>② 特定増改築等住宅借入金等特別控除の②から⑤の書類<br>③ 耐久性向上改修工事等を併せて行う場合は、長期優良住宅建築等計画の認定通知書の写し |
| | 認定住宅等新築等特別税額控除 | ① 認定住宅等新築等特別控除額の計算明細書<br>② 家屋の登記事項証明書など家屋の床面積が50m²以上であることを明らかにする書類<br>※ 家屋の認定通知書又は変更認定通知書に2以上の構造が記載されている場合（その認定長期優良住宅について講じられた構造及び設備に係る標準的な費用の額が異なる場合に限ります。）は、その構造ごとの床面積を明らかにする書類も必要です。<br>③ 工事請負契約書の写し、売買契約書の写しなど家屋の新築年月日又は取得年月日及び特定取得に該当する場合はその旨を明らかにする書類<br>④ 認定長期優良住宅の新築等の場合は、上記「住宅借入金等特別控除」の〈認定長期優良住宅の追加資料〉、認定低炭素住宅の新築等の場合は、同じく〈認定低炭素住宅の追加資料〉、特定エネルギー消費性能向上住宅の新築等の場合は、同じく〈特定エネルギー消費性能向上住宅の追加資料〉 |
| | 政党等寄附金特別控除 | ① 政党等寄附金特別控除額の計算明細書<br>② 選挙管理委員会等の確認印のある「寄附金（税額）控除のための書類」 |
| | 認定NPO法人等寄附金特別控除 | ① 認定NPO法人等特別控除額の計算明細書<br>② 認定NPO法人等から交付を受けた寄附金の受領証 |
| | 公益社団法人等寄附金特別控除 | ① 公益社団法人等寄附金特別控除額の計算明細書<br>② 公益社団法人等から交付を受けた寄附金の受領証<br>③ その法人が税額控除対象法人であることを証する書類の写し<br>※ 指定行事の中止等による払戻請求権の放棄についての寄附金控除の特例を適用する場合<br>① 指定行事認定証明書（指定行事に該当することその他一定の事実を証する書類）の写し<br>② 払戻請求権放棄証明書（放棄をした入場料金等の払戻請求権の価額その他一定の事実を証する書類） |
| 添付又は提示書類 | 雑損控除 | 災害を受けた資産の明細書、盗難や横領、災害があったことを証する書類（災害等に関連して支出した金額がある場合は、その領収書） |
| | 医療費控除 | 医療費控除の明細書又は医療保険者等が発行する医療費通知書（原本）又は電磁的記録印刷書面 |
| | 医療費控除の特例（セルフメディケーション税制） | イ 特定一般用医薬品等購入費の額などを記載した明細書<br>ロ 一定の取組みを行ったことを明らかにする以下のような書類<br>① インフルエンザの予防接種等の領収書又は予防接種済証<br>② 市区町村のがん検診の領収証又は結果通知表<br>③ 職場で受けた定期健康診断の結果通知表<br>④ 特定健康診査の領収証又は結果通知表<br>⑤ 人間ドックやがん検診など各種健診の領収証又は結果通知表<br>(注) 令和3年分以後の確定申告書を令和4年1月1日以後に提出する場合は、ロの添付又は提示は不要です。 |
| | 社会保険料控除 | 国民年金及び国民年金基金に係る支払保険料の証明書又は電磁的記録印刷書面<br>(注) 年末調整の際に控除を受けたものについては不要です。 |
| | 小規模企業共済等掛金控除 | 支払った掛金の額の証明書又は電磁的記録印刷書面<br>(注) 年末調整の際に控除を受けたものについては不要です。 |
| | 生命保険料控除 | 支払保険料や掛金の金額などの証明書又は電磁的記録印刷書面<br>(注) 旧生命保険料に係るもので1契約約9,000円以下のもの及び年末調整の際に控除を受けたものについては不要です。 |
| | 地震保険料控除 | 支払保険料や掛金の金額などの証明書又は電磁的記録印刷書面<br>(注) 年末調整の際に控除を受けたものについては不要です。 |

## 確定申告書添付（提示）書類一覧表

| | |
|---|---|
| 寄附金控除 | 寄附した団体等、交付を受けた受領書（電磁的記録印刷書面を含みます。）など<br>（注）　次の場合は、上記の受領書などのほかに次の書類が必要となります。<br>　①　特定の公益法人や学校法人に対する寄附と特定公益信託の信託財産とするため支出する金銭については、その法人や信託が適格であることの証明書や認定書の写し<br>　②　政治献金については、選挙管理委員会等の確認印のある「寄附金（税額）控除のための書類」<br>　③　特定新規中小会社が発行した株式を取得した場合の寄附金控除の特例（いわゆるエンジェル税制）の適用を受ける場合は、経済産業大臣や特定新規中小会社が発行した証明書等、特定投資に関する契約書の写し、特定新規株式に係る計算明細書、その他寄附金控除の金額の計算に関する明細書など<br>　④　指定行事の払戻請求権の放棄による寄附金控除の適用を受ける場合は、指定行事認定証明書（指定行事に該当することその他一定の事実を証する書類）の写し及び払戻請求権放棄証明書（放棄をした入場料金等の払戻請求権の価額その他一定の事実を証する書類） |
| 勤労学生控除 | 在学する学校から交付を受けた履修課程が勤労学生の各種学校等に該当する旨の文部科学大臣の証明書の写し及び在学証明書<br>（注）　学校教育法第１条に規定する学校の学生、生徒又は児童については、この証明書は不要です。また、年末調整の際に控除を受けている場合も不要です。 |
| 国外居住親族に係る扶養控除、配偶者控除、配偶者特別控除又は障害者控除 | 親族関係書類及び送金関係書類 |

**(注)**〈登記事項証明書の添付省略〉

　国税関係手続のうち、法令により登記事項証明書を添付することが規定されている手続については、申請者が申請書への記載等により土地の地番、不動産番号などの必要事項を税務署等に提供する場合、令和３年７月１日より、登記事項証明書の添付を省略することが可能となっています。

# 復興特別所得税のあらまし

## 第1 総則

### 1 定義（復興財確法6）

復興特別所得税において使用する次に掲げる用語の意義は、それぞれ所得税法、租税特別措置法又は国税通則法に定めるところによります。

| 所得税法等 | 居住者（所法2①三）、非永住者（所法2①四）、非居住者（所法2①五）、内国法人（所法2①六）、外国法人（所法2①七）、人格のない社団等（所法2①八）、法人課税信託（所法2①八の三）、確定申告書（所法2①三十七、措法37の12の2⑨ほか） |
|---|---|
| 国税通則法 | 期限後申告書（通法18②）、修正申告書（通法19③）、更正の請求（通法23②）、更正請求書（通法23③）、更正（通法24、26）、決定（通法25）、附帯税（通法2四）、充当（通法57①）、還付加算金（通法58①） |

### 2 復興特別所得税の納税義務者（復興財確法8）

復興特別所得税を納める義務がある個人は、所得税を納める義務がある居住者及び非居住者です。

### 3 復興特別所得税の課税の対象（復興財確法9）

居住者及び非居住者ともに、平成25年から令和19年までの各年分の所得税に係る基準所得税額が、復興特別所得税の課税の対象です。

### 4 基準所得税額（復権財確法10）

基準所得税額とは、次に掲げる区分に応じ、それぞれ次に掲げる基準所得税額をいいます。ただし、附帯税の額は除きます。

| 区　分 | | | 基準所得税額 |
|---|---|---|---|
| 個<br>人 | 居<br>住<br>者 | 非永住者<br>以外 | 所得税法第7条第1項第1号《課税所得の範囲》に定める所得につき、所得税の税額の計算に関する法令の規定により計算した所得税の額。ただし、同法第95条《外国税額控除》の規定を除きます。 |
| | | 非永住者 | 所得税法第7条第1項第2号に定める所得につき、所得税の税額の計算に関する法令の規定により計算した所得税の額。ただし、同法第95条の規定を除きます。 |
| | 非居住者 | | 所得税法第7条第1項第3号に定める所得につき、所得税の税額の計算に関する法令の規定により計算した所得税の額 |

——(1151)——

復興特別所得税

5 **復興特別所得税の納税地**（復興財確法11）

　復興特別所得税（源泉徴収に係るものを除きます。）の納税地は、復興特別所得税の納税義務者の所得税の納税地です（所法15、16、18①）。

　また、源泉徴収に係る復興特別所得税の納税地は、源泉徴収義務者の源泉所得税の納税地です（所法17、18②）。

**(注)** 復興特別所得税の納税地の指定の処分の取消しがあった場合については、所得税法第19条《納税地指定の処分の取消しがあった場合の申告等の効力》の規定を準用することとされています。

# 第2　納税義務

1 **課税標準**（復興財確法12）

　個人に係る復興特別所得税の課税標準は、その個人のその年分の基準所得税額です。

2 **税率**（復興財確法13）

　個人に係る復興特別所得税の額は、その個人のその年分の基準所得税額に100分の2.1の税率を乗じて計算した金額です。

> 【算式】　復興特別所得税の額＝基準所得税額×2.1%

**(注)** 令和2年1月1日以後について、居住者又は恒久的施設を有する非居住者のその年の分配時調整外国税相当額のうち、その年分の所得税の額から控除しきれなかった金額がある場合には、その金額をその年分の復興特別所得税の額から控除できます。（復興財確法13の2、平30改地法附1六）

3 **外国税額の控除**（復興財確法14）

(1) **居住者の場合**

　復興特別所得税申告書を提出する居住者が、平成25年から令和19年までの各年分の所得税において外国税額控除の適用を受ける場合において、その年の控除対象外国所得税の額が控除限度額を超えるときは、前述「**2　税率**」により計算したその年分の復興特別所得税の額のうち、その年において生じた所得でその所得の源泉が国外にあるものに対応するものとして一定の方法により計算した金額を限度として、その超える金額をその年分の復興特別所得税の額から控除します。（復興財確法14①）

　なお、復興特別所得税について外国税額控除の適用を受ける場合には、復興特別所得税申告書、修正申告書又は更正請求書に控除対象外国所得税等の額（所得税法第95条第1項に規定する控除対象外国所得税の額又は同法第165条の6第1項に規定する控除対象外国所得税の額をいいます。以下同じ。）、その控除を受けるべき金額及びその計算に関する明細を記載した書類の添付が必要です。その控除をされるべき金額の計算の基礎となる控除対象外国所得税等の額は、税務署長に

——(1152)——

復興特別所得税

おいて特別の事情があると認める場合を除くほか、控除対象外国所得税等の額として復興特別所得税申告書等に記載された金額が限度となります。（復興財確法14③）

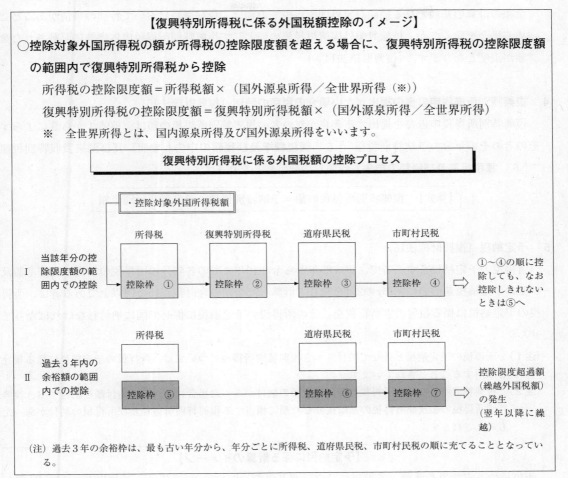

(2) 非居住者の場合

　居住者と同様に復興特別所得税申告書を提出する非居住者が平成29年から令和19年までの各年において非居住者に係る外国税額の控除（所法165の6①）の規定の適用を受ける場合において、その年の控除対象外国所得税の額が所得税の控除限度額を超えるときは、恒久的施設帰属所得に係る所得の金額につき所得税の税額の計算に関する法令の規定（非居住者に係る外国税額の控除の規定を除きます。）により計算した所得税の額のみを基準所得税額として計算した場合の復興特別所得税の額に相当する金額のうち、その年において生じた国外所得金額に対応する金額を限度として、その超える金額をその年分の復興特別所得税の額から控除します。（復興財確法14②）

　なお、復興特別所得税について非居住者に係る外国税額の控除の適用を受けるためには、居住者の外国税額の控除と同様に、復興特別所得税申告書、修正申告書又は更正請求書に控除対象外国所得税等の額（所得税法第95条第1項に規定する控除対象外国所得税の額又は同法第165条の

復興特別所得税

6第1項に規定する控除対象外国所得税の額をいいます。以下同じ。）、控除を受けるべき金額及びその計算に関する明細を記載した書類を添付しなければならず、また、その控除をされるべき金額の計算の基礎となる控除対象外国所得税等の額は、税務署長において特別の事情があると認める場合を除くほか、控除対象外国所得税等の額として復興特別所得税申告書等に記載された金額が限度となります。（復興財確法14③）

## 4 復興特別所得税申告書の提出がない場合の税額の特例（復興財確法15）

復興特別所得税申告書を提出する義務がない者の復興特別所得税の額は、前述1から3によらず、その者のその年分の予納特別税額（「6 課税標準及び税額の申告」参照）及び源泉徴収特別税額（「6 課税標準及び税額の申告」参照）の合計額となります。

> 【算式】 復興特別所得税の額＝予納特別税額＋源泉徴収特別税額

## 5 予定納税（復興財確法16）

所得税の予定納税をする者で、平成25年から令和19年までの各年分の所得税の予定納税基準額及びその予定納税基準額に100分の2.1を乗じて計算した金額の合計額が15万円以上である者は、所得税の予定納税に係る復興特別所得税を、その所得税の予定納税に併せて国に納付しなければなりません。

**(注1)** 所得税の予定納税と併せて納付すべき復興特別所得税については、所得税の予定納税に係る規定を準用することとされています。

**(注2)** 復興特別所得税及び所得税の予定納税額の納付があった場合には、その納付額を納付すべき復興特別所得税の額及び所得税の額に按分した額に相当する復興特別所得税及び所得税の納付があったものとされます。

---

### 【予定納税に係る計算のイメージ】

所得税の予定納税基準額＋所得税の予定納税基準額×2.1% の計算により算出された額が15万円以上になる場合、予定納税をしなければなりません。

○計算例1

　149,000円 ＋ 3,129円 ＝ 152,129円 ≧ 15万円 ⇒ 予定納税しなければなりません。
　(予定納税基準額) (予定納税基準額×2.1%)

○計算例2

　140,000円 ＋ 2,940円 ＝ 142,940円 ＜ 15万円 ⇒ 予定納税する必要はありません。
　(予定納税基準額) (予定納税基準額×2.1%)

---

## 6 課税標準及び税額の申告（復興財確法17）

### (1) 復興特別所得税額の申告

所得税の確定申告書を提出すべき者（※）は、次に掲げる事項を記載した申告書（復興特別所

復興特別所得税

得税申告書）を、その確定申告書の提出期限までに、税務署長に提出しなければなりません。

※　次の規定により所得税の確定申告書を提出すべき者をいいます。
① 　所得税法第120条第1項《確定所得申告》
② 　所得税法第124条第1項《確定申告書を提出すべき者等が死亡した場合の確定申告》
③ 　所得税法第125条第1項《年の中途で死亡した場合の確定申告》
④ 　所得税法第125条第5項において②を準用する場合
⑤ 　所得税法第126条第1項《確定申告書を提出すべき者等が出国をする場合の確定申告》
⑥ 　所得税法第127条第1項《年の中途で出国をする場合の確定申告》
⑦ 　①から⑥までを所得税法第166条《申告、納付及び還付》で準用する場合

〔申告書記載事項〕

イ　その年分の確定申告書に係る基準所得税額

ロ　イに掲げる基準所得税額について、前述「2　税率」及び「3　外国税額の控除」により計算した復興特別所得税の額

ハ　その年分の源泉徴収特別税額（※1）がある場合には、ロに掲げる復興特別所得税の額からその源泉徴収特別税額を控除した金額

※1 　「源泉徴収特別税額」とは、所得税の源泉徴収税額に併せて源泉徴収をされた、又はされるべき復興特別所得税の額（この復興特別所得税の額のうちに、出国申告書（※2）を提出したことにより、又は出国申告書に係る復興特別所得税につき更正を受けたことにより還付される金額等がある場合には、その金額を控除した金額）をいいます。

※2 　「出国申告書」とは、所得税法第127条に規定する確定申告書に併せて提出する復興特別所得税申告書をいいます。

ニ　その年分の予納特別税額（※）がある場合には、ロに掲げる復興特別所得税の額（源泉徴収特別税額がある場合には、ハに掲げる金額）からその予納特別税額を控除した金額

※ 　「予納特別税額」とは、次に掲げる税額の合計額（その税額のうちに、出国申告書を提出したことにより、又は出国申告書に係る復興特別所得税につき更正を受けたことにより還付される金額がある場合には、その金額を控除した金額）をいいます。
① 　前述「5　予定納税」の規定により納付すべき復興特別所得税の額
② 　その年において出国申告書を提出したことにより、又は出国申告書に係る復興特別所得税につき更正若しくは決定を受けたことにより、後述「7　申告による納付等」の規定又は国税通則法第35条第2項《申告納税方式による国税等の納付》の規定により納付した、又は納付すべき復興特別所得税の額

ホ　イからへに掲げる金額の計算の基礎等

(2)　確定申告義務のない還付申告

　(1)の①から⑦までの規定による確定申告書以外の確定申告書を提出する者についても、次に掲げる事項を記載した申告書（復興特別所得税申告書）を、税務署長に提出しなければなりません。

〔申告書記載事項〕

イ　(1)のハに掲げる金額の計算上控除しきれなかった源泉徴収特別税額がある場合には、その控除しきれなかった金額

ロ　(1)のニに掲げる金額の計算上控除しきれなかった予納特別税額がある場合には、その控除し

復興特別所得税

きれなかった金額

ハ　イ及びロに掲げる金額の計算の基礎等

### ⑶　復興特別所得税申告書等の提出

その年分の復興特別所得税に係る復興特別所得税申告書、修正申告書又は更正請求書は、その復興特別所得税と年分が同一である所得税に係る確定申告書、修正申告書及び更正請求書に併せて提出しなければなりません。

(注)　その年分の復興特別所得税に係る後述「⑷　非居住者給与等申告書を提出する場合の復興特別所得税の申告」若しくは後述「⑸　退職所得の選択課税による還付のための申告書を提出する場合の復興特別所得税の還付の申告」による申告書又はこれらの申告書に係る修正申告書若しくは更正請求書についても同様です。

なお、その年分の復興特別所得税に係る後述「⑷　非居住者給与等申告書を提出する場合の復興特別所得税の申告」には、その申告書に係る期限後申告書を含みます。

### ⑷　非居住者給与等申告書を提出する場合の復興特別所得税の申告

非居住者給与等申告書（所得税法第172条第1項《給与等につき源泉徴収を受けない場合の申告納税等》に規定する申告書をいいます。）を提出すべき者は、その年分の非居住者給与等申告書に係る次に掲げる事項を記載した申告書を、その非居住者給与等申告書の提出期限までに、税務署長に提出しなければなりません。

〔申告書記載事項〕

イ　所得税法第172条第1項第1号に掲げる所得税の額及びその所得税の額について、前述「2　税率」により計算した復興特別所得税の額

ロ　所得税法第172条第1項第2号に掲げる所得税の額及びその所得税の額について、前述「2　税率」により計算した復興特別所得税の額

ハ　イに掲げる復興特別所得税の額からロに掲げる復興特別所得税の額を控除した金額

ニ　その者が所得税法第171条《退職所得についての選択課税》に規定する退職手当等について同条の選択をする場合には、次に掲げる事項

㈠　所得税法第172条第2項第1号に掲げる所得税の額及びその所得税の額について、前述「2　税率」により計算した復興特別所得税の額

㈡　所得税法第172条第2項第2号に掲げる所得税の額及びその所得税の額に併せて源泉徴収をされた、又はされるべき復興特別所得税の額（その所得税の額のうちに同法第170条《分離課税に係る所得税の税率》の規定を適用して計算した所得税の額がある場合には、その所得税の額について、前述「2　税率」により計算した復興特別所得税の額を含みます。）

㈢　㈠に掲げる復興特別所得税の額から㈡に掲げる復興特別所得税の額を控除した金額

ホ　イ及びニ㈠に掲げる金額の計算の基礎等

### ⑸　退職所得の選択課税による還付のための申告書を提出する場合の復興特別所得税の還付の申告

退職所得の選択課税による還付のための申告書（所得税法第173条第1項《退職所得の選択課税による還付》に規定する申告書をいいます。）を提出する者は、その年分のその申告書に係る

復興特別所得税

次に掲げる事項を記載した申告書を、税務署長に提出しなければなりません。

〔申告書記載事項〕

イ 所得税法第172条第2項第1号に掲げる所得税の額及びその所得税の額について、前述「**2 税率**」により計算した復興特別所得税の額

ロ 所得税法第172条第2項第2号に掲げる所得税の額及びその所得税の額に併せて源泉徴収をされた、又はされるべき復興特別所得税の額（その所得税の額のうちに同法第170条の規定を適用して計算した所得税の額がある場合には、その所得税の額について、前述「**2 税率**」により計算した復興特別所得税の額を含みます。）

ハ ロに掲げる復興特別所得税の額からイに掲げる復興特別所得税の額を控除した金額

ニ イに掲げる金額の計算の基礎等


## 7 申告による納付等 （復興財確法18）

### (1) 復興特別所得税申告書に係る納付

イ 復興特別所得税申告書を提出した者は、次に掲げる区分に応じ、それぞれ次に掲げる納付すべき復興特別所得税額に相当する復興特別所得税をその復興特別所得税申告書の提出期限までに、国に納付しなければなりません。

① 源泉徴収特別税額があり、かつ、予納特別税額がない場合……**6(1)ハ**に掲げる金額

② 予納特別税額がある場合……**6(1)ニ**に掲げる金額

③ ①及び②以外の場合……**6(1)ロ**に掲げる金額

ロ 復興特別所得税を納付する場合（※1）において、所得税法第128条から第130条まで《確定申告による納付等》（同法第166条《申告、納付及び還付》において準用する場合を含みます。）の規定により納付すべき年分が同一である所得税があるとき（※2）は、その復興特別所得税は、その所得税に併せて納付しなければなりません。

※1 国税通則法第35条第2項《申告納税方式による国税等の納付》の規定により復興特別所得税を納付する場合を含みます。

※2 国税通則法第35条第2項の規定により納付すべき年分が同一である所得税があるときを含みます。

(注) このロによる復興特別所得税及び所得税の納付があった場合には、その納付額を納付すべき復興特別所得税の額及び所得税の額に按分した額に相当する復興特別所得税及び所得税の納付があったものとされます。

### (2) 復興特別所得税の納付の延期、延納の許可

イ 復興特別所得税申告書を提出した者が納付すべき復興特別所得税の額の2分の1に相当する金額以上の復興特別所得税を納付の期限までに国に納付したときは、その者は、その残額についてその納付した年の5月31日までの期間、その納付を延期することができます。

なお、所得税法第133条第1項《延払条件付譲渡に係る所得税額の延納の手続等》の申請書を提出する場合には、その納付すべき復興特別所得税の額からその申請書に記載した延払条件

復興特別所得税

付譲渡に係る延納を求めようとする復興特別所得税の額を控除した額をいいます。

ロ　税務署長は、所得税法第132条第1項《延払条件付譲渡に係る所得税額の延納》の規定により納付すべき所得税の延納の許可をする場合には、その延納に係る所得税の額に100分の2.1を乗じて計算した金額に相当する復興特別所得税の延納を併せて許可するものとします。

(注)　復興特別所得税の納付の延期、延納の許可については、所得税法第131条第2項及び第3項《確定申告税額の延納》、第132条第2項《延払条件付譲渡に係る所得税額の延納》並びに第133条《延払条件付譲渡に係る所得税額の延納の手続等》から第137条《延納税額に係る延滞税の特例》までの規定を準用することとされています。

税務署長は延納の許可をする場合には、その延納に係る所得税及び復興特別所得税の額の合計額に相当する担保を徴さなければなりません。ただし、その延納に係る所得税及び復興特別所得税につき、その額が50万円以下で、かつ、その延納の期間が3年以下である場合には、この限りではありません。

## (3) 国外転出時課税制度による納税猶予

国外転出時課税制度（810ページ）の納税猶予を適用している場合は、復興特別所得税も併せて猶予されます。（復興財確法18⑦～⑪）

## (4) 非居住者給与等申告書に係る納付

イ　非居住者給与等申告書を提出した者は、次に掲げる場合に応じ、それぞれ次に掲げる金額に相当する復興特別所得税をその非居住者給与等申告書の提出期限までに、国に納付しなければなりません。

①　6(4)ニ(ハ)に掲げる金額がある場合

…… 6(4)ハに掲げる金額と6(4)ニ(ハ)に掲げる金額との合計額

②　①以外の場合…… 6(4)ハに掲げる金額

ロ　復興特別所得税を納付する場合（※1）において、所得税法第172条第3項の規定により納付すべき年分が同一である所得税があるとき（※2）は、その復興特別所得税は、その所得税に併せて納付しなければなりません。

※1　国税通則法第35条第2項の規定により復興特別所得税を納付する場合を含みます。

※2　国税通則法第35条第2項の規定により納付すべき年分が同一である所得税があるときを含みます。

(注)　このロによる復興特別所得税及び所得税の納付があった場合には、その納付額を併せて納付すべき復興特別所得税の額及び所得税の額に按分した額に相当する復興特別所得税及び所得税の納付があったものとされます。

# 8　申告による源泉徴収特別税額等の還付等 （復興財確法19）

## (1) 復興特別所得税申告書に係る還付

イ　復興特別所得税申告書の提出があった場合において、その復興特別所得税申告書に6(2)イ又はロに掲げる金額の記載があるときは、税務署長は、その復興特別所得税申告書を提出した者に対し、その金額に相当する復興特別所得税又は予納特別税額を還付します。

復興特別所得税

　　ただし、復興特別所得税申告書に記載された6⑵イに係る源泉徴収特別税額のうちにまだ納付されていないものがあるときは、還付金の額のうちその納付されていない部分の金額に相当する金額については、その納付があるまでは、還付しません。

　　また、予納特別税額に係る還付金の還付をする場合において、復興特別所得税申告書に係る年分の予納特別税額について納付された延滞税があるときは、その額のうち、還付される予納特別税額に対応する金額を併せて還付します。

ロ　還付する復興特別所得税（予納特別税額に係る還付金及び予納特別税額に係る還付金に対応する延滞税を含みます。）は、所得税法第138条《源泉徴収税額等の還付》又は第139条《予納税額の還付》の規定により還付する年分が同一である所得税に併せて還付します。

　　(注)　復興特別所得税及び所得税の還付があった場合には、その還付額を併せて還付する復興特別所得税の額及び所得税の額に按分した額に相当する復興特別所得税及び所得税の還付があったものとされます。

ハ　復興特別所得税及び所得税の申告書の提出により復興特別所得税及び所得税を還付する場合は、所得税法第138条第3項及び第4項並びに第139条第3項から第5項までの規定により計算した還付加算金を付して還付します。

　　なお、復興特別所得税及び所得税の還付加算金の計算は、その年分の復興特別所得税及び所得税に係る還付金の合計額により行います（復興財確法24⑤）。

　　また、復興特別所得税及び所得税に係る還付加算金の端数計算は、復興特別所得税及び所得税を一の税とみなして行います（復興財確法24⑥）。

　　(注)　算出された還付加算金をその計算の基礎となった復興特別所得税及び所得税に係る還付金の額にそれぞれ按分した額に相当する金額が復興特別所得税又は所得税に係る還付加算金の額となります。

## ⑵　退職所得の選択課税による還付のための申告書に係る還付

イ　退職所得の選択課税による還付のための申告書の提出があった場合には、税務署長は、その退職所得の選択課税による還付のための申告書を提出した者に対し、6⑸ハに掲げる金額に相当する復興特別所得税を還付します。

　　ただし、退職所得の選択課税による還付のための申告書に記載された6⑸ロに掲げる復興特別所得税の額のうちにまだ納付されていないものがあるときは、還付金の額のうちその納付されていない部分の金額に相当する金額については、その納付があるまでは、還付しません。

ロ　還付する復興所得税は、所得税法第173条第2項の規定により還付する年分が同一である所得税に併せて還付します。

　　(注)　復興特別所得税及び所得税の還付があった場合には、その還付額を併せて還付する復興特別所得税の額及び所得税の額に按分した額に相当する復興特別所得税及び所得税の還付があったものとされます。

ハ　退職所得の選択課税による還付のための申告書の提出により復興特別所得税及び所得税を還付する場合は、所得税法第173条第4項の規定により計算した還付加算金を付して還付します。

復興特別所得税

　なお、復興特別所得税及び所得税の還付加算金の計算は、その年分の復興特別所得税及び所得税に係る還付金の合計額により行います（復興財確法24⑤）。

　また、復興特別所得税及び所得税に係る還付加算金の端数計算は、復興特別所得税及び所得税を一の税とみなして行います（復興財確法24⑥）。

**(注)**　算出された還付加算金をその計算の基礎となった復興特別所得税及び所得税に係る還付金の額にそれぞれ按分した額に相当する金額が復興特別所得税又は所得税に係る還付加算金の額となります。

## 9　青色申告（復興財確法20）

イ　青色申告の承認を受けている者は、復興特別所得税申告書及び復興特別所得税申告書に係る修正申告書（以下「復興特別所得税申告書等」といいます。）について、青色申告書により申告をすることができます。

ロ　個人が青色申告の承認を取り消された場合には、その取消しに係る年分以後の各年分の復興特別所得税についてその個人が青色申告書により提出した復興特別所得税申告書等は、青色申告書以外の申告書とみなされます。

## 10　期限後申告及び修正申告等の特例（復興財確法20の2）

### (1)　修正申告の特例

イ　所得税法第151条の2《国外転出をした者が帰国をした場合等の修正申告の特例》の規定は、復興特別所得税申告書を提出し、又は決定を受けた者（その相続人及び包括受遺者を含みます。以下10において同じです。）のその復興特別所得税申告書又は決定に係る基準所得税額の計算の基礎となる総所得金額のうちに有価証券等に係る譲渡所得等の金額が含まれていることにより、その復興特別所得税申告書又は決定に係る復興特別所得税につき修正申告をする場合について準用されます。

ロ　所得税法第151条の3《非居住者である受贈者等が帰国をした場合等の修正申告の特例》の規定は、復興特別所得税申告書を提出し、又は決定を受けた者のその復興特別所得税申告書又は決定に係る基準所得税額の計算の基礎となる総所得金額のうちに有価証券等の譲渡による事業所得の金額、譲渡所得の金額若しくは雑所得の金額、未決済信用取引等の決済による事業所得の金額若しくは雑所得の金額又は未決済デリバティブ取引の決済による事業所得の金額若しくは雑所得の金額が含まれていることにより、その復興特別所得税申告書又は決定に係る復興特別所得税につき修正申告をする場合について準用されます。

ハ　所得税法第151条の4《相続により取得した有価証券等の取得費の額に変更があった場合等の修正申告の特例》の規定は、復興特別所得税申告書を提出し、又は決定を受けた者のその復興特別所得税申告書又は決定に係る基準所得税額の計算の基礎となる事業所得の金額、譲渡所得の金額若しくは雑所得の金額につき一定の場合に該当することとなったことにより、その復

復興特別所得税

興特別所得税申告書又は決定に係る復興特別所得税につき修正申告をする場合について準用されます。

　ニ　所得税法第151条の6《遺産分割等があった場合の修正申告の特例》の規定は、復興特別所得税申告書を提出し、又は決定を受けた者について生じた同法第151条の6第1項に規定する遺産分割等の事由により、非居住者に移転した相続又は遺贈に係る対象資産が増加し、又は減少したことに基因して、その復興特別所得税申告書又は決定に係る復興特別所得税につき修正申告をする場合について準用されます。

(2)　**期限後申告の特例**

　イ　所得税法第151条の5第1項、第4項及び第5項《遺産分割があった場合の期限後申告等の特例》の規定は、確定申告書の提出期限後に同法第151条の5第1項の規定に該当して期限後申告書を提出すべき場合について準用されます。

　ロ　所得税法第151条の5第6項《遺産分割があった場合の期限後申告等の特例》の規定は、同法第151条の5第1項から第3項までの規定により申告書を提出する居住者の相続人が提出すべき復興特別所得税申告書について準用されます。

## 11　更正の請求の特例 （復興財確法21）

　イ　所得税法第152条《各種所得の金額に異動を生じた場合の更正の請求の特例》の規定は、復興特別所得税申告書を提出し、又は決定を受けた者（その相続人及び包括受遺者を含みます。）のその復興特別所得税申告書又は決定に係る基準所得税額の計算の基礎となる各種所得の金額について、一定の事実が生じたことにより、国税通則法第23条第1項各号の事由が生じた場合について準用されます。

　ロ　所得税法第153条《前年分の所得税額等の更正等に伴う更正の請求の特例》の規定は、個人が次に掲げる金額につき修正申告書を提出し、又は更正若しくは決定を受けた場合において、その修正申告書の提出又は更正若しくは決定に伴い、その修正申告書又は更正若しくは決定に係る年分の翌年分以後の各年分で決定を受けた年分に係る6(1)ロ、ハ若しくはニに掲げる金額が過大となるとき、又は6(2)イ若しくはロに掲げる金額が過少となるときについて準用されます。

　　なお、6(1)ロ、ハ若しくはニに掲げる金額又は6(2)イ若しくはロに掲げる金額は、これらの金額につき修正申告書の提出又は更正があった場合には、その申告又は更正後の金額となります。

　　①　確定申告書に記載すべき所得税法第120条第1項第1号若しくは第3号から第5号まで、第122条第1項第1号から第3号まで又は第123条第2項第1号若しくは第5号から第8号までに掲げる金額

　　②　復興特別所得税申告書に記載すべき上記6(1)イからニ又は6(2)イ若しくはロに掲げる金額

　ハ　所得税法第153条の2《国外転出をしたものが帰国をした場合等の更正の請求の特例》の規定は、国外転出の日の属する年分の復興特別所得税申告書を提出し、又は決定を受けた者（その相続人及び包括受遺者を含みます。）のその復興特別所得税申告書又は決定に係る基準所得税額の

計算の基礎となる有価証券等に係る譲渡所得等の金額について、一定の事実が生じたことにより、以下の場合に該当するときについて準用されます。

① 基準所得税額に対する復興特別所得税の額、源泉徴収特別税額を控除した復興特別所得税の額又は予納特別税額を控除した復興特別所得税額が過大となる場合

② 控除しきれなかった源泉徴収特別税額又は予納特別税額が過少となる場合

ニ 所得税法第153条の3《非居住者である受贈者等が帰国をした場合等の更正の請求の特例》の規定は、同条に規定する贈与、相続又は遺贈による移転をした日の属する年分の復興特別所得税申告書を提出し、又は決定を受けた者（その相続人及び包括受遺者を含みます。）の当該復興特別所得税申告書又は決定に係る基準所得税額の計算の基礎となる事業所得の金額、譲渡所得の金額又は雑所得の金額につき一定の事実が生じたことにより、その年分の復興特別所得税につきハの①、②に掲げる場合に該当するときについて準用されます。

ホ 所得税法第153条の4《相続により取得した有価証券等の取得費の額に変更があった場合等の更正の請求の特例》の規定は、有価証券等の譲渡又は未決済信用取引若しくは未決済デリバティブ取引の決済をした日の属する年分の復興特別所得税申告書を提出し、又は決定を受けた者（その相続人及び包括受遺者を含みます。）のその復興特別所得税申告書又は決定に係る基準所得税額の計算の基礎となる事業所得の金額、譲渡所得の金額若しくは雑所得の金額につき一定の事実が生じたことにより、その年分の復興特別所得税につきハの①、②に掲げる場合に該当することとなるときについて準用されます。

ヘ 所得税法第153条の5《遺産分割等があった場合の更正の請求の特例》の規定は、相続の開始の日の属する年分の復興特別所得税申告書を提出し、又は決定を受けた者について生じた遺産分割等の事由により、非居住者に移転した相続又は遺贈に係る対象資産が減少し、又は増加したことに基因して、その年分の復興特別所得税につきハの①、②に掲げる場合に該当することとなるときについて準用されます。

ト 所得税法第153条の6《国外転出をした者が外国所得税を納付する場合の更正の請求の特例》は、国外転出の日の属する年分の復興特別所得税申告書を提出した者（その相続人及び包括受遺者を含みます。）のその復興特別所得税申告書に係る復興特別所得税の額の計算において外国所得税額控除の規定により控除される金額につき同法第95条の2第1項《国外転出をする場合の譲渡所得等の特例に係る外国税額控除の特例》の規定により同法第95条第1項《外国税額控除》の規定の適用があることにより、その年分の復興特別所得税につきハの①、②に掲げる場合に該当することとなるときについて準用されます。

## 12 更正及び決定 （復興財確法22）

イ 復興特別所得税及び所得税に係る更正又は決定は、年分が同一であるこれらの税に係る更正又は決定に併せて行わなければなりません。

ロ 所得税法第155条第2項《青色申告書に係る更正》の規定は、更正通知書にその理由を付記し

復興特別所得税

て行う所得税の更正と併せて行う復興特別所得税の更正について準用されます。

**13　更正等又は決定による源泉徴収特別税額等の還付等**（復興財確法23）

イ　個人の各年分の復興特別所得税につき更正等があった場合において、その更正等により6⑵イに掲げる金額が増加したときは、税務署長は、その個人に対し、その増加した部分の金額に相当する復興特別所得税を還付します。

　**(注)**　更正等とは、更正及びその復興特別所得税についての更正の請求に対する処分又は国税通則法第25条の規定による決定に係る不服申立て又は訴えについての決定若しくは裁決又は判決をいいます。

ロ　イの場合において、イの規定による還付金の額の計算の基礎となった6⑵イに規定する源泉徴収特別税額のうちにまだ納付されていないものがあるときは、イの規定による還付金の額のうちその納付されていない部分の金額に相当する金額については、その納付があるまでは、還付しません。

ハ　個人の各年分の復興特別所得税につき更正等があった場合において、その更正等により6⑵ロに掲げる金額が増加したときは、税務署長は、その個人に対し、その増加した部分の金額に相当する予納特別税額を還付します。

ニ　税務署長は、ハの規定による還付金の還付をする場合において、ハに規定する年分の予納特別税額について納付された延滞税があるときは、その額のうち、ハの規定により還付される予納特別税額に対応する金額を併せて還付します。

ホ　イ、ハ、ニの規定により復興特別所得税を還付する場合において、所得税法第159条又は第160条の規定により還付する年分が同一である所得税があるときは、その復興特別所得税は、その所得税に併せて還付するものとします。

ヘ　ホの規定による復興特別所得税及び所得税の還付があった場合においては、その還付額を上記ホの規定により併せて還付する復興特別所得税の額及び所得税の額に按分した額に相当する復興特別所得税及び所得税の還付があったものとします。

ト　更正等又は決定により復興特別所得税及び所得税を還付する場合は、所得税法第159条第3項及び第4項並びに第160条第3項から第5項までの規定により計算した還付加算金を付して還付します。

　　なお、復興特別所得税及び所得税の還付加算金の計算は、その年分の復興特別所得税及び所得税に係る還付金の合計額により行います（復興財確法24⑤）。

　　また、復興特別所得税及び所得税に係る還付加算金の端数計算は、復興特別所得税及び所得税を一の税とみなして行います（復興財確法24⑥）。

　**(注)**　算出された還付加算金をその計算の基礎となった復興特別所得税及び所得税に係る還付金の額にそれぞれ按分した額に相当する金額が復興特別所得税又は所得税に係る還付加算金の額となります。

復興特別所得税

### 14 課税標準の端数計算等 （復興財確法24）

イ 個人に係る復興特別所得税の課税標準の端数計算については、国税通則法第118条《国税の課税標準の端数計算等》の規定にかかわらず、その課税標準に１円未満の端数があるとき、又はその全額が１円未満であるときは、その端数金額又はその全額を切り捨てます。

ロ 個人に係る納付すべき復興特別所得税の確定金額の端数計算及びその復興特別所得税の基準所得税額である所得税（附帯税を除きます。ハにおいて同じです。）の確定金額の端数計算については、国税通則法第119条《国税の確定金額の端数計算等》の規定にかかわらず、これらの確定金額の合計額によって行い、その合計額に100円未満の端数があるとき、又はその全額が100円未満であるときは、その端数金額又はその全額を切り捨てます。

ハ 個人に係る還付すべき復興特別所得税及び所得税に係る還付金等（※）の額の端数計算については、復興特別所得税及び所得税を一の税とみなしてこれを行います。

※ 国税通則法第56条第１項《還付》に規定する還付金等をいいます。

ニ 個人に係る納付すべき復興特別所得税及び所得税に係る附帯税並びにこれらの附帯税の免除に係る金額（ニからホにおいて「附帯税等」といいます。）の計算については、その計算の基礎となるべきその年分の復興特別所得税及び所得税の合計額によって行い、算出された附帯税等をその計算の基礎となった復興特別所得税の額及び所得税の額に按分した額に相当する金額を復興特別所得税又は所得税に係る附帯税等の額とします。

ホ 個人に係る還付すべき復興特別所得税及び所得税に係る還付加算金（※）の計算については、その年分の復興特別所得税及び所得税に係る還付金の合計額又は復興特別所得税及び所得税に係る過誤納金の合計額によって行い、算出された還付加算金をその計算の基礎となった復興特別所得税及び所得税に係る還付金の額又は復興特別所得税及び所得税に係る過誤納金の額にそれぞれ按分した額に相当する金額を復興特別所得税又は所得税に係る還付加算金の額とします。

※ 「還付加算金」とは、国税通則法第58条第１項《還付加算金》に規定する還付加算金をいいます。

ヘ ニ及びホにより復興特別所得税及び所得税に係る附帯税等及び還付加算金の計算をする場合の端数計算は、復興特別所得税及び所得税を一の税とみなしてこれを行います。

復興特別所得税

## ○復興特別所得税及び所得税の端数計算

<table>
<tr><th colspan="2"></th><th>所 得 税</th><th>復 興 特 別 所 得 税</th></tr>
<tr><td rowspan="2">確定申告</td><td>課税標準の端数計算</td><td>1,000円未満切捨て（通法118①）</td><td>1円未満切捨て（復興財確法24①）</td></tr>
<tr><td>確定金額の端数計算</td><td colspan="2">復興特別所得税及び所得税の確定金額の合計額の100円未満切捨て（復興財確法24②）</td></tr>
<tr><td rowspan="4">附帯税賦課決定等</td><td>附帯税等の基礎となる税額</td><td colspan="2">納付（増加）する復興特別所得税及び所得税の合計額（合計額の10,000円未満の端数切捨て（復興財確法24④、通法118③）</td></tr>
<tr><td>附帯税額の端数計算</td><td colspan="2">復興特別所得税及び所得税の附帯税の確定金額の合計額に100円未満の端数があるとき、又はその全額が1,000円未満（加算税に係るものについては、5,000円未満）であるときは、その端数金額又はその全額を切捨て（復興財確法24⑥、通法119④）</td></tr>
<tr><td>復興特別所得税及び所得税に係る附帯税等の按分</td><td colspan="2">算出された附帯税等を計算の基礎となった復興特別所得税及び所得税の額で按分（復興財確法24④）</td></tr>
<tr><td rowspan="5" style="display:none"></td></tr>
<tr><td rowspan="5">還付等</td><td>還付金等の額の端数計算</td><td colspan="2">還付すべき復興特別所得税及び所得税に係る還付金等の合計額の1円未満を切捨て（復興財確法24③、通法120①）<br>還付すべき復興特別所得税及び所得税に係る還付金等の合計額が1円未満であるときは、その額を1円とする。（復興財確法24③、通法120②）</td></tr>
<tr><td>復興特別所得税及び所得税に係る還付金等の按分</td><td colspan="2">計算の基礎となった復興特別所得税及び所得税の額で按分（復興財確法24④）</td></tr>
<tr><td>還付加算金の基礎となる金額</td><td colspan="2">復興特別所得税及び所得税に係る還付金等の合計額（10,000円未満の端数を切捨て（復興財確法24⑤、通法120④））</td></tr>
<tr><td>還付加算金の端数計算</td><td colspan="2">復興特別所得税及び所得税に係る還付加算金の確定金額の合計額に100円未満の端数があるとき、又はその全額が1,000円未満であるときは、その端数金額又はその全額を切捨て（復興財確法24⑥、通法120③）</td></tr>
<tr><td>復興特別所得税及び所得税に係る還付加算金の按分</td><td colspan="2">算出された還付加算金を計算の基礎となった復興特別所得税及び所得税に係る還付金等の額でそれぞれ按分（復興財確法24⑤）</td></tr>
</table>

# 「財産債務調書」「国外財産調書」の提出

## 1　財産債務調書

　所得税・相続税の申告の適正性を確保する観点から、**財産及び債務の明細書**を見直し、一定の基準を満たす人に対し、その保有する財産及び債務に係る調書の提出を求める制度が平成28年1月から施行されています。

### ⑴　財産債務調書を提出しなければならない人（国外送金法6の2）

　所得税及び復興特別所得税（以下「所得税等」といいます。）の確定申告書を提出しなければならない人又は提出することができる人で、その申告書に記載すべきその年分の総所得金額及び山林所得金額の合計額**(注1)** が2,000万円を超え、かつ、その年の12月31日において、その価額の合計額が3億円以上の財産又はその価額の合計額が1億円以上の国外転出特例対象財産**(注2)** を有する人は、その財産の種類、数量及び価額並びに債務の金額その他必要な事項を記載した**財産債務調書**を提出しなければなりません。

> **（注1）**　申告分離課税の所得がある場合には、それらの特別控除後の所得金額の合計額を加算した金額です。ただし、①純損失や雑損失の繰越控除、②居住用財産の買換え等の場合の譲渡損失の繰越控除、③特定居住用財産の譲渡損失の繰越控除、④上場株式等に係る譲渡損失の繰越控除、⑤特定中小会社が発行した株式に係る譲渡損失の繰越控除、⑥先物取引の差金等決済に係る損失の繰越控除を受けている場合は、その適用後の金額をいいます。（国外送金令12の2⑤）
>
> **（注2）**　「国外転出特例対象財産」とは、所得税法第60条の2第1項に規定する有価証券等並びに同条第2項に規定する未決済信用取引等及び同条第3項に規定する未決済デリバティブ取引に係る権利をいいます。

　財産債務調書の提出に当たっては、財産債務調書に記載した財産の価額及び債務の金額をその種類ごとに合計した金額を記載した**財産債務調書合計表**を添付する必要があります。

　また、財産債務調書を提出する人が、**国外財産調書**を提出する場合には、その財産債務調書には、国外財産調書に記載した国外財産に関する事項（当該国外財産の価額を除きます。）の記載を省略することができます。（国外送金法6の2⑤）

　ただし、国外に存する債務については記載する必要があります。

　なお、相続開始の日の属する年（以下「相続開始年」といいます。）の年分の財産債務調書については、その相続又は遺贈により取得した財産若しくは債務を記載しないで提出することができます。この場合において、財産債務調書の提出義務については、財産の価額の合計額から相続開始年に相続又は遺贈により取得した財産の価額の合計額を除外して判定します。この取扱いは、令和2年分以後の財産債務調書について適用されます。（国外送金法6の2②）

### ⑵　財産の価額

　財産の価額は、その年の12月31日における時価又は時価に準ずるものとして見積価額によることとされています。

財産債務調書・国外財産調書

**(注)** 「時価」とは、その年の12月31日における財産の現況に応じ、不特定多数の当事者間で自由な取引が行われる場合に通常成立すると認められる価額をいい、その価額は、専門家による鑑定評価額、金融商品取引所等の公表する同日の最終価格（同日の最終価格がない場合には、同日前の最終価格のうち同日に最も近い日の価格）などをいいます。「見積価額」とは、その年の12月31日における財産の現況に応じ、その財産の取得価額や売買実例価額などを基に、合理的な方法により算定した価額をいいます。

**(3) 財産債務調書への記載事項**（国外送金令12の２、国外送金規15）

① 提出者の氏名・住所（又は居所）・マイナンバー（個人番号）

② 財産の種類

③ 財産の数量、価額

④ 財産の所在

⑤ 債務の金額

記載事項については、「種類別」「用途別」（一般用及び事業用）**(注)**、「所在別」に記載する必要があります。

**(注１)** 「事業用」とは、不動産所得、事業所得又は山林所得を生ずべき事業又は業務の用に供することをいい、「一般用」とは、当該事業又は業務以外の用に供することをいいます。

**(注２)** マイナンバーを記載した財産債務調書を提出する際には、本人確認書類の提示又は写しの添付が必要です。

**(4) 財産債務調書の提出期限等**

財産債務調書は、その年の翌年の３月15日までに所得税の納税地の所轄税務署長に提出する必要があります。

**(5) その他の措置**

① 財産債務調書を提出期限内に提出した場合には、財産債務調書に記載がある財産又は債務に関して所得税等・相続税の申告漏れが生じたときであっても、過少申告加算税等が５％軽減されます。（国外送金法６①）

② 財産債務調書の提出が提出期限内にない場合又は提出期限内に提出された財産債務調書に記載すべき財産又は債務の記載がない場合（重要なものの記載が不十分と認められる場合を含みます。）に、その財産又は債務に関して所得税等の申告漏れ（死亡した人に係るものを除きます。）が生じたときは、過少申告加算税等が５％加重されます。（国外送金法６③）

## 2 国外財産調書

適正な課税・徴収の確保を図る観点から、国外財産を保有する人からその保有する国外財産に係る調書の提出を求める制度として、**国外財産調書制度**が平成26年１月から施行されています。

**(1) 国外財産調書を提出しなければならない人**（国外送金法５①）

居住者（「非永住者」**(注１)** を除きます。）で、その年の12月31日において、その価額の合計額が5,000万円を超える国外財産**(注２)** を有する人は、その財産の種類、数量及び価額その他必要な事項を記載

──(1168)──

財産債務調書・国外財産調書

した**国外財産調書**を、その年の翌年の３月15日までに提出しなければなりません。

(注１)　「非永住者」とは、日本の国籍を有しておらず、かつ過去10年以内において国内に住所又は居所を有していた期間の合計が５年以下である人をいいます。

(注２)　「国外財産」とは、国外にある財産をいうこととされています。国外にあるかどうかの判定については、財産の種類ごとに行うこととされ、例えば、次のようにその財産の所在、その財産の受入れをした営業所又は事業所の所在などによることとされています。

(例)・不動産又は動産：その不動産又は動産の所在
　　・預金、貯金又は積金：その預金、貯金又は積金の受入れをした営業所又は事業所の所在
　　・有価証券等：その有価証券を管理する口座が開設された金融商品取引業者等の営業所の所在

　国外財産調書の提出に当たっては、国外財産調書に記載した財産の価額をその種類ごとに合計した金額を記載した**国外財産調書合計表**を添付する必要があります。

　また、国外財産調書を提出する人が、財産債務調書を提出する場合には、その財産債務調書には、国外財産調書に記載した国外財産に関する事項（国外財産の価額を除きます。）の記載は省略できます。（国外送金法６の２⑤）

　なお、相続開始の日の属する年の年分に係る国外財産調書については、その相続又は遺贈により取得した国外財産（以下「相続国外財産」といいます。）を記載しないで提出することができます。この場合において、国外財産調書の提出義務については、国外財産の価額の合計額からその相続国外財産の価額の合計額を除外して判定します。この取扱いは、令和２年分以後の国外財産調書について適用されます。（国外送金法５②）

**⑵　国外財産の価額**

　国外財産の価額は、その年の12月31日における時価又は時価に準ずるものとして見積価額によることとされています。また邦貨換算は、同日における外国為替の売買相場によることとされています。

**⑶　国外財産債務調書への記載事項**（国外送金法５、国外送金令10、国外送金規12）

①　提出者の氏名・住所（又は居所）・マイナンバー（個人番号）

②　国外財産の種類

③　国外財産の数量、価額

④　国外財産の所在

　記載事項については、「種類別」「用途別」（一般用及び事業用）、「所在別」に記載する必要があります。

(注)　「事業用」「一般用」については、１の⑶を参照ください。

---

《令和４年度税制改正事項》

⑴　財産債務調書の提出義務者の見直し

　従前の提出義務者（１の⑴参照）のほか、居住者（従前の提出義務者を除きます。）で、その年の12月31日においてその価額の合計額が10億円以上の財産を有するものは、財産債務調書を、その年の翌年の６月30日までに、所轄税務署長に提出しなければならないこととされました。（国外送金法６の２③）

(注)　令和５年分以後の財産債務調書について適用されます。（令４改所法等附72④）

財産債務調書・国外財産調書

(2) 国外財産調書及び財産債務調書の提出期限の見直し
① 国外財産調書の提出期限の見直し
　　国外財産調書の提出期限が、その年の翌年の6月30日（改正前：その年の翌年の3月15日）に後倒しされました。（国外送金法5①）

**(注)**　令和5年分以後の国外財産調書について適用されます。（令4改所法等附72①）

② 財産債務調書の提出期限の見直し
　　財産債務調書の提出期限が、その年の翌年の6月30日（改正前：その年の翌年の3月15日）に後倒しされました。（国外送金法6の2①）

**(注)**　令和5年分以後の財産債務調書について適用されます。（令4改所法等附72③）

財産債務調書・国外財産調書

FA6103

整理番号 ☐☐☐☐☐☐☐☐

## 令和☐☐年12月31日分　財産債務調書

提出用

平成二十八年十二月三十一日分以降用

| 財産債務を有する者 | 住所又は事業所、事務所、居所など | | |
|---|---|---|---|
| | 氏名 | | |
| | 個人番号 ☐☐☐☐☐☐☐☐☐☐☐☐ | 電話番号（自宅・勤務先・携帯）　−　　− | |

| 財産債務の区分 | 種類 | 用途 | 所在 | 数量 | （上段は有価証券等の取得価額）財産の価額又は債務の金額 | 備考 |
|---|---|---|---|---|---|---|
| | | | | | 円 | |
| | | | | | 円 | |
| | | | | | | |
| | | | | | | |
| | | | | | | |
| | | | | | | |
| | | | | | | |
| | | | | | | |
| | | | | | | |
| | | | | | | |
| | | | | | | |
| | | | | | | |
| | | | | | | |
| | | | | | | |
| | | | | | | |
| | | | | | | |
| | | | | | | |
| | | | | | | |

| 国外財産調書に記載した国外財産の価額の合計額 （うち国外転出特例対象財産の価額の合計額（　　　　　）円（合計表㉘へ）） | | 合計表㉖へ |
|---|---|---|
| 財産の価額の合計額　合計表㉗へ | 債務の金額の合計額　合計表㉝へ | |

(摘要)

（　　　　）枚のうち1枚目

通信日付印（年月日）（　・　・　）

(R4.1)

# 財産債務調書・国外財産調書

◎ **財産債務調書を提出しなければならない方**

　所得税等の確定申告書を提出しなければならない方（※）で、その年分の退職所得以外の各種所得金額の合計額が2千万円を超え、かつ、その年の12月31日において、その価額の合計額が3億円以上の財産又はその価額の合計額が1億円以上の国外転出特例対象財産（所得税法第60条の2第1項に規定する有価証券等、同条第2項に規定する未決済信用取引等及び同条第3項に規定する未決済デリバティブ取引に係る権利をいいます。）を有する方は、その財産の種類、数量及び価額並びに債務の金額その他必要な事項を記入したこの財産債務調書に財産債務調書合計表を添付し、その年の翌年の3月15日までに所轄税務署長に提出しなければならないこととされています（国外送金等調書法第6条の2、国外送金等調書規則表第四）。

　なお、相続開始の日の属する年の年分に係る財産債務調書については、その相続又は遺贈により取得した財産又は債務を記載しないで提出することができます。この場合において、財産債務調書の提出義務については、財産の価額の合計額から相続又は遺贈により取得した財産の価額の合計額を除外して判定します。この取扱いは、令和2年分以後の財産債務調書について適用されます。

　おって、上記提出期限までの間に、財産債務調書を提出しないで死亡したときは、この財産債務調書を提出する必要はありません。

　※　令和4年1月1日以降は、所得税の申告義務の見直しに伴い提出義務がなくなる方についても、引き続き各種所得金額等に基づく財産債務調書の提出義務の判定が必要となります。

◎ **財産債務調書の記入に当たっての留意事項**

　この財産債務調書には、財産債務の区分に応じて、「種類別」、「用途別」（一般用及び事業用の別）及び「所在別」に、その財産の「数量」及び「価額」並びに債務の「金額」を記入します。

　なお、次のような財産については、それぞれ次のとおり記入することとして差し支えありません。

(1) 財産債務の用途が一般用及び事業用の兼用である場合には、「用途」は「一般用、事業用」と記入し、「価額」及び「金額」は用途別に区分することなく記入してください。

　※　事業用とは、この財産債務調書を提出する方の不動産所得、事業所得又は山林所得を生ずべき事業又は業務の用に供することをいい、一般用とは、当該事業又は業務以外の用に供することをいいます。

(2) 2以上の財産債務の区分からなる財産債務で、それぞれの財産又は債務の区分に分けて価額又は金額を算定することが困難な場合には、いずれかの財産債務の区分にまとめて記入してください。

> **（財産債務の区分）**
> ①土地（林地を含む。）、②建物、③山林、④現金、⑤預貯金（当座預金、普通預金、定期預金等の預貯金）、⑥有価証券（株式、公社債、投資信託、特定受益証券発行信託、貸付信託等の有価証券）、⑦匿名組合契約の出資の持分、⑧未決済信用取引等に係る権利、⑨未決済デリバティブ取引に係る権利、⑩未収入金（受取手形を含む。）、⑪書画骨とう及び美術工芸品、⑫貴金属類、⑬その他の動産（家庭用動産を含む。）、⑭その他（①から⑭までの財産以外）の財産、⑮借入金、⑯未払金（支払手形を含む。）、⑱その他（⑯及び⑰の債務以外）の債務
> 　※　家庭用動産とは、例えば、家具、什器備品などの家財や自動車などの動産をいい、④現金、⑫書画骨とう及び美術工芸品、⑬貴金属類は含まれません。その他の財産とは、①から⑭のどの種類にも当てはまらない財産、例えば、預託金、保険の契約に関する権利、信託受益権、暗号資産などをいいます。

◎ **国外財産調書を提出する場合**

　国外財産調書に記載した国外財産は、財産債務調書にその財産の価額以外の記載事項についての記載を要しないこととされています（国外送金等調書法第6条の2第2項）。財産債務調書には国外財産調書に記載した国外財産の価額の合計額及びそのうちの国外転出特例対象財産（上記財産債務の区分⑥から⑨（⑥のうち「特定有価証券」に該当するものを除きます。）に掲げる財産）の価額の合計額を記入してください。

◎ **財産債務調書合計表の作成・添付**

　この調書の提出に当たっては、別途、「財産債務調書合計表」を作成し、添付する必要があります（国外送金等調書規則表第四）。

◎ **財産債務調書の記載要領**

　この調書の各欄の記入に当たっては、財産債務を、用途別、所在別に分け、更に、上記「財産債務の区分」の①から⑱の財産債務に区分した上で、次のとおり記入してください。

　なお、⑫書画骨とう及び美術工芸品については1点10万円未満のもの、⑬その他の動産（家庭用動産を含む。）については、1個又は1組の価額が10万円未満のものの記入は必要ありません。

**1 「住所」欄**

　住所を記入してください。

　なお、この調書を、住所以外の事業所や事務所、居所などを所轄する税務署に確定申告書と一緒に提出する方は、（　）内の当てはまる文字を○で囲んだ上、事業所等の所在地（上段）と住所（下段）を記入してください。

**2 「財産債務の区分」欄**

　上記「財産債務の区分」の①から⑱の順序で記入してください。

**3 「種類」欄**

　この欄には、「財産債務の区分」欄に記入した財産債務のうち、次に掲げる財産債務について、その種類を次のとおり記入してください。

(1) 預貯金：「当座預金」、「普通預金」、「定期預金」等

(2) 有価証券：「上場株式」、「非上場株式」、「公社債」、「投資信託」、「特定受益証券発行信託」、「貸付信託」、「特定有価証券」等及び銘柄名
　※　株式については、「上場株式」と「非上場株式」に区分して記入してください。
　※　「特定有価証券」とは、新株予約権その他これに類する権利で株式を無償又は有利な価額により取得することができるもののうち、その行使による所得の全部又は一部が国内源泉所得となるものをいいます（所得税法施行令第170条第1項）。

(3) 匿名組合契約の出資の持分：匿名組合名

(4) 未決済信用取引等に係る権利：「信用取引」、「発行日取引」及び銘柄名

(5) 未決済デリバティブに係る権利：「先物取引」、「オプション取引」、「スワップ取引」等及び銘柄名

(6) 書画骨とう及び美術工芸品：「書画」、「骨とう」、「美術工芸品」

(7) 貴金属類：「金」、「白金」、「ダイヤモンド」等

(8) その他の動産（家庭用動産を含む。）：適宜に設けた区分

(9) その他の財産：「預託金」、「保険に関する権利」、「信託受益権」、「暗号資産」等

(10) その他の債務：適宜に設けた区分
　※　土地、建物、山林、現金、貸付金、未収入金、借入金、未払金については、本欄の記入は必要ありません。

**4 「用途」欄**

　この欄には、財産債務の用途に応じて、「一般用」又は「事業用」と記入して差し支えありません。

**5 「所在」欄**

　この欄には、財産債務の所在地について、所在地のほか、氏名又は名称（金融機関名及び支店名等）を記入してください。

　また、上記「財産債務の区分」の①から④及び⑫から⑭までの財産については、所在地のみを記入することとして差し支えありません。

**6 「数量」欄**

　この欄には、「財産債務の区分」欄に記入した財産債務のうち、次に掲げる財産債務について、その数量を次のとおり記入してください。

(1) 土地：地積数及び面積

(2) 建物：戸数及び床面積

(3) 山林：面積又は体積

(4) 有価証券、匿名組合契約の出資の持分：株数又は口数

(5) 未決済信用取引等に係る権利、未決済デリバティブに係る権利：株数又は口数

(6) 書画骨とう及び美術工芸品：点数

(7) 貴金属類：点数又は重量

(8) その他の動産（家庭用動産を含む。）：適宜に設けた区分に応じた数量

(9) その他の財産：「預託金」、「保険の契約に関する権利」、「信託受益権」、「暗号資産」等の適宜に設けた区分に応じた数量

(10) その他の債務：適宜に設けた区分に応じた数量
　※　現金、預貯金、貸付金、未収入金、借入金、未払金については、本欄の記入は必要ありません。

**7 「財産の価額又は債務の金額」欄**

　この欄には、それぞれの財産に係る「時価」又は時価に準ずる価額として「見積価額」、それぞれの債務に係る「金額」を記入してください。また、上記「財産債務の区分」の⑥から⑨までの財産（⑥のうち「特定有価証券」に該当する有価証券を除きます。）については上段にそれぞれの財産の取得価額を記入してください。
　※　財産債務の見積価額の算定方法（例示）については、「財産債務調書の記載例」の裏面をご覧ください。

**8 「備考」欄**

　2以上の財産区分からなる財産を一括して記入する場合には「備考」欄に一括して記入する財産の区分等を記入してください。

**9 「財産の価額の合計額」欄又は「債務の金額の合計額」欄**

　この欄には、調書に記入したそれぞれの財産の価額又は債務の金額の合計額を記入してください。
　なお、2枚以上調書を提出する場合でも、1枚目に合計額を記入してください。

**10 「摘要」欄**

　この調書に記入した財産債務について、参考となる事項などを記入してください。

**11 その他の留意事項**

(1) 上記「財産債務の区分」の⑪、⑮、⑰及び⑱に該当する財産又は債務のうち不動産所得、事業所得又は山林所得を生ずべき事業又は業務の用に供する財産又は債務であり、かつ、その年の12月31日における価額又は金額が10万円未満のものについては、所在別に区分することなく、その件数及び総額を記入して差し支えありません。

(2) 上記「財産債務の区分」の⑭に該当する家庭用動産で、その取得価額が100万円未満のものである場合には、その年の12月31日における当該動産の見積価額については、10万円未満のものであると取り扱って差し支えありません。

財産債務調書・国外財産調書

税務署長　＿＿年＿＿月＿＿日　令和□□年12月31日分　財産債務調書合計表　　FA6003

提出用

平成二十八年十二月三十一日分以降用

| 住所又は事業所事務所居所など | 〒□□□-□□□□ | | 個人番号 | □□□□ □□□□ □□□□ |
| --- | --- | --- | --- | --- |
| | | | フリガナ | |
| | | | 氏名 | |
| | | 性別 男 女 | 職業 | 電話番号（自宅・勤務先・携帯）　－　－ |
| | | 生年月日 □ □□・□□・□□ | | 国外財産調書の提出有　○ |
| | | | 整理番号 | □□□□□□□□ |

（受付印）

| 財産の区分 | | 財産の価額又は取得価額 百万 千 円 | 財産の区分 | | 財産の価額又は取得価額 百万 千 円 |
| --- | --- | --- | --- | --- | --- |
| 土　地 | ① | | 書画骨とう美術工芸品 | ⑮ | |
| 建　物 | ② | | 貴金属類 | ⑯ | |
| 山　林 | ③ | | 動　産（④、⑮、⑯以外） | ⑰ | |
| 現　金 | ④ | | そ　の　他　の　財　産　保険の契約に関する権利 | ⑱ | |
| 預貯金 | ⑤ | | 株式に関する権利 | ⑲ | |
| 有価証券（特定有価証券を除く） 上場株式 | ⑥ | | 預託金等 | ⑳ | |
| 取得価額 | ㋐ | | 組合等に対する出資 | ㉑ | |
| 非上場株式 | ⑦ | | 信託に関する権利 | ㉒ | |
| 取得価額 | ㋑ | | 無体財産権 | ㉓ | |
| 株式以外の有価証券 | ⑧ | | 暗号資産 | ㉔ | |
| 取得価額 | ㋒ | | その他の財産（上記以外） | ㉕ | |
| 特定有価証券※ | ⑨ | | 国外財産調書に記載した国外財産の価額の合計額 | ㉖ | |
| 匿名組合契約の出資の持分 | ⑩ | | 財産の価額の合計額 | ㉗ | |
| 取得価額 | ㋓ | | 国外財産調書に記載した国外転出特例対象財産の価額の合計額 | ㉘ | |
| 未決済信用取引等に係る権利 | ⑪ | | 国外転出特例対象財産の価額の合計額 ⑥＋⑦＋⑧＋⑨＋⑩＋⑫ | ㉙ | |
| 取得価額 | ㋔ | | 債務の区分 | | 債務の金額 |
| 未決済デリバティブ取引に係る権利 | ⑫ | | 借入金 | ㉚ | |
| 取得価額 | ㋕ | | 未払金 | ㉛ | |
| 貸付金 | ⑬ | | その他の債務 | ㉜ | |
| 未収入金 | ⑭ | | 債務の金額の合計額 | ㉝ | |

※ 特定有価証券に該当する有価証券は⑨欄に記載し、⑥欄から⑧欄への記載は要しません。

備考（訂正等で再提出する場合はその旨ご記載ください。）

| 税理士署名 | | 整理欄 | 通信日付印 | 確認 | 異動　年　月　日 | 身元確認 |
| --- | --- | --- | --- | --- | --- | --- |
| | | | | | □□ 年 □□ 月 □□ 日 | |
| 電話番号　　－　　－ | | | 枚数 □□ 枚 | | 区　分　A　B　C　D　E　F　G　H　I | |

(R3.4)

財産債務調書・国外財産調書

《財産債務調書合計表の書き方等》
◎ 財産債務調書を税務署に提出する場合には、財産債務調書にこの財産債務調書合計表（以下「合計表」といいます。）を併せて提出する必要があります。
◎ 合計表の記入に当たっては、ボールペンで、強く記入してください。
◎ 合計表の該当する箇所は必ず記入してください。
◎ 2枚目は控えになっています。合計表を提出するときは、2枚目は取り外してください。
● マス目に数字を記入する場合は、記入例①にならって、マス目の中に丁寧に記入してください。
● マス目の桁数を超える場合は、記入例②にならって記入してください。
● 訂正する場合は、記入例③にならって、訂正する文字を二重線で抹消し、上の欄などの余白に適宜記入してください。

［記入例①］　　　　　　　　　　［記入例②］　　　　　　　　　［記入例③］

《財産債務調書合計表の記載要領》

### 1 住所・氏名等を記入する

▶ ＿＿＿＿＿＿税務署長
財産債務調書合計表及び財産債務調書（以下「合計表等」といいます。）を提出すべき税務署名を記入します。
※ 合計表等は、所得税の納税地の所轄税務署長に提出することとされています。

▶ ＿＿＿年＿＿＿月＿＿＿日
合計表等の提出年月日を記入します。

▶ 表題
「令和□□年12月31日分財産債務調書合計表」の□□内に、該当する年（合計表等を提出すべき年の前年）を記入します。

例：令和1年12月31日分財産債務調書合計表の場合

令和 ０１ 年１２月３１日分

▶ 住所
住所地の郵便番号と住所を記入します。
※ この合計表等を、住所以外の事業所、事務所、居所などを所轄する税務署に所得税の確定申告書と一緒に提出する方は、（ ）内の当てはまる文字を〇で囲んだうえ、事業所等の所在地（上段）と住所（下段）を記入してください。
なお、住所地に代えて事業所等の所在地を納税地とする場合には、所得税の納税地の変更に関する届出が必要です。

▶ 氏名・フリガナ・個人番号
合計表等を提出する方の氏名、フリガナ及び個人番号を記入します。
※ フリガナの濁点（゛）や半濁点（゜）は一字分とします。姓と名の間は一字空けて記入してください。

▶ 性別
性別を〇で囲みます。

▶ 職業
職業を記入します。
※ 個人事業者の方は、事業の内容を具体的に記入します（〇〇小売業、△△卸売業）。

▶ 電話番号
連絡先電話番号を市外局番から記入し、その連絡先区分（自宅・勤務先・携帯）を〇で囲みます。

▶ 生年月日
元号に対応する数字（下表）、年月日（各数字2桁）の順に記入します。

例：昭和38年8月1日の場合

▶ 国外財産調書の提出有
国外財産調書を提出される方は、次のように〇を記入します。

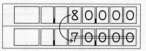

### 2 財産の価額及び債務の金額を記入する

▶ 財産・債務の区分「①〜㉕」・「㉚〜㉜」
財産債務調書に記載した財産の価額及び債務の金額を、財産及び債務の区分ごとに合計し、記入します。
なお、有価証券については、特定有価証券とそれ以外の有価証券に区分して記入してください。
おって、特定有価証券以外の有価証券に区分したものについては、「上場株式」、「非上場株式」、「株式以外の有価証券」に区分して記入してください。
※ 財産債務調書には、財産及び債務の区分に応じて、「種類別」、「用途別」（一般用及び事業用の別）及び「所在別」に、その財産の「数量」及び「価額」並びに債務の「金額」を記入することとされています。
※ 「特定有価証券」とは新株予約権その他これに類する権利で株式を無償又は有利な価額により取得することができるもののうち、その行使による所得の全部又は一部が国内源泉所得となるものをいいます（所得税法施行令第170条第1項）。

▶ 国外財産の価額「㉖」
国外財産調書の提出が必要な方は、国外財産調書に記入した国外財産の価額の合計額を記入します。

▶ 国外転出特例対象財産の価額「㉘」
国外財産調書の提出が必要な方は、国外財産調書に記入した国外財産のうち国外転出特例対象財産の価額の合計額を記入します。

▶ 財産・債務の区分のうち取得価額「⑦〜㉑」
財産債務調書に記載した財産の取得価額を、財産の区分ごとに合計し、記入します。

▶ 財産の価額の合計額「㉗」及び債務の金額の合計額「㉝」
財産債務調書の「財産の価額の合計額」欄に記載された価額及び「債務の金額の合計額」欄に記載された金額を記入します。

### 3 その他

▶ 備考
この欄には、例えば、先に提出した合計表等の記載内容に誤りがあり、正しい内容を記載した合計表等を再提出する場合にはその旨を記入するなど、合計表等の提出に当たり、参考となる事項などを記入してください。

——(1174)——

財産債務調書・国外財産調書

FA5102

整理番号 ☐☐☐☐☐☐☐☐

## 令和☐☐年12月31日分　　国外財産調書

| 国外財産を有する者 | 住　　所 （又は事業所、事務所、居所など） | | | | | | |
|---|---|---|---|---|---|---|---|
| | 氏　　名 | | | | | | |
| | 個 人 番 号 ☐☐☐☐☐☐☐☐☐☐☐☐ | | | 電話番号 （自宅・勤務先・携帯）　—　　　— | | | |

提出用

平成二十八年十二月三十一日分以降用

| 国外財産の区分 | 種　　類 | 用途 | 所　　　　在 | | 数　　量 | （上段は有価証券等の取得価額）価　　額 | 備　考 |
|---|---|---|---|---|---|---|---|
| | | | 国　名 | | | | |
| | | | | | | 円 | |
| | | | | | | 円 | |
| | | | | | | | |
| | | | | | | | |
| | | | | | | | |
| | | | | | | | |
| | | | | | | | |
| | | | | | | | |
| | | | | | | | |
| | | | | | | | |
| | | | | | | | |
| | | | | | | | |
| | | | | | | | |
| | | | | | | | |
| | | | | | | | |
| | 合　　　　計　　　　額 | | | | | 合計表㉘へ | |

(摘要)

（　　）枚のうち（　　）枚目

通信日付印（年月日）（　・　・　）

(R2.1)

## 財産債務調書・国外財産調書

◎ **国外財産調書を提出しなければならない方**
　居住者（所得税法第2条第1項第4号に規定する「非永住者」の方を除きます。）の方で、その年の12月31日において、その価額の合計額が5千万円を超える国外財産を有する方は、その財産の種類、数量及び価額その他必要な事項を記入したこの国外財産調書に国外財産調書合計表を添付し、翌年の3月15日までに所轄税務署長に提出しなければならないこととされています（国外送金等調書法第5条、国外送金等調書規則別表第二）。
　なお、相続開始の日の属する年の年分に係る国外財産調書については、その相続又は遺贈により取得した国外財産（相続国外財産）を記載しないで提出することができます。この場合において、国外財産調書の提出義務については、国外財産の価額の合計額からその相続国外財産の価額の合計額を除外して判定します。この取扱いは、令和2年分以後の国外財産調書について適用されます。
　おって、上記提出期限までの間（その年の翌年の3月15日までの間）に、国外財産調書を提出しないで死亡し、又は出国をしたときは、この国外財産調書を提出する必要はありません。
　※ 「国外財産」とは、「国外にある財産をいう」こととされています。ここでいう「国外にある」かどうかの判定については、財産の種類ごとに行うこととされ、例えば次のように、その財産の所在、その財産の受入れをした営業所、又は事業所の所在などによることとされています。
　　（例）・「不動産又は動産」は、その不動産又は動産の所在
　　　　　・「預金、貯金又は積金」は、その預金、貯金又は積金の受入れをした営業所又は事業所の所在
　　　　　・「有価証券」は、その有価証券を管理する口座が開設された金融商品取引業者等の営業所等の所在
◎ **国外財産調書の記入に当たっての留意事項**
　この国外財産調書には、国外財産の区分に応じて、「種類別」、「用途別」（一般用及び事業用の別）及び「所在別」に、その財産の「数量」及び「価額」を記入します。
　なお、次のような財産については、それぞれ、次のとおり記入することとして差し支えありません。
(1) 財産の用途が一般用及び事業用の兼用である場合には、「用途」は「一般用、事業用」と記入し、「価額」は用途別に区分することなく記入してください。
　　※ 事業用とは、この国外財産調書を提出する方の不動産所得、事業所得又は山林所得を生ずべき事業又は業務の用に供することをいい、一般用とは、当該事業又は業務以外の用に供することをいいます。
(2) 2以上の財産の区分からなる財産で、それぞれの財産の区分に分けて価額を算定することが困難な場合には、いずれかの財産の区分にまとめて記入してください。

　┌─────────────────────────────────────┐
　│ **（国外財産の区分）**
　│ ①土地（林地を含む。）、②建物、③山林、④現金、⑤預貯金（当座預金、普通預金、定期預金等の預貯金）、⑥有価証券（株式、公社債、投資信託、特定受益証券発行信託、貸付信託等の有価証券）、⑦匿名組合契約の出資の持分、⑧未決済信用取引等に係る権利、⑨未決済デリバティブ取引に係る権利、⑩貸付金、⑪未収入金（受取手形を含む。）、⑫書画骨とう及び美術工芸品、⑬貴金属類、⑭その他の動産（家庭用動産を含む。）、⑮その他（①から⑭までの財産以外）の財産
　│ 　※ 家庭用動産とは、例えば、家具、什器備品などの家財や自動車などの動産をいい、④現金、⑫書画骨とう及び美術工芸品、⑬貴金属類は含まれません。その他の財産とは、①から⑭のどの種類にも当てはまらない財産、例えば、預託金、保険の契約に関する権利、信託受益権などをいいます。
　└─────────────────────────────────────┘

◎ **財産債務調書を提出する場合**
　財産債務調書（国外送金等調書法第6条の2）を提出する方は、国外財産調書に記入した国外財産のうち国外転出特例対象財産（上記国外財産の区分⑥から⑨に掲げる国外財産（⑥のうち「特定有価証券」に該当するものを除きます。））について、その取得価額を「価額」欄の上段に記入してください（国外送金等調書規則別表第一備考三）。
◎ **国外財産調書合計表の作成・添付**
　この調書の提出に当たっては、別途、「国外財産調書合計表」を作成し、添付する必要があります（国外送金等調書規則別表第二）。

---

◎ **国外財産調書の記載要領**
　この調書の各欄の記入に当たっては、財産を、用途別、所在別に分け、更に、上記「国外財産の区分」の①から⑮の財産に区分した上で、以下のとおり記入してください。
　なお、⑫書画骨とう及び美術工芸品については1点10万円未満のもの、⑭その他の動産については、1個又は1組の価額が10万円未満のものの記入は必要ありません。
**1 「住所」欄**
　住所を記入してください。
　なお、所得税の納税義務がある方で、この調書を、住所以外の事業所や事務所、居所などを所轄する税務署に確定申告書と一緒に提出する方は、（ ）内の当てはまる文字を○で囲んだ上、事業所等の所在地（上段）と住所（下段）を記入してください。
　おって、住所に代えて事業所等の所在地を納税地とする場合には、納税地の変更に関する届出が必要です。
**2 「国外財産の区分」欄**
　上記「国外財産の区分」の①から⑮の順序で記入してください。
**3 「種類」欄**
　この欄には、「国外財産の区分」に記入した財産のうち、次に掲げる財産について、その種類を次のとおり記入してください。
(1) 預貯金：「当座預金」、「普通預金」、「定期預金」等
(2) 有価証券：「株式」、「公社債」、「投資信託」、「特定受益証券発行信託」、「貸付信託」、「特定有価証券」等及び銘柄名
　※ 株式については、「上場株式」と「非上場株式」に区分して記入してください。
　※ 「特定有価証券」とは、新株予約権その他これに類する権利で株式を無償又は有利な価額により取得することができるもののうち、その行使による所得の全部又は一部が国内源泉所得となるものをいいます（所得税法施行令第170条第1項）。
(3) 匿名組合契約の出資の持分：匿名組合名
(4) 未決済信用取引等に係る権利：「信用取引」、「発行日取引」及び銘柄名
(5) 未決済デリバティブに係る権利：「先物取引」、「オプション取引」、「スワップ取引」等及び銘柄名
(6) 書画骨とう及び美術工芸品：「書画」、「骨とう」、「美術工芸品」
(7) 貴金属類：「金」、「白金」、「ダイヤモンド」等
(8) その他の動産（家庭用動産を含む。）：適宜に設けた区分
(9) その他の財産：「預託金」、「保険に関する権利」、「信託受益権」等
　※ 土地、建物、山林、現金、貸付金、未収入金については、本欄の記入は必要ありません。
**4 「用途」欄**
　この欄には、財産の用途に応じて、「一般用」又は「事業用」と記入してください。

**5 「所在」欄**
　この欄には、財産の所在地について、国名及び所在地のほか、氏名又は名称（金融財産名及び支店名等）を記入してください。
　また、上記「国外財産の区分」の①から④及び⑫から⑭までの財産については、国名及び所在地のみを記入することとして差し支えありません。
　なお、国名については一般的に広く使用されている略称を記入してください。
**6 「数量」欄**
　この欄には、「国外財産の区分」欄に記入した財産のうち、次に掲げる財産について、その数量を次のとおり記入してください。
(1) 土地：地所数及び面積
(2) 建物：戸数及び床面積
(3) 山林：面積又は体積
(4) 有価証券、匿名組合契約の出資の持分：株数又は口数
(5) 未決済信用取引等に係る権利、未決済デリバティブに係る権利：株数又は口数
(6) 書画骨とう及び美術工芸品：点数
(7) 貴金属類：点数又は重量
(8) その他の動産（家庭用動産を含む。）：適宜に設けた区分に応じた数量
(9) その他の財産：「預託金」、「保険の契約に関する権利」、「信託受益権」の適宜に設けた区分に応じた数量
　※ 現金、預貯金、貸付金、未収入金については、本欄の記入は必要ありません。
**7 「価額」欄**
　この欄には、それぞれの財産に係る「時価」又は時価に準ずる価額として「見積価額」を記入してください。
　また、上記「国外財産の区分」の⑥から⑨までの財産（⑥のうち「特定有価証券」に該当する有価証券を除きます。）については上段にそれぞれの財産の取得価額を記入してください。
　※ 国外財産の見積価額の算定方法（例示）については、「国外財産調書の記載例」の裏面をご覧ください。
**8 「備考」欄**
　2以上の財産区分からなる財産を一括して記入する場合には「備考」欄に一括して記入する財産の区分等を記入してください。
**9 「合計額」欄**
　この欄には、調書に記入したそれぞれの財産の価額の合計額を記入してください。
**10 「摘要」欄**
　この調書に記入した国外財産について、参考となる事項などを記入してください。
**11 その他の留意事項**
　上記「国外財産の区分」の⑭に該当する家庭用動産で、その取得価額が100万円未満のものである場合には、その年の12月31日における当該動産の見積価額については、10万円未満のものと取り扱って差し支えありません。

財産債務調書・国外財産調書

FA5003

_____税務署長
____年____月____日

## 令和□□年12月31日分　国外財産調書合計表

提出用

〒□□□-□□□□

住所
又は
事業所
事務所
居所など

個人番号 □□□□□□□□□□□□
フリガナ
氏　名

性別　職業　　　　　電話（自宅・勤務先・携帯）
男　女　　　　　　　番号　　　－　　　－
生年
月日 □□.□□.□□　財産債務調書の提出有 ○

整理
番号 □□□□□□□□

平成二十八年十二月三十一日分以降用

※特定有価証券に該当する有価証券は⑨欄に記載し、⑥欄から⑧欄への記載は要しません。

受付印

| 財産の区分 | | 価額又は取得価額 百万／千／円 | 財産の区分 | | 価額又は取得価額 百万／千／円 |
|---|---|---|---|---|---|
| 土　　　地 | ① | | 未決済デリバティブ取引に係る権利 | ⑫ | |
| 建　　　物 | ② | | 取得価額 | ㋕ | |
| 山　　　林 | ③ | | 貸　付　金 | ⑬ | |
| 現　　　金 | ④ | | 未収入金 | ⑭ | |
| 預　貯　金 | ⑤ | | 書画骨とう美術工芸品 | ⑮ | |
| 有価証券（特定有価証券を除く） 上場株式 | ⑥ | | 貴金属類 | ⑯ | |
| 取得価額 | ㋐ | | 動　産（④、⑮、⑯以外） | ⑰ | |
| 非上場株式 | ⑦ | | その他の財産 保険の契約に関する権利 | ⑱ | |
| 取得価額 | ㋑ | | 株式に関する権利 | ⑲ | |
| 株式以外の有価証券 | ⑧ | | 預託金等 | ⑳ | |
| 取得価額 | ㋒ | | 組合等に対する出資 | ㉑ | |
| 特定有価証券※ | ⑨ | | 信託に関する権利 | ㉒ | |
| 匿名組合契約の出資の持分 | ⑩ | | 無体財産権 | ㉓ | |
| 取得価額 | ㋓ | | その他の財産（上記以外） | ㉔ | |
| 未決済信用取引等に係る権利 | ⑪ | | 合　計　額 | ㉕ | |
| 取得価額 | ㋔ | | | | |

備　考（訂正等で再提出する場合はその旨ご記載ください。）

税理士署名

電話番号　　　　－　　　－

整理欄

| 通信日付印 | 確　認 | 異動 年 月 日 | 身元確認 |
|---|---|---|---|
| | | □□年 □□月 □□日 | |

| 枚　数 | 区　　分 |
|---|---|
| □□枚 | A B C D E F G H I |

(R3.4)

財産債務調書・国外財産調書

《国外財産調書合計表の書き方等》
◎ 国外財産調書を税務署に提出する場合には、国外財産調書にこの国外財産調書合計表（以下「合計表」といいます。）を併せて提出する必要があります。
◎ 合計表の記入に当たっては、ボールペンで、強く記入してください。
◎ 合計表の該当する箇所は必ず記入してください。
◎ 2枚目は控えになっています。合計表を提出するときは、2枚目は取り外してください。
● マス目に数字を記入する場合は、記入例①にならって、マス目の中に丁寧に記入してください。
● マス目の桁数を超える場合は、記入例②にならって記入してください。
● 訂正する場合は、記入例③にならって、訂正する文字を二重線で抹消し、上の欄などの余白に適宜記入してください。

[記入例①]　　　　　　　　　　[記入例②]　　　　　　　　　　[記入例③]

縦線1本　すきまをあける　上に突き抜ける　角をつくる
0 1 2 3 4 5 6 7 8 9　閉じる　　1 2 3 4 5 6 7 8 9 0 0 0　　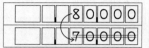

《国外財産調書合計表の記載要領》

| 1 住所・氏名等を記入する |

➤ _____ 税務署長
国外財産調書合計表及び国外財産調書（以下「合計表等」といいます。）を提出すべき税務署名を記入します。
※ 合計表等は、下記の場所を所轄する税務署長に提出することとされています。
　・所得税の納税義務がある方・・・所得税の納税地
　・上記以外の方・・・・・・・・・住所地又は居所地

➤ _____年_____月_____日
合計表等の提出年月日を記入します。

➤ 表題
「令和□□年12月31日分国外財産調書合計表」の□□内に、該当する年（合計表等を提出すべき年の前年）を記入します。

例：令和1年12月31日分国外財産調書合計表の場合

令和 0 1 年 1 2 月 3 1 日分

➤ 住所
住所地の郵便番号と住所を記入します。
※ 所得税の納税義務がある方で、この合計表等を、住所以外の事業所、事務所、居所などを所轄する税務署に確定申告書と一緒に提出する方は、（ ）内の当てはまる文字を○で囲んだうえ、事業所等の所在地（上段）と住所（下段）を記入してください。
なお、住所地に代えて事業所等の所在地を納税地とする場合には、納税地の変更に関する届出が必要です。

➤ 氏名・フリガナ・個人番号
合計表等を提出する方の氏名、フリガナ及び個人番号を記入します。
※ フリガナの濁点（゛）や半濁点（゜）は一字分とします。姓と名の間は一字空けて記入してください。

➤ 性別
性別を○で囲みます。

➤ 職業
職業を記入します。
※ 個人事業者の方は、事業の内容を具体的に記入します（○○小売業、△△卸売業）。

➤ 電話番号
連絡先電話番号を市外局番から記入し、その連絡先区分（自宅・勤務先・携帯）を○で囲みます。

➤ 生年月日
元号に対応する数字（下表）、年月日（各数字2桁）の順に記入します。

例：昭和38年8月1日の場合

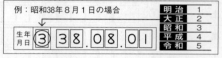

➤ 財産債務調書の提出有
財産債務調書を提出される方は、次のように○を記入します。

| 2 財産の価額を記入する |

➤ 財産の区分「①～㉔」
国外財産調書に記載した国外財産の価額を、国外財産の区分ごとに合計し、記入します。
なお、有価証券については、特定有価証券とそれ以外の有価証券に区分して記入してください。
おって、特定有価証券以外の有価証券に区分したものについては、「上場株式」、「非上場株式」、「株式以外の有価証券」に区分して記入してください。
※ 国外財産調書には、国外財産の区分に応じて、「種類別」、「用途別」（一般用及び事業用の別）及び「所在別」に、その財産の「数量」及び「価額」を記入することとされています。
※ 「特定有価証券」とは新株予約権その他これに類する権利で株式を無償又は有利な価額により取得することができるもののうち、その行使による所得の全部又は一部が国内源泉所得となるものをいいます（所得税法施行令第170条第1項）。

➤ 財産区分のうち取得価額「㋐～㋕」
財産債務調書に記載した財産の取得価額を、財産の区分ごとに合計し、記入します。

➤ 合計額「㉕」
国外財産調書の「合計額」欄に記載された金額を記入します。

| 3 その他 |

➤ 備考
この欄には、例えば、先に提出した合計表等の記載内容に誤りがあり、正しい内容を記載した合計表等を再提出する場合にはその旨を記入するなど、合計表等の提出に当たり、参考となる事項などを記入してください。

財産債務調書・国外財産調書

## [参考]「財産債務調書」の記載例

| | | | | | 整理番号 | 0XXXXXXX |

### 令和××年12月31日分　財産債務調書

| 財産債務を有する者 | 住　　　所<br>（又は事業所、事務所、居所など） | 東京都千代田区霞が関3−1−1 | | | | | |
|---|---|---|---|---|---|---|---|
| | 氏　　　名 | 国税　太郎 | | | | | |
| | 個 人 番 号 | 0000 0000 0000 | | | 電話番号 | （自宅・勤務先・携帯）<br>03−××××−×××× | |

| 財産債務の区分 | 種　類 | 用途 | 所　　　　在 | 数量 | （上段は有価証券等の取得価額）<br>財産の価額又は債務の金額 | 備考 |
|---|---|---|---|---|---|---|
| 土地 | | 事業用 | 東京都千代田区○○1−1−1 | 1<br>250 ㎡ | 円<br>250,000,000 円 | |
| 建物 | | 事業用 | 東京都港区○○3−3−3 | 1<br>500 ㎡ | 110,000,000 | |
| 建物 | | 一般用<br>事業用 | 東京都千代田区霞が関3−1−1 | 1<br>95 ㎡ | 89,000,000 | 土地を含む |
| | | | 建物計 | | (199,000,000) | |
| 現金 | | 一般用 | 東京都千代田区霞が関3−1−1 | | 1,805,384 | |
| 預貯金 | 普通預金 | 事業用 | 東京都千代田区○2−2−2<br>○○銀行△△支店 | | 38,961,915 | |
| 有価証券 | 上場株式（B社） | 一般用 | 東京都港区○○3−1−1<br>△△証券△△支店 | 5,000株 | 6,500,000<br>6,450,000 | |
| 特定有価証券 | ストックオプション<br>（○○株式会社） | 一般用 | 東京都港区△△1−2−1 | 600 個 | 3,000,000 | |
| 匿名組合出資 | C匿名組合 | 一般用 | 東京都港区○○1−1−1<br>株式会社　B | 100 口 | 100,000,000<br>140,000,000 | |
| 未決済デリバティブ取引に係る権利 | 先物取引（○○） | 一般用 | 東京都品川区○○5−1−1<br>××証券××支店 | 100 口 | 30,000,000<br>29,000,000 | |
| 貸付金 | | 事業用 | 東京都目黒区○○2−1−1<br>○○　△△ | | 3,000,000 | |
| 未収入金 | | 事業用 | 東京都豊島区○○2−1−1<br>株式会社　C | | 1,500,000 | |
| 貴金属類 | ダイヤモンド | 一般用 | 東京都千代田区霞が関3−1−1 | 3個 | 6,000,000 | |
| その他の動産 | 家庭用動産 | 一般用 | 東京都千代田区霞が関3−1−1 | 20個 | 3,000,000 | |
| その他の財産 | 生命保険契約 | 一般用 | 東京都品川区○○1−5−5<br>××証券××支店 | | 10,000,000 | |
| その他の財産 | 暗号資産<br>（△△コイン） | 一般用 | 東京都千代田区霞が関3−1−1 | 10△△コイン | 8,500,000 | |
| 借入金 | | 事業用 | 東京都千代田区○2−2−2<br>○○銀行△△支店 | | 20,000,000 | |
| 未払金 | | 事業用 | 東京都港区○○7−8−9<br>株式会社　D | | 1,500,000 | |
| その他の債務 | 保証金 | 事業用 | 東京都台東区○○2−3−4<br>株式会社　E | | 2,000,000 | |
| 国外財産調書に記載した国外財産の価額の合計額<br>（うち国外転出特例対象財産の価額の合計額（34,000,000）円） | | | | | 89,000,000 | |

| 財産の価額の合計額 | 789,217,299 | 債務の金額の合計額 | 23,500,000 |
|---|---|---|---|
| （摘要） | | | |

（1）枚のうち1枚目

財産債務調書・国外財産調書

## ［参考］「国外財産調書」の記載例

整理番号 0XXXXXXX

# 令和××年12月31日分　国外財産調書

| 国外財産を有する者 | 住所<br>（又は事業所、事務所、居所など） | | | 東京都千代田区霞が関3－1－1 | | | |
| | | | | | | | |
| | 氏　名 | | | 国税　太郎 | | | |
| | 個人番号 | | | 0000 0000 0000 | | 電話番号（自宅・勤務先・携帯）<br>03－X×××－×××× | |

| 国外財産の区分 | 種類 | 用途 | 所在<br>国名 | | 数量 | 価額（上段は有価証券等の取得価額） | 備考 |
|---|---|---|---|---|---|---|---|
| 土地 | | 事業用 | オーストラリア | ○○州△△XX通り6000 | 1<br>200 ㎡ | 円<br>54,508,000 円 | |
| 建物 | | 事業用 | オーストラリア | ○○州△△XX通り6000 | 1<br>150 ㎡ | 80,000,000 | |
| 建物 | | 一般用<br>事業用 | アメリカ | △△州○○市 XX通り4440 | 1<br>95 ㎡ | 77,800,000 | 土地を含む |
| | | | | 建物計 | | (157,800,000) | |
| 預貯金 | 普通預金 | 事業用 | オーストラリア | ○○州△△XX通り40<br>（XX銀行○○支店） | | 58,951,955 | |
| 預貯金 | 普通預金 | 一般用 | アメリカ | ○○州△△XX通り123<br>（○○銀行△△支店） | | 23,781,989 | |
| 預貯金 | 定期預金 | 一般用 | アメリカ | ○○州△△XX通り123<br>（○○銀行△△支店） | | 5,000,000 | |
| | | | | 預貯金計 | | (87,733,944) | |
| 有価証券 | 上場株式<br>（○○securities, Inc.） | 一般用 | アメリカ | △△州○○市 XX通り321 | 10,000株 | 3,000,000<br>3,300,000 | |
| 特定有価証券 | ストックオプション<br>（○○Co, Ltd.） | 一般用 | アメリカ | ○○州△△市 XX通り400 | 600個 | 3,000,000 | |
| 匿名組合出資 | C匿名組合 | 一般用 | アメリカ | △△州××市○○通り456<br>（Cxxx D. Exxx） | 100口 | 100,000,000<br>140,000,000 | |
| 未決済信用取引等に係る権利 | 信用取引（××） | 一般用 | オーストラリア | ○○州△△XX通り567<br>△△証券××支店 | 400口 | 0<br>△4,500,000 | |
| 未決済デリバティブ取引に係る権利 | 先物取引（○○） | 一般用 | オーストラリア | ○○州△△XX通り567<br>△△証券××支店 | 100口 | 30,000,000<br>29,000,000 | |
| 貸付金 | | 一般用 | アメリカ | △△州○○市 XX通り10　123号室<br>（Axxx　B. Yxxxx） | | 15,600,000 | |
| 未収入金 | | 事業用 | オーストラリア | ○○州△△XX通り40<br>（Bxxx　A. Jxxxx） | | 4,400,000 | |
| 書画骨とう | 書画 | 一般用 | アメリカ | △△州○○市 XX通り4440 | 2点 | 2,000,000 | |
| 貴金属類 | 金 | 一般用 | アメリカ | △△州○○市 XX通り4440 | 1 Kg | 5,000,000 | |
| その他の動産 | 自動車 | 一般用 | アメリカ | △△州○○市 XX通り4440 | 1台 | 6,000,000 | |
| その他の財産 | 委託証拠金 | 一般用 | アメリカ | ○○州△△XX通り987<br>○○証券○○支店 | | 10,000,000 | |
| 合　計　額 | | | | | | 513,841,944 | |

（摘要）

（1）枚のうち（1）枚目

# 社会保障・税番号制度〈マイナンバー〉

　社会保障・税制度の効率性・透明性を高め、国民にとって利便性の高い公平・公正な社会を実現することを目的として、社会保障・税番号制度（マイナンバー制度）が導入されたことに伴い、平成28年分の確定申告書から記載が必要となっています。

## 1　税務関係書類に記載するマイナンバー

　①　申告書等を提出される方
　②　申告書等に記載された所得税の控除対象となる配偶者及び扶養親族
　③　申告書等に記載された青色事業専従者及び白色事業専従者
　④　源泉徴収義務者等を経由して税務署長等に提出すべきこととされている申告書等を提出される方及び当該申告書を受理した源泉徴収義務者等
　⑤　法定調書の対象となる金銭等の支払等を受ける方その他法定調書に記載すべき方（控除対象扶養親族等）

## 2　申告書、法定調書等の税務関係書類に記載する時期

　①　所得税や贈与税については、平成28年分の申告書（平成29年1月以降に提出するもの（平成28年分の準確定申告書にあっては平成28年中に提出するもの））から、
　②　消費税については、平成28年1月1日以降に開始する課税期間に係る申告書から、
　③　相続税については、平成28年1月1日以降の相続又は遺贈に係る申告書から、
　④　法定調書については、平成28年1月以降の金銭等の支払等に係るものから、
　⑤　申請・届出書等は、平成28年1月以降に提出するものから（税務署等のほか、給与支払者や金融機関等に提出する場合も含みます。）マイナンバーの記載が必要となっています。

## 3　本人確認

〔提出時〕

　マイナンバーの提供を受ける際は、成りすましを防止するため、厳格な本人確認が義務付けられています。

　したがって、マイナンバーが記載された申告書や申請・届出書等を税務署等へ提出する際には、税務署等で本人確認をされることになります。また、法定調書提出義務者が法定調書に記載するために金銭等の支払等を受ける方からマイナンバーの提供を受ける際(注)には、本人確認をする必要があります。

　　(注)　法定調書提出義務者の方は法定調書等の税務関係書類にマイナンバーを記載することが、法令で定められた義務となっているため、金銭等の支払等を受ける方からマイナンバーの提供を受ける必要が

マイナンバー

あります。

　なお、行政手続における特定の個人を識別するための番号の利用等に関する法律（番号法）第14条において、個人番号利用事務等実施者は、法定調書等の提出のために必要なマイナンバーの提供を受けることできる旨が規定されています。

　本人確認には、記載されたマイナンバーが正しい番号であることの確認（番号確認）及び申告等を提出する者が番号の正しい持ち主であることの確認（身元確認）が必要とされています。

　平成28年分以後の申告書等の提出の際には、本人確認書類の提示又は添付が必要です。

| 本人確認書類 | (1)　マイナンバーカード（個人番号カード）を持つ人<br>　　マイナンバーカードだけで本人確認（番号確認と身元確認）が可能<br>(2)　マイナンバーカード（個人番号カード）を持ってない人<br>　番号確認書類及び身元確認書類が必要<br>　イ　番号確認書類…通知カード※、住民票の写し又は住民票記載事項証明書（マイナンバーの記載があるものに限ります。）<br>　※　「通知カード」は令和2年5月25日に廃止されていますが、通知カードに記載された氏名、住所などが住民票に記載されている内容と一致している場合に限り、引き続き番号確認書類として利用できます。<br>　ロ　身元確認書類…運転免許証、パスポート、在留カード、公的医療保険の被保険者証、身体障害者手帳などのうちいずれか1つ |
| --- | --- |

## 4　番号確認書類の提示又は添付が省略可能となる手続

　平成29年12月8日に「行政手続における特定の個人を識別するための番号の利用等に関する法律施行規則」の改正が行われました。これにより、平成30年1月以降、一部の手続について番号確認書類の提示や郵送提出時の写しの添付が省略可能です。

【対象手続】

　過去に開業届出書などを提出し、番号法上の本人確認が行われている方（注1）の以下の対象手続で還付申告以外の手続（注2）

①　青色申告者に係る所得税及び復興特別所得税の確定（修正）申告手続（相続人から提出を受ける場合を除きます。）

②　個人事業者の消費税及び地方消費税の中間申告及び確定（修正）申告手続（相続人から提出を受ける場合を除きます。）

（注1）　次のいずれかに該当する方は、番号確認書類の提示等が省略可能となります。

　（1）　開業届出書、消費税の課税事業者届出書又は課税事業者選択届出書の提出の際に、番号法上の本人確認が行われている方

　（2）　平成28年1月1日より前に(1)の届出書を提出しており、同日以後、所得税及び復興特別所得税の確定申告書、消費税及び地方消費税の中間申告書又は確定申告書の提出の際に番号法上の本人確認が行われている方

マイナンバー

（注2） 対象手続から除かれる還付申告とは、「所得税及び復興特別所得税の確定申告書第一表」において「㊺所得税及び復興特別所得税の申告納税額」欄が赤字であるもの及び「消費税及び地方消費税の確定申告書」において「⑧控除不足還付税額」欄に記載があるものをいいます。

　　　　なお、所得税及び復興特別所得税の予定納税額があることによる還付申告及び消費税及び地方消費税の中間納付税額があることによる還付申告は対象手続に該当します。

## Ⅰ　本人が①又は②の手続を行う場合

| | 番号確認書類 | 身元確認書類 |
|---|---|---|
| 平成29年12月末まで | 要 | 要 |
| 平成30年1月以降 | **省略可能** | 要 |

## Ⅱ　代理人が①又は②の手続を代理で行う場合

| | 代理権確認書類 | 納税者本人の番号確認書類 | 代理人の身元確認書類 |
|---|---|---|---|
| 平成29年12月末まで | 要 | 要 | 要 |
| 平成30年1月以降 | 要 | **省略可能** | 要 |

## 5　e-Tax 関係

　平成31年1月からは、マイナンバーカードと IC カードリーダライタがあれば、自宅のパソコンから e-Tax で申告ができます。既に e-Tax の ID（利用者識別番号）を取得している方も、e-Tax の ID・パスワード（暗証番号）が不要になります。

### 1　本人が申告する場合

| 提出方法　　　　　　　本人確認書類 | 書面提出 | e-Tax |
|---|---|---|
| **番号確認書類**の提示又は写しの添付 | **必要**<br>一定の場合、省略可能（4参照） | **必要なし**<br>国税当局においてシステムにて確認します。 |
| **身元確認書類**の提示又は写しの添付 | **必要** | **必要なし**<br>マイナンバーカードに組み込まれた電子証明書により、身元確認を行います。 |

マイナンバー

## 2 税理士が代理で申告する場合

| 提出方法<br>本人確認書類 | 書面提出 | e-Tax |
|---|---|---|
| **税務代理権限証書**の添付 | **必要** | **必要**<br>税務代理権限証書データの送信等 |
| **税理士証票の写し**の添付 | **必要**※ | **必要なし**<br>税理士の電子証明書により行います。 |
| **関与先の番号確認書類**の添付 | **必要**<br>一定の場合、省略可能（4参照） | **必要なし**<br>国税当局においてシステムにて確認します。 |

※　郵送や税理士事務所の従業員が税務署窓口で提出する場合は、写しの添付が必要です。
　　また、税理士が窓口で提出する場合も、混雑緩和等の観点から、写しを添付します。

## 6　マイナポータルを活用した所得税確定申告の簡便化

　所得税確定申告手続について、マイナポータルを活用して、控除証明書等の必要書類のデータを一括取得し、各種申告書への自動入力が可能となります（マイナポータル連携）。

　所得税確定申告手続を行う納税者の方の手続は、この「マイナポータル連携」により概ね次のように簡便化されます。

| | | 簡便化前 | 簡便化後 |
|---|---|---|---|
| 納税者 | 控除証明書等 | ・書面（ハガキ等）で受け取り<br>・必要な時期まで保管（紛失した場合、再発行を依頼） | ・控除申告書作成の際にデータで一括取得 |
| | 確定申告書 | ・手作業で作成 | ・所定の項目に自動入力 |

※　利用には、保険会社等の控除証明書等の発行主体がマイナポータル連携に対応していることが必要です

マイナンバー

## 〈参考〉主な書類

| | | |
|---|---|---|
| マイナンバーの記載を要する書類 | 【所得税関係】<br>・確定申告書（第一表・第二表）<br>・死亡した者の所得税及び復興特別所得税の確定申告書付表<br>・有限責任事業組合の組合事業に係る所得に関する計算書<br>・純損失の金額の繰戻しによる所得税の還付請求書<br>・個人事業の開業・廃業等届出書<br>・総収入金額報告書<br>【消費税及び間接諸税関係】<br>・消費税及び地方消費税の（確定、中間（仮決算）、還付、修正）申告書（一般用）<br>・消費税及び地方消費税の（確定、中間（仮決算）、還付、修正）申告書（簡易課税用）<br>・消費税及び地方消費税の中間申告書<br>・付表6　死亡した事業者の消費税及び地方消費税の確定申告明細書 | |
| マイナンバーの記載を要しない書類 | 平成28年4月1日以後適用分 | ・給与所得者の保険料控除申告書<br>・給与所得者の配偶者特別控除申告書<br>・給与所得者の（特定増改築等）住宅借入金等特別控除申告書 |
| | 平成29年1月1日以後適用分 | ・所得税及び復興特別所得税の予定納税額の減額申請書<br>・所得税の青色申告承認申請書<br>・所得税の青色申告の取りやめ届出書<br>・青色事業専従者給与に関する届出・変更届出書<br>・所得税の棚卸資産の評価方法・減価償却資産の償却方法の届出書<br>・所得税の有価証券・暗号資産の評価方法の届出書<br>・所得税の減価償却資産の耐用年数短縮の承認申請書<br>・転廃業助成金に係る課税の特例の承認申請書<br>・所得税の申告等の期限延長申請書 |
| | 平成30年1月1日以後適用分 | 過去に開業届出書などを提出し、番号法上の本人確認が行われている方の以下の手続（還付申告を除く）<br>① 青色申告者に係る所得税及び復興特別所得税の確定（修正）申告手続（相続人から提出する場合を除く）<br>② 個人事業者の消費税及び地方消費税の中間申告及び確定（修正）申告手続（相続人から提出する場合を除く） |

マイナンバー

| | |
|---|---|
| 平成30年4月1日以後適用分 | 氏名又は住所の変更をした場合の手続について、次に掲げる氏名又は住所の変更に係る申告書等を提出する場合（既に個人番号を提出済みの方に限る）<br>① （特別）非課税貯蓄に関する異動申告書<br>② （特別）非課税貯蓄申告書を提出した方が告知をすべき事項を記載した帳簿の記載事項の変更届出書<br>③ みなし告知の適用を受ける方が告知等をすべき事項を記載した帳簿の記載事項の変更届出書<br>④ 交付金銭等又は償還金等の受領者が告知をすべき事項を記載した帳簿の記載事項の変更届出書<br>⑤ 特定寄附信託異動申告書<br>⑥ 特定口座異動届出書<br>⑦ 非課税口座異動届出書<br>⑧ 未成年者口座異動届出書<br>⑨ 財産形成非課税住宅（年金）貯蓄に関する異動申告書<br>**（注）** ①から⑧までの申告書等の提出の際に必要な本人確認書類の提示について、その申告書等の提出をする方の個人番号を証する書類の提示に代えて、その変更前の氏名又は住所及び変更後の氏名又は住所が記載された住所等確認書類の提示ができます。 |

**（注）** 平成28年度税制改正の「マイナンバー記載の対象書類の見直し」の「施行日前においても、運用上、個人番号の記載がなくとも改めて求めない」との記載に基づき、国税庁では、法施行日（平成29年1月1日）前においても、マイナンバーの記載を要しないこととされた書類については、マイナンバーの記載がなくても改めて記載を求めることなく収受することとしています。

また、法施行日前から個人番号欄のない様式を使用することとしています。

——(1186)——

**◆ 執筆者等一覧**

岡　　　拓也
川　本　祐子
竹　田　慶子
大　西　裕司
木　村　未来恵
中　島　理恵
小　西　弘晃

令和5年3月申告用　所得税の確定申告の手引

2023年1月25日　発行

編　者　　　岡　拓也

発行者　　　新木　敏克

発行所　　　公益財団法人 納税協会連合会
　　　　　　〒540-0012 大阪市中央区谷町1-5-4　電話(編集部) 06(6135)4062

発売所　　　株式会社 清文社
　　　　　　大阪市北区天神橋2丁目北2-6 (大和南森町ビル)
　　　　　　〒530-0041　電話 06(6135)4050　FAX 06(6135)4059
　　　　　　東京都文京区小石川1丁目3-25 (小石川大国ビル)
　　　　　　〒112-0002　電話 03(4332)1375　FAX 03(4332)1376
　　　　　　URL https://www.skattsei.co.jp/

印刷：㈱太洋社

■著作権法により無断複写複製は禁止されています。落丁本・乱丁本はお取り替えします。
■本書の内容に関するお問い合わせは編集部までFAX (06-6135-4063) 又はメール (edit-w@skattsei.co.jp) でお願いします。
＊本書の追録情報等は、発売所 (清文社) のホームページ (https://www.skattsei.co.jp) をご覧ください。

ISBN978-4-433-70332-5

【令和5年3月申告用】

## 税理士のための 確定申告事務必携
### 所得税及び復興特別所得税・消費税・贈与税の申告

税理士 堀 三芳／公認会計士・税理士 勝山武彦 著

多忙な確定申告期の事務処理を効率よく、確実にこなしていくために、確定申告時の税務の取扱いのポイントを要領よく簡潔に表記。所得税及び復興特別所得税の確定申告をはじめ、消費税、贈与税の申告相談にも対応できる構成で、各申告事務の詳細を重点解説。

■B5判518頁／定価 3,740円（税込）

【令和5年3月申告用】

## 賃貸住宅オーナーのための 確定申告節税ガイド

税理士 植木保雄 著

初めての方でも不動産所得の計算から確定申告までができるように、図表や計算例を用いて解説。重要な部分や留意事項には、『チェックポイント』『アドバイス』『注意点』を設けてわかりやすく構成。

■B5判212頁（本文2色刷）／定価 1,980円（税込）

【令和5年3月申告用】

## 一目でわかる 医療費控除
### 事例による可否判定と申告の仕方

岡 拓也 編

医療費控除やセルフメディケーション税制の適用関係について『〇×式』で即答。必要に応じて注意点を掲げ、よりわかりやすく解説。

■B5判264頁／定価 1,760円（税込）

【令和5年3月申告用】

## 住宅ローン控除・住宅取得資金贈与の トクする確定申告ガイド

みどり税理士法人 税理士 塚本和美 著

マイホームの購入やリフォームをめぐる減税措置・給付措置のポイントをやさしく説明するとともに、所得税の確定申告書の書き方を多くの事例とともに解説。また、住宅取得等をめぐる資金贈与の特例についてもポイントを解説し、贈与税の確定申告書の書き方を詳解。

■B5判200頁／定価 1,980円（税込）

---

### データベース税務問答集
## 税navi
#### zei-navigation
年間利用料／19,800円（税込）

基本から難解な疑問まで、各税目の実務取扱いを解説した税務問答集の内容すべてをデータベース化し、横断的な検索機能、読みやすいレイアウトでの表示や印刷機能を備えたオンラインツールです。

収録書籍
- ○法人税事例選集
- ○消費税実務問答集
- ○減価償却実務問答集
- ○資産税実務問答集
- ○所得税実務問答集
- ○個人の税務相談事例500選
- ○源泉所得税の実務
- ○印紙税ハンドブック

詳しくは、清文社HPへ→https://www.skattsei.co.jp/